Les actions de groupe
dans le contentieux international

Logiques Juridiques

Fondée par Gérard Marcou

Dirigée par Jean-Claude Némery et Thomas Perroud

Le droit n'est pas seulement un savoir, il est d'abord un ensemble de rapports et pratiques que l'on rencontre dans presque toutes les formes de sociétés. C'est pourquoi il a toujours donné lieu à la fois à une littérature de juristes professionnels, produisant le savoir juridique, et à une littérature sur le droit, produite par des philosophes, des sociologues ou des économistes notamment.

Parce que le domaine du droit s'étend sans cesse et rend de plus en plus souvent nécessaire le recours au savoir juridique spécialisé, même dans des matières où il n'avait jadis qu'une importance secondaire, les ouvrages juridiques à caractère professionnel ou pédagogique dominent l'édition, et ils tendent à réduire la recherche en droit à sa seule dimension positive. À l'inverse de cette tendance, la collection « Logiques juridiques » des éditions L'Harmattan est ouverte à toutes les approches du droit. Tout en publiant aussi des ouvrages à vocation professionnelle ou pédagogique, elle se fixe avant tout pour but de contribuer à la publication et à la diffusion des recherches en droit, ainsi qu'au dialogue scientifique sur le droit. Comme son nom l'indique, elle se veut plurielle.

Dernières parutions

Mathieu BAUCHARD, *Emmanuel Macron et l'imposition de la richesse, La politique fiscale des hauts revenus et patrimoines entre 2019 et 2019*, 2020.
Virginie LANCERON, *La fonction de coordination en droit public,* 2019.
Mohamed Jamal BENNOUNA, *Responsabilité civile extracontractuelle et assurance des constructeurs, Droit comparé*, 2019.
Yaya DIALLO, *Les sûretés et garanties réelles dans les procédures collectives,* 2019.
Sangoné THIAM, *Droits de la défense et enquête policière*, 2019.
Georges-Philippe ZAKHOUR, *Les investissements étrangers, Droit application et tribunal compétent*, 2019.
Rachid EL BAZZIM, *Conseil de la concurrence au Maroc*, 2019.
Bienvenu OKIEMY, *L'OMC, une ingénierie juridique et commerciale à reconfigurer*, 2019.
Didier JAMOT, *Annuaire des engagements internationaux ayant fait l'objet d'une loi d'autorisation sous la Ve République*, 2019.
Sotirios LYTRAS, *Le phénomène disciplinaire dans le droit public héllenique contemporain,* 2019.
Massimo VOGLIOTTI, *Pour une nouvelle éducation juridique*, 2018.

Les actions de groupe dans le contentieux international

Logiques Juridiques

Fondée par Gérard Marcou
Dirigée par Jean-Claude Némery et Thomas Perroud

Le droit n'est pas seulement un savoir, il est d'abord un ensemble de rapports et pratiques que l'on rencontre dans presque toutes les formes de sociétés. C'est pourquoi il a toujours donné lieu à la fois à une littérature de juristes professionnels, produisant le savoir juridique, et à une littérature sur le droit, produite par des philosophes, des sociologues ou des économistes notamment.

Parce que le domaine du droit s'étend sans cesse et rend de plus en plus souvent nécessaire le recours au savoir juridique spécialisé, même dans des matières où il n'avait jadis qu'une importance secondaire, les ouvrages juridiques à caractère professionnel ou pédagogique dominent l'édition, et ils tendent à réduire la recherche en droit à sa seule dimension positive. À l'inverse de cette tendance, la collection « Logiques juridiques » des éditions L'Harmattan est ouverte à toutes les approches du droit. Tout en publiant aussi des ouvrages à vocation professionnelle ou pédagogique, elle se fixe avant tout pour but de contribuer à la publication et à la diffusion des recherches en droit, ainsi qu'au dialogue scientifique sur le droit. Comme son nom l'indique, elle se veut plurielle.

Dernières parutions

Mathieu BAUCHARD, *Emmanuel Macron et l'imposition de la richesse, La politique fiscale des hauts revenus et patrimoines entre 2019 et 2019*, 2020.
Virginie LANCERON, *La fonction de coordination en droit public,* 2019.
Mohamed Jamal BENNOUNA, *Responsabilité civile extracontractuelle et assurance des constructeurs, Droit comparé*, 2019.
Yaya DIALLO, *Les sûretés et garanties réelles dans les procédures collectives,* 2019.
Sangoné THIAM, *Droits de la défense et enquête policière*, 2019.
Georges-Philippe ZAKHOUR, *Les investissements étrangers, Droit application et tribunal compétent*, 2019.
Rachid EL BAZZIM, *Conseil de la concurrence au Maroc*, 2019.
Bienvenu OKIEMY, *L'OMC, une ingénierie juridique et commerciale à reconfigurer*, 2019.
Didier JAMOT, *Annuaire des engagements internationaux ayant fait l'objet d'une loi d'autorisation sous la Ve République*, 2019.
Sotirios LYTRAS, *Le phénomène disciplinaire dans le droit public héllenique contemporain,* 2019.
Massimo VOGLIOTTI, *Pour une nouvelle éducation juridique*, 2018.

Amer Tabbara

Les actions de groupe dans le contentieux international

L'Harmattan

5-7, rue de l'Ecole-Polytechnique, 75005 Paris

http://www.editions-harmattan.fr

ISBN : 978-2-343-19054-9
EAN : 9782343190549

Abréviations et autres conventions d'écriture

Aff.	Affaire
AJP	*Aktuelle juristische Praxis*
A.L.J.	*Australian Law Journal*
Am. J. Comp. L.	*American Journal of Comparative Law*
Am. J. Int'l. L.	*American Journal of International Law*
Am. Rev. Int'l Arb.	*American Review of International Arbitration*
Ark. L. Rev.	*Arkansas Law Review*
Ariz. L. Rev.	*Arizona Law Review*
ASA Bulletin	*Swiss Arbitration Association Bulletin*
Berk. J. Int'I L.	*Berkley Journal of International law*
Brook L. Rev.	*Brooklyn Law Review*
B. U. Int'L. J.	*Boston University of International Law Journal*
B.U. L. Rev	*Boston University Law Review*
Bull. Cour CCI	*Bulletin de la Cour Internationale d'arbitrage*
4th Cir.	United States Court of Appeals for the Fourth Circuit
2d.cir.	The United States Court of Appeals for the Second Circuit.
C.D. CAL	United States District Court for the Central District of California
Cah. arb	*Cahiers de l'arbitrage*
Cah. dr. entr	*Cahier droit de l'entreprise*
Carl. L. Rev	*Carolina Law Review*
Chi. Kent L. Rev.	*Chicago-Kent Law Review*
Civ. L. Stud.	*Journal of Civil Law Studies*
C. J. Q.	*Civil Justice Quarterly*
Colum. J. Eur. L.	*Columbia Journal of European Law*
Colum. J. Transnat'l	*Columbia Journal of Transnational Law*
Conn. J. Int' L.	*The Connecticut Journal of International Law*
CML Rev.	*Common Market Law Review*
Cornell J.L. & Pub. Pol'y	*Cornell Journal Law of Public Policy*
D.	*Dalloz*
DC Circuit	United States Court of Appeals for the District of Columbia Circuit
D.D.C.	United States District Court for the District of Columbia
D. Del	District of Delaware
Denv. U. L. Rev.	*Denver Law Review*
Disp. Resol. Mag	Dispute Resolution Magazine
Duke J. Comp. Int'L	*Duke Journal of Comparative and International Law*

Eds	*Edition*
Éd.	*Édition*
E.D. Pa.	*Easter District of Pennsylvania*
Eur. Bus. L. Rev.	*European Business Law Review*
Euro. J. Int'l L.	*European Journal of International Law*
F.2d	Federal Reporter, Second Series
F.3d	Federal Reporter, Third Series
F.R.D.	Federal Rules Decisions
F. Supp	Federal Supplement
Fordham J. Corp. & Fin. L.	*Fordham Journal of Corporate and Financial Law*
FLA.L.Rev.	*Florida Law Review*
Harv. L. Rev	*Harvard Law Review*
Harv. Negot. L. Rev.	*Harvard Negotiation Law Review*
Hous. L. Rev.	*Houston Law Review*
Int'L.	*International law*
Ind. J. Global Legal Stud.	*Indiana Journal of Global Legal Studies*
IPRAX	*Praxis des Internationalen Privat- und Verfahrensrechts*
JCP	*Semaine juridique*
J. Corp. Law	*Journal of Corporate Law*
J. L. Econ. & Pol'y.	*Journal of Law, Economics & Policy.*
JOUE	*Journal Officiel de l'Union européenne*
J.D.I.	*Journal de droit international*
J. Int'L Arb.	*Journal of International Arbitration*
J. Priv. Int'l. L.	*Journal of Private International Law*
J. L. & Econ	*Journal of Laws & Economics*
J. Transnat'l L	*Journal of Transnational Law*
K.C.L.J.	*King College Law Review*
L.J.	*Law Journal*
L. Rev.	*Law Review*
La. L. Rev.	*Louisiana Law Review*
Law & Contemp. Probs	*Law and Contemporary Problems*
L.Ed.2d	*United States Supreme Court Reports, Lawyers' Edition*
Loc.cit.	*Loco citato*
Loy. U. Chi. L. J.	*Loyola University Chicago Law Journal*
Loy. Consumer L. Rev	*Loyola Consumer Law Review.*
LAW & POL'Y INT'L Bus.	*Law &Policy International Journal of Business*
Law & Soc'y Rev.	*Law and Society Review*
LPA	*Les Petites Affiches*
Marq. L. Rev	*Marquette Law Review*
Mich. L. Rev	*Michigan Law Review*
Mich. St. L. Rev.	*Michigan State Law Review*
M.L.R	*Maori Law Review*
M. U. L.R.	*Melbourne University Law Review*

N. Carl. L. Rev	*North Carolina Law Review*
Nev. L.J.	*Nevada Law Journal*
N.Y.U. J. Int'L L. & Pol	*New York University Journal of International Law and Politics*
N.C. Banking Inst.	*North Carolina Banking Institute*
N.C.J. Int'l L. & Com. Reg.	*North Carolina Journal of International Law & Commercial Regulation ...*
N.D. Cal.	United States District Court for the Northern District of California
Nw. J. Int'l L. & Bus	*Northwestern **Journal** of International Law & Business*
Nw. U.L. Rev.	*Northwestern University Law Review*
op.cit.	*opere citato*
O.N.C.J	Ontario Court of Justice
Préf.	Préface
Rec.	*Recueil de la jurisprudence de la Cour de justice et du tribunal de 1ere instance*
RCADI	*Recueil des cours de l'Académie de droit international*
RDAI	*Revue de droit des affaires internationales*
Rev. Crit. Dip.	*Revue critique de droit international privé*
R. D. U. E	*Revue de droit de l'Union Européenne*
Rev. dr. ULB	*Revue de droit de l'Université libre de Bruxelles*
Rev. dt. unif.	*Revue de droit uniforme*
Rev. arb.	*Revue de l'arbitrage.*
R. I. D. C.	*Revue Internationale de droit comparé*
R. I. D. E.	*Revue international du droit économique*
RLDC	*Revue Lamy de droit civil*
RTD eur.	*Revue trimestrielle de droit européen*
RTD Civ.	*Revue trimestrielle de droit civil*
RTDF	*Revue trimestrielle de droit financier.*
RWUL. Rev.1	*Roger Williams University Law Review:*
S.C.C.	Supreme Court of Canada
Sup. Ct. J	Superior Court of Justice
S.C.R	Supreme Court Report
S Ct	Case citation
S.D.N.Y.	Southern District of New York
Sw. J. Int'L.	*Southwestern International Law Review*
Stan. L. Rev.	*Stanford Law Review*
t	Tome
Tex. L. Rev.	*Texas Law Review*
TCFDIP	*Travaux du Comité français de Droit international privé*
Tul. L. Rev.	*Tulane Law Review*
U. Chi. L. Rev.	*University of Chicago Law Review*
UC Irvine Law Review	*University of California Irvine Law Review*
U.C. Davis L. Rev.	*University of Carolina Davis Law Review.*
U. Pa .L. Rev.	*University of Pennsylvania Law Review*
U. Pa. J. Int'L Bus. L.	*University of Pennsylvania Journal of International Business Law*
U. Pitt. L. Rev.	*University of Pittsburg Law Review*
U. Kan. L .Rev.	*University of Kansas Law Review*

U.S.	United States Reports
U.S .Dist	United States District Courts
Vand. L. Rev.	*Vanderbilt Law Review*
Vand. J. Transnat'l L	*Vanderbilt Journal of Transnational Law.*
Va. J. Int'l L	*Virginia Journal of International Law*
Va. L. Rev.	*Virginia Law Review*
WM. & Mary L .Rev	*William and Marry Law Review*
Wash. U.L. Rev.	*Washington Law Review*

SOMMAIRE

INTRODUCTION 13

SECTION PRÉLIMINAIRE : LA RÉGULATION DU CONTENTIEUX INTERNATIONAL DES ACTIONS DE GROUPE À L'AUNE DES DIFFERENTES FORMES D'ACTIONS DE GROUPE 33

§1 Les principaux modèles d'actions de groupe existant sur la scène internationale : une tentative de classification 33
- I- La classification proposée 34
- II- L'intérêt de cette classification au regard de la globalisation du contentieux international des actions de groupe 61

§2- La régulation du contentieux international des actions de groupe : Quelle approche méthodologique ? 65
- I- La transposition des méthodes de la faillite internationale au contentieux international des actions de groupe 65
- II- Les raisons qui sous-tendent la supériorité du système de l'« unité »/« universalité » de l'action de groupe dans la régulation du contentieux de masse international 72

PREMIÈRE PARTIE : LA RÉGULATION *EX-ANTE* DU CONTENTIEUX INTERNATIONAL DES ACTIONS DE GROUPE : LA CONCENTRATION DU CONTENTIEUX INTERNATIONAL DES ACTIONS DE GROUPE DEVANT UN FOR UNIQUE 93

Titre Premier : La globalisation du contentieux international des actions de groupe à l'aune des méthodes et instruments de droit international privé : vers la quête de nouvelles solutions ? 94
- Chapitre I : Les incertitudes liées à la globalisation du contentieux international des actions de groupe 96
- Chapitre II : la réception des actions de groupe transfrontières dans l'espace judiciaire européen : une « incompatibilité profonde » entre les instruments européens de droit international privé et les actions de groupe 194
- Chapitre III : La quête de nouvelles solution de droit international privé pour les besoins de la régulation du contentieux international des actions de groupe 247

Titre Second : le rôle de l'autonomie de la volonté dans la régulation du contentieux international des actions groupe 299
- Chapitre 1 : la compétition entre contentieux étatique et arbitrage international dans la régulation du contentieux international des actions de groupe : la « supériorité » de l'arbitrage international 301

Chapitre II : La conformité de l'arbitrage collectif aux principes généraux de l'arbitrage international 338

DEUXIÈME PARTIE : LA RÉGUATION *EX-POST* DU CONTENTIEUX INTERNATIONAL DES ACTIONS DE GROUPE : LA COORDINATION ET LA CIRCULATION DES ACTIONS DE GROUPE INTERNATIONALES 389

Titre premier : la coordination des procédures parallèles en matière d'actions de groupe internationales....391

Chapitre I : La régulation des procédures de masse parallèles à l'aune des mécanismes traditionnels de droit international privé des conflits de procédures ..392

Chapitre II : La coordination des procédures parallèles en matière d'actions de groupe internationales : la quête de nouvelles solutions....429

Titre Second : La circulation dans l'ordre international d'une décision rendue à l'occasion d'une action de groupe internationale....455

Chapitre I : La circulation en France d'une décision rendue à l'occasion d'une class action américaine 457

Chapitre II : La réception d'une action de groupe internationale à l'aune des instruments régionaux et internationaux 521

BIBLIOGRAPHIE 565

INDEX ALPHABÉTIQUE....615

TABLE DES MATIÈRES 621

INTRODUCTION

1. *« Monstre de Frankenstein*[1] *», « engin de destruction* [2]*», « chevalier à l'armure étincelante* [3] *», « proposition stupide et malade* [4] *»* ; autant d'expressions ont été utilisées pour faire référence à la procédure américaine de *class action,* reine de toutes les actions de groupe. Ces expressions contradictoires ne peuvent que refléter la complexité que recèle une telle procédure, les opinions divergentes quant à son intérêt et les incertitudes quant à ses objets et ses buts. Or ces controverses sont nées à une époque où la *class action* était encore cantonnée aux frontières américaines et analysée principalement en tant que procédure permettant à une masse de personnes, principalement des consommateurs ayant subi le même dommage, de se regrouper en vue de surmonter les obstacles inhérents à leur accès à la justice.

L'ambition de la *class action* de redresser des dommages de masse au-delà des frontières américaines a ajouté une dose de complexité au sujet qui connaît, depuis quelques années, une déviation importante dans sa trajectoire initiale. Alors que les premiers débats se sont concentrés principalement sur l'opportunité, pour un système juridique déterminé, d'introduire une procédure qui permet le regroupement de plusieurs individus ayant subi le même dommage, et le cas échéant les modalités de fonctionnement d'une telle procédure, la globalisation de la procédure américaine de *class action* a déplacé le débat sur le terrain du droit international privé, et soulève, désormais, des questions complexes de conflits de juridictions, de conflits de lois, de coordination des procédures ainsi que de reconnaissance et d'exécution des décisions. Mais ce n'est ni la fin des difficultés ni la fin de l'histoire ! Le développement de plusieurs formes d'actions de groupe, dont certaines se distinguent considérablement de la *class action* américaine, et leur ambition de concurrencer cette dernière sur la scène internationale ont encore considérablement compliqué les données.

Il semble néanmoins que nous précipitons quelque peu les choses : revenons-en à la base, à l'origine de l'histoire…

2. L'interaction entre actions de groupe et dommages de masse. La notion « d'action de groupe » ne peut être appréhendée sans son corollaire : *« les dommages de masse* [5] *».* Ce n'est que du développement des dommages de masse que l'action de groupe

---

[1] R. MULHERON, *The Class Action in Common Law Legal System: A Comparative perspective*, Hart Publishing 2004, p. 1.
[2] W. SIMON, « Class Actions-Useful Tool or Engine of Destruction », 55 F. R. D. 375 (1973).
[3] D. R. HENSLER, « Revisiting the Monster: New Myths and Realities of Class Actions and Other Large Scale Litigation » consultable sur: http://scholarship.law.duke.edu/cgi/viewcontent.cgi?article=1197&context=djcil, spéc. p. 1: « *While to others it [the class action] appeared as a knight in shining armor* ».
[4] R. MULHERON, *op. cit., loc. cit.*
[5] Pour une étude détaillée des dommages de masse, voir la thèse de Madame A. GUEGAN-LECUYER, *Dommages de masse et responsabilité civile*, préface P. Jourdan, LGDJ 2006.

détient son existence juridique. En effet, le débat relatif aux actions de groupe n'a connu un essor considérable qu'avec le développement de la société industrielle et l'émergence de la notion de *« dommages de masse »*[6].

Si les phénomènes naturels ont été depuis longtemps perçus comme les principaux événements susceptibles de porter atteinte à un grand nombre de personnes[7], l'avènement de la société de consommation aux alentours des années 1960[8] a participé, elle aussi, à la multiplication des dommages de masse. Assurément, le contexte de production, de distribution et de consommation de masse a accru considérablement le nombre de personnes susceptibles d'être exposées au caractère dommageable des produits mis sur le marché. Les dommages que ceux-ci causent recouvrent un large éventail d'hypothèses : la production agroalimentaire, les appareils explosant ou implosant, les jouets dangereux[9], les implants mammaires[10] ou plus récemment le Poly Implant Prothèse (le « **PIP** »)[11] ainsi que les dommages causés par les produits pharmaceutiques[12]. Par ailleurs, le développement des activités industrielles dans un nombre important de secteurs apporta également son lot de catastrophes[13]. Ainsi, les dommages causés par les accidents industriels foisonnent dans ce domaine[14]. L'affaire *Bhopal* est un témoignage éloquent à cet égard[15]. S'ajoute à cela une nouvelle forme de

---

[6] Les dommages de masse peuvent être définis comme étant « *les atteintes aux personnes, aux biens, au milieu naturel, qui touchent un grand nombre de victimes à l'occasion d'un fait dommageable unique, ce dernier pouvant consister en un ensemble de faits dommageables ayant une origine commune* ». Voir à cet égard : A. GUEGAN-LECUYER, *op. cit.*, spéc. n°78, p. 96. En droit américain, la doctrine américaine s'est intéressée à la définition des dommages de masse en matière délictuelle, les *« mass torts »*. Ainsi, selon Madame Hensler in D. R. HENSLER, « A Glass Half full, a Glass Half Empty: The use of Alternative Dispute Resolution in mass personal injury litigation » 73 Tex. L. Rev. 1587 (1995), spéc. p. 1587: *« Mass tort involves a common set of injuries that occurred in the same or similar circumstances – for example, a hotel fire, a building collapse, or widespread product use-and that allegedly linked to the actions of a single or small number of defendants »*.

[7] A. GUEGAN-LECUYER, *op. cit.*, spéc. n°1, p. 1.

[8] P. H. SCHUCK, *« Mass torts: An institutional Evolutionist Perspective »*, 80 Cornell L. Rev. 941 (1995), spéc. p. 945 et s.

[9] A. GUEGAN-LECUYER, *op. cit.*, spéc. n°19, p. 25 et suiv.

[10] L'affaire des implants mammaires en silicone est très connue au niveau mondial : des victimes de plusieurs pays se sont regroupées devant les tribunaux américains par le biais de la procédure américaine de *class action.* Ces dernières avaient invoqué des atteintes à leur intégrité corporelle suite à leur utilisation de la matière de silicone. Le contentieux s'est soldé par une transaction. Voir ainsi : *In re Silicone Gel Breast Implants Products liabibility litigation*, 739 F. Supp. 1098. 1994 WL.

[11] Dans cette affaire, plusieurs cas de cancers ont été reportés chez les femmes porteuses du produit Poly Implant Prothèse. Suite à des inspections, la société a été accusée d'avoir utilisé un gel de silicone différent de celui déclaré lors de la mise du produit sur le marché. La substance « irritante » est soupçonnée être cancérigène.

[12] Pour un exposé des affaires en la matière voir : A. GUEGAN-LECUYER, *op. cit.*, spéc. n°19, p. 25.

[13] P. LAGADEC, *La Civilisation du risque, Catastrophes technologiques et responsabilité sociale*, Le Seuil, Science Ouverte 1981.

[14] Pour une liste des catastrophes causées par le développement technologique et industriel, voir la thèse de A. GUEGAN-LECUYER, *op. cit.*, spéc. p. 21 et suiv.

[15] Une des plus grandes catastrophes industrielles est celle de la catastrophe *Bhopal* en Inde en 1964. Dans le cadre de cette affaire, un réservoir souterrain d'isocyanate de méthyle d'une usine de pesticide, filiale indienne de la société américaine Union Carbide, a explosé. Cette explosion a eu pour effet l'échappement d'un nuage toxique donnant lieu au gazage de la population. Le nombre de plaignants devant les tribunaux américains avait été estimé à 530 000 personnes. L'État indien, faisant partie des plaignants, a réclamé une somme de 3

dommages de masse ayant abouti à l'explosion d'un contentieux décrit par certains auteurs comme étant *« un des événements judiciaires les plus importants de ce début de millénaire »*[16]: les dommages de masse issus des violations des droits de l'homme[17].

La notion d'action de groupe apparaît donc comme liée à ces changements sociaux[18], cette dernière *« constitue un outil procédural adapté à la dimension collective du marché »*[19]. Ainsi, dans les années 1980, la notion de *« mass culture »* a commencé à voir le jour[20]. À cette époque, avec la dégradation de la société individuelle classique et l'émergence d'une société de masse[21], se constatait de plus en plus un phénomène de transformation de la société. La notion de *« culture de masse »*[22] évoque ainsi l'idée de la multiplication[23] pour désigner une culture tendant à s'adresser à une *« masse humaine, à un agglomérat d'individus considérés en dehors de leur appartenance professionnelle et sociale »*[24].

Un simple aperçu du droit des contrats illustre ces modifications socio-économiques, et particulièrement dans le domaine des techniques contractuelles utilisées : s'opposent ainsi les contrats traditionnels individuels aux contrats de nouveau type dont *« l'ambition est de satisfaire une économie de masse »*[25]. Les techniques de production et de distribution, le développement des offres publiques et des formes agressives de publicité ainsi que les facilités offertes par les crédits rendent les biens et les services accessibles à un plus grand nombre de personnes faisant dès lors de la consommation un phénomène de masse[26]. Les professionnels s'adressent ainsi à un nombre important de consommateurs éparpillés au sein de plusieurs pays, se trouvant influencés par les mêmes publicités et qui, de ce fait, *« achètent les mêmes produits et signent les mêmes documents contractuels »*[27]. Ces contrats, alors caractérisés par l'absence de négociations contractuelles (puisque l'un des contractants a adhéré à des clauses prérédigées unilatéralement par l'autre partie), sont ainsi présentés comme le reflet de la consommation de masse[28].

---

milliards de dollars. Pour plus de précisions sur l'affaire *Bhopal* voir : C. WU, *La Pollution du fait du transport maritime des hydrocarbures, Responsabilité et indemnisation des dommages*, préf. B. STERN, Pedone 1994, n° 28 et suiv.

16 H. MUIR WATT « Privatisation du contentieux des droits de l'homme et vocation universelle du juge américain : Réflexions à partir des actions en justice des victimes de l'Holocauste devant les tribunaux des États-Unis », *R. I. D. C. 2003. 884.*

17 Sur les dommages de masse issus des violations des droits de l'homme voir *infra* n° 147 et suiv.

18 D. CORAPI, « Class actions and Collective Actions », in D. Fairgrieve et E. Lein (ed.), *Extraterritoriality and Collective Redress*, Oxford 2012, p. 3, spéc. n° 1.09, p. 5.

19 S. PIETRINI, « L'introduction d'une action de groupe en droit de la concurrence », *Gaz. Pal. 2013. 21.*

20 A. GUEGAN-LECUYER, *op. cit.*, spéc. n°50, p. 54.

21 D. R. HENSLER et M. PETERSON, « Understanding Mass Personnel Injury Litigation: A Socio-legal Analysis », 59 Brook L. Rev.961 (1993).

22 Cette notion de *mass culture* est originaire des États-Unis.

23 A. GUEGAN-LECUYER, *op. cit.*, *loc. cit.*

24 E. MORIN, Sociologie de masse, in *Encyclopedia Universalis*, t. 14, p. 676.

25 B. STARCK, H. ROLAND et L. BOYER, *Droit civil, Les obligations, t 2, Le contrat*, litec, 6e éd. 1998, n° 102 et suiv., tel que cité par, Madame A. GUEGAN-LECUYER, *op. cit.*, spéc. n°51, p. 56.

26 Avis du Comité économique et social européen sur la « définition du rôle et du régime des actions de groupe dans le domaine du droit communautaire de la consommation », JOUE, C162/1, 25 juin 2008.

27 J. CALAIS-AULOY et F. STEINMETZ, *Droit de la consommation*, Dalloz, 6e éd. 2003, spéc. n° 27, tel que cité par Madame A. GUEGAN-LECUYER, *op. cit., loc. cit.*

28 C. THIBIERGE, « Libres propos sur l'évolution du droit de la responsabilité civile », *RTD Civ. 1999. 561*, spéc. p. 566.

3. L'action de groupe : une réaction procédurale à l'émergence des dommages de masse. La réaction des différents systèmes juridiques face au phénomène de massification des dommages est à la fois d'ordre substantiel et procédural. À l'échelle substantielle, des régimes d'indemnisation ont été instaurés par la plupart des systèmes juridiques[29]. Cependant, l'absence d'une procédure adéquate a empêché la mise en œuvre de l'ensemble de ces règles puisque ce sont les règles de procédure elles-mêmes qui conditionnent l'efficacité de toute règle substantielle. Comme il a été justement mentionné par un auteur : *« ne s'intéresser qu'au droit substantiel sans prolongement vers le droit procédural, c'est s'amputer d'une dimension intellectuelle certaine »*[30]. S'il est vrai que le droit de la procédure était auparavant considéré comme secondaire, servile et subsidiaire[31], la procédure est aujourd'hui perçue comme un droit indispensable pour l'effectivité des droits substantiels[32].

La réaction procédurale face au développement des dommages de masse a différé d'un système juridique à l'autre, et une distinction traditionnelle consistait à opposer les pays de *common law* (surtout les États-Unis)[33] à ceux de *civil law*. Cette distinction s'explique essentiellement par la présence d'une action de groupe aux États-Unis – la *class action* – permettant le regroupement des demandes de plusieurs personnes lésées dans une seule et même procédure et, à l'opposé, l'absence d'une telle procédure dans les autres systèmes juridiques, notamment ceux de tradition civiliste[34]. Cela s'explique par le fait que, contrairement au droit américain qui s'est intéressé au phénomène de massification des dommages dès les années 1960[35], ce dernier n'a suscité l'intérêt de la doctrine romano-germanique que tardivement[36]. Ceci révèle également le décalage existant entre, d'une part, le système américain et, d'autre part, les systèmes juridiques de tradition romano-germanique. En effet, les États-Unis en s'étant dotés depuis de longues années d'une action de groupe relativement développée, ont appréhendé le phénomène des dommages de masse en lui donnant le traitement juridique convenable, alors que les systèmes juridiques de tradition romano-germanique, pour la plupart d'entre eux, sont

---

[29] En effet, comme l'a été constaté par Madame GUEGAN-LECUYER, la plupart des législateurs ont élaboré des régimes spéciaux de responsabilité pour les activités porteuses de risques de dommages de masse, ou ont obligé les potentiels responsables de tels dommages à maintenir une assurance ou une garantie financière. Pour plus de détails sur les régimes spéciaux de responsabilité civile en droit français, voir : A. GUEGAN-LECUYER, *op. cit.*, spéc. p. 147 et suiv.

[30] J. VINCENT et S. GUINCHARD, *Procédure civile*, 27e éd., Dalloz 2003, spéc. n°9, p. 7.

[31] L. CADIET et E. JEULAND, *Droit judiciaire privé*, 4e éd., Litec 2004, spéc. n° 8, p. 5.

[32] S. AMRANI-MEKKI, « Inciter les actions en dommages et intérêts en droit de la concurrence – le point de vue d'un processualiste », *Concurrences* n°4-2008.

[33] Cette distinction n'est pas tout à fait précise puisque le Royaume-Uni, de tradition non-civiliste, vient d'adopter tout récemment une action de groupe de type *opt out* en matière de droit de la concurrence. Voir *infra* n° 20.

[34] Cette distinction est en train de s'atténuer suite aux changements qui se sont produits dans plusieurs pays de tradition civiliste, puisque plusieurs de ces pays consacrent aujourd'hui des actions de groupe influencées par le modèle américain. Voir l'exemple canadien et suédois, respectivement *infra* n° 19 et 30.

[35] A. GUEGAN-LECUYER, *op. cit.*, spéc. p. 61.

[36] Il ne faut pas pourtant généraliser. En droit suisse par exemple, la notion de dommages de masse a été consacrée lors de l'élaboration d'un projet de loi sur l'indemnisation des préjudices de masse, au sujet duquel voir : T. TERCIER, « L'indemnisation des préjudices causés par des catastrophes en droit suisse », *RDS 1990. 73.*

restés – jusque récemment pour certains – indifférents à ce facteur de déstabilisation, illustrant ainsi leur retard quant à l'adoption de mécanismes procéduraux efficaces en la matière [37]. Pourtant, et paradoxalement, l'origine des mécanismes d'actions de groupe remonte aux systèmes juridiques de tradition civiliste, et plus précisément au droit romain avec l'*actio popularis*. Celle-ci octroyait le droit à tout citoyen d'exercer une action publique afin de demander la condamnation des atteintes à l'ordre public ou à des biens communs [38]. Par la suite, cette action de groupe a été consacrée par le droit portugais et ce n'est que plus tard que l'action de groupe s'est introduite dans le système juridique américain, qui possède aujourd'hui l'action de groupe la plus développée [39].

Cependant, le déclin de l'individualisme dans le procès civil d'une part, et la *« concurrence des systèmes juridiques »* d'autre part [40], a renforcé la tendance, même dans les pays de tradition continentale méconnaissant la procédure de *class action*, à l'instauration de procédures permettant la mise en œuvre de droits substantiels, ouvrant la possibilité, selon des modalités assez variées, de regroupement des individus lésés dans une seule et même procédure [41].

4. L'implication des divergences culturelles sur la procédure de gestion des dommages de masse : le clivage entre le modèle américain de régulation (le *private enforcement*) et le modèle européen de régulation (le *public enforcement*). Ce sont principalement des raisons culturelles qui expliquent les divergences existantes entre le système américain qui a consacré depuis longtemps une action de groupe développée et les autres systèmes juridiques qui, à l'origine, méconnaissent une telle procédure. Pour comprendre la dimension culturelle de cette question, essayons d'appréhender la notion de culture juridique.

La culture juridique peut être définie comme l'ensemble des idées, des valeurs, des attitudes et des opinions d'un peuple appartenant à une société déterminée et en relation avec la loi et le système juridique. Elle est ainsi la source du droit : ses normes créent les normes juridiques, et c'est la culture juridique elle-même qui détermine l'impact des normes juridiques sur une société déterminée [42].

La culture englobe ainsi les idées traditionnelles, les valeurs ainsi que les normes qui sont généralement partagées au sein d'une communauté. Les mécanismes de résolution de litiges, qui font partie intégrante de la procédure, ne sont que le produit et la contribution de la culture et des habitudes [43]. D'ailleurs, la majorité des théoriciens

[37] Ce n'est qu'en 2014 que le législateur français est intervenu, puis en 2016, en vue de consacrer de nouvelles dispositions en matière d'action de groupe, au sujet desquelles, voir , *infra* n° 6 et 39.

[38] S. PIETRINI, *L'action collective en droit des pratiques anticoncurrentielles. Perspective nationale, européenne et internationale*, préf. E. Claudel, Bruylant 2012, spéc. p. 3.

[39] *Ibid.*

[40] Sur le phénomène de *« concurrence des ordres juridiques »*, voir *infra* n°170 et suiv.

[41] Ainsi, ces pays ont adopté des procédures qui se distinguent du modèle américain de *class action* et dont le degré d'efficacité varie d'une procédure à une autre.

[42] C. PICHÉ, « The cultural analysis of Class Action Law », 2 J. Civ. L. Stud. 102 (2009), spéc. p. 105.

[43] J.-E. PORTALIS, « Discours préliminaire sur le projet de code civil » (Extrait de ce discours, présenté le 1er pluviôse an IX), *Recueil complet des travaux préparatoires du Code civil*, p. 466. Ainsi, selon Portalis : *« Le législateur ne doit pas perdre de vue que les lois sont faites pour les hommes et non les hommes pour les lois ; qu'elles doivent être adaptées aux caractères, aux habitudes, à la situation du peuple pour lequel elles sont faites. Qu'il faut être sobre de nouveauté en matière*

intéressés par l'étude de la culture juridique ont eux-mêmes affirmé que la loi a pour source principale la culture[44]. De ce fait, le contexte culturel explique le choix de certaines politiques législatives et peut aider à expliquer et interpréter les lois et les réglementations. Le contexte culturel s'avère également indispensable pour comprendre les réformes législatives qui peuvent se produire[45] au sein d'un système juridique déterminé, car tout changement à l'échelle des idées ou des normes d'une société se reflète nécessairement sur le système juridique de cette dernière.

En s'appuyant sur ce qui a été mentionné, il est ainsi possible de constater que la procédure civile s'est construite culturellement, et englobe des éléments de tradition ainsi que des valeurs communes à une société déterminée. Son importance est telle qu'un auteur a considéré que *« la procédure est strictement liée aux grands mouvements intellectuels des peuples et ses manifestations diverses font partie des documents qui enseignent sur la culture de l'humanité »*[46].

Dans son article analysant la relation entre la procédure civile et la culture[47], Monsieur Cappelletti a analysé les facteurs intellectuels et sociologiques qui ont été à l'origine des réformes du système procédural européen, et a ainsi souligné l'importance pour un processualiste d'effectuer une étude culturelle de la loi. Quelques années plus tard, Monsieur Felestiner a conclu que les moyens de résolution de litiges sont en fait le produit de valeurs, de l'histoire, de l'économie et de l'organisation sociale d'une société déterminée[48]. De même, dans son ouvrage *Law, Culture and Ritual*[49], Monsieur Chase a considéré que les modes de résolution des litiges choisis par une société résultent de sa structure sociale, de ses traditions ainsi que de ses croyances collectives. Les modes de résolution des litiges ne constituent pas, par conséquent, un seul système anonyme, produit exclusif de spécialistes et d'experts.

Revenons maintenant à la relation entre actions de groupe et culture juridique. Les divergences existant entre les différentes actions de groupes consacrées par tel ou tel système juridique pour les besoins de la résolution du contentieux de masse constituent une application concrète de la relation existant entre la culture et la procédure : les différents systèmes juridiques, ayant chacun leur propre culture juridique, ont eu des

---

de législation parce que s'il est possible, dans une institution nouvelle, de calculer les avantages que la théorie nous offre, il ne l'est pas de connaître tous les inconvénients que la pratique seule peut découvrir », Discours préliminaire, in *Recueil complet des travaux préparatoires du Code civil.*

44 Sur cette question voir en général: B. Z. TAMANAHA, *A General Jurisprudence of Law and Society*, Oxford University Press 2010.

45 L. M. FRIEDMAN, « Is There a Modern Legal Culture? » 7 Ratio Juris 1994, p. 117, spéc. p. 130. Ainsi, selon l'auteur: *« Law reform is doomed to failure if it does not take legal culture into account ».*

46 F. KLEIN comme cité dans l'article de C. PICHÉ, *« The cultural analysis of Class Action Law »*, 2 J.Civ.L.Stud.102 (2009), spéc. p. 111: *« The squalid, arid, neglected phenomenon of civil procedure is (...) strictly connected with the great intellectual movements of people. Its varied manifestations are among the most important documents of mankind's culture ».*

47 M. CAPPELLETI, *« Social and Political Aspects of Civil Procedure-Reforms Trends in Western and Eastern Europe »*, 69 Mich. L. Rev. 847(1971).

48 W. L. F. FELSTINER, *« Influences of Social Organization on Dispute Processing »*, 9 Law & Soc'y Rev. 63 (1974).

49 O. G. CHASE et J. S. BRUNER, *Law, Culture, and Ritual: Disputing Systems in Cross-Cultural Context*, New York University Press 2005, spéc. p. 7.

réactions procédurales divergentes face à l'émergence du phénomène des dommages de masse.

Aux États-Unis, en raison du retrait de l'État de plusieurs secteurs de l'économie, ce dernier n'assure que peu de protection aux individus. Il incombe alors aux individus eux-mêmes de faire appliquer la règle de droit en vue de protéger et de défendre leurs intérêts personnels. L'action en justice constitue alors l'outil à cette fin. Toutefois, il ne suffit pas seulement d'inciter les citoyens à agir en justice, encore faudra-t-il mettre à leur disposition des outils procéduraux leur permettant de surmonter les difficultés tant économiques que psychologiques qui peuvent les dissuader d'agir, et notamment dans l'hypothèse où le dommage subi par chaque victime est d'une faible valeur. De ce fait, en contrepartie de la dérégulation économique[50] et du retrait de l'État de plusieurs secteurs de l'économie, le système américain met à la disposition des plaideurs la procédure de *class action* qui leur permet de se regrouper en vue de sanctionner le comportement illicite de l'auteur du dommage en le condamnant au paiement de dommages et intérêts. Ainsi, une telle action permet, non seulement aux victimes de faire valoir leur droit en justice, et notamment lorsque le montant individuel de leur dommage est trop faible pour les inciter à agir individuellement, mais par ailleurs, et principalement, une telle action accompagnée de l'octroi de dommages et intérêts punitifs permet de protéger l'intérêt général en donnant la possibilité aux victimes de jouer le rôle de procureur privé chargé de sanctionner les violations des lois. L'action privée remplace ainsi largement l'action publique et le passage du privé (l'action est lancée par des personnes privées) au public (la mise en œuvre du droit) s'opère à travers la procédure (le regroupement des victimes par le biais de la *class action* américaine). Ainsi, le modèle de régulation aux États-Unis repose sur le système du *« private enforcement »* ou sur le *« private attorney general »* dans le sens où la mise en œuvre des règles de droit (notamment les règles de droit économique) s'opère à l'initiative de la sphère privée[51], ce qui explique par ailleurs le taux relativement élevé du contentieux outre-Atlantique.

En Europe, à l'inverse, l'État est fortement présent pour la défense des intérêts personnels de ses citoyens : si la *« démocratie américaine est associée au modèle dérégulé, la préférence continentale se voit rapprochée des traditions d'un État autoritaire »*[52]. Ainsi, en France, comme dans une majorité des pays de l'Europe continentale, l'État est fortement présent dans les secteurs économiques, faisant du marché l'objet d'une régulation publique. De ce fait, la mise en œuvre du droit par le système européen repose sur la distinction entre sa mise en œuvre dans l'intérêt général (l'action publique ou *« public enforcement »*), laquelle est confiée à des autorités publiques[53], et sa mise en œuvre dans l'intérêt privé, ayant pour objet unique l'indemnisation des victimes (l'action privée ou le *« private enforcement »*). Le

50 E. JEULAND, « Expérience nationale », in *Les recours collectifs : Étude comparée,* Société de Législation comparée 2006, p. 296.

51 Proposition de directive du Parlement européen et du Conseil relative à certaines règles régissant les actions en dommages et intérêts en droit interne pour les infractions aux dispositions du droit de la concurrence des États membres et de l'Union européenne, COM (2013) 0404 final, spéc. n°1, p. 2.

52 R. STÜRNER, « Procédure civile et culture juridique », *R. I. D. C. 2004. 797*, spéc. p. 810.

53 À titre d'exemple, en droit de la concurrence, il s'agit de la Commission européenne et des autorités nationales de concurrence réunies depuis le règlement n°1/2003, au sein du réseau européen de la concurrence.

modèle de régulation européen réside donc sur le postulat inverse du système américain et repose essentiellement sur le *« public enforcement »* selon lequel la mise en œuvre des réglementations économiques s'opère principalement par la sphère publique à travers des organes administratifs. Par conséquent, puisque l'individu n'est pas tenu de se substituer à l'État défaillant[54] par le biais d'un mécanisme de régulation d'ordre privé, le besoin de se regrouper ne constitue pas une nécessité ultime.

Il existe ainsi une dichotomie claire entre l'action répressive et régulatoire initiée par les autorités administratives et l'action privée introduite devant le juge et ayant pour objet unique l'indemnisation des victimes. C'est ce qui explique que, quand bien même des actions de groupe existaient depuis longtemps déjà en France et dans plusieurs pays de tradition continentale, ou même à l'échelle européenne, ces dernières étaient principalement des actions ayant pour fonction la cessation des pratiques illicites ou la protection des intérêts collectifs des victimes. Par ailleurs, même si ces actions existaient, elles n'étaient que des *« succédanés »*[55] de l'action de groupe aux contours trop étroits pour être mises en œuvre efficacement.

5. Le déclin de l'universalisme dans le procès civil et son influence sur le modèle traditionnel de régulation. Comme nous l'avons constaté, l'action de groupe vient s'insérer dans un ordonnancement et une tradition processuelle différente d'un système juridique à un autre[56]. Cependant, le déclin de l'individualisme dans les pays de tradition continentale n'a pu que faire son apparition dans le procès civil[57] et l'inspiration individualiste des règles de procédure civile s'est avérée peu adaptée à la société moderne à caractère social ou collectif. Plus précisément, la conception traditionnelle du procès *« largement imprégnée par un individualisme ancestral »*[58] se révèle inadéquate pour appréhender un contentieux de masse où le préjudice subi par chaque victime est en général trop faible sur le plan individuel pour l'inciter à entreprendre une action en justice. Puisque les *public enforcers* n'ont pas la possibilité de sanctionner civilement les violations des réglementations économiques, les victimes se retrouvent alors confrontées à une situation de déni de justice, justifiant ainsi l'instauration d'une procédure qui leur permet de se regrouper en vue de leur assurer un accès effectif à la justice. L'action de groupe est ainsi perçue comme étant une procédure ayant uniquement pour objet de permettre aux victimes d'un dommage de masse de surmonter les difficultés inhérentes à leur accès à la justice afin de faire valoir leurs droits. Ce n'est que postérieurement que sa fonction de régulation a été admise, notamment lorsqu'il a été constaté que l'État doit être assisté

---

[54] A. OTIN et J. SIMON, « Faut-il ou non une *class action* à la française », *LPA* 2005, p. 7, spéc. p. 10.

[55] C. SERAGLINI, « Les effets en France des actions de groupe étrangères », *TCFDIP* 2008-2010, Pedone 2011, p. 157.

[56] S. GUINCHARD, « Entre identité nationale et universalisme du droit : l'idée et le processus d'introduction d'un recours collectif en droit français », in *Vers de nouveaux équilibres entre ordres juridiques, Liber amicorum Hélène Gaudemet-Tallon*, Dalloz 1998, p. 295, spéc. p. 296.

[57] S. AMRANI-MEKKI, « Action de groupe et procédure civile », in *Les actions de groupes. Implications processuelles et substantielles* (Partie I), *RLDC* 2006, p. 57.

[58] N.-J. MAZEN, « Le recours collectif : réalité québécoise et projet français », *R. I. D. C. 1987. 373*, spéc. p. 380.

et soutenu par des groupements privés en vue de constituer une sorte de contrepoids vis-à-vis des pouvoirs de l'industrie[59].

Cela ne veut pas dire pour autant que les systèmes de tradition continentale ont abandonné leur modèle originaire de régulation basé sur le *public enforcement* au profit du système de *private enforcement.* La crainte en Europe d'une dérive de *private enforcement* à l'américaine s'est effectivement illustrée dans plusieurs débats relatifs à l'introduction d'une action de groupe, et notamment en France[60] où l'instauration récente d'une action de groupe, certes ayant une vocation plus large que celles ayant auparavant existé, dépeint une certaine méfiance du législateur français à l'égard des dérives d'une société contentieuse, similaire à celle instaurée aux États-Unis par l'institution américaine de la *class action*[61].

À l'échelle européenne, la Commission européenne[62] a souvent rappelé l'importance d'une bonne articulation entre le *« private »* et le *« public enforcement*[63] *»* tout en insistant sur la nécessité de prévenir l'émergence d'une industrie du contentieux semblable à celle existant aux États-Unis[64]. Tout cela explique pourquoi la majorité des systèmes juridiques ayant fait le choix de réformer leur système procédural n'ont pas intégralement abandonné leur modèle originaire de régulation basé sur le *« public enforcement ».* Ces systèmes juridiques ont en effet tout simplement fait le pari d'instaurer un nouveau modèle reposant sur une certaine complémentarité entre le *« public enforcement »* et le *« private enforcement ».*

À titre d'exemple, en droit français, l'action de groupe en matière de droit de la concurrence est une action de *« suivi »* ou *« follow on »*, intervenant uniquement à la suite d'une décision qui constate les manquements prononcés à l'encontre du professionnel par les autorités et les juridictions nationales ou européennes[65]. De même, à l'échelle européenne, des considérations similaires ont abouti à donner une préférence aux actions consécutives, comme le montre d'ailleurs la recommandation du 11 juin 2013 de

59 F. FERRAND et E. LAMBERT, « Action de groupe : l'outil du droit comparé », *RLDC* 2007, p. 7, spéc. p. 10.

60 Voir à cet égard, J.-C. BERMOND, « L'introduction en droit français de la concurrence des actions de groupe : le débat est-il franco-français ou franco-européen ?», *RDAI* 2007, p. 41, spéc. p. 46 : *« S'il est vrai que l'action publique ne peut concurrencer l'ensemble du champ économique affecté par les pratiques anticoncurrentielles, ce manque ne saurait être pour autant par la seule action privée »* et : *« Plutôt que de mettre en œuvre l'action publique, les victimes de pratiques anticoncurrentielles pourraient être davantage tentées par le recours à l'action de groupe directement engagé devant les tribunaux. C'est cette tendance que la délégation de l'Assemblée nationale entend combattre ».*

61 M. CHAGNY et V. PIRONON, « Les recours collectifs en droit du marché », in *Mélanges en l'honneur du Professeur Bernard Audit. Les relations privées internationales,* LDGJ 2014, p. 203, spéc. p. 204.

62 Ainsi, la Commission est convaincue de la nécessité de faire progresser les actions privées en Europe en relation avec les préjudices issus des pratiques anticoncurrentielles et ceci dans l'objectif d'assurer une certaine crédibilité du droit européen de la concurrence sur la scène internationale.

63 C. PRIETO, « Les enseignements de l'expérience américaine en matière de *private enforcement* », *Concurrence,* n° 4-2008, p. 50.

64 Livre vert sur les recours collectifs pour les consommateurs du 27 novembre 2008, COM (2008) 794 final, spéc. n°52 ; Communication de la Commission au Parlement européen, au Conseil, au Comité économique et social européen, et au Comité des régions, « Vers un cadre horizontal européen pour les recours collectifs », COM (2013) 401 final, spéc. n°3, p. 3 : *« Dès lors, elles* [les actions de groupe] *ne doivent pas susciter de recours abusifs ou produire des effets préjudiciables aux parties défenderesses, quelle que soit l'issue de la procédure. On trouve des exemples de ces effets néfastes en particulier dans les actions de groupe* (class actions) *telles qu'elles existent aux États-Unis ».*

65 Voir *infra* n °69.

la Commission européenne[66]. De ce fait, la majorité des actions de groupe instaurées par les systèmes juridiques dont le modèle de régulation repose sur le *public enforcement* s'appuient sur des architectures divergeant de celle de la *class action* américaine. Ainsi, et comme il a été justement mentionné, *« on a trop souvent tendance à oublier que la procédure est d'essence territoriale et qu'elle se plie mal (...) aux idées de transplantation de greffons venus d'un autre système juridique (...) »*[67]. Une telle divergence entre les actions de groupe explique ainsi que l'efficacité des mécanismes de groupe varie considérablement d'un modèle à l'autre. Comme nous allons le voir, seuls quelques modèles et notamment ceux qui se rapprochent le plus de la procédure américaine de *class action* ont rencontré un réel succès dans la régulation du contentieux de masse, aussi bien interne qu'international.

6. L'expansion des actions de groupe. Que leur système de régulation repose sur le *« private enforcement »* ou sur le *« public enforcement »*, la plupart des systèmes juridiques ont reconnu la spécificité des dommages de masse, ainsi que la nécessité de réformer leur droit procédural, notamment en vue de réduire les obstacles économiques et psychologiques auxquels les plaideurs faisaient face, afin de leur offrir un accès effectif à la justice. Ainsi, le phénomène de collectivisation des actions en justice s'est réellement imposé dans un nombre important de systèmes juridiques.

Cela ne veut pas pour autant dire que toutes les actions de groupe instaurées ont eu le même succès que la procédure américaine de *class action* : attachés à leur modèle traditionnel de régulation, certains législateurs ont adopté des actions de groupe dont le fonctionnement fait l'objet d'un encadrement strict, de crainte que ces dernières n'empiètent sur les pouvoirs du ministère public. À titre d'exemple, la mise en œuvre de l'action de groupe adoptée en France en matière de droit de la consommation, et décrite comme étant une action de groupe *« made in France »*[68], fait l'objet de plusieurs encadrements. Ainsi, non seulement les associations agréées et représentatives au niveau national sont les seules habilitées à introduire une telle action, mais en plus celle-ci ne peut être qu'une action de suivi dans le domaine du droit de la concurrence. Par ailleurs, bien que le législateur français ait, dans le cadre de la loi n° 2016-1547 du 18 novembre 2016 de modernisation de la justice du XXIe siècle (« la loi de modernisation de la justice »)[69], récemment mis en place des règles communes aux actions de groupe devant le juge judiciaire, ce droit commun se trouve toutefois limité aux seules actions de groupe en matière de discrimination, d'environnement, de santé et d'application de la loi informatique et libertés. En outre, l'action de groupe consacrée par ladite loi ne pourra

---

66 Recommandation de la Commission du 11 juin 2013 relative à des principes communs applicables aux mécanismes de recours collectif en cessation et en réparation dans les États membres en cas de violation de droits conférés par le droit de l'Union, JOUE n° L201/60 du 26 juillet 2013, p. 60.

67 S. GUINCHARD, « Entre identité nationale et universalisme du droit : l'idée et le processus d'introduction d'un recours collectif en droit français », in *Vers de nouveaux équilibres entre ordres juridiques, op. cit.*, spéc. p. 297.

68 M. CHANGY et V. PIRONON, « Les recours collectifs en droit du marché », in *Mélanges en l'honneur du Professeur Bernard Audit. Les relations privées internationales*, LDGJ 2014, spéc. p. 203.

69 Voir le titre V de la loi n° 2016-1547 du 18 novembre 2016 de modernisation de la justice du XXIe siècle, JORF n°0269 du 19 novembre 2016.

être engagée que par le biais des associations agréées ou régulièrement déclarées selon les conditions fixées par la loi [70].

Dans d'autres hypothèses, les actions de groupe ont été introduites au sein des différents systèmes juridiques dans un environnement peu propice à leur développement. Car, comme nous allons le voir, le fonctionnement d'une action de groupe dépend au-delà de son architecture et dans un contexte plus large, des règles de procédures et de celles organisant les professions juridiques, qui varient considérablement d'un système juridique à l'autre.

Quoi qu'il en soit, les réformes législatives ont ainsi touché plusieurs pays et nombreux sont les législateurs qui ont instauré de nouvelles formes d'actions de groupe. En Europe, la plupart des actions de groupe instaurées sont des actions en représentation [71]. En dehors du Canada [72] et de l'Australie [73] qui se sont dotés d'une procédure presque identique à la *class action* américaine, d'autres systèmes juridiques ont été influencés par le modèle américain basé sur les actions de groupe d'initiative privée à l'instar de la Suède [74].

En dehors des actions représentatives ou celles initiées par des individus, sont apparues d'autres formes d'actions de groupe qui reposent sur une résolution à l'amiable des litiges de masse. Il s'agit principalement des actions de groupe néerlandaise [75] et belge[76], qui reposent sur la négociation d'une transaction entre l'auteur du dommage et des associations qui représentent les victimes. D'autres formes d'actions de groupe, à l'instar de l'action de groupe anglaise (le modèle originaire) [77] et l'action de groupe allemande[78], reposent sur une procédure type *(test case)* conformément à laquelle des questions communes partagées entre plusieurs demandeurs seront décidées par un jugement modèle, les demandeurs seront amenés à agir individuellement à la suite, en vue de réclamer les dommages et intérêts résultant de leur préjudice.

Le Liban, comme tous les autres pays arabes, est resté relativement épargné des débats concernant l'instauration d'une action de groupe au sein de son système juridique. Hormis quelques dispositions contenues dans la loi de protection des consommateurs de 2005 [79], prévoyant d'une manière vague et imprécise la possibilité pour des associations de consommateurs de représenter gratuitement les consommateurs devant les autorités et les administrations publiques, ou d'engager des actions en justice visant la protection des droits de consommateurs [80], force est de constater que le droit libanais reste silencieux à l'égard de plusieurs aspects intéressant une action de groupe. Cela nous semble assez fâcheux. D'une part, rares sont les pays qui n'ont pas adapté leur système

---

[70] Aux termes de l'article 63 de la loi n° 2016-1547 : *« Seules les associations agréées et les associations régulièrement déclarées depuis cinq ans au moins dont l'objet statutaire comporte la défense d'intérêts auxquels il a été porté atteinte peuvent exercer l'action de groupe ».*

[71] Sur les réformes législatives en Europe, voir *infra* n°181 et suiv.

[72] Voir *infra* n°19 et suiv.

[73] Voir *infra* n° 18 et suiv.

[74] Voir *infra* n° 30.

[75] Voir *infra* n° 50.

[76] Voir *infra* n° 51.

[77] Voir *infra* n° 53 et suiv.

[78] Voir *infra* n° 55 et suiv.

[79] La loi de protection des consommateurs n°659 entrée en vigueur le 4 février 2005.

[80] Article 67 de la loi de protection des consommateurs n° 659 entrée en vigueur le 4 février 2005.

juridique aux besoins de régulation du contentieux de masse. D'autre part, la déficience de l'État libanais, essentiellement concrétisée par la faiblesse de son gouvernement central ainsi que de ses organes de régulation et de contrôle et accentuée par les nombreuses crises politiques, milite en faveur du renforcement des actions privées de type *private attorney general* pour les besoins de la mise en œuvre des règles de droit.

Par ailleurs, nous sommes d'avis que l'instauration d'une action de groupe au sein du système juridique libanais ne sera pas sans difficultés. Cela est dû au fait que le droit libanais, inspiré par le système continental et plus précisément par le droit français, consacre une approche strictement individualiste du procès. La liberté d'agir ou de ne pas agir en justice [81] et le principe que « *nul ne plaide par procureur* »[82] constituent un obstacle à l'instauration au Liban d'une action de groupe capable de résoudre efficacement les litiges de masse internes et d'attirer le contentieux international sur le sol libanais.

Ainsi, il a été considéré que seuls les syndicats sont en mesure d'engager des actions en représentation, à condition que ces actions aient pour objet la protection des intérêts collectifs de la profession. Il a été aussi constaté que les associations ne sont pas en mesure d'engager des actions individuelles visant la réparation des préjudices subis individuellement par leurs membres [83].

Si le Liban s'engage sérieusement dans l'instauration de nouvelles dispositions en matière d'action de groupe, il serait important pour le législateur libanais de s'attarder sur les nombreuses réformes juridiques intervenues en la matière dans plusieurs pays afin d'éviter certaines des erreurs commises par les législateurs étrangers. En effet, comme nous le verrons dans nos développements suivants, la plupart des actions de groupe récemment consacrées par plusieurs systèmes juridiques s'avèrent peu efficaces et ont été rarement utilisées. À l'échelle internationale, cela se traduit par l'absence de compétitivité de ses systèmes juridiques et leur inaptitude à attirer le contentieux de masse sur leur sol. L'échec de ces actions de groupe est dû à des raisons intrinsèques (l'architecture de l'action de groupe, les modalités d'inclusion des membres dans le groupe), mais aussi et également extrinsèques à l'action de groupe (absence de financement du contentieux de masse). Il est donc important pour le législateur libanais de prendre en considération l'ensemble de ces éléments lors de l'instauration des nouvelles dispositions en matière d'action de groupe.

7. **Précisions terminologiques.** La notion d'action de groupe est souvent associée à la procédure américaine de *class action*. Cependant, l'existence de plusieurs autres procédures de groupe présentant de grandes divergences avec la procédure américaine de *class action* est telle que la notion d'action de groupe que nous utiliserons tout au long de cette thèse désigne toutes les formes de procédures instaurées par les différents systèmes juridiques, permettant de regrouper dans des conditions spécifiques et selon des modalités différentes, plusieurs demandeurs dans une procédure unique. Feront ainsi partie de la notion d'« action de groupe », la *class action* américaine, le *representative proceeding* australien, le recours collectif québécois, les actions de groupe transactionnelles, l'action

---

[81] Voir *infra* n° 693.

[82] Voir *infra* n °666.

[83] M. KARKABI, *Procédure civile et arbitrage*, 4e éd., Sader 2006, p. 28.

en représentation, l'action en cessation, la procédure type, etc. Il convient de noter à cet égard que l'expression « action de groupe » n'est pas la seule à être utilisée pour désigner les procédures qui permettent le regroupement d'individus dans une procédure unique. Dans la littérature continentale, l'expression *recours collectifs* est souvent utilisée pour désigner les actions de groupe en général, et plus spécifiquement les *class actions* canadiennes [84]. Une telle expression est également utilisée dans les différents documents officiels de la Commission et du Parlement européens. En langue anglaise, les actions de groupe sont désignées principalement par les termes de *class action*, *collective actions*, *collective redress* et *aggregate litigation.*

8. **Les actions de groupe couvrent un large éventail d'hypothèses et assument plusieurs fonctions.** Les actions de groupe peuvent intervenir aussi bien en matière délictuelle que contractuelle et couvrent ainsi une large variété de domaines : le droit de la consommation, le droit de la concurrence, le droit boursier, le droit de l'environnement, les droits de l'homme, etc. Par ailleurs, l'interaction entre les dommages de masse et les actions de groupe a souvent été perçue sous un angle très limité, ne prenant pas en considération la diversité des enjeux que présentent les dommages de masse, ni les différentes fonctions qui peuvent être attribuées à une action de groupe. En d'autres termes, les actions de groupe ont été principalement perçues comme un instrument qui permet à un plaideur de surmonter les difficultés inhérentes à son accès à la justice. D'autant plus lorsque le montant de son dommage pris individuellement est relativement élevé [85] alors que le coût du procès est déjà lourd à supporter et que les indemnités calculées ne sont pas à la hauteur du préjudice subi [86]. Cependant, les actions de groupe poursuivent également d'autres fonctions, aussi bien d'ordre procédural – prévisibilité juridique pour les parties, égalité entre les demandeurs, économie judiciaire – que d'ordre substantiel [87], notamment de régulation.

9. **La globalisation du contentieux de masse : une nouvelle donne.** Les raisons qui ont sous-tendu les différentes réformes législatives intervenues dans plusieurs pays étaient principalement liées à des considérations purement internes, tenant principalement à renforcer le système de *private enforcement* en vue de garantir l'accès à la justice des citoyens de ces pays. Ainsi, les discussions se sont principalement concentrées sur l'opportunité de consacrer une action de groupe, et, le cas échéant, sur les modalités de fonctionnement d'une telle procédure destinée à s'insérer dans un système général de régulation propre à chaque système juridique.

Cependant, réduire l'intégralité des débats relatifs aux actions de groupe à cette dimension purement interne reviendrait à ignorer la globalisation du contentieux de

---

[84] Cependant, après l'entrée en vigueur du Nouveau Code de procédure civile au Québec, le recours collectif est désormais appelé « l'action collective ». Sur la nouvelle action collective au Québec voir : S. E. FINN, *L'action collective au Québec,* Yvon Blais, 2016.

[85] Il s'agit essentiellement des dommages causés aux consommateurs ainsi qu'aux petits investisseurs. Voir : V. MAGNIER, « Présentation du rapport sur les actions de groupe », in *Les actions de groupe. Implications processuelles et substantielles*, Partie I, *RLDC 2006*, p. 54.

[86] *Ibid.*

[87] Pour une analyse détaillée des différentes fonctions d'une action de groupe, voir *infra* n°83 et suiv.

masse[88] et le phénomène de *« concurrence des systèmes juridiques »* [89] qui lui sont étroitement liés. En effet, les États se concurrencent pour être le centre d'attraction du contentieux international en mettant à la disposition des plaideurs les outils procéduraux les plus efficaces[90].

Or, le clivage existant entre le système américain disposant d'une procédure plutôt développée pour la réparation des dommages de masse, et les autres systèmes juridiques, qui à l'origine ne disposaient pas d'une telle procédure, a été un facteur déterminant dans la globalisation du contentieux de masse international. Ainsi, l'accueil des victimes étrangères ayant subi des dommages sur des marchés étrangers, regroupées par le biais de la procédure de *class action* et attirées par les divers atouts du système américain, a fait de l'action de groupe américaine un instrument de réparation des dommages de masse globaux permettant ainsi l'accès à la justice aux demandeurs étrangers incapables de saisir leurs juridictions non équipées de formes adéquates de procédure de groupe. Aussi, les différentes réformes législatives intervenues dans plusieurs pays ne pouvaient-elles, à notre sens, être séparées de la globalisation qu'a connue le contentieux des *class actions.*

10. La rencontre entre droit international privé et actions de groupe : des problématiques nouvelles. L'internationalisation du contentieux international des actions de groupe n'est autre que la rencontre entre deux notions bien distinctes : les actions de groupe d'une part et le droit international privé d'autre part. Alors que les articles de doctrine[91], les débats, les colloques et les tables rondes relatives aux actions de groupe[92] se bornaient à une étude comparative des différentes formes d'actions de groupe existant au sein des différents systèmes juridiques, les aspects de droit international privé étaient auparavant négligés[93]. Cependant, face à la globalisation du procès régional et international[94], ce comportement d'indifférence à l'égard des aspects de droit international privé des actions de groupe n'a pas pu perdurer : les nouveaux

---

[88] Au sein de l'Union européenne, et avec l'intégration croissante des marchés, le pourcentage des litiges de masse transfrontaliers est en train d'augmenter. Aujourd'hui, il est estimé que près de 10 % des litiges de masse comportent un élément transnational. Voir à cet égard le *Livre vert sur les recours collectifs pour les consommateurs* du 27 novembre 2008, COM (2008), 794 final.

[89] Sur la *« concurrence entre les systèmes juridiques »*, voir *infra* n° 172 et suiv.

[90] H. MUIR WATT, « La régulation de l'économie globale et l'émergence des compétences déléguées : sur le droit international privé des actions de groupe », *Rev. crit. DIP. 2008. 581.*

[91] Voir à titre d'exemple : J.-C. BERMOND, « L'introduction en droit français de la concurrence des actions de groupe : le débat est-il franco-français ou franco-européen ? », *RDAI* 2007, p. 41 ; S. AMRANI MEKKI, « L'actualité du lien entre la théorie et la pratique du procès civil », *Dr. et patri. 2006. 92* ; M.-A. FRISON-ROCHE, « Les résistances mécaniques du système juridique français à accueillir une *class action* », *LPA* 2005, n°115, p. 22 ; L. BORÉ, « L'action en représentation conjointe : *class action* française ou action mort-née », *D. 1995. 267* ; P. LE CANNU, « Attributions et responsabilités des associations de défense des actionnaires et des investisseurs », *Rev. soc. 1995. 239* ; J. FRANCK, « Action de groupe : les initiatives européennes en droit interne et en droit communautaire *», LPA 2005,* n°115, p. 19.

[92] Voir à titre d'exemple : R. J. B. et Schutgens et E. C. Coppens (éd.), *Les Groupes dans le droit, Acte du colloque organisé à Nimègue les 22-24 mai 2006 par les facultés de droit de Poitiers et Nimègue*, Nimègue 2007 ; *Les recours collectifs : étude comparée. Journée d'études du 27 janvier 2006*, Colloques, Volume 5, Société de législation comparée.

[93] M.-L. NIBOYET, « Action de groupe et droit international privé », in *Les actions de groupe. Implications processuelles et substantielles (Partie I), RLDC* 2006, p. 78.

[94] Sur la globalisation du procès régional et international, voir : M.-L. NIBOYET, « La globalisation du procès civil international dans l'espace judiciaire européen et mondial », *J. D. I. 2006. 937.*

colloques, séminaires[95], ainsi que les articles de doctrine des deux côtés de l'Atlantique témoignent ainsi très bien de l'importance mais également de la complexité de ce sujet.

La rencontre entre actions de groupe d'une part, et droit international privé d'autre part, n'est pas évidente. En effet, elle est source de complexité, puisque les notions d'actions de groupe et de droit international privé sont elles-mêmes complexes par nature. Or, la rencontre entre deux notions complexes[96] est, d'une manière logique, génératrice elle-même de complexités encore plus aiguës. Pourtant, actions de groupe et droit international privé partagent, dans leur dimension sociale[97], des objets semblables. Instrument de gestion des droits[98], le droit international privé répond ainsi dans son essence à trois intérêts : l'intérêt des parties, l'intérêt du commerce international et l'intérêt propre de l'ordre juridique[99]. Or ces mêmes objectifs sont partagés par les principales considérations qui sous-tendent l'instauration d'une action de groupe.

En ce qui concerne les intérêts des parties, et plus précisément ceux des demandeurs, les actions de groupe permettent à ces derniers de surmonter les obstacles psychologiques et économiques inhérents à leur accès à la justice. Quant à ceux du défendeur, les actions de groupe ont pour objectif d'assurer à l'auteur du dommage de masse une certaine sécurité juridique ou plus précisément une certaine paix légale, puisque ce dernier aura l'opportunité de voir trancher définitivement un litige lui opposant plusieurs demandeurs à travers une seule procédure. Cela aura pour effet d'empêcher l'ouverture d'un nouveau procès concernant le même litige, portant sur des faits identiques et pouvant, de ce fait, aboutir à des décisions contradictoires[100].

La sécurité juridique, ainsi que l'harmonie internationale des solutions, font également partie des objectifs principaux du droit international privé, de même que la coordination des systèmes qui se rencontre à plusieurs niveaux[101]. Plus précisément, en donnant effet au jugement étranger, le juge de la reconnaissance accomplit un acte de coordination qui consiste à prendre en compte le résultat de la première action, respectant les prévisions

[95] Parmi les séminaires organisés au sujet de l'internationalisation du contentieux des actions de groupe, voir à titre d'exemple : The globalization of class action, an international, conference co-sponsored by Stanford Law School and The Centre for Socio-Legal Studies, Oxford University, 12, 13 & 14 December 2007; Third annual conference of class action, Sydney and Canberra, 11-12 December 2009; The fourth annual conference of class action, Florida International University Law School in Miami on Dec. 10-11, 2010; The 5th international conference on the globalization of class action, December 8-9, 2011 in the Hague (Netherlands).

[96] Il a été considéré par A. BUCHER que : *« Le droit international privé est réputé pour sa complexité et ses incertitudes. Tout cours général à l'Académie est donc exposé à la même réputation »* in *La dimension sociale du droit international privé*, *RCADI* 2011, t. 341, p. 27.

[97] Sur la dimension sociale de droit international privé, voir A. BUCHER, *op. cit.*

[98] H. MUIR WATT, « Aspects économiques du droit international privé », *RCADI* 2004, t. 307, p 25, spéc. p. 39.

[99] A. BÛCHER, *op. cit.*, spéc. p. 53.

[100] F. FERRAND et E. LAMBERT, « Action de groupe : l'outil du droit comparé », *RLDC* 2007, p. 7, spéc. p.75.

[101] P. MAYER, « La notion de coordination et le conflit de juridictions », in E. Pataut, S. Bollée, L. Cadiet et E. Jeuland (dir.), *Les nouvelles formes de coordination des justices étatiques*, p. 3.

des parties et contribuant par là même à la réalisation de l'harmonie des solutions[102], empêchant ainsi le renouvellement du procès.

Concernant l'intérêt du commerce international, les actions de groupe ont un impact dissuasif sur le comportement de l'auteur du dommage et sont dotées d'une fonction de sanction et de régulation dont le degré dépend des modalités de fonctionnement d'une action de groupe [103]. Le droit international privé, quant à lui, répond également à l'intérêt du commerce international en assurant le respect des réglementations impératives de la loi du marché[104].

Enfin, les actions de groupe ont pour fonction d'assurer l'intérêt de l'ordre juridique en préservant ses ressources judiciaires et économiques en cas de survenance en son sein d'un contentieux de masse. En effet, quel que soit le système juridique, les tribunaux judiciaires n'auront ni les moyens techniques, ni les moyens financiers pour faire face à une masse importante d'actions individuelles exercées de manière simultanée[105]. En l'absence d'une procédure analogue, il existerait un véritable gaspillage des ressources économiques et judiciaires. Quant au droit international privé, il partage lui aussi un but identique : à travers ses mécanismes de coordination, tels que les exceptions de litispendance et de connexité internationale, le *forum non conveniens*, les injonctions contre poursuites *(anti-suit injunctions)*, les règles de conflit réceptives et, récemment, la tendance contemporaine de dialogue direct entre juges ou autorités susceptibles d'être impliqués dans un procès en cours [106], il tend à assurer une économie du procès dans le cadre d'un contentieux international.

Les actions de groupe et le droit international privé poursuivent ainsi des objectifs similaires, pour ne pas dire identiques. Mais leur cloisonnement, résultant de la globalisation du contentieux de masse, a ainsi abouti à des résultats contraires aux objectifs partagés entre ces deux notions.

11. Les questions de droit international privé soulevées par la globalisation du contentieux international des actions de groupe. Dans le cadre d'un contentieux interne, l'action de groupe permet de réguler le contentieux de masse. Par régulation nous entendons *« le maintien d'un équilibre, afin d'assurer le fonctionnement correct d'un système complexe »*[107]. Cet équilibre qui n'est rien d'autre que l'achèvement des fonctions aussi bien procédurales – accès à la justice, prévisibilité des solutions, égalité entre les victimes – que substantielles [108] – la régulation des marchés – d'une action de groupe consiste à permettre le regroupement des victimes afin de surmonter les difficultés les empêchant

---

102 P. MAYER, « La notion de coordination et le conflit de juridictions », in E. Pataut, S. Bollée, L. Cadiet et E. Jeuland (dir.), *op. cit.*, spéc. p. 8.

103 Sur la fonction de régulation et de sanction d'une action de groupe, voir *infra* n° 90 et suiv.

104 A. BÛCHER, *op. cit.*, spéc. p. 55.

105 L. SINOPOLI, S. MESLIN et P. FOURNIER, « Action de groupe et procès équitable », in *Les actions de groupe. Implication processuelles et substantielles (Partie I), RLDC* 2006, p. 32.

106 P. MAYER, « La notion de coordination et le conflit de juridictions », in E. Pataut, S. Bollée, L. Cadiet et E. Jeuland (dir.), *op. cit.*, spéc. p. 9.

107 A. LAGET-ANNAMAYER, *La régulation des services publics en réseaux, Télécommunications et électricité*, Paris, LGDJ/Bruylant 2002, spéc. p. 3.

108 Sur les fonctions d'une action de groupe, voir *infra* n° 82 et suiv.

d'accéder à la justice, de trancher définitivement le litige les opposant à un défendeur par le biais d'une procédure unique et d'assurer, enfin, la sanction de la norme violée.

Or la globalisation du contentieux de masse international est susceptible de générer plusieurs déséquilibres. Ces derniers tiennent, au-delà de l'existence d'un « marché des actions de groupe » dans l'ordre international, à l'inadaptation des méthodes et instruments de droit international privé à la dimension collective du contentieux de masse.

Les déséquilibres qu'est susceptible de générer la globalisation du contentieux international des actions de groupe sont de deux ordres, et peuvent aboutir à des situations de sur-régulation ou de sous-régulation. Tout d'abord, l'hypothèse de sur-régulation s'explique par le fait que plusieurs systèmes juridiques disposent aujourd'hui d'une procédure de groupe, ce qui rend la possibilité d'entreprendre plusieurs actions de masse en dommages et intérêts ayant le même objet ou des objets connexes à l'encontre du même défendeur très probable. Cela est d'autant plus vrai que les règles de compétence juridictionnelle, telles qu'elles existent, aussi bien à l'échelle internationale que régionale, favorisent l'éclatement du contentieux.

Par ailleurs, puisque les actions de groupe reposent sur des modalités de fonctionnement différentes, l'hypothèse de sur-régulation s'en retrouve nécessairement accentuée. Ainsi, lorsque des actions de groupe dont les modalités d'adhésion au groupe ou dont le champ d'application matériel diffère sont entreprises concurremment devant plusieurs juridictions, il est très probable que l'ordre international soit occupé par plusieurs procédures enchevêtrées contenant des membres appartenant à plusieurs classes. Cela est d'autant plus vrai que les mécanismes traditionnels de coordination de procédures sont peu adaptés à la régulation des conflits de procédures résultant d'un contentieux de masse[109]. À cela, il faut ajouter les risques auxquels sera exposé le défendeur lorsqu'une décision résultant d'une action de groupe internationale se heurte à un refus de reconnaissance dans d'autres pays, notamment lorsque les modalités de fonctionnement de l'action de groupe ouverte sont en fait contraires à certains principes fondamentaux du for de la reconnaissance, exposant ainsi le défendeur à un nouveau procès ayant le même objet.

Au-delà du fait que l'auteur du dommage sera susceptible de faire l'objet de plusieurs condamnations ou de plusieurs décisions contradictoires, l'hypothèse de sur-régulation pourra également donner lieu à des tensions entre les ordres juridiques, dans l'hypothèse où le contentieux de masse met en jeu des matières politiquement sensibles et où l'action de groupe engagée poursuit, au-delà de la fonction d'indemnisation, une fonction de régulation et de dissuasion. À titre d'exemple, l'exercice par le for américain d'une compétence juridictionnelle *« universelle »* en matière de contentieux international des actions de groupe a suscité la réserve des autres systèmes juridiques ayant des liens avec le litige. Ainsi, plusieurs gouvernements sont intervenus en tant qu'*amicus curiae* devant les tribunaux américains en vue de dénoncer la compétence juridictionnelle des tribunaux américains dans des litiges ayant parfois des liens ténus avec le système américain. En effet, l'exercice par le for américain de sa compétence juridictionnelle

---

[109] Sur cette question, voir le premier chapitre de la deuxième partie.

impliquait pratiquement la mise en œuvre par ce juge de son système de régulation et de sanction, lequel diffère largement de celui des autres systèmes juridiques[110].

L'hypothèse inverse qu'est susceptible de générer le contentieux de masse international est celle de la sous-régulation : en effet, s'il est vrai qu'un grand nombre de systèmes juridiques possède aujourd'hui des actions de groupe, ces dernières ne présentent pas le même degré d'efficacité. Par conséquent, l'appréhension du dommage de masse dans sa globalité n'est pas toujours possible, et particulièrement lorsque certaines victimes se trouvent dans l'impossibilité d'entreprendre des actions en dommages et intérêts, soit parce que le montant de leur dommage est trop faible pour les inciter à engager des actions individuelles, soit parce que leur système juridique ne dispose pas d'un mécanisme suffisamment efficace leur permettant de se regrouper afin de faire valoir leur droit en justice. De même, les questions de droit international privé soulevées revêtent une forte complexité. Celles-ci se constatent en effet aussi bien au stade de l'exercice de la compétence juridictionnelle, dans l'objectif d'ouvrir une action de groupe internationale, qu'au stade de la reconnaissance et de l'exécution d'un jugement résultant d'une action de groupe, en passant par la loi applicable. Une telle complexité risque alors de bloquer la possibilité pour les victimes ne disposant pas d'un accès à la justice dans leur pays de résidence de se joindre à une action de groupe entreprise devant un autre tribunal.

12. **Objet de notre recherche.** Il s'agit de proposer une méthode ou une approche permettant de rétablir l'équilibre lors de la résolution du contentieux international des actions de groupe en vue d'ajuster les situations de sur-régulation et celles de sous-régulation qu'est susceptible de générer la globalisation du contentieux de masse. Cette approche permet de rétablir les fonctions aussi bien procédurales – accès à la justice, prévisibilité des solutions, égalité entre les victimes – que substantielle – la régulation des marchés – de l'action de groupe, dans un contexte de globalisation économique.

Les questions et les difficultés que soulève la globalisation du contentieux international des actions de groupe n'ont, jusqu'à présent pas fait l'objet d'une conceptualisation. En effet, les actions de groupe internationales n'ont pas été appréhendées en tant que branche indépendante et autonome du droit international privé à l'instar d'autres matières qui présentent avec elles un certain nombre de similitudes à l'instar de la faillite internationale [111]. Par conséquent, aucune proposition doctrinale n'a encore été avancée concernant la méthodologie à adopter pour la régulation de ce contentieux, justement qualifié de « complexe » dans le langage américain[112]. Ainsi, l'objet de notre thèse consistera à proposer une méthode conformément à laquelle la régulation du contentieux international des actions de groupe doit s'opérer tout en exposant les

---

110 Voir *infra* n°222.

111 Ainsi, la faillite internationale est une matière autonome et dont la vision de traitement reflète des divergences doctrinales quant au système de la « territorialité » ou l' « universalité » de la faillite. Sur les similitudes entre le droit international de la faillite et le contentieux international des actions groupe, voir *infra* n°73 et suiv.

112 Le contentieux des actions de groupe est ainsi désigné de *complex litigation* par le vocabulaire académique américain.

différentes questions de droit international privé que soulève la globalisation du contentieux international des actions de groupe.

Notre projet est assez ambitieux : s'il est vrai que le droit international privé français et européen sera pris comme référence dans notre thèse, tant les problèmes évoqués que les solutions proposées seront abordés d'une manière globale et sous un angle comparatiste.

Nous allons dans une section préliminaire exposer les grands modèles d'actions de groupes existant sur la scène internationale. Cette section sera également consacrée à la détermination de la méthodologie que nous préconisons pour les besoins de la régulation du contentieux international des actions de groupe ainsi que les justifications qui sous-tendent le choix de cette méthodologie. Étant donné que les problèmes de droit international privé soulevés par l'internationalisation du contentieux international des actions de groupe sont liés d'une manière ou d'une autre aux modalités de fonctionnement des différentes actions de groupe existant sur la scène internationale ainsi qu'aux différentes fonctions que ces dernières peuvent être amenées à jouer ; et que les solutions préconisées ne peuvent être avancées qu'une fois établie la méthodologie conformément à laquelle nous pensons que la régulation du contentieux de masse doit s'opérer, il nous a paru opportun – quoique peu commun – d'annoncer le plan de notre thèse à la fin de la section préliminaire.

SECTION PRÉLIMINAIRE : LA RÉGULATION DU CONTENTIEUX INTERNATIONAL DES ACTIONS DE GROUPE À L'AUNE DES DIFFERENTES FORMES D'ACTIONS DE GROUPE

13. Suite à la multiplication des réformes législatives dans plusieurs pays, l'existence d'un véritable « marché des actions de groupe » s'impose aujourd'hui sur la scène internationale. Les actions de groupe existantes présentent plusieurs variétés et leurs différences portent principalement sur leur champ d'application matériel et personnel, sur le mode de composition de groupe et sur le fait qu'elles puissent être engagées à titre principal ou secondaire **(§2)**.

Il est essentiel d'exposer les grands modèles afin de comprendre comment la globalisation du contentieux de masse international à laquelle s'ajoute l'existence d'un « marché des actions de groupe » est susceptible de générer de véritables déséquilibres, donnant lieu à des situations de sous-régulation et de sur-régulation. Il conviendra ensuite d'exposer l'approche méthodologique que nous préconiserions pour la régulation du contentieux international des actions de groupe **(§1)**.

§1 Les principaux modèles d'actions de groupe existant sur la scène internationale : une tentative de classification

14. Les actions de groupe constituent non seulement des outils procéduraux qui permettent aux demandeurs, victimes d'un dommage de masse, de se regrouper en vue de faire valoir leurs droits en justice, mais elles sont avant tout le reflet d'une culture juridique déterminée. De ce fait, leur architecture reflète le modèle de régulation sur lequel se base tel ou tel système juridique. C'est ainsi que la procédure américaine de *class action* a été décrite comme jouant « *un rôle politique important, en facilitant, voire en désenclavant, la mise en cause de la responsabilité civile pour de nombreuses entreprises* »[113].

La distinction entre les systèmes juridiques ayant adoptés des actions de groupe en dommages et intérêts, et ceux dont l'action de groupe visent principalement la protection des intérêts collectifs ou la cessation des pratiques illicites, et qui reflétait en quelque sorte la tension existante entre les systèmes *de private enforcement* et *de public enforcement* en tant que mode de régulation, tend aujourd'hui à se relativiser. Plusieurs systèmes juridiques ont admis aujourd'hui l'importance de la régulation opérée par le biais de la sphère privée, réformant ainsi leur système procédural de gestion des dommages de masse en vue d'instaurer des actions de groupe qui se différencient des modèles traditionnels.

[113] A. GARAPON, et I. PAPADOPOULOS, *Juger en Amérique et en France*, Odile Jacob 2003, p. 247.

Toutefois, il n'est pas possible d'affirmer que toutes les actions de groupe ainsi adoptées présentent le même degré d'efficacité.

Tout d'abord, en raison de l'existence d'un « marché des actions de groupe » sur la scène internationale, nous nous attarderons sur la difficulté d'adopter une classification regroupant l'intégralité des modèles d'actions de groupes existants[114] **(I).** Il s'agira ensuite de s'arrêter sur l'intérêt de la distinction entre les différentes formes d'actions de groupe au regard des questions de droit international privé que soulève la résolution du contentieux international des actions de groupe **(II).**

I- La classification proposée

15. Notre étude de plusieurs formes d'actions de groupe nous amène à faire la distinction suivante : les actions initiées par des individus ou des groupes constitués *ad hoc* **(A),** ou celles engagées par des entités représentatives **(B)**. Enfin, une troisième catégorie concerne les procédures types (« *test case* » ou « *test claim procedure* »), qui bien que considérées comme faisant partie des actions de groupe, reposent cependant sur une approche individuelle du procès **(C).**

A- Les actions en dommages et intérêts initiées par des individus ou des groupes ad hoc

16. Les actions de groupe engagées par des individus ou par des groupes *ad hoc* ont longtemps été une spécificité du système juridique de *Common law*. Quelques années plus tard, de nombreux Etats de tradition continentale se sont montrés à leur tour, réceptifs à ce type de procédure à l'instar du Canada, et plus précisément la province du Québec.

Il convient ainsi d'exposer ces mécanismes qui, outre le fait qu'ils ne font pas l'objet d'un encadrement quant à la titularité de leur exercice, sont caractérisés essentiellement par leur mécanisme implicite d'inclusion des membres dans le groupe (système de l'*opt out*) **(1).**

En Europe, bien que certaines actions de groupe se rapprochent du modèle américain, notamment parce qu'elles peuvent être initiées par des individus ou des groupes *ad hoc*, leur forme constitue toutefois un emprunt prudent à un tel modèle. Cette prudence se manifeste d'ailleurs par le rejet du système d'*opt out*, souvent mal perçu dans la culture européenne continentale **(2).**

1- <u>Les actions de groupe de type opt out</u>

17. La *class action* américaine : modèle originaire de résolution des litiges de masse. La *class action* américaine existe depuis bien longtemps aux États-Unis. En effet, elle fut introduite en 1938 à l'occasion de l'adoption des règles de procédure fédérales

---

[114] Z. S. TANG, « Consumer Collective Redress in European Private Law », J. Priv. Int'l. L. 101(2011), spéc. p. 101.

américaines (« ***Federal Rules of Civil Procedure*** » *ou* « ***FRCP*** »)[115]. Perçue comme inadéquate, elle n'a eu qu'un impact limité sur le cours des affaires aux États-Unis[116]. Il a ainsi fallu attendre la réforme de 1966 pour remanier l'article 23 des *FRCP* américaines avec l'introduction de la section b (1) (3) qui créa une nouvelle forme de *class action*, celle que l'on connaît aujourd'hui[117].

18. Le *representative proceeding* en Australie. L'Australie possède dans son arsenal procédural une action de groupe plutôt développée[118] à l'échelle fédérale, désignée par le « *representative proceeding* »[119]. Selon *l'Australian Law Reform Commission*, une telle procédure a montré son efficacité dans la résolution des litiges de masse en Australie. Bien que le modèle australien nous paraisse plus compétitif que le modèle américain, notamment en raison de la présence d'une certaine souplesse quant aux conditions de recevabilité de l'action de masse[120], l'action de groupe australienne n'a pourtant pas, jusqu'aujourd'hui, joué un rôle important dans la résolution du contentieux de masse international. Ce manque de succès ne résulte pas de raisons intrinsèques à l'action de groupe australienne elle-même, mais s'explique plutôt par des raisons qui lui sont extrinsèques, et notamment l'absence de mécanismes efficaces permettant son financement. Cependant et comme nous allons le voir, le développement de la pratique du financement de l'action de groupe par un tiers en Australie est de nature à rendre le système australien d'action de groupe aussi compétitif que le système américain[121].

19. La *class action* dans les pays de tradition continentale : le recours collectif québécois. Bien que de tradition civiliste, le Québec a adopté depuis une trentaine d'années une procédure très semblable à la *class action* américaine nommée le *« recours collectif québécois »*[122]. Plusieurs provinces du pays ont suivi ce même mouvement[123], de sorte que le recours collectif existe aujourd'hui au niveau fédéral[124]. A l'heure actuelle, le

---

115 W. TORCHIANA, « Expérience nationale : Les États Unis », in *Les recours collectifs : étude comparée*, Journée d'études du 27 janvier 2006, Société de législation comparée, colloques, volume 5, p. 139.

116 *Ibid.*

117 *Ibid.*

118 Pour une étude détaillée de l'action en groupe en Australie voir : D. GRAVE, K. ADAMS et J. BETTS, *Class Actions in Australia*, 2e éd., Thomson Reuters 2012 ; P. CASHMAN, *Class Action Law and Practice*, The Federation Press 2007. Pour les articles de doctrine, voir notamment : S. STUART CLARK et C. HARRIS, « Multi-Plaintiff Litigation in Australia : A comparative Perspective », 11 Duke J. Comp. Int'L. 289 (2001).

119 Voir Part *IVA of the Federal Court Act 1976* (Cth) entré en vigueur en mars 1992, consultable sur : https://www.legislation.gov.au/Details/C2013C00187.

120 Voir *infra* n°24.

121 Voir *infra* n°186.

122 Articles 999 à 1051 et 2848, 2897 et 2908 du Code de procédure civile du Québec, consultable sur :https://www.canlii.org/fr/qc/legis/lois/lrq-c-c-25/derniere/. Sur le recours collectif québécois voir : H. PATRICK GLENN, « Le recours collectif, le droit civil et la justice sociale », *R. D. U. S. 1998/1999. 39.*

123 Plusieurs provinces du Canada ont adopté des lois sur les recours collectifs (Ontario, la Colombie Britannique, Les Etats Saskatchewan, Terre-Neuve, Manitoba et Alberta).

124 Voir article 50.1 (3) des Règles des Cours fédérales, consultable sur : http://laws-lois.justice.gc.ca/fra/reglements/DORS-98-106/.

for canadien est considéré comme un des principaux concurrents du for américain dans la résolution du contentieux international des actions de groupe[125]

Notons à cet égard, qu'avec l'entrée en vigueur du Nouveau Code de procédure civile au Québec, des modifications ont été apportées aux dispositions de l'ancien Code de Procédure civile[126]. Notre étude de l'action de groupe canadienne se fera sous l'égide des anciennes dispositions du Code de Procédure civile québécois, tout en mettant en relief les différences introduites par les nouvelles dispositions.

20. La nouvelle action de groupe anglaise en matière de droit de la concurrence. Récemment, le législateur anglais a introduit par le biais du *Consumer Act* de 2015[127], une nouvelle action de groupe semblable à la *class action* américaine. Cette action de groupe, dont le champ d'application est limité au droit de la concurrence, permet ainsi au *Competition Appeal Tribunal* de certifier une action de groupe de type *opt out.* Par ailleurs, et contrairement à ce qui est le cas dans le cadre de l'action collective déclenchée sur le fondement du *Group Litigation Order* anglais[128], l'action de groupe récemment consacrée ne fait l'objet d'aucun encadrement quant à la titularité du droit d'action. Elle peut ainsi être initiée par toute personne en mesure d'agir adéquatement et équitablement dans l'intérêt des autres victimes ayant subi le même dommage.

Contrairement à certains législateurs, le législateur anglais a pris en considération, quoique d'une manière relativement insuffisante, la dimension transfrontière que peut revêtir la nouvelle action de groupe anglaise, limitant ainsi l'application du mécanisme d'*opt out* aux seules personnes ayant leur domicile sur le territoire anglais. Les victimes domiciliées en dehors du Royaume Uni souhaitant bénéficier de l'action de groupe, doivent manifester expressément leur volonté d'adhérer à la classe de demandeurs.

21. La *class action* américaine prise comme référence. Puisque la *class action* américaine constitue le modèle originaire des actions de groupe en dommages et intérêts de type *opt out,* c'est-à-dire une action pouvant être engagée par une personne au nom d'autres personnes ayant subi le même dommage, et que les modalités de fonctionnement du *representative proceeding* australien ainsi que celles des recours collectifs canadiens se rapprochent étroitement de celles de la *class action* américaine, c'est cette dernière qui sera prise comme référence dans ce paragraphe. Les différences avec les mécanismes australiens et canadiens seront également mentionnées lorsqu'elles existent.

22. Définition de la *class action*. La *class action* est « *une procédure qui permet à une ou plusieurs personnes d'agir en justice pour elle-même et au nom d'un groupe de personnes ayant des droits identiques ou similaires* »[129]. Il s'agit donc d'une action collective, dans laquelle « *une ou*

---

[125] Sur le rôle du for canadien dans l'agrégation des dommages de masse internationaux, voir *infra* n°183.

[126] Sur la nouvelle action collective québécoise voir : S. E. FINN, *op.cit.*

[127] *Consumer Act of 2015*, consultable sur: http://www.legislation.gov.uk/ukpga/2015/15/contents/enacted.

[128] Voir *infra* n°53 et suiv.

[129] S. PIETRINI, *op.cit.*, spéc. n°193, p. 225. Pour une définition en langue anglaise: R. MULHERON, *The Class Action in Common Law legal Systems: A Comparative Perspective*, *op.cit.*, spéc. p. 3: « *A class action is a legal procedure which enables the claim (or part of the claims) of a number of persons against the same defendant to be determined in the one suit. In class action, one or more persons (representative plaintiff) may sue on his own behalf and on behalf of a number of other persons*

plusieurs personnes dénommées class representative ou lead plaintif sont autorisées à agir en justice au nom d'un groupe beaucoup plus étendu d'individus prétendant avoir subi les mêmes pertes ou dommages que les personnes qui intentent l'action »[130]. Seule la personne qui intente l'action à l'exclusion des autres, sera considérée comme faisant partie de la procédure. En dépit de cela, les membres de la classe seront tout de même liés par le jugement qui accepte ou rejette l'action, alors même que ceux-ci n'ont pris aucune part active dans l'action en justice, à moins qu'ils aient décidé eux-mêmes de s'exclure explicitement de l'action. La *class action* repose ainsi sur le mécanisme dit de l'*opt out*[131].

23. La recevabilité de la *class action*. La procédure de *class action* se caractérise par l'existence de deux phases bien distinctes. Dans un premier temps, le juge vérifie si les conditions de recevabilité de la *class action* sont satisfaites[132]. Si tel est le cas, le juge certifie ainsi la *class action*. Une deuxième phase s'ouvrira ensuite, dans laquelle le juge statuera sur le fond du litige[133].

La demande de certification au Canada révèle des conditions similaires à celles existant aux États-Unis. L'initiation du recours collectif est dès lors soumise à une autorisation préalable du juge[134].

La procédure de certification n'est pas une simple formalité. En effet, lors de cette phase, les parties échangent des documents conformément à la procédure de *Discovery*[135]. En Australie, toutefois le *representing proceeding* est spécifique. Effectivement, bien que la recevabilité de l'action de groupe soit soumise à des conditions similaires à celles régissant la demande de certification, l'autorisation du *representing proceeding* ne fait pas l'objet d'une décision de certification distincte[136].

Tout comme une action individuelle, l'initiation de la *class action* commence par le dépôt d'une requête à laquelle le défendeur est tenu de répondre dans un certain délai. Après la remise de l'assignation au défendeur (*sommons and complaint*), les représentants de la

---

(the class) who have a claim to a remedy for the same or similar alleged wrong that alleged by the representative plaintiff and who have claims that share questions of law or in fact common with those of the representative plaintiff (common issues). Only the representative plaintiff us party to the action. The class members are not identified as individual parties but are merely described. The class members are bound by the outcome of the litigation on the common issues, whether favorable or adverse to the class, although they do not, for the most part, take any active part in the litigation ».

[130] A. PINNA, « Multinational Corporations and U.S Class Action Procedures (Les groupes internationaux de sociétés face aux class actions américaines) », in X. Boucobza et G. Mecarelli (éd.), *Groupes Internationaux de sociétés : nouveaux défis, nouveaux dangers,* Economica, Paris 2007, consultable sur : http://papers.ssrn.com/sol3/papers.cfm?abstract_id=1022878.

[131] Les actions de groupe canadienne et australienne peuvent être définies de la même manière. Le recours collectif a été défini comme étant une « *action intentée en justice sans mandat par une personne-physique ou morale au nom d'un ensemble de personnes ayant le même problème, après avoir obtenu l'autorisation préalable au juge* ». Voir : S. PIERTRINI, *op.cit.,* spéc. n°247, p. 270.

[132] Voir article 23 (a) des *FRCP,* consultable sur : https://www.law.cornell.edu/rules/frcp/rule_23.

[133] Voir article 23 (c) des *FRCP,* consultable sur : https://www.law.cornell.edu/rules/frcp/rule_23.

[134] Sur la requête en autorisation du recours collectif au Canada, voir à titre d'exemple l'article 1002 de l'ancien Code de procédure civile du Québec.

[135] B. ANDERSON et A. TRASK, *The Class Action Playbook*, Oxford 2010, spéc.p. 115.

[136] S. PIETRINI, *op.cit.,* spéc. n°236, p. 261.

classe forment une demande de certification *(motion for class action certification)* de l'action devant le juge[137].

Pour que l'action soit certifiée, le juge est tenu de vérifier que les conditions de certification mentionnées à l'article 23 (a) et 23 (b) des *FRCP* soient satisfaites[138].

24. Les conditions générales de certification d'une *class action.* L'article 23 (a) des *FRCP* énonce quatre conditions générales de certification d'une *class action* (*prerequisites*). Alors que les deux premières concernent les membres de la classe (*numerosity* et *commonality)*, les deux dernières sont plutôt relatives au représentant de la classe (*adequacity of representation* et *typically)*.

Concernant les membres de la classe, ces derniers doivent être si nombreux (*numerosity*), que toute jonction de demandes individuelles serait impossible[139]. Toutefois, il est nécessaire que les questions de fait et de droit soient communes à l'ensemble des membres (*commonality*)[140].

Au Canada, en dépit des divergences existantes entre les conditions de certification instaurées par les différentes provinces canadiennes, la Cour Suprême canadienne a identifié quatre conditions, dont trois sont relatives au groupe et une dernière relative au représentant, auteur de l'action de masse. S'agissant des conditions de certification relatives au groupe, la Cour Suprême a soumis la recevabilité du recours collectif tout d'abord à l'existence d'un groupe défini, puis à ce que les questions de fait et de droit soient communes à tous les membres qui forment le groupe, et enfin au fait que le succès d'un membre du groupe dans l'action implique nécessairement le succès de tous les autres. Contrairement à la position de la jurisprudence américaine, la jurisprudence canadienne a considéré qu'il n'est pas requis que toutes les questions de droit et de fait soient identiques[141]. Ainsi, le recours collectif est généralement recevable dans des hypothèses de responsabilité du fait des produits où le dommage causé à chaque victime diverge quant à son *quantum*[142].

En Australie, les conditions établies par la partie *IVA du Federal Court of Australian Act*[143] (« *FCAC »)* se rapprochent de celles prévues par les *FRCP*[144]. Ainsi, pour engager une *representative proceeding*, encore faudra-t-il que sept personnes au minimum aient des prétentions à l'encontre du même défendeur ; que les prétentions des parties dérivent ou

---

137 *FRCP, Rule* 23(c) (1) (A). Ainsi, le simple fait que le demandeur ait formulé ses demandes « *en son propre non et au nom et pour le compte d'autres dans la même situation que lui ne suffit pas pour que la classe soit créée* ».

138 Ces règles sont consultables sur: https://www.law.cornell.edu/rules/frcp.

139 *FRCP, Rule* 23 (a) (1): « (…) *the class is so numerous that joinder of all members is impracticable* ».

140 *FRCP, Rule 23 (a) (3)*: « *(…) the claims or defenses of the representative parties are typical of the claims or defenses of the class (…)* ».

141 *Desmeules c. Hydro-Québec*, (1987) R.J.Q. 428.

142 D. MAINGUY, *L'action de groupe en droit français. Après la loi Hamon du 17 mars 2014*, Lextenso 2014.

143 *Part IVA of the Federal Court of Australian Act* (*Representative Proceedings*) consultable sur: http://www.austlii.edu.au/au/legis/cth/consol_act/fcoaa1976249/.

144 Comme nous l'avons déjà mentionné, il n'existe pas en Australie une décision de certification distincte qui statue sur la recevabilité de l'action de groupe.

concernent des circonstances identiques, similaires ou connexes ; et enfin qu'il existe des questions communes de fait et de droit entre les prétentions des parties[145].

En ce qui concerne les conditions relatives aux représentants, les règles américaines de procédure civile disposent que les demandes ou les défenses de ces derniers doivent être le plus proche possible des demandes ou des défenses de la classe (*typicality*)[146]. De cette manière, les représentants seront en mesure de protéger d'une façon équitable et adéquate les intérêts de la classe (*fair and adequate representation*)[147].

A cet égard, le *representative proceeding* australien présente une autre particularité. En effet, il suffit que le représentant du groupe ait un intérêt suffisant (*sufficient interest*) pour pouvoir engager l'action de groupe. Il n'est donc pas nécessaire que ce dernier établisse le caractère similaire de sa demande[148]. Ainsi, l'existence d'une simple similarité entre les prétentions du représentant et celles des membres du groupe est suffisante pour que le représentant engage l'action collective.

Par ailleurs, tout comme dans l'hypothèse d'une *class action* américaine, les deux actions de groupe australiennes et canadiennes exigent que le représentant soit en mesure de représenter adéquatement le groupe[149].

25. Les conditions supplémentaires de certification. Une fois que les conditions de certification générales sont satisfaites, le paragraphe (b) de l'article 23 des *FRCP* prévoit trois formes de *class actions*, chacune étant soumise à ses propres conditions. Les deux premières, nommées « *mandatory class actions* », constituent des procédures pour lesquelles chaque membre de la classe a l'obligation d'y adhérer. La première condition, consacrée à l'article b (1) est notamment prévue dans l'hypothèse où l'introduction de plusieurs actions individuelles serait de nature à faire courir le risque de voir apparaître des incompatibilités dans les décisions. Une telle situation pourrait imposer au défendeur des règles de conduite incompatibles[150]. La seconde condition consacrée à l'article 23 b (2)[151] est prévue lorsque « *la partie adverse a agi ou refusé d'agir pour des motifs applicables d'une*

---

145 *Sect 33 C, Part IVA of the Federal Court of Australia Act:* « *Commencement of proceeding: (1) Subject to this Part, where:(a) 7 or more persons have claims against the same person; (b) the claims of all those persons are in respect of, or arise out, of the same, similar and related circumstance; and (c) the claims of all those persons give rise to a substantial common issue of law or fact* ».

146 FRCP, *Rule 23* (a) (3): « *(…) the claims or defenses of the representative parties are typical of the claims or defenses of the class* ».

147 FRCP, Rule 23 *(a)* (4): « *(…) the representative parties will fairly and adequately protect the interests of the class* ».

148 *Sect. 33 D, Part. IVA of the Federal Court of Australia Act:* « *(1) A person referred to in paragraph 33C(1)(a) Who has sufficient interest to commence a proceeding on his or her own behalf against another person has a sufficient interest to commence a representative proceeding against that other person on behalf of other persons refereed to in this paragraph* ».

149 En Australie, voir *Sect. 33 D, Part IVA of the Federal Court of Australia Act.* Au Canada, voir à titre d'exemple l'article 1003 de l'ancien Code de procédure civile du Québec, consultable sur : https://www.canlii.org/fr/qc/legis/lois/lrq-c-c-25/derniere.

150 *FRCP, Rule 23 (b)(1)* « *(…) the prosecution of separate actions by or against individual members of the class would create a risk of (A) inconsistent or varying adjudications with respect to individual members of the class which would establish incompatible standards of conduct for the party opposing the class, or (B) adjudications with respect to individual members of the class which would as a practical matter be dispositive of the interests of the other members not parties to the adjudication or substantially impair or impede their ability to protect their interests* ».

151 *FRCP, Rule 23 (b) (2)* « *(…)the party opposing the class has acted or refused to act on grounds generally applicable to the class, thereby making appropriate final injunctive relief or corresponding declaratory relief with respect to the class as a whole* ».

manière générale, justifiant ainsi une injonction définitive ou un jugement déclaratif concernant l'ensemble du groupe »[152]. Cette *class action* ne vise pas l'obtention des dommages et intérêts et elle est ainsi largement utilisée dans le domaine des libertés publiques aux États-Unis.

En revanche, la procédure la plus connue, aussi bien dans le cadre d'un contentieux de masse interne qu'international, est celle prévue à l'article 23 (b) (3) des *FRCP*[153]. Qualifiée de *poor man's class action* cette action de groupe, permet non seulement à des personnes dans l'impossibilité d'agir individuellement en justice, d'avoir un accès à la justice, mais en plus et surtout, elle offre la possibilité de réaliser des économies de temps, d'efforts et des coûts dans le cadre du procès, tout en garantissant l'uniformité des décisions rendues[154]. L'article 23 (b) (3) précité, exige ainsi que les questions de droit et de fait communes aux membres de la classe prédominent sur toute question n'affectant que les membres individuels de celle-ci (*predominance)* et que la *class action* soit supérieure à toutes les autres méthodes pour la résolution juste et efficiente du litige (*superiority*).[155]

26. La décision de certification. Si l'ensemble des conditions susmentionnées est réuni, le juge statue ainsi sur la recevabilité de l'action de classe par le biais de la décision de certification. Si, en revanche, le juge refuse de certifier l'action, l'instance se poursuit entre les seules parties, les autres membres de la classe pouvant alors intenter des actions individuelles.

En plus d'avoir pour objectif de statuer sur la recevabilité de l'action de classe, la décision de certification[156] a également pour objet la délimitation des prétentions des parties en droit et en fait[157]. Elle permet ainsi au juge de vérifier que les intérêts des membres absents de la classe soient bien protégés. De même, en permettant d'écarter les procédures trop complexes, une telle décision vise à assurer une bonne administration de la justice[158].

27. L'issue de la phase de certification : la notification de la *class action* aux membres du groupe. Une fois la décision de certification prononcée, les membres de la classe se voient notifiés de l'existence de la *class action*, de la définition de la classe certifiée, des demandes et des défenses de la classe, de leur inclusion dans la classe ainsi

---

152 Traduction de L. BORÉ, in *La défense des intérêts collectifs par les associations devant les juridictions administratives et judiciaires*, préf. G. Viney, LGDJ 1997, spéc. n°359.

153 *FRCP, Rule 23 (b)(3)* « *(…) the court finds that the questions of law or fact common to the members of the class predominate over any questions affecting only individual members, and that a class action is superior to other available methods for the fair and efficient adjudication of the controversy* ».

154 *In re American Med. Sys.* Inc., 75 F. 3d 1069 (6th circ. 1996), où le tribunal avait considéré : « *The procedural device of a Rule 23 (b)(3) class action was designed not solely as a means for assurance legal assistance in the vindication of small claims, but , rather, to achieve economies of time, effort, and expense* ».

155 Voir l'article 23 (b)(3) du *FRCP* « *Types of Class Actions. A class action may be maintained if Rule 23(a) is satisfied and if: (….) the court finds that the questions of law or fact common to class members predominate over any questions affecting only individual members, and that a class action is superior to other available methods for fairly and efficiently adjudicating the controversy* ».

156 Au Canada, le juge prend une décision semblable à celle de la décision américaine de certification consistant à autoriser le recours collectif.

157 A. PINNA, « Multinational Corporations and U.S Class Action Procedures », in X. Boucobza et G. Mecarelli (éd.), *Groupes Internationaux de sociétés : nouveaux défis, nouveaux dangers, op.cit*, spéc. p. 6.

158 *Ibid.*

que du caractère obligatoire du jugement à venir. Cette notification doit également leur indiquer leur droit de s'exclure de la procédure ainsi que de la possibilité d'intenter des actions individuelles s'ils font le choix de s'en exclure[159]. Dans l'hypothèse où les parties ne manifesteraient pas leur volonté d'exclusion de la classe, elles seront alors incluses dans celle-ci et le jugement à venir aura autorité de chose jugée à leur égard[160]. La *class action* américaine repose ainsi sur la technique de l'*opt out.* Des dispositions similaires sont prévues par les deux actions de groupe australienne et canadienne[161].

28. L'aboutissement de la procédure de *class action.* La procédure de *class action* peut aboutir à une transaction *(class action settlement)* ou un jugement au fond. La *class action settlement* fait l'objet d'un certain nombre de règles de procédure. Cette transaction doit aussi faire l'objet d'un contrôle de la part du juge[162]. En effet, conformément à l'article 23 (e) (1) des *FRCP*, la proposition de transaction doit faire l'objet d'une notification [163]devant contenir un certain nombre d'éléments, à savoir les personnes liées par la transaction ainsi que les modalités selon lesquelles l'administrateur de la transaction (*settlement administrator*) doit être nommé, ce dernier étant en effet responsable de communiquer avec les membres de la classe sur le déroulement des différentes phases de la procédure[164]. La notification aux membres de la classe de la proposition de transaction doit également indiquer la possibilité pour les membres de s'exclure de la transaction avant une date limite (*opt-out settlement*). Dans cette hypothèse, les membres ayant fait le choix de s'exclure ne pourront plus émettre d'objection à l'encontre de l'accord transactionnel.

Une fois le délai accordé aux parties en vue de s'exclure de la proposition de la transaction expiré, l'accord devra faire l'objet d'une homologation par le juge, à l'issue de laquelle, il aura autorité de chose jugée à l'égard de tous les membres de la classe n'ayant pas manifesté leur volonté de s'exclure[165]. Cependant, et avant d'approuver l'accord, le juge devra vérifier si ce dernier est juste, raisonnable et adéquat (*fair, reasonable and adequate*)[166]. La distribution des sommes fixées par l'accord transactionnel sera faite par l'administrateur de la transaction.

En Australie et contrairement aux États-Unis, les demandeurs membres du groupe ne jouent aucun rôle dans la conclusion de l'accord transactionnel. C'est d'ailleurs pour cette

---

159 *FRCP, Rule* 23 (2) B

160 *FRCP, Rule* 23 (2) B.

161 En droit australien, voir notamment *Sect. 33 J* de la partie *IVA* du *Federal Court of Australia Act,* précitée. Au Canada, voir l'article 1008 du Code de Procédure civil du Québec, précité.

162 Pour une étude détaillée des *class settlements* aux États-Unis : voir : R. MARCUS, « America's Dynamic and Extensive Experience with Collective Litigation », in C. Hodges et A. Stadler (ed.), *Resolving Mass Disputes ADR and Settlement of Mass Claims*, 2013.

163 *FRCP, Rule* 23 (e) (1): « *The court must direct notice in a reasonable manner to all class members who would be bound by the proposal* ».

164 A. DU CHASTEL DE LA HOWARDERIE, *Les class actions et la procédure civile française*, thèse 2006, spéc. n°45.

165 S. PIETRINI, *L'action collective en droit des pratiques anticoncurrentielles. Perspective nationale, européenne et internationale, op.cit.*, spéc. n°220, p. 243.

166 *FRCPRule* 23 (e) (1): « *(…) if the proposal would bind the class members, the court may approve it only after a hearing and on finding that it is fair, reasonable, and adequate* ».

raison qu'un tel accord [167]fait l'objet d'un contrôle strict par le juge. En vue de statuer sur la validité de l'accord transactionnel, le juge australien est alors tenu de prendre en considération plusieurs facteurs, tels que la durée du procès, l'avancement de la procédure et le caractère raisonnable de l'accord transactionnel[168]. Une fois le règlement transactionnel validé, celui-ci est notifié aux membres du groupe.

Au Canada, la transaction constitue une issue classique du recours collectif. Conformément aux différents recours collectifs instaurés par les différentes provinces, une transaction ne peut être conclue sans le contrôle du juge, qui pour déclarer la transaction comme liant les membres, doit s'assurer que cette dernière profite aux différents membres du groupe[169].Une fois la transaction homologuée par le juge, cette dernière sera notifiée aux membres du groupe.

Le contenu de l'accord transactionnel est quant à lui relativement varié. Outre l'octroi de dommages et intérêts, la pratique aux États-Unis et au Canada veut que les membres du groupe se voient octroyer des bons de réduction à travers de règlements coupons (*coupon settlement*)[170].

Si le représentant de la classe et le défendeur ne s'accordent pas sur un règlement amiable du litige, et si la *class action* a été déclarée recevable, le juge doit alors se prononcer sur le fond de l'affaire, en statuant soit en faveur, soit en défaveur des membres de la classe[171]. Dans la première hypothèse, la *class action* pourrait avoir plusieurs finalités. En effet, le jugement peut ainsi prononcer une injonction ou décider d'accorder aux membres de la classe des dommages et intérêts.

Lorsque le montant global de la compensation est fixé par le juge, la réparation peut s'effectuer selon le cas, d'une façon individuelle ou collective : soit le juge détermine le montant à attribuer à chaque membre du groupe, soit il fixe un montant global pour l'ensemble des victimes, lequel sera versé à un administrateur des dommages, qui dans la majorité des cas se trouve être le représentant de la classe, afin de les répartir entre les victimes[172].

---

[167] Sur les accords transactionnels dans le cadre d'une *class action* australienne, voir: V. MORABITO, « An Australian Perspective on Class Action Settlement », 69 M. L. R. 347(2006) ; M. J. LEGG, « Judge's Role in Settlement of Representative Proceedings: Lessons from United States Class Actions », 78 A. L. J.5 8(2004); M. LEGG, Mass Settlements in Australia, in *Resolving Mass Disputes ADR and Settlement of Mass Claims*, *op.cit.*, spéc. p. 175 et suiv.

[168] S. PIETRINI, *op.cit.*, spéc n°250, p. 265.

[169] Voir à titre d'exemple, l'article 1025 du Code de Procédure civile du Québec.

[170] Sur cette pratique aux États-Unis, voir: G. P. MILLER et L. S. SINGER, « Non pecuniary Class Action Settlements », 60 Law §Contemp. Probs.97 (1997); S. BORENSTEIN, « Settling for Coupons: Discounts Contracts as Compensation and Punishment in Antitrust Lawsuits », 39 J. L. & Econ. 379 (1996); C. R. LESLIE, « A Market-Based Approach to Coupon Settlements in Antitrust and Consumer Class Action litigation », 49 U. C. L. A. Rev. 991 (2002). L'Australie ne connaît pas une telle pratique, qui d'ailleurs, fait l'objet de nombreuses critiques. Voir : V. MORABITO, « An Australian Perspective on Class Action Settlements », 69 M. L. Rev.347 (2006), spéc. p. 3

[171] Voir Rule 23 (3) des *FRCP*.

[172] S. PIETRINI, *op.cit.*, spéc. n°225, p. 251.

En Australie, le jugement peut soit préciser la somme octroyée à chaque membre pris individuellement, soit mentionner le montant global accordé à l'ensemble de la classe. Dans cette dernière hypothèse, le jugement devra fixer les modalités de distribution.[173].

Au Canada, le tribunal est en mesure d'établir le montant total des réclamations des membres, et c'est également lui qui ordonne le recouvrement collectif[174].Une fois ce montant global calculé, il devra être distribué collectivement ou individuellement[175].

29. Le recours à la doctrine *cy près*.[176] Dans certaines hypothèses, la distribution des dommages et intérêts s'avère inadéquate ou impossible. Il en est ainsi lorsque les réclamations prises individuellement s'avèrent non-économiquement rentables mais présentent dans leur globalité des sommes considérables (« *scattered damages* »)[177]. C'est également le cas lorsqu'il est impossible d'identifier tous les membres de la classe avec un effort raisonnable[178], ou lorsque les dommages et intérêts n'ont pas été réclamés par les parties et notamment lorsque l'accord transactionnel prévoit des coupons règlements à très faible montant. Ces sommes non réclamées ou non distribuées constituent le *reliquat*[179].

Ainsi, conformément à la doctrine *cy-près*, les dédommagements accordés pourront être utilisés pour des fins d'intérêt public, permettant alors d'éviter que l'auteur du dommage ne garde les gains acquis à l'issue de son activité illicite[180]. Cette doctrine, réglementée par le code de procédure civile[181], est applicable aux États-Unis et au Canada.

---

173 B. MURPHY et C. CAMERON, « Access to Justice and the Evolution of Class Action Litigation in Australia », 30 M.U.L.R. 399 (2006).

174 Article 1031 de l'ancien Code de Procédure civile du Québec.

175 Articles 1033 et 1037 de l'ancien Code de Procédure civile du Québec.

176 Voir: W. H. BOIES et L. HANEY KEITH: « Class Action-Settlement Residue and CY Pres Award: Emerging Problems and Practical Solutions », Virginia Journal of Social Policy & the Law, p. 267 (2014), spéc. p. 268. Selon les deux auteurs: *« Cy pres awards are distributions of the residual funds from class action settlements or judgments (and occasionally from other proceedings, such as probate and bankruptcy matters) that, for various reasons, are unclaimed or cannot be distributed to the class members or Class Action Settlement Residue and Cy Pres Awards other intended recipients. The term cy pres derives from the NormanFrench phrase, cy pres comme possible, meaning "as near as possible »*.

177 Cette expression, généralement utilisée en Allemagne, est reprise par la majorité de la doctrine ailleurs.

178 F. CABALLERO, « Plaidons par procureur, de l'archaïsme procédural de l'action de groupe », *RTD Civ. 1985. 247.*

179 Article 1033 de l'ancien Code de procédure civile du Québec.

180 Sur cette doctrine voir notamment: G. Howells, « Cy près for Consumers: Ensuring Class Action Reforms Deal with Scattered Damages », in J. Steele et W. Van Boom (ed.), *Mass Justice. Challenges of Representation and Distribution*, p. 58; N. A. DEJARLAIS, « The consumer Trust Fund: A Cy-pres Solution to Undistributed Funds in Consumer Class Actions », 38 Hastings L. J. 729 (2007); R. MULHERON, *The Modern Cy-près Doctrine: Applications and Implications*, Routledge Cavendish 2006.

181 Voir à titre d'exemple : Article 1036 de l'ancien Code de procédure civile du Québec: « *Le tribunal dispose du reliquat de la façon qu'il détermine en tenant compte notamment de l'intérêt des membres, après avoir donné aux parties et à toute personne qu'il désigne l'occasion de se faire entendre », Ontario Class Proceedings Act 1992,* consultable sur: http://www.ontario.ca/laws/statute/92c06 : « *The court may order that all or a part of an award under section 24 that has not been distributed within a time set by the court be applied in any manner that may be reasonably be expected to benefit class members, even though the order does not provide for monetary relief to individual class members, if the court is satisfied that a reasonable number of class members who would not otherwise receive monetary relief would benefit from the order* ».

Les exemples en provenance du Canada et des États-Unis montrent d'ailleurs que les dommages et intérêts sont notamment utilisés pour le financement des activités d'intérêt public liées à la nature du procès[182].

2- Les actions de groupe de type opt in

30. **L'action de groupe suédoise : une action de groupe qui se distingue du modèle associatif européen**. Dotée d'un système juridique hybride influencé réciproquement par le *civil law* et le *common law*[183], la Suède est un pays précurseur en matière d'actions de groupe et de *private enforcement* en Europe[184]. Depuis les années 90, des débats ont été entamés en vue d'évaluer l'opportunité d'adopter un mécanisme d'action de groupe au sein du pays. Toutefois, ce n'est qu'en 2003, que le *Group proceeding Act* instaurant une action de groupe est entré en vigueur[185]. La spécificité de l'action de groupe suédoise tient au fait que, bien qu'originaire d'un pays européen, elle se rapproche des modèles d'actions de groupe des pays de *common law*. En effet, elle peut être engagée, entre autres, par une personne physique agissant au nom d'autres personnes selon des conditions bien précises.

Le *Group Proceeding Act*, instaurant l'action de groupe en Suède, prévoit trois types de procédures partageant la même finalité et visant aussi bien le prononcé d'injonctions, que la réparation du préjudice subi individuellement par chaque membre du groupe. Celle qui nous intéresse est l'action de groupe privée (*Individual Group Action*) puisque c'est cette dernière qui caractérise le système suédois des autres systèmes européens. La titularité de l'exercice de cette action de groupe ne fait l'objet d'aucun encadrement et l'action peut ainsi être engagée par toute personne physique ou morale, à la seule condition que le représentant soit lui-même membre du groupe[186].

---

182 Sur ce point, voir au Canada : P.-C. LAFOND, « Le recours collectif et la loi sur la protection du consommateur : complicité, utilité, complémentarité » in D. Mainguy et M. Depincé (dir.), *40 ans de droit de la consommation – Bilan et perspectives*, Faculté de droit et de sciences politiques de Montpellier 2013, p.47, spéc. p. 60 et suiv.

183 Les règles de procédure civile en Suède sont influencées par celles caractérisant les systèmes de *common law*. Voir à ce sujet : H. LINDBLOM, « National Report : Group Litigation in Sweden », in *Globalization of Class Actions*, consultable sur : http://globalclassactions.stanford.edu/sites/default/files/documents/Sweden_National_Report.pdf.

184 H. ANDERSSON et E. LEGNERFÄIT, « Effective private Enforcement: The Swedish Experience, A lesson for the EU? », consultable sur: http://delphi.se/$-1/file/artiklar/aldre/090916-effective-private-enforcement-the-swedish-experience-a-lesson-for-the-euelisabeth-eklundhelene-andersson-publicerad-i-concurrences-no-3.pdf.

185 Voir: H. LINDBLOM, « National Report : Group Litigation in Sweden », in *Globalization of Class Actions*, consultable sur :http://globalclassactions.stanford.edu/sites/default/files/documents/Sweden_National_Report.pdf ; R. NORDH, « Group Actions in Sweden: Reflections on the Purpose of Civil Litigation, The Need For Reforms, and a Forthcoming Proposal, 11 Duke J. Comp. & Int'l L. 381 (2001); H. LINDBLOM, « Individual Litigation and Mass justice: A Swedish Proposal of Group Actions in Civil procedure », 45 Am. J. Comp. L. 805 (1997). La loi suédoise sur l'action de groupe - *Group Proceedings Act* - entrée en vigueur le 30 May 2002, est consultable en langue anglaise sur: http://www.government.se/contentassets/ee615abb083742e88b9fd4fac8f82183/group-proceedings-act-2002_599.pdf.

186 Section 4, *Group Proceedings Act*.

31. Les conditions relatives à l'engagement de l'action de groupe suédoise. A l'instar des actions de groupe des pays de *common law*, la réception de l'action de groupe privée suédoise est soumise à plusieurs conditions : tout d'abord les réclamations des membres du groupe doivent être identiques ou de même nature[187]. La personne ou l'entité introduisant l'action doit également être appropriée pour représenter les membres du groupe et doit posséder les ressources financières nécessaires au déroulement de la procédure[188]. S'il s'avère toutefois que le représentant du groupe ne représente pas convenablement les intérêts du groupe, le juge peut alors à tout moment en nommer un nouveau.[189]

Contrairement au droit américain, l'action de groupe suédoise ne peut être recevable que si le groupe est clairement défini, tant à l'échelle de ses membres qu'à l'échelle du montant des réclamations individuelles[190]. La requête visant à initier une action de groupe doit en effet contenir un certain nombre d'informations, telles que « *la description du groupe représenté, les circonstances communes aux membres du groupe, l'existence des questions de fait et de droit communes à tous les membres du groupe ainsi que tous les faits qui justifient que les demandes individuelles fassent l'objet d'une action de groupe* »[191].

Il convient de mentionner qu'à la différence de la *class action* américaine, il n'existe pas de décision de certification statuant sur la recevabilité de l'action de groupe distinct de celle qui statue sur le fond de l'affaire.

32. La constitution du groupe. A l'instar de ce qui existe déjà pour les autres formes d'actions de groupe, l'action de groupe suédoise doit être notifiée aux membres du groupe. Cependant, en comparaison avec les modèles instaurés dans les pays de *common law*, sa spécificité tient précisément au fait que cette dernière est respectueuse de la culture européenne généralement hostile au mécanisme de l'*opt out*. Ne peuvent ainsi participer à la procédure que les membres qui ont expressément manifesté leur volonté de faire partie du groupe et, à défaut d'une telle manifestation dans le délai fixé par le tribunal, leur exclusion du groupe sera dès lors présumée[192].

33. L'issue de l'action de groupe suédoise. Si les demandeurs obtiennent gain de cause, la décision du juge liera tous les membres de la classe ayant manifesté leur volonté de joindre l'action de groupe et la décision rendue sera *res-judicata* à l'égard de tous les membres[193]. Tout comme dans toute autre procédure de groupe, il est possible que l'action de groupe suédoise se solde par une transaction. Celle-ci devra alors être approuvée par le juge, après avoir vérifié que l'accord conclu est juste et non discriminatoire vis-à-vis des membres du groupe[194].

---

187 Section 8 (1), *Group Proceeding Act.*
188 Section 8 (2), *Group Proceeding Act.*
189 Section 21, *Group Proceeding Act.*
190 Section 8 (4), *Group Porceeding Act.*
191 Section 9, *Group Proceedings Act*, telle que traduite par S. PIETRINI, *L'action collective en droit des pratiques anticoncurrentielles*, *op.cit.*, spéc. n°301, p. 314.
192 Section 14 *Group Proceedings Act.*
193 Section 29, *Group Proceedings Act.*
194 Section 26, *Group Proceedings Act.*

B- Les actions en représentation engagées par des entités représentatives (« *Representative actions* »)

34. Les actions en représentation sont des actions de groupe pouvant être intentées généralement par une autorité publique ou par une association. Ces entités exercent ainsi l'action au nom d'un groupe d'individus. Ces actions de groupe, dont l'exercice est encadré, sont répandues dans les pays de l'Europe[195] continentale. Ces derniers sont toujours attachés à leur modèle traditionnel de régulation qui s'opère habituellement par le biais de la sphère publique. En témoigne l'exemple français où la jurisprudence répressive refuse d'ouvrir aux associations représentatives le droit d'engager des actions en réparation du préjudice causé à l'intérêt collectif. La justice française considère en effet que cela remettrait en question la suprématie du ministère public dans la protection de l'intérêt général[196].

Les actions de groupe en représentation présentent une large variété d'hypothèses. Si ces actions avaient principalement pour fonction la protection des intérêts collectifs des victimes **(1)**, il existe aujourd'hui des actions en représentation ayant pour finalité la réparation des préjudices individuels des victimes **(2)**.

1- *L'action en représentation visant la protection des intérêts collectifs*

35. Une action qui reflète le système de régulation européen basé sur le *public enforcement*. L'action en représentation visant la protection des intérêts collectifs a été consacrée depuis bien longtemps dans la plupart des pays européens et a essentiellement pour fonction d'assurer la représentation en justice d'un intérêt catégoriel déterminé[197]. Les organes qualifiés pour la mise en œuvre de cette action diffèrent d'un pays à un autre. Alors que dans certains pays, l'action ne peut être intentée que par des groupements agréés, les conditions requises pour exercer une telle action s'avèrent plus souples dans d'autres pays. Comme nous l'avons déjà mentionné, ce type d'action constitue une application de la philosophie continentale selon laquelle, en vue d'assurer la protection des citoyens, l'Etat doit garantir le bon fonctionnement de la justice et de la police. C'est la raison pour laquelle plusieurs systèmes juridiques confient l'exercice de cette action à des organismes publics comme l'*Office of Fair Trading* au Royaume-Uni[198].

36. La consécration de cette action par le droit français. En droit français, le rôle de la défense des intérêts supérieurs de la collectivité incombe, en principe, au ministère public. Toutefois, l'exercice de l'action de groupe dans l'intérêt collectif peut également être confié à des organismes privés sans but lucratif, conditionné par l'exercice d'un contrôle *a priori* sur cette qualité, se traduisant alors dans la majorité des cas par la

[195] Ces actions de groupe existent également en dehors de l'Europe à l'instar du Canada, l'Australie, ainsi que dans la plupart des pays sud-américains.
[196] S. PIERTRINI, *op.cit.*, spéc. p. 172.
[197] Sur les actions en défense d'un intérêt collectif, voir : L. BORÉ, *La défense des intérêts collectifs par les associations devant les juridictions administratives et civiles*, *op.cit.*
[198] C. HODGES, « From Class Action to Collective Redress, A revolution in Approach to Compensation », 28 C. J. Q. 41 (2009).

délivrance d'un agrément administratif. C'est ainsi qu'au terme de l'article L421-1 du code la consommation, « *les associations régulièrement déclarées ayant pour objet statutaire explicite la défense des intérêts des consommateurs peuvent, si elles ont été agréées à cette fin, exercer les droits reconnus à la partie civile relativement aux faits portant un préjudice direct ou indirect à l'intérêt collectif des consommateurs* ».

La Cour de cassation a été claire sur la distinction entre le préjudice subi personnellement par chaque victime et celui issu d'une infraction à un intérêt collectif[199]. Seul ce dernier peut faire l'objet d'une réparation dans le cadre d'une action représentative engagée conformément à l'article L421-1. Pour cette raison, cette action n'a pas de véritable effet pour les consommateurs.

En plus de la demande d'indemnisation du dommage causé à l'intérêt collectif, l'association agréée peut également demander la cessation des agissements illicites ou la suppression des clauses illicites comme l'indique l'article L 412-2 du Code de la consommation. Une telle action est cependant accessoire à l'action en réparation et ne peut être engagée que si les conditions de l'article L421-1 du Code de la consommation sont remplies[200].

37. L'action en cessation des agissements illicites et l'action en suppression des clauses illicites ou abusives au niveau européen. A l'échelle européenne, la directive n°98/27 relative aux actions en cessation en matière de protection des consommateurs prévoit que les associations et les organismes justifiant leur inscription sur la liste publiée au Journal officiel des Communautés européennes « *peuvent agir devant la juridiction civile pour faire cesser ou interdire tout agissement illicite au regard des dispositions transposant les directives mentionnées à l'article 1re de la directive (98/27)* »[201].

En France[202], cette directive a été transposée par l'article L 421-6 du Code de la consommation. Il est ainsi désormais possible, pour toute entité représentative, d'agir par voie de demande initiale devant une juridiction civile en vue d'obtenir la cessation ou l'interdiction de l'agissement illicite, ou bien la suppression des clauses illicites ou abusives dans tout contrat destiné au consommateur[203].

L'action en cessation des agissements illicites a pour finalité le prononcé d'une injonction de faire ou de ne pas faire. Cela a d'ailleurs été précisé plusieurs fois par la Cour de cassation française[204]. Ainsi, les préjudices individuels subis par les

[199] Ainsi, selon la Cour de cassation (Cass. crim. 20 mai 1985, pourvoi n°84-91606, Bull. crim 1985. n°190) : « *Le préjudice direct ou indirect qui est porté par une infraction à l'intérêt collectif des consommateurs, dont une association de défense régulièrement déclarée peut demander réparation ne se confond pas avec le préjudice subi personnellement par les victimes directes de l'infraction, qui seules peuvent en demander réparation* ».

[200] Sur l'action en cessation voir : L. BORÉ, *La défense des intérêts collectifs par les associations devant les juridictions administratives et judiciaires*, *op.cit.*, spéc. n°253 et s.

[201] Directive n°98/27 CE du 19 mai 1998 relative aux actions en cessation en matière de protection des intérêts des consommateurs, J.O. n° L 166 du 11/06/1998 p. 0051 – 0055.

[202] Dans d'autres pays européens à l'instar du Royaume-Uni, l'Irlande et la Suède, c'est aux associations administratives, qu'il incombe le soin d'initier l'action en cessation.

[203] S. PIETRINI, « L'action collective en droit des pratiques anticoncurrentielles. Perspective nationale, européenne et internationale », *op.cit.*, spéc. n°148, p. 178.

[204] Cass. civ.1re octobre 1999, *Union fédérale des consommateurs de l'Isère (UFC 38) c / Sté Emme*, pourvoi n°97-17.599, Bull. civ. I, n°260 : « *Les associations de consommateurs ont, indépendamment des termes de la loi, une aptitude de*

consommateurs ne pourront pas faire l'objet d'une demande de réparation de la part de l'association ce qui prive ainsi l'action de groupe de tout intérêt.

2- L'action en représentation visant l'indemnisation des victimes

38. Les actions de groupe intentées par des associations peuvent aussi avoir pour objet l'indemnisation des victimes. Certaines de ces actions ont d'ailleurs montré leur efficacité dans la résolution du contentieux de masse aussi bien interne, qu'international. Il convient de distinguer entre celles qui se caractérisent par le déroulement d'une instance pouvant aboutir à un jugement au fond ou à une transaction **(a)** et celles se fondant uniquement sur un mécanisme de négociation collective entre le prétendu responsable et l'entité représentant les victimes **(b)**.

a- Les actions en représentation aboutissant à un jugement au fond de l'affaire

39. L'exemple français originaire : l'action en représentation conjointe. Les actions en représentation pour dommages et intérêts visent principalement la défense des intérêts individuels des victimes. Ces dernières ont été consacrées par plusieurs systèmes juridiques de l'Europe continentale.

En droit français, l'action en représentation dont l'objet est l'indemnisation des victimes, a été adoptée suite à la réforme de 1992, introduisant dans la loi n°88-14 du 5 janvier 1988 relative aux actions en justice, le droit d'action des associations agréées de consommateurs[205]. Cette action de groupe[206] a également été consacrée en matière de protection des investisseurs[207] et en matière environnementale[208].

Bien que l'action en représentation conjointe se rapproche de la procédure de *class action,* et notamment parce qu'un préjudice touchant une multitude de personnes peut être jugé au cours d'une même instance, les conditions de sa recevabilité s'avèrent cependant beaucoup plus strictes, la rendant ainsi peu efficace. En effet, il ne suffit pas, pour que l'action collective soit engagée, qu'une association représentative agréée et reconnue comme représentative au niveau national agisse au nom des victimes afin d'indemniser des préjudices ayant une origine commune et résultant du fait d'un même professionnel. Encore faut-il que deux mandats par deux consommateurs, personnes

---

principe à obtenir réparation par équivalent du préjudice collectif » ; Cass. civ. 1re, 1 février 2005, *Union fédérale des consommateurs Que Choisir de l'Isere/Sté où* la Cour de cassation avait considéré que les associations agréées de défense des consommateurs peuvent demander la réparation de tout préjudice direct ou indirect porté à l'intérêt collectif des consommateurs *« dans l'exercice de leur action préventive en suppression des clauses abusives devant les juridictions civiles ».*

205 Article L 422-1 alinéa 1 du Code de consommation issu de l'article 8-1 de la loi de 5 janvier 1988 modifié par la loi du 18 janvier 1992 : « *Lorsque plusieurs consommateurs personnes physiques, identifiés ont subi des préjudices individuels qui ont été causés par le fait d'un même professionnel, et qui ont une origine commune, toute association agréée et reconnue représentative sur le plan national en application des dispositions du titre Ier peut, si elle a été mandatée par au moins deux des consommateurs concernés, agir en réparation pour toute juridiction au non de ces consommateurs* ».

206 R. MARTIN, « L'action en représentation conjointe de consommateurs », *JCP 1994 I, p. 3756*

207 Articles L. 452-2 à L. 452-4 du Code monétaire et financier.

208 Article L. 142-3 du Code de l'environnement.

physiques et identifiées[209] aient été octroyées à l'association. De plus, la collecte des mandats est strictement encadrée. Ces derniers doivent être écrits, mentionner expressément leur objet et conférer à l'association le pouvoir d'accomplir au nom et pour le compte du consommateur tous les actes de procédure. En outre, à l'exception de la matière boursière[210], il est interdit de solliciter les mandats par voie d'appel public télévisé ou radiophonique, ni par voie d'affichage, de tract ou de lettre personnalisée.

Les exemples tirés de la jurisprudence française et plus précisément de l'affaire de la téléphonie mobile illustrent bien les nombreux obstacles liés à l'engagement de l'action en représentation conjointe.

Dans le cadre de cette affaire, et avant même que l'autorité de la concurrence française n'ait prononcée sa condamnation à l'encontre de trois opérateurs français pour violation des règles de droit de la concurrence [211], l'association de défense des consommateurs l'UFC – Que choisir avait déjà entamé des préparatifs en vue d'initier une action de groupe visant la réparation des dommages subis par les consommateurs causés par l'entente illicite. A cette fin, l'association avait demandé à un cabinet d'avocats d'instaurer un calculateur informatique pour les besoins de la détermination du montant des préjudices subis par les consommateurs et les dommages intérêts à réclamer par chacun d'entre eux. Instantanément après le prononcé de la décision de l'autorité de la concurrence [212], l'UFC - Que choisir avait mis à la disposition des victimes un site internet visant à les informer de l'action de groupe envisagée ainsi que du logiciel informatique relatif au calcul de leur préjudice, tout en leur proposant un mandat en ligne en vue d'engager une action en représentation en leur nom et pour leur compte. Elle avait ainsi recueilli plus de 1200 mandats sur les 200,000 intitalement inscrites sur le site.

Afin que les préparatifs de l'UFC- Que choisir ne soient pas assimilés à un démarchage juridique, ce dernier étant en effet prohibé par la loi française[213], l'association avait écarté l'action en représentation conjointe, en intervenant volontairement à une action intentée par un consommateur et ce sur le fondement de l'action en défense des intérêts collectifs. Elle a ensuite été suivie par les 1200 consommateurs qu'elle avait retenus pour le soutien qu'ils avaient apporté à l'assignation initiale du consommateur. Ces consommateurs avaient déposé des conclusions similaires à celles de l'UFC, tout en retenant le même avocat que cette dernière. Cependant, la stratégie de l'UFC-Que choisir avait été censurée par le Tribunal de Commerce de Paris, qui après avoir opéré une requalification de l'action en défense des intérêts collectifs des consommateurs en action en représentation conjointe, avait constaté la violation par l'association de l'interdiction du démarchage juridique et a de ce fait déclaré l'assignation irrecevable[214]. Sur appel, la Cour de Paris avait également rejeté le recours de l'UFC constatant la nullité du recours initial initié par

---

209 L'article 422-8 du décret d'application dispose : « *L'acte introductif d'instance contient, à peine de nullité, outre les mentions prévues par la loi, la dénomination de l'organisation agréée, son siège social, l'organe qui la représente légalement et les noms, prenons de chacun des consommateurs pour le compte desquels elle agit* ».

210 Conformément à l'article L 452-2 du Code monétaire et financier, il est possible de lancer un appel public par voie télévisée ou radiophonique.

211 Il s'agissait de Bouygues Telecom, SFR, et Orange France.

212 Décision n°05-D-65 du 30 nov. 2005.

213 Loi n°71-1130 du 31 déc. 1971 portant réforme de certaines professions judiciaires et juridiques.

214 T. Com. Paris, 6 déc. 2007.

le consommateur et par conséquent le recours de l'UFC greffé sur le recours initial. Pour la Cour d'appel, la nullité du recours principal s'expliquait parce qu'il avait été piloté par l'UFC - Que choisir, cette dernière ayant choisi l'avocat de ce consommateur, et s'était engagée à supporter les frais de la procédure. Par conséquent, et toujours selon la Cour de Paris, le consommateur ayant initié le recours principal avait mandaté pour sa défense l'UFC et non l'avocat supposé le représenter. Or, cela a pour effet d'entraîner la nullité de l'assignation introductive d'instance et donc celle des actes d'intervention volontaire pour « *défaut de pouvoir des personnes assurant la représentation en justice par application de l'article 117 du code de procédure civile.*»[215].

Cette affaire met bien en exergue les faiblesses et les insuffisances de l'action en représentation conjointe. De plus, et au-delà de la nécessité de recueillir le mandat de la part de chaque consommateur et l'interdiction du démarchage juridique, la gestion de la procédure s'est révélée lourde et coûteuse. En effet, L'UFC-Que Choisir, a dû monopoliser des ressources exceptionnelles en vue de constituer les dossiers individuels pour chaque consommateur.

Le strict encadrement de l'action en représentation conjointe a ainsi fait d'elle un outil peu efficace : « *c'est une véritable usine à gaz en raison de la nécessité de collecter des mandats. Je dirai même qu'au vu des cas de saisine sur la base de cette procédure qui se comptent sur les doigts d'une main depuis près de vingt ans d'existence on peut s'apercevoir de l'inefficacité d'une telle procédure* »[216]. Il s'agit donc là d'une action « *morte-née* »[217], ce qui a naturellement amené certains auteurs à proposer la suppression cette action[218].

40. Les nouvelles dispositions relatives au droit français des actions de groupe. Suite à un long processus et à des débats académiques, économiques et techniques lancés depuis les années 1970, des nouvelles dispositions en matière d'action de groupe ont été adoptées en France. C'est par la porte consumériste – l'action de groupe ayant été adoptée en premier lieu par la loi Hamon n° 2014-344 du 17 mars 2014 introduite dans le Code de la consommation (articles L. 623-1 et suivants) - que le législateur français a décidé d'introduire une nouvelle forme d'action de groupe en droit français. En outre, l'article 1 de la loi Hamon consacre par le biais de sa Section 5 l'action de groupe en matière de droit de la concurrence et plus précisément en matière de pratiques anticoncurrentielles[219]. Cette loi a été complétée par un décret du 24 septembre 2014 inséré dans le code de la consommation sous les articles L .623-1 et s. (le « **Décret** »)[220] et d'une circulaire du 26 septembre 2014 à destination des chefs de juridiction et du

215 Cour d'appel de Paris, 11e Chambre, 22 jan. 2010, RG n°08-09844, *L'UFC Que Choisir et autres c/SA Bouygues Telecom.*

216 V. CANU, « De La recevabilité de l'action judiciaire des associations d'actionnaires des sociétés cotées et des associations de défense des investisseurs » in V. Magnier (dir.), *L'opportunité d'une action de groupe en droit des sociétés ?,* PUF 2004, p. 50.

217 L. BORÉ, « L'action en représentation conjointe : class action française ou action mort-née », *D. 1995. 267.*

218 E. JEULAND, « Résolution des litiges », in D. Fenouillet et F. Labarthe (dir.), *Faut-il recodifier le droit de la concurrence*, Economica 2002, p. 141, spéc p. 147.

219 Article L 623-1 du Code de consommation.

220 Décret n° 2014-1081 du 24 septembre 2014 relatif à l'action de groupe en matière de consommation.

parquet (la « **Circulaire** »)[221]. Une action de groupe de même type a été consacrée plus tard en matière de produits de santé par la loi n°2016-41 du 26 janvier 2016[222], laquelle a été complétée par le décret n°2016-1249 du 26 septembre 2016[223].

Enfin, la loi de modernisation de la justice, fixa un cadre général à l'action de groupe par le biais de son chapitre 1er du titre V, en mettant en jeu des règles communes aux actions de groupe devant le juge judiciaire (et administratif), qui, cependant, ne sont pas applicables aux actions de groupe en matière de consommation.

Force est de constater cependant que le législateur français n'a souhaité qu'un droit commun encadré pour cette action de groupe dite de droit commun[224]. En effet, une telle action ne pourra être engagée que dans les cas ouverts par des textes spécifiques. Par ailleurs, la loi de modernisation de la justice consacra l'action de groupe en matière de discrimination, d'environnement et de protection des données personnelles.

La promulgation de la loi de modernisation a été suivie par l'entrée en vigueur du décret n° 2017-888 du 6 mai 2017[225] qui définit les règles procédurales applicables aux actions de groupe consacrées par cette dernière.

Dans un souci de simplification, nous prenons comme référence, dans les développements relatifs à l'action de groupe en droit français, l'action de groupe consacrée en matière de consommation, tout en mettant en relief les divergences existantes avec les dispositions communes aux actions de groupe devant le juge judiciaire ou celles relatives aux actions de groupe en matière de discrimination, d'environnement et de protection des données personnelles, telles que consacrées par la loi de modernisation de la justice.

Si les nouvelles dispositions relatives à l'action de groupe pour dommages et intérêts semblent se doter d'une vocation plus large que celles relatives à l'action en représentation conjointe, le législateur français n'a cependant pas complètement franchi le Rubicon. L'action de groupe ainsi consacrée reste strictement encadrée quant aux modalités de son exercice et reflète la méfiance du législateur français, au regard de l'institution américaine de *class action*, relativement mal vue en France. Un tel encadrement se manifeste tant au niveau de la titularité de l'exercice de l'action de groupe[226] et de son champ d'application qu'au niveau de plusieurs aspects du déroulement de la procédure.

41. L'existence de plusieurs phases. Tout comme les autres formes d'actions de groupe, la procédure française est une procédure complexe qui se divise en plusieurs

---

[221] Circulaire de présentation des dispositions de la loi n°2014-344 du 17 mars 2014 relative à la consommation et du décret n°2014-1081 du 24 septembre 2014 relatif à l'action de groupe en matière de consommation, consultable sur : http://circulaire.legifrance.gouv.fr/index.php?action=afficherCirculaire&hit=1&r=38861.

[222] L. n°2016-41, 26 janv. 2016 de modernisation de notre système de santé, JORF n°0022 du 27 janvier 2016, texte n° 1.

[223] Décr. n°2016-1249 du 26 Sep. 2016, relatif à l'action de groupe en matière de santé, JO 27 Sep., texte n°5.

[224] H. CROZE, « Un droit commun de l'action de groupe », *Procédures*, février 2017, étude 4.

[225] Au sujet duquel voir : M. KEBIR, « Décret relatif à l'action de groupe du 21e siècle : précisions procédurales », *D. 195. 2017.*

[226] Voir *supra* n°6.

phases[227]. Celles-ci peuvent être résumées, selon la Circulaire, en trois phases principales. Tout d'abord, celle du premier jugement consistant à établir la responsabilité de l'auteur du dommage ainsi que le cadre de l'indemnisation des consommateurs. S'ensuivent après la deuxième phase relative à la mise en œuvre du jugement statuant sur la responsabilité, et une dernière phase ou seront examinées les demandes supplémentaires qui n'auraient pas été examinées dans le délai fixé par le juge.[228]

Force est de constater cependant, et comme l'a été justement relevé par un commentateur[229], l'action de groupe ne comporte pratiquement qu'une phase unique, puisque et comme nous allons le voir, c'est dans la première phase relative au jugement sur la responsabilité que tous les éléments relatifs au procès de groupe seront déterminés et la seconde phase ne sert qu'à la mise en œuvre du premier jugement.

42. Jugement statuant sur la responsabilité et fixant le cadre de l'indemnisation des consommateurs. Dans cette phase, le juge est tenu de statuer sur le bien-fondé de l'action et dans l'hypothèse où la responsabilité du professionnel est établie, il doit, dans le même jugement, définir le groupe des consommateurs à l'égard desquels la responsabilité du professionnel est engagée, fixer les critères de rattachement au groupe, déterminer les préjudices susceptibles d'être réparés pour chaque consommateur ou catégories de consommateurs constituant le groupe, ordonner les mesures adaptées pour informer cette décision aux consommateurs susceptibles d'appartenir au groupe, fixer le cadre de l'adhésion des consommateurs en indiquant le délai dont ils disposent pour adhérer au groupe et les modalités de cette adhésion et enfin indiquer le délai dans lequel l'indemnisation doit intervenir[230].

43. La mise en œuvre du jugement statuant sur la responsabilité. A l'issue de la première phase, les consommateurs adhéreront au groupe dans les conditions et délais fixés par le juge. Une fois que le consommateur a adhéré au groupe, mandat aux fins d'indemnisation serait donné au profit de l'association requérante[231]. De cette manière, tout sera accompli par l'association en vue de la réparation du préjudice individuel subi par le consommateur entrant dans le groupe. Le mandat emporte aussi l'avance, par l'association, de toutes les dépenses liées à la procédure.

Quant à la modalité de l'adhésion au groupe, l'article R. 623-13 du Code de la consommation précise que celle-ci peut se faire par « *tout moyen permettant d'en accuser réception* ». Ainsi, le consommateur doit être en mesure de prouver qu'il a bien adhéré dans les délais fixés par le jugement.

44. Mode de constitution du groupe. Quant au mode de constitution du groupe, le législateur français a opté pour le modèle de consentement exprès (*opt in)* compatible avec le modèle processuel français. Par conséquent, tout consommateur désirant joindre

---

227 D. MAINGUY, *Action de Groupe en Droit Français. Après la loi Hamon du 17 mars 2014*, *op.cit.*, spéc. p. 47.

228 Voir la Circulaire, précitée, spéc, p. 7 et suiv.

229 N. MOLFESSIS, « L'exorbitance de l'action de groupe à la française », *D. 2014. 947*, spéc. n°8 et suiv.

230 Voir article L .623-4 et suiv. du code la consommation.

231 Voir article L 623-9 du code de la consommation.

l'action de groupe doit effectuer une déclaration individuelle[232]. Cependant, la loi révèle une originalité qui incite une partie de la doctrine à considérer que la phase initiale comporte une sorte d'*opt out virtuel* ou que l'action de groupe elle-même constitue un mécanisme d'*opt out déguisé*[233]. En effet, cette pensée trouve son origine dans le fait que le consommateur ait la possibilité d'effectuer sa déclaration à tout moment, et ce même à l'issue de la décision sur la responsabilité. A notre sens, s'il est vrai que dans la première phase de la procédure, le groupe est abstraitement formé, il n'en reste pas moins que dans la seconde phase, le groupe sera déterminé d'une manière concrète par les consommateurs adhérant au groupe.

Par ailleurs, il nous semble que le mécanisme d'*opt out* ait été consacré dans le cadre de la « *procédure d'action de groupe simplifiée* »[234]. En effet, cette procédure peut être déclenchée dans l'hypothèse où l'identité et le nombre de consommateurs lésés sont connus et lorsque ces derniers ont subi un préjudice d'un même montant, d'un montant identique par prestation rendue, ou d'un montant identique par référence à une période ou à une durée. Dans ces cas, le juge peut condamner le professionnel à indemniser les consommateurs directement et individuellement après avoir statué sur la responsabilité du professionnel[235]. Or dans une telle hypothèse le procès va se dérouler en l'absence des consommateurs, sans qu'ils acceptent la procédure et sans même qu'ils ne soient informés[236]. En d'autres termes, ces derniers vont bénéficier de l'indemnisation, suite à un procès qui s'est déroulé sans leur consentement. Il est vrai qu'on pourra relativiser ce postulat en considérant que la représentation sera déclenchée après la décision, puisque les consommateurs conservent le droit d'accepter ou non l'indemnisation dont le montant leur sera parvenu après le prononcé de la décision. Cependant, il semble que ce postulat ne soit applicable que dans l'hypothèse où le professionnel refuse l'exécution de la décision et que par suite, dans le cas contraire, le consommateur sera indemnisé sans aucune représentation[237].

45. Le Règlement alternatif : La médiation. Le législateur français a prévu la possibilité de recourir à une procédure de médiation en présence d'une action de groupe, à laquelle seule l'association qui a introduit l'action peut y participer[238]. Dans l'hypothèse où la médiation aboutit à la conclusion d'une transaction entre le professionnel et l'association de consommateurs, l'accord doit préciser les mesures de publicités nécessaires pour informer les consommateurs intéressés de rejoindre l'action ainsi que

---

232 L'article R 623-17 du code de la consommation.

233 A. OUTIN-ADAM et C. DELACROIX, « L'action de groupe : un mécanisme à circonscrire – Vers une action de groupe en droit des pratiques anticoncurrentielles : une première étape ? », *Concurrences, n°3 -2013.*

234 Sur cette procédure voir : article L 623-14 et suiv. du code de la consommation.

235 *Ibid.*

236 N. MOLFESSIS, « L'exorbitance de l'action de groupe à la française », *D. 2014. 947,* spéc. n°13.

237 Puisque conformément à l'article L 623-16 du code de la consommation : *« En cas d'inexécution par le professionnel, à l'égard des consommateurs ayant accepté l'indemnisation, de la décision rendue dans le délai fixé, les articles L. 623-19 et L. 623-20 sont applicables et l'acceptation de l'indemnisation dans les termes de la décision vaut mandat aux fins d'indemnisation au profit de l'association »*.

238 Des dispositions similaires ont été consacrées par la loi de modernisation de la justice. Voir à cet égard, l'article 75 de cette loi. Voir d'une manière générale : B. MALLET-BRICOUT, « Les modes alternatifs de règlement des différends dans la loi « Justice du XXIe siècle » : un nouveau souffle », *RTD Civ. 2017. 221.*

les délais et modalités d'une telle participation[239]. L'accord sera ensuite homologué par le juge qui doit vérifier si ce dernier est bien conforme aux intérêts auquel il a vocation à s'appliquer[240].

46. **Portée du jugement sur la responsabilité**. Conformément à l'article L623-28 du Code de la consommation, le jugement sur la responsabilité rendu ainsi que le jugement d'homologation d'un accord de médiation, ont autorité de chose jugée à l'égard de chacun des membres du groupe dont le préjudice a été réparé au terme de la procédure. L'autorité de chose jugée s'applique donc rétroactivement à des personnes qui n'étaient pas parties au jugement lorsque celui-ci a été prononcé mais qui se sont manifestées pour en bénéficier par la suite en adhérant au groupe. Toutefois, les consommateurs victimes ont toujours la possibilité d'agir de manière individuelle pour les préjudices qui ne seraient pas compris dans le champ de la décision rendue par le juge ou de l'accord homologué.

Par ailleurs, l'autorité de chose jugée s'étend également aux autres associations qui pourraient porter l'action de groupe. Ainsi, ces dernières ne sont pas recevables à initier une action de groupe pour la réparation des mêmes préjudices ayant déjà fait l'objet d'un jugement sur la responsabilité ou d'un accord homologué[241].

47. **L'extension de l'action de groupe au droit de la concurrence**. Au-delà du domaine du droit de la consommation, l'action de groupe peut intervenir dans le domaine de la concurrence. A cet égard, la loi Hamon prévoit une section 6 spécifique au droit de la concurrence. Cependant, cette action reste restreinte, aussi bien concernant son domaine matériel, que ses modalités de mise en œuvre.

A propos de son champ matériel, l'action de groupe reste limitée au droit des pratiques anticoncurrentielles et ne peut, de ce fait, être engagée en matière de concurrence déloyale ou en matière de pratiques restrictives de concurrence[242].

De plus, une telle action ne peut être qu'une action de groupe de suivi (« *follow on* ») et ne peut dès lors être engagée qu'à la suite « *d'une décision prononcée à l'encontre du professionnel par les autorités ou juridictions nationales de l'Union européenne compétentes qui constate les manquements* »[243].

En dépit de son domaine relativement restrictif, il a été considéré que cette action de groupe permet d'alléger le fardeau probatoire de celui qui engage la responsabilité civile de l'auteur des pratiques anticoncurrentielles. En effet d'une part, « *le demandeur peut prendre appui sur la décision d'une autorité spécialisée constatant les agissements et les qualifiant de pratiques anticoncurrentielles et, d'autre part, les manquements du professionnel tels que prononcés par l'autorité compétente sont réputés établis d'une manière irréfragable* » [244].

---

239 Des dispositions similaires ont été consacrées par la loi de modernisation de la justice.
240 Des dispositions similaires ont été consacrées par l'article 76 de la loi de modernisation de la justice.
241 Article L. 623-30 du code de la consommation.
242 Article L. L623-24 du code de la consommation.
243 *Ibid.*
244 M. CHAGNY et V. PIRONON, « Les recours collectifs en droit du marché », in *Mélanges en l'honneur du Professeur Bernard Audit. Les relations privées internationales, op.cit.*, spéc. p. 215.

S'il est encore trop tôt pour évaluer l'attractivité du nouveau marché français des actions de groupe, force est de constater cependant que la doctrine a déjà mis en exergue le caractère inadapté d'une telle action[245], surtout dans le cadre des litiges relevant du droit de la concurrence[246]. En ce qui concerne les litiges de masse internationaux, il est clair que l'accès au marché français d'action de groupe n'est pas sans contraintes. Celles-ci tiennent principalement aux difficultés que soulève la recevabilité d'une action de groupe française dans le cadre d'un litige présentant des éléments d'extranéité[247].

48. **L'action en représentation du droit libanais : une action aux contours imprécis.** Comme mentionné auparavant, le législateur libanais a consacré, au sein de la loi de protection de consommateurs, une action de groupe. En précisant que les associations de consommateurs agréées sont habilitées à représenter collectivement et gratuitement les consommateurs devant les organes et les administrations publics et à engager des actions en justice en vue de protéger les intérêts des consommateurs, le législateur libanais a opté[248], nous semble-t-il, pour le modèle associatif européen d'une action de groupe. Cependant, les contours de l'action de groupe ainsi consacrée restent imprécis et vagues. En effet, la loi ne précise guère si l'action de groupe vise la protection des intérêts collectifs des consommateurs, la cessation des pratiques illicites ou l'indemnisation des préjudices subis individuellement par chaque consommateur. Par ailleurs, cette confusion s'est trouvée d'autant plus accentuée par le législateur. En effet la loi précise que la résolution des litiges entre consommateurs et professionnels s'opère exclusivement par le biais de comités spécialisés, conformément aux règles libanaises de procédures civiles[249], sans aucune mention, ni de près, ni de loin, quant à la possibilité d'une résolution collective du contentieux. L'absence de jurisprudence en la matière rend ainsi les dispositions relatives à l'action de groupe libanaise obscures et imprécises.

b- Les actions en représentation reposant sur un mécanisme transactionnel

49. **Le principe d'une action de groupe transactionnelle.** Dans le cadre des actions de groupe transactionnelles (*settlement procedures*) un litige de masse sera bien souvent résolu par voie extrajudiciaire, et principalement par le biais d'une transaction conclue entre le défendeur et les demandeurs victimes. A cet égard, les deux mécanismes néerlandais et belges de résolution des dommages de masse s'avèrent particulièrement intéressants.

245 M. J. AZAR-BAUD et S. CARVAL, « L'action de groupe et la réparation des dommages de consommation : bilan d'étape et préconisations », *D. 2015. 2136* ; C. BOURDEL, « Première bougie pour l'action de groupe : un bilan en demi-teinte », *AJ Contrats d'affaires-Concurrence-Distribution 2015*, p. 488.

246 Pour un exposé détaillé, voir : M. CHAGNY et V. PIRONON, « Les recours collectifs en droit du marché », in *Mélanges en l'honneur du Professeur Bernard Audit. Les relations privées internationales*, *op.cit.*, spéc. p. 213.

247 Voir *infra* n°268 et suiv.

248 Article 97 de la loi de protection des consommateurs n°659.

249 Article 101 de la loi de protection des consommateurs n°659.

50. Le modèle néerlandais. L'action de groupe néerlandaise (*Wet Collectieve Afwikkeling Massaschade*) désignée par « ***WCAM*** » a été instaurée par la loi du 27 juillet 2005[250]. Cette dernière est basée sur un règlement par voie extra-judiciaire du litige de masse à travers la conclusion d'une transaction entre le prétendu responsable et les représentants des victimes ou les intéressés potentiels[251]. Cette transaction doit en revanche être approuvée par la cour d'appel d'Amsterdam. En vertu de cette procédure, le défendeur conclut une transaction avec une ou plusieurs associations ou fondations possédant la capacité juridique pour représenter des personnes ayant subi le dommage[252]. Les personnes physiques n'ont ainsi pas la qualité pour agir au nom et pour le compte des victimes.

Durant la phase de négociation, la ou les entité(s) représentative(s) négocient avec le responsable une transaction ayant pour objet la réparation des préjudices causés par ce dernier aux victimes. Si les négociations aboutissent, un accord sera alors conclu et les parties devront saisir conjointement la cour d'appel d'Amsterdam[253]afin de déclarer cette transaction collective (*collective settlement*) comme définitive. Pour homologuer l'accord conclu, la cour d'appel d'Amsterdam doit s'assurer que certaines conditions sont réunies, à savoir le caractère raisonnable des montants alloués aux parties, la manière dont ils ont été octroyés et enfin si les intérêts des victimes ont été représentés d'une manière adéquate par l'association[254]. Par ailleurs, les personnes représentées ont également le droit d'être entendues sur le fond de l'affaire.

Si la cour approuve la transaction, celle-ci sera considérée comme définitive et aura ainsi autorité de chose jugée à l'égard de toutes les personnes ayant subi le même dommage à l'exception de celles qui ont manifesté leur volonté de s'exclure de la procédure par le biais de l'*opt out,* et ceci dans un délai de trois mois après le jugement de validation de la transaction[255]. Ainsi, les personnes qui décident de s'exclure ne seront pas liées par la transaction et peuvent, à cet égard, intenter des actions individuelles à l'encontre de la partie responsable. Dans le cas où plusieurs personnes s'excluraient de la procédure, la transaction peut également contenir une disposition permettant à la partie responsable de demander l'annulation de celle-ci[256].

Quant à la notification de l'action aux victimes, celle-ci se fait en deux phases. Dans une première phase, les membres doivent être notifiés du contenu de la transaction et

---

[250] L'action de groupe néerlandaise est consacrée par les articles 907 à 910 du livre n° 7 du Code civil néerlandais ainsi que par les articles 1013 et suivant du code de Procédure civile (le Code civil et le code de Procédure civile sont consultables en langue anglaise sur : http://www.dutchcivillaw.com/)

[251] J.-J.KUIPERS, « Pays-Bas : Règlement collectif du dommage de masse », *R. I. D. C. 2012. 214,* spéc. p. 217.

[252] H. VAN LITHE, *The Dutch Collective Settlements Act and Private International Law*, consultable sur: http://ec.europa.eu/competition/consultations/2011_collective_redress/saw_annex_en.pdf, spéc. p.16: « *In essence, the Act provided for collective redress in mass damages on the basis of a settlement agreement concluded between one or more foundations or associations representing a group –or « class »- of affected persons to whom damage was allegedly caused and one or more allegedly liable parties* ».

[253] Conformément à l'article 10135(3) du code de procédure civile néerlandais, consultable en langue anglaise sur : http://www.dutchcivillaw.com/.

[254] Article 907(3) (f) et (b) du Code civil néerlandais.

[255] Conformément à l'article 908 (2) du Code civil néerlandais.

[256] Conformément à l'article 908 (4) du Code civil néerlandais.

peuvent ainsi présenter leurs objections. En deuxième lieu, et une fois la transaction déclarée définitive par la cour, les personnes intéressées seront notifiées de la transaction pour pouvoir exercer leur droit de s'en exclure par le biais de l'*opt out*[257].

51. Le modèle belge. Le modèle belge d'action de groupe[258] est fortement inspiré du modèle néerlandais. Il permet à des associations de défense de consommateurs agréées par le ministre ou représentées au Conseil de la consommation d'introduire une action en justice pour un groupe de consommateurs ayant subi le même dommage, sans que ces derniers n'aient mandaté le représentant à cette fin et sans qu'il soit nécessaire que tous les membres du groupe soient identifiés personnellement lors de l'initiation de l'action»[259].

Les parties ont l'obligation, à l'issue de l'initiation de l'action de groupe, de négocier un accord avec le prétendu responsable[260]. Il est aussi possible de négocier un tel accord en dehors de toute procédure contentieuse. A cette fin, les deux parties doivent introduire une requête conjointe auprès du tribunal de première instance de Bruxelles en vue d'homologuer cet accord[261].

Pour pouvoir être homologué par le juge en dehors de toute procédure contentieuse, le juge doit effectuer un contrôle sur le caractère adéquat de la représentation. Il doit également contrôler si l'accord est complet[262].

En ce qui concerne la composition du groupe, la loi laisse aux parties le choix entre le mécanisme de l'*opt in* ou celui de l'*opt out.* Cependant, lorsqu'il existe des victimes qui résident en dehors de la sphère du tribunal belge, le choix du mécanisme de l'*opt in* devient obligatoire[263].

L'homologation de l'accord possède les effets d'un jugement et rend ce dernier contraignant à l'égard de tous les membres du groupe, après que l'option d'exclusion ait expiré[264]. L'accord homologué contient les modalités et le contenu de la réparation[265] ainsi que la désignation d'un liquidateur chargé de répartir l'indemnité[266].

---

257 H. VAN LITHE, *The Dutch Collective Settlements Act and Private International Law, op.cit.*, spéc. p. 17.

258 Loi du 28 mars 2014 portant insertion d'un titre 2 « De l'action en réparation collective » au livre XVII « Procédures juridictionnelles particulières » du Code de droit économique et portant insertion des définitions propres au livre XVII dans le livre 1e du Code de droit économique . Pour un exposé complet de cette loi voir : E. FALLA, « Le recours collectif en droit de la consommation. Présentation de la loi belge » in A. Puttemans (cord.), *Le droit de la consommation dans le nouveau Code du droit économique*, Bruylant 2014, p. 117.

259 F. DANIS, E. FALLA et F. LEFEVRE, « Introduction aux principes de la loi relative à l'action en réparation collective et premiers commentaires critiques », *R. D. C. 2014.560*, spéc. p. 562.

260 Si l'accord n'est pas conclu, la procédure sera une procédure contentieuse et se termine ainsi par un jugement statuant sur la responsabilité du défendeur. Sur le volet non transactionnel de l'action de groupe belge, voir : E. FALLA, « Le recours collectif en droit de la consommation. Présentation de la loi belge » in A. Puttemans (cord.), *Le droit de la consommation dans le nouveau Code du droit économique, op.cit.*, spéc. p. 121.

261 Art. XVII. 42, §2 du Code de droit économique belge. Consultable sur : http://economie.fgov.be/fr/binaries/CDE_Livre_17_tcm326-256655.pdf.

262 Ainsi, l'accord doit contenir un certain nombre d'éléments. Il s'agit de la description du groupe, la dénomination du représentant, la description du préjudice collectif, le contenu de l'accord. Voir à cet égard : Art. XVII. 44, §1 et art.XVII.45, §3 du code de droit économique belge.

263 Article XVII. 38, §1 du code du droit économique belge.

264 Article XVII. 49, §4 du code du droit économique belge.

265 Article XVI. 45 §3 du code du droit économique belge.

266 Article XVI. 49 §3 du code du droit économique belge.

Comme nous allons le voir, les actions de groupe transactionnelles ont joué un rôle important dans la régulation du contentieux de masse international. C'est d'ailleurs précisément le cas de la procédure néerlandaise, qui s'est avérée particulièrement attractive dans la résolution d'un nombre important de litiges de grande ampleur.

C- Les procédures types (*test case*) ou (*test claim procedures*)

52. Les procédures types (*test cases*) ou (*test claim procedures*) ont été instaurées par plusieurs systèmes juridiques et se caractérisent, en général, par l'existence de deux phases distinctes. Dans un premier temps, un jugement modèle est rendu, conformément auquel les différentes questions communes, dont dépendra l'issue de plusieurs litiges individuels identiques ou présentant entre eux des liens de connexité, seront tranchées. Dans un second temps, les réclamations de chaque victime seront décidées dans le cadre d'une procédure individuelle. Nous nous attarderons dans ce paragraphe sur les deux modèles anglais (**1**) et allemand d'action de groupe (**2**)[267].

1- *Le Group Litigation Order anglais*

53. La présentation de l'action de groupe anglaise. Au Royaume-Uni, le code de procédure civile anglais, « *Civil Procedure Rules* »[268]a introduit en mai 2000 une action de groupe appelée *Group Litigation Order*[269] ou « *GLO* ». Cette procédure de groupe a pour objet de permettre l'administration de plusieurs requêtes individuelles présentant des questions identiques ou connexes[270]. Conformément à ce mécanisme, toute partie ayant déjà saisi le juge du fond à titre individuel peut demander l'ordonnance de l'action de groupe. Le tribunal peut aussi ordonner d'office l'action de groupe.

54. Le fonctionnement du mécanisme. L'ordonnance d'une action de groupe ne peut être prononcée que si plusieurs conditions sont satisfaites. Il s'agit de l'existence ou de la possibilité d'existence de plusieurs actions individuelles qui soulèvent des questions communes ou connexes de fait et de droit[271]. L'ordonnance doit prévoir l'instauration d'un registre de groupe (*register order*) sur lequel figurent les actions individuelles qui doivent être traitées collectivement ainsi qu'une liste spécifiant l'ensemble des questions de fait et de droit soulevées par l'ensemble de ces affaires. En outre, l'ordonnance doit désigner un juge administrateur (*management judge*) qui aura pour mission d'administrer les

---

267 D'autres pays ont adopté des *test case procedures* à l'instar de la Suisse, du Portugal et du Danemark.

268 Les *Civil Procedure Rules* anglaises sont consultable sur : https://www.justice.gov.uk/courts/procedure-rules/civil.

269 Sur cette action de groupe anglaise voir : F. WALKINSHAW, « Expérience nationale : La Grande-Bretagne, Group litigation in England And Wales, in *Les recours collectifs, étude comparée*, *op cit.*, spéc. p. 61 et suiv.

270 Conformément à l'art. 19-10 des *Civil Procedure Rules* anglaises, *op.cit.*

271 Article 19.11 des*Civil Procedure Rules.*

actions inscrites sur le registre. Des instructions relatives à la publication sont également prévues[272].

A l'ouverture du registre de groupe faisant suite à l'ordonnance de l'action de groupe, les parties ayant déjà initié des actions individuelles sont tenues d'adresser une requête au juge administrateur afin de demander leur enregistrement sur le registre (système de l'*opt in*)[273]. A cet égard, le juge peut choisir parmi les différentes demandes individuelles plusieurs *test claimants* pour constituer un *test case*. La décision rendue par le juge à propos d'une action inscrite dans le registre, et qui concerne une ou plusieurs questions communes de fait et de droit, est contraignante et lie ainsi tous les membres du groupe dont les actions figuraient sur le registre. Il est aussi possible, et sur jugement du tribunal, qu'une telle décision puisse lier d'autres parties à des actions individuelles introduites. S'agissant des demandes d'indemnisation, chaque partie demanderesse est tenue d'engager une nouvelle requête devant le juge du fond précisant ses réclamations, leurs fondements ainsi que le montant des dommages et intérêts revendiqués[274]. L'action de groupe anglaise n'est donc pas une action en représentation et tous les plaignants sont considérés comme partie au *group litigation*. Il ne s'agit donc pas d'une action de groupe à proprement parler, l'objectif de la procédure étant l'administration et la gestion de plusieurs demandes individuelles sous un même « parapluie »[275].

L'action de groupe anglaise a joué un rôle en matière de contentieux de masse transfrontière, notamment dans l'espace judiciaire européen et plus précisément dans l'affaire des cartels de vitamines[276].

2- *L'action de groupe allemande*

55. Le contexte de l'adoption d'une action de groupe en Allemagne. La procédure collective modèle pour les investisseurs en Allemagne (*KapMuG*)[277] a été consacrée par la loi du 16 août 2005 suite au grand scandale de *Deutsch Telecom*, l'entreprise la plus importante en matière de téléphonie en Allemagne. Ce scandale a mis en évidence l'insuffisance des règles de procédure civile allemande. En effet, 13000 actionnaires ont assigné Deutsch Telecom devant le tribunal de grande instance de Francfort donnant lieu à plus de 2200 procédures individuelles. Le champ d'application de cette procédure concerne uniquement les dommages de masse subis par des investisseurs victimes d'informations financières fausses ou trompeuses.

---

272 *Ibid.*

273 *Ibid.*

274 Article 19.13 des *Civil Procedure Rules* anglaises.

275 R. MULHERON, « Reform of collective Redress in England and Wales: A perspective of Need. A Research paper for submission to the Civil Justice Council of England and Wales », 15 COLUM. J. EUR. L. 409 (2009).

276 Voir *infra* n°259 et suiv.

277 Le texte de la loi est consultable en langue anglaise, *Act on Model Case Proceedings in Disputes under Capital Markets Law (Capital Markets Model Case Act – KapMuG)* sur : http://www.gesetze-im-internet.de/englisch_kapmug/index.html. Sur la procédure type allemande voir: M.STFIRNER, « Model Case Proceedings in the Capital Markets Tentative Steps Towards Group Litigation in Germany » 26 C.J.Q. 250 (2007); B. SCHNEIDER et H. HEPPNER, « Germany-Class and Group Actions 2015 », consultable sur: http://docplayer.net/496237-Class-group-actions-2015.html.

56. Le fonctionnement de la procédure allemande. A la demande d'un demandeur ou d'un défendeur, un tribunal régional peut décider la mise en œuvre d'une procédure modèle. La loi énonce les différents éléments que doit contenir une demande visant l'ouverture d'une procédure type. Doivent être contenus, une description des faits litigieux et des questions de droit justifiant l'objet de la demande et une description des différents moyens de preuves que le demandeur entend présenter pour démontrer le bien-fondé de ses allégations[278]. Le demandeur est également tenu de prouver que la décision qui sera rendue dans le cadre de la procédure modèle aura la même portée pour des cas individuels similaires.

Si l'action de groupe est jugée recevable par le tribunal, elle sera alors publiée sur un registre spécial accessible gratuitement sur internet[279]. Pour que la mise en œuvre de la procédure collective soit possible, encore faut-il qu'à l'issue des quatre mois qui suivent la publication de la première requête en procédure modèle, neuf autres demandes similaires aient été enregistrées. Dans ce dernier cas, le tribunal saisi de la demande de renvoi à la procédure type saisit à son tour sur décision la cour d'appel compétente pour ouvrir la procédure collective[280].

57. Un modèle mixte de composition du groupe. Les actions dont l'issue dépend de la procédure modèle ainsi que les actions intentées postérieurement seront suspendues en attendant la prononciation d'une décision type. L'action de groupe allemande repose alors sur un mécanisme d'*opt in* pour les demandeurs qui ont déposé une requête en procédure modèle et d'*opt out* pour les demandeurs dont l'action individuelle a été engagée suite à la décision prononçant la mise en œuvre de la procédure collective. En effet, les demandeurs et les défendeurs aux procédures dont le sursis a été ordonné en raison de l'ouverture d'une procédure modèle doivent être convoqués à ladite procédure et ces derniers ont la possibilité de retirer leur demande au fond dans les deux semaines suivant la notification de la décision de sursis à statuer (mécanisme de l'*opt out*).

58. L'issue de la procédure. A la suite de la mise en œuvre de la procédure collective, la cour d'appel désigne également un demandeur modèle et un défendeur modèle. Le jugement type rendu par la cour d'appel est susceptible d'appel sur les questions de droit. Il a force de chose jugée à l'égard du demandeur modèle, du défendeur modèle ainsi que des tribunaux dessaisis. Ce jugement ne se prononce que sur l'existence ou non des éléments fondant ou excluant la prétention mais ne tranche ni la question de l'obtention de dommages et intérêts, ni leur montant. C'est uniquement après la clôture de la procédure modèle que les autres litiges reprennent leur cours devant les tribunaux initialement dessaisis qui, liés par le jugement modèle, statuent sur les demandes d'indemnisation personnelles.

278 *Section 1.2* du *KapMuG.*
279 *Section 2.2* du *KapMuG.*
280 *Section 4.2* du *KapMuG.*

59. Les nouvelles dispositions introduites à l'action de groupe allemande. La loi de 2005 était originairement expérimentale et ses effets devaient cesser en novembre 2010. Toutefois, le parlement allemand a fait le choix de prolonger l'application de cette loi pour une durée de deux ans. En 2012, le parlement allemand est finalement intervenu afin d'élargir le champ d'application matériel et personnel de cette loi.[281] Désormais et conformément à la nouvelle version de la loi, le demandeur type est capable de négocier une transaction collective (*collective settlement*) avec le défendeur qui, dans le cas où elle serait approuvée par le tribunal régional, mettrait fin à la procédure. A l'exception d'une situation où 30% des demandeurs décideraient de s'exclure de la procédure, une telle transaction lie toutes les parties(le mécanisme de l'*opt out*)[282].

II- L'intérêt de cette classification au regard de la globalisation du contentieux international des actions de groupe

60. Comme nous l'avons déjà vu, il existe une grande variété d'actions de groupe sur la scène internationale. Il convient alors d'exposer l'influence que les formes architecturales sur lesquelles reposent les actions de groupe sont susceptibles de produire sur les questions de droit international privé soulevées par la globalisation du contentieux de masse international. Cette interaction sera explorée successivement au regard du champ d'application d'une action de groupe **(A)**, et de ses modalités de fonctionnement **(B)**.

A- Le champ d'application d'une action de groupe et globalisation du contentieux de masse international

61. Il convient de distinguer entre le champ d'application matériel **(1)** et le champ d'application personnel d'une action de groupe **(2)**.

1- Le champ d'application matériel d'une action de groupe

62. Les actions de groupe transversales et les actions de groupe intervenant dans des domaines spécifiques. Certaines actions de groupe ont une portée générale et peuvent ainsi être engagées dans tout type de domaine, que le litige relève de la matière contractuelle ou délictuelle. Ces actions de groupe transversales ou « trans-substantielles » sont généralement consacrées par le code de procédure civile et existent

[281] B. SCHNEIDER et H. HEPPNER, « Germany-Class and Group Actions 2015 », consultable sur: http://docplayer.net/496237-Class-group-actions-2015.html, spéc. n°1.2. Ainsi, selon ces deux auteurs « *The amendment has broadened the scope of the Act to include misseling claims in which false or misleading pubic information concerning securities in an element of a claim against a broker or dealer in financial product. This, not only parties responsible for prospectuses and ad hoc notices can be defendants in model proceedings, but also brokers and dealers* ».

[282] B. SCHNEIDER, H. HEPPNER, « Germany-Class and Group Actions 2015 », consultable sur: http://docplayer.net/496237-Class-group-actions-2015.html., spéc. n° 5.6.

notamment aux États-Unis[283], au Canada[284], en Australie[285], au Royaume-Uni[286], Danemark[287], ou encore aux Pays-Bas[288].

Au sein de certains autres systèmes juridiques, les mécanismes d'actions de groupe ont été consacrés par des textes spéciaux, de telle sorte que ces procédures sont limitées à des domaines bien déterminés et ne peuvent, de ce fait, être exercées dans l'intégralité des situations impliquant un contentieux de masse. A titre d'exemple, certaines actions de groupe sont limitées aux seules hypothèses de dommage de masse intervenant en matière de fraude financière à l'instar l'action de groupe allemande, alors que d'autres sont uniquement applicables dans des domaines bien spécifiques comme l'illustre parfaitement le droit français.[289]

63. L'intérêt de cette distinction. La distinction entre les actions de groupe transversales et celles consacrées par des textes spécifiques peut avoir un impact sur les solutions de droit international privé, notamment lorsqu'il s'agit d'étudier les clauses de renonciation aux actions de groupe contenues dans un contrat international. Ainsi, nous croyons que les solutions concernant l'admission des clauses excluant l'action de groupe, varient selon que l'action de groupe a été consacrée d'une manière générale ou si cette dernière figure dans un contexte substantiel bien spécifique.

De même, l'importance d'une telle distinction réapparaît lors de notre étude de l'arbitrage collectif et plus précisément de l'hypothèse mettant en jeu une clause d'arbitrage silencieuse quant à la nature bilatérale ou collective de l'arbitrage. Par ailleurs, et comme nous allons le voir, les solutions peuvent différer selon que l'action de groupe dont la certification est demandée à l'arbitre figure dans le code de procédure civile ou dans un texte de droit substantiel.[290]

2- Le champ d'application personnel de l'action de groupe

64. La titularité de l'action de groupe et la globalisation d'une action de groupe. Comme nous l'avons déjà vu, les actions de groupe peuvent être intentées soit par des particuliers, soit par des entités qualifiées. Une telle divergence quant à la titularité du droit de l'exercice de l'action peut avoir un impact sur la globalisation de l'action de groupe. En effet, comme nous l'étudierons, les actions de groupe engagées par des entités représentatives peuvent, contrairement aux actions engagées par des personnes

---

283 Les *class actions* américaines ont été consacrées par la *Rule 23* des *FRC*.

284 A titre d'exemple, le recours collectif au Québec est codifié aux articles 999 et suivants du Code de procédure civile.

285 L'action de groupe australienne a été consacrée par le *Federal Court of Australia Act*.

286 L'action de groupe anglaise est prévue dans la *Section 19* des *Civil Procedure Rules*.

287 L'action de groupe a été consacrée par le code de procédure civile danois par une loi de 2007 qui est entrée en vigueur le 1e janvier 2008.

288 L'action de groupe néerlandaise figure aussi bien dans le Code civil que dans le code de Procédure civile.

289 Voir *supra* n°6.

290 Voir *infra* n°494.

physiques, soulever plusieurs difficultés, notamment au regard de leur recevabilité lorsqu'est présent un élément d'extranéité[291].

65. **La titularité de l'action de groupe et la coordination de procédure parallèles**. Par ailleurs, la titularité de l'action de groupe peut avoir une influence sur l'efficacité des mécanismes traditionnels de coordination des procédures. Il en est ainsi lorsque dans le cadre d'un contentieux international, plusieurs actions de groupe ont été simultanément engagées devant plusieurs juridictions, dont certaines ont été initiées par des particuliers et d'autres par des entités qualifiées[292].

B- Les modalités de fonctionnement d'une action de groupe

66. Les modalités de fonctionnement d'une action de groupe peuvent également avoir une influence sur certaines questions de droit international privé. Il s'agit essentiellement de la question relative au mode de composition du groupe **(1)** et celle relative à la nature principale ou de suivi de l'action de groupe initiée **(2).**

1- Les modes de composition du groupe et les solutions de droit international privé

67. **Les deux mécanismes d'adhésion au groupe : *opt out* et *opt in*.** Les modalités d'adhésion à une action de groupe sont au nombre de deux. Premièrement, le mécanisme d'acception implicite (*opt out*). Selon ce dernier, sont considérés comme membres du groupe toutes les personnes qui n'ont pas exercé leur droit d'exclusion de l'action dans le délai qu'il leur était imparti et ce, après avoir été dûment informées et notifiées de l'existence de l'action de masse. Ce système est connu dans les pays dont le modèle de régulation repose principalement sur le système de *private enforcement* à l'instar des États-Unis, alors qu'il est à peine répandu dans les pays européens où la grande majorité des actions de groupe existantes repose sur le système de l'*opt in*.

68. **L'influence des modalités d'adhésion au groupe sur la globalisation du contentieux international des actions de groupe**. L'ouverture d'une action de groupe selon le mécanisme de l'*opt in* ou de l'*opt out* a une grande influence sur la globalisation du contentieux de masse international. En effet, ce sont les actions de groupe de type *opt out* qui ont vocation à attirer le contentieux de masse, comme nous l'enseigne d'ailleurs l'expérience américaine[293]. Paradoxalement, ce sont les actions de groupe avec un mécanisme d'*opt out* qui soulèvent le plus de difficultés, que cela soit au stade de l'exercice de la compétence juridictionnelle ou au stade de la reconnaissance et de l'exécution des jugements collectifs.

D'un autre côté, le mécanisme d'adhésion à une action de groupe a aussi une grande influence en matière d'arbitrage collectif et plus spécifiquement dans l'hypothèse où la

---

[291] Voir *infra* n°268 et suiv.
[292] Voir *infra* n°520 et suiv.
[293] Voir *infra* n°118 et suiv.

convention d'arbitrage est silencieuse quant à la possibilité de recourir ou pas à un arbitrage de groupe. Comme nous allons le voir, l'ouverture par un arbitre d'une action de groupe de type *opt out* peut soulever plusieurs difficultés lorsque la convention d'arbitrage est silencieuse quant à la nature bilatérale ou collective de l'arbitrage.

2- *Les actions de groupe introduites à titre principal et les actions de groupe de suivi*

69. Les actions de groupe à titre principal et les actions de groupe de suivi (*follow on*). Les actions de groupe peuvent aussi être divisées selon que ces dernières sont des actions de poursuite (« *follow on* ») ou des actions introduites à titre principal (« *stand alone* »). Dans la première hypothèse, l'action de groupe ne peut être engagée que suite à la constatation de la pratique illicite par un organe administratif. Ce n'est qu'à l'issue d'une telle constatation que l'action en réparation pour dommages et intérêts pourra être introduite. A l'inverse, les actions de groupes introduites à titre principal peuvent être initiées indépendamment de l'existence d'une décision issue d'un organe administratif constatant l'infraction.

Le choix d'un système d'action de groupe de type *follow on* reflète à notre sens l'attachement d'un système juridique au modèle traditionnel de régulation selon lequel l'action civile ne peut en aucun cas se substituer à l'action publique, puisqu'elle est uniquement un complément qui n'a pas pour fonction principale la régulation ou la sanction mais surtout l'indemnisation des victimes. Cela explique que ce type d'action soit surtout présent dans le domaine du contentieux concurrentiel lequel revêt une forte connotation politique et régulatoire. Le choix du système juridique français connu pour être attaché au système traditionnel de régulation d'une action de groupe de type *follow on* en matière de droit de la concurrence en est un exemple[294].

D'un autre côté, le choix d'un système juridique déterminé d'une « *stand alone* » action de groupe reflète l'attachement de ce système juridique à un modèle de régulation qui se base essentiellement sur la sphère privée dans la mise en œuvre des règles juridiques.

Cette distinction entre les systèmes juridiques ayant adopté le modèle d'action de groupe autonome et ceux ayant adopté le modèle d'action de groupe de poursuite justifie que les considérations qui devraient sous-tendre le choix d'un for déterminé en vue de l'agrégation d'un contentieux de masse international ne devraient pas se limiter à des considérations d'ordre privé de commodité procédurale mais devrait aussi tenir compte des différents intérêts étatiques qui peuvent être en jeu[295].

70. *Transition*. Du fait qu'elles constituent le reflet d'une culture juridique déterminée, les actions de groupe existantes sur la scène internationale recouvrent une large variété d'hypothèses. Les conséquences d'une telle variété ne sont pas uniquement d'ordre interne mais ont aussi un impact sur le contentieux international puisque plusieurs questions de droit international privé soulevées peuvent être attribuées d'une manière ou d'une autre aux modalités de fonctionnement d'une action de groupe. Il

---

294 Voir *supra* n°47.

295 Voir la première section du chapitre III.

convient maintenant, de déterminer la méthodologie conformément à laquelle la régulation du contentieux de masse international doit s'opérer.

§2- La régulation du contentieux international des actions de groupe : Quelle approche méthodologique ?

71. Comme nous l'avons déjà mentionné, la globalisation du contentieux international des actions de groupe est susceptible de générer des situations de sur-régulation ainsi que de sous-régulation. Nous rappelons également qu'il s'agit, dans le cadre de notre thèse, de proposer une méthode ou une approche qui permettrait d'atteindre un certain équilibre lors de la résolution du contentieux international des actions de groupe, qui permettrait d'ajuster les dérives de sur-régulation et de sous-régulation constatées. Cela donnerait également la possibilité de rétablir les trois principales fonctions d'une action de groupe – indemnisation des victimes, efficacité économique et régulation du marché - dans un contexte de globalisation économique.

72. Les similarités entre la faillite internationale et le contentieux international des actions de groupe devraient permettre de s'inspirer des méthodes consacrées en faillite internationale afin de dégager une méthodologie applicable en matière de contentieux de masse international **(I)**. Entre la méthode de l'« unité »/« universalité » de l'action de groupe et celle de la « territorialité »/« multiplicité» de l'action de groupe, seule la première permet de réguler de manière optimale le contentieux international des actions de groupe **(II)**.

I- La transposition des méthodes de la faillite internationale au contentieux international des actions de groupe

73. S'il est vrai que certains auteurs ont constaté l'existence de similarités [296]entre le contentieux international des actions de groupe et le droit de la faillite internationale[297], il n'en demeure pas moins qu'aucun de ces auteurs n'a suggéré de s'inspirer des solutions existantes en droit de la faillite internationale afin de résoudre les différents problèmes

---

[296] À notre connaissance, Monsieur Stadler a été le premier à évoquer l'existence de similarités entre le contentieux de masse et le droit de la faillite. Voir ainsi A. STADLER, « Cross-Border Mass Litigation: A Particular Challenge for European Law », in J. Steele et W. H. Van Boom (ed.), *Mass justice: Challenges of Representation and Distribution,* 2011, p. 73, spéc. p. 75. Plus récemment, avec l'entrée en vigueur en France de la loi de modernisation de la justice, un commentateur a constaté l'existence de similitudes entre le contentieux des actions de groupe et celui mettant en jeu une procédure collective de règlement des difficultés des entreprises. L'auteur a ainsi assimilé, la représentation des victimes par l'auteur de l'action de groupe en vue de négocier avec le défendeur « *l'indemnisation des préjudices subis par chacune des personnes constituant le groupe* », au mécanisme de représentation des créanciers dans le cadre d'une procédure collective de règlement des difficultés de l'entreprise. Voir à cet égard : H. CROZE, « Un droit commun de l'action de groupe », *Procédures, février 2017*, étude 4, spéc. n°12.

[297] Sur la notion de faillite internationale, J.-P. RÉMERY, *La faillite internationale*, PUF 1996 ; A. MARTIN-SERF, « La faillite internationale : Une réalité économique pressante, un enchevêtrement juridique croissant », *J.D.I 1995.31.*

soulevés par la globalisation du contentieux international des actions de groupe. À notre sens, les similitudes entre le droit de la faillite internationale et le contentieux international des actions de groupe **(A)** devraient nous permettre d'emprunter les méthodes de résolution du contentieux international des actions de groupe à celles de la faillite internationale **(B)**.

A- Les similitudes entre le droit de la faillite internationale et le contentieux international des actions de groupe

74. La nature chaotique de la faillite et du contentieux international des actions de groupe. La nature chaotique est l'aspect le plus commun de ces deux contentieux. Cela tient principalement au nombre de parties pouvant être impliquées dans l'une et l'autre des hypothèses. Ainsi, à l'instar de la faillite qui oppose le débiteur à une masse de créanciers, le contentieux de masse international oppose plusieurs victimes à un seul ou plusieurs défendeurs. Cette nature chaotique est encore plus accentuée dans un contexte de globalisation économique pouvant être impliqué, la faillite ainsi que le contentieux de masse, et contrairement à un contentieux bilatéral classique opposant deux parties, présentent le plus souvent des liens avec un nombre très important de systèmes juridiques. De ce fait, le risque de développement des procédures parallèles est relativement important puisque plusieurs tribunaux peuvent être concurremment saisis. Ainsi, en matière de faillite internationale, la dispersion du patrimoine du débiteur dans plusieurs pays permet aux Etats où se localise celui-ci d'ouvrir une procédure de faillite, risquant alors de confronter le débiteur à une pluralité de procédures[298]. En matière de contentieux de masse, c'est la nature transfrontière du dommage de masse et son aptitude à atteindre plusieurs individus dispersés dans plusieurs pays qui expliquent que plusieurs tribunaux peuvent se déclarer compétents pour juger l'affaire. Dès lors, le défendeur pourra faire l'objet de plusieurs actions individuelles et/ou de groupes, intentées concurremment devant un nombre important de tribunaux.

75. L'absence d'un droit spécifique pour appréhender le droit de la faillite internationale et le contentieux international des actions de groupe. Une autre similitude entre la faillite internationale et le contentieux international des actions de groupe tient à l'absence d'un droit spécifique capable d'appréhender le droit de la faillite internationale et le phénomène émergent des actions de groupe internationales.

La faillite internationale est souvent réglée par la juxtaposition de droits nationaux qui ne contiennent que peu de dispositions relatives à la faillite internationale elle-même[299]. Le même phénomène se reproduit actuellement en matière d'actions de groupe. En dépit de la délocalisation du contentieux de masse devant les tribunaux américains et par

---

[298] L. CAROLINE HENRY, « Redressement et Liquidation judicaires, Jurisclasseur de droit international », Fasc. 310, spéc. p.4.
[299] L. CAROLINE HENRY, « Redressement et Liquidation judicaires, Jurisclasseur de droit international », Fasc. 310, spéc. n°1.

conséquent l'internationalisation de la procédure américaine de *class action*[300], les nouvelles réformes législatives intervenues dans plusieurs pays en matière d'actions de groupe n'ont pas abordé, pour la plupart d'entre eux, ni de près ni de loin, les questions de droit international privé qui peuvent être soulevées lors de l'internationalisation d'une action de groupe.

Le droit de la faillite internationale semble cependant aujourd'hui dans un état plus avancé que celui des actions de groupe internationales. Cela est logique et s'explique notamment par l'antériorité du droit de la faillite internationale et la nature émergente du phénomène des actions de groupe transfrontières. Ainsi, l'avènement d'un droit européen de l'insolvabilité fixant les règles de droit international privé applicables entre les différents Etats membres et l'instauration d'un système de libre circulation des décisions de justice en la matière, constituent un véritable progrès[301]. Cela ne veut pas pour autant dire que le droit des actions de groupe est resté un îlot de résistance au phénomène de la globalisation. Plusieurs développements méritent d'être mentionnés à cet égard.

À l'échelle internationale, et comme nous allons le voir, un début de coopération a commencé à se développer entre les juridictions souvent impliquées dans la résolution d'un contentieux de masse international, et ce notamment à travers le développement de techniques semblables à celles utilisées en matière de faillite internationale, à l'instar des protocoles de coopération entre les tribunaux[302]. De même, certains législateurs ont commencé à envisager des dispositions spécifiques au contentieux international des actions de groupe. Au Royaume-Uni, la nouvelle action de groupe en droit des pratiques anticoncurrentielles,[303] a envisagé un mécanisme d'adhésion au groupe qui varie selon que les membres de la classe résident ou non au Royaume-Uni. Alors qu'une telle action est supposée s'opérer normalement en mode d'*opt out* pour les résidents du Royaume-Uni, les personnes non résidentes ne peuvent être incluses dans l'action, à moins qu'elles ne manifestent expressément leur volonté de le faire[304]. Une telle approche a aussi été adoptée pour l'action de groupe belge[305].

De même, dans de nombreuses provinces canadiennes, les demandeurs membres de la classe ne sont pas soumis aux mêmes dispositions quant à la modalité de leur inclusion

---

300 Sur le phénomène de délocalisation du contentieux de masse international devant le for américain voir, *infra* n°118.

301 Le règlement (CE) n°1346/2000 du Conseil du 29 mai 2000 relatif aux procédures d'insolvabilité, JOCE n° L 160, 30 juin 2000, p. 0001. Il convient de mentionner que ce règlement a été abrogé par le nouveau règlement (CE) n° 2015/848 du 25 mai 2015 relatif aux procédures d'insolvabilités transnationales (refonte) dont ces dispositions ne seront applicables qu'aux procédures d'insolvabilité ouvertes postérieurement au 26 juin 2017.

302 Voir *surpra* n°20.

303 The Government's response to the Private Actions in Competition Law: A consultation on options for reform, January 2013, consultable sur : https://www.gov.uk/government/uploads/system/uploads/attachment_data/file/70185/13-501-private-actions-in-competition-law-a-consultation-on-options-for-reform-government-response1.pdf, spéc., *section 5*.

304 R. MULHERON, « In Defence of the Requirement for foreign class members to opt in an English class action », in *Extraterritoriality and Collective Redress*, *op.cit.*, spéc. n°14.04. p. 247.

305 Voir *supra* n°51.

dans la procédure, selon qu'ils sont résidents canadiens ou des membres étrangers[306]. La différence de traitement entre les modalités d'inclusion des membres de la classe a également été défendue par la jurisprudence canadienne dans un certain nombre d'affaires mettant en jeu la certification d'un recours collectif multi-juridictionnel[307]. A cet égard, il nous semble fâcheux que le législateur français, intervenant tardivement dans la mise en place de plusieurs dispositions relatives à l'action de groupe, n'ait pas saisi l'opportunité d'envisager des dispositions qui dépassent les frontières françaises, dans une perspective européenne et internationale. Les nouvelles législations adoptées en matière d'actions de groupe semblent ainsi se dissocier de toutes les problématiques de droit international privé soulevées, tant au niveau régional qu'international.

Dans le contexte européen, la globalisation du contentieux de masse semble bien être prise en considération par les institutions européennes. Ainsi, dans le cadre de sa résolution du 2 février 2012 « *Vers une approche européenne cohérente en matière de recours collectifs* », le Parlement européen a insisté sur la nécessité d'adopter, en matière de recours collectifs, une « *approche horizontale ou intégrée* » comportant des règles procédurales communes aux mécanismes de recours collectif de différents domaines juridiques. Cela s'explique par la grande disparité existante entre les mécanismes de recours collectifs des différents Etats membres. Or ces divergences peuvent aboutir, d'une part, à la fragmentation du droit procédural national et de la législation nationale en matière de réparation, et, d'autre part à l'affaiblissement de l'accès à la justice au sein de l'Union européenne, alors que l'objectif est de le renforcer[308]. De ce fait, le Parlement a considéré que toute proposition en matière de recours collectif doit prendre la forme d'un cadre horizontal. Cette forme doit ainsi comprendre un ensemble de principes communs garantissant un accès uniforme à la justice au sein de l'union par la voie de recours collectif et traitant spécifiquement, mais non exclusivement, des infractions aux droits des consommateurs.[309] Une telle préoccupation a également été réitérée par la Commission européenne dans sa communication au Parlement européen. Elle déclare notamment « *qu'il est dans l'intérêt du fonctionnement du marché intérieur de suivre une approche horizontale, afin d'éviter le risque d'initiatives européennes sectorielles dispersées et de favoriser autant que possible l'articulation avec les règles procédurales nationales* »[310].

---

306 Il en est ainsi de la province de la Colombie-Britannique (*Class Proceedings Act, RSBC 1996, c 50*), Alberta (*Class Proceedings Amendment Act 2010, C 15, s 10*), Newfoundland and Labrador (*Class action Act, SNL 2001, c C-18.1, s 17 (2)*.

307 Les exemples en provenance de la jurisprudence canadienne sont consultables sur : www.canlii.org.

308 Résolution du Parlement européen du 2 février 2012, « *Vers une approche européenne cohérente en matière de recours collectif* », (2011/2089 (INI)), spéc. para. H.

309 Résolution du Parlement européen du 2 février 2012, « *Vers une approche européenne cohérente en matière de recours collectif* », (2011/2089 (INI)), spéc. n°15.

310 Communication de la Commission au Parlement Européen, au Conseil, au Comité économique et social européen, et au Comité des régions, « *Vers un cadre horizontal européen pour les recours collectifs* », COM/2013/0401 final, spéc. n°4, p. 18.

Enfin, la question de l'adaptabilité des règles de droit international privé à la nature transfrontière du contentieux de masse a fait l'objet de plusieurs interrogations, aussi bien de la part de la Commission européenne[311] que de la part du Parlement européen[312].

76. **L'importance de la question de compétence juridictionnelle**. Dans un contexte de globalisation économique, la résolution des conflits de juridiction est d'une grande importance. En matière de faillite internationale, cette question revêt une importance particulière, car elle est le préalable nécessaire à la désignation de la loi applicable[313] puisque le juge applique la loi du for. En matière de contentieux de masse international, la détermination du for compétent est également d'une grande importance : face à l'existence d'un « marché des actions de groupe », la saisine d'une juridiction détermine tout d'abord si les demandes individuelles comportant des demandeurs en provenance de plusieurs pays peuvent être regroupées au sein d'une même procédure, et s'il en est ainsi, les modalités selon lesquelles un tel regroupement s'opérerait. Mais au-delà de cette dimension purement procédurale, la saisine d'un juge dans le cadre d'un contentieux de masse, détermine également le modèle de régulation auquel sera soumis le défendeur. En effet, l'action de groupe fonctionne avec un ensemble de règles de procédure qui diffèrent largement d'un système juridique à un autre, et notamment en matière d'obtention de preuves et de financement du procès[314].

77. **L'absence d'une indemnisation intégrale des demandeurs**. Une autre similitude entre la faillite internationale et le contentieux international des actions de groupe existe. En effet, dans l'une ou l'autre des deux hypothèses, les demandeurs ne reçoivent, dans la majorité des cas, aucune indemnisation intégrale. Dans l'hypothèse de la faillite, lorsque le patrimoine du débiteur ne permet pas de couvrir l'ensemble des réclamations des créanciers, ces derniers ne reçoivent paiement que d'une partie de leurs créances. Tel est le cas dans le cadre d'un contentieux international d'actions de groupe. En effet, le regroupement des victimes dans le cadre d'une procédure de masse permet de renforcer leur position vis-à-vis du défendeur, qui sera le plus souvent enclin à proposer une transaction. Si une telle transaction permet aux victimes d'éviter les délais souvent longs liés aux actions de groupe, et d'être ainsi indemnisés le plus rapidement possible, cela ne pourra se faire qu'aux dépens de leur indemnisation intégrale. Par

---

311 Livre vert, du 19 décembre 2005, intitulé « Actions en dommages et intérêts pour infraction aux règles communautaires sur les ententes et les abus de position dominante » [COM (2005) 672 final - Non publié au Journal officiel] spéc. n° 2.8 ; Livre vert sur les recours collectifs pour les consommateurs, COM (2008) 794 final para.59 ; Communication de la Commission au Parlement européen, précitée, spéc. n° 3.7, p.16 et s.

312 Résolution du Parlement européen du 2 février 2012, précitée, spéc. para. M. 26 : où le Parlement souligne *« qu'un cadre "horizontal" devrait lui-même fixer les règles visant à empêcher que les tribunaux ne soient pris d'assaut ("course aux tribunaux"), sans pour autant compromettre l'accès à la justice et que Bruxelles I devrait servir de point de départ pour déterminer quels sont les tribunaux compétents »* ; Voir aussi para. M.27 où le Parlement « *demande que soit examinée plus avant la manière dont les règles de conflits de loi pourraient être modifiées (…) »*.

313 H. BATIFFOL, « Observations sur les liens de la compétence judiciaire et de la compétence législative », in De conflictu legum. Mélanges offerts à Kollevijn et Offerhaus, Leyde 1962, p. 55 et suiv.

314 Ainsi, l'attractivité du système américain d'agrégation des litiges de masse, ne tient pas uniquement à la procédure de *class action* mais surtout à l'existence d'un environnement propice au développement de cette procédure. Sur cet aspect, voir notamment *infra* n°119 et suiv.

ailleurs, ce phénomène s'accentue lorsque les avocats des demandeurs sont payés sur la base du *contingency fees*, puisque cela implique qu'un certain pourcentage de la transaction ou du jugement rendu sera alloué à ces derniers. Le système de *contingency fees* n'est toutefois pas le seul à intégrer le versement d'un pourcentage de la somme de la transaction. En effet, il est souvent probable, comme nous allons le voir, que le financement du contentieux de masse s'opère à travers une tierce personne, qui reçoit également un pourcentage de la transaction ou du jugement. Le constat est ainsi le même, les demandeurs sont dans de nombreux cas, bien loin de recevoir une compensation intégrale de leur préjudice.

78. Faillite internationale et contentieux international des actions de groupe couvrant plusieurs matières juridiques. Enfin, il convient de noter que les deux matières que constituent la faillite internationale et le contentieux international des actions de groupe forment un carrefour où se confrontent différentes matières juridiques[315]. S'insèrent ainsi dans le cadre d'une faillite internationale plusieurs branches dont le droit des contrats, le droit social, la procédure civile, etc.[316] Contrairement à ce qui peut être laissé croire, les actions de groupe ne concernent pas uniquement le droit de la procédure, mais aussi le droit substantiel. Celui-ci peut même concerner une large multitude d'hypothèses, comme le droit de la consommation, le droit du travail, le droit de l'environnement, le droit financier et boursier, le droit des pratiques anti-concurrentielles ou encore les droits de l'homme. Cela est d'autant plus vrai lorsque le contentieux international des actions de groupe touche des domaines ayant une certaine sensibilité politique, à l'instar du droit financier ou le droit de la concurrence. Dans ce cas, le contentieux revêt, au-delà de sa nature privée, une dimension politique et régulatoire importante.

B- L'appréhension du contentieux international des actions de groupe à l'aune des méthodes de la faillite internationale : le système de l' « unité »/« universalité » et le système de « territorialité »/« multiplicité » de l'action de groupe.

79. Le système de l' « unité »/« universalité » de l'action de groupe. Les similitudes évoquées entre plusieurs aspects du droit de la faillite internationale et le contentieux international des actions de groupe nous poussent à nous demander si l'appréhension du contentieux de masse international pourra se faire à l'aune des approches méthodologiques adoptées aux fins de la régulation de la faillite internationale. Ainsi, il sera possible de designer sous le vocable de l' « unité » ou « universalité » de l'action de groupe, une approche qui consistera à concentrer le contentieux international des actions de groupe devant un for unique. Conformément à cette approche, lorsque le

[315] Voir ainsi : P. ROUSSEL GALLE, in P. Roussel Galle (dir.), *Le droit des entreprises en difficulté, terre de conflits, terre de rencontre*, Droit 360° entreprises en difficulté, LexisNexis 2012, p. XXI.
[316] L. CAROLINE HENRY, « Redressement et Liquidation judicaires, Jurisclasseur de droit international », Fasc. 310, spéc. p. 4.

contentieux de masse rentre en contact avec plusieurs systèmes juridiques, sa résolution doit s'opérer d'une manière globale afin de mettre définitivement fin au litige. C'est par la concentration du litige *ex-ante* devant un for unique, le for le plus approprié pour trancher le litige que s'opère cette résolution[317].

80. Le système de « multiplicité » / « territorialité » de l'action de groupe. Une deuxième approche peut se rapprocher de la théorie de territorialité de la faillite[318] internationale. Celle-ci aboutirait, si elle était adoptée, à un système de « multiplicité » ou de « territorialité » de l'action de groupe. Conformément à une telle approche, il serait alors possible d'intenter autant d'actions de groupe qu'il n'y a de fors compétents. Comme nous allons le voir, une telle méthode conduirait à une forme de territorialisme. En effet, le for, saisi d'une action de groupe, peut ainsi se déclarer incompétent pour certifier une action de groupe à l'égard des victimes non-résidentes dans son ressort, ou à l'égard des victimes dont le dommage résulte d'une transaction ayant pris place en dehors de sa juridiction. Ainsi, en l'absence d'un chef de compétence permettant de concentrer *ex-ante* le contentieux de masse devant un for unique, il est très probable que les victimes d'un même dommage de masse saisissent concurremment plusieurs juridictions et deviennent ainsi demandeurs à plusieurs actions individuelles et/ou de groupe ayant le même objet ou des objets connexes. Une telle approche est alors propice au développement de situations de sous-régulation et de sur-régulation.

Cela ne veut pas pour autant dire que la concentration du contentieux de masse ne sera plus possible. Assurément, la régulation de ce contentieux peut toujours s'opérer *ex-post,* notamment à travers la coordination des différentes procédures individuelles et/ou de masse existantes. Les fonctions ainsi que les objets d'une action de groupe seront ainsi rétablis *ex-post,* quoiqu'au mépris d'une certaine dilapidation des ressources judiciaires et économiques créée par l'initiation de plusieurs actions de groupe concurrentes.

81. Le système mixte. Un troisième système que nous appelons le système mixte[319] peut également être adopté aux fins de la régulation du contentieux international des actions de groupe. Il s'agit en quelque sorte de combiner les deux méthodes ainsi précitées, unité et multiplicité d'une action de groupe. Cette approche consiste à scinder le contentieux international de masse en plusieurs phases. Aussi, une procédure principale sera-t-elle ouverte afin de déterminer la responsabilité de l'auteur du dommage alors que des procédures secondaires seraient simultanément initiées afin de se prononcer sur l'évaluation du préjudice personnel subi par chacune des victimes.

---

317 Sur cette notion, voir *infra n°* 315 et suiv.

318 Pour une présentation des deux théories voir : M. TROCHU, « Conflits de lois et conflits de juridictions en matière de faillite », *D.1967.58 ;* P. RIDRUEJO, *La faillite en droit international privé*, *RCADI 1971*, t. 133, p. 135 et suiv ; J.-L. VALLENS, « La faillite internationale entre universalité et territorialité, les enjeux » in *l'effet international de la faillite*, Colloque Rouen 2004 : Thèmes et commentaires, Dalloz 2004, p. 5. Sur le système de territorialité voir : G. Khairallah, *Les faillites concurrentes*, *TCFDIP*, Pedone 1996, p. 157.

319 Sur le système mixte voir L. CAROLINE HENRY, « Redressement et Liquidation judiciaires », spéc. p. 7, n°16 ; G. RIPERT, « Quelques questions sur la faillite en droit international privé », *Rev. crit. législ. et jurispr. 1877.*

Dans ce qui suit, nous allons examiner les raisons qui nous laissent penser que la méthode de l'« unité »/« universalité » de l'action de groupe, consistant à concentrer le contentieux international des actions de groupe *ex-ante* devant un for unique, est une méthode supérieure en vue de la résolution du contentieux de masse international. Comme nous le verrons, une telle approche permet d'assurer de manière efficace les différentes fonctions qu'une action de groupe doit assumer.

II- Les raisons qui sous-tendent la supériorité du système de l'« unité »/« universalité » de l'action de groupe dans la régulation du contentieux de masse international

82. L'internationalisation du contentieux de masse peut compromettre les objets inhérents à une action de groupe et aboutir à des hypothèses de sous-régulation ou de sur-régulation auxquelles seul le système de l'« unité » de l'action de groupe[320] permet d'y remédier. A cette fin, la supériorité du système de l'« unité »/« universalité » de l'action de groupe sera étudiée à l'aune des objets aussi bien procéduraux **(A)** que substantiels d'une action de groupe **(B).**

A. Le système de l'« unité »/« universalité » de l'action de groupe et les fonctions procédurales d'une action de groupe

83. Les fonctions procédurales d'une action de groupe. Rappel. Analysée sous un angle procédural, l'action de groupe permet l'accès à la justice aux justiciables, et particulièrement dans les hypothèses de « *l'apathie rationnelle* »[321]. où les avantages découlant de l'action individuelle sont inférieurs à ses coûts, ce qui explique la

---

[320] La doctrine n'a jamais évoqué explicitement la notion de l' « unité » de l'action de groupe. Cependant, on trouve souvent dans la littérature une tendance doctrinale prônant la concentration du contentieux de masse devant un for unique. Voir dans ce sens : M. CHAGNY et V. PIRONON, « Les recours collectifs en droit du marché », in *Mélanges en l'honneur du Professeur Bernard Audit. Les relations privées internationales, op.cit.*, spéc. p. 222 : « *On peut se demander à juste titre si le for du défendeur ne devrait pas jouir d'une compétence exclusive en matière d'une action de groupe* » ; « *(…)si l'avènement de l'action de groupe peut être salué par les entreprises défenderesses à ces actions en ce qu'elles seraient, à défaut, exposées à une pluralité de litiges individuels, l'avènement d'un marché européen des actions de groupe est en revanche de nature à susciter certaines réserves* »;« *(…)on a pu se demander à juste titre si le for du défendeur ne devrait pas jouir d'une compétence exclusive en présence d'une action de groupe* » ; C. KESSEDJIAN, « Le droit entre concurrence et coopération », in *Vers de nouveaux équilibres entre les ordres juridiques, op.cit.*, spéc. p. 129 : « *Une approche territoriale est donc possible, mais elle est extrêmement coûteuse non seulement pour l'entreprise, mais aussi pour les systèmes publics de justice qui mettent à la disposition des victimes leur tribunaux. Il y a donc intérêt, tant pour l'entreprise, que pour le système juridique de regrouper les actions (y compris internationalement)* » ; G. PAILLI, « Global Deterrence of Wrongful Behaviors: The Quest For a Single Forum in Cross-Border Consumer's Deterrence Disputes », consultable sur : http://papers.ssrn.com/sol3/papers.cfm?abstract_id=2276573, spéc. p. 2: « *The idea of the desirability of a single forum in cross-border consumer's disputes is closely linked to the beneficial effects that global deterrence could exert on wrongful corporate behaviors. In quite elementary "law and economics" terms, in order to perform an effective dissuasive function, the sanction threatened or imposed should be at least equal to the gain that the 'wrong' conduct brings to the business* ».

[321] L'apathie rationnelle est un concept économique selon lequel une personne s'abstient de faire quelque chose dès lors que les avantages découlant de l'action sont inférieurs à ses coûts.

renonciation des victimes à agir[322]. De même, l'action de groupe permet d'assurer une certaine prévisibilité des solutions, aussi bien pour le potentiel défendeur à un contentieux de masse qu'aux demandeurs victimes. Enfin, en empêchant la duplication des procédures, elle permet de lutter contre le gaspillage des ressources économiques et judiciaires, contribuant ainsi à la réduction des coûts, aussi bien pour les systèmes judiciaires des Etats impliqués dans le contentieux, que pour les plaideurs et notamment le défendeur.

84. **Le système de l'« unité»/« universalité » de l'action de groupe et la fonction d'accès à la justice d'une action de groupe.** Toutes les actions de groupe partagent la même finalité, qui est celle d'assurer l'accès à la justice aux victimes afin de leur permettre de mettre en œuvre de manière effective leurs droits. Il convient de préciser à cet égard que les difficultés d'accès à la justice ne se présentent pas uniquement dans les hypothèses mettant en jeu des dommages individuels dérisoires, mais également dans les hypothèses où le montant du dommage individuel subi par chaque victime, quand bien même il s'avère conséquent, reste d'un montant plus faible que le coût de l'action en justice elle-même. L'action de groupe constitue, dans cette hypothèse, un outil permettant de réduire les risques « *d'apathie rationnelle* » pour une victime. En effet, elle ouvre la possibilité à cette dernière de mutualiser les coûts du litige avec les autres victimes ayant subi le même dommage, tout en renforçant l'argumentation juridique des différents plaignants, conséquence de cette centralisation. Ces risques sont encore plus importants dans le cadre d'un contentieux transfrontalier. La scission des différentes procédures devant plusieurs fors risque effectivement de mettre en échec la fonction d'accès à la justice que poursuit une action de groupe.

Tout d'abord, il serait peu probable qu'une action de groupe soit engagée lorsque la classe est constituée d'un nombre limité de victimes, les risques « *d'apathie rationnelle* » persisteront toujours[323]. Par ailleurs, et comme nous le verrons, les moyens de financement jouent un rôle très important en matière de contentieux de groupe. Ainsi, une action de groupe, dont la classe serait trop maigre, impliquerait nécessairement des dommages et intérêts d'un faible montant et serait inévitablement non attractive pour les potentiels financeurs du procès, soient-ils des avocats ou des sociétés de financement.

85. **Le système de l'« unité »/« universalité » de l'action de groupe et la prévisibilité des solutions pour les parties.** Une action de groupe constitue un outil de paix juridique *(legal peace)* pour un défendeur à un contentieux de masse. Elle assure ainsi une prévisibilité quant aux règles de procédure auxquelles celui-ci devra faire face, lui permettant ainsi d'avancer ses moyens de défense conformément à une procédure

---

[322] C. PRIETO, « Recours collectifs : une quête d'harmonisation au sein de la Commission européenne » *RTD eur. 2011. 1*

[323] Pour un point de vue économique voir : *L'amici Curiae* de Joseph P. Stiglitz et de P. Orsag, dans le cadre de l'affaire *Emapagran* : *Brief* of *Amici Curiae* Economist Joseph E. Stiglitz & Peter R. Orszag in Support of *Respondents, F. Hoffman-La Roche*, 542 U.S.155 (2004) (No .03-724) : « *High fixed costs of bringing antitrust actions that if a developing country had the administrative and legal framework with which to bring antitrust actions, were recovery limited to damages within the country, it would not be economically practicable to bring antitrust actions. Efficient deterrence requires the concentration of antitrust actions in the economies most affected* ».

préalablement définie[324], lui évitant ainsi la confrontation à diverses procédures individuelles souvent très différentes.[325] Le regroupement des demandeurs dans le cadre d'une seule procédure permettra ainsi au défendeur de résoudre de manière globale et définitive son litige, de réduire considérablement les frais de justice qu'il sera amené à payer, de connaître l'étendue de sa responsabilité[326], lui permettant ainsi de reprendre l'ensemble de ses activités sans avoir à se soucier que de nouvelles actions individuelles/de groupe ayant le même objet soient intentées à son encontre.

Une telle constatation ne s'impose pas nécessairement dans toutes les hypothèses. Comme nous allons le voir, les défendeurs à un contentieux de masse auront en effet tout intérêt à bloquer l'engagement d'une action de groupe globale toutes les fois où les demandeurs exclus de l'action de groupe internationale, sont dans l'impossibilité d'intenter des actions individuelles ou collectives, soit en raison des risques et coûts associés à l'initiation d'une action individuelle, soit parce qu'il n'existe aucun autre for alternatif capable d'accueillir les demandeurs regroupés. Un tel constat s'est principalement imposé dans le cadre des *class actions* transnationales délocalisées et intentées par des victimes étrangères devant le for américain. A cette époque, le for américain étant le seul à disposer d'une action de groupe efficace permettant le regroupement des demandeurs et détenait de ce fait un certain monopole dans la résolution du contentieux de masse international[327]. En l'absence d'autres for alternatifs capables d'accueillir les demandeurs étrangers regroupés, les défendeurs, avaient pleinement connaissance que le refus du for américain de certifier une *class action* transnationale comportant des demandeurs étrangers, permettrait de diminuer de manière considérable les dommages et intérêts auxquels ils auraient pu être condamnés si la *class action* avait abouti.

Cependant, le développement des actions de groupe au sein de plusieurs systèmes juridiques marque un nouveau tournant en la matière. Désormais, le for américain n'est plus le seul à disposer d'une forme développée d'action de groupe[328]. De plus, il est également possible que le défendeur soit dans l'obligation de faire face à plusieurs actions de groupe ayant le même objet ou des objets liés, intentées simultanément devant plusieurs tribunaux. De même, un tel risque existe aussi lorsque le dommage subi par une masse de demandeurs s'avère relativement important, rendant très probable l'initiation de plusieurs actions individuelles.

Dans l'ensemble de ces hypothèses, la fonction d'une action de groupe en tant qu'outil de paix juridique serait largement méconnue si le système de « territorialité »/« multiplicité » de l'action de groupe est adopté. Le défendeur pourrait ainsi être poursuivi pour les mêmes faits et serait alors contraint de se défendre devant plusieurs juridictions, risquant ainsi de faire face à des décisions contradictoires. Face à

---

324 Alberta Law Reform institute, citée dans R. MULHEREON, *The class Action in common law legal system: A Comparative perspective* », *op.cit.*,spéc. p. 48: « *The civil justice system should provide defendants with an opportunity to make their defence in a processing in which the rules are known* ».

325 *US Parole Comm v. Geraghty,* 445 US, 388, 402-3, 100 S Ct 1202(1980)).

326 A. LAYTON, « Collective Redress: Policy objective and Practical Problems », in *Extraterritoriality and Collective redress, op.cit.,* p. 93, spec n° 5.07, p.94.

327 Voir *infra* n°118 et suiv.

328 Voir *infra* n°170 et suiv.

un tel constat, la concentration de l'action de groupe devant un for unique permet de résoudre ce problème.

L'action de groupe ne permet pas seulement d'assurer la prévisibilité des solutions pour le défendeur, elle l'assure également pour les demandeurs victimes d'un dommage de masse. En effet, comme nous le verrons, l'engagement de plusieurs actions de groupe ayant le même objet, peut décontenancer les différents membres de la classe, notamment lorsque ces derniers reçoivent plusieurs notifications concernant une multitude d'actions de groupe initiées au regard d'un même litige. Un tel scénario peut les amener à ignorer le contenu de la notification qui leur sera parvenue en dernier, considérant qu'elle n'est autre que celle qu'ils avaient préalablement reçue[329].

86. Le système de l'« unité »/« universalité » de l'action de groupe et le principe de l'égalité entre les demandeurs/défendeurs. Le système de l' « unité »/« universalité » de l'action de groupe permet d'assurer l'égalité entre les demandeurs victimes. Ayant subi le même dommage causé par le même fait générateur, l'agrégation de leurs demandes par le biais d'une procédure unique permet d'assurer une certaine uniformité, tant sur la question de la responsabilité ou la non-responsabilité du défendeur, que sur le montant des indemnisations à recevoir[330].

Il sera possible de répliquer qu'une telle constatation ne doit pas être une préoccupation puisqu'il est largement admis que les solutions dans le cadre d'un contentieux transfrontalier, dépendent largement du tribunal saisi ainsi que de la loi applicable au fond du litige. Ainsi, même dans le cadre d'un litige bilatéral classique, il se peut que les victimes d'un même dommage en provenance du même fait générateur puissent recevoir des indemnisations différentes, et que certaines puissent être déboutées pour non-responsabilité du défendeur selon le tribunal saisi.

Bien qu'on admette que le principe d'égalité entre les victimes s'impose plus dans le cadre d'un contentieux interne que dans le cadre d'un contentieux international, nous trouvons choquant que des personnes ayant subi le même dommage soient traitées différemment lorsque le litige est international. Particulièrement parce que l'action de groupe est avant tout une *« mesure sociale qui favorise l'accès à la justice en permettant une réparation comparable et équitable à tous les membres (…)»*[331]. Cela est même d'autant plus vrai lorsque le dommage transfrontalier se produit au sein d'espaces intégrés, à l'instar de celui de l'Union européenne. C'est ainsi que le Parlement européen, après avoir constaté que les mécanismes nationaux de recours collectifs se différenciaient largement les uns par rapport aux autres, tant au niveau de leur champ d'application qu'au niveau de leurs caractéristiques, a conclu que cela était susceptible de porter atteinte à l'exercice des droits des citoyens[332]. De même, le principe d'égalité entre les citoyens européens a également constitué une préoccupation pour les organes européens. En effet, ces derniers avaient constaté que l'existence d'une variété d'actions de groupe dans les pays

---

329 R. Wasserman, « Dueling Class action », 80 B.U. L. Rev. 461 (2000), spéc. p. 463.

330 *US Parole Comm v. Geraghty*, 445 U.S, 388, 402-3, 100 S Ct 1202(1980).Ainsi, selon le tribunal: « *It* [Class actions] *promote uniformity of decision as to persons similarly situated* ».

331 *Adams* c. *Banque Amex du Canada*, EYB 2006-111023 (C.S.), spéc. n°23.

332 Résolution du Parlement européen du 2 février 2012, « *Vers une approche européenne cohérente en matière de recours collectif* », précitée, spéc. M. 3.

de l'Union, dont l'efficacité varie considérablement d'un pays à un autre, peut aboutir à « *de véritables inégalités entre les citoyens ainsi qu'à une très grande incertitude quant aux conditions dans lesquelles les parties lésées, qu'il s'agisse de citoyens ou d'entreprises, peuvent exercer le droit à réparation que leur confère le traité, ce qui a une incidence sur l'effectivité de ce droit* »[333]. Cette situation d'inégalité se présente notamment lorsqu'en vertu des règles de compétence juridictionnelle, il sera possible pour une victime d'engager son action dans un Etat membre à la législation favorable, particulièrement en raison de l'existence d'une action de groupe, alors qu'une telle possibilité ne s'offrira pas à d'autres citoyens se trouvant pourtant dans une situation identique. Une telle hypothèse implique nécessairement que certains citoyens soient « *plus susceptibles que d'autres d'exercer effectivement le droit à réparation que leur confère le droit de l'Union européenne* »[334]. Cette divergence entre les règles nationales est ainsi de nature à entraîner une situation d'inégalité en matière d'actions en dommages et intérêts et peut dès lors nuire à la concurrence sur les marchés dans lesquels les parties lésées exercent leurs activités.

Cette situation d'inégalité est également susceptible d'intervenir du côté des défendeurs : parce qu'il existe une variété d'actions de groupe dans l'espace européen, le risque pour les entreprises établies et actives dans les divers Etats membres de se voir attraire en justice pour violation à la législation européenne[335], varie considérablement d'un pays à l'autre. Cette mise en œuvre inégale du droit à réparation est ainsi susceptible de conférer un avantage aux entreprises ayant violé les droits conférés par l'Union mais qui, par exemple, n'ont pas leur siège dans un Etat membre possédant un système efficace d'agrégation de demandes individuelles[336].

Enfin, dans le cadre d'un contentieux international, même si le principe d'égalité entre les victimes ne s'impose pas de la même manière que dans les espaces intégrés, l'engagement de plusieurs actions de groupe risque de priver certaines d'entre elles de leur droit à une indemnisation. Cela s'explique par la forte probabilité, alors que plusieurs actions de groupe sont pendantes devant plusieurs juridictions, qu'un des tribunaux saisis rende une décision sur la responsabilité du défendeur, suivie d'une demande d'exequatur. Dans cette hypothèse, il est à craindre que l'actif de l'auteur du dommage de masse soit complètement épuisé, privant ainsi les autres demandeurs, dans le cas où leurs actions auraient abouti, de toute indemnisation. Or, seul le système de l'« unité » d'une action de

333 Proposition de directive du Parlement européen et du Conseil relative à certaines règles régissant les actions en dommages et intérêts en droit interne pour les infractions aux dispositions du droit de la concurrence des États membres et de l'Union européenne, COM (2013) 0404 final, spéc.p. 11.

334 Directive 2014/104/UE du Parlement européen et du Conseil du 26novembre 2014 relative à certaines règles régissant les actions en dommages et intérêts en droit national pour les infractions aux dispositions du droit de la concurrence des États membres et de l'Union européenne, spéc. n°7. Selon la directive précitée, spéc. n°4 : « *Le droit, inscrit dans le droit de l'Union, à réparation d'un préjudice résultant d'infractions au droit de la concurrence de l'Union et au droit national de la concurrence, exige de chaque État membre qu'il dispose de règles procédurales garantissant l'exercice effectif de ce droit. La nécessité de moyens de recours procéduraux effectifs découle également du droit à une protection juridictionnelle effective prévu à l'article 19, paragraphe 1, deuxième alinéa, du traité sur l'Union européenne et à l'article 47, premier alinéa, de la charte des droits fondamentaux de l'Union européenne. Les États membres devraient assurer une protection juridique effective dans les domaines couverts par le droit de l'Union* ».

335 Il s'agit du droit à réparation que confère le traité sur le fonctionnement de l'Union européenne aux citoyens européens.

336 Directive 2014/104/UE du Parlement européen et du Conseil du 26 novembre 2014, spéc. n°8.

groupe permet de prévenir une telle situation. En effet, il sera alors possible pour le juge de tenir compte de l'ensemble des victimes membres de la classe et d'adapter par conséquent le montant de l'indemnisation afin de permettre à toutes les victimes d'être indemnisées.

87. **Le système de l'« unité»/« universalité » de l'action de groupe et l'économie judiciaire.** L'économie judiciaire est aussi un des objets poursuivis par une action de groupe. Un tel objet intéresse plus les systèmes juridiques que les parties à un contentieux de masse. En effet, l'initiation de plusieurs actions individuelles ayant le même objet ou des objets connexes engendre un engorgement des tribunaux, entraînant par la même un véritable gaspillage des ressources économiques et judiciaires. L'affaire *Deutsh Telecom* en Allemagne[337] illustre parfaitement l'ampleur d'un tel problème et les conséquences néfastes pour les tribunaux d'un système juridique lorsque ces derniers sont amenés à traiter d'une multitude de litiges individuels.

Nous pouvons toutefois considérer qu'une telle préoccupation ne doit pas avoir une prévalence dans le cadre d'un contentieux international, puisque l'existence de procédures parallèles ne constitue en aucun cas une spécificité du contentieux de masse international et peut se produire même dans le cadre d'un litige opposant deux parties. Si une telle argumentation est vraie, elle mérite cependant d'être nuancée.

Il est vrai que le problème des procédures parallèles ne constitue pas une spécificité du contentieux international des actions de groupe. Cependant, le droit international privé possède des mécanismes apportant un remède à cette problématique. La question semble en effet être plus compliquée lorsque le contentieux implique plusieurs parties, car comme nous allons le voir, les mécanismes de coordination des procédures parallèles soulèvent plusieurs difficultés d'application[338]. Par ailleurs, il serait fâcheux que[339] les procédures d'obtention de preuves ayant le même objet soient ouvertes devant plusieurs juridictions et que des témoins soient interpellés à témoigner devant plusieurs juridictions pour le même litige.

88. ***Transition.*** L'ensemble de ces développements montre bien comment le système de l'« unité » de l'action de groupe permet d'achever au mieux les fonctions procédurales d'une action de groupe dans un contexte de globalisation économique. Il convient ainsi d'étudier l'importance de ce système au regard de la fonction substantielle d'une action de groupe.

---

337 Voir *supra* n°55.

338 Sur ce point, voir le premier chapitre de notre deuxième partie.

339 Voir dans le même sens : A. NUYTS, « The consolidation of Collective Claims Under Brussels I », in A.Nuyts et N.E.Hatzimihal (ed), *Cross-Border Class Actions, the European Way*, Sellier European Law Publishers 2014 p. 69, spéc. p. 80: « *Pan- European Harmful activities are likely to give rise to separate collective redress proceedings in different members States (…).This is not really satisfactory for various reasons.(…). It may appear to go against the very purpose of collective redress which is to bundle together claims on a large basis* ».

B. Le système de l'« unité »/« universalité » de l'action et la fonction substantielle d'une action de groupe

89. Les objectifs procéduraux ne sont pas les seuls à être poursuivis par une action de groupe. Cette dernière poursuit également une fonction de régulation dont le degré varie d'un système juridique à un autre. Il convient de rappeler à cet égard, que, même si la plupart des actions de groupe poursuivent des objets similaires, il n'en reste pas moins que leur réalisation dépend de l'efficacité de telle ou telle procédure. Or, une telle efficacité dépend à la fois des éléments intrinsèques à l'action de groupe, notamment son champ d'application personnel et le mécanisme d'adhésion des membres à cette dernière, mais aussi des éléments qui lui sont extrinsèques, notamment le mode d'administration des preuves ainsi que le financement de l'action de masse.

La fonction de régulation d'une action de groupe a souvent été reléguée au second rang **(1)**. Il convient d'explorer cette fonction en détail avant de démontrer comment le système de l'« unité de l'action de groupe est le seul à permettre la meilleure réalisation de cette fonction **(2)**.

1. La fonction de régulation d'une action de groupe

90. Définition de la fonction de régulation. En plus de ses objectifs d'ordre procédural, une action de groupe revêt une dimension substantielle désignée dans le langage américain par la fonction de régulation[340] *(regulation)*[341]. Dans ce contexte, la régulation a été définie par « *l'utilisation des instruments de droit dans l'objectif de mettre en œuvre des politiques d'ordre sociale et économique* »[342]. Cette notion est souvent associée à l'exercice de certaines restrictions sur les acteurs économiques en vue de promouvoir des politiques sociales et/ou économiques revêtant un intérêt général[343].

91. L'approche traditionnelle de la régulation. Une approche traditionnelle de la régulation consiste à considérer que la régulation s'effectue exclusivement par le biais de mesures de droit public, dont la mise en œuvre est assurée par les organes administratifs de l'Etat[344]. Cette approche restrictive consiste ainsi à exclure les règles de droit privé de son champ d'application et se fonde ainsi sur la distinction traditionnelle entre action

---

[340] Voir à titre d'exemple : P. LUFF, « Risk Regulation and Regulatory Litigation », 64 Rutgers L. Rev.73 (2011), spéc. p.96.

[341] Le terme régulation utilisé dans le présent contexte, diffère dans son sens et de son objet de celui utilisé dans notre introduction.

[342] L. GORYWODA, N. HATZIMIHAIL et A. NUYTS, « Introduction: Market Regulation, Judicial Cooperation and Collective redress, in *Cross-Border class Actions, The European Way* », *op.cit.*, p. 12. La définition en anglais avancée par ces auteurs est la suivante: « *In practice, however, regulation is mainly associated with the employment of legal instruments for the implementation of social and economic policy objectives* ».

[343] *Ibid.*

[344] Ainsi selon Monsieur Selznick: « *Regulation refers to a sustained and focused control exercised by a public agency over activities that are socially valued by a community* ». Voir ainsi: P. SELZNICK « Focusing Organizational Research on Regulation », in R. G. NOLL (ed.), *Regulatory Policy and the Social Sciences*, Berkeley,University of California Press 1985, p. 363.

publique d'une part, et action privée d'autre part. Une telle distinction trouve son origine dans la dichotomie droit public/droit privé. Conformément à cette approche restrictive, les règles de droit public sont considérées comme étant les seules à poursuivre un objectif d'intérêt général. C'est pour cela que leur mise en œuvre s'opère à travers une action publique exercée par des organes spécialisés et dont l'objet principal est la dissuasion des comportements illicites[345]. Il s'agit du système de *public enforcement.*

Les règles de droit privé, toujours selon cette même conception, sont uniquement destinées à régir les relations privées. Elles sont donc dénuées de toute fonction de régulation[346]. De ce fait, l'action civile intentée par des victimes, désignée sous le vocable de *private enforcement*, n'est destinée qu'à permettre à des personnes privées de faire prévaloir leurs droits conformément aux règles de droit privé[347].

92. L'approche moderne de la régulation : la conception américaine de l'action privée en dommages et intérêts. Une définition plus aboutie de la régulation, telle que celle avancée par Mme Frison-Roche, nous permet de comprendre l'interaction entre la régulation d'une part et les actions de groupe d'une autre part[348]. Selon cette auteure, la régulation est une nouvelle branche du droit, principalement liée au droit économique qui dépasse la distinction classique entre droit public et droit privé. Elle aurait pour objet des secteurs confiés à des autorités de régulation indépendantes, en raison de leur incapacité à trouver leur équilibre par eux-mêmes. Contrairement à la conception traditionnelle, la définition de Madame Frison-Roche considère que la régulation peut s'associer à tout système capable de contrôler ou d'influencer le comportement des acteurs économiques. Ainsi, si les actions de groupe permettent, dans certaines hypothèses, de combler les lacunes associées à la carence de certaines autorités publiques, celles-ci feront partie de la conception émergente du droit de la régulation telle qu'établie par Madame Frison-Roche. L'exemple le plus concret d'actions privées poursuivant des objets de régulation se trouve aux États-Unis. En effet, le modèle institutionnel de régulation adopté aux États-Unis a mis en brèche toute distinction entre les fonctions respectives de l'action privée et celles de l'action publique[349]. Outre Atlantique, l'action privée et l'action publique, poursuivent des objets de régulation en ce qu'elles permettent, au-delà de l'indemnisation des victimes, de faire respecter les règles substantielles, produisant ainsi un effet dissuasif sur le comportement futur des

---

345 Pour une étude détaillée du système de *public enforcement*, voir notamment : A. M.POLINSKY et S. SHAVELL, « The theory of Public Enforcement of Law », consultable sur : http://www.law.harvard.edu/faculty/shavell/pdf/07-Polinsky-Shavell-Public%20Enforcement%20of%20Law-Hdbk%20LE.pdf.

346 Voir : L. GORYWODA, N. HATZIMIHAIL et A. NUYTS,« Introduction: Market Regulation, Judicial Cooperation and Collective redress », in *Cross-Border class Actions, The European Way* », *op.cit.*, spéc. p. 40: « *Public enforcement is any enforcement of substantive legal rules that is carried out in the general public interest, usually by public bodies, without going through the courts. In contrast, private enforcement refers to private persons taking actions, through civil courts, so as to vindicate their rights under private law* ».

347 *Ibid.*

348 M-A. FRISON-ROCHE, « le droit de la regulation », *D. 2001. 610.*

349 P. LUFF, « Risk Regulation and Regulatory Litigation », 64 Rutgers L. Rev.73 (2011), spéc. p. 89. Ainsi, selon cet auteur: « *The Label of regulation can applied to a wide spectrum of governmental and private activities* ».

potentiels auteurs de dommages[350]. De plus, et en dépit de l'existence des organes publics chargés de mettre en place les règles fédérales relatives au droit économique, le système de régulation aux États-Unis se base principalement sur l'action privée[351]. Cela s'explique très bien, puisque les Américains ont une plus grande confiance dans l'initiative privée que publique, faisant de la culture du procès (*litigation culture*) une spécificité actuelle de ce système. Une telle spécificité résulte d'ailleurs de la conception qu'ont les Américains du rôle du justiciable au sein du système judiciaire. En effet, lorsque ce dernier subit un dommage, il n'est pas uniquement perçu comment étant une victime de la pratique d'un autre individu : par sa demande en justice, ce dernier agit en tant que procureur privé *private attorneys general*[352], chargé de rendre effectif le respect de la loi[353]. De ce fait, la justice civile est perçue comme étant le complément, voir même l'essence de la politique répressive et dissuasive des comportements illégaux.

93. La *class action* américaine : élément moteur permettant à l'action privée de poursuivre une fonction de régulation. Cette conception de la justice et du rôle des justiciables dans la mise en œuvre du droit justifie que des mesures tenant à la facilitation de l'initiation de l'action privée aient été consacrées par le système américain. Plus précisément, l'action privée est équipée d'un certain nombre de mécanismes qui font d'elle un outil de répression particulièrement développé, lui permettant ainsi de remplir une fonction de régulation. Le contentieux privé est ainsi désigné par le vocable de *regulatory litigation*[354] ou *private regulatory enforcement*[355]. Parmi les mécanismes permettant à l'action privée de poursuivre une fonction de régulation figure principalement la *class action* américaine qui, par le biais de son système d'*opt out*, permet le regroupement d'une large classe de demandeurs à l'encontre du défendeur. Cette procédure fonctionne en parallèle avec d'autres mécanismes qui renforcent sa fonction de dissuasion et donc de régulation[356] . En effet, le financement de l'action à travers le système de *contingency fees*

---

[350] J.C. COFFEE, « Litigation Governance: Taking Accountability Seriously », 110 Colum. L. Rev. 288 (2010), spéc. p.344; J. M. GLOVER, « The Structural Role of Private Enforcement Mechanisms in Public law », 53 WM. &Mary L. Rev. 1137 (2012), spéc. p. 1140.

[351] En matière de droit antitrust, alors qu'il existe des organes publics ayant pour mission la mise en oeuvre des règles fédérales relatives au droit de la concurrence, ce sont les actions privées en réparation qui dominent aux Etats-Unis. En effet, plus de 90 % des actions antitrust relèvent du *private enforcement.*

[352] Sur ce concept, voir: J. C. COFFEE, « Litigation Governance: Taking Accountability Seriously », 110 Colum. L. Rev. 288 (2010), spéc. p. 344; W. B .RUBENSTEIN, « On What a"Private Attorney General is and Why it Matters », 57 Vand. L. Rev. 2129 (2004).

[353] M. LECLERC, *Les Class Action du droit américain au droit Européen, propos illustrés au regard du droit de la concurrence*, préf. J. Monéger, Larcier 2012, spéc. n° 574, p. 268.

[354] Selon S. I. STRONG, in « Regulatory Litigation in the European Union: Does the U.S. Class Action have a new Analogue? » 88 Notre Dame L. Rev. 899 (2012), spéc. p. 903: « *Regulatory Litigation arises when a diffuse set of regulators (…) regulate social harm by using litigation and the courts to achieve and apply regulatory outcomes to entire industries* ».

[355] L. GORYWODA, N. HATZIMIHAIL et A. NUYTS, « Introduction: Market Regulation, Judicial Cooperation and Collective redress, in *Cross-Border class Actions, The European Way* », *op.cit.*, spéc. p.41.

[356] Sur la fonction de régulation de la *class action* américaine, voir d'une manière générale: D. R. HENSLER, N. M. PACE, B. DOMBEY-MOORE, B. GIDDENS, J. GROSS et E. K. MOLLER, *Class Action Dilemmas : Pursuing Public Goals for Private Gain,* 1e edition, RAND Corporation, July 10, 2000 ; K. W. DAM, « Class Actions: Efficiency, Compensation, Deterrence, and Conflict of Interest », 4 J. LEGAL STUD. 47 (1975);

constitue une véritable incitation pour les victimes à initier une action en justice et ce, même lorsque le dommage subi individuellement par chacune d'entre elles s'avère dérisoire. Par ailleurs, la divulgation entre les parties de tous les documents pertinents au regard de la résolution du litige, grâce à la procédure de *Discovery*, réduit considérablement les difficultés auxquelles les demandeurs sont assujettis en matière de preuve[357]. De plus, la possibilité pour le juge de prononcer des dommages et intérêts punitifs est telle que le montant prononcé à l'encontre du défendeur est souvent considérable.

Il est vrai que les différents éléments susmentionnés peuvent être analysés d'un point de vue procédural à ce qu'ils permettent aux victimes de franchir les obstacles inhérents à leur accès à la justice. Ils mettent ainsi en relief la fonction de compensation de l'action privée et, a *fortiori* de la *class action*, son élément moteur. Par ailleurs, comme il a déjà été expliqué ci-dessus, la fonction de régulation de l'action privée, apparaît également et clairement puisque celle-ci constitue un élément crucial de la politique de dissuasion, du fait qu'elle permet de faire respecter les règles substantielles. En effet, les dommages et intérêts infligés aux entreprises à l'issue d'une telle action permettent de faire peser sur celles-ci de lourdes menaces ayant pour effet d'infléchir leur comportement futur.

Pour mieux comprendre la dissociation entre la fonction de régulation et celle de compensation, raisonnons à partir de la situation selon laquelle une action de groupe ne poursuivrait qu'une fonction de régulation[358]. Supposons qu'une société de téléphone mobile surcharge ses consommateurs de plusieurs centimes pour chaque appel. Le montant du dommage subi individuellement par chaque consommateur s'avère être trop minime. Ces derniers n'auraient, dès lors, jamais pensé à initier une action en justice pour la réclamation de quelques centimes. Cependant, le montant global des dommages résultant de l'ensemble des dommages individuels s'avère lui, relativement considérable. Par ailleurs, si aucune action n'est initiée, la société de téléphone mobile continuera à s'enrichir illicitement. De même, la norme sociale interdisant l'enrichissement illicite se retrouvera non appliquée, aboutissant ainsi à une situation de sous-régulation[359]. Dans cet exemple, l'action de groupe ainsi initiée poursuit un objet plus dissuasif que compensatoire et opère dès lors en tant que correctif de la situation de sous-régulation. La régulation du dommage social s'opère ainsi à travers le contentieux initié devant des tribunaux civils par des acteurs privés et l'action de groupe devient un outil de gouvernance privé. Dans l'hypothèse où le montant du dommage individuel serait relativement important mais où les différentes victimes se trouveraient dans l'hypothèse de « l'apathie rationnelle », la *class action* poursuivrait aussi bien une fonction de compensation qu'une fonction de régulation quoique, aux États-Unis, la

---

G. L. PRIEST, « Procedural Versus Substantive Controls of Mass Tort Class Actions », 26 J. LEGAL STUD. 521 (1997).

357 Sur l'accès aux preuves dans le cadre d'une action de groupe et l'importance de la procédure de *Discovery*, voir *infra* n°125.

358 Dans certaines hypothèses, les actions de groupe ont exclusivement pour fonction l'indemnisation des victimes. Voir R. MULHERON, *The class Action in Common law Legal Systems: A comparative perspective*, *op.cit.*, spéc. p.63.

359 M. M. KARAYANNI, « The Class Action in [the occupied territories]and the Value of Having a Representative with a Personal Claim », in *Cross-Border Class Actions, The European Way*, *op.cit.*, p. 189 et spéc. p. 204.

fonction de régulation de l'action privée est perçue comme étant de premier ordre alors que la fonction de compensation ne joue qu'un rôle accessoire.

94. Le modèle institutionnel européen basé sur une conception traditionnelle de régulation. Contrairement aux États-Unis, l'Europe a adopté le modèle traditionnel de régulation selon lequel, la mise en œuvre du droit relève du pouvoir de l'Etat et de ses organes. L'action publique est ainsi l'élément moteur pour la mise en œuvre de la loi et le modèle de régulation repose de cette manière sur une conception de la justice civile totalement différente de celle provenant outre-Atlantique. Comme nous l'avons déjà mentionné, ce sont des raisons principalement culturelles qui expliquent une telle différence[360].

A cet égard, une distinction existe en Europe, particulièrement dans les pays de tradition continentale, entre le droit public d'une part, et le droit privé d'autre part. Alors que la mise en œuvre du droit public s'opère par le biais de l'action publique qui vise la protection de l'intérêt général, l'action privée, quant à elle, vise à protéger l'intérêt des particuliers par la mise en œuvre des règles de droit privé[361]. En d'autres termes, l'action publique a pour objet la répression des comportements illicites alors que l'action privée a pour seul objet la réparation du préjudice subi par la victime. Il existe de ce fait, une nette distinction entre le rôle respectif des pouvoirs publics et celui de la victime. Alors que les premiers sanctionnent les comportements illicites, la deuxième est en charge d'initier une action en justice à titre personnel, en vue de la réparation du préjudice causé par ce même comportement déviant.

A l'échelle de l'Union européenne, les dommages de masse tendent à se développer dans les domaines réglementés par l'Union européenne elle-même, tels que le droit de la concurrence, le droit de l'environnement, la protection des consommateurs, les services financiers, la protection des données, et la non-discrimination[362]. Il s'agit ainsi de domaines où les autorités publiques jouent un rôle important dans la mise en œuvre des droits conférés par l'Union.

Prenons, à titre d'exemple, le droit des pratiques anticoncurrentielles. Ce dernier est perçu comme faisant partie du droit public. De ce fait, toute atteinte à celui-ci est considérée comme préjudiciable à l'Etat et au marché lui-même[363]. Cela explique que ce droit ait été pendant de nombreuses années encadré par les pouvoirs publics en Europe : en intervenant à travers ses organes administratifs de régulation, l'Etat joue le rôle de protecteur du marché et participe ainsi à son bon fonctionnement. Dès lors, la régulation s'effectue principalement par le biais de l'action publique engagée par des autorités administratives spécialisées et dotées d'un pouvoir de sanction administrative - telles que par exemple les autorités de concurrence des Etats membres ou de la Commission

---

360 M. LECLERC, *Les Class Actions, du droit américain au droit européen, op.cit.*, spéc. n° 579, p. 271.

361 *Ibid.*

362 Communication de la Commission au parlement, au Parlement européen, au conseil, au comité économique et social européen, « Vers un cadre horizontal européen pour les recours collectifs », COM (2013) 401 final, spéc. n°1.3, p. 6.

363 A. CHARTOUNY, *Les rôles respectifs du « public enforcement » et du « private enforcement», Étude comparée Etats-Unis/Europe*, consultable sur : http://idc.u-paris2.fr/sites/default/files/memoire_adele_chartouny_0.pdf, spéc. p. 17.

européenne[364]. Une telle action a pour objet de prévenir, dissuader et punir les violations aux règles de droit économique, à l'inverse de l'action privée initiée par les victimes, dont l'objet réside dans la pure réparation du préjudice[365].

95. Le renforcement de l'action privée en Europe est originairement sous-tendu par des considérations d'ordre procédural. Le renforcement de l'action privée, aussi bien dans les pays européens, qu'à l'échelle de l'Union européenne était principalement sous-tendu par des considérations purement procédurales tenant à réduire les risques de « *l'apathie rationnelle* ». Ainsi, au niveau européen il a été considéré que tout citoyen ou entreprise subissant des dommages du fait d'une infraction aux règles communautaires sur les ententes et les abus de position dominante (article 81 et 82 du traité CE), devait pouvoir demander réparation à celui qui a causé le dommage[366]. Ce droit des victimes à la réparation est garanti par le droit communautaire comme l'a rappelé la cour de justice des communautés européennes dans ses deux arrêts *Courage* de 2001[367] et *Manfredi* de 2006[368].

96. Un changement de discours : l'action privée et la fonction de régulation en Europe. Cependant, le discours, aussi bien dans les pays membres qu'à l'échelle européenne, semble changer et le renforcement de l'action privée en dommages et intérêts paraît aujourd'hui être sous-tendu par des considérations tirées de la nécessité de réguler les marchés.

En effet, la dichotomie entre *public enforcement* et *private enforcement* en tant que modèle de régulation a commencé à subir des atténuations considérables, notamment sous l'effet du phénomène de la globalisation ainsi que du rôle de plus en plus important octroyé à l'individu dans le fonctionnement des marchés[369]. De même, l'insuffisance des ressources matérielles et financières dont souffrent aujourd'hui les organes de régulation[370] a mis en exergue la nécessité de renforcer les actions civiles en tant

---

364 Livre vert du 19 décembre 2005, intitulé « Actions en dommages et intérêts pour infraction aux règles communautaires sur les ententes et les abus de position dominante », [Non publié au Journal officiel], spéc. p.2.

365 Cette distinction entre la justice répressive et la justice réparatrice a été clairement mise en relief par le conseil de la concurrence français dans son avis du 21 septembre 2006 relatif à l'introduction de l'action de groupe en matière de pratiques anticoncurrentielles, consultable sur http://www.autoritedelaconcurrence.fr/doc/classactions.pdf), spéc. p. 2) qui a considéré que : « *Dans le cadre d'une réflexion sur les actions de groupe, il convient donc de garder à l'esprit la distinction entre l'action répressive et régulatrice menée à l'initiative des autorités publiques de concurrence et l'action privée à vocation réparatrice, engagée par les victimes des pratiques anticoncurrentielles devant les tribunaux* ».

366 Livre blanc du 2 avril 2008 sur les actions en dommages et intérêts pour infraction aux règles communautaires sur les ententes et les abus de position dominante [COM (2008)165 final – non publié au Journal officiel]

367 CJUE 20 septembre 2001, *Courage et Crehan*, aff.C-459/99, Rec. 2001, p. I-6297.

368 CJUE 13 juillet 2006, *Manfredi*, aff. Jointes C-295-298/04, Rec.2006, p. I-6619.

369 Livre vert sur les recours collectifs pour les consommateurs, COM (2008) 794 final, spéc. n°1, p. 2 : « *Encourager la participation active des citoyens au bon fonctionnement des marchés aide au maintien de conditions de concurrence saines. En particulier, l'accès à des mécanismes de recours pour les consommateurs lorsque leurs droits sont violés par des professionnels améliore la confiance dans les marches et les performances de ces derniers* ».

370 L. GORYWODA, N. HATZIMIHAIL et A. NUYTS, in *Collective Redress and Extraterritoriality, op.cit.*, spéc. p. 42.

qu'élément de la politique répressive[371]. Il est en même temps, de plus en plus admis, au sein de l'Union européenne, que les règles de droit privé constituent aussi des instruments au service de la politique d'intégration des marchés[372] et poursuivent, de ce fait, des fonctions de régulation[373], atténuant ainsi la distinction entre droit public et droit privé[374]. Il résulte de ces considérations que même les systèmes juridiques basés sur le modèle traditionnel de régulation ont admis une certaine interaction entre actions publiques et actions privées[375]. De plus, le modèle institutionnel européen rencontre peu à peu les influences en provenance de l'autre côté de l'Atlantique.

Ces influences ont été amorcées en 2001 par un arrêt *Courage c/ Crehan*[376] rendu par la Cour de justice européenne. Il s'agit de la première action privée initiée par les victimes

---

371 Au niveau européen, voir la communication de la Commission au Parlement européen, au Conseil, au Comité économique et social européen et au Comité des régions, COM/2013/0401 final : « *Le recours collectif est un mécanisme procédural qui permet, pour des raisons d'économie de procédure et/ ou d'efficacité du contrôle* **du respect du droit**, *le regroupement de nombreuses demandes en justice dans une action en justice unique* » (nous soulignons) ; et que : « *Dans les domaines où l'action des autorités publiques visant à faire respecter le droit est moins développée, les recours collectifs pourraient, outre leur fonction réparatrice ou préventive,* **avoir également une fonction dissuasive** » (nous soulignons) ; Voir aussi, Proposition de directive du Parlement européen et du Conseil relative à certaines règles régissant les actions en dommages et intérêts en droit interne pour les infractions aux dispositions du droit de la concurrence des Etats membres et de l'Union européenne, COM(2013) 0404 final, spéc. n°.1.1, p. 2 : « *Les actions en dommages et intérêts fondées sur des infractions à l'article 101 ou 102 du traité constituent* **un important volet de la mise en œuvre du droit de la concurrence de l'UE à l'initiative de la sphère privée** » (nous soulignons).

372 L. GORYWODA, N. HATZIMIHAIL et A. NUYTS, in *Collective Redress and Extraterritoriality, op.cit.*, spéc. p. 17.

373 Pour une étude extensive de cette question, voir: L. GROYWODA, *Regulatory Functions of European Law: Theoretical Foundations and Practical Applications*, Ph.D. Thesis, European University Institute 2013.

374 O. ODUDU, « The public/Private distinction in EU internal Market Law », *RTD eur. 2010. 826*, spéc. p. 841.

375 S. I. STRONG, « Regulatory Litigation in the European Union: Does the U.S. Class Action have a new Analogue? » *op.cit.*, spéc. p. 4; voir aussi : L. GORYWODA, N. HATZIMIHAIL et A. NUYTS, in *Collective Redress and Extraterritoriality, op.cit.*, spéc. p.8: « *Although private law litigation still constitutes the principal avenue for compensating individuals, it has also become an important device to deter and regulate firms' market behaviour, with regard to both abusive contractual practice and product safety concerns*». Voir ainsi au niveau européen : Livre vert du 19 décembre 2005, *précité*, spéc. p. 2 : « *Le fait de faciliter les demandes d'indemnisation en cas d'infraction au droit des ententes permettra non seulement aux consommateurs et aux entreprises victimes d'une infraction aux règles sur les ententes d'être facilement indemnisés par l'auteur de l'infraction,* **mais renforcera aussi l'application de ce droit**» (nous soulignons) ; Livre blanc du 2 avril 2008, *op.cit.*, spéc.p. 3 : « *Des voies de recours efficaces pour les victimes permettent également d'augmenter la probabilité qu'un plus grand nombre de restrictions illégales de concurrence soient détectées et que les auteurs des infractions tenus de répondre de leurs actes. Une amélioration des conditions de réparation des victimes produirait donc, aussi, intrinsèquement, des effets bénéfiques du point de vue* **de la dissuasion d'infractions futures, ainsi qu'un plus grand respect des règles de concurrence communautaires »** (nous soulignons) ; Communication de la Commission au Parlement européen, au Conseil, au Comité économique et social européen et au Comité des régions, « Vers un cadre horizontal européen pour les recours collectifs », COM (2013) 401 final,spéc. p. 3 : *« Le recours collectif est l'un des mécanismes que les institutions de l'UE analysent depuis plusieurs années, quant à sa capacité à concourir à la mise en place de l'espace européen de justice, en vue d'assurer un niveau élevé de protection des consommateurs* **et de faire mieux respecter le droit de l'UE en général, y compris les règles de la concurrence, tout en servant la croissance économique et en facilitant l'accès à la justice »** (nous soulignons) ; Recommandation de la Commission du 11 juin 2013, JOUEn°L201/60 du 26 juillet 2013, spéc. n° 7, p. 3 : *« La possibilité donnée aux personnes privées d'intenter des actions pour violation de ces droits (droits conférés par le droit de l'Union)* **complète le contrôle exercé par les autorités publiques** » (nous soulignons).

376 CJUE 20 septembre 2001, *Courage et Crehan.*

de pratiques anticoncurrentielles en Europe. Cet arrêt a réaffirmé le principe selon lequel les victimes de violations des droits conférés par l'Union européenne ont droit à réparation intégrale, dont la clé de voûte est l'action en dommages et intérêts. Le langage ainsi utilisé par la Cour selon lequel les actions privées en dommages et intérêts « *renforcent, en effet, le caractère opérationnel des règles communautaires de la concurrence (…)* » et « *sont susceptibles de contribuer substantiellement au maintien d'une concurrence effective dans la Communauté* », met bien en exergue, par-delà la fonction de compensation, la fonction de dissuasion que poursuit une telle action.

L'arrêt de la Cour de justice semble avoir stimulé les organes européens – la Commission et le Parlement européen- dans la promotion des actions privées comme objet de régulation et non plus seulement comme objet de compensation[377]. Le développement de ces actions a été associé à la nécessité d'une réforme des règles de procédure civile et plus précisément à la consécration d'une action de groupe. En effet, une action privée n'est pratiquement concevable que par l'existence de modalités adaptées permettant son exercice, dont l'action de groupe constitue le noyau dur.

97. La complémentarité entre *private enforcement* et *public enforcement* en Europe. Les propos avancés par la Commission européenne dans son livre vert sur les actions en dommages et intérêts pour infractions aux règles communautaires sur les ententes et les abus de position dominante, ou, la Commission octroie explicitement aux actions civiles et, a *fortiori*, à l'action de groupe, une fonction de dissuasion et donc de régulation[378], ont suscité de vives réactions et ont été défavorablement accueillis,

---

377 Plusieurs initiatives ont été prises. Ainsi, la Commission a adopté, en 2005, un livre vert sur les actions en dommages et intérêts pour infraction aux règles communautaires sur les ententes et les abus de position dominante, [COM(2005) 672 final - Non publié au Journal officiel], puis en 2008, un livre blanc du 2 avril 2008 sur les actions en dommages et intérêts pour infraction aux règles communautaires sur les ententes et les abus de position dominante [COM(2008)165 final – non publié au Journal officiel]. En 2008, elle a publié un livre vert sur les recours collectifs pour les consommateurs du 27 novembre 2008, COM (2008) 794 final. Ensuite, en 2011, la Commission a lancé une consultation publique intitulée « *Renforcer la cohérence de l'approche européenne en matière de recours collectifs* » (COM(2010) 135 final du 31.3.2010). De son côté, le Parlement européen a adopté le 2 février 2012, une résolution intitulée « *Vers une approche européenne cohérente en matière de recours collectif* », (2011/2089 (INI)), dans laquelle il avançait l'idée selon laquelle toute proposition en matière de recours collectif doit prendre la forme d'un cadre horizontal comprenant un ensemble de principes communs garantissant un accès uniforme à la justice au sein de l'Union européenne. Le 11 juin 2013, la Commission européenne a adopté un nouveau « *paquet* » de mesures sur le recours collectif. Ce paquet est constitué de la Communication de la Commission au Parlement européen, au Conseil, au Comité économique et social européen et au Comité des régions : « *Vers un cadre horizontal européen pour les recours collectifs* », COM (2013) 401 final; de la Recommandation du 11 juin 2013 relative à « *des principes communs applicables aux mécanismes de recours collectif en cessation et en réparation dans les États membres en cas de violation de droits conférés par le droit de l'Union* », JOUE n°L201/60 du 26 juillet 2013 ; de la Directive 2014/104/UE du Parlement Européen et du Conseil du 26 novembre 2014 « *relative à certaines règles régissant les actions en dommages et intérêts en droit national pour les infractions aux dispositions du droit de la concurrence des États membres et de l'Union européenne*», JOUE n° L 349/1, 5.12.2014 ; de la Communication de la Commission relative à « *la quantification du préjudice dans les actions en dommages et intérêts fondées sur des infractions à l'article 101 ou 102 du traité sur le fonctionnement de l'Union européenne* », C (2013) 3440, 2014/C 67/16, JOUE n°C 67/83, 6.3.2014.

378 Ainsi, selon la Commission dans le cadre du Livre vert sur les actions en dommages et intérêts pour infraction aux règles communautaires sur les ententes et les abus de position dominante, spéc.n°1.1: « *Les actions en dommages et intérêts pour infraction au droit des ententes répondent à un double objectif indemniser ceux qui ont subi*

notamment parce que cette confusion des genres entre action privée et action publique est perçue par certains auteurs comme incompatibles avec la tradition juridique des Etats membres[379]. Ces critiques ont conduit la Commission européenne à revenir sur certaines de ses propositions formulées dans le livre vert dans de nombreux documents publiés[380]. La dimension procédurale, et plus précisément celle liée à l'indemnisation des victimes, a été clairement avancée comme un des objectifs principaux des actions de groupe[381]. La dichotomie entre action privée et action publique s'est ainsi réintroduite. En effet, alors que les actions exercées par les autorités publiques visent « *à prévenir, détecter et dissuader la commission d'infractions* », celles engagées par les particuliers *« tendent à garantir l'indemnisation des victimes »*[382]. De ce fait, les actions de groupe devraient normalement être indépendantes des actions que les entités publiques engagent pour imposer le respect du droit[383], bien qu'un degré de coordination s'impose entre les deux[384]. Ce sont ainsi que les autorités nationales et européennes qui joueront un rôle central dans l'application du droit de l'Union ; «le contrôle privé de son application ne pouvant que compléter, et non remplacer, le contrôle exercé par les pouvoirs publics»[385].

---

une perte à la suite d'un comportement anticoncurrentiel et garantir la pleine efficacité des dispositions du traité relatives aux ententes en dissuadant les comportements anticoncurrentiels, ce qui contribuera, dans une mesure non négligeable, à maintenir une concurrence effective dans la Communauté (dissuasion) »(nous soulignons) .

379 Voir à titre d'exemple : *Making antitrust damages actions more effective in the EU : welfare impact and potential scenarios*, FINAL REPOR, Done in Brussels, Rome and Rotterdam, 21 December 2007; Project Team: Centre European Policy Studies (CEPS) : Prof A.RENDA (coordinateur), Prof. J. PEYSNER et Prof. Dr. A. J. RILEY ; Erasmus University Rotterdam (EUR) : Prof. Dr. R. J. VAN DEN BERGH, S. KESKE; Luiss Guido Carli (LUISS): Prof. R. PARDOLESI, Dr. E. LEONARDO CAMILLI, Dr. P. CAPRILE. Rapport pour la Commission européenne, Contract DG COMP/2006/A3/012 consultable sur : http://ec.europa.eu/competition/antitrust/actionsdamages/files_white_paper/impact_study.pdf.

380 Voir en matière de preuve : Livre Blanc sur les actions en dommages et intérêts pour infractions aux règles communautaires sur les ententes et les abus de position dominante du 2 avril 2008, COM (2008)165 final – [non publié au Journal officiel], spéc. n°2.2 : « *(…) s'il est essentiel de surmonter cette asymétrie structurelle de l'information et d'améliorer l'accès des victimes aux preuves pertinentes, il importe également d'éviter les effets négatifs qu'entraîneraient des obligations de divulgation trop larges et contraignantes, notamment le risque d'abus susceptible d'en découler* ».

381 Ainsi, à titre d'exemple, le Parlement européen est d'avis que l'accès à la justice par la voie du recours collectif relève du domaine du droit de la procédure. Voir à cet égard : Résolution du Parlement européen du 2 février 2012, (2011/2089 (INI)), spéc. n°15.

382 Communication de la Commission au Parlement européen, au Conseil, au Comité économique et social européen et au Comité des régions : « Vers un cadre horizontal européen pour les recours collectifs », COM (2013) 401 final; spéc. p. 11 : « *Les fonctions répressives et dissuasives devraient être exercées dans le cadre des actions engagées par les autorités publiques pour faire respecter le droit. Il n'est pas nécessaire que les initiatives de l'Union en matière de recours collectif aillent au-delà de l'objectif de réparation : il ne devrait pas y avoir de dommages et intérêts punitifs dans un régime européen de recours collectif* ».

383 Selon la Commission européenne : « *un autre principe directeur majeur de la politique de la Commission est de préserver la fermeté de l'application des articles 81 et 82 dans la sphère publique par la Commission et les autorités de concurrence des États membres* » in Livre Blanc sur les actions en dommages et intérêts pour infractions aux règles communautaires sur les ententes et les abus de position dominante du 2 avril 2008.

384 Communication de la Commission au Parlement européen, au conseil, au comité économique et social européen et au comité des régions, spéc. p.7.

385 Commission européenne, Livre Blanc sur les actions en dommages et intérêts pour infractions aux règles communautaires sur les ententes et les abus de position dominante du 2 avril 2008, COM(2008)165 final – [non publié au Journal officiel] : « *(….) ainsi, les mesures proposées dans le présent livre vert blanc visent à mettre en place un système efficace de mise en œuvre des règles par la sphère privée s'appuyant sur les actions en dommages et intérêts* **qui complète, sans la remplacer ni la compromettre, l'action des pouvoirs publics dans ce domaine** »

Une telle position intermédiaire est, à notre sens, parfaitement justifiable. En effet, la Commission ainsi que le Parlement européen ont pleinement conscience de l'importance de la fonction de régulation que les actions de groupe sont capables d'accomplir. Cependant, il n'est pas évident pour l'Europe d'abandonner intégralement son modèle traditionnel de régulation en substituant complètement les actions privées pour dommages et intérêts aux actions publiques initiées par les organes administratifs. C'est la raison pour laquelle nous pensons que le système européen de régulation reposera sur une certaine complémentarité entre l'action privée et l'action publique pour la mise en œuvre et le respect des règles de droit, sans que l'action privée ne remplace d'aucune manière par la suite, l'action publique à l'instar des Etats-Unis. Cela est d'autant plus vrai qu'il ne suffit pas d'octroyer aux actions de groupe une fonction de régulation, encore faut-il que l'exercice d'une telle fonction soit possible d'un point de vue pratique. Plus précisément, nous pensons que, quand bien même les actions de groupe en Europe seraient dotées d'une fonction de régulation, une telle fonction ne pourrait pas être l'identique à celle de la *class action* américaine. Malgré le fait que les modalités d'exercice de l'action de groupe aient une influence considérable sur son efficacité, d'autres mécanismes comme les *contingency fees*, la procédure de *Discovery* et les dommages et intérêts punitifs permettent de renforcer la fonction de régulation d'une action de groupe.

A l'heure actuelle, il semble que la consécration de tels mécanismes en Europe devra attendre encore bien longtemps[386]. Les propositions invitant à les adopter ont, par ailleurs, été fermement critiquées et rejetées. À première vue, il découle des différents textes adoptés par la Commission et le Parlement que si une action de groupe est consacrée au niveau européen, cette dernière sera de type *opt in*[387]. Or, il n'est pas certain que le mécanisme de l'*opt in* puisse être efficace puisque, pour être inclus dans la procédure, un certain nombre de formalités doit être accompli. A ce titre, le tribunal

---

(nous soulignons) ; Résolution du Parlement européen du 2 février 2012 « *Vers une approche européenne cohérente en matière de recours collectif* », 2011/2089 (INI)), spéc. n° I ; De même, la Commission européenne a considéré que « *l'une des missions essentielles des autorités publiques lorsqu'elles contrôlent le respect du droit est de prévenir et de sanctionner la violation des droits conférés par le droit de l'Union. La possibilité donnée aux personnes privées d'intenter des actions pour violation de ces droits complète le contrôle exercé par les autorités publiques* », in Recommandation de la Commission du 11 juin 2013 relative à des principes communs applicables aux mécanismes de recours collectif en cessation et en réparation dans les États membres en cas de violation de droits conférés par le droit de l'Union, *JOUE n°L 201/60 du 26 juillet 2013*, spéc. n°6.

386 Ainsi, selon la Commission européenne : « *Il convient, en règle générale, d'éviter les éléments tels que les dommages et intérêts punitifs, les procédures intrusives de communication de pièces préalablement au procès (« pre-trial discovery ») et les dommages et intérêts octroyés par les jurys (« jury awards »), qui sont pour la plupart étrangers aux traditions juridiques de la majorité des États membres* », in Recommandation de la Commission du 11 juin 2013, JOUE n°L201/60 du 26 juillet 2013, spéc. n°15.

387 Ainsi, dans son Livre Blanc sur les actions en dommages et intérêts, spéc. n°56, la Commission propose des actions collectives assorties d'une option de participation explicite « *dans lesquelles les victimes décident expressément de mettre en commun leurs demandes d'indemnisation individuelles pour les dommages qu'elles ont subis* » ; de même, le Parlement européen (Résolution du Parlement européen du 2 février 2012, spéc. n°20) a considéré que « *l'approche européenne en matière de recours collectifs doit reposer sur le principe selon lequel les victimes sont clairement identifiées et ne prennent part à la procédure que dès lors qu'elles ont clairement indiqué qu'elles souhaitaient être parties (« opt-in »), et ce afin d'éviter d'éventuels abus* »; voir cependant la Commission européenne (Recommandation de la Commission du 11 juin 2013, spéc. n°21: « *Toute exception à ce principe (principe de l'opt in) édictée par la loi ou ordonnée par un tribunal, devrait être dûment justifiée par des motifs tenant à la bonne administration de la justice* ».

certifiant doit ainsi identifier les victimes, établir les faits pour chaque litige, et assurer la communication avec chaque plaignant sur l'existence de l'action, ce qui pourrait générer des coûts relativement importants[388]. De plus, l'expérience a montré la faible probabilité que les victimes décident d'elles-mêmes de s'inclure dans la procédure et ce même dans les affaires assez médiatisées[389]. L'action de groupe ainsi initiée, sera constituée de classes maigres de demandeurs réduisant considérablement les dommages et intérêts prononcés à l'encontre du défendeur, phénomène accentué par la seule fonction compensatoire qu'ils remplissent[390]. De surcroît, en rejetant le financement de ces actions par le biais des *contingency fees arrangements* et en refusant d'adopter la procédure de *Discovery*[391], les motifs d'engagement d'une action de groupe seront considérablement réduits.

Cela ne veut pas pour autant dire que les actions de groupe en Europe seront dénuées de toute fonction de régulation. En effet, même si les dommages et intérêts résultant de l'action de classe ne peuvent être semblables, au regard du *quantum,* à ceux octroyés à l'issue d'une *class action* américaine, ils constitueront toutefois toujours une menace supplémentaire pour le défendeur et s'ajouteront, de ce fait, aux sanctions administratives et pénales prononcées à l'issue de l'action publique. De même, le développement du financement du procès par un tiers[392] en Europe pourra se substituer

---

388 A. HIGGINS, A. ZUCKERMAN, « Class Actions in England? Efficacy, Autonomy and Proportionality in Collective Redress », Oxford Legal Studies, Research Paper n°93/2013, consultable sur : http://papers.ssrn.com/sol3/papers.cfm?abstract_id=2350141, spéc. p. 19: « *Opt-in systems still have considerable barriers to court, including the need to locate, communicate with and sign up prospective class members. This puts limits on their viability, though with increasing advances in communication an information technology, the transaction costs are continually falling* ».

389 En Grande-Bretagne, une action de groupe a été engagée par une association de consommateurs contre un fabricant de vêtements de sport, en raison d'une entente illicite sur le prix des tee-shirts d'un club de football. L'association de consommateurs et la partie défenderesse ont conclu une transaction prévoyant une indemnisation de 5 à 20 livres sterling par tee-shirt. En dépit de la forte publicité qui a accompagné la conclusion de la transaction, seuls quelques acheteurs, représentant moins que 0.1% du groupe des consommateurs lésés, ont décidé d'adhérer à cette transaction.

390 A titre d'exemple, dans sa recommandation, (Recommandation de la Commission du 11 juin 2013, JOUE n°L 201/60 du 26 juillet 2013), spéc. n°31, la Commission européenne se prononce en faveur de l'interdiction des dommages et intérêts punitifs.

391 Ainsi, selon le Parlement européen (Résolution du Parlement européen du 2 février 2012, « *Vers une approche européenne cohérente en matière de recours collectif* », 2011/2089 (INI)), spéc. n°20 : « *(…) les auteurs d'actions collectives ne doivent pas être privilégiés par rapport aux requérants individuels en ce qui concerne l'accès aux éléments de preuve du défendeur, et chaque requérant doit avancer des éléments de preuve pour étayer son recours; une obligation de divulguer des documents aux requérants («discovery procedure ») est pratiquement inconnue en Europe et ne doit pas faire partie du cadre horizontal* ».

392 Voir ainsi les propositions de la Commission européenne dans le cadre du Livre Vert sur les recours collectifs, spéc. n° 51 : « *(….) Une tierce partie (une banque par exemple) ou un organisme public pourrait accorder un prêt destiné à couvrir les coûts éventuels relatifs au financement en amont des procédures judiciaires. Le financement des procédures judiciaires par des tierces parties privées, est une méthode déjà appliquée avec succès dans certains Etats membres* » ; Voir cependant, la Résolution du Parlement européen, 2 février 2012, « *Vers une approche européenne cohérente en matière de recours collectif* », 2011/2089 (INI)), spéc. n°20 : « *La Commission ne doit pas formuler de principes ou d'orientations concernant le financement des actions en dommages-intérêts, dans la mesure où le recours à un financement par des tiers, par exemple en leur octroyant une partie du montant accordé à titre de dommages-intérêts, est pratiquement inconnue dans les systèmes juridiques des États membres ; cela n'empêche pas les États membres de formuler des principes ou des orientations concernant le financement des actions en dommages-intérêts* ». Dans le cadre de sa communication au Parlement européen, spéc. n°3.9.1, la Commission européenne ne semble pas être réticente au financement des actions de groupe par une tierce personne, quoiqu'elle estime qu'une telle pratique doit faire l'objet d'un certain encadrement. De

au système de *contigency fees* adopté aux États-Unis et constituera ainsi une incitation à l'initiation d'une action de groupe.

2. L'interaction entre la fonction de régulation et le système de l'« unité »/« universalité » de l'action de groupe

98. L'interconnexion des marchés nécessite un traitement global des dommages de masse. Le système de « l'unité » de l'action de groupe consistant à concentrer le contentieux devant un for unique, permet d'assurer au mieux la fonction de régulation d'une action de groupe dans le cadre d'un contentieux de masse international. Cela est d'autant plus vrai lorsque le contentieux intervient dans des domaines à forte dimension politique et régulatoire, tels que le droit de la concurrence ou le droit boursier. En effet, la globalisation de l'économie et l'interconnexion entre les différents marchés sont telles, que les conséquences issues de la violation d'une norme de droit économique dépassent aujourd'hui les frontières appelant alors à une nécessaire solution globale du litige. Ainsi, en matière de droit de la concurrence, et à l'issue du développement des cartels destinés à capter les effets de la globalisation, il a été considéré que des telles ententes « *ne peuvent être effectivement combattues que si d'une façon ou d'une autre, elles sont saisies à travers la totalité de leurs effets sur le plan mondial* »[393]. Cela s'avère d'autant plus vrai, que l'avènement d'une tragédie commune sera pris dans « *le chaos des conflits de législations redondantes ou contradictoires* »[394], donnant ainsi naissance au phénomène de l'*anti-commons* où un même acte peut être permis dans une juridiction et interdit dans une autre[395]. De même, et au-delà du gaspillage des ressources judiciaires et économiques des Etats, s'ajoute une augmentation des coûts des transactions pour les opérateurs soumis à des exigences législatives et régulatoires cumulatives. Une telle hypothèse n'est pas une hypothèse d'école et le litige qui a donné lieu au grand arrêt *Hartford Fire*[396] de la Cour Suprême des États-Unis mettait justement en exergue les exigences divergentes du droit américain de la concurrence et l'(auto)régulation du marché anglais de la réassurance[397].

99. Le rassemblement des victimes et l'optimisation de l'effet dissuasif de l'action de groupe. Rassembler l'ensemble des victimes devant un for unique dans le cadre d'une action de groupe permettrait d'optimiser l'effet dissuasif et régulatoire d'une telle action notamment en rendant plus conséquent le montant de dommages et intérêts prononcé à l'encontre de l'auteur du dommage de masse. Un tel raisonnement a d'ailleurs été adopté par la Cour Suprême américaine dans le cadre d'une *class action* internationale

---

même, dans sa recommandation relative à des principes communs applicables aux mécanismes de recours collectifs (spéc. n° 14 et suiv), la Commission soumet le financement des actions de groupe par une tierce partie à plusieurs conditions.

393 H. MUIR WATT, « Aspects économiques du droit international privé », *RCADI 2004*, t. 307, p 25, spéc. n° 271, p. 333.

394 H. MUIR WATT, « Aspects économiques du droit international privé », *RCADI 2004*, t. 307, p 25, spéc. n°260, p. 321.

395 *Ibid*

396 *Hartford Fire Insurance Co. vs. California*, 113 S.Ct.2359, 159 L.Ed.2d 226 (2004).

397 H.MUIR WATT, *op.cit.*, spéc. n°263, p. 324.

en matière antitrust. Dans cette affaire, la Cour avait considéré que l'exclusion des demandeurs étrangers de la classe aurait pour effet de réduire le montant des dommages et intérêts punitifs auxquels le défendeur pourrait être condamné, et par la même l'effet dissuasif de l'action privée[398]. De plus, une telle exclusion encouragerait les auteurs des potentiels dommages de masse à conclure des transactions contraires au droit de la concurrence afin de réaliser des profits illicites. Cela se vérifie lorsque les autres systèmes juridiques impliqués dans le contentieux[399] ne possèdent pas d'outils efficaces permettant de sanctionner une telle violation, conduisant plausiblement à des situations de sous-régulation. Ainsi, l'accès des victimes étrangères aux tribunaux américains afin de sanctionner la violation d'une norme de droit économique intervenant sur un marché étranger permettrait d'assurer une meilleure régulation de l'ensemble des marchés affectés.

Adopter une solution contraire équivaudrait à permettre aux sociétés de se livrer à des stratégies leur permettant de réaliser des profits illicites. Conscientes qu'une partie de leur comportement ne sera jamais sanctionné, elles pourront alors modifier leur comportement d'un marché à un autre, en s'abstenant par exemple de réaliser des actes illicites sur les marchés où leur comportement pourrait être sanctionné par le biais d'une action de masse privée, et en adoptant simultanément une attitude opposée sur les marchés dont le système juridique est dépourvu d'une procédure de *class action*. Une telle hypothèse créerait ainsi une disparité entre les consommateurs des deux marchés[400]. De même, les sociétés pourraient opter pour une autre stratégie consistant à perpétrer des pratiques illicites sans se soucier du marché ou des victimes affectées, en considérant qu'en excluant les victimes étrangères de l'action de groupe, les gains réalisés sur les marchés étrangers seraient nécessairement plus importants que le montant des

---

[398] *Pfizer, Inc.v.Gov't of India*, 434 U.S.308 (1978): « *An exclusion of all foreign plaintiff would lessen the deterrent effect of treble damages. The conspiracy alleged by the respondents in this case operated domestically as well as internationally. If foreign plaintiffs were not permitted to seek a remedy for their antitrust injuries, persons doing business both in this country and abroad might be tempted to enter into anticompetitive conspiracies affecting American consumers in the expectation that the illegal profits they could safely extort abroad would offset any liability to plaintiffs at home. If on the other hand, potential antitrust violators must take into account the full costs of their conduct, American consumers are benefited by the maximum deterrent effect of treble damages upon all potential violators ». Ainsi, selon l'avocat représentant la classe dans l'affaire des cartels des vitamines Empagran qui défendait la certification d'une class action globale devant les tribunaux américains incluant des victimes non américaines, ce dernier a considéré : « An example, in the vitamins cartels, it is estimated that the vitamin market in the United States was only 25 percent of the world market. So, why not as a good business says, okay. I will take the risk. I will lose 25 percent of my excess profit or my ill-gotten gains. I will capt it. If I get caught, I will pay back in the United States, but I pay 75 percent in the rest of the world and I have kept it for 10 years* ». Voir: M. D. HAUSFELD, « Five principles of Common sense why Foreign Plaintiffs should be allowed to sue under U.S. Antitrust Laws », 16 Loy .Consumer L. Rev.361 (2004), spéc. p. 363.

[399] E. FOX, « International Antitrust and the Doha Dome », 43 VA. J. Int'l L. 911 (2003), spéc. p. 923.

[400] Ainsi, selon l'avocat de la classe qui défendait la certification d'une *class action* globale par les tribunaux américains incluant des victimes non américaines dans le cadre de l'affaire des cartels des vitamines *Empagran* : « *An example, in the vitamins cartels, it is estimated that the vitamin market in the United States was only 25 percent of the world market. So, why not as a good business say, okay. I will take the risk. I will lose 25 percent of my excess profit or my ill-gotten gains. I will capt it. If I get caught, I will pay back in the United States, but I pay 75 percent in the rest of the world and I have kept it for 10 years* ». Voir: M. D. HAUSFELD, « Five principles of Common sense why Foreign Plaintiffs should be allowed to sue under U.S. Antitrust Laws », 16 Loy .Consumer L. Rev. 361 (2004), spéc. p. 363.

dommages et intérêts à payer aux victimes américaines[401]. En d'autres termes, des entreprises exerçant des activités sur plusieurs marchés pourraient ainsi être tentées de *« profiter du compartimentage des compétences afin de compenser la responsabilité engagée dans l'Etat du for par les profits illicites extorqués sur un marché étranger »*[402].

Il est vrai que le système de l' « unité »/ « universalité » de l'action de groupe pouvait être mis en avant à l'époque où les tribunaux américains étaient les seuls capables de donner une solution satisfaisante aux victimes d'un dommage de masse transfrontalier en raison de l'efficacité de la procédure de *class action* et l'absence d'autres for équipés d'un mécanisme efficace qui permet le regroupement des victimes. Ainsi, si les tribunaux américains fermaient leur prétoire aux demandeurs étrangers, ces derniers seraient dans l'impossibilité de se regrouper afin de saisir d'autres tribunaux, ce qui impliquerait que le comportement illégal du défendeur ne pourrait être appréhendé dans sa totalité, entraînant ainsi des situations de sous-régulation. On pourrait toutefois répliquer ici que le développement des actions de groupe au sein d'autres systèmes juridiques rend inopérants les arguments qui sous-tendent le recours au système de l'« unité »/ « universalité » de l'action de groupe, puisqu'il est toujours possible pour les victimes de saisir d'autres tribunaux équipés d'un outil procédural à dimension régulatoire. Un tel argument est certes valable mais quelques précisions méritent d'être apportées.

Le développement des actions de groupe au sein d'autres systèmes juridiques, s'il peut considérablement réduire les situations de sous-régulation, ne permet cependant pas de les effacer complètement, notamment parce que tous les systèmes juridiques ne disposent pas encore d'actions de groupe totalement efficaces. De plus, le système de l' « unité »/« universalité » de l'action de groupe que nous préconisons ne consiste pas à concentrer le contentieux de masse international devant le for américain de *class action*, comme cela a été soutenu par certains auteurs, mais devant le for le plus approprié pour trancher le litige, lequel sera déterminé selon des critères bien établis[403]. Enfin et dans tous les cas, il reste préférable, au regard du droit de la régulation, qu'un acte ayant une dimension transnationale soit traité d'une manière globale, loin de tout compartimentage. A cet égard, l'expérience en matière de *public enforcement* dans le domaine du droit de la concurrence est instructive et pourrait constituer un fondement au système de l'« unité »/ « universalité » de l'action de groupe. Ainsi, dans un cartel affectant les marchés européens et américains, les autorités compétentes des deux côtés de l'Atlantique s'accorderaient entre elles pour savoir laquelle des deux serait compétente

---

401 I. BUSCHKIN, « The Viability of Class Action Lawsuits in a Globalized Economy-Permitting foreign Claimants to be Members of Class Actions Lawsuits in the U.S. Federal Courts », 90 Cornell L. Rev. 1563 (2005).

spéc. p. 1589 et suiv. Un tel raisonnement a été aussi adopté par la Cour fédérale américaine dans le cadre de l'affaire *Empagran* ou cette dernière avait considéré: « *We are persuaded that, if foreign plaintiffs could not enforce the antitrust laws with respect to foreign effects of anticompetitive behaviour, global conspiracy would be under-deterred, since the perpetrator might well retain the benefits that the conspiracy accrued abroad. There would be an incentive to engage in global conspiracies because even if the conspirator has* to *disgorge his US profits in suits by domestic plaintiffs, he would be very possibly retain his foreign profits which may make up for his U.S. liability* » , in *Empagran S.A. v. F. Hoffmann-La Roche Ltd.*, 315 F.3d 338, 356 (D.C. Cir. 2003):

402 H. MUIR WATT, *op.cit.*, spéc. n°271, p.334.

403 Sur ce point, voir le troisième chapitre de notre premier Titre.

pour intervenir en vue de mettre en œuvre les procédures d'exécution, tout en prenant en considération les intérêts régulateurs respectifs des deux autorités[404].

100. ***Transition.*** Le système de l'« unité »/ « universalité » de l'action de groupe qui consiste à concentrer le contentieux de groupe devant un for unique permet la régulation du contentieux international des dommages de masse, en achevant les fonctions aussi bien procédurales que substantielles d'une action de groupe. Une telle concentration peut s'opérer *ex-ante* en fédérant l'ensemble des actions des victimes devant un for unique. Il s'agit ainsi d'identifier le for compétent pour l'ouverture d'une action de groupe globale.

La concentration *ex-ante* du contentieux international des actions de groupe devant une seule juridiction nécessite en revanche une certaine volonté politique de la part des Etats, ainsi qu'un certain infléchissement des méthodes et des instruments de droit international privé, lesquels sont, à l'heure actuelle, encore inadaptés à la régulation de ce contentieux complexe. Il convient ainsi d'exposer les principales difficultés qui empêchent la concentration du contentieux de masse international tout en proposant les solutions convenables (**Première partie**).

En attendant que les solutions avancées soient mises en œuvre effectivement, c'est le système de la « multiplicité » / « territorialité » de l'action de groupe qui règne aujourd'hui. Tout contentieux de masse est désormais susceptible de générer plusieurs procédures de groupe/individuelles qui, le plus souvent, s'enchevêtrent aussi bien à l'échelle internationale que dans le cadre des espaces intégrés. Cela ne veut pas dire que la concentration du contentieux de groupe n'est pas possible. En effet, même si le contentieux de masse international est éclaté et dispersé, il est toujours possible d'opérer la concentration *ex-post* de ce contentieux, en coordonnant les différentes procédures de groupe existantes dans l'ordre international, tout en assurant la circulation dans l'ordre international d'une décision issue d'une action de groupe internationale. Toutefois, même dans cette hypothèse, les instruments de droit international privé s'avèrent bien souvent inadaptés à la régulation des procédures concurrentes. Par voie de conséquence, il convient d'exposer les différentes questions de droit international privé que soulèvent la coordination et la circulation d'une décision internationale issue d'une action de groupe, tout en proposant les solutions convenables en la matière.

Première Partie : ***La régulation ex-ante du contentieux international des actions de groupe : la concentration du contentieux international des actions de groupe devant un for unique.***

Deuxième Partie : ***La régulation ex-post du contentieux international des actions de groupe : La coordination et la circulation d'une action de groupe internationale.***

---

404 Voir: B. ZANETTIN, *Cooperation between Antitrust Agencies at the International Level*, Hart Publishing 2002.

PREMIÈRE PARTIE : LA RÉGULATION *EX-ANTE* DU CONTENTIEUX INTERNATIONAL DES ACTIONS DE GROUPE : LA CONCENTRATION DU CONTENTIEUX INTERNATIONAL DES ACTIONS DE GROUPE DEVANT UN FOR UNIQUE

101. La concentration du contentieux international des actions de groupe, conformément à la méthode de l' « unité » de l'action de groupe, permet de réaliser au mieux les objectifs aussi bien procéduraux que substantiels d'une action de groupe dans un contexte de globalisation économique. En prévenant les hypothèses de sous-régulation et de sur-régulation, elle bénéficie aussi bien aux parties aux litiges qu'à l'ordre international.

102. Nombreuses sont les raisons qui sont à l'origine de l'éclatement du contentieux international des actions de groupe. Si le for américain de *class action* était le seul à disposer d'une action de groupe efficace permettant la concentration du contentieux de masse devant un for unique, le phénomène de « *concurrence des ordres juridiques* », sème désormais le doute quant à la détermination du for compétent pour l'ouverture d'une action de groupe dans un contexte de globalisation économique. Par ailleurs, et même dans l'hypothèse où un for accepte d'exercer une compétence juridictionnelle en vue de certifier une action de groupe internationale, nombreux sont les obstacles empêchant la résolution globale du litige. Les méthodes et les instruments de droit international privé [405] semblent en effet aujourd'hui peu adaptés à la résolution d'un contentieux complexe, notamment parce qu'il implique un nombre élevé de parties et présente une forte dimension régulatoire.

103. Ainsi, la régulation du contentieux international des actions de groupe nécessite la quête de nouvelles solutions en matière de droit international privé. Il convient donc de repenser les règles de compétence juridictionnelle ainsi que les règles de conflits de lois à l'aune des différents intérêts enchevêtrés que recèle le contentieux de groupe international (**Titre premier**).

104. Le développement des actions de groupe reposant sur un mécanisme transactionnel de résolution du contentieux de masse, et dont l'efficacité a déjà été bien établie dans la résolution globale d'un nombre important de litiges transfrontaliers, nous amène à nous interroger sur le rôle que peut jouer l'autonomie de la volonté dans la régulation du contentieux international des actions de groupe (**Titre second**).

---

[405] Par instruments de droit international privé, on vise principalement le droit international privé européen se rapportant aux conflits de juridictions (Règlement de Bruxelles I *bis)* et aux conflits de lois (Règlement de Rome I et Règlement de Rome II).

Titre Premier : la globalisation du contentieux international des actions de groupe à l'aune des méthodes et instruments de droit international privé : vers la quête de nouvelles solutions ?

105. Les divergences culturelles existantes entre le système de régulation américain reposant principalement sur le *private enforcement* et le modèle européen reposant principalement sur le *public enforcement*[406] ne se sont pas cantonnées aux frontières géographiques. En effet, la globalisation du contentieux de masse a permis de mettre à jour les divergences entre ces deux modèles dans le cadre d'un contentieux international, et particulièrement lorsque les victimes des violations des réglementations du droit économique et celles des violations massives des droits de l'homme, ont décidé d'initier des actions de groupe en dommages et intérêts devant les tribunaux américains, à l'encontre de sociétés non américaines, pour des litiges ayant parfois des liens assez ténus avec le for américain. L'accueil des tribunaux américains de ces victimes a ainsi été à l'origine du phénomène de délocalisation du contentieux de masse international ainsi que de sa concentration outre Atlantique.

En l'absence d'un organe de régulation transnational capable d'appréhender les dommages de masse dans leur globalité, le for américain, en acceptant d'exercer sa compétence juridictionnelle dans des litiges ayant parfois des liens ténus avec son ordre juridique, semble s'investir d'une fonction consistant, en plus de la résolution d'un litige privé, à réguler de manière globale le contentieux de masse international par le biais de son système de *private enforcement* très efficace et dont la procédure de *class action* constitue l'élément moteur.

Si l'exercice d'une compétence juridictionnelle *« universelle »* par le for américain, dans le but de résoudre de manière globale les dommages de masse internationaux pouvait avoir une certaine légitimité à une époque donnée, et notamment lorsque ce dernier était le seul à disposer d'une action de groupe efficace, le phénomène « *de concurrence des ordres juridique* »[407] est venu changer considérablement l'équation. Si ce phénomène n'est pas en lui-même répréhensible, ce dernier ayant en effet stimulé un certain nombre de systèmes juridiques à renforcer leur système de *private enforcement* en instaurant de nouvelles formes d'actions de groupe, il a cependant favorisé l'éclatement du contentieux de masse et a semé le doute quant à la détermination du for compétent pour la résolution globale du litige (**Chapitre 1**).

106. Il est vrai que les incertitudes et les imprévisibilités associées à la globalisation du contentieux de masse sont principalement dues au fait que les règles de compétence juridictionnelle sont abandonnées aux choix unilatéraux de chaque système juridique et que les solutions de conflits de lois diffèrent d'un système juridique à un autre. Cependant, même confrontée à l'existence de règles de compétence juridictionnelle et

---

406 Voir *supra* n°91 et suiv.

407 Sur le phénomène de « *concurrence entre les ordres juridiques* », voir *infra* n°170.

de conflits de lois uniformisées, la régulation du contentieux international des actions de groupe reste loin d'être satisfaisante, comme l'illustre d'ailleurs l'expérience européenne. En effet, l'éclatement du contentieux de masse dans l'espace européen est principalement dû à l'incompatibilité qui entache la relation entre les instruments de droit international privé européen et les actions de groupe[408] (**Chapitre 2**).

La globalisation du contentieux international des actions de groupe a montré que de nombreuses questions de droit international privé ont fait l'objet de plusieurs approches divergentes. Ces diverses approches ont été adoptées non seulement par les différents tribunaux saisis en la matière, mais également par les tribunaux d'un même système juridique. En effet, l'existence d'une grande diversité de solutions concernant les conditions de l'exercice de la compétence juridictionnelle dans le cadre d'une action de groupe internationale, les hésitations quant à la qualification que doit recevoir la question de l'inclusion des membres étrangers dans la classe, ainsi que l'existence d'une relation entre la question de la loi applicable et celle de la certification d'une action de groupe internationale, constituent une véritable source d'insécurité pour toutes les parties impliquées dans le contentieux. Face à une telle insécurité, la mise en œuvre des actions de groupe se voudra très certainement inefficace au sein des litiges transfrontières, débouchant par voie de conséquences sur des situations de sous-régulation ou de sur-régulation. Une telle hypothèse nécessite dès lors la quête de nouvelles solutions de droit international privé, adaptées à la résolution d'un contentieux qui non seulement met pas en jeu une multitude de parties mais présente aussi une forte connotation politique et économique (**Chapitre 3**).

---

[408] L. P. SAUSSINE, « Quelle place pour les *class actions* dans le règlement de Bruxelles I », *JCP. G, n°20, 16 mai 2011,* p. 992, spéc. p. 993.

Chapitre I : Les incertitudes liées à la globalisation du contentieux international des actions de groupe

107. Le système de l' « unité » de l'action de groupe suppose la concentration *ex ante* du contentieux de masse international devant un for unique en vue de la résolution globale et définitive du litige. Cependant, nombreuses sont les difficultés qui s'opposent à la mise en œuvre d'une telle méthode. Ces dernières se présentent à deux niveaux. Il s'agit en premier lieu de déterminer quel for est compétent pour l'ouverture d'une action de groupe internationale dans un contexte de globalisation économique (**Section 1**). A supposer que ce for ait été identifié, l'ouverture d'une action de groupe globale semble soulever à son tour un certain nombre de difficultés qu'il convient d'exposer (**Section 2**).

Section I : Les difficultés liées à la détermination du for compétent pour l'ouverture d'une action de groupe dans un contexte de globalisation économique

108. Si la globalisation du contentieux constitue aujourd'hui un fait indéniable, la résolution du contentieux international s'opérait auparavant dans le cadre d'un système « *d'unilatéralité* » (« *unipolar* ») ou parfois de *« bipolarité »* (« *bipolar* »)[409], conformément auquel, certains systèmes juridiques, à l'exclusion des autres, étaient les seuls à pouvoir mettre leurs tribunaux à la disposition de la communauté internationale en vue de la résolution d'un litige international. Le contentieux de masse international n'était, lui non plus, pas épargné par un tel phénomène. En effet, parce que le for américain était le seul à disposer d'une action de groupe efficace, celui-ci est devenu un « *for aimant* »[410](« *magnet forum* ») pour la résolution des litiges de masse transfrontaliers[411]. La détermination du for compétent pour les besoins de l'ouverture d'une action de groupe globale ne semblait alors pas soulever tant de difficultés (**§1**).

109. Cependant, « *la concurrence des systèmes juridiques* », notamment en matière d'agrégation des litiges de masse, changea considérablement la donne : plusieurs pays disposent aujourd'hui d'une action de groupe et concurrencent ainsi le système américain de *class action.* Ainsi, le système de « multipolarité » (« *multipolarity* »)[412] constitue aujourd'hui le nouveau paradigme du contentieux de masse international (**§2**).

---

[409] Ces deux expressions ont été utilisées par les deux auteurs QUINTANILLA et WHYTOCK dans leur article M. S. QUINTANILLA et C. A. WHYTOCK, « The New Multipolarity in Transnational Litigation : Foreign Courts, Foreign Judgements and Foreign Law », 18 Sw. J. Int'L. 31 (2011). Les deux auteurs ont constaté que les tribunaux anglais et les tribunaux américains jouaient, en raison de nombreux avantages procéduraux et tactiques qu'ils offrent aux plaideurs, un rôle primordial dans la résolution du contentieux international.

[410] R. J. WEINTRAUB, « When and How to Demagnetize Magnet Forums », K.C.L.J. 195 (2001).

[411] R. J. WEINTRAUB, « Introduction to Symposium on International Forum Shopping », 37 Tex. Int'l L. J. 463 (2002).

[412] Cette expression a été utilisée par les deux auteurs M. S. QUINTANILLA et C. A. WHYTOCK, in « The New Multipolarity in Transnational Litigation: Foreign Courts, Foreign Judgements and Foreign Law», 18 Sw. J. Int'L. 31(2011).

110. Dans ce contexte, la détermination du for compétent pour l'ouverture d'une action de groupe globale présente plusieurs incertitudes. Cela est d'autant plus vrai que l'exercice de la compétence juridictionnelle internationale pour l'agrégation des litiges de masse internationaux, s'est caractérisé par une approche casuistique pour la plupart des tribunaux impliqués dans la résolution de ce contentieux complexe. Cela constitue une source d'insécurité et d'imprévisibilité pour les parties (**§3**).

111. Précisons que les développements suivants, qui sont en relation avec la globalisation et l'internationalisation des actions de groupe, mettent surtout en jeu des actions collectives relevant du domaine du droit économique - droit boursier et droit antitrust – et celles relevant des droits de l'homme. Cela ne veut pas pour autant dire que les dommages de masse globaux dans d'autres secteurs, n'ont pas donné lieu à des litiges entre les victimes et les prétendus responsables. Cependant, et contrairement à la première hypothèse, de tels litiges n'ont pas nécessairement pris la forme des actions de groupe internationales. D'ailleurs, quand bien même ils prenaient cette forme, le litige était bien souvent soldé par une transaction dès les premières phases de la procédure[413], faisant ainsi l'économie des questions de droit international privé.

112. D'autres litiges de masse ont été à l'origine de l'initiation de plusieurs actions individuelles devant plusieurs forums à l'instar du contentieux du *PIP*[414]. En outre, il est également possible de relever l'existence de transactions conclues entre les victimes et les prétendus responsables en dehors de toute procédure de masse, comme nous l'enseigne notamment le contentieux résultant de la catastrophe *Costa Concordia* en Italie[415].

§1- L'hypothèse de l'« unilatéralité » : la concentration du contentieux de masse devant le for américain de *class action*

113. Les États-Unis ont depuis longtemps eu le monopole de gestion du contentieux de masse international. Ainsi, et à l'issue de la crise des *subprimes*[416], une frénésie

---

413 Tel était le cas par exemple, dans le cadre de l'affaire *Agent Orange*. Le contentieux mettait en jeu une *class action* engagée au nom des vétérinaires vietnamiens et les membres de leurs familles en raison des dommages subis par ces derniers suite à leur exposition à des désherbants chimiques durant la guerre du Vietnam. L'action avait été initiée à l'encontre des producteurs des désherbants et avait donné lieu à une transaction d'un montant de 180 millions de dollars.

414 Voir *infra* n°249.

415 A l'issue de l'échouement du navire *Costa Concordia*, dans la nuit du 13 au 14 janvier 2012 près de l'île italienne de Giglio, les victimes ou leurs ayant-droits avaient demandé la réparation des conséquences mortelles de l'accident, des blessures et des préjudices économiques en relation avec la catastrophe. Des actions en justice ont été initiées en France et en Italie. Des transactions entre les rescapés et la société *Concordia* ont été conclues en dehors de toute procédure de masse. En France, à titre d'exemple, les victimes ont été représentées par la Fédération nationale des victimes d'attentats d'accidents collectifs/SOS catastrophes et terrorisme en vue de la conclusion de la transaction. Pour un aspect général de l'affaire *Concordia*, voir : C. PERRELLA, « the 'Costa Concordia Case' », in W. H. VAM BOOM et G. WAGNER (eds), Mass Torts in Europe : Cases and Reflections, p.73.

416 Durant cette crise, près de 40 institutions financières dont la moitié représente des institutions européennes ont fait l'objet d'une dépréciation d'actifs.

contentieuse a agité cet autre côté de l'Atlantique. Les tribunaux américains ont dès lors connu une vague sans précédent[417] de *class action* boursières (*securities class actions*[418]) à l'heure où l'Europe, pourtant touchée elle aussi par cette crise[419], est restée globalement épargnée par ce phénomène.

114. Il est vrai que le contentieux de masse boursier engagé devant les tribunaux américains a souvent été mis en exergue. La crise financière des *subprimes* en est la raison principale, celle-ci constitue, d'après les économistes, la plus importante des crises depuis la grande dépression. Le développement contemporain des cartels, destiné à capter les effets de la globalisation, a également incité des victimes non américaines à intenter des *class actions* devant les tribunaux américains[420]. Par ailleurs, et dans un tout autre domaine, les tribunaux des États-Unis ont ouvert leurs prétoires aux victimes des violations massives des droits de l'homme.[421]

115. Il n'est pas surprenant que les victimes de dommages de masse globaux se soient orientées vers les tribunaux américains en vue de faire valoir leur droit en justice, puisque du choix du for américain découle toute une panoplie de règles de procédure généralement favorables aux victimes, et plus précisément pour les victimes dissuadées d'agir en justice pour des raisons d'« *apathie rationnelle* »[422]. En effet, non seulement la procédure américaine de *class action* rend aisée la reconnaissance des droits des plaideurs en justice[423], mais en plus, une telle procédure vient s'insérer dans un système qui, dès l'origine, présente des spécificités capables à elles seules de le rendre attractif.

116. Cependant, la mise en œuvre par le juge américain de sa procédure de *class action* à la disposition de la communauté des victimes de dommages de masse, peut paraître audacieuse. En effet, un tel scénario a été à l'origine du phénomène de délocalisation et de centralisation du contentieux de masse international devant les tribunaux américains.

117. Il convient d'étudier le phénomène de délocalisation du contentieux de masse international outre Atlantique (**I**), lequel a conféré aux tribunaux américains, au-delà de la fonction de résolution d'un litige entre des personnes privées, une fonction de régulation des dommages de masse globaux, mise à la disposition de la communauté internationale (**II**).

---

417 Ainsi, près de 180 *class actions* boursières ont été initiées devant les tribunaux américains contre des institutions financières en relation avec la crise des *subprimes*.

418 S. SCHREIBER et O. BOULON, « Le contentieux boursier né de la crise financière en France et aux Etats-Unis », consultable sur : https://www.skadden.com/insights/le-contentieux-boursier-n%C3%A9-de-la-crise-financi%C3%A8re-en-france-et-aux-etats-unis, spéc. p. 7.

419 La plupart des *class actions* avaient été intentées à l'encontre des sociétés européennes.

420 Voir *infra* n°142 et suiv.

421 Voir *infra* n°147 et suiv.

422 Sur cette notion voir *supra* n°83.

423 La procédure de *class action* présente aussi un certain nombre d'inconvénients surtout lorsque le recours à cette dernière s'opère d'une manière abusive. Voir *infra* n°129 et suiv.

I- La délocalisation du contentieux international des actions de groupe devant les tribunaux américains

118. La délocalisation du contentieux de masse international devant le for américain s'explique par l'attractivité du système américain de *class action* pour les victimes des dommages de masse (**A**). Cependant, l'attractivité de ce système n'était pas suffisante, encore fallait-il que les tribunaux américains acceptent de mettre à la disposition des plaideurs leur système de *private enforcement* basé principalement sur la procédure de *class action.* Ainsi, le phénomène de monopolisation du contentieux international des dommages de masse devant les tribunaux américains ne pouvait se produire sans une volonté affirmée de la part du for américain de connaître ces litiges en acceptant d'exercer sa compétence juridictionnelle, et ce quand bien même les litiges avaient des liens ténus avec le système américain (**B**).

A- Le for américain de *class action* : « un for aimant » pour le redressement des dommages de masse globaux

119. Si la *class action* américaine accompagnée de tous les autres atouts du système américain est attractive pour les plaideurs victimes d'un dommage de masse (**1**), cela n'empêchera pas d'examiner, dans un deuxième temps, les abus qui peuvent être liés à l'exercice de cette action (**2**).

1- Les raisons de l'attractivité du système américain de class action

120. Le système américain propose aux plaideurs un modèle de justice assez séduisant, « *parfois éloigné d'une réalité quotidienne plus austère* »[424]. C'est ainsi que le juriste anglais Lord Denning a considéré que le for américain est le for le plus désiré par les plaideurs dans la résolution des litiges privés internationaux[425]. Dans le cadre du contentieux de masse international, l'attractivité du système américain s'explique par des raisons intrinsèques (**a**) mais également extrinsèques à la procédure de *class action* (**b**)[426].

---

424 U. MATTEI, « A Theory of Imperial Law: A study on US Hegemony and the Latin Resistance », 10. Ind. J. Global Legal Stud. 383 (2002). L'auteur démontre que le succès du modèle américain tient essentiellement à l'image de la justice qu'il offre.

425 Dans le cadre de son opinion devant un tribunal anglais dans le cadre de l'affaire *Smith Kline & French Laboratories Ltd and others v Bloch*, Lord Denning avait considéré : « *As a moth is drawn to light, so is a litigant drawn to the United States. If he has only got his case into their courts, he stands to win a fortune* ».

426 Voir d'une manière générale: D. A. SKEEL, « Can Majority Voting Provisions Do It All ? », 52 EMORY. L. J. 471 (2003), spéc.p. 423; G. WALTER, « Mass Tort Litigation in Germany and Switzerland », 11 Duke J.Comp. &Int'l L. 369 (2001), spéc. p. 382.

a- <u>Les raisons intrinsèques à la procédure de class action</u>

121. Une flexibilité quant aux conditions de recevabilité d'une action de groupe engagée par des étrangers. Contrairement au modèle associatif européen, l'exercice d'une action collective devant le for américain ne fait pas l'objet d'encadrement. Puisque la titularité de l'exercice de l'action appartient à des personnes physiques, il n'existe pas d'obstacles juridiques empêchant la recevabilité de l'action de groupe lorsque cette dernière est engagée par des plaideurs étrangers[427]. En effet, la saisine des tribunaux américains par des plaideurs étrangers par le biais d'une *class action* n'est sujette à aucune restriction. Ainsi, toute victime d'un dommage de masse, quelle que soit sa nationalité, pourra engager une action en son propre nom et au nom de toutes les autres personnes ayant subi le même dommage.

Il convient de mentionner à cet égard que l'auteur de l'action n'est pas forcément le représentant de la classe. Car si la désignation du *leading plaintif* se faisait auparavant conformément à la *first to file rule*, ce dernier, depuis la promulgation du *Private Securities Litigation Reform Act* (« ***PSLRA*** »)[428]en 1995, devrait être celui qui possède les intérêts financiers les plus importants dans l'affaire[429].

122. Le mécanisme de l'*opt out* et l'élimination des différentes barrières relatives à l'engagement de l'action. *L'opt out* est une caractéristique intrinsèque à la *class action* américaine qui rend le système américain attractif pour les litiges transfrontaliers des dommages de masse.

Nous rappelons qu'en vertu de cette technique, aucune démarche n'est nécessaire de la part des victimes pour qu'elles soient incluses dans la procédure. Une fois la classe certifiée par le tribunal, le jugement à intervenir s'opposera à toutes les personnes ayant subi le même préjudice en raison des mêmes faits, à moins que celles-ci n'aient manifesté leur volonté de s'exclure de la classe. Cette technique permet la formation d'une classe large de demandeurs, contrairement au mécanisme de l'*opt in* où la classe formée est souvent maigre. Des études récentes illustrent d'ailleurs parfaitement cette situation[430]. La formation d'une telle classe large s'explique par l'inclusion automatique des victimes dans la classe, permettant ainsi de surmonter plusieurs barrières qui empêchent souvent certains plaideurs d'accomplir un acte positif pour s'inclure dans une procédure[431].

Les barrières psychologiques peuvent souvent décourager des plaideurs de rejoindre une action de groupe. Ainsi, dans le cadre d'un contentieux de masse relevant du droit du travail, le fait que les salariés ne puissent engager l'action en justice masqués derrière

---

[427] Sur les difficultés liées à la recevabilité des actions de groupe transfrontières en Europe, voir *infra* n°263 et suiv.

[428] Pour le texte législatif : 15.U.S.C. spéc. §78u-4 (a) (3) (2000), consultable sur : https://www.law.cornell.edu/uscode/text/15/78u-4.

[429] Le représentant de la classe (« *lead Plaintif* ») peut être un individu ou un groupe d'individus. C'est le *lead plaintif* qui choisit l'avocat de la classe.

[430] R. MULHERON, « Reform of Collective Redress in England and Wales: A perspective of Need », 15 COLUM. J. EUR. L. 409 (2009), spéc. p. 147 et s.

[431] Z. D. CLOPTON, « Transnational Class Actions in the Shadow of Preclusion », 90 IND. L. J.1387 (2015), spéc.p. 1409.

leur représentant, peut les décourager d'initier ou de participer à l'action en justice[432]. Par ailleurs, le mécanisme de l'*opt out* permet de réduire des barrières culturelles, sociales et économiques auxquelles peuvent être bien souvent confrontées les victimes, et parmi lesquelles on compte notamment les barrières linguistiques, pouvant empêcher les demandeurs de prendre contact avec un avocat étranger, ou encore les craintes d'ordre économique, principalement liées aux coûts et aux délais de la procédure.

b- <u>Les raisons extrinsèques à la procédure de class action</u>

123. **Les raisons extrinsèques jouent un rôle important dans l'aimantation du for américain de *class action*.** Comme nous l'avons déjà mentionné, une action de groupe s'insère dans un système de régulation propre à chaque système juridique. Certes, l'architecture de la procédure américaine de *class action*, ainsi que ses modalités de fonctionnement constituent déjà des facteurs déterminants pour l'attractivité du for américain pour les victimes d'un dommage de masse. Cependant, il ne faut pas oublier que la *class action* fonctionne de manière efficace lorsque celle-ci est intégrée dans un environnement propice à son développement, situation qui ne doit pas être négligée lors de l'étude du phénomène de délocalisation et de concentration du contentieux de masse international devant les tribunaux américains. Ainsi, la possibilité de financement du contentieux par les avocats, le mode d'administration de la preuve basé sur la procédure de *Discovery*, la possible obtention de dommages et intérêts punitifs et enfin le prononcé de décisions par un jury populaire sont autant de facteurs importants ayant également contribué à l'imposition du modèle américain de résolution de contentieux de masse.

124. **Le financement de la procédure de *class action* : La pratique des *contingency fees agreements*.** Les honoraires des avocats dans le système américain sont basés sur le système des *contingency fees agreements*[433]. Différente des règles déontologiques existantes dans les pays de tradition civiliste, la pratique des *contingency fees* permet aux avocats d'être rémunérés exclusivement en fonction du résultat atteint et sur la base d'un pourcentage du montant des dommages-intérêts prononcés[434]. C'est donc le défendeur qui rémunère intégralement les avocats du demandeur en cas de succès de l'action.

La pratique des *contingency fees* existe dans le système américain indépendamment de la procédure de *class action*. Cependant elle paraît, à notre sens, indissociable de cette procédure. L'objet d'une *class action* étant de permettre à des personnes, dont le revenu

---

[432] J. SIMON, C. FOULON et A. FERRER, « Faut-il introduire l'action de groupe en droit du travail ? », *Rev. trav. 2012.603.*

[433] C. PRIETO, « Les enseignements de l'expérience américaine en matière de *private enforcement* », *Concurrence, n°4-2008*, p. 50, spéc. p. 55 ; D'une manière plus générale voir : M. GALANTER, « Anyone can fall Down a Manhole : The Contingency Fee Contracts, A History to 1940 », 47 DEPAUL L. Rev. 231 (1998).

[434] Sur cette pratique, voir : W. EMONS et N. GAROUPA, « The Economics of US-Style Contingent Fees and UK- Style Conditional Fees », consultable sur :<u>http://www.fep.up.pt/conferences/earie2005/cd_rom/Session%20II/II.K/nunowinand.pdf</u>.

ou le préjudice est modeste, de faire valoir leurs droits en justice[435], la pratique de *contingency fees* vient renforcer ou compléter cet objectif[436]. Sans cet arrangement, aucune action ne serait engagée[437]. Cela est d'autant plus vrai lorsque l'action de groupe présente une dimension internationale, caractérisée par des frais de procédure beaucoup plus importants. Preuve en est, le for australien, bien qu'il possède une action de groupe dont les conditions de recevabilité sont plus souples que celles de la *class action* américaine, n'a pas attiré les victimes des dommages de masse en raison de la prohibition en Australie des pactes de *quota litis.* Ce n'est qu'à la suite du développement de la pratique du financement du procès par des tiers en Australie, que son for a commencé à être attractif pour les victimes[438].

Le montant convenu entre l'avocat et ses clients peut toutefois faire l'objet d'un contrôle ou d'une réduction de la part du juge en cas d'excessivité[439]. En dépit d'un tel contrôle, il n'est en revanche pas rare de constater en matière de *class action* des montants d'honoraires de plusieurs dizaines de millions de dollars[440]. Ces montants apparaissent comme choquants pour les juristes de tradition civiliste dont certains considèrent même que ce sont plutôt « *les excès de la procédure américaine de class action, concrétisés par la pratique du Contingency fees, que le principe d'une action collective qui est contesté en Europe* »[441].

125. Le mode d'administration de la preuve basé sur la procédure de *Discovery.* La question de l'accès aux preuves dans le cadre d'un contentieux de masse relève d'une grande importance et constitue donc un élément important dans la mise en œuvre efficace d'une action de groupe[442]. En Europe, outre le fait que la charge de la preuve pèse sur celui qui allègue un fait[443], le mode d'administration de la preuve reste très encadré et notamment dans les pays de tradition de *civil law.* En effet, d'une part,

---

435 V. MAGNIER, « Présentation du rapport sur les actions de groupe », in *Les actions de groupe. Implications processuelles et substantielles, Partie I, RLDC 2006*, p. 54.

436 Pour une critique de ce système, voir notamment: R. O. FAULK, « Armageddon through Aggregation: the Use and Abuse of Class Actions in International Dispute Resolution », 37 Tort & Insurance L.J.99 (2002), spéc. p. 115: « *The loser payer principle facilitate the filing of weak cases and by encouraging early settlements before costs escalate* ».

437 Voir dans le même sens: C. HODGES: « Collective redress in Europe: The new model », 29 C.J.Q.370 (2010), spéc. p. 373: « *In simple terms, a judicial collective damages procedure will only be effective if there exist both an aggregating procedure and liberal financial rules, such that parties (or more likely their lawyers) will have sufficient economic incentive to find it attractive* ».

438 Voir *infra* n°186.

439 P. S. SCHREIBER et O. BOULON, « Le contentieux boursier né de la crise financière en France et aux Etats-Unis », consultable sur : https://www.skadden.com/insights/le-contentieux-boursier-n%C3%A9-de-la-crise-financi%C3%A8re-en-france-et-aux-etats-unis, spéc. p. 19.

440 A titre d'exemple, dans le cadre de la *class action* engagée à l'encontre de la société *Enron*, le tribunal avait accordé 688 millions de dollars d'honoraires aux avocats des plaignants, (consultable sur : http://securities.stanford.edu/filings-case.html?id=103976).

441 V. MAGNIER, « Présentation du rapport sur les actions de groupe », in *Les actions de groupe. Implications processuelles et substantielles, Partie I, RLDC 2006*, p. 54, spéc. p. 54.

442 Voir l'avis de l'autorité de la concurrence du 21 septembre 2006 concernant l'introduction de l'action de groupe en matière de pratiques anticoncurrentielles, (consultable sur http://www.autoritedelaconcurrence.fr/doc/classactions.pdf).

443 Il existe bien sûr en droit français des aménagements à cette règle. Mais même dans cette hypothèse, le demandeur doit justifier le bien-fondé de ses allégations.

l'obligation de produire avant l'ouverture du procès des éléments de preuves est limitée aux documents identifiés expressément par le demandeur, et d'autre part, la communication des éléments de preuve peut être refusée lorsque le document en question est couvert par le secret des affaires[444].

Or, la procédure de *Discovery* facilite l'accès aux preuves pour les plaignants. Cette dernière a été consacrée par l'article 26 des règles fédérales de procédurale civile[445] et est régie par les règles fédérales relatives à l'obtention des preuves (*Federal Rules of Evidence)*[446]. La procédure de *Discovery* permet aux demandeurs d'intenter une action en justice en « *ayant au départ peu d'éléments de preuve et ceci dans l'espoir de les trouver par la suite chez le défendeur* »[447]. Conformément à cette procédure, le défendeur est obligé de communiquer à ses adversaires tous les éléments de preuves en sa possession, y compris ceux qui lui sont défavorables et sans que le demandeur ait à prouver le bien-fondé de sa demande[448]. L'expérience a montré que dans le cadre de contentieux de classe, les demandeurs déclenchent la procédure sur la base d'informations publiques et que c'est au défendeur de produire tous les documents requis[449]. Le refus de communiquer les informations dont le prétendu responsable dispose pourrait en plus aboutir à un jugement qui lui serait défavorable, allant même jusqu'à l'emprisonnement[450]. Par conséquent, les frais supportés par le défendeur sont considérables[451], et ce avant même qu'il ne soit question de se défendre au fond contre les allégations des demandeurs.

Un certain nombre d'affaires montrent que la délocalisation du contentieux de masse devant les tribunaux américains s'explique notamment par l'existence de la procédure de *Discovery*. Tel est précisément le cas dans le cadre du contentieux de masse relatif aux pratiques anticoncurrentielles. En effet, dans certaines affaires, les victimes européennes ont saisi le juge américain dans le seul objectif d'accéder, par le biais de la procédure de *Discovery*, aux informations recueillies par la Commission européenne[452].

---

444 Sur l'ensemble de ces questions en Europe voir : R. STÛRNER, « Règles transnationales de procédure civile ? Quelques remarques d'un Européen sur un nouveau projet commun de l'American Law Institute et d'Unidroit », *R.I.D.C. 2000.845*, spéc. p. 856 et suiv.

445 *FRCP Rules* 26 (b) (1): « *Unless otherwise limited by a court order, the scope of discovery is as follows: Parties may obtain discovery regarding any non-privileged matter that is relevant to any party's claim or defence including the existence, description, nature, custody, condition and location of any documents or other tangible things and the identity an location of persons who know of any discoverable matter. For good cause, the court may order discovery of any matter relevant to the subject matter involved in the action* ».

446 Ces règles ont été modifiées en 2008 et peuvent être consultables sur : https://www.law.cornell.edu/rules/fre.

447 P. S.-SCHREIBER et O. BOULON, « Le contentieux boursier né de la crise financière en France et aux Etats-Unis », consultable sur : https://www.skadden.com/insights/le-contentieux-boursier-n%C3%A9-de-la-crise-financi%C3%A8re-en-france-et-aux-etats-unis, spéc. p. 5.

448 H. PISANI, « Les *class actions*, Réflexions d'un spectateur engagé » (1e Partie*), RTDF 2009*, p. 64.

449 Dans le cadre d'une *class action*, ces documents peuvent être bien nombreux.

450 Voir *FRCP, Rules 37*.

451 Ces frais peuvent être, dans le cadre d'une *class action*, d'un montant assez élevé : on parle souvent de plusieurs millions de dollars.

452 S. PIETRINI, *L'action collective en droit des pratiques anticoncurrentielles. Perspectives nationale, européenne et internationale*, *op.cit.*, spéc. n°380, p. 374.

126. Le rôle du *jury* populaire. Les litiges sont tranchés aux États-Unis par un *jury* populaire, ce dernier étant un « *corps public décentralisé, discontinu et irresponsable, qui n'a pas à répondre de son action, ni même à s'en justifier en motivant des décisions* »[453]. Non seulement le *jury* se prononce sur la responsabilité ou la non-responsabilité de l'auteur du dommage dans le cadre d'une procédure de *class action*, mais en plus ce dernier intervient également pour déterminer le montant des dommages et intérêts à octroyer aux membres de la classe.

Le recours au jury populaire aux États-Unis constitue un véritable facteur d'insécurité pour les prétendus responsables à une *class action*, et notamment parce que celui-ci s'avère relativement inadapté à la résolution des litiges souvent caractérisée par une certaine complexité. Le jury constitue, de ce fait, un élément d'attraction certain pour les victimes. Ces dernières peuvent bénéficier de l'ignorance du jury sur des questions complexes, ainsi que de son hostilité aux entreprises et par extension de sa tendance à souvent juger en faveur des victimes. Ainsi, dans le cadre du contentieux boursier de *class action* à l'issue de la crise des *subprimes loans*,«bien que l'analyse des facteurs à l'origine de cette crise nécessitait la prise en considération d'un ensemble de facteurs aussi bien économiques que financiers, il a été constaté que le *jury* populaire tendait à simplifier le débat en considérant que les institutions financières connaissaient nécessairement l'ensemble des éléments ayant conduit à une telle crise, entraînant de ce fait la reconnaissance de leur responsabilité»[454].

127. L'octroi de dommages et intérêts multiples et/ou punitifs. Alors que la majorité des pays européens, notamment ceux de tradition de *civil law*, sont attachés au dogme des dommages et intérêts indemnitaires, aux États-Unis ceux-ci revêtent une dimension punitive. Cela s'explique par la fonction de dissuasion et de régulation que poursuit l'action civile aux États-Unis. Ainsi, les montants des dommages et intérêts pouvant être prononcés à l'encontre du défendeur sont souvent d'un montant considérable, ce qui constitue par voie de conséquence un autre élément de l'attractivité du for américain pour les victimes des dommages de masse. Il convient de distinguer ici entre les dommages et intérêts multiples et les dommages et intérêts punitifs.

Conformément au système des dommages et intérêts multiples (*treble damage)* existant aux États-Unis, le montant du préjudice subi par la victime est multiplié par un coefficient fixé par la loi, suivant des critères bien déterminés tels que la gravité de la faute commise ou le montant des bénéfices réalisés par le défendeur[455]. La victime est donc en mesure de restituer le gain illicite réalisé par le défendeur[456]. L'auteur du dommage de masse peut également être condamné au payement des dommages et intérêts punitifs (*punitive damages)* ou (*exemplary damages)*. Ces derniers, contrairement aux *trebles damages*, sont calculés en fonction de plusieurs critères, indépendamment du

---

453 A. GARAPON et I. PAPADOPOULOS, *Juger en Amérique et en France*, *op.cit.*, spéc. p.184.

454 P. S. SCHREIBER et O. BOULON, « Le contentieux boursier né de la crise financière en France et aux Etats-Unis », consultable sur : https://www.skadden.com/insights/le-contentieux-boursier-n%C3%A9-de-la-crise-financi%C3%A8re-en-france-et-aux-etats-unis, spéc.p. 4.

455 CH. COÛTANT-LAPALUS, *Le principe de la réparation intégrale en droit privé*, préf. F. Pollaud-Duliam, PUAM 2002, spéc. § 468 et suiv.

456 *Ibid.*

montant du préjudice subi par la victime et ont principalement une fonction de punition et de dissuasion[457].

128. ***Transition.*** Si le système américain de *class action* présente de nombreux avantages pour les victimes d'un dommage de masse, il présente également plusieurs abus, qu'il convient d'exposer maintenant.

2- Les vicissitudes et les abus de la procédure américaine de class action

129. Si la *class action* américaine constitue l'action de groupe la plus attractive pour les victimes d'un dommage de masse transfrontalier, cela ne veut pas pour autant dire que cette dernière constitue un modèle parfait d'agrégation du contentieux de masse. En effet, la pratique montre que le recours à cette procédure peut s'associer à un certain nombre d'abus. Ainsi, en premier lieu, il est souvent reproché à la *class action* de constituer un « *système économique centré autour des avocats des demandeurs* »[458], ce qui constitue une terre fertile au développement des conflits d'intérêts entre les avocats et les membres de la classe(**a**).En deuxième lieu, le système américain de *class action* est propice au développement des *class actions* engagées de manière abusive à l'encontre des défendeurs, ceci afin de les obliger à transiger[459](**b**). Les abus associés à la procédure américaine de *class action* ont ainsi poussé le législateur américain à intervenir en promulguant le*PSLARA* en 1995 et le *Class Action fairness Act (« **CAFA** »)* en 2005[460].

a- La class action américaine : « un système économique centré autour des avocats des demandeurs »

130. **La convergence d'intérêts entre l'avocat de la classe et le défendeur.** Il est bien admis que dans le cadre d'une action individuelle le client a un intérêt direct et immédiat dans l'action en justice. Cela se répercute nécessairement sur la nature de sa relation avec son avocat : le client essaye dans une certaine mesure de contrôler de manière effective le travail de ce dernier[461]. Dans le cadre d'une *class action*, les intérêts

---

457 Ainsi, selon la Cour Suprême américaine dans le cadre de l'affaire *Smith v. Wade*, 461 U.S. 30 (1983): « *Punitive damages are awarded in the jury's discretion 'to punish [the defendant] for his outrageous conduct and to deter him and others like him from similar conduct in the future.' Restatement (Second) of Torts Sec. 908(1) (1979). The focus is on the character of the tortfeasor's conduct – whether it is of the sort that calls for deterrence and punishment over and above that provided by compensatory awards. If it is of such a character, then it is appropriate to allow a jury to assess punitive damages (…). To put it differently, society has an interest in deterring and punishing all intentional or reckless invasions of the rights of others, even though it sometimes chooses not to impose any liability* ».

458 J. LEMONTEY et N. MICHON, « Les « class actions » américaines et leur éventuelle reconnaissance en France », *J. D. I. 2009. 539*, spéc. p. 540, n° 20.

459 Voir en ce sens : R. VAN DEN BERGH et L. T. VISSCHER, « The Preventive Function of Collective Actions for Damages in Consumer Law », 1 Erasmus L. Rev. 5 (2008), spéc. p. 6.

460 28 U.S.C. Sections 1332 (d), 1453, et 1711-1715, consultable sur : https://www.gpo.gov/fdsys/pkg/PLAW-109publ2/pdf/PLAW-109publ2.pdf.

461 R. VAN DEN BERGH et L.T. VISSCHER, « The Preventive Function of Collective Actions for Damages in Consumer Law », 1 Erasmus L. Rev. 5 (2008), spéc. p. 6.

des membres de la classe sont souvent trop minimes pour qu'ils puissent exercer un contrôle effectif sur le travail de leur avocat. Cela est d'autant plus vrai dans l'hypothèse d'un contentieux transfrontalier[462]. Pratiquement, le contrôle de la procédure est délaissé au seul avocat des demandeurs, sans que le représentant des demandeurs ne puisse y avoir une réelle influence. Une telle situation peut ainsi être à l'origine d'un véritable conflit d'intérêts entre l'avocat et ses clients[463]. Ce constat est d'autant plus vérifié que les avocats sont rémunérés conformément au système de *contingency fees* : se trouvant dans une situation financière assez fragile au moment du déclenchement de la procédure, ces derniers devant supporter les coûts et les frais du procès, les avocats auront un intérêt particulier à transiger[464]avec rapidité, sans tenir compte des intérêts des membres de la classe. La convergence entre les intérêts de l'avocat des demandeurs et ceux du défendeur au détriment des intérêts des membres de la classe[465] est propice à une collusion entre les défendeurs et les avocats des demandeurs[466]. Cela a parfaitement été illustré par le juge Posner qui a ainsi considéré que : « *(…) l'avocat de la classe sera donc tenté de proposer une offre de transaction incluant une faible condamnation pour le défendeur, à condition que la somme des deux chiffres soit inférieure à la perte nette estimée par le défendeur en cas de poursuite de la procédure jusqu'au procès* »[467].

131. La « *course aux transactions* »[468] entre les avocats de la classe dans l'hypothèse de *class actions* enchevêtrées. En outre, la conclusion de transactions ne prenant pas en considération les intérêts des demandeurs, peut aussi se présenter dans l'hypothèse de *class actions* enchevêtrées (« *overlapping* » ou « *dueling class actions* »). Ces dernières correspondent aux hypothèses mettant en jeu plusieurs *class actions* engagées devant les juges de plusieurs Etats, et dont les membres peuvent y faire concurremment partie. Cette hypothèse entraîne souvent une sorte de « *course à transiger* »[469] entre les avocats représentant les demandeurs devant plusieurs juridictions. En effet, si l'avocat représentant les demandeurs devant une juridiction ne transige pas avec le défendeur, un autre avocat saisira cette opportunité[470] et la transaction ainsi obtenue sera utilisée par le défendeur en vue d'attaquer les autres *class actions* pendantes pour *res-judicata*, privant ainsi

---

462 J. E. FISCH, « Class Action Reform, *Qui Tam*, and the Role of the Plaintiff », 60 Law and Contemporary Problems, p. 167 (1997).

463 J. R. MACEY et G. P. MILLER, « The Plaintiff's Attorney's Role in Class Action and Derivative Litigation: Economic Analysis and Recommendations for Reform », 58 U. Chi. L. Rev.3 (1991).

464 Une partie de la doctrine a même qualifié ces transactions de boîtes noires. Voir à cet égard, G. C. HAZARD, « The Settlement Black Box », 75 B. U. L. Rev. 1257 (1995).

465 Voir notamment: R. KAMERMANN, « Securities Class Actions Abuse: Protecting Small Plaintiffs' Big Money», 29 Cardozo. L. Rev. 853 (2007).

466 J. LEMONTEY et N. MICHON, « Les « class actions » américaines et leur éventuelle reconnaissance en France », *J. D. I. 2009. 539*, spéc. p. 542.

467 R. A. POSNER, *Economic Analysis of Law*, 4e éd., p. 570, tel que traduit par les deux auteurs Lemontey et Michon dans leur article « Les « class actions » américaines et leur éventuelle reconnaissance en France », *J.D.I. 2009. 539*, spéc. p. 542.

468 J. C. COFFEE Jr. « The Regulation of Entrepreneurial Litigation: Balancing fairness and Efficiency in the Large Class Action », 54 U. Chi. L. Rev. 877 (1987), spéc. p. 910

469 *Ibid*

470 Sur ce phénomène aux États-Unis, voir : J.C. COFFEE Jr. « The Corruption of the Class Action : The New Technology of Collusion », 80 Cornell L. Rev. 851 (1995), spéc. p. 853.

les autres avocats de leurs honoraires, ces derniers étant payés conformément au système de *contingency fees*[471].

Conscient de la pression exercée sur l'avocat en vue de transiger, c'est aussi l'opportunité pour le défendeur de profiter de la situation pour imposer ses conditions et imposer une transaction qui ne prend pas en compte les intérêts des demandeurs. Ainsi, et selon les termes du Professeur Jack Coffee, le défendeur s'engagera dans une stratégie de « *reverse auction* »[472], qui consiste à confronter les différentes transactions proposées par les différents avocats impliqués dans l'affaire, en acceptant de transiger avec l'avocat proposant le montant de transaction le plus intéressant pour lui.

132. **Un contrôle judiciaire plus important sur les transactions conclues entre l'avocat et le représentant**. Conscients des différents abus pratiqués par les avocats des demandeurs dans le cadre des procédures de *class action*, les juges américains ont accentué leur contrôle sur les transactions conclues entre les avocats des demandeurs et le défendeur. L'expérience montre que la Cour Suprême a rejeté, à plusieurs reprises, les transactions conclues entre les avocats et le défendeur parce que ces dernières étaient jugées comme contraires aux intérêts des membres de la classe[473]. En matière d'appel public à l'épargne et après la promulgation du *PSLRA*, le tribunal doit désormais vérifier au préalable que le demandeur représentatif est bien celui qui a l'intérêt financier le plus important. Cela permet à ce dernier d'avoir un contrôle plus important sur le déroulement du procès.

b- <u>Le risque d'intenter des actions dénuées de tout fondement</u>

133. **Les *class actions* favorisent l'engagement des actions frauduleuses contre le défendeur.** L'expérience américaine a montré que les *class actions* sont parfois intentées dans le seul but de nuire à la réputation des défendeurs, qui sont généralement des entreprises. En raison de l'atteinte à la réputation qu'est susceptible de produire une action de masse, il sera aisé pour un grand cabinet d'avocats d'engager une *class action* frauduleuse (« *strike suit* ») en vue d'exercer une pression sur le défendeur. Ce dernier finira par transiger[474] puisque la transaction lui sera, à l'évidence, moins coûteuse que les

---

471 R. WASSERMAN, « Dueling Class action », 80 B.U. L. Rev. 461 (2000), spéc. p. 462.

472 J.C. COFFEE Jr., « The Regulation of Entrepreneurial Litigation: Balancing fairness and Efficiency in the Large Class Action », 54 U. Chi. L. Rev. 877 (1987), spéc. p. 853: « *Defendants can effectively conduct a reverse auction among plaintiffs' attorneys seeking the lowest bidder from the large population of plaintiff's attorney* ».

473 *Ortiz v. Fibrebo Ard Corp.* (97-1704) 527 U.S. 815 (1999).

474 Pour comprendre cette situation, raisonnons à partir de l'exemple suivant : Imaginons une classe constituée de 100 000 demandeurs réclamant par le biais de leur avocat une somme de 1000 dollars en termes de dommages et intérêts. Le défendeur sera exposé à payer une somme de 100 millions de dollars au cas où l'action aboutit. Cependant, même dans l'hypothèse où cette action serait considérée comme étant fantaisiste et/ou dénuée de toute base légale, le défendeur préférera transiger pour une somme de 10 millions de dollars, plutôt que de continuer le procès et supporter les frais du procès et le dommage qui pourrait être causé à sa réputation.

sommes à supporter pour la poursuite du procès. Un tel environnement constitue ainsi une terre fertile au développement des actions de groupe opportunistes[475].

134. L'intervention du législateur américain en vue d'encadrer les *class actions* frauduleuses. Le problème des *class actions* frauduleuses a été abordé par le *PSLRA*. Ce dernier prévoit, par dérogation aux règles de procédure américaines, que les demandeurs doivent, afin de pouvoir se prévaloir au civil en matière boursière,[476] présenter dans leur assignation et ce même avant la procédure de *Discovery*, des éléments suffisants témoignant du niveau de culpabilité requis du défendeur,

Par ailleurs, et conformément au *CAFA*, il est désormais possible pour les défendeurs de transférer aux juridictions fédérales les *class actions* engagées devant les *states courts* présentant des montants considérables et impliquant des victimes en provenance de plusieurs Etats[477]. Cela permet de limiter considérablement les recours abusifs aux *class actions* ayant pour seul but de contraindre le défendeur à transiger. En effet il existe certainement une différence entre une procédure engagée devant une juridiction fédérale composée de juges expérimentés, et les juridictions des Etats fédérés composées de jurés populaires peu expérimentés. La loi de 2005 a ainsi étendu la compétence des tribunaux fédéraux aux *class actions* complexes mettant en jeu des sommes supérieures à 5 millions de dollars, indépendamment de la nationalité des demandeurs et défendeurs.

B- Une volonté des tribunaux américains de réguler le contentieux international des actions de groupe

135. Le contentieux international des dommages de masse s'est, comme il a déjà été évoqué, concentré devant les tribunaux américains. L'attractivité du modèle séduisant de la justice que le système américain propose aux plaideurs, notamment à travers la procédure de *class action* et ses accessoires, rend ce dernier un « *for aimant* » pour les victimes d'un dommage de masse transfrontalier.

Cependant, ce phénomène de *class actions* délocalisées n'a pu se produire qu'avec la volonté affirmée des tribunaux américains (notamment les tribunaux fédéraux inférieurs) d'ouvrir leur compétence juridictionnelle de manière vaste, aux demandeurs étrangers regroupés en *class action* et notamment dans des litiges n'ayant parfois que des liens faibles avec le for américain.

En d'autres termes, il ne suffisait pas que les plaideurs, victimes des dommages de masse, fascinés par le modèle américain, se regroupent en *class action* devant les tribunaux fédéraux américains. En effet, encore fallait-il que ces derniers reconnaissent leur

---

[475] R. VAN DE BERGH et L. VISSCHER, « The Preventive Function of Collective Actions For Damages in Consumer Law », 1 Erasmus L. Rev. 5 (2008), spéc. p. 24: «*Class Actions are likely to cause higher reputational losses than individual cases, so that class actions increase the risk of opportunistic behaviour*».

[476] *PSLRA*, 15 U.S. Code §78u-4-Private Securities Litigation.

[477] 28 U.S.C. Sections 1332 (d), 1453, et 1711-1715.

compétence pour trancher le litige. Le phénomène des *class actions* internationales[478] ne peut ainsi être dissocié de la vocation extraterritoriale que le système américain a conféré à ses règles juridictionnelles et substantielles[479].

L'exercice par les tribunaux américains de leur compétence juridictionnelle selon des chefs de compétence parfois laxistes aussi bien dans le domaine du contentieux de masse relevant du droit international économique (**1**) que dans celui mettant en jeu les violations massives des droits de l'homme (**2**) a transformé la *class action* américaine en un outil international mis à la disposition des victimes des dommages en provenance de tout endroit du globe.

1- Les règles de compétence juridictionnelle en matière de class actions internationales relevant du droit international économique

136. En droit international privé américain, la compétence des tribunaux américains ne peut être établie que si cette dernière est vérifiée à l'égard du défendeur (*personal jurisidiction*) et au regard de l'objet du litige (*subject matter jurisidiction*). *Subject matter jurisidiction* et *personal jurisidiction* sont ainsi deux éléments bien différents en matière de conflits de juridictions.

La *personal jurisdiction* constitue l'élément essentiel pour déterminer la compétence des juridictions américaines en droit international privé. Elle concerne ainsi le pouvoir d'un tribunal de juger un procès engagé à l'encontre d'un défendeur et de rendre un jugement exécutoire sur sa personne et sur ses biens[480]. Une telle compétence peut être fondée sur plusieurs critères tels que le domicile du défendeur, sa résidence, les liens qu'entretient l'activité litigieuse avec le for. Elle se distingue, de ce fait, de la compétence *rationae personae* telle qu'elle est connue en droit français[481].

Le subject matter jurisidiction, s'analyse comme le pouvoir des tribunaux de connaître certaines catégories de demandes. Alors que les tribunaux étatiques ont une compétence générale pour connaître tout type de litige[482], les tribunaux fédéraux, quant à eux, voient leurs compétences limitées au cas expressément prévu par la loi[483]. Ces derniers sont, à

---

478 « *Class actions* extraterritoriales », « *class actions* internationales » et « *class actions* transnationales » ont le même sens dans le cadre de notre étude. En langue anglaise, les expressions « *International class actions* », « Transnational *class Actions* » et « *Global class actions* » sont souvent utilisées.

479 Comme nous allons voir, l'application extraterritoriale par les tribunaux américains des règles substantielles fédérales a commandé l'exercice par les tribunaux américains de leur compétence juridictionnelle. Voir *infra* n°138.

480 G. BORN et P. RUTLEDGE, *International Civil Litigation in United States Courts*, 5th ed., Wolters Kluwer, p. 2: « *Personal jurisdiction involves the power of a court to adjudicate a claim against the defendant's person and to render a judgement enforceable against the defendant and any of its assets* ».

481 A. PINNA, « Les groupes internationaux de sociétés face aux *class actions* américaines », in X. Boucobza et G. Mecarelli (éd.), *Groupes Internationaux de sociétés : nouveaux défis, nouveaux dangers, op.cit.*, spéc. n°16, p.12.

482 G. BORN et P. RUTLEDGE, *op.cit.*, spéc. p. 5.

483 *Ibid.*

titre d'exemple, compétents dans le contentieux impliquant une partie étrangère [484] ou lorsque la loi fédérale violée et invoquée est applicable au litige en jeu[485].

Nous allons, dans les développements suivants, présenter les règles de compétence juridictionnelle américaine dans le cadre des *class actions* internationales. Ce contentieux ne soulève aucune spécificité lorsqu'il s'agit d'établir la compétence juridictionnelle à l'égard du défendeur (*personal jurisidicion*). Il n'y a donc aucune règle spécifique s'appliquant en la matière. Le défendeur à une *class action* sera alors soumis aux mêmes règles de compétence juridictionnelle prévues pour les litiges individuels classiques (**a**). Par ailleurs, la confusion opérée par les tribunaux fédéraux inférieurs entre la question de *subject matter jurisidiction* et la question de la loi applicable au litige (*perspective jurisidiction*) en matière de *class actions* internationales, a eu pour conséquence l'alignement du régime de la compétence juridictionnelle des tribunaux américains sur celui de la loi applicable, conférant ainsi aux tribunaux américains une compétence juridictionnelle plutôt large (**b**).

a- ***La compétence juridictionnelle à l'égard du défendeur dans le cadre d'une class action internationale***

137. *General jurisdiction* et *specific jurisidiction* : fondement de la compétence juridictionnelle à l'égard du défendeur. Comme nous l'avons déjà mentionné, ce sont les mêmes règles de compétence juridictionnelle prévues pour les litiges individuels classiques qui s'appliquent en matière de *class actions* internationales. Conformément à la jurisprudence américaine, l'exercice d'une telle compétence doit être conforme aux exigences du procès équitable (*due process clause*)[486].

Selon la Cour Suprême américaine, la possibilité d'attraire un défendeur devant le for américain peut être fondée soit sur une compétence personnelle générale (*general juridiction*) soit sur une compétence personnelle spécifique (*specific jurisdiction*)[487]. La compétence personnelle générale permet à un juge de statuer sur tout type de litige contre un défendeur, indépendamment des liens pouvant exister entre le for et le litige et conformément à plusieurs critères tels que la nationalité, le domicile, la résidence, le lieu du siège social statutaire, l'exercice d'une activité professionnelle de façon continue et systématique sur le territoire américain, et enfin le consentement ou la renonciation[488].

Quant à la compétence spécifique, cette dernière permet aux tribunaux américains de fonder leur compétence à l'égard du défendeur en raison de l'exercice d'une activité ayant des liens avec le for américain. Pour établir une telle compétence, la jurisprudence

---

[484] G. BORN et P. RUTLEDGE, *op.cit.,* spéc. p. 1: Subject matter jurisdiction is « *the power of a court to entertain specified classes of cases, such as any action between parties of differing citizenship* ».

[485] G. BORN et P. RUTLEDGE, *op.cit.,* spéc. p. 2, note 7: « *Congress prescription of a substantive rule of law is accompanied by a grant of subject matter jurisdiction to the federal courts for cases arising under those substantive rules* ».

[486] A. PINNA, « Les groupes internationaux de sociétés face aux class actions américaines », in X. Boucobza et G. Mecarelli (éd.), *Groupes Internationaux de sociétés : nouveaux défis, nouveaux dangers*, spéc. n° 16, p.12.

[487] A. B. SPENCER, « Jurisdiction to Adjudicate : A Suggested Analaysis », 79 Harv. L. Rev. 1121 (1966).

[488] A. PINNA, « Les groupes internationaux de sociétés face aux class actions américaines », in X. Boucobza et G. Mecarelli (éd.), *Groupes Internationaux de sociétés : nouveaux défis, nouveaux dangers*, spéc. n° 17,p.12.

américaine applique la méthode des points de contacts, établie par la jurisprudence de la Cour Suprême dans le cadre de l'affaire *International Sho Co.v.State of Washington*[489]. Selon cette méthode, une société étrangère peut être attraite devant les tribunaux américains dans les cas où son activité présenterait des contacts minimums et suffisants avec les États-Unis (*continuous and systematic general business contacts*). En général, le juge américain opère une appréciation au cas par cas afin d'établir les points de contacts avec le for américain, ainsi que le caractère raisonnable de sa compétence à l'encontre du défendeur[490].

b- La compétence juridictionnelle en termes de subject matter jurisidiction dans le cadre d'une class action internationale

138. **La confusion des tribunaux américains entre la question de la compétence juridictionnelle en termes de *subject matter jurisidiction* et celle de l'application dans l'espace de la loi fédérale américaine.** Le droit international privé américain distingue la question de la compétence juridictionnelle «*judicial jurisdiction*» ou «*jurisidiction to adjudicate*» et la question de la loi applicable « *legislative* » ou «*presprictive jurisidiction* »[491]. Toutefois, une telle distinction a prêté à confusion après l'intervention du Congrès américain en 1875[492], qui a assorti l'application de la loi fédérale américaine d'une règle de compétence juridictionnelle au profit des tribunaux fédéraux américains. C'est ainsi que la pratique des tribunaux fédéraux américains s'est trouvée marquée par une confusion entre la question de la compétence juridictionnelle et celle de la loi applicable, notamment dans le cadre du contentieux international de *class actions*[493], provoquant parfois même des tensions méthodologiques entre les juges d'un même tribunal[494]. Saisis collectivement par des victimes alléguant la violation des réglementations fédérales de droit international économique, la majorité des tribunaux fédéraux inférieurs ont abordé la question de l'application de la loi fédérale américaine

---

489 *International Shoe Co.v. State of Washington*, 326 U.S.310 (1945).

490 *World-Wide Volkswagen Corp v. Woodson*, 444 U.S. 286 (1980).

491 G. BORN et P. RUTLEDGE, *op.cit.* spéc. p. 1.

492 Le Congrès est intervenu par le biais du *Judiciary and Judicial Procedure* 28 U.S.C., spécialement à travers la section §1331 conformément à laquelle: « *District courts shall have original jurisdiction of all civil actions arising under the constitution, laws, or treaties of the United States*».

493 Voir ainsi: G. BORN et et P. RUTLEDGE, *op.cit.*, spéc.p. 2 « *Despite this distinction, there is often an important relation in the United States between subject matter and legislative jurisdiction. In many cases, Congress's prescription of a substantive rule of law is accompanied by a grant of subject matter jurisdiction to the federal courts for cases arising under those substantive rules. The federal antitrust and securities law are prime examples of the simultaneous exercise of prescriptive jurisdiction and grant of subject matter jurisdiction* ».

494 Ainsi dans l'affaire *Hartford Fire Insurance Co.v. California*, 509 U.S.764 (1993) de la Cour suprême américaine, les juges n'étaient pas d'accord sur la question de savoir si l'application de la loi antitrust était une question de *subject matter jurisdiction* ou de *legislative jurisidiction.* Selon le juge Souter, la question se posait en termes de *subject matter jurisdiction* considérant qu'il existe une confusion entre *subject matter jurisdiction* et *legislative jurisdiction* dans le domaine des pratiques anticoncurrentielles. Le juge Scalia n'était pas d'accord sur ce point, considérant que la notion de *subject matter jurisdiction* est plus large que celle de la *prescriptive jurisdiction* et que l'application du *Sherman Act* aux conduites des défendeurs est une question distincte de celle relative à l'exercice par les tribunaux américains de la compétence juridictionnelle à leur égard.

dans l'espace en termes de *subject matter jurisdiction*, fondant ainsi la compétence des tribunaux américains conformément aux critères de l'établissement de la compétence législative.

139. **Le champ d'application spatial des législations fédérales et la compétence juridictionnelle des tribunaux fédéraux américains**. Le champ d'application spatial des lois fédérales américaines – fondement de la compétence juridictionnelle des tribunaux américains en matière de *class actions* internationales en termes de *subject matter jurisdiction* - a soulevé un certain nombre de difficultés qui tiennent principalement à l'absence de dispositions claires quant à leur champ d'application. Abandonnant la position territorialiste du Premier *Restatment* des conflits de lois au profit d'une approche fonctionnelle[495], les tribunaux inférieurs ont développé la doctrine des « *tests* » en vue de délimiter le champ d'application spatial des réglementations de droit international économique conférant ainsi aux lois fédérales américaines un champ d'application spatiale assez large[496]. Conformément à cette approche fonctionnelle, la loi fédérale américaine s'appliquera lorsque la réalisation des effets dommageables intervient sur le marché américain alors même que la conduite fautive a été réalisée sur des marchés étrangers (« *effect test* »), ou bien lorsque la conduite dommageable intervient elle-même directement sur le territoire américain (« *conduct test* »)[497].

140. **La doctrine « *des effets* » et la compétence juridictionnelle en matière de *class actions* internationales**. La doctrine des « *effets* » (« *effect test* ») est une création jurisprudentielle développée depuis déjà bien longtemps par les tribunaux inférieurs américains. Celle-ci consiste à conférer aux lois fédérales boursières et celles relatives au droit de la concurrence (*federal securities law* et *federal antitrust law*) une application extraterritoriale afin de leur permettre de s'appliquer à des conduites qui, bien qu'ayant eu lieu à l'extérieur des Etats-Unis, ont cependant affecté le marché américain[498]. Il s'agit donc de renverser la présomption de territorialité des lois fédérales américaines[499].

141. **L'application de la doctrine « des effets » en matière de *securities class actions*.** Dans le cadre de l'affaire *Schoenbaum v.Firstbrook*[500], l'application de la loi boursière américaine à des transactions effectuées sur des marchés étrangers a été sous-tendue par la volonté du Congrès américain de protéger les intérêts financiers des

---

495 H. MUIR WATT, « Refus d'une *class action* aux Etats-Unis de demandeurs étrangers contre des défendeurs étrangers », *Rev. crit. DIP. 2010. 714,* spéc. p. 715.

496 Voir à cet égard : D. R. DUMAS, « United States Antifraud Jurisdiction over Transnational Securities Transactions : Merger of the Condut and Effect Tests », 16 U. PA. J. Int'L BUS.L.721 (1995), spéc.p.723-231.

497 *Ibid.*

498 S. J. CHOI et L. J. SILBERMAN, « Transnational Litigation and Global Securities Class Actions», NYU School of Law, Public Law Research Paper No.09-06, consultable sur: http:// ssrn.com /abstract=1327502, spéc. p. 1.

499 Sur la présomption de territorialité des lois fédérales américaines, voir: G. BORN, « A Reappraisal of the Extraterritorial Reach of U.S. Law », 24 LAW & POL'Y INT'L Bus. 1 (1993).

500 *Schoenbaun v. Firstbrook,* 268 F. Supp. 385 (S.D.N.Y. 1967).

investisseurs américains[501] des effets dommageables des transactions ayant eu lieu sur des marchés étrangers[502]. Toutefois, la jurisprudence américaine a restreint par la suite l'application de la doctrine des « *effets* » en exigeant que la transaction étrangère affecte des intérêts spécifiques au sein des États-Unis (« *specific interests within the United States »)* et en considérant que les effets, consistant uniquement à affecter la confiance générale des investisseurs dans les marchés américains, ne sont plus suffisants pour déclencher l'application extraterritoriale de loi boursière[503]. Une telle limitation a rendu difficile pour les investisseurs étrangers, dont le dommage résulte d'une transaction effectuée sur un marché étranger, de fonder leurs demandes sur la violation de la loi fédérale américaine afin de saisir collectivement les tribunaux américains comme le témoigne l'affaire *the Baan Company*[504].

142. L'application de la doctrine « *des effets* » en matière des *antitrust class actions*. La doctrine des « *effets* » a été plus aisément applicable dans le cadre des *class actions* internationales dans le domaine des pratiques anti-concurrentielles. Cette doctrine a ainsi été prévue par le *Foreign Trade Antitrust Improvement* Act (« ***FTAIA*** *»)* datant de 1982[505]. Selon ce texte, le *Sherman Act* ne s'applique pas aux conduites impliquant un échange ou un commerce avec les nations étrangères, sauf si celles-ci ont un effet direct, substantiel et raisonnablement appréciable (« *direct, substantiel and reasonably foreseeable* ») sur le commerce américain et donnent lieu à une plainte (*give raise to a claim*) au titre du *Sherman Act*.

La doctrine des « *effets* », telle que consacrée par le *FTAIA*, a fait l'objet d'une interprétation extensive de la part des tribunaux fédéraux inférieurs. Ainsi, dans l'affaire *Kruman*[506], la Cour d'appel du Deuxième Circuit de New York a considéré que le *Sherman Act* est applicable et a alors déclaré comme recevables les victimes européennes regroupées en *class action,* réclamant des dommages et intérêts punitifs suite au dommage subi par la mise en œuvre d'un cartel par des maisons de ventes aux enchères. Selon le raisonnement de la Cour, le seul fait que la pratique anticoncurrentielle ait eu un effet sur le marché américain, qu'elle ait violé une règle concurrentielle américaine et qu'elle soit susceptible de donner lieu à une plainte devant la justice américaine, donne aux demandeurs européens dont le dommage subi est intervenu en dehors des Etats Unis, le droit d'engager leur action devant le juge américain.

---

501 H. BUXBAUM, « Multinational Class Actions Under Federal Securities law: Managing Jurisdictional Conflict», 46 Colum. J. Transnat'l L. 14 (2007), spéc. p. 21.

502 *Schoenbaun v. Firstbook,* 268 F. Supp.385 (S.D.N.Y. 1967*): « The district court has subject matter jurisdiction over violations of the Securities Exchange Act although the Transactions which are alleged to violate the Act takes place outside the United States, at least when the transactions involves stocks registered and listed on a national securities exchange, and are detrimental to the interest of American investors* ».

503 *Bersch v. Drexel Firestone,* Inc., 519 F.2d 974 (1975): « *The anti-fraud provisions of US Securities laws would then be used to address general market conditions rather than redress specific harms suffered by some U.S. interested party, a goal specifically foreclosed by numerous interpretations of the securities laws* ».

504 *In re Baan Company Sec. Litig.*, 186 F.R.D. 214 (D.D.C.1999).

505 15. U.S.C.A., Section 6 (a), consultable sur: https://www.law.cornell.edu/uscode/text/15/6a.

506 *Kruman v. Christie's Int'L PLC,* 284 F. 3d. 399 (2d. Cir. 2002).

Plus récente est l'affaire *Empagran*[507]. Il s'agissait d'une *class action* engagée par des demandeurs américains et étrangers devant le juge américain suite au démantèlement d'un cartel global des vitamines dont la conduite avait causé des préjudices aussi bien aux États-Unis que dans le reste du monde. En se reposant sur la doctrine des « *effets* », la cour d'appel du District de Colombia a considéré que le demandeur pouvait invoquer la loi américaine lorsque la conduite effectuée à l'étranger - en l'occurrence la pratique anticoncurrentielle- avait des effets aux États-Unis et ce, même si son préjudice résultait exclusivement des effets intervenus à l'étranger et qui étaient indépendants des effets ressentis sur le marché américain. Il suffit ainsi, selon la Cour, que le comportement anticoncurrentiel ait produit des effets préjudiciables sur le marché américain afin que le *Sherman Act* soit applicable à l'ensemble des préjudices subis - et donc pour fonder la compétence juridictionnelle des tribunaux américains - ce dernier étant un droit directement applicable à l'échelle mondiale[508].

143. La doctrine des conduites et la compétence juridictionnelle en matière de *class actions* internationales. Le recours de la jurisprudence américaine à la doctrine « *des conduites* » (« *conduct test* ») a conféré aux lois fédérales américaines de droit économique une application extraterritoriale, ce qui a permis aux tribunaux américains d'exercer leur compétence juridictionnelle selon des chefs de compétence assez laxistes. Cette doctrine a été appliquée pour la première fois dans l'affaire *Lesasco v. Maxwell*[509]. Après avoir rappelé que les législations boursières américaines avaient pour objet la protection des investisseurs américains, la cour a fini par appliquer la loi boursière américaine à des transactions ayant eu lieu à l'extérieur des États-Unis en raison de comportements frauduleux intervenus aux États-Unis et ayant eu pour but d'inciter des investisseurs américains à acheter des titres sur le marché londonien. L'interprétation extensive par la jurisprudence américaine du « *conduct test* »[510] a ainsi amené la cour à appliquer la loi fédérale et à fonder par conséquence la compétence juridictionnelle concernant des transactions conclues sur des marchés étrangers, dès lors que des conduites frauduleuses sont intervenues sur le sol américain et ce, même si les intérêts des investisseurs américains n'ont pas été affectés[511]. Il s'agit, selon la jurisprudence, d'empêcher que les

---

[507]*Empagran S.A. v. F. Hoffmann-La Roche Ltd.*, 315 F.3d 338, 356 (D.C. Cir. 2003).

[508] *Ibid.*

[509] *Leasco Data Processing Equip.Corp. v. Maxwell*, 468 F.2d 1326 (2d Circ.1972). Selon la cour: « *Still we must ask ourselves whether, if Congress had thought about the point, it would have wished to protect American investor if a foreigner comes to the United States and fraudulently induces him to purchase foreign Securities abroad - a purpose which its words can fairly be held to embrace* ».

[510] H. L. BUXBAUM, « Multinational Class Actions Under Federal Securities Law: Managing Jurisdictional Conflict », 46 Colum. J. Transnat'l L. 14 (2007), spéc. p. 24.

[511] *IIT v. Vencap Ltd.*, 519 F.2d 1001, (2d Cir.1975). Dans cette affaire, une *class action* a été intentée par un fonds d'investissement luxembourgeois, qui comportait un nombre assez limité d'investisseurs américains. Celui-ci avait allégué que le défendeur étranger avait commis plusieurs fraudes et que certains aspects de ses fraudes, se sont révélés sur le marché américain. Bien que la cour ait noté que les intérêts des investisseurs américains n'ont pas été substantiellement touchés, elle a cependant appliqué la loi boursière américaine. Pour justifier sa décision, la cour avait procédé à l'interprétation de l'intention du Congrès américain, considérant que ce dernier n'avait en aucun cas prévu de transformer les États-Unis en un endroit hospitalier de fraudes exportables à l'étranger. Ainsi, selon la Cour, la loi boursière est applicable même lorsque les fraudes avaient uniquement pour destinataires des investisseurs étrangers. En effet, selon les termes de la cour: « *We do not*

États-Unis ne deviennent un « *tremplin* » (« *launching pad* ») d'exportation des conduites frauduleuses dirigées vers les marchés étrangers[512].

144. La doctrine des « *conduites* » et les « *foreign cubed class action* ». La vocation du système américain à appliquer ses lois fédérales et à fonder la compétence juridictionnelle de ses tribunaux pour régir des transactions conclues sur des marchés étrangers conformément à la méthode « *des conduites* », a été à l'origine d'un flux de *class action* boursières (*transnational Securities class action*)[513]devant le for américain et d'une concentration du contentieux de masse boursier outre Atlantique. Ces *class actions* intégralement délocalisées et désignées par le néologisme « *foreign cubed class actions* »[514], étaient engagées à l'encontre des sociétés étrangères (européennes[515], canadiennes[516] australiennes[517], chinoises[518] et même russes[519]) par des actionnaires non américains ou américains (dans la dernière hypothèse, il s'agit précisément de « *foreign-Squared class actions* ») pour des dommages subis à l'étranger du fait d'opérations effectuées sur des marchés étrangers. Ces *class actions* soulevaient principalement la question du champ d'application spatial des dispositions anti-fraude (*anti-fraud*) américaines consacrées dans le *Security Exchange Act* et plus précisément l'article 10b-5[520]correspondant au délit d'information inexacte, imprécise ou trompeuse, tel que consacré par les articles L465-2 et L621-15 du Code monétaire et financier en France. Les actionnaires, membres de la classe, présentaient en effet dans toutes ces affaires des allégations presque semblables. Ils soutenaient qu'en ayant diffusé une information financière inexacte voire frauduleuse,

---

think Congress intended to allow the United States to be used as a base for manufacturing fraudulent security devices for export, even when these are peddled only to foreigners ».

512 *Ibid*

513 Entre 1996 et 2005, 107 *class actions* ont été intentées devant les tribunaux américains, dont 41 ont atteint la phase de la détermination de la compétence juridictionnelle internationale. Dans 27 des 41 affaires (66%), les tribunaux américains ont reconnu leur compétence juridictionnelle internationale. Cette compétence a été exercée à l'encontre des sociétés canadiennes (79%) et européennes (50%).

514 Selon la définition avancée par Madame Buxbaum : «*I define (foreign cubed class action) as an action brought against a foreign issuer, on behalf of a plaintiff class that includes not only investors who purchased the securities in question on a U.S. securities exchange, but also foreign investors who purchased the securities on a foreign securities exchange* », in H. L. BUXBAUM, « Multinational Class Actions Under Federal Securities Law: Managing Jurisdictional Conflict », 46 Colum. J. Transnat'l L. 14 (2007), spéc. p. 17.

515 Parmi les sociétés européennes attraites devant le for américain par le biais d'une *class action*, on peut citer : *Vivendi Universal*, *Alstom*, *Société Générale*, *Parmalat Finanziara*, *Nokia Corporation*, *Crédit Suisse*, etc…

516 *YBM Magnex International, Inc.*

517 *La banque nationale d'Australie (NAB).*

518 *China Life Insurance Company Limited.*

519 *Yukos Oil Co.*

520 Cet article constitue la disposition centrale relative aux dispositions anti-fraude. Il dispose : « *It shall be unlawful for any person, directly or indirectly, by the use of any means or instrumentality of interstate commerce, or of the mails or of any facility of any national securities exchange:*

(a) To employ any device, scheme, or artifice to defraud,

(b) To make any untrue statement of a material fact or to omit to state a material fact necessary in order to make the statements made, in the light of the circumstances under which they were made, not misleading, or

(c) To engage in any act, practice, or course of business which operates or would operate as a fraud or deceit upon any person, in connection with the purchase or sale of any security».

la société avait violé la loi boursière américaine et plus précisément l'article 10 (b)-5 susmentionné. Par ce biais, ils cherchaient à obtenir des dommages et intérêts, notamment en invoquant le fait que la diffusion de cette information avait artificiellement gonflé le cours de leurs actions, et que la révélation de son inexactitude avait entraîné la chute des cours de leurs actions, leur causant une perte financière[521].

145. Une analyse au cas par cas pour les besoins de la satisfaction du *conduct test* : les deux affaires *Vivendi et Morrison.* En vue de déterminer si la conduite effectuée aux États-Unis est de nature à déclencher l'application de la loi fédérale américaine, les juges américains procédaient à une analyse au cas par cas. Ce *balancing test* donnait, cependant, des résultats très variables entre les différents circuits[522]. Ainsi, il suffisait pour certains circuits qu'un simple appel téléphonique ou qu'une simple réunion entre des investisseurs intervienne aux États-Unis pour déclencher la compétence juridictionnelle du for américain. Pour les second, cinquième et septième circuits, afin que la loi fédérale boursière soit applicable, il fallait que les actes constitutifs de la fraude commis sur le territoire américain soient plus que préparatoires (« *more than mereley preparatory* ») et qu'ils aient causé des dommages aux demandeurs étrangers[523]. Une approche plus flexible a été adoptée par le troisième, huitième et neuvième circuits. Pour ces derniers, il suffisait que des conduites significatives dans la réalisation de la fraude se produisent aux Etats-Unis[524] pour appliquer la loi fédérale américaine. L'approche du Circuit du *District of Columbia* était la plus stricte. Ainsi, le test était satisfait si tous les éléments de la fraude tels que prévus par la section 10 (b)-5 *du Securities and Exchange Act* étaient perpétrés aux Etats Unis[525]. La divergence entre l'approche des différents circuits est apparue dans deux affaires de grande ampleur : l'affaire *Vivendi* et l'affaire *Morrison.*

L'affaire *Vivendi* était relative à une « *foreign cubed class action* » dirigée contre la société *Vivendi* de droit français et dont les actions sont cotées sur le marché boursier américain. La *class action* comportait des investisseurs, dont 75 pour cent étaient constitués d'actionnaires étrangers de *Vivendi* ayant acheté des titres de la société sur un marché étranger (*foreign Securities*). Les investisseurs soutenaient que la diffusion des déclarations

---

[521] Tel était le cas de *Vivendi Universal, Alstom, Société générale, Parmalat Finanziara, Nokia Corporation, Crédit Suisse, Adecco S.A., Bennett Environnemental Inc., Deutsche Telekom AG, Danka Business Systems, PLC, Elan Corporation, PLC, Royal Dutch Petroleum Company (Shell), DaimlerChrysler AG*, etc.

[522] Pour une critique quant à l'application inconsistante par les tribunaux américains de la méthode des conduites, voir: J. CHOI et L. J. SILBERMAN, « Transnational litigation and Global Securities Class Action Lawsuits », consultable sur NYU School of Law, Public Law Research Paper No.09-06, consultable sur: http:// ssrn.com /abstract=1327502 ; K. Y. CHANG, « Multinational Enforcement of U.S. Securities Law: The Need for Clear and Restrained Scope of Extraterritorial Subject Matter Jurisdiction », 9 Fordham J. Corp. & Fin. L. 89 (2004), spéc. p. 106-108 et p. 115-116.

[523] B. R. MARSHALL, « Morrison v. National Australia Bank Ltd: A Clear Statement Rule or a Confusing Standard», 37 J. Corp. Law. 203 (2011): « *To establish jurisdiction over suits by foreigners, these circuits require that (1) conduct occurring in the United States must be more than « merely preparatory » and (2) the conduct in the United States directly « caused the losses » (…)* ».

[524] B. R. MARSHALL, « Morrison v. National Australia Bank Ltd: A Clear Statement Rule or a Confusing Standard», 37 J. Corp. Law. 203 (2011), spéc. p. 211: « *These circuits have adopted a more lenient approach which asks whether conduct in the United States has 'significantly contributed to the fraudulent scheme* ».

[525]B. R. MARSHALL, « Morrison v. National Australia Bank Ltd: A Clear Statement Rule or a Confusing Standard», 37 J. Corp. Law. 203 (2011), spéc. p. 210.

frauduleuses aux États-Unis concernant le statut financier de la société avait entraîné la chute de la valeur de leurs actions. En se basant sur le « *conduct test* », le tribunal fédéral du *District de New York* a ainsi conclu à l'application de la législation fédérale américaine, pour ensuite déclarer, les tribunaux américains compétents pour accueillir les victimes regroupées en *class action*, qu'elles soient américaines ou européennes.

Le tribunal américain a ainsi considéré que les conduites réalisées aux États-Unis justifiaient l'application de la législation boursière américaine. Pour justifier une telle compétence, le juge avait ainsi pris en compte le fait que les actions acquises par les demandeurs aient été cotées à la bourse de New York, que les infractions reprochées à la société *Vivendi* consistaient dans le non-respect de la réglementation boursière de l'Etat de New York et que les dirigeants étaient, à l'époque, domiciliés à New York. Le tribunal avait ainsi conclu que la fraude alléguée sur le marché américain a incité les investisseurs étrangers à acheter les titres de *Vivendi* sur des marchés étrangers. Une solution analogue a été aussi consacrée dans le cadre de l'affaire *Alstom*[526].

L'affaire *Morrison* constitue un autre exemple d'une « *foreign cubed class action* ». Cette affaire témoigne des divergences existantes entre les différents circuits, et notamment quant aux modalités de l'application du « *conduct test* » pour les besoins de l'exercice de la compétence juridictionnelle ainsi que les difficultés de distinction entre les conduites substantielles et préparatoires.

Il s'agissait dans cette affaire d'une *class action* intentée à l'encontre de la banque nationale australienne (« ***NAB*** »), sa filiale floridienne *Homeside Lending* et quatre de ses dirigeants devant le deuxième district par trois actionnaires australiens et un actionnaire américain. Il était reproché à la *NAB* d'avoir établi des déclarations frauduleuses concernant la valeur de l'actif inscrit au bilan de *Homeside* et d'avoir diffusé cette fausse valeur entre 1999 et 2000 dans une série de rapports financiers. La révélation de la surévaluation avait alors entraîné la chute du cours des actions de *NAB* sur le marché australien.

Pour établir le lien de rattachement avec les États Unis et justifier la saisine du juge américain ainsi que l'application de l'article 10 (b)-5 de la loi fédérale américaine, les demandeurs ont soutenu que la fraude avait été commise en Floride par la filiale à travers les chiffrages frauduleux retranscrits dans les comptes financiers de la *NAB*. Pour débouter les investisseurs étrangers sur la base de l'incompétence juridictionnelle[527], la cour a considéré qu'il n'existait ni conduite significative aux États-Unis ni effet

---

526 *In re Alstom SA Securities Litigation*, 253 F.R.D. 266 (S.D.N.Y. 2008). Il s'agissait dans cette affaire d'une *class action* intentée par des investisseurs à l'encontre de la société de droit français *Alstom* et deux de ses anciens dirigeants. Les demandeurs alléguaient que la défenderesse a dopé le cours de bourse en publiant des informations financières fausses sur les chiffres d'affaires des activités de construction navale et sur la rentabilité de la filiale *Alstom* entre 1999 et 2003. En 2003, *Alstom* avait révélé avoir sous-estimé les pertes de sa filiale *Alstom transportation* aux Etats Unis. En se basant sur le *conduct test*, le juge Marrero s'est déclaré compétent pour connaître du litige.

527 La cour avait raisonné d'une façon erronée en termes de compétence juridictionnelle alors que la question se présentait plutôt en termes d'application extraterritoriale des lois boursières américaines.

ressenti[528]. La cour d'appel a confirmé la position de la cour du deuxième district[529]. En essayant de définir les paramètres du*« conduct test »*, la cour d'appel a expliqué que la compétence juridictionnelle était retenue, dans l'hypothèse où la conduite du défendeur aux États-Unis était plus que préparatoire à la fraude[530] et que l'action ou l'inaction illégale commise aux États Unis avait causé directement des dommages aux investisseurs étrangers. Bien que les chiffres aient été manipulés en Floride par la filiale, la cour a considéré que le cœur de la fraude se situait en Australie et que le lien de causalité entre les actes commis en Floride et le dommage causé aux actionnaires en Australie était trop ténu et particulièrement rompu par l'implication de la *NAB*.[531]

146. ***Transition***. L' *« effect test »* et le *« conduct test »*, tels que développés par les tribunaux fédéraux inférieurs ont permis aux tribunaux américains d'appliquer extraterritorialement leurs lois fédérales de droit économique en matière de *class actions*. Une telle pratique leur a permis de fonder la compétence des tribunaux américains de manière relativement laxiste. De ces approches résulte la concentration du contentieux de masse en cas de violation des législations de droit économique devant les tribunaux américains. Un phénomène semblable s'est produit en matière de violations massives des droits de l'homme.

2- Les class actions internationales pour violation massive des droits de l'homme

147. En parallèle avec le flux des *class actions* internationales engagées devant les tribunaux américains pour les violations des législations de droit économique, les tribunaux fédéraux américains ont ouvert leurs prétoires aux *class actions* en dommages et intérêts aux victimes de violations des droits de l'homme[532]. Si ces *class actions* étaient

---

528 *Morrison v. National Australia Bank* Ltd, 547 F 3d 167 (2nd Circ.2008). Ainsi, selon la cour: « *The conduct of the US-based mortgage service provider as at most, a link in the chain of an alleged overall securities fraud scheme that culminated abroad* ».

529 *Nat'l Australia Bank Ltd.*, 130 S. Ct. 2869 (2010).

530 Selon la cour d'appel: « *Jurisdiction attaches only if the defendant's conduct in the United States was more than merely preparatory to the fraud and particular acts or culpable failures to act within the United State directly caused losses to foreign investors abroad* ».

531 De même, dans l'affaire *Crédit Suisse Group*, le même juge avait considéré que les demandeurs étrangers, ayant acheté les titres de la banque sur le marché suisse, devaient être exclus de la classe, bien que le siège principal de la banque suisse était aux États-Unis et que les officiers responsables du risque y résidaient. La cour avait considéré que ces éléments n'étaient pas suffisants pour localiser le centre de la fraude ou pour démontrer que les manœuvres frauduleuses aient été orchestrées depuis les États-Unis. Il convient de noter à cet égard que les éléments de cette affaire étaient presque identiques à ceux du contentieux impliquant la société *Alstom*. Malgré ceci, le juge Marrero, statuant sur les deux affaires, avait consacré deux solutions totalement opposées.

532 Sur ce sujet voir : H. MUIR WATT, « Privatisation du contentieux des droits de l'homme et vocation universelle du juge américain : Réflexions à partir des actions en justice des victimes de l'Holocauste devant les tribunaux américains », *R.I.D.C.2003.884*, spéc.p.884 et les références citées par l'auteure ; H. MUIR WATT, « Aspects économiques du droit international privé », *RCADI 2004*, t 307, p 25, spéc. p. 293 et suiv.; C. KESSEDJIAN, « Les actions civiles pour violation des droits de l'homme », *TCFDIP 2004,* p. 151; A. BÛCHER, « La compétence universelle civile », *RCADI* 2014, t 372, p.9.

originairement dirigées contre des banques et entreprises ayant participé aux crimes de guerre durant la seconde guerre mondiale, elles s'étendent désormais principalement aux activités des multinationales et aux nouvelles formes de violation des droits de l'homme qui leur sont afférentes.

148. La question de la compétence juridictionnelle des tribunaux américains n'a pas été concrètement soulevée dans le cadre des *class actions* initiées par les victimes de la seconde guerre mondiale, cette question ayant été absorbée par la dimension fortement politique du contentieux (**a**). En revanche, la réutilisation de *l'Alien Tort Act* (« ***ATA*** »)[533]depuis la célèbre décision *Filártiga v. Peña-Irala*[534] a constitué le fondement de la compétence juridictionnelle des tribunaux américains dans le cadre des *class actions* internationales dirigées contre les multinationales impliquées dans les violations modernes des droits de l'homme (**b**).

a- *La politisation du contentieux international des droits de l'homme à l'issue des évènements de l'Holocauste et la question de la compétence juridictionnelle des tribunaux américains*

149. Les tribunaux américains saisis par les victimes des violations des droits de l'homme de la seconde guerre mondiale regroupées en *class actions*. L'éclatement du contentieux de droit privé issu des événements de l'Holocauste devant les tribunaux fédéraux américains a été considéré comme « *un des événements les plus importants de ce début de millénaire* »[535]. Les juridictions fédérales américaines et spécialement le *District* de *New York*[536]ont connu un flux considérable de *class actions* initiées par les victimes de la seconde guerre mondiale (principalement les victimes de l'Holocauste)[537].

Le néologisme « *foreign cubed* » peut facilement être applicable à ces *class actions* du fait que tout était étranger dans ces dernières. En effet, elles étaient intentées par des demandeurs étrangers, à l'encontre d'entités étrangères (des banques suisses, japonaises, françaises, l'industrie allemande, des compagnies d'assurances européennes, etc.) pour des crimes de guerre ayant eu lieu à l'extérieur du territoire américain. Le fondement

---

533 *Alien Tort Act* (ATA), 28 U.S.C. §1350, consultable sur: https://www.law.cornell.edu/uscode/text/28/1350

534 *Filártiga v. Peña-Irala* ,630 F.2d 876 (2d Cir.1980). Voir à cet égard : R. ALTMAN, « Extraterritorial Application of the Alien Tort Statute After Kiobel », 24 U. Miami Bus.L. Rev.111 (2016).

535 H. MUIR WATT, « Privatisation du contentieux des droits de l'homme et vocation universelle du juge américain : Réflexions à partir des actions en justice des victimes de l'Holocauste devant les tribunaux américains », *R.I.D.C. 2003. 884,* spéc. p. 884.

536 Ce district est considéré comme un véritable pionnier en matière de gestion de litiges complexes.

537 Le laps de temps écoulé entre les évènements de la Seconde Guerre mondiale et la date de l'initiation des *class actions* était remarquable. Ainsi, selon M. J. BAZYLER : « *In the history of American litigation, no class of cases has ever appeared in which so much time had passed between the wrongful act and the filing of the lawsuit* », in « The Holocaust Restitution Movement in Comparative Perspective », 20 Berk.J.Int'l L.11 (2002), spéc. p.11.

essentiel de ces *class actions* en dommages et intérêts se trouvait dans la violation des règles du droit international, notamment l'utilisation du travail forcé et de l'esclavage[538].

Le contentieux international de *class actions* pour violation des droits de l'homme a été perçu comme un instrument de réforme sociale, comblant les lacunes législatives qui empêchaient les victimes de faire valoir leurs droits dans leur pays d'origine[539]. Ces lacunes tenaient principalement à l'absence d'une action de groupe développée et d'un système de financement efficace à l'instar du système de *contingency fees*.

150. La dimension politique du contentieux et la question de la compétence juridictionnelle des tribunaux américains. La possibilité pour les victimes étrangères de se regrouper en *class actions* a entraîné une forte médiatisation, conférant ainsi une forte dimension politique à ce type de contentieux[540]. Cette dimension politique a totalement absorbé sa dimension juridictionnelle, et plus précisément la question de la légitimité de l'exercice par les tribunaux américains de leur compétence juridictionnelle dans un contentieux qui n'avait pourtant que des liens ténus avec les Etats-Unis[541]. En effet, l'étude de la jurisprudence américaine révèle que les litiges engagés par les victimes individuellement – en dehors d'un contentieux de masse - ont été souvent déclarés irrecevables principalement pour défaut de compétence personnelle à l'égard de la partie défenderesse[542].

Cependant, le regroupement des victimes en *class actions* a donné au contentieux une véritable ampleur qui a profité aux victimes. Ainsi, à l'issue de pressions politiques, économiques et diplomatiques exercées sur les parties défenderesses, la question de la compétence juridictionnelle des tribunaux américains a été refoulée et le contentieux s'est finalement soldé par des transactions au profit des victimes de l'Holocauste, avant même

---

538 À l'instar des *class actions* intentées à l'encontre de l'industrie allemande, au sujet desquelles voir: S. M. KREINDLER, « Comment: History's Accounting: Liability Issues Surrounding German Companies for the Use of Slave Labor by Their Corporate Forefathers », 18 Dick J. Int'l L. 343(2000), spéc.p. 349 et suiv.

539 K. R. JOHNSON, « Multi-jurisdictional and Cross Border Class Action: Symposium Issue: International Human Rights class Actions: New Frontiers for Group litigation », Mich. St. L. Rev.643 (2004), spéc. p. 658.

540 Voir à cet égard, la conclusion des deux auteurs J. AUTHERS et R. WOLF in (« When Sanctions Work, Financial Times », Sept. 9. 1998, spéc. p. 1) ou ces derniers avaient considéré « *The clearest lesson from Suiss Banks' 1.25 billion dollars with Holocaust survivors is this : threatening to impose sanctions can work. Every important break-through in the negotiations came soon after threats form US local government officials to impose sanctions (banning, for example, Swiss banks from certain kinds of business in New York). The Settlement itself came two weeks before a threat to start the Sanctions and a week after Moody's, the rating agency, published a report saying that UBS, Switzerland's (and Europe's) biggest bank, and might lost its triple-A rating if sanctions were imposed* ».

541 H. MUIR WATT, « Privatisation du contentieux des droits de l'homme et vocation universelle du juge américain : Réflexions à partir des actions en justice des victimes de l'Holocauste devant les tribunaux américains », *R. I. D.C. 2003. 884*, spéc. p. 894 et suiv.

542 Ainsi, parmi les décisions d'irrecevabilité fondées, entre autres, sur l'incompétence des juges américains, voir l'affaire, *Kelberine v. Societe Internationale,* 363 F.2d 989 (D.C. Cir. 1965) relative à la première action de classe intentée par un survivant de l'Holocauste à l'encontre d'une entreprise européenne ; l'affaire *Handel v. Artukovic,* 60 F. Supp.42 (C.D. Cal.1985), mettant en jeu une action des survivants de l'holocauste en Yougoslavie contre un agent public croate nazi vivant aux États Unis ; *Iwanowa v. Ford Motor Co.*, 67 F. Supp. 2d 424 (D.N.J. 1999).

que tout règlement des fins de non-recevoir interviennent (*motion to dismiss*)[543]. Le contentieux de masse impliquant des banques suisses illustre parfaitement ce constat[544]. Le même scénario s'est produit dans le cadre du contentieux de masse opposant les victimes aux banques françaises [545]et aux compagnies d'assurances européennes[546].

b- ***Les class actions intentées à l'encontre des multinationales pour les violations modernes des droits de l'homme***

151. **Les tribunaux américains saisis par les victimes des nouvelles formes de violations des droits de l'homme regroupées en *class actions*.** Si le contentieux de masse initié par les victimes de l'Holocauste a bien mis en relief les abus et les violations des droits de l'homme commis durant la seconde guerre mondiale, le phénomène de délocalisation des multinationales dans les pays en voie de développement a mis en lumière d'autres formes de violations des droits de l'homme, pourtant existantes depuis bien longtemps[547].

Dans le but d'attirer des investissements sur leurs sols, les pays en voie de développement ont adopté des législations laxistes permettant aux multinationales qui s'y sont installées de profiter de la dégradation des conditions de protection sociale, environnementale, et de celles relatives aux droits de l'homme[548] en vue d'optimiser leurs gains. Le terme « *course vers le bas* »[549] décrit ainsi la compétition des Etats sous-développés qui consiste à « *abaisser de façon sous-optimale le niveau de protection offert à leurs citoyens en vue d'attirer des capitaux sur leur sol* »[550].

---

543 H. MUIR WATT, « Privatisation du contentieux des droits de l'homme et vocation universelle du juge américain : Réflexions à partir des actions en justice des victimes de l'Holocauste devant les tribunaux américains », *R.I.D.C. 2003. 884*, spéc. p. 891.

544 *In re Holocaust Victims Assets Litigation,* 105 F.Supp.2d 139 (E.D.N.Y.2000), consultable sur :http://www.swissbankclaims.com/Documents/Doc_53_PinkTriangleDRA.pdf.

545 Plusieurs *class actions* ont été intentées par les victimes de la Seconde Guerre mondiale devant les tribunaux américains dont leurs biens ont été confisqués. Suite aux pressions politiques et économiques exercées sur ces banques, ces dernières ont été contraintes à transiger avec les victimes, en acceptant de constituer deux fonds de compensation. La transaction est consultable sur le site : http://www.civs.gouv.fr.

546 Voir : *Holocaust Insurance Settlement Reported,* The New York times, Nov.25.1999, consultable sur:http://www.nytimes.com/1999/11/25/world/holocaust-insurance-settlement-reported.html.

547 Sur ce sujet voir: T. RUSKOLA, « Conceptualizing Corporations and Kinship: Comparative Law and Development Theory in a Chinese perspective », 52 STAN. L. Rev. 1599 (2000), spéc. p.1677.

548 H. MUIR WATT, « Aspects économiques du droit international privé », *RCADI 2004,* t 307, p 25, spéc. p. 279, n°228.

549 H. MUIR WATT, « Aspects économiques du droit international privé », *RCADI 2004,* t 307, p 25, spéc. p. 294, n°241.

550 Même si les États dans lesquels les multinationales décident de se délocaliser désirent bien régler l'activité des multinationales, ils sont souvent dans l'impossibilité de le faire. Ainsi, selon le professeur Ruggie in J. RUGGIE, « Obstacles to Justice and Redress for Victims of Corporate Human Rights Abuse, University of Oxford, consultable sur :http://business-humanrights.org/en/pdf-obstacles-to-justice-and-redress-for-victims-of-corporate-human-rights-abuse, spéc. p. 316 : « *Not only might the enforcement capacity of some States be too weak to impose effective regulation, but further, the judicial systems of these states may be ineffective fora for resolving human rights claims, perhaps in part due to their inability to facilitate complex litigation* ».

La violation par les multinationales du droit international des droits de l'homme a ainsi pris plusieurs formes et a touché plusieurs domaines : le droit à la vie, à la santé, à un environnement sain[551].

La procédure de *class action* américaine a donc constitué un outil efficace pour les victimes des violations modernes des droits de l'homme. En leur permettant de saisir collectivement les tribunaux américains dans le cadre des actions civiles en responsabilité, ces dernières ont été capables de surmonter les difficultés d'accès à la justice inhérentes à leur système judiciaire souvent rudimentaire.

152. *L'Alien tort Act (L'ATA)* et l'exercice de la compétence juridictionnelle des tribunaux américains. La position des victimes de violations modernes des droits de l'homme a été plus forte sur le champ de la compétence juridictionnelle suite à la réutilisation de *l'ATA* qui était resté aux oubliettes pendant près de deux siècles.

Inséré dans le *Judiciary Act de 1789* et codifié aujourd'hui parmi les règles de procédure fédérales, l'*ATA* confère une compétence juridictionnelle aux tribunaux fédéraux de première instance pour « *statuer sur toute action civile intentée par un étranger, uniquement en raison d'un délit commis en violation du droit des gens ou d'un traité auquel les États-Unis sont parties*[552] ». Il est vrai qu'aucune condition relative au rattachement du litige aux États-Unis est mentionnée par ce texte, poussant ainsi une partie de la doctrine à considérer comme universelle la compétence des tribunaux fédéraux américains exercée sur la base de l'*ATA*.[553] Mais force est de constater, toutefois, que la majorité des sociétés attraites devant le for américain présentaient un lien de rattachement avec les États-Unis, quoiqu'il paraisse souvent ténu, notamment en raison du recours au chef de compétence de *doing business*[554]. Par conséquent, *l'ATA* ne met pas en jeu l'opération des règles ordinaires de compétence personnelle à l'égard du défendeur[555], et sa vocation

---

551 B. STEPHENS, « The Amorality of Profit: Transnational Corporations and Human Rights », 20 Berk. J. Int'L L.45 (2002), spéc. p. 51.

552 L' *ATA* dispose: « *The district court shall have original jurisdiction of any civil action by an alien for a tort only, committed in the violation of the law of nations* ». La traduction du texte en français a été effectuée par Madame Kessedjian in C. KESSEDJIAN, « Les actions civiles pour violation des droits de l'homme, Aspects de droit international privé », *TCFDIP*, 2002-2004, spéc.p.152.

553Voir à titre d'exemple : L. USUNIER, « Feu la compétence universelle du juge américain pour connaître des atteintes aux droits fondamentaux garantis par le droit international », *RTD Civ. 2014. 34*, spéc. p.35 : « *Une telle règle de compétence est qualifiée d'universelle car elle permet d'agir devant le juge américain en l'absence de tout critère de rattachement fondant habituellement la compétence judiciaire internationale (domicile du défendeur, lieu de survenance du fait dommageable, lieu d'exécution de l'obligation contractuelle, volonté des parties)* ».

554 Plusieurs sociétés étrangères ont été attraites devant les tribunaux américains conformément au chef de compétence du *doing business*, à l'instar de la multinationale *Royal Dutch Shell*, la société canadienne *Talisman Energy*, la société allemande *Daimler-Chrysler* et la société jordanienne *Arab Bank*. Les actes commis par ces sociétés ont eu lieu à l'extérieur des États-Unis, dans des pays en voie de développement tels que le Soudan, l'Afrique du Sud, la nouvelle Guinée et le Nigeria. Dans certaines hypothèses, les sociétés attraites devant le for américain étaient des sociétés de droit américain.

555 C. KESSEDJIAN, « Les actions civiles pour violation des droits de l'homme, Aspects de droit international privé », *TCFDIP, 2002-2004,* spéc. p. 151.

universelle a été interprétée dans le sens qu'« *aucune condition de proximité relative aux circonstances génératrices du délit n'est requise en vue d'appliquer ce texte* ».[556]

Depuis la réapparition de L'*ATA*, les tribunaux fédéraux américains ont fait face à un flux considérable de *class actions* engagées par les victimes de violations des droits de l'homme regroupées en classe à l'encontre de plusieurs sociétés. Il suffit ainsi que l'auteur du dommage soit complice avec une entité souveraine bénéficiant de l'immunité juridictionnelle d'une violation des droits de l'homme pour déclencher la compétence juridictionnelle des tribunaux américains sur le fondement del'*ATA*[557]. Dès lors, les obstacles auxquels pouvaient être confrontées les victimes devant les tribunaux européens, tenant notamment à l'immunité de juridiction lorsque les défendeurs agissaient pour le compte des autorités étatiques[558], ont été contournés par cet acte.

Le groupe *Unocal* a été le premier à se voir assigner sur le fondement de l'*ATA* par des citoyens birmans regroupés, alléguant une violation des droits de l'homme à grande échelle. L'affaire se solda par une transaction allouant aux victimes un montant de 30 millions de dollars[559]. De son côté, la société *Royal Dutch Petroleum Co. (Shell)*, a également été assignée avec une de ses filiales [560] devant les tribunaux américains sur le fondement de l'*ATA*, par un groupe de Nigérians alléguant que la société avait été à l'origine de plusieurs détentions arbitraires ainsi que de crimes contre l'humanité[561]. L'action s'est soldée par une transaction en faveur des victimes à hauteur de 15.5 millions de dollars[562].

153. ***Transition***. En acceptant d'exercer leur compétence juridictionnelle internationale et en mettant à la disposition de la communauté internationale son système de *class action*, les tribunaux américains semblaient amorcer une nouvelle méthode de gestion du contentieux de groupe conformément à laquelle certains tribunaux mettent au service de la communauté des Etats leurs tribunaux en vue de la régulation du contentieux de masse international.

---

556 H. MUIR WATT, « Les enjeux de l'affaire Kiobel : le chaînon manquant dans la mise en œuvre de la responsabilité des entreprises multinationales en droit international public et privé », *TCFDIP*, 2010-2012, p. 233, spéc. p. 234.

557 H. MUIR WATT, « Aspects économiques du droit international privé », *RCADI 2004*, t 307, p 25, spéc. n°251, p. 309.

558 C'est le cas des victimes de l'Holocauste qui étaient confrontées à ces obstacles à l'occasion des actions en justice intentées par ces dernières devant les tribunaux européens à l'encontre des entreprises privées, telles que les banques ou les compagnies d'assurance agissant pour le compte d'une autorité étatique.

559 *Doe v. Unocal Corp.*, 403 F.3d 708(9th Circ.2005) : Dans le cadre de cette affaire, un groupe de ressortissants de la région Tenasserim de Burma ont intenté une action de groupe sous les auspices de *L'ATA* à l'encontre de la société *Unocal*, société d'huile et de gaz basée en Californie. Malgré la confidentialité de la transaction, il a été rapporté qu'elle a été d'un montant de 30 millions de dollars. Voir à cet égard: D. EVIATAR, « A Big Win for Human Rights: Unocal's Settlement with Burmese villagers may spur better corporate conduct », The Nation, May 9, 2005, consultable sur: www.thirdworldtraveler/Oil_Watch/Unocal_Lawsuit_Burma.html.

560 Le directeur de la subsidiaire a été aussi nommé défendeur à l'action.

561 *Wiwa v. Royal Dutch Petroleum Co.* 226 F.3d.88 (2d Circ.2000).

562 La transaction est consultable sur le site suivant : htpp:// wiwavshell.org/documents/wiwa_v_Shell_Settlment_release.pdf.

II- Une nouvelle méthode de gestion du contentieux de masse international ? La théorie de « *transnational regulatroy litigation* »

154. Le rôle régulateur des tribunaux américains et la théorie de *transnational regulatory litigation*. La délocalisation du contentieux international des actions de groupe devant le for américain et l'acceptation par ce dernier d'exercer sa compétence juridictionnelle aussi bien dans le cadre du contentieux relevant du droit international économique que celui mettant en jeu les violations des droits de l'homme, a été interprétée par Madame Buxbaum comme amorçant une nouvelle méthode de gestion du contentieux international dite « *transnational regulatory litigation* ». Conformément à cette méthode, certains systèmes juridiques s'investissent dans la résolution du contentieux international en mettant à la disposition de la communauté des Etats leurs tribunaux, indépendamment des liens qui peuvent exister entre le litige et le for[563].

Dans le cadre d'un contentieux de masse international, la possibilité pour le for américain de s'investir dans la régulation du contentieux de masse global est possible, notamment parce qu'il dispose de mécanismes capables d'assurer efficacement l'agrégation des litiges et parce qu'il existe une réelle volonté de la part des tribunaux américains de mobiliser leurs ressources juridiques et économiques au service d'une gouvernance globale. Par ailleurs, l'exercice d'une telle fonction par le for américain trouve sa légitimité dans la mise en œuvre d'une norme - voire d'une finalité - partagée par la communauté internationale (« *shared norm* »)[564].

Ainsi, en matière de droit international économique, plusieurs systèmes juridiques ont adopté des législations présentant une certaine équivalence fonctionnelle[565]. A titre d'exemple, avec la globalisation du droit de la concurrence, l'effet d'un cartel international se ressent généralement sur plusieurs marchés, rendant légitime la concurrence alors existante entre les compétences juridictionnelles des tribunaux dont le marché est affecté. Cependant, la résolution de l'ensemble du litige par un for unique - ici le for américain - et l'ouverture de son prétoire aux victimes étrangères pour les besoins de l'indemnisation d'un dommage ressenti sur un marché étranger, n'a rien de choquant. En effet, il s'agit tout simplement de saisir le for capable de sanctionner de manière effective la violation d'une norme partagée par plusieurs systèmes juridiques. Si le for américain possède, contrairement aux autres systèmes juridiques, des outils permettant de sanctionner la violation d'une norme partagée par plusieurs systèmes juridiques, notamment à travers un système de *private enforcement* développé (procédure de *class action*, système de *contingency fees*, les dommages et intérêts punitifs) et d'une expérience développée en matière d'action de masse pour dommages et intérêts[566], alors

---

563 H. L. BUXBAUM, « Transnational Regulatory Litigation », 46 VA. J. INT'L. 251 (2006).

564 H. L. BUXBAUM, « Transnational Regulatory Litigation », 46 VA. J. INT'L. 251 (2006), spéc. p. 255.

565 Ainsi, en matière de droit de la concurrence, la lutte contre les cartels est une finalité partagée par la plupart des systèmes juridiques.

566 Ainsi, selon H. BUXBAUM, in « Transnational Regularoty Litgation», 46 VA. J. INT'L. 251 (2006), spéc. p. 272, note 85: « *(…) the U.S. courts have the most substantial experience in addressing private attorney general claims. Moreover, as long as remedies and procedural rules differ across legal systems, plaintiffs may seek U.S. fora in preference to others in order to obtain treble damages, more flexible procedural rules or both* ».

rien ne devrait empêcher ce dernier d'exercer sa compétence d'une manière universelle, ou par « *délégation* »[567] de la part des autres systèmes juridiques, dans l'intérêt de la communauté internationale.

Les justifications avancées par les tenants de la doctrine de « *transnational regulatory litigation* » sur la nécessité d'une compétence non compartimentée exercée par le for américain[568], rejoignent les différents arguments que nous avons avancés au tout début de notre thèse, sur notre préférence pour la méthode de l'« unité » de l'action de groupe pour les besoins de la régulation du contentieux de masse international[569]. Un tel raisonnement semble aussi être partagé par la Cour Suprême américaine qui, pour justifier l'exercice d'une compétence juridictionnelle assez large dans le cadre d'une *class action* internationale, a considéré que l'exclusion des demandeurs étrangers d'une action de classe conduit à réduire l'effet dissuasif des dommages intérêts punitifs, et encourage par la même occasion les auteurs des potentiels dommages de masse à conclure des transactions contraires au droit de la concurrence afin de réaliser des profits illicites[570]. Cela est d'autant plus vrai que les autres systèmes juridiques, particulièrement ceux des pays sous-développés[571], ne possèdent pas d'outils efficaces et notamment pas de procédure de masse permettant de sanctionner une telle violation, conduisant in fine à des situations de sous-régulation. L'accès des victimes étrangères aux tribunaux américains pour sanctionner la violation d'une norme de droit économique intervenant sur un marché étranger serait ainsi d'un grand intérêt, particulièrement pour les pays sous-développés, puisqu'une solution globale assurerait une meilleure régulation de l'ensemble des marchés.

Les justifications de la théorie de « *transnational regularoy litigation* » en matière de *class actions* internationales relevant du domaine des droits de l'homme semblent aussi être légitimes. En exerçant sa compétence juridictionnelle unilatéralement, le for américain se voit confier le soin de tirer les conséquences civiles d'une violation d'une norme de droit international sur laquelle s'accordent toutes les nations. Cela est d'autant plus vrai que l'accroissement du contentieux de masse s'est produit à une époque où le for américain était le seul apte à assurer une telle sanction : l'exercice de la compétence universelle par les tribunaux américains apportait une solution au déni de justice auquel les victimes faisaient souvent face. Ces dernières n'auraient effectivement pas pu saisir

---

[567] H. MUIR WATT, « Régulation de l'économie globale et l'émergence de compétences déléguées : sur le droit international privé des actions de groupe », *Rev. crit. Dip. 2008. 581*, spéc. p. 589.

[568] *Ibid*

[569] Voir *supra* n°82 et suiv.

[570] *Pfizer Inc. v. Government of India*, 434 U.S. 308 (1978): « *An exclusion of all foreign plaintiffs would lessen the deterrent effect of treble damages. The conspiracy alleged by the respondents in this case operated domestically as well as internationally. If foreign plaintiffs were not permitted to seek a remedy for their antitrust injuries, persons doing business both in this country and abroad might be tempted to enter into anticompetitive conspiracies affecting American consumers in the expectation that the illegal profits they could safely extort abroad would offset any liability to plaintiffs at home. If, on the other hand, potential antitrust violators must take into account the full costs of theirs conducts, American consumers are benefited by the maximum deterrent effect of treble damages upon all potential violators* ».

[571] E. FOX, « International Antirust and the Doha Dome », 43 VA. J. Int'l L. 911 (2003), spéc. p. 923.

facilement les tribunaux européens en l'absence d'une *class action* et d'un système permettant le financement de leurs actions[572].

155. ***Transition***. Le système américain de *private enforcement* s'est imposé sur la scène internationale, expliquant le flux considérable des *class actions* internationales devant le for américain. L'attractivité du système américain s'est accompagnée d'une volonté affirmée de la part des tribunaux américains d'exercer leur compétence juridictionnelle selon des chefs de compétence parfois laxistes, amorçant ainsi une nouvelle méthode de gestion du contentieux dite « *transnational regulatory litigation* ». Cependant, la multiplication des réformes juridiques dans de nombreux pays a changé la donne et c'est désormais le système de « *multipolarité* » qui s'impose aujourd'hui dans le cadre d'un contentieux de masse international.

§2 L'hypothèse de « multipolarité » : la concurrence des ordres juridiques en matière de contentieux international des actions de groupe

156. Si les « *foreign cubed class actions* », l'aspect le plus poussé de la méthode dite de « *transnational regulatory litigation* », ont suscité des réserves doctrinales ainsi que des tensions avec les autres systèmes juridiques[573], on ne peut cependant pas nier que la résolution du contentieux de masse avait l'avantage de s'opérer avec une certaine prévisibilité et particulièrement pour les sociétés défenderesses ayant des liens avec les États-Unis. Dans l'hypothèse où le for américain acceptait de certifier une *class action* globale, le litige était dès lors tranché dans sa globalité devant le for américain. En revanche, dans l'hypothèse où le for américain refusait d'appréhender le litige dans sa globalité, excluant alors de la classe les demandeurs étrangers, le risque pour le défendeur de faire l'objet d'actions individuelles de la part des victimes déboutées était toutefois très réduit en raison des obstacles économiques et psychologiques empêchant les victimes d'engager des actions individuelles devant d'autres juridictions.

La résolution du contentieux de masse international s'opère aujourd'hui à travers un système de « *multipolarité* » (« *multipolarity* »)[574] faisant disparaître le monopole des tribunaux américains dans la résolution du contentieux transnational. Deux raisons peuvent expliquer l'émergence d'un système de « *multipolarité* », propice à l'éclatement du contentieux international des actions de groupe. D'une part, un mouvement de « *course vers le bas* » (« *race to the buttom* »)[575] opéré par la Cour suprême américaine, consistant à démagnétiser le for américain de la *class action* et affichant une volonté claire de désengager le système américain de son rôle régulateur en matière de redressement des dommages de masse globaux (**I**). D'autre part, un mouvement en sens inverse de «

---

572 Sur les limites de cette théorie, voir *infra* n°221.

573 Sur cette notion voir : H. MUIR WATT, « Aspects économiques du droit international privé », *RCADI 2004,* t 307, p. 25, spéc. n°179, p. 221.

574 C. A. WHYTOCK et M. S. QUINTANILLA, « The New Multipolarity in Transnational Litigation: Foreign Courts, foreign Judgments and Foreign Law », 18 Sw. J. Int'L. 31 (2011*)*, spéc. p. 34-35.

575 H. MUIR WATT, « Aspects économiques du droit international privé », *RCADI 2004,* t 307, spéc. n° 231, p. 283.

concurrence des ordres juridiques » en matière de redressement des dommages de masse qui s'est traduit par le renforcement du système de *private enforcement* dans de nombreux systèmes juridiques (**II**).

I- La « *course vers le bas* » du système américain en matière de redressement des dommages de masse globaux

157. Après avoir refusé de se prononcer sur les modalités de l'application de la doctrine des « *tests* », laissant ainsi aux tribunaux fédéraux inférieurs le soin d'appliquer cette doctrine, d'une manière parfois inconsistante, la Cour Suprême américaine est intervenue aussi bien dans le cadre de contentieux de masse relevant du domaine du droit international économique, que celui relatif aux violations des droits de l'homme, dans le but de condamner l'application extraterritoriale des législations fédérales américaines. Cela témoigne ainsi du retour à une approche territorialiste de la résolution du contentieux de masse international, peu favorable à l'expansion des *class actions* internationales. Ce retour au territorialisme constitue un élément important de la démagnétisation du for américain de la *class action* (**A**).

Par ailleurs, en admettant la validité des clauses de renonciation aux actions de groupe (les *class actions waivers*), la Cour suprême, au-delà de son désengagement de son rôle dans la gouvernance globale, semble s'engager dans une politique réticente aux *class actions*.[576](**B**).

A- Les éléments de démagnétisation du for américain de *class action*

158. Le retour de la Cour suprême américaine au principe de la territorialité des lois fédérales américaines a constitué un frein au développement des *class actions* internationales, ainsi qu'un véritable coup d'arrêt aux *class actions* délocalisées (**1**). Mais en plus de la nouvelle approche méthodologique imprégnée de territorialisme, le langage utilisé par la Cour Suprême américaine reflète également une volonté claire et arrêtée des tribunaux américains de se désengager de la régulation du contentieux de masse international (**2**).

1- <u>Le retour au principe de la territorialité de la loi fédérale américaine</u>

159. Dans le cadre du contentieux de masse relevant du droit international économique, la Cour Suprême américaine semble bien abandonner la méthode des « *tests* », développée depuis déjà longtemps par les tribunaux fédéraux inférieurs, afin de délimiter le champ spatial des législations fédérales américaines (**a**).

---

576 Voir à cet égard: R. H. KLONOFF, « The Decline of Class Actions », 90 Wash.U. L.Rev.729 (2013) ; L. S. MULLENIX, « Ending Class Actions as we Know Them : Rethinking the Americain Class Action », 64 EMPORY.L.J.399 (2014) ; B.T.FITZPATRICK, « The End of Class Actions ? », 87 ARIZ.L.REV.161 (2015); R. L. MARCUS, « Bending in the Breeze: American Class Actions in the Twenty – First Century », 65 DEPAUL L.Rev.497 (2016).

Si nous avions pu croire que la nouvelle approche adoptée par la Cour Suprême américaine n'influencerait en rien l'application extraterritoriale de l'*ATA*, ce dernier étant une disposition strictement juridictionnelle, il n'en est rien. Bien que les premières limitations des *class actions* internationales initiées sur le fondement de l'*ATA* soient basées sur le champ d'application matériel de ce dernier, la jurisprudence ultérieure de la Cour Suprême américaine a déplacé le débat et c'est désormais la question de l'application de l'*ATA* dans l'espace qui est en cause (**b**).

a- <u>L'abandon par la Cour Suprême de la méthodologie fonctionnaliste en matière de class actions relevant du droit international économique</u>

160. L'affaire *Empagran*. Nous rappelons que dans l'affaire *Empagran,* une *class action* internationale avait été intentée devant les tribunaux américains par des demandeurs étrangers et américains, alléguant que l'engagement des producteurs étrangers et locaux de vitamines dans un cartel international était à l'origine de l'augmentation du prix des vitamines, aussi bien pour les consommateurs domiciliés aux États Unis que pour ceux qui résident à l'étranger[577]. Appliquant extraterritorialement le *Sherman Act,* la Cour d'appel avait alors retenu sa compétence juridictionnelle vis-à-vis des demandeurs non américains dont le dommage résultait d'une transaction effectuée sur des marchés étrangers. L'arrêt de la Cour d'appel avait cependant été censuré par la Cour Suprême américaine. En interprétant les termes « *substantially and reasonably foreseeably affecting commerce* », qui, comme nous l'avons déjà mentionné, constituent les critères d'application de la doctrine des « *effets* », la cour constatait la non satisfaction de ces critères, notamment parce que le préjudice des victimes sur les marchés étrangers était en fait indépendant des effets ressentis sur le marché américain. En outre, la Cour fondait sa décision sur la présomption de territorialité, en se reposant en grande partie sur l'opinion dissidente du juge Scalia dans l'affaire *Hartford.* Dans le cadre de cette affaire, le juge Scalia avait fermement critiqué la décision majoritaire pour avoir ignoré la présomption selon laquelle « *un acte du congrès ne doit jamais être interprété d'une manière qui viole la loi des autres nations* »[578], une telle présomption n'étant qu'une conséquence directe du principe du *perspective comity*[579]. Or ce concept serait largement méconnu dans l'hypothèse où la loi

---

[577] Voir *supra* n°142.

[578] *Hartford Fire Insurance Co.v.California,* 509 U.S.764 (1993), spéc. n°814-815: Ainsi, selon le juge Scalia: « *Act of congress ought never to be construed to violate the law of nations if any other possible construction remains* ».

[579] Ainsi, selon la Cour, spéc. p. 7: « *First, this Court ordinarily construes ambiguous statutes to avoid unreasonable interference with the sovereign authority of other nations. See, e.g., McCulloch v. Sociedad Nacional de Marineros de Honduras, 372 U. S. 10, 20ñ22 (1963) (application of National Labor Relations Act to foreign-flag vessels); Romero v. International Terminal Operating Co., 358 U. S. 354, 382ñ383 (1959) (application of Jones Act in maritime case); Lauritzen v. Larsen, 345 U. S. 571, 578 (1953) (same). This rule of construction reflects principles of customary international lawólaw that (we must assume) Congress ordinarily seeks to follow. See Restatement (Third) of Foreign Relations Law of the United States ßß403(1), 403(2) (1986) (hereinafter Restatement) (limiting the unreasonable exercise of prescriptive jurisdiction with respect to a person or activity having connections with another State); Murray v. Schooner Charming Betsy, 2 Cranch 64, 118 (1804) (ì[A]n act of Congress ought never to be construed to violate the law of nations if any other possible construction remainsî); Hartford Fire Insurance Co. v. California, 509 U. S. 764, 817 (1993) (SCALIA, J., dissenting) (identifying rule of construction as derived from the principle of ìprescriptive comity* ».

américaine serait applicable afin de réparer des dommages de masse survenus à l'extérieur des Etats-Unis.

161. L'affaire *Morrison*. Dans l'affaire *Morrison,* la présomption de territorialité a constitué la base du raisonnement de la Cour Suprême. Nous rappelons qu'en se prononçant sur l'applicabilité des lois boursières américaines à une *« foreign cubed class actions »*, la Cour d'appel du second circuit a considéré que les lois boursières américaines n'étaient pas applicables lorsque *« l'essence des activités frauduleuses »* alléguées a eu lieu à l'extérieur des États-Unis. Le raisonnement de la Cour d'appel n'avait donc en aucun cas mis en cause la méthode des « *tests* » adoptée depuis longtemps par les tribunaux inférieurs, mais a tout simplement constaté la non satisfaction des critères nécessaires à l'application de la doctrine précitée, dans une affaire dénuée de tout lien significatif avec le for américain. En effet, cet exemple constituait une véritable caricature de la pratique *des « foreign cubed class actions »*, puisqu'étaient présents des actionnaires étrangers, une banque australienne non cotée sur le marché américain et une fraude commise à l'extérieur des Etats-Unis[580].

L'orthodoxie du raisonnement de la Cour d'appel a été écartée par la Cour Suprême américaine dans sa décision du 24 juin 2010[581]. Intervenant par le biais d'un *writ of certiorar*[582], elle est parvenue à la même solution consacrée par la Cour d'appel. Toutefois, c'est le nouveau raisonnement adopté par la Cour ainsi que les motifs sur lesquels elle s'est basée qui ont donné à cet arrêt toute son importance.

En effet, l'importance de la décision de la Cour Suprême tenait principalement à la méthodologie adoptée par cette dernière, notamment en ce qui concerne la délimitation du champ spatial de la loi fédérale américaine dans le cadre d'un contentieux de masse transfrontalier. Rejetant les deux tests développés par les cours inférieures en matière de *securities law*, parce que trop imprévisibles, vagues et difficiles à mettre en œuvre[583], la Cour Suprême avait rappelé la présomption découlant du principe du *Comity* – the *charming Betsy rule-* selon laquelle la loi qui n'a pas expressément été déclarée extraterritoriale par le congrès est supposée ne pas avoir un tel effet[584]. Soucieuse de la prévisibilité des solutions et de la sécurité juridique, la Cour avait considéré que l'application de la loi boursière américaine devait s'opérer selon un critère simple (« *Bright line Test* ») et bien défini. Elle finira par instaurer un « *transactionnal test* » conformément auquel la loi boursière américaine ne doit régir que « *les transactions réalisées sur des actions*

---

580 Comme il a été justement mentionné par un auteur américain (A. JOHNSON, « Morrison v National Australia Bank: Foreign Securities and the Jurisdiction to Prescribe », *in Extraterritoriality and Collective Redress, op.cit.*, p. 379, spéc. n° 20.02, p. 379) : *« A casual observer might well ask: if I buy shares in an Australian company on an Australian Stock exchange, what has United State Law got to do with it, and why should I be entitled to look to United States law to provide me with a remedy »*. Il convient de noter cependant que certains éléments de la fraude ont été commis sur le marché américain.

581 *Morrison v. National Australia Bank*, 561 U.S. 247 (2010).

582 Il s'agit d'une demande que la Cour Suprême dépose auprès de la cour d'appel dans le but d'exercer son contrôle aussi bien sur le déroulement de la procédure que sur les solutions intéressant le fond du litige.

583 *Morrison v. National Australia Bank*, 561 U.S. 247 (2010).

584 Voir à cet égard: *Microsoft Corp .v. AT&T Corp.*, 550 U.S.437 (2007); *F. Hoffmann- La Roche ltd.v. Empagran S.A.*, 542 U.S.155 (2004); *EEOC v. Arabian Am.Oil Co.*, 499 U.S.244 (1991). Voir d'une manière générale: J. H. KNOX, « A presumption Against Extrajurisdictionality », Am. J. Int'l. L.104.351 (2010).

cotées sur le marché américain » et « *les achats et ventes des titres intervenus aux Etats Unis* »[585]. Le « *transactionnal test* », tel qu'adopté par la Cour Suprême américaine, constitue ainsi la négation et l'abandon de la méthode fonctionnaliste adoptée depuis longtemps par les tribunaux américains, aux fins de détermination de la loi applicable dans le cadre d'un litige transfrontalier[586], individuel ou collectif. Cette méthode est ainsi substituée par un rattachement « *rigide tiré du lieu de la cotisation ou d'acquisition des actions* »[587].

b- L'application de la présomption de territorialité aux dispositions fédérales juridictionnelles : l'hypothèse de l'Alien Tort Act

162. Les premières limitations à la compétence juridictionnelle des tribunaux américains fondées sur le champ d'application matérielle de l'*ATA*[588]. L'hostilité de la Cour Suprême des États-Unis à l'expansion des *class actions* internationales s'est étendue à celles engagées sur le fondement de l'*ATA*, comme le montre bien l'arrêt rendu par la Cour Suprême dans le cadre de l'affaire *Sosa*[589]. Dans cette affaire cette dernière a opté pour une interprétation restrictive de la portée de l'*ATA*[590]. Ainsi, pour la Cour Suprême, il existe des raisons valables qui justifient l'adoption par les tribunaux fédéraux d'une conception restreinte de leur pouvoir discrétionnaire dans l'exercice de leur compétence juridictionnelle sur la base de l'*ATA*. Selon la Cour, l'exercice de la compétence juridictionnelle ne doit s'opérer que lorsque la violation *des laws of nations* repose sur une norme internationale impérative, acceptée et reconnue par la communauté internationale des Etats, et correspondant bien aux paradigmes historiques existants au moment où l'*ATA* a été consacré[591]. Plusieurs *class action* engagées le lendemain de la jurisprudence *Sosa* ont été rejetées sous prétexte que les demandeurs n'avaient pas pu établir que les violations alléguées concernaient des normes impératives, acceptées et reconnues par la communauté internationale[592].

---

585 Ainsi, selon la Cour Suprême: « *Section 10 (b) reaches the use of manipulative or deceptive device or contrivance only in connection with the purchase or sale of a security listed on an American Stock exchange, and the purchase or sale of any other Security in the United States* ».

586 H. MUIR WATT, « Refus d'une *class action* aux États-Unis de demandeurs étrangers contre des défendeurs étrangers », *Rev. crit. DIP. 2010.* 714, spéc. p. 715.

587 *Ibid.*

588 C. WHYTOCK, D. CHILDRESS, « Foreword: After Kiobel-International Huma Rights Litgation in State Courts and Under State Law», 3 U.C. Irvine L. Rev. 1 (2013).

589 *Sosa v. Alvarez-Machain*, 542 U.S. 692 (2004).

590 Il s'agissait dans ce cas d'espèce d'un médecin mexicain qui avait été arrêté et amené de force aux Etats-Unis par des policiers mexicains afin d'y être jugé, sous prétexte que ce dernier était complice d'actes de tortures et de meurtre perpétrées à l'encontre d'un agent américain. Il avait intenté une action civile devant les tribunaux américains alléguant notamment que l'arrestation arbitraire et la détention dont il a été victime, constituent une violation de droits de l'homme. L'action était dirigée contre l'un des Mexicains, Jose Sosa, ayant participé à son arrestation.

591 *Sosa v. Alvarez-Machain*, 542 U.S. 692 (2004) spéc.p.10: « *There are good reasons for a restrained conception of the discretion a federal court should exercise in considering a new cause of action of this kind. Accordingly, we think courts should require any claim based on the present-day-law of nations to rest on a norm of international character accepted by the civilized world and defined with specificity comparable to the feature of the 18th century paradigms we have recognized* ».

592 *Aziz v. Alcolac, Inc.*, 658 F.3d 388,398 (4th Cir.2011); *Presbyterian Church of Sudan v.Talisman Energy, Inc.*, 582 F.3d 244, 259.

L'interprétation restrictive du champ d'application matériel de l'*ATA* s'est poursuivie postérieurement par la Cour d'appel fédérale du Deuxième Circuit dans l'affaire *Kiobel*[593], qui mettait en jeu une *class action* intentée au nom du peuple Ogoni sur le fondement de l'*ATA*, à l'encontre du groupe *Shell*. Selon les allégations des victimes, le groupe était complice avec le gouvernement nigérien de la violation du droit des gens et la perpétration de crimes contre l'humanité[594]. Cette action déclarée comme recevable devant la cour de première instance finira toutefois par être rejetée par la Cour d'appel qui, dans son jugement du 17 septembre 2010, infirma le jugement de première instance et déclara l'action irrecevable sur le fondement de l'*ATA*[595]. En se reposant sur une étude détaillée des sources du droit international[596], la cour conclut que les crimes de droit international ne peuvent être commis par des entités abstraites mais uniquement par des hommes. Par conséquent, la mise en œuvre du droit international exige de punir les secondes et non pas les premiers.

163. La Cour Suprême américaine déplaça ensuite le débat sur le champ d'application extraterritoriale de l'*ATA*. Dans les affaires précitées, ce n'est pas la compétence juridictionnelle universelle des tribunaux fédéraux américains exercée sur le fondement de *l'ATA* - compétence à l'origine de l'expansion des *class actions* extraterritoriales – qui était mis en cause, mais plutôt le champ d'application matériel de ce dernier et plus précisément la possibilité de déclarer responsable une personne morale conformément au droit international. Cependant, la décision de la Cour Suprême dans le cadre de l'affaire *Kiobel* s'avère plus claire à ce regard[597]. Après avoir accordé le *certiorari*, la Cour Suprême changea le débat et raisonna plutôt sur le champ d'application territoriale de l'*ATA*[598]. Plus précisément, la question était de savoir s'il était possible pour le juge américain d'exercer sa compétence juridictionnelle – indépendamment de la question de la possibilité de déclarer des personnes morales responsables conformément au droit international - pour des faits ayant eu lieu à l'étranger[599].

Dans des termes identiques à ceux utilisés par la Cour Suprême en matière de *class actions* pour violation des lois fédérales de régulation économiques[600], la Cour a considéré que l'*ATA* est soumis à la présomption contre l'extraterritorialité. En effet, le Congrès

---

593 *Kiobel v. Royal Dutch Petroleum*, 06-4800-cv, 06-4876-cv.

594 H. MUIR WATT, « Commentaire de l'arrêt Kiobel v.Royal Dutch Petroleum Co. », *Rev. crit. Dip. 99. 2010.*

595 *Kiobel v. Royal Dutch Petroleum*, 06-4800-cv, 06-4876-cv., spéc.p. 11. La question soulevée par la Cour était celle de savoir: « *Whether a defendant is liable under the ATA depends entirely upon whether that defendant is subject to liability under international law. It is inconceivable that a defendant who is not liable under customary international law would be liable under the ATS* ».

596 Pour fonder sa décision, la cour s'est livrée à une étude des sources du droit international telles que définies à l'article 38 du statut de la Cour internationale de Justice.

597 *Kiobel v. Royal Dutch Petroleum Co.*, 133 S.Ct.1659, 1662 (2012).

598 R. ALTMAN, « Extraterritorial Application of the Alien Tort Statute After Kiobel », 24 U. Miami Bus. L. Rev. 111 (2016), spéc.p. 114.

599 *Kiobel v. Royal Dutch Petroleum Co.*, 133 S.Ct.1659, 1662 (2012), spéc. p. 4. Ainsi, selon la Cour: « *The question here is not whether petitioners have stated a proper claim under the ATS, but whether a claim may reach conduct occurring in the territory of a foreign sovereign* ».

600 Voir *supra* n°161.

de 1789 n'avait pas eu l'intention que l'*ATA* régisse des faits internationaux puisque ni le texte, ni le contexte historique de l'*ATA* ne permettent de renverser la présomption de territorialité[601]. La portée universelle attribuée au for américain en matière de violation du droit des nations a ainsi été directement mise en cause par la Cour Suprême[602].

Or dans la présente affaire, l'essence même de l'acte illicite (« *all the relevant conduct* ») avait été accomplie à l'étranger. De plus, et à supposer que les réclamations mettaient en jeu le territoire des Etats-Unis, il faudrait toutefois que leur lien avec le territoire américain soit suffisamment fort pour pouvoir déplacer la présomption contre l'extraterritorialité[603]. En d'autres termes, le renversement de la présomption contre l'extraterritorialité doit satisfaire le double test de la localisation de l'essence même de l'acte illicite aux États-Unis et de l'existence d'un lien suffisamment étroit entre les réclamations et le territoire américain[604].

2- Une volonté des tribunaux américains de se désengager de la régulation du contentieux de masse international

164. Un langage clair de la Cour Suprême américaine quant à son refus de jouer un rôle régulateur en matière de contentieux de masse international. L'autolimitation par la Cour Suprême américaine de l'application extraterritoriale des législations substantielles fédérales et donc du système américain de régulation – l'application des dispositions substantielles commandait l'exercice par les tribunaux américains de leur compétence juridictionnelle et la mise en œuvre du système américain de *private enforcement* - amorce l'émergence, au sein de la jurisprudence de la Cour Suprême américaine, de ce qu'un commentateur a appelé « *The New Conflicts Law* »[605], qui englobe une approche novatrice dans l'appréhension par la Cour Suprême des litiges internationaux impliquant plusieurs systèmes juridiques et mettant en jeu de forts conflits régulatoires.

· Cette nouvelle approche consiste dans l'instauration des critères, dont la satisfaction commande l'application du système américain de régulation, aussi bien dans les litiges intéressant le droit économique que ceux relevant de droits de l'homme. Par ailleurs l'instauration de ces critères a été aussi confortée par l'utilisation par la Cour d'un langage

---

[601] *Kiobel v. Royal Dutch Petroleum Co.*, 133 S.Ct.1659, 1662 (2012). spéc. p.7-8.

[602] Pour une analyse critique de cette décision, voir : B. WEIKEL, J. NESSEL et L. COHEN, « Kiobel v.Shell : Supreme Court Limits Courts' Ability to Hear Claims of Human Rights Abuses Committed Aboard », consultable sur: http://cja.org/kiobel-v-shell-supreme-court-limits-courts-ability-to-hear-claims-of-human-rights-abuses-committed-abroad/; B. BROWSER-SODER, « Kiobel Ruling Undermines U.S. Leadership on Human Rights », consultable sur: http://www.humanrightsfirst.org/press-release/kiobel-ruling-undermines-us-leadership-human-rights.

[603] *Kiobel v. Royal Dutch Petroleum Co.*, 133 S.Ct.1659, 1662 (2012), spéc.p. 14: « *On these facts, all the relevant conduct took place outside the United States. And even where the claims touch and concern the territory of the United States, they must do so with sufficient force to displace the presumption against extraterritorial application*».

[604] R. ALTMAN, « Extraterritorial Application of the Alien Tort Statute After Kiobel », 24 U. Miami Bus. L. Rev. 111 (2016), spéc.p. 125: *« Kiobel sets forth two inquiries to determine whether the presumption against extraterritoriality bars an ATS claim: (1) does all the relevant conduct take place outside the United States? and (2) does the claim touch and concern the territory of the United State with sufficient force to displace the presumption against extraterritoriality?»*.

[605] D. L. NOLL, « The New Conflicts Law », 2 S.J.C.L 42 (2014).

clair, exprimant la renonciation de cette dernière à mettre à la disposition de la communauté internationale, le système américain de *private enforcement.*

Dans l'affaire *Empagran,* la Cour a été claire dans son refus de jouer un rôle régulateur en matière de redressement des dommages de masse relevant des pratiques anticoncurrentielles. Elle considère en effet que les tribunaux américains ne sont pas supposés être les destinataires uniques des actions privées ayant pour objet des pratiques anticoncurrentielles à effet global[606]. Un langage similaire a également été utilisé par la même Cour dans l'affaire *Morrison.* Cette dernière a considéré que les tribunaux américains ne devraient en aucun cas intervenir pour réguler des transactions effectuées en dehors des États-Unis[607], d'autant plus lorsque le système américain de régulation diffère largement de ceux des autres systèmes juridiques ayant des liens plus étroits avec le litige. La Cour constate également dans l'affaire *Kiobel* que l'*ATA* n'a en aucun cas été adopté afin de transformer les États-Unis en un for dérogatoire (« *uniquely hospitable »)* qui sera au service de la mise en œuvre du droit international[608],

A notre sens, des considérations aussi bien d'ordre privé que public sont derrière cette « *New Conflits Rule »,* instaurée par la Cour. Les critères *ex-ante* mises en avant par cette dernière, permettent aux acteurs économiques, de prévoir à l'avance, dans quelles hypothèses, ces derniers pourront être assujettis au système américain de régulation, rompant ainsi avec l'application inconsistante par les tribunaux inférieurs de la méthode des « *tests ».* Cette prévisibilité[609], source de sécurité juridique, permet ainsi aux potentiels responsables de choisir parmi les différents systèmes de régulation, lequel serait applicable à leur conduite. En effectuant des transactions sur le marché américain, les sociétés pourraient légitimement s'attendre à ce que le système américain de *private enforcement* régisse leurs transactions.

Par ailleurs, cette autolimitation de l'application du système américain de régulation, accompagnée par une volonté de la Cour Suprême de renoncer à son rôle de for « *délégué* », permet ainsi de poursuivre des objectifs d'ordre public, en neutralisant les tensions qui peuvent exister avec les autres systèmes juridiques dont leur système de régulation se veut aussi applicable. En effet, comme nous allons le voir en détail, nombreux sont les pays qui ont formulé des observations auprès de la Cour Suprême sur les probables conséquences néfastes sur les relations internationales que pourrait engendrer l'exercice par les tribunaux américains d'une compétence extensive sur la base de l'*ATA,* ou sur la base de la méthode des « *tests* »[610].

165. ***Transition***. La réticence de la Cour Suprême américaine à la *class action* ne concerne pas uniquement le contentieux international. En admettant la validité des

---

606 *Hoffmann- La Roche ltd.v. Empagran S.A.*, 542 U.S.155 (2004): « *U.S. courts were not supposed to be the primary global destination for antitrust suits* ».

607 *Morrison v. National Australia Bank Ltd*, 561 U.S. 247 (2010) : « *We know of no one who thought that the Act was intented to regulate foreign securities exchanges- or indeed who even believed that under established principles of international law Congress had the power to do so* ».

608 *Kiobel v. Royal Dutch Petroleum* où la Cour avait considéré: « *Finally there is no indication that the ATS was passed to make the United States a uniquely hospitable forum for the enforcement of international norms*».

609 Bien que pratiquement, la mise en œuvre de ces critères n'est pas sans difficultés. Voir *infra* n°207 et suiv.

610 Voir *infra* n°222.

clauses de renonciation aux *class actions*, la jurisprudence américaine semble freiner considérablement le développement des *class actions*.

B- L'admission par la Cour Suprême américaine de la validité des clauses de renonciation aux actions de groupe (les « *class actions waivers* »)

166. Les clauses de renonciation aux actions de groupe (*class actions waivers*). Définition. Les clauses de renonciation aux actions de groupe (les *class actions waivers*) sont devenues une pratique contractuelle assez courante aux États-Unis. Qu'elles aient pour objet de renoncer à l'initiation *d'une class action* devant les tribunaux étatiques ou devant les tribunaux arbitraux (*class arbitration waivers)*, ces dernières peuvent être définies comme des clauses contractuelles en vertu desquelles des victimes potentielles (les consommateurs, les employés) renoncent à leur droit d'exercer (ou à rejoindre) une action de groupe[611].

Ces clauses peuvent ainsi s'assimiler, d'une manière ou d'une autre, à un contrat de choix de procédure, en vertu duquel, les parties expriment leur volonté d'écarter l'application par le juge ou par l'arbitre des règles de procédure permettant l'agrégation de leurs demandes avec celles d'autres personnes se trouvant dans une situation similaire[612].

Ce sont les grandes entreprises, défenderesses potentielles à une *class action*, qui sont à l'origine du développement de cette pratique aux États-Unis. Voulant échapper à la redoutable procédure de *class action*, ces dernières ont cru pouvoir être à l'abri d'une telle action en insérant systématiquement des clauses d'arbitrage au sein des dispositions contractuelles, espérant ainsi pouvoir empêcher les victimes potentielles d'un dommage de masse de se regrouper devant les tribunaux étatiques.

Or, une telle pratique s'est rapidement retournée contre ses auteurs. La clause d'arbitrage qui avait pour objectif de contourner une potentielle action de groupe s'est dépourvue de son objectif. La menace d'une *class action* persista en effet toujours devant l'arbitre, ce dernier étant capable, - conformément à la jurisprudence *Bazzle* de la Cour Suprême américaine[613]- de certifier une *class action arbitration.* C'est donc face à l'insuffisance de la clause d'arbitrage en tant qu'instrument permettant d'immuniser les défendeurs contre une *class action*, que les clauses de renonciation aux actions de groupe ont vu le jour aux États-Unis. Ces clauses, comme il a été justement constaté par un auteur américain, constituent aujourd'hui une partie intégrante des clauses d'arbitrage contenues dans les contrats de masse[614].

---

611 R. WASSERMAN, « Legal Process in a Box, or what class action waivers teach us about law making », 44 Loy. U. Chi. L. J. 391(2012), spéc. p. 393 où cette dernière a défini les *class actions waivers* comme étant des: « *Contractual provisions embedded in pre-dispute arbitration agreements by which a consumer, employee or other party waives the right to present her claim together with others (in a Rule 23 class action, a collective action under the fair* Labour Standards *Act or some other form of representative action*) ».

612 Une telle définition peut paraître insuffisante eu égard la nature régulatoire d'une *class action.*

613 *Green Tree financial Corp.v.Bazzle*, 539 U.S.444 (2003).

614M. E. GILLES, « Opting Out of Liability: The Forthcoming Near-Total Demise of the Modern Class Action», 104 Mich. L. Rev. 373 (2005), spéc. p. 375 : « *The [class action] waiver works in tandem with standard arbitration provisions to ensure that any claim against the corporate defendant may be asserted only in a one-on-one, non-aggregated*

167. Les clauses de renonciation aux *class actions* : une autre opportunité pour la Cour Suprême américaine de manifester son hostilité à la *class action.* Il n'y a eu besoin que du développement de la pratique des clauses de renonciation aux *class actions* pour que la Cour Suprême américaine saisisse une nouvelle fois l'opportunité de confirmer sa politique hostile à l'expansion des *class actions*. Confrontée à la question de la validité des *class actions waivers* dans l'affaire *AT&T Mobility LLC v.Concepcion*[615], cette dernière n'hésita pas à donner plein effet à ces clauses, alors même que le contentieux mettait en jeu des consommateurs.

Il s'agissait, dans cette affaire, d'une *class action* initiée devant les tribunaux étatiques par des consommateurs contre un fabricant de téléphones mobiles. Se prévalant des clauses d'arbitrage contenant des clauses de renonciation aux *class actions*, la partie défenderesse contesta la compétence des tribunaux étatiques et demanda le déférer de l'affaire devant le juge arbitral. En se fondant sur la jurisprudence de l'Etat de Californie[616] qualifiant d'*unconscionable*, c'est-à-dire d'excessive et déraisonnable, la clause de renonciation aux *class actions*, cette dernière n'offrant aucune alternative adéquate à l'action de classe (« *did not provide an adequate substitute for class litigation or arbitration* »), le tribunal fédéral a refusé d'astreindre les parties à l'arbitrage. Sa décision a cependant été censurée par la Cour Suprême américaine. Cette dernière a considéré que les dispositions du *Federal Arbitration Act (FAA)* devaient prévaloir sur la jurisprudence de l'Etat de Californie interdisant la renonciation au procédé de *class arbitration*[617].

Qualifiée de véritable catastrophe par le *New York time* parce qu'elle empêcherait à l'avenir, de nombreux citoyens américains de pouvoir faire valoir leurs droits en justice[618], la jurisprudence de la Cour Suprême n'est pas passée inaperçue. Elle a ainsi fait

---

arbitral proceeding. More virulent strains of the clause force the would-be plaintiff to waive even her right to be represented as a passive, or absent, class member in the event some other injured person manages to commence a class proceeding ».

615 *AT&T Mobility LLC v. Concepcion*, 563 U.S.321 (2011). Cette décision a fait couler beaucoup d'encre aux États-Unis. Parmi les commentaires, voir: S. R. COLE, « On Babies and Bathwater: The arbitration fairness Act and the Supreme Court's Recent Arbitration Jurisprudence », 48 Hous. L. Rev. 457(2011); J. DODGE « The limits of Private Procedural ordering », 97 Va. L. Rev. 723 (2011); C. FISK et E. CHEMERINSKY, « The failing Faith in Class Actions: Wal-Mart v. Dukes and At&T Mobility v. Concepcion », 7 Duke J. Const. L. & Pub. Pol'y. 73 (2011) ; W. W. PARK, « La jurisprudence américaine en matière de « class arbitration » : entre débat politique et technique juridique », *Rev. arb. 2012. 507.*

616 La cour s'est basée sur l'arrêt *Discover Bank* rendu par la Cour Suprême californienne (36 Cal.4th 148, 113 P.3d 1100) où cette dernière avait considéré : « *When the class action waiver is found in a consumer contract of adhesion in a setting in which the dispute between the contracting parties predictably involve small amounts of damages, and when it is alleged that the party with the superior bargaining power has carried out a scheme to deliberately cheat large number of consumers out of individually small sums of money, then (…) the waiver becomes in practice the exemption of the party from responsibility for its own fraud, or willful injury to the person or property of another. Under these circumstances, such waivers are unconscionable under California law and should be enforced* ».

617 Aux États-Unis, *l'unconscionability* est un moyen de droit commun des contrats permettant à une partie de demander au juge de déclarer inexécutable une clause contractuelle, si cette dernière contient des dispositions léonines. Cette théorie s'applique également aux clauses d'arbitrage. A cet égard, la jurisprudence américaine a considéré que le *FAA* est une législation favorable à la validité des clauses d'arbitrage et prévaut sur les législations des Etats, qui exigent, pour la validité des clauses d'arbitrage des conditions plus strictes que celles relatives aux autres types de contrats. Sur la théorie de *l'unconscionability* voir : M. MAISONNEUVE, « Le droit américain de l'arbitrage et la théorie de *l'unconscionability* », *Rev. arb. 2005.101.*

618 Gutting Class Action, in *New York Times du 12 mai 2011,* consultable sur:http://www.nytimes.com/2011/05/13/opinion/13fri1.html.

l'objet de résistance de la part des tribunaux fédéraux inférieurs. En outre, de vives critiques de la part de la doctrine américaine ont été adressées à l'arrêt *Concepción*, le considérant comme allant à l'encontre des objectifs du *FAA*[619]. Les auteurs ont ainsi proposé une intervention législative en vue de neutraliser les clauses de renonciation aux *class actions,* du moins lorsque celles-ci sont contenues dans des contrats impliquant des parties faibles[620].

168. Les clauses de renonciation aux actions de groupe : bouleversement du système de régulation américain ? En admettant la validité des *class actions waivers* dans l'affaire *Concepción*, l'arrêt de la Cour Suprême américaine a sans doute fait prévaloir la dimension procédurale d'une *class action* et constitue, de ce fait, un véritable bouleversement des principes de régulation sur lesquels se fonde le système américain. Cette décision impliquera-t-elle l'instauration d'une nouvelle politique de régulation basée, comme le modèle européen, sur l'intervention des organes administratifs avec toutes les conséquences économiques pouvant en découler ?

Le remplacement du système de *private attorney general* par le système traditionnel de régulation, impliquerait nécessairement l'intervention des organes administratifs de façon fréquente en vue de réguler le marché, générant par la même occasion des coûts supplémentaires pour l'Etat. Une telle hypothèse contraindrait ainsi l'Etat à subvenir aux besoins financiers de ces organes administratifs afin d'assurer leur bon fonctionnement. De plus, le remplacement du *private enforcement* par le système traditionnel de régulation engendrerait des problèmes de sous-régulation, similaires à ceux qui existent déjà en Europe[621]. La résistance de certains tribunaux inférieurs à cette jurisprudence pourrait néanmoins amener la Cour Suprême américaine à changer sa politique en la matière.

Mais, et à supposer que la Cour Suprême fasse prévaloir la dimension procédurale d'une *class action*, ne serait-il pas fâcheux que cette dernière valide aveuglément les clauses de renonciation aux *class actions* sans procéder à une analyse au cas par cas selon le montant des réclamations ? Car la décision de la Cour Suprême aboutit vraisemblablement à un véritable déni de justice[622] au détriment de la partie faible,

---

619 Ainsi, selon Madame Wasserman: « *We say that Congress makes the law and the Court interprets it; but if the Court can ignore legislative intent and interpret legislation in such a way as to render it unrecognizable to the Congress that enacted it, and if Congress lacks the political will to correct the Court's action, is it accurate to maintain that Congress retains primary law-making power? At least regarding class action waivers, it sure looks like the Court, not Congress, is making the law* », in « Legal process in a Box, or what class actions waivers teach us about law making », 44 Loy. U. Chi. L. J. 391 (2012*)*, spéc. p. 33.

620 C. R. DRAHOZAL, « Concepcion and the Arbitration Fairness Act », consultable sur : http://www.scotusblog.com/2011/09/concepcion-and-the-arbitration-fairness-act ; J. WOOD, « *Opening the Door to Justice: Amending the Federal Arbitration Act to Remedy the Unjust Use of Pre-dispute Arbitration Agreements* », consultable sur : http://ssrn.com/abstract=2014428 .

621 J. M. GLOVER, « The Structural Role of Private Enforcement Mechanisms in Public Law », 53 WM. & Mary L .Rev.1137 (2012), spéc. p. 1153; C. R. ALBISTON et L. B. NIELSEN, « The Procedural Attack on Civil Rights: The Empirical Reality of Buckhannon for the Private Attorney General », 54 UCLA L. Rev. 1087 (2007) spéc. p. 1132 et suiv.

622 Ainsi, selon R. D. FREER, in « The Supreme Court and the Class Action: Where we are and where we might be going », consultable sur:http://papers.ssrn.com/sol3/papers.cfm?abstract_id=2186440., spéc. p. 5: « *The majority in Concepcion suggests that waivers of class arbitration will be upheld when pre-empted by the FAA even if it is clear that no one in the putative class will bring an individual claim* ».

laquelle se trouvera dans l'impossibilité de déclencher une action individuelle devant les arbitres en cas de disproportion entre les montants des réclamations et coût de l'arbitrage. Dans ce contexte, l'arbitrage devient un outil« *d'oppression légale* »[623].

169. ***Transition***. L'avènement du système de « *multipolarité* », dans le cadre du contentieux international des actions de groupe, n'a pas pour unique raison le désengagement des tribunaux américains dans le redressement des dommages de masse globaux. Par ailleurs, l'hostilité générale des tribunaux américains à la procédure américaine de *class action* a travers la validation des clauses de renonciation aux actions de groupe ne vient pas non plus expliquer entièrement un tel avènement. En effet, la « *concurrence des systèmes juridiques* » en matière d'action de groupe a favorisé l'éclatement du contentieux de masse international.

II- « La concurrence des ordres juridiques » en matière de redressement des dommages de masse globaux

170. Plusieurs pays, dont les pays européens, ont entamé de profondes réformes législatives en vue de renforcer leur système de *private enforcement*, adoptant ainsi de nouvelles formes d'actions de groupe. Cette frénésie législative a été à l'origine de l'apparition d'un « marché des actions de groupe », aussi bien à l'échelle régionale qu'internationale[624].

Certes, des considérations d'ordre interne peuvent expliquer les réformes législatives intervenues dans plusieurs pays en matière d'actions de groupe. Le souci des différents systèmes juridiques d'assurer à leurs citoyens un accès effectif à la justice, d'éviter le gaspillage des ressources économiques et judicaires et de mettre en œuvre plus efficacement leurs lois, illustrent les considérations internes qui ont conduit aux diverses réformes législatives intervenues au sein de plusieurs pays. Cependant, de telles considérations n'auraient pas pu, à elles seules, animer les débats relatifs à l'introduction d'une action de groupe dans de nombreux systèmes juridiques. A notre sens, le désir des pays, notamment des pays européens, d'attirer le contentieux international des dommages de masse sur leur sol, particulièrement après le recours des victimes européennes au juge américain en vue d'initier ou de rejoindre des procédures de *class actions* à l'encontre des sociétés européennes dans des affaires qui présentaient des liens très étroits avec l'Europe, a été un facteur déterminant dans l'instauration de nouvelles formes d'actions de groupe dans de nombreux pays[625].

---

623 N. ANTAKI, « L'arbitrage collectif : pourquoi pas ? » in *La justice en marché : du recours collectif à l'arbitrage collectif*, Les journées Maximilien-Caron, Thémis 2006, p. 51, spéc. p. 66.

624 J. SORABJI, M. NAPIER et R. MUSGROVE, « Improving Access to Justice through Collective Actions-Developing a More Efficient and Effective Procedure for Collective Actions, A Series of Recommendation to the Lord Chancellor », Civil Justice council, juillet 2008, consultable sur : https://www.ucl.ac.uk/laws/judicial-institute/files/Improving_Access_to_Justice_through_Collective_Actions_-_final_report.pdf, spéc. p. 37.

625 Les *class action* boursières de type *foreign-cubed class actions* ont été intentées à l'encontre des sociétés européennes pour des opérations ayant eu lieu sur les marchés européens.

Il convient ainsi d'examiner en premier lieu le phénomène de « *concurrence des ordres juridiques* » en matière d'actions de groupe internationales (**A**) avant d'exposer ses manifestations (**B**).

A- Le phénomène de « concurrence des ordres juridiques » en matière d'actions de groupe

171. Il convient d'exposer de prime abord la notion de « *concurrence des ordres juridiques* » (**1**) avant d'explorer les raisons qui sous-tendent cette concurrence en matière d'actions de groupe internationales (**2**).

1- La notion de « concurrence des ordres juridiques »

172. Le phénomène de « *concurrence des ordres juridiques* ». « *La concurrence des ordres juridiques* » ou « *la concurrence des systèmes juridiques* »[626] tend à évoquer l'idée selon laquelle « *l'emprise de l'ordre concurrentiel est susceptible de s'appliquer sur le droit lui-même qui sera conçu non plus comme support, mais comme objet de l'activité concurrentielle* »[627]. Une telle concurrence est possible grâce au caractère inorganisé de l'ordre international, ce dernier n'étant rien d'autre que « *la juxtaposition de compétences unilatéralement définies* »[628].

Le phénomène de « *concurrence des ordres juridiques* » constitue une assise importante de la nouvelle école de « *l'analyse économique du droit* »[629] *(« Law and Economics »)* fondée aux États-Unis et toujours peu connue en Europe. Cette nouvelle pensée conçoit la justice offerte par les différents systèmes juridiques comme un bien privé soumise, comme pour tous les autres biens et services, à la règle du marché. En d'autres termes, les Etats conçoivent les rapports entre leurs justices comme ceux d'opérateurs se disputant une

---

[626] Sur ce phénomène voir : J. DU BOIS et F. FERRAND (dir.), *La concurrence des systèmes juridiques*, Acte de colloque de Lyon de 20 octobre 2006, Presses universitaires d'Aix-Marseille, faculté de droit et de Sciences politiques 2008 ; R. SEFTON-GREEN et L. USUNIER (dir.), *La concurrence normative. Mythes et réalités,* Société de législation comparée, Vol.33, 2014 ; S. MATOUSSI MOHAMED : « La mise en concurrence des systèmes juridiques nationaux. Réflexions sur l'ambivalence des rapports du droit et de la mondialisation », *R.I.D.E 3.2001.251*.

[627] L. CADIET, « Ordre concurrentiel et Justice », in Frison-Roche (éd.), *L'ordre concurrentiel, Mélanges en l'honneur d'Antoine Pirovano*, 2003, p. 109, spéc. p. 111.

[628] H. MUIR WATT, « La politique de la Cour de cassation en matière internationale : économie de la justice et droit international privé », consultable sur : https://www.google.com.lb/?gfe_rd=cr&ei=8k8bV5ulJsvU8geR14GACQ&gws_rd=ssl#q=La+politique+de+la+cour+de+cassation+en+mati%C3%A8re+internationale+:+%C3%A9conomie+de+la+justice+et+droit+international+priv%C3%A9+ https://www.courdecassation.fr/IMG/File/pdf_2006/conference_18_09_06/18-09-06_muir-watt.pdf, spéc. p. 19.

[629] Parmi les nombreux écrits consacrés à ce sujet aux États-Unis, voir : R. H. COASE, « The problem of Social Cost », 3. J. L. & Econ.1 (1960); G. CALABRESI, « Some thoughts on Risk Distribution and the Law of Torts», 70 Yale L. J.499 (1961). Voir aussi les ouvrages de: G. CALABRESI, *The cost of Accidents : A legal and Economic Analysis* , Yale University Press 1970; R. A. POSNER, *Economic Analysis of Law*, Wolter Kluwer 2001; S. SHAVEL, *Foundations of Economic Analysis of Law*, Harvard University Press 2004; Pour une littérature en langue française, voir : B. Deffains (dir.*), L'analyse économique du droit dans les pays de droit civil*, Cujas 2002 ; T. KIRAT et F. MARTY, *Economie du droit et de la réglementation*, Gualino 2007.

clientèle -les litigants- qui choisiront le système juridique le plus convenable. Ceci incite alors nécessairement les systèmes en concurrence à faciliter les conditions de l'accès à la justice[630].

Cette conception, qui fait référence à une sorte de « *marchéisation de la justice* »[631], bien qu'elle suscite la réserve d'une majorité de la doctrine continentale[632], semble cependant trouver appui par une doctrine autorisée[633]. Mais que l'on soit pour ou contre un nouveau paradigme de droit international privé[634], reposant sur une analyse en termes d'économie de la justice et de concurrence entre les ordres juridiques, il n'est pas possible de nier que la « *concurrence des systèmes juridiques* », prise en dehors d'une quelconque pensée dogmatique ou méthodologique, est aujourd'hui une réalité concrète et semble atteindre une dimension spectaculaire.

173. « *La concurrence des ordres juridiques* » prend aujourd'hui une dimension procédurale. Si la « *concurrence des ordres juridiques* » était principalement conçue comme étant d'ordre purement substantiel[635], principalement liée à la question de la loi applicable au litige, il nous semble toutefois que cette dernière se dirige, aujourd'hui vers un aspect plus procédural[636]. Les plaideurs sont principalement et évidemment motivés par la recherche de la plus grande utilité économique de leur action en justice et s'intéressent, de ce fait, principalement aux règles de procédure, c'est-à-dire

---

630 O. PFERSMANN, « Propos introductifs, existe-t-il véritablement une concurrence des systèmes juridiques ? » in *La concurrence des systèmes juridiques*, *op.cit.*, p. 25.

631 L'idée de marchéisation fait référence à l'expansion de la logique du marché concurrentiel (investissement, rentabilité, coût, rendement). Voir à cet égard : M. TORRE. - SCHAUB, *Essai sur la construction juridique de la catégorie de marché*, LGDJ 2002.

632 L. CADIET, « Ordre concurrentiel et Justice », in Frison-Roche (éd.), *L'ordre concurrentiel, Mélanges en l'honneur d'Antoine Pirovano*, 2003, *op.cit*, spéc. p. 109 : « *Le concept d'ordre concurrentiel paraît en effet fort éloigné de la justice, en tant que valeur aussi bien que de la justice en tant qu'institution* ».

633 Sur les considérations d'économie de la justice dans la jurisprudence de la Cour de cassation française, voir : H. MUIR WATT, « La politique de la cour de cassation en matière internationale : économie de la justice et droit international privé », consultable sur : https://www.google.com.lb/?gfe_rd=cr&ei=8k8bV5ulJsvU8geR14GACQ&gws_rd=ssl#q=La+politique+de+la+cour+de+cassation+en+mati%C3%A8re+internationale+:+%C3%A9conomie+de+la+justice+et+droit+international+priv%C3%A9+ https://www.courdecassation.fr/IMG/File/pdf_2006/conference_18_09_06/18-09-06_muir-watt.pdf.

634 Sur l'infléchissement des méthodes de droit international privé en matière de contentieux international des actions de groupe, voir le troisième chapitre de notre 1re partie.

635 A défaut d'harmonisation, les règles de conflit de lois des différents systèmes juridiques compétents, désigneront des lois substantielles, qui peuvent bien diverger quant aux solutions concernant le fond du litige. Sur cet aspect de la concurrence, voir : H. MUIR WATT, « Concurrence d'ordres juridiques et conflits de lois de droit privé », in *Le droit international privé, esprit et méthodes, Mélanges en l'honneur de Paul Lagarde*, Dalloz 2005, p. 615 et suiv.

636 Dans ce sens : S. BOLLÉE, « La concurrence des justices nationales (éléments d'analyse économique des conflits de juridictions) », in S. Bollée, Y.-M. Laithier et C. Pérès (dir.), *L'efficacité économique du droit*, Economica 2010, p. 121, spéc. p. 128. « *Le risque existe que les tribunaux de ces différents pays soient susceptibles de juger différemment (…). Les divergences peuvent également porter sur des points tels que la recevabilité d'une class action et la possibilité d'obtenir une certaine mesure d'instruction utile, la générosité probable du juge dans l'allocation des dommages et intérêts* ».

à la manière dont un tribunal tranche le litige qui lui est soumis[637]. Ainsi, la consécration par les tribunaux d'un système juridique déterminé d'une procédure permettant l'agrégation de plusieurs demandes individuelles, fait partie des éléments pris en considération par les plaideurs lors du choix du for dans le cadre d'un contentieux de masse international.

D'ailleurs, cette concurrence ne doit pas être écartée, et même dans l'hypothèse où plusieurs fors sont équipés d'une même procédure d'agrégation de litiges de masse. Ainsi, dans le contexte américain, certains juges ont été justement qualifiés de « *fors aimants* », en raison de leur capacité à attirer le contentieux de masse sur leur sol[638]. En dépit de la consécration de la procédure de *class action* dans plusieurs Etats fédérés, il s'est avéré que les victimes des dommages de masse choisissent souvent l'Etat de l'Alabama pour intenter leur action parce que les juges de cet Etat se montrent très favorables à la recevabilité de cette procédure ainsi qu'à l'octroi des dommages et intérêts punitifs[639].

Dans le cadre du contentieux international, la « *concurrence des ordres juridiques* » s'avère encore plus féroce. S'il est admis que les systèmes juridiques ne sont pas prêts à déployer assez d'efforts pour changer les structures de leurs systèmes juridiques[640], et que les différences existantes entre les systèmes de *common law* et ceux de tradition civiliste peuvent être associées à des considérations plutôt culturelles qu'à des considérations relatives à la supériorité d'un modèle sur un autre[641], l'expérience en matière du contentieux de masse international tend à relativiser ces constatations. Bien que l'existence d'une action de groupe ainsi que les modalités de son fonctionnement relèvent d'une dimension culturelle[642], l'expérience a cependant montré que certains pays européens ont fait une part de concession à leur culture en adoptant une procédure semblable à la *class action* américaine. Il en est ainsi aux Pays-Bas où l'action collective consacrée se rapproche de la *class action* américaine notamment quant à son mécanisme d'*opt out*[643]. L'internationalisation de l'action de groupe néerlandaise[644] et l'émergence du

---

[637] Voir: J. C. DAMMANN et H. B. HANSMANN, « A Global Market for Judicial Services », consultable sur: http://papers.ssrn.com/sol3/papers.cfm?abstract_id=976115, péc. p. 12 « *In some jurisdictions, the courts resolve disputes quickly, fairly and economically. In others, they are slow, inefficient, biased, incompetent or corrupt* ».

[638] Sur la concurrence qu'exercent les juges américains en matière de faillite internationale : L. M. LOPUCKI, *Courting Failure: How Competition for Big Cases is Corrupting the Bankruptcy Courts,* University of Michigan Press 2006.

[639] S. BOLLÉE, « La concurrence des justices nationales (éléments d'analyse économique des conflits de juridictions) », in S. Bollée, Y.-M. Laithier et C. Pérès (dir.), *L'efficacité économique du droit*, spéc. p. 140.

[640] S. BOLÉE, « La concurrence des justices nationales (éléments d'analyse économique des conflits de juridictions) », in S. Bollée, Y.-M. Laithier et C. Pérès (dir.), *L'efficacité économique du droit*, spéc. p. 141.

[641] O. PFERSMANN, « Propos introductifs, existe-t-il véritablement une concurrence des systèmes juridiques ? », in *La concurrence ces systèmes juridiques*, *op.cit.,* spéc. p. 23.

[642] Sur la dimension culturelle que recèle le contentieux des actions de groupe, voir *supra* n°4.

[643] L'action collective néerlandaise a été adoptée malgré les réserves formulées par le conseil d'Etat néerlandais (*Road van State*) vis-à-vis du mécanisme de l'*opt out*, ce dernier étant perçu comme mettant en jeu les garanties constitutionnelles ainsi que l'article 6 des déclarations universelles des droits de l'homme.

[644] Ainsi, plusieurs transactions ont été approuvées par la Cour d'appel d'Amsterdam, au sujet desquelles voir : *DES settlement*, Court of Appeal Amesterdam of 1 June 2006, NJ (2006), 461; *Dexia Settlement*, Court of Appeal Amsterdam, 25 january 2007, NJ (2007), 427; *Vie d'Or settlement*, Court of Appeal Amesterdam, 29 April 2009,NJ (2009), 448); *Shell settlement*, Court of Appeal Amesterdam, 29 May 2009, NJ (2009), 506.

for néerlandais en tant que for attractif du contentieux de masse[645]illustrent parfaitement la supériorité du mécanisme de l'*opt out*, originaire de la culture américaine, sur le mécanisme d'*opt in*, originaire de la culture continentale. En effet, les actions de groupe de type *opt in*, telles qu'adoptées par les autres systèmes juridiques ont montré leur inefficacité puisque ces dernières n'ont été capables d'attirer, jusqu'à aujourd'hui, aucun contentieux international.

2- *Les raisons qui sous-tendent « la concurrence des ordres juridiques » en matière d'actions de groupe internationales*

174. La « *concurrence des ordres juridiques* » et l'aspect procédural d'une action de groupe. Plusieurs éléments sous-tendent aujourd'hui « *la concurrence des ordres juridiques* » en matière de contentieux de masse international. L'aspect procédural que revêt une action de groupe, en tant qu'instrument permettant un accès effectif à la justice pour les victimes d'un dommage de masse, a toujours été avancé comme étant le facteur déclencheur de la « *concurrence des systèmes juridiques* ». Cette concurrence a ainsi été perçue comme étant indépendante de toutes considérations économiques et ne relève ainsi que d'une dimension purement intellectuelle, c'est-à-dire uniquement liée à l'image que chaque système juridique désire projeter sur la scène internationale. Un modèle ou un système juridique sera « *plus prestigieux*»[646] qu'un autre s'il répond d'une façon plus adéquate aux objectifs les plus valorisés par la communauté internationale[647]. L'accès à la justice des victimes des dommages de masse ainsi que le redressement des violations massives des droits de l'homme en font ainsi partie.

Or, cette notion de « *prestige* » a souvent été perçue comme étant une exclusivité du système américain en raison de sa capacité à être en phase avec les besoins de l'économie et de la globalisation des marchés. La délocalisation du contentieux de masse devant le for américain de *class action* n'est qu'un exemple qui vient prouver une telle constatation. L'incapacité des pays européens à attirer ce contentieux sur leur sol, et même pour les dommages causés à leurs citoyens pour des faits ayant eu lieu sur leur territoire, a montré une certaine supériorité du modèle américain d'agrégation des litiges de masse sur le modèle européen dans le redressement des dommages de masse globaux.[648]

175. La « *concurrence des ordres juridiques* » et l'aspect régulatoire d'une action de groupe. Mais, au-delà des considérations purement procédurales liées à cette idée de prestige, nous pensons que d'autres raisons, d'ordre substantiel, sont à prendre en considération[649]afin de mieux comprendre « *la concurrence des ordres juridiques* » dans le

---

645 T. ARONS et W.H. VAN BOOM, « Beyond Tulips and Cheese: Exporting Mass Securities Claim Settlement from the Netherland », 21 Eur. Bus. L. Rev. 857 (2010).

646 Selon l'expression utlisée par Madame Muir WATT, in « *Propos liminaires sur le prestige du modèle américain », Arch. Phil. Droit,* p. 29.

647 H. MUIR WATT, « Propos liminaires sur le prestige du modèle américain », *Arch. Phil. Droit, 2001,* p.29, spéc. p. 31.

648 Sur la délocalisation du contentieux international des actions de groupe, voir *supra* n°118.

649 Les considérations d'ordre substantiel peuvent également être d'ordre économique.

cadre du contentieux de masse international. En effet, si du côté des demandeurs victimes, une procédure de groupe n'est qu'un outil procédural permettant de faciliter leur accès à la justice, cela ne doit pas pour autant dissimuler les considérations régulatoires qui sous-tendent la « *concurrence des systèmes juridiques* ». Assurément, la plupart d'hypothèses des dommages de masse concernent la violation des règles de droit économique qui relèvent du droit interventionniste ou « regulatoire »[650] (*regulatory law*). Ainsi, se cachent derrière le contentieux privé de nombreux intérêts étatiques. Ces derniers sont d'ordre économique et politique. Ils concernent les différents modèles de régulation que les systèmes juridiques ont adoptée afin de sanctionner la violation des règles de droit international économique[651]. Or, l'absence au sein des pays européens de procédures de groupe permettant le regroupement des individus dans le cadre des actions en responsabilité pour violation des règles de droit économique a abouti à l'imposition aux sociétés européennes du système américain de régulation basé principalement sur le système de *private enforcement*. Leurs entreprises sont ainsi exposées à des risques économiques considérables, du fait des coûts énormes générés par la procédure américaine de *Discovery* ainsi que les dommages et intérêts punitifs susceptibles d'être infligés à ces dernières, sous prétexte que le for américain est le seul à permettre l'accès effectif des victimes à la justice. Or ce système de régulation et de sanction américain se concilie mal avec le système de régulation adopté par les pays européens qui repose sur une certaine complémentarité entre le *private* et le *public enforcement* et qui n'aboutit pas nécessairement au prononcé de dommages et intérêts extrêmement élevé.

176. La « *concurrence des ordres juridiques* » et les ressources financières générées par le contentieux de masse. La « *concurrence des systèmes juridiques* » en matière de redressement des dommages de masse globaux peut aussi s'expliquer par les ressources financières importantes que la gestion d'un contentieux de masse est susceptible de générer et spécialement pour le barreau. L'introduction, même timide, du système de *contingency fees* dans certains pays européens montre bien le volume de la masse monétaire susceptible de circuler.

B- Les manifestations de « la concurrence des ordres juridiques » dans le cadre du contentieux international des actions de groupe

177. Il ne suffisait pas, pour les systèmes juridiques désirant jouer un rôle dans le redressement des dommages de masse globaux, de renforcer leur système *de private enforcement* **(1),** encore fallait-il que ces derniers facilitent l'accueil des actions de groupe transfrontières **(2)**.

---

650 H. MUIR WATT, « Concurrence d'ordres juridiques et conflits de lois de droit privé », in *Le droit international privé, esprit et méthodes, Mélanges en l'honneur de Paul Lagarde*, *op.cit.*, spéc. p. 617.

651 Une telle considération n'est pas pesante dans le cadre du contentieux de masse international pour violation des droits de l'homme.

1- Le renforcement du système de private enforcement

178. Le renforcement du système de *private* enforcement constitue une des manifestations importantes du phénomène de « *concurrence des systèmes juridiques* » en matière d'agrégation des litiges de masse. S'il est vrai que plusieurs pays, dont les pays européens, ont réformé leur droit procédural en introduisant au sein de leur système juridique différentes formes d'actions de groupe **(a)**, leur compétition avec le système américain de *class action* ne s'est pas limitée à ces changements. En effet, avoir une action de groupe est une chose, mais sa mise en œuvre en est une autre. Ainsi, la compétition des autres systèmes juridiques s'est étendue aux accessoires de la procédure américaine de *class action.* Le développement de la pratique du financement du procès par un tiers **(b)** et celle des clauses de la nation la plus favorisée **(c)** constituent également des éléments inhérents au phénomène de « *la concurrence des « systèmes juridiques* ». Il convient, en dernier lieu, d'examiner quelle pourra être la position des tribunaux vis-à-vis les clauses de renonciation aux actions de groupe à l'extérieur des États-Unis **(d)**.

a- Les réformes législatives intervenues en matière d'actions de groupe

179. La consécration de l'action de groupe dans plusieurs pays. Il va sans dire que la consécration par les différents systèmes juridiques d'une action de groupe constitue un élément d'une grande importance pour notre étude du phénomène de la *« concurrence des ordres juridiques »* en matière de redressement des dommages de masse globaux. Les réformes législatives concernent plusieurs pays, et rares sont ceux qui ne disposent pas aujourd'hui d'une action de groupe. Il nous semble fâcheux que le Liban n'a, jusqu'aujourd'hui entamé des discussions sérieuses en ce qui concerne l'instauration d'une action de groupe au sein de son système juridique.

180. L'efficacité d'une action de groupe dépend de son architecture. L'architecture d'une action de groupe ainsi que les modalités de son fonctionnement jouent un rôle important puisque, comme nous l'avons déjà mentionné, les actions de groupe ne présentent pas toutes le même degré d'efficacité. L'expérience a montré que ce sont les actions de groupe reposant sur un modèle structurel semblable à celui de la *class action* américaine qui se sont développées aussi bien dans le cadre d'un contentieux interne qu'international.

181. Les réformes législatives dans les pays membres de l'Union européenne. En Europe, les réformes législatives intervenues dans les différents pays ont débouché sur une large mosaïque d'actions de groupe[652]. L'ensemble de ces procédures est généralement désigné, dans la langue française, par l'expression « *recours collectifs* » et, dans la langue anglaise, par l'expression « *collective redress* ». Cette terminologie est générale et

652 Plusieurs pays européens ont déjà mis en œuvre des mécanismes en matière d'action de groupe. Voir ainsi: J. STUYCK, « Class Actions in Europe? To Opt in or to Opt out, that is the Question », 2009 Eur. Bus. L. Rev. 483, spéc. p. 485.

regroupe toutes les formes d'actions de groupe, que ces dernières aient pour objet la cessation, la prévention ou la compensation des dommages subis par les victimes[653]. A notre sens, le recours à cette terminologie[654] reflète la volonté de la doctrine européenne de distinguer son nouveau système procédural d'actions de groupe, de la procédure américaine de *class action* qui ne jouit pas d'une bonne réputation au sein de leur territoire[655].

Plusieurs remarques peuvent être formulées quant aux différentes formes d'actions de groupe existant dans l'espace européen. Tout d'abord, si nous les comparons aux actions qui existent aux États-Unis ou au Canada, celles-ci sont encore actuellement dans un état embryonnaire[656], car encore limitées en termes d'efficacité ou au niveau de leur champ d'application[657]. Par ailleurs, la plupart des réformes effectuées dans les différents pays européens ont été réalisées dans un esprit purement interne, sans aucune considération des questions de droit international privé pourtant susceptibles de se poser lorsque l'action de groupe présente un élément d'extranéité[658]. C'est par exemple le cas des dispositions relatives à l'action de groupe en droit français, qui, comme nous allons le voir, sont de nature à soulever des difficultés aiguës quant aux conditions de recevabilité d'une action de groupe devant le for français[659]. Cette négligence est, à notre sens, inexplicable et injustifiable. En effet, les questions épineuses de droit international privé soulevées par l'internationalisation de la procédure américaine de *class action* auraient pu constituer une leçon pour les législateurs européens pour prévenir ou anticiper les différents problèmes qu'est susceptible de soulever le contentieux de masse international. Mais il n'en est rien. Cette carence des législateurs européens a poussé les organes européens à intervenir à plusieurs reprises afin de proposer diverses pistes de réflexion sur les différents problèmes que soulève le contentieux de masse transfrontalier pour violation du droit européen[660].

---

653 C. HODGES, « From Class Actions to Collective Redress: A Revolution in Approach to Compensation », 28 C. J. Q. 41 (2009), spéc. p. 45: *« Collective redress is a deliberately broad concept, focusing on the outcome rather than the (or a) mechanism, and encompassing any mechanism that may accomplish cessation or prevention of non-conformity and/or delivery of redress in the broadest sense, whether involving rectification or compensation »*.

654 Selon Madame TANG: « *Collective redress is a cost-sharing and procedure consolidating mechanism by which the claimant of a group of claimants with similar factual and legal issues are congregated together in one action* », in Consumer Collective Redress in European Private International Law, J. Priv. Int'l. L. 101 (2011), spéc. p. 101.

655 Ainsi au niveau des organes européens, on passe de la terminologie *class action* à celle de *collective actions* pour adopter enfin celle de *collective redress* : C. HODGES, « Current discussions on consumer redress : collective redress and ADR », consultable sur : https://link.springer.com/article/10.1007/s12027-011-0245-5.

656 Sur les différentes formes d'actions de groupe adoptées au niveau des pays membres, voir notamment : S. KARA, « Evaluation of the Effectiveness and Efficiency of Collective Redress Mechanisms in the European Union », Final Report-Part 1 : Main report, 26 August 2008, spéc. n°3-4, consultable sur : http://www.civic-consulting.de/reports/collective%20redress_study.pdf.

657 Pour plus d'informations concernant l'efficacité des différentes formes d'actions de groupe dans les pays européens, voir : T. L. RUSSELL, « Exporting Class Actions to the European Union », 28 B. U. Int'L. 177 (2010).

658 Voir cependant la nouvelle action de groupe britannique, *supra* n°20.

659 Voir *infra* n°268 et suiv.

660 Les détails concernant le travail de la Commission européenne peuvent se trouver sur le site de la Commission européenne, affaires des consommateurs, consultable sur : http://ec.europa.eu/consumers/redress_cons/collective_redress_en.htm.

182. Les initiatives des organes européens. Plusieurs initiatives ont été lancées par les organes européens en vue de renforcer les actions privées en dommage et intérêts en général et les actions de groupe plus particulièrement. Ainsi, le Parlement européen et le Conseil ont adopté une directive relative aux actions en cessation en matière de protection des consommateurs. Cependant, et comme nous allons le voir, une telle procédure ne vise que la cessation des pratiques illicites et non pas la réparation des dommages individuels subis par les victimes[661]. En ce qui concerne les actions de groupe ayant pour objet la réparation des dommages résultant de la violation des législations européennes, plusieurs initiatives ont été prises[662]. Ces travaux ont finalement débouché sur l'adoption en 2013 par la Commission européenne d'un « paquet » législatif qui se compose de différents documents, parmi lesquels figure la recommandation relative à des principes communs applicables aux mécanismes de recours collectifs[663]. Celle-ci vise à assurer une approche horizontale homogène des recours collectifs dans l'Union européenne.

183. Le rôle émergent des tribunaux européens et canadiens dans la régulation du contentieux international des actions de groupe. Malgré l'état embryonnaire des actions de groupes consacrées par les pays européens, notamment lorsqu'on les compare aux *class actions* américaines, plusieurs juridictions européennes jouent tout de même actuellement un rôle de plus en plus important dans la régulation du contentieux de masse international. Ainsi, l'agrégation par les juridictions européennes de plusieurs litiges de masse transfrontières mettant en jeu des sommes considérables et impliquant plusieurs domaines, reflète d'une manière claire la concurrence des systèmes européens en matière d'actions de groupe internationales. Cela est d'autant plus vrai que l'agrégation des litiges de masse ne se limite pas uniquement à la matière financière ou au droit des pratiques anticoncurrentielles – domaines privilégiés des *class actions* internationales - mais s'étend aussi à d'autres domaines, tels que la protection des données personnelles, le droit des assurances, le droit de la consommation et le droit de l'environnement.

Par exemple, les tribunaux néerlandais sont intervenus à plusieurs reprises en vue d'homologuer des transactions conclues entre les prétendus responsables d'une part, et les représentants des victimes d'autre part, poussant ainsi *The Economist* à décrire le for

---

661 Directive 98/27/CE du Parlement européen et du Conseil du 19 mai 1998 relative aux actions en cessation en matière de protection des intérêts des consommateurs, JOCE, n° L 166 du 11/06/1998 p. 0051 - 0055

662 Livre vert, du 19 décembre 2005, intitulé « Actions en dommages et intérêts pour infraction aux règles communautaires sur les ententes et les abus de position dominante »;COM(2005) 672 final - Non publié au Journal officiel] ; Livre vert sur les recours collectifs pour les consommateurs du 27 novembre 2008, [COM(2008) 794 final – Non publié au Journal officiel] ; Commission Européenne : « Renforcer la cohérence de l'approche européenne en matière de recours collectifs », Bruxelles, le 4 février 2011 SEC(2011) 173 fina ; Résolution du Parlement européen du 2 février 2012, « *Vers une approche européenne cohérente en matière de recours collectifs* », (2011/2089(INI)).

663 Communication de la Commission au Parlement européen, au Conseil, au Comité économique et social européen et au Comité des régions, « Vers un cadre horizontal européen pour les recours collectifs », COM (2013) 401 final.

néerlandais comme un for « *favorable venue for class settlements* »[664]. Plusieurs des transactions intervenues conformément à l'action de groupe néerlandaise présentaient des éléments d'extranéité et concernaient de ce fait des litiges de masses internationaux. Si Dans l'affaire *Vie d'or*[665], l'accord conclu conformément à l'action de groupe néerlandaise entre les auditeurs et les autorités publiques de surveillance d'une compagnie d'assurance d'une part, et les titulaires de polices d'assurances vie d'autre part, pour la compensation des dommages financiers subis par ces derniers en raison de la faillite de la société d'assurance, ne comportait parmi les 11,000 parties intéressées que 500 résidants à l'extérieur des Pays-Bas, cela n'était toutefois pas le cas dans le cadre des affaires ultérieures.

Ainsi, dans l'affaire *Shell*[666], l'accord conclu sous l'égide de la cour d'appel d'Amsterdam et dont le montant s'élevait à 352.6 millions de dollars a profité à 500.000 victimes dont 100.000 étaient domiciliées en dehors de Pays-Bas. Dans l'affaire *Vedior*, l'action de groupe qui portait sur un délit d'initié commis par ladite société *Vedior* et ayant causé un dommage aux porteurs d'actions de cette dernière, a conduit à la conclusion d'une transaction profitant aussi bien aux victimes néerlandaises qu'à celles qui résident à l'extérieur des Pays-Bas. De même, dans l'affaire *Converium*, la transaction homologuée par la cour d'appel d'Amsterdam conformément à l'action de groupe néerlandaise et dont le montant s'élevait à 40 millions de dollars a profité à 1200 victimes dont plus de 75% ne résidaient pas aux Pays-Bas[667]. Plus récemment, un accord d'un montant de 1.204 billions de dollars a été conclu entre *Ageas* (ancien *Fortis)* et plusieurs associations de plaignants, conformément à l'action de groupe néerlandaise, mettant fin à toutes les procédures judiciaires engagées devant les tribunaux néerlandais et belges à l'encontre de l'ancien groupe *Fortis* pour les évènements de 2007 et 2008 qui concernaient l'acquisition par *Fortis* des actions de *ABN AMRO* ayant entraîné le démantèlement de Fortis. Cet accord prévoyait la compensation des actionnaires lésés ayant acquis les actions entre les années 2007 et 2008. Il a ensuite été soumis à la cour d'appel d'Amsterdam pour homologation.

Les tribunaux anglais jouent également actuellement un rôle important dans la régulation du contentieux de masse international. En témoigne l'action de groupe engagée à l'encontre de la *Banque Royale d'Ecosse*. Dans cette affaire, plus de 12.000 actionnaires de ladite Banque avaient initié une action judiciaire collective à son encontre en lui réclamant des dommages d'un montant de 4 milliards de livres (4,7 milliards d'euros). Au soutien de leur demande, ils mettaient en avant la tromperie de la banque : cette dernière leur avait donné une fausse image quant à sa solidité, et avait en plus omis des informations importantes dans le prospectus de l'augmentation de capital de 2008. Par une décision de 18 décembre 2013, le tribunal supérieur anglais a accepté de regrouper l'ensemble des demandeurs conformément au dispositif du *Group Litigation*

---

664 The Economist, chasseur d'ambulances: Class actions suits are coming to Europe, 11 May 2013, consultable sur: http://www.economist.com/news/business/21577426-class-action-suits-are-coming-europe-chasseurs-dambulances

665 *Vie d'Or*, Court of Appeal Amsterdam of 29 April 2009, NJ (2009), 448.

666 *Shell*, Court of Appeal Amsterdam of 29 May 2009, NJ (2009), 506.

667 *Converium*, Court of Appeal of Amesterdam of 17 January 2012 CA Amsterdam, 12 nov. 2010

Order anglais[668]. En décembre 2016, l'action de groupe s'est soldée par une transaction entre la Banque et trois des associations représentatives des actionnaires lésés. Plus récemment, dans l'affaire *Merricks v Mastercards*, la cour d'appel d'Angleterre a renversé un jugement rendu par le tribunal d'Appel de la concurrence refusant de certifier une action collective et a autorisé la certification d'une action de groupe engagée par Monsieur Merricks au nom et pour le compte de 46 millions de consommateurs anglais à l'encontre de la société Mastercards et réclamant une compensation en dommages et intérêts d'un montant global de 14 billions de livres[669].

En matière de protection des données personnelles, les tribunaux autrichiens ont été amenés à examiner une action de groupe engagée par un étudiant autrichien Max Schrems, à l'encontre de la société *Facebook* Irlande, filiale de la société américaine *Facebook* et responsable de la prestation de services aux internautes résidants en dehors de l'Amérique du Nord. L'action de groupe intentée au nom de Max Schrems pour son propre compte et pour le compte des internautes résidents en dehors de l'Amérique du Nord, concernait des actes commis par *Facebook* que le demandeur autrichien considérait comme illicites. L'absence de consentement effectif par les internautes en ce qui concerne l'exploitation des données, le transfert de données vers des applications tierces en sont des exemples. Plus de 25,000 victimes, dont chacune réclamait 500 euros de réparation, soit un total de 12.5 millions d'euros, ont rejoint l'action en se rendant sur un site internet établi pour les besoins du litige, et ont opéré une assignation de leurs réclamations au profit de Schrems.

Dans l'objectif de fragmenter la procédure en la relocalisant devant les tribunaux irlandais du lieu du domicile du défendeur, *Facebook* arguait que Schrems n'agissait pas en tant que consommateur, mais utilisait son compte à des fins promotionnelles et ne pouvait de ce fait bénéficier des règles de compétence protectrices des parties faibles. Par conséquent l'action devant le for autrichien de son domicile devait lui être fermée[670]. Les tribunaux autrichiens ont accepté de soumettre la question de la compétence territoriale à la cour de la justice de l'Union européenne, devant laquelle la question est toujours pendante. La décision de la Cour a été décevante[671] dans la mesure où cette dernière après avoir considéré que les activités militantes de Schrems ne le prive pas du bénéfice du statut de partie faible au regard article 15 du Règlement de Bruxelles, a cependant considéré que l'interprétation de l'article 16 du Règlement ne permet pas à un consommateur de mobiliser les ressources du for de protection du consommateur, lequel revêt un caractère personnel afin de regrouper devant ce dernier d'autres consommateurs domiciliés dans des Etats tiers ou d'autres Etats membres[672]. C'est donc

668 The Growth of Collective Redress in the EU: A Survey of Developments in 10 Member States, US Chamber, Institute for Legal Reform, consultable sur: http://www.instituteforlegalreform.com/research/the-growth-of-collective-redress-in-the-eu-a-survey-of-developments-in-10-member-states-, spéc.48 et suiv.

669 *Merricks v Mastercard* [2019] EWCA Civ 674.

670 Conformément à l'article 18 du Règlement de Bruxelles I *bis*, le consommateur peut engager son action devant la juridiction du lieu où ce dernier est domicilié.

671 Cour de justice de l'Union européenne, 3e ch., 25 janv. 2018, aff. C-498/16)

672 H. MUIR WATT, « Facebook face au consommateur « professionnel » », *Rev. Crit. DIP. 2018. 595*

l'architecture du Règlement Bruxelles I qui n'est pas favorable à l'expansion des actions de groupe transfrontières européennes[673].

Les tribunaux canadiens semblent également ouvrir leurs prétoires aux victimes des dommages de masse transfrontières, particulièrement en matière de valeurs mobilières. Dans L'affaire *Imax*[674], les tribunaux canadiens avaient accepté de certifier une action de groupe internationale, comportant des actionnaires de la société *Imax* ayant acquis et détenus les actions de ladite société entre 2006 et 2008, et qui soutenaient que les fausses déclarations de ladite société durant la période susmentionnée leur avait causé un dommage financier. Cette affaire relève d'une grande importance. En effet, cela constituait la première fois que les tribunaux canadiens acceptaient de certifier une action de groupe à dimension internationale incluant dans la définition de la classe des demandeurs résidant en dehors de la sphère du tribunal certifiant. A la suite de cette affaire, le flux de *class actions* internationales devant les tribunaux canadiens n'a cessé d'augmenter et les tribunaux canadiens n'ont pas hésité à certifier plusieurs actions de groupe internationales, comme le témoignent les affaires *McKenna v.Gammon Gold Inc.*[675], *Dobbie v.Artic Glacier Income Fund*,[676] et plus récemment l'affaire *Green v. Canadian Imperial Bank of Commerce*[677].

b- ***La possibilité de financement des actions de groupe en dehors des États-Unis***

184. L'émergence des modes de financement du procès différents du système américain de *contingency fees*. Le système de financement du procès par un tiers ou *Third Party Funding* (« ***TPF*** ») apparaît aujourd'hui, comme le principal compétiteur du système américain de *contingency fees* dans le cadre du contentieux international des actions de groupe, aussi bien en Europe que dans d'autres pays, à l'instar de l'Australie et du Canada. Par ailleurs, d'autres modes de financement, plutôt spécifiques aux actions de groupe transactionnelles, semblent aussi se développer : l'expérience néerlandaise est particulièrement intéressante en la matière.

---

673 Voir chapitre 2 de notre thèse.

674 *Silver v. Imax Corp.* [2009] O.J.No.5585 (Sup.Ct.J.). Sur cette affaire voir *infra* n°216.

675 *McKenna v.Gammon Gold Inc.*, [2010] ONSC 1691. Dans cette affaire, le représentant des demandeurs avait allégué que les défendeurs ont été auteurs de déclarations frauduleuses lors du dépôt de certains documents, notamment le prospectus de *Gammon*. Les demandeurs ayant acheté des actions de *Gammon* ont vu chuter de 28 % le cours de leurs actions suite à la révélation des déclarations frauduleuses des défendeurs.

676 *Dobbie v. Artic Glacier Income Fund*, [2011], ONSC 25. Dans cette affaire, l'action de groupe portrait sur la présentation inexacte de faits sur les marchés primaires et secondaires, réalisée par *l'Arctic GlacierIncome Fund*, fiducie de fonds commun de placement et émetteur assujetti. Ce dernier avait affirmé que ses filiales et lui exerçaient leurs activités légalement sur un marché très compétitif. Il s'est ensuite avéré que la principale filiale en exploitation du fonds de revenu avait participé à un complot anticoncurrentiel aux États-Unis.

677 *Green v.Canadian Imperial Bank of Commerce*, [2012] ONSC 3637. L'action de groupe portait sur des fausses déclarations effectuées par la société *Canadian Imperial Bank of Commerce* concernant les risques associés au marché résidentiel hypothécaire américain. Les demandeurs ayant acquis des titres de ladite société dans une période déterminée, ont demandé la compensation du dommage subi suite à la chute du cours de leurs actions.

185. Le développement du mécanisme du financement du procès par un tiers en matière de contentieux de masse international. Le *TPF* consiste dans l'intervention d'une tierce personne, généralement un investisseur n'ayant aucun lien avec le litige, en vue de financer tout ou partie des frais de justice supportés par le(s) demandeur(s) et plus rarement par le(s) défendeur(s). Si le demandeur n'obtient pas gain de cause, l'investissement est perdu et l'investisseur n'a droit à aucun payement[678]. Dans le cas contraire, l'investisseur a droit à un pourcentage des dommages et intérêts octroyés par le jugement ou résultant de la transaction convenue entre les parties au procès[679]. De nature privée, le *TPF* se distingue ainsi de l'aide juridictionnelle qui constitue un financement public de la procédure.

Les raisons qui sous-tendent le recours au financement du procès par un tiers sont nombreuses : l'accès à la justice est souvent avancé comme l'un de ces objectifs[680]. Cette considération explique pourquoi les politiques législatives sont souvent favorables à ce mécanisme, particulièrement dans les pays où les procédures judiciaires sont relativement lourdes et les coûts de justice sont d'un montant exorbitant, à l'instar du Royaume-Uni· Cela ne veut pas pour autant dire, pour reprendre les termes de Madame Kessedijian, que « *le financier participe pour la beauté de favoriser le recours à la justice. Loin d'être le chevalier blanc du procès, il participe pour gagner de l'argent* »[681]. Cependant, il faut tout de même admettre que le financement n'est pas sans risques pour l'investisseur qui, en acceptant de financer un procès, opère un transfert de risque de la victime vers lui-même[682].

Il ne s'agit pas, dans le cadre de ce paragraphe, d'émettre un jugement de valeur quant à la moralité ou l'immoralité du *TPF*. Nous nous contenterons de préciser que, comme toute activité humaine, ce système peut donner lieu à plusieurs dérives[683]– notamment en matière d'actions de groupe - sans que celles-ci ne soient ingérables, puisqu'il suffit qu'un certain nombre de mesures soient prises pour réguler le fonctionnement d'une

---

678 C. VELJANOVSKI, « Third-party Litigation Funding in Europe », 8 J. L. Econ. &Pol'y. 405 (2012).

679 C. VELJANOVSKI, « Third-party Litigation Funding in Europe », 8 J. L. Econ. & Pol'y. 405 (2012), spéc. p. 424.

680 A titre d'exemple, le rapport Jackson sur les coûts de la justice civile (consultable sur : http://www.judiciary.gov.uk/publications/review-of-civil-litigation-costs/) avait considéré que le financement par les tiers pouvait être un instrument utile pour favoriser l'accès à la justice. Pour un compte rendu sur ce rapport voir : C. HODGES, « Self-Regulation (Jackson Report, code of conduct) », in C. Kessedjian (dir.), *le financement du contentieux par un tiers, Thrid party funding*, Panthéon Assas 2012, p. 152.

681 C. KESSEDJIAN, « Le financement du contentieux par un tiers, Third Party Funding », spéc. p. 11.

682 B. DEFFAINS et C. DESRIEUX, « Les enjeux économiques du financement des contentieux par des tiers », *in le financement du contentieux par un tiers, Thrid party funding, op.cit.*, spéc. p. 22.

683 Plusieurs études ont été consacrées aux abus et dérives de ce système. Se référer notamment à : A.-M. GUILLERME, « Retour d'expérience des juristes d'entreprises », in *Le financement du procès par un tiers. Third Party Litgation funding, op.cit.*, p.31, spéc. p. 32 et suiv. Voir aussi: S. TENAI et N. SAINT-MARTIN, « Third Party Funding of Class Actions », consultable sur : http://www.nortonrosefulbright.com/files/third-party-funding-of-class-actions-pdf-199kb-52204.pdf, spéc. p. 2 ; D. R. HENSLER, « Third party Financing of Class action Litigation in the United States : Will the Sky fall », consultable sur: https://www.law.stanford.edu/publications/third-party-financing-of-class-action-litigation-in-the-united-states-will-the-sky-fall. « Selling Lawsuits, Buying Trouble, Third-party litigation Funding in the United States, Released by the U.S.Chamber Institute for Legal Reform», October 2009,consultable sur: http://www.instituteforlegalreform.com/resource/selling-lawsuits-buying-trouble-the-emerging-world-of-third-party-litigation-financing-in-the-united-states/.

telle activité, à l'instar de ce qui a été prévu pour d'autres activités présentant certaines similarités[684].

186. L'Australie est pionnière en matière de financement du procès par un tiers. C'est de la prohibition du système de *contingency fees*, et de la restriction qui en découlait pour les *class actions* australiennes, que la question du *TPF* est remontée en surface[685] dans ce pays, alors même qu'une telle technique existait déjà depuis une dizaine d'années, notamment en matière de faillite internationale[686].

Ainsi, l'Australie est considérée aujourd'hui comme pionnière en matière de financement des actions de groupe.[687] Il est largement admis que le développement des *class actions* dans plusieurs domaines au sein de ce pays, est associé à l'émergence de plusieurs investisseurs privés spécialisés en la matière[688]. Une telle technique semble aussi pénétrer le marché canadien des *class action*[689]. Aux États-Unis, en dépit de l'existence du système de *contingency fees*, le recours au financement *des class actions p*ar un tiers a été relevé dans le cadre de l'action engagée par les victimes équatoriennes à l'encontre de la multinationale *Chevron* à l'occasion du dommage industriel causé à l'Equateur[690]. En effet, l'avocat représentant les victimes n'étant pas affilié à l'un des grands cabinets d'avocats dans le domaine des *class actions* aux Etats-Unis, le recours à ce mécanisme s'est avéré nécessaire pour le cabinet désirant représenter les victimes mais ne possédant pas les ressources financières nécessaires[691].

---

684 Sur ce point voir : M. TELLER et H. BARBIER, « La comparaison de l'activité du financier de contentieux avec l'assureur et l'établissement du crédit », in *le financement de contentieux par un tiers*, *op.cit.*, p. 133, spéc. p. 143 et suiv.

685 C'est dans les années 2000 que la pratique du financement par un tiers des *class actions* australiennes a commencé à se développer.Voir : W. ATTRILL, « Litigation Funding: Access to Justice in a Time of Economic Crisis », 20 February 2009, Investment Manager, IMF (Australia) Ltd, consultable sur : http://www.imf.com.au/docs/default-source/site-documents/globalaw-conference---feb-2009.

686 Le financement des actions de groupe a constitué la part du lion de l'ensemble des investissements de l'*Insolvency Management Fund Ltd* (*IMF*), la plus grande société de financement de contentieux en Australie. Voir à cet égard : B. DEFFAINS et C. DESRIEUX, « Les enjeux économiques du financement des contentieux par des tiers », *in Le financement de contentieux par un tiers. Third party Litigation Funding*, *op.cit.*, spéc. p. 27.

687 Sur la compétitivité de l'Australie en matière de régulation du contentieux de masse international voir : V. MORABITO, « Clashing Classes Down Under- Evaluating Australia's Competing Class Actions Through Empirical and Comparative Perspective », 27 CONN. J. INT' L.245.

688 Il convient de noter que le *TPF* a opéré un changement dans le modèle initial de la *class action* australienne, transformant celle-ci d'une *class action* de type *opt out* à une *class action* reposant sur un modèle de type *opt in.* En effet, le financier exigeait la signature d'un contrat de financement avec chaque victime prise individuellement. Ce changement, considéré comme allant à l'encontre de l'intention du législateur, ne semblait pas, cependant, susciter l'hostilité des tribunaux australiens.

689 Ainsi, dans l'affaire *Manulife*, (*Dugal v. Manulife Financial Corporation*, 2011 ONSC 1785), le contrat de financement a été validé par le juge canadien. Ce dernier avait considéré, qu'un tel contrat permet de promouvoir un des objectifs du *Class proceedings Act*, à savoir l'accès à la justice. Sur l'expérience canadienne en matière de financement des actions de groupe, voir : S. TENAI et N. SAINT-MARTIN, « Third Party Funding of Class Actions », consultable sur : http://www.nortonrosefulbright.com/files/third-party-funding-of-class-actions-pdf-199kb-52204.pdf.

690 *Aguina v. Texaco, Inc.*, 1994 U.S .Dist. LEXIS 4718 (S.D.N.Y. Apr.11, 1994).

691 D. R. HENSLER, « Third party Financing of Class Action Litigation in the United States: Will the Sky Fall, consultable sur: https://www.law.stanford.edu/publications/third-party-financing-of-class-action-litigation-in-the-united-states-will-the-sky-fall », spéc. p. 1110-1111.

187. La pénétration du mécanisme du financement du procès par un tiers en Europe. En Europe, alors que plusieurs pays étaient à l'origine hostiles à une telle pratique, allant même jusqu'à son incrimination[692], cette prohibition a été abandonnée et principalement par les pays de tradition civiliste, suivis de près par les pays de *Common law*.

En France, à titre d'exemple, la jurisprudence a admis sans aucune réserve particulière la validité des accords de financement de procédure[693]. Au Royaume-Uni, la politique législative penche clairement en faveur de l'admission du *TPF* et du système de *contingency fees* pour les besoins de financement des actions groupe[694]. En outre, la Commission européenne ne semble pas non plus hostile au financement des actions de groupe par des tierces parties[695], bien qu'elle se montre en faveur de la réglementation d'un tel mécanisme, pour encadrer les dérives qui pourraient en résulter[696].

La pratique du *TPF* n'est pas dans son état le plus développé aujourd'hui en Europe. Cela n'est pas surprenant, car la culture des actions de groupe y est toujours dans un état embryonnaire. Cependant, le développement de cette pratique, mit en parallèle avec le développement du contentieux de masse, nous laisse penser que le futur du *TPF* est prometteur, ce qui fait des pays de l'Union européenne de vrais compétiteurs sur le marché mondial des actions de groupe. D'ailleurs, un tel développement s'est notamment concrétisé en matière de contentieux de la concurrence, où plusieurs sociétés d'investissement, ayant pour objet le financement des actions de groupe, ont été créées et commencent à concurrencer les cabinets d'avocats américains venus s'installer en Europe[697]. Ces sociétés ont financé plusieurs contentieux de masse internes[698] et régionaux[699], principalement à travers la création d'entités *ad hoc* ayant pour objet l'achat des demandes des victimes. Dans le contexte international, c'est principalement dans

---

692 A titre d'exemple, au Royaume-Uni, il existait une règle qui interdisait le financement du litige par un tiers qui n'a aucun intérêt légal ou légitime (*maintenance*) ou par un tiers qui ne peut être intéressé par le sort du litige (*champetry*). Sur la doctrine de *maintenance* and *champetry* voir : *Chitty on contracts*, 28eeds, 1999, Vol.1, section 17-050.

693 La Cour de cassation française ne s'est jamais interrogée sur la validité du contrat de financement et de la conformité de ce dernier à l'ordre public international. Elle a uniquement envisagé la question de la rémunération du tiers et plus exactement la possibilité de révision d'une telle rémunération par le juge. Cass.1re civ., 23 nov.2011, n°10-16-770, *D. 2011. 2932*, note GALLMEISTER.

694 D. R. HENSLER, « The future of Mass litigation: Global Class Actions and third Party Funding », 79 Geo. Wash. L. Rev. 306 (2011).

695 Voir à titre d'exemple, Livre vert sur les recours collectifs pour les consommateurs du 27 novembre 2008, [COM (2008) 794 final – Non publié au Journal officiel], *op.cit.*, spéc. n°51.

696 Voir à titre d'exemple, Recommandation de la Commission européenne du 11 juin 2013 relative à des principes communs applicables aux mécanismes de recours collectif en cessation et en réparation dans les États membres en cas de violation de droits conférés par le droit de l'Union, (2013/396/UE), spéc. n°16 et 32.

697 Il existe ainsi 3 grandes sociétés de financement connues en Europe : *Cartel Damage Group* ; *Omni Bridgeway* et la société *Claims Funding International.*

698 Ainsi, la société *Cartel Damage Group* est intervenue devant le tribunal régional de Düsseldorf dans deux affaires mettant en jeu une action groupe relevant du droit de la concurrence, engagée à l'encontre d'un producteur allemand. Pour plus de détails voir: C. VELJANOVSKI, « Third-party Litigation Funding in Europe », 8 J. L. Econ. & Pol'y. 405 (2012), spéc. p. 431.

699 C. VELJANOVSKI, « Third-party Litigation Funding in Europe », 8 J. L. Econ. & Pol'y. 405 (2012), spéc. p. 431.

l'affaire *Dexia*[700]qu'il est possible de noter l'intervention d'une tierce personne pour les besoins de financement d'un contentieux de masse international. Il est vrai que dans cette affaire, le financement de l'action collective s'est opéré à travers plusieurs fonds. Cependant, la participation d'un investisseur dont les fonds ont été spécialement créés pour les besoins de financement d'une procédure de groupe, amorce une nouvelle tendance de recours à ce mode de financement dans le cadre d'un procès de masse en Europe[701].

188. L'émergence de nouvelles formes de financement. L'internationalisation des actions de groupe semble être de nature à absorber la prohibition des *contingency fees agreements* au sein de certains pays à l'origine hostiles à ce mécanisme de financement. Si tel est le cas, les représentants d'une action de groupe en Europe auront alors une marge importante dans l'appréciation des modalités de financement qui servent au mieux les intérêts des victimes. Un exemple de financement d'une action de groupe européenne par le biais du système de *contingency fees* nous vient des Pays-Bas. Dans ce pays, la prohibition expresse par le barreau néerlandais des *contingency fees*[702] semble n'être applicable qu'aux membres du barreau national et ne vise en aucun cas les avocats étrangers, tant que leur barreau leur permet de recourir à une telle pratique. Une telle hypothèse demeure possible lorsque les avocats représentent une association néerlandaise dans le cadre de la négociation d'une transaction homologuée par la cour d'appel néerlandaise et exécutée, par la suite, aux Pays-Bas. Ainsi, dans des affaires à dimension internationale dont la résolution a été scindée entre le for américain et le for néerlandais, la Cour d'appel d'Amesterdam n'a pas hésité à homologuer des transactions alors même que le cabinet d'avocats américain représentant l'association avait été payé sur la base du système du *contingency fees,* comme en témoignent les deux affaires *Shell Petroleum* et *Converium*[703]. Dès lors, pour rejeter les arguments d'une partie alléguant l'excessivité des honoraires des avocats dans l'affaire *Converium,* le juge néerlandais a appliqué les critères du droit américain pour la recherche du raisonnable[704] dans l'appréciation du montant des honoraires accordés aux avocats.

---

700 *Dexia Settlement*, Court of Appeal Amsterdam, 25 january 2007, NJ (2007). Sur cette affaire voir *infra* n°190.

701 Sur cette affaire voir notamment: I. TZANKOVA, « Costs and Funding of Mass disputes: Case study-The Netherlands », consutalble : http://www.masonlec.org/site/files/2011/09/Tzankova-Revised-Draftw-cover.pdf, spéc. p.26.

702 Voir articles 25.2 et 25.3 du Code de conduite et d'éthique néerlandais qui disposent respectivement : « *Advocates may not agree on a 'no win no fee' arrangement or similar arrangements », et « Advocates may not conclude agreements to the effect that their fee will be proportional to the value of the result obtained through their assistance* (...)», consultable sur: http://www.ccbe.eu/fileadmin/user_upload/NTCdocument/Netherlands_EN_Code_1_1236161752.pdf

703 *Converium,* Court of Appeal of Amesterdam of 17 January, 2012, LJN: BV1026.

704 Pour apprécier le caractère excessif ou pas des honoraires accordés aux avocats, la cour s'était basée sur le montant de la rémunération des avocats américains en relation avec la transaction conclue aux États-Unis. La Cour avait considéré que le montant de la rémunération tel que fixé par la transaction conclue aux Pays-Bas est juste et raisonnable. La cour s'était aussi reposée sur une étude réalisée aux États-Unis, considérant comme non excessifs les honoraires des avocats représentant 20 pour cent du montant de la transaction conclue. Le nombre total d'heures de travail accomplies par le cabinet d'avocats avait également été pris en considération par la cour pour les besoins de l'appréciation du caractère raisonnable des honoraires. Voir à

Par ailleurs, l'action de groupe néerlandaise a donné lieu à des modes alternatifs de financement. Reposant sur un mécanisme consensuel, les victimes pourront avoir intérêt à financer elles-mêmes la procédure. Dans l'affaire *Dexia*[705]par exemple, plusieurs modes de financements ont été utilisés en vue de financer l'action de groupe, dont l'aide juridictionnelle et l'intervention d'un tiers financeur. Mais la particularité de cette affaire résidait dans le fait qu'une grande partie des fonds étaient en provenance des consommateurs membres de la classe, dont certains ont avancé une somme de 45 euros, qui leur a été remboursée à l'issue de la transaction conclue[706].

c- *Le développement de la pratique des clauses de la nation la plus favorisée : l'exemple de l'action de groupe néerlandaise*

189. Une égalité entre les victimes concernant le montant des dommages et intérêts : la clause de la nation la plus favorisée. Si la saisine des tribunaux américains par des demandeurs étrangers victimes d'un dommage de masse, tenait principalement à la possibilité pour ces derniers de se réunir par le biais d'une *class action* financée par les cabinets d'avocats américains, il ne faut pas pour autant négliger l'importance que revêt, pour les victimes, le montant des dommages et intérêts qui peuvent leur être accordés par les tribunaux américains. S'il est pourtant vrai que les dommages et intérêts punitifs restent une spécificité du système américain et que les autres pays désirant attirer le contentieux de masse sur leur sol ne pouvaient concurrencer le système américain sur ce terrain, parce que prohibant les dommages et intérêts exemplaires, une telle constatation doit toutefois être relativisée.

190. L'action de groupe néerlandaise et la clause de la nation la plus favorisée. L'exemple vient principalement des Pays-Bas où il est désormais possible pour les demandeurs, dans le cadre d'une action de groupe néerlandaise, de conclure une transaction avec le défendeur, assortie d'une clause de la nation la plus favorisée (« ***MFN clause*** »)[707], conformément à laquelle le défendeur s'engage à accorder aux demandeurs tout autre avantage qu'il accorderait à d'autres victimes dans d'autres procédures de masse.

---

cet égard : Collective Redress in the Netherland, February 6, 2012, consultable sur : http://www.instituteforlegalreform.com/uploads/sites/1/Collective_Redress_Netherlands.pdf ,spéc. p. 18.

[705] *Dexia Settlement*, Court of Appeal Amsterdam, 25 January 2007, NJ (2007), 427. Dans le cadre de cette affaire, l'objet de la transaction était d'indemniser les porteurs des titres ayant subi un dommage financier résultant de l'abstention de la société *Dexia Netherland Bank*, de les prévenir des risques associés à l'achat de ces titres.

[706] Voir à cet égard I. TZANKOVA, « Costs and Funding of Mass disputes: Case study- The Netherlands », consutalble: http://www.masonlec.org/site/files/2011/09/Tzankova-Revised-Draftw-cover.pdf, spéc. p. 26.

[707] Le recours aux *MFN clauses* devient une pratique assez courante notamment dans le cadre des transactions conclues dans le cadre d'un contentieux opposant une multitude de demandeurs avec un ou plusieurs défendeurs. Pour plus de développements concernant cette pratique voir : K. E. SPIER, « The Use of Most-Favored-Nation Clauses in Settlement of Litigation », 34 RAND J. Econ. 78 (2003).

Dans l'affaire *Royal Dutch Shell*, le contentieux de masse était scindé entre les tribunaux américains et les tribunaux néerlandais. Dans le cadre de la procédure de groupe néerlandaise, la transaction proposée par la société aux victimes européennes, soumise à l'approbation de la cour d'appel néerlandaise et dont le montant était de 450 millions de dollars, contenait une *MFN clause*. Selon cette clause, le montant des dommages et intérêts octroyés pouvait être modifié en faveur des victimes européennes, dans l'hypothèse où les demandeurs américains regroupés en *class action* devant les tribunaux américains réussiraient à obtenir un jugement ou à conclure une transaction avec le défendeur avec des conditions plus favorables[708]. Or, suite à la transaction homologuée par la cour d'appel néerlandaise, la société *Royal Dutch* a conclu une transaction avec les demandeurs américains prévoyant un montant de compensation pour chaque victime égal au montant octroyé dans le cadre de la transaction homologuée devant la cour d'appel d'Amsterdam.

La possibilité pour les demandeurs d'inclure la clause de la nation la plus favorisée dans la transaction conclue avec le défendeur permet à ces derniers de garantir, d'une part, que les termes de la transaction, notamment en ce qui concerne les dommages et intérêts octroyés, sont les meilleurs qu'ils puissent obtenir du défendeur, et d'autre part, dans l'hypothèse où ce dernier octroierait des avantages supplémentaires à d'autres victimes dans le cadre d'autres procédures, que les termes de la transaction soient automatiquement modifiés afin de permettre à ces dernières d'être à égalité avec les autres victimes.

d- ***<u>Le sort des clauses de renonciation aux actions de groupe en dehors des États-Unis</u>***

191. Les clauses de renonciation aux actions de groupe devant les tribunaux canadiens. A l'instar de ce qui prévaut aux États-Unis, il est très probable que la pratique des clauses de renonciation au droit d'intenter une action de groupe se propage à d'autres pays. Or, la position des différents systèmes juridiques au regard de la validité de ces clauses constitue un élément déterminant du phénomène de « *concurrence des systèmes juridiques* » en ce sens que l'attraction du contentieux de masse ne peut se faire avec l'admission de la validité de telles clauses.

192. La position de la jurisprudence canadienne. La pratique des clauses de renonciation au droit d'intenter ou de participer à un recours collectif s'est aussi développée au Canada[709]. Dès lors, nombreuses sont aujourd'hui, les clauses d'arbitrage qui renferment une clause de renonciation aux recours collectifs[710].

---

708 R. NAGAREDA, « Aggregate Litigation Across the Atlantic and the future of American Exceptionalism », 62 VAND. L. REV. 1 (2009), spéc.p. 35.

709 Sur cette question voir : M. DE FONTMICHEL, « Arbitrage et actions de groupe-Les leçons Nord-Américaines », *Rev. arb. 2008. 641,* spéc. p. 648 et suiv.

710 Pour une étude comparative entre le Canada et les Etats-Unis, voir : S. P. CAPLOW, « Arbitration Class Action Waivers in the United States and Canada », consultable sur : http://www.dwt.com/files/Publication/39fe9c87-3a93-4f92-9933-

La question de la validité des clauses de renonciation aux recours collectifs a été principalement examinée au Canada dans le cadre spécifique du droit de la consommation. Il est donc encore difficile de déceler quelle position adoptera la jurisprudence canadienne lorsque de telles clauses seront invoquées dans des domaines n'impliquant pas nécessairement des parties faibles. Mais si la position de la Cour Suprême canadienne intervenant en matière de droit de la consommation est à généraliser, il nous semble que la dimension procédurale d'une action de groupe au Canada prédominera sur sa fonction de régulation. Ainsi, les clauses de renonciation sont en principe valides à moins qu'il n'existe une législation expresse prohibant le recours à ces clauses. Ce n'est qu'uniquement dans cette hypothèse que la dimension substantielle d'un recours collectif semble être mise en valeur.

C'est ce qui semble être la position de la Cour Suprême du Canada. Ainsi, dans les deux arrêts *Dell*[711] et *Rogers*[712], cette dernière a clairement affirmé que les recours collectifs ne créant qu'un droit purement procédural, ne pouvaient pas l'emporter sur les clauses d'arbitrage renfermant des clauses de renonciation aux actions de groupe, rejetant ainsi toute argumentation consistant à faire prévaloir la nature d'ordre public du recours collectif afin de déclarer la clause d'arbitrage inopposable.

La position de la Cour Suprême semble, cependant, être plus nuancée dans l'affaire *Seidel*[713]. Dans cette affaire, bien que la Cour ait été amenée à se prononcer sur la même question que dans les deux affaires *Dell* et *Rogers*, la relation entre le recours collectif, l'arbitrage et les clauses de renonciation aux recours collectifs étaient examinée en présence d'une loi relative à la protection des consommateurs[714]. Il s'agissait, en effet, d'un recours collectif engagé par Mme Seidel en Colombie-Britannique à l'encontre de la société *TLEUS*. Il était allégué que la pratique de la partie défenderesse, consistant à faire payer aux clients de téléphonie mobile les secondes utilisées durant la période de l'établissement de la connexion, était à la fois trompeuse et abusive, constituant par-là même occasion une violation du contrat[715]. En dépit de l'existence d'une clause d'arbitrage contenant une clause de renonciation au droit d'intenter un recours collectif, dans le contrat conclu entre le professionnel et le consommateur, la demanderesse a invoqué, à l'appui de sa demande, la loi sur le recours collectif devant les tribunaux canadiens ainsi que les causes d'actions prévues par *la Business Practice Consumer Protection Act* (loi sur la protection du consommateur) de la Colombie-Britannique. De son côté, la partie défenderesse a cherché à obtenir la suspension de la procédure engagée devant les tribunaux étatiques en invoquant la clause d'arbitrage renfermant la clause de renonciation aux recours collectifs. La Cour Suprême canadienne s'est prononcée en

---

0d79d3ecb43b/Presentation/PublicationAttachment/79cd52dc-8a09-4868-9959-10341319ee20/pubs_CAPLOW.pdf.

711 *Dell Computer Corp. v. Union des consommateurs*, 2007 CSC 34 (CanLII).

712 *Rogers Sans-fil inc. c. Muroff*, 2007 CSC 35 (CanLII).

713 *Seidel v. TELUS Communications Inc.*, 2011 SCC 15, [2011]

714 M. J. VALASEK, « La Cour Suprême se penche sur la relation entre arbitrage, recours collectif et protection du consommateur », consultable sur : http://www.nortonrosefulbright.com/centre-du-savoir/publications/45887/la-cour-supreme-se-penche-sur-la-relation-entre-arbitrage-recours-collectif-et-protection-du-consommateur.

715 *Ibid*

faveur de l'invalidité de la clause d'arbitrage renfermant une clause de renonciation, considérant que les demandes fondées sur la loi de protection du consommateur ne devaient pas être suspendues. La capacité de faire valoir des demandes devant un tribunal constitue un droit conféré par la loi auquel on ne peut renoncer par contrat[716].

Ainsi, il nous paraît que le discours de la Cour Suprême semble varier selon la nature et la fonction d'une action de groupe. En considérant que l'article 172 de la loi sur la protection des consommateurs avait pour objectif d'empêcher une clause d'arbitrage d'annuler « *des droits, avantages ou protection conférés par cette loi et que l'article 172 était conçu en vue d'encourager les recours d'initiatives privées dans l'intérêt public* », la Cour reconnaît donc la fonction de régulation que revêt une action de groupe ainsi que l'intérêt public que dissimule une action initiée par des personnes privées[717].

Quand bien même la prohibition des clauses de renonciation aux recours collectifs au Canada semble être simplement réduite à l'hypothèse de l'existence d'une disposition législative expresse prohibant le recours à ces clauses, il apparaît toutefois, que le for canadien reste plus attractif que le for américain. En effet, la Cour Suprême américaine donne plein effet aux clauses de renonciation aux *class actions*, et ce, même en présence de parties faibles telles que les consommateurs.

193. Les clauses de renonciation aux actions de groupe en Europe. Il n'est pas surprenant que les clauses de renonciation aux actions de groupe ne soient toujours pas développées en Europe. Cela s'explique essentiellement par l'état encore embryonnaire du contentieux de groupe au sein du vieux continent. Toutefois, quand bien même une telle pratique se développerait en Europe, nous pensons qu'elle ne serait pas d'un grand succès pour les prétendus responsables.

En effet, si l'on se place du côté du droit français, nous constatons que les dispositions relatives à l'action de groupe ont été consacrées dans des domaines bien spécifiques[718], à l'instar du droit de la consommation, du droit de l'environnement, de la protection des données personnelles, etc.. A notre sens, tout cela reflète une volonté interventionniste du législateur français dans les domaines susmentionnés, visant essentiellement à la réalisation des objectifs, non pas uniquement d'ordre privé – accès des victimes lésées à la justice, mais aussi d'ordre public - la régulation des marchés -. Dès lors admettre que les actions de groupe poursuivent aussi bien des objectifs d'ordre privé que d'ordre régulatoire, nous amène à conclure que ces dernières font parties intégrante de la notion de droit économique, ce dernier étant « *un droit de l'organisation de l'économie par les pouvoirs publics et/ou les pouvoirs privés* »[719]. Or, puisqu'il existe une relation organique entre la définition d'une loi de police et celle du droit économique[720], il serait possible d'analyser les dispositions relatives à une action de groupe comme des lois de police ou des «

---

716 *Ibid.*

717 *Seidel v. TELUS Communications Inc.*, 2011 SCC 15, [2011].

718 Même si la loi de modernisation de la justice a créé un cadre général à l'action de groupe devant le juge judiciaire, il n'en reste pas moins qu'une telle action n'est ouverte qu'aux hypothèses prévues par le législateur. Voir *supra* n°6.

719 G. FARJAT, « La notion de droit économique », *Arch. phil. dr. 1992. 27*

720 J.-B. RACINE, « Droit économique et lois de police », R. *I. D. E. 2010. 142.*

dispositions internationalement impératives »[721]. Cela est d'autant plus vrai, que de telles dispositions correspondent bien à la définition des lois de police, ces dernières étant « *les lois dont l'observation est nécessaire pour la sauvegarde de l'organisation politique, sociale ou économique du pays* »[722].

En effet, nul ne peut s'en douter qu'en permettant aux victimes de se regrouper en vue de faire valoir leurs droits et sanctionner les violations aux réglementations du droit économique, tout en garantissant de fait de leur effet dissuasif sur le comportement du potentiel auteur du dommage de masse, la régulation des marchés, les actions de groupe constituent désormais un élément essentiel pour la sauvegarde de l'organisation politique, sociale ou économique de la France. Par voie de conséquence , si la qualification des lois de police est retenue concernant les dispositions relatives à l'action de groupe, le juge français, saisi d'un litige de masse ayant des liens avec la France[723], sera tenu d'appliquer ces dispositions en faisant l'économie de la méthode conflictuelle[724]. La clause de renonciation au droit d'intenter ou de rejoindre une action de groupe sera quant à elle sans effet, puisqu'elle est réputée nulle conformément au droit français[725].

En outre, dans l'hypothèse où le litige présenterait des liens avec le for français[726], le fait de rendre sans effet la clause de renonciation au droit d'intenter une action de groupe pourra également s'opérer *ex-post* à travers l'application de la clause de l'exception de l'ordre public[727]. En effet, lorsque dans le cadre d'un litige relevant du domaine contractuel, la loi étrangère applicable par le biais de la règle de conflit du for donne effet à une clause de renonciation au droit d'intenter une action de groupe, la solution consacrée par la loi étrangère pourra être conçue comme choquante du point de vue du droit français et donc contraire à son ordre public. Il est vrai que le domaine de l'ordre public au sens du droit international privé ne coïncide pas nécessairement avec celui de l'ordre public interne « *dont le principal effet est de provoquer la nullité des conventions privées qui prétendraient y déroger* »[728]. Appliqué à l'hypothèse de l'action de groupe, ce postulat implique que les dispositions du droit français réputant comme nulles les clauses de renonciation au droit d'intenter une action de groupe, ne doivent pas être considérées

---

721 Sur les lois de polices en droit français voir : M. L. NIBOYET et G. DE GEOUFFRE DE LA PRADELLE, *Droit international privé*, 5e éd., LGDJ, p.187 et suiv ; B. Audit et L. D'AVOUT, *Droit international privé*, 7e éd., Economica, p.161 et suiv.

722 P. Fancescakis, *Rép.int. D*, 1re éd., V° Conflit de lois.

723 Il en est ainsi, lorsque le marché français est le marché le plus affecté par le dommage de masse (à titre d'exemple, lorsque la majorité des victimes ont leur domicile en France).

724 Sur l'application des lois de police, voire d'une manière générale : P. MAYER et V. HEUZÉ, *Droit international privé*, 10e éd., Montchrestien 2010, spéc. n°120 et suiv.

725 Ainsi, conformément à l'article L623-32 du Code de Consommation, « *est réputée non écrite toute clause ayant pour objet ou effet d'interdire à un consommateur de participer à une action de groupe* ». De même, conformément à l'article 82 de la loi de modernisation de la justice, « *est réputée non écrite toute clause ayant pour objet ou pour effet d'interdire à une personne de participer à une action de groupe* ».

726 Puisque la contrariété à l'ordre public international français ne suffit pas pour refuser l'application d'une loi étrangère, encore faudra-t-il que la situation présente un lien spatial avec le for français. Sur les conditions spatiales de l'application de l'exception de l'ordre public, voir : P. MAYER et V. HEUZÉ, *op.cit.*, spéc. n°206.

727 Sur l'exception de l'ordre public qui permet l'éviction d'une loi étrangère désignée par la règle de conflit, voir : P. MAYER et V. HEUZÉ, *op.cit.*, spéc.n°199 et suiv ; M. L. NIBOYET et G. DE GEOUFFRE DE LA PRADELLE, *op.cit.*, spéc.p. 270 et suiv ; B. Audit et L. D'AVOUT, *op.cit.*, spéc.p.328 et suiv.

728 P. MAYER et V. HEUZÉ, *op.cit.*, spéc. n°205.

comme relevant nécessairement de l'ordre public au sens du droit international privé. Cependant, nous pensons que l'application d'une loi étrangère donnant effet à une clause de renonciation au droit d'intenter une action de groupe pourra potentiellement violer l'ordre public international français.

Selon les professeurs Mayer et Heuzé, l'exception de l'ordre public vise à remplir une triple fonction, à savoir, éliminer une loi étrangère dont l'application aboutirait à une solution injuste, assurer la défense des principes qui constituent les fondements politiques et sociaux de la civilisation française, et enfin assurer la sauvegarde de certaines politiques législatives[729]. Or, l'application d'une loi étrangère validant une clause de renonciation au droit d'intenter une action de groupe, est susceptible d'aboutir à une solution injuste (empêchant les victimes de se regrouper en vue de faire valoir leurs droits en justice), de compromettre aux principes qui constituent les fondements politiques et sociaux de la civilisation française (le droit d'accès à la justice, la mise en œuvre des règles du droit à travers une certaine complémentarité entre le *public enforcement* et le *private enforcement*) ainsi qu'à la sauvegarde de certaines politiques législatives (telle que la nécessité de régulation des marchés, effet dissuasif de l'action de groupe, etc.).

À l'échelle européenne, si le droit de l'Union européenne connaît encore des hésitations en ce qui concerne le modèle de régulation à adopter, la complémentarité entre le *public enforcement* et *le private enforcement* pour les besoins de la régulation des marchés a tout de même été reconnue par les organes européens[730]. Dès lors, si une action de groupe est consacrée au niveau européen, cette dernière pourrait avoir le caractère d'une « *loi de police communautaire* »[731], ce qui aurait pour effet de neutraliser l'effet d'une clause de renonciation aux actions de groupe, toutes les fois que le litige présente des liens étroits avec l'Union européenne

La solution nous semble en revanche plus claire en matière de droit de la consommation. En effet, les clauses de renonciation aux actions de groupe peuvent être qualifiées de clauses abusives, conformément à la directive n°93/13/CEE[732], puisque ces dernières sont de nature à supprimer ou entraver l'exercice par les consommateurs des actions en justice[733], notamment dans les litiges relevant de l'« apathie rationnelle »[734]. Or, le régime de protection du consommateur européen revêt « *un caractère internationalement impératif dès lors que la situation comporte un lien étroit avec l'Union européenne* »[735]

---

729 P. MAYER et V. HEUZÉ, *op.cit.,* spéc. n°200, p.150.

730 Voir *supra* n°97.

731 M. L. NIBOYET et G. DE GEOUFFRE DE LA PRADELLE, *op.cit.*, spéc. n°261, p.192.

732 Directive 93/13/CEE du Conseil, du 5 avril 1993, concernant les clauses abusives dans les contrats conclus avec les consommateurs, JOUE, L 95/29, modifiée par la Directive 2011/83/UE du 25 oct. 2011.

733 Conformément à la directive susmentionnée, une clause est abusive lorsqu'elle « *crée au détriment du consommateur un déséquilibre significatif entre les droits et obligations des parties découlant du contrat* ». La directive prévoit en outre dans son annexe une liste indicative des clauses abusives reprise dans les législations des États membres. Dans cette liste, la lettre q dispose que le juge national peut considérer comme abusive la clause ayant pour effet ou pour objet « *de supprimer ou d'entraver l'exercice d'actions en justice ou des voies de recours par le consommateur, notamment en obligeant les consommateurs à saisir exclusivement une juridiction d'arbitrage non couverte par des dispositions légales* ».

734 Sur cette notion, voir *supra* n°83.

735 D. BUREAU et H. MUIR WATT, *Droit international privé*, t 2, *op.cit.,* spéc. n° 911-12, p. 427.

. En outre, la doctrine a qualifié de loi de police l'article 6 de la directive susmentionné[736], conformément auquel les « *États membres prennent les mesures nécessaires pour que le consommateur ne soit pas privé de la protection accordée par la présente directive du fait du choix du droit d'un pays tiers comme droit applicable au contrat, lorsque le contrat présente un lien étroit avec le territoire des États membres* ».

L'ensemble de ces développements nous amène à conclure que le marché européen des actions de groupe pourrait être un vrai compétiteur des marchés américains et canadiens en matière de résolution du contentieux de masse international, puisque le recours par le prétendu responsable aux clauses de renonciation aux actions de groupe ne sera pas sans contraintes.

2- La flexibilisation des conditions de recevabilité des actions de groupe transfrontières en dehors des États-Unis

194. L'exemple néerlandais. Il ne suffisait pas, pour les pays désirant concurrencer le for américain de *class action* en matière de redressement des dommages de masse globaux et souhaitant devenir des « *fors aimants* » pour la résolution du contentieux de masse international, d'adopter de nouvelles formes d'actions de groupe ayant pour objet la réparation des préjudices individuels. En effet, encore fallait-il que l'internationalisation de ces procédures soit concrètement possible. Par voie de conséquence, la flexibilisation des conditions de recevabilité des actions de groupe transfrontières, constitue un élément important dans l'émergence d'un système de « *multipolarité* » dans la régulation du contentieux de masse international.

Le modèle architectural d'une action de groupe a joué un rôle important dans le processus de l'internationalisation du contentieux de masse. En Europe, puisqu'une grande partie des actions de groupe sont des actions en représentation, ces dernières ont soulevé des problèmes aigus de droit international privé au stade de leur recevabilité[737], interdisant toute internationalisation de ces procédures. C'est à la lumière de toutes ces difficultés, tant pratiques que théoriques, que le phénomène de la « *concurrence des ordres juridiques* » s'est manifesté aussi bien à l'échelle de l'Union européenne qu'à l'échelle des Etats membres. La flexibilisation des conditions de recevabilité des actions de groupe transfrontières en Europe sera étudiée dans notre second chapitre relatif à la réception des actions de groupes transfrontières dans l'espace européen[738].

195. Les modalités de l'exercice de la compétence juridictionnelle constituent un élément important du phénomène de la magnétisation du for. Il ne suffisait pas, pour les systèmes juridiques voulant concurrencer le for américain de *class action,* de renforcer leur système de *private enforcement* pour attirer le contentieux de masse

---

[736] Voir : M. AUDIT, commentaire de l'arrêt rendu par la CJUE, 9 sept. 2004, Commission c/Royaume d'Espagne, aff.C-70/03, *Rev. crit. Dip.2005.451.*

[737] Il convient de préciser que dans l'hypothèse où l'action de groupe est intentée par un individu étranger, aucune difficulté ne se pose concernant la recevabilité d'une telle action. En effet, les restrictions d'accès à la justice en raison de la nationalité sont interdites dans les relations intracommunautaires.

[738] Voir *infra* n°278 et suiv.

international sur leur sol. En effet, encore fallait-il donner aux plaideurs étrangers la possibilité d'exploiter leur système d'agrégation de litiges de masse. Les modalités de l'exercice de la compétence juridictionnelle constituent ainsi un facteur déterminant dans le phénomène de « *magnétisation* » d'un for déterminé en matière de contentieux de masse international.

A l'heure de la rédaction de notre ouvrage, le for néerlandais[739] ainsi que le for canadien[740] semblent être les principaux compétiteurs du for américain de *class action* dans la résolution du contentieux de masse international, notamment celui qui relève du domaine de la fraude boursière. En plus de leur système de *private enforcement* attractif pour les plaideurs, le flux du contentieux de masse devant ces juridictions est étroitement lié au recours par ces juridictions à des chefs de compétence relativement flexibles et parfois même exorbitants. S'il est possible de comprendre que l'accueil des victimes étrangères en vue de redresser un dommage global passe nécessairement par les modalités de l'exercice de la compétence juridictionnelle par un tribunal déterminé, il faut cependant noter que l'approche casuistique adoptée par les tribunaux impliqués dans le phénomène de la « *concurrence des ordres juridiques* », ainsi que l'exercice de leur compétence juridictionnelle selon des critères laxistes, constituent une véritable source d'insécurité juridique pour les plaideurs.

196. ***Transition.*** La concurrence des systèmes juridiques en matière de redressement des dommages de masse a permis à un nombre important de systèmes juridiques d'améliorer leur système de *private enforcement*, renforçant ainsi l'accès à la justice des victimes les plus démunies. Cependant, la concurrence entre ces systèmes a généré de nombreuses incertitudes quant à la détermination du for compétent pour l'ouverture d'une action de groupe dans un contexte de globalisation économique, qu'il convient maintenant d'examiner

§3-Les incertitudes concernant la détermination du for compétent dans le cadre d'un contentieux international d'action de groupe

197. L'émergence d'un système de « *multipolarité* » dans la résolution du contentieux de masse international, que la concurrence des divers systèmes juridiques en la matière est venue renforcer, a eu pour effet de créer des incertitudes quant à la détermination du for compétent pour l'ouverture d'une action de groupe dans un contexte de globalisation économique.

Lorsque le for américain était le seul à disposer d'une action de groupe efficace, il était beaucoup plus facile pour le prétendu responsable de prévoir dans de nombreuses

[739] Pour un résumé des transactions homologuées par la cour d'appel d'Amesterdam voir : X. E. KRAMER, « Enforcing Mass Settlements in the European Judicial Area : EU Policy and the strange case of Dutch Collective Settlements (WCAM) », consultable sur : https://papers.ssrn.com/sol3/papers.cfm?abstract_id=2353104.

[740] N. BEAR, P. W. DANIELS et P. J. GELLER, « The Rise of Global Securities Litigation », consultable sur : https://www.rgrdlaw.com/news-item-Rise-of-Global-Securities-Litigation-022416.html.

hypothèses, les règles de procédures auxquelles il pourrait être soumis en cas de survenance d'un dommage de masse à grande échelle. Si les victimes décidaient d'agir collectivement, c'était principalement devant le for américain que ces dernières cherchaient à certifier une action de groupe. La stratégie du défendeur consistait ainsi à exclure de la définition de la classe les demandeurs étrangers, dans l'objectif assumé de réduire le montant des dommages et intérêts prononcés. En effet, comme il a déjà été mentionné, face aux nombreux obstacles qui empêchaient les victimes de faire valoir leurs droits en justice, il était à l'époque alors peu probable qu'elles intentent des actions individuelles devant d'autres tribunaux.

L'émergence de plusieurs « *fors aimants* » pour l'ouverture d'une action de groupe internationale expose aujourd'hui le défendeur au risque de faire face à plusieurs actions collectives ayant le même objet ou des objets connexes et comportant les mêmes parties. A cela s'ajoute le risque pour le défendeur d'être condamné plusieurs fois pour l'accomplissement d'un même acte illicite, ou bien encore de faire l'objet de plusieurs décisions contradictoires.

L'aspect chaotique de la matière ne résulte pas seulement de la concurrence des divers systèmes juridiques. L'absence de règles de compétence spécifiques en matière du contentieux de classe, permettant au défendeur d'anticiper le for qui ouvrira une action de groupe à son encontre, explique également ce caractère décousu. Les conditions de l'exercice de la compétence juridictionnelle par les différents tribunaux impliqués dans la résolution du contentieux de masse international semblent reposer sur une approche casuistique, et constituent, de ce fait, une source d'insécurité et d'imprévisibilité pour les plaideurs.

En dépit de la « désaimantation » du for américain de *class action*, le flux des actions collectives n'a pas pour autant ralenti à la suite de la réinstauration de la présomption de territorialité des lois fédérales américaines. Cela est principalement dû aux confusions entachant la notion de territorialité, qui rend les conditions de l'exercice de la compétence juridictionnelle par le for américain difficilement prévisibles pour les plaideurs **(I)**. Une telle constatation s'impose également aux modalités d'exercice de leur compétence juridictionnelle par les autres « *fors aimants* » dans le cadre d'un contentieux de masse international. Nous nous intéresserons à l'étude des conditions d'exercice de la compétence juridictionnelle, en matière de redressement des dommages de masse globaux par les fors néerlandais et canadien **(II)**.

I- Les confusions entachant la présomption de territorialité instaurée par la Cour Suprême américaine

198. Si les arrêts de la Cour suprême américaine, hostiles au développement des *class actions* internationales, ont été favorablement accueillis par la doctrine en raison du retour de la Cour Suprême au principe de la territorialité des législations fédérales, les incertitudes liées à cette notion sèment toujours le doute quant aux conditions d'exercice de la compétence juridictionnelle par le for américain de *class action* dans le cadre d'un contentieux de masse international. Ces incertitudes tiennent principalement aux confusions quant au champ matériel de la présomption de territorialité **(A)** ainsi qu'à son contenu **(B)**.

A- Les confusions quant au champ matériel de la présomption de territorialité de la loi fédérale américaine

199. La présomption de territorialité, instaurée par l'arrêt *Morrison*, opère différemment selon qu'il existe ou non une loi délimitant elle-même son champ d'application spatial **(1)**. Par ailleurs, si la distinction entre les dispositions strictement juridictionnelles et les dispositions substantielles semble être bien établie pour délimiter le champ d'application matériel de la présomption de territorialité, de nouveaux éléments semblent aujourd'hui brouiller une nouvelle fois les pistes **(2)**.

1- La présomption de territorialité et l'existence d'une loi fédérale qui détermine son champ d'application spatial

200. Présomption de territorialité et distinction entre les lois boursières américaines et lois antitrust américaines. La présomption de territorialité, telle qu'instaurée par la Cour Suprême américaine dans l'affaire *Morrison,* s'applique indifféremment à toutes les législations fédérales américaines, que ces dernières relèvent du droit boursier ou du droit des pratiques anticoncurrentielles. Force est toutefois de constater, que les modalités d'exercice de la compétence juridictionnelle par les tribunaux américains divergeront selon que la *class action* sera engagée sur le fondement de la loi antitrust ou sur le fondement de la loi boursière.

Cela s'explique par la délimitation du champ d'application que le *Trade Antitrust Improvement Act* de 1982 opère lui-même en se reposant sur la doctrine des effets[741], contrairement à ce qui est le cas dans le cadre de la législation fédérale en matière boursière. Bien que dans l'affaire *Empagran*, la Cour Suprême américaine invoqua au soutien de son raisonnement la présomption de territorialité, cette dernière a tout simplement interprété les deux termes « *substantial* » et « *reasonably forseable* » à la lumière de cette présomption. Par voie de conséquence, il sera toujours possible pour des victimes étrangères de fonder la compétence des tribunaux américains lorsque leurs préjudices découlent d'effets ressentis sur le marché américain, quand bien même la transaction aurait eu lieu sur un marché étranger. Or les imprévisibilités liées à l'application de l'*« effect test »,* auxquelles s'ajoutent les incertitudes concernant le contenu du principe de la territorialité, rendent les conditions d'exercice de la compétence juridictionnelle par les tribunaux américains en matière de contentieux international d'action de groupe, difficilement prévisibles et donc source d'insécurité juridique pour les plaideurs.

---

[741] Voir : 15 U.S. Code § 6a du Trade Antitrust Improvement Act de 1982, consultables sur : https://www.law.cornell.edu/uscode/text/15/6a.

2- Le domaine d'application de la présomption de territorialité : dispositions substantielles ou dispositions juridictionnelles ?

201. La distinction entre les dispositions strictement juridictionnelles et les dispositions substantielles a été retenue et consacrée par le juge Scalia dans l'arrêt *Morrison*. Ce dernier avait considéré que la présomption à l'encontre de l'extraterritorialité avait été limitativement appliquée à la section 10 (b) de *l'Exchange Act* et non pas à la section 27 relative aux règles de compétences juridictionnelles **(a)**. Il aurait été ainsi possible de croire que l'arrêt *Morrison* n'influencerait en rien l'application extraterritoriale de l'*ATA*, et à plus forte raison les *class actions* intentées sur son fondement, celui-ci étant en effet une disposition juridictionnelle. Cependant, bien que les limitations primaires aux *class actions* internationales initiées sur le fondement de l'*ATA* se soient basées sur le champ d'application matériel de ce dernier, la jurisprudence ultérieure de la Cour Suprême américaine déplaça le débat. C'est désormais la question de l'application extraterritoriale de l'*ATA* qui est en jeu. Cette confusion quant au champ matériel de la présomption de territorialité est source d'insécurité juridique pour les plaideurs **(b)**.

a- L'application de la présomption de territorialité aux dispositions substantielles : la possibilité d'intenter une class action internationale sur le fondement d'une loi étrangère

202. L'arrêt *Morrison* ne met pas en jeu la compétence des tribunaux américains en matière de « *foreign cubed class actions* ». La Cour Suprême américaine n'a pas décliné sa compétence juridictionnelle dans le cadre de l'affaire *Morrison*, mais a tout simplement raisonné en termes de loi applicable, considérant que la loi boursière américaine n'avait pas vocation à s'appliquer au différend. Ainsi, la possibilité pour le for américain de certifier une *class action* globale reste toujours possible. Il convient donc d'explorer la possibilité d'engager une *class action* (pourquoi pas une « *foreign cubed class action* ») sur le fondement d'une loi étrangère applicable au fond du litige.

203. La possibilité d'engager une *class action* sur le fondement d'une loi étrangère. Comme nous l'avons déjà mentionné, le droit international privé américain distingue clairement entre la question de la loi applicable au fond du litige (« *jurisdiction to prescribe* ») et la question de la compétence juridictionnelle (« *jurisidiction to adjudicate* »)[742]. Nous rappelons aussi que le terme *subject matter jurisidiction* est utilisé afin de déterminer si les tribunaux fédéraux sont compétents pour trancher le litige. Il s'agit d'une compétence d'attribution dans l'hypothèse où la loi fédérale est applicable au différend. En d'autres termes, pour que les tribunaux fédéraux soient compétents, encore faut-il qu'il existe une cause à l'action, conformément à la législation fédérale américaine.

Comme nous l'avons déjà mentionné, les tribunaux inférieurs américains ont souvent opéré une confusion entre la question de *juridiction to prescribe* et celle de *juridiction to*

---

[742] Voir *supra* n°136 et suiv.

adjudicate, alignant ainsi le régime de la compétence juridictionnelle sur celui de la loi applicable. Une telle confusion a été relevée par la Cour Suprême américaine dans le cadre de l'affaire *Morrison* où, contrairement à ce qu'il est souvent laissé croire, la question de la compétence juridictionnelle (*juridisdiction to adjudicate*) n'avait soulevé aucun problème. En effet, la société défenderesse avait un minimum de points de contacts avec le for américain, justifiant ainsi l'exercice de sa compétence juridictionnelle. Le juge Scalia a d'ailleurs été clair en considérant que : « *(...)the District court had jurisdiction under 15.U.S.C. §78 to adjudicate the question whether §10(b) applies to National's conduct* »[743], et que le rejet des demandes qui concernaient les opérations accomplies sur des marchés étrangers s'expliquait par l'inapplicabilité de la loi fédérale américaine et l'absence de cause à l'action, conformément à la loi fédérale boursière américaine.

Dans un tel contexte, la question qui subsiste est celle de savoir s'il est toujours possible pour les plaideurs étrangers de saisir les tribunaux américains sur le fondement d'autres règles substantielles, comme celles d'un droit boursier étranger. Cette hypothèse est tout à fait concevable puisque, comme nous l'avons déjà mentionné, la saisine des tribunaux américains par les plaideurs étrangers ne tenait pas à l'application de la loi substantielle boursière américaine mais à l'attractivité du système américain de *private enforcement* dont la *class action* constitue la pierre angulaire. Si une telle hypothèse s'avérait possible, il ne serait alors plus correct de considérer l'arrêt *Morrison* comme constituant « *un coup d'arrêt aux class actions extraterritoriales* ».[744]

204. Les incertitudes de la jurisprudence américaine quant à la possibilité d'intenter une *class action* sur le fondement d'une loi étrangère. Le tabou de l'application du droit public étranger, aussi bien aux États-Unis que dans d'autres systèmes juridiques, peut empêcher les victimes étrangères de fonder leurs demandes sur une loi étrangère et notamment en matière de contentieux boursier où les législations relèvent du droit public économique[745]. Toutefois, nous pouvons avancer avec Madame Muir Watt que l'idée d'appliquer une loi de droit public économique n'implique pas nécessairement de « *prêter les mains à des intérêts antagonistes* »[746]puisque de telles lois – notamment celles relevant de la fraude boursière - présentent aujourd'hui, des similarités

---

[743]*Morrison v. National Australia Bank Ltd*, 561 U.S. 247 (2010).

[744] E. GAILLARD, « Etats-Unis : coup d'arrêt aux class actions extraterritoriales, A propos de l'arrêt de la Cour Suprême des Etats Unis du 24 juin 2010 », *JCP G. nº 27*, p.743.

[745] Sur le tabou de l'application du droit public aux États-Unis, voir : W. S. DODGE, « Breaking the Public Law Taboo », 43 Harv. Int. L. J. 161 (2002).

[746] Une telle position a été adoptée par la jurisprudence américaine. Ainsi, dans l'affaire *Air Cargo Shipping Services*, des demandeurs aussi bien étrangers qu'américains avaient demandé au juge américain, la certification d'une *class action* internationale en matière du droit de la concurrence. Les défendeurs s'étaient opposés à la compétence du juge américain concernant les transactions effectuées sur les marchés européens, considérant que l'exercice par le for américain de sa compétence juridictionnelle, pourrait constituer une atteinte au principe de la courtoisie internationale. Après avoir considéré que l'application de la loi étrangère par les tribunaux américains était une pratique habituelle, le juge GLESSON avait considéré que les défendeurs ne pouvaient pas se prévaloir de la courtoise internationale, en vue de dénoncer la compétence du juge américain, lorsqu'il n'existe aucun conflit entre le contenu de la loi américaine et celui de la loi étrangère. Dans cette affaire, les défendeurs n'ont pas pu démontrer le conflit entre les deux lois. (*In Re Air Cargo Shipping Services Antitrust Litigation*, 06-MD-1775 (JG) (VVP).

entre les différents systèmes juridiques et constituent, ainsi des normes partagées par la communauté internationale[747]. De plus, selon Madame Silberman, le tabou du droit public étranger ne semble pas être une justification convaincante pour refuser d'appliquer la loi étrangère, surtout lorsque l'action est intentée par des individus et non pas par des organes de régulation[748].

Au-delà des hésitations concernant la nature publique ou privée d'une norme boursière ou celle relevant du droit de la concurrence[749], la position de la jurisprudence américaine, contrairement à ce qu'il est laissé croire, n'est pas encore complètement fixée sur les conséquences que peut avoir l'application d'une loi étrangère sur la compétence juridictionnelle des tribunaux américains. S'il est vrai que les tribunaux américains se déclarent souvent incompétents pour *forum non conveniens* lorsqu'une loi étrangère est applicable au fond du litige, et bien plus encore lorsque cette loi relève du domaine du droit public[750], une telle affirmation reste à nuancer en ce sens que la pratique des tribunaux américains ne semble pas être encore correctement établie[751]. En effet, il est possible de relever des affaires mettant en jeu la certification d'une *class action* internationale, où les tribunaux américains n'ont pas hésité à appliquer respectivement la loi étrangère aux investisseurs étrangers ayant acquis leurs titres sur des marchés étrangers et la loi américaine aux investisseurs américains ayant acquis leurs titres sur le marché américain[752].

Toutefois, même en dépassant le tabou relatif à l'application du droit public étranger, il serait choquant dans le cadre d'un contentieux collectif et à la lumière des justifications apportées par la Cour Suprême pour refuser la certification d'une *class action* globale, que les tribunaux américains acceptent d'exercer leur compétence juridictionnelle sur le

---

747 Par exemple, dès 1998, le tribunal fédéral suisse a accepté que les autorités du for appliquent le droit étranger de la concurrence en raison de l'analogie des objectifs poursuivis aussi bien par le droit suisse que par le droit étranger. Voir à cet égard, D. BUREAUX, H. MUIR WATT, *Droit international privé*, t 1, *op.cit.*, spéc. n°114, p. 136.

748 L. J. SILBERMAN, « Morrison v. National Australia Bank: Implications for Global Securities Class Actions», *in Extraterritoriality and Collective Redress*, *op.cit.*, p.363, spéc. n°19.25, p. 372.

749 Voir à titre d'exemple: T. J. MONESTIER, « Is Canada the New Shangri-La of Global Securities Class Action», 32 Nw. J. Int'l L. & Bus.305 (2012).

750 L. J. SILBERMAN, « Morrison v. National Australia Bank: Implications for Global Securities Class Actions», in Extraterritoriality and Collective Redress, *op.cit.*, p.363, spéc. p. 373.

751 Dans plusieurs affaires, le juge américain a appliqué une loi étrangère au fond du litige sans qu'il ne se déclare *forum non conveniens*. Voir à titre d'exemple : *United Int'l Holdings, Inc. v. Wharf, Ltd.*, 76 F.3d 393 (10th Cir.1993) ; *Societe Nationale Industrielle Aerospatiale v. United. States Dist. Court for Southern Dist.*, 482 U.S. 522 (1987).

752 Ainsi, à titre d'exemple, dans l'affaire *DiRienzo v. Philip Services Corp.*, (294 F 3d 21 (2 cir.2002)), la Cour d'appel du Second Circuit a rejeté l'exception de *forum non conveniens* avancée par le défendeur, qui tenait à exclure les demandes des investisseurs canadiens de la compétence des tribunaux américains. La cour a ainsi accepté de certifier une class action globale contenant aussi bien des investisseurs canadiens ayant acquis leurs titres sur le marché canadien, que des investisseurs américains ayant acquis leurs titres sur le marché américain. La cour d'appel avait ainsi appliqué la loi canadienne aux investisseurs canadiens et la loi américaine aux investisseurs américains. Cependant, récemment, dans le cadre l'affaire *Toyota Motor Corporation*, les demandes des investisseurs étrangers basées sur la violation de la loi boursière japonaise ont été rejetées par le *District court* de l'Etat de Californie, cette dernière avait refusé d'appliquer la loi japonaise. Un tel refus était basé sur le principe de *comity* plutôt que sur des considérations tirées du tabou de l'application du droit public étranger par le juge américain (In *re Toyota Motor Corp.*, 790 F. Supp.2d 1152 (C.D. Cal. 2011)).

fondement d'une loi étrangère. Effectivement, le véritable problème dans l'arrêt *Morrison*, ne résidait pas dans la question de la loi applicable, les dispositions anti-fraude ayant été ayant été ayant été consacrées d'une manière quasi identique par la plupart des législateurs étrangers, mais résidait principalement, à notre sens, dans l'exercice par le for américain de sa compétence juridictionnelle. Cet exercice, dans le cadre spécifique d'un contentieux de masse international, est en effet synonyme de la mise en œuvre du système de régulation américain, qui n'est autre que le point de vue relatif du système américain concernant la sanction de la violation alléguée de la norme de droit économique, non partagé par les autres systèmes juridiques. Ainsi, il est difficile d'imaginer que la sanction d'une norme étrangère (l'application d'une loi étrangère aux « *foreign cubed class action »)* puisse s'opérer selon le mécanisme américain de *private enforcement*[753], puisque et pour reprendre le raisonnement de la Cour Suprême américaine dans l'affaire *Empagran*, cela constituerait une intrusion dans la politique de régulation des autres systèmes juridiques[754].

205. La promulgation de la loi *Dodd-Franck* : un autre facteur d'insécurité. Par ailleurs, la promulgation par le Congrès américain de la loi*Dodd-Franck (DFA)*[755]vient à son tour brouiller les pistes. Autorisant le *Securities Exchange Commission* (« *SEC* ») ainsi que le *Departement of Justice* (« *DOJ* ») à suivre les fraudes en matière boursière (le type de la fraude alléguée dans l'affaire *Morrison*), la loi *DFA* a repris la doctrine des tests développée par les tribunaux inférieurs américains[756], amenant une partie de la doctrine à considérer cette loi comme étant de nature à renverser la décision de la Cour Suprême américaine dans le cadre de l'affaire *Morrison*[757].

Cependant, en reprenant la confusion opérée par les tribunaux inférieurs entre la question de la compétence juridictionnelle et celle de la loi applicable, le langage utilisé dans la version finale du texte ne raisonnait pas en termes de loi applicable, mais plutôt

---

[753] Voir dans le même sens: L. J. SILBERMAN, « Morrison v.National Australia Bank: Implications for Global Securities Class Action », Swiss Year Bank of Private International Law, consultable sur: http://papers.ssrn.com/sol3/papers.cfm?abstract_id=1864786, spéc. p. 13 : « *A private cause of action for securities fraud may be so intertwined with the public regulatory regime that it cannot be separated out, and thus the public taboo is justified* ».

[754] Sur la tension que peut créer la certification d'une action de groupe internationale avec les autres systèmes juridiques, voir *infra* n°222 et suiv.

[755] Dodd-Franck Wall Street Reform and Consumer Protection Act, consultable sur: https://www.sec.gov/about/laws/wallstreetreform-cpa.pdf.

[756] Dodd-Frank Wall Street Reform and Consumer Protection Act. Ainsi, la section 929P (b) (2) de la loi *Dodd-Franck* intitulée : « Extraterritorial Jurisdiction of the Antifraud Provisions of the Federal Securities Law » stipule :« *Section 27 of the Securities Exchange Act of 1934 (15 U.S.C.78aa) is amended by adding at the end the following new Subsection:*

(b) Extraterritorial Jurisdiction-The district courts of the United States have jurisdiction of an action or proceeding brought or instituted by the Commission or the United States alleging a violation of the antifraud provisions of this title involving-

(1) conduct within the United States that constitutes significant steps in furtherance of the violation, even if the securities transaction occurs outside the United States and involve only foreign investors, or

(2) Conduct accusing outside the United States that has a foreseeable substantial effect within the Unites States ».

[757] R. W. PAINTER, D. DUNHAM et E. QUACKENBOS, « When Courts and Congress Don't Say What they mean: Initial Reactions to Morrison v. National Australia Bank and to the Extraterritorial Jurisdiction Provisions of the Dodd-Frank Act », consultable sur : http://papers.ssrn.com/sol3/papers.cfm?abstract_id=1662590,spéc. p. 1.

en termes de compétence juridictionnelle « *subject matter jurisdicton* »[758]. Ainsi, interprétée littéralement, la loi *DFA* n'apporte rien de nouveau à la décision *Morrison*, puisqu'elle ne fait que conférer aux tribunaux américains une compétence juridictionnelle alors déjà admise. Toutefois, même s'il est admis préalablement que le raisonnement de la Cour Suprême rend peu probable la compétence juridictionnelle des tribunaux américains sur le fondement d'une loi étrangère, l'existence d'un texte législatif exprès qui permet aux tribunaux américains d'exercer leur compétence juridictionnelle également dans l'hypothèse où une loi étrangère serait applicable au fond du litige, constitue un nouveau facteur d'insécurité quant au rôle des tribunaux américains dans le redressement des dommages de masse mondiaux.

b- L'application de la présomption de territorialité à L'Alien Tort Act : un revirement de la jurisprudence Morrison ?

206. Alors que la distinction entre les dispositions strictement juridictionnelles et les dispositions substantielles a été fermement retenue par le juge Scalia dans l'arrêt *Morrison,* ce dernier considérait également que la présomption à l'encontre de l'extraterritorialité avait été limitativement appliquée à la section 10 (b) de *l'Exchange Act* et non à la section 27 relative aux règles de compétences juridictionnelles. La jurisprudence ultérieure de la Cour Suprême américaine appliquant la présomption de territorialité à l'*ATA* a brouillé de nouveau les pistes et constitue un véritable facteur d'insécurité juridique.

B- Les confusions quant au contenu du principe de la territorialité

207. La décision de la Cour Suprême instaurant le principe de territorialité de la loi fédérale boursière dans le cadre de l'affaire *Morrison,* a été positivement accueillie et particulièrement par la doctrine continentale[759]qui l'a décrite comme constituant « *un véritable apogée de la sécurité juridique et comme respectueuse de la souveraineté étrangère* »[760]. Cependant, le *transactional test* tel que proposé par la Cour en vue de délimiter le champ d'application spatial de la loi boursière américaine est loin d'établir une ligne de démarcation claire (*bright line*) concernant l'application des lois fédérales américaines dans l'espace, et peut ainsi soulever des difficultés d'interprétation **(1)**. En outre, les difficultés d'application du principe de territorialité se sont bien manifestées dans le cadre des *class actions* engagées sur le fondement de l'*ATA* **(2)**.

---

758 Ainsi, la section 929P (b) (2) de la loi *Dodd-Franck* estintitulée: « Extraterritorial Jurisdiction of the Antifraud Provisions of the Federal Securities Law », consultable sur: https://www.sec.gov/about/laws/wallstreetreform-cpa.pdf.

759 Voir à cet égard : L. RAPP et W. MASTOR « Wall Street 2 : « Vers la fin de la présomption de l'extraterritorialité du droit boursier américain », *Constitutions 2010,* p. 475.

760 E. GAILLARD, « Etats-Unis : coup d'arrêt aux *class actions* extraterritoriales », A propos de l'arrêt de la cour Suprême des Etats Unis du 24 juin 2010 », *JCP G. nº 27*, p.743.

1- Les ambiguïtés du transactional test

208. Les difficultés d'application du *transactional test* dans l'hypothèse d'une transaction éclatée entre plusieurs pays. La ligne de démarcation proposée par la Cour Suprême américaine dans l'affaire *Morrison* afin de délimiter le champ d'application spatial de la loi boursière américaine est équivoque[761]. Si la localisation du lieu de la transaction peut être aisément identifiable dans de nombreuses hypothèses, il n'en reste pas moins que des difficultés peuvent apparaître dans l'hypothèse où la transaction serait éclatée entre plusieurs pays[762].

209. Les ambiguïtés concernant l'application du *transactional test* à des transactions effectuées à l'étranger concernant des titres listés sur le marché américain. Il existe dans l'arrêt *Morrison*, des dispositions que la doctrine américaine qualifie de problématiques[763]. En considérant que l'article 10 (b)(5) s'applique aux fraudes liées à l'achat ou la vente d'un titre listé sur le marché américain[764], la formule utilisée par la Cour laisse supposer qu'il sera toujours possible d'appliquer la loi fédérale boursière à des transactions effectuées sur les marchés étrangers, dès lors que ces transactions mettent en jeu des titres listés sur le marché américain. Cette supposition est même accentuée par la référence que fait la Cour Suprême à l'arrêt *Shcoenbaum v. Firstbrook*[765] pour refouler l'application de la loi fédérale américaine, constatant, que contrairement à l'affaire précitée (la loi fédérale était jugée applicable au litige), la société n'était pas cotée sur le marché américain.

210. L'hypothèse des *Foreign-squared class actions*. Enfin, on pourra s'interroger sur la recevabilité des *class actions* de type « *foreign squared* » qui rassemblent deux éléments d'extranéité à savoir l'achat sur un marché non américain des titres d'une société non américaine par un acheteur américain. Bien que l'arrêt *Morrison* ne soit pas clair sur le sort de telles actions, nous pensons qu'elles devraient être exclues du champ d'application de

---

761 R. PAINTER, D. DUNHAM et E. QUACKENBOS, « When Courts and Congress Don't Say What they mean: Initial Reactions to Morrison v. National Australia Bank and to the Extraterritorial Jurisdiction Provisions of the Dodd-Frank Act », consultable sur: http://papers.ssrn.com/sol3/papers.cfm?abstract_id=1662590, . spéc. p. 3.

762 R. PAINTER, D. DUNHAM et E. QUACKENBOS, « When Courts and Congress Don't Say What they mean: Initial Reactions to Morrison v. National Australia Bank and to the Extraterritorial Jurisdiction Provisions of the Dodd-Frank Act », consultable sur: http://papers.ssrn.com/sol3/papers.cfm?abstract_id=1662590, . spéc. p. 4.

763 R. PAINTER, D. DUNHAM et E. QUACKENBOS, « When Courts and Congress Don't Say What they mean: Initial Reactions to Morrison v. National Australia Bank and to the Extraterritorial Jurisdiction Provisions of the Dodd-Frank Act », consultable sur: http://papers.ssrn.com/sol3/papers.cfm?abstract_id=1662590, spéc. p. 8: M. VENTORUZZO, « Like Moths to a Flame? International Securities Litigation after Morrison: Correcting the Supreme Court's Transaction Test », Virginia J. Int'L. 405 (2012), spéc. p. 437 et suiv.

764 Ainsi, selon la Cour, *Morrison v. National Australia Bank: « Section 10(b) reaches the use of a manipulative or deceptive device or contrivance only in connection with the purchase or sale of a security listed on an Americain Stok exchange, and the purchase or sale of any other Security in the United States »*.

765 *Schoenbaum v. Firstbrook*, 268 F. Supp. 385 (S.D.N.Y. 1967).

la décision *Morrison* puisqu'elles mettent en jeu les intérêts des investisseurs américains. Or, la jurisprudence américaine a constamment rappelé que l'application de la loi boursière américaine vise, en premier lieu, à assurer la protection des intérêts de ces derniers[766].

Il est pourtant vrai que la doctrine a atténué l'importance des ambiguïtés que recelait la décision de la Cour Suprême américaine. En effet, elle considère, d'une part, qu'une lecture entière et homogène de l'arrêt ne permettrait en aucun cas une application extraterritoriale de la section10 (b) aux transactions étrangères par la seule existence de titres d'une société listés sur le marché américain[767], et que d'autre part, la décision *Morrison* tend « *à barrer la route à l'action que voulaient exercer des investisseurs américains qui auraient acquis sur un marché des titres d'une société cotée à l'étranger* »[768]. Cependant, il n'en reste pas moins que les conditions de l'ouverture d'une *class action* internationale devant les tribunaux américains restent floues, ce qui constitue une véritable insécurité juridique à l'égard pour les plaideurs.

2- Les difficultés d'application de la présomption de territorialité aux class actions fondées sur l'Alien Tort Act

211. Les incertitudes liées à l'application de l'*ATA*. En plus de la confusion déjà opérée par la Cour Suprême américaine quant à l'application de la présomption de territorialité à une disposition juridictionnelle, alors qu'une telle présomption n'était supposée régir que les dispositions substantielles, les solutions en matière de *class actions* engagées sur le fondement de l'*ATA* sont loin d'être établies, et ce, même après l'intervention de la Cour Suprême américaine des États-Unis dans l'affaire *Kiobel*.

A première vue, la question du renversement de la présomption d'extraterritorialité crée une véritable divergence au sein même des tribunaux inférieurs américains. Pour certains, il suffit de passer l'un des tests établis par la Cour Suprême dans l'affaire *Kiobel*, - localisation de l'essence même de l'acte illicite aux États-Unis et l'existence d'un lien suffisamment étroit entre les réclamations et le territoire américain – là, où pour les autres, l'application des deux tests de manière cumulative s'avère nécessaire. La jurisprudence des tribunaux inférieurs américains n'a ainsi pas été constante en la matière.

---

766 *Sloane Overseas Fund, Ltd. v. SapiensInt'l Corp.*, 941.F .Supp.1369, 1374(S.D.N.Y.1996).

767 Ainsi, selon les auteurs Painter, Dunham et Quackenbos, dans leur article: « When Courts and Congress Don't Say What they mean: Initial Reactions to Morrison v. National Australia Bank and to the Extraterritorial Jurisdiction Provisions of the Dodd-Frank Act », consultable sur: http://papers.ssrn.com/sol3/papers.cfm?abstract_id=1662590, spéc. p.10: « *Nevertheless, a reading of the entire Morrison opinion supports the view that the Supreme court did not mean to extend the reach of Section 10 (b) to foreign transactions in securities "listed on an American exchange (…)* ». Dans un autre endroit, ils considèrent: « *Moreover, the Supreme Court repeatedly emphasized the 'focus' of American securities laws on' domestic transactions' and 'on purchases and sales of securities in the United States. Thus, the court's emphasis on 'transactions in securities listed on domestic exchanges' is intended to define what conduct must be evaluate to assess whether a putative violation occurs* ».

768 S. BOLÉE et L. D'AVOUT, « Panorama droit du commerce international », *D. 2010. 2434.*

Cette inconstance est parfaitement illustrée par les décisions respectives de la Cour d'appel du second circuit et du quatrième circuit. Alors que la cour d'appel du second circuit a considéré que les deux tests établis doivent s'appliquer cumulativement pour renverser la présomption contre l'extraterritorialité[769] , la cour d'appel du 4e circuit quant à elle, a considéré que l'application de l'un des deux tests est suffisante pour les besoins de l'application de l'*ATA*. En d'autres termes, même dans l'hypothèse où l'essence de la conduite litigieuse a été accomplie à l'étranger, il serait toujours possible d'appliquer l'*ATA* lorsque les demandes touchent le territoire américain d'une manière suffisamment forte pour renverser la présomption contre l'extraterritorialité[770].

Cette divergence d'interprétation aura un impact important sur les modalités d'exercice de leur compétence juridictionnelle sur la base de l'*ATA* par les tribunaux américains, et plus particulièrement dans l'hypothèse où le défendeur sera de nationalité américaine. En effet, si la position de la cour d'appel du second circuit devait prévaloir, il ne serait pas possible de fonder la compétence des tribunaux américains sur la base de l'*ATA*, quand bien même la partie défenderesse serait de nationalité américaine. En revanche, tel ne serait pas nécessairement le cas, si la position de la cour d'appel du 4e circuit prévalait. En effet, il serait alors possible de concevoir d'attraire devant les tribunaux américains sur la base de l'*ATA*, une société américaine, auteure d'un acte illicite consommé à l'étranger, puisque les demandes toucheraient et concerneraient le territoire des États-Unis (en raison de la nationalité de la partie défenderesse)[771]. D'ailleurs des divergences entre les différents circuits apparaissent également sur la question de savoir si la nationalité américaine de la partie défenderesse est de nature à fonder la compétence juridictionnelle des tribunaux américains sur le fondement de l'*ATA*[772].

En outre, si l'arrêt *Kiobel* avait considéré que l'*ATA* ne pouvait être applicable qu'en raison des actes illicites accomplis sur le terrain américain, et/ou lorsque les réclamations touchent d'une certaine manière le territoire américain, la jurisprudence des tribunaux inférieurs témoigne des difficultés de localisation du lieu de l'acte illicite dans le cadre d'un délit complexe ou de l'appréhension de la notion de réclamations touchant d'une manière certaine le territoire américain. Ainsi, postérieurement à *Kiobel*, l'arrêt *Cardona*[773] montre bien que la question de la compétence juridictionnelle des tribunaux américains dans le cadre du contentieux de masse reste tributaire d'une insécurité juridique. Dans

---

769 *Balintulo v.Daimler AG*, 727 F.3d 174,189 (2d Cir.2013).

770 *Al Shimari v.CACI Premier Tech.*, Inc., 758 F.3d 516,528 (4th Cir.2014).

771 R. ALTMAN, « Extraterritorial Application of the Alien Tort Statute After Kiobel », 24 U. Miami Bus. L. Rev. 111 (2016), spéc.p.128. Voir à cet égard : *Sexual Minorities Uganda v. Scott Lively*, et le commentaire de Madame Muir Watt, in « Après Kiobel, l'arrêt Sexual Minorities Uganda v. Scott Lively, *Rev. crit. Dip. 2013. 861*.

772 Voir : E. A. YOUNG, « Universal Jurisdiction, The Alien Tort Statute, and Transnational Public Law Litigation After Kiobel », 64 Duke L.REV.1024 (2015), spéc.p. 1102 et suiv. Il convient de mentionner qu'il serait toujours possible de fonder la compétence des tribunaux américains pour des torts commis par des Américains même à l'étranger sur la base du chef de compétence du *Diversity Jurisidiction.* Sur ce chef de compétence voir : A. J. BELLIA JR. et B. R. CLARK, « Two Myths About the Alien Tort Statute », 18 Notre Dame. L. Rev. 1609 (2014), spéc.p.1642.

773 *Cardona v. Chiquita Brands Int'l, Inc.*, 760 F.3d 1185 (11th Cir. 2014). Pour un commentaire de cet arrêt, voir : H. MUIR WATT, « Compétence fédérale américaine au sens de L'Alien Tort Statute », *Rev. crit. Dip. 2014.851.*

cette dernière affaire, entrait en jeu une partie défenderesse de nationalité américaine dont la conduite délictueuse prenait racine aux États-Unis mais dont le dommage survenait à l'étranger (en Colombie). Dans un premier temps, la cour avait considéré que la nationalité américaine de la défenderesse n'était pas suffisante pour renverser la présomption de territorialité, rejetant ainsi les arguments des demandeurs à cet égard[774]. Dans un second temps, en retenant le lieu du dommage pour les besoins de la localisation du délit, la décision majoritaire avait considéré que le cas ne laissait place à aucun doute quant à l'incompétence des tribunaux américains sur le fondement de la décision *Kiobel*, conformément à laquelle l'*ATA* ne pouvait être applicable qu'en raison des actes illicites accomplis sur le terrain américain. En revanche et par contraste, dans le cadre de *l'affaire Kaplan v. Central Bank of Islamic. Rép. of Iran*[775], les tribunaux américains avaient cette fois refusé d'exercer leur compétence juridictionnelle parce que la conduite ayant donné lieu au dommage avait été déclenchée sur un territoire autre que celui des États-Unis.

II- Les incertitudes liées aux conditions de l'exercice de la compétence juridictionnelle par les autres « for aimants » en matière de résolution du contentieux international des actions de groupe : les exemples néerlandais et canadien

212. Tout comme pour le for américain, il nous semble que les modalités d'exercice de la compétence juridictionnelle par les tribunaux néerlandais et canadiens, dans le cadre d'un contentieux de masse international, ne sont pas bien établies à l'heure de la rédaction de notre thèse. En effet, l'homologation par les tribunaux néerlandais de plusieurs transactions internationales, présentant parfois des liens ténus avec le for néerlandais, a été accompagnée d'une interprétation incertaine des règles de compétence juridictionnelles du règlement Bruxelles I *bis*[776]. Cela nous amène à nous demander sur la probable utilisation excessive par les tribunaux néerlandais des règles de compétence mentionnées, en vue d'attirer le contentieux sur leur sol **(A)**. Par ailleurs, la certification par les tribunaux canadiens d'une action de groupe internationale dans le cadre de l'affaire *Imax*, montre bien la volonté des tribunaux canadiens de jouer un rôle régulateur en matière de redressement des dommages de masse globaux et ce, en dépit des nombreuses difficultés que soulevaient les recours multi-juridictionnels au sein de ce pays. Cela peut semer le doute quant au caractère figé des solutions ainsi consacrées **(B)**.

A- Une exploitation excessive par les tribunaux néerlandais des règles de compétence juridictionnelle du Règlement de Bruxelles I *bis*?

213. Comme nous l'avons déjà mentionné, les tribunaux néerlandais se sont intervenus à plusieurs reprises en vue d'homologuer, conformément à l'action de groupe

774 *Cardona v. Chiquita Brands Int'l, Inc.*, 760 F.3d 1185 (11th Cir. 2014), spéc.p. 1191.
775 *Kaplan v. Cent. Bank of Republic of Iran*, 2013 WL 4427943 (D.D.C. Aug. 20.2013).
776 Devenu Règlement *Bruxelles I bis.*

néerlandaise, des transactions conclues entre les prétendus responsables d'une part, et les représentants des victimes d'autre part, dans de nombreux contentieux de masse transfrontières[777]. Cette intervention a constitué une opportunité pour les tribunaux néerlandais d'examiner les questions de droit international privé soulevées en la matière et plus précisément la question de la compétence juridictionnelle.

Or, l'exercice par le for néerlandais de sa compétence juridictionnelle pour réguler le contentieux de masse international dans des litiges ayant des liens ténus avec son for, constitue une source d'insécurité juridique et va à l'encontre des objectifs du règlement de Bruxelles I*bis*, dont les règles de compétence juridictionnelle ont pour objectif d'assurer un haut degré de prévisibilité aux plaideurs **(1)**. Par ailleurs, les fondements mêmes de l'exercice par le for néerlandais de sa compétence juridictionnelle reposent sur une interprétation incertaine des règles de compétences telles qu'instaurées par le Règlement Bruxelles I *bis* **(2)**.

1- *Une compétence juridictionnelle exorbitante : source d'insécurité juridique*

214. Une compétence juridictionnelle large des tribunaux néerlandais. L'affaire *Shell* mettait en jeu une fraude internationale affectant des investisseurs de la multinationale *Shell* en provenance de plusieurs endroits du globe. Suite à la révélation des fausses déclarations concernant le montant des réserves de gaz de ladite société, les cours financiers ont chuté, entraînant des dommages financiers à l'égard des investisseurs. Après l'exclusion des actionnaires non américains des différentes *class actions* engagées devant les tribunaux américains, la cour d'appel d'Amsterdam a accepté d'homologuer une transaction conclue entre la société *Shell* et deux associations néerlandaises qui représentaient les actionnaires victimes en provenance de divers endroits du globe, à l'exclusion des investisseurs américains déjà représentés dans différentes *class actions* devant les tribunaux américains[778].

Par un raisonnement audacieux, qui reflète une certaine volonté du tribunal néerlandais de « *récupérer les miettes d'un contentieux né outre atlantique* »[779], la cour d'appel d'Amsterdam a exercé une compétence juridictionnelle large, permettant de concentrer au sein d'une même procédure, l'ensemble des victimes ayant subi des dommages résultant des transactions effectuées en dehors des marchés américains.

Assimilant les victimes à des défenderesses, la cour néerlandaise a fondé sa compétence juridictionnelle sur la base de l'article 2 du Règlement de Bruxelles I[780], dans la mesure où certains des intéressés avaient leur domicile aux Pays-Bas. Ce raisonnement a ainsi permis à la cour d'appel de déclencher l'application de l'article 6 (1) du

[777] Voir *supra* n°183.

[778] *Shell settlement,* Court of Appeal Amsterdam of 29 May 2009, NJ (2009), 506.

[779] L. P. SAUSSINE, « Quelle place pour les class actions dans le règlement de Bruxelles I », *JCP. G, n°20, 16 mai 2011*, p. 992, spéc. p. 993.

[780] Conformément à l'article 2 du Règlement de Bruxelles I, les personnes domiciliées sur le territoire d'un Etat membre sont attraites, quelle que soit leur nationalité, devant les juridictions de cet Etat membre.

Règlement[781] - qui permet en cas de pluralité de défendeurs, d'attraire l'ensemble des défendeurs devant le tribunal du domicile de l'un d'eux - afin d'exercer sa compétence juridictionnelle à l'égard des autres parties européennes domiciliées en dehors des Pays-Bas. Cela se justifie d'après la cour, par l'existence d'un lien de connexité entre les différentes demandes et le dommage résultant de la même série de déclarations incomplètes ou imprécises.

Si le raisonnement de la cour, par lequel elle assimile les intéressés à des défendeurs afin de déclencher la mise en œuvre de l'article 6 du Règlement, a fait l'objet de nombreuses critiques doctrinales[782], l'exercice par la Cour de sa compétence juridictionnelle ne paraît toutefois pas déraisonnable. En effet, le litige présentait des liens avec le for néerlandais puisque l'une des parties prétendues responsables était une société de droit hollandais.

Tel n'était cependant pas le cas dans l'affaire *Converium*[783]. Dans cette affaire, les fausses déclarations perpétrées par la société suisse de réassurance *Converium Holding AG* et la société suisse *Zurich Financial Service Ltd.*, toutes deux responsables de la vente des actions de la société *Converium* sur les marchés boursiers suisse et américain, ont provoqué un dommage à l'égard des actionnaires[784]. C'est dans ce contexte que certains des actionnaires de *Converium* ont initié plusieurs *class actions* aux États-Unis dont l'ensemble a été consolidé devant le *District* de New York. Ce dernier, après avoir accueilli l'action, a exclu de la classe les actionnaires non américains dont le dommage résultait des transactions effectuées sur des marchés étrangers[785]. Ceux-ci se sont alors tournés vers les juridictions néerlandaises et une transaction a été signée le 8 juillet 2010 entre les parties responsables et deux fondations représentant les victimes. Par cette transaction, *Converium Holding* et *Zurich Financial Service* se sont engagées à indemniser aux Pays-Bas lesdites fondations à hauteur de 40 millions de dollars. Le 9 juillet 2010, la cour d'appel d'Amsterdam a été saisie aux fins d'homologation de la transaction dont l'objet était d'indemniser les 12000 victimes dont 3% résidaient aux Pays-Bas. Le 12 novembre 2010, la Cour d'appel d'Amsterdam s'est déclarée compétente pour homologuer la transaction[786].

Pour exercer sa compétence juridictionnelle, la cour d'appel néerlandaise a adopté un raisonnement assez audacieux. Tout en reprenant le raisonnement qu'elle avait adopté dans l'affaire *Shell*, la cour fonda sa compétence sur un chef de compétence supplémentaire[787]. Considérant que la transaction conclue entre l'auteur du dommage et

---

781 Conformément à l'article 6 (1) du Règlement de Bruxelles I, en cas de pluralité des défendeurs : « *il est possible d'attraire un défendeur domicilié dans un Etat communautaire devant le tribunal de domicile de l'un d'eux, si les demandes sont liées entre elles par un rapport si étroit qu'il y a intérêt à les instruire et à les juger en même temps afin d'éviter des solutions qui pourraient être inconciliables si les causes étaient jugées séparément* ».

782 Sur les difficultés d'interaction entre les actions de groupe transfrontières et les instruments européens de droit international privé de conflits de juridiction, voir notre second chapitre.

783 *Converium*, Court of Appeal of Amesterdam of 17 January2012, LJN: BV1026.

784 E. KRAMER, « Collective Action and Private International Law Issues in Dutch WCAM Settlements: Global Aspirations and Regional Boundaries », consultable sur: https://papers.ssrn.com/sol3/papers.cfm?abstract_id=2480079, spéc.p. 15.

785 *Ibid.*

786 *Converium*, Court of Appeal of Amesterdam of 17 January 2012.

787 J-J. KUIPERS, « Pays-Bas : Règlement collectif du dommage de masse », *R.I.D.C. 2012. 214*, spéc.p. 234.

les représentants des victimes vise premièrement à indemniser les intéressés constituant ainsi une matière contractuelle au sens de l'article 5-1 du règlement de Bruxelles1[788], et que la transaction conclue serait par ailleurs exécutée aux Pays-Bas, la Cour conclut que l'article 5-1 du Règlement de Bruxelles 1[789] constitue un chef de compétence supplémentaire pour établir la compétence des tribunaux néerlandais. Le recours par la cour d'appel néerlandaise au chef de compétence de l'article 5.1, qui d'ailleurs, a fait l'objet de nombreuses critiques doctrinales[790], était de nature à conférer une certaine légitimité à l'exercice du for néerlandais de sa compétence juridictionnelle dans une affaire qui ne présente que des liens ténus avec les Pays-Bas[791]. Non seulement les prétendus responsables étaient des sociétés étrangères, mais en plus seuls 200 des 1200 intéressés étaient domiciliés aux Pays-Bas. En outre, les actes illicites à l'origine du litige ont été effectués sur les marchés suisses.

2- Une interprétation incertaine par la cour d'appel d'Amsterdam des règles de compétence juridictionnelle du Règlement de Bruxelles I ?

215. L'interprétation des règles de compétence juridictionnelles du Règlement de Bruxelles I soulève des interrogations. Comme nous l'avons déjà vu, les articles 2, 6 et 5(1) du Règlement de Bruxelles I ont constitué les fondements de l'exercice par les tribunaux néerlandais de leur compétence juridictionnelle dans le cadre d'un contentieux de masse global où les victimes européennes étaient privées de la compétence des tribunaux américains suite à l'arrêt *Morrison.* En d'autres termes, selon le raisonnement de la cour d'appel, il suffit, pour établir la compétence juridictionnelle des tribunaux néerlandais dans le cadre d'un contentieux de masse international, qu'une des parties intéressées soit domiciliée aux Pays-Bas pour que la cour d'appel d'Amsterdam exerce une compétence globale à l'égard de tous les autres intéressées domiciliées au sein de l'Union européenne, lorsque le dommage résulte du même fait dommageable. Dans cette hypothèse, « *les intéressés néerlandais figurent comme un ancrage pour attirer les intéressés domiciliés dans d'autres Etats membres* »[792].

Or, bien que nous adhérions au raisonnement de la cour consistant, pour les besoins de la sécurité juridique et de la résolution globale du litige, à exercer une compétence juridictionnelle envers l'ensemble des intéressés, les fondements de la compétence juridictionnelle de la cour d'appel néerlandaise demeurent toutefois discutables. L'interaction entre l'action de groupe néerlandaise et le Règlement de Bruxelles sera

---

788 Conformément à l'article 5(1) du Règlement Bruxelles I, en matière contractuelle, une personne domiciliée sur le territoire d'un Etat membre peut être attraite, dans un autre Etat membre devant le tribunal du lieu où l'obligation qui sert de base à la demande a été ou doit être exécutée.

789 Ce chef de compétence ouvre une option de compétence au tribunal du lieu où l'obligation qui sert de base à la demande a été ou doit être exécutée.

790Voir d'une manière générale: B. ALLEMEERSCH, « Transnational Class Settlements: Lessons from 'Converium », in S. WRBKA, S. VAN UYTSEL et M. SIEMS (eds), *Collective Actions: Enhancing access to Justice and Reconciling Multilayer Interests?* , Cambridge University Press 2012, spéc.p. 384. Voir *infra* n°253 et suiv.

791 I. TZANKOVA et H. VAN LITH, « Class Actions and Class Settlements Going Global: the Netherlands », *inCollective Redress and Extraterritoriality*, *op.cit.*, p. 67, spéc.n°4.54, p. 83.

792 J.-J. KUIPERS, « Pays-Bas : Règlement collectif du dommage de masse », *R.I.D.C.2012. 214,* spéc. p. 232-33.

explorée plus en détail dans le cadre de notre second chapitre. Nous nous contenterons ici de formuler les remarques suivantes.

En premier lieu, en plus des interrogations que peut susciter l'application du Règlement Bruxelles I à une procédure gracieuse, il n'est pas certain que la qualification des « personnes intéressées » comme défendeurs, pour les besoins de l'application du Règlement de Bruxelles, soit sans difficultés[793]. Par ailleurs, l'acceptation de la compétence fondée sur le domicile de l'intéressé en combinaison avec une interprétation large de l'article 6(1) risque de produire des résultats imprévisibles pour les citoyens européens, ce qui va à l'encontre des objectifs du Règlement de Bruxelles.

En second lieu, il semble bien que l'article 6(1) du Règlement Bruxelles I *bis* n'ait pas vocation à permettre à un petit nombre de défendeurs domiciliés dans l'Union, d'attraire tout un groupe de défendeurs domiciliés dans un autre Etat[794]. En outre, comme nous allons le voir, il n'est pas certain que les conditions de mise en œuvre de cet article aient été vérifiées[795].

Enfin, le recours des tribunaux néerlandais dans l'affaire *Converium* à l'article 5(1) du Règlement n'est pas sans difficultés, puisque, et pour reprendre les termes d'un auteur, « *il est bien difficile de comprendre en quoi il y aurait un contrat et entre quelles parties* »[796]. Par ailleurs, même si l'on admet l'existence d'un engagement de la part du prétendu responsable d'indemnisation de victimes, il n'est pas sûr que cela soit suffisant pour considérer qu'un contrat ait été formé entre les différentes parties.

B- L'exercice par le for canadien de sa compétence juridictionnelle mis en question

216. L'affaire *Imax* et la certification d'une action de groupe globale par les tribunaux canadiens. A l'heure où la certification d'un recours collectif multi-juridictionnel soulevait au Canada des difficultés mais surtout des questions d'ordres constitutionnelles[797], l'approche adoptée par le tribunal ontarien quant à la question de la compétence juridictionnelle dans le cadre de l'affaire *Imax* témoigne d'une démarche autorisée dudit tribunal.

Il s'agissait dans cette affaire, d'un recours collectif intenté contre la société de droit canadien *Imax Corporation* par ses actionnaires en raison de fausses déclarations concernant ses chiffres d'affaires, lesquelles étaient responsables de la chute du cours de leurs actions. Les demandeurs ont invoqué une cause d'action en *common law* et une cause d'action statutaire basée sur la violation des provisions de *l'Ontario Security Act* et ont

---

[793] Voir *infra* n°241 et suiv.

[794] L. P. SAUSSINE, « Quelle place pour les *class actions* dans le règlement de Bruxelles I », *JCP. G, n°20, 16 mai 2011*, p. 992, spéc.p. 993.

[795] Voir *infra* n°259.

[796] L. P. SAUSSINE, « Quelle place pour les *class actions* dans le règlement de Bruxelles I », *JCP. G, n°20, 16 mai 2011*, p. 992, spéc.p. 993.

[797] T. J. MONESTIER, « Is Canada the New Shangri-La of Global Securities Class Actions », 32 Nw. J. Int'l L. & Bus.305 (2012), spéc. p. 322.

cherché ainsi à certifier une action de groupe globale comportant les personnes ayant acquis les titres de ladite société sur les marchés de Toronto et sur le marché NASDAQ.

En constatant que les questions soulevées par les demandeurs avaient un lien « *réel et important* » avec l'Ontario, la juge Van Rensburg certifia un groupe d'une envergure mondiale, comportant des membres de divers endroits du monde[798].

La question de l'inclusion des membres étrangers dans une procédure canadienne de *class action* a été analysée comme étant une question de compétence juridictionnelle[799]conditionnée par l'existence de liens réels et substantiels (*real and substantial connection*) entre les demandeurs absents et le tribunal canadien[800]. Une telle condition est exigée afin d'éviter que l'exercice de leur compétence juridictionnelle par les tribunaux canadiens dans des litiges mettant en jeu des opérations ayant eu lieu sur des marchés étrangers, ne soit source d'imprévisibilité pour les demandeurs absents étrangers qui n'auraient alors jamais envisagé que la violation de leurs droits soit sanctionnée un jour par un tribunal canadien[801]. Toutefois, et c'est là la nouveauté de cet arrêt, le tribunal d'Ontario a considéré que le critère de la compétence juridictionnelle était satisfait au regard des membres étrangers absents par la simple existence de liens substantiels et réels entre le for et le défendeur[802]. Le même raisonnement a été adopté dans le cadre de l'affaire *Gommon Gold* ou Justice Strathy de la Cour Suprême d'Ontario a clarifié que le test du « *real and substantiel connection* » est satisfait du seul fait de l'existence des liens entre le for certifiant et le litige sans qu'il soit nécessaire que ces liens soient les plus étroits[803]. De même, dans l'affaire *Arctic Glacier Income Fund*, la Cour Suprême d'Ontario a considéré que l'existence de demandeurs domiciliés en dehors de la frontière du tribunal certifiant ne doit en aucun cas constituer un obstacle à la certification de l'action de groupe[804].

Par ailleurs, la prise en considération du droit international privé étranger pour les besoins de la certification d'une *class action* avec un mécanisme d'*opt out*[805], n'a pas été une préoccupation pour le tribunal ontarien, bien que l'inclusion des membres étrangers dans le cadre des recours collectifs multi juridictionnels ait souvent été une source de tension

---

798 T. J. MONESTIER,« Is Canada the New Shangri-La of Global Securities Class Action», 32 Nw. J. Int'l L. & Bus.305 (2012), spéc.p. 326.

799 *McKenna v. Gammon Gold Inc.*, 210 ONSC 1591 (CanLII).

800 Voir à titre d'exemple: *Wilson v. Servier (2000), 50 O.R. 3d219 (Can.)*; Harington v. Dow Corning Corp.(2000),193 D.L.4th 67 (Can.)

801 Sur cette question voir, *infa* n° 667.

802 Pour établir la compétence juridictionnelle des tribunaux de l'Ontario envers les demandeurs absents, Justice Van Rensburg avait constaté que : « *Imax is a Canadian Business Corporation Act with its head office in Ontario. It is a reporting issuer under the OSA and its shares are traded on the TSX. The alleged representation was made in Ontario through the issuance of the Company's form 10-K and press releases from IMAX's Mississauga head office. The alleged wrongful actions of the individual Defendants in connection with the preparation and reporting of IMAX's financial Statements are alleged to have taken place in Ontario as well as New York. The proposed common issues respecting liability that concern the conduct of the defendants accordingly have a substantial connection to this jurisdiction* ». *Silver v. Imax Corporation,* 2009 CanLII 72334 (ON SC).

803 *McKenna v. Gammon Gold Inc.*, 210 ONSC 1591 (CanLII), spéc.n°14. Cependant, il convient de mentionner qu'au final le tribunal n'a pas certifié l'action de groupe, pour des raisons qui ne concernaient pas l'extranéité du litige.

804 *Dobbie v. Artic Glacier Income Fund*, [2011], ONSC 25, spéc. n°202.

805 Sur cette question, voir *infra* n°227.

entre le for de certification et le for de reconnaissance, comme nous l'apprend l'affaire *Lépine* jugée par la Cour Suprême[806]. Cette affaire soulevait la question de savoir si le défendeur à un recours collectif multi juridictionnel pouvait se prévaloir de la *res-judicata* afin d'empêcher le représentant, ainsi que les membres du groupe, d'initier une nouvelle action à l'issue d'une décision collective rendue par le tribunal ontarien incluant des résidents québécois. Il est vrai que la Cour Suprême canadienne avait considéré que l'exercice de la compétence juridictionnelle à l'égard des membres absents du groupe ne devait pas constituer un obstacle à la reconnaissance et à l'exécution de la décision de *class action*. Cependant, cette dernière avait également relevé les difficultés et les complexités pouvant être associées à la certification d'un recours collectif multi juridictionnel, obligeant les différents législateurs provinciaux à faire preuve d'une attention particulière[807].

En ce qui concerne la détermination de la loi applicable, le tribunal ne semble pas s'intéresser à la cause d'action statutaire basée sur la violation des provisions de *l'Ontario Security Act* et par suite à la question relative au champ d'application spatial de la loi boursière ontarienne. Ainsi, la question de la loi applicable au litige n'a été évoquée par le tribunal que sous l'angle de l'action en *common law* et donc sous le chapeau de la responsabilité délictuelle pour fraude de sorte qu'a été évitée l'épineuse question de l'application extraterritoriale de la loi boursière canadienne aux transactions effectuées par des demandeurs étrangers sur des marchés étrangers. Une telle question n'a pas été clairement établie en vertu de la jurisprudence canadienne en ce sens qu'il n'était pas sûr et, à supposer que cette question ait été abordée par le tribunal, que les demandeurs étrangers puissent fonder leur action sur l'application d'une loi boursière étrangère en raison notamment du tabou de l'application du droit public étranger devant les tribunaux canadiens[808].

En dépit de la vocation de plusieurs lois à s'appliquer au litige en vertu de la règle de conflit *lex loci delecti*, le tribunal, après avoir constaté la complexité d'une telle question, a décidé d'en faire l'économie en adoptant l'approche « *wait and see* »[809], qui consiste à résoudre la question de la loi applicable postérieurement à la certification[810], tout en notant que la méthode des sous-classes[811] peut être perçue comme solution potentielle[812].

Enfin, l'existence d'une autre *class action* pendante devant les tribunaux américains et comportant des demandeurs ayant acquis leurs titres sur le marché NASDAQ, parties à la procédure canadienne, n'a pas constitué un obstacle à la certification de la *class action*

---

806 *Post v. Lépine*, 2009 SCC 16, (2009) 1.S.C.R.549 (Can.).

807 *Ibid.* Selon le tribunal: « *The provincial legislatures should pay more attention to the framework for national class actions and the problems they present. More effective methods for managing jurisidictional disputes should be managed in the sprit of mutual comity that is required between the courts of different provinces in the Candian legal space* ».

808 J.-G. CASTE & J. WALKER, *Canadian Conflict of laws* 6th ed., 2005, spéc.§8.5 « *Canadian courts generally refuse to give effect to foreign laws that assert soverign power, such as antirust or regulation of competition law, securities litigation* (…) ».

809 Sur cette approche voir *infra* n°361.

810 *Silver v. Imax Corporation*, 2009 CanLII 72334 (ON SC). Ainsi, selon le tribunal: « *The appropriate approach in this litigation is to 'wait and see' how the conflict of laws issues may develop* ».

811 Sur cette approche voir *infra* n°363.

812 *Silver v. Imax Corporation*, 2009 CanLII 72334 (ON SC).

par le tribunal ontarien. Afin de justifier sa décision, consistant à ne pas prendre en compte la procédure pendante devant les tribunaux américains, la juge Van Rensburg s'est notamment fondée sur la mauvaise foi de la société *Imax* qui alléguait tout et son contraire. Alors que devant les tribunaux américains, cette dernière alléguait qu'il était préférable de poursuivre le procès devant les tribunaux canadiens, demandant ainsi aux juridictions américaines de refuser la certification de la classe[813], la société se prévalait de la procédure américaine devant les tribunaux canadiens afin d'exclure les demandeurs ayant acquis leurs titres sur le NASDAQ[814].

En faisant l'économie ou en reléguant au second rang les problèmes de droit international privé, la certification par le tribunal ontarien d'une *class action* globale témoigne de la volonté des tribunaux canadiens de jouer un rôle régulateur en la matière. Par ailleurs, le fait que Justice Van Rensburg ait accepté, suite à la transaction intervenue aux États-Unis entre les investisseurs et *Imax*, de modifier de manière postérieure la décision de certification en excluant de la définition de la classe les investisseurs ayant acquis leurs titres sur le marché NASDAQ, ne change en rien cette nouvelle donne[815]. En effet, à supposer qu'aucune transaction n'ait été conclue aux États-Unis, la procédure canadienne de *classe action* aurait tout de même été mise en oeuvre concurremment avec la procédure américaine donnant lieu, soit à une transaction globale, soit à un jugement bénéficiant à tous les investisseurs dont 85 pour cent, n'étaient pas domiciliés Canada, et dont le dommage résultait d'opérations effectuées sur des marchés étrangers.

217. ***Transition.*** Il apparaît clair avec les développements qui précèdent que « *la concurrence des ordres juridiques* » en matière d'actions de groupe et les approches casuistiques adoptées par les tribunaux désirant attirer le contentieux sur leur sol, notamment en ce qui concerne la question de la compétence juridictionnelle, constituent une source d'insécurité pour les plaideurs. Cet état de fait est de nature à favoriser l'éclatement du contentieux de masse international, allant à l'encontre de la méthode de l' « unité » de l'action de groupe. Cependant, ces incertitudes ne se présentent pas seulement au moment de la détermination du for compétent. En effet, la certification d'une action de groupe présentant des éléments d'extranéité n'est pas sans difficultés et les divergences entre les approches des tribunaux impliqués dans la résolution du contentieux de masse international est source d'insécurité et d'imprévisibilité juridique pour les plaideurs.

Section II : Les difficultés liées à l'ouverture d'une action de groupe internationale

218. Les incertitudes liées à la globalisation du contentieux international des actions de groupe ne se limitent pas à la détermination du for compétent. L'expérience américaine a montré que l'exercice de la compétence juridictionnelle en vue de certifier une action

---

813 *In re Imax Sec. Litig.,* 272 F.R.D.138 (S.D.N.Y.2010).
814 *Silver v. Imax Corporation,* 2009 CanLII 72334 (ON SC).
815 *Ibid.*

de groupe internationale est susceptible de soulever des questions d'ordre régulatoire, sources de tensions entre les ordres juridiques **(§1)**. Mais, au-delà des considérations d'ordre régulatoire, la certification d'une action de groupe internationale soulève des questions épineuses de droit international privé, comme nous l'enseigne l'expérience américaine en matière de *class actions* internationales **(§2)**.

§1- Les questions d'ordre regulatoire soulevées par l'ouverture d'une action de groupe internationale : l'exemple des *class actions* internationales

219. S'il est souhaitable que le contentieux de masse soit concentré devant un for unique, conformément à la méthode de l' « unité » de l'action de groupe, l'expérience a cependant montré que des préférences d'ordre national peuvent influencer les modalités d'exercice de la compétence juridictionnelle dans le cadre d'un contentieux de masse international. Si la délocalisation du contentieux international des actions de groupe devant le for américain nous a laissé croire que les tribunaux américains ont voulu mobiliser leurs ressources judiciaires et économiques au service des victimes des dommages de masse globaux, la dimension politique et économique de l'exercice de sa compétence juridictionnelle par le for américain n'est pas à négliger **(I)**. La schizophrénie des tribunaux américains dans l'exercice de leur compétence juridictionnelle selon que les intérêts économiques et politiques du for américain étaient ou pas en jeu, a été source de tension avec les autres ordres juridiques ayant des liens avec le litige **(II)**.

I- Le recours au *forum non conveniens* sous-tendu par des considérations d'ordre politique et économique

220. Des interrogations quant au rôle régulateur des tribunaux américains en matière de redressement des dommages de masse globaux. Usant de la pratique du *forum non conveniens*, l'exercice de la compétence juridictionnelle par les tribunaux américains s'est établi de manière discrétionnaire dans le cadre des litiges de masse transfrontaliers. En effet, les tribunaux américains ont refusé à plusieurs reprises de se déclarer compétents lorsqu'ils étaient saisis par des victimes d'accidents industriels, même lorsque ceux-ci étaient provoqués par des activités délocalisées de leurs multinationales installées sous forme de filiale dans les pays d'accueil[816]. Pourtant, il existait dans ces affaires un contact minimum entre le défendeur et les États-Unis et l'exercice de la compétence juridictionnelle internationale était de plus, conforme aux exigences constitutionnelles de l'équité procédurale, telles que consacrées par la jurisprudence américaine»[817].

---

816 Parmi plusieurs affaires on peut ainsi citer : *Gas Plant Disaster at Bhopal*, India in Dec., 1984 (*Union Carbide I)*, 634 F. Supp. 842, 848 (S.D.N.Y. 1986), aff'd as modified, 809 F.2d 195 (2d Cir. 1987); *Torres v. Southern Peru Pepper*, 965 F. Supp.899 (SD Tex.,1996); *Flores v. Southern Peru Copper Corp.*, WL 1587224 (SDNY, 2002).

817 D. BUREAU et H. MUIR WATT, *Droit international privé*, t 1, *op.cit.*, spéc. n°68, p .93.

Un tel refus est de nature à susciter de véritables interrogations sur le rôle attribué par certains auteurs aux tribunaux américains dans le redressement des dommages globaux [818]et ce, de manière encore plus surprenante que le recours au *forum non conveniens* était opéré alors même que les litiges mettaient en jeu des défendeurs intégrés économiquement et politiquement aux États-Unis[819]. Ainsi, il nous semble que dans ces litiges, le droit international privé des États-Unis ainsi que le système américain de *private enforcement,* n'ont pas été mis à la disposition de la communauté internationale en vue de la réalisation des objectifs partagés par l'ensemble des Etats formant la communauté internationale[820], mais plutôt instrumentalisés au service des intérêts des entreprises multinationales implantées aux États-Unis et dont les revenues dans les pays d'accueil, profitaient directement à ce pays[821].

Un certain nombre de contentieux de masse porté devant les juridictions américaines a montré comment le recours au du *forum non conveniens* sert à immuniser les industries du for américain pour les dommages de masse résultant de leurs activités délocalisées[822]. Cette immunité est alors propice au développement des hypothèses de sous-régulation, et notamment parce que l'inefficacité procédurale des systèmes juridiques des pays d'accueils les rendent inaptes à donner des solutions satisfaisantes aux victimes dans le cadre des litiges de masse[823].

Précisions à cet égard, qu'un phénomène semblable est en train de se produire aux Royaume Uni. Ainsi, dans une série d'affaires, le for anglais a décliné sa compétence juridictionnelle sur la base du *forum non conveniens* et a refusé d'accueillir les actions collectives engagées par des victimes étrangères à l'encontre des sociétés anglaises en raison des activités de leurs filiales dans les pays en voie de développement[824].

221. La non-pertinence des arguments justifiant le désengagement des tribunaux américains de la réparation des dommages de masse globaux. Puisque les victimes saisissaient les tribunaux américains en raison des avantages procéduraux offerts par le système américain, l'argument de la lutte contre le *forum shopping* a été avancé par certains auteurs pour justifier le refus des tribunaux américains d'exercer leur compétence juridictionnelle dans des litiges de masse résultant des activités délocalisées des sociétés américaines[825]. Même s'il est vrai que les victimes se livraient à une stratégie procédurale consistant à choisir le for qui leur paraissait le plus favorable, il n'en reste

---

[818] Voir *supra* n°154.

[819] Etant donné que le for est l'Etat du siège de la société mère.

[820] Voir *supra* n°154.

[821] H. MUIR WATT, « Aspects économiques du droit international privé », *RCADI 2004,* t 307, p 25, spéc. n°241, p. 293.

[822] H. MUIR WATT, « Aspects économiques du droit international privé », *RCADI 2004,* t 307, p 25, spéc. n°246, p. 302.

[823] H. MUIR WATT, « Aspects économiques du droit international privé », *RCADI 2004*, t 307, p 25, spéc. n°241, p. 294.

[824] Sur l'ensemble de ce contentieux voir : H. MARANGOS, « International Mass Litigation in the UK » in W. H. VAN BOOM et G. WAGNER (eds), *Mass Torts in Europe: Cases and Reflections*, p. 95 ; P. TANSLEY, South African Sillicosis Litigation in London. A Case Study », in W. H. VAM BOOM et G.WAGNER (eds), *op.cit.*, p. 105.

[825] R. J. WEINTRAUB, « When and How to Demagnetise Magnet Forums », 12 K. C. L.J.195 (2001).

pas moins qu'un tel choix n'était pas, en soi, répréhensible puisqu'il ne s'agissait en aucun cas d'une exploitation délibérée sans lien significatif avec le for américain. Cela est d'autant plus vrai que les tribunaux américains n'ont pas hésité à retenir leur compétence juridictionnelle dans des litiges mettant en jeu des sociétés étrangères et particulièrement européennes, en matière antitrust et en matière de fraude boursière, alors même que le litige ne présentait que des liens ténus avec les États-Unis.

Il pourrait également être invoqué l'argument selon lequel le refus des tribunaux américains d'exercer leur compétence juridictionnelle aux dommages causés par les activités délocalisées de leurs multinationales se justifie par le souci d'éviter toute intrusion américaine dans la régulation des actes qui se sont produits à l'étranger, et spécialement dans des affaires politiquement sensibles[826]. A supposer qu'un tel argument soit pertinent, le consentement des gouvernements des pays impliqués dans le litige devrait alors neutraliser tout argument tiré de l'intrusion politique de l'Etat du for dans la sphère de l'Etat du lieu du dommage. Mais il n'en est rien. Même dans les hypothèses où un tel consentement avait été accordé comme par exemple lorsque l'Etat concerné plaidait l'incapacité de ses tribunaux à régler les conséquences de l'accident, la position de la jurisprudence américaine est restée inchangée quant à son refus d'exercer sa compétence juridictionnelle[827].

En matière de contentieux de masse impliquant les violations des droits de l'homme, il était possible de croire que le *forum non conveniens* serait exclu après la réutilisation de l'*ATA*. Le recours à ce mécanisme impliquait un désintéressement du sort des victimes ayant subi un dommage résultant des activités délocalisées des entreprises[828]. Mais il n'en a rien été. Même si le recours à ce mécanisme n'a pas été explicite par la jurisprudence américaine, la condition de l'épuisement des voies de recours dans le pays du défendeur[829] pour les besoins de l'exercice par le for américain de sa compétence juridictionnelle comme nous l'enseigne l'arrêt *Kiobel* ne peut être analysé que comme instaurant un raisonnement similaire au *forum non conveniens*.

L'ensemble de ces développements montre bien que la théorie dite de « *Transnational Regulatory Litigation* », telle qu'avancée par Madame Buxbaum[830], est à manier avec grande prudence. Alors que dans des affaires qui ne touchaient pas directement les intérêts économiques et politiques des États-Unis, le juge américain a accepté d'ouvrir son prétoire de *class action* pour indemniser les victimes étrangères pour des dommages

---

826 Ainsi dans l'affaire *Bhopal*, le juge fédéral américain a considéré que l'affaire relevait de la responsabilité politique du gouvernement indien.

827 Dans l'affaire *Bhopal*, le gouvernement Indien avait représenté les victimes dans leurs demandes en réparation aux États-Unis, tout en plaidant l'incapacité des tribunaux indiens à régler les conséquences de l'accident.

828 P. I. BLUMBERG, « Asserting Human Rights against Multinational Corporations under United States law: Conceptual and Procedural Problems », 50 Am Jour. Compa.Law 493 (2002); A. K. SHORT, « Is the Alien tort Act Sacrosanct? Retaining *Forum Non Conveniens* in Human Rights Litigation », 33 N.Y.U.J.INT'I L. & Pol.1001 (2000-2001); H. MUIR WATT, « Aspects économiques du droit international privé», *RCADI 2004*, t 307, p 25, spéc. n°258, p.319.

829 H. MUIR WATT, « Les enjeux de l'affaire Kiobel : Le chaînon manquant dans la mise en œuvre de la responsabilité des entreprises multinationales en droit international public et privé », *TCFDIP*, 2010-2012, p. 233, spéc. p. 238.

830 Voir *supra* n°154.

résultant de transactions effectuées sur un marché étranger par des sociétés étrangères, le recours au *forum non conveniens* par les tribunaux américains, pour refuser d'exercer leur compétence dans des litiges touchant pourtant directement les intérêts politiques et économiques de leur pays, constitue la négation même de cette théorie et génère par la même occasion une situation de sous-régulation. Pourtant, l'ouverture de leurs prétoires dans le cadre de dommages de masse résultant des transactions effectuées à l'étranger par des sociétés étrangères[831], donnait l'impression dans un premier temps que le système américain s'était engagé envers la communauté des Etats à redresser les dommages de masse globaux.

II- La certification d'une action globale et les tensions avec les autres ordres juridiques ayant des liens avec le litige

222. **La dimension régulatoire du contentieux international des actions de groupe**. Si la méthode de Madame Buxbaum[832] permet la concentration du contentieux de masse international devant le for américain, force est de constater cependant, qu'une telle méthode a été élaborée à l'heure où le système américain de *class action* était considéré comme étant le pionner dans la régulation du contentieux de masse international. Ainsi, la saisine du juge américain en vue d'attraire un défendeur étranger par des victimes étrangères, pour des dommages subis en raison d'une transaction effectuée sur un marché étranger (et donc présentant parfois des liens ténus avec le for), pouvait être justifiée tant par la déficience procédurale des autres systèmes juridiques ayant un lien avec le litige (notamment l'absence de procédure de *class action*), que par le fait que les réclamations des victimes reposaient sur la violation d'une norme partagée par la communauté des Etats.

Toutefois, il est possible de se demander si un tel raisonnement n'aurait pas pour conséquence d'ignorer la dimension substantielle que revêt la *class action* américaine. En acceptant d'exercer leur compétence juridictionnelle, l'intervention des tribunaux américains n'aura pas pour simple effet l'indemnisation des victimes. Elle aura également pour effet d'imposer le système américain de sanction et de régulation basé sur le *private attorney general*[833]. En d'autres termes, même si les différents Etats s'entendent sur la finalité de la norme dont la violation est alléguée, cela ne signifie pas pour autant que ces derniers s'accorderont sur le modèle selon lequel cette norme doit être mise en œuvre. Ainsi, nombreux sont les Etats qui restent attachés au modèle institutionnel traditionnel, qui veut que la régulation des marchés s'opère principalement par l'intervention d'organes administratifs[834].

---

831 Voir *supra* n°119 et suiv.

832 Voir *supra* n°164.

833 Sur cette notion voir, *supra* n°4.

834 Ainsi, dans son *amicus curiae* soumis auprès de la Cour suprême américaine dans le cadre de l'affaire Morrison (*Morrison v. Nat'l Austl.Bank Ltd.*, 130 S.Ct.2869 (2010) (No.08-1191), le gouvernement français avait considéré : « *France has its own reticulated regime of securities regulation and enforcement that rests on legal traditions and policy judgments that are of fundamental importance to France, are shared with many countries, and differ in important respects from those of the United States. Among the differences are a greater role for government as opposed to private regulation and enforcement, as reflected in the reliance on public actions (l'action publique) rather than private class actions* (….). » Voir

Pour mieux comprendre la dimension régulatoire de ce conflit, raisonnons à partir d'un exemple pratique. Supposons que les effets d'un cartel international, dont plusieurs sociétés européennes font partie, aient été ressentis aussi bien sur le marché américain que sur le marché européen. Supposons maintenant que les acheteurs français alors victimes de ce cartel, engagent une *class action* aux États-Unis à l'encontre d'une société française, membre de ce cartel. Si les dispositions substantielles, aussi bien aux États-Unis qu'en France, présentent en effet une équivalence substantielle (la prohibition des cartels), il n'en est pas de même de leur politique de régulation, et plus précisément de leur système de sanction correspondant à la violation de cette norme[835]. La France rejette par exemple le principe de *treble damages* et le gouvernement français aura alors un intérêt à intervenir afin de protéger ses sujets de droit contre l'excès des dommages et intérêts qui peuvent être prononcés. En outre, la politique française de redressement des cartels se caractérise par des programmes de clémence[836]. Face à de telles divergences, il convient alors de se demander pourquoi il appartiendrait au for américain d'imposer son modèle de régulation au détriment du for français qui présente bien plus de liens avec le litige[837].

Par ailleurs, le fait que la plupart des systèmes juridiques possède aujourd'hui une action groupe rendant désormais possible les actions en dommages et intérêts a été interprété par Madame Buxbaum comme étant de nature à renforcer la légitimité de la méthode de « *Transnational Regulatory Litigation* », plus précisément, l'exercice par le for américain de sa compétence juridictionnelle au profit de la communauté des Etats car,

---

d'une manière plus générale : H. BUXBAUM, « Jurisdictional Conflict in Global Antitrust Enforcement », 16 Loy. Consumer L. Rev. 365(2004), spéc. p. 371. Voir dans le même sens: U.S. Department of Justice & Federal Trade Commission, « Antirust Enforcement Guideline for International Operations », consultable sur : http://www.justice.gov/atr/antitrust-enforcement-guidelines-international-operations, considérant que : « *Different enforcement methods may create conflict even in the absence of conflicts as to underlying regulatory policy* ».

835 Ainsi, dans son *amicus Brief* présenté devant la Cour Suprême américaine dans l'affaire *Morisson* (*Brief of the United Kingdom of Great Britain & Northern Ireland as Amicus Curiae Supporting Respondents, Morrison v. Nat'l Austl. Bank Ltd., 130 S. Ct. 2869 (2010*), le gouvernement anglais n'a pas pu démontrer l'existence d'un conflit substantiel entre la loi fédérale américaine et la loi anglaise. Cependant, ce dernier a insisté sur l'existence d'un conflit de régulation concernant la manière de la mise en œuvre de la norme violée. Ainsi, le gouvernement anglais a-t-il constaté que la mise en œuvre de la norme violée exclusivement par le biais du *private enforcement* instaurée par la *class action* constitue des « *substantial differences reflecting legitimate policy choices* » et que « *the panopoly of procedural rules and remedies that accompany litigation in federal courts under U.S. securites Laws creates a very different environment for the commencement, prosecution, and settlement of lawsuits that exist in other jurisdictions*».

836 Ainsi, dans l'affaire *Morrison*, le juge Scalia semble adopter un tel raisonnement, puisqu'il avait considéré: « *The regulation of other countries often differs from ours as to what constitutes fraud, what disclosures must be made, what damages are recoverable, what discovery is available in litigation, what individual actions may be joined in a single suit, what attorney's fees are recoverable, and many others matters* » (*Morrison v. National Australia Bank*).

837 Une telle opposition s'est manifestée également dans le cadre des *class action* engagées sur le fondement de l'*ATA*. Ainsi, dans l'affaire *Doe.v. Unocal*, l'Allemagne, le Canada, le Royaume-Uni et la Suisse ont déposé des requêtes demandant le rejet de l'action engagée devant les tribunaux américains, soutenant que les faits ayant donné naissance au litige avaient eu lieu en Indonésie, ce qui mettait en jeu la légitimité de l'exercice par le for américain de sa compétence juridictionnelle. (*Doe v. Unocal*, case 654 F.Supp 880 (CD Cal 1997). Aussi, dans le cadre de l'affaire *Kiobel* les deux gouvernements anglais et hollandais ont déposé deux *amicus briefs* condamnant la pratique des juges américainsconsistant à méconnaitre la souveraineté des autres Etats lorsqu'ils acceptaient de statuer sur des litiges mettant en jeu des parties étrangères et n'ayant aucun lien avec les Etats-Unis. (*Brief of the Governments of the UK and the Netherlands as Amicus Curiae in Support of Neither Party*, spéc. p. 24, *Kiobel v.Royal Dutch Petroleum* Co., 132 S.Ct.1659 (2013).

au-delà de l'identité de la norme partagée, la mise en œuvre d'une telle norme, présente un autre dénominateur commun entre les différents systèmes juridiques[838].

A notre sens, une telle interprétation est une arme à double tranchant. Il est vrai que la pénétration du modèle *private attorney général* en Europe peut être interprétée dans le sens d'une convergence entre les deux systèmes de régulation européens et américains. Cependant, on peut se demander pourquoi est-ce qu'il reviendrait au for américain de juger l'affaire au détriment des autres fors présentant eux aussi des liens avec le litige[839]. En outre, s'il est vrai que la pratique de *private attorney général* se développe actuellement en Europe et au sein d'un grand nombre de systèmes juridiques[840], il n'existe pas à notre sens, une identité fonctionnelle complète entre les deux systèmes. A titre d'exemple, certaines actions de groupe ne sont que des actions consécutives ou de suivi (*follow on*), à l'instar de l'action de groupe française en matière de droit de la concurrence. Celle-ci ne peut être engagée qu'à la suite d'une décision prononcée par les autorités ou les juridictions nationales compétentes à l'encontre du professionnel, ou à la suite d'une décision de l'Union européenne constatant les manquements. D'autre part, plusieurs systèmes juridiques restent sceptiques quant aux caractéristiques du système américain qui fonctionnent de pair avec les procédures de *class action*, à l'instar de la procédure de *Discovery* et des dommages et intérêts punitifs[841] dont la mise en œuvre peut aboutir régulièrement à des tensions régulatoires avec les autres ordres juridiques intéressés.

Un tel scénario est illustré par l'affaire des vitamines[842]. Une demande de *Discovery*, formulée dans le cadre d'une *class action* engagée devant les tribunaux américains, était incompatible avec le programme de clémence mis en œuvre par la Commission européenne, dont l'efficacité repose justement sur la protection des documents[843].

---

838 H. L. BUXBAUM, « Transnational Regulatory Litigation », 46 VA. J. INT'L. 251 (2006), spéc. p.295.

839 Un tel argument a été avancé, quoiqu'indirectement par le gouvernement Australien dans le cadre de son *amicus brief* présenté devant la Cour Suprême américaine dans l'affaire *Morrison.* Le Gouvernement avait considéré: « *The Australian regulatory regime includes a number of specific provisions authorizing private civil actions in federal and state courts for misleading disclosures and other infringements of the securities law. Australia, unlike most countries outside of North America, has authorized opt out class actions by a statute and a significant number of class actions alleging infringements of the securities laws have been brought* » (*Brief of the Government of the Commonwealth of Australia as amicus curiae in support of the defendants Morrison v. Nat'l Australia Bank ltd*, 130 S. Ct. 2869 (2010)) (Australia brief).

840 Ainsi, à titre d'exemple, le système de régulation australien se base sur une certaine complémentarité entre la *class action* et l'action de *L'Australian Securities and Investment Commission* (ASIC). Dans son *amicus brief* présenté devant la Cour suprême américaine, le gouvernement australien avait clairement indiqué qu'il revenait aux autorités australiennes de déterminer comment la mise en œuvre de la norme violée doit s'opérer. Voir à cet égard: T. A. DUBBS, « *Morrison v. National Australia Bank* : The US Supreme Court Limits Collective Redress for Securities Fraud » , *in Extraterritoriality and Collective Redress, op.cit.,* spéc. n° 18.35, p. 345.

841 Voir dans ce sens: C. A. JONES, « Exporting Antitrust Courtrooms to the World: Private enforcement in a Global Market », 16 Loy. Consumer L. Rev. 409(2004), spéc. p. 415.

842 *In re Vitamins Antitrust Litigation*, No. M 07-1827 SI, 2011 WL 723571 (ND cal, 2011).

843 Dans cette affaire, la Commission européenne est intervenue devant les tribunaux américains en tant qu'*amicus curiae* pour s'opposer à la demande de *Discovery* formulée dans le cadre de la *class action* engagée par les victimes devant les tribunaux américains invoquant aussi bien *l'investigatory privilège* qui protège les enquêtes effectuées par l'autorité de la concurrence de toute divulgation que le principe de la courtoisie internationale. Le rejet de ces arguments par les tribunaux américains montre bien les tensions qui peuvent exister entre les ordres juridiques intéressés par la résolution d'un litige de masse transfrontalier (*In re Vitamins Antitrust,* No. M 07-1827 SI, 2011 WL 723571 (ND cal, 2011)).

Bien que nous adoptions le parti-pris de la théorie de « *Transantional Regulatory Litigtion* » pour les résultats auxquels elle permet d'aboutir - précisément parce qu'elle permet la concentration du contentieux de masse devant un for unique, offrant la possibilité d'appréhender dans sa globalité le dommage de masse -, nous pensons toutefois que l'exercice précisément de la compétence juridictionnelle devrait s'effectuer selon des chefs de compétences précis qu'il conviendra de déterminer. C'est ce que nous proposerons dans notre troisième chapitre.

223. ***Transition.*** Au-delà des tensions régulatoires que suscite la certification d'une action de groupe internationale entre les différents ordres juridiques ayant des liens avec le litige de masse, la certification d'une action de groupe par le for soulève un certain nombre de questions de droit international privé qu'il convient à présent d'exposer.

§2 Les difficultés en termes de droit international privé liées à l'ouverture d'une action de groupe internationale

224. A supposer qu'un tribunal ait retenu sa compétence juridictionnelle en vue de certifier une action de groupe globale, une telle entreprise n'est pas sans difficultés. Contrairement à un litige individuel, la question de la compétence juridictionnelle ne se pose pas uniquement à l'égard du litige ou du défendeur, mais également au regard des différents membres de la classe, ce qui constitue un nouveau facteur de complication **(I)**. Par ailleurs, la vocation de plusieurs lois à s'appliquer au litige semble influencer la question de l'exercice de la compétence juridictionnelle par le tribunal ouvrant une action de groupe et peut constituer un obstacle à la certification d'une action de groupe internationale **(II)**.

I- Les incertitudes concernant les conditions d'exercice de la compétence juridictionnelle à l'égard des membres de la classe

225. Les conditions d'exercice de la compétence juridictionnelle personnelle envers les membres absents du groupe ont fait l'objet de divergences entre les tribunaux canadiens et les tribunaux américains **(A)**. La délicatesse de cette question a été telle que la prise en considération du droit international privé étranger a constitué une étape préalable à l'exercice par le for certifiant, de sa compétence juridictionnelle à l'égard des membres étrangers absents, comme nous le montre l'expérience américaine **(B)**.

A- Les hésitations quant aux conditions de l'exercice de la compétence juridictionnelle personnelle à l'égard des membres étrangers de la classe

226. **La question du statut des membres étrangers de la classe au regard de la question de la compétence juridictionnelle**. La question de l'inclusion de membres étrangers dans une action de groupe internationale a soulevé des difficultés, notamment lorsque l'action de groupe certifiée repose sur un mécanisme d'*opt out*. Alors que la jurisprudence américaine a refusé d'assimiler le statut des membres de la classe résidant à l'étranger, à celui des défendeurs pour les besoins de l'exercice de la compétence juridictionnelle, une position contraire a été adoptée par la jurisprudence canadienne. Cette question sera explorée en détail dans notre deuxième partie relative à la circulation d'une action de groupe internationale[844]. Nous nous contenterons de dire ici, à cet égard, que ces hésitations quant au statut des demandeurs absents étrangers sont une source d'imprévisibilité aussi bien pour les demandeurs à la classe que pour les défendeurs.

B- La prise en considération des règles de droit international privé étrangères dans le cadre de l'exercice de la compétence personnelle à l'égard des membres absents de la classe

227. **La prise en considération des règles de droit international privé étrangères par les tribunaux américains**. Les tribunaux américains ont conditionné l'inclusion des membres étrangers dans une action de groupe internationale, à la reconnaissance de la décision de *class action* dans le pays de résidence des membres étrangers. Car si les demandeurs étrangers inclus dans la procédure conformément à la technique de l'*opt out* et insatisfaits de la décision de *class action*, sont en mesure d'intenter de nouvelles actions en dépit du jugement américain de *class action*, les objectifs fondamentaux d'une *class action*, tels que l'économie judiciaire, la prévisibilité des solutions – particulièrement pour les défendeurs- [845], et la résolution globale du litige seront largement méconnus et la condition de *superiority* ne sera alors pas satisfaite. La méthodologie adoptée par les tribunaux américains qui consiste à interroger les règles de droit international privé des différents ordres juridiques impliqués dans une *class action* internationale, était inspirée par une volonté de coordination entre les différents ordres juridiques afin d'empêcher la naissance de situations juridiques boiteuses. Cependant, en l'absence de critères prédéfinis qui permettent aux tribunaux américains d'évaluer les chances de circulation d'une *class action*, la méthodologie est loin d'établir une prévisibilité des solutions, de sorte que son application a été source d'une grande insécurité juridique.

Dans certaines affaires, la jurisprudence américaine a considéré qu'une simple possibilité de non-reconnaissance (« *merely possible* ») ne suffisait pas à exclure les demandeurs étrangers et qu'il fallait une quasi-certitude (« *near certainty* »)[846]. Alors que dans d'autres affaires, la certification d'une *class action* internationale a été sous-tendue par

---

[844] Voir notre chapitre relatif à la reconnaissance et l'exécution d'une décision issue d'une action de groupe internationale.

[845] Du côté du défendeur, on invoque cette idée paix juridique (*legal peace*) : le défendeur ayant accepté de trancher un litige lui opposant à une masse de demandeurs par le biais d'une seule procédure, il ne serait donc pas concevable qu'il fasse l'objet de nouvelles poursuites individuelles concernant le même litige initié par les mêmes demandeurs.

[846] *Bresch .v.Drexel Firestone, Inc*, 519 F.2d 974 (2d.Circ.1975), spéc.n°996: «*The management of a class action with many thousands of class members imposes tremendous burdens on overtaxed district courts, even when the class members are mostly in the United Stated and still more so when they are abroad. Also, while an American court need not abstain from entering judgment simply because of a possibility that a foreign court may not recognize or enforce it, the case stands differently when this is a near certainty*», Voir dans le même sens: *Cromer Finance Limited v.Berger*,205 F.R.D.113(S.D.N.Y.2001)

le fait qu'il était peu probable (« *unlikely* ») que des nouvelles actions individuelles soient intentées dans les pays ou le défendeur possède des biens[847]. Et même lorsque le même critère a été adopté par les tribunaux en vue d'analyser la condition de *superiority*[848] pour les besoins de certification d'une *class action* internationale, les divergences d'interprétation ont été à l'origine des solutions contradictoires, comme le témoignent bien les deux affaires *Vivendi* et *Alstom*[849].

II- La vocation de plusieurs lois à s'appliquer au litige : obstacle à la certification d'une *class action* internationale ?

228. **L'interdépendance entre la question de la compétence juridictionnelle et celle de la loi applicable dans le cadre d'un contentieux international de *class action*.** Alors que la question de la compétence juridictionnelle est en principe séparée de la question de la loi applicable, la globalisation du contentieux international des actions de groupe a dévoilé une certaine interaction entre les deux questions. Il apparaît que les solutions de conflits de lois peuvent exercer une influence sur l'exercice de la compétence juridictionnelle dans le cadre de la certification d'une action de groupe internationale.

Ainsi, aux États-Unis, la vocation de plusieurs lois substantiellement différentes à s'appliquer au fond du litige peut rendre difficile la satisfaction des conditions de certification énumérées par la règle 23 (b) des règles de procédure fédérale américaine[850]. Il en est ainsi de la condition de *commonality* selon laquelle, la classe doit être composée par des membres confrontés aux mêmes questions de droit et de fait ; de la condition de *predominance* qui requiert la satisfaction d'une certaine cohésion entre les membres de la classe, justifiant leur regroupement au sein d'une seule procédure ; de la condition de *manageability* dans laquelle est également intégrée la condition de prédominance et selon laquelle la procédure doit être facilement gérable ; et enfin de la condition de *superiority* selon laquelle la *class action* doit constituer le mode de résolution du litige le plus avantageux[851].

---

847 *In re Turkcell Iletisim Hizmetlerie A.S.Securities Litigation*, 209 F.R.D.353 (S.D.N.Y.2002)

848 Sur cette notion, voir *supra* n°25.

849 Dans le cadre de l'affaire *Vivendi*, le juge Holywell de la cour de District de New York avait considéré que la condition de supériorité est remplie si les demandeurs réussissent à prouver que l'efficacité du jugement de *class action* en dehors des États-Unis est plus probable que son refus (« *more likely than not* »). En se basant sur cette analyse, la cour avait ainsi inclu dans la classe, les demandeurs absents français, anglais et néerlandais et a exclu de celle-ci les demandeurs allemands et autrichiens parce que ces derniers n'ont pas été capables de prouver que la reconnaissance de la décision de *class action* américaine dans leurs pays serait plus probable que son refus. Concernant le droit français et la possibilité de reconnaître un jugement rendu à l'issue d'une *class action* par les tribunaux français, la cour avait considéré que la procédure de *class action* n'est pas si contraire à l'ordre public français et qu'un jugement rendu à l'issue de cette procédure ne sera pas considéré comme portant atteinte aux principes de la justice universelle ou à l'ordre public international. Bien que le critère mis en avant par la jurisprudence *Vivendi* ait été repris dans le cadre de l'affaire *Alstom*, la solution adoptée a été différente dans le cadre de la seconde affaire : en excluant les demandeurs français de la classe, le tribunal arriva à une conclusion paradoxalement différente de celle consacrée par la jurisprudence *Vivendi*.

850 G. G. YORK-ERWIN, « The Choice of Law Problem(s) I the Class Action Context», 84 N.Y.U.L.Rev.2009.1793, spéc.p. 1799.

851 Voir *supra* n°24 et suiv.

229. La vocation de plusieurs lois à s'appliquer au litige et la condition de prédominance aux États-Unis. C'est principalement au regard du critère de *predominance* [852]que les tribunaux américains ont refusé de certifier des *class actions* présentant des éléments d'extranéité, et ont refusé par voie de conséquence d'exercer leur compétence juridictionnelle en vue de la résolution globale d'un litige de masse international[853].

Bien que la jurisprudence américaine ne requière généralement pas, pour les besoins de la certification d'une action de groupe, que tous les membres de la classe soient dans la même situation au regard de toutes les questions de droit, elle requiert toutefois que leurs demandes ne soient pas en conflit. Ainsi, la vocation de plusieurs lois à s'appliquer au litige pouvant rendre complexe la satisfaction de la condition de *predominance* [854]. Cela sera d'autant plus vrai lorsque les lois en présence sont des lois étrangères, la résolution des conflits de loi étant encore plus complexe[855].

Il convient de noter à cet égard, que la nature du litige ainsi que le critère de rattachement retenu par la règle de conflit peuvent faciliter ou complexifier la certification d'une *class action* internationale. Ainsi, lorsque la règle de conflit de loi désigne une loi étrangère pour s'appliquer à l'ensemble du litige, le juge américain se déclare le plus souvent incompétent en se fondant sur la doctrine du *forum non conveniens*[856], avant même de se prononcer sur la décision de certification. Bien que cette circonstance ne soit pas en elle seule décisive, la jurisprudence américaine lui accorde cependant un poids relativement important[857]. Par ailleurs, la tâche est encore plus simple lorsque le juge américain fait l'économie de la méthode conflictuelle et applique une loi de police américaine à l'ensemble du litige. Ainsi, dans le cadre des *class actions* intentées pour violation des réglementations de droit économique, la jurisprudence américaine n'a pas hésité à appliquer les lois fédérales boursières ainsi que les lois antitrust américaines à l'ensemble du litige, y compris aux transactions intervenant sur des marchés étrangers[858]. En outre, les *class action* intentées pour violation des droits de l'homme ne posent pas de difficultés en ce sens que les juges américains n'appliquent pas, dans cette hypothèse, leurs lois substantielles mais le droit international coutumier[859].

Une étude des règles de conflit de lois américaines révèle que c'est en matière de responsabilité délictuelle, et plus précisément en matière de responsabilité du fait des

---

852 Sur ce critère voir *supra* n°25.

853 Voir d'une manière générale, D. Marcus Erie, « The Class Action Fairness Act, and Some Federalism Implications of Diversity Jurisdiction», 48 WM. & MARY L. REV. 1247 (2007), spéc.p. 1305 et suiv.

854 Voir ainsi: *Amchem Product, Inc. v. Windsor*, 521 U.S.591 (1997); *Costano v. American Tobbaco*, 84 F.3d,734 (5th Circ.1996) où la Cour avait considéré : « *In a multistate class action, variations in state law may swamp any common issues and defeat predominance* ».

855 A. PINNA, « Les groupes internationaux de sociétés face aux class actions américaines », in X. Boucobza et G. Mecarelli (éd.), *Groupes Internationaux de sociétés : nouveaux défis, nouveaux dangers, op.cit.*, spéc. p. 25.

856 *Gulf Oil Corp. v. Gilbert*, 330 U.S.501 (1947); *Piper Aircraft Co. v. Renyo*, 454 U.S.235 (1981).

857 Voir à titre d'exemple : *Sussman v. Bank of Isreal*, 801 F. Supp.1068 (S.N.D.Y.1992).

858 Conformément à la doctrine des « *tests* » développés par la jurisprudence américaine. Voir *supra* n°139 et suiv.

859 W. S. DODGE, « Alien Tort Litigation and the Prescriptive Jurisdiction Fallacy », 51 Harv. Int'l L. J. 54 (2010), spéc. p. 56: « *(…) courts do not apply U.S. substantive law in ATA cases; they apply customary international law* ».

produits défectueux, que plusieurs lois auront vocation à régir une *class action*. La règle de conflit américaine désigne la loi du lieu de l'accident. Or, la dispersion des membres de la classe dans plusieurs pays aboutit à l'application des lois des différents lieux de résidence des victimes membres de la classe. C'est dans ce contexte que la certification d'une *multistate class action,* et a *fortiori* la certification d'une *class action* internationale, soulèvera le plus de problèmes. La jurisprudence américaine s'est d'ailleurs souvent montrée réticente à certifier une action de groupe dans une telle hypothèse[860].

Force est de constater cependant, qu'en dépit de l'existence d'une tendance plutôt dominante au sein de la jurisprudence américaine, consistant à refuser la certification d'une *multistate class action,* justifiée par l'application de plusieurs lois substantiellement différentes pour un même litige, certains tribunaux ont été considérés comme plus flexibles en la matière et, de ce fait, plus attractifs pour les demandeurs[861].

Le contentieux des *multistates class actions* aux États-Unis a été marqué par le développement de stratégies contradictoires. Alors que les avocats des demandeurs visaient souvent à démontrer la vocation d'une seule loi à s'appliquer au litige, ou le cas échéant, l'existence d'une équivalence entre le contenu des différentes lois applicables, les défendeurs, quant à eux, tenaient à démontrer et souvent avec succès, que les lois applicables n'étaient pas identiques, rendant la certification d'une *class action* impossible[862].

230. Une approche inconsistante par la jurisprudence américaine de la question de la vocation de plusieurs lois à s'appliquer au litige. En l'absence d'une législation expresse en matière de loi applicable aux *mutlistates class actions*, cette question a été abordée d'une manière incohérente par les tribunaux fédéraux inférieurs. Ces derniers, bien que liés par les règles de conflit de lois adoptées par les Etats fédérés, ont cependant une certaine marge d'appréciation quant à l'approche à adopter pour la certification d'une *class action* internationale au regard de la question de la loi applicable[863]. Cette marge de manœuvre explique pourquoi il existe plusieurs tendances au sein de la jurisprudence fédérale.

Une première approche connue sous la dénomination « *certify now and worry later* » a été adoptée par certains tribunaux. Il s'agit, malgré la vocation de plusieurs lois[864] à s'appliquer au litige, de certifier une *class action* en premier lieu, tout en reléguant à une phase postérieure au contentieux les difficultés que soulèvent une telle situation[865]. La jurisprudence canadienne semble faire prévaloir une telle approche. En effet, plusieurs

---

860 *Castano v. Americain Tobacco*, 84 F.3d 734 (5th Cir.1996); *Coca-Cola Bottling Co. v. Coca-Cola Co.*,95 F.R.D.168 (D. Del.1982); *Smith v.Brown &Williamson Tobbaco Corp.*,174 F.R.D.90,94 (W.D.Mo.1997).

861 L. SILBERMAN, « The Role of Choice of Law in National Class Actions », 156 U.Pa.L.Rev. 2001 (2008), spéc. p. 2025.

862 L. SILBERMAN, « The Role of Choice of Law in National Class Actions », 156 U.Pa.L.Rev. 2001 (2008), spéc. p.2003.

863 L. SILBERMAN, « The Role of Choice of Law in National Class Actions », 156 U.Pa.L.Rev. 2001 (2008), *op.cit.,* spéc. p.2007.

864 Pour plus détails concernant cette approche, voir *infra* n°358.

865 *Southern States Police Benevolent Ass'n v. FirstChoice Armor Equipment*, 41 F.R.D.85, 91 (D.Mass.2007). Ainsi, selon la cour: *« (…) the twelve jurisdictions in which warranty laws varied presented no material conflicts and that any variations in state warranty laws can be managed and modified at a later stage, if necessary »*.

procès de masse se closent sur des transactions, absorbant alors, d'une manière ou d'une autre, la question de la vocation de plusieurs lois à s'appliquer au litige[866].

Dans d'autres affaires, les tribunaux fédéraux ont considéré que la vocation de plusieurs lois à s'appliquer au litige constitue un obstacle à la certification d'une *class action,* sauf dans l'hypothèse où les demandeurs arriveraient à prouver la similarité des différentes lois en jeu[867]. Plus précisément, c'est l'impossibilité de se conformer au contenu des différentes lois applicables qui peut empêcher le for américain de certifier une *class action* internationale. Ainsi, dans le cadre de l'affaire *Air Cargo Shipping Services*[868] relative à la certification d'une *class action* internationale, le juge américain avait rejeté les allégations des défendeurs qui demandaient le refus de la certification de la *class action* en considérant qu'il n'y avait pas de véritable conflit entre la loi américaine et la loi européenne et que l'existence d'une simple divergence ou d'un conflit potentiel ne suffisait pas pour refuser la certification.

Une autre approche, consiste à créer des sous-classes regroupant les demandeurs dont les allégations sont régies par une même loi, ce qui permet de satisfaire la condition de prédominance au niveau de chacune des sous classes[869]. Enfin, d'autres tribunaux ont décidé, en dépit de la vocation de plusieurs lois à s'appliquer au litige, de soumettre l'ensemble du litige à une loi unique, telle que la loi du for[870], ou d'appréhender le litige dans sa globalité en cherchant la loi qui présente les liens les plus étroits avec l'ensemble du litige[871] ou encore d'appliquer la loi qui présente les standards de protection les plus

---

[866] V. SCOTT, « Access to Justice and Choice of Law Issues in Multi-Jurisdictional Class Actions in Canada », 43 OTTAWA L. Rev. 2012. 233, spéc. p. 246.

[867] Voir à cet égard: *Walsh v. Ford Motor Co.,* 807 F.2d 1000(D.C.Cir.1986), où la cour avait considéré que : « *The burden was on the class action plaintiffs to demonstrate that the state law variances did not present insuperable obstacles to class certification* » ; Voir aussi : *In re Rhone-Poulene Rorer Inc.,* 51 F.3d 1293 (7th Cir.1995) ; *Zandeman v. Joseph,* 102 F.R.D.924 (N.D.Ind.1984) où la vocation de la loi de résidence de chaque investisseur conformément à la règle de conflit de l'Etat d'Indiana a été considérée par la cour comme rendant la gestion de l'action collective impossible ; *Coca-Cola Bottling Co. v. Coca Cola,* 95 F.R.D.168 (D.Del.1982) , où le tribunal a refusé de certifier une *class action* en raison de la vocation d'une trentaine de lois à s'appliquer au litige.

[868] *In Re Air Cargo Shipping Services Antitrust Litigation,* 06-MD-1775 (JG) (VVP).

[869] *Muehlbauer v. General Motors Corp.,* 431 F.Supp.2d 847, 867 (N.D.Ill. 2006), spéc. n°812: « *Under these groupings, plaintiffs do not present a single nationwide class, and there is a predominance of common legal issues in each subclass. Plaintiffs have made a sufficient showing at this early stage that the litigants as grouped are governed by the same legal rules* ».

[870] *Philips Petroleum Co v. Shutts,* 472 U.S. 797, 105 S. Ct. 2965, 86 L. Ed. 2d 628, 1985 U.S.

[871] *Powers v. Lycoming Engines,* 245 F.R.D. 226, (E.D. Pa. 2007). Il s'agissait dans le cadre de cette affaire, d'une *class action* intentée par les propriétaires de plusieurs avions à l'encontre du producteur, alléguant l'existence de plusieurs vices de fabrication. Le tribunal a opté pour l'application d'une loi unique à l'ensemble du litige, la loi pennsylvanienne, qui correspond au lieu de localisation des transactions et des parties. Ainsi, selon les dires de la cour: « *After weighting the factors (…) the balance tilts in favour of applying Pennsylvania law has the most significant relationship to the transaction and the parties. It is the center of the activities that gave rise to the claims. Lycoming is a Pennsylvania manufacturer that has been sued here where it manufactured the crankshafts in engines. Lycoming issued service bulletins and instructions, communicated orally and in writing about the crankshafts and sent press releases from its headquarters in Pennsylvania and plans to replace crankshafts here. On the other hand, the contacts with the plaintiffs presumably took place in their home states where they purchased, operate, and moor their aircraft. Yet considering the mobility of a plane, it could have been purchased and transported from a state other than a plaintiffs' home state. Because Lycoming's engines are part of aircraft manufactured by others, it is unlikely that the plaintiffs purchased the aircraft in reliance of anything Lycoming may have represented. Consequently the place where the false representations were received in not a factor* ». Voir dans le même sens : *In re Simon II Litigation, No.00-5332, 2002 U.S. Dist. Lexis 25632 ; In re St. Jude Med.Inc.,* 2006, WL2943154.

élevés en matière de *class action* intervenant en matière de responsabilité du fait des produits défectueux[872].

Les affaires énoncées illustrent parfaitement l'incohérence de la jurisprudence fédérale concernant le choix de la loi applicable dans le cadre des *multistates class actions*. Les difficultés rencontrées au niveau des *multistates class action* se trouvent accentuées dans le cadre des *class actions* internationales, puisque plusieurs lois ont vocation à s'appliquer au litige. Une telle incohérence est une véritable source d'insécurité pour les parties à un contentieux de masse international.

CONCLUSION DU CHAPITRE I

231. La globalisation du contentieux de masse a engendré de nombreuses incertitudes. Parmi celles-ci, celle qui affecte la détermination du for compétent pour l'ouverture d'une action de groupe internationale. On aurait pu croire qu'en acceptant d'exercer sa compétence juridictionnelle et en appliquant extraterritorialement ses lois substantielles, le for américain, seul à posséder à l'origine un système de *private enforcement* efficace, s'était investi, au service de la communauté internationale, d'une fonction de redressement des dommages de masse aussi bien pour ceux relevant du droit international économique que pour ceux mettant en jeu des violations massives de droits de l'homme.

232. L'émergence de plusieurs for « *aimants* » à la suite de la « *concurrence entre les ordres juridiques* » a instauré un système de « *multiplicité* » d'actions de groupe, propice au développement de situations de sur-régulation et de sous-régulation. Par ailleurs, en plus de l'insécurité juridique qu'entraîne ce système, et particulièrement pour le défendeur qui risque d'être attrait indéfiniment devant plusieurs tribunaux pour un même litige, l'approche casuistique des différents tribunaux, et particulièrement des fors aimants, à propos de la question de la compétence juridictionnelle vient injecter une incertitude supplémentaire en la matière. Ainsi, pour résumer l'état actuel de la situation, il est impossible, de prévoir aujourd'hui si la résolution du contentieux international pourra un jour se concentrer devant un for unique, et par voie de conséquence, il est impossible d'établir les critères permettant de déterminer le for compétent en la matière.

233. Les incertitudes liées à la globalisation du contentieux international des actions de groupe ne se situent pas uniquement au moment de la détermination du for compétent. En effet, la dimension régulatoire et substantielle du contentieux a bien montré que l'exercice de la compétence juridictionnelle peut être influencée par des préférences d'ordre national. Ainsi, l'instrumentalisation de la compétence juridictionnelle par les tribunaux américains au service des intérêts politiques et économiques de ce for, en constitue un exemple concret. De même, l'ouverture d'une action de groupe internationale peut soulever des questions d'ordre régulatoire, sources de tensions avec les autres ordres juridiques, particulièrement en l'absence de chefs de compétence spécifiques prenant en compte la spécificité du contentieux de masse.

234. En outre, à supposer qu'un for déterminé accepte d'exercer sa compétence juridictionnelle pour ouvrir une action de groupe internationale, plusieurs barrières à la certification peuvent se présenter. La question de l'inclusion des membres étrangers dans la procédure, surtout lorsque cette dernière relève du mécanisme d'*opt out*, constitue un autre facteur de complication, notamment lorsque l'approche de la jurisprudence comparée concernant les conditions d'inclusion des membres étrangers dans la procédure n'a pas été consistante. D'autre part, la vocation de plusieurs lois à s'appliquer au litige est de nature à influencer la question de l'exercice de sa compétence juridictionnelle par le tribunal certifiant et peut ainsi constituer un obstacle à la certification d'une action de groupe internationale. Cela est sans compter l'absence de solutions figées en la matière, ce qui constitue à son tour un facteur supplémentaire d'insécurité.

235. Les incertitudes liées à la globalisation du contentieux de masse international se retrouvent également à l'échelle européenne et cela, malgré l'existence d'instruments de droit international privé applicables au sein des Etats membres. Il convient maintenant d'explorer les difficultés d'interaction existantes entre le contentieux de masse européen et les instruments européens de droit international privé.

Chapitre II : la réception des actions de groupe transfrontières dans l'espace judiciaire européen : une « incompatibilité profonde » entre les instruments européens de droit international privé et les actions de groupe

236. La nouvelle politique de la Cour Suprême américaine consistant à limiter de manière considérable la certification des *class actions* internationales, ainsi que l'émergence en Europe de « *fors aimants* »[873] en matière d'actions de groupe, implique nécessairement que le contentieux de masse ayant des liens avec l'Europe soit résolu devant les tribunaux des pays européens. Or, la globalisation du contentieux dans l'espace européen n'est pas sans difficultés.

Tout d'abord, il existe dans les pays de l'Union européenne une large mosaïque d'actions de groupe qui diffèrent considérablement d'un pays à l'autre. Ces divergences sont de nature à créer de véritables distorsions au sein du marché intérieur. La présence de plusieurs actions de groupe, qui reposent sur des modèles différents et dont l'efficacité varie fortement d'un pays à l'autre, est en effet de nature à entraîner des inégalités d'accès à la justice entre les citoyens ainsi qu'une fragmentation des droits nationaux. Cela nuit ainsi à la réalisation du marché intérieur et constitue, de ce fait, un obstacle à son fonctionnement. De telles divergences sont également de nature à générer, chez les citoyens européens, une perte de confiance quant aux bénéfices du marché unique. Ce sentiment est d'autant plus accentué que, dans le cadre d'un litige de masse transfrontière, les victimes sont affectées par les mêmes pratiques illicites, par les vices de mêmes produits ou par des contrats contenant les mêmes clauses contractuelles abusives.

L'absence d'instruments européens de droit international privé capables d'appréhender de manière globale le contentieux de masse transfrontière, vient renforcer cette réalité. En effet, des difficultés d'interaction sont susceptibles d'intervenir entre les actions de groupe instaurées à l'échelle nationale d'une part, et les instruments européens de droit international privé conçus initialement pour s'appliquer à des litiges bilatéraux impliquant deux parties, d'autre part. Ces difficultés tiennent principalement au fait que les instruments européens de droit international privé peuvent constituer une entrave au développement des actions de groupe transfrontières, aboutissant ainsi à instaurer dans l'espace européen un système de « multiplicité » des actions de groupe. Or outre les inconvénients que peut provoquer un système de « multiplicité » des actions de groupe pour les besoins de la régulation d'un contentieux de masse international, l'éclatement du contentieux de masse dans l'espace européen nuit également au fonctionnement harmonieux de la justice, notamment en favorisant la multiplication des procédures concurrentes et en accentuant les inégalités entre les citoyens européens ayant subi un même dommage.

La consécration d'une approche cohérente en matière de recours collectifs au sein de l'Union européenne aurait été de nature à limiter le nombre des problèmes liés à la globalisation du contentieux de masse européen. Si une telle approche avait été adoptée,

---

[873] Cette expression a été utisée en langue anglaise « *magnet forum* » par un auteur américain. Voir à cet égard: R. J. WEINTRAUB, « Choice of Law For Products Liability: Demagnetizing the United States Forum », 52 ARK. L. Rev.157 (1999), spéc. p. 158.

les moyens pour accéder à la justice et notamment la possibilité de se regrouper ou non, auraient alors été identiques pour tous les citoyens européens affectés par une même pratique illicite. Or, l'échec d'un tel projet nous incite à exposer successivement les difficultés d'interaction entre, d'une part les actions de groupe, et d'autre part, les instruments européens de droit international privé de conflits de juridictions **(Section 1)** et ceux de conflits de lois **(Section2)**.

Section I : Les difficultés d'interaction entre les actions de groupe transfrontières européennes et le droit international privé européen des conflits de juridictions.

237. Le droit international privé européen de la compétence juridictionnelle tel que prévu par le Règlement de Bruxelles I[874], devenu le 10 janvier 2012 le Règlement Bruxelles I *bis*[875], est inspiré par le *leitmotiv* du procès à deux parties[876]. A l'exception de l'article 8 traitant des compétences dérivées[877], toute instance judiciaire est perçue comme ayant eu lieu entre deux parties, le demandeur et le défendeur.

La notion du contentieux complexe (*complex litigation*) dont relèvent les actions de groupe transfrontières européennes ne constitue qu'une notion émergente dans le domaine du droit international privé européen. Il est ainsi très probable que des difficultés d'interaction, semblables à celles constatées dans le contexte de l'internationalisation de la procédure américaine de *class action*[878], apparaissent lors de l'application du Règlement de Bruxelles I *bis* dans des hypothèses mettant en jeu des actions de groupe transfrontières.

En effet, lorsque le Règlement de Bruxelles I a été mis en place, le concept d'agrégation des litiges de masse était encore dans un état embryonnaire en Europe. Par suite, aucun chef de compétence juridictionnelle spécial tenant compte de la spécificité du contentieux de masse, n'a été prévu[879]. Toutefois, il nous semble regrettable que la refonte du Règlement de Bruxelles I donnant naissance au Règlement de Bruxelles I *bis*, intervenant pourtant dans une période où les débats relatifs aux complexités liées à l'initiation d'une action de groupe transnationale dans l'espace européen étaient à leur

---

874 Règlement (CE) n°44/2001 du Conseil du 22 décembre 2000 concernant la compétence judiciaire, la reconnaissance et l'exécution des décisions en matière civile et commerciale, JO n°L 012 du 16 janvier 2001, p.1

875 Règlement (UE) n°1215/2012 du Parlement européen et du Conseil du 12 décembre 2012 concernant la compétence judiciaire, la reconnaissance et l'exécution des décisions en matière civile et commerciale (refonte), JO L351 du 20, décembre 2012, p.1.

876 B. HESS, « Cross-border Collective Litigation and the Regulation Brussels I », 30 IPRAX.111 (2010), spéc. p. 116 ; A.NUYTS, « The consolidation of collective claims Under Brussels I », in *Cross-Border Class Actions, The European Way*, *op.cit.*, p. 69, spéc. p. 70.

877 Voir l'article 8 du Règlement de Bruxelles I *bis* relatif aux compétences dérivées.

878 Selon le professeur Nagareda : « *(...) even the stated resistance to the litigation culture of the United States on the part of the European systems will not-indeed, cannot- immunize Europe from the kinds of structural dynamics exhibited by U.S.-style litigation* », in R. NAGAREDA, « Aggregate Litigation across the Atlantic and the Future of American Exceptionalism », 62 VAND. L. REV. 1 (2009), spéc.p. 9.

879 L'article 8 fait exception ; toutefois, ce dernier est relatif à l'hypothèse d'une multitude de défendeurs.

apogée, n'ait pas donné lieu à de nouvelles dispositions concernant les actions de groupe présentant des éléments d'extranéité. Une telle indifférence n'est pas justifiée. En effet, des auteurs avaient d'ailleurs signalé*« l'incompatibilité profonde qui entache les relations entre le droit international privé et les actions de groupe transfrontières »*[880].

La Commission européenne s'était également elle-même interrogée dans son livre vert relatif à la révision du Règlement de Bruxelles I, sur la question de l'opportunité de prévoir des règles de compétence juridictionnelle spécifiques aux actions de groupe transfrontières[881]. Par ailleurs, la consultation lancée en 2011 par la Commission européenne sur les recours collectifs, a interrogé le caractère suffisant des règles européennes actuellement existantes en matière de compétence judiciaire, et s'est posée la question de savoir si une approche cohérente en matière d'actions collectives, exigeait la mise en place de nouvelles règles spécifiques et supplémentaires prenant en considération la spécificité de ce contentieux[882].

Cependant, un retour en arrière a été opéré par la Commission européenne, qui, dans sa communication *« Vers un cadre horizontal européen pour les recours collectifs »* au Parlement européen, au Conseil et au Comité des régions, a considéré que les *« actuelles dispositions du règlement (CE) n°44/2001 concernant la compétence judiciaire, la reconnaissance et l'exécution des décisions en matière civile et commerciale devraient être exploitées »*[883].

En l'absence de règles de compétence spécifiques au contentieux de masse globalisé, l'accueil des actions de groupe transfrontières dans l'espace judiciaire européen ne manquera pas de soulever des difficultés d'interaction entre, d'une part, le Règlement de Bruxelles élaboré afin de résoudre des litiges bilatéraux classiques, et d'autre part, le contentieux de groupe destiné à résoudre un litige mettant en jeu une masse de demandeurs et présentant une dimension régulatoire[884]. A notre sens, ces difficultés se situent à deux niveaux.

En premier lieu, certaines formes d'actions de groupe semblent difficiles à intégrer dans l'économie du Règlement I *bis* et peuvent, de ce fait, semer le doute quant au champ d'application matériel de ce Règlement à certaines formes d'action de groupe ou quant à l'applicabilité de certaines de ses dispositions aux actions de groupe transfrontières **(§1).**

---

880 L. P. SAUSSINE, « Quelle place pour les *class actions* dans le règlement de Bruxelles I », *JCP. G, n°20, 16 mai 2011*, p. 992, spéc. p. 993. D'une manière générale, voir: H. MUIR WATT, « The Trouble with Cross-Border Collective Redress: Issues and Difficulties», in D. Fairgrieve et E. Lein (éd.), *Collective redress and Extraterritoriality, op.cit.*, p. 119; H. MUIR-WATT, « Brussels I and Aggregate Litigation or the Case for Redesigning the Common judicial Area in Order to Respond to the Changing Dynamics Functions and Structures in Contemporary Adjudication and Litigation », 2 IPRAX. 111 (2010).

881 Livre vert sur la révision du règlement (CE) n°44/2001 du Conseil concernant la compétence judiciaire, la reconnaissance et l'exécution des décisions en matière civile et commerciale du 21 avril 2009, COM (2009) 175 final.

882 Commission européenne, Consultation Publique, Renforcer la cohérence de l'approche européenne en matière de recours collectif, Sec (2011), 173 final, spéc. p. 10.

883 Commission européenne, « Communication de la Commission au Parlement européen, au Conseil, au Comité économique et social, au Comité des régions, Vers un cadre horizontal européen pour les recours collectifs », COM/2013/0401 final, spéc. n°3.7.

884 M. DANOV, « The Brussels Regulation: Cross-Border Collective Redress Proceedings and Judgments » 6 J. Priv. Int'l L. 359 (2010), spéc. p. 364.

Plus importantes sont les difficultés qui peuvent surgir une fois que le Règlement est déclaré applicable aux actions de groupe transfrontières. En effet, l'architecture du Règlement ne permet pas de fédérer le contentieux devant un for unique, mais favorise au contraire son éclatement, rendant la méthode de l' « unité » de l'action de groupe difficilement applicable.

Or, si l'éclatement du contentieux de masse et les imprévisibilités qui lui sont associées peuvent être justifiées dans le cadre d'un litige international, notamment parce que les règles de compétence juridictionnelles sont abandonnées aux choix unilatéraux de chaque système juridique, la situation paraît moins justifiable dans l'espace judiciaire européen où les règles uniformes de compétence internationale, instaurées par le Règlement de Bruxelles I *bis*, visent à assurer aux plaideurs un haut de degré de prévisibilité.

Par ailleurs, comme nous l'avons déjà mentionné, le système de « multiplicité » de l'action de groupe entraînera des inégalités d'accès à la justice entre les citoyens européens ainsi qu'une fragmentation des droits nationaux, nuisant nécessairement à la réalisation du marché européen et constituant, de ce fait, un obstacle à son fonctionnement **(§2)**.

§1- Les actions de groupe transfrontières et la question de l'application *ratione materiae* du Règlement de Bruxelles I bis

238. Le développement du contentieux de masse dans l'espace européen nous incite à nous demander si toutes les actions de groupe initiées relèvent du champ d'application *ratione materiae* du Règlement **(I)**. Par ailleurs, l'application de certaines des dispositions du Règlement peut s'avérer délicate au regard de certaines formes d'actions de groupe existantes dans l'espace européen **(II)**.

I- Les hésitations quant au champ d'application *ratione materiae* du Règlement Bruxelles I bis à certaines formes d'actions de groupe

239. Le champ d'application *ratione materiae* du Règlement à certaines formes d'actions de groupe existantes dans l'espace européen peut soulever certaines difficultés. S'il est admis aujourd'hui que l'action en représentation engagée par un organe public relève du champ d'application du Règlement **(A)**, des hésitations peuvent apparaître lorsque l'action de groupe initiée poursuit exclusivement une fonction de régulation **(B)**.

A- L'action en représentation transfrontière et le champ d'application *ratione materiae* du Règlement Bruxelles I bis

240. Le caractère civil de l'action en représentation intentée par une autorité publique. Les textes du Règlement de Bruxelles I *bis* s'appliquent en matière civile et commerciale quelle que soit la nature de la juridiction[885]. Or conformément à l'interprétation de la Cour de Justice de l'article 1 du Règlement de Bruxelles I[886], il n'existe aucun doute quant au caractère civil de l'action en représentation, même lorsqu'elle est exercée par une autorité publique[887]. Le critère de distinction entre les matières relevant du droit privé, incluses dans le champ d'application du Règlement, et celles relevant du droit public, exclues de son domaine, est l'intervention d'une autorité publique agissant dans l'exercice de la puissance publique. Pour reprendre les termes de la CJUE « *il y a lieu d'identifier le rapport juridique existant entre les parties au litige et d'examiner le fondement et les modalités d'exercice de l'action intentée* »[888].

Or, dans le cadre d'une action en représentation, l'autorité publique n'exerce point de prérogative de puissance publique puisqu'elle « *exerce une voie de droit qui lui est ouverte par l'effet d'une subrogation légale prévue par une disposition de droit civil , cette action ne correspond pas à l'exercice de quelconques pouvoirs exorbitants par rapport aux règles applicables dans les relations entre particuliers et, dès lors, elle doit être considérée comme entrant dans la notion de «matière civile et commerciale» au sens de l'article 1*e*, premier alinéa, de la convention* »[889]. Quoi qu'il en soit, la Commission européenne, dans le cadre de son livre vert relatif aux recours collectifs européens pour les consommateurs, a considéré que « *dans les affaires transfrontalières, le règlement relatif à la compétence judiciaire pourrait s'appliquer à tout type d'action, y compris celles portées devant un tribunal par une autorité publique exerçant des droits privés (par exemple un ombudsman intentant une procédure au nom des consommateurs)* »[890].

B- L'action de groupe régulatoire et le champ d'application ratione materiae du Règlement Bruxelles I bis

241. **Les incertitudes quant à l'intégration des actions de groupe régulatoires dans l'économie du Règlement de Bruxelles.** Comme nous l'avons déjà mentionné, les actions de groupe poursuivent trois fonctions principales. Lorsque les actions en dommages et intérêts de type *private attorney general* intentées devant les tribunaux nationaux pour violation des législations communautaires ou nationales, ont pour fonction l'économie procédurale ou la double fonction d'indemnisation des victimes (parce que le dommage subi par chaque demandeur est d'une certaine importance) ainsi que la régulation des marchés, ces actions rentrent alors dans le champ d'application matériel du Règlement. En effet, ces dernières permettent aux victimes de faire valoir leurs droits en facilitant leur accès à la justice, tout en poursuivant par la même occasion, la fonction de régulation des marchés.

---

885 Conformément à l'article 1e du Règlement, ce dernier est applicable exclusivement en matière civile et commerciale.

886 Cette interprétation est également applicable au Règlement de Bruxelles I *bis*.

887 CJUE, 14 oct. 1976, *Eurocontrol LTU*, aff.C-29/76, *Rev.crit.DIP.1977.776*, note G. DROZ.

888 CJUE, 5 fév. 2004, *Frahuil SA*, aff. C-265/02, spéc. n°20.

889 CJUE, 5 fév. 2004, *Frahuil SA*, aff. C-265/02, spéc. n°21.

890 Commission des Communautés européennes, Livre vert sur les recours collectifs pour les consommateurs (présenté par la Commission), COM/2008/0794 final, spéc. n°58.

Cependant, lorsque le dommage subi par chaque individu s'avère être d'un montant dérisoire (de quelques centimes à titre d'exemple), et que l'action en dommages et intérêts ne poursuit qu'une fonction de régulation, il existe une incertitude quant au point de savoir si une telle action relève du champ d'application *rationae materiae* du Règlement de Bruxelles. Effectivement, même si l'action est exercée par des personnes privées, elle n'a pas pour objet pratique l'exercice de droits privés mais plutôt la sanction de la violation d'une norme. De plus, une telle action pourrait ainsi être assimilée aux actions exercées par les autorités de régulation, qui par nature, ne relèvent pas du champ d'application du Règlement[891]. Bien que ces actions soient encore dans leur état embryonnaire en Europe, il nous semble fâcheux que la refonte du Règlement de Bruxelles I n'ait tenté, ni de près ni de loin, d'apporter des précisions sur ce type d'actions au regard du champ d'application du Règlement.

II- Les actions de groupes transfrontières et les difficultés d'articulation avec certaines des dispositions du Règlement BruxellesI *bis*

242. L'application de certaines des dispositions du Règlement de Bruxelles peut s'avérer délicate dans le contexte d'un contentieux de masse transfrontière. Il s'agit essentiellement de l'article 4 du Règlement **(A)** ainsi que des dispositions instaurant les chefs de compétence protectrices des parties faibles **(B)**.

A- Les difficultés d'interaction entre l'article 4 du Règlement Bruxelles I bis et certaines formes d'actions de groupe transfrontières : l'exemple de l'action de groupe néerlandaise

243. L'importance de l'article 4 dans l'économie du Règlement. En droit de l'Union européenne, la détermination du défendeur à l'instance est d'une importance cruciale pour les besoins de l'applicabilité du chapitre II du Règlement de Bruxelles I *bis*. En effet, l'architecture de ce chapitre est établie autour de la notion de défendeur, tant pour les besoins de la détermination du champ d'application territorial du Règlement que pour les besoins de l'allocation de la grande majorité des règles de compétence juridictionnelle[892]. Si l'identification de la partie défenderesse ne soulève aucune difficulté particulière dans le cadre d'un litige individuel, il s'est avéré que des complexités pouvaient surgir dans certaines hypothèses de contentieux de masse transfrontalier, et particulièrement parce qu'il n'existe aucune définition européenne de la notion de «

---

[891] Voir H. GAUDEMENT-TALLON, *Compétence et exécution des jugements en Europe, Règlement 44/2001, Conventions de Bruxelles (1968) et de Lugano (1998 et 2007)*, 4e éd., LGDJ 2010, spéc. p. 30. A noter que le Livre vert sur les actions en dommages-intérêts intentées devant les juridictions nationales pour infractions aux règles communautaires sur les ententes et abus de position dominante (COM (2005) 672 final (spéc. n°2-8)) avait considéré que ces actions relèvent bien du Règlement de Bruxelles I sans pour autant distinguer entre les actions qui ont pour fonction aussi bien l'indemnisation et la régulation des marchés et celles qui ont pour unique fonction la régulation des marchés.

[892] H. GAUDEMENT-TALLON, *op.cit.,* spéc. p.80 ; M.- L NIBOYET et G. DE GEOUFFRE DE LA PRADELLE, *Droit international privé*, 5e ed. LGDJ, spéc. n°495, p. 340 .

défendeur ». Cette dernière s'opérant donc par référence au droit national des Etats membres.

244. Les difficultés d'intégration de l'action de groupe néerlandaise dans l'économie du Règlement de Bruxelles. Dans le contexte spécifique de l'action collective néerlandaise, la différenciation entre la partie demanderesse et la partie défenderesse prête à confusion[893]. Rappelons que cette action de groupe repose sur un règlement extra-judiciaire du litige de masse se soldant par une transaction conclue entre l'auteur du fait dommageable, d'une part, et une ou plusieurs associations possédant la capacité juridique et représentant les victimes (*interested parties*), d'autre part. Une fois que les deux parties (les associations représentatives et l'auteur du dommage), s'accordent sur cette transaction, une requête est conjointement déposée auprès de la cour d'appel d'Amsterdam en vue d'homologuer la transaction. Il n'existe donc, dans le cadre de l'action collective néerlandaise, aucune instance accusatoire ou une personne attraite en tant que défenderesse au sens de l'article 4 du Règlement[894]. Pour reprendre les termes d'un auteur, « *la cour d'appel d'Amsterdam n'est saisie que pour homologuer la transaction ; la procédure est de nature gracieuse. Il en résulte qu'il n'y a pas formellement de défendeurs à l'action* »[895]. Ainsi, « *tant la structure du Règlement que la particularité de la procédure gracieuse paraissent bien conduire à la conclusion que le chapitre II n'a pas vocation à régir ces dernières procédures* »[896].

Pourtant, pour une partie de la doctrine néerlandaise, les parties intéressées doivent être considérées comme des défendeurs[897]. Cette position a également été adoptée par la Cour d'appel d'Amsterdam qui n'a pas hésité, dans l'affaire *Shell*[898], à qualifier de « défendeurs » les bénéficiaires de la transaction. Selon la Cour, puisque les garanties procédurales du procès équitable doivent être vérifiées à l'égard de ces derniers et que, comme tout défendeur, ils sont notifiés de la transaction finale à laquelle ils peuvent formuler des objections de fond, leur statut ressemble inévitablement à celui d'un défendeur

Toutefois, il n'est pas certain qu'une telle qualification soit retenue par la CJUE ou par les tribunaux des autres pays membres, d'autant plus qu'elle ne fait pas l'unanimité de la doctrine[899]. Effectivement, une partie de la doctrine considère que même si la Cour

---

[893] Une telle constatation s'impose aussi en ce qui concerne l'action de groupe belge. Par contre, concernant les autres actions de groupe, telles que les actions représentatives et les procédures types, cette dichotomie est bien claire.

[894] L. P. SAUSSINE, « Quelle place pour les class actions dans le règlement de Bruxelles I », *JCP. G, n°20, 16 mai 2011*, p. 992, spéc. p.996 ; M.- L NIBOYET et G. DE GEOUFFRE DE LA PRADELLE, *op.cit.*, spéc. n°495, p. 340 .

[895] L.P. SAUSSINE, « Quelle place pour les class actions dans le règlement de Bruxelles I », JCP. G, n°20, 16 mai 2011, p. 992, spéc. p. 996.

[896] *Ibid.*

[897] Voir à titre d'exemple : R. POLAK, « Approval of International Class Actions Settlements in the Netherlands », in *The International Comparative Legal Guide to Class & Group Actions 2009, A Pratical Insight to Cross-Border Class and Group Actions Work* (2009), spéc. p.111.

[898] *Shell settlement*, Court of Appeal Amsterdam of 29 May 2009, NJ (2009), 506.

[899] Ainsi, selon Monsieur Briggs: « *An interested party-especially when he is not the applicant, does not qualify as a defendant in the sense of Article 2 of Brussels 1 Regulation, because an interested person does not stand the risk of being ordered to court to perform an act* », tel que cité par H. VAN LITH, *The Dutch Collective Settlement and Private International Law*, Maklu Publishers 2011, consultable sur:

d'appel d'Amsterdam met souvent l'accent sur les obligations potentielles des intéressés, « *elle semble pourtant ignorer que la conclusion d'un accord a aussi pour objet de fournir un dédommagement aux victimes* »[900]. A cet égard, il nous semble regrettable que le Règlement Bruxelles I *bis* n'ait apporté aucune clarification sur le sujet, et encore plus particulièrement lorsque l'on constate que l'expansion de l'action de groupe néerlandaise est intervenue lors des discussions relatives à la refonte du Règlement Bruxelles I.

B- Des difficultés d'interaction entre les chefs de compétence protecteurs des parties faibles et les actions de groupe transfrontières ?

245. L'exclusion des actions intentées par des entités représentatives de l'économie des règles de compétence protectrices des parties faibles. L'application des chefs de compétence protecteurs des parties faibles peut être délicate dans le cadre des actions de groupe transfrontières initiées dans l'espace européen. De prime abord, il convient de mentionner que la jurisprudence de la CJUE est claire en ce qui concerne l'exclusion des compétences alternatives protectrices des parties faibles dans l'hypothèse où l'action de groupe prend la forme d'une action en représentation intentée non pas par le consommateur mais par une association ou un organisme public. Ainsi, selon la CJUE, le consommateur visé par le Règlement de Bruxelles doit être une personne physique[901], et les règles protectrices des consommateurs ne peuvent être invoquées que dans l'hypothèse où l'action est intentée par des associations ayant pour objet aussi bien la cessation des pratiques illicites que l'obtention des dommages et intérêts[902].

A notre sens, une distinction doit s'opérer selon le modèle de fonctionnement de l'action de groupe, pour les besoins de la détermination des parties aux procès dans le cadre d'une action en représentation. Ainsi, si l'engagement de l'association s'appréhende en termes de capacité d'agir, les vraies parties à la procédure sont les consommateurs et dans cette hypothèse ces derniers doivent en principe pouvoir bénéficier des règles de compétence protectrices des parties faibles. En revanche, lorsque l'engagement de l'association s'apprête en termes de qualité pour agir au bénéfice d'autrui, les consommateurs ne sont pas les vraies parties à la procédure et donc les règles de compétence protectrices des parties faibles ne doivent pas normalement pouvoir trouver application.

246. Une extrapolation de l'exclusion à toutes les formes d'actions de groupe. Outre les actions de groupe prenant la forme d'actions en représentation intentées par

---

http://ec.europa.eu/competition/consultations/2011_collective_redress/saw_annex_en.pdf, spéc.p. 44; J.-J. KUIPERS, « Pays-Bas: Règlement collectif du dommage de masse », *R. I. D. C. 2012. 214,* spéc. p. 231.

[900] J. J. KUIPERS, « Pays-Bas : Règlement collectif du dommage de masse », *R.I.D.C.2012.*214, spéc. p. 233.

[901] CJUE, 22 nov.2001, Cape Snc contre Idealservice Srl (C-541/99) et Idealservice MN RE Sas contre OMAI Srl (C-542/99), *JCP 2002.II.10047*, note G. Paisant.

[902] CJUE, 19 janv.1993, *Shearson Lehmann Hutton*, aff. C-89/91, *Rev. .crit. DIP. 1993. 320*, note H. Gaudement-Tallon : « *L'article 13 de la convention de 27 septembre 1968 doit être interprété en ce sens que le demandeur, qui agit dans l'exercice de son activité professionnelle et qui n'est, dès lors, pas lui-même le consommateur, partie à l'un des contrats énumérés par le premier alinéa de cette disposition, ne peut bénéficier des règles de compétence spéciales prévues par la convention en matière de contrats conclus par les consommateurs* ».

des associations pour lesquelles la jurisprudence de la CJUE semble être bien tranchée pour les exclure du champ d'application des règles protectrices, il convient de se demander si, d'une manière générale, les raisons qui sous-tendent l'édiction des règles de compétence protectrices des parties restent toujours vérifiées dans le cas de regroupement des parties faibles par le biais d'une action de groupe. Comme on le sait déjà, les chefs de compétences protectrices ont été instaurées dans le souci de protéger la partie économiquement faible. Or, il est possible de douter de l'existence d'une telle inégalité lorsque les parties sont regroupées, l'action de groupe ayant justement pour effet d'augmenter largement les pouvoirs des demandeurs, ceux-ci pourraient alors se retrouver, dans certaines circonstances, dans une position supérieure à celle du défendeur[903]. Une telle situation devrait alors, dans la logique des choses, exclure les actions de groupe transfrontalières impliquant des parties faibles du champ d'application des règles protectrices des parties faibles[904]. Cela est d'autant plus vrai que les parties faibles sont généralement assistées par de grands cabinets d'avocats ou des sociétés de financement dans l'initiation et le financement de leurs actions.

Cependant, il convient de ne pas généraliser une telle conclusion. Car comme nous l'avons déjà précisé, certaines actions de groupe ne sont que des actions pilotes, à l'instar de l'action type allemande et de l'action de groupe anglaise[905]. Il n'est ainsi pas certain que le recours à ces procédures ait pour effet de renforcer le pouvoir des parties faibles. Par ailleurs, s'il est vrai que certaines formes d'actions de groupe permettent de renforcer le pouvoir économique des demandeurs en créant un certain équilibre entre ceux-ci et le défendeur, il existe une incertitude quant au point de savoir, à partir de quel moment cet équilibre serait atteint. Faut-il prendre en considération le nombre de consommateurs ? Le montant du dommage global souffert par toutes les victimes ? La taille de la société attraite ? La complexité de ces questions requiert, à notre sens, une intervention de la part du législateur communautaire afin d'établir une ligne de démarcation claire entre les actions de groupe qui modifient le rapport de forces entre les parties faibles et l'auteur du dommage et celles qui n'ont pas un tel effet.

247. ***Transition.*** A supposer que les difficultés liées à l'intégration de certaines formes d'actions de groupe dans l'économie du Règlement de Bruxelles, ou celles relatives au champ d'application *rationae materiae* de ce même Règlement aient été résolues, l'agrégation des litiges de masse, conformément aux chefs de compétences instaurés par le Règlement de Bruxelles, ne sera pas sans difficultés. C'est ce qu'il convient d'explorer maintenant.

---

903 Il en est le cas ainsi, lorsque le défendeur est une entreprise à petite échelle. Voir dans ce sens : A. NUYTS, « The consolidation of collective claims Under Brussels I », in *Cross-Border Class Actions, The European Way*, *op.cit.*, spéc. p. 72.

904 Pour une position opposée voir : P. TZAKAS, « Effective Collective Redress in Antitrust and Consumer Protection Matters: A Panacea or Chimera », *CML Rev. 2001. 1125*, spéc. p. 1134 ; C. KESSEDJIAN, « Les actions collectives en dommages et intérêts pour infraction aux règles communautaires de la concurrence et le droit international privé », in G. Venturini et S. Bariatti (éd.), *Liber Fausto Pocar*, t 2, p. 534, spéc. p.535.

905 Voir *supra* n°52 et suiv.

§2- L'incompatibilité entre le Règlement Bruxelles I bis et les actions de groupe transfrontières ?

248. L'architecture du Règlement de Bruxelles I *bis* est inadaptée à l'accueil des actions de groupe transfrontières. L'existence d'une multiplicité de chefs de compétence rend la concentration du litige de masse difficilement réalisable. La dispersion du contentieux semble ainsi s'imposer dans l'espace européen **(I)**. A la multiplicité des chefs de compétence s'ajoute l'existence d'un « marché des actions de groupe » dans l'espace européen. Cela aura pour conséquence d'inciter les parties *au forum shopping* **(II)**.

I- L'éclatement du contentieux de groupe transfrontalier dans l'espace européen

249. Le problème majeur que soulève l'accueil des actions de groupe transfrontières dans l'espace judiciaire européen réside dans la multiplicité des chefs de compétence consacrés par le règlement de Bruxelles I *bis*[906]. En plus du chef de compétence général du domicile du défendeur, il existe un nombre considérable de chefs de compétence alternatifs, lesquels seront dédoublés dans le cadre d'un contentieux de masse transfrontalier impliquant une multitude de parties. Mis à part le chef de compétence du domicile du défendeur **(A)**, l'architecture du Règlement de Bruxelles constitue une véritable entrave au développement des actions du groupe transfrontière, instaurant ainsi le système de « multiplicité » de l'action de groupe dans l'espace européen **(B)**.

Précisons que l'éclatement du contentieux de masse régional n'est pas une simple hypothèse d'école, comme le témoigne bien l'affaire des *PIP*[907]. Il est vrai que ce litige n'a pas donné lieu à des actions de groupe dans l'espace européen. Toutefois, le morcellement du contentieux[908] concrétisé par l'initiation de plusieurs actions individuelles dans plusieurs pays européens – en effet au jour où les actions en justice ont été déclenchées, les actions de groupe dans les pays membres n'étaient pas encore bien établies - reflète le sort que verra tout contentieux de masse, à cette nouvelle époque,

---

[906] Voir dans ce sens : A. NUYTS, « The Consolidation of Collective Claims Under Brussels I », in *Cross-Border Class Actions, The European Way*, *op.cit.*, p. 69, spéc. p.70 ; B .HESS, « Collective Redress and the Jurisidictional Model of the Brussels I Regulation », in *Cross-Border Class Actions, the European Way*, *op.cit.*, p. 59, spéc.p. 60; H. MUIR WATT, « The Trouble with Cross-Border Collective Redress : Issues and Difficulties », in *Collective Redress and Extraterritoriality*, *op.cit.*, p. 119, spéc. n°706, p. 121.

[907] Dans le cadre de cette affaire, les prothèses mammaires de la société *Varoise Poly Implant*, ont été fabriquées en utilisant du gel de silicone à usage industriel plutôt que médical. Ces prothèses ont été commercialisées dans plusieurs pays en Europe et en Amérique Latine et ont été implantées chez des milliers de femmes. L'utilisation du gel industriel a été à l'origine de la rupture des prothèses chez un grand nombre de femmes, exposant ces dernières aux risques de cancer de sein, notamment en raison du contact du gel de remplissage avec la peau. Plusieurs victimes dont la santé a été affectée, ainsi que celles qui souhaitaient enlever ou remplacer leurs prothèses ont cherché à indemniser leurs préjudices.

[908] Voir à cet égard : S. FULLI LEMAIRE, « Affaire PIP : Quelques réflexions sur les aspects de droit international privé », Revue International de Droit Économique », 2015, p. 100 ; C. JOURDAIN-FORTIER, « L'affaire *PIP* ou la difficile réparation en Europe des dommages corporels de masse causés par un dispositif médical défectueux », Revue International de Droit Économique 2015, p. 5.

ou plusieurs pays se sont dotés d'une action de groupe. Certains différents aspects de ce contentieux seront examinés au sein les développements suivants.

A- Les limites du chef de compétence du for du défendeur

250. L'article 4 du Règlement et la concentration du contentieux de masse dans l'espace européen. L'article 4 du Règlement attribue une compétence générale aux tribunaux de l'Etat du domicile du défendeur[909]. Il apparaît ainsi comme le seul chef de compétence permettant la concentration du contentieux de masse devant un for unique. En effet, le recours au chef du domicile du défendeur permet de fédérer le contentieux de masse européen devant les tribunaux de ce dernier, que le contentieux relève de la matière délictuelle ou contractuelle et qu'il mette ou non en jeu des parties faibles[910]. De plus, dans l'hypothèse d'une pluralité de défendeurs[911], l'action de groupe peut être intentée de manière égale devant le tribunal du domicile de l'un d'entre eux, conformément à l'article 8(1). Ce résultat est en parfaite harmonie avec les objectifs et l'esprit du Règlement de Bruxelles.

L'efficacité de ce chef de compétence est telle qu'il nous semble possible de l'ériger en tant que chef de compétence exclusif pour les besoins de la régulation du contentieux de masse transfrontalier dans l'espace judiciaire européen[912]. Cependant, en dépit de ces avantages, il n'en reste pas moins que ce chef de compétence présente certains inconvénients, pouvant limiter son rôle dans la régulation du contentieux de masse transfrontière[913].

B- L'impossibilité de concentrer le contentieux de masse transfrontalier en dehors du chef de compétence du domicile du défendeur

251. En plus du chef de compétence consacré à son article 4, le règlement Bruxelles I *bis* en consacre d'autres. Or, la possibilité de recourir à ces diverses options de compétences favorise l'éclatement du contentieux de masse. Ainsi, dans l'affaire des *PIP*, en plus des actions individuelles engagées par les victimes françaises devant les tribunaux français du for du domicile du défendeur (le fabriquant), les victimes allemandes ont saisi les tribunaux allemands en vue de l'indemnisation de leur préjudice.

Par ailleurs, l'application de ces options de compétence à l'hypothèse d'un contentieux de masse transfrontalier soulève de nombreuses difficultés. Nous analyserons la globalisation du contentieux de masse international dans l'espace européen au regard des chefs de compétence spéciaux **(1)** et ceux relatifs à la protection des parties faibles **(2)**.

---

909 Selon l'article 4 du Règlement Bruxelles I *bis* : « *Sous réserve des dispositions du présent règlement, les personnes domiciliées sur le territoire d'un État membre sont attraites, quelle que soit leur nationalité, devant les juridictions de cet État membre* ».

910 L'action de groupe sera souvent intentée à l'encontre d'une société (*corporate defendant*).

911 A titre d'exemple, lorsque le dommage subi est dû à un cartel international mettant en cause plusieurs défendeurs.

912 Voir *infra* n°325.

913 Sur cet aspect, voir notre troisième chapitre, spéc. n°324 et suiv.

1- *Les actions de groupe transfrontières et les chefs de compétence spéciaux*

252. **Les options de compétence en matière contractuelle et délictuelle**. L'idée générale qui anime les diverses règles de compétence spéciales de l'article 7 du Règlement est celle de l'existence d'un lien de rattachement entre la contestation et le tribunal qui est appelé à connaître le litige[914]. C'est donc la notion de proximité (proximité territoriale ou procédurale selon les cas) qui sous-tend les options ouvertes par le texte[915]. Ainsi, conformément à l'article 7 du Règlement, une personne domiciliée sur le territoire d'un Etat membre peut être attraite devant la juridiction du lieu de l'exécution de l'obligation qui sert de base à la demande en matière contractuelle[916] et en matière délictuelle ou quasi délictuelle devant la juridiction du lieu où le fait dommageable s'est produit ou risque de se produire[917].

Nous nous intéresserons dans le cadre de ce paragraphe, aux difficultés susceptibles d'être soulevées par la mise en œuvre de ces chefs de compétence dans le cadre d'un contentieux de masse transfrontalier, que ce dernier relève de la matière contractuelle ou délictuelle. Mais avant cela, il convient de mentionner qu'il n'est pas toujours aisé de distinguer entre matière contractuelle et matière délictuelle pour les besoins de l'application des règles de compétence spéciales du Règlement.

253. **Les difficultés de distinction entre contentieux de masse contractuel et contentieux de masse délictuel[918]**. Conformément à la jurisprudence de la CJUE, la matière contractuelle implique un « *engagement librement assumé d'une partie envers l'autre* »[919] alors que la matière délictuelle comprend « *toute demande qui vise à mettre en cause la responsabilité d'un défendeur et qui ne se rattache pas à la matière contractuelle au sens de l'article 5-1 du Règlement de Bruxelles* I »[920]. Or, en dépit de la simplicité apparente du critère de distinction entre matière contractuelle et matière délictuelle, des difficultés peuvent

[914] D. BUREAU et H. MUIR WATT, *Droit international privé*, t 1, *op.cit.*, spéc. n°879, p. 355 ; M.- L NIBOYET et G. DE GEOUFFRE DE LA PRADELLE, *Droit international privé*, *op.cit.*, spéc. n°772, p. 786 ; B. AUDIT et L. D'AVOUT, *Droit international privé*, 7e éd., Economica, spéc. n°584, p. 512.

[915] H. GAUDEMENT-TALLON, *Compétence et exécution des jugements en Europe*, *op.cit.*, spéc. p. 125.

[916] Article 7.1.a du Règlement de Bruxelles I *bis* : « *Une personne domiciliée sur le territoire d'un Etat membre peut être attraite dans un autre Etat membre : en matière contractuelle, devant la juridiction du lieu d'exécution de l'obligation qui sert de base à la demande* ».

[917] Article 7.1.b du Règlement de Bruxelles I *bis* : « Une *personne domiciliée sur le territoire d'un Etat membre peut être attraite dans un autre Etat membre : en matière délictuelle ou quasi délictuelle, devant la juridiction du lieu où le fait dommageable s'est produit ou risque de se produire* ».

[918] Sur ces difficultés voir : D. BUREAU et H. MUIR WATT, *Droit international privé,* t 2, Partie spéciale, n°779, p. 358 ; B. AUDIT et L. D'AVOUT, *Droit international privé*, *op.cit.*, spéc. n°589, p. 518 ; Y. LOUSSOUARN, P. BOUREL et P. DE VAREILLES –SOMMIÈRES, *Droit internatinonal privé*, *op.cit.*, spéc. n°772, p. 786 ; M.-L. NIBOYET, *Droit international privé*, spéc. n°509, p. 346.

[919] CJUE, 17 juin 1992, *Jakob Handte*, aff. C-26 /91, spéc. n°15, *Rev. crit. DIP. 1992.726*, note H. Gaudemet-Tallon.

[920] CJUE, 27 octobre 1998, *Réunion Européenne*, aff. C-51/97, *Rev. crit. DIP 1999. 322*, note H. Gaudemet-Tallon.

apparaître quant à la distinction entre contentieux délictuel et contentieux contractuel. Ces difficultés ont notamment été relevées en matière de droit de la concurrence[921].

Dans un domaine différent de celui du droit de la concurrence, l'action collective néerlandaise semble aussi soulever des difficultés au regard de l'application de l'article 7 du Règlement. En effet, pour fonder sa compétence juridictionnelle en vue d'homologuer une transaction collective à travers l'action de groupe néerlandaise, la cour d'appel d'Amsterdam a invoqué, dans l'affaire *Converium* et *ZFS*, l'article 5.1 du Règlement Bruxelles I (article 7.1. du Règlement Bruxelles I *bis*). En effet, selon la Cour, l'objet du *WCAM* étant d'instaurer un système de compensation aux intéressés, ce dernier constitue, par conséquent, une matière contractuelle au sens de l'article 5.1 du Règlement, permettant alors de fonder la compétence des tribunaux néerlandais, les Pays-Bas étant le lieu où l'obligation qui sert de base à la demande (l'obligation de paiement des dommages) a été ou doit être exécutée. Or, il a été relevé que dans le cadre de la procédure devant la cour, aucun contrat relatif au dédommagement entre la partie prétendument responsable et les parties intéressées n'existait encore[922]. En outre, dans le cadre du *WCAM*, et même dans le futur, aucune acceptation explicite n'est exigée de la part des personnes intéressées, puisque la procédure néerlandaise repose sur un système d'*opt out*[923]. Or, conformément à la jurisprudence *Petra Engler* de la CJUE[924], une acceptation expresse de toutes les parties intéressées est nécessaire pour que le litige relève de la matière contractuelle, ce qui n'est pas toujours le cas dans le cadre d'une action de groupe instaurant un mécanisme *d'opt out*, la réception de la notification à tous les membres de la classe n'étant pas certaine. Ainsi, nous pouvons considérer qu'en l'absence d'une acceptation expresse de rejoindre l'action de groupe néerlandaise, la cour d'appel d'Amsterdam aurait dû exercer sa compétence sur un fondement délictuel et non contractuel[925].

Par ailleurs, il convient de se demander si l'agrégation d'un litige par le biais d'une action de groupe est susceptible d'avoir une influence sur la qualification délictuelle ou contractuelle du litige. La réponse à cette question varie selon la catégorie à laquelle appartient l'action de groupe intentée.

Dans l'affaire *Verin für Konsumenteniformation v. Karl Heinz Henkel*, la CJUE a refusé de considérer comme relevant de la matière contractuelle le litige opposant d'une part, une association autrichienne représentant certaines victimes autrichiennes et, d'autre part, un commerçant allemand accusé d'avoir inséré dans les contrats des clauses contractuelles abusives, faute pour l'association d'être elle-même partie au contrat originaire[926]. Ainsi,

---

[921] Ces difficultés ne sont pas spécifiques à l'hypothèse du contentieux de masse et se présentent également dans le cadre des contentieux bilatéraux classiques. Pour un exposé de ces difficultés, voir S. PIETRINI, *L'action collective en droit des pratiques anticoncurrentielles*, *op.cit.*, spéc. n°698, p. 739.

[922] J.-J. KUIPERS, « Pays-Bas : Règlement collectif du dommage de masse », *R. I. D. C. 2012. 214,* spéc. p.236.

[923] L. P. SAUSSINE, « Quelle place pour les *class actions* dans le règlement de Bruxelles I », *JCP. G, n°20, 16 mai 2011*, p. 992, spéc. p. 993.

[924] CJUE, 20 Janv. 2005, *Petra Engler*, aff.C-27/02, JCP 2005.I.1893, obs. E. Jeuland.

[925] Voir dans le même sens : L. P. SAUSSINE, « Quelle place pour les class actions dans le règlement de Bruxelles I », *JCP. G, n°20, 16 mai 2011*, p. 992, spéc. p. 993.

[926] CJUE, 1e Oct.2002, *Henkel*, aff. C-167/00, *Rev. crit. DIP. 2003. 682,* note P. Rémy-Corlay, spéc. n°39 : « *Certes, le commerçant est susceptible d'avoir déjà passé des contrats avec certains consommateurs. Toutefois, que l'action*

selon la cour, une action intentée par une association représentative ne relève pas du domaine contractuel car la relation contractuelle entre l'association et le commerçant fait défaut, même si l'objet du litige concerne des dommages issus d'une relation contractuelle.

Cependant, les résultats peu satisfaisants auxquels mène l'application de cette jurisprudence en matière d'actions de groupe transfrontalières, ont amené la Commission européenne, dans le cadre de son livre vert sur les recours collectifs pour les consommateurs, à adopter une solution opposée, suggérant alors l'application de l'article 5.1 (article 7.1 du Règlement de Bruxelles I *bis*) aux actions en représentation intentées par des organismes publics ou privés[927].

Toutefois, la réponse à la question de savoir si l'agrégation du litige de masse est de nature à changer la nature délictuelle ou contractuelle du contentieux varie, à notre sens, selon la technique procédurale sur laquelle repose l'exercice d'une action de groupe. Lorsque l'intérêt en défense duquel l'action est exercée n'est pas l'intérêt propre de celui qui agit, mais un intérêt collectif, un intérêt général ou l'intérêt d'autrui[928], les membres représentés par l'association engageant l'action de groupe, ne peuvent pas être considérés comme parties au contentieux, et l'action engagée relève par conséquent de la matière délictuelle.

En revanche, lorsque l'intérêt en défense duquel l'action de groupe est exercée est l'intérêt propre des membres victimes des dommages de masse, l'action introduite serait une action exercée au nom et pour le compte des personnes ayant subi le même dommage[929]. Les membres victimes du dommage de masse conservent de cette manière leur qualité de parties au litige, et l'action intentée relève cette fois du domaine contractuel. Il en est ainsi en ce qui concerne l'action en représentation conjointe française, qui ne bénéficie qu'aux seuls consommateurs ayant donné mandat à l'association d'agir pour eux[930].

Plus complexe est l'hypothèse mettant en jeu une action de groupe engagée par un plaideur ou une entité au nom d'un groupe de personne ayant subi le même dommage sans avoir à récolter, lors de l'introduction de l'instance, le consentement de chacun de ses membres. Dans cette situation, l'adhésion des membres du groupe à l'action ne

---

juridictionnelle fasse suite à un contrat déjà conclu entre le commerçant et le consommateur ou que cette action revête un caractère purement préventif en tendant uniquement à éviter la réalisation d'un dommage futur, l'association de protection des consommateurs, qui a pris l'initiative de ladite action, n'est jamais elle-même partie au contrat. Elle agit sur la base d'un droit qui lui a été conféré par la loi aux fins de faire interdire l'utilisation de clauses que le législateur juge illicites dans les relations entre un professionnel et un consommateur final privé ».

927 Livre vert du 27 novembre 2008 sur les recours collectifs pour les consommateurs [COM (2008) 794 final spéc n°58 : « *Dans les affaires transfrontalières, le règlement relatif à la compétence judiciaire pourrait s'appliquer à tout type d'action, y compris celles portées devant un tribunal par une autorité publique exerçant des droits privés (par exemple un ombudsman intentant une procédure au nom de consommateurs). Les actions en représentation devraient être portées devant le tribunal dont dépend le professionnel ou devant celui du lieu d'exécution du contrat* ».

928 L. USUNIER, « Droit d'agir en justice et actions de groupe transnationales », in *Mélanges en l'honneur du professeur Bernard Audit : les relations privées internationales / ouvrage réalisé à l'initiative de Louis d'Avout, Dominique Bureau, Horatia Muir-Watt*, LGDJ 2014, spéc. n°7, p. 688.

929 L. USUNIER, « Droit d'agir en justice et actions de groupe transnationales », in *Mélanges en l'honneur du professeur Bernard Audit, op.cit.*, spéc. n°8, p. 689.

930 Voir *supra* n°39.

s'opère que postérieurement à l'introduction de l'action, que cette adhésion soit explicite (*opt in*) ou implicite (*opt out*). Dans une telle situation, la qualification de la nature contractuelle ou délictuelle de l'action intentée par une entité représentative devient délicate, les pouvoirs de représentation de celle-ci n'étant pas ratifiés tant que les membres du groupe n'ont pas rejoint l'action de manière explicite ou implicite. Il est donc difficile de considérer à notre sens, dans ce contexte, que l'action de groupe relève du domaine contractuel.

254. Les difficultés d'articulation entre l'article 7.1 et les actions de groupe transfrontières. Au-delà des difficultés relatives à la distinction entre contentieux contractuel et contentieux délictuel, s'ajoutent des difficultés liées à la mise en œuvre des critères élaborés pour identifier le juge compétent en matière contractuelle. Ainsi, si l'application de l'article 7-1e (5.1.du Règlement Bruxelles I) n'a déjà pas été d'une grande simplicité dans le cadre des actions individuelles[931], elle ne sera sûrement pas plus aisée dans l'hypothèse d'un contentieux de masse. En effet, il nous semble compliqué d'identifier le for contractuel compétent si l'option de compétence ouverte par l'article 7.1 est utilisée. Car si dans le cadre d'un contentieux bipartite, le critère de l'obligation qui sert de base à la demande présente « *l'inconvénient majeur de morceler le contentieux toutes les fois qu'une demande porte sur des obligations découlant d'un même contrat et s'exécutant dans des Etats distincts* »[932], la multitude des contrats conclus par un même défendeur et plusieurs demandeurs complique encore plus les choses et le morcellement du contentieux atteindra alors son apogée. Cela est d'autant plus vrai que les solutions jurisprudentielles consacrées dans le cadre d'un contentieux bipartite sont difficilement transposables à l'hypothèse d'un contentieux de masse transfrontalier. En effet, selon la CJUE, lorsque les lieux d'exécution du contrat se trouvent éclatés entre plusieurs Etats membres différents, il convient de rechercher le lieu qui assurera le rattachement le plus étroit entre le contrat en cause et la juridiction compétente, notamment le lieu où, en vertu du contrat, doit être exécutée l'obligation caractéristique[933]. La CJUE a ainsi considéré que la compétence d'un seul for pour connaître du litige est conforme à l'objectif de prévisibilité poursuivi par le règlement Bruxelles I[934]. Or, une telle solution ne peut recevoir application dans le cadre d'un contentieux de masse, car contrairement à l'hypothèse d'une action individuelle où la diversité des lieux d'exécution découle d'un même contrat conclu entre des parties identifiées, la multiplication des lieux d'exécution des contrats dans le cadre d'un contentieux de masse, découle de la multiplicité des parties et des contrats, de sorte que chaque contrat est susceptible d'être exécuté dans plusieurs Etats contractants. Ainsi, il sera difficile de transposer les solutions de la CJUE

---

931 En effet, de très nombreux arrêts de la CJUE ont été rendus sur des questions préjudicielles portant sur ce texte. Les difficultés liées à l'application de cet article ont poussé une doctrine autorisée à suggérer la suppression pure et simple de l'article 5-1. Voir à cet égard : G. DROZ, note sous arrêt *Shenevai*, CJUE, 15 Jan. 1987, aff.266/85, *Rev. crit.DIP.1987.798*, spéc. p. 802-803.

932 M.-L. NIBOYET et G. DE GEOUFFRE DE LA PRADELLE, *Droit international privé*, *op.cit.*, spéc. n°510, p. 347.

933 CJUE, 17 Juin 1992, *Color Drack*, aff. C-386/05, Rec.2007, p.I-3699, spéc.n°15; CJUE, 11 mars 2010, *Wood Floor*, aff.C-19/09, *D. 2010. Pan.2331*, obs. S. Bollée.

934 CJUE, *Color Drack*, aff. C-386/05, Rec.2007, p.I-3699, spéc. n°32.

basées sur la prévisibilité et la proximité dans le cadre d'un contentieux bipartite à l'hypothèse d'un contentieux de masse.

Faute de pouvoir transposer aux actions de groupe transfrontières les solutions jurisprudentielles consacrées pour les litiges individuels, le recours à l'option de compétence prévu par l'article 7.1 aboutira à l'éclatement du contentieux. Une telle situation s'avère peu satisfaisante car elle constitue le contresens même d'une action de groupe transfrontière européenne, et va à l'encontre de l'une des finalités essentielles de l'espace judiciaire commun, qui est celle de vouloir limiter le risque de décisions inconciliables dans une même affaire[935].

255. **Les difficultés d'identification du for compétent en matière d'actions de groupe transfrontière relevant du domaine délictuel.** Lorsque l'action de groupe transfrontière relève de la matière délictuelle[936], l'article 7(3) du Règlement prévoit une option de compétence au profit du tribunal du lieu où le fait dommageable s'est produit ou risque de se produire. Ce dernier doit alors être entendu, et conformément à la jurisprudence de la CJUE, comme étant à la fois le lieu où le dommage est survenu et le lieu de l'évènement causal[937].

L'application de ce chef de compétence optionnel a soulevé plusieurs difficultés, notamment lorsque plusieurs préjudices surviennent dans divers Etats européens[938]. Or, ce sont ces hypothèses complexes qui sont susceptibles de se produire dans le cadre d'un contentieux de masse régional où la pluralité des lieux de dommage est presque systématique. Ainsi, la solution consacrée par la CJUE dans le cadre d'un contentieux bilatéral classique est difficilement transposable à l'hypothèse d'un contentieux de masse.

En effet, conformément à la jurisprudence *Fiona Shevill*[939], une hiérarchie entre le juge du fait générateur et celui du lieu du dommage a été établie, qui consiste à octroyer au juge du fait générateur une compétence générale pour statuer sur l'intégralité de la demande, contrairement au juge du lieu dommage qui ne serait compétent que pour statuer sur le dommage subi dans son ressort territorial[940]. La cour a justifié cette solution en estimant qu'elle est conforme à une bonne administration de la justice.

Appliquée à l'hypothèse d'un contentieux de masse transfrontalier, cette solution implique que l'action de groupe initiée devant le for du lieu de réalisation du dommage ne puisse contenir que les nationaux ayant subi le dommage dans le ressort territorial de ce for. Ainsi, dans le cadre du contentieux des *PIP*, et à supposer que le for allemand possédait une action de groupe transsubstantielle, seules les victimes allemandes auraient été en mesure d'initier leur action collective devant les tribunaux allemands du lieu de réalisation du dommage[941]. Non seulement une telle solution entraîne une véritable

---

[935] D. BUREAU et H. MUIR WATT, *Droit international privé*, t 2, *op.cit.*, spéc. n°885, p.393.

[936] Les actions de groupe intentées en matière boursière et celles relatives au droit de l'antitrust entrent dans cette catégorie.

[937] CJUE, 30 nov.1976, *Mines de Potasses d'Alsace*, aff. C-21/76, *Rev.crit.DIP.1977.568*, note P. Bourel.

[938] H. GAUDEMENT-TALLON, *Compétence et exécution des jugements en Europe*, *op.cit.*, spéc. p. 230.

[939] CJUE, 7 mars 1995, *Fiona Shevill*, aff. 68/93, *Rev. crit. DIP. 1996.487*, note P. Lagarde.

[940] D. BUREAU et H. MUIR WATT, *Droit international privé*, t 2, *op.cit.*, spéc. n°972, p. 509.

[941] Il convient de préciser que les victimes allemandes ont engagé une action de groupe à l'encontre du fabricant français devant les tribunaux allemands.

dispersion du contentieux de masse européen, mais en plus elle conduit chaque groupe national de victimes à devoir initier son action de groupe devant le for du lieu de la réalisation de son dommage, générant une véritable inégalité entre les citoyens européens. En effet, on le sait, de nombreuses disparités peuvent exister entre les différentes actions de groupe consacrées par les différents pays du lieu de survenance du dommage. En outre, ce résultat n'apparaît pas du tout satisfaisant du point de vue du coût du procès. En effet, la multiplication des procédures parallèles engendre nécessairement une hausse des dépenses : en exposant le défendeur à un risque de contrariété de décisions, celui-ci se trouve dans l'obligation de se défendre dans de nombreuses actions relatives à un même objet. Quand bien même la Cour de Justice a tenté de relativiser sa solution en considérant que le demandeur a toujours la possibilité de concentrer ses prétentions devant le for du domicile du défendeur[942], il n'est pas certain qu'il sera dans l'intérêt de toutes les victimes de concentrer leur litige devant le for du domicile du défendeur, et particulièrement dans l'hypothèse où le for du domicile ne possède pas d'action de groupe, ou lorsque le for du dommage possède une action de groupe plus efficace que celle du for du domicile du défendeur.

2- Les actions de groupe transfrontières et les règles de compétence protectrices des parties faibles

256. Les compétences protectrices des parties faibles et le Règlement de Bruxelles. Le droit international privé européen est caractérisé par la présence de chefs de compétence juridictionnelle ayant pour objet la protection des parties les plus faibles[943]. Avec l'entrée en vigueur du Règlement Bruxelles I *bis*, les règles de compétences protectrices en matière de droit de la consommation et de droit social s'appliquent même dans l'hypothèse où le co-contractant de la partie faible est domicilié sur le territoire d'un Etat tiers dès lors que ce dernier possède une succursale, une agence ou tout autre établissement dans un État membre[944].

257. Les difficultés d'articulation entre les actions de groupe transfrontières et les chefs de compétence protectrices des parties faibles. La réception des actions de groupe transfrontières à l'aune des règles protectrices des parties faibles n'est pas sans difficultés. Tout d'abord, dans la mesure où le regroupement des victimes dans le cadre d'une action de groupe est de nature à changer considérablement le jeu des forces en présence, il n'est pas certain, comme nous l'avons déjà mentionné, que les règles de compétence protectrices des parties faibles aient vocation à s'appliquer dans un tel

---

942 CJUE, 7 mars 1995, *Fiona Shevill*, aff. 68/93.

943 M-L. NIBOYET et G. DE GEOUFFRE DE LA PRADELLE, *Droit international privé, op.cit.*, spéc. n°523, p. 356 ; B. AUDIT et L. D'AVOUT, *Droit international privé, op.cit.*, spéc. n°606, p. 531 ; Y. LOUSSOUARN, P. BOUREL et P. DE VAREILLES-SOMMIÈRES, *Droit international privé, op.cit.*, spéc. n°775, p. 798.

944 Voir articles 17.2 et 20.2 du Règlement Bruxelles I *bis*. Sur l'application de ces articles voir : C. CHALAS, « Compétence en matière de contrats conclus par les consommateurs (règlement Bruxelles I) », *Rev. crit. DIP 2016.485.*

contexte[945]. D'autre part, comme nous l'avons également précédemment expliqué, il n'est pas toujours aisé à l'aune de l'interprétation avancée par la CJUE de l'action engagée par une entité représentative, de déterminer si un contentieux de masse relève de la matière contractuelle ou délictuelle[946]. Par conséquent, à la lumière des difficultés susmentionnées, il n'est pas sûr que toutes les actions de groupe impliquant des parties faibles relèvent nécessairement des chefs de compétence protecteurs des parties faibles.

Par ailleurs, l'articulation entre le chef de compétence correspondant au domicile de la partie faible et les actions de groupe transfrontières n'est pas sans difficultés[947]. Tout d'abord, et comme nous l'avons déjà mentionné, il n'est pas possible pour un consommateur de mobiliser les ressources de son for de protection afin de regrouper devant ce dernier les demandes d'autres consommateurs domiciliés dans Etats tiers ou d'autres Etats membres . Non seulement, l'option de compétence du for du domicile de la partie faible génère un éclatement du contentieux dès lors que les parties faibles victimes sont domiciliées sur le territoire de plusieurs Etats membres[948], mais en plus, l'existence d'actions de groupe dont les modalités de fonctionnement présentent des disparités importantes, place les parties faibles dans une situation d'inégalité[949]. Quand bien même l'action de groupe pourrait-être engagée devant le for du domicile du défendeur, il n'est pas certain qu'une telle solution soit toujours satisfaisante. En effet, il se peut que le for du domicile du défendeur ne soit pas équipé d'une action de groupe, ou bien qu'équipé d'une telle procédure, que celle-ci soit moins attractive que les actions de groupe qui existent au domicile des différentes parties faibles. Dans ce contexte, les demandeurs préféreront à coup sûr de saisir le for de leur lieu de résidence. Dès lors, la concentration du contentieux de masse devant le for du défendeur est loin d'être établie.

258. ***Transition.*** L'architecture du Règlement de Bruxelles favorise considérablement l'éclatement du contentieux de masse dans l'espace européen, et instaure par conséquent un système de « multiplicité » de l'action de groupe, avec tous les inconvénients que cela représente. Par ailleurs, l'existence d'un « marché des actions de groupe » tend également à favoriser le développement d'un *forum shopping* dans l'espace européen.

II- Les actions de groupe transfrontières et le risque accru de *forum shopping*

259. Le développement du *forum shopping* en présence d'une multitude de défendeurs dans le cadre d'un litige de masse transfrontière. L'absence

945 Voir *infra* n°245.

946 Voir la jurisprudence de la CJUE dans le cadre de l'affaire *Verin für Konsumenteniformation v. Karl Heinz Henkel.*

947 E. LEIN, « Cross-Border Collective Redress and Jurisidicion Under Brussels: A Mismatch», in *Collective Redress and Extraterritoriality*, *op.cit.*, p. 129, spec .p. 135/

948 Conformément à l'article 18 du Règlement Bruxelles I *bis* : *« l'action intentée par un consommateur contre l'autre partie au contrat peut être portée devant les juridictions de l'Etat membre sur le territoire duquel est domiciliée cette partie, soit, quel que soit le domicile de l'autre partie, devant la juridiction du lieu où le consommateur est domicilié* ».

949 A. NUYTS, « The consolidation of Collective Claims Under Brussels I », *in Cross-Border Class Actions, the European Way*, *op.cit.*, spéc. p. 73.

d'harmonisation des actions de groupe dans l'espace européen ainsi que l'absence de chef de compétence exclusif permettant de concentrer le contentieux de groupe transfrontalier, ne sont pas uniquement susceptibles de disperser le contentieux de masse transfrontalier, mais ont également pour conséquence de favoriser le *forum shopping* dans l'espace européen. En effet, comme nous l'avons déjà mentionné, lors de la survenance d'un dommage de masse, les plaideurs ont la possibilité de saisir plusieurs juridictions et préféreront nécessairement engager leurs actions devant les tribunaux équipés d'un système efficace de *private enforcement*.

Le contentieux concurrentiel en constitue un exemple. Parce que ce contentieux met en jeu une pluralité de défendeurs, le *forum shoping* risque d'être favorisé[950]. Les demandeurs peuvent en effet choisir parmi les divers tribunaux du domicile des défendeurs celui qui disposera du système de *private enforcement* le plus favorable et rejoindre, par la suite, les autres défendeurs à la procédure conformément à l'article 8.1 du Règlement. L'affaire du cartel des vitamines en Europe en est une parfaite illustration. En l'espèce, le contentieux impliquant plusieurs défendeurs s'était concentré devant le for anglais[951]. Ainsi, dans les deux affaires *Provimi* et *Cooper Tire*, les demandeurs avaient saisi le for anglais en vue de bénéficier de l'action de groupe anglaise et de la procédure de *Discovery*.

Dans la première affaire, le juge anglais a enjoint à des groupes internationaux dont les sièges se situaient en France, en Suisse, et en Allemagne, mais dont les filiales, établies au Royaume-Uni, n'avaient pas directement participé aux pratiques anticoncurrentielles, de verser des dommages et intérêts à des filiales allemandes et britanniques d'un groupe néerlandais.[952]. Le juge anglais a fondé sa compétence juridictionnelle en donnant une interprétation extensive à la notion d'entreprise en droit de la concurrence. Il considère ainsi que la seule domiciliation d'une des filiales des cartellistes sur le territoire anglais, suffit à fonder la compétence des juridictions anglaises pour tout demandeur étranger souhaitant réclamer la réparation de son préjudice subi sur le territoire de l'Union européenne. Le juge anglais s'est ensuite basé sur l'article 6.1 du Règlement de Bruxelles (article 8.1 du Règlement de Bruxelles I bis) pour étendre sa compétence juridictionnelle à l'égard des autres défendeurs[953].

Un raisonnement analogue a été suivi par les tribunaux anglais dans le cadre de l'affaire *Cooper Tire &Rubber Co.* Le juge anglais avait cette fois encore retenu sa compétence juridictionnelle après avoir vérifié que la filiale britannique ne pouvait ignorer que la société mère avait commis des pratiques anticoncurrentielles sur le marché européen.

---

[950] S. PIETRINI, *L'action collective en droit des pratiques anticoncurrentielles. Perspective nationale, européenne et internationale*, *op.cit.*, spéc. n °597, p. 420.

[951] B. HESS, « Cross-border Collective Litigation and the Regulation Brussels I », 30 IPRAX.111 (2010), spéc. p. 119.

[952] Autorité de la concurrence française, Réponse à la consultation publique de la Commission européenne relative à une approche européenne cohérente en matière d'actions collectives, consultable sur : http://ec.europa.eu/competition/consultations/2011_collective_redress/autorite_de_la_concurrence_fr.pdf spéc. n°1.1, p. 6.

[953] High Court of Justice, May 6, 2003, *Provimi Ltd and ors v. Aventis Animal Nutrition SA and ors,* [2003] EWHC 961 (Comm).

L'exercice du juge anglais de sa compétence juridictionnelle lui a permis ensuite d'étendre sa compétence à 22 défendeurs impliqués dans la pratique illicite[954].

En outre, les juridictions néerlandaises ont utilisé le jeu de l'article 6.1 du Règlement Bruxelles I bis (8.1 du Règlement de Bruxelles) afin de concentrer le contentieux de masse mettant en jeu plusieurs victimes. Pour ce faire, elles se sont basées sur une interprétation large du Règlement de Bruxelles 1. En effet, dans l'affaire *Shell*, considérant que les bénéficiaires de la transaction collective sont des défendeurs[955], la cour d'appel d'Amsterdam a retenu sa compétence en se fondant sur l'article 2 du Règlement de Bruxelles (article 4 du Règlement de Bruxelles I *bis*) étant donné que certaines des personnes intéressées (des défendeurs conformément au tribunal néerlandais) étaient domiciliées aux Pays-Bas. Elle a ensuite étendu sa compétence à l'égard de 100.000 victimes domiciliées dans d'autres Etats membres sur le fondement de l'article 6.1. L'interprétation des tribunaux néerlandais de l'article 6.1 permet ainsi à un petit nombre de défendeurs domiciliés dans un Etat de l'Union, d'attraire tout un groupe de défendeurs domiciliés dans d'autres Etats. Il est vrai que le raisonnement de la cour d'appel d'Amsterdam a permis de concentrer le contentieux devant un for unique, achevant ainsi une résolution globale du litige avec tous les avantages qui peuvent en découler. Cependant il a toutefois été relevé dans un premier temps, que l'article 6-1 du Règlement n'a pas vocation « *à permettre à un petit nombre de défendeurs domiciliés dans l'Union d'attraire tout un groupe de défendeurs domiciliés dans un autre Etat* »[956]. Dans un second temps, il n'est pas possible de dissimuler le risque accru du *forum shopping* que l'interprétation large de l'article 6.1 peut engendrer, de sorte que l'auteur du dommage peut alors fonder la compétence des tribunaux néerlandais en vue de conclure une transaction avec les représentants des victimes, par la seule existence d'une seule victime domiciliée aux Pays Bas.

260. ***Transition.*** Les règles de compétence juridictionnelle telles qu'adoptées par le Règlement Bruxelles I *bis* sont peu adaptées à la spécificité du contentieux de masse transfrontalier et sont propices au développement d'un système de « multiplicité de l'action de groupe ». De même, elles favorisent le *forum shopping* dans l'espace européen, particulièrement en présence d'un marché des actions de groupe. Mais, à supposer que les victimes d'un dommage de masse paneuropéen aient réussi à fédérer leur action devant un for unique, le for du domicile du défendeur à titre d'exemple, l'inadaptabilité des instruments européens de loi applicable à la spécificité des actions de groupe transfrontières constitue un véritable obstacle à l'expansion des actions de groupe transfrontières dans l'espace européen.

---

954 Court of Appeal, London, July 23, 2010, *Cooper Tire & Rubber Co v. Shell Chemicals UK* [2010] UKCLR 1097, EWCA Civ.864.

955 Sur ce point, voir *supra* n°244.

956 L. P. SAUSSINE, « Quelle place pour les *class actions* dans le règlement de Bruxelles I », JCP. G, n°20, 16 mai 2011, p. 992, spéc. p. 993; I. TZANKOVA et H.VAN LITH « Class Actions and Class Settlements Going Global : the Netherland », *in Collective Redress and Extraterritoriality, op.cit.*,spéc.n°457, p. 84.

Section II : Les difficultés d'interaction entre les actions de groupe transfrontières européennes et le droit international prive européen de conflits de lois (Les Règlements Rome I et Rome II)

261. Les instruments européens régissant la question de la loi applicable dans l'Union européenne en matière contractuelle[957] ou extracontractuelle[958] reposent, tout comme les instruments qui régissent la question de la compétence juridictionnelle, sur une structure purement individuelle et sont, de ce fait, inadaptés à la régulation du contentieux international des actions de groupe[959]. En effet, la présence d'intérêts semblables ou communs de fait ou de droit semble être une condition primordiale pour la concentration des demandes individuelles sous l'auspice des différentes formes d'actions de groupe existantes dans l'espace européen[960]. Or, pour qu'une telle condition soit satisfaite, encore faudrait-il une identité substantielle entre les différentes lois régissant l'ensemble du litige. Si les demandeurs viennent de pays différents, le droit applicable ne peut pas être unique, si bien que le tribunal saisi pourra refuser de certifier l'action de groupe[961]. Ainsi, en l'absence de règles de conflit spécifiques adaptées à l'hypothèse d'une action de groupe transfrontière, la vocation de plusieurs lois substantielles à régir le fond du litige constitue une véritable barrière au développement des actions de groupe dans l'espace européen **(§2)**.Mais bien avant cela, il conviendra d'exposer les difficultés liées à la recevabilité d'une action de groupe transfrontière européenne, en termes de loi applicable [962]**(§1)**.

§1- Les difficultés liées à la loi applicable à la recevabilité d'une action de groupe transfrontière européenne

262. Comme nous l'avons déjà mentionné, le modèle originaire de régulation en Europe se basait principalement sur le système de *public enforcement*, de sorte que les

[957] Le règlement de Rome I (CE) n° 593/2008 du Parlement et du Conseil du 17 juin 2008 sur la loi applicable aux obligations contractuelles, JO L 177/6 du 4.7.2008, p. 6.

[958] Le Règlement de Rome II (CE) n° 864/2007 du Parlement et du Conseil du 11 juillet 2007 sur la loi applicable aux obligations non contractuelles, JO L 199 du 31.7.2007.

[959] A. STADLER, « Cross-Border mass litigation: a particular challenge for European Law », in J.Steele et W .H. Van Boom (eds.), *Mass justice: Challenges of Representation and Distribution,* 2011, p. 73, spéc. p. 87.

[960] Voir à titre d'exemple : les dispositions relatives à l'action de groupe anglaise (GLO) qui conditionnent l'engagement de l'action à l'existence des demandes présentant des questions communes ou semblables de fait ou de droit (CPR, Part 19r, 19.10). De même, l'action collective autrichienne intentée par une association ou une entité privée ne peut être engagée devant le tribunal que si les demandes présentent la même nature aussi bien en fait qu'en droit (OGH 31.2.2005, 3 Ob 275/054 v. Micjlitz and Purnhagen). En droit français, l'article 62 de la loi de modernisation de la justice, conditionne l'engagement de l'action de groupe à ce que les personnes ayant subi le dommage soient placées dans une situation similaire.

[961] C. KESSEDJIAN, « Les actions collectives en dommages et intérêts pour infraction aux règles communautaires de la concurrence et le droit international privé », in G. Venturini et S. Bariatti, (éd.), *Liber Fausto Pocar*, Giuffrè 2009, t 2, p. 534, spéc. p. 535.

[962] Voir à titre d'exemple, l'action en représentation conjointe et l'action en cessation des pratiques illicites. Sur ces actions de groupe voir *supra* n°39 et suiv.

formes d'actions de groupe qui existaient en Europe s'adaptaient à ce système. Il s'agissait de donner à des entités, plus précisément à des associations, le pouvoir d'agir devant une instance judiciaire dès lors que les intérêts d'une catégorie de personnes dans leur ensemble (intérêt collectif) sont lésés par la violation précise du droit matériel ou la violation d'une norme générale de comportement. Ces actions collectives étaient ainsi exclusivement réservées à la cessation des pratiques illicites ou encore à la réparation des dommages causés aux intérêts collectifs des victimes.

Cependant, le passage progressif en Europe du système de *public enforcement* à celui de *private enforcement*, tant à l'échelle des pays européens qu'à l'échelle de l'Union européenne, s'est manifesté par le développement des actions de groupe ayant pour objet la réparation des préjudices subis individuellement par chaque victime. Ainsi, les actions intentées par des entités représentatives, qui constituent aujourd'hui le modèle le plus répandu en Europe, ne concernent plus seulement les actions en cessation ou celles ayant pour objet de défendre des intérêts collectifs, mais aussi les actions de réparation en dommages et intérêts.

Toutefois, la recevabilité de ces actions dans le cadre d'un contentieux transfrontalier soulève des problèmes aigus de droit international privé qu'il convient d'exposer **(I).** C'est à la lumière de toutes ces difficultés que vient s'insérer l'action en cessation transfrontière européenne ainsi que les initiatives de la Commission européenne en matière d'actions de groupe en dommages et intérêts **(II).**

I- Les difficultés liées à la recevabilité des actions de groupe transfrontières dans l'espace européen

263. Il convient de préciser, tout d'abord, que les difficultés en termes de loi applicable susceptibles d'être soulevées au niveau de la recevabilité des actions de groupe transfrontières ne concernent que celles intentées par des entités représentatives au nom de plusieurs personnes ayant subi le même dommage[963]. En outre, lorsque l'action de groupe diligentée repose sur un modèle architectural semblable à celui de la *class action* américaine, aucune difficulté ne se pose au stade de la recevabilité puisque les restrictions d'accès à la justice, en raison de la nationalité du plaignant, sont interdites dans les relations intracommunautaires[964].

Essayons maintenant, en raisonnant à partir d'un exemple concret, d'exposer certaines des difficultés susceptibles d'être soulevées. Imaginons que des pratiques illégales ou abusives intervenant dans un pays de la communauté européenne (Etat A), aient été causées par un professionnel résidant dans un autre Etat de la communauté (Etat B). Lorsque les effets dommageables se font uniquement ressentir dans l'Etat A, il n'existe

---

963 Nous visons principalement par l'action de groupe transfrontière, l'action de groupe intentée par des entités représentatives. Voir d'une manière générale : L. USUNIER, « Action en justice », Rép. Intern, juin 2014, act.2016

964 Voir dans le même sens, la recommandation de la Commission européenne « Vers un cadre horizontal européen pour les recours collectifs », COM/2013/0401 final, spéc. n°3.3, n°12 : « *Dans certains types d'actions collectives, telles que les actions de groupe dans lesquelles le recours peut être formé conjointement par toutes les personnes alléguant avoir subi un préjudice, la question de la qualité pour agir est assez simple* ».

pas de difficultés particulières quant à l'initiation d'une action en représentation devant les tribunaux de cet Etat, que ces actions soient des actions en cessation ou en réparation. En effet, l'intérêt pour une entité d'agir devant une juridiction de son propre pays pour représenter les victimes domiciliées dans ce pays, est évident. La procédure sera celle du tribunal saisi, la recevabilité de l'action sera appréciée conformément à la loi nationale de l'association et l'action en justice pourra s'exercer sans aucune restriction[965].

Mais il se peut que le système juridique de l'Etat A ne possède pas au sein de son arsenal procédural une action de groupe, conduisant ainsi l'entité à engager une action de groupe pour le bénéfice des victimes devant le for du domicile du professionnel (Etat B)[966]. Dans cette hypothèse, plusieurs difficultés peuvent limiter considérablement la possibilité d'engager une action de groupe présentant des éléments d'extranéité. Il convient alors de distinguer selon que l'action est intentée par une entité étrangère **(A)** ou par une entité nationale **(B)**.

A- L'action en représentation transfrontière intentée par une entité étrangère devant le for

264. Dans l'espace européen, les actions intentées par des entités étrangères devant le for doivent surmonter un certain nombre de barrières. La reconnaissance de l'entité étrangère initiant l'action **(1)**, l'admissibilité de du type de l'action engagée par le système juridique du for **(2)** et, enfin les incertitudes liées à la question de la loi applicable à la recevabilité d'une action de groupe internationale **(3)**.

1- La reconnaissance de l'entité étrangère initiant l'action devant le for

265. Les différentes approches adoptées par les pays européens quant à la question de la reconnaissance des entités étrangères. La première question qui se pose dans le cadre d'une action de groupe transfrontière est celle qui est relative à la reconnaissance de l'entité étrangère initiant l'action de groupe devant le for[967]. Les différents pays européens ont adopté des approches divergentes au regard de la reconnaissance des entités étrangères et de la question de la loi applicable en la matière. Le droit de l'Union, quant à lui, n'est pas d'un grand secours. En effet, il a été admis que la jurisprudence de la Cour européenne relative à liberté d'établissement, et selon laquelle la capacité d'ester en justice qu'une société possède en vertu de son Etat de constitution doit être respecté par tous les Etats européens, ne s'applique pas aux entités

---

965 A. MORIN, « Les actions collectives transfrontières, Rapport Français », *in Les actions collectives transfrontières des organisations de consommateur. Droit international et droit du marché intérieur*, *op.cit.*, p. 69, spéc. p. 76.

966 La compétence du tribunal sera fondée sur l'article 4 du Règlement de Bruxelles I *bis*.

967 C. KESSEDJIAN, « L'action en justice des associations des consommateurs et d'autres organisations représentatives d'intérêt collectif en Europe », *33 Rivista di Dritto Internatiozionale Privato e Processuale* (1997), p. 281, spéc. p. 295.

représentatives à l'instar des associations de consommateurs[968]. Ainsi, la divergence entre les droits des pays européens au regard de la question de la capacité des entités étrangères d'ester en justice peut constituer, par conséquent une entrave au développement des actions représentatives transfrontières européennes.

266. **La position libérale du droit français**. Dans ce contexte, il convient de mentionner la position relativement libérale du droit français : la reconnaissance des associations étrangères est de plein droit lorsque celles-ci sont valablement constituées au regard de la loi de leur siège social réel. Une telle reconnaissance est possible depuis 1981, date de l'abrogation du décret-loi du 12 avril 1939. Celui-ci restreignait de façon sensible le droit des groupements étrangers en exigeant aux associations étrangères une autorisation du Ministère de l'Intérieur pour se constituer ou exercer une activité en France.[969]

Cependant, reconnaître une entité étrangère est une chose, lui ouvrir le droit d'intenter une action de groupe en est une autre. Par exemple certaines législations, dont les dispositions relatives à l'initiation d'une action de groupe en France, limitent le droit d'engager une action de groupe à des associations représentatives et agréées au niveau national, ou à celles bénéficiant d'une certaine ancienneté, excluant ainsi la possibilité pour des associations étrangères d'engager des actions de groupe transfrontières devant le for.

2- *L'admissibilité du type de l'action intentée par une entité représentative*

267. **Les difficultés liées à l'admissibilité du type d'action collective intentée.** La deuxième barrière que doit franchir l'action en représentation transfrontière est celle d'être admise devant le for où l'action est initiée. Cette question d'ordre procédural est régie par la loi du for, conformément au principe *forum regit processum*[970]. Il nous semble donc difficile qu'une action intentée par une association étrangère, et ayant pour objet l'indemnisation ou la cessation des dommages individuels subis par les consommateurs,

---

968 D.-P.L.TZAKAS, « International Litigation and Competition Law: The case of Collective Redress », in *International Antirust Litigation, Conflict of Laws and Coordination*, J. Basedow, S.Francq et L.Idot (éd.), Hart Publishing 2012, p. 161, spéc. p. 171.

969 A. MORIN, « Les actions collectives transfrontières, Rapport Français », in *Les actions collectives transfrontières des organisations de consommateur. Droit international et droit du marché intérieur, op.cit.*, p. 69, spéc. p. 72. Ce principe est en effet posé par les articles 5 al.2 et 6 al.3 de la Convention de La Haye du 1e juin 1965 sur la reconnaissance de la personnalité juridique des sociétés, associations et personnes. Cette convention qui n'est pas entrée en vigueur a cependant été ratifiée par la France, poussant la doctrine à considérer qu'une telle convention jouit d'une certaine autorité rationnelle dans ce pays ; L. BORÉ et J. DE SALVE DE BRUNETON, « L'action en justice des associations étrangères », *D. 2005 .685* ; K. RODRIGUEZ « Du nouveau dans le droit d'agir en France des associations étrangères, Note sous Cour de cassation (crim.), 1er décembre 2015, n° 14-80.394 », *Rev. Soc. 2016. 460* ; L. D'AVOUT « Action en justice des associations étrangères : constitutionnalité sous réserve du régime », *Rev. crit. DIP 2015. 383.*

970 M. FALLON, « An Essay on the Mutual Recognition of Group Actions (governmental, organizational or class action) », in *Cross-Border Consumer Conflicts within the European Community, op.cit.*, p.245, spéc. p. 255.

soit recevable alors que le droit du for saisi ne prévoit pas la même possibilité, pour ses associations nationales[971]. Comme il a été justement mentionné, « *l'action de groupe est avant tout un genre particulier de procédure, qui n'est évidemment ouvert que devant les juridictions des Etats dont le droit admet un tel type d'action* »[972].

3- Les incertitudes liées à la question de la loi applicable aux conditions d'ouverture de l'action de groupe engagée par une entité étrangère

268. Le déclin du dogme de la *lex fori* en matière d'actions de groupe internationales. Si l'on admettait d'une manière générale que l'extranéité des personnes engageant une action en justice ou la vocation d'une loi étrangère à régir le fond du litige ne devaient pas avoir une influence sur les conditions d'ouverture d'une action en justice présentant des éléments d'extranéité, cela tenait au fait qu'il était souvent considéré que la procédure commerciale internationale était soumise à la loi du tribunal saisi[973] .

Force est de constater cependant, que le dogme de la *lex fori* est aujourd'hui tombé en désuétude[974] : l'action en justice est considérée comme étant à la charnière du processuel et du substantiel[975], fournissant un exemple de conflit de catégories, lequel est à l'origine des hésitations quant au régime de la loi applicable[976]. Or de telles hésitations sont d'autant plus amplifiées lorsque l'action en justice internationale n'est pas engagée par celui qui prétend agir en défense d'un intérêt personnel, mais plutôt par celui qui prétend agir en défense d'un intérêt collectif ou d'un intérêt d'autrui.

269. Les confusions quant à la qualification de l'attribution du droit d'intenter une action de groupe. Étant donné qu'elle constitue une forme particulière de l'action en justice, l'action de groupe transfrontière soulève des interrogations quant à la loi applicable aux conditions de son ouverture. Or la détermination de la loi applicable doit passer par une étape préalable qui consiste à qualifier, entre autres, la question de l'attribution du droit d'intenter une action de groupe, en vue de déterminer le régime de la loi applicable.

---

971 C. KESSEDJIAN, « L'action en justice des associations des consommateurs et d'autres organisations représentatives d'intérêt collectif en Europe », *33 Rivista di Dritto Internatiozionale Privato e Processuale* (1997), p. 281, spéc. p. 292.

972 L. USUNIER, « Droit d'agir en justice et actions de groupe transnationales », in *Mélanges en l'honneur du professeur Bernard Audit : les relations privées internationales / ouvrage réalisé à l'initiative de Louis d'Avout, Dominique Bureau, Horatia Muir-Watt, op.cit.*, spéc. n°4, p. 685.

973 A. HUET, « Procédure civile et Commerciale dans les rapports internationaux (DIP), Compétence de la « Lex Fori » - Domaine de la « Lex-Fori » : action en justice, spéc.n°1, p.2.

974 M.-L. NIBOYET-HOEGY, « Contre le dogme de la lex fori en matière de procédure, in *Mélanges Gaudemet-Tallon*, Dalloz, 2008, p.363.

975 L. USUNIER, « Action en justice », Rép. Intern.2014 (actualisation janvier 2016), spéc.n°5 et les références citées par l'auteure.

976 Au sujet duquel voir : F. TERRÉ, « Les conflits de lois en matière d'actions en justice », *TCFDIP 1964-1966* p. 111; M.-L. NIBOYET-HOEGY, *L'action en justice dans les rapports internationaux de droit privé*, Economica 1986, spéc. n°193 ; L. USUNIER, « Action en justice », Rép. Intern. 2014 (actualisation janvier 2016), spéc. n°5.

Pour une grande majorité de la doctrine, les règles relatives à l'attribution du droit d'intenter une action de groupe doivent être analysées en termes de qualité pour agir.[977] Or une telle qualification n'est pas aisée et dépend surtout de l'architecture de l'action de groupe sur laquelle repose l'exercice de l'action en justice. Ainsi, selon Madame Usunier, lorsque l'intérêt en défense duquel l'action est exercée n'est pas l'intérêt propre de celui qui agit, mais un intérêt collectif, un intérêt général ou l'intérêt d'autrui, les membres représentés par l'association engageant l'action de groupe ne peuvent pas être considérés comme parties au procès. Dès lors l'action de groupe apparaît comme reposant sur l'attribution à une personne d'une qualité pour agir[978] . Cependant, lorsque l'intérêt en défense duquel l'action de groupe est exercée est l'intérêt propre des membres victimes des dommages de masse, l'action introduite est une action exercée au nom et pour le compte des personnes ayant subi le même dommage. Dans cette hypothèse, l'action de groupe doit être analysée en termes de pouvoir d'agir, les membres victimes du dommage de masse conservent alors leur qualité en tant que parties au litige[979].

Force est de constater que certaines formes d'actions de groupe, à l'instar de la nouvelle action de groupe française en droit de la consommation, peuvent soulever un problème de qualification quant à l'attribution du droit d'intenter l'action de groupe[980]. D'ailleurs, pareille confusion s'est également reflétée dans la recommandation de la Commission européenne relative aux recours collectifs[981]. En considérant que l'action de groupe est « *une action engagée pour le compte et au nom de plusieurs personnes physiques ou morales qui allèguent avoir subi ùn même préjudice* »[982], la Commission semble bien traiter – en utilisant le vocabulaire pour le compte et au nom de plusieurs personnes - l'attribution du droit d'intenter une action de groupe en termes de qualité à agir , ce qui implique que les membres au nom et pour le compte desquels l'action est intentée doivent être les vraies parties à la procédure. Cependant, la Commission se contredit en considérant que les victimes au bénéfice desquelles l'action est engagée ne sont pas parties au litige.

---

977 Voir à titre d'exemple : M. J. AZARD-BAUD, *Les actions collectives en droit de la consommation, Étude de droit français et argentin à la lumière du droit comparé*, préf. L. Cadiet, Dalloz 2013, spéc. p. 433 et suiv ; L. USUNIER, « Droit d'agir en justice et actions de groupe transnationales », in *Mélanges en l'honneur du professeur Bernard Audit : les relations privées internationales/ ouvrage réalisé à l'initiative de Louis d'Avout, Dominique Bureau, Horatia Muir-Watt, op.cit.*, spéc. n°7, p.689.

978 L. USUNIER, « Droit d'agir en justice et actions de groupe transnationales », in *Mélanges en l'honneur du professeur Bernard Audit : les relations privées internationales/ ouvrage réalisé à l'initiative de Louis d'Avout, Dominique Bureau, Horatia Muir-Watt., op.cit.*, spéc. n°7, p.689.

979 L. USUNIER, « Droit d'agir en justice et actions de groupe transnationales », in *Mélanges en l'honneur du professeur Bernard Audit : les relations privées internationales/ ouvrage réalisé à l'initiative de Louis d'Avout, Dominique Bureau, Horatia Muir-Watt,* spéc. n°8, p.689. L'auteure donne ainsi l'exemple de l'action en représentation conjointe française qui repose sur une remise préalable de mandats d'agir exprès et écrits par deux consommateurs et qui ne bénéficie qu'aux seuls consommateurs ayant octroyé à l'association le mandant d'agir pour leur propre compte.

980 Voir *infra* n°263 et suiv.

981 L. USUNIER, « Droit d'agir en justice et actions de groupe transnationales », in *Mélanges en l'honneur du professeur Bernard Audit : les relations privées internationales/ ouvrage réalisé à l'initiative de Louis d'Avout, Dominique Bureau, Horatia Muir-Watt, op.cit.*, spéc. n°9, p. 69.

982 Commission européenne, Recommandation, « *Vers un cadre horizontal européen pour les recours collectifs* », spéc. n°3.4, p.13.

Que l'attribution du droit d'agir en justice dans le cadre d'une action de groupe transfrontière se prête à une analyse en termes de qualité d'agir ou en termes du pouvoir d'agir, le régime de la loi applicable est source d'un certain nombre de difficultés qu'il convient d'examiner.

270. **Les difficultés liées à l'application de la loi du fond au droit d'intenter une action de groupe transfrontière**. Lorsque la question de la personne habilitée à engager une action de groupe est analysée en termes de qualité pour agir, il faut distinguer selon que l'action collective est intentée en défense d'un intérêt collectif ou si elle l'est en défense de l'intérêt d'autrui.

La loi applicable à la qualité des syndicats et des associations pour agir en défense d'un intérêt collectif fait l'objet de nombreuses hésitations doctrinales, auxquelles la jurisprudence n'est d'aucun secours. Une partie de la doctrine française prône pour l'application cumulative de la loi du groupement et la loi du for[983] en se basant sur l'interprétation faite des arrêts *Scotch Whisky*[984], conformément à laquelle un groupement étranger ne saurait avoir en France plus de droits qu'il n'en a dans son pays d'origine. Alors que la loi du groupement est consultée en vue de définir les pouvoirs d'un tel groupement, y compris celui d'exercer une action de groupe, la loi du for est applicable en raison du caractère procédural de la question[985].

Or la soumission de la qualité des syndicats et des associations aux conditions cumulatives posées par la loi du groupement et la loi du tribunal saisi, revient, comme l'a été mentionné par Madame Niboyet à la « *quadrature du cercle* »[986]. Ainsi, il serait impossible en droit français pour un groupement étranger d'exercer une action collective en défense d'un intérêt collectif puisque le droit français a réservé l'exercice de telles actions au ministère public ou à des organismes privés précisément désignés, rendant l'action de groupe transfrontière, engagée par une entité représentative ou une association étrangère, impossible devant les tribunaux français.

Lorsque l'action de groupe transfrontière est engagée par une entité en défense de l'intérêt d'autrui, la loi applicable à la qualité pour agir est la loi du fond[987]. Une telle solution préconisée par une grande partie de la doctrine a également été affirmée récemment par la jurisprudence française[988]. Or, une telle solution n'est pas souhaitable et peut de ce fait constituer une entrave au développement des actions de groupe transfrontières dans l'espace européen. En effet, lorsque la loi applicable au rapport

---

983 M.-L. NIBOYET-HOEGY, « L'harmonisation européenne en matière d'actions en cessation transfrontières », *Gaz. Palais. 2000. 62.15*, spéc. n°5.

984 Cass.crim., 15 oct.1959, J.D.I.1961.134, note Françon ; Paris, 17 mars 1960, *Rev. crit. Dip. 1961. 97*, note Loussouarn.

985 M.-L. NIBOYET-HOEGY, « L'harmonisation européenne en matière d'actions en cessation transfrontières », *Gaz. Palais. 2000. 62.15*, spéc. n°5.

986 M.-L. NIBOYET-HOEGY, « L'harmonisation européenne en matière d'actions en cessation transfrontières », *Gaz. Palais. 2000.62.15*, spéc. n°6.

987 D. BUREAU et H. MUIR WATT, *Droit international privé*, t 1, *op.cit.*, spéc. n°189 : B. AUDIT et L. D'AVOUT, *Droit international privé*, spéc. n°501 ; P. MAYER et V. HEUZÉ, *Droit international privé*, *op.cit.*, spéc. n°497.

988 Cass. civ.1re, 14 avril 2010, *Gustav Hubener GmbH*, *Gaz. Pal.2010*, n°148-149, p.52, note M.-L. Niboyet Hoegy.

litigieux ne prévoit pas la possibilité pour les victimes de se regrouper, ces dernières se trouvent dans l'impossibilité d'initier une action groupe transfrontière devant le for équipé d'une action de groupe

Revenons ainsi à notre hypothèse d'origine. Si les victimes ayant leur domicile dans l'Etat B, dont le marché a été affecté par la pratique illicite, décident de saisir le for de l'action de groupe du défendeur dans l'Etat A par le biais d'une action engagée par une entité représentative, ces dernières risquent de se voir privées de profiter de l'action de groupe si la loi applicable au fond du litige ne prévoit pas un tel dispositif ou si cette loi reconnaît la possibilité d'initier une action de groupe dans un domaine différent de celui dont relève le litige. De telles solutions sont insatisfaisantes puisque les conditions d'ouverture d'une action de groupe transfrontière se retrouvent dépendantes de la loi applicable au fond du litige. De ce fait, et à l'issue d'un dommage de masse transfrontière dans l'espace européen, il serait alors difficile de concentrer le contentieux de masse devant un for unique, l'action de groupe étant dans cette hypothèse fermée à des entités ou à des personnes pour des raisons tenant à l'extranéité de la loi applicable.

271. L'application de la *lex fori*. Afin de surmonter ces obstacles, il est possible de rattacher la question de la loi applicable aux personnes habilitées à initier une action de groupe à la loi du for, notamment dans l'hypothèse où l'intérêt en défense duquel l'action de groupe est exercée est l'intérêt propre des victimes. En effet, la question de la personne habilitée à engager une action de groupe s'analyserait ici en termes de pouvoir d'agir. Or, celle-ci est soumise, dans le cadre d'un litige transfrontalier, à la loi du for[989]. De même, il a été préconisé par une partie de la doctrine d'appliquer d'une manière générale, et indépendamment de la qualification que revêt l'attribution des personnes à intenter une action de groupe, la loi du for à tous les aspects d'une action de groupe transfrontière, afin de pouvoir soumettre la question des personnes habilitées à engager une action de groupe à la loi du for. À l'appui d'une telle affirmation, cette doctrine se repose sur le caractère procédural que revêt pareille question ou sur la qualification des lois de police[990] des dispositions du droit français concernant les personnes habilitées à intenter une action de groupe, étant donné que « *la réglementation des actions collectives touche véritablement à l'organisation de la société (française)* »[991]. Dès lors, le for saisi d'une action de groupe a intérêt à faire appliquer son système de régulation en imposant les personnes habilitées à engager une action de groupe et les modalités de son engagement.

L'application de la loi du for équipée d'une action de groupe à la question des personnes habilitées à engager une action de groupe peut faciliter l'expansion des actions de groupe transfrontières dans l'espace européen, puisque la vocation d'une loi applicable au fond à s'appliquer au litige qui ignore le mécanisme de l'action de groupe, ou la consécration de la loi applicable au fond des formes d'actions de groupe différentes

[989] L. USUNIER, « Droit d'agir en justice et actions de groupe transnationales », in *Mélanges en l'honneur du professeur Bernard Audit : les relations privées internationales/ ouvrage réalisé à l'initiative de Louis d'Avout, Dominique Bureau, Horatia Muir-Watt, op.cit.*, spéc. p.699.

[990] L. USUNIER, « Action en Justice », spéc. n°61.

[991] M.-L. NIBOYET-HOEGY, *L'action en justice dans les rapports internationaux de droit privé, op.cit.*, spéc. n°281.

de celles qui existent devant le for saisi, ne peuvent plus entraver l'initiation d'une action de groupe devant le for.

272. Les limites des solutions préconisant l'application de la *lex fori.* Cependant, l'application de la loi du for n'est pas sans inconvénient. En effet, il se peut que le droit du for ne délivre l'agrément pour initier une action de groupe qu'à certaines associations précisément désignées, notamment en fonction de leur représentativité à l'échelle nationale. Dès lors, un groupement étranger ne serait pas en mesure de satisfaire cette condition. C'est précisément le cas de l'action de groupe française en matière de droit de consommation qui, conformément à l'article 423-1 du Code de la consommation, oblige l'association de consommateurs à être « *représentative au niveau national et agréée en application de l'article L.411-1 du Code de la consommation* ». Cependant, il est clair que seules les associations de consommateurs françaises peuvent être agréées en vertu de l'article L 411-1. Ainsi, une telle disposition exclut la possibilité d'intenter une action de groupe en France par les associations de consommateurs étrangères, faute pour elles de pouvoir bénéficier de l'agrément requis.

Or, une telle exclusion, outre qu'elle consacre le principe de « territorialité » de l'action de groupe en permettant uniquement à des consommateurs français de bénéficier de l'action de groupe française dans le cadre d'un litige de masse transfrontalier, constitue une violation du droit de l'Union européenne puisqu'elle prive certaines règles de compétence de leur effet utile[992]. Ainsi, ouvrir le droit d'intenter une action de groupe aux seules associations de consommateurs françaises agréées, aurait pour conséquence de priver les victimes étrangères d'engager par le biais de leur entité représentative nationale, une action de groupe devant le domicile du défendeur. Un tel constat va dès lors à l'encontre du considérant 11 du Règlement de Bruxelles I *bis* selon lequel le for du domicile de défendeur doit toujours être disponible pour le demandeur, sauf dans quelques cas bien déterminés, notamment lorsque la matière en litige ou l'autonomie des parties justifie un autre critère de rattachement[993]. Et même s'il est possible de riposter que les membres étrangers peuvent toujours engager des actions individuelles, ces derniers seraient dans une situation d'inégalité avec les autres citoyens européens, ce qui est contraire aux objets du marché européen.

B- L'action en représentation transfrontière intentée par une association nationale devant le for

273. Au vu des difficultés pouvant surgir en termes de loi applicable à la question de la recevabilité de l'action en représentation transfrontière, on pourra s'interroger sur la possibilité, pour des associations nationales, d'engager une action de groupe devant le tribunal du domicile du responsable lorsque les faits litigieux ont eu lieu à l'étranger. Malgré les obstacles qui peuvent se présenter en la matière **(1)**, les solutions adoptées par

[992] L. USUNIER, « Droit d'agir en justice et actions de groupe transnationales », in *Mélanges en l'honneur du professeur Bernard Audit : les relations privées internationales ouvrage réalisé à l'initiative de Louis d'Avout, Dominique Bureau, Horatia Muir-Watt, op.cit.*, spéc. n° 22, p.706.
[993] *Ibid.*

la jurisprudence néerlandaise peuvent constituer un modèle pour les autres pays européens **(2)**.

1- *Les difficultés liées à la représentation par une entité locale des membres étrangers*

274. L'exposé des obstacles. Il n'est pas sûr qu'une action de groupe puisse toujours être engagée avec succès lorsque l'action est intentée par une association locale représentant les intérêts de membres étrangers. En effet, les statuts de certains groupements peuvent limiter leur pouvoir d'agir pour la seule défense des intérêts des citoyens nationaux[994]. De même, l'application d'une loi étrangère au rapport litigieux peut constituer un obstacle à la recevabilité d'une action de groupe, en raison du fait que les intérêts attachés au respect de la loi dont la violation est en cause, sont étrangers à ceux que le groupement a pour mission de défendre[995]. C'est en se basant sur un tel raisonnement que la jurisprudence française a considéré comme irrecevable l'intervention du syndicat français des pilotes en ligne dans un litige relatif à l'interprétation d'un règlement incorporé dans un contrat de travail régit par le droit ivoirien au motif que *« l'interprétation du ce règlement n'était pas de nature à affecter la profession française des pilotes en ligne »*[996].

En droit allemand, la recevabilité d'une action d'intérêt collectif est subordonnée à l'application de la loi allemande à la substance du litige. Ainsi, deux juridictions allemandes ont refusé de recevoir une action intentée par une association allemande pour défendre les intérêts des consommateurs affectés par le fait d'une publicité trompeuse qui leur avait été adressée à partir d'une boîte postale en Allemagne[997]. L'acte illicite invoqué par l'association était soumis au droit français. Le tribunal allemand a considéré que la qualité pour agir du groupement prévue par une norme spéciale ne pouvait être exercée en dehors du champ d'application de cette norme. De plus, une autre difficulté tient au fait que les associations du droit allemand ne sont habilitées qu'à défendre les intérêts des consommateurs allemands.

Par ailleurs, un problème de financement peut se poser. En effet, il n'est pas sûr que les associations nationales aient les ressources financières suffisantes pour engager des actions au bénéfice de victimes étrangères. De surcroît, même si l'association nationale décide d'agir au bénéfice de victimes étrangères, il n'est pas sûr que cette dernière représenterait au mieux les intérêts de ces dernières[998].

---

994 M.-L. NIBOYET-HOEGY, « L'harmonisation européenne en matière d'actions en cessation transfrontières », *Gaz. Palais. 2000. 62.15*, spéc. n°6.
995 M.-L. NIBOYET-HOEGY, *« L'harmonisation européenne en matière d'actions en cessation transfrontières », Gaz. Palais. 2000. 62. 15, spéc.* n°7.
996 Cass., Ch. Mixte, 28 Fév. 1986, *Gaz. Pal.1986 ; D.1987.173,* concl. Franck.
997 J. FRANCK et P. FOUCHER, « Expériences concrètes de résolution de litiges transfrontières dans le domaine de la publicité », in *Les actions collectives transfrontières des organisations de consommateurs, op.cit.*, p.85, spéc. p. 89.
998 M.-L. NIBOYET, « L'harmonisation européenne en matière d'actions en cessation transfrontière », un exemple concluant d'intervention du droit communautaire dans les relations de droit international privé » *Gaz. Pal. 2000. 395,* spéc. n°7 et suiv.

2- *L'action de groupe néerlandaise et la représentation des membres étrangers*

275. L'importance de la représentation adéquate des membres étrangers de la classe. A supposer qu'une entité locale soit admise à représenter les intérêts des membres étrangers, encore faudrait-il qu'une telle représentation soit adéquate et prenne en considération les intérêts des membres étrangers de la classe, la question de la représentation des membres étrangers étant cruciale pour la viabilité de toute action de groupe européenne transfrontalière.

En effet, la représentation adéquate des intérêts des membres étrangers de la classe permettra de donner une sorte de crédibilité à l'action de groupe aussi bien devant le for de l'action que devant le for de reconnaissance. Une représentation inadéquate des intérêts des membres de la classe risquerait de démunir l'action de groupe de toute efficacité et particulièrement devant le for de reconnaissance.

276. L'exemple de l'action de groupe néerlandaise. Il est admis que les organisations ne sont pas en mesure de représenter efficacement les intérêts des membres étrangers. C'est en partant de ce principe que le mémorandum explicatif relatif à l'action de groupe néerlandaise a considéré que la transaction conclue entre les associations représentatives et l'auteur du dommage ne doit concerner que les membres néerlandais, conseillant ainsi au parlement néerlandais de limiter le champ territorial de cette action aux seules personnes domiciliées aux Pays-Bas[999]. Cependant, une telle solution a pour conséquence de multiplier les procédures à l'encontre du même défendeur et va à l'encontre de l'esprit et des objectifs du Règlement de Bruxelles. Par ailleurs, et dans le cadre spécifique de l'action collective néerlandaise, la transaction sera moins attractive pour la partie responsable si les membres étrangers sont exclus de la procédure puisque ces derniers seront en mesure d'intenter des nouvelles actions individuelles à son encontre.

Toutefois, malgré les restrictions énoncées dans le mémorandum, la cour d'appel d'Amsterdam n'a pas hésité à permettre à des associations néerlandaises de représenter les intérêts des membres étrangers ayant leur domicile à l'extérieur des Pays-Bas. Les solutions préconisées par la cour d'appel peuvent constituer un modèle à suivre dans tout type d'action de groupe prenant la forme d'une action en représentation.

Plusieurs techniques ont été utilisées à cet égard. Lorsque la classe comporte des membres étrangers, un soutien écrit peut être adressé par une association étrangère à l'association locale représentant les victimes étrangères devant le for. Cette technique a été suivie dans l'affaire *Shell* où l'association anglaise des investisseurs (*The English Investor's Association*) a donné son soutien à l'organisation néerlandaise pour représenter les investisseurs anglais dans la transaction conclue avec la société *Shell*.[1000].

---

[999] Le memorandum explicatif de l'action collective néerlandaise, Kamerstukken II 2003/04,29414, n0.3 (MTV), tel que cité par H. Van-Litth, *The Dutch Collective Settlements Act and Private International Law*, *op.cit.*, spéc. p. 29.

[1000] H. VAN LITHE, *op.cit.,* spéc.p. 81.

Une autre technique consiste à créer des fondations *ad hoc* constituées spécifiquement pour les besoins de l'action de groupe. Les associations créées auront pour objectif la protection des intérêts d'un groupe de personnes ayant subi le même dommage. L'association *Shell Reserves Compensation Foundation* intervenue dans l'action de groupe néerlandaise intentée à l'encontre de la société *Shell* et l'association *Stichting Uitvoering Schikking Vedior Foundation* intervenue dans la transaction conclue dans l'affaire *Vedior* en constituent un exemple[1001].

Une troisième technique consiste à admettre que des personnes étrangères puissent être représentées par des associations de leurs pays qui deviendront elles-mêmes membres de l'action de groupe intentée. Dans ce cas, l'association qui intente l'action en représentation représente l'association étrangère qui défend les intérêts des membres étrangers. Cette technique a été utilisée dans l'affaire *Shell*. En effet, l'association *Shell* a conclu avec d'autres associations étrangères représentatives des membres étrangers, des contrats de participation (*participation agreements*) permettant, selon la cour d'appel d'Amsterdam, de représenter au mieux les intérêts des membres des groupes étrangers. La même solution a aussi été consacrée dans la transaction intervenue dans l'affaire *Vedior*. Dans cette affaire, la majorité des membres du groupe bénéficiaires de la transaction résidaient à l'extérieur des Pays-Bas. La cour d'appel d'Amsterdam avait alors considéré que l'association néerlandaise *Vedior* avait adéquatement représenté les intérêts de ces personnes. Ceux-ci étaient en effet représentés par des associations nationales allemande, française, belge, anglaise et italienne qui avaient conclu des contrats de participation avec l'association néerlandaise. De cette manière, la représentation des membres étrangers est devenue conforme aux objectifs de l'association *Vedior* tels que précisés dans ses statuts[1002].

277. ***Transition.*** Il est clair que la rigidité des règles de droit international privé européen constitue un véritable obstacle au développement des actions de groupe dans l'espace européen. C'est à la lumière de toutes ces difficultés que viennent s'insérer les différentes interventions des organes européens en la matière.

II- Les interventions de la Commission Européenne

278. L'absence d'harmonisation entre les Etats membres concernant les conditions de recevabilité des actions de groupe engagées par des entités représentatives a constitué un obstacle à leur développement. Consciente de ces difficultés, la Commission européenne a soumis une proposition de directive au Parlement européen et au Conseil le 16 février 1996. Cette directive, adoptée le 19 mai 1998[1003], a résolu un certain nombre de complexités liées à la recevabilité d'une action de groupe transfrontière **(A)**. Concernant

---

1001 *Ibid*

1002 *Ibid.*

1003 Directive 98/27/CE du Parlement Européen et du Conseil du 19 mai 1998, JOCE, L. 166 /51.

les actions transfrontières en réparation, les résultats restent insatisfaisants, les interventions des organes européens n'ayant pas dépassé le stade de propositions **(B)**.

A- L'action en cessation transfrontière en matière de droit de la consommation

279. Il convient d'exposer le mécanisme de cette action **(1)** avant d'aborder ses limites **(2)**.

1- L*e mécanisme de l'action en cessation transfrontière*

280. Les modalités de fonctionnement de l'action en cessation. La directive du 19 mai 1998[1004] (« **la directive** »), transposée en droit français par l'ordonnance du 23 août 2001 et codifiée à l'article L.421-6 du Code de la consommation français, a instauré l'action collective transfrontière qui permet à un organisme, crée dans un pays membre de l'Union, d'agir dans un autre pays pour obtenir la cessation d'un acte portant violation des dispositions de l'une des onze dispositions énumérées à l'annexe a. Ces dernières concernent notamment la publicité trompeuse, la vente à distance, les médicaments, les garanties des biens de consommation et le commerce électronique[1005].

La directive a pour objet d'améliorer les instruments existants en permettant de faire cesser les atteintes aux intérêts collectifs des consommateurs. Conformément à son article 2, les Etats membres désigneront le juge ou l'autorité compétente en matière d'action en cessation. L'action en cessation permettra ainsi de corriger les effets de l'infraction commise comme le prononcé de certaines sanctions.

281. Des organismes susceptibles d'agir dans des litiges transfrontaliers. Conformément aux dispositions de la directive, chaque Etat membre doit désigner les organismes susceptibles d'agir et dont les noms seront publiés au Journal officiel de l'Union européenne (article 3). Ces entités qualifiées sont des organismes qui, selon le droit national, ont un intérêt légitime à faire respecter les dispositions relatives à la protection des consommateurs. Le droit d'action de ces organismes habilités à défendre les intérêts des consommateurs sera ainsi reconnu dans les autres Etats membres, et ceci, indépendamment de la forme qu'ils peuvent revêtir (article 4 de la directrice) et même lorsque ces derniers sont des organismes publics·

282. Les difficultés liées à la loi applicable sont résolues. Les intérêts que les entités agréées sont susceptibles de défendre[1006] ne s'apprécient pas par référence à une quelconque loi. L'article 3 impose la reconnaissance des entités qualifiées selon leur droit

---

[1004] Directive. n°98/27/CE, 19 mai 1998, JOCE, 11 juin 1998, n°L 166, p. 51.

[1005] Voir article 2 de la Directive n°98/27/CE, 19 mai 1998.

[1006] M.-L. NIBOYET, « L'harmonisation européenne en matière d'actions en cessation transfrontières, un exemple concluant l'intervention du droit communautaire dans les relations de droit international privé », *Gaz. Pal. 2000. 395,* spéc. p. 397.

d'origine dès lors qu'elles ont un intérêt légitime à faire respecter les dispositions visées à l'article premier.

2- *Les limites de l'action en cessation transfrontière*

283. Les limites quant au champ d'application. La directive instaurant l'action en cessation contient un certain nombre de lacunes et les commentateurs ne sont d'ailleurs pas unanimes sur l'intérêt d'une telle action[1007]. En effet, seules quelques actions transfrontières en cessation ont été engagées depuis l'entrée en vigueur de la directive[1008]. En outre, le champ d'application de cette directive est limité : cette dernière ne permet l'accès à la justice que pour des droits accordés par l'ordre juridique de l'Union dans des domaines bien déterminés. Cette directive ne s'applique donc pas lorsque sont en cause des droits reconnus aux consommateurs par les ordres juridiques nationaux. Ainsi, de nombreux intérêts à l'instar de ceux des épargnants contre les offres publiques d'achat, des victimes d'un accident industriel ou des victimes de violations de droits de l'homme, ne rentrent pas dans le champ d'application matériel de cette directive et seront par conséquent sujets aux difficultés déjà mentionnées auparavant.

284. Les limites quant à la finalité de l'action. De plus, la directive ne concerne que les actions en cessation, c'est-à-dire celles ayant pour objet de faire cesser ou interdire toute infraction. La reconnaissance d'un droit d'action plus large permettant également l'obtention d'une réparation par le biais de dommages et intérêts n'a donc pas été consacrée et constitue par conséquent la véritable faiblesse de cette directive. Pourtant, une telle possibilité aurait octroyé à l'action un effet encore plus dissuasif[1009].

B- Les interventions de la Commission européenne en matière d'actions de groupe transfrontières pour réparation

285. La Commission européenne est à l'origine de plusieurs interventions ayant pour objet de faciliter la recevabilité des actions de groupe ayant pour objet l'octroi des dommages et intérêts. La proposition de Directive 2004/84/CE créée pour le versement de dommages et intérêts dans le cadre de la violation des articles 101 et 102 du traité en

---

1007 Plusieurs auteurs ont émis des doutes sur l'efficacité de cette procédure. Voir notamment : M.-L. NIBOYET, « L'harmonisation européenne en matière d'actions en cessation transfrontières, un exemple concluant l'intervention du droit communautaire dans les relations de droit international privé », *Gaz. Pal. 2000. 395,* spéc. p. 400 ; C. KESSEDJIAN, « L'action en justice des associations des consommateurs et d'autres organisations représentatives d'intérêt collectif en Europe », *33 Rivista di Dritto Internatiozionale Privato e Processuale* (1997), p. 281, spéc. p. 281.

1008 M.-L. NIBOYET, « L'harmonisation européenne en matière d'actions en cessation transfrontières, un exemple concluant l'intervention du droit communautaire dans les relations de droit international privé », *Gaz. Pal. 2000. 395,* spéc. p. 400.

1009 Voir cependant : M. CHAGNY et V. PIRONON, « Les recours collectifs en droit des marchés », in *Mélanges en l'honneur du Professeur Bernard Audit. Les relations privées internationales, op.cit.,* spéc. n°29, p. 224 « (...) *cette solution* [la capacité des associations de consommateurs agréées dans un Etat membre d'agir devant les juridictions d'un autre Etat membre], *devrait logiquement être étendue aux recours collectifs en réparation* ».

est un exemple. Bien que cette Directive n'ait pas dépassé le stade de la proposition, et bien qu'elle se limite au seul droit de la concurrence, il convient tout de même d'examiner les solutions qu'elle envisage et qui pourraient être transposées à l'ensemble des actions en représentation, indépendamment du domaine d'intervention de l'action de groupe **(1)**. Par ailleurs, des dispositions plus générales ont été prévues par la Commission européenne concernant la recevabilité des actions de groupe transfrontières dans le cadre de son « paquet » législatif visant à faciliter les actions privées des citoyens européens en réparation d'un préjudice de masse **(2)**.

1- La proposition de la Directive 2004/84/CE en droit de la concurrence

286. La facilitation des conditions de recevabilité des actions de groupe transfrontières en matière de droit de la concurrence. En 2009, suite à la publication du livre vert de 2005[1010] et du livre blanc de 2008[1011], la Commission européenne est allée encore plus loin en proposant une directive traitant des actions privées pour violation des articles 101 et 102 du traité. Conformément à ladite proposition[1012], la directive devrait contenir 19 articles. Les dispositions en relation avec les actions de groupe sont principalement contenues au sein des articles 4 à 7[1013]. Ce projet s'inspire de la solution mise en place par la directive n°98/27 relative aux actions en cessation transfrontières en matière de cessation des actes illicites.

L'article 4 de la proposition propose deux types d'actions de groupe. La première consacrant le mécanisme de l'*opt in* peut être intentée conjointement par deux ou plusieurs personnes ayant subi le même dommage du fait de la violation des articles 101 102 du traité. La deuxième est une action de groupe avec un mécanisme d'*opt out* pouvant être intentée par des entités qualifiées[1014].

Concernant cette dernière forme d'action de groupe, la proposition oblige les Etats membres, par le biais de son article 5.1, à autoriser les entités qualifiées à intenter une action de groupe au nom des personnes ayant subi le même dommage. Conformément à l'article 6(1) de la même proposition, ces entités représentatives sont celles qui représentent les intérêts légitimes de leurs membres. Ces dernières sont désignées par un Etat membre comme étant les entités autorisées à intenter des actions en représentation au nom des victimes ayant subi un dommage. Elles doivent également être spécifiquement autorisées à agir pour violation des articles 101 et 102 du traité. Les conditions d'admissibilité sont déterminées par les Etats membres eux-mêmes, conformément à l'article 6(2). Plus précisément, il faut que l'organisme ou l'entité possède la capacité d'engager une action et qu'ils agissent pour la protection des intérêts

---

1010 Livre vert sur les actions en dommages-intérêts pour infractions aux règles communautaires sur les ententes et les abus de position dominante, COM (2005) 672 final - Non publié au Journal officiel].

1011 Livre blanc du 2 avril 2008 sur les actions en dommages et intérêts pour infraction aux règles communautaires sur les ententes et les abus de position dominante, COM (2008)165 final – non publié au Journal officiel.

1012 Cette proposition n'a pas fait l'objet d'une publication.

1013 D.-P. L. TZAKAS, « International Litigation and Competition Law: The case of Collective Redress », in International Antirust Litigation, Conflict of Laws and Coordination », *op.cit.*, spéc. p169.

1014 *Ibid.*

des victimes. Les entités doivent définir le groupe au nom duquel elles agissent sans qu'il soit nécessaire d'identifier personnellement chaque victime. Les personnes ayant subi le même dommage se verront alors dûment notifier de l'action par l'association[1015].

2- *Le paquet législatif de la Commission européenne en matière d'actions privées pour dommages et intérêts*

287. **Des dispositions visant à faire l'économie des questions de droit international privé au stade de la recevabilité des actions de groupe transfrontières.** Si la proposition de directive 2004/84/CE ne concernait que l'action en réparation en matière de droit de la concurrence, les dispositions mises en œuvre par la Commission européenne dans son paquet législatif relatif aux recours collectifs européens ont elles une portée plus large. Ces dispositions s'appliquent ainsi à toutes les actions de groupe intentées pour violation des droits conférés par l'Union européenne[1016].

Dès lors, dans sa recommandation relative aux principes communs applicables aux mécanismes de recours collectifs en cessation et en réparation dans les Etats membres, en cas de violation de droits conférés par le droit de l'Union, la Commission a considéré que dans le cadre des litiges transnationaux impliquant des personnes résidant dans plusieurs Etats, « *les Etats membres devraient veiller à ce que, les règles nationales en matière de recevabilité ou de qualité pour agir des groupes de demandeurs étrangers ou des entités représentatives relevant d'autres systèmes juridiques nationaux n'empêchent pas l'introduction d'une action collective unique devant une seule et même juridiction* »[1017]. Ainsi, selon la Commission ; « *toute entité représentative à qui un Etat membre a au préalable officiellement conféré qualité pour agir en représentation, devrait être autorisée à saisir la juridiction nationale compétente pour connaître des préjudices de masse* »[1018]. De même, la Commission a affirmé que « *dans le contexte d'un cadre horizontal européen sur les recours collectifs, il est souhaitable que les actions collectives en justice soient*

1015 *Ibid.*

1016 Nous rappelons que le 11 juin 2013, la Commission européenne a adopté un « paquet » législatif en vue de faciliter les actions privées des citoyens de l'Union européenne, aussi bien dans le cadre général des recours collectifs que dans le cadre plus spécifique des actions en réparation des préjudices causés par les infractions aux dispositions du droit de la concurrence. Ce paquet est constitué de 5 documents : La communication de la Commission au Parlement européen, au Conseil et au comité économique et social européen et au Comité des régions : « *Vers un cadre horizontal européen pour les recours collectifs* » ; la Recommandation de la Commission relative à des principes applicables aux mécanismes de recours collectifs en cessation et en réparation dans les Etats membres en cas de violation de droits conférés par le droit de l'Union ; la proposition de directive du Parlement européen et du Conseil relative à certaines règles régissant les actions en dommages et intérêts en droit interne pour les infractions aux dispositions du droit de la concurrence des Etats membres et de l'Union européenne ; La communication de la Commission relative à la quantification du préjudice dans les actions en dommages et intérêts fondées sur des infractions à l'article 101 ou 102 du traité sur le fonctionnement de l'Union européenne accompagnée du guide pratique concernant la quantification du préjudice dans les actions en dommages et intérêts fondées sur des infractions à l'article 101 ou 102 du TFUE.

1017 Commission européenne, Recommandation de la Commission relative à des principes applicables aux mécanismes de recours collectif en cessation et en réparation dans les Etats membres en cas de violation de droits conférés par le droit de l'Union, spéc. n°17, p.8.

1018 *Ibid.*

ouvertes dans tous les Etats membres aux personnes physiques et morales, pour permettre à celles-ci de demander collectivement le prononcé d'injonctions ou la réparation d'un préjudice qu'elles ont subi du fait d'infractions à des droits que leur confère le droit de l'Union »[1019]. Ces dispositions facilitent ainsi l'engagement des actions de groupe transfrontières dans l'espace européen en faisant l'économie des différentes questions de droit international privé susceptibles d'être soulevées au stade de la recevabilité des actions de groupe transfrontières.

288. ***Transition.*** Les interventions de la Commission européenne en vue de réduire les obstacles liés à l'engagement des actions de groupe transfrontalières montrent bien l'importance que revêt cette question sur le développement des actions de groupe dans l'espace européen. Cependant, les résultats restent peu satisfaisants, le stade de propositions ou de recommandations n'ayant pas été dépassé. A supposer que l'engagement d'une action de groupe transfrontière ait réussi à franchir les obstacles liés à la question de la loi applicable au stade de la recevabilité de l'action, d'autres difficultés sont susceptibles de se poser aussi bien au stade de la certification d'une action de groupe que lors de la détermination de la loi applicable à la substance du litige.

§2- Les difficultés liées à la détermination de la loi applicable à une action de groupe transfrontière européenne

289. Comme nous l'avons vu, l'expérience américaine a montré que la vocation de plusieurs lois à s'appliquer au litige constitue une véritable entrave au développement des actions de groupe internationales[1020]. Bien que l'expérience européenne soit toujours dans son état embryonnaire en matière de contentieux de masse, il n'en reste pas moins que le problème de la loi applicable est également susceptible de se poser en Europe avec le développement des actions de groupe transfrontières.

Afin de permettre le regroupement des victimes, les différentes actions de groupe consacrées dans l'espace européen supposent l'existence de questions communes de fait ou de droit entre les victimes[1021]. Or, pour qu'une telle condition soit satisfaite, encore faudrait-il qu'une identité substantielle existe entre les différentes lois ayant vocation à s'appliquer. Si les demandeurs sont domiciliés dans plusieurs pays de l'Union européenne, le droit applicable qui pourrait ne pas être unique entraînerait le refus par le

---

[1019] Commission européenne, La communication de la Commission au Parlement européen, au Conseil et au comité économique et social européen et au Comité des régions : « *Vers un cadre horizontal européen pour les recours collectifs* », COM/2013/0401 final, spéc. n°3.3.

[1020] Voir *supra* n°228 et suiv.

[1021] L'existence de questions communes de fait et de droit, figure parmi les conditions nécessaires pour la certification d'une action de groupe dans plusieurs systèmes juridiques. Pour une présentation de ces législations voir : R. MICHAELS, « European Class Actions and Applicable Law », in *Cross-Border Class Actions : The European Way*, *op.cit.*, p.111, spéc. p.123.

tribunal saisi de la certification de l'action de groupe[1022]. Cela s'avère d'autant plus vrai qu'en dépit de l'harmonisation existante dans de nombreux domaines, des divergences persistent entre le contenu substantiel des différents droits[1023].

Mais à supposer que la certification de l'action de groupe soit accordée, la vocation de plusieurs lois à s'appliquer au litige soulève des difficultés lorsque le juge est tenu de trancher le litige, notamment dans l'hypothèse où l'application de plusieurs lois est de nature à soumettre le défendeur à plusieurs obligations contradictoires. De plus, comme nous le verrons plus tard, nous pensons que la nature collective du contentieux nécessite une approche, au regard de la question de la loi applicable, différente de celle relative au contentieux individuel[1024]. Ainsi et en l'absence de règle de conflit spécifique adaptée à l'hypothèse d'une action de groupe transfrontière, la vocation de plusieurs lois substantielles à régir le fond du litige constitue une véritable barrière au développement des actions de groupe transfrontières dans l'espace européen.

D'ailleurs, les difficultés au regard de la loi applicable ont été reconnues par la Commission et le Parlement européen qui, dans plusieurs de leurs documents, se sont interrogés sur l'opportunité de prévoir des règles spécifiques en matière de conflits de lois dans l'hypothèse d'une action de groupe transfrontière, sans pour autant que ces interventions n'aient conduit à la consécration de nouvelles règles en la matière[1025].

Notre examen des différentes règles de conflits établies par les instruments européens de droit international privé, tant en matière contractuelle[1026] qu'extracontractuelle[1027], montre que ces dernières reposent à l'instar des instruments régissant la question de la compétence juridictionnelle, sur une architecture individuelle, et sont ainsi peu adaptées à la nature collective du contentieux **(I)**. Cependant, dans l'attente de la mise en œuvre de nouvelles solutions en la matière, il faut admettre que la souplesse des instruments européens de droit international privé de conflits de lois peut constituer un remède, quoique limité, pouvant être exploité pour résoudre un certain nombre de problèmes[1028]**(II).**

1022 C. KESSEDJIAN « Les actions collectives en dommages et intérêts pour infraction aux règles communautaires de la concurrence et le droit international privé », in G. Venturini et S. Bariatti, (éd.), *Liber Fausto Pocar*, Giuffrè 2009, t 2, p. 534, spéc. p. 545.

1023 En matière de droit de la consommation, la Commission européenne a considéré qu'il existe un système réglementaire fragmenté. Voir à cet égard : Proposition de directive du Parlement européen et du Conseil relative aux droits des consommateurs, COM (2008) 614 final, mémoire explicatif, spéc. n°614. De même, en matière de responsabilité extracontractuelle, il a été considéré que « *(…) hormis quelques secteurs partiellement harmonisés au sein de l'Union européenne (…), de profondes divergences affectent toujours le contenu substantiel des droits nationaux et sont au demeurant source de forum shopping* », in D. BUREAU et H. MUIR WATT, *Droit international privé*, t 2, *op.cit.*, spéc. n°980, p. 516.

1024 Voir *infra* n° 365 et suiv.

1025 Voir *infra* n°353.

1026 Le Règlement de Rome I (CE) n°593/2008 du 17 juin 2008.

1027 Le Règlement de Rome II (CE) n°864/2007.

1028 Sur les solutions de conflits de loi en matière d'actions de groupe internationales, voir notre troisième chapitre.

I- Des règles de conflits peu adaptées à la nature collective du contentieux de groupe

290. Nous allons, dans ce qui suit, explorer quelques règles de conflits de lois établies dans des domaines qui peuvent constituer une terre fertile au développement du contentieux de masse transfrontalier en Europe, tout en distinguant entre le contentieux de groupe en matière contractuelle **(A)** et celui relevant du domaine délictuel **(B)**. L'ensemble de ces règles est mal adapté au contentieux de masse transfrontalier européen.

A- Les règles de conflits applicables en matière contractuelle et actions de groupe transfrontières

291. Le Règlement Rome I, relatif à la question de la loi applicable en matière contractuelle, repose sur la liberté des parties de choisir la loi applicable[1029]. A défaut de choix, le Règlement fixe des règles de principe suivies de règles spéciales[1030] régissant un certain nombre de contrats tels que le contrat de consommation, le contrat de travail, le contrat de transport de passagers et le contrat d'assurance. Les règles de conflits prévues pour certains contrats permettent de soumettre l'ensemble du litige à une loi unique. Toutefois ces solutions ne sont pas sous-tendues par la spécificité du contentieux de masse européen, ce qui peut limiter leur portée **(1)**. En outre, la règle de conflit adoptée dans le domaine des contrats de consommation, domaine de prédilection des actions de groupe transfrontières, conduit à l'application d'une pluralité de lois au litige **(2)**.

1- La possibilité de soumettre les actions de groupe transfrontières relevant du domaine contractuel à une loi unique

292. La possibilité de désigner une loi unique à l'action de groupe transfrontière à défaut du choix de la loi applicable. Certaines des dispositions du Règlement Rome I permettent la désignation d'une loi unique en présence d'un contentieux collectif. Il en est ainsi lorsque la règle de conflit prévue désigne la loi du lieu de résidence du prétendu responsable, comme c'est le cas en matière de contrats de vente de biens[1031], de contrats de prestation de service[1032] et de contrats d'assurance[1033].

Le contentieux de masse en matière de droit du travail permet aussi la désignation d'une loi unique à l'ensemble du litige. En effet, il est assez rare qu'un même employeur

---

[1029] Ainsi, conformément à l'article 1 du Règlement Rome I : « *Le contrat est régi par la loi choisie par les parties* ».

[1030] P. LAGARDE et A. TENENBAUM, « De la convention de Rome au Règlement de Rome I », *Rev. crit. DIP. 2008. 727*, spéc. p. 728.

[1031] Voir article 4 (1) (a) du Règlement Rome I : « *A défaut de choix exercé (…), le contrat de vente de biens est régi par la loi du pays dans lequel le vendeur a sa résidence habituelle* ».

[1032] Voir article 4 (1) (b) du Règlement Rome I : « *A défaut de choix exercé (…), le contrat de prestation de service est régi par la loi du pays dans lequel le vendeur a sa résidence habituelle* ».

[1033] Voir article 7(2) du Règlement Rome I : « *Ă défaut de choix par les parties de la loi applicable, le contrat d'assurance est régi par la loi du pays où l'assureur a sa résidence habituelle* ».

ait conclu le même contrat de travail avec plusieurs employés situés dans plusieurs pays de l'Union. De ce fait, si une action de groupe est engagée, il est plus fréquent que celle-ci regroupe des employés ayant le même lieu de résidence. D'autre part, la loi objectivement applicable en l'absence de choix de loi applicable est celle de l'Etat du lieu de l'accomplissement habituel du travail, et à défaut, celle du lieu de situation de l'établissement d'embauche[1034]. Ainsi, si une action de groupe est intentée par des employés accomplissant leur travail dans un même pays, une seule loi aura vocation à régir le litige. Par ailleurs, si l'action de groupe regroupe des employés éparpillés dans plusieurs pays de l'Union, l'application de la loi du lieu de situation de l'établissement d'embauche permet de résoudre le problème et aboutir ainsi à l'unification du régime de la loi applicable.

Les actions de groupe intentées pour violation du droit de la concurrence quant à elles, ne concernent pas uniquement des dommages délictuels et peuvent également relever du domaine contractuel[1035]. Dans le cadre d'un litige transfrontalier mettant en cause le droit antitrust, plusieurs corps de règles peuvent être amenés à intervenir pour régir le litige. Il convient ainsi de distinguer selon que le contentieux est régi par le droit européen de la concurrence ou par le droit national des Etats membres.

En effet, le droit européen de la concurrence (les articles l'article 101 et 102 du TFUE) vise principalement à régir les pratiques intervenant au sein du marché commun ainsi que le comportement des acteurs économiques, et ne vise pas directement la substance du litige[1036]. La violation du droit antitrust peut se manifester dans de nombreuses hypothèses puisque l'article 101 du TFUE ne cible pas de contrats spécifiques mais tout comportement susceptible de générer des accords anticoncurrentiels entre les entreprises[1037]. Cet article détermine si le comportement des contractants est conforme ou non aux dispositions des deux articles 101 et 102 du TFUE. En cas de non-conformité, les contrats seront automatiquement considérés comme nuls.

Les lois antitrust européennes sont des lois de police d'origine européenne et déterminent elles-mêmes leur champ d'application dans le cadre du contentieux transfrontalier européen[1038]. Pour qu'elles soient applicables, il suffit alors qu'un contrat soit non conforme aux dispositions des deux articles 101 et 102 et que l'implantation de la pratique restrictive ait lieu en Europe[1039]. Ainsi, les dispositions précitées n'entretiennent aucune relation avec le règlement Rome I. Ce dernier désigne de manière

---

[1034] Voir l'article 8 (2) du Règlement Rome I : « *A défaut de choix exercé par les parties, le contrat individuel de travail est régi par la loi dans lequel, ou à défaut, à partir duquel le travailleur, en exécution du contrat, accomplit habituellement son travail* ». Et conformément à l'article 8 (3) : « *Si la loi applicable ne peut être déterminée sur la base du paragraphe 2, le contrat est régi par la loi du pays dans lequel est situé l'établissement qui a embauché le travailleur* ».

[1035] P. PERUZZETTO et D. LAWNICKA, « Relevance of the Distinction between Contractual and Non-Contractual spheres (Jurisdiction and Applicable Law) », in *International Antitrust Litigation, conflict of laws and Coordination, op.cit,* p. 131, spéc. p. 132.

[1036] M. FALLON et S. FRANCQ, « Private Enforcement of Antitrust Provisions and the Rome I Regulation », in *International Antirust litigation, Conflict of Laws and Coordination, op. cit.,* p.63, spéc. p.68.

[1037] D.-P. L. TZAKAS, International Litigation and Competition Law: The case of Collective Redress , in *International Antirust Litigation, Conflict of Laws and Coordination, op. cit.,* spéc. p.162.

[1038] M. FALLON et S. FRANCQ, « Private Enforcement of Antitrust Provisions and the Rome I Regulation », in *International Antirust litigation, Conflict of Laws and Coordination, op. cit.*, p. 73.

[1039] *Ibid.*

exclusive le droit national des différents Etats membres et non le droit de l'Union européenne. De cette manière, une action de groupe transfrontière ayant pour base la violation du droit antitrust européen ne soulève aucune difficulté particulière, puisqu'une telle action serait fondée sur une norme européenne unique. Cependant, cette action aurait un champ relativement limité et ne pourrait consister qu'en la cessation de l'acte illicite (déclarer le contrat comme nul).[1040]

La réparation du dommage subi ainsi que les conséquences de cette nullité seront régies par les lois nationales européennes, d'où la réintroduction des règles de conflits en matière antitrust telles que consacrées par le Règlement Rome I. Le droit national des Etats membres s'applique pour déterminer les sanctions de la violation du droit antitrust, que la norme violée relève du droit national ou du droit de l'Union européenne[1041].

Les contrats de distribution peuvent être au cœur d'un contentieux de masse transfrontalier. A cet égard, l'application de l'article 4 du règlement Rome I aboutit à la désignation d'une loi unique, la loi du lieu de résidence du distributeur et l'accueil d'une action de groupe transfrontière ne soulève ainsi aucune difficulté du point de vue de la loi applicable.

2- Les limites des solutions existantes

293. Le contentieux de consommation et la vocation de plusieurs lois à s'appliquer au litige. Il est vrai que dans l'ensemble des exemples susmentionnés, les règles de conflit de lois permettent de soumettre l'ensemble du litige à une loi unique. Mais ces solutions ne sont que le résultat d'une pure coïncidence. Bien que l'application de la loi de la résidence du prétendu responsable figure parmi les solutions proposées pour la détermination de la loi applicable, celle ci n'est pas la plus souhaitable. Par ailleurs, en matière antitrust, il est très probable que le contentieux en matière de contrats de distribution mette en jeu plusieurs défendeurs, ce qui pourrait conduire à la désignation de plusieurs lois, qui, dans l'hypothèse où elles présenteraient des divergences substantielles, pourraient entraver l'accueil d'une action de groupe transfrontière.

294. Des difficultés à engager des actions de groupe transfrontières en matière de droit de la consommation. C'est principalement le contentieux de la consommation, domaine privéligié des actions de groupe, qui soulève des problèmes. A défaut de choix de loi applicable par les parties, le contrat de consommation est régi par la loi du pays où le consommateur a sa résidence habituelle, conformément à l'article 6

[1040] Contrairement aux États-Unis où une seule loi régit aussi bien le bien-fondé de l'action reposant sur la violation de la loi antitrust que les conséquences civiles qui en résultent d'une telle violation. Voir à cet égard: H. BUXBAUM et R. MICHAELS, « Jurisdiction and choice of Law in International Antitrust Law- A US perspective », in *International Antitrust Litigation, Conflicts of Law and Coordination, op. cit.*, spéc. p. 238.

[1041] Nous avons vu qu'il est possible pour toute personne, conformément à la jurisprudence *Courage et Manfredi*, de demander la réparation au dommage causé par le contrat ou le comportement susceptible de restreindre ou de fausser le jeu de la concurrence. Cette jurisprudence admet donc le droit du consommateur à agir en réparation du dommage concurrentiel.

du Règlement Rome I[1042]. L'application de cette règle de conflit ne soulève pas de difficultés lorsque tous les consommateurs membres de l'action de groupe résident dans le même pays, la loi correspondant au domicile des consommateurs étant la seule loi applicable à l'ensemble du litige.

Plus fréquente est, cependant, l'hypothèse d'un dommage de masse atteignant une multitude de consommateurs résidant dans divers pays européens. Dans ce cas, plusieurs lois auront alors vocation à s'appliquer au litige. En l'absence d'harmonisation entre les lois substantielles des différents Etats membres en matière de droit de la consommation[1043], il est très probable que les solutions données par chacune de différentes lois divergent sur la question de la responsabilité du professionnel, rendant difficilement satisfaite la condition relative à l'existence de questions communes de fait et de droit.

L'article 6 du Règlement présente une autre difficulté. L'article étant impératif, les consommateurs n'auront pas la possibilité de renoncer à l'application de la loi protectrice. Ainsi, les consommateurs désirant rejoindre une action représentative intentée par un organisme représentant des consommateurs résidant au sein d'autres pays, rencontreront un véritable obstacle, dès lors que la loi applicable au fond du litige dans le cadre d'une action représentative s'avérera moins protectrice que celle de leur lieu de résidence. Par conséquent, le règlement Rome I constitue un véritable obstacle au développement des actions de groupe transfrontières en matière de droit de la consommation[1044].

B- Les règles de conflits en matière délictuelle et actions de groupe transfrontières

295. La question de la loi applicable aux obligations extracontractuelles revêt une importance cruciale en raison des profondes différences affectant le contenu substantiel des droits nationaux dans l'espace européen· Le Règlement Rome II constitue la source de droit international privé européen en matière de responsabilité délictuelle, et ce dernier énonce des règles de conflit à vocation universelle[1045].

Il convient de distinguer entre le rattachement général applicable à l'ensemble des obligations délictuelles **(1)** et les rattachements spéciaux, prévus pour certains délits **(2)**.

1042 Voir article 6.1 du Règlement Rome I : « (...), *un contrat conclu par une personne physique (ci-après le « consommateur », pour un usage pouvant être considéré comme étranger à son activité professionnelle, avec une autre personne (ci-après « le professionnel ») agissant dans l'exercice de son activité professionnelle, est régi par la loi du pays où le consommateur a sa résidence habituelle (...)* ».

1043 A. STADLER, « Cross-Border mass litigation: a particular challenge for European Law », inJ.Steele et W.H.Van Boom (eds.), *Mass justice: Challenges of Representation and Distribution*, 2011, p. 73, spéc. n°5.3.1, p. 90.

1044 D. BUREAU et H. MUIR WATT, *Droit International privé*, t 2, *op.cit.*, spéc. n°934, p .464. Il est vrai que le droit de la consommation est largement harmonisé en Europe ; cependant, il existe toujours des divergences entre les différents pays membres de l'Union européenne. Voir à cet égard : A. STADLER, « Conflicts of laws in Multinational Collective Actions-A judicial nightmare? », in *Extraterritoriality and Collective Redress, op.cit.*, spéc. n°11.32, p. 205.

1045 Ces règles sont applicables aussi bien dans les situations européennes qu'extra-européennes et désignent indifféremment les lois des Etats membres ou des pays tiers.

Dans chacune des hypothèses, les solutions restent peu satisfaisantes, les règles de conflits aboutissant le plus souvent à la désignation d'une multitude de lois applicables.

1- ***La règle de conflit générale en matière délictuelle et les actions de groupe transfrontières***

296. Le rattachement général des obligations délictuelles à la loi du lieu de survenance du dommage : une pluralité de lois applicables dans l'hypothèse d'un contentieux de masse transfrontière. Dans l'hypothèse d'un délit plurilocalisé, le rattachement de principe posé par l'article 4.1 du Règlement[1046] Rome II à la loi du lieu de survenance dommage mène à l'application cumulative des lois de tous les pays dans lesquels le dommage est survenu. Nécessairement, les victimes ayant subi un même un dommage se retrouvent alors traitées de manière différente, selon le contenu de la loi de l'Etat dans lequel le dommage survient[1047].

Quant à l'article 4.2 du Règlement, celui-ci prévoit un rattachement dérogatoire à la loi de la résidence habituelle de l'auteur du dommage et de la victime, lorsque ces derniers ont leur résidence habituelle dans le même Etat au moment de la survenance du dommage. Ainsi, lorsque la personne dont la responsabilité est invoquée et l'ensemble des personnes lésées ont leur résidence habituelle dans le même pays au moment de la survenance du dommage, l'article 4.1 permet la concentration de la loi applicable. Toutefois, cette concentration de la loi applicable devient impossible dès lors, et c'est l'hypothèse la plus fréquente, que les victimes ou certaines d'entre elles, ont leur résidence dans un autre pays que celui de l'auteur du dommage.

La règle de conflit consacrée à l'article 6 du Règlement à propos du droit de la concurrence, ne constitue pas véritablement un rattachement autonome mais seulement une transposition de la règle générale dans le domaine du droit de la concurrence[1048]. Ainsi, en ce qui concerne la loi applicable à une obligation non contractuelle résultant d'un acte de concurrence déloyale, et lorsque le dommage qui en résulte est un dommage de masse[1049], l'article 6.1 du Règlement opte pour la loi du pays sur le territoire duquel les relations de concurrence ou les intérêts collectifs des consommateurs sont affectés ou susceptibles de l'être. Cette règle de conflit conduira, dans le cadre d'une action de groupe transfrontalière, à la désignation inévitable d'une diversité de lois, lorsque les victimes sont domiciliées dans plusieurs pays européens. Une telle pluralité constitue une

---

1046 Article 4.1 du Règlement Rome II.

1047 E. LOQUIN, « La règle de conflit générale en matière de délit dans le règlement du 11 juillet 2007 (Rome II), in Corneloup et N. Joubert (dir.), *Le Règlement communautaire « Rome II » sur la loi applicable aux obligations non contractuelles*, p. 35, spéc. p.40.

1048 J. D. GONZALES CAMPOS, *Diversification, spécialisation, flexibilisation et matérialisation des règles de droit international privé, RCADI 2000*, t. 287, p.9, spéc. p. 167 : « *La règle de conflit constitue une spécification du facteur de rattachement de la règle générale et par conséquent, cette solution ne diffère pas de la logique normative de celle-ci* » ; C. NOURISSAT et È. TREPPOZ, « Quelques observations sur l'avant-projet de proposition du règlement du Conseil sur la loi applicable aux obligations non contractuelles, « Rome II », *J. D. I. 2003. 7*, spéc. n°33, p. 16.

1049 Puisque lorsque l'atteinte affecte exclusivement les intérêts d'un concurrent déterminé, c'est la règle générale de l'article 4 qui serait applicable.

entrave réelle à l'agrégation du contentieux dans le cadre d'une procédure unique. Il en est de même en ce qui concerne les actes restreignant la libre concurrence[1050], la loi applicable étant celle du pays dans lequel le marché est affecté ou susceptible de l'être, ce qui aboutit à l'application de plusieurs lois dès lors que l'action de groupe engagée regroupera des victimes en provenance de plusieurs marchés affectés.

Il convient de mentionner à cet égard que l'inadéquation de la règle de conflit contenue dans l'article 6.3 du Règlement a été mise en relief par la Commission européenne dans le cadre de son livre vert sur les actions en dommages et intérêts pour infraction aux règles européennes sur les ententes et les abus de position dominante. Dans ce cadre, la Commission s'est interrogée sur l'adéquation de la règle posée par le Règlement Rome II et a par conséquent envisagé l'éventualité d'une règle spéciale[1051]. Ainsi, lorsque plusieurs marchés sont affectés, la Commission manifeste une certaine tendance à la désignation d'une loi unique gouvernant l'ensemble du litige.

2- Les règles de conflits spéciales et les actions de groupe transfrontières

297. Les délits en matière d'accidents de la circulation routière et actions de groupe transfrontières. A côté de la règle de conflit générale, le Règlement Rome II a prévu des règles de conflits spéciales pour un nombre déterminé de délits. En vertu de son article 28[1052], c'est la Convention de La Haye du 4 mai 1971 qui s'applique[1053]aux Etats parties à cette convention en matière d'accidents de la circulation routière. Conformément à son article 3, en cas de survenance d'un accident de la circulation « *la loi applicable est la loi interne de l'Etat sur le territoire duquel l'accident est survenu* ». Toutefois, la convention a prévu un système d'exceptions qui prend en compte la diversité des situations concrètes.

Ce qui nous intéresse ici est l'hypothèse où l'accident de la circulation touche une multitude de victimes. Contrairement à ce qui a été décidé en cas de pluralité de défendeurs[1054], l'article 4 de la Convention traitant de la question de la pluralité des victimes, dispose que la loi applicable est déterminée séparément pour chacune des victimes et ce, même si ces dernières portent leurs actions devant le même tribunal. Cette

---

[1050] Par restriction du jeu de la concurrence, le vingt-troisième considérant du préambule du Règlement précise qu'il s'agit des accords entre entreprises, décisions d'associations d'entreprises et pratiques concertées qui ont pour objet ou effet d'empêcher, restreindre ou fausser le jeu de la concurrence ainsi que les abus de position dominante interdits par les articles 101 et 102 du traité ou par la loi d'un Etat membre.

[1051] Livre vert sur les actions en dommages-intérêts pour infractions aux règles communautaires sur les ententes et les abus de position dominante, spéc. n 33.

[1052] Article 28 du Règlement Rome II : « *Le présent règlement n'affecte pas l'application des conventions internationales auxquelles un ou plusieurs Etats membres sont parties lors de l'adoption du présent règlement et qui règlent les conflits de lois en matière d'obligations non contractuelles* ».

[1053] Sur cette convention voir : Y. LOUSSOUARN, « La Convention de La Haye sur la loi applicable en matière d'accidents de la circulation routière », *J. D. I. 1969.5* ; H. BATTIFOL, « La 11e session de la Conférence de La Haye du droit international privé », *Rev. crit . Dip.1969. 215*, spéc. p. 226.

[1054] H. BATTIFOL, « La 11e session de la Conférence de La Haye du droit international privé », *Rev. crit Dip. 1969. 215*, spéc. p. 226.

disposition entraîne l'application d'une pluralité de loi à une action de groupe transfrontière intentée devant le même tribunal.

298. **Actions de groupe et loi applicable à la responsabilité du fait des produits défectueux.** Il convient de préciser en premier lieu, que la convention de La Haye de 1973 qui régit les conflits de lois en matière de responsabilité de fait des produits est applicable dans les Etats parties à cette convention, à l'instar de la France. Ainsi, la règle de conflit de loi sera différente – et par voie de conséquence la loi applicable au fond - selon que le Règlement ou la convention est applicable. A titre d'exemple, dans le cadre du contentieux des *PIP*[1055], la loi applicable à la responsabilité du fabricant sera déterminée différemment pour les victimes ayant saisies les tribunaux français que pour celles ayant engagées le procès devant les tribunaux allemands.

Par ailleurs, une règle de conflit en cascade a été prévue par le Règlement. Celle-ci traduit un certain équilibre entre la protection de la victime et la prévisibilité du droit pour le défendeur[1056]. Cette règle de conflit reste en revanche mal adaptée pour régir un contentieux international intenté sous la forme d'une action de groupe puisque l'application de cette règle de conflit spéciale pourra également mener à la désignation de plusieurs lois ayant vocation à régir le litige[1057].

Alors qu'aucune difficulté n'est susceptible de se poser lorsque le dommage de masse du fait du produit défectueux est localisé dans un seul pays, qui correspond à la fois au lieu de résidence de l'ensemble des victimes et de la personne dont la responsabilité est invoquée, il n'en est pas ainsi lorsque les autres dispositions de la règle de conflit en cascade s'appliquent pour défaut de résidence commune. Or, dans cette hypothèse, l'application des dispositions de l'article 4 conduit à la désignation de plusieurs lois applicables, qu'il s'agisse de la loi de la résidence habituelle de la victime, de la loi du pays dans lequel le produit a été acheté, ou enfin, de la loi du pays dans lequel le dommage est survenu à condition que le produit ait été commercialisé dans ce pays.

Les dispositions de la convention de La Haye du 2 octobre 1973[1058] sur la loi applicable à la responsabilité du fait des produits défectueux, toujours applicables dans plusieurs

---

1055 Voir *supra* n°249.

1056 C. BRIÈRE, « Le Règlement (CE) n°864/2007 du 11 juillet 2007 sur la loi applicable aux obligations non contractuelles (« Rome II ») », *J. D. I. 2008.31*, spéc. p. 46.

1057 Conformément à l'article 5 du Règlement de Rome I : « *Sans préjudice de l'article 4, paragraphe 2, la loi applicable à une obligation non contractuelle découlant d'un dommage causé par un produit est : a) la loi du pays dans lequel la personne lésée avait sa résidence habituelle au jour du dommage, si le produit a été commercialisé dans ce pays; ou à défaut b) la loi du pays dans lequel le produit a été acheté, si le produit a été commercialisé dans ce pays ; ou à défaut c) la loi du pays dans lequel le dommage est survenu, si le produit a été commercialisé dans ce pays. Toutefois, la loi applicable est celle du pays dans lequel la personne dont la responsabilité est invoquée a sa résidence habituelle, si cette personne ne pouvait raisonnablement pas prévoir la commercialisation du produit ou d'un produit du même type dans le pays dont la loi est applicable en vertu des points a), b) ou c). 2. S'il résulte de toutes les circonstances que le fait dommageable présente des liens manifestement plus étroits avec un pays autre que celui visé au paragraphe 1, la loi de cet autre pays s'applique. Un lien manifestement plus étroit avec un autre pays pourrait se fonder, notamment, sur une relation préexistante entre les parties, telle qu'un contrat, présentant un lien étroit avec le fait dommageable en question* ».

1058 Pour plus de détails sur cette convention : Y. LOUSSOUARN, « La convention de La Haye sur la loi applicable à la responsabilité du fait des produits », *J. D. I. 1974. 32* ; Y. LOUSOUARN, « La responsabilité des fabricants et distributeurs de produits en droit international privé », in *La responsabilité des fabricants et des distributeurs*, Economica 1975, p. 229 et suiv.

pays dont la France[1059], ne prennent pas non plus en considération la spécificité du contentieux collectif. Ainsi, l'application de la loi du lieu du fait dommageable qui permet la désignation d'une loi unique à l'ensemble du litige n'est possible que si cet Etat est également le lieu de résidence habituelle de la victime, ou le lieu de l'établissement principal du fabricant, ou le lieu d'achat du produit par la victime[1060]. Or ces conditions sont difficilement réalisables dans le cadre d'un contentieux de masse transfrontalier, la vocation de la loi de l'Etat du lieu du fait dommageable à s'appliquer n'étant possible que lorsque les victimes touchées ont toutes leur lieu de résidence dans un seul et même pays.

Par ailleurs, la loi du lieu du dommage est écartée en faveur de la loi de la résidence habituelle de la victime si cet Etat est également le lieu d'établissement du défendeur ou de l'acquisition du produit[1061]. Or, l'application de cette disposition dans le cadre d'un contentieux de masse mettant en jeu une pluralité de demandeurs, aboutira à l'application d'une multitude de lois telles que celles qui correspondent aux différents lieux de résidence de victimes. Encore une fois, cela constitue une véritable entrave à l'agrégation des différentes demandes au sein d'une procédure unique.

Enfin, il est possible de tenir compte de l'article 6 de la convention qui pourrait en quelque sorte constituer une solution à la diversité des lois applicables. Ce texte répond à la nécessité de découvrir une solution de conflits de lois dans le cas où il n'existerait aucun des groupements de points de contacts prévus par les articles 4 et 5[1062]. Ainsi, aux termes de l'article 6, lorsqu'aucune des lois désignées aux articles 4 et 5 ne s'applique, la loi applicable est la loi interne de l'Etat du principal établissement de la personne dont la responsabilité est invoquée, à moins que le demandeur ne se fonde sur la loi interne de l'Etat sur le territoire duquel le fait dommageable s'est produit. Selon la doctrine[1063], cet article est appelé à s'appliquer en présence d'un éparpillement maximum des points de rattachement, évidemment le cas d'un contentieux de masse transfrontalier. Ici, l'application de la loi du lieu de l'établissement du défendeur permettra alors d'assurer une unicité de la loi applicable au litige ce qui rend possible le regroupement des victimes dans une procédure unique.

II- La souplesse des instruments européens de droit international privé : une possibilité d'exploitation dans le cadre d'un contentieux de masse transfrontalier européen

299. En dépit de l'approche individualiste des solutions de conflits de lois au sein des instruments européens de droit international privé, ces derniers prévoient des solutions flexibles qui peuvent être exploitables en vue de réguler la question de la loi applicable en matière d'actions de groupe transfrontières dans l'espace européen. Il s'agit des

---

1059 Cette convention est entrée en vigueur en France depuis le 1e octobre 1977.

1060 Article 4 de la Convention.

1061 Article 5 de la Convention.

1062 Y. LOUSSOUARN, « La Convention de La Haye sur la loi applicable à la responsabilité du fait des produits », *J. D. I. 1974. 32*, spéc. p.43.

1063 Y. LOUSSOUARN, « La Convention de La Haye sur la loi applicable à la responsabilité du fait des produits », *J. D. I.1 974. 32*, spéc. p.44.

clauses d'exceptions **(A)** ainsi que de la possibilité offerte aux parties de choisir la loi applicable à leur litige **(B)**.

A- Les clauses d'exception et la régulation des conflits de lois en matière d'actions de groupe transfrontières dans l'espace européen

300. La clause d'exception et l'application d'une loi unique à l'action de groupe transfrontière européenne. La flexibilisation des règles de droit international privé s'est concrétisée au sein des instruments européens de droit international privé de conflits de lois par la consécration d'une clause d'exception. En effet, les deux Règlements Rome I[1064] et Rome II[1065] prévoient, dans certaines de leurs dispositions, des clauses d'exception qui permettent d'écarter la loi normalement compétente au profit de la loi présentant des liens plus étroits avec le litige concerné.

Pour la mise en jeu de cette clause, il doit résulter de « *l'ensemble* » ou de « *toutes les circonstances* » que l'obligation contractuelle ou extracontractuelle en cause « *présente des liens manifestement plus étroits avec un autre pays* » que celui dont la loi est normalement désignée.

Nous sommes d'avis que le recours à la clause d'exception peut largement faciliter l'accueil d'une action de groupe transfrontière dans l'espace européen. Cela est d'autant plus vrai que l'appréhension du litige de masse dans sa globalité est de nature à changer le centre de gravité du rapport de droit, légitimant alors la recherche de la loi ayant les liens les plus étroits avec le litige[1066].

301. Des solutions insatisfaisantes et limitées. Cependant, les solutions consacrées par les instruments européens restent insatisfaisantes et limitées. D'une part, il est largement admis qu'une clause d'exception constitue une source d'imprévisibilité et doit, par conséquent avoir un domaine d'application très encadré[1067]. En d'autres termes, et dans la logique des Règlements européens de droit international privé, le recours à une telle clause doit rester exceptionnel puisque la méthode de la recherche de la loi appropriée « *n'est pas la méthode générale de détermination de la loi applicable au sein des instruments européens* »[1068]. D'autre part, certains domaines, à l'instar du droit de la consommation, sont propices au développement du contentieux de masse transfrontière. Or, dans le cas du droit de la consommation par exemple, la règle de conflit retenue s'avère trop rigide pour permettre le recours à une clause d'exception. Ainsi, le recours aux clauses

---

1064 Voir à titre d'exemple, l'article 4.3 du Règlement Rome I qui dispose : « *Lorsqu'il résulte de l'ensemble des circonstances de la cause que le contrat présente des liens manifestement plus étroits avec un autre pays autre que celui visé au paragraphe 1 ou 2, la loi de cet autre pays s'applique* ».

1065 Voir à titre d'exemple l'article 4.3 du Règlement Rome II qui dispose : « *S'il résulte de l'ensemble des circonstances que le fait dommageable présente des liens manifestement plus étroits avec un autre que celui visé aux paragraphes 1 ou 2, la loi de cet autre pays s'applique (…)* ».

1066Voir i*nfra* n°366 et suiv.

1067 A. STADLER, « Cross-Border mass Litigation, a particular challenge for European Law », inJ.Steele et W. H. Van Boom (eds.), *Mass justice: Challenges of Representation and Distribution,* 2011, p. 73, spéc. n°5.3, p.89.

1068 E. LOQUIN, « La Règle de conflit générale en matière de délit dans le Règlement du 11 juillet 2007 », in Corneloup et N. Joubert (dir.), Le Règlement communautaire « Rome II » sur la loi applicable aux obligations non contractuelles, p. 35, spéc. p.45 ;

d'exception contenues dans les règlements européens ne fournit que des solutions partielles, dans des domaines bien précis.

B- L'autonomie de la volonté et la régulation des conflits de lois en matière d'actions de groupe transfrontières dans l'espace européen

302. La possibilité donnée aux parties de choisir la loi applicable au litige, aussi bien en matière contractuelle que délictuelle, peut constituer une solution aux problèmes de loi applicable dans l'espace judiciaire européen. Il convient de distinguer selon que l'option de législation est octroyée à l'une des parties, en l'occurrence le demandeur en réparation (**1**), ou aux deux parties **(2)**.

1- *La faculté de choix de loi offerte à l'une des parties et actions de groupe transfrontières*

303. L'utilité de l'option de loi en matière d'actes restreignant la libre concurrence. L'option de loi octroyée au demandeur a été consacrée en matière délictuelle dans deux domaines : en matière d'actes restreignant la libre concurrence[1069] et en matière de dommages environnementaux[1070]. Nous rappelons qu'en matière d'actes restreignant la libre concurrence, lorsque le marché affecté ou susceptible de l'être se situe dans plus d'un pays, la loi de chaque pays où le marché est affecté est compétente vis-à-vis du dommage occasionné sur ce marché. Or, comme nous l'avons mentionné, une telle règle de conflit entraîne nécessairement une application distributive des lois des marchés concernés, et particulièrement dans le cas de figure d'un contentieux de masse transfrontière. Pour éviter la multiplicité des lois applicables, l'article 6.3 b du Règlement Rome II a ainsi permis au demandeur de fonder son action sur une loi unique sous réserve de trois conditions. Tout d'abord, l'action doit être intentée devant le for du domicile du défendeur. Ensuite, le territoire saisi doit être parmi ceux affectés d'une manière substantielle et directe par la restriction de concurrence. Enfin, le demandeur doit fonder son action sur la *lex fori*. De même, en cas de pluralité de défendeurs assignés, l'action peut également être intentée devant le tribunal du domicile de l'un des défendeurs sur le fondement de la *lex fori* à la même condition selon laquelle l'acte litigieux auquel se rapporte l'action exercée contre chacun des codéfendeurs affecte de manière substantielle le marché de l'Etat membre dont le tribunal est saisi[1071].

Cette disposition consacrée à l'article 6.3 pourrait être d'une grande utilité dans l'hypothèse d'une action de groupe transfrontière. Le représentant de la classe pourrait ainsi user de cette option en choisissant de fonder son action sur une loi unique, faisant de l'action de groupe une action viable au regard de la loi applicable. En effet, le choix de loi permet d'éviter l'application distributive des différentes lois. Cependant, un examen plus approfondi de cet article nous invite à formuler plusieurs réserves.

1069 Voir article 6 (3)(b) du Règlement Rome II.

1070 Article 7 du Règlement Rome II.

1071 Voir l'article 6 (3)(b).

304. Les limites de cette solution. Tout d'abord, la disposition de l'article 6.3 ne fournit pas de solution générale à la question de la loi applicable aux actions de groupe transfrontières puisqu'elle ne concerne que la matière délictuelle et précisément les actes restreignant la concurrence.

En second lieu, même si le for du domicile du défendeur peut présenter des avantages pour la concentration du contentieux de groupe devant un for unique, il présente l'inconvénient de permettre aux défendeurs, majoritairement des sociétés, de s'installer dans ce que l'on appelle des paradis procéduraux en matière d'actions de groupe. Il faut ajouter à cela les méfaits liés aux risques de préférences nationales, qui pourraient influencer certains juges dans le cadre d'un contentieux mettant souvent en jeu des intérêts économiques considérables[1072].

Enfin, l'application de la *lex fori* favorise le *forum shopping*. En l'absence d'harmonisation du droit matériel des Etats membres, ce risque représente toujours une réalité bien au sein de l'Union européenne. Ainsi, outre le paradis procédural, le défendeur aura toujours la possibilité de s'installer dans un pays où les règles substantielles concernant la mise en jeu de la responsabilité restent strictes.

305. L'utilité de l'option de loi en matière de droit de l'environnement. En matière de droit de l'environnement, l'article 7 du Règlement retient à titre principal la loi du dommage conformément à la règle générale de l'article 4. En se basant sur une lecture des considérants, la doctrine a relevé qu'une telle règle de conflit est de nature à favoriser une politique préventive, obligeant les entreprises installées dans un pays à faible niveau de protection à tenir compte du niveau plus élevé dans les pays voisins, lorsque leurs activités dépassent les frontières, causant des dommages dans d'autres pays. La règle de conflit contribue ainsi à l'élévation du niveau de protection de l'environnement[1073].

Cependant, et en vue d'éviter une course vers le bas, qui consiste pour les entreprises polluantes à s'installer dans un Etat ayant une politique sévère en matière de protection de l'environnement et ce dans l'objectif d'exporter leurs activités dans des Etats ayant adopté des législations plus laxistes, la victime est autorisée de fonder son action en réparation sur la loi du fait générateur[1074]. Ainsi, il a été relevé que cette option de compétence permet à l'action en justice engagée par la victime d'être instrumentalisée au service du principe « *pollueur- payeur*»[1075].

[1072] C. KESSEDJIAN, « Les actions collectives en dommages et intérêts pour infraction aux règles communautaires de la concurrence et le droit international privé », in G. Venturini et S. Bariatti, (éd.), *Liber Fausto Pocar, op.cit.*, spéc. p. 545. Voir aussi *supra* n°220 et suiv.

[1073] H. MUIR WATT, « Rome II et les intérêts gouvernementaux : Pour une lecture fonctionnaliste du nouveau Règlement du conflit de lois en matière délictuelle », in *le Règlement communautaire « Rome II » sur la loi applicable aux obligations non contractuelles, op.cit.*, p. 130, spéc. n°5, p. 132.

[1074] N. JOUBERT, « Les règles de conflit spéciales en matière de délits dans le Règlement du 11 juillet 2007 (Rome II) », in *Le Règlement communautaire « Rome II » sur la loi applicable aux obligations non contractuel*les, *op.cit.*, p.54, spéc. n°22, p. 71.

[1075] H. MUIR WATT, « Rome II et les intérêts gouvernementaux : Pour une lecture fonctionnaliste du nouveau Règlement du conflit de lois en matière délictuelle », in *le Règlement communautaire « Rome II » sur la loi applicable aux obligations non contractuelles, op.cit.*, p.130, spéc. n°4, p. 131.

Dans le cadre d'une action de groupe transfrontière, la possibilité pour les victimes de choisir l'application d'une loi unique, la loi du fait générateur permettra de surmonter les difficultés liées à la multiplicité des lois du lieu du dommage.

306. Les limites de cette solution. Malgré l'avantage de cette solution, elle ne peut cependant être consacrée sans difficultés. En effet, la règle de conflit de l'article 7 a pour objectif et comme nous l'avons déjà relevé, de « *neutraliser toute tentative d'une course vers le bas* »[1076] en permettant aux victimes de designer la loi qui permettra une réparation effective du dommage. Par conséquent, l'application de la loi du fait générateur dans toutes les hypothèses relatives aux actions de groupe transfrontières aura pour inconvénient d'inciter les entreprises à s'installer dans un for à faible niveau de protection environnementale.

2- *Le choix de la loi applicable par les parties et actions de groupe transfrontières*

307. L'utilité du choix de la loi applicable dans le cadre des actions de groupe transfrontières. En matière contractuelle, la possibilité offerte au prétendu auteur d'un dommage de masse de soumettre à une seule loi, l'ensemble des contrats qu'il conclue avec une masse de personnes, est de nature à faciliter l'accueil des actions de groupe transfrontières dans l'espace européen et pourra ainsi aboutir à la concentration du contentieux de masse.

Dans le cadre des contrats mettant en jeu des parties faibles, à l'instar des contrats de travail ou les contrats de consommation, cette autonomie de volonté est une autonomie *in favorem*[1077]au sens où le choix d'une loi sera privé de son effet si la loi désigne un droit moins favorable au consommateur que les règles impératives en vigueur au lieu de sa résidence habituelle[1078]. Idem dans le cas du travailleur, lorsque le choix de loi applicable le prive de la protection de la loi objectivement applicable, normalement celle de l'Etat du lieu habituel du travail, ou à défaut, celle du lieu de la situation de l'établissement[1079]. Dans le cadre du contrat de transport de passagers, le choix de la loi applicable doit se faire parmi un nombre limité de lois visées par l'article 5.2 a) à e)[1080].

Si, dans le cadre d'un contentieux de masse transfrontalier, le potentiel auteur d'un dommage de masse s'accorde avec ses différents contractants, futures victimes potentielles (un professionnel qui soumet les différents contrats conclus avec les consommateurs éparpillés dans plusieurs pays européens) sur le choix d'une loi unique

---

1076 H. MUIR WATT, « Rome II et les intérêts gouvernementaux : Pour une lecture fonctionnaliste du nouveau Règlement des conflits de lois en matière délictuelle », in *le Règlement communautaire « Rome II » sur la loi applicable aux obligations non contractuelles*, *op.cit.*, p. 130, spéc.p. 131.

1077 P. LAGARDE et A. TENENBAUM, « De la convention de Rome au Règlement de Rome I », *Rev. crit. DIP. 2008. 727*, spéc.p. 465.

1078 Article (6)(2) du Règlement Rome I

1079 Article (8)(1) du Règlement Rome II

1080 Le choix de la loi applicable peut porter sur la loi du pays dans lequel le passager a sa résidence habituelle, ou dans lequel le transporteur a sa résidence habituelle ou son administration centrale, ou dans lequel le lieu de départ est situé.

régissant l'ensemble des contrats conclus, la condition relative à l'existence des questions communes de fait et de droit se trouvera satisfaite et l'accueil d'une action de groupe transfrontalière se fera sans difficultés. Cependant, encore faut-il que les conditions supplémentaires des différentes catégories de contrats susmentionnés, soient satisfaites.

Ainsi, dans le cadre d'un contentieux de groupe mettant en jeu plusieurs consommateurs en provenance de plusieurs pays, il faut que la loi choisie assure un niveau de protection supérieur à celui octroyé par les différentes lois du lieu de résidence des différents consommateurs. De même, dans le cadre d'un contentieux social, la loi choisie doit assurer un niveau de protection supérieur à celui octroyé par la loi du lieu d'accomplissement habituel du travail des différents travailleurs. Par ailleurs, en ce qui concerne le contrat de transport de passagers, il est nécessaire que la loi choisie pour régir les différents contrats conclus entre le transporteur et les passagers ne soit pas celle du lieu du domicile de passagers, car dans cette hypothèse, il est évident qu'une multitude de lois aura vocation à s'appliquer au litige, si les passagers souvent domiciliés au sein de différents Etats membres. Enfin, pour ce qui est des contrats portant sur les instruments et services financiers, on pourra s'interroger sur la portée effective du choix de la loi, particulièrement parce que la loi du marché sur lequel s'exécute le contrat a tendance à s'appliquer en tant que loi de police au titre de l'article 9 du Règlement[1081].

En matière délictuelle, l'article 14 du Règlement Rome II prévoit également la possibilité pour les parties de choisir la loi applicable au litige par un accord postérieur à la survenance du dommage. Ce choix peut faciliter l'accueil d'une action de groupe transfrontière et fera ainsi l'économie de la vocation de plusieurs lois à s'appliquer au litige. D'ailleurs même en matière contractuelle, le choix de la loi applicable peut certainement se faire après la naissance du litige, pour l'ensemble de la classe[1082].

308. Les limites au choix de la loi applicable. Bien que le choix de la loi applicable par les parties permette de résoudre la question de la vocation de plusieurs lois à s'appliquer au litige, il n'en reste pas moins que quelques difficultés sont susceptibles de se présenter.

Tout d'abord, comme nous l'avons déjà mentionné, le choix de la loi applicable s'effectuera postérieurement à la naissance du litige en matière délictuelle. Le consentement des parties au choix de la loi applicable peut soulever des difficultés lorsque l'action de groupe engagée est de type *opt out.* Mais comme nous le verrons, le consentement des parties peut être acquis implicitement lorsque le mécanisme de l'*opt out* est entouré d'un certain nombre de garanties[1083].

Une autre difficulté tient au fait que certaines matières sont exclues du champ de l'autonomie de la volonté. Ainsi, en matière délictuelle, sont exclues du champ d'application de l'article 14 du Règlement, les actions fondées sur un acte de concurrence déloyale ou celles fondées sur un acte restreignant la concurrence qui affecte le marché

1081 P. LAGARDE et A. TENENBAUM, « De la convention de Rome au Règlement de Rome I », *Rev. crit. DIP. 2008. 727*, spéc. p. 753.

1082 Cela est possible conformément à l'article 3 du Règlement Rome I qui dispose que « *les parties peuvent convenir, à tout moment, de faire régir le contrat par une loi autre que celle qui le régissait auparavant en vertu d'un choix antérieur selon le présent article, soit en vertu d'autres dispositions du présent règlement (…)* ».

1083 Voir *infra* n°695.

en général[1084], et ce, en dépit du fait que le contentieux concurrentiel de masse constitue une terre fertile pour les actions de groupe transfrontières européennes[1085].

Enfin, il n'est pas toujours dans l'intérêt de l'auteur du dommage de masse de soumettre le litige à une loi unique en vue de faciliter l'accueil d'une action de groupe transfrontière contenant le plus grand nombre de demandeurs. C'est précisément le cas lorsque les différentes victimes sont en provenance de pays dont le système d'agrégation de litiges de masse est trop peu développé pour permettre l'engagement d'une action de groupe. Le défendeur n'aura aucun intérêt dans cette hypothèse à faciliter l'initiation d'une action de groupe transfrontière, d'autant plus qu'il est peu probable que celui-ci puisse faire l'objet de plusieurs actions individuelles. Ce n'est que dans la situation où le défendeur pourrait d'un point de vue pratique, faire l'objet de plusieurs actions individuelles et/ou de groupe qu'il aurait alors intérêt à concentrer le contentieux de masse et à faciliter l'initiation d'une action de groupe transfrontière. Dans l'hypothèse contraire, le potentiel auteur d'un dommage de masse aura intérêt à ce que les différents contrats conclus avec différentes victimes soient soumis à un large éventail de lois applicables en vue d'entraver leur regroupement dans une action de groupe transfrontière.

1084 Par contre, il est toujours possible de recourir à la volonté des parties en ce qui concerne les actes de concurrence déloyale qui affectent exclusivement les intérêts d'un concurrent déterminé. Voir à cet égard, V. PIRONON, « Concurrence déloyale et actes restreignant la libre concurrence », in *Le Règlement communautaire « Rome II » sur la loi applicable aux obligations non contractuelles*, *op.cit.*, p.85, spéc. n°32, p. 124.

1085 Article 6.4 du Règlement.

CONCLUSION DU CHAPITRE II

309. La « *concurrence des systèmes juridiques* » européens a été un facteur déterminant dans l'avènement des actions de groupe au sein de l'espace européen. Toutefois, celui-ci n'a pas été accompagné d'une réévaluation des règles de droit international privé. Ainsi, l'espace judiciaire européen est aujourd'hui mal équipé pour réguler le contentieux de masse transfrontière et le système de « multiplicité » de l'action de groupe semble s'imposer au sein du vieux continent.

310. L'absence de chef de compétence tenant compte de la spécificité d'un contentieux mettant en jeu une multitude de demandeurs est propice au développement de plusieurs actions de groupe ayant le même objet ou des objets connexes lors de la survenance d'un dommage de masse dans l'espace européen. En outre, même si les demandeurs réussissent à faire concentrer leur litige devant un for unique, la vocation de plusieurs lois à s'appliquer à la question de la recevabilité d'une action de groupe empêche souvent l'inclusion de membres étrangers dans l'action de groupe engagée devant le for.

311. Par ailleurs, avec l'absence de règle de conflit adaptée à la nature collective du contentieux, la vocation de plusieurs lois à s'appliquer au litige risque d'être un frein à la certification d'une action de groupe transfrontière, conduisant possiblement à l'exclusion des membres étrangers de la classe. En plus du risque d'une exposition accrue du défendeur à plusieurs condamnations ou à des obligations contradictoires (situation de sur-régulation), les citoyens européens ayant subi le même dommage se retrouveront dans une situation d'inégalité, qu'il s'agisse de leur accès à la justice, de la responsabilité ou de la non-responsabilité du défendeur ou du montant des dommages et intérêts ainsi octroyés.

312. La présence d'une grande variété d'actions de groupe dans l'espace judiciaire européen est de nature à favoriser le développement des situations de sous-régulation, empêchant ainsi la mise en œuvre effective du droit de l'Union européenne. Une telle situation nuit nécessairement à la réalisation du marché intérieur. A cela s'ajoute évidemment l'épuisement des ressources économiques et judiciaires de l'ordre juridique européen. En effet, l'existence de plusieurs procédures parallèles ayant le même objet ou des objets connexes et mettant parfois en jeu les mêmes parties, ainsi que les instruments de coordination de procédures peu adaptés[1086] à la gestion de procédures parallèles impliquant plusieurs parties, favorise ce phénomène.

313. A la lumière des difficultés que soulève la globalisation du contentieux international des actions de groupe, aussi bien à l'échelle internationale que régionale, il convient de repenser les solutions de droit international privé. C'est ce que nous allons explorer dans notre troisième chapitre.

[1086] Voir le titre premier de notre deuxième partie.

Chapitre III : La quête de nouvelles solutions de droit international privé pour les besoins de la régulation du contentieux international des actions de groupe

314. Les incertitudes engendrées par la globalisation du contentieux des actions de groupe. Rappel. Nous avons vu dans les deux chapitres précédents les nombreuses incertitudes engendrées par la globalisation du contentieux de masse, aussi bien dans le contexte international que régional. Ces incertitudes concernent dans un premier temps la détermination du for compétent pour l'ouverture d'une action de groupe internationale. Non seulement il n'existe aucun chef de compétence qui prend en considération la spécificité de ce contentieux complexe, mais en plus, l'approche casuistique de la question de la compétence juridictionnelle par les différents tribunaux impliqués dans la résolution du contentieux de masse international a été source d'insécurité pour les plaideurs, et plus précisément, pour le prétendu responsable. De plus, la « *concurrence des systèmes juridiques* » est venue, elle aussi, compliquer la situation en favorisant l'éclatement du contentieux de masse international. Pour résumer l'état actuel des choses, on pourrait affirmer aujourd'hui qu'il est impossible de prévoir si la résolution du contentieux international se concentrera devant un for unique, et s'il en est ainsi, quels sont les critères permettant de déterminer le for compétent pour l'ouverture d'une action de groupe dans un contexte de globalisation économique.

Si l'éclatement du contentieux de masse et les imprévisibilités qui lui sont associées peuvent être justifiées dans le cadre d'un litige international, notamment parce que les règles de compétence juridictionnelle sont abandonnées aux choix unilatéraux de chaque système juridique, la situation paraît toutefois moins justifiable dans les espaces juridiques intégrés, à l'instar de l'Union européenne, ou les règles uniformes de compétence internationale instaurées par le Règlement de Bruxelles I *bis*, visent à assurer aux plaideurs un haut degré de prévisibilité[1087]ainsi qu'un accès effectif à la justice. Par ailleurs, outre la nuisance au fonctionnement harmonieux de la justice provoquée par la multiplication des procédures de masse concurrentes, l'éclatement du contentieux de groupe est également susceptible de mettre en cause l'égalité entre les citoyens européens.

L'existence d'un « marché des actions de groupe » à l'échelle internationale et régionale, ainsi que les difficultés d'interaction entre les règles de compétence juridictionnelle et le contentieux de masse impliquant plusieurs parties, sont alors de nature à consacrer un système de « multiplicité » de l'action de groupe, lequel s'avère propice à la formation de situations de sous-régulation et de sur-régulation, compromettant de ce fait les objectifs d'une action de groupe.

L'objet de la première section de ce chapitre est de proposer les chefs de compétence les plus appropriés pour les besoins de la concentration du contentieux de masse international. Une telle entreprise permettra l'instauration de la méthode de l'« unité » de l'action de groupe, laquelle permet de rétablir les déséquilibres susceptibles d'être générés par l'éclatement du contentieux de masse, qu'il s'agisse d'un cadre international ou de l'espace européen **(Section1)**.

[1087] D. BUREAU et H. MUIR WATT, *Droit international privé*, t 1, *op.cit.*, spéc. n°117, p. 142.

Mais il ne suffit pas, pour consacrer le système de l'« unité » de l'action de groupe, de proposer un chef de compétence qui prenne en considération la spécificité du contentieux de groupe international. En effet, la possibilité d'engager une action de groupe internationale est conditionnée par la satisfaction de conditions de certification qui peuvent parfois être méconnues, et particulièrement lorsque plusieurs lois ont vocation à s'appliquer au litige. Il convient ainsi de se demander si la spécificité du contentieux de masse ne milite pas en faveur de l'adoption d'une nouvelle règle de conflit, plus adaptée au contentieux international des actions de groupe **(Section 2)**.

Section I : Les solutions de conflits de juridictions en matière d'actions de groupe internationales

315. Il s'agit dans cette section d'entamer une réflexion sur les solutions possibles de conflits de juridictions en matière d'actions de groupe internationales. Cette réflexion s'opérera par la recherche du for le plus approprié pour trancher de façon globale, à travers son action de groupe, un litige mettant en jeu un dommage de masse international **(§2)**[1088]. Mais avant cela, il convient de s'interroger sur les considérations qui doivent sous-tendre les règles de compétence juridictionnelle en matière d'actions de groupe internationales **(§1)**.

Par ailleurs, la spécificité du contentieux de groupe nous incite à nous demander si l'exercice de la compétence juridictionnelle doit être examiné uniquement au regard du défendeur et de la situation visée, ou si la compétence du tribunal certifiant doit également être établie au regard des demandeurs non résidents dans le ressort du tribunal certifiant. Cette interrogation est d'autant plus vive lorsque l'agrégation des litiges individuels s'opère par le biais d'une action de groupe consacrant un mécanisme d'*opt out*. Une telle question sera examinée lors de notre étude sur la question de la circulation d'une action de groupe internationale[1089].

§1- Les considérations qui sous-tendent les règles de compétence juridictionnelle en matière d'actions groupe internationales

316. D'une manière générale, les règles de compétence juridictionnelle sont définies différemment selon que le contentieux international met en jeu des intérêts étatiques ou qu'il met uniquement en jeu des intérêts privés **(I)**. La classification du contentieux de masse dans l'une ou l'autre des deux catégories est importante afin de déterminer les chefs de compétences les plus appropriés pour les besoins de la régulation du contentieux international des actions de groupe **(II)**.

1088 Vu la spécificité du contentieux de masse des droits de l'homme, ce dernier sera exclu du domaine de notre recherche.

1089 Voir *infra* n°660 et suiv.

I- L'incidence de la nature du contentieux international des actions de groupe sur les fondements des règles de compétence juridictionnelle

317. La réintroduction de la conception publiciste de la compétence juridictionnelle. Le XXe siècle a été marqué par l'abandon de la conception publiciste de la compétence juridictionnelle « *fondée sur un lien d'allégeance avec le souverain* »[1090], au profit d'une dimension processualiste qui se souci du bon ordre sur le territoire, la commodité des plaideurs et la bonne administration de la justice[1091]. Cependant, la judiciarisation du contentieux semble aujourd'hui émerger un mouvement allant dans le sens inverse[1092]. Le contentieux opposant des parties privées peut effectivement dissimuler des intérêts étatiques, mettant alors en jeu des matières relevant de la souveraineté des Etats. Cela est d'autant plus vrai qu'une tendance doctrinale semble opter pour une définition fonctionnelle de la souveraineté, désignée désormais par « la souveraineté économique »[1093]. Une telle notion évoque l'intérêt direct de l'Etat au règlement de certains types de litiges[1094]. Dans ce contexte, l'exercice par le juge de sa compétence juridictionnelle, implique des enjeux d'ordre politique et économique et ce même dans le cadre d'un contentieux opposant des personnes privées.

318. L'influence de la nature privée ou publique du contentieux sur les fondements de la compétence juridictionnelle. De cette dichotomie qui existe entre le contentieux ne mettant en jeu que des intérêts purement privés et ceux qui, bien qu'entre des personnes privées, relèvent de la souveraineté économique d'un Etat, résulte une diversité de chefs de compétence juridictionnelle, l'implication des intérêts étatiques ne pouvant rester sans effets sur les fondements des règles de compétence juridictionnelle[1095]. De plus, l'interaction entre la nature du contentieux de masse international – contentieux privé ou contentieux mettant en jeu des intérêts étatiques - et la quête du for compétent pour l'ouverture d'une action de groupe globale tient justement de la constatation énoncée ci-dessus selon laquelle, les règles de compétence juridictionnelle sont définies différemment selon que les intérêts des Etats sont impliqués ou non dans ce contentieux. Il convient ainsi d'explorer la nature du contentieux des actions de groupe en vue de déterminer les fondements qui devront sous-tendre la recherche du for compétent en la matière.

1090 Sur cette conception voir : E. BARTIN, *Principes de droit international privé, selon la loi et la jurisprudence françaises*, Domat, Montchrestien, t. 1, 1930, Section 55.

1091 D. BUREAU et H. MUIR WATT, *Droit international privé*, t 1, *op.cit.*, p. 127.

1092 Pour un point de vue opposé qui considère que la conception publiciste accuse un net recul au profit de la conception privatiste, voir : L. USUNIER, *La régulation de la compétence juridictionnelle en droit international privé*, *op.cit.*, spéc. n°206, p. 157.

1093 Voir la thèse de Monsieur Pataut, E. PATAUT, *Principe de souveraineté et conflits de juridictions*, préf. P. Lagarde, LGDJ 1998.

1094 D. BUREAU et H. MUIR WATT, *op.cit.*, n°77, p. 102.

1095 D. BUREAU et H. MUIR WATT, *op.cit.*, n°127, p. 162.

II- La nature du contentieux international des actions de groupe

319. Les fondements de la compétence juridictionnelle diffèrent selon que la dimension procédurale ou régulatoire d'une action de groupe est mise en exergue. Les considérations qui sous-tendent la recherche du for le plus approprié pour l'ouverture d'une action de groupe internationale peuvent varier selon que la fonction procédurale ou régulatoire d'une action de groupe est mise ou non en exergue dans un contexte international.

Si la conception procédurale d'une action de groupe l'emporte sur la conception substantielle, le choix de la juridiction compétente pour les besoins de certification d'une action de groupe internationale vise alors principalement à satisfaire un objectif procédural centré autour de l'organisation pratique et concrète du litige[1096]. Si au contraire, il est admis qu'une action de groupe est dotée d'une fonction régulatoire[1097], cela revient à y voir une technique de régulation du service public, justifiant alors l'instrumentalisation de la compétence juridictionnelle au service des objets substantiels[1098].

320. Les hésitations quant à la nature procédurale ou régulatoire d'une action de groupe internationale. Dans certaines hypothèses, les objets poursuivis par une action de groupe s'avèrent facilement identifiables. C'est précisément le cas lorsque l'action de masse est engagée dans le cadre de litige mettant en jeu des dommages individuels d'un montant dérisoire, mais dont la somme globale présente un montant considérable, ou inversement, lorsque l'action initiée met en jeu des montants de dommages individuels d'une certaine importance. Dans la première hypothèse, l'action de groupe a principalement pour objet la régulation des marchés, alors que dans la seconde hypothèse, l'objet visé par l'action de groupe est essentiellement l'économie procédurale.

Plus fréquente est la situation où l'action de groupe est engagée dans des situations d'« apathie rationnelle »[1099]. Dans ce cas, les deux fonctions d'une action de groupe sont brouillées, de sorte qu'il sera difficile d'établir une ligne de démarcation capable de canaliser l'action de masse dans l'une ou l'autre des deux catégories.

S'ajoutent à cela des hésitations, aussi bien en Europe qu'aux États-Unis, sur les fonctions mêmes d'une action de groupe. A l'échelle européenne, ces hésitations sont principalement concrétisées à travers le langage utilisé au sein des différents documents européens en la matière. L'attachement de l'Europe à son modèle traditionnel de régulation s'est finalement traduit par une sorte de prépondérance de la dimension

---

[1096] E. PATAUT, *op.cit.,* spéc. n°2, p. 8.

[1097] En d'autres termes, l'implication d'un intérêt étatique dans le litige, tient précisément au fait que l'action du *private attorney général* est exercée pour le compte des autorités publiques au sein des systèmes juridiques qui ont abandonné le modèle traditionnel de régulation.

[1098] D. BUREAU et H. MUIR WATT, *Droit international privé*, t 2, spéc. n°972, p. 510 ; Sur l'instrumentalisation de la compétence juridictionnelle en vue de satisfaire des objectifs d'ordre substantiel en matière délictuelle voir : C. Mclachlan et P. Nygh (eds.), *Transnational Tort Litigation, Juridictionnel Principles*, Oxford University Press 1996.

[1099] Sur cette notion, voir *supra* n°83.

procédurale d'une action de groupe sur sa dimension substantielle[1100]. Aux États-Unis, c'est la position de la jurisprudence américaine en matière de clause de renonciation aux actions de groupe qui est la principale source de confusion. En effet, comme nous l'avons déjà mentionné, le système américain de régulation repose depuis bien longtemps sur les actions de type *private attorney general* en tant qu'outil de dissuasion, capable de modifier le comportement des auteurs des dommages. Ces actions participent ainsi à la mise en œuvre efficace de la règle de droit alors que les autorités publiques (les autorités de concurrence à titre d'exemple) ne jouent qu'un rôle minime en la matière. La fonction de régulation d'une *class action* américaine prévaut ainsi sur sa fonction de compensation. Cependant, en admettant la validité des clauses de renonciation aux *class actions* (*class actions waivers*), la Cour Suprême américaine semble aujourd'hui méconnaître les fondements mêmes du système de régulation américain et fait ainsi basculer la *class action* de sa fonction originaire de régulation à sa fonction accessoire de compensation, la réduisant ainsi à un simple outil procédural dont les parties ont la libre disposition.

L'expérience américaine, pourtant la plus développée en matière de contentieux international des actions de groupe avant le développement des clauses de renonciation aux *class actions*, a bien illustré le caractère prépondérant de la dimension régulatoire du contentieux de groupe. Plusieurs éléments nous amènent à un tel constat.

Tout d'abord, à la différence d'un contentieux international entre personnes privées, la constatation selon laquelle « *le contrôle normatif exercé par l'ordre juridique du for sur le litige, du fait de l'emprise de la lex fori sur les questions de procédure n'a en général pas d'influence sur la solution du litige* »[1101] ne semble plus exacte, notamment en raison de l'absence d'équivalence fonctionnelle entre les juridictions des différents Etats en matière de *private enforcement*. Ainsi, le contrôle normatif exercé par l'ordre juridique américain dans le cadre d'un contentieux de masse aura une influence considérable sur la solution du litige, laquelle sera complètement différente de l'hypothèse où un for européen exerce sa fonction normative sur le même litige. Dans la première hypothèse, l'auteur du dommage de masse fera face à une classe large de demandeurs, à une procédure lourde de *Discovery* et le cas échéant à des dommages et intérêts punitifs. Dans la seconde hypothèse en revanche, le même auteur de dommage de masse fera face le plus souvent à une classe maigre de demandeurs, et par conséquence à des sommes d'indemnisation beaucoup moins importantes, en plus des sanctions administratives pouvant lui être infligées par les autorités administratives lorsque le contentieux relève du droit international économique[1102].

En second lieu, dans le cadre des litiges de masse internationaux, le vocabulaire est souvent associé à la conception publiciste du droit international privé. Ce vocabulaire remonte en surface tant au niveau des arguments tirés de la violation de la souveraineté des Etats[1103] afin de contester l'exercice de la compétence juridictionnelle, de l'intervention des gouvernements dans le litige en tant qu'*amicus curiae*, ou encore au

1100 Voir *supra* n° 85 et suiv.

1101 L. USUNIER, *La régulation de la compétence juridictionnelle en droit international privé, op.cit.*

1102 Comme nous l'avons déjà mentionné, le système européen de régulation se base sur le système de *public enforcement.*

1103 J.-F. DOUBOS et F. CREPIN, « Affaire Vivendi- Quand le juge américain s'érige en défenseur de la souveraineté judiciaire française », *JCP 2011. 944.*

niveau du recours de certains tribunaux au principe de la courtoise internationale (*positive Comity*)[1104] qui s'oppose aux interférences déraisonnables d'un Etat dans la sphère des autres Etats. Pareille politisation du contentieux apparaît clairement dans l'affaire *Empagran*. Bien que les parties au procès étaient des opérateurs privés, cette affaire illustre parfaitement l'existence d'intérêts étatiques fortement antagonistes dissimulés derrière l'action privée. En effet, plusieurs gouvernements sont intervenus en tant qu*'amicus curiae* devant la Cour Suprême américaine, notamment les gouvernements allemand, japonais et canadien. Des arguments tirés de la violation de la souveraineté ont ainsi été invoqués pour contester l'exercice par les tribunaux américains de leur compétence juridictionnelle[1105].

L'on pourra considérer que la politisation de ce contentieux tient plus de la vocation de plusieurs lois de police à s'appliquer au litige, que de l'initiation d'une action civile sous forme de *private attorney general* devant le for américain. Cependant, les différents arguments soulevés par les gouvernements intervenus en tant q*u'amicus curiae* montrent bien que la question concernait plutôt un conflit de politiques régulatoires, c'est-à-dire la manière dont une loi de police devait s'appliquer, qu'un conflit substantiel entre le contenu de différentes lois de police susceptibles d'entrer en jeu.[1106] Ainsi, dans le cadre de son *amicus curiae,* le gouvernement allemand considérait qu'admettre l'action collective en dommages et intérêts punitifs devant les juges américains au profit des victimes de dommages subis sur le marché allemand risquait de subvertir la politique allemande, qui elle, tend à protéger les entreprises allemandes de ce type de condamnation répressive. Un tel système de répression était ainsi en contradiction avec le choix de sanctions à mettre en œuvre et constitue par la même occasion une intrusion dans le propre système de régulation[1107], et par voie de conséquence une violation de la souveraineté allemande. Cet argument tiré du respect de la souveraineté des autres Etats a ainsi été repris par la Cour Suprême elle-même afin de justifier son refus d'exercer sa compétence juridictionnelle, considérant que quand bien même tous les pays ont adopté une position plus ou moins semblable de ce qui peut être considéré comme légal ou illégal, il n'en reste pas moins que les remèdes adoptés par tel ou tel système juridique quant aux conséquences de la violation d'une norme déterminée peuvent présenter une large diversité[1108].

321. La nécessité de prendre en considération les deux dimensions procédurale et substantielle d'une action de groupe dans la recherche du for compétent en matière d'actions de groupe internationales. Il nous est difficile de trancher en faveur de l'une ou l'autre des deux catégories précitées afin d'opérer un classement quant à la nature du contentieux international des actions de groupe. En effet, si un chef de

---

1104 Voir à cet égard : J. BASEDOW, « Souveraineté territoriale et globalisation des marchés », *RCADI* 1997 t. 264, p. 9.

1105 H. MUIR WATT, « Aspects économiques du droit international privé *», RCADI 2004,* t 307, *p. 25,* spéc. n°563, p. 324.

1106 En effet, comme nous l'avons déjà mentionné, la sanction de la norme violée diffère d'un pays à un autre selon le système de sanction et de régulation adopté par tel ou tel système juridique.

1107 H. MUIR WATT, *op.cit.,* spéc. n°272, p. 335.

1108 *F. Hoffman-La Roche Ltd. v. Empagran* SA, 124 S.Ct.2359 L.Ed.2d 226.

compétence spécial est à adopter dans un contexte international à travers la négociation d'une convention internationale ou dans un contexte européen par le biais d'une réforme du Règlement de Bruxelles I *bis* introduisant un chef de compétence spécifique[1109] au contentieux de groupe, les considérations qui sous-tendent le choix d'un tel chef de compétence dépendront des choix de politique législative adoptée par les négociateurs. En tout état de cause, nous pensons que la nature hybride du contentieux des actions de groupe internationales implique que tout chef de compétence adopté doit nécessairement concilier une multitude d'intérêts, parfois enchevêtrés et contradictoires, et doit satisfaire à une multitude d'exigences dont certaines sont de nature privée (commodité procédurale, bonne administration de la justice) et d'autres de nature publique (application de système de régulation). Un certain équilibre entre ces différentes exigences doit ainsi être atteint.

Il convient finalement de mentionner que dans nos propos relatifs à la recherche du for le plus approprié pour l'ouverture d'une action de groupe internationale, il ne s'agit pas de proposer une harmonisation mondiale des règles de compétence juridictionnelle. Nos conclusions pourraient néanmoins s'appliquer à une éventuelle convention internationale sur la compétence juridictionnelle en matière d'actions de groupe internationales ou à une refonte du Règlement Bruxelles I *bis*, en vue de consacrer un chef de compétence qui prenne en considération la spécificité du contentieux de masse international dans l'espace européen.

§2- La quête du for compétent pour la régulation du contentieux international des actions de groupe

322. Il convient maintenant d'exposer les différents chefs de compétence qui peuvent être retenus pour les besoins de la régulation du contentieux international des actions de groupe **(I)**. Nous nous demanderons également s'il est opportun de faire de l'un de ces chefs de compétence un chef de compétence exclusif **(II)**.

I- Les chefs de compétence admissibles

323. Les chefs de compétence que nous proposons pour les besoins de la régulation du contentieux international des actions de groupe diffèrent selon que la fonction procédurale **(A)** ou la fonction substantielle/régulatoire d'une action de groupe est mise en exergue **(B)**. Une telle distinction est cependant à relativiser, dans la mesure où certains chefs de compétence répondent aussi bien à des considérations d'ordre procédural centrées autour de l'organisation pratique et concrète du litige, qu'à des considérations d'ordre substantiel et régulatoire.

1109 La refonte récente du Règlement de Bruxelles I n'a pas pris en compte l'hypothèse spécifique des actions de groupe.

A- Les chefs de compétence proposés au regard de la dimension procédurale d'une action de groupe

324. Des chefs de compétence reposant sur un enjeu d'ordre processuel tenant à la bonne administration de la justice. Si une dimension purement procédurale d'un contentieux de groupe est retenue, cela revient à considérer qu'un tel contentieux n'implique en rien les intérêts fondamentaux d'un Etat. Ainsi, comme nous l'avons déjà rappelé, la recherche du juge compétent pour l'ouverture d'une action de groupe internationale repose principalement sur un enjeu d'ordre processuel tenant à la bonne administration de la justice. Il suffit alors d'identifier, parmi les différents chefs de compétence de cette catégorie, celui qui sera le mieux adapté à la régulation du contentieux international des actions de groupe, la consécration d'un tel chef permettant ainsi la concentration du contentieux devant un for unique. Il convient de mentionner que les différents chefs de compétence de cette catégorie sont sous-tendus par le principe de proximité, évitant alors que la compétence du juge ne devienne imprévisible ou incommode pour le défendeur[1110]. Parmi ces chefs de compétence, nous pensons que deux pourraient être adaptés à la spécificité du contentieux de groupe. Le for du domicile du défendeur **(1)** et celui du lieu de l'acte qui a donné naissance au dommage **(2)**.

1- Le for du domicile du défendeur

325. Un chef de compétence capable d'appréhender l'ensemble des hypothèses d'un contentieux de masse. Le for du domicile du défendeur peut constituer une solution séduisante face au problème de l'éclatement du contentieux international des actions de groupe[1111], notamment en permettant de concentrer l'ensemble des demandes devant un for unique en vertu d'un chef de compétence admis en droit comparé et considéré comme donnant compétence au juge naturel du litige.[1112] De plus, par son caractère général, le chef de compétence du domicile du défendeur peut correspondre à l'ensemble des hypothèses des dommages de masse. En effet, il peut être

---

1110 L. USUNIER, *La régulation de la compétence juridictionnelle en droit international privé*, *op.cit.*, spéc. n°93, p. 90.

1111 Ce chef de compétence a été admis par les lignes directrices présentées par l'*ILA* (International Law Association) en matière d'actions de groupe transnationales, RÉSOLUTION 1/2008 du Comité sur le contentieux privé international dans l'intérêt du public consultable sur : https://www.google.com.lb/?gfe_rd=cr&ei=8DNKVrHHDo3F8Afly63gDw&gws_rd=ssl#q=ILA+ligne+directive+sur+les+actions+de+groupe+internationales). Ainsi, selon la ligne directrice 3 : « *Une action transnationale de groupe peut être portée devant les tribunaux du domicile du défendeur. Si le défendeur est une société commerciale, le domicile du défendeur sera réputé situé à l'un quelconque des trois lieux suivants : 1) le lieu où la société commerciale a son siège statutaire, ou elle a été enregistrée, ou l'Etat conformément au droit duquel elle a été formée ; 2) le lieu où elle a son administration centrale ; 3) le lieu principal d'exercice de son activité commerciale ou professionnelle* ». Voir aussi dans le même sens : E. LEIN, Cross-Border Collective Redress and Jurisidicion Under Brussels : A Mismatch », in *Collective Redress and Extraterritoriality*, *op.cit.*, spéc. n°808 et suiv., p. 133.

1112 C. KESSEDJIAN, « Le droit entre concurrence et coopération », in *Vers de nouveaux équilibres entre ordres juridiques*, *Liber Amicorum Hélène Gaudemet-Tallon*, Dalloz 2008, p.120, spéc.p. 129 ; A. NUYTS, « The consolidation of collective claims Under Brussels I », in *Cross-Border Class Actions, The European Way*, *op.cit.*, spéc. p. 71.

adopté indépendamment de la nature contractuelle ou délictuelle du contentieux, que ce dernier mette en jeu des parties faibles ou non.

326. **Egalité entre les membres de la classe et lutte contre *le forum shoping*.** Par ailleurs, le chef de compétence du domicile du défendeur permettra de placer l'ensemble des demandeurs ayant, dans la majorité des hypothèses subi le même dommage résultant d'un même comportement, sur un pied d'égalité tant à propos de la question de la responsabilité ou non-responsabilité du défendeur qu'en ce qui concerne l'indemnisation à recevoir par les victimes. En effet, en dehors de ce chef de compétence, l'action de groupe sera probablement initiée devant plusieurs fors, créant ainsi des situations d'inégalité entre les demandeurs. Enfin, un tel chef de compétence permet de lutter contre le *forum shopping*, la présence de plusieurs chefs de compétence concurrents et d'un « marché des actions de groupe » aussi bien au niveau international qu'au niveau européen, est de nature à inciter les victimes à opter pour le système juridique doté du système de *private enforcement* le plus efficace. Toutefois, malgré les nombreux avantages que peut présenter un tel chef de compétence, aussi bien à l'échelle internationale qu'à l'échelle européenne, celui-ci peut présenter plusieurs faiblesses.

327. **Le for du domicile du défendeur favorise-t-il le défendeur ?** Tout d'abord, il a été considéré que le for du domicile du défendeur est mal adapté au contentieux de groupe, car il favorise le défendeur en le plaçant dans une situation de supériorité par rapport aux demandeurs[1113]. Considérant que ce dernier est dans une position économique forte, il bénéficiera du privilège de se défendre devant son for alors que les demandeurs membres de la classe supporteront des risques et des coûts supplémentaires en initiant leur litige ailleurs[1114].

A notre sens, ces critiques doivent être relativisées. Il est clair que dans le cadre d'une action de groupe internationale, le défendeur - en présence d'une action de groupe efficace - ne peut plus être considéré comme une partie économiquement forte. Le rassemblement des demandeurs dans le cadre d'une seule action en justice modifiera considérablement le jeu des forces au détriment du défendeur[1115]. Par ailleurs, l'expérience a démontré qu'une action de groupe n'est engagée que si le système de *private enforcement* du for saisi permet pratiquement aux victimes de se regrouper, en mettant à leur disposition une action de groupe accompagnée des accessoires nécessaires à sa mise en œuvre. Ainsi, les risques auxquels les demandeurs peuvent être potentiellement soumis en saisissant le for du domicile du défendeur seront relativisés dès lors que les victimes regroupées en classe seront assistées par de grands cabinets d'avocats et disposeront d'un moyen de financement de leurs actions.

[1113] A. NUYTS, « The consolidation of collective claims Under Brussels I », in *Cross-Border Class Actions, The European Way*, *op.cit.*, spéc. p. 72; M. DANOV, « The Brussels I Regulation: Cross-Border Collective Redress Proceedings and Judgments », 6 J. Priv. Int'l L. 359 (2010), spéc. p. 365.

[1114] E. LEIN, « Jurisdiction and applicable Law in cross-border mass litigation », in *Recasting Brussels I*, F. Pocar, I. Viarengo et F.C. Villata (eds), CEDAM 2012, p.159, spéc. p.163; E. LEIN, « Cross-Border Collective Redress and Jurisidicion Under Brussels: A Mismatch», in *Collective Redress and Extraterritoriality*, *op.cit.*, spéc. n°8.11 et suiv. p.133.

[1115] Voir *supra* n°257.

328. Le for du domicile du défendeur et le phénomène de *law shopping*. D'autre part, le chef de compétence général du domicile du défendeur présente l'inconvénient de stimuler un phénomène de *law shopping* en permettant au défendeur de s'établir dans un « *paradis juridique et judiciaire* »[1116]. Il en est ainsi lorsque ce dernier cherche à s'installer dans un pays qui n'a pas consacré, dans son arsenal procédural, une action de groupe, ou qui a consacré une action de groupe peu efficace, comme par exemple lorsque la législation interne d'un pays interdit le système de *contingency fees* ou le recours à une tierce personne pour les besoins du financement du procès de masse. Cette réflexion s'avère d'autant plus véridique qu'à l'échelle européenne il existe une grande disparité entre les différentes actions de groupe adoptées. Cependant, la consécration d'une action de groupe harmonisée européenne serait de nature à mettre en échec le phénomène de *law shopping* et à rendre ainsi inopérantes les critiques avancées à l'encontre de ce chef de compétence. A notre sens, bien que la consécration du domicile du défendeur en tant que chef de compétence exclusif puisse stimuler le phénomène *du law shopping*, il n'en reste pas moins qu'il existe aujourd'hui des solutions afin d'encadrer ou limiter un tel abus.

Certains de ces outils se trouvent déjà au sein même du Règlement Bruxelles I *bis*. En effet, lorsque le défendeur est une personne morale, ce qui est vraisemblable dans le cadre d'un contentieux de masse global, le domicile, conformément au Règlement, peut désigner « *à la fois le siège social statutaire du défendeur, son administration centrale, son principal établissement ou même son lieu d'incorporation* »[1117]. Par conséquent, la multitude de choix entre le lieu d'incorporation, le siège social statutaire, l'administration centrale ou le principal établissement d'une personne morale, pour des raisons souvent opportunistes - l'objectif étant de s'installer dans un paradis d'actions de groupe - ne permettra pas au défendeur d'être entièrement à l'abri d'une action en justice devant un for équipé d'une action de groupe, les demandeurs ayant alors à leur tour le choix d'initier leurs actions devant plusieurs forums[1118].

De même, et à l'instar de ce qui a été admis en matière de faillite internationale, matière qui présente plusieurs similitudes avec le contentieux international des actions de groupe[1119], le centre des intérêts principaux du défendeur peut être retenu comme chef de compétence pour les besoins de la certification d'une action de groupe globale. Le centre des intérêts principaux correspond au lieu où le débiteur gère habituellement ses intérêts, ainsi vérifiable par les tiers[1120]. Un tel critère de compétence peut parfaitement

---

1116 C. KESSEDJIAN, « Le droit entre concurrence et coopération », in *Vers de nouveaux équilibres entre ordres juridiques, Liber Amicorum Hélène Gaudemet-Tallon*, Dalloz 2008, *op.cit.*, spéc. p. 131.Voir aussi dans le même sens : E. LEIN, « Cross-Border Collective Redress and Jurisidicion Under Brussels : A Mismatch », in *Collective Redress and Extraterritoriality, op.cit.*, spéc. n°8.12 et suiv. p. 133.

1117 L. USUNIER, *La régulation de la compétence juridictionnelle en droit international privé*, *op.cit.*, spéc. n°248, p. 188.

1118 Ainsi, selon Madame Kessedjian : « *Ou bien, si l'on voulait privilégier le pays du for du défendeur, au sens classique du terme, en vertu de son incorporation ou siège statutaire, encore faudrait-il passer outre ce rattachement si le défendeur ne développe aucune ou très peu d'activité concrète dans ce pays et que la situation de son siège statutaire correspond uniquement à un choix administratif, financier voire fiscal* », in C. KESSEDJIAN, « Le droit entre concurrence et coopération », in *Vers de nouveaux équilibres entre ordres juridiques, Liber Amicorum Hélène Gaudemet-Tallon*, Dalloz 2008, spéc. p.131.

1119 Voir *supra* n°73 et suiv.

1120 Sur ce chef de compétence, voir : L. C. HENRY, Redressement et Liquidation judicaires, Jurisclasseur de droit international, Fasc. 310, spéc. n°20 à 24 et 27 à 32 ; G. C. GIORGINI, « Le centre des intérêts

être consacré en matière de contentieux de groupe international, que le défendeur soit personne physique ou personne morale. D'autre part, la consécration du centre des intérêts principaux en tant que chef de compétence peut également se révéler d'une grande importance pour les besoins de circulation d'une action de groupe internationale puisqu'il conduit à établir une identité entre le for certifiant une action de groupe internationale, et le for du lieu de l'exécution d'une action de groupe (le pays ou le débiteur possède des actifs), faisant ainsi l'économie de tous les problèmes et complexités associés à la circulation dans l'ordre international d'une décision d'action de groupe internationale.

329. Le faible intérêt régulatoire du for du domicile du défendeur dans le cadre d'un contentieux de masse. Si le chef de compétence du domicile/centre des intérêts du défendeur présente des faiblesses, ces dernières ne résultent pas, à notre sens, de l'ensemble des critiques ainsi mentionnées mais plutôt d'autres éléments. La véritable faiblesse de ce chef de compétence se trouve dans l'absence de prise en compte de la fonction régulatoire d'une action de groupe, en ne mettant en avant que sa dimension procédurale. Un tel argument semble être souvent invoqué, quoiqu'indirectement, par les tribunaux américains pour refuser d'exercer leur compétence juridictionnelle en se déclarant *forum non conveniens* dans des litiges mettant en cause des dommages engendrés par les activités délocalisées d'un défendeur américain établi à l'étranger. Un tel refus se base le plus souvent sur l'argument de la *déférence*[1121], selon lequel l'intervention des tribunaux de l'Etat du for pour trancher un litige survenu à l'étranger constitue une certaine ingérence dans la sphère de compétence d'autrui[1122]

Le refus des tribunaux américains d'exercer leur compétence juridictionnelle dans le cadre de litiges mettant en jeu les activités délocalisées des multinationales américaines à l'étranger a été critiqué par une certaine doctrine. Celle-ci considère qu'un tel refus s'apparente à l'octroi d'une forme d'immunité juridictionnelle aux personnes domiciliées aux États-Unis, ce qui est à la fois dangereux et critiquable[1123]. Pour Madame Usunier, « *le contrôle de la compétence du juge du domicile n'a rien d'abusif, car on voit mal en quoi un plaideur pourrait se plaindre d'être soumis au contrôle de l'ordre juridique dans lequel il vit habituellement et d'être jugé dans le contexte culturel qui lui est familier, y compris pour des activités menées à l'étranger* »[1124]. D'autant plus selon l'auteure, que le contrôle exercé par l'Etat du domicile semble restreint, la loi applicable au fond étant normalement celle de l'Etat étranger dans lequel l'activité est menée[1125]. Si la constatation de Madame Usunier est indiscutable dans le cadre d'un contentieux individuel, il en est autrement dans le cadre d'un contentieux de

---

principaux du débiteur insolvable en droit comparé », *R. I. D. C. 2012. 867* ; B. AUDIT et L. D'AVOUT, *Droit international privé, op.cit.*, spéc. n°1110, p. 978.

1121 Sur cette notion voir: B. POSNAK « The Court Doesn't Know Its Asahi from Its Wortman: A Critical View of the Constitutional Constraints of Jurisdiction and Choice of Law », 41 Syracuse L. Rev. 875 (1991).

1122 H. MUIR WATT, « Aspects écononiques de droit international privé », *RCADI 2004,* t 307, spéc. n°192, p. 237. Voir aussi *supra* n°220.

1123 H. MUIR WATT, « Aspects écononiques de droit international privé », *RCADI 2004,* t 307, *op.cit.*, spéc. n°242, p. 297.

1124 L. USUNIER, « La régulation de la compétence juridictionnelle en droit international privé », *op.cit.,* spéc. n°250, p. 189.

1125 *Ibid.*

masse où le contrôle de l'Etat du domicile du défendeur n'est pas restreint, puisqu'à travers l'exercice de la compétence juridictionnelle, s'impose au défendeur un système de régulation et de sanction. Il est vrai que dans le contexte spécifique du contentieux de masse relevant des droits de l'homme, le refus des tribunaux américains d'exercer leur compétence juridictionnelle peut paraître choquant. En effet, comme nous l'avons déjà noté, aucune indemnisation n'est en général octroyée aux victimes. Cet argument, principalement développé par le juge Breyer dans l'affaire *Kiobel,* puis par le juge dissident Martin dans l'affaire *Chiquita*[1126], a été rejeté par la majorité de la Cour Suprême et notamment dans cette dernière affaire, considérant qu'une telle contestation relève de la diplomatie et ne revêt aucunement un caractère juridique[1127].

Afin de mieux comprendre l'interaction entre le chef de compétence du domicile du défendeur et la fonction de régulation d'une action de groupe en dehors du contexte spécifique du contentieux des violations massives des droits de l'homme, raisonnons à partir d'un exemple concret. Supposons qu'une société de finance française ayant son domicile/principal centre d'intérêt en France, effectue des opérations de bourse sur les marchés suisse et espagnol et que cette dernière ait causé un dommage à une masse d'investisseurs en raison de fausses déclarations ayant eu lieu sur l'ensemble de ces marchés.

Il est vrai qu'une action de groupe initiée au domicile du défendeur permettra d'unifier l'ensemble des victimes devant un for unique, avec tous les avantages qui peuvent en résulter. Cependant, en prenant en considération que la majorité des personnes touchées par le fait dommageable ne se situent pas en France, et que le marché français n'a été nullement affecté, il est possible de se demander si le for français possède vraiment un intérêt à réguler ce contentieux, et particulièrement parce qu'un tel choix se ferait au détriment des autres fors dont le marché a été affecté par l'activité illégale.

Les tribunaux canadiens semblent peu sensibles à cette dichotomie entre les fonctions procédurale et régulatoire d'une action de groupe. Dans une affaire relativement récente, le for canadien s'est déclaré compétent et a accepté de certifier une action de groupe internationale initiée par des investisseurs étrangers et canadiens à l'encontre de la société *Canadian Solaire,* pour les dommages subis par ces derniers en raison des activités de cette société sur des marchés étrangers. Alors même que les titres de ladite société n'étaient pas cotés à la bourse canadienne, et que les opérations effectuées par cette dernière étaient également localisées en Chine[1128], la cour d'appel d'Ontario, après avoir déclaré que la loi boursière canadienne était applicable au litige, a accepté de se déclarer compétente, considérant que le lien entre la société et le for canadien était conforme au

---

[1126] *Cardona v. Chiquita Brands Int'l, Inc.*, 760 F.3d 1185 (11th Cir. 2014). Ainsi, selon le juge dissident: « *I fear we disarm innocents against American corporations that engage in human rights violations abroad. I understand the ATS to have been deliberately crafted to avoid this regrettable result* ».

[1127] Ainsi, selon la décision de la majorité de la Cour suprême *(Cardona v. Chiquita Brands Int'l, Inc.*, 760 F.3d 1185 (11th Cir. 2014)): «*The noble goals expressed in our dissenting colleague's observation should perhaps guide the foreign policy of the United States, but that is not for us to say*».

[1128] La dimension régulatoire du contentieux a été ainsi négligée.

real and substantial test, le siège social de la société ainsi que le lieu des réunions annuelles étant à Ontario[1129].

2- Le for du lieu où le fait dommageable s'est produit

330. **Le for du lieu du fait dommageable est capable d'appréhender l'ensemble des hypothèses du contentieux de groupe**. Le lieu où le fait dommageable s'est produit est un autre chef de compétence qui permet de fédérer l'ensemble des demandes des victimes devant un for unique. Ce chef de compétence, consacré par le Règlement de Bruxelles I *bis*[1130], ouvre aux demandeurs en matière délictuelle un for optionnel qui s'ajoute au for du domicile du défendeur. Rien n'empêche, à notre sens, de consacrer ce chef de compétence d'une manière générale, indépendamment de la nature contractuelle ou délictuelle du litige de masse.

Selon la Cour de justice de l'Union européenne, le lieu où le fait dommageable s'est produit doit être entendu comme visant à la fois le lieu où le dommage est survenu et le lieu de l'évènement causal[1131]. Cette option de compétence n'est pas souhaitable en matière de contentieux de masse, le lieu où le dommage est survenu étant inadéquat, notamment parce que celui-ci est susceptible de se produire dans une multitude de lieux, provoquant alors une dispersion du contentieux. De ce fait, seule la seconde sous-option de l'article 7.2 doit être retenue, puisqu'elle seule permettra de fédérer l'ensemble des demandes devant un for unique[1132].

331. **Les avantages du chef de compétence de l'évènement causal**. Le for de l'évènement causal se concilie bien avec les objets procéduraux poursuivis par une action de groupe. La proximité qu'établit ce chef de compétence entre le juge compétent et la situation litigieuse permet d'assurer une meilleure administration de la justice, et particulièrement en ce qui concerne la collecte des preuves, les mesures d'instruction ou encore la présence de témoins[1133]. De plus, le for du lieu de l'évènement causal peut avoir un intérêt à mettre en œuvre son système de régulation, et même dans l'hypothèse où la conduite effectuée dans son ressort affecte d'autres marchés. C'est d'ailleurs en partant de ce constat que la jurisprudence américaine s'est souvent basée sur le *conduct test* afin de justifier l'application extraterritoriale de ses lois fédérales en matière de *class actions* internationales mettant en jeu des comportements frauduleux, qui, bien qu'accomplis aux États-Unis, ont été à l'origine de dommages produits sur des marchés étrangers, et

---

1129 *Abdula v. Canadian Solar Inc.*, 2012 ONCA 211 (CanLII). Sur cette affaire voir: A. LAING et E. MORGAN, « If Part XX111.1 Has a Long Arm, Should It Clutch at Straws? Jurisdictional Aspects of Securities Class Action», consultable sur : https://www.osler.com/uploadedFiles/Our_People/Profiles/M/Advocate%20Society%20Paper--%20Securities%20Symposium%20September%202012%2024421666_1.pdf, spéc. p. 9 et suiv.

1130 Article 7-2 du Règlement Bruxelles I *bis* : « *Le défendeur domicilié sur le territoire d'un Etat membre contractant, peut être attrait, dans un autre Etat contractant : en matière délictuelle ou quasi délictuelle, devant le tribunal ou le fait dommageable s'est produit* ».

1131 CJUE, 30 nov.1976, *Mines de Potasses d'Alsace*, aff.21/76, *Rev. crit. DIP. 1977. 568,* note P. Bourel.

1132 Voir dans le même sens : E. LEIN, « Cross-Border Collective Redress and Jurisidicion Under Brussels : A Mismatch », in *Collective Redress and Extraterritoriality*, *op.cit.*, spéc. n°8.14, p. 134.

1133 D. BUREAU et H. MUIR WATT, *Droit international privé*, t 2, spéc. n°961, p. 501.

cela afin d'empêcher que les États-Unis ne deviennent un « *tremplin*» (« *launching pad* ») d'exportation des conduites frauduleuses dirigées vers les marchés étrangers[1134].

332. Les limites de la dimension régulatoire du chef de compétence de l'évènement causal. En dépit des avantages de ce chef de compétence, la tendance doctrinale actuelle semble admettre aujourd'hui que l'intérêt de l'Etat sur le territoire duquel la conduite est intervenue, à réguler le contentieux, n'est pas prépondérant en comparaison à celui de l'Etat où l'effet de l'acte frauduleux est intervenu, particulièrement dans le cadre des contentieux mettant en jeu la violation du droit économique, à l'instar des délits financiers ou ceux relevant du droit de la concurrence[1135]. Par ailleurs, en plus de faire prévaloir la fonction procédurale d'une action de groupe sur sa fonction régulatoire, la faiblesse de chef de compétence réside dans l'incitation des défendeurs à une sorte de « *course vers le bas* » en vue de s'installer dans un paradis juridique lui permettant de diriger ses actions vers des marchés étrangers. En plus, le lieu du fait générateur coïncide souvent avec celui du domicile du défendeur, ce qui peut limiter de son importance.

333. ***Transition.*** Les deux chefs de compétence du domicile du défendeur et celui de l'acte où le fait dommageable s'est produit sont adaptés à la spécificité du contentieux de masse international, en permettant de concentrer le contentieux devant un for unique. Cependant, ces chefs de compétence rencontrent des faiblesses, puisque ces derniers peuvent s'avérer pas trop adaptés à la dimension régulatoire du contentieux de groupe. Cela nous amène donc à explorer les chefs de compétence à dimension régulatoire pouvant être consacrés pour les besoins de régulation du contentieux de masse international.

B- Les chefs de compétence au regard de la dimension régulatoire de l'action de groupe

334. Si en matière de compétence juridictionnelle il est largement admis qu'un tribunal puisse être compétent du fait de l'existence d'un lien entre le for saisi et le litige[1136], la spécificité du contentieux de masse justifie la recherche du for ayant les liens les plus étroits avec le litige **(1)**. Il conviendra ensuite de déterminer le contenu de ce rattachement **(2)**.

1134 Voir *supra* n°143.

1135 D. BUREAU et H. MUIR WATT, *op.cit.*, spéc. n°975, p. 513.

1136 L. USUNIER, *La régulation de la compétence juridictionnelle en droit international privé*, *op.cit.*, spéc. n° 240, p. 180 : *« On comprend mieux, dès lors, que le principe de proximité ne donne pas compétence internationale aux seules juridictions qui entretiennent les liens les plus étroits avec le litige, mais à toutes les juridictions qui entretiennent un lien étroit avec le litige ».*

1- Le for ayant les liens les plus étroits avec le litige

335. La compétence juridictionnelle internationale et « les liens les plus étroits » avec le litige. Le critère de compétence basé sur l'existence des liens les plus étroits avec le litige n'est pas méconnu en droit international privé des conflits de juridictions. C'est ainsi que d'une manière générale, les droits de *common law* admettent que la fonction de la compétence internationale des juridictions ne soit pas purement procédurale et que, par conséquent, les chefs de compétence juridictionnelle ne soient pas uniquement sous-tendus par des considérations de commodité procédurale. En droit anglais, la jurisprudence et la doctrine admettent par la doctrine du *forum non conveniens*, que la recherche de la juridiction correspond à celle-là plus approprié (*approprìtate*) et non pas seulement à celle la plus commode *(convenient*). C'est pourquoi les juges recherchent avant tout la juridiction ayant les liens les plus réels et substantiels avec le litige[1137].

336. Les justifications qui militent pour fonder la compétence juridictionnelle sur l'existence des liens les plus étroits avec le litige dans le cadre d'un contentieux de masse. La spécificité du contentieux de masse milite en faveur du choix du for ayant les liens les plus étroits avec le litige. En effet, le contentieux de masse multiplie considérablement les points de contact entre le litige et les fors de différents systèmes juridiques, ce qui implique que toute concentration du contentieux de masse devant un for unique, conformément à la méthode de l'« unité » de l'action de groupe, nécessite de donner compétence au juge qui présente les liens les plus étroits avec le litige. En outre, la présence d'un contentieux qui met en jeu des intérêts étatiques, justifie ainsi que les règles de compétence internationale ne soient pas uniquement fondées sur des exigences de commodité procédurale mais également sur des considérations d'ordre substantiel[1138]. Dans le cadre d'un contentieux de masse, l'exercice par un for de sa compétence juridictionnelle est indispensable à la réalisation d'un objet d'intérêt général qui correspond à la mise en œuvre par le for de sa politique de régulation et de sanction.

Dans le cadre des litiges individuels, et comme nous l'avons déjà mentionné, la doctrine semble aujourd'hui admettre la présence de règles de compétence fondées sur la souveraineté des Etats. Dans le domaine de la régulation économique, ces règles de compétence juridictionnelle ont, en effet, pour objet essentiel de garantir l'application effective de la loi du for lorsque celle-ci poursuit un but d'intérêt général particulièrement fondamental pour l'Etat du for[1139]. Dans l'hypothèse d'un contentieux de masse, la question se pose d'une manière sensiblement différente. Effectivement, la compétence juridictionnelle a ici pour objet non pas uniquement l'application de la loi du for, mais surtout de garantir la mise en œuvre par le for de son système de régulation et de sanction de la norme. Car contrairement à un contentieux individuel où la compétence juridictionnelle « *n'attribue à l'ordre juridique qu'elle désigne qu'une faculté de contrôle restreinte sur le fond du litige* »[1140], (d'où l'absence de nécessité de donner la compétence au for qui

---

[1137] L. USINIER, *La régulation de la compétence juridictionnelle en droit international privé, op.cit.,* spéc. n° 98, p. 93.
[1138] D. BUREAU et H. MUIR WATT, Droit international privé, t 1, *op.cit.*, spéc. n°140, p. 173.
[1139] L. USUNIER, *op.cit.,* spéc. n°327, p. 271.
[1140] L. USUINIER, *op.cit.,* n° 240, p. 183.

présente les liens les plus étroits avec le litige), la compétence juridictionnelle dans le cadre d'un contentieux de masse désigne l'ordre juridique compétent pour exercer un contrôle approfondi sur la résolution du litige en mettant en œuvre son système de régulation. Ainsi, l'exercice par le for américain de sa compétence juridictionnelle dans le cadre d'un contentieux de masse international, ne permet pas uniquement d'indemniser les victimes mais permet également de sanctionner le défendeur de l'acte illicite et d'assurer la mise en œuvre des règles de droit.

2- *Le contenu de l'exigence des « liens les plus étroits » entre le for compétent et le litige*

337. **Le for ayant les liens les plus étroits est le for ayant l'intérêt prépondérant pour connaître du litige**. Si la spécificité du contentieux international des actions de groupe justifie de fonder la compétence juridictionnelle sur l'existence des liens les plus étroits avec le litige, il convient de préciser maintenant ce qu'il est précisément entendu par le juge ayant les liens les plus étroits avec le litige.

Les considérations d'ordre géographique constituent des facteurs importants en vue d'identifier le for ayant les liens les plus étroits avec le litige. Mais la dimension régulatoire du contentieux nous incite à penser que de telles considérations ne sont pas suffisantes, et que des considérations d'ordre matériel doivent aussi être prises en compte. De ce fait, par « le for ayant les liens les plus étroits avec le litige » nous désignons le for ayant l'intérêt prépondérant à trancher le contentieux de masse.

Le droit international privé américain illustre relativement bien ce sujet. En effet, pour apprécier l'exercice de sa compétence juridictionnelle dans des litiges qui présentent une certaine sensibilité politique, le juge américain n'a pas hésité à se livrer à la méthode des intérêts gouvernementaux, généralement utilisée en matière de loi applicable.

Ainsi, dans une affaire relative à une fraude boursière, une société canadienne cotée aux bourses de New York et de Toronto a été l'auteure d'un trucage de ses comptes. Les investisseurs victimes ont assigné devant le for américain les dirigeants ainsi que les commissaires aux comptes de ladite société. Ces derniers ont demandé au juge américain de se dessaisir sur le fondement de la doctrine du *forum non conveniens*. En admettant que le Canada, aussi bien que les États-Unis avaient un intérêt à appliquer leur propre réglementation boursière, la Cour a constaté que l'intérêt américain, en raison du volume des opérations réalisées aux Etats-Unis, paraissait prépondérant[1141].

Cette affaire met clairement en exergue la plus grande importance donnée à la finalité matérielle de la règle de compétence juridictionnelle par rapport à la finalité privatiste, et particulièrement lorsqu'il est clair que le juge canadien semblait plus approprié du point de vue de la bonne administration de la justice (finalité privatiste de la règle de conflit) pour trancher le litige (la plupart des preuves et documents sociaux étaient situés au Canada)[1142].

[1141] *In Re Livent, Inc Securities Litigation*, 78 F.Supp.2d 194 (S.D.N.Y.1999).

[1142] Cette méthode a été principalement adoptée dans le cadre du contentieux relevant du droit de la concurrence. Voir ainsi : *Timberlane Lumber Co. v. Bank of America*, 549 F . 2d 597 (9th Cir.1976) ; *Mannington Mills Inc v. Congoleum Corp*, 595 F. 2d 1287 (3d Cir.1979).

338. Le critère « des effets » et le for ayant l'intérêt prépondérant pour la régulation du contentieux international des actions de groupe. Dans le cadre d'un contentieux international des actions de groupe, nous pensons que le recours au critère du marché affecté peut être utile afin d'identifier le for ayant les liens les plus étroits avec le litige. D'un point de vue régulatoire, et en dehors du contexte du contentieux de groupe, il est largement admis aujourd'hui que l'Etat possède un titre exclusif pour sanctionner les comportements économiques qui affectent son marché[1143]. Cette tendance s'explique par l'application par le juge du marché affecté de sa propre loi (loi de police), indispensable à la réalisation d'un objet d'intérêt général poursuivi par l'Etat du for. En effet, l'exercice par le juge étranger de sa compétence juridictionnelle risquerait de compromettre la réalisation d'un tel objectif en ce sens que ce dernier ne soumettrait pas nécessairement le litige à la loi du for[1144]. Mais au-delà de l'application par le for de sa loi substantielle, et comme nous l'avons déjà mentionné, l'exercice par le « *for de l'effet* » de sa compétence juridictionnelle, peut être justifié sur un autre terrain que celui de la loi applicable, ne serait-ce que sur le terrain de la mise en œuvre par le for de son système de régulation, c'est-à-dire la manière dont une loi de police doit être appliquée. Le chef de compétence « *remplit ainsi une fonction essentiellement protectrice ou défensive du marché national* »[1145]. Ainsi, si les effets d'un cartel international sont principalement ressentis sur le marché français, l'exercice par le for français de sa compétence juridictionnelle se justifie par la nécessité de la réalisation des objets d'intérêts généraux, tels que véhiculés par la loi de police française,[1146] mais surtout et également par la mise en œuvre par le for français de son propre système de régulation basé sur une certaine complémentarité entre le *public* et le *private enforcement.*

Dans ce contexte, nous pensons que si le critère des effets a été admis pour fonder simplement la compétence juridictionnelle dans des litiges mettant en jeu des matières sensibles, justifiant l'application de lois de polices à l'instar des délits financiers ou ceux relevant du droit de la concurrence, la massification du contentieux vient brouiller les pistes dans le sens que l'exercice par le juge de l'effet de sa compétence juridictionnelle doit être admis, même si, pratiquement le contentieux ne met pas en jeu des lois de police, et indépendamment de la nature contractuelle ou délictuelle du litige. Cela s'explique par le fait qu'il est de plus en plus admis que les règles de droit privé poursuivent des objets régulatoires, et particulièrement lorsque leur mise en œuvre s'opère à travers des actions collectives[1147]. Ainsi, et pour reprendre les termes de Madame Muir Watt, « *l'instrumentalisation des règles de droit privé au service de la réalisation de*

1143 L. IDOT, « Le domaine spatial du droit communautaire des affaires », *Trav. com. fr. DIP. 1992 145*, Pédone, 1994.

1144 D. BUREAU et H. MUIR WATT, *Droit international privé*, t 2, *op.cit.*, spéc. n°975, p. 513.

1145 H. MUIR WATT, « Aspects économiques du droit international privé », *RCADI 2004*, t 307, p 25, spéc n°261, p. 322.

1146 En droit international privé français, la simple applicabilité d'une loi de police ne confère pas aux tribunaux français une compétence juridictionnelle impérative. Voir à cet égard : D. BUREAU et H. MUIR WATT, *Droit international privé,* t 2, *op.cit.*, spéc. n°860, p.363.

1147 Voir dans le même sens: L. GORYWODA, N. E. HATZIMIHAIL et A.NUYTS « Introduction: Market Regulation, Judicial Cooperation and Collective redress » *in Cross-Border Class Actions, The European Way* », *op.cit.,* spéc. p. 45: « *Collective redress transgresses the separation between private law and public law interest regulation, as collective actions involve private and public interest regulation interests alike* ».

diverses politiques publiques d'incitation et de prévention est largement admis, de telle sorte que la responsabilité délictuelle est aujourd'hui tributaire d'une fonction de régulation sociale et économique la basculant ainsi de sa perspective originairement d'essence privatiste vers une perspective d'orientation, voire de redistribution sociale, conduisant ainsi à un certain brouillage des frontières entre sphères publiques et privées »[1148]. Ainsi, on pourra admettre à titre d'exemple que dans le cadre d'une action de groupe engagée dans le domaine de la responsabilité du fait des produits défectueux, l'action de groupe vise, au-delà de l'indemnisation des victimes, à renforcer les normes de sécurité en la matière et qu'il revient ainsi au for affecté de connaître du litige.[1149]

339. La nécessité d'adapter le critère « *des effets* » au phénomène de dispersion du contentieux de masse : du marché affecté au marché le plus affecté. Malgré la légitimité du for du marché affecté pour exercer sa compétence juridictionnelle en tant que for ayant l'intérêt prépondérant pour réguler le contentieux de masse international, ce chef de compétence se révèle, dans son état brut, peu adapté à la spécificité du contentieux de masse international pour deux raisons. Tout d'abord, l'interconnexion des marchés ouvre aujourd'hui la voie à ce qu'un acte illicite soit susceptible d'affecter plusieurs marchés. De ce fait, la consécration d'un chef de compétence basé sur les effets risquerait de compartimenter le contentieux international, puisqu'il serait très probable que plusieurs juges se déclarent concurremment compétents.

L'on pourra répliquer qu'en matière de législations relevant du droit international économique, la plupart des lois poursuivant des objets similaires, l'exercice par un des fors des marchés affectés de sa compétence juridictionnelle en vue d'appréhender le litige dans sa globalité, ne doit pas soulever de problèmes. Ce raisonnement fait écho à celui adopté par la Cour Suprême américaine dans l'affaire *Hartford Fire*, qui, après avoir constaté que le marché américain a été « substantiellement affecté » par la pratique anticoncurrentielle, a retenu sa compétence juridictionnelle en constatant que la prise en compte des intérêts des autres Etats ayant des liens avec le litige, doit être limitée aux hypothèses mettant en jeu un conflit entre les différentes provisions substantielles en jeu [1150]. Or, même si les lois de police des autres Etats dont le marché est affecté étaient identiques à la loi américaine quant à la licéité ou l'illicéité de l'acte, il n'en découle pas forcément que ces pays ont adopté le même modèle quant à la mise en œuvre de la loi dont la violation est alléguée. Nous l'avons maintes fois répété, le contentieux de masse en matière de délits financiers/de concurrence ne se réduit pas uniquement à une simple question d'application d'une loi de police, mais s'étend également à la question relative au modèle institutionnel de régulation, c'est-à-dire à la manière dont la loi de police doit être mise en œuvre.

1148 H. MUIR WATT, « Rome II et les « intérêts gouvernementaux » : pour une lecture fonctionnaliste du nouveau règlement du conflit de lois en matière délictuelle », in *le Règlement communautaire « Rome II » sur la loi applicable aux obligations non contractuelles, op.cit.* Sur la transformation du droit privé voir : H. Muir WATT et F. Cafaggi (dir.), *Regulation and governance in European Private* Law, 2007 ; G. MAÎTRE, *La responsabilité civile à l'épreuve de l'analyse économique du droit*, préf. H. Muir Watt, LGDJ 2005.

1149 L. GORYWODA, N. E. HATZIMIHAIL et A. NUYTS, « Introduction: Market Regulation, Judicial Cooperation and Collective redress » *in Cross-Border Class Actions, The European Way, op. cit.,* spéc. p. 46.

1150 *Hartford FireInsurance Co. v. California*, 113 S.Ct 2831 (1993).

Sans rejeter « la règle de compétence à coloration régulatoire » donnant compétence au juge du marché affecté, il convient d'apporter cependant un aménagement à cette dernière afin de la rendre adaptée à la spécificité du contentieux de masse. Ainsi, si d'un point de vue régulatoire, les fors des différents marchés ont un intérêt à résoudre le litige, il convient de se demander parmi les différents fors concurremment compétents, lequel dispose d'un intérêt prépondérant à appliquer son propre modèle de régulation afin de se déclarer compétent pour résoudre le litige.

Nous pensons que la prise en considération des rattachements matériels dans l'application du critère des effets permet de considérer que le for le plus affecté aura l'intérêt prépondérant pour exercer sa compétence juridictionnelle. Ainsi, dans l'arrêt de la jurisprudence américaine précité, le juge américain a pris en compte le nombre des opérations. En faisant la balance des intérêts en présence, il a finalement pu conclure que son for, c'est-à-dire le for américain, était alors compétent pour trancher le litige (*balance of interests*). En d'autres termes, si les différents fors affectés par le contentieux de masse ont un intérêt identique pour trancher le litige, le critère du marché le plus affecté permet de déterminer le for ayant les liens les plus étroits avec le litige.

En dépit de ces nombreux avantages, le chef de compétence du marché le plus affecté peut présenter plusieurs difficultés dans sa mise en œuvre, en ce sens qu'il peut paraître difficile d'identifier, parmi les différents marchés, lequel est le plus affecté. Nous suggérons, et en dehors du contexte où un dialogue entre les juges concurremment compétents puisse exister aux fins de la détermination du juge qui a l'intérêt prépondérant à juger l'affaire[1151], que la règle de compétence détermine elle-même les critères du marché le plus affecté[1152]. Le lieu où la plus grande portion du dommage s'est produite, ou celui où le nombre des victimes affectées par le dommage est le plus grand sont par exemple des critères révélateurs pour identifier le marché le plus affecté.[1153]Toutefois, une telle approche a été critiquée. Selon certains, elle pourrait aboutir à ce que la compétence juridictionnelle soit systématiquement attribuée aux fors des Etats ayant les plus grands marchés, puisque ce sont dans ces Etats que l'effet de l'acte illicite sera inévitablement le plus ressenti (par exemple, le nombre de victimes serait plus important). Cela aura donc pour effet de priver les victimes domiciliées dans des Etats ayant des petits marchés, de leur droit d'initier une action de groupe devant le for de leur domicile[1154]. Mais, à supposer que la consécration du for du marché le plus

---

[1151] Sur le dialogue entre les juges, voir *infra* n°345 et suiv.

[1152] Voir dans ce sens: E. LEIN: « Jurisdiction and Applicable Law in Cross-Border Mass Litigation », in *Recasting Brussels I*, F. Pocar, I. Viarengo et F.C. Villata (eds), CEDAM 2012, spéc. p. 170: « *As to jurisdiction, a point of departure for potentially more appropriate and predictable solution would be to include a new head of jurisdiction concentrating claims at the place where the majority of victims are domiciled. This would guarantee a significant relationship of the forum with the case and remedy the application of article 6.1 as it is currently practiced in the Netherland, leading to jurisdiction at a place where only a minority of victims is domiciled* ».

[1153] Voir dans le même sens: A. STADLER, « Cross-Border Mass Litigation: a Particular Challenge for European Law », in *Mass justice: Challenges of Representation and Distribution, op.cit.*, spéc. n°3, p. 77. Ainsi selon Monsieur Stadler: « *Nevertheless, the plaintiffs' right to chose from among several places of jurisdiction "where the harmful event occurred" should not be completely eliminated for group actions. Courts of Member State in which a majority of victims suffered injury or ham should have jurisdiction or all the claim arising from the same tort.* »

[1154] D.-P. TZAKAS, « Effective Collective Redress in Antitrust and Consumer Protection Matters: A Panacea or Chimera », *CML. Rev. 2001. 1125*, spéc. n° 4.6, p.1167-1168.

affecté en tant que chef de compétence puisse priver les victimes des petits marchés d'initier une action de groupe devant le for de leur domicile, il ne nous semble pas pour autant que cela soit une problématique. En effet, l'expérience en matière d'actions de groupe internationales montre clairement qu'un tel contentieux est géré par des cabinets d'avocats spécialisés et qu'une action de groupe ne serait engagée d'une manière générale qu'en présence d'un financement, fut-il avancé par les avocats selon le système de *contingency fees* ou par un tiers financeur. Dans ce contexte, on ne voit pas en quoi ces critères affecteraient les victimes dans l'initiation d'une action de groupe devant le for de leur domicile ou devant un autre for, dès lors que ces derniers sont regroupés, supportés par de grands cabinets d'avocats, et disposent des fonds nécessaires pour initier leurs actions.

340. Le critère du marché le plus affecté et la fonction du juge étatique. On pourra critiquer le chef de compétence du marché le plus affecté en considérant qu'il aboutit à la modification de la fonction du juge, ce dernier n'étant pas tenu d'émettre des jugements d'ordre politique ou économique[1155]. A notre sens, si une telle critique pouvait être valable dans le passé, il n'en est plus ainsi aujourd'hui. En effet, par la globalisation du contentieux, le rôle du juge étatique a connu une évolution considérable. Ce dernier « *est devenu un acteur essentiel de l'équilibre des pouvoirs - ou de ce qui est parfois dénommé la gouvernance - dans l'espace mondial* »[1156]. Ainsi, « *en plus de leur fonction première - la mise en œuvre du droit national- les tribunaux assument un second devoir : en tant que membres de la communauté internationale, ils doivent chercher au mieux de leurs forces à assurer un équilibre entre les ordres juridiques contraires* »[1157]. Cela est d'autant plus vrai, que dans le cadre d'un contentieux international d'actions de groupe, le juge n'est pas appelé à porter un jugement d'ordre politique sur des intérêts étatiques concurrents afin d'octroyer la primauté aux uns ou aux autres, mais seulement à décider sur le caractère significatif des divers contacts qu'entretient la situation litigieuse avec différents Etats au regard des politiques régulatoires poursuivies.

En outre, « le chef de compétence à coloration régulatoire » peut paraître imprévisible pour le défendeur, en ce sens qu'il ne pourra pas prévoir lequel des marchés sera le plus affecté par ses activités. A notre sens, une telle critique n'est pas bien fondée. En effet, il est parfaitement prévisible pour l'auteur d'un dommage de masse, dont l'activité transcende les frontières, que son acte dommageable touche probablement plusieurs marchés. Il est vrai qu'il ne peut savoir avec exactitude et à l'avance lequel de ces marchés sera le plus touché, à moins qu'il ne décide de diriger ses activités vers un marché bien déterminé. Mais, en tout état de cause, le for du marché est prévisible dès lors qu'il constitue un des potentiels fors compétents, quand bien même le défendeur ne l'a pas prévu de manière effective, ni volontairement recherché[1158].

[1155] A. F. LOWENFELED, *International Litigation and the Quest for Reasonableness*, Clarendon Press, Oxford 1996, p.19.

[1156] D. BUREAU et H. MUIR WATT, *Droit international privé*, t 1, *op.cit.*, n°117, p.142.

[1157] J. BASEDOW, « Souveraineté territoriale et globalisation des marchés : le domaine d'application des lois contre les restrictions de la concurrence », *RCADI 1997* t. 264, spéc. n°61, p.159 ; Voir d'une manière générale : S. BREYER, *La Cour suprême, le droit américain et le monde*, Odile Jacob 2015.

[1158] L. USUNIER, *La régulation de la compétence juridictionnelle internationale en droit international privé*, *op.cit.*, spéc. p. 197 ; Voir aussi : A. STADLER, « Cross-Border Mass Litigation : a Particular Challenge for European Law », in *Mass justice : Challenges of Representation and Distribution, op.cit.*, spéc. n°3, p. 79-80.

Un raisonnement parallèle peut être adopté en matière contractuelle. Prenons l'exemple du droit de la consommation. Le for du marché le plus affecté n'est autre que le for du domicile de certains des consommateurs, un tel for étant prévisible pour le défendeur puisqu'il est un des potentiels fors compétents en la matière.[1159]

II- Des chefs de compétences exclusifs ou optionnels pour la régulation du contentieux international des actions de groupe ?

341. Nous avons exposé dans le paragraphe précédent un ensemble de critères de compétence pouvant être adoptés pour les besoins de la régulation du contentieux international des actions de groupe. S'il est opportun de consacrer un chef de compétence exclusif en la matière, une telle solution s'avère cependant insuffisante **(A)**[1160]. En effet, la complexité du contentieux international des actions de groupe milite, au-delà de la consécration d'un chef de compétence exclusif, en faveur d'une coordination entre les différents juges potentiellement compétents **(B)**.

A- Les insuffisances de la consécration d'un chef de compétence exclusif en matière de contentieux international des actions de groupe

342. La concentration du contentieux international des actions de groupe milite en faveur de l'adoption d'un chef de compétence exclusif. La consécration de nouveaux chefs de compétence spécifiques au contentieux international des actions de groupe ne sera d'un secours que si l'un des chefs proposés est érigé en un chef de compétence exclusif. A fortiori, un système qui repose sur des options de compétence rend inutiles nos propositions consistant à concentrer le contentieux international des actions de groupe devant un for unique.[1161]

Toutefois, et indépendamment de la légitimité des considérations qui sous-tendent la concentration du contentieux international des actions de groupe devant un for unique, il est possible de soutenir également que ces considérations ne doivent en aucun cas exclure les options de compétence en la matière. D'une part, les actions de groupe couvrent aujourd'hui une large variété d'hypothèses, de sorte qu'il nous semble difficile d'adopter un critère prédéfini pour déterminer le for le plus adéquat pour l'ouverture d'une action de groupe internationale ; d'autre part, la consécration d'un chef de compétence exclusif est porteuse de nombreux inconvénients, comme par exemple la

---

1159 Ce chef de compétence est donc en accord avec le considérant 15 du Règlement Bruxelles I *bis*, conformément auquel, « *les règles de compétence devraient présenter un haut degré de prévisibilité (…)* »

1160 Dans son livre vert sur la révision du Règlement Bruxelles, la Commission européenne s'est interrogée sur la nécessité d'adopter des règles de compétence spéciales en matière de recours collectifs. Voir Livre vert sur la révision du Règlement (CE) n° 44/2001 du Conseil concernant la compétence judiciaire, la reconnaissance et l'exécution des décisions en matière civile et commerciale, COM (2009)0 175 Final, spéc. n°82.

1161 Voir cependant : D.-P. TZAKAS, « Effective Collective Redress in Antitrust and Consumer Protection Matters : A Panacea or Chimera », *CML Rev. 2001. 1125*, spéc. n° 4.2, p. 1155.

possibilité pour le défendeur de s'établir dans un paradis juridique et judiciaire[1162]. A cela, s'ajoute des considérations d'ordre pratique et logistique, notamment liées à l'inaptitude d'un juge d'un système juridique déterminé à résoudre un litige global qui, dans un premier temps, met en jeu un nombre trop élevé d'individus, et dans un second temps, touche plusieurs marchés ayant chacun des spécificités qui lui sont propres[1163].

343. La spécificité du contentieux de groupe rend l'ensemble de ces critiques inopérantes. Bien que les arguments avancés soient pertinents, il nous semble cependant que ces derniers ne prennent pas en compte la spécificité du contentieux international des actions de groupe. À l'échelle européenne, plusieurs justifications ont été avancées pour expliquer l'architecture du Règlement Bruxelles I *bis* qui se base sur la présence de plusieurs fors alternatifs, venant déjà s'ajouter au for général du défendeur. Ainsi, il a été considéré que le demandeur, étant la victime des agissements dommageables, doit pouvoir recourir à l'un ou l'autre des fors compétents, pour neutraliser, du point de vue de l'accès à la justice, le déséquilibre supposément causé par l'acte illicite commis par le défendeur[1164]. Or, si dans un litige simple, le demandeur est confronté au défendeur dans un rapport singulier qui semble a priori être en faveur du défendeur, il n'en est pas de même dans le cadre d'un contentieux de masse. En effet, il paraît que la supposée faiblesse du demandeur est compensée par « *la possibilité qu'il joigne ses forces à celles de nombreux autres demandeurs afin de former une collectivité, un groupe, sans lequel le demandeur serait dans une position faible* »[1165]. D'autre part, l'option de compétence érigée par le Règlement Bruxelles I *bis*, que la Cour de Justice prend soin de défendre en faisant référence aux besoins de la bonne administration de la justice, est parfaitement adaptée à un contentieux mettant en cause deux parties. Or, nous avons mentionné maintes fois que le contentieux international des actions de groupe est bien différent d'un simple contentieux commercial, tant au niveau de sa nature qu'au niveau de sa fonction. Assurément, au regard de sa nature, ce contentieux met en cause plusieurs parties et peut potentiellement entrer en contact avec différents ordres juridiques, créant alors une plus grande tendance à son éclatement dans l'espace. Au regard de sa fonction, ce contentieux ne se limite pas à la simple résolution d'un litige entre personnes privées. Ainsi, appliquer le raisonnement de la Cour de justice à un contentieux qui diffère, aussi bien de par sa nature que de par sa fonction, d'un contentieux initié entre deux personnes privées, constitue une erreur méthodologique.

Par ailleurs, la consécration en droit de la faillite internationale de chefs de compétence qui diffèrent des chefs généralement adoptés pour les besoins de résolution d'un contentieux individuel classique soutient ainsi notre idée selon laquelle la spécificité de certains litiges, notamment ceux qui attisent la convoitise de plusieurs juridictions potentiellement compétentes et qui mettent en jeu des intérêts dépassant ceux des parties au litige, nécessite le recours à de nouvelles solutions. C'est ainsi qu'à l'échelle

---

1162 Voir *supra* n°325 et suiv.

1163 D.-P. TZAKAS, « Effective Collective Redress in Antitrust and Consumer Protection Matters: A Panacea or Chimera », CML. Rev. 2001. 1125, *op.cit.,* spéc. p.1157.

1164 C. KESSEDJIAN, « Les actions collectives en dommages et intérêts pour infraction aux règles communautaires », in G. Venturini et S. Bariatti, (éd.), *Liber Fausto Pocar*, *op.cit.*, spéc. p. 555.

1165 C. KESSEDJIAN, « Les actions collectives en dommages et intérêts pour infraction aux règles communautaires », in G. Venturini et S. Bariatti, (éd.), *Liber Fausto Pocar*, *op.cit.,* spéc. p. 535.

européenne, le droit de la faillite internationale s'est retrouvé exclu du champ d'application du Règlement de Bruxelles et bénéficie d'une régulation propre, par le biais du Règlement européen sur les procédures d'insolvabilité[1166].

344. Les difficultés pratiques de la mise en œuvre d'un chef de compétence exclusif. Bien que nous penchions clairement pour la consécration d'un chef de compétence exclusif pour les besoins de la régulation du contentieux international des actions de groupe, des difficultés peuvent cependant semer le doute quant à la viabilité d'une telle proposition. A considérer que l'un des chefs de compétence ainsi proposé ait été érigé en un chef de compétence exclusif, il n'est pas certain que le for exclusif soit équipé d'une action de groupe capable d'accueillir une masse de victimes. On pourrait répondre que le for exclusif étant le plus approprié pour trancher le litige, c'est à lui seul qu'il revient de mettre en œuvre son propre système de régulation reposant plutôt sur le système de *public enforcement*. Une telle vision, quoique correcte, s'avère cependant trop restrictive, celle-ci ne prend en considération que la simple fonction régulatoire d'une action de groupe. La complexité de ce contentieux, associée à l'enchevêtrement des intérêts en jeu, prône en faveur d'une certaine flexibilité dans l'appréhension de la question de la compétence juridictionnelle. De ce fait, nous pensons que la consécration d'un chef de compétence exclusif doit être accompagnée d'une certaine coopération entre les différents juges impliqués dans la résolution d'un contentieux de masse international.

B- La nécessité d'une coopération entre les juges pour les besoins de la régulation du contentieux international des actions de groupe

345. La complexité du contentieux international des actions de groupe milite en faveur d'une coopération entre les juges afin de déterminer le for compétent pour l'ouverture d'une action de groupe globale, et même dans l'hypothèse où un chef de compétence exclusif est consacré **(1). En** dépit de la concentration du contentieux devant un for unique, la coopération s'avère également nécessaire dans la phase de l'agrégation globale du litige de masse **(2)**.

1- La coopération au stade de la détermination du for compétent pour l'ouverture d'une action de groupe globale

346. La coopération entre les juges au stade de la détermination du for compétent pour l'ouverture d'une action de groupe globale peut être réalisée à travers le développement de réseaux judicaires internationaux organisés par des textes, conventions internationales ou règlements au niveau de l'Union européenne**(a)**. Dans l'attente de nouvelles solutions

1166 Règlement communautaire CE 1346/2000 du 29 mai 2000 sur les procédures d'insolvabilité, abrogé par le nouveau règlement (CE) n° 2015/848 du 25 mai 2015 relatif aux procédures d'insolvabilités transnationales (refonte) dont ces dispositions ne seront applicables qu'aux procédures d'insolvabilité ouvertes postérieurement au 26 juin 2017.

en la matière, l'émergence d'un dialogue judiciaire spontané peut revêtir une grande utilité dans le cadre du contentieux international des actions de groupe **(b)**.

a- Un dialogue judiciaire international non spontané pour les besoins de la régulation du contentieux international des actions de groupe

347. Le droit international privé de la famille comme exemple de coopération entre les juges compétents en matière d'actions de groupe internationales. Les conventions de La Haye reposent en général sur une coopération entre autorités centrales[1167]. Il est vrai que la plupart des textes concernent plutôt le droit international privé de la famille. L'Europe semble aussi pionnière en la matière avec plusieurs instruments qui adoptent le même système aussi bien en matière de droit de la famille qu'en matière civile et commerciale. A cet égard, le Règlement Bruxelles II *bis*[1168] qui consacre un modèle basé sur un dialogue concernant la compétence internationale en matière d'autorité parentale est d'un grand intérêt. Conformément à son article 15, le juge normalement compétent au fond est autorisé à renvoyer l'affaire à un autre juge *mieux placé*. En d'autres termes, le juge d'un Etat membre normalement compétent peut surseoir à statuer en faveur du juge d'un autre Etat membre avec lequel l'enfant entretient un lien particulier. Il peut également directement demander à ce même juge d'exercer sa compétence lorsque cela sert l'intérêt supérieur de l'enfant. Cette technique peut être utilisée en dehors d'un conflit de procédure, dans la mesure où il n'est pas nécessaire que le juge du renvoi ait été saisi de l'affaire. Quant au dialogue entre les juges, celui-ci peut s'opérer par le biais d'un dialogue informel « *de juge à juge* » ou par le biais des autorités centrales désignées dans chaque Etat membre, aux besoins de l'application de ce Règlement.

Selon Madame Usunier, la recherche systématique du for le plus approprié en matière civile et commerciale s'avère inutile du fait l'équivalence entre les diverses juridictions étatiques qui caractérise la matière, et spécialement au sein d'un espace judiciaire intégré comme celui de l'Union européenne[1169]. Or, les propos de Madame Usunier ne peuvent pas trouver application dans le cadre du contentieux international des actions de groupe où il n'existe encore aucune équivalence entre les diverses juridictions. En effet, l'existence d'un « marché des actions de groupe » aussi bien au niveau européen qu'au niveau international ne permet pas une telle équivalence. Ainsi, cette technique de recherche du for le plus approprié nous semble appropriée et d'une grande importance dans le cadre d'un contentieux de masse, en tant qu'elle permet d'injecter une dose de flexibilité à notre proposition consistant à consacrer un for exclusif en la matière.

Pour mieux comprendre, raisonnons à partir d'un exemple pratique. Supposons que le centre des intérêts du défendeur ait été adopté en tant que chef de compétence exclusif en matière d'actions de groupe. Il est vrai, comme nous l'avons déjà mentionné, qu'un

---

1167 Sur l'ensemble de ces conventions, voir : D. BUREAU et H. MUIR WATT, *Droit international privé*, t 1, *op.cit.*, spéc. n°156, p. 193.

1168 Règlement (CE) n° 2201/2003 du Conseil du 27 novembre 2003 relatif à la compétence, la reconnaissance et l'exécution des décisions en matière matrimoniale et en matière de responsabilité parentale abrogeant le règlement (CE) n° 1347/2000, JO n° L 338 du 23/12/2003 p. 0001 0029.

1169 L. USUNIER, *La régulation de la compétence juridictionnelleinternationale*, *op.cit.*, spéc. n°311, p. 236.

tel chef permet de fédérer l'ensemble de contentieux de masse devant un for unique. Mais supposons que ce for ne soit pas équipé d'une action de groupe. Dans ce cas, si ce dernier est saisi d'une action en justice, il peut surseoir à statuer en faveur du juge d'un autre Etat membre pour l'intérêt supérieur des victimes (le juge de renvoi est plus approprié car les victimes peuvent se regrouper collectivement par le biais d'une action de groupe, possibilité de financement du procès, etc.). De même, le juge du renvoi peut s'avérer également plus approprié pour trancher le litige, et ce même dans l'hypothèse où le juge compétent offre aux victimes la possibilité de se regrouper. Il en est ainsi lorsque le dommage de masse touche des domaines politiquement ou économiquement sensibles et que la dimension régulatoire du contentieux rend un autre juge que celui du centre des intérêts du défendeur, tel que le juge du marché le plus affecté par exemple, mieux approprié pour trancher le litige.

La nécessité du dialogue entre les juges s'avère d'autant plus essentielle dans l'hypothèse où le chef de compétence du for ayant les liens les plus étroits avec le litige est adopté en tant que chef de compétence en matière d'actions de groupe internationales. En effet, à l'issue de la survenance d'un dommage de masse, le juge présentant les liens les plus étroits avec le litige serait difficilement identifiable. Dès lors, il est très probable que plusieurs actions de groupe soient engagées simultanément devant plusieurs juridictions. Dans cette hypothèse, une communication directe entre les juges compétents doit être mise en place afin de décider, dans un laps de temps approprié, lequel de ces juges dispose d'un intérêt prépondérant pour connaître du litige[1170].

b- Le dialogue judiciaire spontané pour les besoins de la régulation du contentieux international des actions de groupe

348. **La coopération judiciaire spontanée en matière de faillite internationale comme exemple de coopération dans le cadre des litiges complexes.** Le contentieux international et particulièrement celui relevant de la catégorie des litiges complexes, a été accompagné par le développement d'une coopération transfrontière spontanée. Dans l'affaire *Charm el-cheikh*[1171], un véritable dialogue judiciaire spontané s'est établi entre les tribunaux américains et les tribunaux français sur la question de la compétence juridictionnelle. A l'issue de l'accident du crash aérien de *Charm el-Cheikh* en Egypte, les parents des victimes ont engagé deux actions en justice. La première à l'encontre de la compagnie aérienne et de son assureur égyptien, devant le tribunal de grande instance de Bobigny, la deuxième (initiée par certains demandeurs de la première

---

1170 Cette communication directe entre les juges a été préconisée par les lignes directrices de Paris et Rio de Janeiro sur les meilleures pratiques en matière d'actions de groupe transnationales (Voir ainsi : RÉSOLUTION 1/2008, Comité sur le contentieux privé international dans l'intérêt du public, consultable sur : https://www.google.com.lb/webhp?sourceid=chrome-instant&ion=1&espv=2&ie=UTF-8#q=L%E2%80%99ILA+Rio+Resolution+on+Transnational+Group+action. Dans le cadre de son analyse de la question de la compétence juridictionnelle, Madame Kessedjian a considéré : « (…) *we would favour a direct communication between the different juge who may have jurisdiction, so that they decide together, within a limited time period, which judge should hear the matter* » , in C. KESSEDJIAN, « The ILA Resolution on Transnational Group Action », *in Collective Redress and Extraterritoriality*, *op.cit.*, p. 233, spéc. n°13.23, p.238.

1171 Paris, 6 mars 2008, *Falsh Airlines*, *J.D.I.2009.17*, note G. Guniberti.

action) devant la juridiction étatique californienne à l'encontre des parties américaines : le constructeur, deux de ses sous-traitants et le propriétaire de l'avion.

349. **Un exemple d'une coopération spontanée en matière de contentieux international des actions de groupe. « *L'action en inopposabilité anticipée* ».** Un autre exemple de dialogue international, lié cette fois à l'hypothèse du contentieux international des actions de groupe, s'est manifesté dans le cadre de l'affaire *Vivendi.* Ce dialogue a eu lieu à travers une action que la doctrine qualifie de « *déclaratoire en inopposabilité anticipée* »[1172]. Voulant empêcher les demandeurs français à la procédure américaine de *class action* de poursuivre leur action devant le juge américain, la société *Vivendi*, défenderesse à cette même procédure, demanda au juge des référés parisien d'enjoindre sous astreinte aux demandeurs français de se désister de la *class action.* Par ailleurs, *Vivendi* avait également agi au fond pour obtenir la condamnation des actionnaires sur le fondement de l'article 1382 du Code civil pour abus de *forum shopping*, au motif que le jugement américain ne pouvait être susceptible d'être reconnu en France.[1173] La recevabilité de l'action « *déclaratoire en inopposabilité anticipée* » par les tribunaux français s'inscrit dans ce mouvement de coordination spontanée entre les différentes juridictions étatiques qui est le seul en mesure, en l'état des choses, de lutter efficacement contre la fragmentation des ordres juridiques nationaux. En effet, grâce à cette action « *déclaratoire en inopposabilité anticipée* », le juge américain est ainsi en mesure de connaître la position des tribunaux français vis-à-vis de la question de la circulation d'une *class action* internationale et de décider, à la lumière d'une telle position, la certification ou non d'une action de groupe internationale.[1174]

350. **L'intervention des gouvernements dans le contentieux de masse à travers la procédure de l'*amicus curiae* : une autre forme de coopération.** Le contentieux international des actions de groupe a été caractérisé par le recours systématique à la procédure d'*amicus curiae,* notamment devant les tribunaux américains à l'époque où ces derniers acceptaient de certifier une action de groupe globale. A notre sens, l'acceptation par le for de certification de la participation des représentants des gouvernements étrangers dans les procédures d'agrégation des dommages de masse globaux, s'inscrit dans le mouvement de la coopération spontanée entre les juges et peut, de ce fait, constituer un outil efficace pour les besoins de la détermination du for le mieux placé pour la régulation du contentieux international des actions de groupe.

La participation des représentants des gouvernements étrangers dans le cadre du contentieux de masse international ne doit pas paraître choquante, même si cette intervention s'opère dans le cadre d'un contentieux entre des personnes privées. En effet, et comme nous l'avons maintes fois précisé, le contentieux de masse transcende les intérêts privés des parties. En outre, une telle participation est porteuse de nombreux

---

1172 Une telle qualification a été proposée par les deux professeurs M. AUDIT et M.-L. NIBOYET, in « L'affaire Vivendi Universal SA ou comment une class action diligentée aux Etats-Unis renouvelle le droit du contentieux international en France », *Gaz. Pal. 2010.11.*

1173 X. Delpech, « Les suites du procès Vivendi sur le sol français, TGI Paris, 13 janv. 2010, N° RG 09/15408 », Dalloz actualité 03 février 2010.

1174 X. Delpech, « Affaire Vivendi : actionnaires français et « class action » américaine – Cour d'appel de Paris 28 avril 2010 », *D. 2010. 1224.*

avantages, et notamment la possibilité pour les gouvernements des différents systèmes juridiques présentant des liens avec le litige, d'exprimer le point de vue de leur ordre juridique sur divers aspects de ce contentieux politisé.

C'est principalement d'un point de vue substantiel ou régulatoire, au stade de l'exercice par un for certifiant de sa compétence juridictionnelle, que la participation des gouvernements en tant qu'*amicus curiae* peut revêtir une grande importance. Si, à titre d'exemple, le chef de compétence du marché le plus affecté a été adopté, le dialogue entre les juges consistant à déterminer celui des juges qui a le lien le plus étroit avec le litige, peut être renforcé par l'intervention des gouvernements étatiques avec lesquels le litige présente des points de contact. En d'autres termes, le consentement d'un gouvernement déterminé à l'exercice de la compétence juridictionnelle, accompagné par la mise en œuvre du système de régulation du for saisi, ne peut être interprété que comme une adhésion dudit gouvernement dont les intérêts économiques et politiques sont impliqués dans le litige, à la solution avancée par le for saisi.

Pareille illustration se trouve dans l'affaire *Bhopal* précitée. Il est vrai que dans le cadre de cette affaire, l'exercice de la compétence juridictionnelle par les tribunaux américains pouvait constituer une sorte d'ingérence dans la sphère de compétence des tribunaux indiens, l'affaire ayant eu lieu en Inde. Cependant, la représentation par le gouvernement indien des victimes en quête de réparation aux États Unis implique nécessairement l'adhésion de ce dernier au système de régulation tel que mis en place par le système américain[1175]. Une telle participation réduit considérablement le temps nécessaire à la résolution du litige, puisque, dans ce cas, le for saisi n'aura pas à vérifier si la solution donnée est en conflit avec le système de régulation des pays ayant aussi un intérêt à intervenir dans la résolution du litige.

2- *La coopération entre les juges au stade de l'agrégation globale du litige de masse international*

351. Procédure initiale et procédures secondaires pour les besoins de l'agrégation d'un contentieux de masse international. S'il est vrai que nos propos prônent une résolution globale du contentieux international des actions de groupe à travers la concentration du contentieux devant un for unique, il n'en reste pas moins que les autres tribunaux ayant des liens avec le litige peuvent conserver un rôle important dans la résolution du litige de masse. A l'instar de ce qui a été prévu pour la faillite internationale dans l'espace européen, nous pouvons imaginer un système mixte reposant sur l'ouverture d'une procédure de groupe principale, complétée par des procédures secondaires[1176].

La procédure principale serait ouverte devant le for compétent conformément à l'un des chefs de compétence proposés pour la résolution globale du contentieux de groupe. Ce dernier statue ainsi sur la responsabilité du défendeur, tout en faisant prévaloir son propre système de régulation. Les autres tribunaux, en ouvrant une procédure secondaire, participeront à leur tour à l'administration de la preuve, à l'évaluation des préjudices

---

1175 Voir *supra* n°221.

1176 Sur le système mixte voir *supra* n°81.

individuels subis par les victimes résidant dans leur ressort, et à la notification de l'action de groupe aux différentes victimes résidant en dehors de la sphère du for certifiant.

La possibilité de scinder le contentieux en plusieurs phases a été envisagée par les lignes directrices présentées par l'*ILA* sur les meilleures pratiques en matière d'actions de groupe transfrontières[1177]. Après avoir constaté que *« les règles de droit international privé, telles que développées depuis de très nombreuses années, ne sont pas d'une grande utilité pour les besoins de la réparation des litiges prenant la forme des actions de groupe »*[1178], Madame Kessedjian, qui a siégé comme présidente du comité de l'élaboration des lignes directrices, s'est montrée favorable à *« une nouvelle réparation des compétences internationales »*[1179], selon laquelle la procédure serait scindée entre l'appréciation de la responsabilité du défendeur et l'évaluation du préjudice. Ainsi, une fois le jugement sur le principe de la responsabilité rendu, les tribunaux ayant renoncé à leur compétence au profit du tribunal désigné se prononceraient alors sur l'évaluation du préjudice.

352. ***Transition***. La concentration du contentieux de masse, conformément à la méthode de l' « unité » de l'action de groupe, ne passe pas uniquement à travers la recherche de solutions en matière de conflits de juridictions, consistant à fédérer le contentieux de masse devant un for unique. Elle passe également par la quête de nouvelles solutions en matière de loi applicable. C'est ce que nous allons explorer dans cette deuxième section.

Section II : Les solutions de conflits de lois en matière d'actions de groupe internationales

353. **L'importance de la question de la loi applicable**. Reléguée au second plan[1180], la question de la loi applicable aux actions de groupe internationales a connu une importante évolution aux États-Unis ces dernières années. Cela, contrairement à l'Europe, où la pratique des actions de groupe transfrontalières en est toujours à son état embryonnaire. Il n'en reste pas moins que le sujet gagne petit à petit du terrain, et semble

---

1177 INTERNATIONAL LAW ASSOCIATION, RIO DE JANEIRO CONFERENCE (2008), INTERNATIONAL CIVIL LITIGATION AND THE INTERESTS OF THE PUBLIC, consultable sur: https://www.google.com.lb/webhp?sourceid=chrome-instant&ion=1&espv=2&ie=UTF-8#q=ILA++international+Class+Action Lignes directrices, p.28.

1178 C. KESSEDJIAN, « Le droit entre concurrence et coopération », in *Vers de nouveaux équilibres entre ordres juridiques, Liber Amicorum Hélène Gaudemet-Tallon*, Dalloz 2008, *op.cit.*, spéc. p. 119.

1179 *Ibid.*

1180 Parfois en raison de la complexité du sujet. Voir à cet égard : C. KESSEDJIAN, « The ILA Rio Resolution on Transnational Group actions », in *Extraterritoriality and Collective Redress*, *op.cit.*, p. 233, spéc. p. 240, n°13.29.

même avoir suscité l'intérêt de la Commission et du Parlement européen[1181], bien qu'au aucune solution n'ait encore été adoptée en la matière[1182].

La question de la loi applicable est d'une importance cruciale dans le cadre d'un contentieux international des actions de groupe, de sorte qu'un auteur a considéré qu'il s'agissait même de l'une des questions les plus importantes que soulève le droit international privé dans l'ère moderne[1183]. En effet, la vocation de plusieurs lois à s'appliquer au litige peut se solder par un refus de certification d'une action de groupe internationale et instaure par conséquent un système de « multiplicité » de l'action de groupe, comme nous l'enseigne d'ailleurs l'expérience américaine[1184]. Une telle hypothèse pourrait également voir le jour en Europe[1185]. A supposer que la certification

---

1181 Ainsi, dans le livre vert sur les recours collectifs des consommateurs de 2008, (spéc. n°59 et 60), la Commission a considéré : « *Dans les litiges de masse concernant des consommateurs des différents Etats membres, le tribunal serait tenu d'appliquer aux obligations contractuelles les différentes législations nationales dont relèveraient les consommateurs concernés (article 6 du Règlement Rome I), ce qui poserait des problèmes pratiques dans les affaires concernant des consommateurs provenant de nombreux pays.* ***Une solution consisterait à modifier les dispositions pour imposer, dans les recours collectifs, le droit du pays où le professionnel est domicilié. L'application du droit du principal marché touché ou de celui de l'Etat membre où l'entité représentant les consommateurs est établie peut aussi être envisagé*** » (nous soulignons). En matière délictuelle, le livre vert a également envisagé « *d'identifier une seule loi applicable en vue d'éviter les différentes législations nationales dont relèveraient les consommateurs concernés. Dans des situations analogues relevant de la responsabilité du fait des produits (article 5 du règlement Rome II), il serait utile de choisir la loi applicable par un accord postérieur à la survenance du fait générateur du dommage (article 14, paragraphe 1, point a) du Règlement Rome II)* ». D'un autre côté, dans son livre vert sur les actions en dommages et intérêts pour infraction aux règles communautaires sur les ententes et les abus de positions dominantes (spéc. n°28), la Commission européenne avait considéré que *: « En ce qui concerne la question du droit applicable (...) il* ***convient à cet égard d'examiner, si la règle générale figurant à l'article 5 de la position est adaptée aux affaires portant sur des ententes ou si une règle spéciale, plus précise, est nécessaire. Une telle règle pourrait préciser qu'il faudra adopter une approche basée sur les effets.*** *Autrement dit, le droit du for pourrait constituer le droit applicable dans tous les cas. Il faudra accorder une attention particulière aux affaires dans lesquelles le territoire de plusieurs Etats membres est affecté par le comportement anticoncurrentiel* » (nous soulignons). De même, le Parlement européen, dans sa résolution du 2 février 2012 « *Vers une approche européenne cohérente en matière de recours collectifs,* » (spéc. n°27), a demandé « ***que soit examiné plus avant la manière dont les règles de conflits de lois pourraient être modifiées*** *; estime qu'une solution pourrait consister à appliquer le droit du lieu où la majorité des victimes sont domiciliées tout en gardant à l'esprit que toute victime devrait demeurer libre, en vertu de la clause dite « opt in » de ne pas engager d'action collective mais plutôt un recours individuel conformément aux dispositions générales du droit international privé telles que définies dans les règlements de Bruxelles I, Rome I et Rome II* » (nous soulignons).

1182 Ainsi, dans sa communication au Parlement européen, au Conseil, au Comité économique et Social Européen et au Comité des Régions, « *Vers un cadre horizontal européen pour les recours collectifs* », (spéc. n°3.7), la Commission a considéré : « *Il peut certes exister des situations dans lesquelles les règles de conflits de lois risquent de compliquer un litige transfrontière, notamment si la juridiction doit appliquer plusieurs lois en matière d'indemnisation à chaque groupe de personnes victimes du préjudice. Cependant, la Commission n'est pas, jusqu'aujourd'hui persuadée qu'il serait opportun d'édicter une règle de conflit spéciale pour les actions collectives qui obligerait la juridiction à appliquer une loi unique à une affaire* ».

1183 R. MICHAELS, « Global Problems in Domestic courts », in S. Muller, S. Zouridis, M. Frishman et L. Kistemaker (éd.), *The Law of the Future and The Future of Law*, FICHL Publication Series No.11 (2011), p.165

1184 Voir *supra* n°228 et suiv.

1185 A. STADLER, « Conflicts of laws in Multinational Collective Actions-A judicial Nightmare? », in *Extraterritoriality and Collective Redress, op.cit.*, p.191, spéc. n°11.40, p. 207. Il convient cependant de rappeler, qu'il n'existe pas en Europe une disposition législative ou une jurisprudence, à la différence de ce qui est le cas aux États-Unis, qui prévoit expressément que la vocation de plusieurs lois à s'appliquer au litige puisse être un obstacle à la certification d'une action de groupe internationale. Toutefois, il convient de mentionner que la condition de *commonality* a été établie par la plupart des législations européennes sur les actions de

ait été accordée en dépit de la multiplicité des lois applicables, le problème réapparaît de nouveau lorsque le juge est tenu de déterminer la loi applicable au fond du litige. Les règles de conflits de lois étant élaborées en vue d'être applicables à des litiges opposant principalement deux parties, ces dernières s'avèrent inadéquates dès lors que les rattachements qui y sont consacrés aboutissent à la désignation d'une multitude de lois[1186].

354. **Des divisions doctrinales et des hésitations jurisprudentielles quant à l'approche à adopter en matière de loi applicable**. L'enchevêtrement des intérêts que recèle le contentieux international des actions de groupe a divisé la doctrine, ainsi que la jurisprudence quant à l'approche à adopter en matière de loi applicable. Un premier courant doctrinal aux États-Unis, qui semble trouver écho en Europe[1187], refuse toute modification des solutions du droit applicable, en partant principalement du postulat selon lequel le regroupement des individus au sein d'une même procédure ne justifie en aucun cas des solutions nouvelles en la matière **(§1)**. Une doctrine, à laquelle nous adhérons, considère pour sa part que le contentieux de masse présente des spécificités qui justifient le recours à des solutions spécifiques en matière de loi applicable, consistant à soumettre une action de groupe internationale à une loi unique qui régirait l'ensemble du litige **(§2)**.

§1- Les résistances aux nouvelles solutions en matière de loi applicable aux actions de groupe internationales

355. La majorité de la doctrine, aussi bien aux États-Unis qu'en Europe, montre une certaine hostilité à l'idée selon laquelle la désignation de la loi applicable en matière d'actions de groupe internationales devrait s'opérer par le biais d'une règle de conflit spécifique **(I)**. Après avoir exploré les raisons avancées par cette doctrine pour rejeter toute modification aux solutions de conflits de lois en matière d'actions de groupe internationales, il conviendra d'exposer les solutions proposées en la matière **(II)**.

---

groupe, sans pour autant préciser les conséquences qui peuvent découler de la vocation de plusieurs lois à s'appliquer au litige. En France, une des conditions nécessaires pour le déroulement de l'action de groupe est que les victimes soient « *placées dans une situation similaire ou identique* ». Aux États-Unis, voir E.-J. CABRASER, « Just Choose : the Jurisprudential Necessity to Select a Single Governing Law for Mass Claims Arising from Nationally Mandated Consumer Goods and Services », 14 RWUL L.Rev. 29 (2009).

1186 H. BUXBAUM et R. MICHAELS, « Jurisdiction and choice of Law in International Antitrust Law- A US perspective », in *International Antitrust Litigation, Conflicts of Law and Coordination, op.cit.,* spéc. p. 226; E. LEIN, Jurisdiction and Applicable Law, *in Cross-Border Mass Litigation, op.cit.,* spéc. p. 166 et suiv.

1187 Pour une doctrine hostile au changement des solutions concernant loi applicable voir, aux États Unis: L. E. TEITZ, « Complexity and Aggregation in the Choice of Law : An introduction to the Landscape », 14 RWUL. Rev.1 (2009) spéc. p. 2; L. KRAMER, « Choice of Law in Complex Litigation », 71 NYU L.Rev.574 (1996) spéc. p. 582 et suiv.; R. NAGAREDA, « Bootstrapping in Choice of Law after the Class Action Fairness Act », 74 UMKC L. Rev.661 (2006). En Europe voir: R. MICHAELS, « European Class Actions and Applicable law», *in Cross-Border Class Actions, The European Way, op. cit.,*, spéc. p. 141; D.-P. TZAKAS, « Effective Collective Redress in Antitrust and Consumer Protection Matters: A Panacea or Chimera », CML. Rev. 2001. 1125, spéc. p. 1173.

I- Les raisons de cette résistance

356. Le contentieux de groupe ne présente aucune spécificité par rapport au contentieux individuel. La doctrine hostile à la consécration d'une nouvelle règle de conflit de lois, dont le rattachement permettrait de soumettre le fond du litige à une loi unique, part du postulat selon lequel le contentieux de masse ne pose aucune spécificité qui justifierait d'adopter une règle de conflit spéciale. Une telle réticence semble être partagée aussi bien par le Congrès américain, qui a déjà rejeté deux propositions de loi consistant à consacrer une nouvelle règle de conflit adaptée à la spécificité des *class actions* internationales[1188] que par la Commission européenne qui ne semble elle non plus toujours pas convaincue de la nécessité d'adopter de méthodes nouvelles en la matière. Une telle position a également été retenue par certains législateurs européens considérant que la consécration d'une règle de conflit spéciale n'est ni nécessaire, ni désirable[1189]. De même, une partie de la doctrine européenne minimise l'importance d'une telle question. Selon cette dernière, la vocation de plusieurs lois à s'appliquer à un même litige n'est pas une spécificité du contentieux de groupe, en ce sens qu'une telle éventualité est aussi vraisemblable dans le cadre de litiges individuels, et a même déjà été consacrée par plusieurs instruments européens[1190].

357. Une question de procédure ne devrait pas influencer les solutions substantielles. Par ailleurs, la recherche de nouvelles solutions à la question de la loi applicable en matière d'actions de groupe internationales a souvent été analysée comme soulevant un rapport entre une question de procédure (l'action de groupe) d'une part, et une question de substance d'autre part (la loi applicable). En d'autres termes, il s'agissait pour ces auteurs de répondre à la question suivante : le groupement de plusieurs individus au sein d'une même procédure, devrait-il influencer les solutions de droit applicable ?

Selon le professeur Kramer, la désignation de la loi applicable conformément à la règle de conflit permet la détermination des droits et des obligations des parties à un litige et ne doit pas, de ce fait, être modifiée pour de simples raisons d'efficacité procédurale[1191]. En d'autres termes, les droits et les obligations des parties au litige ne

---

1188 R. MICHAELS, « European Class Actions and Applicable law», in *Cross-Border Class Actions, The European Way*, *op.cit.*, spéc. p. 121.

1189 Tel est le cas du législateur suédois. Voir ainsi : « The Globalization of Class Actions Oxford Conference, December 12–14, 2007National Report: Group Litigation in Sweden (2006) », consultable sur :http://globalclassactions.stanford.edu/sites/default/files/documents/Sweden_National_Report.pdf.,spéc. p. 36.

1190 R. MICHAELS, « European Class Actions and Applicable law », *in Cross-Border Class Actions, The European Way*, *op.cit.*, spéc. p.129; A. MILLS, « The Application of Multiple Laws Under the Rome II Regulation », in J. Ahern, et W. Binchy (éd.), *The Rome II Regulation on the Law Applicable to Non-contractual Obligations: A New International Litigation Regime* , Brill Nijhoff 2009, p.133, spéc. p.134.

1191 L. KRAMER, « Choice of Law in Complex Litigation », 71 NYU L. Rev. 547 (1996), spéc. p. 549*:* « [Choice of law] *should not change simply because, as a matter of administrating convenience and efficiency, we have combined many claims in one proceedings* ». Voir aussi la position hostile de plusieurs tribunaux à toute modification des

doivent pas être modifiés pour la simple raison de la réunion de leurs demandes avec les demandes d'autres parties par le biais d'une *class action* ou de toute autre procédure[1192]. Si l'initiation d'une action de groupe est conditionnée par l'existence de questions communes de fait et de droit, il ne faut pas, pour reprendre les termes de Madame Silberman, « *mettre la charrue devant les bœufs* » et utiliser l'action de groupe en vue de changer les solutions de conflits de lois, et particulièrement lorsque la vocation de plusieurs lois à s'appliquer au litige aura pour conséquence de bloquer la certification d'une action de groupe internationale[1193].

358. Le respect des principes du fédéralisme aux États-Unis. D'autres arguments tirés du respect des principes du fédéralisme aux États-Unis ont été avancés pour rejeter toute solution préconisant l'application d'une loi unique à l'ensemble du litige. Eu égard du pouvoir de fixer les règles régissant les litiges privés dont disposent les Etats fédérés, la consécration d'une règle de conflit à l'échelle fédérale a été perçue comme une intrusion dans la souveraineté des Etats fédérés, propre à remettre en cause le *vertical balance of powers*[1194]. Quant à la proposition de règles de conflit permettant de désigner la loi d'un unique Etat, certains auteurs américains ont mis en avant le problème de l'*horizontal balance of powers* entre les Etats fédérés[1195]. Ainsi, le professeur Nagareda s'est montré hostile à ce que les tribunaux fédéraux américains s'efforcent à appliquer une unique loi à une *multistate class action.* En imposant le point de vue d'un système juridique à l'exclusion des autres, cela aura pour effet de compromettre les politiques régulatoires et législatives des autres Etats[1196].

359. Le changement des solutions de loi applicable et la protection des parties faibles en Europe. En Europe, les résistances aux changements des solutions de conflits de lois tiennent principalement au fait que le choix d'une loi unique à l'ensemble de la classe puisse aller à l'encontre des intérêts de certaines catégories de victimes. Il en est précisément ainsi lorsque les litiges mettent en jeu des parties faibles, où le choix d'une loi unique à l'ensemble du litige risquerait de priver ces dernières de la protection offerte par la loi de leur domicile[1197].

---

solutions concernant la loi applicable au litige. Pour un exposé de ces affaires voir : L. SILBERMAN, « The Role of choice of Law in National Class Actions », 156 U. PA. L. Rev. 2001 (2008), spéc. p. 2009 et suiv.

1192 L. KRAMER, « Choice of Law in Complex Litigation», 71 NYU Law Rev. 547 (1996), spéc. p. 581. Ainsi, selon cet auteur: *« It is more efficient and convenient for us to litigate your claim together with the claims of others, but we can't do that unless we apply the same law to everybody's claim. So we are changing your rights. Sorry.* ».

1193 L. SILBERMAN, « The Role of Choice of Law in National Class Actions », 156 U. PA. L. Rev. 2001 (2008), spéc. p. 2009.

1194 S. PIETRINI, *L'action collective en droit des pratiques anticoncurrentielles, op.cit.,* spéc. n°689, p. 726.

1195 J. J. BORGHEI, « Class Action Fairness: A mature Solution to the 23(b) (3) Choice of Law Problem », 95 Geo. L. J. 1645 (2007).

1196 R. NAGAREDA, « Bootstrapping in Choice of Law after the Class Action Fairness Act », 74 UMKC L.Rev. 661 (2006), spéc. p. 670. Voir aussi: R. A. SEDLER, « The complex Litigation Project's Proposal for federally-Mandated choice of Law in Mass Tort Cases: Another Assault on State Sovereignty », 54 La. L. Rev.1085 (1994), spéc. p. 1086: « *Applying a single law of single jurisdiction in mass tort cases represents assault on State sovereignty, because it sacrifices important states interest* ».

1197 R. MICHAELS, « European Class Actions and Applicable law », in *Cross-Border Class Actions, The European Way, op.cit.,* spéc. p.114: « *If only one law applies, on the other hand, some plaintiffs may lose the protection of their home laws*

II- Les solutions proposées en dehors d'un changement aux solutions de la loi applicable

360. Après avoir admis que le contentieux international des actions de groupe ne justifie en rien le changement des méthodes de désignation de la loi applicable, trois solutions principales ont été proposées par la doctrine et/ou parfois appliquées par la jurisprudence, notamment américaine, dans l'hypothèse où plusieurs lois ont vocation à s'appliquer au litige. Les solutions sont les suivantes : l'approche « *certify now and worry later* » principalement développée par la jurisprudence canadienne **(A)**, l'exclusion des demandeurs étrangers de la définition de la classe **(B)** et enfin, l'application de plusieurs lois à travers la constitution de plusieurs sous-classes **(C)**.

A- La pratique du *« Certify now and worry later »*

361. Une indifférence à la question de la vocation de plusieurs lois à s'appliquer au litige. La pratique « *certiy now and worry later* » a été principalement développée par la jurisprudence canadienne et témoigne d'une certaine indifférence à la vocation de plusieurs lois à s'appliquer au litige, notamment dans le cadre de litiges internationaux[1198]. Les conséquences pouvant découler d'une telle pratique sont aléatoires.

B- L'exclusion des membres étrangers de la définition de la classe

362. Le refus de certification d'une action de groupe internationale. Une deuxième approche, qui trouve son origine aux États-Unis, consiste à exclure de la définition de la classe les membres étrangers toutes les fois que plusieurs lois dont le contenu est substantiellement différent, auraient vocation à s'appliquer au litige. En d'autres termes, il s'agit de consacrer un système de « multiplicité », de l'action de groupe avec tous les inconvénients qui peuvent en résulter.

Telle semble pourtant être aujourd'hui la position de la jurisprudence américaine, et notamment depuis l'arrêt *Morrison*, puisque l'impossibilité pour les plaideurs étrangers de fonder leurs prétentions sur la loi américaine a abouti à leur exclusion de la classe[1199]. De même, la vocation de plusieurs lois à s'appliquer au litige a été une raison permettant à la cour d'appel d'Amsterdam de justifier l'exclusion des victimes belges dans le cadre de

---

which private international law normally provides for »; A. STADLER, « Conflicts of Law in Multinational Collective Actions- A judicial Nightmare? », in *Extraterritoriality and Collective Redress*, *op.cit.*, spéc. n°11.46, p. 209 où ce dernier avait considéré : « *In the European context, a new conflicts rule designed particularly for mass litigation would be in clear contrast to article 4-6 Rome II regulation. Tort victims would have to accept the application of a different substantive law merely owing to the fact that they are not the only victims of the wrongdoing* ».

1198 Sur cette approche voir : V. SCOTT, « Access to Justice and Choice of Law Issues in Multi-Jurisdictional Class Actions in Canada», 43 Ottawa Law Review, No. 2, 2012, p. 233, spéc.p. 246.

1199 De même, à la suite de l'affaire *Morrison*, la décision rendue dans l'affaire *Vivendi* a fait l'objet d'une révision. Dans son arrêt rendu le 22 février 2011, la Cour fédérale du district sud de New York a rejeté les demandes de tous les actionnaires de *Vivendi* ayant acquis leurs titres sur la bourse de Paris en raison de l'inapplicabilité de la loi boursière américaine à leurs demandes.

la transaction conclue conformément à l'action de groupe néerlandaise dans l'affaire *Converium*, et particulièrement parce que, la loi de leur domicile leur accordait une protection plus importante que la loi néerlandaise[1200].

C- L'application de plusieurs lois à la classe : la méthode des sous-classes

363. L'application distributive de plusieurs lois au litige. Puisant ses sources dans la jurisprudence américaine[1201] et canadienne[1202], et consacrée aujourd'hui par plusieurs législateurs européens[1203], la méthode des sous-classes consiste en la répartition des victimes en différentes sous-classes, qui seront régies chacune par sa propre loi.

Dans les espaces intégrés à l'instar de l'Union européenne, l'application de lois multiples est plus aisée. En effet, le développement du réseau judiciaire européen permet aux juges des Etats membres d'avoir accès aux informations nécessaires sur le ou les droits étrangers qui sont applicables. La coopération judiciaire européenne, notamment avec la présence des juges de liaison, améliore ainsi l'accès par le juge d'un Etat membre aux règles de droit matériel des autres Etats membres et à leur interprétation[1204].

§2-La recherche de nouvelles solutions en matière de loi applicable aux actions de groupe internationales

364. Les propositions doctrinales concernant les problèmes de conflits de lois soulevés dans le cadre du contentieux international des actions de groupe sont à notre sens insuffisantes. Ainsi, nous pensons que l'édification d'une nouvelle règle de conflit de lois, consistant à soumettre l'ensemble du contentieux de masse à une loi unique, constitue une solution aux différents problèmes que soulève la vocation de plusieurs lois à s'appliquer à une action de groupe internationale. Une telle proposition a d'ailleurs été soutenue par une doctrine minoritaire se trouvant principalement aux États-Unis. Après avoir exposé les considérations qui sous-tendent l'édification d'une nouvelle règle de

---

1200 H.-V. LITH, « The Dutch Collective Settlements Act and Private International Law », *op.cit.,* spéc. p. 18-19 et 39.

1201 Pour une étude détaillée de cette pratique, voir aux États-Unis : L. MULLENIX, *Mass tort Litigation*: Cases and Materials, West Group, 2e ed., West 2008, spéc. p.1383.

1202 Une telle pratique a été consacrée législativement dans un second temps. Voir l'article 6 de l'*Uniform Class Action Proceedings Act*, consultable sur : http://www.classactionlitigation.com/Class_Proceedings_Act_Canada.pdf.

1203 Voir à titre d'exemple : la Section 20 du *Group Action Act* en Suède entré en vigueur le 1e janvier 2013, consultable sur : https://www.courdecassation.fr/IMG/File/judge_nordh.pdf; la section 14 du l'Act on *Class Action* (444/2007) en Finlande consultable sur : http://www.finlex.fi/fi/laki/kaannokset/2007/en20070444.pdf et l'article 2 de *l'Act on Pursuing Claimsin a Group Action,* entré en vigueur le 17 Decembre 2009 en Pologne, consultable sur : http://ec.europa.eu/competition/ecn/brief/02_2010/pl_redress.pdf

1204 C. KESSEDJIAN, « Les actions collectives en dommages et intérêts pour infraction aux règles communautaires de la concurrence et le droit international privé européen », in G. Venturini et S. Bariatti, (éd.), *Liber Fausto Pocar*, *op.cit.*, spéc. p. 546.

conflit désignant une loi unique(**I**), nous présenterons une panoplie de rattachements que nous pensons être adaptés à la spécificité du contentieux de masse international **(II)**.

I- Les considérations qui sous-tendent la recherche de nouvelles solutions en matière de loi applicable aux actions de groupe internationales

365. Avant d'exposer les considérations qui sous-tendent la consécration de nouvelles solutions en matière de contentieux international des actions de groupe **(B)**, il convient de s'arrêter, tout d'abord, sur les différents arguments avancés par la doctrine hostile à la consécration de nouvelles solutions en la matière et de montrer la faiblesse de leurs fondements **(A)**.

A- La non-pertinence des arguments hostiles à la consécration de nouvelles solutions en matière de loi applicable aux actions de groupe internationales

366. L'action de groupe est une entité distincte des membres qui la constituent. Les différents arguments avancés pour justifier le refus de la consécration d'une nouvelle règle de conflit désignant une loi unique à l'ensemble du litige ne sont pas, à notre sens, bien fondés. Revenons-en à la question soulevée au début de ce paragraphe, qui constitue la base même du raisonnement de la doctrine américaine hostile à la consécration de nouvelles solutions. Le regroupement de plusieurs individus au sein d'une même procédure devrait-il influencer les solutions quant à la loi applicable ?

A notre sens, cette question semble mal formulée parce qu'elle part du constat selon lequel une action de groupe ne constitue qu'un pur outil procédural en ignorant par la même sa dimension substantielle et régulatoire. Cela est d'autant plus surprenant que de tels propos ont été développés par des auteurs américains, alors que la *class action* américaine poursuit principalement une fonction de régulation.

La question qui devrait normalement se poser est la suivante : la spécificité du contentieux de masse justifierait-elle la consécration, en matière de loi applicable, de solutions différentes de celles qui sont adoptées dans le cadre d'un contentieux international opposant deux parties ?

Nous considérons que la réponse à cette question est positive. Le regroupement de plusieurs demandeurs au sein d'une même procédure milite pour un nouveau choix de loi applicable, que l'action de groupe poursuive une fonction procédurale de compensation ou une fonction substantielle de régulation. En effet, la quête d'une règle de conflit spéciale ne tient pas uniquement, comme il a été avancé par certains auteurs, à des considérations d'efficacité procédurale tenant d'une action de groupe dont l'ouverture est conditionnée par l'uniformité de loi applicable, ou à des considérations d'efficacité économique visant, notamment, à réduire la complexité du contentieux généré par la vocation de plusieurs lois à s'appliquer au litige[1205]. Cette quête s'explique en effet, que dans le cadre d'un contentieux de masse, le siège du rapport de droit, la loi présentant les liens les plus étroits, ou l'intérêt de telle ou telle loi à s'appliquer au litige sont différentes de l'hypothèse où le litige oppose uniquement deux parties. Un tel raisonnement s'impose particulièrement lorsque l'action de groupe est appréhendée en tant qu'entité, distincte de l'ensemble des membres qui la constitue comme l'a notamment avancé le professeur David Shapiro, qui, en faisant référence à la théorie de l'entité « *entity theory* », justifie l'application d'une loi unique à l'ensemble de la classe, surtout lorsque les demandes individuelles ne sont pas économiquement viables[1206]. Après tout, l'action de groupe n'est pas un simple outil procédural qui permet l'agrégation de plusieurs demandes individuelles. En outre, si l'action de groupe est capable de réguler les dommages de masse globaux, rien ne devrait interdire un changement des règles de conflits de lois dès lors qu'un tel procédé est mis en oeuvre dans l'optique d'achever une justice pour l'intégralité de la classe[1207].

Aux États-Unis, l'affaire *White Plains Coat & Apron*[1208]en est la parfaite illustration. Cette dernière mettait en jeu une *class action* initiée par des consommateurs en provenance de plusieurs Etats américains. Bien que la règle de conflit de l'Etat de New York désigne la loi du domicile des victimes, la cour a conclu que la loi new-yorkaise possédait l'intérêt prépondérant à s'appliquer au litige : la plupart des consommateurs affectés résidaient en effet à New York, la plus grande partie du dommage avait été subi dans cet Etat et, enfin, le défendeur y avait son domicile. A notre sens, une telle solution n'a été consacrée par la cour que parce que cette dernière a appréhendé la classe en tant qu'entité distincte des membres qui la constitue, et dont les contacts avec l'Etat de New York étaient assez forts. A l'inverse, une approche individuelle du contentieux aurait abouti à la désignation de plusieurs lois, à savoir les lois des domiciles respectifs de chacun des consommateurs.

367. Le développement des règles de conflits à dimension substantielle. Par ailleurs, on admet largement que les règles de conflits, aussi bien aux États-Unis qu'en Europe, soient instrumentalisées et poursuivent des objets régulateurs[1209]. L'exemple tiré

[1205] Une telle vision est assez restrictive, et limite la question de la loi applicable au stade de la certification d'une action de groupe internationale, sans prendre en considération le fait que la question de loi applicable se présente de nouveau, après la certification et plus précisément au moment de la détermination des droits et obligations des parties. Ainsi, selon G. G. YORK-ERWIN, in « The choice of law Problem (s) in the Class Action Context», NYU L.Rev. 1793 (2009), spéc. p. 1794: « *In fact, we must confront two choices of law problems, stemming from choice of law's two distinct roles in the class action context: choice of law as a procedural gatekeeper for certification and choice of law as the mechanism by which substantive regulatory authority is allocated between States* ».

[1206] D. L. SHAPIRO, « The Class as Party and Client », 73 Notre Dame L. Rev.913 (1998), spéc. p. 917 et suiv.

[1207] Une telle analyse a aussi été adoptée par un tribunal américain, qui avait considéré : « *The class actions is something more than the amalgam of individual claims. It is a necessary remedial device to respond to nationwide harms; accordingly, the choice of law rules must be modified if necessary to achieve « justice » for the class* », tel que cité par Madame Silberman dans son article, « The Role of Choice of Law in National Class Actions », spéc. p. 2023.

[1208] *White Plains Coat & Apron Inc., v. Cintas Corp. and Cintas Corp.* 2,460 F.3d 281 (2d Cir.2006).

[1209] Voir en général: R. MICHAELS, « The New European choice of-Law Revolution », 82 Tul. L. Rev. 1607(2008); H. MUIR WATT, « Reshaping Private International Law in a changing World » consultable sur : http://conflictoflaws.net/2008/guest-editorial-muir-watt-on-reshaping-private-international-law-in-a-changing-world/.

du droit de l'environnement au niveau européen est un exemple qui montre bien comment la règle de conflit consacrée à l'article 7.1 du Règlement de Rome II facilite la réalisation des objectifs de l'Union européenne de protection de l'environnement, et ce afin d'éviter que des entreprises ne puissent tirer un avantage économique après une atteinte à l'environnement[1210]. Ainsi, pourquoi ne pas admettre qu'en matière de contentieux de masse, la consécration d'une règle de conflit permettant la désignation d'une loi unique aura justement pour objet la réalisation d'objectifs d'ordre substantiel, à savoir l'indemnisation des victimes et l'optimisation de la régulation. La théorie de l'entité permettrait également de rendre caducs les arguments qui considèrent que l'application d'une loi unique met en cause les intérêts des autres Etats. En raisonnant sur l'affaire *White Plains Coat & Apron* précitée,[1211] il est possible de constater que puisque le litige montrait des liens plus étroits avec l'Etat de New York (la classe appréhendée en tant que seule entité), l'application de la loi new-yorkaise ne pourra être perçue comme mettant en cause les intérêts des autres Etats. L'intérêt des autres Etats à ce que la loi new-yorkaise régisse l'ensemble de la classe est d'autant plus fort, qu'il permet l'harmonie des solutions que réalisera l'application d'une loi unique pour une même conduite, à un même défendeur ayant causé un dommage identique à plusieurs consommateurs[1212].

368. Le regroupement des victimes en action de groupe relativise les arguments tirés de la nécessité d'appliquer la loi des parties faibles. Il est vrai que la désignation d'une loi unique peut avoir pour effet de priver les parties faibles de la protection que leur offre la loi de leur domicile[1213]. Cependant, une telle considération ne justifie pas pour autant le rejet d'une règle de conflit désignant une loi unique à l'ensemble du litige. Car, comme nous l'avons déjà mentionné, une action de groupe modifie le jeu des forces et il n'est pas certain que des parties regroupées et assistées par de grands cabinets d'avocats puissent toujours être perçues comme étant des parties faibles. De plus, à supposer que la désignation d'une loi unique prive certains demandeurs d'une telle protection, ne pourrait-on pas considérer qu'en contrepartie, la possibilité de se regrouper et d'être assistés par des grands cabinets d'avocats vienne rééquilibrer une telle perte ?

L'affaire *Dexia* en est un exemple concret. Les demandeurs belges ont été exclus de l'action de groupe néerlandaise, notamment parce que la loi de leur domicile leur offrait une protection supérieure à celle que proposait la loi néerlandaise[1214]. Cependant, ces derniers, et contrairement aux victimes néerlandaises, n'ont obtenu aucune

---

[1210] O. BOSKOVIC, « Les atteintes à l'environnement », in M. Audit, H. Muir Watt et E. Pataut (dir.), *Conflits de lois et régulation économique*, L.G.D.J. 2008, p.195, spéc. n°531, p. 201.

[1211] Voir *supra* n°366.

[1212] E. H. COOPER, « Aggregation and choice of Law », 14 Roger Williams U. L. Rev. 12 (2009), spéc. p. 18.

[1213] R. MICHAELS, « European Class Actions and Applicable law», in *Cross-Border Class Actions, The European Way*», *op.cit.*, spéc. p. 114: « *If only one law applies, on the other hand, some plaintiffs may lose the protection of their home laws which private international law normally provides for* »; A. STADLER, « Conflicts of Law in Multinational Collective Actions- A judicial Nightmare? » in *Extraterritoriality and Collective Redress*, *op.cit.*, spéc. n°11.46, p. 209.

[1214] R. MICHAELS, « European Class Actions and Applicable law », in *Cross-Border Class Actions, The European Way*», *op.cit.*, spéc. p. 126.

compensation. Les difficultés liées à l'engagement d'actions individuelles devant le for belge étaient en effet trop nombreuses. En outre et en tout état de cause, il est toujours possible pour les demandeurs de choisir explicitement[1215]ou implicitement[1216] entre la protection offerte par la loi de leur domicile et la renonciation à une telle protection en décidant de se regrouper avec d'autres consommateurs.

B- Les fondements d'une nouvelle méthode de choix de loi applicable aux actions de groupe internationales

369. La vocation de plusieurs lois à s'appliquer au litige n'est en général pas une option attractive pour les demandeurs. Un ensemble d'arguments peut être avancé afin de justifier la solution tenant à l'application d'une loi unique à un contentieux de masse international[1217].Tout d'abord, et en dehors de l'hypothèse d'un contentieux de masse, il nous semble que la vocation de plusieurs lois à s'appliquer à un litige ne soit pas une option attractive pour les demandeurs. En effet, ces·derniers manifestent souvent leur préférence quant à l'initiation de leur action devant un for en application d'une loi unique. A l'échelle européenne par exemple, lorsqu'une règle de conflit aboutit à la désignation de plusieurs lois, le législateur laisse souvent au demandeur le choix d'opter pour l'application d'une loi unique. L'exemple peut être tiré du Règlement Rome II. Conscients des difficultés que peut engendrer la mosaïque de droit applicable en matière d'actes restreignant la libre concurrence, le Parlement européen ainsi que le Conseil de l'Union européenne ont donné la possibilité à la victime d'opter pour l'application d'une loi unique, à savoir la loi du for, à la condition de saisir les juridictions du domicile du défendeur[1218]. Il en est de même en matière de responsabilité contractuelle où, en l'absence de choix de la loi applicable par les parties, l'article 4h du Règlement Rome I soumet les contrats réalisant des ventes sur les marchés financiers à une loi unique[1219].

370. Le principe d'égalité entre les victimes d'un même acte illicite. Il nous semble injuste que les demandeurs à une même classe soient traités différemment du fait de la vocation de plusieurs lois à s'appliquer au litige[1220]. Certes, ce n'est pas la disparité

1215 Lorsque l'action de groupe est de type *opt in.*

1216 Lorsque l'action de groupe est de type *opt out.*

1217 Voir à cet égard, la recommandation de *l'American Bar Association* en matière de *mass torts*, ABA Comm. on Mass Torts, Report to the House of the Delegate, telle que citée par R. A. SEDLER et A. D. TWERSKI, dans leur article « The case against All Encompassing Mass Tort Legislation : Sacrifice Without Gain », 73 Marq. L. Rev.76(1989).

1218 Article 6.3 b du Règlement Rome II.

1219 Article 4.h. du Règlement Rome I : « *A défaut de choix exercé conformément à l'article 3 et sans préjudices des articles 5 à 8, la loi applicable au contrat suivant est déterminée comme suit(h). le contrat conclu au sein d'un système multilatéral qui assure ou facilite la rencontre de multiples intérêts acheteurs et vendeurs exprimés par des tiers pour des instruments financiers, au sens de l'article 4, paragraphe 1, point 17, de la directive 2004 /39/CE, selon des règles non discrétionnaires et qui est régie* ***par la loi d'un seul pays, est régie par cette loi*** ». (Nous soulignons).

1220 Ainsi, selon Monsieur COOPER dans son article, « Aggregation and choice of Law », 14 Roger Williams U. L. Rev.12 (2009), spéc. p. 19: « *There is something disconcerting about the common assumption that there is no help for it- that when people in 50 different States and still other jurisdictions are affected alike by a uniform course of conduct, it is necessary to deny recovery to some and to allow different measures of recovery to others by making choices among different laws* ».

entre les différentes lois applicables qui est contestée, mais le fait que des victimes ayant subi le même dommage, résultant d'un même acte et parties à un même procès soient traitées différemment[1221]. Pour illustrer cette idée, imaginons une action de groupe initiée par plusieurs consommateurs européens et que le tribunal décide de résoudre la question de la loi applicable à travers la méthode des sous-classes. Ne serait-il pas injuste que l'ensemble des membres de la classe reçoive des dommages et intérêts à l'exception d'un consommateur italien parce que, conformément à la loi italienne du domicile, l'acte commis ne constitue pas une violation du droit de la consommation ? Au-delà de l'injustice d'une telle solution, il faut également ajouter le risque d'inconciliabilité des résultats que peut produire la vocation de plusieurs lois à s'appliquer à une même transaction[1222]. Il en est ainsi lorsque le régime de responsabilité institué par les différentes lois applicables est différent. Cela rendrait ainsi, par exemple, l'auteur du dommage responsable sous l'égide d'une loi mais pas sous l'égide d'une autre[1223]. Consacrer une telle solution serait donc aux antipodes même des objectifs d'une action de groupe.

371. L'application de plusieurs lois constitue une tâche difficile pour le tribunal certifiant. Enfin, l'application de plusieurs lois constitue une tâche difficile pour le tribunal certifiant et provoque un véritable gaspillage des ressources économiques et judiciaires dudit tribunal[1224]. Cela est d'autant plus vrai lorsque le montant de chaque réclamation individuelle est non viable économiquement. Une telle position semble également être partagée par les auteurs hostiles aux modifications des solutions de la loi applicable. Ainsi, selon le professeur Kramer, si une modification des solutions relatives à la loi applicable est à prévoir dans le cadre d'un contentieux international d'actions de groupe, c'est uniquement dans des hypothèses où des considérations d'intérêt public le justifient[1225]. Il s'ensuit que lorsque l'action de groupe poursuit une fonction de

---

1221 Pour une position opposée voir : R. A. SEDLER et A. D. TWERSKI, *op.cit.*, spéc. p. 89-90: « *It is irrelevant that the parties were victims in the same mass torts. The mass nature of the tort has nothing to do with the consequences of that fort for the individual victims and with the interest of the victim's home states in applying their law to determine the rights of the victims. The consequences of this mass tort will be felt by the victims in their home states and it is the law of their respective home states that should determine the amount of damages they will each recover this mass tort* ». Voir aussi: A. STADLER: « Conflicts of Law in Multinational Collective Actions. A judicial Nightmare », in *Extraterritoriality and Collective Redress*, *op.cit.*, spéc. p. 202: « *Unequal treatment of the victims in these cases is not arbitrary but based on the different foreign elements involved*».

1222 Dans ce sens, mais dans l'hypothèse d'un litige opposant deux parties : Voir : C. NOURISSAT, et E. TREPPOZ, « Quelques observations sur l'avant-projet de proposition de Règlement du Conseil sur la loi applicable aux obligations non contractuelles Rome II », *op.cit.*, spéc. n°25 et s. ; E. LOQUIN, « La règle de conflit générale en matière de délits dans le règlement du 11 juillet 2007 », *op.cit.* , spéc. p. 40.

1223 « *A moins que le juge ne formule son jugement d'une manière telle que les différentes obligations ne soient pas contradictoires les unes avec les autres* », ce qui ne nous semble pas logique. Voir ainsi : C. KESSEDJIAN, « Les actions collectives en dommages et intérêts pour infractions aux règles communautaires de la concurrence et le droit international privé », *op.cit.*, spéc. p. 544.

1224 Cela a été même admis par les auteurs hostiles au changement de la règle de conflits de lois en matière d'actions de groupe internationales. Voir ainsi : L. KRAMER, « Choice of Law in Complex Litigation »,71 NYU Law Rev.547 (1996), spéc. p. 567: « *There is no denying that to apply different law means treating some claimants differently from others and make consolidated litigation more expensive* ».

1225 L. KRAMER, « Choice of Law in Complex Litigation », 71 NYU Law Rev.547 (1996), spéc. p. 571.

régulation et que le montant de chaque réclamation individuelle est économiquement non viable, l'intérêt public (la régulation) milite en faveur de l'économie de la méthode des sous-classes afin de désigner une loi unique régissant l'ensemble du litige.

Quoique qu'il en soit, et même dans l'hypothèse où les réclamations individuelles de chaque victime sont d'un montant important, ce qui pourra justifier la formation des sous-classes, l'application de plusieurs lois reste toujours une tâche complexe pour le tribunal certifiant et ce même dans le cadre d'un litige bilatéral classique. C'est dans ce sens que la doctrine a interprété l'article 6 (3)(b) du règlement Rome II qui permet aux demandeurs confrontés à un acte de concurrence déloyale d'appliquer, sous certaines conditions, une loi unique (la *lex fori*) à l'ensemble des demandes[1226]. Cela est d'autant plus vrai lorsque le contentieux relève d'une matière relativement sensible et où la mise en œuvre des différentes lois en cause relève d'une certaine complexité[1227].

II- L'élaboration d'une règle de conflit spécifique désignant une loi unique : les rattachements proposés

372. Il est préférable, dans le cadre d'un contentieux international d'actions de groupe, qu'une loi unique s'applique à l'ensemble du litige. Ce constat n'est pas uniquement fondé sur des considérations d'efficacité procédurale mais tient aussi du constat qu'un litige de masse appréhendé en tant que tel présente des rattachements différents de ceux qui existent entre chaque demandeur et le litige.

Le problème de la loi applicable est susceptible de se poser dans le cadre d'un contentieux international (extra-européen), ou régional (intra-européen ou entre Etats fédérés aux États-Unis). Les solutions que nous proposons sont universelles et peuvent trouver application à l'ensemble des hypothèses ainsi mentionnées. Leurs mises en œuvre doivent s'opérer par le biais d'instruments pouvant varier d'une hypothèse à l'autre.

A l'échelle internationale, il est possible d'imaginer la négociation d'une convention internationale, sous les auspices de la conférence de La Haye, ayant pour objet la loi applicable en matière d'actions de groupe internationales[1228].

[1226] Voir à cet égard : M. FALLON, « Law Applicable To Specific Torts In Europe », in J. Basedow, H. Baum and Y. Nishitani (eds), *Japanese And European Private Law in Comparative Perspective »*, Tubingen, Mohr Siebeck 2008, p. 261, spéc. p.268; S. FRANCQ et W. WURMNEST, « International Antitrust claims under the Rome II Regulation », in *International Antitrust Litigation, op.cit.*, p. 81 spéc. p. 124: «*This concentration rule aims at reducing costs and burdens for private plaintiffs, thereby fostering the private enforcement of competition law within the EU. If anti-competitive act has effects in several jurisdictions, different national rules may apply according to the Mosaic principle. Article 6.3.b Rome II intends to a certain extent to simplify such complex cases as it allows the case to be judged on the merits according to one single law* ».

[1227] Ainsi, dans le cadre d'un contentieux de groupe relevant du droit de la concurrence, la complexité d'appliquer différentes lois à chaque ensemble de demandes, a poussé le tribunal à se déclarer incompétent sur la base du forum non conveniens. Voir à cet égard : *Re Air Cargo Shipping Services Antitrust Litigation*, 2008 WL 5958061, 24-30 (ED NY 2008).

[1228] Dans le cadre du contentieux boursier voir: E. Gaillard, « After Morrison: The case for a New Hague Convention on the Law applicable to Securities Fraud », 5 Dispute Resolution International, May 2011, p. 35.

A l'échelle de l'Union européenne, les règlements Rome I et Rome II doivent être repensés et prendre en compte les spécificités des recours collectifs transfrontières. Enfin, aux États-Unis, les problèmes de conflits de lois entre les Etats fédérés requièrent l'intervention du Congrès américain en vue d'adopter des solutions nouvelles en la matière.

Plusieurs rattachements peuvent aboutir à la désignation d'une loi unique dans le cadre d'une action de groupe internationale. Il convient ainsi de les présenter, tout en explorant aussi bien leurs avantages que leurs inconvénients.

A- Application de la loi du for *(lex fori)*

373. L'application de la lex *fori* et le *forum shopping*. La vocation de plusieurs lois à s'appliquer à l'action de classe peut se solder par l'application par le for de sa propre loi. Une telle solution a été préconisée aux États-Unis par la Cour Suprême du Kansas dans l'affaire *Phillips Petroleum Co. v. Shutts*[1229]. Confrontée à une situation où une multitude de lois étaient applicables, la Cour opta finalement pour l'application de la loi du for, en considérant qu'il n'existait pas de raisons pertinentes justifiant l'application d'une autre loi. Cette décision a été censurée par la Cour Suprême américaine, qui a considéré que la consécration d'une telle solution constituerait une véritable incitation des plaideurs à pratiquer le *forum shopping*. En outre, le refus par la Cour Suprême d'appliquer la *lex fori* tenait à l'argument suivant : la loi du for n'était qu'accidentellement ou légèrement liée au contentieux[1230].

374. L'identité substantielle entre les différentes lois et l'application de la loi du for. Il est vrai que l'application de la loi du for peut inciter au *forum shopping*. Mais cela n'est pas tout à fait exact lorsque les différentes lois susceptibles d'être appliquées présentent une équivalence fonctionnelle ou relèvent d'un domaine faisant l'objet d'une harmonisation. Telle semble aujourd'hui être la position de la jurisprudence américaine. De même, cette équivalence entre les différentes lois applicables est de nature à absorber les diverses difficultés susceptibles d'être soulevées au moment de la détermination de la loi applicable au fond du litige.

C'est dans ce sens que la Cour fédérale du troisième circuit s'est prononcée dans l'affaire *In Re Warfarin Sodium*[1231] puis dans l'affaire *In Re Air Cargo Shipping Services*[1232]. Nous nous attarderons sur le deuxième cas qui intéresse aussi bien le droit américain que le droit européen de la concurrence.

Dans cette affaire, les défendeurs avaient contesté la compétence du juge américain au regard des membres européens de la *class action*, alléguant que leurs demandes étaient fondées sur le droit européen de la concurrence. Après avoir rappelé que l'application d'une loi étrangère par les tribunaux américains était une pratique habituelle, le juge a

---

1229 *Phillips Petroleum Co v. Shutts*, 472 U.S. 797, 105 S. Ct. 2965, 86 L. Ed. 2d 628, 1985 U.S.

1230 *Ibid.*

1231 *In re Warfarin Sodium Antitrust Litig.*, 212 F.R.D. 231 (D. Del. 2002).

1232 *Air Cargo Shipping Services Antitrust Litigation*, MDL No. 1775, 06-MD-1775 (JG) (VVP) (E.D.N.Y.2008).

considéré que la courtoisie internationale ne joue que lorsqu'il existe une situation de vrai conflit entre la loi américaine et la loi étrangère, et lorsqu'il s'avère impossible de se conformer en même temps aux différentes lois applicables. Or, en l'espèce, les défendeurs n'avaient pas démontré l'existence d'un véritable conflit entre le droit antitrust américain et le droit européen des pratiques anticoncurrentielles, le comportement sanctionné par les deux législations étant identique. Il est vrai que cette affaire s'est soldée par l'application du droit européen de la concurrence et non par l'application de la *lex fori*. Toutefois, c'est parce que, les plaignants ont demandé l'application du droit européen. En effet, rien n'aurait empêché le juge américain d'appliquer la *lex fori* si les plaignants n'avaient pas, dès l'origine, fondé leurs allégations sur la violation du droit européen puisque la situation s'apparentait à un « faux conflit ».

375. La *lex fori* et la protection des intérêts fondamentaux de l'Etat du for. Dans un autre contexte, la vocation de la *lex fori* à s'appliquer au litige peut être justifiée par la nécessité de protéger les intérêts fondamentaux de l'Etat du for. C'est le cas lorsque, à titre d'exemple, l'action de groupe intervient dans des domaines sensibles à l'instar du droit boursier ou du droit de la concurrence, justifiant ainsi l'application par le for de sa propre loi en tant que loi de police. Mais une telle hypothèse n'est pas toujours vérifiée.

Il se peut que le for certifiant une action de groupe internationale n'ait aucun intérêt régulatoire à résoudre le litige. Il en est précisément ainsi lorsque la compétence juridictionnelle de ce dernier ne tient qu'à de simples considérations d'ordre procédural. Par voie de conséquence, nous pensons que l'application de la *lex fori* en tant que loi de police ne peut être concevable que lorsque la compétence du for certifiant est elle-même tirée d'un chef de compétence régulateur[1233]. Une telle solution nous paraît être consacrée en droit international privé européen puisque l'article 6.3 b du Règlement Rome II permet au demandeur, dans l'hypothèse d'un acte restreignant la concurrence qui affecte plusieurs marchés, de fonder sa demande sur la loi du for du domicile du défendeur. Celle-ci n'est toutefois possible que lorsque l'action en réparation est intentée devant le for de ce dernier (la *lex fori*), et à condition que le marché de cet Etat membre compte parmi ceux qui sont affectés d'une manière directe et substantielle par la restriction du jeu de la concurrence dont résulte l'obligation non contractuelle sur laquelle la demande est fondée.

Ainsi, dans ce cas de figure, le for du défendeur est un for affecté par la pratique (donc sa compétence juridictionnelle est basée sur un chef de compétence régulatoir)[1234], justifiant de cette manière l'application de la loi du for à l'ensemble du litige. Si la solution consacrée à l'article 6.3 du Règlement Rome II s'explique justement parce que le contentieux de concurrence présente une dimension régulatoire, rien ne devrait pour autant interdire d'étendre une telle solution à l'ensemble des hypothèses du contentieux de groupe, que ce dernier relève du domaine délictuel ou contractuel. En effet, nous l'avons déjà mentionné et nous le pensons toujours, la nature régulatoire du contentieux d'actions de groupe s'étend au-delà des matières qui mettent en jeu des lois de police, ce

---

1233 Sur les chefs de compétence à dimension régulatoire, voir *supra* n°334 et suiv.

1234 Il serait préférable de consacrer le chef de compétence du marché le plus affecté, ce dernier ayant l'intérêt régulatoire prépondérant pour connaître le litige.

qui permet d'appliquer la solution consacrée à l'article 6.3 du Règlement Rome II à l'ensemble des hypothèses de contentieux de masse.

B- La loi du domicile du défendeur

376. L'application de la loi du domicile permet de lutter contre le *forum shopping*. Une règle de conflit de lois désignant la loi du domicile du défendeur en matière d'actions de groupes internationales peut constituer une solution séduisante au problème soulevé par la vocation de plusieurs lois à s'appliquer au litige.

377. Une solution préconisée par la doctrine et la jurisprudence. Dans le contexte du recours collectif européen, une telle possibilité a été préconisée par la Commission européenne et a été approuvée par une partie de la doctrine[1235]. Aux États-Unis, la jurisprudence américaine a opté dans plusieurs affaires de *multistates class actions* pour l'application de la loi du domicile du défendeur en vue de certifier une action de groupe internationale. Ainsi, dans de nombreuses affaires relevant aussi bien du domaine contractuel que du domaine délictuel, la jurisprudence américaine, après avoir constaté la vocation de plusieurs lois à s'appliquer au litige a fini, par le biais d'une analyse fonctionnaliste en termes d'intérêts gouvernementaux, par faire prévaloir la loi du domicile du défendeur en tant que celle ayant un « intérêt supérieur » à s'appliquer pour réguler le comportement du défendeur. En effet, la conduite du défendeur, relève de la même importance pour l'ensemble des demandeurs et la loi du domicile est celle qui présente les liens les plus étroits avec le litige[1236].

378. La loi du domicile du défendeur et l'égalité entre les victimes. L'application de la loi du domicile permet aussi d'assurer une égalité entre les demandeurs, notamment dans les contentieux de masse relevant de la responsabilité du fait des produits défectueux. Cette affirmation s'explique par le fait qu'une telle règle est de nature à empêcher les perturbations introduites par le phénomène « *d'arbitrage interétatique* »[1237]des consommateurs de produits, consistant pour les acheteurs à « *se déplacer pour profiter d'un prix plus avantageux tout en bénéficiant du régime plus généreux de responsabilité de leurs résidences respectives* »[1238].

[1235] A. STADLER, « Conflicts of Laws in Multinational Collective Actions-A judicial Nightmare », in*Extraterritoriality and Collective Redress*, *op. cit.*, spéc. n°11.40, p. 207.

[1236] Voir à titre d'exemple le jugement rendu dans l'affaire *Ysbrand v. Daimler Chrysler Corp.,* 81 P.3d 618, 626 (Okla. 2003) où le tribunal avait considéré : « (…) *the law of Michigan – as the principal place of business of the defendant- was applicable to the plaintiffs warranty claims and therefore common questions of law predominated* » ; *Grider v. Compaq Computer Corp.*No.03-0969 (Okla.Dist.Cl.Oct.26,2004) cert. denied, No. 102, 693 (Okla. Mar. 26, 2007) ou le tribunal avait considéré: « *The laws of Texas, as the State of the principal place of business of the defendant, were applicable to the UCC warranty Claims* ». Pour une série d'affaires où les tribunaux américains ont appliqué la loi du domicile de la victime, voir : L. SILBERMAN, « The Role of Choice of Law in National Class Actions », 156 U. PA. L.Rev.2001 (2008), spéc. p.2030.

[1237] H. MUIR WATT, « Aspects économiques du droit international privé », *RCADI 2004*, t 307, p 25, spéc. p.261.

[1238]*Ibid.*

379. Les inconvénients de la loi du domicile : le phénomène de la « *course vers le bas* ». Malgré les avantages tirés de l'application de la loi du domicile du défendeur, cette dernière peut présenter, dans certaines circonstances, une faiblesse d'un point de vue régulatoire. Même s'il est vrai que la loi du domicile permet d'optimiser la fonction de régulation de l'action de groupe puisque l'application d'une loi unique permettra de certifier une classe globale comportant un nombre important de victimes, il est toutefois à craindre qu'une telle solution ne stimule le défendeur pour s'installer dans un pays qui offre un faible niveau de protection en vue de diriger exclusivement ses activités vers des marchés étrangers[1239].

Cependant, les inconvénients qui peuvent résulter de l'application de la loi du domicile ne sont pas incontournables. En effet, pour empêcher le phénomène de « *course vers le bas* », il est toujours possible de donner aux demandeurs une possibilité de passer outre la loi du domicile afin de désigner la loi qui présente les intérêts les plus étroits avec le litige ou celle qui dispose d'un intérêt prépondérant pour régir l'affaire.

380. La loi du domicile du défendeur et la protection des parties faibles. En Europe, les résistances à la compétence de la loi du domicile du défendeur tiennent au fait que l'application de cette dernière à l'ensemble du litige peut paraître arbitraire pour les demandeurs victimes qui comptent sur l'application de la loi de leur domicile, notamment dans le cadre de litiges impliquant des parties faibles. Cependant, nous pensons qu'il convient de relativiser ces propos en distinguant selon que l'action de groupe poursuit une fonction de régulation ou une fonction de compensation.

Dans la première hypothèse, l'application de la loi du domicile du défendeur peut être justifiée par des considérations d'intérêt public visant notamment à optimiser la fonction de dissuasion d'une action de groupe. Dans ce cas, il serait plus opportun pour les victimes de bénéficier des avantages offerts par une action de groupe, même si cela doit se faire au détriment de l'application de la loi de leur domicile, le faible montant de leur réclamation ne les incitant pas, quoi qu'il en soit, à initier des actions individuelles. Une telle solution a ainsi été consacrée par la jurisprudence américaine dans l'affaire *In re Pizza Time Theatre Sec. Litig*[1240]. Dans le cadre d'un contentieux entre un professionnel et plusieurs consommateurs réunis en classe, le tribunal a appliqué la loi californienne du domicile du défendeur au détriment des lois des domiciles des consommateurs membres de la classe, considérant qu'il était dans l'intérêt des victimes de voir la loi californienne s'appliquer à leur litige plutôt que d'être privées de l'initiation d'une action de groupe (la pluralité de lois applicables s'opposait à la certification de la classe) pour la réclamation de leur indemnité.

Enfin, dans la seconde et dernière hypothèse, lorsque l'action de groupe poursuit une fonction de compensation, l'action de groupe s'intéresse beaucoup plus aux demandeurs qu'à l'intérêt public et l'application d'une loi autre que celle normalement applicable peut, de ce fait, ne pas paraître légitime. Si l'action de groupe est certifiée conformément au mécanisme d'*opt in*, le choix des demandeurs de faire partie de la classe se traduit par une

---

[1239] R. MICHAELS, « European Class Actions and Applicable law», in Cross-Border Class Actions, The European Way », *op.cit.*, spéc. p.34.

[1240] *In re Pizza Time Theatre Sec. Litig.* 113 F.R.D. 94 (N.D. Cal. 1986).

renonciation de ces derniers à l'application de la loi de leur domicile. Même si une telle action est certifiée conformément au mécanisme d'*opt out*, le refus des membres de s'exclure peut-être analysé comme une renonciation implicite des membres à l'application de la loi de leur domicile[1241].

C- L'application de la loi de l'évènement causal - lieu de la conduite -

381. Une règle de conflit adaptée au contentieux international des actions de groupe. Il convient de mentionner dans un premier temps que la loi du fait générateur peut, dans certaines circonstances, se confondre avec la loi du domicile du défendeur. Cependant, bien des fois le pays du fait générateur ne coïncide pas nécessairement avec le pays de l'établissement du défendeur. Il en est ainsi lorsque le défendeur dispose, par exemple, d'usines dans des pays autres que celui de son établissement principal.

La règle de conflit désignant la loi du fait générateur -lieu de la conduite- nous semble adaptée à la spécificité du contentieux international des actions de groupe. Du point de vue des demandeurs, cette règle de conflit présente un facteur de rattachement neutre et place l'ensemble des victimes sur un même pied d'égalité. Du point de vue du défendeur, l'application de la loi de conduite ne semble pas violer les attentes légitimes de ce dernier. Par ailleurs, l'intérêt de l'Etat à régir le comportement des particuliers effectués dans son ressort territorial implique que la loi du fait générateur ait un intérêt régulatoire à s'appliquer pour sanctionner les conduites accomplies sur son territoire[1242]. Car si dans le cadre d'un litige individuel, « *(…) la responsabilité civile est axée principalement sur la réparation du préjudice et non pas sur la sanction d'une conduite fautive (…)* »[1243], la dimension régulatoire que revêt un contentieux de masse du fait du groupement de plusieurs individus au sein d'une même procédure peut changer la donne et déplacer l'équilibre des intérêts vers le pays du lieu de la conduite. De telles considérations ont ainsi poussé certains tribunaux inférieurs américains à opter pour l'application de la loi de la conduite[1244]. Certains auteurs européens y sont aussi favorables dans le cadre des actions de groupes internationales[1245].

1241 Sur le mécanisme de l'*opt out*, voir infra n°695 et suiv.

1242 Selon Bartin : « *La loi locale (comprise comme la loi du lieu du fait générateur) intervient comme disposition de police, pour imposer la réparation, parce qu'elle intervient d'abord pour interdire la perpétration du fait illicite dont la réparation n'est qu'un remède* », in *Principe de droit international privé selon la loi et la jurisprudence française*, *op.cit*, spéc. § 338.

1243 CA Paris, 16 janvier 1997, *J.D.I.986.1997*, note G. Légier.

1244 Voir à titre d'exemple l'arrêt rendu dans le cadre de l'affaire *Barbara's Sales, Inc. v. Intel Corp.*, 857 N.E.2d 717 (Ill. App. Ct. 2006), spéc. n°722 où le tribunal avait considéré : « *California is clearly the only state where conduct relevant to all potential class members occurred. California law takes on added significance when the relevant factors stated in section 6 of the Restatement are considered. The needs of the interstate system and the basic policies of predictability and uniformity of result require on forum with one result rather than result in 51 jurisdictions with the distinct possibility of conflicting decisions* ».

1245 E. LEIN, « Jurisdiction and Applicable Law in Cross-Border Mass Litigation », in F. Pocar, I. Viarengo et F.C. Villata (eds), *Recasting Brussels I*, CEDAM 2012, spéc. p.169; H. VAN LITH, *The Dutch Collective Settlements Act and Private InternationalLaw*, *op.cit.*, spéc. p. 116; A. STADLER, « Conflicts of Laws in Multinational Collective Actions-A judicial Nightmare » in *Extraterritoriality and Collective Redress*, *op.cit.*, spéc. n°11.25, p. 201.

A l'échelle européenne, la règle de conflit désignant la loi de la conduite est également en conformité avec le principe de libre circulation des biens et des services, principe selon lequel le bien ou le service qui a été élaboré de manière conforme à la législation de l'Etat membre de l'Union européenne dont il provient, doit pouvoir circuler sans qu'une autre réglementation puisse venir interférer[1246]. De même, et malgré la consécration du rattachement général à la loi du lieu de l'évènement causal en matière délictuelle, l'article 17 du Règlement Rome II prend toujours en considération les règles de conduite et de sécurité de la loi du lieu où le fait générateur s'est produit[1247]. Des dispositions analogues existent dans les Conventions de La Haye sur la loi applicable aux accidents de la circulation et sur la responsabilité du fait des produits défectueux ainsi que dans diverses codifications nationales[1248].

382. La loi du lieu de la conduite et le phénomène de « *course vers le bas* ». En dépit de son caractère neutre et de sa fonction régulatoire et enfin – et surtout - de son aptitude à désigner une loi unique, la règle de conflit désignant la loi de l'évènement causal, à l'instar de celle désignant la loi du domicile du défendeur, est de nature à stimuler le phénomène de « concurrence vers le bas » en permettant notamment au défendeur de s'installer dans un pays ayant une politique laxiste, afin d'attirer une activité dont les effets peuvent être ressentis dans des Etats qui imposent à leurs propres entreprises des exigences plus élevées. Cependant, une telle règle de conflit n'est pas à exclure complètement dans le cadre d'un contentieux de masse puisqu'il est toujours possible de contourner la stratégie du défendeur, en donnant aux victimes la possibilité de fonder leurs demandes sur une autre loi, notamment la loi des effets.

383. Une possibilité de contourner le phénomène de « *course vers le bas* ». On pourra se demander à cet égard s'il n'est pas opportun d'adopter, en matière de contentieux international des actions de groupe, une solution qui s'inspire du règlement de Rome II et plus précisément de son article 7. Après avoir énoncé que la loi applicable à une obligation non contractuelle découlant d'un dommage environnemental est celle du pays où le dommage survient, l'article 7 du Règlement Rome II permet au demandeur de fonder ses prétentions sur la loi du pays dans lequel le fait générateur du dommage s'est produit. Cette règle de conflit, décrite comme s'étant vue confier une fonction de

Ainsi, selon ces auteurs, la loi du lieu de l'évènement causal est unique à tous les demandeurs et présente de ce fait les liens les plus étroits avec le litige

1246 En dépit cela, la loi du pays d'origine n'a pas connu de succès et rares sont les références au sein du Règlement Rome II à la loi du pays d'origine. Toutefois, ce principe n'a pas été totalement perdu de vue par la Commission, cette dernière a reconnu par le biais de l'article 23 para. 2, que le règlement Rome II n'entend pas déroger au principe de libre circulation des marchandises. Sur cet aspect, voir : P. DE VAREILLE SOMMIÈRES, La responsabilité civile dans la proposition de règlement communautaire sur la loi applicable aux obligations non contractuelles ("Rome II"), inA. Fuchs, H. Muir Watt et E. Pataut (dir.*), Les conflits de lois et le système juridique communautaire*, Dalloz 2004, p. 185.

1247 Voir d'une manière générale : V. Heuzé, « De la compétence de la loi du pays d'origine en matière contractuelle ou de l'anti-droit européen », in *Mélanges en l'honneur de Paul Lagarde*, Dalloz 2005, p.393.

1248 H. MUIR WATT, « Rome II et les « intérêts gouvernementaux » : pour une lecture fonctionnaliste du nouveau Règlement des conflits de lois en matière délictuelle », in *le Règlement communautaire « Rome II » sur la loi applicable aux obligations non contractuelles*, *op.cit*, spéc. n°16, p. 139.

régulation économique[1249], permet ainsi de contourner les stratégies des défendeurs consistant à s'installer tout d'abord dans un Etat ayant adopté une politique plus sévère en matière environnementale en vue de bénéficier de certains avantages, tout en comptant exporter les effets de ses activités dans des Etats ayant adopté des législations laxistes[1250]. En matière de contentieux de masse, on peut ainsi fonder la compétence législative sur la loi du fait générateur tout en permettant à la victime de fonder ses prétentions, en vertu d'une clause dérogatoire sur une autre loi, notamment la loi des effets. Après tout, la règle de conflit désignant la loi de conduite permet de fonder la prétention de l'ensemble de la classe sur une loi unique dont l'intérêt régulatoire à régir la situation ne fait pas défaut, tout en permettant de neutraliser la course vers le bas qu'une telle règle de conflit est susceptible de générer, et ce, en donnant la possibilité à la classe d'opter pour la loi la plus appropriée, lorsque la loi de la conduite n'offre pas un niveau de protection assez élevé.

D-La loi du marché (le plus) affecté

384. Une règle de conflit qui correspond à la nature régulatoire du contentieux international des actions de groupe. La règle de conflit désignant le marché affecté est largement admise en matière de droit international économique[1251] et correspond bien à l'approche fonctionnaliste désormais utilisée dans le domaine des conflits de lois, en ce sens que le critère des effets remplit une fonction défensive du marché national[1252]. Si le critère des effets était destiné originellement, à être appliqué aux contentieux mettant uniquement en jeu des lois de police ou, en d'autres termes, à des contentieux qui bien qu'opposant deux personnes privées, comportaient cependant des enjeux politiques[1253], rien n'interdit de consacrer aujourd'hui le critère des effets d'une manière générale dans le cadre d'un contentieux international des actions de groupe. Car on l'a déjà noté, les actions privées de masse en dommages et intérêts dissimulent des enjeux politiques et économiques, que ces dernières soient engagées sur le fondement d'une loi de police ou non. Par conséquent, il y aurait un sens, dans l'hypothèse de survenance d'un dommage de masse, à appliquer la loi du marché affecté aux actes illicites conclus dans un Etat tiers.

1249 H. MUIR WATT, « Rome II et les « intérêts gouvernementaux », in *le Règlement communautaire « Rome II » sur la loi applicable aux obligations non contractuelles*, *op.cit.*, spéc. n°3, p.131.

1250 *Ibid.*

1251 H. MUIR WATT, « Aspects économiques du droit international privé », *RCADI 2004,* t 307, p 25, spéc. n°207, p. 254.

1252 C'est ainsi que l'article 6 du Règlement Rome II, soumettant les actes de concurrence déloyale et ceux restreignant la libre concurrence à la loi du marché affecté, a été interprété comme témoignant un certain infléchissement de la méthode conflictuelle classique, cette dernière est désormais mise au service des objectifs du droit matériel. Voir à cet égard, V. PIRONON, « Concurrence déloyale et Actes restreignant la libre concurrence », *in Règlement Rome II*, *op.cit.*, p. 111, spéc. p. 115.

1253 Voir ainsi l'article 6 du Règlement Rome II consacrant la loi des effets dans le cadre du contentieux concurrentiel. Pour une étude détaillée voir : V. PIRONON, « Concurrence déloyale et Actes restreignant la libre concurrence », *in Règlement Rome II*, *op.cit.*, p. 11 ; Sur le critère des effets voir : H. MUIR WATT, « Aspects économiques du droit international privé », *RCADI 2004,* t 307, p.25, spéc, n°261, p. 322 et suiv.

385. Les adaptations à la règle de conflit désignant la loi des « effets ». À l'instar de ce qui a été constaté en matière de conflits de juridictions, le critère des effets adopté dans son état brut est difficilement applicable dans le cadre d'un contentieux de masse mettant le plus souvent en jeu plusieurs marchés affectés, et par conséquent, les intérêts contradictoires de plusieurs Etats[1254]. Ainsi, sa mise en œuvre peut devenir une source de tensions entre plusieurs systèmes juridiques comme nous le montre l'expérience américaine en matière de *class actions* internationales.

Cependant, une solution analogue à celle adoptée en matière de conflits de juridictions et qui se base sur une mise en balance des intérêts étatiques peut aussi être adoptée afin de déterminer la loi du marché le plus affecté[1255]. Une telle approche a ainsi été adoptée par la jurisprudence américaine dans le cadre de l'arrêt *Timberlane.* Ici, le juge s'est montré prêt à élaborer un *balancing test* destiné à subordonner la mise en œuvre du droit fédéral à la prise en considération de l'intensité respective des intérêts étatiques concurrents[1256]. Il s'agit là pour le juge de se prononcer sur le caractère significatif des contacts qu'entretient la situation litigieuse avec les différents Etats afin d'identifier le marché le plus affecté. Une telle solution a également été adoptée par les lignes directrices (*guidelines*) appliquées par les autorités administratives américaines dans le cadre de leur poursuite des violations du droit fédéral de la concurrence[1257]. Cette tâche serait aurait été d'autant plus facile si le critère du marché le plus affecté est également adopté pour déterminer le for compétent. Dans ce cas, la compétence juridictionnelle et la compétence législative coïncideraient et le for du marché le plus affecté appliquerait sa propre loi.

E- Des solutions plus flexibles

386. Une règle de conflit à rattachement souple. Si notre méthode consistant à soumettre l'action de groupe internationale à une loi unique est adoptée, la question de la loi applicable peut ainsi être régie par une règle de conflit à rattachement flexible[1258], permettant au juge saisi de choisir la loi ayant les liens les plus étroits avec le litige. Une telle règle de conflit peut alors être encadrée par des présomptions ou des directives de solutions. La nature complexe du contentieux de groupe, l'enchevêtrement des intérêts en jeu et enfin la grande diversité que peut revêtir un tel contentieux viennent justifier la création d'un cadre flexible des règles de conflits de lois afin de permettre à la juridiction saisie de traiter les actions de groupe d'une manière appropriée.

[1254] Voir *supra* n°336.

[1255] Voir *supra* n°336.

[1256] *Timberlane Lumber Co Sa Rl v. Bank of America Nt & Sa E Sa S Rl Smith*, 549 F.2d 597 (9th Circ.,1976).

[1257] H. BUXBAUM, « The Private Attorney General in a Global Age: Public Interests in Private international Antitrust Litigation », 26 Yale J. Int'l L. 220 (2001) spéc. p. 227.

[1258] M. -L. NIBOYET et G. DE GEOUFFRE DE LA PRADELLE, Droit international privé, *op.cit.*, spéc. n°24, p. 175 . Un tel rattachement a été adopté par la Convention de La Haye du 1e juillet 1985 sur la loi applicable au trust et à sa reconnaissance. En effet, conformément à l'article 7, « *le trust est régi par la loi avec laquelle il présente les liens les plus étroits* »

387. Le contenu du principe de proximité. La règle de conflit précitée se confond avec le principe de proximité[1259]. Par ailleurs, dans l'hypothèse d'un contentieux de groupe, ce principe doit être sous-tendu non pas uniquement par des considérations géographiques mais aussi et surtout par des considérations matérielles prenant en considération les intérêts collectifs en cause, les intérêts du défendeur[1260] et la régulation du marché.

388. Clause d'exception et contentieux international des actions de groupe. Une clause spéciale, prévoyant la soumission du contentieux du groupe à la loi ayant les liens les plus étroits avec le litige, peut opérer dès lors que notre méthode consistant à soumettre l'intégralité de la classe à une loi unique est rejetée. Le recours à une telle clause serait donc exceptionnel et plus précisément dans l'hypothèse où l'application de la règle de conflit aboutit à la désignation de plusieurs lois dont le contenu est divergent, si bien que le tribunal saisi ne serait pas en mesure de certifier l'action de groupe.

De même, la clause d'exception pourrait être adoptée en vue de remédier à la complexité pour un tribunal déterminé, d'appliquer plusieurs lois. C'est d'ailleurs précisément le cas lorsque les réclamations individuelles sont d'un faible montant et que le rapport coût/qualité pour les besoins de l'administration de la justice est largement en défaveur de l'application de lois multiples.

Il est évident, que dans les hypothèses précitées, la clause d'exception vise à la réalisation des objectifs d'ordre substantiel[1261] . En facilitant la certification d'une action de groupe, elle permettrait l'accès à la justice des victimes et la régulation du marché.

[1259] P. LAGARDE, « Le principe de proximité dans le droit international privé contemporain », *RCADI*, t. 196, 1986-I.

[1260] C. KESSEDJIAN, « Les actions collectives en dommages et intérêts pour infractions aux règles communautaires de la concurrence et le droit international privé », spéc. p. 546.

[1261] L'injection des considérations substantielles dans la mise en œuvre des clauses d'exception a surtout été préconisée dans le cas particulier du contrat de travail dans le cadre de l'application de l'article 8 du règlement Rome I. Voir à cet égard : J. DÉPREZ, « Évolutions récentes des solutions de conflits de lois en matière de contrat de travail international », in *Mélanges en l'honneur de H. Blaise*, Economica 1995, p.165, spéc. p. 171.

CONCLUSION DU CHAPITRE III

389. L'inadaptation des méthodes et des instruments de droit international privé ainsi que « *la concurrence des systèmes juridiques* » sont à l'origine de l'éclatement du contentieux international des actions de groupe aussi bien à l'échelle internationale que régionale. Cet éclatement rend difficile la réalisation de la méthode de l' « unité » de l'action de groupe qui permettrait une meilleure régulation du contentieux de masse. Il conduit ainsi à la consécration de la méthode de « territorialité » ou de « multiplicité » de l'action de groupe, laquelle est propice au développement de situations de sous-régulation et de sur-régulation. En outre, l'éclatement du contentieux crée une inégalité entre les citoyens ayant subi le même dommage au sein des espaces intégrés à l'instar de l'Union européenne.

390. La régulation du contentieux de masse international nous a ainsi incités à repenser les méthodes et instruments de droit international privé à la lumière de la méthode de l'« unité » de l'action de groupe. En effet, la concentration du contentieux de masse passe tout d'abord par la consécration d'un chef de compétence qui permet de fédérer le contentieux de masse devant un for unique. Plusieurs chefs de compétence ont été proposés et ces derniers diffèrent selon que la fonction procédurale ou la fonction régulatoire d'une action de groupe est mise en exergue. Mais la complexité du contentieux de masse et la difficulté de canaliser d'une manière claire une action de groupe dans l'une ou l'autre des deux catégories nous a amené, même dans l'hypothèse où un chef de compétence exclusif a été consacré, à prôner une coopération internationale entre les différentes juridictions ayant des liens avec le litige afin de déterminer le for disposant de l'intérêt prépondérant pour trancher le litige.

391. Contrairement à une grande partie de la doctrine qui refuse toute modification aux solutions de conflits de lois pour tenir compte de la spécificité du contentieux de masse international, nous avons avancé plusieurs arguments qui justifient la nécessité d'adapter la règle de conflits de lois à la nature collective du contentieux, tant au stade de la certification d'une action de groupe qu'au moment de la détermination des droits et des obligations des parties. Plusieurs règles de conflits de lois ont été proposées. Cependant, la complexité du contentieux de groupe international et la variété des hypothèses qu'il couvre nous ont finalement conduit à proposer des solutions plus flexibles.

CONCLUSION DU TITRE PREMIER DE LA PREMIÈRE PARTIE

392. Nous avons tenté de démontrer que le système de l'« unité » /« universalité » de l'action de groupe permet de réaliser au mieux les objectifs aussi bien procéduraux que substantiels d'une action de groupe, en prévenant les hypothèses de sous-régulation et de surgélation engendrées par la globalisation du contentieux de masse international. Conformément à ce système, il s'agit de concentrer le contentieux de masse international *ex-ante* devant un for unique. Ce système s'oppose à celui de « territorialité »/« multiplicité » de l'action de groupe, qui permet d'ouvrir plusieurs actions de groupe devant plusieurs juridictions pour un même litige.

393. Nous avons toutefois exposé les différents obstacles relatifs à l'instauration du système de l' « unité » de l'action de groupe. En premier lieu, nous avons constaté que si le for américain de *class action* était le seul à disposer d'une action de groupe efficace, permettant la concentration du contentieux de masse devant un for unique, le phénomène de « *concurrence des ordres juridiques* » sème désormais le doute quant à la détermination du for compétent pour l'ouverture d'une action de groupe dans un contexte de globalisation économique. Cela s'avère d'autant plus vrai que la compétence juridictionnelle internationale pour l'agrégation des litiges de masse internationaux, s'est caractérisée par une approche casuistique pour la plupart des tribunaux impliqués dans la résolution de ce contentieux complexe, ce qui constitue une source d'insécurité et d'imprévisibilité pour les plaideurs.

394. En second lieu, nous avons démontré que l'instauration de la méthode de l'« unité »/ « universalité » de l'action de groupe s'avère difficile à l'aune des règles de conflits de lois, peu adaptées à la nature collective du contentieux et dont la mise en œuvre est de nature à empêcher la certification d'une action de groupe internationale ou à créer des situations boiteuses lors de la détermination des droits et obligations des parties.

395. En partant de ce qui précède, nous avons donc considéré que la mise en œuvre du système de l' «unité »/ « universalité » de l'action de groupe présuppose un infléchissement des méthodes et instruments de droit international privé principalement dans les espaces intégrés comme celui de l'Union européenne. Cet exemple illustre d'ailleurs parfaitement que l'éclatement du contentieux nuit au fonctionnement harmonieux de la justice, et accentue les inégalités entre les citoyens européens ayant subi un même dommage.

396. En matière de compétence juridictionnelle, bien que nous ayons proposé l'instauration d'un chef de compétence exclusif permettant au for ayant l'intérêt prépondérant, l'ouverture d'une action de groupe internationale, nous avons néanmoins prôné une coopération entre les différentes juridictions ayant des liens avec le litige afin de déterminer le for disposant de cet intérêt prépondérant.

397. En matière de lois applicables, nous avons également constaté que la consécration de nouvelles règles de conflits est de nature à faciliter la certification d'une action de groupe internationale ainsi que la détermination des droits et obligations des différentes parties au procès. Plusieurs règles de conflits ont d'ailleurs été proposées. Des solutions flexibles ont également été proposées à l'instar de la consécration d'une règle de conflit à rattachement souple ou d'une clause d'exception.

398. Les solutions que nous avions proposées prennent en considération les intérêts imbriqués que recèle le contentieux de masse international. Toutefois, en attendant la mise en œuvre de ces nouvelles solutions qui nécessitent une véritable volonté politique, il convient d'examiner si l'autonomie de la volonté peut être amenée à jouer un rôle dans la régulation du contentieux international des actions de groupe.

Titre Second : le rôle de l'autonomie de la volonté dans la régulation du contentieux international des actions groupe

399. Il a été étudié dans titre premier de notre thèse les difficultés inhérentes à la globalisation du contentieux international des actions de groupe. La « *concurrence des systèmes juridiques* »[1262] à laquelle s'ajoute l'inadaptation des méthodes et instruments de droit international privé à la régulation d'un contentieux impliquant plusieurs parties et présentant une forte dimension régulatoire auront pour nécessaire effet la scission des différentes procédures d'actions de groupe, empoisonnant ainsi le contentieux de masse international et instaurant un système de « territorialité » de l'action de groupe.

Ces difficultés nous ont incité à repenser les solutions de conflits de juridictions et de conflits de lois pour les besoins de la régulation de ce contentieux complexe. Mais dans l'attente de la mise en œuvre de nouvelles solutions, il nous semble possible d'exploiter une nouvelle piste. En effet, l'essor de la volonté qui réside dans la mobilité juridictionnelle des parties[1263] peut conduire à une gouvernance efficace du contentieux de masse international. La contractualisation du contentieux par voie de clauses de choix de for - étatique ou arbitral - favorisera la prévisibilité et la sécurité juridique[1264] à laquelle s'ajoutera une économie des ressources financières et judiciaires.

Dans l'hypothèse où la pratique des clauses de choix de for serait amenée à se développer dans le futur, la concurrence de l'arbitrage international s'ajoutera à celle déjà existante entre les différents systèmes juridiques et s'inscrira ainsi dans le débat plus large de la concurrence entre contentieux étatique et arbitrage en matière internationale[1265].

S'il est vrai que la résolution du contentieux de masse international par le biais de l'arbitrage est un phénomène émergent et toujours inconnu dans nombre de systèmes juridiques, il n'en reste pas moins que ce dernier présente des spécificités capables de l'ériger en un mécanisme supérieur au contentieux initié devant les tribunaux étatiques.

Ainsi, l'idée avancée par certains auteurs selon laquelle la résolution des litiges privés internationaux devant les tribunaux étatiques offre des avantages structurels que la résolution privée par voie d'arbitrage n'offrirait pas, ne trouve pas application dans l'hypothèse d'un contentieux de masse international.[1266] D'ailleurs, même les tenants de l'idée de l'infériorité de l'arbitrage n'ont pas hésité à nuancer leurs propos en insistant sur

---

1262 Voir notre premier et deuxième chapitre.

1263 H. MUIR WATT, « Aspects économiques du droit international privé », *RCADI* 2004, t 307, p.25, spéc. n°93, p. 141.

1264 R. A. NAGAREDA, « Aggregate Litigation Across the Atlantic and the Future of American Exceptionalism», 62 VAND. L. REV. 1 (2009), spéc. p. 39.

1265 Sur la concurrence entre les juridictions étatiques et l'arbitrage international dans un contexte international, voir : J. DAMMANN et H. HANSMANN, « Globalizing of Commercial Litigation », consultable sur : http://papers.ssrn.com/sol3/papers.cfm?abstract_id=1113217; J.DAMMANN et H.HANSMANN, « A Global Market for Judicial Services », consultable sur : http://www.isnie.org/assets/files/papers2007/hansmann.pdf

1266 J. DAMMANN et H. HANSMANN, « Globalizing Commercial Litigation », consultable sur : consultable sur : http://papers.ssrn.com/sol3/papers.cfm?abstract_id=1113217, spéc. p. 25.

certaines de ses caractéristiques qui, à notre sens, seront mieux mises en valeur dans le cadre d'un contentieux de masse international[1267].

Il convient d'exposer en premier lieu l'articulation entre la gouvernance par voie contractuelle et la régulation du contentieux international des actions de groupe, tout en soulignant les différents éléments qui font de l'arbitrage international un modèle compétitif et supérieur en la matière **(Chapitre 1)**. Par ailleurs, il ne suffit pas que l'arbitrage des actions de groupe présente des avantages pour qu'il puisse se développer, encore faut-il qu'il soit conforme aux principes généraux de l'arbitrage international **(Chapitre 2)**.

1267 J. DAMMANN et H. HANSMANN, « Globalizing Commercial Litigation », consultable sur : http://papers.ssrn.com/sol3/papers.cfm?abstract_id=1113217; spéc. p. 31.

Chapitre 1 : la compétition entre contentieux étatique et arbitrage international dans la régulation du contentieux international des actions de groupe : la « supériorité » de l'arbitrage international

400. Les auteurs de dommages de masse n'ont pas encore recouru aux clauses contractuelles de choix de juridiction afin de résoudre globalement et définitivement le contentieux qui pourrait les opposer à une masse de demandeurs[1268]. En effet, si le défendeur peut faire l'objet de plusieurs actions de groupe intentées à son encontre dans plusieurs pays pour des faits similaires ou identiques, une telle hypothèse a souvent été perçue comme étant beaucoup plus théorique que pratique. En effet, même si les actions de groupe ont été consacrées par plusieurs systèmes juridiques, il n'est pas sûr que ces dernières puissent fonctionner efficacement lorsqu'elles ne disposent pas des accessoires nécessaires à leur mise en œuvre, particulièrement dans des domaines où le dommage subi individuellement par chaque victime est mineur. En outre, le phénomène de « *course vers le bas* », entamé depuis un certain temps par le système américain qui possède l'action de groupe la plus efficace[1269] et notamment concrétisé par la validation des clauses de renonciation aux actions de groupe, élimine de plus en plus les possibilités d'attraire par voie collective l'auteur du dommage de masse devant le for américain.

Toutefois, on assiste aujourd'hui à une véritable évolution en la matière. L'intérêt du défendeur à résoudre le contentieux par le biais d'une action de groupe globale n'est pas voué à rester une simple hypothèse d'école. L'homologation par la cour d'appel néerlandaise de plusieurs transactions de masse qui ne pouvaient être conclues sans le consentement du responsable[1270] confirme ce postulat.

Il est vrai que les différentes transactions intervenues mettaient en jeu des dommages de masse relatifs à la matière financière et dont le montant pris individuellement restait tout de même élevé. Ceci sème donc le doute quant à la volonté du prétendu responsable de coopérer dans les affaires relatives aux consommateurs où le risque de recours individuels est parfois inexistant. Cependant, l'émergence, surtout en Europe, de la pratique du financement du procès par un tiers[1271]est prometteuse et rendra ainsi plus efficace les actions de groupe existantes, exposant le défendeur au risque de voir engager plusieurs actions de groupe à son encontre, ayant le même objet ou des objets connexes. Enfin, la jurisprudence de la Cour Suprême américaine validant les clauses de renonciation aux actions de groupe a dû faire face à plusieurs critiques qui peuvent, à notre sens, amener celle-ci à se repositionner. Ainsi, toutes ces nouvelles considérations ne peuvent qu'influencer la pratique contractuelle. Dès lors, le défendeur menacé d'être attrait devant plusieurs fors par le biais de plusieurs actions de groupe présentant un minimum d'efficacité, ne manquera pas de chercher une certaine paix juridique (« *legal peace* »)[1272]. Deux options s'ouvrent à lui : il pourra recourir aux clauses d'élection de for

---

1268 L'insertion des clauses de renonciation aux actions de groupe dans les documents contractuels surtout aux États Unis en est la preuve. Sur ces clauses, voir *supra* n°166.

1269 Voir *supra* n °157.

1270Voir *supra* n°183

1271Voir s*upra* n°187.

1272Ainsi, selon un auteur américain: « *Defendants are seeking comprehensive peace-meaning the ability to end all litigation on that particular issue-at a higher level than formerly. Today's more globally, interconnected marketplace correspondingly means*

(contractualisation partielle du contentieux) ou bien aux clauses d'arbitrage (contractualisation totale du contentieux)[1273] **(Section 1)**. Par ailleurs, la résolution privée du contentieux de masse présente un certain nombre d'avantages, faisant de l'arbitrage international un mode de résolution de litige supérieur à la résolution du contentieux par voie publique **(Section 2)**.

Section I : la contractualisation du contentieux international des actions de groupe

401. La régulation du contentieux international des actions de groupe peut être entreprise à travers les clauses d'élection de for ou les clauses d'arbitrage. Si les premières ne soulèvent pas de spécificités particulières dans le cadre d'un contentieux de masse international **(§1)**, la rencontre entre les clauses d'arbitrage et les actions de groupe a été à l'origine du phénomène émergent de l'arbitrage collectif qu'il conviendra d'examiner **(§2)**.

§1- La contractualisation partielle : la régulation du contentieux international des actions de groupe à travers les clauses d'élection de for

402. Le recours aux clauses d'élection de for permet de concentrer le contentieux de masse devant un for unique et peut de ce fait constituer un outil efficace de gouvernance globale **(I)**. Cependant, les règles protectrices des parties faibles peuvent faire obstacle à la régulation efficace du contentieux, notamment dans l'espace européen **(II)**.

I- L'utilité des clauses d'élection de for dans la résolution du contentieux international des actions de groupe

403. Il convient d'apporter quelques précisions sur les clauses d'élection de for **(A)** avant d'examiner leur intérêt pour la résolution globale et efficace du contentieux de masse international **(B)**.

A- Quelques précisions sur les clauses d'élection de for

404. **L'admission des clauses d'élection de for**. Les clauses d'élection de for sont des clauses dérogeant aux règles de compétence ordinaires. L'utilité de ces clauses fait

---

that corporate wrongdoing can cause injury on a worldwide scale. Business want to put disputes behind them; ongoing litigation often has a very real and very negative impact not just on current cash flow, but also on the company's market value. Despite defendants' desire for worldwide preclusive effect, that desire runs into a practical ability: no country's court have worldwide authority ». D. L. BASSETT, « The Future of International Class Actions », Souwthwestern University Law Journal (2011).

[1273] Dans ce sens voir : H. SMIT, « Class Actions and their Waiver in Arbitration », 15 Am. Rev. Int'l Arb. 199 (2004).

aujourd'hui l'objet d'un consensus de la part des internationalistes ; ces dernières ont été admises par plusieurs droits nationaux[1274] et ont été consacrées dans l'espace européen par le Règlement de Bruxelles I *bis*[1275]. Ce consensus, duquel la jurisprudence semble aussi faire partie intégrante[1276], tient de la multitude de justifications avancées pour l'admission de ces clauses dans le cadre d'un contentieux international. Comme nous allons le voir, ces justifications sont encore plus pertinentes dans le cadre d'un contentieux international d'actions de groupe.

Au niveau international, les clauses d'élection de for ont constitué un dénominateur commun à l'ensemble des délégations du monde qui se sont retrouvées à la Conférence de La Haye. Supposées se réunir pour mettre en œuvre une convention traitant la compétence internationale directe, la reconnaissance et l'exécution des décisions, elles n'ont convenu que des accords d'élection de for à partir desquels la convention de La Haye du 30 juin 2005 a pu voir le jour[1277].

405. Les clauses d'élection de for en matière délictuelle. Comme nous l'avons déjà vu, les actions de groupe peuvent intervenir en matière délictuelle lorsqu'un dommage de masse survient alors qu'aucune relation contractuelle n'existait entre l'auteur du dommage et les victimes. À notre sens, rien n'empêche dans cette hypothèse le recours à une clause d'élection de for entre l'auteur du dommage et l'ensemble des victimes afin de régler le litige devant un for équipé d'une action de groupe. Il est vrai qu'en général, la conclusion d'une convention d'élection de for après que le litige soit né, est difficilement envisageable[1278]. Mais dans le cas d'un dommage de masse, le recours à une telle convention revêt une grande importance, pour le défendeur souhaitant concentrer le litige devant un for unique disposant des outils nécessaires au regroupement des victimes[1279]. Ces dernières peuvent alors se réunir au sein d'une

---

1274 Voir par exemple la France où le libre choix d'un for étatique a été admis depuis l'arrêt *Mardelé* (Cass. civ., 19 fév.1930), *Rev. crit. DIP. 1931. 514*, note Niboyet ; aux États-Unis, cette option a été admise depuis l'arrêt *Bremen* en 1972 (*The Bremen v. Zapata Off-Shore Co.*, 407 US 1 (1972).

1275 Voir article 25 du Règlement de Bruxelles I *bis*.

1276 Les avantages de l'insertion d'une clause attributive de juridiction ont été notés par la Cour de cassation française : « *L'insertion d'une clause attributive de juridiction étrangère dans un contrat international fait partie de l'économie de celui-ci* », Cass. civ. 12 juil. 2001, *DMF 2001*, p. 216, note Ph. Delebecque.

1277 Le texte de la convention peut être consulté dans : *Rev. Crit. DIP. 2009. 524* ; Sur la convention, voir : B. AUDIT, « Observations sur la Convention de La Haye du 30 juin 2005 relative aux accords d'élection de for », in *Vers de nouveaux équilibres entre ordres juridiques. Liber Amicorum Hélène Gaudemet-Tallon*, Dalloz 2008, p.171 et s. ; C. KESSEDJIAN, « La convention de La Haye du 30 juin 2005 sur l'élection du for », *J. D. I. 2006.* 813 ; L. USUNIER, « La Convention de La Haye du 30 juin 2005 sur les accords d'élection de for : beaucoup de bruit pour rien ? », *Rev. crit. DIP. 2010. 38.*

1278 Ainsi, selon Madame USUNIER in *la régulation de la compétence juridictionnelle internationale, op.cit.*, spéc. p.355 : « *Elle* [la clause] *est à peine plus envisageable après la survenance de l'accident car, le litige étant déjà né, soit les parties souhaitent coopérer et elles devraient alors conclure une véritable transaction, soit les parties sont en désaccord et il serait étonnant qu'elles s'entendent malgré tout sur la question de la juridiction compétente* » ; Pour une réponse affirmative dans l'espace européen voir : C. NOURISSAT, « L'avenir des clauses attributives de juridiction d'après le règlement Bruxelles I bis », in *Mélanges en l'honneur du professeur Bernard Audit : Les relations privées internationales*, LGDJ 2014, p. 567, spéc. p. 573 ; D. BUREAU, note *Rev. crit. DIP. 2013. 710* , spéc. p. 722 ;

1279 C. NOURISSAT, « L'avenir des clauses attributives de juridiction d'après le règlement « Bruxelles I bis », in *Mélanges en l'honneur du professeur Bernard Audit : Les relations privées internationales, op.cit.*, spéc. p. 573

association[1280] qui les représentera dans le processus de négociation d'une convention de choix de juridiction. En pratique, les parties préféreront toutefois le recours à l'arbitrage collectif[1281] une fois le litige né . Cependant, il n'existe aucune contrainte théorique qui les empêcherait de recourir aux clauses d'élection de for dans le cadre d'une action de groupe relevant du domaine délictuel.

406. L'existence d'une situation objectivement internationale. Étant donné que certains systèmes juridiques n'ont pas encore consacré une action de groupe, il convient de se demander s'il est possible pour des parties, dans le cadre d'un contentieux de masse purement interne, de désigner par le biais d'une clause attributive de juridiction les tribunaux d'un État tiers pour résoudre leur litige.

La réponse à cette question nous renvoie directement aux propos de deux auteurs américains, Dammann et Hansmann, qui prônent l'idée de l'« *Extraterritorial Litigation* » selon laquelle il serait possible pour des parties à un litige purement interne de designer les tribunaux d'un État tiers afin de résoudre leur litige[1282]. Appliquée à l'hypothèse du contentieux de masse, l'« *Extraterritorial Litigation* » permettrait aux parties d'avoir accès à des tribunaux mieux équipés pour résoudre leur litige, stimulant encore plus le phénomène de concurrence entre les ordres juridiques.

Il va sans dire qu'une telle proposition soulève des difficultés et qu'elle ne sera pas facilement accueillie par la doctrine ou par les différents systèmes juridiques[1283]. En effet, la majorité des systèmes juridiques conditionnent la licéité des clauses d'élection de for à l'existence d'une situation objectivement internationale[1284]. Une telle condition a d'ailleurs été reprise par la Convention de La Haye de 2005[1285]. La solution semble cependant moins radicale lorsque le Règlement de Bruxelles est applicable. En effet, cette exigence n'a été admise que par la doctrine[1286], la Cour de justice n'étant pas encore

---

1280 Une telle hypothèse n'est pas un cas d'école. Ainsi, dans l'affaire *Abaclat* mettant en jeu un arbitrage d'investissement, la plupart des victimes se sont réunies au sein d'une association qui a représenté les victimes dans la phase de négociation d'une transaction et ultérieurement dans le cadre de l'instance arbitrale. Pour plus de détails, voir *infra* n °426.

1281 Sur la supériorité de l'arbitrage collectif, voir notre deuxième chapitre.

1282 J. DAMMANN et H. HANSMANN, « Globalizing Commercial Litigation », consultable sur : http://papers.ssrn.com/sol3/papers.cfm?abstract_id=1113217;spéc. p. 13.

1283 Sur les difficultés qui peuvent se poser en la matière voir : J. DAMMANN et H. HANSMANN, « Globalizing Commercial Litigation », consultable sur : consultable sur : http://papers.ssrn.com/sol3/papers.cfm?abstract_id=1113217; spéc. p. 15 et suiv.

1284 Tel est le cas en droit français : Voir Cass. civ.1re, 17 déc. 1985, *Cie des signaux et d'entreprise électrique, Rev. crit. DIP. 1986. 537*, note H. Gaudemet-Tallon, où la Cour de cassation avait considéré que « *les clauses prorogeant la compétence internationale sont en principe licites, lorsqu'il s'agit d'un litige international* ».

1285 Voir art.1.1 de la Convention de La Haye de 2005 sur l'élection du for. Sur la condition de l'internationalité, voir : L. USUNIER, « La convention de La Haye du 30 juin 2005 sur les accords de l'élection de for : beaucoup de bruit pour rien », *Rev. crit. DIP. 2010. 38*, spéc. p. 48 et suiv.

1286 Voir rapport Schlosser, (P. SCHLOSSER, « Rapport sur la Convention d'association des Royaumes du Danemark, l'Irlande et le Royaume-Uni de Grande-Bretagne et d'Irlande du Nord à la Convention sur la compétence et la reconnaissance des jugements en matière civile et commerciale et au Protocole d'interprétation par la Cour de justice signé à Luxembourg le 9 octobre 1978 », JOCE 1979, 59/71), spéc. n°174, p. 123 ; P. GOTHOT et D. HOLLEAUX, « La Convention de Bruxelles du 27 septembre 1968 - Compétence judiciaire et effets des jugements dans la CEE », Paris, Jupiter1985, n°167.

intervenue sur ce point. En revanche, la Cour de cassation française a elle aussi subordonné l'application de l'article 17 de la Convention (25 du Règlement de Bruxelles I *bis*) à la reconnaissance du caractère international de la situation, laquelle, pour des raisons de sécurité juridique, doit s'apprécier non pas au moment du litige mais à la date de la conclusion du contrat[1287].

Le développement du phénomène de l « *'Extraterritorial Litigation* » en droit des sociétés aussi bien aux États-Unis qu'en Europe[1288] peut stimuler le développement de cette pratique dans d'autres domaines, notamment en matière contractuelle ou délictuelle. Si elle était ainsi admise dans les domaines précités, rien n'interdirait à des parties à un contentieux de masse purement interne en France de choisir, par le biais d'une clause d'élection de juridiction, les tribunaux néerlandais ou américains pour la résolution de leur litige[1289].

B- Les clauses d'élection de for dans le cadre d'un contentieux de masse international

407. La prévisibilité et la sécurité juridique. La prévisibilité juridique constitue le premier atout de la clause d'élection de for. En déterminant unilatéralement leurs chefs de compétence juridictionnelle, il est fort probable que les parties aient le choix entre plusieurs tribunaux pour une situation contractuelle ou délictuelle déterminée. Ce phénomène se trouve dédoublé lorsque par exemple un contractant, le plus souvent un professionnel, conclut des milliers de contrats identiques avec des consommateurs éparpillés dans plusieurs endroits du globe ou lorsqu'un délit touche une multitude de personnes dans plusieurs pays. L'éclatement du contentieux constitue un véritable facteur d'insécurité juridique, surtout pour le défendeur qui devra ainsi faire face à une pléthore de procédures mettant en jeu le plus souvent les mêmes parties et le même objet. L'inadaptabilité des méthodes ainsi que des instruments de droit international privé fait, de la coordination de ces procédures une tâche difficile à réaliser[1290]. De même, les difficultés liées à la circulation d'une décision rendue à l'issue d'une action de groupe constituent une menace pour le défendeur[1291] et entraînent un gaspillage des ressources économiques et judicaires requises pour chaque procédure.

1287 Cass.civ.1re, 4 oct. 2005, *Rev. crit. Dip.2006.243*, note M. AUDIT.

1288 Sur ce phénomène aux États-Unis et en Europe, voir J. DAMMANN et H. HANSMANN, « Globalizing Commercial Litigation », consultable sur http://papers.ssrn.com/sol3/papers.cfm?abstract_id=1113217. ; spéc. p. 20.

1289 Ainsi, les deux auteurs américains Damman et Hansmann préconisent cette idée de juridiction extraterritoriale selon laquelle, des parties à un litige purement interne peuvent choisir de résoudre leur litige devant un tribunal étranger par le biais d'une clause attributive de juridiction. Sur ces propos, voir les travaux de ces deux autres américains notamment : « Globalizing Commercial Litigation », consultable sur : http://papers.ssrn.com/sol3/papers.cfm?abstract_id=1113217; « Extraterritorial Courts for Corporate Law », consultables sur http://papers.ssrn.com/sol3/papers.cfm?abstract_id=724165; « Global Market for Judicial Services », consultable sur : http://papers.ssrn.com/sol3/papers.cfm?abstract_id=976115.

1290 Voir le premier titre de notre seconde partie.

1291 Voir le deuxième titre de notre seconde partie.

408. Le choix d'un for neutre. Par ailleurs, les clauses d'élection de for permettent le plus souvent de choisir un juge neutre par rapport à un litige déterminé. Cette considération est d'une grande importance dans l'hypothèse où sont en cause des intérêts économiques considérables qui peuvent avoir une influence sur l'économie d'un pays déterminé comme l'illustre le contentieux international des actions de groupe. Ainsi, lorsque le défendeur - souvent une multinationale - est attrait devant son juge national pour la réparation de dommages représentant un montant plutôt important, la neutralité du juge national peut être mise à mal. Dès lors, le juge américain s'est déclaré incompétent en vertu du *forum non conveniens* dans plusieurs affaires où des *class actions* internationales visaient des sociétés américaines qui pouvaient, si l'action avait été jugée recevable, faire l'objet de condamnations représentant des sommes considérables[1292]. Pourtant, ce même juge n'a pas hésité à retenir sa compétence dans des affaires ayant des liens ténus avec les États-Unis et mettant en jeu des sociétés européennes[1293]. De même, lorsque les systèmes juridiques confient à des jurys populaires[1294] le soin de trancher de tels litiges, ces derniers souvent hostiles aux grandes entreprises et sensibles aux victimes, ont tendance à donner gain de cause aux victimes et à condamner les défendeurs à payer des sommes exorbitantes.

409. Le choix d'une juridiction expérimentée dans la résolution d'un contentieux de masse. Outre le choix d'un juge neutre, l'admission des clauses d'élection de for dans le cadre d'un contentieux international des actions de groupe peut être justifiée par la possibilité offerte aux parties de saisir un meilleur juge pour le litige susceptible de survenir entre elles[1295]. Ainsi, pour surmonter le dysfonctionnement d'un système juridique déterminé, les parties peuvent convenir de saisir les juridictions d'un pays ne présentant pas de tels dysfonctionnements[1296]. Dans le contexte d'un contentieux de masse, il est bien possible d'imaginer une clause attributive de juridiction désignant les juridictions néerlandaises pour certifier une action de groupe globale. Ce choix peut être justifié par l'efficacité de la procédure de masse néerlandaise qui permet au défendeur de jouir d'une certaine paix juridique sans pour autant supporter les abus de la *class action* américaine.

410. Les clauses d'élection de for réduisent les tensions entre les systèmes juridiques. Comme nous l'avons déjà mentionné, le contentieux international des actions de groupe relève du droit économique, et présente par voie de conséquence et

---

[1292] Voir *supra* n°220.

[1293] Sur la délocalisation du contentieux international des actions de groupe, voir *supra* n°118 et suiv.

[1294] Tel est le cas aux États-Unis, voir *supra* n°126.

[1295] Ainsi, selon les deux auteurs américains Drahozal et Ruteledge, in *C. R. DRAHOZAL* et *P. B. RUTLEDGE, « Contract and procedure »*, 94 Marq. L. Rev.113 (2011), spéc. p. 114 : « *Enforceable forum selection clauses enhances parties abilities to cite a case in a court that had a favorable set of procedural Rules (much like crude form of forum shopping) and, unlike that crude system, enabled explicit pre-dispute bargaining over that forum* ».

[1296] J. DAMMANN et H. HANSMANN, « Globalization of Commercial Litigation », consultable sur : http://papers.ssrn.com/sol3/papers.cfm?abstract_id=1113217, spéc. p. 13. Dans un contexte différent de celui du contentieux de masse, la compétence particulière du juge anglais en matière maritime justifie les clauses de désignation du for anglais dans les litiges impliquant un contrat de transport, même dans les hypothèses où aucun lien n'existe avec l'Angleterre.

nécessairement une forte dimension régulatoire. Les clauses d'élection de for permettent de neutraliser les tensions qui peuvent naître de la revendication de plusieurs systèmes juridiques à faire prévaloir leurs lois de police. En acceptant la licéité des clauses d'élection de for et le régime libéral de circulation des décisions, les acteurs du commerce international possèdent en effet le pouvoir de se soustraire à l'application des réglementations impératives étatiques[1297]. Une telle conclusion s'applique également aux clauses d'arbitrage puisque la jurisprudence française et comparée considère que l'existence de lois de police ne fait pas obstacle à la possibilité d'arbitrer un litige[1298].

Ces constatations ont d'ailleurs été observées dans le contexte spécifique du contentieux international de *class action*. Nous rappelons que les tensions pouvant exister entre les différents systèmes juridiques en matière de contentieux de masse international ne résultent pas uniquement et nécessairement du contenu substantiel des différentes lois revendiquant leur application, mais plutôt de la politique de régulation et de sanction qui diffère bien souvent et considérablement d'un système juridique à un autre[1299]. À cet égard, il convient de rappeler que le système américain de régulation se base sur le mécanisme de *private attorney general* dont la *class action* américaine constitue un élément essentiel. Conformément à ce mécanisme, l'action en justice initiée par des individus n'a pas pour unique fonction l'indemnisation des victimes, cette dernière vise principalement à renforcer (ou même remplacer) l'action des autorités administratives dans la sanction des violations des réglementations de droit économique et poursuit par conséquent un intérêt d'ordre général. L'admission des clauses d'élection de for permet donc de neutraliser non pas uniquement les tensions pouvant résulter de la revendication de plusieurs lois de police à s'appliquer, mais également et surtout les tensions liées à la politique de régulation et de sanction devant s'appliquer au litige, qui peuvent bien souvent naître entre les différents systèmes juridiques.

411. **Les clauses d'élection de for et les actions de groupe transactionnelles.** Le recours aux clauses d'élection de for peut également être utile dans le cadre des actions de groupe transactionnelles. Nous avons déjà vu que l'exercice par les tribunaux néerlandais de leur compétence juridictionnelle pour homologuer une transaction collective soulève plusieurs interrogations. En plus, le raisonnement adopté par ces

---

1297 Sur la jurisprudence française en la matière voir : Cass.1re civ., 22 oct. 2008 , *JCP 2008. 1087*, note L. d'Avout ; *D. 2009. 200,* note F. Jault-Seseke ; D'une manière générale voir : D. BUREAU et H. MUIR WATT, *Droit international privé, t 1, op.cit.,* spéc. n°144, p.176 ; H. GAUDEMET-TALLON, « La clause attributive de juridiction, un moyen d'échapper aux lois de police », in *Liber Amicorum K. Siehr*, Eleven International Publishing 2010, p.707 ; H. MUIR WATT et L. RADICATI DI BROZOLO, « Party Autonomy and Mandatory Rules in a Global World », Global Jurist Advances, 2004, vol.4, issue 1, art.2 ; A. HUET, « Clause attributive de juridiction à un tribunal étranger et la loi française de police et de sûreté » , (étude du droit commun) », *D. 2009. 684.*

1298 Paris, 1er ch., 19 mai 1993, *SA Labinal c. Sté Mors et Sté de droit anglais Westland Aerospace*, *Rev. arb. 1993. 645*, note Ch. Jarroson ; *J. D. I. 1993. 957*, note L. Idot ; En droit américain voir : H. MUIR WATT, « L'affaire Lloyd's : globalisation des marchés et contentieux contractuel », *Rev. crit. Dip. 2002. 509.*

1299 A titre d'exemple, le droit positif français permet aux plaideurs de détourner l'application d'une loi de police à travers les clauses d'élection de for. Voir ainsi : Cass. civ.1re, 22 oct.2008, *Monster Cable*, *JCP 2008. II. 10187*, note L. d'Avout ; *J. D. I. 2009*, note M.-N. Jobard-Bachellier et F.-X. Train.

derniers afin d'accepter leur compétence juridictionnelle ne fait pas l'unanimité.[1300] Dans ce contexte, nous pensons que le recours aux règles de prorogation de compétence peut s'avérer d'une grande utilité. En effet, une clause attributive de juridiction insérée dans la transaction conclue entre les parties au profit des tribunaux néerlandais permettrait de leur conférer une compétence juridictionnelle certaine et définitive. À cet égard, il convient de se demander si dans l'espace judiciaire européen les conditions de validité d'une clause d'élection de for peuvent être vérifiées au regard de l'article 25 du Règlement Bruxelles I *bis* dans le cadre spécifique de l'action de groupe néerlandaise.

Dans un premier temps, la validité de la clause attributive de juridiction peut soulever des difficultés au regard de la condition relative à l'existence d'un « différend », puisque dans le cadre de la transaction conclue entre le prétendu responsable et l'association, les parties décident justement de se mettre d'accord sur la compensation des victimes après la survenance d'un dommage. Cependant, une interprétation large de la notion de « différend » permettra de rendre possible la prorogation de for dans le cadre de cette procédure judiciaire spécifique. Et ce, d'autant plus que la condition relative à l'existence d'un différend n'est pas une condition relative à la validité de la clause d'élection de for[1301]. Par conséquent, la jurisprudence de la Cour de justice consistant à considérer que l'article 25 du Règlement doit faire l'objet d'une interprétation stricte n'a pas vocation à s'appliquer dans un tel contexte[1302]. Ainsi, la solution qui consiste à interpréter d'une manière extensive la notion de différend aura uniquement pour objet d'admettre « *l'intervention du principe de volonté privée dans le cadre de la procédure spécifique non contentieuse* »[1303].

Dans un second temps, l'application de l'article 25 du Règlement suppose l'existence d'un rapport de droit suffisamment déterminé[1304]. Cette condition a pour objet de « *limiter la portée d'une convention attributive de juridiction aux seuls différends qui trouvent leur origine dans le rapport de droit à l'occasion duquel cette convention a été conclue. Elle a pour objectif d'éviter qu'une partie soit surprise par l'attribution à un for déterminé de l'ensemble des différends qui surgiraient dans les rapports qu'elle entretient avec son cocontractant et qui trouveraient leur origine dans des rapports autres que celui à l'occasion duquel l'attribution de juridiction a été convenue* »[1305]. Or, le critère de détermination « du rapport de droit » est vérifié puisque la clause d'élection de for sera contenue dans la transaction. Il n'existe donc aucune imprévisibilité concernant

---

1300 Voir *supra* n°244.

1301 C. D'HERCKERS, « L'accord amiable conclu dans le cadre d'un recours collectif en réparation à l'épreuve du Règlement Bruxelles I bis », consultable sur : http://www.droit-eco-ulb.be/fileadmin/fichiers/TFE_-_l_accord_amiable_conclu_dans_le_cadre_d_un_recours_collectif_a__l_e__preuve_du_Re__glement_Bruxelles_I_bis_-_publication.pdf. , spéc.p. 29.

1302 CJUE 14 Déc.1976, aff. C- 24-76, *Estasis Salotti di Colzani Aimo e Gianmario Colzani s.n.c. contre Rüwa Polstereimaschinen GmbH*, Rec., 1976. 1831, spéc. n°7.

1303 M. POSNOW-WURM, « Recours collectifs et conflits de juridictions en droit de L'Union européenne », *Rev. dr. U. L. B. 2010. 15*, spéc. p. 98.

1304 C. D'HERCKERS, « L'accord amiable conclu dans le cadre d'un recours collectif en réparation à l'épreuve du Règlement Bruxelles I bis », consultable sur : consultable sur : http://www.droit-eco-ulb.be/fileadmin/fichiers/TFE_-_l_accord_amiable_conclu_dans_le_cadre_d_un_recours_collectif_a__l_e__preuve_du_Re__glement_Bruxelles_I_bis_-_publication.pdf. , spéc. p. 30.

1305 CJUE 10 mars 1992, aff. C-214 /89, *Powell Duffryn plc c. Wolfgang Petereit*, Rec., I-1745, spéc. n°31.

l'homologation des tribunaux néerlandais désignés par la clause d'élection de for de la transaction convenue[1306].

Toutefois, plus délicate est la question relative au consentement des parties à la clause d'élection de for, en ce sens que cette condition constitue un élément central de la validité d'une telle clause. La question sera traitée différemment selon que l'on considère l'entité représentative ou les victimes comme étant les véritables parties à la procédure. Dans la première hypothèse, il n'existe aucune difficulté au regard du consentement, ce dernier étant vérifié du seul fait de l'insertion d'une clause d'élection de for dans la transaction conclue entre l'entité représentative et le prétendu responsable.

Si l'on considère en revanche que les victimes sont les véritables parties à la procédure, la représentation des victimes par l'entité se prête alors à une analyse en termes de pouvoir d'agir. Le consentement des parties de contribuer à l'action de groupe vaut ratification avec un effet rétroactif des pouvoirs de l'entité représentative, et entre autres, un consentement à la clause d'élection de for. La question devient délicate pour les membres non identifiés n'ayant pas reçu la notification de l'action collective et dont le refus de s'exclure de la procédure après l'expiration du délai ne peut s'analyser comme un consentement à la transaction et à sa clause d'élection de for. Dans ce cas, il est possible de considérer que la clause d'élection de for est stipulée en faveur d'un tiers.[1307] Or, selon la jurisprudence de la Cour de justice, il est possible, dans l'hypothèse mettant en jeu un contrat conclu en faveur d'un tiers non identifié contenant une clause d'élection de for, et lorsqu'il est prévu que ce contrat soit exécuté par un tiers, que ce dernier se prévale de la clause d'élection de juridiction ou que la clause lui soit opposée sans qu'il soit nécessaire que le tiers consente de façon expresse et indépendante à une telle clause[1308]. Cependant, la Cour de justice est revenue sur cette jurisprudence en affirmant l'exigence de la réalité du consentement d'un tiers à la clause d'élection de for afin que celle-ci puisse lui être opposable[1309]. Ces difficultés peuvent néanmoins être surmontées en considérant que seul le représentant est partie à la procédure afin que la clause d'élection de for contenue dans la transaction puisse produire ses effets. Une telle solution semble être en accord avec la position de la Commission européenne qui, et comme nous l'avons déjà mentionné, établit que dans le cadre des actions en représentation, seules les entités représentatives sont considérées comme les parties à la procédure[1310].

1306 C. D'HERCKERS, « L'accord amiable conclu dans le cadre d'un recours collectif en réparation à l'épreuve du Règlement Bruxelles I bis »,consultable sur : http://www.droit-eco-ulb.be/fileadmin/fichiers/TFE_-
_l_accord_amiable_conclu_dans_le_cadre_d_un_recours_collectif_a___l_e__preuve_du_Re__glement_Bruxelles_I_bis_-_publication.pdf., spéc.p. 30.

1307 C. D'HERCKERS, « L'accord amiable conclu dans le cadre d'un recours collectif en réparation à l'épreuve du Règlement Bruxelles I bis »,consultable sur : http://www.droit-eco-ulb.be/fileadmin/fichiers/TFE_-
_l_accord_amiable_conclu_dans_le_cadre_d_un_recours_collectif_a___l_e__preuve_du_Re__glement_Bruxelles_I_bis_-_publication.pdf. , spéc.p. 32.

1308 CJUE 14 juillet 1983, aff. 201/82, *Gerling Konzern Speziale Kreditversicherungs-AG et autres c. Amministrazione del Tesoro dello Stato*, Rec., I-2503, spéc. n°10.

1309 CJUE 7 février 2013, aff. C-543/10, *Refcomp SpA c. Axa Corporate Solutions Assurance SA e.a.*, spéc. n°41.

1310 Voir *supra* n°245.

412. La nécessité de compléter le choix du for par un choix de la loi applicable. Il est à notre sens nécessaire d'accompagner la clause d'élection de for, d'un choix de la loi applicable. En effet, si une clause d'élection de for permet de concentrer le litige devant un for unique, la multiplicité des lois applicables pourrait empêcher la certification d'une action de groupe internationale. Le droit international privé nous paraît ici d'un grand secours, en ce sens que ce dernier atteste du rôle croissant de la volonté dans le choix de la loi applicable. Cette volonté est à vrai dire en pleine extension, qu'il s'agisse du domaine contractuel ou délictuel[1311].

II- Les règles protectrices des parties faibles : obstacles à la concentration du contentieux de masse international à travers les clauses d'élection de for ?

413. Les difficultés d'articulation entre les règles protectrices des parties faibles du Règlement Bruxelles I *bis* et les actions de groupe. Si les clauses d'élection de for sont en principe licites conformément au Règlement de Bruxelles, c'est uniquement dans l'hypothèse où ce dernier n'attribue pas une compétence indérogeable [1312] et sous réserve des dispositions protectrices des parties faibles à l'instar des consommateurs, des travailleurs et des assureurs[1313]. Lorsque le contractant est une partie faible, le Règlement de Bruxelles manifeste une hostilité aux clauses d'élection de for et ne les admet que dans des conditions bien strictes[1314].

À cet égard, on pourra se demander si ces règles connues pour être protectrices des parties faibles ne constituent pas un obstacle à leur accès effectif à la justice dans un certain nombre de situations. En effet, il se peut que le contractant des parties faibles, désirant concentrer le litige devant un for équipé d'une action de groupe, insère une clause attributive de juridiction au sein des différents contrats conclus avec les consommateurs en désignant le tribunal d'un État membre autre que celui de son domicile ou de celui du domicile des différentes parties faibles dès lors que ces derniers sont mal équipés pour la résolution d'un contentieux de masse. Si, suite à un litige, l'ensemble des victimes lésées décide de saisir le tribunal désigné par leur cocontractant, on pourra assimiler cette saisine à une clause attributive de juridiction postérieure au litige laquelle est licite conformément au Règlement[1315]. Mais cette hypothèse est loin d'être

---

1311 Pour plus de développements concernant le rôle de l'autonomie de la volonté en matière de loi applicable, voir : D. BUREAU et H. MUIR WATT, *Droit international privé, t 1, op.cit.*, spéc. n°523, p. 617.

1312 Sur les compétences indérogeables, voir l'article 24 du Règlement de Règlement Bruxelles I *bis.*

1313 Les articles 8 à 21 du Règlement régissent les conditions de licéité des clauses impliquant des parties faibles.

1314 Pour les assureurs voir l'article 15, pour les consommateurs voir l'article 19 et enfin pour les travailleurs voir l'article 23 du Règlement de Bruxelles I *bis*. Ces dispositions sont identiques. Ainsi, le Règlement de Bruxelles I *bis* dispose « *qu'il ne peut être dérogé aux chefs de compétence protecteurs des parties faibles par des clauses de choix de for que dans trois situations : lorsque les clauses de choix de juridiction sont postérieures à la naissance du litige, lorsqu'elles ouvrent une compétence supplémentaire aux parties faibles et lorsque la partie faible et son contractant ont, au moment de la conclusion du contrat, leur domicile ou leur résidence habituelle dans un même État membre et que la clause de choix de for attribue compétence aux tribunaux de cet État membre, sauf si la loi de celui-ci interdit une telle convention* ». (La dernière condition est relative au contrat d'assurance et au contrat de consommation).

1315 Voir l'article 15.1, 19.1 et 23.1 du Règlement Bruxelles I *bis.*

vérifiable en pratique, puisqu'on peut douter que l'ensemble des victimes saisisse exclusivement le for élu. En effet, il est très probable que plusieurs d'entre elles saisissent les tribunaux de leur domicile[1316]. Dans ce cas, le for saisi n'aura la possibilité de donner effet à la clause attributive de juridiction que si le défendeur arrive lui-même à prouver devant les différents fors saisis, que la clause attributive de juridiction antérieure à la naissance du litige est plus favorable aux victimes puisqu'elle leur offre des options supplémentaires. Or, apporter une telle preuve n'est absolument pas évident. Une telle fragmentation du contentieux engendrerait, comme nous l'avons déjà mentionné, un véritable gaspillage des ressources économiques et judicaires. C'est pourquoi, nous pensons qu'il est nécessaire qu'une nouvelle disposition soit introduite au sein du Règlement de Bruxelles I *bis*, qui aura pour objet de limiter les restrictions imposées en admettant la licéité d'une clause attributive de juridiction, et même lorsqu'est en cause une partie faible, dès lors que cette clause permet de concentrer le litige de masse devant un for équipé d'une action de groupe.

Pour autant, ces difficultés semblent ne pas se poser lorsque le droit international privé commun français est applicable. En effet, s'agissant des consommateurs, les seules restrictions apportées par le droit positif aux clauses de choix de for insérées dans un contrat de consommation, le sont au titre de la sanction des clauses abusives, c'est-à-dire les clauses qui auraient pour effet de supprimer ou d'entraver l'exercice d'actions en justice ou des voies de recours par le consommateur[1317]. Or dès lors que l'objet de la clause d'élection de for est d'ouvrir aux consommateurs un accès effectif à la justice en leur permettant de se regrouper devant un for unique, cette dernière ne devrait pas être considérée comme étant une clause abusive, et sa licéité ne devrait de cette façon pas pouvoir faire l'objet de restrictions.

En matière de contrat de travail[1318], face à une jurisprudence indécise, la doctrine semble opérer une distinction selon l'intensité des liens qu'entretient le contrat de travail contenant la clause attributive de juridiction, avec la France. Celle-ci pourrait être admise au moins lorsque le travail ne s'exécute pas en France, tandis qu'elle serait frappée d'inefficacité dans le cas contraire[1319]. À notre sens, une telle distinction doit être relativisée en l'existence d'une clause attributive de juridiction désignant un for équipé d'une action de groupe dès lors qu'un dommage de masse affecte plusieurs travailleurs. Dans cette situation, il pourrait être en effet plus avantageux pour les travailleurs de donner effet à la clause, et ce indépendamment des liens qui existent avec la France. Consacrer une solution contraire, en imposant à ces derniers de saisir exclusivement les tribunaux français, pourrait avoir pour conséquence de priver les travailleurs d'un accès effectif à la justice, principalement lorsque le montant de leur réclamation est modique. Certes, les tribunaux français sont plus proches géographiquement, mais ils restent

---

[1316] Il se peut que certaines des victimes soient dans une position financière meilleure que celle des autres victimes ou que le for de domicile de ces victimes soit équipé d'une action de groupe.

[1317] D. BUREAU et H. MUIR WATT, *Droit international privé*, t 2, *op.cit.*, spéc. n°925, p. 456.

[1318] Voir d'une manière générale : P. MAYER, « Les clauses relatives à la compétence internationale insérées dans des contrats de travail, in *Mélanges dédiés à Dominique Holleaux*, LGDJ 1990, p. 262.

[1319] D. BUREAU et H. MUIR WATT, *op.cit.*, spéc. n°925, p. 456.

néanmoins dépourvus d'un mécanisme procédural leur permettant de se regrouper afin de faire valoir leur droit[1320].

414. ***Transition***. Si les clauses d'élection de for ne soulèvent pas de difficultés particulières dans le cadre du contentieux international des actions de groupe, il n'en est pas de même pour les clauses d'arbitrage qui sont à l'origine de la pratique émergente de l'arbitrage collectif.

§2-La contractualisation totale : la régulation du contentieux international des actions de groupe à travers les clauses d'arbitrage

415. La notion d'arbitrage collectif est relativement récente dans le milieu de l'arbitrage. Elle trouve son origine dans la pratique américaine des *class actions arbitrations*. Il conviendra d'examiner la genèse de cette nouvelle forme d'agrégation privée des dommages de masse aux États-Unis et son potentiel développement au sein d'autres systèmes juridiques **(I)**. Si une telle pratique est restée cantonnée pour un certain temps aux arbitrages internes, son internationalisation est en train de s'amorcer. A cet égard, l'expérience en matière d'arbitrage d'investissement est prometteuse **(II)**.

I- L'arbitrage collectif : une notion émergente

416. La grande majorité de la doctrine réduit la notion d'arbitrage collectif à la seule pratique américaine des *class actions arbitrations* **(A)**. Même si une telle pratique a vu le jour aux États-Unis, cela ne veut pas pour autant dire que l'arbitrage collectif ne soit pas amené à se développer dans d'autres systèmes juridiques **(B)**.

A- La naissance de l'arbitrage collectif aux États-Unis

417. **La naissance de l'arbitrage collectif outre-Atlantique.** Il n'est pas surprenant que la notion d'arbitrage collectif, connue sous la dénomination de *class action arbitration*, ait vu originairement le jour aux États-Unis. En effet, le système américain était le pionnier de la méthode de regroupement des victimes par voie de *class action* et sa politique fédérale est favorable au développement de l'arbitrage. La rencontre entre *class action* et arbitrage ne pouvait avoir lieu que dans un contexte où ces deux pratiques se trouvaient déjà bien éprouvées.

418. **Définition de l'arbitrage collectif.** Nous entendons par arbitrage collectif ou *collective arbitration*, un mécanisme de résolution de litiges de masse par voie d'arbitrage consistant à regrouper devant un tribunal arbitral des victimes de dommages de masse. Ce mécanisme permet ainsi de porter devant le tribunal arbitral les actions de groupe existant dans certains systèmes juridiques et offre aussi la possibilité d'adopter devant

---

[1320] A l'heure de la rédaction de notre thèse, l'action de groupe en droit du travail a un champ d'application assez limité.

celui-ci d'autres formes d'actions de groupe consenties par les parties ou décidées par l'arbitre lui-même[1321].

419. L'arbitrage collectif et la *class action arbitration*. L'arbitrage collectif est souvent défini par référence à la *class action* américaine et est principalement connu sous le vocable de *class action arbitration* ou *class wide arbitration*. S'il est vrai qu'en l'état actuel des choses, c'est principalement la procédure de *class actions* qui a été utilisée dans la pratique arbitrale interne et internationale et que c'est également celle-ci qui a été consacrée par plusieurs institutions renommées d'arbitrage[1322], rien n'empêche néanmoins le développement d'autres formes d'arbitrages collectifs différentes de la *class action arbitration*. De ce fait, le terme « arbitrage collectif » doit être compris comme englobant les *class actions arbitrations* et toutes les autres formes de procédure de gestion de dommages de masse initiées devant un tribunal arbitral.

La *class arbitration* est un mécanisme purement américain et représente par conséquent la conception américaine de la justice collective[1323]. Elle peut ainsi être définie comme une action de groupe de type *class action* initiée non pas devant un juge étatique mais devant un tribunal arbitral qui décide de certifier ou de ne pas certifier une classe, détermine la forme et la manière dont la notification de l'action aux membres de la classe doit s'opérer, tranche en fait et en droit et en une seule procédure le litige qui lui est soumis, et rend enfin, une sentence qui pourra lier plusieurs personnes[1324].

Une *class arbitration* présente donc des similitudes avec une *class action* intentée devant un tribunal étatique, mais reste cependant différente. En effet, les *class actions* intentées devant les tribunaux étatiques sont ouvertes à toutes les personnes ayant subi le même dommage alors que les *class arbitrations* ne sont ouvertes qu'aux parties ayant signé une convention ou un compromis d'arbitrage[1325]. De même, les *class arbitrations* soulèvent des questions qui tiennent aux spécificités de la procédure arbitrale, notamment celles relatives à la nomination des arbitres.

1321 Comme nous le verrons, il est possible pour les parties ainsi que pour le tribunal arbitral de résoudre le litige par le biais d'une action de groupe spécialement désignée pour la résolution du litige en jeu.

1322 Il en est ainsi des deux institutions, the *Judicial Arbitration and Mediation Service « JAMS »* et l'*American Arbitration Association « AAA »*. Pour la première institution, voir *JAMS Class Action Procedure*, February 2005, consultable sur : http://www.jamsadr.com/Rules-class-action-procedures; Pour la deuxième voir : *AAA supplementary Rules for Class arbitrations*, October 8,2003, consultable sur : http://www.hunton.com/files/Publication/3b223ff6-e383-45f3-9040-ecc1881ec611/Presentation/PublicationAttachment/6c5a8819-8b55-4e74-8c53-1f550cd63dc5/Bracken-Dixon_AAA_class-actions.pdf.

1323 S. I. STRONG, « Does Class Arbitration Change « the nature » of Arbitration? Stolt-Nielsen, AT&T and a Return to First Principles », 17 Harv. Negot. L. Rev. 201(212), spéc. p. 207.

1324 W. MARK et C. WEIDEMAIER, « Arbitration and the Individuation Critique », 49 Ariz . L. Rev.69 (2007), spéc. p. 70; S. I. STRONG, « Enforcing Class Arbitration in the International Sphere: Due process and Public Policy Concerns », 30 U. Pa. J. Int'l L.1 (2008), spéc. p. 8: « *Class actions arbitration involves an arbitrator (or arbitral tribunal selected and paid by the parties, rather than an elected or appointed judge, [who] presides a class action and this decides whether to certify a class, determines the form and the manner of notice to class members, resolves all issues of law and fact, and enter an award that might bind hundreds of thousands of class members* ».

1325 Voir dans ce sens : *AAA Supplementaty Rules for Class action Arbitration, op.cit., Rule* 4; *Green Tree Financial Corporation v. Bazzle*, 539 U. S. 444, 448 (2003).

420. La naissance des *class actions arbitration* aux États-Unis. Le développement des *class actions arbitrations* aux États-Unis trouve son origine dans certaines pratiques utilisées par les entreprises aux États-Unis[1326] . Ces pratiques avaient pour objet de contourner les règles de procédure et notamment l'article 23 des règles de procédure fédérales américaines relatif à la certification d'une *class action* fédérale. Un tel contournement a été rendu possible grâce à la politique fédérale américaine favorable à l'arbitrage. Pour échapper aux *class actions* engagées devant les tribunaux étatiques, une modification des documents contractuels sous l'incitation des avocats des défendeurs s'est opérée par l'insertion de clauses d'arbitrage dans les contrats de masse, notamment ceux conclus avec des consommateurs[1327]. Or, face au coût élevé de l'arbitrage et du caractère modique des réclamations des victimes, les clauses d'arbitrage ont eu pour effet de priver les victimes d'un accès effectif à la justice[1328].

Cependant, cette pratique dissuasive s'est retournée contre ses auteurs. En effet, les juges américains ont dû faire face à une situation contradictoire. D'une part, la politique fédérale favorable à l'arbitrage militait pour donner plein effet aux clauses d'arbitrage contenues dans les documents contractuels. En revanche et d'autre part, une telle efficacité ne pouvait exister qu'au prix d'un détournement des règles de procédure qui permettent non seulement l'accès effectif à la justice des victimes, mais aussi la régulation du comportement des défendeurs. Il fallait ainsi faire prévaloir un mécanisme sur l'autre : la *class action* ou l'arbitrage.

La pratique des *class arbitrations* n'a donc pu naître qu'à partir du moment où certains juges ont pris la décision de ne pas faire prévaloir un mécanisme sur un autre, mais plutôt de combiner les deux. C'est de cette rencontre entre *class action* et arbitrage qu'est née la pratique *des class actions arbitrations.* Une telle combinaison peut être interprétée comme étant une application du principe de « l'effet utile » des conventions d'arbitrage, très largement admis en France et dans la pratique arbitrale internationale[1329]. Or, en revenant à notre hypothèse, reconnaître aux demandeurs le droit d'agir en classe devant le tribunal arbitral permettra de donner plein effet à la clause d'arbitrage.

La rencontre entre arbitrage et *class actions* a eu lieu aux États-Unis, principalement en matière de droit de la consommation, et notamment lorsqu'un professionnel est lié par une multitude de contrats contenant des clauses compromissoires identiques ou similaires avec plusieurs consommateurs. Ces derniers subissent ultérieurement des préjudices similaires ou identiques. Une victime décide alors de saisir le tribunal arbitral conformément à la clause d'arbitrage en intentant devant celui-ci, une *class action* en son

---

1326 Ainsi, selon un auteur américain: « *It is somewhat ironic, then, that class arbitration in the United States developed as the direct result of corporate defendants' own efforts* », in R. L. LAMPLEY, « *Is Arbitration Under Attack? Exploring the Recent Judicial Skepticism of the Class Arbitration Waiver and Innovative Solutions to the Unsettled Legal Landscape* », 18 Cornell J. L. & Pub. Pol'y. 2009. 492 (2009), spéc. p. 500.

1327 Sur le développement de cette pratique voir : J. R. STERNLIGHT et E. J. JENSEN. « Using Arbitration to Eliminate Consumer Class Actions: Efficient Business Practice or Unconscionable Abuse? », 2004 Law & Contemp. Probs. 75(2004).

1328 J. R. STERNLIGHT, « Should an Arbitration Provision Trump the Class Action? No: Permitting Companies to Skirt Class Actions through Mandatory Arbitration Would be Dangerous and Unwise », Disp. Resol. Mag. 13 (2002).

1329 P. FOUCHARD, E. GAILLARD et B. GOLDMAN, *Traité de l'arbitrage commercial international*, litec 96, spéc. n°478, p. 279.

nom et au nom de toutes les personnes qui ont subi le même dommage, en vue d'obtenir des dommages et intérêts ou de faire cesser la pratique illicite par le biais d'une injonction.

Si la pratique des *class actions arbitrations* était courante aux États-Unis depuis une vingtaine d'années[1330], elle ne fut cependant connue en dehors des États-Unis que suite à l'arrêt *Green Tree Financial Corp. v. Bazzle*[1331] où la Cour Suprême elle-même a permis pour la première fois la certification d'une *class action* devant un tribunal arbitral. Depuis lors, on assiste au développement de cette pratique[1332], qu'il s'agisse de sa réglementation par plusieurs institutions d'arbitrage[1333] ou de la répartition des pouvoirs entre juridictions étatiques et juridictions arbitrales en la matière[1334].

B- L'arbitrage collectif en dehors des États-Unis

421. Les facteurs de développement de l'arbitrage collectif en dehors des États-Unis. Même si l'arbitrage collectif est encore aujourd'hui perçu comme étant une spécificité purement américaine, son expansion en dehors des États-Unis est loin d'être impossible[1335]. Si le développement d'un tel arbitrage a été rendu possible aux États-Unis par le biais d'efforts privés déployés, principalement par certaines institutions d'arbitrage, il n'en reste pas moins que ces efforts auraient été insuffisants pour atteindre un tel résultat sans l'existence d'un environnement juridique propice à ce développement[1336].

1330 Voir par exemple, les *class arbitrations* dans les États de Californie et de Pennsylvanie, au sujet desquelles : I. S. SZALAI, « Aggregate Dispute Resolution : Class and Labor Arbitration », 13 Harv. Nego L. Rev. 399 (2008), spéc. p. 421.

1331 *Green Tree fin.Corp. v. Bazzle,* 539 U.S.444, 448 (2003).

1332 Plus de 300 *class arbitrations* ont été initiées aux États-Unis depuis 2003 selon l'*American Arbitration Association Docket,* lequel est consultable sur : http://www.adr.org/aaa/faces/services/disputeresolutionservices/casedocket

1333 Voir aux États-Unis : *AAA supplementary Rules for Class arbitrationss,* consultable sur : http://www.adr.org/aaa/ShowPDF;jsessionid=Q38zRMZQvJFBzn295h3vWxwZDyxRNyqnmT2dlynW2SmlyPCLGRpL!644581746?url=/cs/groups/commercial/documents/document/dgdf/mda0/~edisp/adrstg_004129.pdf; *JAMS Class Arbitration Rules*, consultable sur : http://www.jamsadr.com/Rules-class-action-procedures/; *NAF Class Arbitration Procedures*, consultable sur : http://www.thefederation.org/documents/4-ClassActionArbitration.pdf.; Pour une distinction entre les *AAA* et les *JAMS* Rules voir : M. W. NISSEN, « Class Action Arbitrations: AAA vs. JAMES, Different Approaches to A New Concept », 11 Dis. Resol. Mag. 19 (2005).

1334 La Cour Suprême a ainsi accordé à l'arbitre le pouvoir de décider si la certification d'une *class arbitration* est possible surtout dans l'hypothèse où la convention d'arbitrage est silencieuse quant à la possibilité de procéder ou pas en classe. Voir *infra* n°458.

1335 Plusieurs auteurs soutiennent cette idée : Voir à titre d'exemple : G. NATER-BASS, « Class Action Arbitration, A New Challenge », 27 ASA Bulletin, p. 671 ; S. I. STRONG, « Class arbitration Outside the United States : Reading the Tea Leaves », DOSSIER VII: ARBITRATION AND MULTIPARTY CONTRACTS (ICC Institute of World Business Law 2010), consultable sur : http://papers.ssrn.com/sol3/papers.cfm?abstract_id=1517272 ; En Europe voir : P.BILLIER (éd.), *Class arbitration in the European Union,*Maklu-Uitgevers 2013.

1336 S. I. STRONG, « Class Arbitration Outside the United-States, Reading The Tea Leaves », consultable sur: OSSIER VII: ARBITRATION AND MULTIPARTY CONTRACTS (ICC Institute of World Business Law 2010), consultable sur: http://papers.ssrn.com/sol3/papers.cfm?abstract_id=1517272, spéc. p. 10.

De ce fait, le développement de l'arbitrage collectif en dehors des États-Unis[1337] sera conditionné par deux éléments essentiels : d'une part, une politique étatique favorable à l'arbitrage[1338] en général et à l'arbitrage multipartite en particulier[1339], et, d'autre part, une politique favorable au regroupement des victimes des dommages de masse[1340].

Plusieurs systèmes juridiques disposent aujourd'hui au sein de leur arsenal procédural, d'une action de groupe. Si les actions de groupe se développent à grands pas dans les pays qui ne connaissaient pas auparavant ce genre de procédure, on pourrait estimer que l'arbitrage collectif suivra la même évolution. A ce propos, plusieurs débats concernant l'arbitrage collectif ont d'ailleurs déjà été amorcés à l'extérieur des États-Unis[1341], comme c'est par exemple le cas du Canada qui possède déjà des formes relativement développées d'actions de groupe[1342].

422. **L'arbitrage collectif en Europe**. L'Europe ne semble pas épargnée par la vogue de l'arbitrage collectif, au moins dans les pays ayant déjà consacré une action de groupe au sein de leur arsenal procédural à l'instar de l'Allemagne. Après une opinion émise par la cour de justice fédérale allemande, selon laquelle certains litiges opposant les actionnaires à la société sont arbitrables[1343], l'institut allemand pour l'arbitrage *(DIS)* a adopté en 2009, des règles spéciales permettant le recours à l'arbitrage collectif pour les litiges entre actionnaires et entités financières (*DIS Supplemetary Rules for Corporate Law Disputes)*[1344].

[1337] D. H. FREYER et G. A. LITT, « Desirability of International Class Arbitration », consultable sur : http://www.skadden.com/sites/default/files/publications/Publications2487_0.pdf.

[1338] Ainsi, selon Madame Strong in: S. I. STRONG, « *Class actions outside the United-States, Reading the Tea Leaves*», p.10: « *Certainly, any hostility to arbitration in general on behalf of the national courts or legislature would be fatal to the development of a novel form of arbitration* ». En France, la nouvelle loi sur l'arbitrage est considérée comme étant favorable à l'arbitrage. Sur cette nouvelle loi voir : T. CLAY, « Liberté, Égalité, Efficacité : La devise du nouveau droit français de l'arbitrage, commentaire article par article », *J. D. I. 2012.825* ; Les États- Unis ont adopté une politique nationale favorable à l'arbitrage à travers le *Federal Arbitration Act* (« *FAA* »), lequel est consultable sur : http://www.sccinstitute.com/media/37104/the-federal-arbitration-act-usa.pdf. Il en est de même au Canada à travers le *Commercial Act Arbitration* au niveau fédéral consultable sur : http://laws-lois.justice.gc.ca/eng/acts/c-34.6/.

[1339] Il en est le cas ainsi en droit français où la jurisprudence française admet le rayonnement de la clause d'arbitrage au-delà des parties signataires de la convention d'arbitrage. Voir : H. MUIR WATT, « Économie de la justice et arbitrage international (Réflexions sur la gouvernance privée dans la globalisation », *Rev. arb. 2008. 389*, spéc. p. 411.

[1340] S. I. STRONG, « Resolving Mass Legal Disputes through Class Arbitration: The United States and Canada Compared », 37 N. C. J. Int'l L. & Com. Reg. 921 (2012), spéc. p. 941.

[1341] C'est le cas du Canada, de la Colombie et du Luxembourg. Voir à cet égard : S. I. STRONG, « Class Arbitration Outside the United States : Reading The Tea Leaves », DOSSIER VII : ARBITRATION AND MULTIPARTY CONTRACTS (ICC Institute of World Business Law 2010), consultable sur : http://papers.ssrn.com/sol3/papers.cfm?abstract_id=1517272, spéc. p. 1 avec les références citées.

[1342] S. I. STRONG, « Resolving Mass Legal Disputes through Class Arbitration: the United States and Canada compared», 37 N.C. J. Int'l L. & Com. Reg. 921 (2012), spéc. p. 961.

[1343] S. I. STRONG, « Collective Arbitration Under the DIS Supplementary Rules for Corporate Law Disputes : A European Form of Class Arbitration? », 29 ASA Bulletin, p. 145 (2011), spéc. p. 148.

[1344] Ces règles sont disponibles en langue anglaise. Voir *DIS Supplementary Rules for Corporate Law Disputes*, consultable sur : http://www.dis-arb.de/en/16/regeln/dis-supplementary-Rules-for-corporate-law-disputes-09-srcold-id15.

L'arbitrage institué par les *DIS Supplementatry Rules* est un arbitrage collectif puisque ces règles ont été prévues pour la résolution des litiges opposant la société à ses actionnaires ou pour les litiges opposant les actionnaires eux-mêmes entre eux[1345]. Ces litiges mettent en cause plusieurs parties[1346] et leur résolution s'opère à travers une sentence unique qui lie aussi bien les actionnaires[1347] que la société. Ses effets peuvent également s'étendre à des personnes qui ne sont pas parties à l'instance arbitrale[1348].

Un autre exemple de procédure instituant un arbitrage collectif en Europe vient de l'Espagne[1349]. Abandonnant la position traditionnelle hostile à l'arbitrage dans le domaine du droit de la consommation, la loi n°231/2008 a admis le recours à l'arbitrage collectif en la matière[1350].

423. Les différentes formes d'arbitrage collectif. Puisque la procédure américaine de *class action* n'a pas été consacrée par l'intégralité des systèmes juridiques, le développement de l'arbitrage collectif implique nécessairement la possibilité d'initier devant un tribunal arbitral d'autres formes d'actions de groupe, différentes de celle de la *class action* américaine. En effet, la pratique actuelle montre que les actions de groupe arbitrales reflètent plus ou moins l'action de groupe consacrée par tel ou tel système juridique. Plusieurs exemples peuvent être avancés en la matière.

Les règles spéciales qui régissent l'arbitrage collectif consacrées par les *Supplementary Rules for Class Arbitrations* de l'*AAA* ont quasiment repris la procédure américaine de *class action.* L'action de classe est transversale [1351] et ne reconnaît aucune restriction quant au domaine pouvant faire l'objet d'un arbitrage collectif. De même, la certification de l'action devant l'arbitre se fait conformément aux critères mis en avant par l'article 23

1345 Ces dispositions s'appliquent uniquement aux litiges opposant les associés ou ceux opposant les associés avec la société, dans l'hypothèse où la société prend la forme d'une société à responsabilité limitée. Elles s'appliquent également aux *Partnerships.* Par contre, ces dispositions ne s'appliquent pas aux sociétés cotées puisque les litiges opposant les associés à la société ou ceux opposant les associés entre eux sont inarbitrables.

1346 Les *DIS Supplementary Rules for Corporate Law Disputes* ont prévu une clause d'arbitrage type. Conformément au paragraphe 1 de ces règles: « *All disputes arising between the shareholders or between the corporation and its shareholders in connection with these articles of incorporation or their validity shall be finally settled according to the Arbitration Rules (DIS-SchO) and the Supplementary Rules for Corporate Law Disputes (DIS-SRCoLD) of the German Institution of Arbitration (DIS) without recourse to the ordinary courts of law* ».

1347 Les *DIS supplementary Rules* disposent que la sentence arbitrale lie les anciens actionnaires de la société. Ainsi, selon l'article 3 de ces règles: « *Former shareholders remain bound by this arbitration agreement* ».

1348 Conformément à la section 2.1 de ces règles «*Disputes requiring a single decision binding all shareholders and the corporation and in which a party intends to extend the effects of an arbitral award to all shareholders and the corporation without having been introduced as a party to the arbitral proceeding (Concerned others)* ».

1349 Sur l'arbitrage collectif en Espagne voir : S. I .STRONG, « Collective Consumer Arbitration in Spain: A Civil Law Response to US-Style Class Arbitration », 30 J. Int'L Arb.495. (2013); B. M. CREMADES et R. CORTES, « Class Actions and Arbitration Procedures-Spain, » in *Class Actions and Arbitration in the European Union, op.cit.* spéc. p.153.

1350 Real Decreto6-Ley 231/2008 de 15 de febrero, por el que se regula el Sistema Arbitral de Consumo, Boletin Officql Del Estado, lunes 25 de Febrero de 2008 , Nun.48, Pag .11072, Arts 52-56, tel que cité dans l'article de : S.I. STRONG, « Collective Consumer Arbitration in Spain : A Civil Law Response to US-Style Class Arbitration », 30 J. Int'L Arb.495. (2013), spéc. p. 497.

1351 Ainsi, selon l'article 1 des *AAA supplementary Rules for Class arbitrations, op.cit.* « *These Supplementary Rules for Class Arbitrations ("Supplementary Rules") shall apply to any dispute arising out of an agreement that provides for arbitration pursuant to any of the Rules of the American Arbitration Association (...)* ».

des règles fédérales de procédure civile américaines[1352] et enfin, la détermination de la classe s'opère conformément au mécanisme de l'*opt out*[1353].

La situation est bien différente lorsqu'il s'agit des *DIS Supplementary Rules* telles qu'adoptées par l'institut allemand de l'arbitrage. Sans consacrer entièrement l'action de groupe qui existe en droit allemand[1354], l'arbitrage collectif en Allemagne est inspiré par le système européen et allemand de résolution des litiges de masse. Dans un premier temps, et à l'instar de l'action de groupe allemande[1355], l'arbitrage collectif ne concerne que des matières bien spécifiques. Assurément, il s'agit des litiges relevant du domaine financier opposant les actionnaires à la société ou opposant les actionnaires entre eux[1356] dans des sociétés non cotées[1357]. Dans un second temps, en ce qui concerne les parties à l'arbitrage collectif, les *DIS Supplementary Rules* mettent bien en exergue la conception européenne de l'action en justice et sa nature individuelle en exigeant des membres de la classe de manifester leur volonté de se joindre à la procédure (système de l'*opt in*). Ainsi, lorsqu'une demande d'arbitrage est déposée, le demandeur est tenu d'identifier les « *parties concernées* » - « *concerned others* »[1358]-, à l'égard desquelles la sentence produira ses effets afin de leur envoyer la demande d'arbitrage[1359]. Le défendeur peut également nommer les « *parties intéressées* » qui n'auraient pas été identifiées par le demandeur[1360]. Ces dernières sont tenues, dans un délai de 30 jours, de manifester leur volonté de rejoindre la procédure en tant que partie ou en tant qu'intervenant[1361]. Mais cela ne veut pas dire pour autant que la sentence arbitrale n'aura pas *res judicata* à l'encontre des « *parties*

1352 Voir à cet égard l'article 4.3 (a) des *AAA supplementary Rules for Class arbitrations.*: « *Prerequisites to a class arbitration: In doing so, the arbitrator shall determine whether one or more members of a class may act in the arbitration as representative parties on behalf of all members of the class described. The arbitrator shall permit a representative to do so only if each of the following conditions is met: (1) the class is so numerous that joinder of separate arbitrations on behalf of all members is impracticable; (2) there are questions of law or fact common to the class (...) (3) the claims or defenses of the representative parties are typical of the claims or defenses of the class; (4) the representative parties will fairly and adequately protect the interests of the class; (5) counsel selected to represent the class will fairly and adequately protect the interests of the class* ».

1353 Ainsi, conformément à l'article 6b.5 des *AAA supplementary Rules for Class arbitrations, op.cit.* : « *The notice of class determination must concisely and clearly state in plain, easily understood language: that the arbitrator will exclude from the class any member who requests exclusion, stating when and how members may elect to be excluded* ».

1354 Sur l'action de groupe allemande voir *supra n°* 55.

1355 L'action de groupe allemande concerne exclusivement les litiges de masse en matière financière.

1356 Ainsi, selon la clause type consacrée par les *DIS Supplementary Rules for Corporate Law Disputes*: « *All disputes arising between the shareholders or between the corporation and its shareholders in connection with these articles of incorporation or their validity shall be finally settled according to the Arbitration Rules (DIS-SchO) and the Supplementary Rules for Corporate Law Disputes (DIS-SRCoLD) of the German Institution of Arbitration (DIS) without recourse to the ordinary courts of law* ».

1357 Voir ainsi *DIS Supplementary Rules for Corporate Law Disputes*: :«*The DIS-Supplementary Rules are especially suitable for limited liability companies (GmbH) under German law. They are generally also suitable for partnerships (Personengesellschaften); however, for partner resolution disputes mainly if the partnership agreement provides that a claim against a partners' resolution shall be filed against the partnership itself. Arbitration agreements in the statutes of a stock corporation (Aktiengesellschaft) listed on the stock exchange are considered inadmissible according to the prevailing view because of the mandatory requirements (Satzungsstrenge) applicable to the statutes of a stock corporation (section 23 subsection 5 German Stock Corporation Act). Whether this also applies for the "small" stock corporation, with a limited number of shareholders and which is not listed on the stock exchange, has not yet been decided by the Federal Court of Justice (Bundesgerichtshof)* ».

1358 Voir la section 2.1 des *DIS Supplementary Rules.*

1359 Voir la section 2.2 des *DIS Supplementary Rules.*

1360 Voir la section 3.2 des *DIS Supplementary Rules.*

1361 Voir la section 3.1 des *DIS Supplementary Rules.*

intéressées » identifiées mais n'ayant pas rejoint l'instance. En effet, en adoptant les *DIS Suppelemtary Rules*, les parties à un potentiel litige s'engagent à reconnaître les effets de la sentence arbitrale, quand bien elles décideraient de ne pas participer à l'instance en tant que parties ou intervenants[1362]. Dans ce cas, elles pourront intervenir au procès, même après l'expiration du délai de l'*opt in* sous certaines conditions[1363]. La renonciation des parties à se prévaloir de la nature individuelle de l'action empêchera celles qui n'ont pas participé à la procédure d'intenter de nouvelles actions à l'encontre du même défendeur et concernant le même litige.

Pareilles constatations peuvent aussi être émises dans le cadre de l'arbitrage collectif en Espagne. Cet arbitrage est plus ou moins le reflet du système d'agrégation de litige de masse tel que consacré en Espagne. D'une part, le recours à cet arbitrage n'est possible que dans le domaine relevant du droit de la consommation et ce, par le biais d'un compromis d'arbitrage signé après la naissance du litige[1364]. D'autre part, le recours à l'arbitrage collectif est conditionné par l'acceptation de la part du prétendu responsable de ce type d'arbitrage et ce n'est que suite à une telle acceptation, qu'il appartient aux demandeurs de manifester expressément leur volonté de se joindre à ce dernier. Par ailleurs, l'arbitrage ne peut être institué que devant des comités d'arbitrage spécialisés en matière de consommation, instaurés par la loi et dont la compétence territoriale est limitée aux litiges survenant dans leur ressort[1365]. Dans le cas d'un litige mettant en jeu des consommateurs en provenance de plusieurs régions, l'arbitrage sera régi par un comité d'arbitrage national[1366].

La décision de procéder par arbitrage collectif est initialement prise par le président du comité d'arbitrage compétent, qui peut, de sa propre initiative ou après avoir été saisi par des associations de consommateurs, décider du caractère approprié ou non d'un arbitrage collectif[1367]. Le cas échéant, la décision du comité d'arbitrage sera notifiée au prétendu responsable qui doit alors manifester son acceptation à un traitement collectif de l'arbitrage[1368]. Si ce dernier refuse de procéder collectivement à l'arbitrage, le comité clôturera alors la procédure[1369]. En cas d'acceptation de l'arbitrage collectif, le comité procédera à la notification de la procédure arbitrale collective aux consommateurs lésés par sa publication dans le journal officiel, à moins que le président ne considère que d'autres formes de notifications puissent s'avérer plus efficaces. Les victimes ont un délai de deux mois pour adhérer à la procédure arbitrale collective[1370]. L'arbitrage collectif se base ainsi sur le mécanisme d'*opt in.*

424. Les domaines couverts par l'arbitrage collectif - l'existence d'une relation contractuelle entre les parties - matière délictuelle -. À l'instar des actions de groupe

1362 Voir l'article 2 des *DIS Supplementary Rules.*

1363 Voir la Section 4.3 des *DIS Supplementary Rules.*

1364 Article 56 de la loi 231/2008.

1365 Article 57 et 59 de la loi 231/2008.

1366 Article 47 de la loi 231/2008.

1367 Article 58 .1 de la loi 231/2008.

1368 Article 58.2 de la loi 231/2008.

1369 Article 59.1 de la loi 231/2008.

1370 Article 59.1 de la loi 231/2008.

intentées devant les différents tribunaux étatiques, l'arbitrage collectif, qui n'est encore aujourd'hui que le reflet de ces dernières[1371], devrait pourtant couvrir une large variété de domaines comme le droit des assurances, le droit de la consommation, le droit du travail[1372], le droit financier et le droit de la concurrence. L'expérience américaine a montré que les *class actions arbitrations* sont limitées à l'existence d'une relation contractuelle entre les parties[1373]. Cependant, l'arbitrage collectif pourrait également se développer en matière délictuelle, dès lors que le dommage de masse touche une multitude de personnes, sans même qu'ait existé une relation contractuelle préalable entre l'auteur du dommage et les victimes. La compétence de l'arbitre tiendra dans cette hypothèse de la signature d'un compromis d'arbitrage entre les différentes victimes et l'auteur du dommage.

II- L'internationalisation de l'arbitrage collectif

425. Les hypothèses d'internationalisation de l'arbitrage collectif. Il a fallu une dizaine d'années pour que la *class action arbitration*, connue pour être une pratique domestique américaine, soit utilisée dans le cadre d'un arbitrage international[1374]. D'une manière générale, l'internationalisation de l'arbitrage collectif peut se présenter dans plusieurs hypothèses. En effet, il en est ainsi lorsque l'arbitrage collectif implique un défendeur domicilié en dehors de l'État du siège de l'arbitrage, ou, bien que domicilié dans cet État, il possède des actifs dans un État tiers, ou finalement, lorsque les membres de la classe eux-mêmes se trouvent domiciliés dans plusieurs pays autres que le pays du siège de l'arbitrage[1375]. À l'heure actuelle, c'est la *class action arbitration*, par opposition à d'autres formes d'arbitrages collectives, qui s'est internationalisée[1376]. Plusieurs affaires peuvent d'ailleurs être reportées.

1371 C. J. BUCKNER, « Toward a Pure Arbitral Paradigm of Class wide Arbitration: Arbitral Power and federal Preemption », 82 Denv. U. L. Rev. 301(2014).

1372 S. I. STRONG, « Resolving Mass legal Disputes through Class Arbitration: The United States and Canada Compared », 37 N. C. J. Int'l L. & Com. Reg. 921 (2012), spéc. p.935.

1373 Dans son intervention devant la Cour Suprême américaine en tant qu'*amicus curiae* dans le cadre de l'affaire *Stolt –Nielson, l'American Bar Association* avait noté que 37% des *class arbitrations* administrées par l'*AAA* étaient relatives au droit de la consommation, 37% mettaient en jeu le droit du travail et 7% concernaient le droit de la franchise.

1374 S. I. STRONG, « From Class to Collective, the De-Americanization of Class Arbitration », University of Missouri School of Law Legal Studies Research Paper No.2012-16, consultable sur : http://papers.ssrn.com/sol3/papers.cfm?abstract_id=1656511.

1375 S. I. STRONG, « Class Arbitration outside the United States: Reading the Tea Leaves », *op.cit.* p. 1. Ces hypothèses correspondent bien aux dispositions de l'article 1 de la Convention de New York de 1958 sur la reconnaissance et l'exécution des sentences arbitrales: « *La présente Convention s'applique à la reconnaissance et à l'exécution des sentences arbitrales rendues sur le territoire d'un État autre que celui où la reconnaissance et l'exécution des sentences sont demandées, et issues de différends entre personnes physiques ou morales. Elle s'applique également aux sentences arbitrales qui ne sont pas considérées comme sentences nationales dans l'État où leur reconnaissance et leur exécution sont demandées* ». Le texte de la convention de New York est consultable sur : http://www.admin.ch/opc/fr/classified-compilation/19580084/201305010000/0.277.12.pdf

1376 S. I. STRONG, « The Sounds of Silence: Are U.S. Arbitrators Creating Internationally Enforceable Awards When Ordering Class Arbitration in Cases of Contractual Silence or Ambiguity », 30 Mich. J. Int'l L.1017, spéc. p.1023.

En matière d'arbitrage commercial international, deux affaires peuvent être mentionnées. La première, *Harvard College v. JSC Surguntneftegaz* est relative à une *class action arbitration* initiée conformément aux *Supplementay Rules for Class Arbitrations* de l'*AAA*[1377] par le président de l'Université Harvard en son nom et au nom de tous les membres de la classe ayant subi le même dommage en vue de l'obtention de dommages et intérêts. Le contrat de dépôt signé par les investisseurs, dont le représentant de la classe alléguait la violation par la société, contenait une clause d'arbitrage. La *class action arbitration* était internationale, puisque figuraient parmi les porteurs de titres lésés, des investisseurs suisses et allemands. Le montant des dommages subis par les membres de la classe s'élevait à plusieurs millions de dollars. Conformément au *Supplementary Rules for Class Arbitrations* de l'*AAA*, les arbitres ont rendu une sentence arbitrale partielle interprétant la clause d'arbitrage comme permettant le recours aux *class arbitration*[1378].

Beaucoup plus connue est l'affaire *Stolt- Nielsen S.A. v. Animal Feeds International* [1379]relative à une *class arbitration* internationale dans le domaine du droit maritime. Dans cette affaire, la société *Animal feeds* avait expédié des marchandises conformément à un contrat standard de charte-partie qui contenait une clause d'arbitrage. *Solt –Nielsen SA*, et d'autres affréteurs qui avaient tous souscrit à des chartes-parties contenant des clauses d'arbitrage similaires, ont initié une *class action* à l'encontre de la société *Animal feeds* et d'autres compagnies en alléguant que ces dernières étaient impliquées dans une entente internationale sur les prix. La *class arbitration* était ici internationale puisque les membres de la classe étaient en provenance de plusieurs systèmes juridiques. Il est vrai que dans cette affaire, la Cour Suprême américaine a considéré qu'une *class arbitration* ne pouvait être certifiée en l'absence de consentement exprès de la part des parties à l'arbitrage collectif, mais cela ne signifie nullement que l'arbitrage collectif international soit définitivement condamné, et d'autant plus que cette décision a fait l'objet de critiques virulentes de la part de la majorité de la doctrine américaine[1380].

[1377] Pour plus de détails sur cette affaire , consultez-le *Class arbitration Docket* sur : http://www.adr.org/aaa/faces/services/disputeresolutionservices/casedocket/casedocketdetails?doc=ADRSTG 003064& afrLoop=2808798297216442& afrWindowMode=0& afrWindowId=ukfuzyk52 60#%40%3F afrWindowId%3Dukfuzyk52 60%26 afrLoop%3D2808798297216442%26doc%3DADRSTG 003064%26 afrWindowMode%3D0%26 adf.ctrl-state%3Dukfuzyk52 112.

[1378] Sur l'interprétation du consentement des parties à l'arbitrage collectif, voir *infra* n°487 et suiv.

1379 *Stolt- Nielsen S.A. v. Animal Feeds International*, 130.S.Ct.1758 (2010). Pour un commentaire de cette décision (sans prétendre à l'exhaustivité), voir : P. WILLIAM, « La jurisprudence américaine en matière de class arbitration, entre débat politique et technicité juridique », *Rev. arb. 2012. 507* ; S. I. STRONG, « Does Class Arbitration « Change the Nature » of Arbitration? Stolt-Nielsen, AT &T and a Return to First Principles », 17 Harv. Negot. L. Rev. 201 (212); T. E. CARBONNEAU, « The Assault on Judicial Deference », 23 Am. Rev. Int'l Arb. 417 (2012); G. A. BERMANN, « The Supreme Court Trilogy and its Impact on U.S. Arbitration Law », 3 Am. Rev. Int'l Arb.22 (2011); A. S. RAU, « Arbitral Power and the Limits of Contract: The New Trilogy »; 22 Am. Rev. Int'l Arb. 435 (2011); T. J. STIPANOWICH, « The Third Arbitration Trilogy: Stolt-Nielsen, Rent-A-Center, Concepcion and the Future of American Arbitration» , consultable sur : https://www.aryme.com/docs/adr/2-4-161/2011_us_thomas_stipanowich_third_arbitration_trilogy.pdf ; H. SMIT, « Does a Silent Arbitration Clause Preclude a Class Action, The Supreme Court View », 20 Am. Rev. Int'l Arb. 461 (2009).

[1380] Voir à titre d'exemple: G. BORN et W. CUTLER, « The U.S.Supreme Court and Class Arbitration: A Tragedy of Errors », consultable sur: http://kluwerarbitrationblog.com/blog/2011/07/01/the-u-s-supreme-court-and-class-arbitration-a-tragedy-of-errors/. Les auteurs avaient ainsi considéré que « *Justice Scalia's opinion is profoundly misconceived and fundamentally misunderstands the arbitral process* ».

426. L'arbitrage collectif et le droit des investissements international. Le droit des investissements international a également été marqué par le développement de l'arbitrage collectif désigné par le terme « arbitrage de masse » ou par « *mass arbitration* »[1381]. L'affaire *Abacalat v. Argentine Republic* est à cet égard riche d'enseignements[1382].

Ce dossier opposait des milliers de porteurs de titres italiens insatisfaits par les mesures de restructuration de dettes reprises par l'Argentine après la crise économique. Huit groupes de banques italiennes ont ainsi formé une association dénommée *Task force Argentina* (ci-après « ***TFA*** ») dont l'objet consistait aussi bien à représenter qu'à défendre les intérêts des obligataires italiens dans le processus de négociation d'une transaction avec l'État argentin. Après l'échec des négociations, l'association a obtenu un nouveau mandat des obligataires individuels et institutionnels, consistant, entre autres, à accorder à l'association le pouvoir de les représenter dans un arbitrage CIRDI. Le *Mandate Package*[1383]a ainsi été accepté par 180 000 obligataires ; leur nombre s'est finalement réduit à 6 000. Un arbitrage CIRDI a alors été intenté par l'association au nom de tous les obligataires. Les parties ainsi que le tribunal CIRDI ont accepté de scinder la procédure en deux phases. Il avait ainsi été décidé qu'une première sentence statuerait

---

1381 Cette dénomination, « arbitrage de masse » (« *mass arbitration* ») tient au fait que dans l'affaire *Abaclat*, la procédure utilisée pour le regroupement des obligataires a été considérée par la majorité des arbitres comme étant de nature hybride, prenant aussi bien la forme d'une procédure d'agrégation qu'une procédure de représentation. Voir ainsi : S. LEMAIRE, *Rev. arb. 2013.478*; S. I. STRONG, « Mass Torts and Arbitration: Lessons From Abaclat v. Argentine Republic », *op.cit.*, spéc. p. 50. De ce fait, la doctrine qui s'est intéressée à ce sujet utilise la dénomination *mass procedure* pour designer cette nouvelle forme d'arbitrage collectif en matière d'arbitrage d'investissements. Voir, S. I. Strong, « Class, Mass and Collective Arbitration in National and International Law », University of Missouri School of Law Legal *Studies Research, Paper No.2012-35*, consultable sur :http://ssrn.com/abstract=2185084; S. I. STRONG, « Mass Procedures in Abaclat v. Argentine Republic: Are They Consistent With the International Investment Regime? », University of Missouri School of Law Legal Studies Research Paper No.2012-17, consultable sur : http://ssrn.com/abstract=2083219;

1382 *Abaclat v. Argentine Republic*, CIRDI. ARB/07/5, Decision on jurisdiction and admissibility dated 4 August 2011, consultable sur: https://icsid.worldbank.org/ICSID/FrontServlet, *Rev. arb. 2013. 478*, obs. S. LEMAIRE; *Cah. arb. 2011. 1007*, obs. B. POULAIM. L'analyse de cette affaire fera l'objet de notre deuxième chapitre. Cette affaire est invoquée ici uniquement afin d'illustrer l'internationalisation de l'arbitrage collectif. Pour un commentaire de cette affaire et sans prétendre à l'exhaustivité, voir : K. H. CROSS, « Investment Arbitration Panel Upholds Jurisdiction to Hear Mass Bondholder Claims Against Argentina », ASIL Insights Vol. 15 Iss. 30 (2011), consultable sur : http://www.asil.org/pdfs/insights/insight111121.pdf; L. E. PETERSON, « Majority Opinion in ICSID Bondholders Claim Has Broader Lessons for Defaulting Sovereigns, Fractured Tribunals, Shareholder Groupings, and Would-Be Claimants Needing Help Getting ICSID Claims Registred », in Investment Arbitration reporter, Aug. 19.2011, consultable.sur: http://www.iareporter.com/articles/201108192. ; A. DE LUCA, « Collective Actions in ICSID Arbitration: The Argentine Bonds Case (2012) », The Italian Yearbook of International Law XXI, p.211 (2011), consultable sur: http://ssrn.com/abstract=2239595. Sur la pratique de *mass arbitration* voir : S. WIESSNER, « Democratizing International Arbitration ? Mass Claims Proceedings in Abaclat v.Argentina », 1 Journal of International and Comparative Law, p.55 (2014); consultable sur :http://papers.ssrn.com/sol3/papers.cfm?abstract_id=2471271;

1383 Le *Mandate package* contenait ainsi : 1- une lettre d'instruction expliquant les objectifs de la procédure d'arbitrage initiée devant la CIRDI ; 2- Une déclaration de consentement, une délégation de pouvoir, et un mandant pour le cabinet White and Case afin d'agir au nom des obligataires ; 3- un mandat octroyé à l'association TFA lui permettant de coordonner l'arbitrage CIRDI ; 4- un questionnaire concernant les documents et les informations relatifs à la nationalité et la propriété des obligations en question ; 5- Des instructions supplémentaires concernant le regroupement des documents.

sur la compétence et l'admission de l'arbitrage collectif, tandis que la seconde statuerait sur le fond de l'affaire[1384]. Dans le cadre de la première sentence, le tribunal arbitral a rendu une décision majoritaire validant l'utilisation de la procédure de *mass arbitration*. La majorité a cependant nuancé cette conclusion en considérant qu'il ne s'agissait pas de créer une règle de procédure à portée générale destinée à la résolution des litiges de masse dans le contexte d'un arbitrage CIRDI[1385], insistant ainsi sur le fait qu'il s'agissait d'une procédure spécifique à l'affaire en jeu[1386]. Cependant, l'admission de la majorité dans le cadre de l'affaire *Ambiente Ufficio v. Argentine Republic*[1387]de la possibilité de regroupement de 90 demandeurs dans le cadre d'un arbitrage « multipartite »[1388] engagé à l'encontre de l'Argentine, nous porte à croire que la pratique de l'arbitrage collectif s'imposera dans le cadre des prochains arbitrages CIRDI.

427. ***Transition.*** Le défendeur à une potentielle action de groupe désirant régler le contentieux de masse par le biais d'une action de groupe globale a le choix entre les clauses d'élection de for et les clauses d'arbitrage. Ces deux options peuvent théoriquement aboutir à des solutions identiques. Cependant, le choix entre l'une ou l'autre des clauses pourrait avoir des conséquences importantes. En effet, la résolution du contentieux international des actions de groupe par voie privée présente des avantages plutôt importants. Il convient ainsi d'exposer les différents éléments qui font de l'arbitrage international un mécanisme « supérieur » pour la régulation du contentieux de masse international.

1384 Cette sentence est disponible sur le site du CIRDI : https://icsid.worldbank.org/ICSID/FrontServlet?requestType=CasesRH&actionVal=showDoc&docId=DC3130_En&caseId=C95

1385 Ainsi, selon le tribunal arbitral dans le cadre de l'affaire *Abaclat v. Argentine Republic*, CIRDI. ARB/07/5, Decision on jurisdiction and admissibility dated 4 August 2011, spéc. n°293: « *However, the Tribunal is also of the opinion that, subject to the specific provisions of a treaty in question and of the circumstances of the actual case, it should pay due consideration to earlier decisions of international tribunals, where it believes that such consideration is appropriate in the light of the specific factual and legal context of the case and the persuasiveness of the legal reasoning of these earlier decisions* ».

1386 En effet, le tribunal s'est posé la question suivante (spéc. n°526-527): « *Can the Tribunal fill the gap created by the collective aspect of the claim on an ad hoc basis and through the design of specific Rules, or would this require the creation and/or modification of general Rules which are under the competence of the Administrative Council?* » Sa réponse était comme suit: « *This question cannot (and should not) be answered in the abstract. Not only would this imply creating general principles thereby relying on a terminology, which is as diverse and varied as the currently existing forms and modalities of collective proceedings, but it would also go beyond the powers of the Tribunal to fill a specific gap regarding the conduct of specific proceedings. What the Tribunal however can (and should) do is to analyse this question in a concrete manner (…)* ».

1387 *Ambiente Ufficio SpA and others v Argentine Republic*, CIRDI, N°ARB/08/9, Decision on Jurisdiction and Admissibility (8 February 2013), consultable sur: http://www.italaw.com/sites/default/files/case-documents/italaw1276.pdf. Pou un commentaire de cette décision, voir: S .I. STRONG, « Heir of Abaclat? Mass and Multiparty Proceedings », 29 ICSID Review-Foreign Investment Law Journal (2014).

1388 Cette terminologie a été utilisée en vue de distinguer l'arbitrage dans la présente affaire de celui engagé dans cadre de l'affaire *Abaclat* et désigné par « *mass arbitration* » en raison du nombre très élevé de demandeurs.

Section II : Les éléments sous-tendant la « supériorité » de l'arbitrage international dans la régulation du contentieux international des actions de groupe

428. Les questions de droit international privé soulevées par l'internationalisation du contentieux international des actions de groupe sont, comme nous l'avons déjà vu, d'une grande complexité. Les difficultés se présentent tout d'abord avec la détermination du for compétent à l'égard de l'ensemble de la classe, puis se rencontrent lors de la question de la loi applicable au fond du litige, pour finir sur celle de la circulation dans l'ordre international de la décision rendue à l'issue d'une action de groupe[1389].

L'arbitrage collectif permet de faire l'économie d'un certain nombre de ces difficultés, donnant à ce mode de règlement du litige, un caractère supérieur par rapport à la résolution du contentieux devant les tribunaux étatiques[1390]. Ainsi, l'arbitrage permettra de résoudre définitivement le contentieux de masse devant un for unique et neutre, par le biais d'une sentence arbitrale qui pourra facilement être reconnue dans plusieurs États **(§2)**. Une telle supériorité provient également des avantages de l'arbitrage international en tant que mode privé de résolution des litiges, lesquels sont encore plus patents dans l'hypothèse d'un contentieux de masse **(§1)**.

§1- Les éléments de concurrence de l'arbitrage international indépendants de l'hypothèse d'un contentieux de masse international

429. L'arbitrage international, en tant que mécanisme privé de résolution des litiges, présente des avantages par rapport au mécanisme étatique. Ces derniers ne sont pas spécifiques à l'hypothèse du contentieux de masse, mais leur confrontation à cette dernière hypothèse les rend encore plus convaincants. Il s'agit principalement de la rapidité de la procédure arbitrale **(I)**, de l'assurance de la neutralité du tribunal arbitral **(II)** et enfin, de la possibilité de recourir aux nouveaux moyens de communication **(III)**.

I- La rapidité de l'arbitrage par rapport au contentieux des actions de groupe engagé devant les tribunaux étatiques

430. Un arbitrage collectif est plus rapide qu'un contentieux de masse engagé devant les tribunaux étatiques. Si la rapidité est souvent considérée comme un avantage indéniable de l'arbitrage international, une telle caractéristique ne pourra pas être plus mise en valeur que dans le cadre d'un arbitrage collectif. En effet, on ne peut

1389 Sur la circulation d'une action de groupe internationale, voir le deuxième titre de notre seconde partie.

1390 Dans le cadre de sa consultation, *« Renforcer la cohérence de l'approche européenne en matière de recours collectif »*, la Commission européenne a admis l'utilité de l'arbitrage dans la résolution du contentieux de masse international considérant qu'il s'agit d'explorer les moyens de faciliter le recours aux modes alternatifs de règlement des litiges en cas de plaintes multiples. Voir ainsi : Commission européenne, Consultation Publique, *Renforcer la cohérence de l'approche européenne en matière de recours collectif*, précitée, spéc. n°19.

nullement douter que ce dernier aura l'avantage d'être plus rapide qu'un procès impliquant une action de groupe intentée devant un tribunal étatique[1391]. Dans l'hypothèse d'un contentieux étatique, l'expérience a montré que celui-ci peut durer plusieurs années : une action de groupe internationale met en jeu plusieurs parties et soulève des questions juridiques relativement épineuses et complexes que le juge est tenu de trancher. De plus, dans la plupart des systèmes juridiques ayant instauré une action de groupe, la résolution du contentieux de masse est entreprise par le juge de droit commun[1392] et non par des juges exclusivement désignés pour l'administration des litiges de masse. Nécessairement, la qualité de la justice rendue s'en voit réduite, et particulièrement du point de vue des délais nécessaires pour la clôture du dossier. Cela est d'autant plus vrai que le contentieux de masse nécessite une intervention beaucoup plus importante de la part du juge que dans le cadre d'un litige individuel[1393]. De même, dans les pays ayant récemment instauré de nouvelles formes d'actions de groupe, on peut estimer que les délais pour trancher le litige seront beaucoup plus longs en raison notamment du manque d'expérience des juges en la matière.

431. L'importance du facteur temps dans le cadre d'un contentieux de masse international. La résolution rapide du litige revêt une importance particulière pour les parties à un contentieux de masse international, principalement pour le défendeur. En effet, ce contentieux, qui génère des coûts plutôt élevés pour le défendeur, nécessite la mobilisation par celui-ci d'importantes ressources économiques. Par conséquent, le défendeur aura intérêt à mettre fin au litige le plus rapidement possible afin de reprendre ses activités et regagner la confiance du public et du marché. Un tel objectif sera difficilement réalisable lorsque le contentieux, souvent très médiatisé, se prolonge dans le temps, nuisant encore plus à l'image du défendeur. Dans ce contexte, l'arbitrage collectif constitue évidemment un mécanisme de résolution plus efficace que le contentieux étatique. D'une part, les arbitres sont désignés pour trancher le litige et s'y consacrent entièrement et doivent respecter les délais légaux ou ceux consentis par les parties. D'autre part, les arbitres sont choisis pour leur expertise, aussi bien procédurale que substantielle, ce qui les place dans une position supérieure à celle des juges étatiques du point de vue de la qualité de la justice rendue.

1391 Dans le même sens, *AAA supplementary Rules for Class arbitrations*, spéc, p. 24.

1392 En droit français, même si les tribunaux de grande instance sont exclusivement compétents pour recevoir les actions de groupe engagées par les associations de consommateurs (article L. 221-15 du Code l'organisation judiciaire issu de l'article 2 de la loi du 17 mars 2014), il n'existe pas de chambres spécifiquement compétentes en la matière.

1393 Ainsi, selon *The Federal judicial Center*, tel que cité dans B. J. ROTHSTEIN et T. E. WILLGING, Federal Judicial Center, Managing Class Actions litigation: A pocket Guide for Judges, 3 edition, consultable sur : http://www.fjc.gov/public/pdf.nsf/lookup/ClassGd3.pdf/$file/ClassGd3.pdf : « *Judges not only must anticipate the consequences of poorly equipped class representatives or attorneys, inadequate class settlement provisions, and overly generous free stipulation but also cannot rely on adversaries to shape the issue that the judge must resolve in the class context. Judges in class actions can also expect to determine when and how to decide class certification motions and review notice plans and notices to the class action to ensure the best notice practicable* ».

432. L'arbitrage collectif est-il plus rapide qu'un arbitrage bilatéral classique ? Bien sûr, la résolution d'un litige dans le cadre d'un arbitrage collectif ne sera pas forcément identique du point de vue des « délais » à un arbitrage bilatéral classique. En effet, comme nous allons le voir, l'arbitrage collectif met en jeu un nombre important de parties et renferme plus de complexités. La résolution d'un litige dans le cadre d'un arbitrage bilatéral classique sera donc en général beaucoup plus rapide qu'elle ne l'est dans le cadre d'un arbitrage collectif.

Toutefois, une telle constatation est à nuancer : si le facteur temps est pris en considération dans une vision large et globale, l'économie de temps qui pourra résulter de l'arbitrage collectif sera de loin plus importante que dans l'hypothèse où le défendeur serait contraint à faire face à plusieurs demandes d'arbitrage bilatérales. Une telle constatation a bien été mise en relief par le tribunal CIRDI dans le cadre de l'affaire *Abaclat*[1394]. De même, un autre enseignement peut être tiré d'une affaire survenue Outre-Atlantique. Pour échapper à un arbitrage collectif, un défendeur a inséré dans les différents contrats qu'il a conclus avec des consommateurs, des clauses de renonciation aux actions de groupe. Le contentieux s'est ainsi infiniment étalé, le défendeur se retrouvant face à près de 1000 arbitrages individuels initiés par les différentes victimes, amenant ledit défendeur à saisir les tribunaux étatiques pour empêcher d'autres victimes d'engager de nouvelles procédures arbitrales[1395]. Cette affaire nous montre clairement qu'il est dans l'intérêt du défendeur de résoudre globalement son litige dans le cadre d'une procédure arbitrale unique qui est, certes, moins rapide qu'une procédure arbitrale bilatérale, mais beaucoup plus rapide qu'une multitude de procédures arbitrales engagées individuellement[1396].

II- La neutralité du tribunal arbitral

433. Les risques de préférences nationales manifestées dans le cadre d'un contentieux de masse international. La neutralité du for constitue un critère capital dans le cadre d'un contentieux de masse[1397], dans le sens que ce dernier met en jeu des intérêts économiques considérables pouvant avoir une influence sur l'économie d'un

---

[1394] Comme nous l'avons déjà mentionné, l'État argentin faisait face à 60 000 investisseurs italiens. La Cour (la majorité) a ainsi considéré : « *Forcing Argentina to face a 60,000 proceedings would be a much bigger challenge to Argentina's effective defense right than a mere limitation of its right to individual treatment of homogenous claims in the present proceedings* », *in Abaclat v. Argentina*, *op.cit.*, spéc. n°545.

[1395] S. I. STRONG, « Mass Tort and Arbitration: Lessons from Abaclat v. Argentine Republic », spéc. p. 37.

[1396] Certes, à se placer du point de vue de chaque demandeur, l'arbitrage collectif serait beaucoup plus lent qu'un arbitrage bilatéral classique. Cependant, il n'est pas sûr que les demandeurs soient en mesure d'engager un arbitrage bilatéral surtout dans les hypothèses de l'apathie rationnelle.

[1397] Même en dehors d'un contentieux de masse, la neutralité de l'arbitre constitue un des éléments les plus importants qui pousse les parties à choisir l'arbitrage pour la résolution de leur litige. Ainsi selon J. DAMMANN et H. HANSMANN, « Globalizing Commercial Litigation », consultable sur : http://papers.ssrn.com/sol3/papers.cfm?abstract_id=1113217, spéc. p.33: « *The two dominant reasons for choosing arbitration over courts, according to a broad survey of participants in international arbitration, are neutrality of the forum (…)* ».

pays déterminé. Or, nous avons déjà vu dans le cadre des *class actions* américaines engagées à l'encontre des sociétés américaines, comment la compétence juridictionnelle des tribunaux américains a parfois été instrumentalisée au service des intérêts économiques et politiques du for.[1398]

Cet argument de neutralité est en effet également avancé pour justifier l'insertion de clauses d'élection de for dans l'hypothèse où il existerait une relation contractuelle entre les deux parties[1399]. S'il est vrai que ces clauses permettent également aux parties de choisir un juge neutre, cela peut s'avérer plus difficile dans le cadre d'un contentieux de masse puisque ce dernier implique des parties en provenance de plusieurs endroits du globe, rendant nécessairement compliqué le choix d'un juge étatique qui n'ait aucun rapport avec les parties[1400]. Une telle difficulté ne se pose pas en matière d'arbitrage puisque le tribunal arbitral est entièrement détaché de tout for étatique. Dans un tel contexte, il semble donc évident que la neutralité s'avère plus réalisable en pratique dans le cadre d'un arbitrage collectif.

III- La possibilité d'utiliser de nouveaux moyens de communication dans le cadre d'un arbitrage collectif

434. Le développement de la pratique des conférences vidéo (*video conferencing*) dans l'arbitrage international. La pratique des conférences vidéo dans l'arbitrage international consiste en l'utilisation d'équipements vidéo et audio afin de connecter à l'arbitrage des participants qui ne sont pas situés dans la même zone géographique[1401]. Cette technologie autorise l'organisation de réunions virtuelles ainsi que la participation des différentes parties et témoins aux plaidoiries. La pratique, tout d'abord introduite devant les tribunaux étatiques américains dans le domaine de la médiation interne, ne s'est pas montré très encourageante. En effet, à l'époque, la qualité technologique se montrait très médiocre et son coût était relativement élevé[1402]. Cependant, avec les progrès technologiques accomplis lors de ces dix dernières années et des prix de plus en plus compétitifs, elle semble aujourd'hui beaucoup plus prometteuse[1403] et permet d'entretenir des conférences vidéo, notamment grâce au développement de la technique du *VOIP* combinée à l'utilisation de la *caméra web.*

Les avantages liés à l'utilisation des nouvelles technologies ont incité certaines institutions d'arbitrage à les introduire dans la pratique arbitrale, et ont même publié des

---

1398 Voir *supra* n°220.

1399 D. BUREAU et H. MUIR WATT, *Droit international privé, t 1, op.cit.,* spéc. n°142, p. 176.

1400 G. BORN, *International Commercial Arbitration, op.cit.,* spéc. p. 1364-65: « *Parties to arbitration can select a decision-maker (...) and who is free from any national prejudices relating to any of the parties* ».

1401 P. E. MASON et H.G.-NAON, « Video conferencing in international arbitration and Mediation Proceedings », consultable sur : https://imimediation.org/private/downloads/r81Jvmv-5sYWac1YtTG94g/videoconferencing-chapter-by-paul-mason.pdf. *in International Commercial Arbitration Practice: 21 st Centry Perspective,* P. E. Mason et H. G.-Naon (eds.), Lexis-Nexis Books, New York.

1402 Voir ainsi: M. LORE, « Mediation by Videoconferencing-Nothing is Lost », consultable sur: www.courtinfo.ca.gov/reference/rfp/documents/pgdmdes.pdf.

1403 E. SCHĂFER « Videoconferencing in Arbitration », 14(1) ICC Bull.35 (2003).

suppléments spéciaux en la matière[1404]. Certaines institutions d'arbitrage ont atteint des stades très avancés dans le domaine, en ouvrant par exemple aux parties un accès aux vidéos conférences par le biais de leur site internet[1405].

435. **Les raisons qui sous-tendent l'utilisation des nouvelles technologies.** L'utilisation des nouvelles technologies trouve sa justification dans la caractéristique même du contentieux de masse international. En effet elle permet de contourner les difficultés liées aux distances géographiques qui séparent les parties en rassemblant par vidéo-conférence le tribunal arbitral et les témoins. Effectivement même lorsque de nombreux efforts sont déployés pour choisir un tribunal arbitral qui soit au centre de toutes les parties impliquées dans le contentieux, l'objectif reste difficile à atteindre face à un dommage de masse global avec des parties dispersées à travers le monde. C'est pourquoi le recours à la pratique des vidéos-conférences constitue, à notre sens, une solution séduisante, et notamment parce qu'elle permet une économie d'énergie, de temps et d'argent. L'expérience a été couronnée de succès dans plusieurs arbitrages internationaux[1406], et quand bien même il ne s'agissait pas d'un contentieux international de masse, il est ainsi possible d'envisager un succès similaire dans l'hypothèse de l'arbitrage collectif.

La supériorité de l'arbitrage se trouve donc dans cette possibilité supplémentaire de recourir à ces nouveaux moyens de communication, indispensables à la résolution d'un contentieux de masse global. Il est vrai que la pratique des conférences vidéo n'est pas une exclusivité de la pratique arbitrale, plusieurs tribunaux étatiques l'utilisent également[1407]. Toutefois, un certain nombre de difficultés peuvent se présenter dans cette dernière hypothèse. Tout d'abord, le choix des parties reste bien limité puisque l'utilisation de telles technologies demeure aujourd'hui une spécificité de certaines juridictions[1408]. En second lieu, il est possible de s'interroger sur la réceptivité pratique des tribunaux étatiques compétents ou désignés par une clause attributive de juridiction, à l'utilisation de ces nouvelles technologies dans le cadre d'un contentieux international

---

1404 *Ibid.*

1405 E. MASON et H. G.-NAON, « Video conferencing in international arbitration and Mediation proceedings, consultable sur : https://imimediation.org/private/downloads/r81Jvmv-5sYWac1YtTG94g/videoconferencing-chapter-by-paul-mason.pdf. *in International Commercial Arbitration Practice: 21 st Centry Perspective,* spéc. p. 53.

1406 *Ibid.*

1407 Aux États-Unis, *Rule 43(a) of the Federal Rules of Civil Procedure* autorise l'utilisation de la pratique de video conferencing à condition qu'elle soit accompagnée d'un certain nombre de garanties. Pour l'utilisation de cette pratique aux États-Unis voir: C. A. O'Brien, « The North Carolina Business Court: North Carolina's Special Superior Court for Complex Business Cases », 6 N. C. Bank. Inst. 367 (2002); A. MAINE et H. CALKINS, « Something About Technology: Videoconferencing Revisited », 20 ME.B.J.76 (2005) ; L. Granite, « Special Report: Legal Tech 2006: Technology Gradually Filtering into Pennsylvania's Courtrooms», 28 PA. LAW, Nov.–Dec. 2006. La pratique de vidéo-conférence est aussi en vigueur au Royaume-Uni. Voir à cet égard : « *Access to Justice Act of 1999* », consultable sur : http://www.legislation.gov.uk/ukpga/1999/22/contents, qui dispose que les tribunaux peuvent recourir à la pratique de *video conferencing* lorsqu'il existe un consentement de la part des parties.

1408 À l'instar des juridictions américaines.

qui peut ne présenter aucun lien avec la juridiction saisie[1409]. Enfin, les tribunaux étatiques ne présentent pas cette flexibilité en ce qui concerne le moment de la tenue des plaidoiries, ce qui rend plus difficile la question de l'organisation et de la gestion des vidéoconférences.

436. ***Transition.*** Il est clair que les spécificités et les caractéristiques générales de l'arbitrage international en font de ce dernier un mode de résolution du contentieux de masse international trop attractif. La concurrence entre la justice arbitrale et la justice étatique tient également de certains éléments spécifiques à l'hypothèse du contentieux international des actions de groupe, qu'il convient désormais d'examiner.

§2- Les éléments de concurrence de l'arbitrage international spécifiques à l'hypothèse du contentieux de masse

437. L'arbitrage collectif constitue un moyen efficace pour la gestion du contentieux international des actions de groupe. Grâce à ce dernier, un certain nombre de problèmes de droit international privé, soulevés par l'internationalisation de tels contentieux peuvent être dépassés. Si, comme dans l'hypothèse d'une clause d'élection de for, la clause d'arbitrage offre la possibilité de regrouper l'ensemble des demandes devant un for arbitral unique, la présence d'un instrument international permettant la circulation des sentences arbitrales internationales, place la clause d'arbitrage dans une situation de supériorité par rapport à une clause attributive de juridiction. Toutefois, après l'entrée en vigueur de la Convention de la Haye relative aux clauses d'élection de for, une telle constatation devra être relativisée **(I)**. Par ailleurs, la flexibilité dans la détermination de la procédure applicable au procès constitue à son tour un élément essentiel de la supériorité de l'arbitrage international par rapport à la clause de choix de for **(II)**.

I- La sécurité et la prévisibilité juridiques associées aux clauses d'arbitrage

438. **L'arbitrage collectif et la résolution globale du litige**. La clause d'arbitrage permet de désigner un for arbitral unique pour la résolution globale du contentieux international des dommages de masse. Il constitue une solution séduisante pour résoudre l'ensemble des questions de droit international privé en s'affranchissant de la question de la compétence juridictionnelle. Ainsi, si l'auteur du dommage est lié à l'ensemble des victimes par des contrats identiques ou similaires contenant la même clause d'arbitrage, le tribunal arbitral sera compétent pour juger l'ensemble du litige, indépendamment de la nationalité des parties ou de leur lieu de domicile. Le contentieux sera donc concentré devant un for unique (le for arbitral) et la sentence arbitrale rendue permettra de mettre fin aux allégations des parties concernées par l'évènement de masse. De même, dans le

[1409] J. DAMMANN et H. HANSMANN, « Gloabalizing Commercial Litigation », consultable sur : http://papers.ssrn.com/sol3/papers.cfm?abstract_id=1113217, spéc. p. 59.

cadre délictuel, l'auteur du dommage de masse désignera sûrement un for arbitral unique pour résoudre définitivement son litige avec les victimes.

439. La divergence entre les clauses d'arbitrage et les clauses d'élection de for en termes de sécurité juridique. Si théoriquement les clauses d'élection de for permettent, tout comme les clauses d'arbitrage, de regrouper le contentieux international des dommages de masse devant un forum unique, permettant ainsi d'assurer la prévisibilité des solutions ainsi que la sécurité juridique, il n'en reste pas moins que l'arbitrage constitue un mode supérieur pour la résolution du contentieux de masse. Les arguments déjà évoqués dans les développements précédents permettent d'expliquer cette supériorité. On retrouve par exemple la rapidité, la neutralité et l'usage des nouveaux moyens de communication ; caractéristiques bien plus difficiles à obtenir devant un juge étatique désigné par le biais d'une clause attributive de juridiction ou saisi selon les chefs de compétence ordinaires.

En outre, l'affirmation selon laquelle les clauses d'arbitrages constituent un mode supérieur de résolution de litige, vient se justifier par un autre constat. En effet, la majorité des droits de *common law* n'obligent pas de manière stricte leurs juges à respecter les clauses attributives de juridiction. La jurisprudence américaine est d'ailleurs riche d'exemples à ce sujet. Par exemple, des cours fédérales ont refusé de donner effet à une clause d'élection de for pour la simple raison que celle-ci ne semblait pas suffisamment raisonnable. La quête du raisonnable se fait conformément à des critères sensiblement similaires à ceux qui sont utilisés en matière *de forum non conveniens*[1410]. Cela nous amène à conclure que le déclinatoire de compétence sera très largement répandu en matière de clauses d'élection de for intervenues dans le cadre d'un contentieux de masse international, et ce d'autant plus, qu'à l'heure actuelle, les tribunaux des pays du *common law* et plus précisément les tribunaux américains, deviendront vraisemblablement les plus désignés par le biais d'une clause attributive de juridiction afin de réguler le contentieux de masse international, ces derniers étant ceux qui possèdent le plus d'expérience en la matière. Par ailleurs, le caractère obligatoire des clauses d'élection de for dans les pays à culture juridique continentale, soucieux de la sécurité juridique, ne sera pas d'un grand secours, ces tribunaux n'étant aujourd'hui pas les plus attrayants et ceux désignés par les clauses d'élection de for.

Il est également très probable que les tribunaux américains désignés pour trancher des litiges de masse internationaux ne présentent que des liens ténus avec ces litiges. Ceci implique que le déclinatoire de compétence, principalement rattaché à la doctrine du *forum non conveniens* (lieu d'établissement des parties, situation des preuves, des témoins, etc.), sera de plus en plus fréquent dans ces hypothèses. La solution est complètement différente lorsqu'il s'agit de clauses d'arbitrage. Tout comme les droits continentaux, les

---

1410 G. R. DELAUME, « Clauses d'élection de for et clauses compromissoires : évolution et gestation d'un nouveau droit américain », *J. D. I. 1975. 486*. Ainsi, selon l'auteur : « *En contraste frappant avec les solutions reçues en matière d'arbitrage et en l'absence de législation favorable en la matière, les tribunaux américains, tant à l'échelon fédéral qu'à celui des juridictions étatiques, ont fait preuve d'une intolérance traditionnelle à l'égard des clauses d'élection de for et plus particulièrement des clauses de dérogation* ». Cependant, il semble que les tribunaux américains sont aujourd'hui plus respectueux des clauses de choix de for. Voir à cet égard : D. L. Noll, « The New Conflicts Law », 2 Stan. J. Complex Litig. 41 (2014), spéc. p.65 et suiv.

droits de *common law* admettent que le dessaisissement du for est obligatoire en présence de ces clauses[1411].

Cependant, une telle divergence entre le statut de la clause d'élection de for et celui de la clause d'arbitrage est à relativiser aujourd'hui avec l'entrée en vigueur de la Convention de La Haye du 30 juin 2005 sur les accords d'élection de for. En effet, conformément à cette convention, le juge élu est compétent si la clause est valable et il ne peut refuser de donner effet à la clause d'élection au motif qu'un autre tribunal devrait connaître du litige. Enfin les tribunaux qui seraient éventuellement saisis au mépris de l'accord d'élection de for, seront obligés de décliner leur compétence par le jeu de l'article 6.

440. La circulation d'une décision issue d'un arbitrage collectif. Si la circulation d'une décision rendue à l'issue d'une clause d'élection de for ne pose pas de difficultés particulières dans l'espace européen ainsi qu'entre les différents États américains[1412], la solution devient plus compliquée en dehors de ces deux hypothèses. De ce fait, la reconnaissance et l'exécution d'un jugement international restent incertaines, spécialement lorsqu'il s'agit d'un jugement international issu d'une action de groupe[1413].

La situation paraît différente si le procès de groupe se solde par une sentence arbitrale. En effet, la reconnaissance d'une sentence arbitrale internationale ne se base pas sur le principe de *Comity* mais sur la Convention de New York de 1958 ratifiée par 156 États.

Toutefois, la reconnaissance d'une sentence arbitrale issue d'un arbitrage collectif ne sera tout de même pas sans difficultés[1414]. Mais ces dernières sont de moindre ampleur que celles soulevées par la reconnaissance d'un jugement rendu à l'issue d'une action de groupe. En effet, la Convention de New York a instauré une présomption en faveur de l'exécution et de la reconnaissance de la sentence arbitrale puisque c'est à la partie qui attaque la sentence qu'incombe la charge de prouver l'existence d'un motif de non-reconnaissance[1415]. Les motifs de non-reconnaissance d'une sentence arbitrale ne sont pas seulement limités mais doivent en plus faire l'objet d'une interprétation stricte[1416]. De ce fait, les mêmes motifs de non-reconnaissance qui peuvent être invoqués pour refuser la reconnaissance ou l'exécution d'un jugement étranger font l'objet d'une interprétation plus stricte en cas d'application de la convention de New York[1417].

Une telle divergence entre le statut d'une sentence arbitrale et celui d'un jugement rendu à l'issue d'un accord d'élection de for est à relativiser après l'entrée en vigueur de la convention de La Haye. En effet, les règles prévues par l'article 8 et suivant de la convention assurent la reconnaissance et l'exécution des décisions rendues par un juge

---

[1411] L. USUNIER, *La régulation de la compétence juridictionnelle en droit international privé*, *op.cit.*, spéc. p.358.

[1412] Aux États-Unis, conformément au *full faith and credit clause*, chaque État est tenu de reconnaître et d'exécuter un jugement rendu par un autre État.

[1413] Sur la reconnaissance et l'exécution d'un jugement issu d'une action de groupe, voir le second titre de notre deuxième partie.

[1414] Sur la reconnaissance et l'exécution d'une sentence rendue à l'issue d'un arbitrage collectif, voir le second titre de notre deuxième partie.

[1415] M. PAULSON, *The 1958 New York Convention in Action* , Kluwer Law International 2016, p. 1.

[1416] M. PAULSON, *op.cit.*, spéc. p. 165.

[1417] S. I. STRONG, « Class and Collective Relief in the Cross-border context », University of Missouri School of Law Legal Studies Research Paper No.2011-16, consultable sur http://papers.ssrn.com/sol3/papers.cfm?abstract_id=1866326, spéc. p. 133.

désigné dans un accord d'élection de for. Ainsi, en instaurant des règles favorables à la reconnaissance et à l'exécution des décisions rendues à l'issue d'un accord d'élection de for, la convention fait de la reconnaissance le principe et la non-reconnaissance l'exception[1418].

II- La flexibilité dans la détermination de la procédure applicable à l'instance arbitrale

441. L'une des complexités liées à la certification d'une action de groupe internationale tient à la divergence des procédures adoptées par les différents systèmes juridiques pour le regroupement des victimes des dommages de masse. Cette divergence revêt plusieurs aspects. Par exemple, les systèmes juridiques diffèrent largement quant à leur acceptation de la technique de l'*opt out*. C'est cette divergence qui a amené, à titre d'exemple, les juridictions américaines à exclure les victimes étrangères des *class action* internationale sous prétexte que le système juridique du domicile de ces dernières ne reconnaîtra pas le jugement américain de *class action*[1419], le mécanisme de l'*opt out* étant considéré comme contraire à l'ordre public de plusieurs systèmes juridiques.

La grande flexibilité admise en matière de procédure arbitrale nous permet de conclure que l'arbitrage collectif constitue un modèle supérieur au contentieux étatique. En effet, la possibilité pour les parties de choisir la procédure est aujourd'hui consacrée dans la pratique arbitrale internationale[1420] ce qui permet d'assurer une grande flexibilité en la matière **(A)**. De surcroît, en l'absence de choix de la part des parties, l'arbitre possède une grande marge pour la détermination de la procédure applicable **(B)**.

A- La possibilité pour les parties de choisir la procédure en matière d'arbitrage international

442. Une large option pour les parties dans le choix de la procédure applicable à l'arbitrage collectif. En vertu du principe de l'autonomie de la volonté, les parties peuvent convenir de régler leur litige par le biais d'un arbitrage. Par ailleurs, et comme tout arbitrage, l'arbitrage collectif peut être institutionnel ou *ad hoc*. Dans l'une ou l'autre de ces hypothèses, les parties peuvent se référer aux règles de procédure proposées par un Règlement d'arbitrage. Ainsi, si l'arbitrage se déroule en Europe, à titre d'exemple, les parties peuvent se référer aux *DIS Supplementary Rules*. En revanche, il est vrai que les parties ne disposent pas aujourd'hui d'un grand choix, puisque les règlements d'arbitrage en la matière restent peu nombreux. Cependant, la référence à ces derniers permettra d'assurer une grande prévisibilité aux parties.

[1418] L. USUNIER, « La Convention de La Haye du 30 juin 2005 sur les accords d'élection de for : beaucoup de bruit pour rien », *Rev. crit. DIP. 2010. 38.*

[1419] Voir *supra* n°227.

[1420] P. FOUCHARD, E. GAILLARD et B. GOLDMAN, *Traité de l'arbitrage commercial international*, *op.cit.*, spéc. p. 650 et suiv.

Notons à cet égard que la référence à un règlement d'arbitrage consacrant une procédure d'*opt out* ne nous semble pas devoir soulever de difficultés, même lorsque sont présents dans la classe, des parties domiciliées au sein de pays qui considèrent ce mécanisme comme non conforme à certains principes procéduraux de leur système juridique. En effet, dans cette hypothèse, les différentes parties savent que la résolution du litige se fera par le biais d'un arbitrage collectif adoptant un mécanisme d'*opt out*, ce qui constitue un consentement préalable aux modalités de l'adhésion au groupe.

Par ailleurs, les parties ne sont pas tenues de se référer à un quelconque règlement d'arbitrage ni à une quelconque action de groupe existante dans tel ou tel système juridique, et peuvent de cette manière moduler la procédure afin qu'elle soit la mieux adaptée au litige[1421]. Ainsi, par exemple, les parties ont la possibilité de combiner plusieurs règles de procédure pour assurer l'efficacité de leur arbitrage collectif et obtenir une sentence susceptible d'être exécutée dans les différents pays impliqués. Elles peuvent également si elles le souhaitent, adopter un système d'*opt out* pour les victimes résidant dans les pays qui admettent ce mécanisme et un système d'*opt in* pour les victimes qui résident dans les pays qui présentent une certaine sensibilité à ce mécanisme. Cette combinaison procédurale n'a rien de choquant. En effet, l'arbitrage commercial international a souvent été utilisé comme un moyen permettant d'harmoniser des procédures en provenance des pays de *common law* et de *civil law*[1422]. Ces possibilités donnent ainsi aux parties justiciables de ces systèmes, un moyen juste et familier de résolution de leur litige.

De même, les défendeurs peuvent avoir un intérêt à recourir à l'arbitrage pour éviter certains abus observés dans la pratique du contentieux étatique, notamment celle du système américain. Il s'agit principalement de la pratique de *Discovery* et la possibilité de voir l'affaire jugée par un jury populaire.

Dès lors, l'arbitrage collectif permet de limiter ou d'éliminer tout d'abord la pratique de *Discovery* synonyme de coûts relativement élevés pour les défendeurs à une action de groupe, et qui les place de surcroît sous le risque d'être poursuivis pour de nouveaux faits découverts au cours de la procédure. Cette possibilité d'échapper à la procédure de *Discovery* profite non seulement aux défendeurs américains mais aussi aux défendeurs européens qui, comme nous l'avons déjà vu, ne sont pas à l'abri d'être attraits devant les tribunaux américains. Si cela peut néanmoins constituer un désavantage pour les victimes, une telle conclusion est à relativiser[1423]. La pratique arbitrale permet, en effet, à

1421 Conformément à l'article 1509 du Code de procédure civile français : « *La convention d'arbitrage peut, directement ou par référence à un règlement d'arbitrage, régler la procédure à suivre dans l'instance arbitrale* ». Dans son interprétation de cet article, T. Clay a ainsi considéré, in T. CLAY, « Liberté, Égalité, Efficacité : La devise du nouveau droit français de l'arbitrage, commentaire article par article, *J. D. I. 2012. 825* : « *le choix [des parties] peut porter soit sur un règlement d'arbitrage soit sur des règles de procédure au sens large, qui vont d'un corpus de règles de procédure à la normativité incertaine à une véritable lex arbitri* » ; S. I. STRONG, « Mass torts and Arbitration : Lessons from Abaclat v. Argentina Republic », *opt.cit.*, spéc. p.31 : « *Parties can create an entirely new procedure that suits their particular needs, subject, as always, to basic principles of procedural fairness* ».

1422 P. Fouchard, E. Gaillard et B. Goldman, *Traité de l'arbitrage commercial international*, *op.cit.*, spéc. n°1202, p.665.

1423 S. I. STRONG, « Class and Collective Relief in the Cross-Border context: A possible Role for the Permanent Court of Arbitration », Hague Yearbook of International Law, Vol. 23, 2010, p. 113, spéc. p. 129.

l'arbitre de demander aux parties la production de documents ainsi que l'audition de témoins[1424].

Enfin, l'absence d'un jury populaire pour trancher l'action constitue un autre atout majeur de l'arbitrage international pour les défendeurs. Les sommes d'indemnisation pouvant être prononcées contre le défendeur à l'issue d'un arbitrage collectif seront en effet beaucoup plus modérées que celles prononcées par des jurys souvent très sensibles aux victimes et hostiles aux grandes multinationales.

B- Les pouvoirs de l'arbitre dans la détermination de la procédure adéquate en cas de silence des parties en matière d'arbitrage international

443. Une grande liberté de choix pour l'arbitre dans le cadre de la procédure applicable. Plus fréquente est l'hypothèse où les parties ne déterminent pas au préalable les règles de procédure s'appliquant à leur litige[1425]. C'est également dans cette hypothèse que la supériorité de l'arbitrage par rapport au contentieux étatique peut être mise en exergue. En effet, le juge étatique, saisi par le biais d'une clause attributive de juridiction, ou selon les chefs de compétence ordinaires, est tenu d'appliquer ses propres règles de procédure sans aucune marge de liberté. Il ne peut alors pas moduler les règles de procédure afin qu'elles soient le plus adaptées possible au litige en cause.

La situation est bien différente en matière d'arbitrage international. Assurément, la pratique admise à travers les différentes conventions internationales[1426], les lois

---

[1424] Voir ainsi *the IBA Rules on Taking Evidence in International Commercial Arbitration*, spéc. art. 3 et 5, consultable sur : http://www.google.com.lb/#site=&source=hp&q=IBA+Rules+on+taking+evidence+in+international+commercial+Arbitration%2C+&oq=IBA+Rules+on+taking+evidence+in+international+commercial+Arbitration%2C+&gs_l=hp.12..0i30j0i8i30l6.2450.2450.0.5429.1.1.0.0.0.0.405.405.4-1.1.0....0...1c..19.hp.c4BFHIQZDHM&bav=on.2,or.&bvm=bv.48705608,d.d2k&fp=bf29438136b343d8&biw=1366&bih=587;

[1425] Ainsi, selon madame Strong: « *All authorities suggest that express agreement to collective or class arbitration will be upheld, though it is unlikely that parties will include this sort of language in their agreement outside the United States* », in S. I. STRONG, « Class and Collective Relief in the Cross-Border Context : A possible Role for the Permanent Court of Arbitration », Hague Yearbook of International Law, Vol. 23, 2010, p. 113, spéc. p. 125.

[1426] Voir à cet égard : article IV(4) de la Convention européenne sur l'arbitrage commercial international, consultable sur : https://treaties.un.org/Pages/ViewDetails.aspx?src=TREATY&mtdsg_no=XXII-2&chapter=22&lang=fr ; L'article 3 de l'Inter-American Convention On International Commercial Arbitration, consultable sur : http://www.oas.org/juridico/english/treaties/b-35.html . La Convention de New York consacre indirectement ce droit aux arbitres principalement par le biais de l'article V (1(b).

nationales[1427] ainsi que les règlements d'arbitrage[1428] s'accordent aujourd'hui à octroyer une liberté aux arbitres concernant le choix de la procédure ; rares sont les droits qui lui dénient ce pouvoir[1429]. La flexibilité de la procédure en matière d'arbitrage a ainsi poussé un auteur à considérer que le défendeur aurait intérêt à choisir l'arbitrage puisque les parties contrôlent la procédure beaucoup plus qu'elles ne le font devant un tribunal étatique[1430].

Même lorsqu'une telle liberté n'est pas expressément reconnue, celle-ci trouve son fondement dans le consentement implicite des parties de donner à l'arbitre le pouvoir de déterminer la procédure[1431]. Ce consentement implicite s'analyse dans l'absence de détermination de la procédure en amont par les parties. L'arbitre international est alors en mesure de régler cet aspect en choisissant la procédure la plus convenable au litige, sous réserve bien entendu des dispositions impératives de la loi du siège.

Si les différentes parties impliquées dans le litige sont domiciliées dans un pays dont le système juridique admet la technique de l'*opt out*, rien n'interdit à l'arbitre de résoudre le litige par référence à la procédure américaine de *class action*. Pour mieux mener sa mission, il pourra se référer aux différents règlements d'arbitrage qui organisent l'arbitrage collectif à l'instar de l'*AAA* ou des *JAMES Rules*[1432]. Par contre, si les parties sont en provenance d'un ou plusieurs pays qui n'admettent pas la technique de l'*opt out*, l'arbitre pourrait résoudre le contentieux par le biais d'une action de groupe de type *opt in*[1433]. De même, rien n'interdit à ce dernier d'adopter une procédure hybride qui combine les deux techniques *opt out* et *opt in* si les parties à une action de classe sont en provenance de plusieurs systèmes juridiques. Cela est généralement possible, notamment grâce à

1427 L'article 1509 du Code de procédure civile français dispose : « *Dans le silence de la convention d'arbitrage, le tribunal arbitral règle la procédure autant qu'il est besoin, soit directement, soit par référence à un règlement d'arbitrage ou à des règles de procédure* ». Voir aussi l'article 19(2) de la loi type CNUDCI sur l'arbitrage commercial international, consultable sur : http://www.uncitral.org/uncitral/fr/uncitral_texts/arbitration/1985Model_arbitration.html : « *Faute d'une telle convention, le tribunal arbitral peut, sous réserve des dispositions de la présente loi, procéder à l'arbitrage comme il le juge approprié* » ; l'article 182 de la loi suisse sur le droit international privé, consultable sur : https://www.admin.ch/opc/fr/classified-compilation/19870312/index.html ; German ZPO, §1042, consultable sur : https://www.gesetze-im-internet.de/englisch_zpo/englisch_zpo.html . Le *FAA* ne fait aucune référence directe quant au pouvoir de l'arbitre de déterminer la procédure applicable dans le silence de la convention d'arbitrage. Toutefois, la jurisprudence américaine est claire à cet égard. Voir à titre d'exemple, *In re Arbitration between U.S. Turkey Exploration, Inc. and PSI, Inc.*, 577 So. 2d 1131 (La.App.1991): « *Unless a mode of conducting the proceedings has been prescribed by the arbitration agreement or submission, or regulated by statute, arbitrators have a general discretion as to the mode of conducting the proceedings (…)* ».

1428 Voir à titre d'exemple, article 19 du règlement CCI, consultable sur : https://cdn.iccwbo.org/content/uploads/sites/3/2017/02/ICC-2017-Arbitration-and-2014-Mediation-Rules-french-version.pdf.pdf; article 14(1) du règlement LCIA, consultable sur http://www.lcia.org/dispute_resolution_services/lcia_arbitration_Rules.aspx.

1429 P. MAYER, « Comparative Analysis of Power of Arbitrators to determine Procedures in Civil and Common Law Systems, *inPlanning Efficient Arbitration Proceedings, the Law Application* », *op.cit.*, spéc. p. 25.

1430 H. SMIT, « Class Actions and their Waiver in Arbitration », 15 Am. Rev. Int'l Arb. 199 (2004), spéc. p. 212.

1431 G. BORN, *International Commercial Arbitration*, *op.cit*, spéc. p. 1759.

1432 M. W. NISSEN, « Class Action Arbitrations: AAA vs. JAMES, Different Approaches to a new concept», 11 Dis. Resol. Mag. 19 (2005), spéc. p.19.

1433 Sur le consentement des parties à l'arbitrage collectif, voir le deuxième chapitre de ce deuxième titre.

l'expertise poussée des arbitres et leur aptitude à harmoniser des procédures en provenance de divers systèmes juridiques.

De même, nous pensons que l'arbitre serait mieux placé pour traiter le formalisme de la notification de l'action aux membres de la classe. Il est évident que son expérience et sa connaissance pointue de plusieurs systèmes juridiques, lui permettront de notifier avec aisance l'action aux membres de la classe selon les critères et standards acceptés par le système juridique du lieu de leur résidence·

Cette flexibilité dans la régulation de la procédure offre nécessairement une plus grande efficacité, et s'avère très importante dans un contentieux complexe. Seul l'arbitrage international est en mesure de répondre à cette considération, ce qui le place une nouvelle fois dans une situation supérieure au contentieux étatique.

CONCLUSION DU CHAPITRE 1

444. À l'heure où le système de « multiplicité » de l'action de groupe semble s'imposer en matière de contentieux de masse international, le prétendu responsable peut avoir intérêt à résoudre une fois pour toutes le contentieux de masse avec l'ensemble des victimes, particulièrement parce que dernier risque d'être attrait infiniment devant plusieurs juridictions par le biais d'une multitude d'actions individuelles et/ou de groupe. En conséquence, la contractualisation du contentieux de masse à travers le recours aux clauses d'élection de for ou aux clauses d'arbitrage régule ce contentieux en permettant sa concentration devant un for unique, étatique ou arbitral.

445. Si le recours aux clauses d'élection de for ou aux clauses d'arbitrage conduit théoriquement aux mêmes résultats, la résolution du contentieux international des actions de groupe par voie privée présente cependant de nombreux avantages, faisant de l'arbitrage un modèle plus approprié de résolution des litiges de masse. Plusieurs caractéristiques de l'arbitrage international viennent en effet expliquer pourquoi ce dernier s'avère plus avantageux dans le cadre d'un contentieux de masse. Preuve en est, l'arbitrage collectif, bien qu'originairement une spécificité américaine, se développe dans de nombreux pays et notamment en Europe.

446. Pourtant, il ne suffit pas que l'arbitrage collectif constitue un modèle attractif pour la résolution du contentieux de masse international, encore faudra-t-il que ce dernier soit conforme aux principes généraux de l'arbitrage international. C'est ce que nous vérifierons dans le cadre du prochain chapitre.

Chapitre II : La conformité de l'arbitrage collectif aux principes généraux de l'arbitrage international

447. L'arbitrage collectif est un nouveau mécanisme de résolution des litiges de masse, qui jusqu'à présent demeurait une spécificité essentiellement américaine. L'arbitrage collectif a fait l'objet de nombreuses critiques. Connue pour être allergique à l'idée même d'une action de groupe, la doctrine européenne n'a pourtant pas nécessairement été à l'origine de ces critiques. En revanche, outre-Atlantique, lieu de naissance des *class actions arbitrations*, la doctrine fut sévère à l'égard de l'arbitrage collectif.

La jurisprudence américaine est désormais assez fluctuante en la matière et la position de la Cour Suprême américaine, encore floue sur le sujet, ne nous éclaire toujours pas. Nous rappelons que les *class actions arbitrations* n'ont suscité l'intérêt de la doctrine américaine et européenne qu'au lendemain de l'arrêt *Bazzle*[1434]. Dans cet arrêt, la Cour Suprême américaine confirmait la décision rendue par la Cour Suprême californienne, laquelle validait une sentence arbitrale admettant la possibilité de recourir aux *class action actions arbitrations* en dépit du silence de la convention d'arbitrage quant à la possibilité de recourir ou non à un arbitrage collectif[1435].

Nous sommes d'avis, et pour les raisons que nous avions évoquées dans le chapitre précédent, que l'arbitrage peut constituer une option séduisante pour la régulation du contentieux international des actions de groupe. Mais, nous le rappelons encore une fois : pour que l'arbitrage collectif soit amené à se développer dans le futur, encore faudra-t-il que ce dernier soit conforme aux principes généraux de l'arbitrage international. Or, après avoir créé la notion même de l'arbitrage collectif, la Cour Suprême américaine lui posera elle-même des limites considérables.

Il nous semble intéressant d'étudier la nouvelle position de la Cour Suprême américaine hostile à l'arbitrage collectif, en analysant notamment les différents arguments qu'elle soulève à l'encontre de ce dernier. Mais bien avant cela, il conviendra d'exposer brièvement dans une section préliminaire le panorama de la jurisprudence américaine en matière de *class actions arbitrations*.

Section préliminaire : panorama de la jurisprudence américaine en matière de class actions arbitrations

448. L'hostilité de la Cour Suprême à l'arbitrage collectif. Après avoir consacré la notion de *class action arbitration* dans le cadre de l'arrêt *Bazzle*[1436], la Cour Suprême américaine a adopté, seulement quelques années plus tard, une position opposée dans le cadre de l'arrêt *Stolt-Nielsen*[1437]. Considérant que les *class arbitrations* changent catégoriquement la nature de l'arbitrage, la Cour Suprême précisa que ni les arbitres ni

---

1434 *Financial Corporation v. Bazzle*, 539 U.S.444 (2003).

1435 P. A. LACOVARA, « Class Action Arbitrations: The challenge for the Business Community », 24 Arb. Int'l.541 (2008).

1436 Voir *supra* n°420.

1437 *Stolt-Nielsen S.A. v. AnimalFeeds International Corp*, 130 S. Ct. 1758 (2010) (No. 08-1198).

les tribunaux étatiques n'avaient la capacité de présumer que les parties y avaient consenti par le seul choix de l'arbitrage comme mode de résolution de leur litige. Cette hostilité de la Cour Suprême américaine à l'arbitrage collectif s'est également concrétisée dans l'arrêt *Concepcion*[1438]qui nous semble être une continuité de l'arrêt *Stolt-Nielsen* susmentionné.

Il est vrai que l'affaire *Concepcion* était plutôt liée à la question de la validité des clauses de renonciation aux actions de groupe. Néanmoins, la Cour Suprême a pris le soin de développer l'idée déjà évoquée dans l'arrêt *Stolt-Nielsen*, selon laquelle l'arbitrage collectif est de nature différente de l'arbitrage bilatéral, énumérant ainsi tout au long de l'arrêt, les différences fondamentales entre les *class actions arbitration* et l'arbitrage classique, justifiant par cet exposé sa décision d'exclure le premier du milieu de l'arbitrage[1439].

449. Une position plus modérée ? Une position plus nuancée semble cependant ressortir de l'affaire *Oxford Health Plans LLC v. Sutter*[1440]. Dans le cadre de cette affaire, la Cour Suprême a confirmé une décision rendue par un arbitre[1441] certifiant une *class action arbitration.* L'arbitre avait interprété la convention d'arbitrage silencieuse sur la possibilité de recourir ou non à l'arbitrage collectif. Ce rôle lui avait d'ailleurs été attribué par les parties eux-mêmes, ces dernières lui avaient confié le soin d'effectuer une telle interprétation.

Écrivant pour la majorité, le juge Kagan a alors considéré que la seule question qui se posait dans cette affaire était celle de savoir si l'arbitre avait interprété la convention d'arbitrage pour décider de recourir à un arbitrage collectif, et non pas si l'interprétation par l'arbitre de la convention d'arbitrage s'avérait correcte ou non[1442], rappelant ainsi la position de la Cour Suprême américaine selon laquelle les tribunaux étatiques ne sont en mesure de réviser les sentences arbitrales que dans des circonstances exceptionnelles[1443]. Enfin, le juge Kagan nota que les parties n'avaient pas dans le cadre de l'affaire *Stolt-Neilsen*, confié à l'arbitre le soin d'interpréter la convention d'arbitrage, ces dernières ayant déclaré qu'elles n'avaient jamais consenti à la *class action arbitration*[1444]. C'est

---

1438 *AT&T Mobility LLC v. Concepcion*, 563 U.S.321 (2011).

1439 Voir cependant, l'opinion dissidente du juge J. BREYER dans l'affaire *Concepcion*, spéc. p. 32: « *Unlike the majority's examples, class arbitration is consistent with the use of arbitration. It is a form of arbitration that is well known in California and followed elsewhere. Indeed, the AAA has told us that it has found class arbitration, to be a fair, balanced and efficient means of resolving class disputes* ».

1440 *Oxford Health Plans LLC v. Sutter*, 569 U.S. ____ (2013), consultable sur http://sblog.s3.amazonaws.com/wp-content/uploads/2013/03/12-135-rb.pdf

1441 Pour un aperçu de cet arrêt voir: L .S. MULLENIX, « Round five and Down for The count ? Class Arbitration on the Ropes — Again », U of Texas Law, Public Law Research Paper No.396, consultable sur http://papers.ssrn.com/sol3/results.cfm?RequestTimeout=50000000.

1442 Ainsi, selon Justice Kagan, dans *Oxford Health Plans LLC v. Sutter*, consultable sur: 569 U.S. ____ (2013), consultable sur http://sblog.s3.amazonaws.com/wp-content/uploads/2013/03/12-135-rb.pdf, spéc. n°684 : «*The sole question for us is whether the arbitrator (even arguably) interpreted the parties' contract, not whether he got it right or wrong.The Court explained that Oxford in arguing that the arbitrator did not have a sufficient contractual basis for his decision, misread the holding in Stolt-Neilsen* ».

1443 *Oxford Health Plans LLC v. Sutter*, consultable sur: 569 U.S. ____ (2013), consultable sur : http://sblog.s3.amazonaws.com/wp-content/uploads/2013/03/12-135-rb.pdf, spéc.p. 6.

1444 *Oxford Health Plans LLC v. Sutter*, spéc.p. 6-7. Ainsi selon le juge Kagan: « *The parties in Stolt-Nielsen had entered into an unusual stipulation that they had never reached an agreement on class arbitration. See 559 U. S., at 668–669,*

pourquoi l'arbitre ne disposait d'aucun fondement contractuel lui permettant de certifier une *class action* arbitration. En le faisant, ce dernier avait alors imposé sa propre conception des *class actions arbitrations*. De surcroît, l'arbitre n'avait pas procédé à l'interprétation de la convention d'arbitrage, contrairement à ce qui est le cas dans *Oxford* où ce dernier avait ainsi conclu que la convention d'arbitrage autorisait le recours aux *class actions arbitrations* suite à une interprétation de ces termes. En d'autres termes, l'annulation de la sentence arbitrale par la Cour Suprême dans *Stolt-Neilsen* a été sous-tendue non pas par le fait que les arbitres aient mal interprété la convention d'arbitrage, mais par le fait qu'ils aient omis d'effectuer une telle interprétation[1445].

À notre sens, quelle que soit la position de la Cour Suprême américaine vis-à-vis des *class actions arbitrations*, une telle position ne doit en aucun cas influencer le développement de l'arbitrage collectif. Si l'arbitrage collectif est né aux États-Unis, cela n'implique pas nécessairement qu'il doive y prendre fin dans ce pays. Il est évident, et comme nous l'avons déjà mentionné, que la position de la Cour Suprême est encore relativement assez fluctuante en la matière. Si cette cour persiste dans son hostilité vis-à-vis *des class actions arbitrations* telle que consacrée dans les deux affaires *Stolt-Neilson* et *Concepcion*, il nous semble qu'une telle position constituera un prolongement du mouvement de « *la course vers le bas* » qu'opère depuis quelques années la jurisprudence américaine en matière de *class actions* internationales[1446]. Dès lors, il nous semble que rien ne doit empêcher l'arbitrage collectif de se développer, tant que ce dernier ne met pas en cause les principes généraux de l'arbitrage international.

L'hostilité de la Cour Suprême américaine à l'arbitrage collectif telle que manifestée dans les deux arrêts susmentionnés n'est pas absolue et se limite à l'hypothèse où les parties n'auraient pas expressément prévu la possibilité de recourir à ce type d'arbitrage. En effet, la Cour Suprême américaine a indirectement admis la possibilité de recourir aux *class actions arbitrations* dans l'arrêt *Stolt-Nielson*, dès lors que les parties l'ont expressément prévu[1447]. Une telle position sera sans doute consacrée ailleurs, les contrats de procédure étant largement admis en matière d'arbitrage commercial international.

La formule utilisée par la Cour Suprême dans l'affaire *Stolt-Nielson* selon laquelle l'arbitrage collectif change catégoriquement la nature de l'arbitrage et qu'on ne pourra présumer que les parties y ont consenti par le seul fait qu'elles ont décidé de soumettre leur litige à l'arbitrage collectif nous semble erronée : soit l'arbitrage collectif fait partie du monde de l'arbitrage et doit de ce fait être considéré comme étant conforme à la pratique arbitrale internationale ; soit l'arbitrage collectif est étrange au monde de l'arbitrage . En d'autres termes, nous ne voyons pas en quoi - comme le sembler suggérer la Cour Suprême - le consentement ou l'absence de consentement des parties à ce type

673. In that circumstance, we noted, the panel's decision was not — indeed, could not have been—based on a determination regarding the parties' intent ».

1445 *Oxford Health Plans LLC v. Sutter*, spéc. p. 7: « *The contrast with this case is stark. In Stolt-Nielsen, the arbitrators did not construe the parties' contract, and did not identify any agreement authorizing class proceedings. So in setting aside the arbitrators' decision, we found not that they had misinterpreted the contract, but that they had abandoned their interpretive role* ».

1446 Voir *supra* n°157.

1447 Ainsi, en admettant dans l'arrêt *Stolt-Nielson* que le recours des parties à l'arbitrage ne signifie pas que ces dernières aient nécessairement consenti à l'arbitrage collectif, la Cour suprême semble indirectement admettre que les parties ont la possibilité de consentir à l'arbitrage collectif.

d'arbitrage pourrait avoir un impact sur la conformité ou la non-conformité de l'arbitrage collectif à la pratique arbitrale internationale.

Quoi qu'il en soit, en dépit de cette maladresse, la formulation de la Cour Suprême américaine constitue un point de départ à notre analyse de cette nouvelle forme d'arbitrage. C'est pour cela qu'il conviendra d'analyser en premier lieu l'arbitrage collectif afin de savoir si ce dernier est conforme aux principes généraux de l'arbitrage international (**Section 1**). En second lieu, il conviendra de se demander sur les conditions de certification d'une action de groupe arbitrale, et plus précisément si, l'arbitrage collectif, est conditionné par l'existence d'un consentement exprès et clair de la part des parties à ce type d'arbitrage **(Section2)**.

Section I : l'analyse de l'arbitrage collectif

450. Le rayonnement de l'arbitrage collectif ne doit pas dépendre de la position de la Cour Suprême américaine ni de la position de toute autre cour. Pour qu'il puisse faire partie de la pratique arbitrale internationale et rejoindre ainsi les autres types d'arbitrages multipartites, il suffit que ce dernier soit conforme aux principes généraux de l'arbitrage international. Comme nous allons le voir, cette nouvelle forme d'arbitrage ne remet en cause aucun de ces principes **(§1)**. Par ailleurs, l'arbitrage collectif n'échappera pas à d'autres types de critiques qui ne concernent pas nécessairement les fondements ou la nature même de l'arbitrage, mais plutôt certaines de ses spécificités. Il conviendra de les examiner afin de montrer leur manque de pertinence **(§2)**.

§1- L'arbitrage collectif et la nature de l'arbitrage commercial international

451. Il est clair que l'arbitrage collectif poursuit des objectifs similaires à ceux de l'arbitrage commercial bilatéral classique. Dans les deux hypothèses, il s'agit de résoudre un litige, non pas devant un juge étatique, mais devant un juge privé. Cependant, le nombre élevé de parties pouvant être impliquées dans un arbitrage collectif, ainsi que la fonction de régulation qu'il pourra être amené à jouer, peuvent marquer la différence entre les deux types d'arbitrages. Cela nous conduit à nous interroger sur le rôle que peut jouer l'arbitrage dans le domaine de la justice publique **(I)**.

D'autre part, du fait de sa complexité, l'arbitrage collectif nécessite le recours à un certain formalisme qui s'avère nécessaire non pas uniquement pour les besoins de son administration mais aussi dans un souci de protection des droits des parties participant à cet arbitrage. Il convient ainsi d'examiner si un tel formalisme est de nature à rendre l'arbitrage collectif non conforme à la pratique arbitrale internationale.

Plus délicate est la question de l'intervention des tribunaux étatiques dans l'administration de l'arbitrage collectif. En effet, la pratique des *class actions arbitrations* aux États-Unis a révélé une intervention parfois excessive des tribunaux étatiques dans l'administration de la procédure arbitrale collective. Une telle intervention semble être étrangère à la pratique arbitrale puisque les parties décident de recourir à l'arbitrage, entre autres, pour faire échapper leur litige à l'emprise des tribunaux étatiques. Cependant, et comme nous allons le voir, une telle intervention n'est pas du tout justifiée et l'arbitrage collectif, tout comme l'arbitrage commercial bilatéral classique, peut fonctionner indépendamment de toute intervention des tribunaux étatiques dans le processus arbitral (**III**).

I- L'arbitrage collectif et la fonction normative de l'arbitrage international

452. La place de l'arbitrage international dans le domaine de la justice publique. S'il est bien admis que l'arbitrage commercial international participe aujourd'hui au marché global des services judiciaires[1448], l'hypothèse de l'arbitrage collectif soulève plusieurs interrogations sur la place qu'occupe l'arbitrage dans le domaine de la justice publique. Il est clair que dans le cadre d'un arbitrage collectif, la sentence arbitrale rendue à l'issue de cette procédure complexe, aura, et au-delà de l'indemnisation de la victime, une fonction de régulation et de dissuasion.

Des interrogations peuvent ainsi être soulevées quant à la légitimité de cette fonction que peut assumer l'arbitrage international. Ces dernières tiennent au fait que l'arbitrage international était traditionnellement perçu comme ayant pour mission exclusive la résolution d'un litige opposant deux parties, sous prétexte qu'une justice privée n'est pas apte à produire des normes sociales efficientes, une telle fonction revenant exclusivement aux tribunaux étatiques[1449]. Ce postulat justifiait par exemple la position d'origine de la Cour Suprême américaine, aujourd'hui désuète, selon laquelle l'arbitrage est inadéquat pour la résolution des litiges qui dépassent le cadre privé des parties, plus précisément les litiges mettant en cause des lois pouvant intéresser l'ordre public[1450].

Si cette approche de l'arbitrage a bien été dépassée, un retour à une telle vision rudimentaire semble aujourd'hui se redessiner pour disqualifier l'arbitrage collectif du marché de la justice en tant qu'institution non seulement capable de réguler les dommages de masse à une échelle globale, mais présentant également des avantages bien nets par rapport au contentieux de classe initié devant les tribunaux étatiques. Ce retour en arrière trouve d'ailleurs écho dans le langage de la jurisprudence de la Cour Suprême américaine qui, pour disqualifier l'arbitrage collectif - en l'occurrence une *class action arbitration* -, a fait allusion au changement de la nature de l'arbitrage qu'implique une procédure arbitrale de masse[1451]. Une telle régression n'est évidemment pas du tout justifiée.

1448 H. MUIR WATT, « Économie de la Justice et Arbitrage International (Réflexions sur la Gouvernance Privée dans la Globalisation) », *Rev. arb. 2008. 389*.

1449 Voir à cet égard : W. LANDES et R. POSNER, « Adjudication as a Private Good », consultable sur : http://scholarship.law.duke.edu/cgi/viewcontent.cgi?article=2395&context=faculty_scholarship

1450 Voir à cet égard: *Wilko v. Swan*, 346 U.S. 427 (1953): « *Arbitration was an unsuitable vehicle for the resolution of claims under public regulatory statutes*». Dans un but d'éclaircissement, les termes « *public regulatory statutes* » et « les lois d'ordre public » font référence à la notion de lois de police.

1451 *Solt-Nielsen v. Animalfeeds Int'l Corp* : « *Class action arbitration changes the nature of arbitration to such a degree that it cannot be presumed that the parties consented to it by simply agreeing to submit their dispute to an arbitrator* ».

453. La relativisation de la distinction entre justice étatique et justice arbitrale. La judiciarisation de l'arbitrage, conséquence de l'introduction du formalisme dans l'instance arbitrale et de la participation des avocats et des juges à ce mode de résolution des litiges, ne pouvait conduire qu'à la convergence entre l'arbitrage international et le contentieux international initié devant les tribunaux étatiques[1452]. Une telle équivalence fonctionnelle entre les deux institutions légitimera ainsi l'émergence de l'arbitrage international en tant que -pour reprendre le langage américain- « *private court system for public law disputes* »[1453]. La pratique arbitrale comparée et internationale va dans ce sens, et l'élargissement du domaine de l'arbitrabilité en constitue l'exemple le plus concret. Il est ainsi largement admis que l'existence d'une loi de police (*public law ou mandatory law*) ne pose aucun obstacle quant au recours à l'arbitrage[1454]. Pour reprendre cette fois les termes de la cour d'appel de Paris, « *l'arbitrabilité d'un litige n'est pas exclue du seul fait qu'une réglementation d'ordre public est applicable au rapport de droit litigieux* »[1455].

Le renversement de la prohibition de l'arbitrabilité des lois de police a eu lieu tout d'abord de l'autre côté de l'Atlantique. Ainsi, dans l'affaire *Mitsubishi*[1456], la Cour Suprême américaine a considéré que, tout comme les juges, les arbitres sont capables d'appliquer le droit de la concurrence tout en réservant cependant aux tribunaux étatiques, par le biais de la fameuse théorie du *second look*, le soin de vérifier l'application correcte de ce droit au moment de l'exequatur. En Europe, l'acceptation complète de l'arbitrabilité du droit de la concurrence national et de celui l'Union européenne est aussi acquise[1457]. La Commission européenne prévoit l'arbitrage pour certains litiges pouvant affecter le droit de la concurrence et la Cour de Justice de l'Union européenne prend pour acquise l'arbitrabilité du droit communautaire de la concurrence[1458]. La jurisprudence des pays membres de l'Union se rallie à cette approche[1459].

1452 A. J. SCHMITZ, « Ending a Mud Bowl: Defining Arbitration's Finality through Functional Analysis », 37 Ga. L. Rev.123 (2002).

1453 D. S. SCHWARTZ, « If You Love Arbitration, Set it Free: How "Mandatory"Undermines Arbitration », 8 Nev. L. J.401 (2007), spéc. p.402.

1454 Tel est le cas en France où l'arbitrabilité des lois de police a été définitivement consacrée par la cour d'appel de Paris. Voir ainsi : Cour d'appel de Paris, 29 mars 1991, *Société Ganz et autres c/ société nationale des chemins de fer tunisiens, Rev. arb. 1991. 478*, note L. Idot.

1455 Voir ainsi : Cour d'appel de Paris, 19 mai 1993, *Société Labinal c/ sociétés Mors et Westland Aerospace*, *Rev.arb. 1993.645*, note C. Jarroson; Cour d'appel de Paris, 14 octobre 1993, *Société Aplix c/ Velcro.*, *Rev.arb.1994.164*, note C. Jarrosson.

1456 *Mitsubishi v. Soler Chrysler-Plymouth*, 473 US 614(1985). Pour la jurisprudence américaine postérieure voir : *In Re Hops Antitrust litigation*, 655 F.Supp.169 (ED Mo.1987); *George Fischer Foundry Systems, Inc v. Adolph H. Hottinger Maschinenbau GmbH*, 55 F.3d 1206 (6th Cir.1995).

1457 À ce sujet voir : G. Blanke et P. Landolt (eds*), EU and US Antitrust Arbitration: A Handbook for Practitioners*, Kluwer International (2011); G. Blanke (eds), *European Business Law Review Special Edition - Arbitrating Competition Law Issues*, Kluwer International (2008); M. DE BOISSÉSON, « Arbitrabilité et Droit de la Concurrence », *in* Miguel Ángel Fernández-Ballesteros and David Arias (eds), *Liber Amicorum Bernardo Cremades, Wolters Kluwer España; LaLey 2010,* p. 243.

1458. CJUE 27 avril 1994, *Commune d'Almelo et autres contre NV Energiebedrijf Ijsselmij*, aff. C-393/92*Rec.1994.1477*; CJUE 1re juin 1999, *Eco Swiss China Time c/ Benetton*, aff. C-126/97, *Rec. 1999. 305.*

1459 Pour l'ensemble des arrêts rendus par les différentes juridictions nationales en la matière, voir : L. RADICATI DI BROZOLO, « Arbitrage commercial international et lois de police : considérations sur les conflits de juridictions dans le commerce international », *RCADI 2005*, t 315, p. 265, spéc. p. 308 et suiv.

Cette politique en faveur de l'extension du champ de l'arbitrabilité[1460] se justifie par une confiance accordée à l'arbitre, de sorte que ce dernier peut agir en tant que gardien des intérêts étatiques et donc de l'intérêt public. Une telle conclusion est parfaitement logique. L'arbitrage n'est qu'un mécanisme alternatif de résolution des litiges. Or, le recours à ce mécanisme n'influence pas les règles matérielles applicables et ne compromet pas l'application des lois protégeant des intérêts déterminés[1461].

Admettre l'arbitrabilité des lois de police n'implique pas uniquement de donner aux arbitres le soin d'appliquer les lois de police, mais également de leur permettre de tirer les conséquences civiles de la violation de ces lois[1462]. En d'autres termes, il s'agit de permettre aux parties d'agir par le biais d'une action *semi-publique* en tant que procureur privé (*private attorney general)* devant l'arbitre. Ainsi, en droit de la concurrence, les arbitres sont souvent appelés à se prononcer sur la compatibilité d'un contrat avec les règles de la concurrence et sur les conséquences civiles attachées à la violation de ces règles[1463]. Cette position semble aussi être celle de la Commission européenne puisque cette dernière prévoit l'arbitrage de certains litiges pouvant affecter le droit de la concurrence[1464]. Or, la consécration d'une action de groupe devant l'arbitre tend uniquement à renforcer l'action de procureur privé. Par conséquent, l'arbitrage collectif ne procède à aucun changement substantiel si on le compare à un arbitrage bilatéral classique. S'il existe une différence entre une action de procureur privé exercée par une seule partie et une autre exercée par plusieurs personnes regroupées par le biais d'une action de groupe, cette différence est uniquement de degré et non pas de nature, puisqu'elle ne concerne que l'efficacité du mécanisme du *private enforcement*. De ce fait, la fonction que l'arbitrage collectif peut être amené à jouer n'est pas substantiellement

---

[1460] Pour l'arbitrabilité des autres lois de police, voir : S. BONNARD et T. SABRINA, « Les lois de police dans l'arbitrage international : exemples de sentences récentes », 5 *RDAI. 2015. 453* ; C. SERAGLINI, *Loi de police et justice arbitrale internationale*, Dalloz 2001, préf. P. Mayer ; L. RADICATI DI BROZOLO, « Mondialisation, Juridiction, Arbitrage : Vers des Règles d'Application « Semi-Necessaire », *Rev. Crit. Dip. 2003. 1* ; H. ARFAZADEH, *Ordre Public et Arbitrage International à l'épreuve de la mondialisation*, LGDJ 2006 ; L. A. MISTELIS et S. L. BREKOULAKIS (eds), *Arbitrability : International and Comparative Perspectives.*

[1461] Comme l' exprime si bien le juge Kennedy dans le cadre de l'affaire *Rodriguez de Quijas v. Shearson/American Express Inc.*, 490 U.S. 477 (1989) : *« A pre-dispute arbitration agreement does not involve a waiver of any "substantive" or even "substantial" rights, but is merely "procedural" in nature »*.

[1462] L. G. RADICATI DI BROZOLO, « Arbitrage commercial international et lois de police : considérations sur les conflits de juridictions dans le commerce international », *RCADI 2005*, t 315, p. 265.

[1463] L. IDOT, « La place de l'arbitrage dans la résolution des litiges en droit de la concurrence », *D. 2007. 2681.*

[1464]Voir à cet égard : article 3, para. 6, du règlement (CE) 1400/2002, au sujet duquel : J.-C FOURGOUX et C. VILMART, « L'arbitrage et le règlement amiable des différends dans le règlement d'exemption CE 1400/2002 relatif aux accords verticaux concernant l'industrie automobile », *Gaz. Pal. 2003*, n°149 ; L. G. RADICATI DI BROZOLO, « Antitrust : A paradigm of The Relations Between Arbitration and Mandatory Rules - A fresh Look At the Second Look », 17 Int'l. Arb. L. Rev. 23(2004) ; R. KOVAR, « Droit communautaire de la concurrence et arbitrage », in *Le droit des relations économiques internationales, Études offertes à Berthold Goldman*, Paris 1982, p.110 ; G. BLANKE, « The Transformation of International Arbitration and the Emergence of the Supranational Arbitrator : Lessons form EC Merger Control », 6 Int'l. Arb. L. Rev. 211(2005).

différente de celle d'un arbitrage bilatéral classique, en ce sens que la mise en cause d'une telle fonction n'est, à notre sens, pas concevable[1465].

II- L'arbitrage collectif et l'excès de formalisme

454. Le nombre important de parties et le montant considérable du litige. Il est vrai qu'un arbitrage collectif peut prendre plusieurs formes et peut, par la même occasion, plus ou moins se rapprocher des différentes procédures de groupe consacrées par tel ou tel système juridique. Ce qui est néanmoins certain est que l'arbitrage collectif apparaît plus complexe qu'un arbitrage bilatéral classique et nécessite, pour les besoins de son administration, d'un certain formalisme qui n'est pas toujours nécessaire dans le cadre d'un arbitrage bilatéral classique. Cet excès de formalisme a d'ailleurs été mis en relief par la Cour Suprême américaine dans le cadre de l'arrêt *Concepcion* dans le but de disqualifier les *class actions arbitrations* du domaine de l'arbitrage.

La complexité de la procédure qui est à l'origine de l'excès de formalisme de l'arbitrage collectif tient, à notre sens, à la multitude de parties impliquées dans l'arbitrage, ainsi qu'au montant considérable du litige.

Le nombre de parties à un arbitrage collectif ainsi que le montant du litige peuvent dépendre de plusieurs facteurs, notamment l'ampleur du dommage de masse et la nature de l'action de groupe engagée devant l'arbitre[1466]. L'expérience en matière d'actions de groupe internationales intentées devant les tribunaux étatiques montre que quelle que soit la forme de l'action de groupe, le contentieux met souvent en cause un nombre relativement élevé de parties, et par conséquent, des sommes considérables.

Cependant, ces deux éléments ne constituent pas pour autant une spécificité propre à l'arbitrage collectif[1467]. D'autres formes d'arbitrages multipartites présentent en effet et également ces caractéristiques[1468]. Par exemple, l'affaire *Andersen. v. Andersen*, administrée

---

1465 Il convient de noter que la possibilité pour un arbitre d'octroyer des dommages et intérêts punitifs s'inscrit également dans le mouvement de relativisation entre l'arbitrage et la justice étatique. En effet, permettre à l'arbitre d'octroyer des dommages et intérêts punitifs, implique nécessairement l'admission d'un effet dissuasif de la sentence arbitrale dépassant le cadre du litige opposant les parties. Pour plus de détails sur l'arbitrabilité des dommages et intérêts punitifs voir : S. J. WARE « Punitive Damages in Arbitration : Contracting Out of Government's Role in Punishment and Federal Preemption of State Law », 63 Fordh. L. Rev. 529 (1994); T. STIPANOWICH, « Punitive Damages and the Consumerization of Arbitration », 92 NW. U. L. Rev. 1 (1997).

1466 Ainsi, si l'action de groupe engagée devant l'arbitre prend la forme de la procédure américaine de *class action*, la condition de *numerosity* doit être satisfaite ; de même, si l'arbitrage est administré conformément aux règles de l'*AAA*, cette même condition doit aussi être satisfaite. (AAA *Supplementary Rules.* Rule (4)(a)(1) : « *Prerequisites to a Class Arbitration (…) the class is so numerous that joinder of separate arbitrations on behalf of all members is impracticable* »). Il est aussi clair que lorsque l'action de groupe engagée devant l'arbitre est de type *opt out*, le nombre des parties à l'arbitrage sera beaucoup plus important que lorsque l'action de groupe est de type *opt in*.

1467 Voir de même la position dissidente du Juge Breyer dans le cadre de l'affaire *Concepçion.*

1468 Ainsi, selon le juge dissident Breyer dans le cadre de l'affaire *Concepçion*, spéc. p.6 (opinion dissidente): « *Where does the majority get its contrary idea—that individual, rather than class, arbitration is a fundamental attribut[e] of arbitration? The majority does not explain. And it is unlikely to be able to trace its present view to the history of the arbitration statute itself* ». De même selon Messieurs Born et Culter: « *Enormous disputes have always been and are still decided in*

par la CCI, mettait en jeu plus de 140 parties et le montant du litige dépassait les 14 milliards de dollars, constitue une illustration[1469]. C'est pourquoi tout argument basé sur le nombre de parties ou le montant du litige est mal fondé pour conclure que l'arbitrage collectif change la nature de l'arbitrage[1470].

455. La nécessité d'un certain formalisme pour les besoins de l'administration d'un arbitrage collectif. Comme nous venons de le mentionner, l'arbitrage collectif met donc souvent en jeu un nombre relativement important de parties ainsi que des sommes considérables. Cela implique la nécessité d'observer un certain formalisme pour les besoins de l'administration de la procédure. Un tel formalisme s'avère également nécessaire pour la protection des intérêts du défendeur qui se verra certainement condamné à des sommes colossales[1471], mais également pour les membres de la classe, et particulièrement lorsque l'action de groupe initiée devant l'arbitre est de type *opt out*[1472].

Le formalisme de l'arbitrage collectif s'est principalement concrétisé dans le cadre de certaines dispositions contenues dans les règlements d'arbitrage qui ont consacré des règles spécifiques pour l'arbitrage collectif à l'instar des *AAA Supplementary Rules* ou des *JAMS Rules for Class Arbitration.* Ainsi, *les AAA Supplementary Rules*, qui sont les plus connues en la matière ont, comme nous l'avons déjà évoqué, repris l'article 23 des règles fédérales de procédure civile relatif à la certification d'une *class action* américaine. Or, cet excès de formalisme a souvent été critiqué et analysé comme étant étranger à la nature même de l'arbitrage. En effet les parties ont la possibilité de choisir l'arbitrage afin d'échapper, entre autres, au formalisme imprégnant le contentieux initié devant les

---

arbitration », in G. BORN et W. CUTLER, « The United States Supreme court and Class Arbitration: A Tragedy of Errors», consultable sur: http://kluwerarbitrationblog.com/blog/2011.

1468 Dans ce sens G. BORN et W. CUTLER, « The United States Supreme court and Class Arbitration: A Tragedy of Errors», consultable sur : http://kluwerarbitrationblog.com/blog/2011/07/01/the-u-s-supreme-court-and-class-arbitration-a-tragedy-of-errors: « *Again, contrary to Justice Scalia's views, there is nothing inherent in arbitration that limits it to small stakes* ».

1469 B. R. OSTRAGER, P. C. THOMAS et R. H. SMIT, « *Andersen v. Andersen*: The Claimants' Perspective », 10 Am. Rev. Int'l Arb. 443(1999) ; Voir ainsi les exemples cités par le juge Breyer dans l'affaire *AT&T Concepcion*, spéc. p.35.

1470 Selon la Cour Suprême américaine (l'affaire *Concepción*), spéc. p. 16, le recours à l'arbitrage est seulement approprié pour les litiges impliquant des sommes modestes ! Cette dernière avait constaté: « *Arbitration is poorly suited to the higher Stakes of class litigation* ».

1471 Le risque encouru par le défendeur à une *class arbitration*, a été mis en relief par la Cour suprême américaine dans l'affaire *Concepcion* : « *(…) Third class arbitration greatly increases risks to defendants. The absence of multilayered review makes it more likely that errors will go uncorrected. That risk of error may become unacceptable when damages allegedly owed to thousands of claimants are aggregated and decided at once* », spéc. p. 15.

1472 Ainsi, selon la Cour Suprême (dans l'affaire *Concepcion*, spéc. p.18) : « *Class arbitration requires procedural formality. The AAA's Rules governing class arbitrations mimic the Federal Rules of Civil Procedure for class litigation (…). If procedures are too informal, absent class members would not be bound by the arbitration. For a class-action money judgment to bind absentees in litigation, class representatives must at all times adequately represent absent class members, and absent members must be afforded notice, an opportunity to be heard, and a right to opt out of the class; But before an arbitrator may decide the merits of a claim in classwide procedures, he must first decide, for example, whether the class itself may be certified, whether the named parties are sufficiently representative and typical, and how discovery for the class should be conducted* ».

tribunaux étatiques[1473]. Une telle critique n'est à notre sens pas fondée, et ce, pour plusieurs raisons.

456. L'excès de formalisme ne change pas la nature de l'arbitrage. En premier lieu, la comparaison entre l'arbitrage collectif et l'arbitrage bilatéral, en ce qui concerne la complexité de la procédure, nous semble erronée. Si une comparaison sous l'angle de la complexité de la procédure est à effectuer, c'est plutôt entre l'arbitrage collectif et le contentieux de masse étatique. À ce sujet, nous avons déjà vu que la flexibilité de l'arbitrage collectif rend ce dernier, plus avantageux que le contentieux de masse initié devant les tribunaux étatiques. [1474].

Par ailleurs, le principe de l'autonomie de la volonté permet aux parties de choisir une procédure formelle lorsque ces dernières considèrent que cela est nécessaire pour le déroulement de l'arbitrage. De même, en l'absence de consentement de la part des parties sur la procédure applicable au litige, l'arbitre, peut, en vertu de son pouvoir discrétionnaire, choisir la procédure la plus adaptée au litige. Rien n'empêche que cette procédure soit plus ou moins formelle[1475].

Enfin, le formalisme n'est pas un attribut exclusif de l'arbitrage collectif puisqu'il est généralement admis aujourd'hui que les différents types de procédures utilisées dans un arbitrage puissent varier entre des procédures peu formelles et d'autres, très formelles[1476]. S'il est vrai que l'arbitrage est perçu comme étant moins formel qu'un contentieux initié devant des tribunaux étatiques[1477], plusieurs principes du contentieux international

---

[1473]Ainsi, dans le cadre de son *amicus curiae* dans l'affaire *Stolt-Nielsen*, la chambre de commerce américaine a considéré: « *Class arbitration reflects a stark break from traditional arbitration, whereby a party 'trades the procedures and opportunity for review of the courtroom for the simplicity, informality, and expedition of arbitration* », in *Brief of the Chamber of Commerce of the United States of America as AmicusCuriae in Support of Petitioners*, spéc. n° 8, *Stolt-Nielsen S.A. v. AnimalFeeds Int'l Corp.*, 130 S. Ct. 1758 (2010) (No. 08-1198). La même position a été partagée également par le juge Scalia dans le cadre de l'affaire *Concepcion* où ce dernier avait considéré: « *The switch from bipartite to class arbitration sacrifices the principal advantage of arbitration—its informality—and makes the process slower, more costly, and more likely to generate procedural morass than final judgment. In bipartite arbitration, parties forgo the procedural rigor and appellate review of the courts in order to realize the benefits of private dispute resolution: lower costs, greater efficiency and speed, and the ability to choose expert adjudicators to resolve specialized disputes* », spéc. n°1758 et suiv.

[1474] Ainsi, selon le juge dissident Breyer (dans l'arrêt *Concepcion*, spéc. p.7, opinion dissidente): « *The majority compares the complexity of class arbitration with that of bipartite arbitration. And it finds the former more complex. But, if incentives are at issue, the relevant comparison is not "arbitration with arbitration" but a comparison between class arbitration and judicial class actions* ».

[1475] Ainsi, selon G. BORN et W. CUTLER, « The United States Supreme court and Class Arbitration: A Tragedy of Errors», consultable sur : http://kluwerarbitrationblog.com/blog/2011/07/01/the-u-s-supreme-court-and-class-arbitration-a-tragedy-of-errors : « *There is nothing inherent in arbitration that excludes formality, motions or complexity* ».

[1476] Voir à cet égard: D. S. SCHWARTZ, « If You Love Arbitration, Set it Free: How Mandatory Undermines Arbitration », 8 Nev. L. J.401 (2007), spéc. p.402: « (…) *Arbitration is becoming 'internally' judicialized, as procedure how a case will be arbitrated are increasingly formalized. There are more Rules narrowing the differences between arbitration and court, Rules that are imposed extra-contractually, by case law, statute, professional organizations, and the arbitration providers themselves*».

[1477] A. R. LEVINSON, « Lawyering Skills Principles and Methods Offer Insight as to Best Practices for Arbitration », 60 Baylor L. Rev.101 (2008), spéc. p. 23; D. S. SCHWARTZ, « If You Love Arbitration, Set it Free : How "Mandatory" Undermines Arbitration », 8 Nev. L. J.401 (2007), spéc. p. 402: « *The attraction of arbitration is based on the view that "law" both in its substantive and procedural aspects, consume time and money* ».

inspirent désormais le déroulement de la procédure arbitrale, comme c'est le cas des plaidoiries[1478], de l'audition des témoins ou encore du respect du principe du contradictoire, etc.

Une telle position semble être partagée par Monsieur Born. Après avoir considéré que les parties choisissent l'arbitrage international pour sa simplicité et son formalisme allégé[1479], ce dernier ne tardera pas à relativiser ses propos en considérant ainsi que toute distinction entre arbitrage international et contentieux étatique semble être exagérée[1480]. En effet, toujours selon Born, l'arbitrage est une procédure quasi judiciaire où l'arbitre est tenu de rendre une sentence finale en se basant sur les mémoires présentés par les parties ainsi que les moyens de preuves échangés et ce, après avoir donné aux parties l'opportunité d'être entendues[1481]. Cela est particulièrement vrai dans les litiges qui relèvent d'une certaine importance et qui mettent en jeu des sommes conséquentes[1482].

En conclusion, l'excès de formalisme ne change en aucun cas la nature de l'arbitrage et ne met pas non plus en cause ses principaux fondamentaux. Au contraire, c'est la pauvreté du formalisme qui peut mettre en cause les principes généraux de l'arbitrage international. Comme il a été justement noté par Madame Strong, aucune sentence arbitrale n'a été annulée ou n'a été privée d'exequatur pour excès de formalisme[1483].

III- L'intervention judiciaire excessive dans le cadre d'un arbitrage collectif en vue de protéger les parties à l'arbitrage collectif

La conformité de l'arbitrage collectif aux principes généraux de l'arbitrage international a fait l'objet de plusieurs interrogations en raison de l'intervention jugée excessive des tribunaux étatiques dans la gestion de la procédure arbitrale collective comme le montre l'expérience américaine. Si par définition l'arbitrage est un mécanisme par lequel un litige est résolu par le biais d'un juge privé désigné par les parties, l'intervention excessive des tribunaux étatiques dans la procédure constitue une modification importante de cette

---

1478 K. R. CASEY et M. PARKER, « Strategies for Achieving An Arbitration Advantage Require Early Analysis, Pre-Hearing Strategies, and Awards Scrutiny », consultable sur : http://www.stradley.com/library/files/2008octcaseyparker.pdf, spéc. p.3: « *Effective arbitration advocacy is remarkably similar to model advocacy in court. Opening statements are just as important in arbitration as in litigation* ».

1479 Ce dernier a repris les termes utilisés par un tribunal américain, notant la différence entre la procédure arbitrale et le contentieux étatique. Le tribunal avait considéré: « *Arbitral fact-finding is generally not equivalent to judicial fact-finding (…) [T]he record of the arbitration proceedings is not as complete; the usual Rules of evidence do not apply; and rights and procedures common to civil trials, such as discovery, compulsory process, cross-examination, and testimony under oath, are often severely limited or unavailable* », in G. BORN, *International Commercial Arbitration*, *op.cit.*, spéc. p.1745.

1480 G. BORN, *International Commercial Abitration*, *op.cit.*, spéc. p. 1746.

1481 G. BORN, *International Commercial Arbitration*, *op.cit.*, spéc. p. 1747. Dans ce sens, voir aussi : F. S. NARIMAN, « Standards of Behavior of Arbitrators », 4 Arb. Int'l. 311 (1998).

1482 F.S. NARIMAN, « Standards of Behavior of Arbitrators », 4 Arb. Int'l. 311(1998), spéc. p. 316: « *Particularly in major matters, elements of the procedures of an international arbitration can closely resemble proceedings in the commercial courts of some major trading states. Arbitral tribunals and parties often conclude that complex arbitrations require considerable issue definition, advance scheduling, disclosure or discovery, detailed written and oral submissions, cross-examination, testimony under oath, verbatim transcripts and the like (...)* ».

1483 S. I. STRONG, « Does Class Actions Arbitrations change the Nature of Arbitration » consultable sur: http://www.hnlr.org/wp-content/uploads/2012/09/201-272.pdf, spéc. p. 63.

nature privée[1484]. C'est pour cela que le principe de non-intervention judiciaire dans la procédure arbitrale a été consacré, aussi bien par les droits nationaux que par les conventions régionales et internationales[1485]. Selon Monsieur Born, ce principe est important pour l'efficacité de l'arbitrage, aussi bien au niveau des délais qu'au niveau de divers autres éléments[1486].

À notre sens, s'il est vrai que les interrogations susmentionnées concernant l'intervention judiciaire dans le cadre d'un arbitrage collectif ne manquent pas de légitimité (**A**), il n'en reste pas moins qu'il faut les relativiser et les replacer dans leur contexte spécifique. En effet, l'intervention des tribunaux étatiques dans la gestion de l'arbitrage collectif est une pratique purement américaine qui a subi des atténuations importantes. Par conséquent, l'intervention judiciaire dans le cadre d'un arbitrage collectif n'est pas indispensable au fonctionnement et au développement de ce type dernier **(B)**.

A- L'intervention judiciaire dans la gestion de l'arbitrage collectif : une pratique américaine

457. Le rôle des tribunaux étatiques américains dans l'interprétation de la convention de l'arbitrage. Bien avant le célèbre arrêt *Bazzel* rendu par la Cour Suprême américaine, il revenait aux tribunaux étatiques d'interpréter la convention d'arbitrage silencieuse quant à la possibilité de procéder ou non à un arbitrage collectif[1487]. Ce rôle a donc été restreint avec la décision de la Cour Suprême susmentionnée. Considérant qu'il s'agissait d'une pure question de procédure et non pas d'une question liée à la validité de la convention d'arbitrage, la Cour Suprême a donné aux arbitres le pouvoir de décider si l'arbitrage pouvait procéder ou pas en classe[1488]. Une telle question ne se pose pas vraisemblablement en droit de l'Union européenne et en droit français. Indépendamment de la qualification que la question peut revêtir, c'est toujours l'arbitre qui sera compétent, aussi bien pour interpréter la convention d'arbitrage conformément au principe de compétence – compétence[1489], que pour déterminer la procédure applicable au litige.

[1484] Ainsi selon S. I. STRONG: «*The question here is whether governmental decision-makers-i.e., courts-are so involved in class arbitration (…) so to take the procedure out of the realm of 'arbitration'* », *in* « Does class arbitrations change the nature of arbitration », consultable sur: http://www.hnlr.org/wp-content/uploads/2012/09/201-272.pdf, spéc. p. 62.

[1485] Pour un aperçu global voir : G. BORN, *International Commercial Arbitration*, *op.cit.*, spéc. p.1776 et les références citées.

[1486] G. BORN, *op.cit.*, spéc. p.1776.

[1487] Voir à titre d'exemple: *Howsam v. Dean Witter Reynolds*, Inc., 537 U.S.79 (2002); *First Options of Chicago, Inc. v. Kaplan*, 514 U.S.938 (1995).

[1488] *Green Tree Financial Corp. v. Bazzle*. Ainsi, selon la Cour Suprême, il s'agissait de savoir: « *What kind of arbitration proceeding the parties agreed to, rather than the validity of the arbitration clause (...) or its applicability* ».

[1489] En effet, si en vertu du principe compétence-compétence, l'arbitre est compétent pour régler les contestations relatives à sa compétence, raison de plus qu'il soit compétent pour interpréter la convention d'arbitrage et décider la forme individuelle ou collective de l'arbitrage. Sur la consécration de ce principe en droit français, voir : C. SERAGLINI et J. ORTSCHEIDT, *Droit de l'arbitrage interne et international*,

458. L'intervention des tribunaux étatiques pour contrôler le caractère équitable du procès. S'il est admis suite à l'arrêt *Bazzel* que c'est à l'arbitre et non pas aux tribunaux étatiques de décider de la forme collective ou non de l'arbitrage, la question de l'intervention des tribunaux étatiques dans le cadre d'un arbitrage collectif est remontée en surface aux États-Unis à propos de la phase de notification aux membres de la classe de la procédure arbitrale. En effet, bien après avoir reconnu que c'est à l'arbitre de décider de la nature collective de l'arbitrage, les tribunaux américains ont toutefois voulu conserver un rôle aux tribunaux étatiques dans la gestion de la procédure. Cette approche connue aux États-Unis sous la dénomination de « *hybrid model of adjudication* »[1490], consiste à octroyer aux tribunaux étatiques le pouvoir de certifier une action de classe devant l'arbitre, d'assurer la notification aux membres de la classe de la procédure collective et enfin de contrôler l'équité de la sentence rendue. De cette manière, et conformément à ce modèle, les tribunaux étatiques conservent un pouvoir similaire à celui qui leur est normalement octroyé dans le cadre d'un contentieux de masse étatique. Une telle approche trouve son explication dans le manque de confiance éprouvé à l'égard de l'arbitre : ce dernier est considéré comme n'étant pas en mesure d'assurer la protection des intérêts des membres absents de la classe.

Il est bien évident qu'une telle vision, impliquant une intervention excessive des tribunaux étatiques dans la procédure arbitrale, change la nature de l'arbitrage et rend par conséquent l'arbitrage collectif non conforme aux principes de l'arbitrage déjà énoncés. Cependant, les considérations qui sous-tendent le recours à une telle approche ne sont pas fondées et il n'existe alors aucune raison qui pourrait venir justifier une telle intervention.

B- Une intervention non indispensable pour la gestion de l'arbitrage collectif

459. L'arbitrage collectif et le procès équitable. En dépit de la flexibilité admise en matière de procédure dans le cadre d'un arbitrage international, la liberté des parties de choisir la procédure ainsi que la discrétion conférée à l'arbitre dans la détermination de la procédure la plus adéquate en l'absence de choix de la part des parties, trouvent des limites. Ces dernières dérivent des dispositions impératives issues des lois nationales et des dispositions internationales[1491] qui imposent des garanties procédurales en termes de

---

Montchrestien, 2013, spéc. p.587 et suiv. Cependant, en matière de droit du travail, il est admis que le principe compétence –compétence n'est pas applicable. Cependant, nous sommes d'avis que l'arbitrage collectif doit avoir pour effet de neutraliser une telle restriction. En effet, comme nous le verrons, les raisons qui sous-tendent la protection du salarié nous semblent plus toujours justifiées lorsque l'arbitrage prend la forme d'un arbitrage collectif. Voir *infra* n °475 et suiv.

[1490] S. I. STRONG, « Does Class Action Arbitration Change The Nature of Arbitration », consultable sur: http://www.hnlr.org/wp-content/uploads/2012/09/201-272.pdf. spéc. p.63

[1491] Voir les deux articles V (1) (b) et V (2) (b) de la Convention de New York de 1958. À titre d'exemple, en droit français, la violation des garanties procédurales constitue une atteinte à l'ordre public international ce qui pourrait justifier l'annulation de la sentence en application de l'article 1520.5 du nouveau Code de procédure civile.

régularité et d'équité de la procédure arbitrale[1492]. S'il est donc largement admis que la justice arbitrale est soumise aux principes fondamentaux qui gouvernent toute procédure[1493], on voit mal pourquoi l'arbitrage collectif constituerait une exception à ce principe. Tout comme dans le cadre d'un arbitrage classique, l'arbitre, dans le cadre d'un arbitrage collectif, est tenu d'assurer la régularité et l'équité de la procédure pour garantir le rayonnement de la sentence ainsi rendue. La nature collective de cet arbitrage ne change en rien ce constat et ne justifie en aucun cas le manque de confiance éprouvé à l'égard de l'arbitre[1494]. Elle implique tout simplement des efforts supplémentaires de la part de l'arbitre, afin d'assurer la régularité de la procédure, notamment vis-à-vis des membres absents de la classe.

La faiblesse des motifs justifiant le manque de confiance éprouvé à l'égard de l'arbitre est sans doute à l'origine de l'abandon du modèle hybride aux États-Unis. D'ailleurs, il semble que ce modèle ait été uniquement pris en compte durant les premières phases de développement des *class actions arbitrations*. Si l'arbitrage collectif est ainsi amené à se développer en Europe, il n'existe donc aucune raison de consacrer ce modèle. Le soin de gérer la procédure collective appartiendra exclusivement à l'arbitre, sans aucune intervention de la part des tribunaux étatiques.

460. La question des conflits d'intérêts entre l'arbitre et l'avocat de la classe : **le rôle des tribunaux étatiques**. Du fait de sa nature, l'arbitrage collectif est susceptible de soulever des conflits d'intérêts entre l'arbitre d'une part, et l'avocat de la classe d'autre part. De telles interrogations sur ce potentiel conflit ont été soulevées principalement aux États-Unis où la pratique de l'arbitrage collectif est la plus accomplie. Si l'arbitrage est amené à se développer en Europe, elles y feront certainement l'objet de nouvelles discussions.

La sélection de l'avocat représentant de la classe peut être problématique comme le montre l'expérience des *class actions arbitrations* aux États-Unis. Alors que dans le cadre d'un contentieux étatique il appartient au juge étatique de désigner l'avocat représentant de la classe selon des critères bien déterminés[1495], un tel rôle sera normalement attribué à l'arbitre dans le cadre d'un arbitrage collectif. Or, cela peut générer de véritables conflits d'intérêts entre l'arbitre d'une part, et l'avocat représentant d'autre part.

Prenons à titre d'exemple *les class actions arbitration* telles que consacrées par les *AAA Supplementary Rules*. Les avocats des deux parties - l'avocat de la potentielle classe et celui du défendeur - participent à la nomination de l'arbitre. Une fois désigné, l'arbitre est tenu,

---

1492 G. BORN, *International Commercial Arbitration*, *op.cit.*, spéc. p. 1764.

1493 X. BOUCOBZA et Y. M. SERINET, « Les principes du procès équitable dans l'arbitrage international », *J. D. I. 2012.1* ; Voir de même : E. BRUNET, « Arbitration and Constitutional Rights », 71N. Carl. L. Rev.8 (1992).

1494 Ce manque de confiance à l'égard de l'arbitre a été clairement exprimé par la Cour Suprême américaine dans le cadre de l'arrêt *Concepción*, spéc. p.15, ou cette dernière avait considéré : *« And it is at the very least odd to think that an arbitrator would be entrusted with ensuring that third parties due process rights are satisfied ».*

1495 Ainsi, conformément à la *Rule 23 (g)* des *Federal Rules of Civil Procedure*, quatre facteurs doivent être pris en considération pour la désignation de l'avocat représentant de la classe : *« The work counsel has done in indentifying or investigation potential claims in the action ; Counsel's experience in handling class actions, other complex litigation, and claims of the type asserted in the action ; Counsel's knowledge of the applicable law and the resources counsel will commit to represent the class ».*

conformément à ces mêmes règles, de rendre plusieurs sentences provisoires parmi lesquelles la *Class Determination Award* : celle-ci veut qu'après avoir défini la classe, l'arbitre désigne le représentant ainsi que l'avocat de la classe. Or, il a été soutenu que l'arbitre sera enclin à désigner l'avocat originaire, c'est-à-dire celui qui l'a nommé, comme représentant de la classe, parce qu'il existe déjà une certaine familiarité entre eux[1496]. Cela est d'autant plus vrai que l'avocat de la potentielle classe avance à l'arbitre, avec l'avocat du défendeur, une partie de ses honoraires[1497]. Cela risquerait de produire une apparence de partialité de l'arbitre en faveur de cet avocat, ce qui n'est évidemment pas souhaitable[1498].

S'il apparaît que ces interrogations sont effectivement légitimes, plusieurs solutions peuvent néanmoins être envisageables. Le recours aux tribunaux étatiques pour désigner l'arbitre dans le cadre d'un arbitrage collectif pourrait être une alternative qui permettrait de dissiper tout conflit d'intérêts entre l'arbitre et l'avocat représentant de la classe. De même, les institutions d'arbitrages intéressées par l'arbitrage collectif pourraient intervenir pour remédier à ce problème, notamment en ajoutant une règle selon laquelle l'arbitre ne pourrait pas nommer en tant que représentant de la classe, l'avocat qui a participé originairement à sa nomination. Dès lors, le rôle de cet avocat se terminerait dans les premières phases de la procédure et ses honoraires lui seraient ensuite payés à la fin de l'arbitrage collectif.

461. La pratique des sentences arbitrales partielles susceptibles d'un recours devant les tribunaux étatiques. Comme nous l'avons déjà mentionné, le développement de l'arbitrage collectif aux États-Unis a été accompagné par l'adoption par certains centres d'arbitrage de règles spécifiques à l'arbitrage collectif, à l'instar des *AAA Supplementary Rules* ou des *JAMS Supplementary Rules.* L'expérience américaine a montré que les parties à un arbitrage collectif préfèrent que leur arbitrage soit régi par de telles règles. De même, en l'absence de choix contraire de la part des parties, les arbitres n'ont pas hésité à se référer à ces règlements spécialisés pour les besoins de l'administration de la procédure arbitrale collective. Cependant, les règles adoptées par

---

1496 A. POWELL et R. A. BALES, « Ethical Problems in Class Arbitration », J. Disp. Resol.309 (2011), spéc. p. 321-32. Les deux auteurs ont ainsi donné l'exemple suivant *: « Counsel X chose Arbitrator Y or potential class arbitration proceeding. This selection may be financially lucrative for Arbitrator Y, especially if the class action is complex. Counsel X may also like to have an appointment as class counsel because selection is financially lucrative. Counsel X will then apply to Arbitrator Y or the financially lucrative appointment as class counsel. If Arbitrator Y appoints Counsel X as a class counsel, the appointment may appear as an unspoken quiproquo for the Counsel X's appointment of Arbitrator Y. At the very least, this arrangement creates a strong appearance o impropriety and may create a conflict of interest for Arbitrator Y ».*

1497 En effet, l'arbitre va sûrement recevoir une partie de ses honoraires tout au début de l'arbitrage.

1498 A. POWELL et R. A. BALES, « Ethical Problems in class Arbitration » J. Disp. Resol. 309 (2011), spéc. p. 323. Ainsi, les deux auteurs ont donné l'exemple suivant*: « Counsel X participated with opposing counsel in the process of selection Arbitrator Y and has advanced fees to Arbitrator Y. The next step is for Arbitrator Y to certify the class and select the counsel to represent the class. Arbitrator Y may not pick Counsel X, but Arbitrator Y is undeniably familiar with Counsel X. In a perfect World, the Arbitrator Y selects the best-qualified attorneys as filtered through the test provided by the Federal Rules. However, unlike a judge, Arbitrator Y has already been selected and paid by Counsel X. This purches the conflict of interest even further because the Arbitrator Y may appoint Counsel X as a class counsel because Counsel X has selected and paid Arbitrator. If Arbitrator Y does in fact appoint Counsel X as a class counsel, this arrangement creates a strong appearance of impropriety ».*

les deux institutions ne semblent pas exclure totalement toute intervention des tribunaux étatiques dans le cadre d'un arbitrage collectif.

En effet, conformément aux *AAA Supplementary Rules*, une fois désigné, l'arbitre doit interpréter dans un premier temps la convention d'arbitrage pour décider si cette dernière autorise ou non un arbitrage de type *class action arbitration*. Pour cela, il rend une sentence partielle, qu'on appelle la « *clause construction award* ». L'arbitre doit ici suspendre la procédure arbitrale pour une période de 30 jours de façon à ce que chacune des parties puisse saisir le tribunal compétent pour confirmer ou infirmer la sentence. L'arbitre reprendra la procédure arbitrale dans un second temps, dès lors que les parties auront renoncé par écrit, durant la période de 30 jours, à leur droit de saisir le tribunal compétent ou lorsque le délai imparti pour saisir le tribunal compétent est expiré. Dans le cas où le tribunal compétent serait saisi par l'une des parties à cette fin, l'arbitre devra alors surseoir à statuer et attendre la décision que rendra ce tribunal[1499].

Une deuxième sentence partielle est également prévue par l'article 5 des *AAA Supplementary Rules*. Si l'arbitre estime que les conditions de certification d'une *class action arbitration* sont satisfaites[1500], sa décision de procéder en classe doit être contenue dans une sentence partielle et finale, la « *Class Determination Award* ». Cette sentence doit définir la classe, désigner son représentant ainsi que son avocat, indiquer aussi bien les réclamations de la classe que la défense du défendeur et enfin préciser les modalités de notification de l'arbitrage aux membres absents de la classe, ainsi que celles relatives à l'exclusion des membres de la classe. Après avoir rendu cette sentence, l'arbitre doit suspendre la procédure pour une période de 30 jours afin de permettre à toutes les parties de saisir le tribunal compétent pour confirmer ou infirmer la sentence. L'arbitre est tenu de reprendre la procédure dans les mêmes conditions susmentionnées pour la « *class construction award* »[1501].

À première vue, la pratique qui veut que les sentences partielles puissent faire l'objet d'un recours devant les tribunaux étatiques peut apparaître contraire au principe de non-intervention des tribunaux étatiques dans la procédure arbitrale. À notre sens, une telle conclusion est à nuancer.

De prime abord, il faut bien distinguer selon que les parties ont choisi ou non de régir leur arbitrage collectif par le biais de ces règles spécialisées. Si tel est le cas, la pratique des sentences arbitrales partielles ne pose pas de problèmes. En effet, l'un des objectifs fondamentaux du principe de non-intervention judiciaire dans la procédure arbitrale est d'assurer la flexibilité de la procédure et d'éviter des délais supplémentaires. Si les parties ont décidé de recourir à ces règles spécialisées, cela implique que ces dernières ont indirectement renoncé au principe de non-intervention judiciaire, ce qui est tout à fait concevable.

La question devient plus délicate lorsque c'est l'arbitre et non les parties qui décide de recourir à ces règles. Si l'arbitrage se déroule aux États-Unis, il nous semble que l'application de ces règles par l'arbitre en l'absence de consentement exprès des parties

1499 Voir l'article 3 des *AAA Supplementary Rules* ; De même, voir l'article 2 des *JAMS Supplementary Rules.*

1500 Voir l'article 4 des *AAA Supplementary Rules.*

1501 Voir l'article 5 des *AAA Supplementary Rules ;* De même, voir l'article 3 des *JAMS Supplementary Rules.*

ne soulève pas de difficultés. Si la jurisprudence américaine a condamné à plusieurs reprises l'intervention judiciaire dans le cadre d'une procédure arbitrale interne ou internationale, aucune décision émanant des tribunaux américains ne semble condamner le recours par l'arbitre aux dispositions spéciales de l'*AAA* ou du *JAMS*.

En Europe, la question ne se pose pas dans les mêmes termes. En effet, et à notre sens, il est peu vraisemblable qu'un arbitre siégeant en Europe ait recours à ces règles en l'absence d'un consentement exprès des parties. D'autre part, la seule institution ayant réglementé l'arbitrage collectif en Europe, dont les *DIS Supplementary Rules* sont issues, n'a consacré ni de près, ni de loin, l'intervention judiciaire dans le cadre d'un arbitrage collectif. Si d'autres institutions d'arbitrages souhaitent bien développer des règles spécifiques à l'arbitrage collectif en Europe, nous pensons que ces dernières doivent éviter de reprendre les dispositions de l'*AAA* ou du *JAMS Rules* concernant l'intervention des tribunaux étatiques dans l'administration de l'arbitrage collectif.

462. ***Transition***. Il ressort clairement de ces développements, que l'arbitrage collectif n'est pas d'une nature différente d'un arbitrage classique mettant en jeu deux parties. Néanmoins, les critiques adressées à l'arbitrage collectif ne concernent pas uniquement sa nature. En effet, il semblerait que ce dernier met également en cause les caractéristiques mêmes de l'arbitrage international. C'est ce que nous allons examiner maintenant.

§2-L'arbitrage collectif et les caractéristiques de l'arbitrage international

463. L'arbitrage collectif peut être perçu comme non conforme à certaines caractéristiques de l'arbitrage commercial international. Du fait de sa nature collective, ce dernier se concilie par exemple mal avec la confidentialité de l'arbitrage[1502]. Comme nous allons le voir, cela ne doit en aucun cas constituer un prétexte pour l'exclure de la pratique arbitrale **(I)**. Par ailleurs, la méfiance avec laquelle l'arbitrage international est perçu par certains systèmes juridiques lorsque ce dernier implique des parties faibles ne semble pas être justifiée lorsque l'arbitrage prend la forme d'un arbitrage collectif **(II)**.

I. L'arbitrage collectif et la confidentialité de l'arbitrage

464. La confidentialité peut constituer une raison pour laquelle les entreprises décident de recourir à l'arbitrage. De ce fait, elle est considérée par une partie de la doctrine comme un avantage de l'arbitrage, voire une de ses caractéristiques essentielles[1503] qui

[1502] Cet argument a été avancé par la Cour Suprême américaine dans le cadre de l'affaire *Stolt-Nielso*, pour marquer la différence entre l'arbitrage collectif et l'arbitrage bilatéral classique.

[1503] E. GAILLARD, « Le principe de confidentialité dans l'arbitrage international », *D. 1987. 153*; S. KOURIS, « Confidentiality: Is International Arbitration Losing One of its Major Benefits? » 22 J. Int'L. Arb.127 (2005), spéc. p.141 ; J-L. DELVOLVE, « Vraies et fausses confidences ou les petits grands secrets de l'arbitrage », *Rev. arb. 1996.373* ; S. LAZAREFF, « Confidentialité et arbitrage : approche théorique (et

permet de le distinguer de la justice étatique[1504]. En revanche, par sa nature, l'arbitrage collectif se concilie mal avec le principe de confidentialité **(A)**. Mais cela ne doit en aucun cas constituer une raison pour remettre en cause ce type d'arbitrage ou empêcher son développement puisque la confidentialité de l'arbitrage ne fait pas aujourd'hui l'objet d'un consensus **(B)**.

A- Le caractère inconciliable de l'arbitrage collectif avec la confidentialité de l'arbitrage

465. La confidentialité de rigueur tout au long de la procédure arbitrale. La confidentialité de l'arbitrage s'étend tout au long de l'instance arbitrale et recouvre ainsi plusieurs aspects. Elle suppose que l'existence de l'arbitrage, les moyens de preuve, les documents préparés et échangés entre les parties, la sentence arbitrale et enfin toutes les décisions prises durant le procès ne doivent faire l'objet d'aucune divulgation à des parties tierces à l'arbitrage. La confidentialité implique également que seules les parties à l'arbitrage et leurs représentants peuvent être présents durant les plaidoiries. Or, la nature de l'arbitrage collectif rend impossible le respect de la confidentialité tout au long des différentes étapes de la procédure.

466. L'ouverture de la procédure arbitrale collective. La possibilité de dissimuler les difficultés rencontrées par un opérateur économique ainsi que le secret concernant l'existence même d'un litige ont longtemps été considérés comme un atout majeur de l'arbitrage international. En effet, la divulgation de l'existence d'un litige peut causer des dégâts considérables à un opérateur économique. Or, dans le cadre d'un arbitrage collectif, il est indispensable que l'ouverture de la procédure arbitrale soit annoncée au grand public pour regrouper le plus grand nombre possible de demandeurs. C'est précisément le cas lorsque les demandeurs potentiels ne sont pas tous identifiables au début de la procédure et que, par conséquent, la notification de l'arbitrage aux parties ne peut s'opérer par voie individuelle.

Les *AAA Supplementary Rules* disposent expressément que la présomption en faveur de la confidentialité ou du caractère privé de l'arbitrage ne s'applique pas dans le cadre des *class actions arbitrations* sauf dans le cas où l'arbitre en décide autrement[1505]. Elles prévoient ainsi la mise en place d'un registre public similaire à celui du CIRDI qui doit contenir des informations concernant la demande d'arbitrage, le nom des parties et de leurs avocats[1506]. De telles dispositions n'ont cependant pas été prévues par les *JAMS*

même philosophique) », *Bull. Cour CCI, suppl. spécial, 2009. 87* ; E. LOQUIN, « Les obligations de confidentialité dans l'arbitrage », *Rev. arb. 2006. 323.*

1504 R. DAVID, *L'arbitrage dans le commerce international*, Economica 1982. p. 18 ; J. PAULSSON et N. RAWDIN, « The Trouble with Confidentiality », 11 Arb. Int'L. 303 (1995).

1505 *AAA Supplementary Rules,* Rule 9 (a).

1506 Voir à cet égard: *AAA supplementary Rules for Class arbitrationss*, Rule 9:« *Confidentiality; Class Arbitration Docket: (a) The presumption of privacy and confidentiality in arbitration proceedings Shall not apply in class arbitrations. All class arbitration hearings and filing may be made public, subject to the authority of the arbitrator to provide otherwise in special circumstances. However, in no event shall class members or their individual counsels, if any, be excluded from the arbitration*

Class Procedures qui semblent adopter une position beaucoup plus orthodoxe vis-à-vis du principe de confidentialité. En effet, ces règles n'ont pas prévu la mise en oeuvre d'un registre public similaire à celui des *AAA Supplementary Rules* et n'ont requis la notification de la procédure arbitrale qu'aux parties qui peuvent être identifiées.[1507].

467. La publication des documents. La nature collective de l'arbitrage de groupe nécessite la publication de l'ensemble des documents pour des raisons pratiques. Elle a pour objet de faciliter la collecte des informations et l'administration de la preuve. En dehors de l'hypothèse d'un arbitrage collectif, l'argument tiré du secret des documents a souvent été invoqué comme moyen pour disqualifier un arbitrage tripartite, comme l'illustre l'affaire *Oxford Shipping Co.v. NipponYusen Kaisha.* Dans cette affaire, le juge anglais avait annulé une sentence arbitrale car l'arbitre avait consolidé plusieurs procédures d'arbitrage sans le consentement des parties, ce qui a été considéré par le juge anglais comme mettant en cause le principe de confidentialité[1508].

468. La publication des sentences arbitrales. La publication des sentences arbitrales est un élément essentiel de l'arbitrage collectif, surtout lorsque l'arbitrage collectif se base sur le mécanisme de l'*opt out.* Il constitue ainsi une exception importante au principe de confidentialité. Une telle publication permet d'informer les personnes concernées par l'événement de masse - surtout celles qui n'ont pas participé activement à la procédure arbitrale - sur le sort final du litige. Par ailleurs, étant plus complexe qu'un arbitrage bilatéral classique, il est très vraisemblable que plusieurs sentences arbitrales interviennent même avant que l'arbitre ne rende une sentence finale qui tranche définitivement le litige. À titre d'exemple, l'arbitre est tenu de rendre deux sentences intermédiaires conformément aux *AAA Supplementary Rules* : La « *Construction of the Arbitration Clause* » où l'arbitre détermine si l'arbitrage peut procéder en tant que *class action arbitration* et la « *Class Determination Award* » par le biais de laquelle l'arbitre certifie la classe. Les *AAA Supplementary Rules* prévoient la publication de l'ensemble de ces sentences

---

hearings. (b) The AAA shall maintain on its Web site a Class Arbitration Docket of arbitrations filed as class arbitrations. The Class Arbitration Docket will provide certain information about the arbitration to the extent known to the AAA, including: (1) a copy of the demands for arbitration; 2) the identities of the parties:3) the names and contact information of counsel for each party; 4) a list of awards made in the arbitration made by the arbitrator; and (5) the date, time and place of any scheduled hearings ».

1507 *JAMS Class Actions Procedures*, Rule 4: « *Notice of Class determination: The Arbitrator shall direct that Class members be provided the best notice practicable under the circumstances (the "notice of class Determination"). The notice of class determination shall be given to all members who can be identified through reasonable effort. The Notice of Class determination must concisely and clearly state in plain, easily understood language* ».

1508 *Oxford Shipping Co. v. NipponYusen Kaisha* (1984), 2 Lloyd's rep. 373 (Q.B.Com.Ct.). Ainsi, le juge Legatt a considéré: « *The arbitrators here enjoyed no power to order concurrent hearings or anything of that nature without the consent of the parties; the concept of private arbitration derived simply from the fact that the parties had agreed to submit to arbitration disputes arising between them and only between them* ».

sans le consentement des parties à l'arbitrage, alors qu'il est requis, tant dans le cadre d'un arbitrage commercial bilatéral[1509] que dans le cadre d'un arbitrage d'investissement[1510].

469. **Le caractère public des audiences**. Il convient de mentionner, de prime abord, que le caractère public des audiences dans le cadre d'un arbitrage collectif, constitue plutôt une exception au principe du caractère privé de l'arbitrage, que la pratique arbitrale tend d'ailleurs à distinguer du principe de confidentialité. En effet, le caractère privé de l'arbitrage se caractérise par le droit des parties d'exclure du procès arbitral toute personne étrangère à la procédure[1511].

Dans le cadre d'un arbitrage collectif, il est très probable que le déroulement de la procédure arbitrale soit accompagné par la publicité des audiences puisqu'il n'est évidemment pas possible que l'intégralité des demandeurs puisse assister aux plaidoiries, et ce pour diverses raisons. Pourtant, il est indispensable que ces derniers puissent suivre le déroulement du procès arbitral. L'accès aux audiences se fera très probablement via les nouveaux moyens de communication[1512] et on voit mal comment limiter la diffusion de ces audiences aux seuls demandeurs. Dans ce contexte, il est fortement probable que plusieurs personnes aient accès aux audiences, quand bien même elles n'auraient pas été affectées par l'évènement de masse. Ceci constitue ainsi une importante exception au caractère privé de l'arbitrage.

Il est clair que le développement de l'arbitrage collectif ne peut aller de pair avec la confidentialité et le caractère privé de l'arbitrage. Néanmoins, cela ne doit pas pour autant constituer un obstacle au développement de l'arbitrage collectif. La confidentialité de l'arbitrage ne fait en réalité pas l'objet d'un consensus.

1509 C'est le cas du Règlement d'arbitrage de la CNUDCI. Toutefois dans sa version révisée (Règlement d'arbitrage de la CNUDCI, version révisée en 2010, consultable sur : https://www.uncitral.org/pdf/french/texts/arbitration/arb-Rules-revised/arb-Rules-revised-f.pdf), l'article 34 (5) précise qu'une sentence peut néanmoins être publiée « *lorsque sa divulgation est requise d'une partie en raison d'une obligation légale* ».

1510 L'article 48(5) de la Convention pour le Règlement des différends relatifs aux Investissements entre États et Ressortissants d'autres États « Convention de Washington » (consultable sur : https://pca-cpa.org/wp-content/uploads/sites/175/2016/01/ICSID-Convention-1965-FR.pdf), prévoit clairement que la publication des sentences arbitrales est conditionnée par le consentement des parties puisque le « *centre ne publie aucune sentence sans le consentement des parties* » ; Article 22 du Règlement administratif et financier du Centre international de Règlement des différends sur l'investissement « CIRDI » (consultable sur : https://icsid.worldbank.org/apps/ICSIDWEB/resources/Documents/2006%20CRR_French-final.pdf), impose au Secrétaire général, lorsque les parties y consentent, une obligation de procéder à la publication des sentences arbitrales. Voir cependant l'article 1137(4) de l'accord de libre échange Nord Américain « L'ALENA » (consultable sur : http://www.alenaaujourdhui.org/) qui prévoit que lorsque le Canada ou les États-Unis sont parties à la procédure, la sentence arbitrale peut être publiée par l'État ou l'investisseur sans le consentement de l'autre partie.

1511 Voir l'article 26 (3) du règlement d'arbitrage de la CCI : « *Sauf accord du tribunal et des parties, les audiences ne sont pas ouvertes aux personnes étrangères à la procédure* » ; S. LAZAREFF, « La confidentialité dans l'arbitrage : approche théorique (et même philosophique) », *Bull. Cour CCI, suppl. spécial, 2009. 87* ; spéc. p.81.

1512 Voir *supra* n°434.

B- La disparition du principe de confidentialité de l'arbitrage international ?

470. Si la confidentialité est souvent considérée comme un attribut essentiel de l'arbitrage international, cette dernière ne fait pourtant pas l'objet d'un consensus dans la pratique arbitrale internationale **(1)**. De même, il est de plus en plus admis que le principe de confidentialité est aujourd'hui remplacé par le principe de transparence, et particulièrement dans le cadre de certains arbitrages mettant en jeu des intérêts publics, à l'instar de de l'arbitrage en matière d'investissement, et dont l'arbitrage collectif constitue aujourd'hui un nouvel avatar **(2)**.

1- Le principe de confidentialité de l'arbitrage ne fait pas l'objet d'un consensus

471. Des hésitations quant à l'existence d'un principe de confidentialité dans le cadre d'un arbitrage international. La confidentialité de l'arbitrage n'a ni été expressément consacrée par les droits étatiques[1513] , ni par les règlements d'arbitrage des institutions les plus renommées[1514]. De ce fait, il n'existe dans la pratique arbitrale internationale, aucun consensus à propos de ce principe[1515]. Ainsi, nous rejoignons la position d'une partie de la doctrine qui considère que la confidentialité n'existe pas en matière d'arbitrage international[1516]. Par exemple, il a été considéré en droit français de l'arbitrage international, que le principe de confidentialité ne s'applique pas en matière internationale, à défaut de stipulation de la part des parties[1517]. Même la jurisprudence semble désormais s'engager dans cette voie[1518]. L'absence de consensus en matière de

---

[1513] En droit français, le principe de confidentialité de l'arbitrage a été uniquement consacré en droit interne par le biais de l'article 1464, alinéa 4 du code de procédure civile. Voir à cet égard : Ch. Jarrosson et J. Pellerin, « Le nouveau droit français de l'arbitrage après le décret du 13 janvier 2011», *Rev. arb. 2011.5*, spéc. n°34.

[1514] C'est le cas du Règlement CCI (art.26 .3) et du Règlement CNUDCI (28.3), qui traitent exclusivement la question de la confidentialité des audiences.

[1515] L.-Y. FORTIER, « The occasionally Unwarranted Assumption of Confidentiality », 15 Arb. Int. 131 (1991).

[1516] C. MULLER, « La confidentialité en arbitrage commercial international : un trompe-l'œil », 23 *ASA Bull. 2. 216.*

[1517] E. GAILLARD et P. DE LAPASSE, « Le nouveau droit français de l'arbitrage interne et international » *D. 2011. 175*, spéc. n° 28, p.264 ; Voir d'une manière générale en droit français : PH. CAVALIEROS, « La confidentialité de l'arbitrage", *Cah. arb 2006.56* ; E. GAILLARD, « Les principes fondamentaux du nouvel arbitrage», in *Le nouveau droit français de l'arbitrage*, Lextenso éditions, Paris 2011, spéc. p. 68 et s. ; Y. DERAINS, « Les nouveaux principes de procédure : confidentialité, célérité, loyauté » , in *Le nouveau droit français de l'arbitrage*, Lextenso 2011, p. 91.

[1518] Pour la jurisprudence française, voir : CA Paris, 1re Ch. civ., 22 jan. 2004, *Société National Company for Fishing and Marketing NAFIMCO v société Foster Wheeler Trading Company AG* , consultable dans : *Rev. arb. 2004. 647* où la cour avait considéré : « *La partie qui requiert une indemnisation pour violation de la confidentialité de l'arbitrage doit s'expliquer sur l'existence et les raisons d'un principe de confidentialité dans le droit français de l'arbitrage et le cas échéant, sur la renonciation à ce principe par les parties en considération du règlement applicable choisi par elles* ». La juridiction Suprême australienne avait décidé en 1999 dans le cadre de l'affaire *Esso*, que l'arbitrage international, et plus

confidentialité concerne l'ensemble de la procédure arbitrale. Ainsi, dans ses recommandations adoptées lors de sa 74e Conférence tenue à La Haye en 2010, l'Association de Droit International a noté que *« De nombreux utilisateurs de l'arbitrage commercial international, supposent en choisissant l'arbitrage, qu'il est en lui-même confidentiel. Cette supposition n'est pas justifiée, car de nombreuses lois et de nombreux règlements d'arbitrage n'imposent pas à ce jour la confidentialité, et ceux qui le font se distinguent dans leurs approches et champ d'application (y compris en ce qui concerne les personnes visées, la durée et les sanctions) »*[1519].

En outre, en ce qui concerne l'ouverture de la procédure, l'obligation de garder l'existence du litige au secret est rarement énoncée explicitement dans les règlements d'arbitrage comme l'a justement relevé le comité sur l'arbitrage commercial international de l'*International Law Association* dans son rapport sur la confidentialité[1520]. De même, la pratique montre que plusieurs institutions d'arbitrage rendent disponibles sur leur site internet des informations concernant les procédures arbitrales introduites avec le nom des parties, leurs avocats et la composition du tribunal arbitral[1521]. Dans ces conditions, nous pensons que la spécificité des litiges de masse est à elle seule capable de disqualifier toute argumentation fondée sur la confidentialité pour rejeter le concept de l'arbitrage collectif. En effet, les dommages de masse sont déjà très probablement connus du public. De tels évènements sont généralement très médiatisés ce qui nous pousse à se demander sur la confidentialité à laquelle les entreprises peuvent s'attendre dans le cadre d'un litige comme celui impliquant les viandes de chevaux[1522] à titre d'exemple. Dans ce cas, le dommage matériel ou moral qui atteint l'entreprise existe avant même l'initiation de la procédure.

En ce qui concerne la publication des documents, l'arbitrage collectif ne sera pas aux antipodes de la pratique arbitrale. En effet, l'affaire *Esso* nous en livre un exemple. Dans cette affaire, le juge australien avait considéré que la confidentialité ne constituait pas un attribut essentiel de l'arbitrage et qu'en l'absence de clause particulière, il n'existait pas d'obligation générale de ne pas divulguer les informations ou les documents relatifs à la procédure arbitrale[1523]. De même, la nature particulière de l'arbitrage collectif permet de

---

précisément le caractère privé de ce dernier, ne signifie pas pour autant qu'une obligation de confidentialité s'impose aux parties. Voir à cet égard : *Esso Australia Resources Ltd & Ors V The Honourable Sidney James Plowman & Ors (1995)*, consultable dans : *Rev. arb. 1996. 539* ; En droit suédois, voir l'arrêt de la Cour Suprême : *Al Trade Finance Inc. v. Bulgarian Foreign Trade Bank LTD ("Bulbank")*, Case No. T 1881-99, consultable dans : *Rev. arb. 2001.821* :

1519 Recommandation n°1 de Résolution n°1/2010 de l'International Law Association (ILA), consultable sur : www.ila-hq.org/download.../B735709E-31A7-4374-BE5179AEE0756168.

1520 International Commercial Arbitration Committee, (dir. F. DELY), « Confidentiality in International Commercial Arbitration », in *The International Law Association, Report of the Seventy-fourth Conference, The Hague 15-19, August 2010*, ILA, London, 2010, p. 201.

1521 Cela est d'autant vrai dans l'hypothèse où les opérateurs économiques sont tenus d'un devoir d'information vis-à-vis de leurs adversaires, à l'instar de ce qui est admis en matière financière. Voir à cet égard : F. FAGE, « La confidentialité de l'arbitrage à l'épreuve de la transparence financière », *Rev. arb. 2003. 12.*

1522 Sur ce scandal, voir : *« Scandale de la viande de cheval : le parquet veut un procès pour deux ex-dirigeants de Spanghero »*, consultable sur : http://www.lemonde.fr/entreprises/article/2016/10/14/scandale-de-la-viande-de-cheval-le-parquet-veut-un-proces-pour-deux-ex-dirigeants-de-spanghero_5013972_1656994.html#gowJkJVdJ2h1sv8a.99

1523 *Esso Australia Resources Ltd. v. Plowman*, précité.

le distinguer des hypothèses de l'arbitrage multipartite dans lequel le principe de confidentialité a été avancé pour le freiner. En effet, les arbitrages collectifs ne mettent aucunement en jeu des informations à caractère sensible, à l'inverse de ce qui peut être le cas dans certains arbitrages multipartites, et spécifiquement dans l'hypothèse ou les demandeurs visent à joindre à la procédure arbitrale un autre défendeur, souvent un compétiteur du défendeur originaire, où la divulgation d'informations entre deux entités concurrentes sur le marché risque d'avoir des répercussions néfastes[1524].

Plus délicate est la question relative à la publication des sentences arbitrales. Une telle publication s'avère nécessaire, aussi bien pour les besoins de l'administration de la procédure arbitrale, que pour la nature dissuasive que revêt un arbitrage collectif. Cependant, l'ensemble des règlements d'arbitrage interdisent à l'institution de publier la sentence arbitrale sans le consentement des parties. Certains d'entre eux soumettent parfois même une telle publication à certaines conditions[1525]. Si l'arbitrage collectif est amené à se développer, une telle restriction devra être revue.

Si aucune obligation légale de confidentialité ne s'impose dans le cadre d'un arbitrage international[1526], rien n'empêche les parties de convenir elles-mêmes et entre elles à une obligation de confidentialité, qui revêtira alors une nature purement contractuelle[1527]. Néanmoins, une divergence existe entre les différents systèmes juridiques sur l'éventuelle nature implicite de l'obligation de confidentialité des parties. Une présomption de confidentialité ne semble pas bénéficier de la bénédiction de tous les systèmes juridiques[1528], ce qui a poussé les différents auteurs à conseiller les parties à l'arbitrage

---

1524 S. I. STRONG, «The Sounds of Silence: Are U.S. Arbitrators Creating Internationally Enforceable Awards When Ordering Class Arbitration in Cases of Contractual Silence or Ambiguity », 30 Mich. J. Int'l L.1017, spéc. p.1085.

1525 S. MENETREY, « La transparence dans l'arbitrage d'investissement », *Rev. arb. 2012. 33*, spéc. p. 45.

1526 Exception faite à l'interdiction de publier les sentences arbitrales telle que consacrée par toutes les institutions d'arbitrage, rares sont les systèmes juridiques qui consacrent une obligation légale de confidentialité en matière d'arbitrage international. À notre connaissance, une telle obligation a été consacrée par l' Espagne (article 24(2) de la loi espagnole sur l'arbitrage du 26 mars 2004, consultable en langue anglaise sur : http://www.cremades.com/pics/contenido/File634528967311128688.pdf), la nouvelle Zélande (article 14 de la loi néo-zélandaise sur l'arbitrage de 1996,) et récemment l'Australie (voir Sections 23 C-23 G de l'international Arbitration Act of 1974 avec les amendements de 2010, consultable sur : https://www.legislation.gov.au/Details/C2011C00342). En ce qui concerne le droit français, le décret du 13 janvier 2011 a établi une obligation légale de confidentialité en matière d'arbitrage interne, que la majorité de la doctrine a interprété comme ne s'étendant pas nécessairement à l'arbitrage international. Voir à cet égard : E. GAILLARD et P. DELAPASSE, « Commentaire analytique du décret du 13 janvier 2011 portant réforme du droit français de l'arbitrage », *Cah. arb. 2011. 263.*

1527 O. CAPRASSE et R. ZIADÉ, « La confidentialité dans la procédure arbitrale », *Rev. arb. 2014. 593*, spéc.p. 597 et suiv.

1528 La jurisprudence anglaise a admis que la confidentialité constitue une obligation implicite découlant de la convention d'arbitrage. Une telle solution a été rejetée en Australie, en Suède et aux États-Unis. En ce qui concerne le droit français, la jurisprudence française a d'abord privilégié la solution d'une obligation contractuelle implicite de confidentialité (*G. Aïta contre. A. Ojjeh*, CA Paris, 1e ch. sup., 18 fév.1986, consultable dans *Rev. arb. 1986. 583*). Cependant, dans une jurisprudence postérieure, la cour d'appel de Paris semblait être beaucoup moins catégorique quant à l'existence de cette obligation implicite. C'est ainsi que cette dernière avait demandé à une partie alléguant la violation par l'autre partie de la confidentialité dans le cadre d'un recours contre une sentence CCI, de s'expliquer sur l'existence et les raisons d'un principe de confidentialité dans le droit français de l'arbitrage international (CA Paris, 1e ch.civ. 22 janvier 2004, *Societe National Company for fishing and Marketing contre Nafimcov. Societe Foster Wheeler trading Company*).

international d'inclure dans les conventions d'arbitrage ou les actes de mission, des clauses expresses permettant de garantir la confidentialité de leur procédure[1529]. Ainsi, en l'absence de telles dispositions, l'arbitrage collectif peut se dérouler sans aucune difficulté. Il en est de même lorsque les parties font référence à un règlement d'arbitrage qui prévoit une exception au principe de confidentialité à l'instar des *AAA Supplementary Rules*.

Cependant, la situation devient plus compliquée lorsque l'une des parties, le plus souvent le défendeur et afin de bloquer toute possibilité d'arbitrage collectif, stipule expressément une obligation de confidentialité dans chaque convention d'arbitrage conclue avec chaque demandeur potentiel à un arbitrage collectif. Dans ce cas, la violation du principe de confidentialité peut entraîner le refus de la reconnaissance de la sentence arbitrale conformément à la convention de New York. D'autre part, la publicité des audiences et la publication des sentences arbitrales ne sont possibles que si elles font l'objet d'une acceptation de la part des parties[1530]. Le défendeur peut donc refuser de donner son accord à une telle publicité ou à une telle publication afin de bloquer l'arbitrage collectif. Dans un tel contexte, nous pensons que les institutions d'arbitrage devraient intervenir pour remédier à ces difficultés[1531] , en prévoyant notamment une exception à l'obligation de confidentialité lorsque l'arbitrage procède en tant qu'arbitrage de groupe, et en admettant par ailleurs la publicité des audiences ainsi que la publication des sentences arbitrales sans le consentement des parties.

En attendant pareille intervention, on pourra considérer que la nature particulière de l'arbitrage collectif justifie que l'obligation de confidentialité et/ou du caractère privé de l'arbitrage soit remplacée par une obligation de transparence.

2- La transparence en remplacement de la confidentialité dans le cadre d'un arbitrage collectif

472. L'obligation de transparence prévaut sur le caractère confidentiel dans l'arbitrage qui poursuit un intérêt d'ordre général. Un arbitrage collectif met en jeu des intérêts publics puisque le tribunal arbitral agit dans la plupart des cas en tant que

---

1529 J.-L. DELVOLVE, « Vraies et fausses confidences, ou les petits et les grands secrets de l'arbitrage », *Rev. arb. 1996. 373.*

1530 Tel est le cas dans le cadre d'un arbitrage commercial international ou dans le cadre d'un arbitrage d'investissements. En ce qui concerne l'arbitrage commercial, voir à titre d'exemple le Règlement d'arbitrage CNUDCI, qui dans sa version révisée précise qu'une sentence peut être publiée uniquement « *lorsque sa divulgation est requise d'une partie en raison d'une obligation légale* ». En ce qui concerne l'arbitrage d'investissements, l'article 48(5) de la Convention de Washington prévoit clairement que la publication des sentences arbitrale est sujette au consentement des parties puisque le « *centre ne publie aucune sentence sans le consentement des parties* » ; Article 22 du Règlement administratif et financier du CIRDI impose au Secrétaire général lorsque les parties y consentent, une obligation de procéder à la publication des sentences arbitrales. Voir cependant l'article 1137(4) de L'ALENA qui prévoit que lorsque le Canada ou les États-Unis sont parties aux procédures, la sentence arbitrale peut être publiée par l'État ou l'investisseur sans le consentement de l'autre partie.

1531 À titre d'exemple, les règlements du Centre belge d'arbitrage et de médiation (le « CEPANI »), de la London Court of International Arbitration (« LCIA ») et du Dubai International Arbitration Center (« DIAC »), posent le principe de confidentialité.

private enforcer et la sentence arbitrale ainsi rendue a un caractère dissuasif. Dans d'autres types d'arbitrage mettant en jeu des intérêts publics tel que l'arbitrage CIRDI, il est admis que l'obligation de transparence[1532] prévaut sur le caractère confidentiel de l'arbitrage et que *l'accountability* milite en faveur d'un principe de publicité qui accompagne le déroulement de l'instance arbitrale[1533]. Cela implique qu'une approche différente soit adoptée concernant l'équilibre entre confidentialité et transparence.

Il est alors possible de se demander pourquoi le même raisonnement ne serait pas appliqué à l'arbitrage collectif. Après tout, cet arbitrage peut être considéré comme reposant sur le besoin formel de renforcer la légitimité des procédures arbitrales qui mettent en jeu des intérêts plus généraux que ceux des parties aux litiges. Ainsi, le principe de confidentialité doit être remplacé non pas par un simple principe de publicité, mais par un principe de transparence[1534]. En effet, cette notion encore plus large[1535], et faisant appel à la participation du public à la procédure arbitrale, s'analyse, contrairement au concept de la publicité, comme une « *victoire du public sur les intérêts privés des parties* »[1536]. La transparence permet ainsi de légitimer l'arbitrage collectif et de renforcer sa compétitivité face à la justice étatique en tant que mécanisme de résolution des litiges capable d'appréhender le phénomène des dommages de masse globaux. La transparence de l'arbitrage collectif permettrait ainsi de répondre aux critiques doctrinales qui soutiennent l'incapacité des tribunaux arbitraux à être les gardiens de l'intérêt général alors même que la structure de la norme et le fonctionnement de la société internationale leur donnent ce rôle[1537]. Permettre au public un accès aux informations dans un contentieux qui intéresse l'intérêt général serait ainsi un élément de gouvernance démocratique. De ce fait, l'ouverture de la procédure au public favoriserait une meilleure compréhension et une plus grande adhésion au procès arbitral international en matière de dommage de masse. De même, l'accès du public aux audiences permettrait une plus grande transparence de l'arbitrage collectif, notamment dans la mesure où la publicité des débats est une composante essentielle du principe de publicité de la justice et participe ainsi au droit à l'information. Un tel accès permettrait aux demandeurs d'exercer une sorte de contrôle sur le comportement de leur représentant. Tout cela n'a rien de surprenant puisqu'on connaît déjà dans plusieurs systèmes juridiques des exceptions légales à la confidentialité de l'arbitrage comme lorsqu'il s'agit d'informer les

---

[1532] Sur la transparence en matière d'arbitrage d'investissement voir : S. MENETREY, « La transparence dans l'arbitrage d'investissement », *Rev. arb. 2012. 33.*

[1533] L. MISTELIS, « Confidentiality and Third Party Participation, UPS v. Canada and Methanex Corporation v. United States », 21 Arb. Int. 211 (1995).

[1534] J. J. COE, « Transparency in the Resolution of Investor-State Disputes-Adoption, Adaptation and NAFTA Leadership », consultable sur: http://papers.ssrn.com/sol3/papers.cfm?abstract_id=1288765. Selon cet auteur : «*Transparency tends to refer to the extent to which the public may be alerted to, gain information about and perhaps participate in proceedings organized to adjudicate an investor's claim* ».

[1535] Il n'existe pas une définition claire de la notion de transparence. Selon Madame Kessedjian : « *La transparence n'est pas une fin en soi. Elle constitue un principe opérationnel et doit se comprendre comme une méthode de fonctionnement au service de principes plus substantiels* », in C. KESSEDJIAN, « Codification du droit commercial international et droit international privé. De la gouvernance normative pour les relations économiques transnationales, *RCADI* 2002, t 300, p. 79, spéc. p. 146.

[1536] S. MENETREY, « La transparence dans l'arbitrage d'investissement », *Rev. arb. 2012. 33*, spéc. p.35.

[1537] S. MENETREY, « La transparence dans l'arbitrage d'investissement », *Rev. arb. 2012. 33,* spéc. p.52.

actionnaires, experts comptables, assureurs parce qu'ils y ont intérêt, même si ces informations peuvent parfois être limitées à la seule existence du litige et au montant de ce dernier[1538].

Si l'étendue de la transparence est limitée en matière d'arbitrage d'investissement puisqu'elle repose sur le consentement des parties, une telle limitation en matière d'arbitrage collectif ne serait toutefois pas souhaitable car le caractère transparent de la procédure ne constitue pas un accessoire de ce dernier, mais bien une condition substantielle à son fonctionnement. L'obligation de transparence ne devrait alors pas être conditionnée par l'attitude de l'entreprise, puisqu'il suffisait en effet que cette dernière impose une obligation de confidentialité pour que l'arbitrage collectif soit bloqué. Un tel résultat serait alors peu satisfaisant. L'obligation de transparence est consubstantielle à l'arbitrage collectif et doit, dès lors, pouvoir exister même en cas d'objection de l'une des parties, qui sera, le plus souvent, le défendeur.

II. L'arbitrage collectif et les parties faibles

473. La relativisation de la méfiance à l'égard de l'arbitrage dans le contexte d'un arbitrage collectif. Contrairement au droit américain[1539], l'arbitrage est perçu avec une certaine méfiance par le droit continental lorsqu'il met en jeu des parties considérées dans les relations contractuelles comme étant faibles, à l'instar des consommateurs, des travailleurs et des assurés[1540]. Une telle limitation à l'arbitrage dans les domaines susmentionnés pousse certains auteurs à considérer que l'arbitrage collectif ne trouvera pas une terre fertile pour se développer en Europe[1541]. Cette conclusion est à relativiser. En effet, la méfiance à l'égard de l'arbitrage tient principalement au fait que les pays de tradition juridique continentale jugent cette procédure comme inadéquate pour la partie faible, principalement en raison des coûts qui lui sont associés. Or, l'arbitrage collectif, tout comme le droit de la consommation ou le droit du travail, répond à un mode défensif et protectionniste, puisque ce dernier tient justement à rétablir l'équilibre des forces entre la partie faible et son contractant. Une telle constatation rend ainsi inopérants les arguments qui tiennent à disqualifier l'arbitrage collectif dans les domaines précités.

474. L'arbitrage collectif et le droit de la consommation. À première vue, il semble que l'exclusion de l'arbitrage collectif en Europe s'explique par l'exercice du droit de la consommation européen. Celui-ci neutralise le principe de la validité de la clause

---

[1538] « Confidentiality of Arbitration and The Obligation to Disclose Information on Listed Companies or During Due Diligence Investigations », 20 J. Int'l. arb. 2003 (2011).

[1539] Récemment, la Cour Suprême canadienne a admis l'arbitrabilité des litiges en matière de droit de la consommation. Voir à cet égard : G. SAUMIER, « Consumer Arbitration in the Evolving Canadian Landscape », Penn St. L. Rev.1203 (2009).

[1540] Sur l'arbitrage et les parties faibles, voir d'une manière générale, M. DE FONTMICHEL, *le faible et l'arbitrage*, préf. T. Clay, Economica 2013.

[1541] Voir à titre d'exemple : Y. DERAINS et A. DESCOMBES, « Class Actions Arbitration in the European Union - France », in *Class Arbitration in the European Union*, *op.cit.*, p. 29, spéc. p.38.

compromissoire internationale[1542] par le biais de la directive européenne n°93/13/CEE sur les clauses abusives[1543], dont l'interprétation par la CJUE accorde au consommateur une protection jugée trop étendue[1544].

Conformément à la directive susmentionnée, une clause est abusive lorsqu'elle « *créée au détriment du consommateur un déséquilibre significatif entre les droits et obligations des parties découlant du contrat* »[1545]. La directive prévoit en outre dans son annexe une liste indicative des clauses abusives reprise dans les législations des États membres. Dans cette liste, la lettre *q* dispose que le juge national peut considérer (au cas par cas) comme abusive la clause ayant pour effet ou pour objet « *de supprimer ou d'entraver l'exercice d'actions en justice ou des voies de recours par le consommateur, notamment en obligeant les consommateurs à saisir exclusivement une juridiction d'arbitrage non couverte par des dispositions légales* ».

Considérant que les dispositions relatives aux clauses abusives sont d'ordre public (notamment l'article 6) et que le juge national est tenu de vérifier d'office la conformité à l'ordre public d'une sentence arbitrale, la CJUE en conclut que le juge national sera tenu d'appliquer d'office les dispositions en matière de clauses abusives[1546], même si le droit national ne prévoyait qu'une simple faculté[1547]. Une telle obligation s'impose, que le juge national intervienne en tant que juge de l'annulation[1548] ou en tant que juge de l'exécution. Enfin, un tel contrôle s'opère indépendamment de l'attitude du consommateur dans l'instance arbitrale[1549].

Il a été considéré que le fondement de l'inarbitrabilité ne sera non pas dans la nature des règles applicables au fond du litige mais dans la procédure arbitrale elle-même, qui peut, dans certains cas, se révéler inadéquate et donc contraire à l'ordre public juridictionnel[1550]. En d'autres termes, la directive ne fait aucune référence au droit substantiel applicable au litige mais plutôt à la procédure arbitrale qui peut entraver

---

1542 La règle matérielle de validité de la clause compromissoire dans les contrats internationaux a été consacrée par le droit français.

1543 Directive 93/13/CEE du Conseil, du 5 avril 1993, concernant les clauses abusives dans les contrats conclus avec les consommateurs, JOUE, L 95/29, modifiée par la Directive 2011/83/UE du 25 oct. 2011.

1544 Dans ce sens, voir : A. MUSELLA et P. PEDONE, « Clause compromissoire et droit de l'Union, une nouvelle étape en faveur du consommateur », *Cah. arb. 2010. 2471.*

1545 Article 3 de la directive des clauses abusives.

1546 CJUE 6 oct.2009, aff.C-40/08, *AsturcomTelecommunicaciones SL c/ Cristia Rodriguez Nogueira, Rev.arb.2009.822*, note C. Jarrosson ; L. IDOT, « Clause abusive et arbitrage », *Europe - Décembre 2009 - n° 12 ;* M. DEPINCEE, « Arbitrage et consommation : refus de reconnaître une sentence arbitrale contraire à une disposition communautaire impérative - Quand l'autorité de la chose jugée ne s'impose pas au consommateur - CJCE, 6 octobre 2009, aff. C-40/08, Asturcom Telecomunicaciones SL - Cristina Rodriguez Nogueira, » Hebdo édition privée n°373 du 26 novembre 2009.

1547 CJUE 6 oct.2009, aff.C-40/08, spéc.n°54.

1548 CJUE 26 oct.2006, aff.C-168/05, *Elisa Maria Mostaza Claro* , *Rec.2006, p.1-10421*, *D. 2006. 3023*, obs. T. Clay, *D.2007.2562*, obs. L. D'Avout et S. Bollée ; *J. D. I. 2007.13*, note A. Mourre ; *Rev. arb. 2007.109.* note L. Idot ; C. NOURISSAT, « Stipulation d'une clause compromissoire et droit communautaire : un nouvel horizon ! » *RLDA 2007, n°14* ; L. IDOT, « Clauses abusives et recours à l'arbitrage » *Europe - Décembre 2009 - n° 12*

1548 CJCE 6 oct.2009, aff.C-40/08.

1549 A. MUSELLA et P. PEDONE, « Clause compromissoire et de droit de l'Union, une nouvelle étape en faveur du consommateur », *Cah. arb. 2010.* 2471, spéc. p.476.

1550 E. LOQUIN, « Arbitrabilité et protection des parties faibles », *TCFDIP (2004-2006)*, Pédone, p. 135, spéc. p. 147.

l'accès à la justice des consommateurs. La méfiance envers l'arbitrage tient au risque de déni de justice qu'est susceptible de produire ce mode de résolution des litiges en présence d'une partie faible, et non pas à la protection des parties faibles en tant que tel. Cela n'est pas surprenant puisque les arbitres sont après tout des juges et on voit mal pourquoi leurs sentences seraient orientées en faveur de la partie forte. Comme l'a justement mentionné E. Loquin : « *ce n'est pas l'arbitre qui est suspecté, mais l'arbitrage lui-même* »[1551].

La suite de notre raisonnement nous amène à considérer que s'il est vrai qu'une clause compromissoire est suspectée d'être abusive en droit de la consommation, il est tout à fait possible d'envisager des hypothèses où cette dernière ne serait pas du tout abusive, dans la mesure où elle respecterait certains critères. Il en est ainsi lorsque celle-ci n'entrave pas l'accès à la justice des consommateurs mais poursuit un objectif totalement différent, comme dans l'hypothèse où celle-ci prévoit la possibilité d'un arbitrage collectif. Effectivement, cet arbitrage neutralise les effets de la directive des clauses abusives puisqu'il rétablit l'équilibre des forces entre les parties à la procédure arbitrale en incitant les parties faibles à saisir l'instance arbitrale, qui leur est plus avantageuse que la saisine d'un juge étatique. De cette manière, et contrairement à ce qui est le cas dans le cadre d'un arbitrage bilatéral, le jeu de l'arbitrage « en vaut la chandelle » puisque les litiges relevant du droit de la consommation deviennent compatibles avec le coût de l'arbitrage. Ainsi, la clause compromissoire prévoyant la possibilité d'un arbitrage collectif, devient l'instrument qui permet d'inciter les consommateurs à exercer leur droit d'ester en justice et ne formera en aucun cas une clause abusive.

En vertu de la jurisprudence de la CJUE, c'est au juge national que revient le soin d'apprécier le caractère abusif de la clause en se basant sur des éléments de fait[1552]. Par conséquent, lorsque de tels éléments font défaut, le caractère abusif de la clause fera à son tour défaut.

475. Arbitrage collectif et droit du travail. Une difficulté peut toutefois se poser dans le cadre du droit de travail où la jurisprudence française considère que la clause compromissoire n'est pas opposable au salarié lorsque celui-ci a saisi le juge français internationalement compétent en vertu des règles applicables, quelle que soit la loi régissant le contrat de travail[1553]. Une telle position pourrait véritablement faire obstacle au développement de l'arbitrage collectif en matière de droit de travail, puisque le critère adopté par la jurisprudence française pour rendre inopposable une clause compromissoire est la compétence internationale du juge français, que la clause d'arbitrage permette ou non au salarié un accès effectif à la justice. Or, dans le cadre d'un

1551 E. LOQUIN, « Arbitrabilité et protection des parties faibles », *TCFDIP (2004-2006)*, Pédone, p. 135, spéc.p.149.

1552 CJUE 1e avr.2004, aff.C-237/02, *Freiburger Kommunalbauten GmbH Baugesellschaft&Co. KG c. Ludger Hofstetter et Ulrike Hofstetter*, Rec.2004, p. I-03403, spéc. n°26 (*conclusions de l'avocat général*) : En l'espèce, la clause avait été considérée comme abusive pour plusieurs raisons : *« l'association chargée de l'arbitrage élabore elle-même les contrats d'abonnements téléphoniques (…) [la convention d'arbitrage ne comporte ni l'indication de la ville du siège de l'arbitrage ni une possibilité de choisir entre plusieurs villes, et (…) le coût du déplacement jusqu'au siège de l'arbitrage est plus élevée que le montant de la dette au principal]* ».

1553 Voir ainsi : Cass. Soc., 16 fev. 1999 et 4 mai 1999, *Rev. arb. 1999. 290*, note M.-A. Moreau.

arbitrage collectif, les raisons qui sous-tendent le principe de l'inopposabilité de la clause d'arbitrage, à savoir le besoin de soustraire la partie faible à une procédure qui ne serait pas apte à garantir son droit d'ester en justice, ne se trouvent pas vérifiées dès lors que l'arbitrage collectif a justement pour objet de permettre aux parties faibles, en l'occurrence les salariés, un accès à la justice. En effet, il peut paraître plus avantageux pour un travailleur de rejoindre un arbitrage collectif, souvent financé, que d'engager une action individuelle devant les tribunaux français, puisque l'action de groupe en matière de droit de travail n'existe que dans un domaine bien limité au sein du système juridique français. Ainsi, afin de donner effet à la clause compromissoire, il nous semble que la position adoptée en droit de la consommation peut raisonnablement être transposée au droit du travail en remplaçant le critère de la compétence internationale des tribunaux français par le critère adopté en droit de la consommation, à savoir celui du caractère abusif de la clause. Par conséquent, la clause compromissoire prévoyant un arbitrage collectif ne devrait pas être considérée comme inopposable au salarié, même dans l'hypothèse où les tribunaux français seraient internationalement compétents. En effet, l'arbitrage collectif permettra aux salariés de franchir les difficultés inhérentes à leur accès à la justice, bien plus que les règles protectrices des parties faibles ne le font. Il est vrai que ces dernières n'ont pas pour fonction d'améliorer le droit procédural interne des pays en rendant plus facile pour les salariés l'accès à la justice dans le cadre d'un contentieux international. Elles ont uniquement pour fonction de placer les parties faibles, dans le cadre d'un contentieux international, dans une situation semblable à celle d'un litige purement interne. Ainsi, même lorsque les tribunaux français sont internationalement compétents, il sera plus avantageux pour les salariés de saisir collectivement un arbitre, pour les raisons susmentionnées.

Il convient de mentionner au final que la loi de la modernisation de la justice a réformé l'article 2061 du Code civil relatif à la clause d'arbitrage[1554]. L'article 2061 alinéa 2 dudit Code prévoit désormais que « *lorsque l'une des parties n'a pas contracté dans le cadre de son activité professionnelle, la clause ne peut lui être opposée* »[1555]. Une telle disposition qui ouvre aux parties faibles l'option de choisir entre l'acceptation de la clause compromissoire ou son refus, vient conforter nos propos conformément auxquels, les parties faibles ont souvent tout à gagner à utiliser l'arbitrage, surtout dans l'hypothèse où il serait possible d'envisager des aménagements en leur faveur, comme par exemple la possibilité pour ces dernières de se regrouper dans le cadre d'une action de groupe financée par une partie tierce.

476. ***Transition***. Nous avons vu dans la première section de ce chapitre que l'arbitrage collectif ne déroge pas aux principes généraux de l'arbitrage commercial international. Il pourra ainsi être amené à se développer, en dépit de la réticence exprimée par certaines juridictions ainsi que par une partie de la doctrine américaine et européenne. Cette première étape désormais franchie, la question qui se pose en second lieu est celle relative

---

[1554] Voir à cet égard : C. JARROSSON et J-B RACINE, « les dispositions relatives à l'arbitrage dans la loi de modernisation de la justice du XXie siècle », *Rev. arb. 2016. 4. 1007*.

[1555] La majorité de la doctrine considère que cet article n'est pas applicable en matière internationale : Voir ainsi : C. JARROSSON et J-B RACINE, « les dispositions relatives à l'arbitrage dans la loi de modernisation de la justice du XXie siècle », *Rev. arb. 2016. 4. 1007*, spéc. 1021-1022 ; M.-E. ANCEL, P. DEUMIER et M. LAAZOUZI, *Droit des contrats internationaux*, Sirey 2016, p. 297

au consentement des parties à ce type d'arbitrage. Cette question est d'une grande importance car l'expérience américaine en matière de *class actions arbitrations* a montré que la convention d'arbitrage est souvent silencieuse quant à la possibilité de recourir à un arbitrage collectif et que les parties ne consentent pas - du moins jusqu'à aujourd'hui - expressément à ce type d'arbitrage. Il convient ainsi d'examiner les conditions d'ouverture d'une action de groupe devant un tribunal arbitral.

Section II : Les conditions d'ouverture d'une action de groupe devant un tribunal arbitral

477. Aux États-Unis, pour décider d'introduire un arbitrage de type *class action arbitration*, un raisonnement en termes de consentement exprès des parties à l'arbitrage collectif a été adopté aussi bien par la jurisprudence que par la doctrine. Par ailleurs, dans le cadre de *mass arbitration* introduite devant le tribunal CIRDI, les conditions d'ouverture d'une action de groupe devant l'arbitre ont été abordées par le tribunal arbitral sous un angle purement procédural.

L'intérêt d'une telle question réside dans le fait que si une approche en termes de consentement exprès des parties à l'arbitrage collective est adoptée, cela implique qu'il ne serait possible de résoudre le litige d'une manière collective devant le tribunal arbitral que dans l'hypothèse où les parties ont expressément consenti à cette possibilité. Alors qu'une approche de cette question sous un angle procédural, conduit à concevoir la possibilité d'engager un arbitrage collectif, quand bien même les parties n'ont pas explicitement consenti à résoudre leur litige devant l'arbitre par le biais d'une action de groupe.

Quoi qu'il en soit, nous sommes d'avis qu'une approche en termes de consentement explicite des parties à l'arbitrage collectif ou une approche en termes de procédure applicable à l'instance arbitrale sont insuffisantes afin de décider la nature bilatérale ou collective de l'arbitrage **(§1)**. En effet, plusieurs éléments peuvent être pris en considération par l'autorité compétente, en vue de décider des conditions relatives à l'engagement d'une action de groupe devant un tribunal arbitral. **(§2).**

§1- L'arbitrage collectif : une question de consentement ou une question de pure procédure

478. Supposons qu'un consommateur, parmi une multitude de consommateurs liés par des contrats identiques à un même professionnel renfermant une même clause d'arbitrage et subissant le même dommage, décide de saisir seul le tribunal arbitral pour initier une action de groupe devant ce dernier. Pour décider de certifier une action de groupe, l'autorité compétente dit-elle analyser la question sous l'angle du consentement des parties à l'arbitrage collectif, ou dit-elle l'appréhender sous l'angle de la procédure applicable à l'instance arbitrale ? À notre sens, une telle question présente une forte dimension procédurale **(I).** Par ailleurs, l'appréhension de la question en termes de consentement exprès des parties à l'arbitrage ou sous un angle purement procédural présente des insuffisances qu'il convient de les mentionner (**II**).

I. La dimension procédurale de la question

479. Le silence de la convention d'arbitrage quant à la nature collective ou individuelle de l'arbitrage relève de la procédure. Revenons à notre exemple. Toutes les parties (le professionnel et les consommateurs) ont consenti à l'arbitrage en vertu des clauses compromissoires contenues dans les différents contrats. Si un raisonnement en termes de consentement à l'arbitrage collectif est adopté, cela implique nécessairement une analyse en termes de compétence de l'arbitre. Or, une telle approche n'est pas nécessaire à notre sens, puisque toutes les parties ont en effet déjà consenti à l'arbitrage et par conséquent à la compétence de l'arbitre pour trancher le litige. Dès lors, on voit mal pourquoi le tribunal arbitral qui est compétent à l'égard des différents consommateurs pris individuellement ne le serait plus en cas de regroupement de ces derniers par le biais d'une action de groupe.

C'est la raison pour laquelle nous pensons que le silence de la convention d'arbitrage quant à la nature individuelle ou collective de l'arbitrage peut être interprété en termes d'absence de toute expression de volonté des parties portant sur un aspect particulier de la procédure arbitrale[1556]. En d'autres termes, il s'agit ici d'une pure question de procédure et non pas d'une question de consentement à l'arbitrage collectif[1557]. Ainsi, la question qui se pose est celle de savoir si l'arbitre est en mesure de déterminer la procédure applicable au litige, en l'occurrence, l'action de groupe.

La réponse est bien sûr positive. En effet, la pratique de l'arbitrage international à travers les différentes conventions internationales[1558], les lois nationales[1559] ainsi que les

---

[1556] P. FOUCHARD, E. GAILLARD et B. GOLDMAN, *Traité de l'arbitrage commercial international*, *op.cit.*, spéc. n°1203, p.666.

[1557] Voir dans ce sens, le raisonnement du tribunal CIRDI dans le cadre de l'affaire *Abaclat*, spéc. p.193 ou ce dernier avait considéré : « *The tribunal is of the opinion that the mass aspect of the present proceedings relates to the modalities and implementation of the ICSID proceedings and not to the question whether Respondent consented to ICSID arbitration* ».

[1558] Voir à cet égard : Article IV(4) de de la convention européenne de l'arbitrage ; L'article 3 de l'Inter-American Convention on International Commercial Arbitration, précitée. La convention de New York sur la reconnaissance et l'exécution des sentences arbitrales a indirectement consacré ce droit aux arbitres principalement à travers l'article V (1) (b).

[1559] Voir à cet égard C. SERAGLINI et J. ORTSCHEIDT, *Droit de l'arbitrage interne et international*, *op.cit.*, spéc. p.724 et suiv ; Pour une étude comparative voir : article 19(2) de la loi modèle de CNUDCI ' : « *Faute d'une telle convention, le tribunal arbitral peut, sous réserve des dispositions de la présente loi procéder à l'arbitrage comme il le juge approprié* » ; article 18(2) de la loi suisse sur le droit international privé, précité ; German ZPO, §1047, *op.cit.* ; Netherland Code of Civil Procédure, article 1036, consultable en langue anglaise sur :http://www.dutchcivillaw.com/legislation/civilprocedure044.htm ; Article 1036 du code judicaire belge, consultable sur :https://www.google.com.lb/?gfe_rd=cr&ei=J_JNVqurL8is8wf3qIyIBA&gws_rd=ssl#q=code+judiciaire+belge+en+ligne . Le *FAA* ne fait pas référence directe au pouvoir de l'arbitre de déterminer la procédure applicable au litige. Cependant, la jurisprudence américaine est claire à cet égard. Voir à titre d'exemple: *In re Arbitration Between U.S. Turnkey Exploration*, Inc. and PSI, Inc., 577 So.2d 1131, (La.App. 1st Cir.1991) ou le

règlements de l'arbitrage[1560] vont aujourd'hui dans le sens d'une liberté pour les arbitres quant au choix de la procédure dès lors que les parties ne s'y sont pas opposées. D'ailleurs rares sont les droits qui dénient à l'arbitre un tel pouvoir[1561]. Même lorsqu'une telle liberté n'est pas expressément reconnue, cette dernière trouve son fondement dans le consentement implicite des parties de donner à l'arbitre le pouvoir de déterminer la procédure[1562]. Par ailleurs, il a été admis par la jurisprudence américaine que les dispositions relatives à la consolidation des procédures, ne modifient pas les droits des parties mais changent tout simplement la manière dont les procédures sont traitées, conformément aux demandes[1563]. Des auteurs américains avaient ainsi considéré qu'une telle constatation peut aussi être applicable en matière d'arbitrage collectif, dans la mesure où ce dernier ne change en rien les droits et les obligations des parties[1564].

480. Les limites quant à la liberté de l'arbitre dans la détermination de la procédure applicable. Cette liberté reconnue à l'arbitre dans le choix de la procédure la plus convenable au litige trouve cependant des limites. En effet, en déterminant la procédure, l'arbitre est tenu de prendre en compte les principes fondamentaux relatifs à la bonne administration de la justice[1565], tels que le principe du procès équitable, le principe du contradictoire ainsi que le principe de l'égalité des parties. Une telle préoccupation croise les dispositions de l'article V(1) (b) de la Convention de New York qui conditionne la reconnaissance et l'exécution d'une sentence arbitrale au respect du principe du contradictoire[1566]. En effet, la doctrine a considéré que le grief de l'article V (1) est formulé en termes de règles matérielles et non de loi applicable[1567] , faisant de la communauté des Etats et non de la conception d'Etat membre de la convention, la source du respect du principe du contradictoire contenu dans cet article[1568]. En décidant

tribunal a considéré : *« Unless a mode of conducting the proceedings has been prescribed by the arbitration agreement or submission, or regulated by statute, arbitrators have a general discretion as to the mode of conducting the proceedings (…) ».*

1560 Voir à cet égard l'article15(1) des règles d'arbitrage de la CNUDCI ; Article 19 du Règlement CCI ; article 14(1) du règlement LCIA.

1561 P. MAYER, « Comparative Analysis of Power of Arbitrators to determine Procedures in Civil and Common Law Systems, in *Planning Efficient Arbitration Proceedings, the Law Application in International arbitration*», *op.cit.*, spéc. p.25.

1562 G. BORN, *International Commercial Arbitration*, *op.cit.*, spéc. 1759.

1563 Une telle opinion a été adoptée par le Juge Scalia, qui se montre aujourd'hui très hostile à la procédure américaine de *class action* et précisément celle engagée devant un tribunal arbitral. Voir à cet égard: *Shady Grove Orthopedic Associates, P. A. v. Allstate Ins. Co.*, 559 U.S. 393, 407 (2010), spéc. n°13 et 14.

1564 G. BORN et W. CUTLER, « The United States Supreme court and Class Arbitration: A Tragedy of Errors », consultable, sur http://kluwerarbitrationblog.com/blog/2011/07/01/the-u-s-supreme-court-and-class-arbitration-a-tragedy-of-errors.

1565 P. MAYER, « Comparative Analysis of Power of Arbitrators to determine Procedures in Civil and Common Law Systems», in *Planning Efficient Arbitration Proceedings, the Law Application in International arbitration*», *op.cit.*, spéc. p.26.

1566 La Convention de New York sur la reconnaissance et l'exécution des sentences arbitrales étrangères.

1567 P. FOUCHARD, E. GAILLARD et B. GOLDMAM, *Traité de l'arbitrage commercial international*, *op.cit.*, spéc. n°1696, p.1001.

1568 G. BORN, *International Commercial Arbitration*, *op.cit.*, spéc. p.2156-2157 ; Voir aussi : A. RIOS, A JANA et K. KRANENBERG, « Article V(1) » , in H. Kronke, P. Nacimiento, D.Otto et N.Christine Port (eds.), *Recognition and Enforcement of Foreign Arbitral Awards, A Global Commentar on the NewYork Convention,* p.231, Kluwer Law International 2010. Une telle position ne semble pas être adoptée en jurisprudence. Voir à cet

de recourir à un arbitrage collectif, l'arbitre est ainsi tenu de prendre en considération ces principes[1569].

De même, une limite supplémentaire s'impose à l'arbitre et découle de l'article (V) (2) (b) de la Convention de New York qui conditionne la reconnaissance et l'exécution d'une sentence arbitrale internationale (entre autres) à sa conformité à l'ordre public de l'Etat d'accueil[1570]. Dans ce contexte, il a été considéré que c'est l'ordre public international de l'Etat d'accueil qui est visé par l'article V (2) (b) et que seule la méconnaissance par la sentence des convictions fondamentales dotées, selon cet État, d'une valeur « universelle absolue » peut justifier le refus de reconnaissance[1571]. C'est pourquoi l'arbitre, en décidant de certifier un arbitrage collectif, est tenu de prendre en compte les lois de l'État où la sentence arbitrale sera amenée à produire des effets[1572].

Enfin, l'arbitre a aussi intérêt à respecter les dispositions impératives du droit du pays dans lequel siège le tribunal arbitral, puisque c'est en principe dans celui-ci que la sentence peut faire l'objet d'un recours en annulation[1573].

481. Le raisonnement du tribunal arbitral dans le cadre de l'affaire *Abaclat v. Argentina*. Dans le cadre de cette affaire, le tribunal arbitral a analysé l'absence de disposition relative à l'arbitrage collectif sous un angle procédural[1574]. Dans cette affaire, l'État argentin a considéré que le regroupement des investisseurs modifiait la nature de la procédure arbitrale et nécessitait, par conséquent, un consentement exprès , lequel n'existait pas en l'espèce[1575]. Une telle argumentation n'a pourtant pas convaincu le tribunal. Si le tribunal est compétent à l'égard des demandeurs pris individuellement, il sera difficile de concevoir que le tribunal perd sa compétence à l'égard de l'ensemble de ces demandeurs regroupés au sein d'une seule procédure. La question qui se pose selon le tribunal, n'est pas celle de savoir si l'Argentine a consenti à la procédure collective mais

---

égard : A. RIOS, A JANA et K. KRANENBERG, « Article V(1) » , in H. Kronke, P. Nacimiento, D. Otto et N. Christine Port (eds.), *Recognition and Enforcement of Foreign Arbitral Awards, A Global Commentar on the New York Convention, op.cit.*, spéc.p.236 et suiv.

1569 Pour une analyse plus détaillée, voir notre section relative à la reconnaissance et l'exécution des sentences arbitrales issues d'un arbitrage collectif.

1570 En dépit de l'existence de plusieurs suggestions doctrinales tenant à interpréter cet article comme faisant référence à un ordre public international qui devrait être appliqué uniformément par tous les États. Voir à cet égard: P. MAYER et A. SHEPPARD, « Final ILA Report on Public Policy as a Bar to Enforcement of international Arbitral Awards », 19 Arb. Int'l. 2007.249(2003).

1571 P. FOUCHARD, E GAILLARD et B. GOLDMAM, *Traité de l'arbitrage commercial international, op.cit*, n°1710, p.1012.

1572 Voir notre section consacrée à la reconnaissance et l'exécution des sentences arbitrales issues d'un arbitrage collectif, *infra* n°778.

1573 C. SERAGLINIet J. ORTSCHEIDT, *Droit interne et international de l'arbitrage*, *op.cit.*, spéc. p.725.

1574 *Abaclat and others v. the Argentine Republic*, spéc. n°297, p.180 : « *(…) claimants, in contrast, hold the view that the mass aspect of the claim is a mere procedural aspect, which does not raise any issues of consent or jurisdiction and which can thus be duly addressed by the arbitrators under their usual power to Rule upon procedure of the arbitration* ».

1575 *Abaclat and others v. the Argentine Republic*, spéc. p. 192 : « *Assuming that the tribunal has jurisdiction over the claims of several individual claimants, it is difficult to conceive why and how the Tribunal could lose such jurisdiction where the number of claimants outgrows a certain threshold. And second, can the Tribunal really 'loose' a jurisdiction it has when looking at claimants individually?* ».

plutôt si un arbitrage CIRDI peut être initié par une masse de demandeurs[1576]. Le tribunal déplaça donc la question sur le terrain de la recevabilité de la requête en soulevant la question suivante :« *Can arbitration be conducted in the form of mass proceedings considering that this would require an adaptation and/or modification by the tribunal of certain procedural rules* »[1577]. Le tribunal a ainsi répondu par l'affirmative.

En premier lieu, le tribunal s'était fondé sur l'article 44 de la Convention de Washington qui permet au tribunal, en l'absence de texte, d'adapter la procédure en rendant des ordonnances[1578]. En second lieu, les conditions de recevabilité d'une *mass arbitration* étaient en l'espèce réunies : les demandes étaient identiques ou suffisamment homogènes[1579] ; le regroupement des investisseurs permettait de concentrer le contentieux et d'éviter à l'État de se défendre indéfiniment. Les effets du regroupement sur le droit de la défense de l'Argentine étaient alors acceptables[1580]. Enfin, les effets de regroupement sur les droits procéduraux des parties étaient également admissibles, puisqu'en acceptant de se regrouper avec d'autres investisseurs, les requérants avaient renoncé à une part de leurs droits au profit de la *TFA* afin de bénéficier d'un traitement collectif de leurs demandes devant le CIRDI.[1581].

Notons cependant que dans son opinion dissidente, M. Abi-Saab a considéré que la question se posait en termes de consentement et non pas en termes de recevabilité. À l'appui de son argument, ce dernier s'est basé sur la jurisprudence américaine, plus précisément sur l'arrêt *Stolt-Nielsen* où la Cour Suprême américaine a disqualifié une *class arbitration* en raison de l'absence de consentement exprès à l'arbitrage collectif[1582]. Toutefois, une telle argumentation a été rejetée par la majorité constatant ainsi que la procédure devant le tribunal ne pouvait s'assimiler à une *class arbitration*, car contrairement à une *class action arbitration*, le nombre de requérants est bien déterminé dans le cadre d'une *mass arbitration*[1583].

La distinction opérée par la cour entre une procédure de *mass arbitration* et une procédure de *class action arbitration*[1584], n'est pas à notre sens, d'une grande clarté et n'aura aucune influence sur la question de savoir si l'absence de disposition expresse sur la possibilité de recourir à un arbitrage collectif doit être traitée sous l'angle de la procédure ou du consentement des parties à l'arbitrage. Le tribunal CIRDI a lui-même constaté, à

1576 *Abaclat and others v. the Argentine Republic* , spéc. n°491, p.192 : « *Thus, with regards to the «mass » aspect of the present proceedings, the Tribunal considers that the relevant question is not has Argentina consented to the mass proceedings, but rather can an ICSID arbitration be conducted in the form of mass proceedings* (...)».

1577 *Abaclat and others vs the the Argentine Republic*, spéc. n°493, p. 193.

1578 Conformément à l'article 44 de la convention de Washington : « *Si une question de procédure non prévue par la présente section ou le Règlement d'arbitrage ou tout autre règlement adopté par les parties se pose, elle est tranchée par le tribunal* ».

1579 *Abaclat and others v. the Argentine Republic*, spéc. n°540, p. 212.

1580 *Abaclat and others v. the Argentine Republic*, spéc. n°545, p.213.

1581 *Abaclat and others v. the Argentine Republic*, spéc. n°546, p. 215.

1582 Voir l' opinion dissidente du Professeur Abi-Saab, Dissenting Opinion, Georges Abi-Saab, *Abaclat and others v. the Argentine Republic*, consultable sur : http://www.italaw.com/sites/default/files/case-documents/ita0237.pdf, spéc. n°150, p. 58.

1583 *Abaclat and others v. the Argentine Republic*, spéc. n°486, p.191 : « *The present proceedings cannot be compared to US Class actions, in which a representative initiates a proceeding in the name of a class composed of an undetermined number of unidentified claimants. In the present arbitration, the number of claimants is established and so their identity* ».

1584 Sur une telle distinction voir : B. DEMIRKOL, « Does an Investment Treaty Tribunal Need Special Consent for Mass Claims », CJICL 612 (2013), spéc. p.621.

un autre moment de son raisonnement, la similarité entre les deux mécanismes observant que la procédure en jeu est nécessairement hybride puisque cette dernière commence par le regroupement des demandeurs ayant tous participé à la même requête et se poursuit comme une *class action arbitration* dans le sens où les demandeurs sont passifs et représentés par l'entité représentative qui s'exprime seule dans le procès[1585].

II. Les insuffisances d'une approche en termes de consentement exprès ou en termes de procédure applicable à l'instance arbitrale

482. La rigidité d'une approche en termes de consentement exprès des parties à l'arbitrage collectif. Comme nous allons voir, le recours à la notion de consentement implicite est de plus en plus admis dans la pratique arbitrale internationale, surtout en matière d'arbitrages multipartites. Conditionner le déclenchement de l'arbitrage collectif à l'existence d'un consentement exprès de la part des parties comme le suggère la Cour Suprême américaine, constitue la négation même de la pratique arbitrale, d'autant plus que le recours à la notion de consentement implicite est plus légitime en matière d'arbitrage collectif qu'il ne l'est dans d'autres types d'arbitrages[1586].

483. L'approche procédurale ne tient pas en compte la fonction de régulation de l'action de groupe. Une approche purement procédurale de la question relative aux conditions d'ouverture d'une action de groupe devant le tribunal arbitral, bien que correcte, est cependant insuffisante car elle ne tient pas en considération la fonction régulatoire d'une action de groupe. Ainsi, et contrairement à ce qui a été suggéré par certains auteurs américains, nous ne pensons pas que le recours à l'arbitrage collectif change uniquement la manière dont les procédures sont traitées, mais affecte également les droits des parties. En d'autres termes, le regroupement des demandeurs dans le cadre d'un arbitrage collectif, ne permet pas uniquement et simplement la réalisation d'économie de procédure tout en évitant le risque de décisions contradictoires, mais aussi et surtout, un tel groupement assure la mise en œuvre effective des droits des victimes, lesquelles, en dehors d'une telle procédure, auraient pu être démunies. Du côté du défendeur, l'arbitrage collectif est susceptible de placer ce dernier face à plusieurs plaignants, lui obligeant, en cas de succès de l'action, de payer des sommes qu'il n'aurait pas nécessairement payé, en dehors de l'hypothèse d'un arbitrage collectif.

484. *Transition.* Aux États-Unis où la pratique de l'arbitrage collectif est la plus développée, la décision de recourir à un arbitrage collectif en l'absence de disposition expresse a été analysée sous l'angle du consentement des parties à l'arbitrage collectif. Par ailleurs, le tribunal CIRDI a analysé la question de procéder à un arbitrage collectif

---

[1585] *Abaclat and others v. the Argentine Republic*, spéc. n°487, p.191 : « *Alhough claimants made the individual and conscious choice of participating to the arbitration, their participation is thereafter limited to a passive participation in the sense that a third party, TFA, represents their interest and make on their behalf all the decisions relating to the conduct of the proceedings. The high number of claimants further makes impossible for the representative to take into account individual interests common to the entire group of claimants* ».

[1586] Voir *infra* n°490 et suiv.

en tant qu'une pure question de procédure. Alors que la première approche va à l'encontre de la pratique arbitrale internationale, la seconde, est insuffisante car elle ne tient pas en considération la nature régulatoire de l'action de groupe. A notre sens, plusieurs éléments doivent prises en considération par l'autorité compétence – le tribunal arbitral ou les juridictions étatiques - en vue de décider la forme bilatérale ou collective de l'arbitrage, qu'il convient maintenant de les examiner.

§2- Les éléments à prendre en considération pour l'ouverture d'une action de groupe devant le tribunal arbitral

485. En présence d'une convention d'arbitrage silencieuse ou ambiguë sur la possibilité de recourir à un arbitrage collectif, plusieurs éléments peuvent être pris en considération par l'autorité compétente pour les besoins de l'ouverture d'une action de groupe devant un tribunal arbitral, tel que l'existence d'un consentement implicite des parties à l'arbitrage collectif **(I)**, et le principe de l'efficacité de l'arbitrage **(II)**.

I. L'existence d'un consentement implicite des parties à l'arbitrage collectif

486. Étant de nature contractuelle, l'autorité compétente - les tribunaux étatiques ou les arbitres - est tenue d'interpréter la volonté des parties concernant plusieurs aspects de la procédure arbitrale[1587]. La notion de consentement implicite est expressément utilisée aujourd'hui en matière d'arbitrage d'investissement[1588]. Si elle n'est pas souvent invoquée en tant que telle en matière d'arbitrage commercial international, plusieurs pratiques largement admises dans la pratique arbitrale ne peuvent trouver justification que par référence à cette notion. Il s'agit des hypothèses où la volonté des parties doit être interprétée afin de déterminer la portée *ratione materiae*[1589] ou *ratione personae* d'une clause d'arbitrage[1590], ainsi que celles concernant la consolidation de plusieurs procédures arbitrales. Ainsi, rien n'interdit le recours à la notion de consentement implicite lorsqu'il s'agit d'interpréter la volonté des parties quant à la nature individuelle ou collective de

---

1587 S. I. STRONG, « Class, Mass and Collective Arbitration in National and International law », University of Missouri School of Law Legal Studies Research, Paper No.2012-35, consultable sur : http://ssrn.com/abstract=2185084, spéc. p. 2.

1588 Voir à titre d'exemple, la sentence arbitrale rendue par le CIRDI, International Centre for Settelment of Investment Disputes, *Noble Energy, Inc. and Machalapower Cia. Ltda. v. The Republic of Ecuador and Consejo Nacional de Electricidad*, Decision on Jurisdiction, consultable sur: http://www.italaw.com/sites/default/files/case-documents/ita0563.pdf, spéc. n°194, p.56 où le tribunal a expressément consacré la notion de consentement implicite : « *In the present case, there is in any event an* **implied consent** *to have the pending disputes arising from the same overall economic transaction resolved in one and the same arbitration. Even though there is no express language to this effect in the dispute resolution clauses, the consent is manifest from a number of elements which the Tribunal will review now* » (nous soulignons).

1589 C. SERAGLINI et J. ORTSHEIDT, *Droit de l'arbitrage interne et international*, *op.cit.*, spéc. n°705, p. 631.

1590 C. SERAGLINI et J. ORTSHEIDT, *op.cit.*, spéc. p. 636 et suiv.

l'arbitrage. Cela est d'autant plus vrai que l'arbitrage collectif se distingue des arbitrages multipartites, notamment dans le sens où le recours à la notion de consentement implicite est beaucoup plus légitime dans la première hypothèse **(A)**. Pour interpréter la volonté des parties, l'arbitre est tenu de prendre en compte plusieurs éléments **(B)**.

A- Le recours à la notion de consentement implicite est plus légitime en matière d'arbitrage collectif qu'il ne l'est dans d'autres types d'arbitrages multipartites

487. Distinction entre arbitrage collectif et l'hypothèse de l'extension de la clause d'arbitrage. Si l'arbitrage collectif est à rapprocher de certaines formes d'arbitrage multipartites, il n'en est sûrement pas de l'hypothèse de l'extension de la clause d'arbitrage. En effet, dans ce cas la partie attraite à l'arbitrage n'a pas formellement signé la convention d'arbitrage mais sa participation est justifiée tant par son consentement implicite[1591] qui découle de l'interprétation de la convention d'arbitrage conformément à des normes transnationales[1592], que par le recours au principe de l'équité, auquel des notions comme l'estoppel, l'alter ego ou la percée de la personnalité juridique font écho[1593].

Le recours à la notion du consentement implicite dans l'hypothèse de l'extension de la clause d'arbitrage vise à établir le consentement des parties à l'arbitrage et donc le consentement originaire à l'arbitrage. Ce dernier est souvent désigné par la doctrine américaine par la notion de « consentement primaire » (« *primary consent* »)[1594]. La différence est alors nette lorsqu'il s'agit de prouver le consentement à l'arbitrage collectif puisqu'ici toutes les parties ont formellement signé la convention d'arbitrage. Par conséquent, il n'existe aucune nécessité de recourir à la notion de consentement implicite pour prouver le consentement originaire à l'arbitrage. Dès lors, si une approche en

---

[1591] Plusieurs concepts auxquels la doctrine et la jurisprudence font référence, ne sont que la manifestation de la notion du consentement implicite. Il en est ainsi de la théorie des groupes de sociétés, le concept de l'agent, du mandat apparent et de l'incorporation par référence. Ainsi, selon W. W. PARK, in « Non-Signatories and International Contracts : An Arbitrator's Dilemma », consultable sur : http://www.arbitration-icca.org/media/0/12571271340940/park_joining_non-signatories.pdf., spéc. p.5, toutes les hypothèses relatives à l'extension de la clause d'arbitrage ont pour fondement le consentement implicite des parties à l'arbitrage. Voir dans le même sens : B. HANOTIAU, « Multiple Parties and Multiple Contracts in International Arbitration », in Multiparty Action in International Arbitration », Permanent Court of Arbitration (eds), p.35, spéc. p.39 où, selon cet auteur, la doctrine des groupes de sociétés repose sur la notion du consentement implicite des parties à l'arbitrage.

[1592] W. W. PARK, « Non-Signatories and International Contracts », consultable sur : « Non-Signatories and International Contracts : An Arbitrator's Dilemma », consultable sur : http://www.arbitration-icca.org/media/0/12571271340940/park_joining_non-signatories.pdf., spéc. p.11.

[1593] S. I. STRONG, « The Sound of Silence: Are U.S. Arbitrators Creating Internationally Enforceable Awards when Ordering Class Arbitration in Cases of Contractual Silence or Ambiguity? », 30 Mich. J. Int'l L.1017, spéc. 1040 et s.

[1594] S. I. STRONG, « Does Class Arbitration Change the Nature of Arbitration? *Stolt-Nielsen*, *AT&T* and a Return to First Principles », consultable sur: http://www.hnlr.org/wp-content/uploads/2012/09/201-272.pdf., spéc. p. 56: « *Primary consent is the core concern in disputes involving non-signatories, since the absence of a signed arbitration agreement raises questions as to whether a party can be said to have agreed to arbitrate the dispute at hand* ».

termes de consentement est à adopter, ce n'est pas au consentement originaire qu'il faut se référer mais au « consentement secondaire » (« *secondary consent* »[1595]), c'est-à-dire le consentement des parties à telle ou telle procédure[1596] qui, dans notre cas, est la forme collective ou individuelle de l'arbitrage.

La doctrine et la jurisprudence hostiles à l'arbitrage collectif se fondent sur le principe du consentement, un des fondements essentiels de l'arbitrage international, pour disqualifier l'arbitrage collectif en l'absence de consentement exprès des parties. D'une manière presque identique, une grande partie des auteurs[1597] considère qu'en l'absence de consentement exprès de la part de toutes les parties à l'arbitrage collectif, l'arbitrage ne peut avoir pour unique forme que celle d'un arbitrage bipolaire classique[1598]. S'il est bien admis que le consentement constitue un élément fondamental de l'arbitrage international, la référence de cette doctrine à la notion de consentement exprès ne semble pourtant pas être justifiée et constitue une régression ainsi qu'une large méconnaissance de toute la pratique arbitrale en matière d'extension de la clause d'arbitrage. De même, cette approche consacrant une interprétation stricte de la convention d'arbitrage[1599] semble aujourd'hui isolée et rejetée par une grande majorité de la doctrine.[1600]

Ces propos qui prônent une flexibilité dans l'interprétation de la convention d'arbitrage concernent l'hypothèse de l'extension de la clause d'arbitrage. Or, si une telle flexibilité est aujourd'hui admise pour prouver le consentement originaire à l'arbitrage, il est d'autant plus normal qu'elle soit admise lorsqu'il s'agit de prouver, non pas le consentement originaire, mais le « consentement secondaire » (« *secondary consent* »). On parle ainsi ici du consentement des parties, non pas à l'arbitrage en tant que tel, mais à d'autres éléments tels que la procédure[1601]. Cela rejoint d'ailleurs les propos d'un auteur

---

1595 *Ibid.*

1596 C'est ainsi que l'arbitrage collectif se rapproche de l'hypothèse de consolidation de procédures puisque dans l'hypothèse de consolidation, il s'agit également de prouver que les parties ont consenti à la consolidation (*consentement secondaire*) et non pas à l'arbitrage (*consentement primaire*). Une telle approche, selon laquelle le consentement à l'arbitrage collectif s'analyse en termes de consentement des parties à telle ou telle procédure, a été consacrée par la Cour Suprême dans le cadre de l'arrêt *Green Tree Financial Corp.*, où la Cour Suprême américaine avait considéré : « *The relevant question here is what kind of arbitration proceeding the parties agreed to* ».

1597 Dans le même sens, voir la position des juges dissidents dans l'affaire *Bazzle* précitée. Il en est de même de la position de la majorité dans le cadre de l'affaire *Stolt-Nielsen*, spéc. n°1775 : « *Class arbitration cannot result solely from the fact of the parties agreement to arbitrate* ».

1598 Dans ce sens: C. J. BUCKNER, « Toward a Pure Arbitral Paradigm of Classwide Arbitration: Arbitral Power and Federal Preemption », 82 Denv. U.L.Rev. 301 (2014), spéc. p. 312.

1599 Certains auteurs prônent une interprétation stricte de la convention d'arbitrage. Appliquée à l'hypothèse de l'arbitrage collectif, ces auteurs considèrent qu'en l'absence d'un consentement explicite des parties à l'arbitrage collectif, l'arbitrage ne peut prendre que la forme d'un arbitrage bilatéral classique. Ainsi, *Chief Justice Rehnquist* a émis une opinion dissidente dans le cadre de l'affaire *Bazzle*, considérant que le recours à l'arbitrage collectif n'est possible que lorsqu'il existe un consentement explicite de la part des parties à ce type d'arbitrage. La même position a été adoptée par le juge dissident dans l'affaire *Abaclat,* ce dernier avait considéré que le consentement explicite est nécessaire même dans l'hypothèse où il s'agit de prouver le « consentement secondaire » à l'arbitrage.

1600 Voir à titre d'exemple: P. FOUCHARD, E. GAILLARD et B. GOLDMAM, *Traité de l'arbitrage commercial international*, *op.cit.*, spéc. n°480, p. 280 ; G.BORN, *International commercial arbitration*, *op.cit.*, spéc. p.1325.

1601 S. I. STRONG, « Class, Mass and Collective Arbitration in National and International Law », University of Missouri School of Law Legal Studies Research, Paper No.2012-35, consultable sur : http://ssrn.com/abstract=2185084, spéc. p.2.

qui comparait le consentement à l'arbitrage au système solaire, regroupant ainsi dans différents cercles les éléments nécessitant un consentement dans le cadre d'un arbitrage international et prônant une flexibilité en *crescendo* dans l'interprétation du consentement des parties, toutes les fois qu'il s'agit de prouver non pas le consentement des parties à l'arbitrage mais à d'autres éléments tels que la procédure[1602].

Ceci rejoint également la position d'une certaine doctrine américaine. En effet, selon Monsieur Park, la Cour Suprême américaine ne semble pas exiger que les parties aient consenti expressément à l'arbitrage collectif dans l'affaire *Stolt Nielsen*, mais a tout simplement constaté, qu'il n'existait en l'espèce aucun élément lui permettant de déduire que les parties aient consenti implicitement ou explicitement à l'arbitrage collectif[1603]. Ainsi, la Cour semble laisser la porte ouverte aux *class arbitration*, s'il résulte d'autres facteurs que les parties ont voulu recourir à l'arbitrage collectif[1604].

Si le recours à la notion de consentement implicite est aujourd'hui bien admis en matière d'extension de la clause d'arbitrage, il est dès lors logique qu'il en soit de même en matière d'arbitrage collectif. La comparaison entre l'arbitrage collectif et la consolidation de procédures peut amener au même résultat.

488. L'arbitrage collectif se rapproche de l'hypothèse de consolidation. En dépit des différences pouvant exister entre l'arbitrage collectif et l'hypothèse de consolidation[1605], il n'en reste pas moins que les deux hypothèses présentent des similitudes qui nous permettent de transposer les solutions adoptées en matière de consolidation à l'arbitrage collectif, notamment en ce qui concerne la possibilité de recourir à la notion de consentement implicite. D'ailleurs, il est à noter que le recours à cette dernière notion dans le cadre d'un arbitrage collectif sera beaucoup plus facile qu'il ne l'est dans autres hypothèses mettant en jeu des arbitrages complexes. En effet, comme nous allons le voir, certaines difficultés qui se présentent dans le cadre de la consolidation ne sont pas soulevées par l'arbitrage collectif.

Il est à noter que le terme consolidation sera utilisé dans un sens large pour désigner les arbitrages multipartites dès le début de la procédure[1606] ou ceux pouvant le devenir postérieurement en raison de la décision de joindre deux procédures distinctes.

L'arbitrage collectif et la consolidation des procédures se rapprochent quant à leurs objets. Dans les deux cas, il s'agit de regrouper au sein d'une seule procédure plusieurs

---

1602 A. S. RAU, « Consent to Arbitral Jurisdiction, Disputes with non-signatories », in *Multiparty Actions in International Arbitration*, *op.cit.*, p.69 et spéc. p.76.

1603 W.W. PARK, « Arbitration in Autumn », 2 J. Disp. Resol. 297 (2011).

1604 J. BEESS UND CHROSTIN, « Collective Redress and Class Arbitration in Europe: Where We Are and How to Move Forward », 14 Int'l. arb. L. Rev. 111 (2011), spéc. p.114.

1605 Ainsi, une grande partie de la doctrine américaine rapproche l'arbitrage collectif de l'hypothèse de consolidation de procédures. Voir à titre d'exemple, S. I. STRONG, « The Sound of Silence: Are U.S. Arbitrators Creating Internationally Enforceable Awards when Ordering Class Arbitration in Cases of Contractual Silence or Ambiguity », .30 Mich. J. Int'l L. 1017, spéc. p.1156.

1606 Il s'agit des hypothèses où il est possible de réunir dans une seule procédure plusieurs demandes mettant en jeu plusieurs contrats et/ou plusieurs parties.

demandes qui partagent des questions communes de fait et de droit, et ce, dans un souci d'économie procédurale[1607] et afin d'éviter une contrariété de décisions[1608].

De même, l'arbitrage collectif se rapproche de la consolidation en ce qui concerne la nature de la relation que les parties peuvent entretenir entre elles. Une telle relation se reflète notamment quant à la nature du consentement à satisfaire dans les deux hypothèses. Dans les deux cas, le consentement originaire à l'arbitrage ne fait pas défaut, puisque toutes les parties ont consenti à l'arbitrage. La question se pose ainsi en termes de consentement secondaire, et plus précisément de consentement des parties à une procédure particulière (consolidation ou arbitrage collectif).

Notons qu'il existe néanmoins une certaine nuance entre les deux cas de figure. En effet, dans le cadre de la consolidation, la recherche du consentement implicite doit se faire du côté de toutes les parties impliquées dans l'arbitrage. En revanche, en ce qui concerne l'arbitrage collectif, la doctrine a souvent traité la question du consentement implicite sans faire de distinction entre le potentiel défendeur à un arbitrage collectif et les différentes victimes membres de la classe, alors que la question du consentement doit se poser principalement du côté du potentiel défendeur à un arbitrage collectif et non pas du côté des membres de la classe.

En effet, si l'arbitrage collectif repose sur le mécanisme de l'*opt in*, le consentement des parties à la forme collective de l'arbitrage se manifeste lorsque les parties décident de se joindre expressément à la procédure arbitrale. En revanche, l'hypothèse de l'arbitrage collectif consacrant un mécanisme d'*opt out* peut s'avérer plus délicate, particulièrement au sein des systèmes juridiques qui éprouvent une certaine réserve vis-à-vis de ce mécanisme. Cependant, comme nous allons le voir, lorsque le mécanisme de l'*opt out* est accompagné d'un certain nombre de garanties, le consentement des demandeurs peut être acquis d'une manière implicite. C'est le cas lorsque les demandeurs, en pleine connaissance de cause, décident de ne pas s'exclure de la procédure[1609]. La seule difficulté qui se pose alors, intervient lorsque des membres de la classe n'ont pas été adéquatement notifiés de l'existence de la procédure arbitrable collective, ou bien lorsque ceux-ci ont été adéquatement notifiés sans pour autant que la notification ne leur soit parvenue. Comme nous allons le voir, leur inclusion dans la procédure dépend de plusieurs facteurs, notamment le montant du dommage subi par chaque victime et l'approche adoptée dans la résolution du litige de masse. Par conséquent, si une approche individualiste est adoptée, les membres absents seront alors exclus de la procédure arbitrale, ces derniers n'ayant pas été en mesure de donner leur consentement à la forme collective de l'arbitrage. À l'inverse, si une approche prônant l'intérêt général - notamment la bonne administration de la justice- et la résolution globale et efficiente du litige est adoptée, ces derniers peuvent être inclus dans la procédure[1610].

1607 J. C. CHIU, « Consolidation of Arbitral Proceedings and International Commercial Arbitration », 2 J Int'l. Arb. 53(1990), spéc. p. 55

1608 Ainsi, selon G. BORN: « *Rules regarding consolidation, joinder and intervention in national court proceedings are intended to permit proceedings to occur more efficiently and to avoid the possibility of inconsistent results. These considerations are at least partially applicable to international arbitration, where efficiencies may be realized through such devices.* », in International Commercial Arbitration, *op.cit.*, spéc. p. 2068.

1609 Voir *infra* n°695 et suiv.

1610 Sur ce point, voir notre dernière partie relative à la circulation d'une action de groupe internationale.

Monsieur Honatiau divise les hypothèses de consolidation selon qu'elles mettent en jeu plusieurs parties à un contrat unique ou selon que plusieurs contrats liés entre eux ont été conclus entre plusieurs parties[1611]. Ces deux cas de figure ressemblent aux situations où l'arbitrage collectif peut être envisageable. La première hypothèse est typique de celle d'un contentieux boursier où tous les actionnaires sont liés par une clause d'arbitrage contenue dans les statuts d'une société. La seconde hypothèse est quant à elle typique d'un contentieux de consommation où plusieurs personnes sont liées par différents contrats souvent identiques et contenant une même clause d'arbitrage avec un même défendeur. Ainsi, la similitude entre l'hypothèse de consolidation et celle de l'arbitrage collectif nous permet d'étendre les solutions adoptées dans la première hypothèse à la seconde. Enfin, selon Gary Born, le recours à la notion de consentement implicite en matière de consolidation des procédures ne soulève pas de difficultés particulières puisque la notion de consentement implicite est aujourd'hui largement admise dans la pratique arbitrale internationale[1612]. Ainsi, parce qu'il existe une véritable similarité entre la consolidation des procédures et l'arbitrage collectif, les propos de Monsieur Born peuvent également s'appliquer en matière d'arbitrage collectif.

489. ***Transition.*** Il est clair que rien n'interdit le recours à la notion de consentement implicite en matière d'arbitrage collectif. Ceci dit, il convient d'examiner les éléments sur lesquels l'autorité compétente - arbitre ou tribunaux étatiques - peut se reposer pour analyser le consentement des parties à l'arbitrage collectif.

B- Les éléments à prendre en considération dans l'interprétation du consentement implicite des parties à l'arbitrage collectif

490. En l'absence de consentement exprès des parties à l'arbitrage collectif, plusieurs éléments peuvent être pris en considération dans l'interprétation de la volonté implicite des parties de recourir à un arbitrage collectif. Il s'agit essentiellement de la convention d'arbitrage (**1**) ainsi que des différentes lois susceptibles d'être applicables au litige (**2**).

1- La convention d'arbitrage

491. **L'interprétation de la convention d'arbitrage.** La rédaction de la convention d'arbitrage est une question pratique de première importance[1613]. L'expérience américaine montre qu'en pratique, la convention d'arbitrage est souvent silencieuse ou

---

1611 B. HONATIAU, « Complex arbitration: Multiparty, Multicontract, Multi-Issue and Class Actions», *op.cit.*, spéc. p.180.

1612 Ainsi, selon G. BORN, Commercial International Arbitration law, *op.cit.*, spéc. p.2082 « *There is no reason, however, that an agreement authorizing (or forbidding) consolidation or joiner/intervention cannot be implied. As discussed elsewhere, various aspects of an arbitration agreement are routinely implied (...) the same approach can, and indeed must, be taken to questions of consolidation and joiner/intervention (...)* ».

1613 C. SERAGLINI et J. ORTSCHEIDT, *Droit de l'arbitrage interne et international*, *op.cit.*, spéc. p.622.

ambiguë sur la possibilité de recourir à un arbitrage collectif. En l'absence d'un consentement exprès au recours à un arbitrage collectif, l'autorité compétente[1614] est tenue de déterminer la portée exacte de cet accord. Cette question renvoie donc à l'interprétation de la volonté des parties.

L'interprétation de la convention d'arbitrage s'effectue en général sans aucune référence à une loi étatique particulière, et certains arbitres n'hésitent pas à soumettre une telle interprétation aux règles transnationales ou aux usages du commerce[1615]. S'agissant de l'interprétation du consentement secondaire (*secondary consent*), celui-ci ne doit pas faire l'objet d'une interprétation stricte, comme nous l'avons déjà mentionné.

Plusieurs éléments peuvent être pris en considération par l'arbitre en vue d'interpréter la convention d'arbitrage. La formulation de la convention d'arbitrage en des termes généraux peut être interprétée dans le sens de l'admission de l'arbitrage collectif alors qu'une formulation en des termes trop précis peut être interprétée dans le sens contraire[1616].

En plus de la convention d'arbitrage, d'autres éléments peuvent être pris en considération par l'arbitre dans l'interprétation de la volonté des parties. Il en est ainsi des différentes lois qui peuvent être applicables en la matière.

2- ***Les différentes lois applicables à l'instance arbitrale***

492. La loi applicable à la procédure. Il est possible que les parties aient déterminé à l'avance la loi applicable à la procédure arbitrale et que cette dernière prévoit la possibilité de consolidation ou la possibilité de procéder collectivement à l'arbitrage[1617]. Le choix par les parties de cette loi peut ainsi être interprété comme un consentement implicite à l'arbitrage collectif.

493. La loi du siège. Le siège de l'arbitrage constitue un élément important dans l'interprétation du consentement des parties à l'arbitrage collectif. En effet, quand bien

---

[1614] En droit français de l'arbitrage international, en vertu du principe compétence-compétence, il appartient au tribunal arbitral de trancher les difficultés particulières liées à l'interprétation de la convention d'arbitrage.

[1615] Voir à titre d'exemple : Sent. CCI n°4131 (1982), *J.D.I. 1983.899*, obs. Y. Derains; Sent.CCI n°5721 (1990), *J.D.I. 1990.1020*, obs.Y. Derains.

[1616] En dehors de l'hypothèse d'un arbitrage collectif, voir C. SERAGLINI et J. ORTSCHEIDT, *Droit de l'arbitrage interne et international*, *op.cit.*, spéc. p.625. Dans l'hypothèse spécifique d'un arbitrage collectif voir : S. I. STRONG, « Class, Mass and Collective Arbitration in National and International Law», consultable sur : http://ssrn.com/abstract=2185084, spéc., p.29 : « *In construing the agreement, courts and arbitrators often find that broadly inclusive language requiring the arbitration of all "related disputes" is capable of supporting the conclusion that the parties agreed to various forms of large scale arbitration* »

[1617] Tel est le cas, lorsque les parties choisissent, par exemple, le code néerlandais de procédure civile. Voir à cet égard, l'article 1046 du Code de procédure civil néerlandais, qui dispose : « *If arbitral proceedings have been commenced before an arbitral tribunal in the Netherlands concerning a subject matter which is connected with the subject matter of arbitral proceedings commenced before another arbitral tribunal in the Netherlands, any of the parties may, unless the parties have agreed otherwise, request the President of the District Court in Amsterdam to order a consolidation of the proceedings* ». Aux États-Unis, the *Uniform Arbitration Act* révisé admet une présomption en faveur de la jonction lorsque la convention d'arbitrage est silencieuse sur ce point. *Uniform Arbitration Ac*t (Final Act 2000, § 10) consultable sur : http://www.law.upenn.edu/bll/archives/ulc/ulc.htm#uaa.

même la loi du siège joue un rôle subsidiaire, celui-ci ne peut ne pas être complètement éliminé[1618]. Le choix des parties d'un siège dont la loi admet l'arbitrage collectif peut donc être interprété comme un consentement implicite à l'arbitrage collectif[1619]. Les dispositions de la loi du siège intervenant nécessairement pour réglementer certains aspects procéduraux « externes » ou « internes »[1620] de l'instance arbitrale[1621].

494. La loi applicable à la substance du litige. La loi applicable à la substance du litige peut également être prise en considération par l'arbitre international dans le cadre de son interprétation de la volonté des parties. En effet, un certain nombre de systèmes juridiques a consacré des actions de groupe dans des domaines substantiels bien spécifiques[1622]. C'est pourquoi, le choix par les parties d'une loi substantielle applicable au fond du litige et prévoyant une action de groupe, peut tout à fait être interprété comme un consentement implicite de la part des parties à un arbitrage collectif.

Il convient de mentionner à cet égard, que même dans l'hypothèse où les parties n'ont pas déterminé à l'avance le droit applicable, l'ouverture d'une action de groupe internationale devant le tribunal arbitral peut résulter de la détermination du tribunal arbitral lui-même de la loi applicable à la substance du litige.

Dans un autre contexte, l'ouverture par le tribunal arbitral d'une action de groupe peut être sous-tendue par le souci de ce dernier d'assurer le respect d'une loi de police qui se veut impérativement applicable au litige. En effet, nous avons déjà constaté qu'il serait possible d'analyser les dispositions relatives à une action de groupe en tant que lois de police, surtout lorsque ces dispositions sont consacrées dans des domaines bien déterminés. Ainsi, le non-respect par l'arbitre de ces dispositions peut amener le juge de la reconnaissance à s'opposer à la reconnaissance et à l'exécution d'une sentence arbitrale qui contreviendrait à une loi de police de l'Etat requis[1623].

1618 Ainsi, selon C. SERAGLINI et J. ORTSCHEIDT, *Droit de l'arbitrage interne et international*, *op.cit.*, spéc. p.487 : « (…) *si l'on adopte une approche subjective, on pourrait voir dans la fixation du siège par les parties une manifestation de leur volonté implicite de soumettre la convention d'arbitrage à la loi du siège* ».

1619 Dans ce sens voir : J. C. CHIU, « Consolidation of Arbitral Proceedings and International Commercial Arbitration », *op.cit.*, spéc. p.72 ; A. JAN VAN DEN BERG, « Consolidated Arbitrations and the 1958 New York Arbitration Convention », 2 Arb. Int'l. L. 367 (1986); A. JAN VAN DEN BERG, « Consolidated Arbitrations, the New York Arbitration Convention and the Dutch Arbitration Act 1986 – A Replique to Mr. Jarvin », 3 Arb. Int'l. 257 (1987) : P. LEBOULANGER, « Multi-Contract Arbitration », 13J. Int'l Arb. 1996. 43, spéc. p. 68. Voir cependant la critique de Monsieur Dr Van Den Berg, in A. JAN VAN DEN BERG, « Consolidated Arbitrations and the 1958 New York Arbitration », où ce dernier avait considéré: « *One cannot imply (…) that the parties have accepted the possibility of consolidation because they have selected the place of arbitration in a country where the law provides for the possibility of a court consolidating arbitrations* ».

1620 Ainsi, selon G. BORN, *Commercial International Arbitration*, *op. cit.*, spéc. p. 1286: « *Most developed arbitration legislation provides that the law of the arbitral seat will presumptively govern a substantial range of "internal" and "external" subjects in locally-seated arbitrations, with the courts of the arbitral seat ordinarily being granted (exclusive) jurisdiction to apply such legislative provisions* ».

1621 Il en est ainsi de la jonction, la consolidation et l'intervention, à laquelle nous ajoutons l'hypothèse de l'arbitrage de groupe. Voir G. BORN, *International Commercial Arbitration*, *op.cit.*, spéc. p.1291 « *The law of the arbitral seat will often govern issues of consolidation of two or more separate arbitrations, as well as issues of joinder and intervention in the arbitration* ».

1622 En matière de droit de la consommation ou en matière de droit de la concurrence à titre d'exemple.

1623 C. SERAGLINI et J. ORTSCHEIDT, *Droit de l'arbitrage interne et international*, *op.cit.*, spéc. p. 817.

La prise en considération par l'arbitre de la loi applicable au fond du litige, ou des lois de police qui se veulent applicables au litige, en vue de décider de l'ouverture d'une action de groupe arbitrale, permet de mettre en exergue la dimension régulatoire de l'action de groupe arbitrale.

495. **Les règlements d'arbitrages.** Le consentement des parties à l'arbitrage collectif peut enfin être déduit de leur décision de régler la procédure d'arbitrage conformément aux dispositions consacrées par un règlement d'arbitrage. À l'heure actuelle, quatre règlements d'arbitrage ont prévu des dispositions particulières relatives à l'arbitrage collectif [1624].

Prenons à titre d'exemple le Règlement AAA. Les dispositions contenues dans ce dernier nous semblent contradictoires. Si le règlement prévoit que c'est à l'arbitre d'interpréter la convention d'arbitrage pour décider s'il est possible de procéder ou non en classe[1625], il ne fournit cependant aucune indication sur les éléments que ce dernier doit prendre en considération dans le cadre de cette interprétation, si ce n'est que le choix par les parties du règlement *AAA* ne signifie pas nécessairement que ces dernières aient consenti à un traitement collectif de leur arbitrage[1626]. Néanmoins, le règlement dispose par ailleurs que les *AAA Supplementary Rules* doivent s'appliquer à n'importe quel litige qui soumettrait l'arbitrage aux règles de l'*AAA* lorsqu'une partie intente une action en son nom et au nom d'autres personnes ayant subi le même dommage devant le tribunal arbitral[1627]. À notre sens, les dispositions mentionnées doivent être articulées. Le simple fait que les parties aient choisi de régler leur litige conformément au règlement *AAA* n'est pas suffisant pour considérer que les parties ont implicitement consenti à l'arbitrage collectif, encore faudrait-il qu'une partie intente devant l'arbitre une action en son nom et au nom de toutes les autres personnes de la classe.

Prenons un autre exemple : les *DIS Supplementary Rules*. Selon ce règlement, le seul fait que les parties aient décidé de résoudre leur litige par référence à ces dernières implique qu'elles aient consenti à l'arbitrage collectif[1628].

1624 Aux États-Unis, il en est ainsi des *AAA Supplementary Rules* ; JAMS *Class Arbitration Rules ; NAF Class Arbitration Rules*. En Europe, il s'agit des *DIS Supplementary Rules for Corporate Law Disputes*.

1625 L'article 3 du Règlement dispose: « *Upon appointment, the arbitrator shall determine as a threshold matter, in a reasoned, partial final award on the construction of the arbitration clause, whether the applicable arbitration clause permits the arbitration to proceed on behalf of or against a class (the « Clause Construction Award* »). La même disposition est prévue par l'article 2 *des JAMS Class Arbitration Rules.*

1626 Ainsi, selon le dernier paragraphe de l'article 3 « *In construing the applicable arbitration clause, the arbitrator shall not consider the existence of these Supplementary Rules, or any other AAA Rules, to be a factor either in favor of or against permitting the arbitration to proceed on a class basis*». Les mêmes dispositions ont été reprises par l'article 2 des *JAMS Rules* ainsi que par le préambule des *NAF Rules.*

1627 Ainsi, selon l'article 1 du Règlement: « *These Supplementary Rules for Class Arbitrations ("Supplementary Rules") shall apply to any dispute arising out of an agreement that provides for arbitration pursuant to any of the Rules of the American Arbitration Association ("AAA") where a party submits a dispute to arbitration on behalf of or against a class or purported class, and shall supplement any other applicable AAA Rule* ». La même disposition est prévue par l'article 1(b) des *JAMESClass Arbitration Rules.*

1628 *DIS Supplementary Rules for Corporate Law Disputes*: « *The parties may agree on the following Supplementary Rules for corporate Law Disputes supplementing the DIS Arbitration Rules* ».

496. ***Transition.*** En présence d'une convention d'arbitrage silencieuse quant à la possibilité de recourir à un arbitrage collectif, il est possible d'interpréter le consentement des parties à ce type d'arbitrage en prenant en considération plusieurs éléments. La prise en considération de la loi applicable au fond du litige ou des lois qui se veulent impérativement applicables, permettent de tenir en compte de la fonction de régulation d'une action de groupe. Par ailleurs, le principe de l'efficacité de l'arbitrage peut également être invoqué pour justifier le recours à un arbitrage collectif dans le cas où la convention d'arbitrage est silencieuse quant à la nature individuelle ou collective de l'arbitrage.

II. Le principe de l'efficacité et le consentement des parties à résoudre efficacement leur litige

497. Le principe de l'efficacité de l'arbitrage. Le recours à l'arbitrage collectif peut être justifié par le recours au principe de l'efficacité de la procédure. En effet, si l'autonomie de la volonté et le respect du procès équitable sont deux principes bien ancrés dans la pratique de l'arbitrage international[1629], le principe de l'efficacité de la procédure semble aujourd'hui les rejoindre, et la doctrine paraît également lui accorder une grande importance[1630]. En revanche, le principe de l'efficacité de la procédure et le principe de l'autonomie de la volonté sont souvent perçus comme entretenant un rapport conflictuel. En effet, si le principe de l'efficacité est de plus en plus appréhendé par le droit, ce dernier ne pourra aller à l'encontre de l'autonomie des parties puisque, comme il l'a été justement mentionné, « *party autonomy reigns supreme* »[1631].

Ce conflit entre les deux principes est régulièrement analysé comme reflétant la nature hybride de l'arbitrage, contractuelle et juridictionnelle et soulève de ce fait une question plus générale : qui contrôle l'arbitrage[1632], les parties ou l'arbitre ?

À notre sens, le principe de l'efficacité de la procédure de l'arbitrage ne contredit pas nécessairement le principe de l'autonomie de la volonté puisqu'il est admis aujourd'hui que le principe de l'efficacité a pour source le consentement des parties, de sorte qu'en consentant à l'arbitrage, ces dernières consentent nécessairement à résoudre leur litige

---

1629 G. KAUFMANN-KOHLER, « Globalization of Arbitral Procedure », 36 Vand. J.Transnat'l L.1313 (2003).

1630Voir à titre d'exemple : G. KAUFMANN-KOHLER, « Qui contrôle l'arbitrage? Autonomie des parties, pouvoirs des arbitres et principe d'efficacité », in *Liber amicorum Claude Reymond*, Litec 2014, p.153 ; C. JARROSSON, « Qui tient les rênes de l'arbitrage ? Volonté des parties et autorité de l'arbitre», *Rev. arb. 1999.601*; P. MAYER, « ComparativeAnalysis of the Power of Arbitrators to Determine the Procedure in Civil and Common », in *Planning Efficient Arbitration Proceedings, the Law Application in International arbitration»*, *op.cit.*

1631 P.-A. KARRER, « Liberté du tribunal arbitral de conduire la procédure », *Bull. CCI 1999/ 1, vol. 10*, p. 14. La primauté du principe de l'autonomie de la volonté sur le principe de l'efficacité a été la principale raison pour laquelle les tribunaux étatiques ou arbitraux rejetaient les demandes de consolidation ou celles relatives à l'extension de la clause d'arbitrage.

1632G. KAUFMANN-KOHLER, « Qui contrôle l'arbitrage ? Autonomie des parties, pouvoirs des arbitres et principe d'efficacité », in *Liber amicorum Claude Reymond, op.cit.*, spéc. p.154.

efficacement[1633]. Ainsi, le recours d'une partie à l'arbitrage, non pas dans le but de résoudre efficacement le litige[1634], mais dans l'idée d'entraver l'accès à la justice de l'autre partie, constitue une violation du principe de bonne foi qui s'impose aux parties à l'arbitrage.

Par ailleurs, il est également possible de voir une certaine complémentarité entre les deux principes qui découlent de la nature hybride de l'arbitrage international. En raison de l'origine consensuelle de sa mission, l'arbitre doit se conformer à la volonté conjointe des parties tout au long de l'arbitrage. En outre, une fois l'investiture acquise, l'arbitre doit remplir sa fonction de juge, quitte à s'opposer aux parties[1635]. C'est donc à l'arbitre qu'il appartiendra de prendre toute décision relative à la conduite de l'instance. D'une autre manière, et pour reprendre les termes du Professeur Jarrosson, « *la volonté des parties trouve sa limite dans ce qui fait l'essence du pouvoir juridictionnel* »[1636]. Il en résulte que l'arbitre doit disposer de la liberté nécessaire à l'exercice de sa fonction de juger. Ce pouvoir de l'arbitre se justifie alors par le besoin d'efficacité inhérent à l'administration de la justice.

Au-delà de ce débat théorique, la pratique arbitrale montre aujourd'hui que le principe de l'efficacité est de plus en plus pris en considération. La pratique des arbitrages multipartites, et notamment la consolidation de procédures, en donne l'exemple le plus concret. Si les demandes de consolidation étaient auparavant rejetées, aussi bien par les arbitres que par les tribunaux étatiques, elles sont de plus en plus admises aujourd'hui pour des considérations liées à l'efficacité de la procédure. De même, plusieurs systèmes juridiques ont érigé le principe d'efficacité de la procédure en tant que principe supérieur[1637].

Si le principe de l'efficacité est ainsi admis en matière d'arbitrage international, ce dernier s'avère, jusqu'à présent, principalement invoqué dans l'hypothèse d'arbitrages multipartites. Toutefois, invoquer un tel principe serait bien plus légitime dans le cadre d'un arbitrage collectif et ceci pour deux raisons.

En premier lieu, comme nous l'avons déjà mentionné, l'arbitrage collectif, contrairement à certaines formes d'arbitrage multipartites, ne soulève en aucun cas de question de consentement à l'arbitrage et donc de compétence de l'arbitre. Ainsi, si le

---

1633 En effet, le recours au principe de l'efficacité permet de faire l'économie de temps et d'argent qui sont deux objectifs essentiels de l'arbitrage international. Voir dans ce sens : G. KAUFMANN-KOHLER, « Globalization of Arbitral Procedure », 36Vand. J. Transnat'l L.1313 (2003), spéc. p.1321-22.

1634 À l'instar d'un auteur potentiel de dommage de masse qui insère des clauses d'arbitrage dans des contrats conclus avec des futures victimes afin de les empêcher d'initier une action de groupe devant le juge étatique normalement compétent.

1635 J. CRITCHLOW, « The source of Power: a Critical Appreciation of the Relationship of The Arbitrators And The parties: in the Commercial Way to Justice », consultable sur : http://www.fenwick-elliott.co.uk/public/articles/power.htm.

1636C. JARROSSON, « Qui tient les rênes de l'arbitrage? Volonté des parties et autorité de l'arbitre », *Rev. arb. 1999. 601*, spéc. n°10.

1637 Voir à titre d'exemple : *Swedish Arbitration Act (1999)*, art. 21 consultable sur : http://swedisharbitration.se/wp-content/uploads/2011/09/The-Swedish-Arbitration-Act.pdf; *The English Arbitration Act, (1996), § 1(a)*, consultable sur :http://www.legislation.gov.uk/ukpga/1996/23/contents, qui dispose que : « *The arbitrator is under a duty to conduct the proceedings efficiently* ».

principe de l'efficacité est bien admis dans les hypothèses d'arbitrages multipartites, il serait encore plus légitime de l'admettre dans l'hypothèse d'un arbitrage collectif[1638].

Par ailleurs, il nous semble plus légitime de recourir au principe de l'efficacité dans le cadre d'un arbitrage collectif que dans les autres hypothèses mettant en jeu des arbitrages multipartites.

D'une part, les économies de temps et de dépenses sont beaucoup plus importantes dans le cadre d'un arbitrage collectif. Principalement parce qu'un nombre élevé de parties est impliqué dans un tel arbitrage, mais en plus parce qu'il existe une similarité entre les demandes et un risque beaucoup plus élevé de contrariété de décisions.

D'autre part, les effets d'une décision ne sont pas les mêmes selon que l'arbitre refuse de consolider des procédures ou de procéder à un arbitrage collectif.

Dans le premier cas de figure, les parties peuvent toujours procéder à un arbitrage individuel avec, dans certaines situations, des dépenses supplémentaires ainsi qu'un risque de contrariété des décisions ; dans le second cas de figure, les victimes ayant souvent des demandes trop modiques, ne pourront avoir accès à la justice. Par conséquent, il est clair que les considérations qui sous-tendent le principe de l'efficacité sont bien différentes. Si ce principe concerne uniquement les parties dans le cadre d'un arbitrage multipartite classique, ce dernier s'étend au-delà des parties pour concerner la société en général dans le cadre d'un arbitrage collectif. En plus d'offrir un accès à la justice aux victimes, il permet également de moraliser la vie des affaires, notamment en empêchant les entreprises de s'engager dans des comportements risqués et non acceptables.

1638 Voir à titre d'exemple l'article 4(b) des *AAA supplementary Rules for Class Arbitrations* : « *Class procedures may be maintainable when a class arbitration is superior to other available methods for the fair and efficient adjudication of the controversy* ».

CONCLUSION DU CHAPTRE II

498. Malgré la position de la Cour Suprême américaine qui se montre hostile au développement de l'arbitrage collectif, il est désormais possible d'affirmer que celui-ci appartient bien au monde de l'arbitrage. Une telle hostilité s'inscrit, à notre sens, dans le mouvement de « *course vers le bas* » entamé par la Cour suprême américaine en matière de *class action* et qui consiste à limiter considérablement le recours à cette procédure. C'est pourquoi les différents arguments avancés par la Cour Suprême américaine, afin de disqualifier l'arbitrage collectif du milieu de l'arbitrage, ont été analysés tout au long de ce chapitre afin de mettre en avant leur caractère non pertinent. En effet, comme nous l'avons démontré, l'arbitrage collectif ne met en cause ni la nature de l'arbitrage ni ses caractéristiques.

499. Par ailleurs, la pratique arbitrale collective, surtout aux États-Unis, a révélé que les clauses d'arbitrage sont souvent silencieuses quant à la possibilité de recourir ou non à ce type d'arbitrage. L'exigence par la Cour suprême américaine d'un consentement explicite de la part des parties à ce type d'arbitrage en vue de permettre à un arbitre de certifier une action de groupe, montre bien la véritable contradiction dans la position de la Cour Suprême américaine. En effet, elle considère d'une part, que l'arbitrage collectif n'appartient pas au monde de l'arbitrage mais, d'autre part, admet ce type d'arbitrage en présence d'un consentement explicite de la part des parties. Au-delà d'une telle contradiction, nous avons démontré que la question de savoir si un arbitre peut certifier une action de groupe en l'absence d'un consentement exprès de la part des parties à ce type d'arbitrage, peut être analysée en tant qu'une question de procédure qu'il convient à l'arbitre de trancher. Ce raisonnement a été adopté par un tribunal CIRDI dans le cadre d'un arbitrage de masse opposant plusieurs investisseurs à l'État argentin.

500. Par ailleurs, même si nous considérons, eu égard la dimension régulatoire que recèle une action de groupe, qu'une approche purement procédurale n'est pas suffisante en vue de déterminer la forme collective ou bilatérale d'un arbitrage en l'absence d'un consentement explicite de la part des parties, nous avons constaté que plusieurs éléments peuvent être pris en considération par l'autorité compétente, lors de la certification d'une action de groupe arbitrale.

501. En effet, nous avons établi, qu'il n'était pas certain que l'exigence d'un consentement explicite à ce type d'arbitrage corresponde à la pratique arbitrale actuelle, qui prône plutôt une interprétation flexible de la convention d'arbitrage en admettant le recours à la notion de consentement implicite lors de l'interprétation de la volonté des parties. En outre, nous avons démontré que si le recours à la notion de consentement implicite est aujourd'hui admis pour déterminer le consentement des parties à l'arbitrage dans le contexte des arbitrages multipartites (consentement primaire), il serait beaucoup plus facile de recourir à cette notion lorsqu'il ne s'agit pas de déterminer le consentement des parties à l'arbitrage (consentement primaire) mais à la nature bilatérale ou collective de ce dernier (consentement secondaire). Enfin, le principe de l'efficacité de l'arbitrage, qui connaît un développement considérable dans les milieux de l'arbitrage, peut également constituer un fondement sur lequel l'arbitre ou les tribunaux étatiques peuvent se baser afin de certifier une action de groupe en présence d'une convention d'arbitrage silencieuse quant à cette possibilité.

CONCLUSION DU TITRE SECOND DE LA PREMIÈRE PARTIE

502. Nous avons tenté de démontrer que l'autonomie de la volonté pourrait être instrumentalisée au service de la méthode de l'« unité » de l'action de groupe, en vue de permettre la fédération du contentieux de masse devant un for unique, étatique ou arbitral.

503. Dans ce contexte, nous avons observé qu'en raison des nombreux avantages qu'il présente, l'arbitrage constitue un modèle séduisant pour la résolution du contentieux de masse international. Ainsi, contrairement à une opinion hostile à l'arbitrage collectif, ce dernier n'est en rien étranger à la pratique arbitrale internationale et se rapproche d'autres types d'arbitrage multipartites. En effet, nous avons examiné un certain nombre d'arguments souvent soulevés à l'encontre de l'arbitrage collectif et dès lors démontré leur impertinence.

504. Par ailleurs, face au caractère souvent silencieux des conventions d'arbitrage quant à la nature bilatérale ou collective de l'arbitrage, nous avons conclu qu'une analyse en termes de consentement exprès à l'arbitrage collectif ou une analyse en termes de procédure applicable à l'instance arbitrale ne sont pas satisfaisantes pour décider de la nature bilatérale ou collective de l'arbitrage. À la lumière des différents intérêts en jeu, nous avons ainsi tenté d'identifier les différents éléments qui doivent être pris en considération par l'autorité compétente pour les besoins de l'ouverture d'une action de groupe arbitrale.

CONCLUSION DE LA PREMIÈRE PARTIE

505. Nous avons exposé dans cette première partie les différents problèmes de droit international privé que soulève la globalisation du contentieux international des actions de groupe. Ces obstacles rendent difficile l'instauration du système de l'« unité » de l'action de groupe, pourtant le plus adapté pour assurer la régulation du contentieux de masse international.

506. Afin de remédier à l'ensemble de ces problèmes, nous avons démontré qu'il est nécessaire de consacrer de nouvelles solutions, aussi bien en matière de conflits de juridictions que de conflits de lois. Les solutions proposées permettent de concentrer le contentieux *ex ante* devant le for ayant l'intérêt prépondérant pour l'ouverture d'une action de groupe internationale et prennent en considération la complexité du contentieux de groupe et les différents intérêts en jeu.

507. En attendant la mise en œuvre de telles solutions à travers la conclusion d'une convention internationale ou la refonte des instruments de droit international privé à l'échelle européenne, nous avons démontré que la régulation du contentieux international des actions de groupe pouvait s'effectuer par le biais du consentement des parties à concentrer leur litige devant un tribunal arbitral ou étatique. Après avoir examiné les nombreux avantages qu'il présente, nous avons enfin exprimé notre préférence pour l'arbitrage en tant que mode alternatif de résolution du contentieux international des actions de groupe.

DEUXIÈME PARTIE : LA RÉGULATION *EX-POST* DU CONTENTIEUX INTERNATIONAL DES ACTIONS DE GROUPE : LA COORDINATION ET LA CIRCULATION DES ACTIONS DE GROUPE INTERNATIONALES

508. La concentration *ex ante* du contentieux international des actions de groupe devant un for unique permet de mieux réaliser les objectifs fondamentaux d'une action de groupe et d'empêcher dès lors le développement des situations de *sous-régulation* ainsi que de *sur-régulation*. Une telle méthode constitue à notre sens la solution idéale pour la régulation du contentieux de masse international. Toutefois, sa réalisation nécessite une véritable volonté politique de la part de la communauté internationale, qui doit nécessairement passer par une refonte des méthodes et instruments du droit international privé des conflits de lois et de conflits de juridictions existantes, afin de les adapter à la spécificité d'un contentieux qui met en jeu non seulement une masse de demandeurs, mais renferme en plus une forte dimension régulatoire.

509. À défaut d'une concentration *ex ante* du contentieux de groupe, il est donc fortement probable que ce soit le système de « multiplicité » de l'action de groupe qui imprègne aujourd'hui le contentieux de masse international, et particulièrement depuis l'émergence d'un marché des actions de groupe à l'échelle régionale et internationale. Ainsi, dans l'hypothèse de la survenance d'un dommage à grande échelle, est-il donc très vraisemblable que plusieurs actions individuelles et/ou de groupe ayant des objets identiques ou connexes soient engagées à l'encontre du même défendeur. Il est également tout autant possible que plusieurs victimes soient simultanément parties à plusieurs actions individuelles et/ou de groupe, conduisant alors à la formation de plusieurs actions enchevêtrées.

510. En outre, si la concurrence des procédures parallèles est porteuse de nombreux inconvénients dans le cadre d'un litige bilatéral classique, de telles difficultés seront multipliées lorsque les procédures concurrentes résultent de plusieurs actions de masse. En plus de l'obligation pour le défendeur de se défendre infiniment pour le même litige ou pour des litiges connexes, les coûts associés au procès seront d'un montant exorbitant. En effet, les témoins seront appelés simultanément devant plusieurs tribunaux, les preuves seront échangées de nombreuses fois, et la notification des victimes, avec tous les coûts qui peuvent lui être associés, répétée à l'infini.

511. Cela ne veut toutefois pas pour autant dire qu'il sera impossible de concentrer le contentieux de masse international après son éclatement. Si le système de l'« unité » de l'action de groupe est dans l'état actuel des choses irréalisable d'une manière préventive, il sera toujours possible de concentrer le contentieux de groupe *ex post*, notamment à travers la coordination des procédures de masse parallèles. Cette coordination permet ainsi de rétablir l'ordre et d'empêcher la formation de situations de sur-régulation ou de sous-régulation (**Titre1**).

512. En outre, il ne suffit pas de concentrer le contentieux de masse international *ex ante* à travers l'agrégation du litige de masse global devant un for unique, ou *ex post* à travers la coordination des procédures de masse parallèles. En effet, encore faudra-t-il assurer la circulation dans l'ordre international de la décision résultant d'une action de groupe internationale, étant donné que la certification d'une action de groupe globale n'est qu'une étape préliminaire dans la résolution du contentieux de masse. L'internationalisation de l'action de groupe certifiée indique que des procédures ayant pour objet l'exécution de la décision collective peuvent être sollicitées en dehors de la sphère du for certifiant. Par ailleurs, il est toujours hautement possible que des victimes insatisfaites de la décision collective cherchent à initier de nouvelles actions de groupe et/ou individuelles devant d'autres tribunaux. Dans l'une ou l'autre des hypothèses, la reconnaissance et l'exécution d'un jugement issu d'une action de groupe internationale constituent ainsi un élément important de la régulation du contentieux de groupe international **(Titre 2)**.

Titre premier : la coordination des procédures parallèles en matière d'actions de groupe internationales

513. Le droit international privé possède un certain nombre de mécanismes permettant la coordination des procédures parallèles qui diffèrent d'un système juridique à un autre. En permettant au juge du for de renoncer à l'exercice de sa compétence juridictionnelle en faveur d'un juge étranger préalablement saisi du même litige ou d'un litige qui lui est lié[1639], les deux exceptions de litispendance et de connexité internationale telles que consacrées par les systèmes juridiques de tradition continentale[1640], permettent de lutter contre le phénomène des procédures parallèles. Dans les pays de *common law*, en plus du modèle préventif que représente l'émission d'injonctions anti-poursuites (*anti-suit injunctions*) en vue de protéger la compétence juridictionnelle du for naturel du litige[1641], le mécanisme du *forum non conveniens*, prévu à l'origine pour lutter contre le phénomène du *forum shopping*, est souvent invoqué en vue de remédier au problème des procédures parallèles dans le cadre d'un contentieux international[1642].

514. Si le problème des procédures parallèles ne se pose pas uniquement dans le cadre d'un contentieux de masse international, la spécificité de ce dernier réside dans les difficultés d'interaction entre ce contentieux collectif et les mécanismes de droit international privé -notamment ceux des pays de tradition continentale - destinés à remédier à cette diversité. Comme nous allons le constater, ces mécanismes sont incapables d'apporter aujourd'hui des solutions efficaces. Ainsi est-il très probable que l'ordre international soit actuellement chargé par plusieurs procédures ayant le même objet ou présentant des questions communes de fait et de droit avec toutes les conséquences néfastes qui peuvent en résulter, aussi bien pour les parties au litige - notamment le défendeur - que pour l'ordre international **(Chapitre1)**.

515. Même si la souplesse des mécanismes de coordination des procédures des pays de *common law* nous paraît plus adaptée à la régulation des procédures de masse parallèles, la nature collective du contentieux de masse rend leur mise en œuvre difficilement réalisable. Il convient ainsi de se demander si la régulation des procédures parallèles ne milite pas en faveur de la quête de nouvelles solutions en la matière **(Chapitre 2)**.

1639 L. USUNIER, *La régulation de la compétence juridictionnelle internationale*, *op.cit.*, spéc. n°467, p.399.
1640 L. USUNIER, *op.cit.*, spéc. n°469, p.400.
1641 D. BUREAU et H. MUIR WATT, *Droit international privé*, t 2, *op.cit.*, spéc. n°208, p. 239.
1642 L. USUNIER, *op.cit.*, spéc. n°477, p. 407.

Chapitre I : La régulation des procédures de masse parallèles à l'aune des mécanismes traditionnels de droit international privé des conflits de procédures

516. Il conviendra d'exposer dans une première section les difficultés d'interaction entre le contentieux international des actions de groupe et les mécanismes de coordination des procédures spécifiques aux systèmes juridiques de tradition continentale, à savoir les deux exceptions de litispendance et de connexité internationale. La rigidité de ces deux mécanismes affaiblit considérablement leur efficacité, mais aussi leur aptitude à appréhender efficacement la question des conflits de procédures relevant d'un contentieux complexe **(Section 1).**

517. Si la régulation des procédures de masse parallèles doit être entreprise à travers les mécanismes traditionnels de coordination de procédures, cette dernière ne peut s'achever qu'à travers des mécanismes de coordination présentant une certaine souplesse. Ainsi, il convient de se demander dans quelle mesure les mécanismes des pays de *common law* permettent de parvenir à des solutions satisfaisantes en la matière. Ainsi, la coordination des procédures parallèles sera examinée à l'aune de l'exception de *forum non conveniens* et des injonctions contre poursuite **(Section 2)**.

Section I : Les difficultés d'interaction entre les mécanismes de coordination de procédures des pays civilistes et le contentieux international des actions de groupe

518. Il convient d'exposer dans un premier temps les principaux problèmes soulevés par l'application de l'exception de litispendance internationale dans le cadre du contentieux international des actions de groupe **(§1)**. L'exception de connexité internationale permet de remédier à certains de ces problèmes. Cependant, la rigidité du critère chronologique sur lequel se fonde ce mécanisme est peu adaptée à un contentieux complexe qui met en jeu des intérêts enchevêtrés **(§2)**.

§1- La litispendance Internationale: un mécanisme peu adapté à la coordination des procédures parallèles dans le cadre du contentieux international des actions de groupe

519. La litispendance internationale correspond à la situation dans laquelle deux juridictions différentes sont saisies simultanément du même litige[1643]. En droit international privé commun français, après une jurisprudence abondante affirmant le

[1643] Sur l'exception de litispendance internationale voir : M.- L. NIBOYET et G. DE GEOUFFRE DE LA PRADELLE, *Droit international privé*, *op.cit.*, spéc. n°562, p. 374 et suiv ; Y. LOUSSOUARN, P. BOUREL et P. DE VAREILLES-SOMMIÈRES, *Droit international privé, op.cit.*, spéc. n°811, p. 829 et suiv ; B. AUDIT et L. D'AVOUT, *Droit international privé*, *op.cit.*, spéc. n°446, p. 397 et suv. ; D. BUREAU et H. MUIR WATT, *Droit international privé*, t 1, *op.cit.*, spéc. n°210, p. 241 et suiv.

principe de l'irrecevabilité d'une telle exception[1644] dans le cadre d'un contentieux international en dehors du cadre conventionnel, la jurisprudence française, après plusieurs fluctuations[1645], finira par opérer un revirement donnant lieu à son admission dans l'arrêt *Miniera di Fragne*[1646]. Désormais, le juge français est tenu de prendre en considération l'existence d'une procédure engagée antérieurement à l'étranger et d'en tirer conséquence[1647].

L'article 100 du nouveau code de procédure civile fournit les éléments de la litispendance dans le cadre interne : « *Si le même litige est pendant devant deux juridictions de même degré également compétentes pour en connaître, la juridiction saisie en second lieu doit se dessaisir* ». L'hypothèse est donc celle d'une concurrence parfaite de procédure : identité de litige, dualité d'instances, égalité des juridictions saisies tant sur le plan de la compétence que celui de la hiérarchie judiciaire. A l'exclusion de la troisième condition, les deux premières doivent également être réunies dans le cas d'une litispendance internationale[1648].

Pour qu'il y ait litispendance dans l'espace judiciaire européen, il suffit que deux juridictions d'États membres toutes deux compétentes[1649], soient saisies du même litige. Par le même litige, on entend : identité des parties, identité de cause et identité d'objet, termes que l'article 29 du Règlement de Bruxelles I *bis* ne définit pas et qui, conformément à la CJUE, doivent recevoir une interprétation autonome[1650]. En cas de satisfaction des conditions de la litispendance européenne, le juge saisi en second doit alors surseoir à statuer, puis le cas échéant se dessaisir.

La satisfaction des conditions de mise en œuvre de l'exception de litispendance internationale s'avère difficile lorsque cette dernière est soulevée afin de coordonner des procédures parallèles mettant en jeu une action de groupe. Ces difficultés seront explorées en premier lieu à la lumière du droit international privé commun **(I)**, puis dans le cadre de l'espace judiciaire européen **(II)**.

I. Les difficultés d'application de l'exception de litispendance internationale : l'exemple d'une *class action* américaine et d'une action individuelle en France

520. Afin d'exposer l'ensemble des difficultés que soulève l'application de l'exception de litispendance internationale devant un juge de tradition civiliste en présence d'une

1644 P. MAYER et V. HEUZÉ, *Droit international privé*, *op.cit.*, spéc. n°442, p. 326.

1645 D. HOLLEAUX, « La litispendance internationale en matière internationale », *TCFDIP* 1971-1973, p. 203.

1646 Cass.civ.1re, 26 novembre 1974, *Soc. Miniera di Fragne*, *Rev. crit. DIP. 1975. 491*, note D. Holleaux.

1647 B. ANCEL et Y. LEQUETTE, *GAJDIP*, 5e éd., Dalloz, spéc. p.506, n°2.

1648 Concernant le troisième et le quatrième élément relatif respectivement à la dualité de l'instance et à l'égalité dans la hiérarchie judiciaire, ces derniers sont en effet indifférents dans le cadre d'une exception de litispendance internationale. Voir B. ANCEL et Y. LEQUETTE, *op.cit.*, spéc. p. 522 et suiv.

1649 Que cette compétence résulte des règles de compétence européennes, des règles de compétence internationales, des droits communs étatiques ou d'autres conventions internationales.

1650 CJUE 8 déc. 1987, *Gubisch Maschinenfabrik*, aff. 144/86, *Rev. crit. Dip. 1988. 374*, note H. Gaudemet-Tallon.

action de groupe pendante devant une autre juridiction, raisonnons à partir d'un exemple concret. Nous prendrons l'exemple d'une société française attraite devant le for américain par des demandeurs, aussi bien français qu'européens, regroupés en *class action*. Notre analyse reposera alors sur l'hypothèse de deux procédures parallèles impliquant des tribunaux français et des tribunaux américains.

521. Supposons que le for américain ait été saisi d'une *class action* comportant des demandeurs américains et français, puis qu'une action individuelle a été engagée à l'encontre du défendeur domicilié en France ou qui y possède des biens avant le prononcé par le juge américain d'une décision finale : le défendeur, alors confronté à deux procédures parallèles, pourra soulever l'exception de litispendance internationale devant les tribunaux français. Pour accueillir cette exception, le tribunal français est tenu de vérifier les trois conditions relatives à l'accueil de l'exception de litispendance internationale, à savoir la triple identité des parties, de l'objet et de la cause de l'action.

522. Nous allons, dans ce qui suit, exposer les difficultés soulevées par la mise en œuvre des conditions relatives à l'identité des parties, de l'objet et de la cause de l'action en présence d'une action de groupe **(B)**. Mais bien avant de procéder à la vérification de l'ensemble de ces conditions, encore faut-il que la première action engagée devant les tribunaux américains soit pendante. Or la complexité de la procédure de *class action* rend difficile la détermination du moment de la litispendance **(A)**.

A- Les difficultés liées à la détermination du moment de la litispendance

523. Les complexités liées à la détermination de la saisine du juge américain en présence d'une procédure de *class action*. En présence d'une exception de litispendance soulevée devant le juge français, ce dernier est tenu de déterminer en premier lieu si l'action de groupe est pendante ou non devant le for américain. Le moment de la litispendance se fait par référence au droit étranger et il revient ainsi à la *lex fori* étrangère d'établir les conditions relatives à la saisine ou au dessaisissement du juge étranger[1651]. En règle générale, la litispendance est vérifiée lorsque le demandeur à l'étranger n'a plus le choix d'exercer une autre voie judiciaire, sans devoir se retirer au préalable de la première procédure[1652].

Si dans le cadre d'une action individuelle, la simple saisine par le demandeur du for étranger permet facilement au juge français de constater l'existence d'une action pendante, des complexités peuvent toutefois surgir lorsque le juge américain est saisi par des demandeurs regroupés en *class action*. Face à la complexité de cette procédure, il convient ainsi de déterminer le moment selon lequel s'est opérée la saisine du juge

---

[1651] D. HOLLEAUX, « La litispendance internationale », *TCFDIP* 1971-1973, p. 203, spéc. p. 210.

[1652] I. ROMY, « Class actions américaines et droit international privé Suisse », 8 AJP (1999), p. 783, spéc. p. 795.

américain. Selon Madame Romy, la réponse varie selon la catégorie à laquelle appartient celui qui engage une nouvelle action individuelle en France.[1653]

Lorsque le représentant de la classe intente une action individuelle en France, il faudra retenir le moment du dépôt de sa demande de la procédure de *class action* aux États-Unis pour marquer le commencent de la litispendance. Si la décision de certification est refusée par le juge américain, le représentant pourra alors intenter une action individuelle en France et l'exception de litispendance internationale ne pourra pas être soulevée à son égard. Notons que le même raisonnement s'applique aux membres nommés de la *class action* ayant manifesté expressément leur volonté de rejoindre la classe.

Plus délicate est l'hypothèse de l'action individuelle intentée en France par un membre innommé de la classe. Dans un tel cas de figure, il faudra distinguer si la certification a été accordée par le juge américain. S'il en est ainsi, la date de l'action rétroagit pour tous les membres de la classe à la date de l'initiation de la *class action*, laquelle sera retenue pour déterminer l'existence d'une action pendante aux États-Unis[1654]. Toutefois, même après la certification de la classe, les membres innommés ont toujours la possibilité de s'exclure de la procédure (*opt out*) dans le délai qui leur est imparti. C'est pourquoi, si une action individuelle est intentée dans l'intervalle, nous pensons que l'exception de litispendance ne pourra pas être soulevée par le défendeur[1655] puisque l'initiation d'une action individuelle devant le tribunal français par le demandeur innommé peut être interprétée comme une manifestation de sa volonté de s'exclure de la *class action*. En revanche, dans l'hypothèse où le délai imparti aux membres innommés pour s'exclure de la classe s'avère être écoulé, « *la date de l'action rétroagit à celle du commencement de la class action* »[1656]. Enfin, lorsque la certification est refusée, il n'y aura pas de *class action* pendante devant le juge américain, les membres de la classe pouvant alors agir individuellement aux États-Unis comme en France.

Il ressort clairement de ce qui précède, qu'il ne sera pas évident pour le juge français saisi d'une action individuelle, de déterminer le moment où la *class action* est intentée outre Atlantique. Une fois cette étape franchie, il appartiendra alors au juge français de procéder à la vérification des conditions de la mise en œuvre de l'exception de litispendance internationale.

B- Les difficultés susceptibles de se poser lors de l'examen des conditions relatives à l'accueil de l'exception de litispendance internationale

524. L'examen du juge français des conditions relatives à l'identité des parties **(1)** ainsi que celles relatives à l'identité de l'objet et de la cause de l'action **(2)** peut présenter un certain nombre de difficultés en présence d'une *class action* pendante devant les tribunaux

---

1653 *Ibid.*

1654 H. B. NEWEBERG et A.CONTE, *Newberg on Class Actions*, 3e éd., McGraw-Hill, Inc., Colorado Springs 1992, spéc. §7-29 « *The filing of a class action gives the benefit of the filing date to all class members of the action is certified; initial class certification is considered effective retroactively to the commencement of the original action* ».

1655 I. ROMY, « Class actions américaines et droit international privé suisse », 8 AJP (1999), p. 783, spéc. p. 794.

1656 I. ROMY, « Class actions américaines et droit international privé suisse », 8 AJP (1999), p. 783, spéc.p. 795.

américains. Cela peut rendre l'accueil de cette exception une entreprise difficile pour le juge français (**3**).

1- L'identité des parties

525. Contrairement à une action individuelle, la procédure de *class action* met en jeu plusieurs acteurs : les représentants des demandeurs et les représentés d'une part, le(s) défendeur(s) d'autre part. Afin de satisfaire la condition relative à l'identité des parties, encore faut-il que l'ensemble de ces acteurs soient considérés comme parties au procès, conformément à la définition qu'octroie le droit français à cette notion. Il convient dans un premier temps d'étudier la notion de partie telle qu'entendue par le droit français, avant de s'attarder sur les difficultés qui peuvent être soulevées en la matière.

526. La notion de partie en droit français. La notion de partie n'est pas d'une grande clarté en droit français. En l'absence de définition dans le Code de procédure civile[1657], la doctrine française est venue combler la carence du législateur français en prenant soin d'apporter une définition à cette notion.

Si on se réfère aux définitions classiques, une partie au procès est définie comme « *toute personne qui est dans l'instance, soit comme demandeur, soit comme défendeur, soit comme intervenant y compris le ministère public* »[1658] et également « *toute personne juridique qui agit en justice dans le but de faire valoir un droit* »[1659]. Ainsi, selon le droit français, la conception de partie implique la satisfaction d'un critère formel qui consiste d'être tenu par le lien juridique d'instance, et d'un critère matériel qui se définit *« comme le fait d'être engagé dans le litige qui forme la matière de l'instance ».*[1660]

Il convient de souligner que les notions d'intérêt et de qualité pour agir jouent un rôle majeur dans la reconnaissance de cette qualité de partie. En effet, les parties agissent pour défendre un intérêt personnel et direct[1661] et doivent pour cela avoir qualité pour agir. Cela permet de définir la condition de titularité du droit d'action.

Selon l'article 31 du code de procédure civile français, « *l'action est ouverte à tous ceux qui ont un intérêt légitime au succès ou au rejet d'une prétention, sous réserve des cas dans lesquels la loi attribue le droit d'agir aux seules personnes qu'elle qualifie pour élever ou combattre une prétention, ou pour défendre un intérêt déterminé* ». En se reposant sur cet article, la doctrine française a distingué entre « l'*action banale* » et « *l'action attitrée* ». Contrairement à l'action banale ou le droit d'agir est attribué à tout intéressé en tant que tel, l'action attitrée n'est attribuée qu'à certains intéressés spécialement désignés[1662].

[1657] F. BUSSY, « La notion de partie à l'instance en procédure civile », *D. 2003. 1376.*
[1658] G. CORNU, Vocabulaire juridique, Association H. Capitant, 8e éd., PUF 2000, p. 620.
[1659] B. KORNPROBST, *La notion de partie et le recours pour excès du pouvoir*, LGDJ 1959, spéc. p.12.
[1660] F. BUSSY, « La notion de partie à l'instance en procédure civile », *D. 2003. 1376.*
[1661] L'article 31 du Nouveau code de procédure civile se suffit de l'existence d'un intérêt légitime. C'est la doctrine qui a ajouté les qualificatifs « né et actuel », « direct et personnel ».
[1662] S. GUINCHARD (dir.), *Droit et pratique de la procédure civile*, Dalloz, 9e ed., spéc. n°102.11, p.102.04.

Par conséquent, dans le cadre d'une « *action banale* », il suffirait de se prétendre titulaire d'un droit subjectif pour se voir ouvrir le droit d'agir en justice, alors que dans le cadre d'une « *action attitrée* » le plaideur doit justifier d'un titre pour pouvoir agir en justice, parce qu'il ne détient pas naturellement la qualité pour agir.

Il convient de mentionner qu'il est possible que l'action en justice puisse être engagée par une personne qui n'a ni intérêt ni qualité pour agir. Il en est ainsi lorsque l'exercice de l'action s'opère à travers un tiers ayant reçu un mandant légal, judiciaire ou conventionnel afin d'agir en demande ou en défense, au nom et pour le compte du titulaire de l'action. Il s'agit de la technique de la représentation, admise en droit français[1663] et qui implique que les effets du jugement à intervenir se produiront en la personne du représenté[1664] puisque la personne représentée est toujours engagée par les accomplis par son représentant. Appliqué à notre hypothèse, c'est donc le représenté qui sera considéré comme la partie à laquelle on pourra opposer l'exception de litispendance.

527. L'action de groupe française et la notion de parties. Il convient d'étudier l'interaction entre la notion de parties et les dispositions du droit français concernant l'action de groupe. Une distinction est à établir entre l'action en représentation conjointe française et les nouvelles dispositions relatives à l'action de groupe française, et plus précisément celles concernant l'action de groupe relevant du droit de la consommation.

Dans le cadre d'une action en représentation conjointe, nous avons déjà relevé qu'une telle action repose sur la remise préalable de mandat d'agir exprès et écrits par deux consommateurs au moins, et qu'une telle action ne bénéfice qu'aux consommateurs ayant donné mandat à l'association d'agir pour eux[1665]. En d'autres termes, l'engagement par l'association de l'action de groupe, s'appréhende nécessairement en termes de capacité d'agir : les véritables parties à la procédure sont les consommateurs, et le jugement se produit en leur personne en tant que représentés.

Or dans le cadre de la nouvelle action de groupe française en matière de droit de consommation, l'association peut engager l'action collective sans avoir à récolter en amont de l'introduction de l'instance, le consentement de chacun de ses membres[1666]. Si une partie de la doctrine semble considérer une telle action comme une action en défense de l'intérêt d'autrui, parce qu'elle repose sur l'attribution à l'association représentative d'une qualité pour agir au bénéfice d'autrui et non d'un simple pouvoir[1667], d'autres auteurs semblent néanmoins être moins catégoriques, et plus sceptiques vis-à-vis d'une telle qualification[1668].

Les doutes concernant la nature juridique de cette nouvelle action de groupe proviennent en premier lieu de l'exposé des motifs du projet de loi ayant donné naissance

---

1663 Conformément à l'article 441 du Code de procédure civile.

1664 S. GUINCHARD (dir.), *Droit et pratique de la procédure civile*, Dalloz, 9e ed., *op.cit.*, spéc. n° 171.11, p.171.

1665 Voir *supra n*°39.

1666 Voir *supra* n°40.

1667 L. USUNIER, « Action en Justice », Rép. Intern, juin 2014, act.2016, spéc. n°71.

1668 E. JEULAND, « Substitution ou représentation ?, À propos du projet d'action de groupe », *JCP 2013*, n°37, p. 927

à l'action de groupe[1669]. En effet, après avoir appréhendé l'action intentée par l'association sous le chapeau de la qualité pour agir, le texte semble toutefois raisonner en termes de représentation en conférant à l'association une capacité à représenter les membres du groupe. Une telle analyse semble également confortée par d'autres dispositions de la loi qui emploient le vocabulaire spécifique de la représentation : on lit bien que l'adhésion par les consommateurs au groupe vaut mandat d'indemnisation au profit de l'association requérante[1670], et que l'association représente les consommateurs qui n'ont pas été indemnisés par le professionnel dans les délais fixés aux fins de l'exécution forcée du jugement[1671].

Madame Usunier analyse les dispositions relatives à l'action de groupe française comme reposant sur un régime mixte conférant à l'association une qualité d'agir en vue de l'engagement de l'action en justice, suivi d'un mandat pour les besoins d'indemnisation des victimes. Au soutien d'une telle position, Madame Usunier considère que les consommateurs ne peuvent être considérés comme parties à la procédure dès l'engagement de l'action par l'association, puisqu'en cas d'échec d'une telle action, seule l'association peut être condamnée au paiement des dommages-intérêts. Cela est d'autant plus vrai – toujours selon le raisonnement de Madame Usunier - que le mandat, quant à lui, n'est prévu que pour recevoir l'indemnisation accordée aux consommateurs et ce, après que les consommateurs aient manifesté leur volonté de rejoindre l'action [1672].

Pour d'autres auteurs encore, la nouvelle action de groupe française est une action en substitution exercée en lieu et place des consommateurs[1673] et repose ainsi sur la technique de la substitution conformément à laquelle « *l'accord du substitué n'est pas nécessaire et le substitut a bien une action autonome* »[1674].

A notre sens, la nouvelle action de groupe française est plutôt, une action exercée par une association pour le compte des consommateurs, et repose ainsi sur un mandat octroyé par les consommateurs à l'association ayant pour effet de substituer rétroactivement les membres du groupe à l'association en tant que demandeurs à la procédure. En effet si l'action de groupe devait s'interpréter en termes de qualité pour agir, cela reviendrait à considérer que l'on se trouve dans le cadre d'une action attitrée et

---

1669 L. USUNIER, « Droit d'agir en justice et actions de groupe transnationales », in *Mélanges en l'honneur du professeur Bernard Audit : les relations privées internationales ouvrage réalisé à l'initiative de Louis d'Avout, Dominique Bureau, Horatia Muir-Watt, op.cit.*, spéc. n°11, p. 682.

1670 Ainsi, selon l'exposé des motifs : « *Le droit d'introduire l'action sera réservé aux seules associations nationales agréées de consommateurs. En effet, le statut et l'objet social de ces associations, à savoir la défense de l'intérêt collectif des consommateurs, leur permettant de répondre aux exigences de légitimité quant à l'intérêt et la qualité pour représenter le groupe des consommateurs en tant que tel sans qu'il soit besoin d'identifier au préalable les victimes* ».

1671 Article L623-20 : « *L'association requérante représente les consommateurs membres du groupe qui n'ont pas été indemnisés par le professionnel dans les délais fixés, aux fins de l'exécution forcée du jugement statuant sur les demandes d'indemnisation auxquelles le professionnel n'a pas fait droit* ».

1672 L. USUNIER, « Droit d'agir en justice et actions de groupe transnationales », in *Mélanges en l'honneur du professeur Bernard Audit : les relations privées internationales/ ouvrage réalisé à l'initiative de Louis d'Avout, Dominique Bureau, Horatia Muir-Watt,* spéc n°13, p. 694 et suiv.

1673 E. JEULAND, « Substitution ou représentation ? À propos du projet d'action de groupe », *JCP 2013, n°37*, p. 927. spéc. n°22.

1674 E. JEULAND, « Quelques questions sur l'action en substitution », in *Mélanges en l'honneur de Serge Guinchard Justices et droit du procès : du légalisme procédural à l'humanisme processuel, D. 2010. 752.*

que, par voie de conséquence, la loi a attribué à l'association des consommateurs, à l'exclusion des consommateurs lésés – ces derniers n'étant pas en situation d'agir à leur titre personnel - le soin d'élever une prétention lors de la survenance d'un dommage de masse sans qu'il soit nécessaire pour les consommateurs de manifester leur volonté de participer à l'action. Or une telle constatation nous semble erronée, puisque d'une part les consommateurs lésés ont toujours la possibilité d'initier une action individuelle, et ce même en présence d'une action engagée par une association représentative et que d'autre part, le jugement rendu dans le cadre de l'action de groupe ne profitera aux consommateurs que si ces derniers ont manifesté leur volonté de participer à l'action par le biais de la technique de l'*opt in* , ce qui constitue la négation même d'une analyse en termes de qualité.

À la lumière de ces explications, la question qui se pose est donc celle de savoir si les critères nécessaires pour conférer le statut d'une partie au procès, conformément au droit français, sont remplis vis-à-vis des différents acteurs intervenant dans une procédure de *class action*[1675].

528. **La notion de partie en droit français au regard des différentes parties dans une procédure américaine de *class action*.** Si la notion de partie en droit français ne pose aucune difficulté concernant le défendeur à la *class action*, tel n'est pas le cas en ce qui concerne les différentes catégories de demandeurs.

529. **Le défendeur à la *class action*.** Dans le cadre d'une *class action* américaine, le défendeur à la classe ne présente aucune spécificité par rapport à un défendeur attrait dans le cadre d'un litige individuel. Ce dernier, dûment assigné et engagé dans le procès sera considéré comme partie au procès.

530. **Les demandeurs à la *class action*.** Comme nous l'avons déjà mentionné, la procédure de *class action* met en scène plusieurs acteurs. Plus précisément, les demandeurs de la classe peuvent être regroupés en plusieurs catégories.

531. **Les demandeurs nommés.** Les demandeurs nommés sont ceux qui intentent la *class action*. Ils répondent ainsi aux deux critères formels et matériels nécessaires pour l'octroi de la qualité de partie, conformément au droit français. Ainsi, ces derniers agissent en justice et font valoir des droits et n'ont à justifier d'aucun titre pour agir en justice[1676]. La conclusion est de ce fait très simple à leur égard : l'exception de litispendance internationale sera facilement soulevée à leur encontre, dès lors que ces demandeurs nommés saisiront le juge français en présence d'une *class action* pendante devant le for américain.

532. **Les demandeurs innommés.** Les demandeurs innommés sont ceux qui se trouvent inclus au sein de la procédure américaine de *class action* devant le juge américain,

---

1675 Notre plan est largement inspiré par l'article de Madame Romy, précité.

1676 I. ROMY, « Class actions américaines et droit international privé suisse », 8 AJP (1999), p. 783, spéc. p. 792.

par le biais de la représentation opérée par les demandeurs nommés. Leur comportement dans l'instance peut varier, de sorte que ces derniers peuvent être divisés en plusieurs catégories.

533. **Les membres innommés qui s'excluent de la procédure par le biais du mécanisme de l'*opt out*.** Nous avons déjà mentionné que les membres innommés dans une procédure de *class action* seront parties à la procédure américaine, sauf dans l'hypothèse où ils manifesteraient leur volonté de s'exclure en usant de l'option qui leur est accordée par la technique de *l'opt out*. Ainsi, lorsque ces derniers manifestent une telle volonté, ils ne sont plus considérés comme parties à la procédure américaine. De ce fait, ils peuvent intenter une action individuelle en France sans que l'exception de litispendance internationale ne puisse être soulevée à leur égard.

534. **Les membres innommés qui manifestent leur volonté de participer à la procédure.** Certains membres de la classe, bien qu'innommés, participent activement à la procédure de *class action*. Cette participation peut prendre plusieurs formes comme le soutien aux représentants, la présentation de pièces, etc.[1677] À première vue, il semble que ces membres puissent facilement être considérés comme parties au procès, conformément aux critères du droit français. Cependant, leur situation peut soulever certaines difficultés, surtout lorsqu'il s'agit de la question de leur représentation. Plus précisément, il s'agit de savoir si la représentation de ces membres identifiés satisfait les critères de la représentation tels que prévus par le droit français. En d'autres termes, puisque les effets du jugement se produiront en la personne du représenté qui sera considéré comme la partie à laquelle on pourra opposer l'exception de litispendance internationale, les conditions de représentation doivent ainsi être remplies à son égard. Or en droit français, et dans le cadre d'une représentation, le mandat s'effectue par la loi, le juge ou le représenté lui-même.

Dans le cadre d'une *class action*, le représentant est mandaté par la loi pour représenter les intérêts des membres de la classe. La question qui se pose ici est celle du caractère obligatoire de ce mandat, car « *le recours collectif va doter les membres innommés et passifs d'un représentant légal, dont rien ne peut justifier le caractère obligatoire : ce ne sont ni des incapables, ni des délinquants passibles d'une interdiction légale*[1678] ». Nous pensons que la manifestation de ces membres dans le procès indique qu'ils ont nécessairement eu connaissance de l'action. Par leur intervention, ils ratifient les pouvoirs des représentants et manifestent donc leur volonté d'être parties à la procédure américaine de *class action*, tout comme les consommateurs, qui dans le cadre de la nouvelle action de groupe française, décident de rejoindre l'action déjà intentée par l'association. Ces membres renoncent à leur autonomie procédurale, et leur qualité en tant que partie au procès ne fera par conséquent aucun doute, qu'il s'agisse du droit américain ou du droit français - en l'occurrence applicable-. À notre sens, leur situation ne diffère pas de la situation des

---

[1677] I. ROMY, « Class actions américaines et droit international privé suisse », 8 AJP (1999), p. 783, spéc.p. 793.

[1678] J. HERON et T. LEBARS, *Droit judiciaire privé*, Montchrestien, 2006, 3e éd., spéc n °100, p.93.

créanciers dans une procédure de redressement judiciaire en France qui sont représentés par des mandataires désignés par le tribunal[1679].

Néanmoins, il pourrait être allégué qu'au moment où le juge américain prend la décision de certifier la classe, le groupe n'est pas encore constitué. Ainsi, ses membres qui ne se sont à ce stade pas encore manifestés, ne peuvent être considérés comme parties à l'instance et ne sont dès lors que des membres putatifs. Cette hypothèse n'est pas spécifique à la procédure américaine de *class action,* de sorte qu'elle peut également être rencontrée en droit français.

En premier lieu, comme nous l'avons déjà relevé dans le cadre de l'action de groupe française en droit de la consommation, l'association peut engager l'action de groupe sans avoir à récolter en amont de l'introduction de l'instance, le consentement de chacun de ses membres. En d'autres termes, la classe de consommateurs reste fluide tant que les consommateurs n'ont pas manifesté leur volonté de rejoindre l'action. En second lieu, un arrêt de la chambre sociale de la Cour de cassation a admis que le syndicat exerçant une action en substitution pourra agir en justice avant d'avoir informé le salarié, à condition de l'informer ultérieurement pour que le salarié puisse intervenir en cours d'instance[1680]. Cette jurisprudence peut être applicable aux membres innommés mais identifiés, puisque ces derniers interviennent dans l'instance après avoir été informés. Cela nous permettra de considérer qu'il y aura rétroactivité en ce qui concerne leur acquisition de la qualité de partie.

Quoi qu'il en soit, l'essentiel est que les membres absents de la classe aient été informés de l'existence de l'action, et c'est justement cette information qui leur a permis de se manifester dans l'instance. Ils rentrent alors dans la définition de partie conformément au droit français et l'exception de litispendance pourra être facilement soulevée à leur égard dans l'hypothèse où ils intentent une nouvelle action individuelle en France.

535. Les membres qui restent passifs. Il convient de se demander si les membres innommés qui restent passifs et qui ne s'excluent pas de la *class action* peuvent être considérés comme parties au regard du droit français et si, le cas échéant, l'exception de litispendance peut être soulevée à leur égard s'ils intentent une action individuelle en France.

À première vue, il sera difficile d'assimiler ces membres de la classe à une partie au procès conformément aux concepts du droit français ci-dessus mentionnés. En effet, ceux-ci ne sont ni désignés dans l'action, ni même identifiés. De même, il n'est pas possible de considérer qu'il y ait eu ratification rétroactive du pouvoir de leur représentant légal, dès lors qu'ils n'ont pas participé de manière active à la procédure de *class action.* Cependant, admettre une telle solution aurait des conséquences néfastes sur la sécurité juridique et l'économie procédurale.

Si les membres passifs ne sont pas considérés comme parties à l'action de groupe américaine, cela aura pour conséquence de paralyser l'accueil de l'exception de litispendance internationale devant le juge français. Les membres passifs seront alors

---

[1679] Y. GUYON, *Droit des affaires, t 2, Entreprise en difficultés Redressement judiciaire –Faillite*, 7e éd., Economica, spéc. n°1163 et s., p. 182.

[1680] Cass. Soc.1er fév.2000, n°98-41624, *Dr. soc. 2000. 516*, note Roy-Loustaunau.

admis à intenter une nouvelle action individuelle en France, alors que la *class action* est toujours pendante devant les tribunaux américains. Dans un tel contexte, le défendeur risquerait d'être exposé à un nouveau procès pour un même objet.

Afin de sortir de cette impasse, nous pensons que le statut des membres passifs innomés présente des analogies et des similitudes avec celui des demandeurs à une action de justice. Cette similitude tient au fait que ceux-ci ne font pas l'objet de demandes reconventionnelles, ne sont pas tenus de supporter les coûts de la procédure et enfin ne se voient pas infliger des dommages et intérêts[1681]. C'est la raison pour laquelle nous pensons que, pour que les membres passifs puissent être assimilés à des parties selon les critères du droit français, ces derniers doivent être dûment notifiés de l'action de groupe afin qu'ils puissent exprimer leur volonté de se joindre à l'action collective ou pas. D'ailleurs, la notification de l'action collective aux membres de la classe est une condition de validité d'une *class action* américaine conformément au droit américain. Cette notification permet aux membres absents de prendre connaissance de l'existence de l'action et de manifester ainsi leur volonté d'intégrer ou de s'exclure de l'action en ratifiant implicitement les pouvoirs des représentants. La forme que cette notification doit revêtir doit être en accord avec le droit du lieu du domicile des membres absents passifs et donc, dans notre hypothèse, le droit français. Comme nous allons voir, la jurisprudence américaine, dans le cadre de l'affaire *Shutts*[1682], s'est déjà prononcée sur cette question en énumérant les conditions à vérifier pour que les membres étrangers innommés soient considérés comme étant des parties à l'instance. Dès lors, les exigences du procès équitable doivent être satisfaites vis-à-vis de ces derniers, lesquelles seront vérifiées, du simple fait de la satisfaction des conditions mises en avant par la règle 23 des règles de procédure fédérale relative aux *class actions* de type b(3) à savoir, la notification de l'action collective, l'opportunité d'être entendu, la possibilité *d'opt out* et la représentation adéquate des intérêts des membres passifs.

L'ensemble de ces conditions sera abordé en détail lors de notre étude de la question de la reconnaissance et de l'exécution d'une décision issue d'une action de groupe internationale.[1683] Cependant, ce qu'il est important de retenir ici c'est que les membres passifs d'une *class action* doivent être considérés, comme parties au procès au regard du droit français et que l'exception de litispendance internationale devrait être soulevée à leur encontre s'ils intentent une nouvelle action individuelle en France dès lors que ces derniers, et après avoir été dûment notifiés de l'action de groupe, n'ont pas manifesté leur volonté de s'exclure de la classe, dans la mesure où les conditions du procès équitable ont été satisfaites à leur égard.

[1681] *Phillips Petroleum Co v. Shutts*, 472 U.S. 797, 105 S. Ct. 2965, 86 L. Ed. 2d 628, 1985 U.S, spéc. n° 811 « *Absent class members need not hire counsel or appear. They are almost never subject to counterclaims or cross claims, or liability for fees or costs. Absent plaintiff class members are not subject to coercive or punitive remedies* ».

[1682] Voir *infra* n°685.

[1683] Voir la seconde partie de ce titre.

2- *L'identité de cause et d'objet entre la class action américaine et l'action individuelle en France*

536. La condition relative à l'identité de cause. La cause de l'action désigne le fondement de l'action, c'est-à-dire les faits et les règles de droit sur lesquels se fondent les parties au soutien de leurs demandes[1684]. Dans notre hypothèse, cette condition d'identité suppose que les allégations des parties à l'appui des conclusions formulées dans l'action individuelle en France et la *class action* américaine soient identiques et reposent sur les mêmes faits juridiques. Il suffit ainsi au juge français de vérifier si les prétentions de l'auteur de l'action individuelle en France reposent sur l'existence d'un noyau commun de fait et de droit avec celles invoquées devant le juge américain.

537. La condition relative à l'identité de l'objet. Dans un second temps, il faut vérifier l'identité d'objet entre les deux actions et plus précisément si les prétentions avancées dans le cadre d'une *class action* et dans le cadre d'une action individuelle tendent à la réalisation d'un but identique. Le juge français est ainsi tenu de comparer les objets de ces deux actions pour établir leur similarité.

3- *L'accueil de l'exception de litispendance internationale en présence d'une class action pendante devant le jue américain : une entreprise difficile pour le juge français*

538. La nécessité de déployer un effort intellectuel par le juge français. S'il est tout de même toujours possible pour le juge français de déployer un véritable travail intellectuel afin d'examiner les deux procédures engagées simultanément devant le juge américain et le juge français, pour tirer les conclusions quant à l'existence ou l'inexistence d'une exception de litispendance internationale, il n'est pas certain que le juge effectue un tel effort quand on sait qu'il n'a qu'une simple faculté de dessaisissement[1685]. Cela est d'autant plus vrai qu'en droit international privé commun français, l'exception de litispendance internationale ne saurait être admise que si la décision à intervenir à l'étranger est susceptible d'être reconnue en France[1686]. Ce contrôle de l'efficacité est tout à fait possible même en l'absence de décision. Comme l'a justement remarqué D. Holleaux, depuis la suppression de la révision au fond du jugement « *la régularité internationale du jugement étranger tient moins aux caractéristiques abstraites du système qui le produit qu'à la décision concrète du juge* »[1687]. Mais ce contrôle des caractéristiques abstraites du système américain soulève un problème dans le cadre d'un contentieux international de

---

1684 L. USUNIER, *La régulation de la compétence juridictionnelle internationale*, *op.cit.*, spéc. n°470, p. 401.
1685 M.-L. NIBOYET et G. DE GEOUFFRE DE LA PRADELLE, *op.cit.*, spéc. n°565, p. 377.
1686Cass. civ. 1re 26 novembre 1974, *Soc. Miniera di Fragne.*
1687 Cass.1re civ. 19 déc.1972, *Rev. crit. Dip. 1975.83*, note D. Holleaux.

class action. En effet, cette procédure jouit d'une mauvaise réputation en France[1688]. De plus, une tendance doctrinale tend à considérer cette procédure comme contraire à plusieurs concepts de droit français, ce qui justifie le refoulement d'une décision issue d'une *class action* américaine pour violation de l'ordre public international. Il est donc à craindre que le juge français ne rejette l'exception de litispendance internationale en ne se reposant que sur les caractéristiques abstraites du système américain de *class action*, surtout et d'autant plus que la mise en œuvre de l'exception de litispendance internationale est source de complexité et nécessite le déploiement d'un véritable effort intellectuel de la part du juge français.

539. ***Transition.*** Il est manifeste que les conditions nécessaires à l'accueil de l'exception de litispendance internationale devant le for français en présence d'une *class action* pendante devant le for américain s'avèrent trop complexes. Les difficultés de l'accueil de l'exception de litispendance internationale ne se limitent pas à l'hypothèse d'un contentieux de masse relevant du droit commun. L'existence d'un « marché des actions » de groupe au sein de l'Union européenne rend inopérant ce mécanisme de coordination de procédures dans plusieurs circonstances.

II. Les difficultés liées à l'application de l'exception de litispendance européenne

540. Le Règlement Bruxelles I *bis* est propice au développement de procédures de masse parallèles puisque, comme nous l'avons déjà mentionné, ce dernier offre délibérément des options de compétences et favorise ainsi l'éclatement du contentieux de masse international. En outre, l'existence d'un « marché des actions de groupe » dans l'espace européen complique également la donne et rend difficile l'accueil de l'exception de litispendance européenne lorsque plusieurs juges sont concurremment saisis de plusieurs actions collectives et/ou individuelles. En effet, la satisfaction des conditions d'identité des parties et d'identité d'objet en présence des actions de groupe avec des structures juridiques différentes devient difficile.

Il convient à cet égard de relever que ces difficultés ne sont pas limitées à l'hypothèse où l'exception de litispendance est soulevée dans l'espace judiciaire européen, mais peuvent également se présenter dans le cadre d'un contentieux international de droit commun. En effet, la possibilité d'existence de procédures parallèles ne se limite pas à l'hypothèse du juge français saisi d'une action individuelle en présence d'une *class action* pendante devant le for américain, mais peut tout aussi bien se présenter lorsque plusieurs actions de groupe, revêtant plusieurs formes, ont été concurremment intentées devant plusieurs juridictions.

Conformément au Règlement Bruxelles I *bis*, l'exception de litispendance européenne n'est pas susceptible de s'appliquer qu'aux litiges transnationaux européens. En effet,

---

1688 C. SERAGLINI : « Les effets en France des actions de groupe étrangères », *TCFDIP 2008-2010*, Pédone 2011, p. 157.

l'article 33 du dudit Règlement prévoit de nouvelles règles en matière de litispendance pour ce qui concerne les relations entre les juridictions d'un État membre et les juridictions des États tiers.

Il convient ainsi d'exposer les problèmes que soulève l'accueil de l'exception de litispendance européenne aussi bien dans le cadre d'un contentieux de masse paneuropéen **(A)** que celui relevant des relations avec les États tiers **(B)**.

A- Les difficultés liées à l'accueil de l'exception de litispendance européenne dans le cadre d'un contentieux de masse paneuropéen

541. L'accueil de l'exception de litispendance européenne dans le cadre d'un contentieux de masse paneuropéen soulève plusieurs difficultés lorsqu'il s'agit de satisfaire la condition relative à l'identité des parties **(1)** et celle relative à l'identité de cause et d'objet de l'action **(2)**.

1- *Identité des parties et litispendance européenne dans le cadre d'un contentieux de masse paneuropéen*

542. Identité des parties en présence d'une action de groupe et une action individuelle. Conformément à la jurisprudence *the Ship Tatry* de la CJUE[1689], l'expression « même partie » signifie que les parties doivent être identiques dans les deux procédures, indépendamment de leur situation procédurale dans les deux instances. Une première difficulté se pose lorsqu'en présence d'une action de groupe intentée devant la juridiction d'un État membre, une partie décide de ne pas se joindre à cette action en préférant engager une action individuelle devant une autre juridiction. Il est clair que l'exception de litispendance européenne ne pourra être soulevée, la condition relative à l'identité des parties n'étant pas satisfaite[1690]. Le défendeur sera ainsi contraint de faire face à des prétentions similaires devant plusieurs juridictions.

543. La satisfaction de la condition d'identité des parties en présence d'une action en représentation et d'une action individuelle et/ou en représentation. L'accueil de l'exception de litispendance européenne soulève également des difficultés dans le contentieux impliquant certaines formes d'actions de groupe, à l'instar des actions en représentation dans lesquelles les victimes du dommage de masse ne sont pas

---

1689 CJUE 6 déc. 1994, Ship Tatry, aff. C-406/92, Rev. Crit. DIP. 1995. 601, note E. Tichadou.

1690 Voir dans ce sens, R. WASSERMAN, « Transnational Class Actions and Interjurisdictional Preclusion », 86 Notre Dame L.Rev.313 (2011), spéc. p. 345 :« *Although foreign laws authorizing group litigation are in an enormous state of flux right now, the current differences among group litigation vehicles suggest that foreign courts may hesitate before concluding that class action and a follow-up action by an individual absent class member against the same defendant involve the "same parties" for purposes of claim preclusion* ».

considérées comme faisant parties du procès. Illustrons par un exemple pratique. Imaginons qu'une action en représentation ait été intentée par une association de consommateurs à l'encontre du défendeur et qu'un consommateur ayant déjà rejoint l'action en représentation décide d'intenter une nouvelle action individuelle à l'encontre du défendeur. Quand bien même le consommateur fait partie intégrante de l'action en représentation, ce dernier n'est pourtant pas partie à la procédure, la vraie partie étant l'association. C'est tout du moins la position prise par la Commission européenne[1691]. Dès lors, la condition relative à l'identité des parties ne pourra être satisfaite[1692]. Le défendeur ne pourra pas soulever l'exception de litispendance et l'ordre européen sera ainsi occupé par deux procédures identiques. Il convient de noter à cet égard que la même difficulté apparaît lorsque plusieurs actions de groupe sont engagées par différentes entités représentatives devant diverses juridictions. L'accueil de l'exception de litispendance européenne sera difficile, et ce, même si les victimes sont représentées simultanément par les associations devant plusieurs juridictions en relation avec le même litige.

544. Identité des parties en présence de deux actions de groupe de type *opt out*. Enfin, une autre difficulté se présente dans le cadre d'un contentieux de masse européen impliquant des actions de groupe de type *opt out*. Si deux actions de groupe de type *opt out* ont été initiées dans deux pays, par exemple l'une au Danemark et l'autre au Portugal, à l'encontre du même défendeur et concernant le même objet, la condition relative à l'identité des parties n'est alors pas aisément vérifiable, l'identification des parties membres aux deux classes étant difficile en tout début d'instance[1693].

2- Identité de la cause et d'objet et exception de litispendance européenne dans le cadre d'un contentieux de masse paneuropéen

545. L'existence d'une grande variété d'actions de groupe dans l'espace européen rend difficile la satisfaction des conditions d'identité de cause et d'objet. Outre les difficultés que soulève la condition relative à l'identité des parties, l'application de l'exception de litispendance européenne soulève un autre obstacle lorsqu'il s'agit de satisfaire la condition de l'identité de la cause et de l'objet entre les deux actions pendantes.

La cause de l'action comprend les faits et les règles juridiques invoquées comme fondement de la demande[1694] alors que l'objet comprend le but de la demande qui, selon

[1691] Voir *supra* n° 245 et suiv. Il faut cependant distinguer si l'action est exercée au nom des victimes ou pour le compte de ces dernièrers.

[1692] Z. TANG, « Consumer collective Redress in European Private Law », J. Priv. Int'l. L. 101 (2011), spéc. p. 125-126.

[1693] M. DANOV, « The Brussels I Regulation: Cross-border collective redress proceedings and Judgments », 6 J. Priv. Int'l. L. 359 (2010), spéc. p.381.

[1694] CJUE 6 déc.1994, *Ship Tatry*, aff. C-406/92, *op.cit.*

la CJUE, n'implique pas nécessairement une identité formelle des demandes[1695]. En présence d'une grande variété d'actions de groupe dans l'espace judiciaire européen, la satisfaction des conditions de l'identité de la cause et de l'objet s'avère donc difficile.

L'action collective néerlandaise peut, par exemple, soulever des difficultés particulières. En effet, comme il a déjà été relevé, l'objet de cette action collective est la déclaration de la transaction définitive conclue entre les parties, liant ses bénéficiaires, alors que l'objet des autres actions individuelles et/ou de groupe pouvant être intentées n'est autre que la réclamation de dommages et intérêts. Par conséquent, lorsque sont en cause une action collective néerlandaise et d'autres actions individuelles et/ou de groupes intentées devant plusieurs juridictions, l'exception de litispendance européenne ne pourra être soulevée faute de pouvoir satisfaire la condition relative à l'identité de la cause et de l'objet. De même et pour les mêmes raisons évoquées, l'exception de litispendance ne peut pas être soulevée lorsque sont en cause une action en cessation transnationale avec une action en indemnisation.

B- Les difficultés liées à l'accueil de l'exception de litispendance européenne dans les relations avec les États tiers

546. Litispendance européenne et relation avec les États tiers. Comme nous l'avons déjà mentionné, le Règlement de Bruxelles révisé introduit de nouvelles règles en matière de litispendance internationale en ce qui concerne les relations entre les juridictions d'un État membre et les juridictions d'un État tiers. Ces règles ne s'appliquent toutefois qu'à condition que le juge de l'État tiers ait été saisi en premier lieu et que la compétence de la juridiction d'un État membre soit fondée sur l'article 4 ou sur les articles 7 à 9 du Règlement.

Les conditions d'accueil de l'exception de litispendance européenne ressemblent à celles instaurées par le droit international privé français commun. Ainsi, et à supposer qu'une juridiction d'un État membre ait été saisie d'une action individuelle ou d'une action de groupe en présence d'une *class action* pendante devant les tribunaux américains, il convient de se demander si à la lumière des difficultés déjà évoquées lors de notre étude de l'accueil de l'exception de litispendance de droit international privé commun, le juge européen serait amené à déployer un travail intellectuel complexe en vue de vérifier la satisfaction des conditions de litispendance, en n'oubliant pas que le juge n'a aucune obligation de se dessaisir, et qu'il ne s'agit donc que d'une simple faculté dès lors qu'il existe une action pendante devant la juridiction d'un État tiers. Par ailleurs, en vue d'accueillir l'exception de litispendance, le juge européen est tenu d'établir une sorte de pronostic sur la procédure engagée dans l'État tiers, en ce sens qu'il faut que cette dernière puisse donner lieu à une décision qui soit susceptible d'être reconnue dans l'État membre[1696]. Or, lorsque la procédure engagée devant un tribunal étranger est de type *opt*

[1695] CJUE 8 décembre 1987, aff.144/86 Gubisch Maschinenfabrik c. Palumbo, *Rev. crit. DIP.1983. 370*, note H. Gaudemet-Tallon, spéc. n°17.

[1696] D.BUREAU et H. MUIR WATT, *Droit international privé*, t 1, *op.cit.*, spéc. n°210-1, p. 242.

out, il est fort probable que le juge européen considère la décision à venir comme contraire à son ordre public international. C'est ce que nous enseigne au moins l'expérience américaine en matière de *class actions* internationales, où plusieurs affidavits ont été déposés devant les tribunaux américains par des auteurs européens constatant qu'une décision américaine de *class action* ne serait pas reconnue dans les pays européens[1697].

547. ***Transition.*** Il est clair que l'application de l'exception de litispendance internationale rencontre de nombreux obstacles, aussi bien dans les relations extra-européennes que dans le cadre des relations intra-européennes. Cela nous amène à nous demander si l'exception de connexité internationale ne pourrait pas jouer un rôle plus important dans la coordination des procédures parallèles dans le cadre d'un contentieux de masse international et régional[1698].

Si l'application de ce mécanisme ne soulève pas les mêmes difficultés suscitées par l'accueil de l'exception de litispendance internationale, la triple identité des parties, de la cause et de l'objet de l'action étant remplacée par la simple existence d'une relation de connexité entre les deux actions, la rigidité du critère temporel sur lequel se fonde ce mécanisme s'avère peu efficace pour la régulation des conflits de procédures dans le cadre d'un contentieux de masse complexe.

§2- L'exception de connexité internationale : un rôle potentiel dans la régulation des procédures parallèles dans le cadre du contentieux international des actions de groupe

486. Si la souplesse des conditions d'accueil de l'exception de connexité internationale rend ce mécanisme plus adapté à la régulation des conflits de procédures de masse **(I)**, son interaction avec un contentieux de masse éclaté soulève un certain nombre de difficultés qu'il convient d'exposer **(II)**.

I. La souplesse des conditions relatives à l'accueil de l'exception de connexité internationale : un mécanisme efficace de coordination des procédures de masse ?

548. Les conditions relatives à l'accueil de l'exception de connexité internationale sont plus souples que celles relatives à l'accueil de l'exception de litispendance internationale. Les conditions d'accueil de l'exception de connexité internationale sont beaucoup plus souples que celles qui sont relatives à l'accueil de

---

1697 Voir le second titre de cette deuxième partie.

1698 J. N. STEFANELLI, « Parallel Litigation and Cross-Border Collective Actions Under the Brussels I Framework: Lessons From Abroad », *in Extraterritoriality and Collective Redress* », *op.cit.*, p.143, spéc. p.150, n°9.19.

l'exception de litispendance internationale[1699]. Conformément à l'article 101 du code français de procédure civile : « *S'il existe entre des affaires portées devant deux juridictions distinctes un lien tel qu'il soit de l'intérêt d'une bonne justice de les faire instruire et juger ensemble, il peut être demandé à l'une de ces juridictions de se dessaisir et de renvoyer en l'état la connaissance de l'affaire à l'autre juridiction* ». En droit international privé commun, la Cour de cassation française a admis la recevabilité de l'exception de connexité internationale[1700] et a considéré que cette dernière exige la présence « *d'un lien de nature à créer une contrariété* »[1701] entre les décisions des deux juridictions saisies.

En droit de l'Union européenne, conformément à l'article 34 du Règlement de Bruxelles, *« s'il existe des demandes liées entre elles par un rapport si étroit qu'il y a intérêt à les instruire et à les juger en même temps, afin d'éviter des solutions qui pourraient être inconciliables si les causes étaient jugées séparément, la juridiction saisie en second lieu peut surseoir à statuer »*. Ainsi, en présence de deux actions corrélées[1702], le juge saisi en second lieu a tout simplement la faculté et non l'obligation de surseoir à statuer, à la condition que la juridiction premièrement saisie soit compétente pour connaître de la demande connexe. Conformément à la jurisprudence *the Ship Tatry* de la CJUE, la notion de connexité doit être interprétée d'une manière autonome et large de façon à comprendre tous les cas où « *il existe un risque de contrariété de solutions, même si les décisions peuvent être exécutées séparément et leurs conséquences juridiques ne s'excluent pas mutuellement* »[1703].

La définition relativement souple du lien caractérisant la connexité, aussi bien en droit international privé français qu'en droit de l'Union européenne, rend possible l'accueil de l'exception de connexité internationale toutes les fois que les conditions de mise en œuvre de l'exception de litispendance internationale s'avèrent difficiles à vérifier. Ainsi, plutôt que de déployer un effort intellectuel pour vérifier la triple identité des parties, de l'objet et de la cause dans l'hypothèse ou une action individuelle est engagée en présence d'une *class action* américaine pendante, le juge français n'a qu'à constater l'existence d'un risque de contrariété de décisions pour que l'exception de connexité internationale soit accueillie. De même, en droit de l'Union européenne, l'interprétation souple de l'exception de connexité internationale rend aisée l'application de l'article 34 du Règlement Bruxelles I bis lorsque plusieurs actions de groupe et/ou plusieurs actions individuelles ont été intentées dans plusieurs pays.

II. Les difficultés d'interaction entre l'exception de connexité internationale et la gestion des procédures parallèles dans le cadre d'un contentieux de masse transfrontalier

549. **Les** conditions de mise en œuvre de l'exception de connexité internationale peuvent soulever un certain nombre de difficultés, aussi bien en droit international privé

1699 Sur l'exception de la connexité internationale voir : D. BUREAU et H. MUIR WATT, *Droit international privé*, t 1, *op.cit.*, spéc. n°213, p. 246 et suiv.
1700 Cass.civ.1re, 20 oct.1987, *Rev. crit. DIP. 1988. 540*, note Y. Lequette.
1701 Cass.civ.1re, 22 juin 1999, *Rev. crit. DIP. 2000. 42*, note G. Guniberti.
1702 D.BUREAU et H. MUIR WATT, *op.cit.*, spéc. n°214, p. 247.
1703 CJUE, 6 déc. 1994, *Ship Tatry*, précité.

qu'en droit de l'Union européenne **(A)**. Par ailleurs, la rigidité du critère temporel sur lequel se fonde cette exception la rend inadaptée à la régulation des conflits de procédures parallèles relevant d'un contentieux complexe **(B)**.

A- Les difficultés de mise en œuvre des conditions relatives à l'exception de connexité internationale

550. Le pronostic de la reconnaissance de la décision étrangère rend l'accueil de l'exception de connexité internationale difficile en France en présence d'une procédure d'*opt out*. En droit international privé commun, la mise en œuvre de l'exception de connexité internationale est conditionnée à la possible reconnaissance de la décision étrangère en France[1704]. Or les mêmes difficultés que celles existantes en matière de litispendance internationale peuvent être signalées[1705]

Par ailleurs, dans le cadre d'un contentieux de masse relevant du champ d'application du Règlement Bruxelles I *bis*, il est nécessaire pour que l'exception de connexité puisse être admise, que le for initialement saisi soit compétent vis-à-vis des demandes connexes. Or une telle condition est difficilement envisageable en matière de contentieux de masse délictuel et plus précisément dans l'hypothèse où plusieurs actions de groupe ont été intentées devant les fors où étaient ressentis les effets dommageables d'un même fait générateur. Dans cette situation, aucun des juges ne serait compétent pour certifier une action de groupe globale ayant pour objet la réparation de l'ensemble des dommages subis par toutes les victimes, rendant alors impossible la mise en jeu de la connexité. Assurément, le juge des effets n'est compétent que pour réparer le dommage qui s'est produit sur son propre territoire[1706].

B- La rigidité du critère chronologique de l'exception de connexité internationale et son inefficacité dans la régulation des conflits de procédures de masse

551. L'inefficacité du critère chronologique dans la régulation des conflits de procédures dans le cadre d'un contentieux mettant en jeu des intérêts enchevêtrés. Malgré la facilité apparente liée à l'application de l'exception de connexité internationale, le critère chronologique sur lequel se base l'accueil de cette exception s'avère rigide et peu efficace dans le cadre d'un contentieux complexe. D'ailleurs, cette constatation (la rigidité du critère temporel) s'applique indifféremment que l'exception de litispendance internationale (lorsque les conditions de sa mise en œuvre sont vérifiées) ou celle de la connexité internationale soit soulevée.

1704 D. BUREAU et H. MUIR WATT, *op.cit.*, spéc. n°213, p.246.

1705 Voir *supra* n°520 et suiv.

1706 CJUE 7 mars 1995, *Fiona Shevill*, aff.C-68 /93, *J.D.I.1995.483*, obs. A. Huet.

De prime abord, et comme nous l'avons déjà vu, le contentieux international des actions de groupe met en cause des intérêts enchevêtrés aussi bien privés que publics. Par conséquent, un dessaisissement automatique du juge du for en faveur d'un juge antérieurement saisi du même litige, ou d'un litige lié à celui dont le juge du for est saisi, constitue une sorte d'indifférence aux divers intérêts en jeu. D'ailleurs, la critique du critère chronologique a été avancée par les juristes de *common law* en dehors de l'hypothèse d'un contentieux de masse international, lui reprochant son caractère mécanique ainsi que sa rigidité excessive[1707]. Cela est d'autant plus vrai qu'en l'absence d'une équivalence minimale entre les différentes juridictions impliquées dans un contentieux international, rien ne garantit que le juge premier saisi soit aussi bien placé que le juge saisi en second lieu pour trancher ensemble les deux demandes. Sans aller jusqu'à condamner complètement le critère chronologique, ces auteurs proposent de l'abandonner toutes les fois que le juge saisi en premier lieu ne peut être tenu pour équivalent au juge du for. Or, une telle hypothèse se trouve amplement vérifiée dans le cadre d'un contentieux international d'actions de groupe, puisqu'il n'existe à l'heure actuelle aucune équivalence fonctionnelle entre les différents juges qui peuvent être potentiellement saisis du même litige ou d'un litige lié aussi bien d'un point de vue procédural que d'un point de vue régulatoire. En effet, les systèmes juridiques n'ont pas encore tous consacré une action de groupe, et si certains l'ont fait, il n'est pas certain que les différentes actions de groupe consacrées par tel ou tel système juridique reposent sur le même modèle de régulation.

Pour illustrer les inconvénients que le critère temporel peut générer, raisonnons à partir d'un exemple simple. Supposons que dans le cadre d'un dommage de masse en matière de responsabilité du fait des produits défectueux, les juridictions françaises aient été saisies d'une action individuelle par une partie lésée, et que les tribunaux anglais aient été saisis par une masse de victimes en provenance de la France, de l'Allemagne et du Royaume-Uni. Le droit français, contrairement au droit anglais, n'a pas encore consacré une action de groupe en matière de responsabilité du fait des produits défectueux. Si le critère chronologique est appliqué, le juge anglais postérieurement saisi possède la possibilité de se dessaisir en faveur du juge français. Or, dans cette hypothèse, le juge anglais est mieux à même de trancher l'affaire. En effet, du point de vue d'une bonne administration de la justice, il est plus convenable de joindre une action individuelle à une action de groupe.

La même difficulté se présente lorsque deux actions de groupe sont intentées devant deux tribunaux, la première de ces actions ne comportant que des plaideurs de même nationalité alors que la seconde fédère des plaideurs de plusieurs nationalités. Il est clair que le tribunal saisi en second lieu est plus approprié pour trancher le litige.

Par ailleurs, outre les considérations relatives à la bonne administration de la justice, il se peut que le juge saisi en premier lieu soit mieux placé pour trancher le litige, dès lors qu'il présenterait des liens plus étroits avec le litige, justifiant ainsi la mise en œuvre de son système de régulation.

[1707] Voir à titre d'exemple : F. K. JUENGER, « Forum non conveniens- Who need it ? », in M. Taruffo (dir.), *Abuse of Procedural Rights: Comparative Standards of Procedural Fairness,* Kluwer Law International, La Haye 1999, p. 351, spéc. p.355.

On pourrait répondre que l'exception de connexité internationale n'oblige pas le juge saisi en second lieu à se dessaisir de l'affaire, ce dernier ayant un pouvoir discrétionnaire, et que par ailleurs, le refus par la cour saisie en second lieu de surseoir à statuer peut-être justifié en droit de l'Union pour des raisons tenant à la bonne administration de la justice. Certes, tout cela est possible. Mais un tel comportement témoigne d'une certaine insensibilité aux nombreux inconvénients que présentent les procédures parallèles en matière internationale et plus précisément dans l'hypothèse d'un contentieux de masse. En effet, au-delà du risque de conflit de décisions qu'ils peuvent engendrer, les conflits de procédures dilapident inutilement les ressources des plaideurs et des États, pourtant déjà souvent limitées.

552. **Le critère chronologique et « *la course au jugement* ».** En deuxième lieu, le critère chronologique est de nature à inciter le défendeur à se livrer à une sorte de « *course au jugement* » en lui permettant, en quelque sorte, de bloquer l'initiation d'une action de groupe[1708]. Ainsi, il est possible que ce dernier saisisse un for démuni d'une action de groupe en initiant une action dénégatoire de responsabilité afin de faire échec à l'action de groupe en responsabilité qui allait prochainement être intentée contre le demandeur de l'action dénégatoire par les victimes du dommage de masse[1709]. À supposer que les conditions de l'accueil de l'exception de connexité internationale[1710] ne soient pas satisfaites ou que le juge saisi en second lieu décide, en vertu de son pouvoir discrétionnaire, de ne pas se dessaisir au profit du juge antérieurement saisi afin de neutraliser le comportement du défendeur, il n'est pas sûr que cela puisse aboutir à des résultats satisfaisants. En outre, puisque la résolution d'un contentieux de masse prend plus de temps que la résolution d'un simple litige individuel, il est fort probable que le défendeur puisse obtenir un jugement sur sa responsabilité avant même la clôture du procès de masse et invoquer par la suite le jugement rendu en sa faveur.

553. ***Transition.*** Il est clair que les mécanismes de gestion des procédures parallèles des pays de tradition continentale sont incompatibles avec la nature collective du contentieux de masse. Si l'exception de connexité internationale permet de remédier aux rigidités des conditions de mise en œuvre de l'exception de litispendance internationale, la rigidité du critère temporel sur lequel elle se base la rend inapte à appréhender la complexité et la dimension régulatoire que recèle un contentieux de masse international. C'est pourquoi il convient d'envisager à présent des mécanismes alternatifs de régulation *ex post* des conflits de procédures.

1708 J. S. STEFANELLI, « Parallel Litigation And Cross-Border Collective Action Under the Brussels I Framework: Lessons From Abroad » in *Collective Redress and Extraterritoriality*, *op.cit.*, p.143, spéc.n°9.15, p.148.

1709 *Ibid.*

1710 Conformément à la jurisprudence *the Ship Tatry*, la litispendance internationale peut être opposable au demandeur qui intente une action en responsabilité postérieure à une action déclarative de non-responsabilité engagée par le prétendu responsable.

Section II : vers des mécanismes plus souples de coordination des procédures parallèles dans le cadre du contentieux international des actions de groupe

554. La complexité du contentieux de masse international et l'enchevêtrement des intérêts en jeu rendent les mécanismes rigides de résolution des conflits de procédures inadéquats, et justifient par conséquent le recours à des mécanismes plus souples. Il convient ainsi dès lors d'explorer la régulation des conflits de procédures en matière de contentieux de groupe international à l'aune des mécanismes de *common law*, à savoir le *forum non conveniens* **(§1)** et les injonctions contre poursuites **(§2)**.

§1- La consécration du *forum non conveniens* pour les besoins de la coordination de procédures parallèles dans le cadre du contentieux international des actions de groupe

555. L'exception de *forum non conveniens* permet de réguler au mieux les conflits de procédures en matière de contentieux de masse international **(I)**. S'il est vrai que le recours à ce mécanisme suscite des réserves dans les pays de tradition civiliste, la spécificité du contentieux de masse permet de relativiser plusieurs des arguments avancés à l'encontre de celui-ci **(II)**.

I. L'opportunité de recourir à l'exception de *forum non conveniens* pour les besoins de la régulation des procédures de masse parallèles

556. Le critère fonctionnel du juge le plus approprié sur lequel se fonde l'exception de *forum non conveniens* est adapté à la nature du contentieux de masse international **(A)**. Cependant, la spécificité du contentieux de groupe milite en faveur de la consécration d'une version encadrée de ce mécanisme **(B)**.

A- Le critère fonctionnel du juge le plus approprié et la nature du contentieux de groupe international

557. **Définition du *forum non conveniens*.** Contrairement aux systèmes juridiques de tradition civiliste, les droits de *common law* ne disposent pas de mécanismes spécifiques pour le règlement des conflits de procédures, ces derniers étant réglés entre autres, par le biais du mécanisme du *forum non conveniens* qui, à l'origine, est destiné à lutter contre le *forum shopping*[1711].

1711 M.- L. NIBOYET et G. DE GEOUFFRE DE LA PRADELLE, *Droit international privé*, *op.cit.*, spéc. n°459, p. 324.

Le *forum non conveniens* consiste pour le juge de renvoyer les parties à se pourvoir devant un juge d'un autre Etat qui lui paraît plus approprié ou mieux placé[1712]. L'existence d'une situation de conflit de procédures constitue un facteur à prendre en considération pour le dessaisissement du juge lorsque le for étranger est saisi du même litige que le juge du for, ou d'un litige ayant des liens avec celui dont le juge du for est saisi[1713], même si le juge étranger a été saisi postérieurement au juge du for,dès lors qu'il est mieux placé pour trancher l'ensemble du litige[1714].

558. L'exception du *forum non conveniens* devrait pouvoir être soulevée par toutes les parties intéressées dans le cadre d'un contentieux de masse international. Alors que l'exception de *forum non conveniens* est principalement soulevée par le défendeur dans le cadre d'un contentieux international[1715], il est préférable, voire essentiel, que toute partie ayant un intérêt légitime, soit en mesure de soulever l'exception du *forum non conveniens* dans le cadre de la régulation des procédures parallèles en matière de contentieux de masse international[1716]. Évidemment, il existe des hypothèses ou l'intérêt du défendeur milite en faveur de la concentration du contentieux devant un for unique. Il en est ainsi lorsque le défendeur est confronté à une multitude de procédures parallèles engagées devant plusieurs juridictions. Force est de constater cependant qu'il existe des hypothèses où le défendeur cherche lui-même à fragmenter le contentieux de masse en intentant, par exemple, des actions dénégatoires de responsabilité devant plusieurs juridictions dans l'objectif de bloquer ou de retarder l'engagement par les

---

1712 L. USUNIER, *La régulation de la compétence juridictionnelle internationale*, *op.cit.*, spéc. p.117. Ainsi, selon la jurisprudence anglaise: « *A stay will only be granted where the court is satisfied that there is a some other forum, having competent jurisdiction, which is the approporiate forum for the trial of the action* » *in Spiliada Maritime Corp v Cansulex Ltd* [1986] UKHL 10, [1987] AC 460 . Pour une étude détaillée du mécanisme de *forum non conveniens* voir : C. CHALAS, *L'exercice discrétionnaire de la compétence juridictionnelle en droit international privé*, PUAM, Aix en Provence 2000 ; A. NUYTS, *L'exception de forum non conveniens, Étude de droit international privé comparé*, Bruylant / LGDJ 2003 ; R. A. BRAND et S. R. JABLONSKI, *Forum Non conveniens, History, Global Practice and Future Under the Hague Convention on Choice of Court Agreements*, Oxford University Press 2007 ; E. L.BARRETT JR. « The Doctrine of Forum Non Conveniens » 35 Cal. L.Rev.380 (1947) ; L. SHEINKOPF et K. A. ROWLEY, « Forum Non Conveniens in Federal Statutory Cases », 49 Empory L. J.1137 (2000); C. A. WHYTOCK, « Politics and the Rule of Law in Transnational Judicial Governance : the Case of Forum Non Conveniens », consultable sur : https://papers.ssrn.com/sol3/papers.cfm?abstract_id=969033&rec=1&srcabs=1444448&alg=7&pos=1; M. RYAN CASEY et B. RISTROPH, « Boomerang Litigation: How Convenient is Forum Non Conveniens In Transnational Litigation ?», 4. B.Y. U. Int'l L. &Mgmt Rev.21 (2007); D. E. CHILDRESS , « Forum Conveniens: The Search for a Convenient Forum in Transnational Cases», 53 Va. J. Int'l L. 157 (2012); S. GROSSI, « Forum Non Conveniens as a Jurisdictional Doctrine », 75 U. Pitt. L. Rev.1 (2014). Pour une étude comparatiste de la doctrine du *forum non conveniens*, voir : G. SAUMIER, « Forum Non Conveniens: Where Are We Now », Supreme Court Law Review, Vol. 12, No. 121, 2000.

1713 R. A. BRAND, « Comparative Forum Non Conveniens and the Hague Convention on Jurisdiction and Judgements », 37 Tex. Int'l L.J.467 (2002); spéc.p. 472; W. L. REYNOLDS, « The Proper Forum for a Suit: Transnational Forum Non Conveniens and Counter-Suit Injunctions in the Federal Courts », 70 Tex. L. Rev. 1663(1992).

1714 L. USUNIER, *La régulation de la compétence juridictionnelle internationale*, *op.cit.*, spéc. n°477, p. 407.

1715 Ainsi, selon la jurisprudence *Gilbert (Gulf Oil Corp.v.Gilbert*, 330 U.S.501 (1947): « *Plaintiff may not, by choice of an inconvenient forum, vex, harass, or oppress the defendant by inflicting upon him expense or trouble* ».

1716 Au Québec, voir à titre d'exemple, l'article 3135 du Code de procédure civile qui permet à quiconque des parties de soulever l'exception du *forum non conveniens.*

victimes d'actions de groupe et/ou d'actions individuelles. Dans un tel cas de figure, il est évident que le défendeur ne cherchera pas à concentrer les procédures parallèles devant un for unique en soulevant l'exception du *forum non conveniens*. Il est alors essentiel que le juge soit capable de soulever cette exception d'office [1717] ou à la requête des demandeurs.

559. **Les justifications du recours au critère fonctionnel**. La substitution du critère fonctionnel du for le plus approprié au critère chronologique afin de réguler les conflits de procédures, permet de prendre en considération la nature complexe du contentieux de groupe international qui met en jeu des intérêts aussi bien privés (accès en justice, économie de la procédure) que publics (la mise en œuvre d'un système de régulation, etc.).

560. **Version anglaise ou version américaine du *forum non conveniens* pour les besoins de la régulation des conflits de procédures dans le cadre d'un contentieux de masse ?** S'il est vrai que les critères qui permettent au juge du for d'apprécier l'opportunité du déclinatoire de compétence sur le fondement du *forum non conveniens* sont relativement similaires d'un pays de *common law* à l'autre[1718], les versions américaine et anglaise se différencient cependant toutefois sur un point. Alors que des facteurs d'intérêt public[1719] sont pris en considération par le juge américain afin de décliner sa compétence, seuls des facteurs d'intérêt privé sont pris en compte par le juge anglais dans la mise en œuvre de l'exception de *forum non conveniens*[1720], comme par exemple, les liens existant entre le litige et le for, la disponibilité des témoins, la loi applicable au litige, le lieu du domicile des parties[1721].

Observant que le contentieux international des actions de groupe transcende les intérêts privés des parties et présente une dimension régulatoire et politique relativement forte, nous pensons que c'est la version américaine du *forum non conveniens* qui doit être adoptée en vue de réguler la question des conflits de procédures. Il s'agit donc de chercher non pas uniquement le for qui sera le plus commode pour le regroupement des

---

1717 Voir aux Etats-Unis : *Corporacion Mexicana de Servicios Maritimos v. M/T Respect*, 89 F.3d.650 (9th Circ.1996).

1718 Pour une étude comparative voir: R. A. BRAND, « Comparative *Forum Non Conveniens* and the Hague Convention on Jurisdiction and Judgements », 37 Tex.Int'l L. J. 467 (2002).

1719 Ainsi, dans sa version américaine, *« the forum non conveniens test requires judges to weigh private and public interest factors relevant to the convenience of the litigants, the court and the forum»*, in E. J. DERR, *« Striking A Better Public-Private Balance in Forum Non Conveniens »*,93 Cornell L. Rev. 819 (2008), spéc.p. 820.

1720 Ainsi, la jurisprudence anglaise a critiqué la pratique des juges américains consistant à prendre en considération les intérêts d'ordre public lors de la mise en œuvre du déclinatoire de compétence *pour forum non conveniens*. Voir à titre d'exemple : *Lubbe v. Cape PLC,* (2000) 1 W.L.R.1545 (H.L.). Voir aussi d'une manière générale : L. USUNIER, *La régulation de la compétence juridictionnelle internationale*, *op.cit.*, spéc. p. 385.

1721 *Spiliada Mar.Corp.v. Cansulex Ltd.*, précité. Il n'en reste pas moins, que nous pensons que les intérêts d'ordre public sont omniprésents, quoi qu'indirectement, dans le raisonnement de la jurisprudence anglaise. En effet, cette dernière se réfère au for le plus approprié pour trancher le litige en prenant en considération un ensemble d'éléments, tels que les liens entre le for saisi et le litige, la disponibilité des témoins, et la loi applicable au fond du litige. Or l'ensemble de ces éléments peut conduire à désigner le for ayant l'intérêt prépondérant, d'un point de vue régulatoire, pour la résolution globale du litige.

demandeurs, mais également celui qui, d'un point de vue régulatoire, est le plus approprié pour trancher le litige, c'est-à-dire le for ayant les liens les plus étroits avec le litige[1722].

Dans le cadre de l'affaire *Gilbert*[1723], la Cour Suprême américaine a établi une liste de facteurs qu'un tribunal doit prendre en considération en vue de décliner sa compétence juridictionnelle en faveur d'un autre juge plus approprié. Les facteurs d'intérêt privé étaient certes présents dans le raisonnement de la Cour, comme l'accessibilité aux preuves et la localisation des témoins[1724]. Cependant les considérations d'intérêt public jouaient également un rôle important. Ainsi, la Cour a considéré qu'il n'était pas approprié d'imposer le système américain de jury populaire aux plaideurs en provenance d'autres systèmes juridiques lorsque le litige ne présente pas de liens étroits avec le système américain[1725]. Dès lors, en présence de plusieurs procédures de groupe concurrentes devant plusieurs juridictions, il est nécessaire pour le juge saisi de l'exception de *forum non conveniens,* de prendre en considération la dimension régulatoire du contentieux de masse et de se demander, en raison des liens qu'il entretient avec le litige, s'il est le juge le plus approprié pour mettre en œuvre son système de *private enforcement,* ou si le juge saisi concurremment du même litige ou d'un litige connexe présente un avantage prépondérant pour connaître de l'ensemble du litige.

B- Les modalités de fonctionnement du forum non conveniens dans la régulation des conflits de procédures en matière de contentieux de masse international

561. Une version encadrée du *forum non conveniens* pour les besoins de la régulation des conflits de procédures dans le cadre d'un contentieux de masse. Si le mécanisme du *forum non conveniens* doit être consacré pour la régulation des conflits de procédures dans le cadre d'un contentieux de masse international, il serait préférable que ce dernier soit adopté dans une version encadrée[1726]. Un tel encadrement aurait pour

---

1722 En dehors de l'hypothèse d'un contentieux de masse international, la jurisprudence américaine se contente de l'existence d'un for ayant des liens suffisants avec le litige, sans que ces liens ne soient les plus étroits. Voir à cet égard : M. KARAYANNI, « The Myth and Reality of a Controversy : « Public Factors and the Forum Non Conveniens Doctrine » , 21 Wis. Int'L. J. 327(2003), spéc. p. 341 et suiv.

1723 *Gulf Oil Corp v. Gilbert*, 330 U.S.501 (1947).

1724 *Gulf Oil Corp v. Gilbert*, spéc .n°508-509: « *An interest to be considered, and the one likely to be most pressed, is the private interest of litigants. Important considerations are the relative ease of access to sources of proof; availability of compulsory process for attendance of unwilling, and the cost of obtaining attendance of willing , witnesses; possibility of view of premises, if view would be appropriate to the action; and all other practical problems that make trial of a case easy, expeditious and inexpensive (….)* ».

1725 *Gulf Oil Corp v. Gilbert*, *op.cit.*, spéc. n°508-509: « *Factors of public interest also have place in applying the doctrine. Administrative difficulties follow for courts when litigation is piled up in congested centers instead of being handled at its origin. Jury duty is a burden that ought not to be imposed upon people of a community which has no relation to the litigation. (…..). There is an appropriateness too, in having the trial of a diversity case in a forum that is at home with the state law that must govern the case, rather than having a court in some other forum untangle protection in conflict of laws, and in law foreign to itself* ».

1726 En droit québécois, bien que l'article 3135 du Code civil donne aux tribunaux du Québec un pouvoir discrétionnaire dans la mise en œuvre de l'exception du *forum non conveniens*, les tribunaux québécois ont

effet de dissiper les incertitudes liées aux conditions de mise en œuvre de ce mécanisme, souvent critiquées par la doctrine comme étant source d'imprévisibilité et d'insécurité juridique[1727]. Ce cadre se situe à deux niveaux.

En premier lieu, il nous semble préférable de recourir à plusieurs critères en vue de déterminer lequel des juges concurremment saisis est le plus approprié pour trancher le litige. Ainsi, lorsque deux juridictions ont été saisies de deux actions similaires ou présentant des questions communes de fait et de droit, et que le tribunal premièrement saisi l'a été dans le cadre d'une action dénégatoire de responsabilité intentée dans le seul but de bloquer l'initiation d'une action de groupe, le for le plus approprié pour trancher le litige est alors le juge qui a été saisi postérieurement par les victimes. Ainsi, le dessaisissement du for premièrement saisi aura pour résultat de neutraliser le comportement du défendeur qui cherchait à échapper à une action de groupe en prenant de vitesse les demandeurs pour les empêcher de saisir un for équipé d'une telle procédure.

Dans l'hypothèse de deux actions connexes, l'une individuelle et l'autre de groupe, intentées simultanément devant deux tribunaux, il est clair que le for le plus approprié pour trancher le litige est celui devant lequel une action de groupe a été initiée.

Par ailleurs, en présence de deux actions de groupe concurrentes, il est possible de recourir au critère chronologique, uniquement dans l'hypothèse où il existe une équivalence entre les deux juridictions saisies. En l'absence d'une telle équivalence, le dessaisissement doit alors se faire au profit du for qui dispose d'une action de groupe développée offrant aux victimes la possibilité de se regrouper aisément, ou au profit du for qui permet aux victimes le financement de leur action en justice[1728]. Cela permettra également de clôturer le litige de masse une fois pour toutes.

Cependant, l'action de groupe poursuit également une fonction de régulation. Il ne suffit donc pas de prendre en considération à titre exclusif le droit procédural des différents fors saisis pour déterminer celui qui sera le plus approprié pour trancher le litige. Dans ce contexte, au-delà de l'aspect procédural du contentieux, il convient de prendre en considération les liens que le juge entretient avec le litige afin de déterminer celui qui aura un intérêt prépondérant pour trancher le différend. La détermination du juge le plus approprié peut se faire à l'aune des différents chefs de compétence que nous avions déjà proposés dans la partie précédente de notre thèse. [1729]Toutefois, au regard

---

toutefois fait appel à un certain nombre de facteurs lors de l'exercice de ce pouvoir discrétionnaire. Voir à cet égard : G. GOLDSTEIN, « Le Forum non conveniens en droit civil », *Rev. crit. DIP. 2016. 51.* spéc. p. 55.

[1727] Voir à titre d'exemple: A. BICKEL, « The Doctrine of Forum Non Conveniens as Applied in the Federal Courts in Matters of Admiralty: An Object Lesson in Uncontrolled Discretion », 35 Cornell. L. Q.12 (1949); D. W. ROBERSTON, « The Federal Doctine of Forum Non Conveniens: An Object lesson in Uncontrolled Discretion », 29 Tex. Int'L. J.353 (1994); A. R. STEIN, « Forum Non Conveniens and the Redundancy of Court-Access Doctrine, 133 U. PA. L. Rev. 781 (1985).

[1728] Voir dans ce sens : *Lubbe v. Cape PLC,* [2000] 1W.L.R.1545 (H.L.). En interprétant cette décision, la doctrine anglaise avait considéré: « *The Lubbe decision ultimately determined that, despite the availability of an alternative forum in South Africa, differences in systems of legal laid, contingent fee arrangements, and the handling of group claims meant that the plaintiffs would be unlikely to obtain Justice in South Africa as a result of inadequate funding for legal representation* », in R. A. BRAND, « Comparative Forum Non Conveniens and the Hague Convention on Jurisidiction and Judgements, 37 Tex. Int'l L. J.467 (2002), spéc.p.474.

[1729] Voir *supra* n°323 et suiv.

de la diversité et de l'enchevêtrement des intérêts que recèle un contentieux de groupe international, nous pensons que la recherche du for le plus approprié pour trancher le litige ne devrait pas faire l'objet d'une appréciation unilatérale du juge saisi de l'exception, mais d'une décision conjointe des différentes juridictions concurremment saisies, à l'instar de ce que l'on a proposé dans notre partie consacrée à la recherche du for le plus approprié pour ouvrir une action de groupe globale en dehors de l'hypothèse des conflits de procédures. C'est le deuxième encadrement à apporter au mécanisme du *forum non conveniens*, si ce dernier est à consacrer en tant que mécanisme de régulation des procédures parallèles en matière de contentieux de masse transfrontalier.

562. ***Transition.*** Si le recours au mécanisme du *forum non conveniens* est souhaitable pour la régulation des conflits de procédures mettant en jeu des actions de groupe, il est intéressant d'examiner si ce mécanisme peut être introduit dans les systèmes juridiques de tradition continentale a priori hostiles à ce mécanisme.

II. L'insertion du *forum non conveniens* dans les pays de tradition continentale

563. L'hostilité des pays de tradition civiliste au mécanisme du *forum non conveniens*. Si la substitution du critère chronologique par le critère du juge le plus approprié est bien souhaitable en vue de réguler la question des conflits de procédures dans le cadre d'un contentieux de masse transfrontalier, une telle proposition risque de susciter la réserve des pays de tradition civiliste[1730] ainsi que la résistance de la CJUE (dans le cadre d'un litige intra-européen) qui, au nom de la sécurité juridique et de la prévisibilité des solutions[1731], rejette fermement le mécanisme anglo-américain du *forum non conveniens*.

En effet, la Cour de justice s'est prononcée sur la question de déclinatoire de compétence pour *forum non conveniens* dans l'arrêt *Owusu v. Jackson* en considérant que la Convention de Bruxelles « *s'oppose à ce qu'une juridiction d'un État contractant décline la compétence qu'elle tire de l'article 2 de ladite convention au motif qu'une juridiction d'un État non contractant serait un for plus approprié pour connaître du litige en cause, même si la question de la compétence d'une juridiction d'un autre État contractant ne se pose pas ou que ce litige n'a aucun autre lien de rattachement avec un autre État contractant* »[1732].

564. Une hostilité non justifiée dans le cadre de régulation des conflits de procédures en matière de contentieux de masse international. Cependant, et en

---

1730 Voir cependant le Canada, qui a consacré la doctrine du *forum non conveniens*, non pas uniquement dans les provinces canadiennes de*Common law*, mais également dans les autres provinces de tradition civiliste à l'instar du Québec. Voir à cet égard : R. A. BRAND, « Comparative *Forum Non Conveniens* and the Hague Convention on Jurisidiction and Judgements », 37 Tex. Int'l L.J.467 (2002), spéc.p.482 et suiv ; G. GOLDSTEIN, « Le Forum non conveniens en droit civil », *Rev. crit.DIP. 2016. 51.*

1731 Voir ainsi : F. K. JUENGER, « Forum non conveniens -Who need it ? », in M. Taruffo (dir.), *Abuse of Procedural Rights: Comparative Standards of Procedural Fairness,op.cit.*, spéc. p.366.

1732 CJUE 1er mars 2005, *Owusu v. Jackson*, aff. C-281/02*Rev. crit. DIP. 2003. 335*, note H. MUIR WATT.

dépit de la condamnation du *forum non conveniens* dans l'espace judiciaire européen ainsi que dans de nombreux pays de tradition civiliste, il nous semble que le recours à ce mécanisme pour réguler la question des procédures parallèles dans le cadre d'un contentieux complexe ne devrait pas susciter autant de réserves.

D'une part, il ne s'agit pas de consacrer ce mécanisme d'une manière générale mais uniquement pour les besoins de la régulation des conflits de procédures dans le cadre d'un contentieux de masse complexe, là où les mécanismes de tradition civiliste paraissent inaptes à apporter une solution efficace. Après tout, le recours à ce mécanisme permet de servir l'objectif de sauvegarde de l'effectivité du droit de l'Union européenne qui anime le projet de mécanisme européen de recours collectif, en évitant les conséquences néfastes qui peuvent résulter de la multiplication des actions de groupe et de la saisine de juridictions inappropriées pour en connaître[1733].

D'autre part, il n'est pas encore certain que le *forum non conveniens* soit complètement condamné dans l'espace judiciaire européen[1734] . En effet, certains auteurs soutiennent que son exclusion n'est pas générale et qu'elle ne l'est qu'à l'égard du chef de compétence du domicile du défendeur. Il est donc toujours possible d'y recourir, notamment lorsqu'il s'agit de régler la question des conflits de procédures[1735]. Par ailleurs, l'article 26 de la proposition de refonte du Règlement Bruxelles I relatif au *forum necessitatis*, bien que finalement non consacré dans la version révisée du Règlement de Bruxelles, témoigne d'un certain recul quant à la réticence traditionnelle des instances européennes face aux règles de compétence flexibles, ce qui peut, par extension, s'appliquer à l'exception du *forum non conveniens*[1736]. En outre, certains pays de tradition continentale semblent à leur tour consacrer ce mécanisme. C'est par exemple le cas du Québec qui, en vertu de l'article 3135 du Code civil, permet à un tribunal compétent, suite à la demande d'une des parties au litige, de décliner sa compétence en présence d'un autre for mieux placé pour trancher le litige[1737].

1733 L. USUNIER et H. VAN LITH, « Rapport en droit international privé », in *Réponse de Trans Europe Experts à la Consultation publique de la Commission européenne : « Renforcer la cohérence de l'approche européenne en matière de recours collectif »*, consultable sur : http://ec.europa.eu/competition/consultations/2011_collective_redress/tee_fr.pdf, p.139, spéc. p. 156.

1734 Voir en droit international privé de la famille, l'article 15 §1 du règlement Bruxelles II *bis* qui énonce : « *À titre d'exception, les juridictions d'un État membre compétentes pour connaître du fond peuvent, si elles estiment qu'une juridiction d'un autre État membre avec lequel l'enfant a un lien particulier est mieux placée pour connaître de l'affaire, ou une partie spécifique de l'affaire, et lorsque cela sert l'intérêt supérieur de l'enfant : a) surseoir à statuer sur l'affaire ou sur la partie en question et inviter les parties à saisir d'une demande la juridiction de cet autre État membre (…) ou b) demander à la juridiction d'un autre État membre d'exercer sa compétence* ». De même, voir l'article 6 (a) du nouveau règlement européen sur les successions qui prévoit : « *Lorsque la loi choisie par le défunt pour régir sa succession en vertu de l'article 22 est la loi d'un État membre, la juridiction saisie en vertu de l'article 4 ou 10 : a)peut, à la demande de l'une des parties à la procédure, décliner sa compétence si elle considère que les juridictions de l'État membre dont la loi a été choisie sont mieux placées pour statuer sur la succession compte tenu des circonstances pratiques de celle-ci, telles que la résidence habituelle des parties et la localisation des biens* ».

1735 J. N. STEFANELLI, « Parallel Litigation and Cross-Border Collective Actions Under the Brussels I Framework: Lessons from Abroad », *op. cit.*, spéc. n°9.53, p. 163.

1736 L. USUNIER, et H. VAN LITH, « Réponse de Trans Europe Experts à la Consultation publique de la Commission européenne : Renforcer la cohérence de l'approche européenne en matière de recours collectif », spéc. p.156.

1737 Ainsi, conformément à l'article 3135 du Code civil du Québec, consultable sur : http://legisquebec.gouv.qc.ca/fr/ShowDoc/cs/CCQ-1991 : *« Bien qu'elle soit compétente pour connaître un litige,*

Mais au-delà de ces arguments, nous pensons que les considérations de sécurité juridique qui sous-tendent l'exclusion du mécanisme du *forum non conveniens* dans l'espace judiciaire européen et dans les systèmes juridiques civilistes ne sont pas opérantes dans le cadre d'un contentieux de masse. Tout d'abord, la version encadrée du *forum non conveniens* que nous proposons prévoit que le pouvoir du juge de se dessaisir ne sera pas arbitraire, bien au contraire : le dessaisissement du juge pour *forum non conveniens* obéit en effet à des critères bien définis. Par ailleurs, le juge des pays de tradition continentale possède également un pouvoir discrétionnaire plutôt large lorsqu'il accepte ou refuse l'accueil de l'exception de connexité internationale. Ainsi, on voit mal pourquoi au nom de la sécurité juridique, une exception de *forum non conveniens* limitée devrait être rejetée, alors que le juge bénéficie d'un large pouvoir discrétionnaire dans le cadre de l'exception de connexité internationale.

565. La consécration de l'exception de *forum non conveniens* dans des instruments internationaux et régionaux. Dans le cadre d'un contentieux international, les travaux de *l'ALI/UNIDROIT* peuvent servir de base afin de consacrer des dispositions régissant la régulation des procédures parallèles par le biais du *forum non conveniens.* Il est même possible de s'inspirer de leurs travaux antérieurs, lesquels ont abouti en 2004 à l'adoption d'un ensemble de dispositions afin de régir plusieurs aspects de la procédure dans le cadre des litiges commerciaux internationaux[1738] (« *Transnational Civiles Procedures »)*[1739] et dont l'article 2.5[1740] consacre le mécanisme du *forum conveniens.* Cet article permet ainsi au tribunal saisi de renoncer à sa compétence internationale en présence d'un for plus approprié pour trancher le litige. Certes, un tel mécanisme doit être adapté à la spécificité du contentieux international des actions de groupe, de sorte que la renonciation du juge à sa compétence internationale doit être conditionnée par un certain nombre de facteurs clairement définis, et ne doit par ailleurs faire l'objet d'une appréciation unilatérale du juge saisi mais de l'ensemble des juges pouvant être intéressés par le litige.

Dans les espaces intégrés à l'instar de l'Union européenne, il est possible d'introduire au sein du Règlement Bruxelles I *bis* une nouvelle disposition consacrant une version encadrée du mécanisme du forum *non conveniens* pour les besoins de la régulation des procédures parallèles en matière de contentieux de masse international. À cet égard, et une fois de plus, il nous semble dommage que la nouvelle refonte du Règlement Bruxelles I n'ait pas pris en considération les complexités liées à la gestion des procédures de masse parallèles dans l'espace européen en vue de mettre en œuvre les remèdes convenables.

---

une autorité du Québec, peut, exceptionnellement et à la demande d'une partie, décliner cette compétence si elle estime que les autorités d'un autre État sont mieux à même de trancher le litige ».

1738 J. N. STEFANELLI, « Parallel Litigation and Cross-Border Collective Actions Under the Brussels I Framework: Lessons from Abroad », in *Collective Redress and Extraterritoriality*, *op.cit.*, spéc. n°9.59, p. 165.

1739 ALI/UNIDROIT, *Principles of Transnational Civil Procedures*, Cambridge University Press 2006, consultable sur: http://www.unidroit.org/english/principles/civilprocedure/ali-unidroitprinciples-e.pdf.

1740 Conformément à l'article 2.5: « *Jurisdiction may be declined or the proceeding suspended when the court is manifestly inappropriate relative to another more appropriate court that could exercise jurisdiction* ».

566. ***Transition.*** La flexibilité du mécanisme du *forum non conveniens* rend ce dernier plus adapté que les mécanismes pratiqués dans les pays de tradition continentale, pour les besoins de la régulation des conflits de procédures concernant un contentieux de masse. Il convient maintenant d'apprécier dans quelles mesures les injonctions anti-poursuites peuvent à leur tour être amenées à jouer un rôle en la matière.

§2-Le recours aux injonctions anti-poursuites pour les besoins de la coordination des procédures parallèles dans le cadre du contentieux international des actions de groupe

567. À l'instar du *forum non conveniens*, les injonctions anti-poursuites peuvent jouer un rôle important dans la régulation des conflits de procédures de masse. Il convient à cet égard d'explorer l'opportunité de recourir à ce mécanisme **(I)** avant de s'arrêter sur ses limites **(II)**.

I- L'opportunité de recourir aux injonctions anti-poursuites pour les besoins de la régulation des procédures parallèles dans le cadre du contentieux international des actions de groupe

568. Il convient d'exposer brièvement le mécanisme des injonctions anti-poursuites **(A)** avant de s'arrêter sur son interaction avec le contentieux international des actions de groupe **(B)**.

A- Le mécanisme des injonctions anti-poursuites

569. **Définition.** L'injonction anti-poursuite consiste pour le juge du for à « *ordonner à un plaideur de renoncer à l'action qu'il a intentée ou qu'il projette d'intenter, sous peine de « contempt of court », infraction passible de peines d'amendes et d'emprisonnement* »[1741]. Dans les pays du droit de *common law*, à l'instar du droit anglais et du droit américain, les injonctions anti-poursuites ont entre autres, une fonction de règlement des conflits de procédures[1742] et peuvent être prononcées afin d'interdire une des parties de poursuivre une procédure à l'étranger[1743].

S'il est vrai que la pratique des injonctions anti-poursuites est originaire des pays de *Common Law*, il n'en reste pas moins que de nombreuses juridictions de tradition

[1741] L. USUNIER, *La régulation de la compétence juridictionnelle internationale*, *op.cit.*, spéc. n°514, p. 441 ; Pour une définition en anglais voir : T. RAPHAEL, *The Anti-Suit Injunction*, Oxford University Press 2008, p. 3.
[1742] Sur les autres fonctions des injonctions anti-poursuites : Voir : G. A. BERMANN, « The Use of Anti-Suit Injunctions in International Litigation », 28 Colum. J. Transnat'l L. 589 (1990), spéc. p. 620 et suiv.
[1743] M.-L. NIBOYET et G. DE GEOUFFRE DE LA PRADELLE, *op.cit.*, spéc. n°589, p. 388.

continentale ont déjà eu recours à ce mécanisme, comme par exemple le cas des tribunaux québécois et français[1744].

Les injonctions anti-poursuites ont néanmoins fait l'objet de nombreuses critiques, aussi bien dans les pays de droits de *Common law* dont elles sont originaires, que dans les droits de tradition civiliste. Parfois ces injonctions sont considérées comme une sorte d'intrusion intolérable dans le fonctionnement de la justice étrangère et portant de ce fait atteinte à la souveraineté de l'État étranger ; parfois elles sont perçues comme peu compatibles avec les exigences de la courtoisie internationale[1745]. Il ne s'agit pas ici de débattre de la question de la légalité des injonctions anti-poursuites, plusieurs études y ont déjà été consacrées[1746]. Il s'agit simplement d'examiner comment ce mécanisme, qui existe en dépit des nombreux reproches dont il fait objet, peut être exploité en vue de réguler les procédures parallèles engendrées par l'éclatement du contentieux international des actions de groupe.

B- Les injonctions anti-poursuites et la régulation des conflits de procédures en matière de contentieux international des actions de groupe

570. L'injonction anti-poursuites et le droit de la faillite internationale. Il convient de mentionner dans un premier temps qu'en matière de faillite internationale, le recours à l'injonction anti-poursuite a été sous-tendu par le besoin de protéger le principe de l'unité de la faillite internationale et de maintenir l'égalité des créanciers. L'exemple vient du droit français et plus précisément de l'arrêt rendu par la Cour de cassation française dans le cadre de l'affaire *Banque Worms*[1747]. Dans cette espèce, la Cour avait admis la légalité d'une injonction en la personne d'un créancier voulant se soustraire aux effets d'une procédure d'insolvabilité ouverte en France, en engageant une saisie en Espagne sur un immeuble appartenant au débiteur. Or, les mêmes considérations qui avaient alors justifié la décision de la Cour de cassation pour admettre la légalité d'une injonction à effet extraterritorial – préserver le système de l'unité de la faillite internationale - peuvent parfaitement s'appliquer à l'hypothèse d'un contentieux de masse international, puisqu'il s'agit, à travers une telle injonction, de rétablir l'équilibre en préservant l'unité de l'action de groupe.

571. L'injonction anti-poursuites prononcée à la demande du défendeur à une action de groupe. Dans l'hypothèse spécifique d'un contentieux de masse, le recours aux injonctions anti-poursuites pourrait prévenir la formation de classes enchevêtrées,

---

1744 L. USUNIER, *La régulation de la compétence juridictionnelle internationale, op.cit.*, spéc. n°516, p.443.

1745 L. USUNIER, *op.cit.*, spéc. p. 443; D. TAN, « Anti-Suit Injunctions and the Vexing Problem of Comity », 84 Va. J. Int'l L. 284 (2005); S. R. SWANSON, « The Vexatiousness of a Vexation Rule : International Comity and Antisuit Injunctions », 30 Geo. Wash. J. Int'l L.& Econ.1(1996).

1746 Voir les références citées par L. USUNIER dans sa thèse, *op.cit.*, spéc. p.443.

1747 Cass.1re Ch.civ., 19 novembre 2002, *SA Banque Worms v. Époux Brachot, D.2009.797.* note G. Khairallah ; *RTD com.2003.169*, obs. J. Vallens.

que ni l'exception de litispendance internationale, ni l'exception de connexité internationale ne parviennent à résoudre. Le prétendu défendeur peut en effet avoir intérêt à demander au tribunal le prononcé d'une injonction anti-poursuites. Ainsi, afin de se protéger contre de nouvelles actions, le défendeur pourrait demander au tribunal certifiant une action de groupe internationale, d'accompagner sa décision de certification du prononcé d'une injonction anti- poursuites visant à empêcher les demandeurs membres d'une action de groupe de poursuivre une action de groupe/individuelle ou d'initier une nouvelle action devant une autre juridiction ayant le même objet ou un objet lié à celle qui a été initiée devant le for.

Dans le cadre d'une action de groupe de type *opt in*, le prononcé d'une injonction anti-poursuites ne soulève pas de difficultés particulières. Il nous semble alors parfaitement légitime d'interdire aux représentants de la classe ainsi qu'aux représentés qui ont explicitement manifesté leur volonté de participer à l'action de groupe de poursuivre ou d'initier une nouvelle action individuelle ou collective ayant le même objet ou partageant des questions communes de fait et de droit avec l'action de groupe dont ils sont déjà membres.

Plus délicate est l'hypothèse mettant en jeu une action de groupe consacrant un mécanisme d'*opt out*. Dans ce cas, l'octroi d'une injonction soulève des problèmes à l'égard des membres innommés, ces derniers ayant toujours la possibilité de s'exclure de la classe. Il n'est donc pas possible, tant que le délai de l'*opt out* n'est pas expiré, de prononcer une injonction à leur encontre. Afin de surmonter cette difficulté, il est en revanche toujours possible que le prononcé de l'injonction soit reporté à l'expiration du délai permettant aux membres de s'exclure de la classe. À cette fin, la notification de l'action de groupe aux membres de la classe doit contenir une information claire sur les conséquences découlant de l'abstention des membres de la classe de s'exclure, et particulièrement sur les conséquences que peut engendrer le prononcé d'une injonction anti-poursuites à leur encontre, puisque ces membres se verront alors interdites d'engager ou de poursuivre une action en justice ayant le même objet ou un objet connexe.

572. L'injonction anti-poursuites prononcée à la requête des demandeurs victimes. Les demandeurs à une action de groupe peuvent également avoir un intérêt particulier au prononcé d'une injonction anti-poursuites. En effet, neutraliser certains comportements du défendeur permettra d'éviter que ce dernier tente d'empêcher les victimes d'initier une action de groupe. Ainsi, le prononcé d'une injonction peut être accordé à la requête des demandeurs afin d'empêcher le défendeur de poursuivre une action dénégatoire de responsabilité, initiée dans le seul but d'empêcher les victimes d'un dommage de masse à initier une action de groupe.

Aux États-Unis, le recours aux injonctions anti-poursuites pour réguler les procédures de masse parallèles semble être une particularité attribuée à certains tribunaux américains[1748]. Ainsi, selon la jurisprudence américaine, le recours à ce mécanisme est justifié par la nécessité de prévenir les actions vexatoires engagées par les membres d'une

---

1748 L. E.TEITZ, « Both Sides of the Coin: A Decade of Parallel Proceedings and Enforcement of Foreign Judgments in Transnational Litigation », 10 Roger Williams University Law Review, p.1, spéc. p. 21 et suiv.

action de groupe devant d'autres tribunaux ou celles qui ont pour objet de retarder la résolution efficace et rapide du litige[1749].

573. Les propositions de l'*ALI* relatives à la régulation des conflits de procédures en matière de contentieux de masse transfrontalier. Les propositions de l'*ALI* relatives à l'instauration d'un « *Model system for State-to-State Transfer and Consolidation* »[1750], bien que spécifiques au contexte fédéral américain, peuvent servir de modèle au prononcé des injonctions anti-poursuites dans un contexte régional (au sein de l'espace judiciaire européen) et international[1751]. Cette proposition a été adoptée à l'issue d'une étude consacrée aux problèmes soulevés par les litiges à parties multiples engagées devant plusieurs tribunaux dans le contexte fédéral américain. Le prononcé des injonctions contre poursuites est l'une des solutions proposées. Conformément à la section 5.04 de ladite proposition, il est possible pour le tribunal saisi d'une action de groupe, de prononcer une injonction ayant pour objet de joindre à la procédure de masse les autres procédures individuelles pendantes devant d'autres tribunaux fédérés ou fédéraux en vue d'assurer la résolution efficace et rapide de l'ensemble du litige, notamment si la poursuite de ces actions aurait pour effet d'interférer de manière substantielle avec le procès de groupe[1752]. Le degré de connexité entre l'action de groupe et les autres actions pendantes ainsi que le degré de progression des actions à joindre constituent des facteurs à prendre en considération par le juge avant le prononcé de l'injonction.

II- Les limites des injonctions *anti-poursuites*

574. Si le recours aux injonctions anti- poursuites permet de réguler les conflits de procédures parallèles dans une certaine mesure, ce mécanisme ne permet pas de résoudre tous les problèmes soulevés par le développement des procédures parallèles en matière de contentieux de masse international **(A)**. D'autre part, la consécration de ce mécanisme peut susciter la réserve des pays de tradition continentale généralement hostiles à ce mécanisme **(B)**.

[1749] N. STEFANELLI, « Parallel Litigation and Cross-Border Collective Actions Under the Brussels I Framework: Lessons from Abroad », in *Collective Redress and Extraterritoriality*, *op.cit.*, spéc. n°9.68, p.167; Sur les injonctions anti-poursuites dans le contexte d'un contentieux de *class action* interfédéral américain, voir: H. P. MONAGHAN, « Antisuit Injunctions and Preclusions against Absent Non-resident Class Member » 98 Colum. L. Rev. 5. 1148 (1998); T. BARRINGTON WOLFF, « Federal Jurisdiction and Due Process in the Era of the Nationwide Class Action», 156 U. Pa. L. Rev. 2035(2005).

[1750] ALI, *Complex Litigation: Statutory Recommendations and Analysis with Reporter's Study: A model System for State-to-State Transfer and Consolidation* (1994).

[1751] N. STEFANELLI, « Parallel Litigation and Cross-Border Collective Actions Under the Brussels I Framework: Lessons from Abroad », in *Collective Redress and Extraterritoriality*, *op.cit.*, spéc. n°9.71, p. 168.

[1752] Ainsi, conformément à la section 5.04 (a): « *When actions are transferred and consolidated, the transferee court may enjoin transitionally related proceedings, or portions thereof, pending in any state or federal court whenever it determines that the continuation of those actions substantially impairs or interferes with the consolidated actions and that an injunction would promote the just, efficient and fair resolution of the actions before it* ».

A- Les insuffisances de ce mécanisme

575. Les injonctions anti-poursuites ne permettent pas de prévenir complètement la formation de procédures parallèles. Si le recours aux injonctions anti- poursuites permet de résoudre un certain nombre de difficultés soulevées par l'éclatement du contentieux de masse international, un tel mécanisme s'avère cependant insuffisant pour appréhender l'ensemble de ces obstacles. Il est vrai que les injonctions anti-poursuites permettent de lutter efficacement contre le phénomène des actions de groupe enchevêtrées. Toutefois, elles ne permettent pas de prévenir intégralement le développement des procédures parallèles. Par exemple, si à l'issue d'une injonction anti-poursuites, les membres d'une action de groupe se voient interdire de poursuivre ou de continuer une autre action individuelle et/ou de groupe devant une autre juridiction, les victimes qui n'étaient en revanche pas demandeurs à l'action de groupe, ou celles qui s'en étaient exclues pourront toujours intenter une action individuelle ou rejoindre une action de groupe devant d'autres tribunaux, l'injonction anti-poursuites étant en effet inopérante à leur égard. Par conséquent, bien que les différentes actions de groupe/individuelles intentées ne soient pas des actions enchevêtrées contenant des membres parties à plusieurs actions individuelles et/ou de groupe, de telles actions peuvent tout de même avoir le même objet ou un objet lié, exposant ainsi le défendeur à un risque de décisions contradictoires.

576. Les injonctions anti-poursuites et la dimension régulatoire du contentieux de masse. Par ailleurs, nous pensons que le mécanisme des injonctions anti-poursuites est incapable d'appréhender d'une manière suffisante, la dimension régulatoire du contentieux international des actions de groupe, puisqu'il n'est pas sûr que le prononcé de l'injonction soit toujours accordé par le juge qui a un intérêt prépondérant pour résoudre le litige. En l'absence de dialogue direct entre les différentes juridictions, il est fort probable que les juridictions concurremment saisies considèrent leur compétence juridictionnelle comme supérieure à celles d'autres juridictions et prononcent ainsi des injonctions contre poursuites à l'encontre des mêmes demandeurs. Une telle hypothèse n'est pas un cas d'école, comme l'illustre d'ailleurs l'affaire *Laker*[1753]relative à un contentieux international en matière de pratiques anticoncurrentielles. Après que la société Laker de droit anglais ait engagé une action en justice devant les tribunaux américains à l'encontre de plusieurs compagnies aériennes pour pratiques abusives d'établissement des prix, une des sociétés visées par l'action en justice américaine , et avant même qu'elle ne soit attraite devant les tribunaux américains, pris le soin de saisir le juge anglais en lui demandant le prononcé d'une injonction visant à interdire à la société *Laker* de la joindre à la procédure américaine en tant que défenderesse. D'autres défenderesses ayant rejoint à la procédure anglaise, ont demandé aux tribunaux anglais le prononcé d'une « *counter-anti-suit injunction* » consistant à interdire à la société *Laker* de demander au juge américain le prononcé d'une injonction anti-poursuite à l'encontre de

1753 *Laker Airways Ltd v. Sabena, Belgian World Airlines*, 235 U.S.App.D. C. 207, 731 F.2d 909 (D.C.Cir.1984).

la procédure diligentée devant les tribunaux anglais. À la demande de *Laker*, le juge américain a répliqué au moyen d'une « a*nti-anti-suit injonction* » consistant à empêcher les défenderesses devant les tribunaux anglais d'obtenir une injonction anti-poursuites.

Il est vrai que dans cette affaire, les tribunaux anglais ont fini par revenir sur le prononcé de l'injonction, considérant que les tribunaux américains étaient compétents pour statuer sur le litige. Cependant, une telle affaire montre bien les difficultés que peut engendrer le prononcé des injonctions anti- poursuites opposées, notamment dans le cadre d'un contentieux de masse international mettant en jeu plusieurs demandeurs et présentant une dimension régulatoire relativement forte.

B- Les résistances aux injonctions anti- poursuites dans l'espace européen

577. **L'incompatibilité de ce mécanisme avec les autres mécanismes de l'Union européenne de règlement de procédures.** Dans l'espace judiciaire européen, le recours aux injonctions anti-poursuite soulève un double problème. En premier lieu, cet instrument va à l'encontre des mécanismes de règlement des conflits de procédures fondés sur un critère chronologique au sein de l'Union européenne. Plus précisément, il a été considéré que lorsque le juge saisi afin de prononcer une injonction l'a été en second lieu, la demande d'injonction présente un lien avec l'instance intentée à l'étranger, créant deux instances en situation de litispendance ou en situation de connexité. Or, dans l'une ou l'autre des hypothèses, permettre au juge saisi en second lieu d'émettre une injonction pour mettre fin à l'action intentée devant le juge premièrement saisi « *contreviendrait à la priorité conférée à ce dernier en vertu du Règlement* »[1754].

À titre d'exemple, lorsque le défendeur potentiel à une action de groupe intente une action dénégatoire de responsabilité, le second juge saisi par les victimes par le biais d'une action de groupe ne peut prononcer une injonction à l'encontre du défendeur (demandeur à l'action dénégatoire de responsabilité) dans le but de faire cesser la procédure introduite antérieurement devant le juge de l'autre État membre car cela heurterait aussi bien l'article 31 (si l'on considère qu'il y a une situation de litispendance européenne) que l'article 32 du Règlement (si l'on considère qu'il s'agit d'une situation de connexité européenne).

Cependant, une telle difficulté n'est pas insurmontable. Il suffit à notre sens de consacrer les injonctions anti-poursuites comme seul mécanisme de régulation des procédures parallèles en matière de contentieux de masse au sein de l'espace européen, à l'exclusion des mécanismes traditionnels dont il a déjà été démontré l'inefficacité.

578. **La condamnation de ce mécanisme par la CJUE**. Indépendamment de l'incompatibilité de l'injonction anti- poursuites avec les mécanismes de l'Union européenne de règlement des conflits de procédures, c'est principalement la condamnation de ce mécanisme par la Cour Européenne dans le cadre de l'affaire *Turner*

[1754] L. USUNIER, *La régulation de la compétence juridictionnelle internationale*, *op.cit.*, spéc. n°555, p. 474.

v. Grovit[1755], parce qu'incompatible avec le principe de confiance mutuelle entre juridictions de différents États membres, qui empêche, en l'état actuel de la situation, le recours à ce mécanisme pour réguler la question des procédures parallèles dans l'espace judiciaire européen. Cependant, il est toujours possible de consacrer ce mécanisme dans un cadre bien limité, à l'instar de ce qui a été prévu par les dispositions de l'*ALI*. Ainsi, le prononcé d'une injonction serait uniquement accordé afin de régler la question des procédures parallèles dans le cadre d'un contentieux de masse et aurait comme objectif de préserver le droit des victimes d'intenter une action de groupe ainsi que de garantir au défendeur qu'il ne puisse faire l'objet de plusieurs actions intentées à son encontre.

Au regard de la réticence de la Cour Européenne à l'égard des injonctions anti-poursuites, d'autres solutions moins radicales pourraient également être adoptées en la matière et les propositions de l'*ALI* peuvent aussi être une véritable source d'inspiration. En effet, les propositions de l'*ALI* envisagent également la mise en œuvre d'un « *mécanisme moins intrusif* »[1756] que l'injonction anti- poursuites et qui, à notre sens, pourrait s'insérer plus aisément dans l'espace européen. Il s'agit de permettre au tribunal (dans notre hypothèse, il s'agit évidemment du tribunal saisi d'une action de groupe) d'émettre une notification d'intervention (*notice of intervention*) dont les destinataires seraient les demandeurs parties à d'autres instances et dont l'objet consisterait à les inviter à rejoindre l'action de groupe. L'article 5.5 énumère ainsi les facteurs que le tribunal doit prendre en considération avant le prononcé d'une telle notification : les demandes des parties doivent partager des questions communes de fait et de droit avec l'action de groupe pendante et l'intervention des autres demandeurs doit promouvoir la résolution rapide et efficace de l'ensemble du litige et ne doit en aucun cas porter préjudice à quiconque des parties[1757].

1755 CJUE, 27 avril 2004, aff.C-159/02, *Turner c. Grovit*, *Rev. crit. Dip 2004.654*, note H. MUIR WATT.

1756 N. STEFANELLI, « Parallel Litigation and Cross-Border Collective Actions Under the Brussels I Framework: Lessons from Abroad », in *Collective Redress and Extraterritoriality*, *op.cit.*, spéc. n°9.71, p. 169.

1757 *Ibid.*

CONCLUSION DU CHAPITRE I

579. La coordination des procédures parallèles s'avère difficile à l'aune des instruments traditionnels de coordination de procédures des pays de tradition continentale. La réception de l'exception de litispendance internationale est ardue en présence d'un contentieux complexe généralement divisé en plusieurs phases avec la présence d'une multitude de parties.

580. Si la flexibilité des conditions de mise en œuvre de l'exception de connexité internationale permet de pallier les difficultés liées à la recevabilité de l'exception de litispendance internationale, la rigidité du critère temporel sur lequel se base l'accueil de cette exception est mal adaptée à l'hypothèse d'un contentieux qui met en jeu des intérêts qui dépassent ceux des parties au litige. Par conséquent, les mécanismes de coordination de procédures des pays de *common law*, à savoir le *forum non conveniens* et les injonctions anti-poursuites, présentent une certaine souplesse qui les rend nécessairement plus aptes à régler la question de coordination des procédures parallèles dans le contexte d'un contentieux de masse.

581. Si la consécration des versions encadrées de ces mécanismes permet de réduire les tensions qui peuvent exister entre ces derniers et les systèmes juridiques de tradition continentale habituellement hostiles à ces mécanismes, il convient tout de même de se demander si la spécificité du contentieux de masse ne milite pas en faveur de la recherche de nouvelles solutions en la matière.

Chapitre II : la coordination des procédures parallèles en matière d'actions de groupe internationales : la quête de nouvelles solutions

582. Les instruments traditionnels de coordination de procédures parallèles ne présentent pas tous la même efficacité lorsqu'il s'agit de coordonner des procédures éclatées devant plusieurs tribunaux et impliquant plusieurs parties. Nous avons ainsi relevé que les instruments des pays de tradition civiliste sont loin d'apporter des solutions satisfaisantes en la matière.

Quant aux mécanismes de coordination de procédures des pays de *common law*, bien que plus aptes à donner des solutions satisfaisantes en la matière, ils présentent néanmoins une certaine faiblesse, liée au caractère peu efficace de leur fonctionnement lorsque plusieurs tribunaux sont concurremment saisis de plusieurs actions de groupe et/ou individuelles similaires ou présentant des questions communes de fait et de droit. Ainsi, on voit mal comment l'exception de *forum non conveniens* pourra opérer lorsqu'à titre d'exemple, une dizaine de juridictions auront été saisies du même litige ou d'un litige lié à celui dont le juge du for est saisi.

De ce fait, l'éclatement du contentieux de masse international nécessite la quête de solutions différentes de celles qui sont traditionnellement conçues pour opérer dans le contexte d'un litige bilatéral classique. L'expérience outre Atlantique, plus développée en matière d'actions de groupe, montre bien qu'il est souhaitable de réguler la question des conflits de procédures par le recours à des mécanismes spécifiques **(Section 1)**.

L'instauration de ces mécanismes ne peut se faire que par le recours à des instruments contraignants nécessitant, sur le plan international, l'existence d'une véritable volonté politique de la part des Etats pour leur mise en œuvre, et de véritables réformes législatives dans le cadre des espaces intégrés.

Dans l'attente de celles-ci, il nous semble qu'une nouvelle forme de coopération spontanée et informelle se dessine actuellement sur le plan international, notamment entre les tribunaux des États qui se trouvent souvent engagés dans la résolution du contentieux de masse transfrontalier. Une telle coopération semble passer par les grands cabinets d'avocats, de sorte que ces derniers jouent aujourd'hui un rôle de plus en plus important dans la coordination des actions de groupe transfrontalières. Cette coopération, d'initiative privée, semble s'officialiser, et plusieurs propositions existent désormais sur le plan international, régional et bilatéral. Elles ont ainsi pour objet de renforcer la coopération directe entre les juridictions impliquées dans la résolution d'un contentieux de masse qui dépasse leurs frontières **(Section 2)**.

Section I : La concentration de plusieurs actions de groupe devant une seule juridiction à travers des mécanismes spécialisés.

583. L'existence d'un mécanisme contraignant ayant pour objet de coordonner ou de concentrer les actions de groupe intentées devant les tribunaux de plusieurs pays devant un tribunal unique, est une des possibilités envisageables en vue de réguler les conflits de procédures dans le cadre d'un contentieux de masse transfrontalier. L'instauration d'un tel mécanisme dans les espaces juridiques intégrés peut s'opérer plus facilement que dans le cadre international. Pourtant, cette dernière hypothèse n'est pas à exclure. En effet, la Conférence de La Haye de droit international privé a édifié un cadre important pour la négociation d'un grand nombre de conventions internationales traitant de questions épineuses de droit international privé.

584. L'existence d'un organe régulateur et indépendant dont le rôle consiste à attribuer le différend au for le plus approprié pour trancher le litige est une solution consacrée outre- Atlantique. Ainsi, le *Judicial Panel on Multidistrict Litigation* (« ***JPML*** ») tel qu'il existe aux États-Unis, peut servir de modèle aux autres systèmes juridiques (notamment au sein des espaces juridiques intégrés à l'instar de celui de l'Union européenne) désirant adopter des solutions adéquates en la matière **(§1)**.

Quoiqu'efficace, un tel système peut s'avérer coûteux et parfois assez complexe, ce qui nous pousse à nous demander si les propositions européennes relatives à la création d'un tribunal spécialisé en matière de brevet européen, ne seraient pas une source d'inspiration en vue de créer un tribunal spécialisé en matière d'actions de groupe transfrontières **(§2)**.

§1- La coordination des procédures parallèles à travers un organe neutre et indépendant

585. Aux États-Unis, la coordination des *multistates class actions* s'opère à travers un organe indépendant et neutre, le *JPML*. Il convient d'exposer ses caractéristiques **(I)**. Par ailleurs, on pourra se demander si on pourrait attribuer au réseau judiciaire européen un rôle semblable au *JPML* dans l'espace judiciaire européen **(II)**.

I. Le modèle américain du Judicial Panel on Multidistrict Litigation (« JPML »)

Il convient d'exposer le modèle américain du *JPML* **(A)**, avant de s'arrêter sur sa nature **(B)**.

A- L'exposé du modèle américain du JMPL

586. **L'instauration du *JPML* aux États-Unis**. Ce dispositif a été créé aux États-Unis en 1986 à l'issue des difficultés rencontrées par le système fédéral américain, provoquées par la multiplication du contentieux interétatique, principalement en matière *antitrust.* Ce contentieux de « *big cases* »[1758], impliquant les tribunaux de plusieurs États américains et mettant en jeu un nombre élevé de parties, a exercé une pression considérable sur les ressources judicaires du système juridique américain entraînant par voie de conséquence son engorgement. Celui-ci a atteint son paroxysme avec l'affaire

[1758] Voir à cet égard: B .P. MCALLISTER, « The Big Case: Procedural problems in Antitrust Litigation », 64 HARV. L .Rev. 27 (1950), spéc. p. 52.

d'un cartel téléphonique interétatique. En effet, l'affaire a déclenché l'initiation d'un nombre considérable d'actions en justice devant pas moins de trente-six tribunaux fédéraux de première instance[1759], amenant ainsi le Congrès américain à intervenir afin d'instaurer un organe juridictionnel régulateur, le *JPML*[1760] dont le rôle consiste à attribuer à un unique juge fédéral (*Transferee District*) plusieurs affaires impliquant des questions communes de fait et de droit et en cours devant différents tribunaux fédéraux (*Transferor Districts*)[1761].

587. Le fonctionnement du *JPML*. La décision du transfert, qui peut être prise d'office par le *JPML* ou sur demande d'une partie au procès[1762], est prise en fonction de trois facteurs, à savoir : l'existence des questions communes de fait et de droit, le caractère pratique du transfert pour les parties et témoins et le caractère favorable au déroulement juste et efficace du procès[1763].

Conformément aux règles du *JPML*, il incombe aux parties ainsi qu'à leurs avocats d'informer ce dernier sur l'existence actuelle d'une affaire présentant des questions communes de fait et de droit, afin qu'elle soit consolidée avec la procédure centralisée.

Le *District court*, destinataire du transfert de l'ensemble des *class actions* pendantes, aura ainsi compétence exclusive à l'égard de toutes les procédures préliminaires, y compris l'autorisation ou le règlement de tout recours collectif. Plusieurs éléments sont pris en considération afin de choisir le juge le plus approprié, à savoir le nombre de *class actions* pendantes devant chacune des juridictions, le degré de progression des affaires, le tribunal dans le ressort duquel la procédure de *Discovery* s'est tenue, le lieu de l'acte dommageable commun à l'ensemble des demandeurs et enfin des considérations tenant au coût du procès, à l'expérience des différents juges et à l'engorgement des tribunaux des systèmes juridiques concernés par l'affaire[1764].

588. Exemples d'application du *JPML*. Le recours au *JPML* a été constaté dans plusieurs affaires où des dizaines de *class actions* ont été consolidées dans la phase préparatoire du litige. Ainsi, dans un contentieux relatif à un cartel sur le marché de la musique digitale, trente et une *class actions* ont été consolidées devant le District Sud (*Southern District*) de New York. Dans une autre affaire, cette fois de très grande ampleur, cent trente-cinq *class actions* ont été centralisées conformément au mécanisme du *JPML* dans le cadre d'un contentieux mettant en jeu un cartel sur le marché des écrans plats[1765].

1759 T. A. MCKENZIE, « Toward a Bankruptcy Model for Non-Class Aggregate Litigation », 87 NYU L. Rev. 961 (2012), spéc. p. 981.

1760 R. L. MARCUS, « Cure-All for an Era of Dispersed Litigation, Toward a Maximalist Use of the Multidistrict Litigation Panel's Transfer Power », 82 Tul. L. Rev. 2245(2008), spéc. p. 2258.

1761 28 USC §1407 Multidistrict litigation (1994), consultable sur : https://www.law.cornell.edu/uscode/text/28/1407.

1762 U.S. Code §1407 (c).

1763 U.S. Code §1407 (a).

1764 N. S TEFANELLI, « Parallel Litigation and Cross-Border Collective Actions Under the Brussels I Framework: Lessons from Abroad », in *Collective Redress and Extraterritoriality*, *op.cit.*, spéc. n°9.46, p.160.

1765 Ces affaires ont été citées par Madame Pietrini dans sa thèse relative à l'action collective en droit des pratiques anticoncurrentielles, *op.cit.*, spéc. n°655, p. 689.

L'ensemble de ces espèces montre bien que le *JPML* est un mécanisme qui a su faire ses preuves aux États-Unis.

B- La nature du *JPML*

589. La nature du *JPML* suscite un débat aux États-Unis. La nature du *JPML* a fait l'objet d'un débat doctrinal aux États-Unis. Ainsi, selon certains auteurs, ce mécanisme est une alternative à la *class action*, ou une sorte de *quasi-class action*[1766] , puisqu'il permet la réalisation des objectifs de cette dernière et notamment le regroupement de plusieurs demandes au sein d'une même et unique procédure, sans pour autant qu'il soit nécessaire de satisfaire les conditions instaurées par l'article 23 des règles fédérales de procédure civile relatives à la certification d'une *class action*.

Au-delà du débat doctrinal spécifique au contexte américain, et bien que le système instauré par le *JPML* ne vise pas spécifiquement à la concentration des procédures de masse, il n'en reste pas moins qu'il peut également être utilisé dans le but de coordonner ou de consolider plusieurs *class actions,* tant que les conditions relatives à sa mise en œuvre ont été satisfaites. D'ailleurs, l'expérience américaine a montré que le *JPML* a été largement utilisé en matière *antitrust* afin de centraliser un nombre considérable de *class actions.*

L'enjeu du *JPML* est de garantir que l'instruction de l'action soit à la fois juste et efficace, dans l'intérêt des parties et des témoins. En outre, un tel mécanisme favorise de manière considérable l'économie des ressources judiciaires puisqu'il permet de centraliser les éléments de preuve ainsi que toutes les autres mesures d'instruction relatives à la phase préalable du procès, évitant ainsi la multiplication des procédures de *Discovery* ainsi que le risque de décisions contradictoires.

Il est vrai que l'intérêt que présente le recours à un tel mécanisme semble être limité puisque la centralisation du contentieux ne concerne que la phase préalable du procès. Les *Transferor Districts* regagneront en effet leur compétence à l'issue de la phase d'instruction en vue de statuer sur les réclamations des demandeurs. À cet égard, la Cour Suprême américaine[1767] est intervenue à plusieurs reprises afin de condamner la pratique de certains *transferee Districts* consistant à exercer leur compétence au-delà de la phase préparatoire du procès. La Cour a ainsi rappelé et affirmé qu'un tel mécanisme n'a pas pour objectif de se substituer aux autres procédures ayant pour rôle de résoudre globalement le litige.

1766À ce sujet, voir : T. A. MACKENZIE, « Toward a Bankruptcy Model for Non-Class Aggregate Litigation»,62 VAND. L. REV. 1 (2009), spéc. p.962; J.B. WEINSTEIN, « Ethical Dilemmas in Mass tort Litigation », 88 Nw. U. L. Rev.469 (1994), spéc. p.481: « *It is my conclusion that mass consolidation are in effect quasi-class actions. Obligations to claimants, defendants, and the Public remain much the same whether the cases are gathered together by bankruptcy proceedings, class actions or national or local consolidation* »; R. A. NAGAREDA, « Embedded Aggregation in Civil Litigation », 95 Cornell L.Rev.1105 (2010), spéc. p.111; C. SILVER et G.P. MILLER, « The Quasi-Class Action method of Managing multiple District Litigation: Problems and a Proposal », 63 Vand. L. Rev. 107 (2010), spéc. p. 110.

1767 Voir à cet égard : *Lexecon Inc. v. Milberg Weiss Bershad Hynes & Lerach*, 523 U.S.26, 40-41 (1998). Ainsi, selon la Cour: « *The straightforward language of the MDL Statute (…) bars recognizing any self-assignment power in a transferee court* ».

En dépit de la réticence de la Cour Suprême américaine à faire du *JPML* un outil de résolution globale des litiges, une nouvelle tendance contraire semble se dessiner aux États-Unis. Cette tendance se développe notamment en matière de *mass tort* où la certification des *mutlistates class actions* n'est pas sans contraintes, les obstacles concernant la satisfaction des conditions de certification instaurées par l'article 23 étant nombreux. Or ces difficultés ne se présentent pas dans le cadre d'une procédure de consolidation devant le JPML.

Ainsi, dans une affaire de *mass tort* de grande ampleur, une demande de certification d'une *class action* a été rejetée pour des raisons tirées notamment de la diversité des lois applicables. Par conséquent, les demandes de 20000 victimes se sont trouvées centralisées devant le District Est (*l'Eastern District*) de Louisiane pour la phase préalable du procès. Une telle consolidation a ensuite été accompagnée par une coopération entre le président du *JPML* et les autres juges impliqués dans l'affaire, donnant lieu à une transaction globale qui a mis fin au litige[1768], octroyant ainsi au *JPML* un rôle dépassant la phase préparatoire du contentieux. Cette coopération a été renforcée par le fait que les *transferee juges*, sont comme nous l'avons déjà relevé, sélectionnés pour leur expérience ainsi que pour leur capacité à rendre des décisions assez rapidement.

590. ***Transition.*** Si le *JPML* a fait ses preuves en matière de consolidation de procédures aux États-Unis, il convient désormais d'explorer la possibilité d'importer ce mécanisme en Europe.

II. Une possibilité de transposer le modèle du *JPML* en Europe ?

591. Il est possible dans l'espace judiciaire européen de s'inspirer du modèle américain de *JPML* pour instaurer un processus similaire, selon lequel un organisme indépendant reçoit le pouvoir d'attribuer la compétence au tribunal le mieux placé pour trancher le litige dans l'hypothèse d'un contentieux de masse éclaté entre plusieurs juridictions. Il convient ainsi d'exposer le rôle que le réseau judiciaire européen pourrait être amené à jouer en la matière **(A)**, ainsi que les modalités de coordination des procédures parallèles dans l'hypothèse où ce mécanisme serait instauré en Europe **(B)**.

A- Un rôle potentiel du réseau judiciaire européen

592. **Le réseau judiciaire européen**. Le réseau judiciaire européen a été créé par une décision du Conseil du 28 mai 2001[1769]. Il a pour objet de favoriser la coopération judiciaire entre les États membres dans les litiges transfrontaliers en matière civile et commerciale. Il constitue de ce fait, « *un moyen d'échange d'informations au service des juridictions*

1768 E. E. FALLON, J. T. GRABILL et R. P. WYNNE, « Bellwether Trials in Multidistrict Litigation », 82 Tul. L. Rev. 2008. 2323, spéc. p. 2234.

1769 Décision du Conseil de l'UE du 28 mai 2001 relative à la création d'un réseau judiciaire européen en matière civile et commerciale (DOCE 27.06.01).

et favorise une meilleure connaissance des instruments communautaires »[1770]. Parce qu'il constitue un carrefour où sont centralisées les informations concernant des questions supranationales, il nous semble qu'il pourrait être efficace de doter le réseau judiciaire européen d'un organe, dont le rôle serait semblable à celui du *JPML*. Cela consisterait donc à lui donner le pouvoir de consolider les actions ayant le même objet ou présentant des questions commune de fait et de droit devant le for le plus approprié, afin de réguler les procédures parallèles dans le cadre des actions de groupe paneuropéennes[1771].

À cette fin, il nous semble préférable de créer au sein du réseau européen un registre central spécifiquement dédié aux actions de groupe transfrontalières, qui permettrait de centraliser toutes les informations relatives aux différentes actions de groupe initiées devant les juridictions européennes. Une obligation d'information quant à l'existence d'autres actions pendantes devant d'autres tribunaux ayant le même objet ou partageant des questions communes de fait et de droit avec l'action centralisée devrait ainsi être imposée aussi bien aux avocats qu'aux parties au litige.

B- Le mécanisme de coordination et de concentration devant le réseau judiciaire européen

593. Les facteurs à prendre en considération pour entreprendre la concentration du contentieux de masse. La concentration du contentieux de masse devant un for unique devrait être laissée à la libre appréciation de l'organe qui, en vertu des différentes informations qu'il possède, doit décider de procéder à la concentration du contentieux en fonction de plusieurs facteurs et notamment l'homogénéité des actions sur les points de droit et de fait, l'avantage que tireraient les parties d'une telle concentration et enfin les exigences d'une bonne administration de la justice.

594. La concentration ne doit pas seulement concerner la phase préliminaire du procès. À cet égard, nous pensons que la coordination et la concentration des actions de groupe ne devrait pas avoir pour seul objet la phase préliminaire du procès, mais aussi la résolution de l'ensemble du litige Les autres juridictions devront toutefois continuer à jouer un rôle secondaire, notamment en ce qui concerne l'administration de la preuve et la quantification du montant des dommages individuels subis par chaque victime.

595. Les critères d'identification du for compétent. L'identification du for le plus approprié devrait enfin se faire conformément aux différents chefs de compétence juridictionnels que nous avons proposés dans le cadre de nos développements relatifs à la recherche du for le plus approprié en matière d'actions de groupe transfrontalières.

1770 Voir le site du Ministère de la Justice, Réseau judiciaire européen en matière civile et commerciale, consultable sur : http://www.justice.gouv.fr/europe-et-international-10045/la-justice-europeenne-10282/reseau-judiciaire-europeen-en-matiere-civile-et-commerciale-18326.html.

1771 Dans ce sens, voir: N. S TEFANELLI, « Parallel Litigation and Cross-Border Collective Actions Under the Brussels I Framework: Lessons from Abroad », in *Collective Redress and Extraterritoriality*, *op.cit.*, spéc. n°9.44, p. 160.

Ainsi, elle ne devrait pas, à l'instar de ce qui est prévu par le *JPML*, être sous-tendue par des considérations tenant à la seule localisation des éléments de preuve ou par des exigences relatives à une bonne administration de la justice. D'ailleurs, telle nous semble aussi être la position de la jurisprudence américaine. Ainsi, dans une affaire récente relative à un cartel conclu entre trois fabricants, *Transitions Optical*, E.O.A. et E.L.O.A, plusieurs *class actions* ont été engagées aussi bien devant le *Northern District* que le *Central District* de la Californie[1772]. À la demande de certains demandeurs, le *JPML* a décidé de réunir ces actions devant le *Northern District* de la Californie en les attribuant au « *transferee forum* » le plus approprié. Même si le juge a été choisi en raison de son expertise dans ce domaine, il nous semble que le *JPML* a appréhendé le litige de masse dans sa globalité en considérant que ce dernier présentait des liens prépondérants avec *Northern California*, du fait que la plupart des actions y avaient été initiées et que le siège des entreprises défenderesses se trouvait dans le ressort de ce tribunal.

596. ***Transition.*** Il est donc possible de transposer le mécanisme du *JPML* en Europe en dotant le réseau judiciaire européen d'un organe qui aurait pour objectif de réguler la question des procédures parallèles. Cet organe se verrait attribuer la fonction de désigner le for le plus approprié afin de lui transférer les différentes actions de groupe pendantes. Il est toutefois possible de se demander s'il ne serait pas plus pertinent de créer un tribunal européen spécialisé en matière de contentieux de masse transfrontalier.

§2- La création d'une juridiction spécialisée pour la résolution du contentieux de masse

597. Bien que le mécanisme du *JPML* aux États-Unis ait déjà fait ses preuves en matière de gestion des procédures parallèles, il est intéressant de se demander s'il ne serait pas plus pertinent de créer une juridiction spécialisée dans la régulation du contentieux de groupe transfrontalier, ce qui permettrait de réduire considérablement les étapes nécessaires à la résolution finale et globale du litige **(I)**. Si une telle approche peut paraître fantaisiste à première vue, elle n'est cependant pas novatrice, du moins pas dans l'espace judiciaire européen où des propositions similaires existent, même s'il s'agissait d'un domaine bien différent **(II)**.

I. Les avantages de la création d'une juridiction spécialisée pour la régulation du contentieux international des actions de groupe

598. **Le *JPML* : un système efficace mais lent**. La concentration des actions de groupe telle que préconisée par le *JPML* aux États-Unis permet de neutraliser plusieurs des inconvénients liés à l'éclatement du contentieux de masse transfrontalier. Cependant,

---

1772 *In Re Optical Disk Drive Products Antitrust Litigation*, MDL n°2143.

la progression de l'affaire au sein de ce système peut s'avérer bien souvent lente et complexe, plusieurs étapes devant être franchies en amont de la résolution finale du contentieux. En effet, doivent avoir lieu avant la résolution du contentieux : l'initiation de plusieurs actions de groupe/individuelles ayant le même objet ou partageant des questions communes de fait et de droit devant plusieurs juridictions compétentes, la demande déposée auprès du *JPML* ou prise d'office par le juge en vue de centraliser le contentieux devant le for approprié, la décision du *JPML* de transférer l'ensemble des affaires devant le juge le plus approprié après avoir vérifié que les éléments conditionnant un tel transfert soient satisfaits, la décision unique rendue par le *transferee District* concernant les phases préliminaires du procès et enfin les décisions statuant sur les demandes individuelles issues des différents *transferor Districts* auxquels l'affaire est transférée après la phase préliminaire.

Face à ces multiples instances, il est possible de se demander s'il ne serait pas plus aisé de concentrer le contentieux de masse directement, sans passer par les différentes étapes susmentionnées, en créant notamment un tribunal exclusivement compétent en matière d'actions de groupe. Ceci permettrait ainsi de réduire considérablement le coût du procès tout en assurant une résolution rapide du litige. Cette idée a d'ailleurs été préconisée par Madame Pietrini[1773] Après avoir exposé les fondements qui sous-tendent la consécration d'une action de groupe paneuropéenne dans le cadre de sa thèse relative à l'action collective en droit des pratiques anticoncurrentielles, cette dernière a préconisé la création d'un tribunal européen spécialisé en matière d'actions de groupe transfrontalières.

II. La proposition de créer une juridiction spécialisée en matière d'actions de groupe transnationales

599. La juridiction spécialisée en matière de brevet européen. La proposition de créer une juridiction européenne spécialisée a déjà existé en Europe, dans le domaine des brevets européens. C'est en partant du constat selon lequel le bon fonctionnement du système des brevets en Europe ne peut être assuré que par la création d'un système uniforme de règlement des litiges relatifs aux brevets européens capable d'assurer une certaine cohérence de la jurisprudence en la matière[1774], que l'idée de créer un système européen de règlement des litiges a été préconisé à la conférence des membres de l'Office européen des brevets à Paris en 1999. Notons que le projet d'accord sur le règlement des litiges en matière de brevet européen, tel que préconisé par la conférence, a été abonné.

Cependant, l'idée de créer un tribunal du brevet compétent pour statuer sur les litiges relatifs au brevet communautaire, est remontée en surface dans le contexte de la préparation du règlement sur le brevet communautaire[1775]. La création d'une telle juridiction présupposait que le Conseil attribue à la Cour de Justice des Communautés

---

[1773] S. PIETRINI, *L'action collective en droit des pratiques anticoncurrentielles*, *op.cit.*, spéc. n° 815, p. 877.

[1774] J. SCHMIDT-SZALEWSKI et C. RODÀ, « Brevet », Répertoire de droit européen, Juin 2014, n°169.

[1775] Proposition de règlement du Conseil, du 1 août 2000, sur le brevet communautaire.

européennes compétence pour statuer sur ces litiges et qu'une telle extension de compétence serait ensuite ratifiée par tous les Etats membres[1776]. En partant de ce constat, la Commission européenne avait présenté une proposition de décision au conseil attribuant à la Cour de Justice des Communautés européennes compétence exclusive pour trancher les litiges relatifs aux brevets communautaires ainsi qu'une nouvelle proposition de décision ayant pour objet la création du tribunal du brevet communautaire qu'elle plaçait sous l'égide de la Cour de justice[1777]. L'opposition d'un certain nombre d'Etats à ces propositions, jugées difficilement réalisables en pratique, a poussé la Commission, dans le cadre de sa communication « *Améliorer le système de brevet en Europe* » adressée au Parlement le 3 avril 2007, à préconiser la création d'un ordre judiciaire unifié et spécialisé, ayant compétence à la fois pour les brevets européens et le futur brevet communautaire. Un texte a ainsi été créé, mais celui-ci a été cependant censuré par la Cour de justice de l'Union européenne estimant qu'il n'était pas compatible avec les dispositions du TUE et du TFUE[1778].

Un nouvel accord international instituant la juridiction unifiée du brevet a été élaboré[1779], tout en prenant en considération les différents griefs formulés par la Cour. Cet accord a été signé le 12 février 2013[1780]. Il est désormais ouvert à l'adhésion de tout Etat membre et est soumis à ratification. Cet accord a pour objet d'instaurer un système qui devrait permettre « *d'améliorer le respect des brevets, de renforcer les moyens permettant de se défendre contre des actions non fondées et des brevets qui devraient être annulées et d'accroître la sécurité* »[1781]. La juridiction a pour objectif de « *rendre des décisions rapides et de qualité, recherchant le juste équilibre entre les intérêts des titulaires de droits et d'autres parties et tenant compte de la proportionnalité et de la souplesse nécessaire* »[1782]. A noter que l'accord n'a été ratifié que par l'Autriche, le Danemark, la France et la Suède.

En ce qui concerne l'organisation et la composition de la juridiction, cette dernière est considérée comme une juridiction supranationale, commune aux Etats membres et qui fait partie de leur système judiciaire[1783]. Elle a une compétence exclusive pour statuer sur les litiges en matière de brevets européens et de brevets européens à effet unitaire ainsi qu'en matière de certificats complémentaires de protection délivrés pour un produit et protégé par un brevet[1784]. L'accord énumère enfin de façon exhaustive les actions qui relèvent de la compétence exclusive de la juridiction[1785].

1776 J. SCHMIDT-SZALEWSKI et C. RODÀ, « Brevet », Répertoire de droit européen, Juin 2014, *op.cit.*, spéc. n°170.

1777 *Ibid.*

1778 CJUE, Projet d'accord sur la juridiction du brevet européen et du brevet communautaire, Avis 1/09, 8 mars 2011, Rec.I.1137.

1779 Au sujet duquel voir : R.-Marie Borges, « Le brevet unitaire européen et la Juridiction du brevet européen : enfin l'aboutissement ? », *R. D. U. E. 2013.148.*

1780 Accord relatif à une juridiction unifiée du brevet, 2013/C 175/01.

1781 Accord relatif à une juridiction unifiée du brevet, 2013/C 175/01.

1782 *Ibid.*

1783 Accord relatif à une juridiction unifiée du brevet, article 1.

1784 Accord relatif à une juridiction unifiée du brevet, article 3.

1785 Accord relatif à une juridiction unifiée du brevet, article 32.1.

600. Une juridiction spécialisée dans le contexte des actions de groupe transfrontières européennes inspirée de la juridiction spécialisée en matière de brevet européen. L'on pourra ainsi s'inspirer de la juridiction instituée par l'accord en matière de brevet pour instituer une juridiction spécialisée exclusivement en matière de régulation du contentieux européen des actions de groupe. Une telle juridiction aurait l'avantage de comporter des juges qualifiés tant sur les plans techniques que juridiques, et qui seraient choisis au cas par cas conformément à une liste préalablement établie. De même, cette juridiction favoriserait une résolution rapide du litige, ce qui ne peut être obtenu si l'action de groupe est intentée devant un tribunal national, surtout lorsque celui-ci se trouve dans un système juridique engorgé.

Concernant la procédure, il est possible d'imaginer que l'action de groupe puisse être engagée dès lors qu'un certain nombre de demandeurs dépose auprès du tribunal européen une demande d'agrégation du litige de masse. Une fois la procédure initiée, on pourrait laisser à la juridiction européenne le pouvoir de désigner un ou plusieurs représentants des demandeurs, qui seront alors amenés à collaborer avec les organes existants dans les pays membres, spécialement désignés pour les besoins de la collaboration entre le tribunal européen et les pays membres. Une telle collaboration pourrait prendre plusieurs formes et couvrir plusieurs aspects du litige, notamment la notification de l'action ainsi que l'obtention et l'administration des preuves.

Concernant la notification de l'action de groupe, cette dernière pourrait se faire par le biais d'organes désignés par les pays membres. Rien n'empêche que la modalité de l'inclusion dans la classe, diffère selon le pays dans le ressort duquel les demandeurs sont domiciliés. Pour les demandeurs domiciliés dans un pays ayant consacré une action de groupe de type *opt out*, l'inclusion de ces derniers dans l'action pourrait être acquise dès lors que les membres ne manifestent aucune volonté de s'exclure du groupe. Quant aux membres résidants au sein des pays ayant consacré une action de groupe de type *opt in*, il serait préférable que leur inclusion dans le groupe soit conforme aux principes de fonctionnement de l'action de groupe de leurs pays de résidence.

Enfin, quant à l'obtention et l'administration des preuves, il est essentiel que les juridictions nationales dans le ressort desquelles se situent les éléments de preuve, coopèrent avec la juridiction européenne à travers les organes désignés. Une telle coopération serait nécessaire aussi bien pour établir l'existence du lien de causalité entre l'acte illicite et le dommage subi, que pour les besoins de la détermination du montant du dommage subi par chaque victime.

601. ***Transition.*** La consécration des mécanismes spécifiques en vue de réguler les conflits de procédures dans le cadre d'un contentieux de masse international est souhaitable. Effectivement, les solutions contraignantes ont toujours l'avantage d'assurer la prévisibilité juridique ainsi que l'harmonie des solutions. Cependant, l'instauration de nouveaux mécanismes nécessite une certaine volonté politique ainsi que des réformes législatives importantes. A l'échelle européenne, l'accord relatif à une juridiction unifié du brevet peut constituer une source d'inspiration pour la création d'un tribunal spécialisé exclusivement compétent en matière d'actions de groupe transfrontières européennes.

En attendant la négociation d'une convention instaurant au niveau international une coopération forcée entre les États en vue de réguler la question de conflits de procédures dans le cadre d'un contentieux complexe et dans l'attente des réformes législatives au niveau des espaces juridiques intégrés, il nous semble que les initiatives de coopération d'origine privée revêtent aujourd'hui une importance particulière dans la coordination des procédures parallèles en matière de contentieux de masse transfrontalier, ce qu'il convient d'examiner dès à présent.

Section II : la coopération spontanée entre les juges pour les besoins de la coordination des procédures parallèles dans le cadre du contentieux international des actions de groupe

602. ***Le* contentieux de masse international dépasse les frontières d'un seul État.** En l'absence d'un chef de compétence exclusif permettant de concentrer le différend devant un for unique, et face aux insuffisances des mécanismes traditionnels de coopération et de coordination et en attendant la mise en œuvre de solutions contraignantes instaurant une coopération forcée à l'échelle régionale et internationale, la coopération spontanée entre les juges s'avère aujourd'hui la seule solution capable de résoudre les différents problèmes soulevés en la matière.

Une telle coopération permet au juge du for d'être mieux informé sur l'existence des tribunaux concurremment saisis d'actions en justice (individuelles ou collectives), portant sur les mêmes faits ou présentant des questions communes de fait et de droit avec celles dont le juge du for est saisi. Ainsi, face aux difficultés que présente l'appréhension *ex ante* du contentieux de masse dans sa globalité, la coopération entre les juges rend possible son appréhension *ex post*, en permettant notamment d'empêcher le gaspillage des ressources économiques et judicaires, sinon d'éviter au moins le risque de décisions contradictoires. De même, la coopération entre les juges bénéficie aussi bien aux tribunaux des différents systèmes juridiques impliqués qu'aux justiciables.

Les cabinets d'avocats spécialisés en matière d'actions de groupe transfrontalières ont joué un rôle primordial dans la promotion et le développement de la coopération judiciaire indirecte entre les tribunaux impliqués **(§1)**. Bien que la communication indirecte entre les tribunaux à travers les cabinets d'avocats ait fait ses preuves, cette dernière nécessite cependant un cadre formel afin d'optimiser son efficacité. Nombreuses sont les propositions qui existent aujourd'hui tant au niveau bilatéral, régional, qu'international, qui prônent la coopération judiciaire directe entre les tribunaux dans le cadre d'un contentieux de masse international. Actuellement cette coopération entre les tribunaux s'opère principalement par le biais de protocoles qui organisent un dialogue direct entre les tribunaux des différents systèmes juridiques engagés dans la résolution du contentieux de masse transfrontalier **(§2)**.

§1- Le rôle des cabinets d'avocats dans la régulation des procédures parallèles en matière de contentieux international des actions de groupe

603. **Le rôle des cabinets d'avocats dans la coordination des procédures de masse parallèles : l'expérience canadienne.** À l'heure actuelle, les cabinets d'avocats spécialisés en matière d'actions de groupe interétatiques jouent un rôle important dans la coordination des procédures d'actions de groupe, aussi bien au niveau régional qu'international. En fournissant des jugements ou d'autres décisions de justice au deuxième tribunal, ou à d'autres avocats en guise de rapport informel sur la procédure qui s'est déroulée devant le premier tribunal, les avocats permettent aujourd'hui d'établir un début de communication entre les différents tribunaux concurremment saisis, qui, bien qu'indirecte, s'avère cependant rapide et efficace.

L'expérience canadienne est à ce titre riche d'enseignements. Dès le début du développement des recours collectifs interprovinciaux, les avocats ont travaillé étroitement avec les tribunaux, quoique d'une manière informelle, afin de coordonner les recours collectifs multiples. Les efforts déployés par les cabinets d'avocats ont donc permis l'organisation des audiences conjointes entre différents tribunaux saisis au sujet d'un recours collectif multi-juridictionnel. C'est ainsi qu'en 2007, neuf juges se sont réunis à Calgary pour approuver plusieurs recours collectifs et actions individuelles concernant les pensionnats indiens[1786]. De même, en 2008, les initiatives privées des avocats ont amené les juges de 9 provinces à se réunir par vidéoconférence afin d'approuver globalement le règlement d'un recours collectif dans une affaire de nourriture pour animaux domestiques contaminée[1787].

Le rôle des cabinets d'avocats s'est également largement manifesté dans le cadre des évènements entourant le médicament anti-inflammatoire *Vioxx*[1788], retiré du marché canadien en 2004 après que des études aient montré le danger qu'il peut présenter pour la santé des patients. À l'issue de ce retrait, plus de 30 recours collectifs ont été intentés devant plusieurs juridictions provinciales. Encore une fois, grâce aux efforts des différents avocats impliqués dans l'affaire, la coordination des différentes procédures de recours collectifs a été possible à travers la constitution d'un consortium national regroupant la plupart des avocats engagés dans le litige.

604. **Le rôle des cabinets d'avocats dans la régulation des procédures de masse parallèles : l'expérience internationale.** À l'échelle internationale, la coopération entre les avocats canadiens et américains a marqué le contentieux de masse transfrontalier impliquant des *class actions* enchevêtrées et initiées concurremment devant les tribunaux canadiens et américains. Cette coopération a été renforcée par le flux des cabinets

---

[1786] Document de consultation : protocole judiciaire canadien de gestion de recours collectifs multijuridictionnels, l'association du Barreau Canadien, Juin 2011, consultable sur : http://www.cba.org/ABC/ClassActionsTaskForce/PDF/Consultation_fr.pdf, spéc. p.10.
[1787] Document de consultation, Protocole Judiciaire canadien de gestion de recours collectifs multijuridictionnels, spéc. p.7.
[1788] Document de consultation : protocole judiciaire Canadien de gestion de recours collectifs multijuridictionnels, spéc. p. 5.

d'avocats américains vers le Canada, devenu un marché attractif de *class actions* internationales[1789].

De même, la coopération et le dialogue entre les tribunaux se sont manifestement concrétisés dans les affaires des actions de groupe boursières impliquant des tribunaux américains et néerlandais. Dans l'affaire *Shell,* la Cour d'appel d'Amsterdam s'était déclarée compétente en vue d'homologuer une transaction englobant aussi bien des investisseurs néerlandais que des investisseurs étrangers en provenance de 100 juridictions différentes[1790]. Toutefois, les investisseurs résidant aux États-Unis ayant acquis leur titre sur le marché américain furent exclus. La transaction avait été négociée alors que les tribunaux américains avaient déjà été saisis en vue de certifier une action de groupe transnationale par des investisseurs américains et étrangers représentés par le cabinet d'avocat *Bernstein Liebhard LLP* agissant en tant que *lead counsel,* conformément au *Private Securities Litigation Form Act.* Il s'agissait donc de deux actions de groupe enchevêtrées, puisque les investisseurs non américains étaient représentés aussi bien dans la procédure de *class action* intentée devant les tribunaux américains que dans le cadre des négociations pour la conclusion d'une transaction homologuée ensuite par la cour d'appel d'Amsterdam. Toutefois, la coopération non officielle et indirecte entre les tribunaux par le biais des avocats, avait finalement empêché les investisseurs non américains d'être inclus dans les procédures.

En effet, après avoir débouté *Shell* de sa demande tenant à déclarer le tribunal américain incompétent à l'égard des demandeurs étrangers, le *Federal District court* avait fini par décliner sa compétence à l'égard des demandeurs étrangers à l'issue de la production par les avocats de *Shell* au tribunal américain, de la transaction homologuée par la cour d'appel néerlandaise. Finalement, les deux procédures américaine et néerlandaise ont été complémentaires et non pas concurrentes[1791].

Un scénario similaire s'est produit dans l'affaire *Converium.* Nous le rappelons que dans le cadre de cette affaire, la société suisse de réassurance *Converium Holding AG (SCOR holding)* et la société suisse *Zurich Financial Service* avaient vendu des titres à la société *Converium* sur le marché boursier suisse (SWX) ainsi que sur le marché de New York (NYSE). À l'issue de fausses déclarations, les investisseurs subissent des dommages et plusieurs *class actions* furent intentées devant plusieurs tribunaux américains, lesquelles furent consolidées par la suite devant le *Southern District* de New York. En 2008, les tribunaux américains se sont déclarés compétents à l'égard des investisseurs étrangers ayant acquis des titres sur le NYSE. À l'issue de la production de la décision américaine

---

1789 À titre d'exemple, le célèbre avocat américain, Monsieur Michael Spencer, spécialisé dans la représentation des demandeurs en matière de *class actions* boursières, a installé une antenne canadienne de son cabinet basé à New York. Voir à cet égard : S. RUBIN, « Top US Class Action Lawyer coming to Canada », Globe and Mail (May 10,2011), consultable sur: http://www.theglobeandmail.com/report-on-business/industry-news/the-law-page/top-us-class-action-lawyer-coming-to-canada/article580187/. De même, le cabinet américain Grant & Eisenhofer a représenté les demandeurs non américains exclus des *class actions* internationales le lendemain de la décision *Morrison* dans plusieurs procés en Europe.Voir à cet égard : Z. D. CLOPTON, « Transnational Class Actions in the Shadow of Preclusion », 90 INDIANA L. J. 1387 (2015), spéc. p. 1404.

1790 *Shell,* Court of Appeal of Amesterdam, 29 May 2009, NJ 506.

1791 X .E. KRAMER, « Securities Collective Action and Private International Law issues in Dutch WCAM Settlements: Global Aspirations and Regional Boundaries », 27 Global Bus. & Dev. L. J.234. 2014, spéc. p. 254.

par les avocats de la partie défenderesse devant la cour d'appel d'Amsterdam, décision qui consistait à inclure uniquement dans la classe les investisseurs ayant acquis des titres sur le NYSE, la cour d'appel néerlandaise avait estimé que la transaction qui devait être conclue entre les défendeurs et l'ensemble des victimes serait complémentaire avec la procédure américaine de *class action*[1792]. Ainsi, ont été inclus dans cette transaction les investisseurs non américains ayant acquis leurs titres sur le marché SWX qui étaient jusque là, exclus de la procédure américaine[1793].

Ces deux affaires montrent bien comment un dialogue international entre les juges, même dans un cadre informel et indirect, peut contribuer à la réalisation de l'harmonie internationale des solutions.

605. ***Transition.*** La coopération entre les cabinets d'avocats dans la régulation des procédures concurrentes en matière d'actions de groupe internationales a dépassé le cadre informel et semble progressivement s'officialiser. C'est ce que nous allons désormais étudier.

§2- L'officialisation de la coopération transnationale entre les juges : le développement de la pratique des protocoles

606. Il convient d'exposer en premier lieu, les raisons qui militent pour l'officialisation de la coopération entre les juges dans le cadre d'un contentieux de groupe transfrontalier **(I),** avant d'exposer les principales propositions et instruments de coopération directe entre les tribunaux qui existent aujourd'hui au niveau international, régional et bilatéral **(II)**.

I. Les raisons qui sous-tendent l'officialisation de la coopération entre les tribunaux dans le cadre d'un contentieux de masse transfrontalier

607. **Une coopération indirecte entre les tribunaux n'est pas sans risque.** La coopération indirecte entre les tribunaux à travers les cabinets d'avocats a montré son efficacité dans la régulation des procédures concurrentes en matière de contentieux international des actions de groupe. Ce qui manque néanmoins, est la présence d'un cadre plus formel permettant aux tribunaux de coopérer de leur propre initiative en vue de coordonner des procédures de masse et/ou individuelles parallèles ou enchevêtrées.

En effet, une coopération directe s'avère nécessaire, d'autant plus que la pratique qui veut qu'un avocat informe le tribunal destinataire de ce qui s'est déroulé devant le tribunal expéditeur n'est pas sans risques. En effet, l'avocat du territoire destinataire

---

1792 *Converium,* Court of Appeal of Amsterdam of 17 January 2012, LJN: BV1026.

1793 X.E. KRAMER, « Securities Collective Action and Private International Law issues in Dutch WCAM Settlements: Global Aspirations and Regional Boundaries », 27 Global Bus. & Dev. L. J.234. 2014, spéc. p. 258.

fourni des informations de seconde main, susceptibles d'être dénaturées. De même, les informations reçues par cet avocat peuvent être biaisées afin de servir les objectifs de l'avocat de la juridiction expéditrice, comme nous l'enseigne l'affaire *Maxwell Communications*[1794].

Dans le cadre d'une procédure de faillite transfrontalière, des rapports erronés sur la situation de l'autre pays avaient été communiqués à deux juges. Sentant l'existence d'un problème, les deux juges ont alors établi un protocole informel prévoyant la nomination d'un expert de renommée internationale qui ferait office d'auxiliaire de justice pour rapporter aux deux tribunaux ce qui se passait réellement[1795]. Le succès de cette entreprise, laquelle a débouché sur un règlement rapide du litige, a conduit la section s'intéressant à l'insolvabilité de l'*International Bar Association* à financer un groupe de travail composé d'avocats, d'universitaires et de juges issus d'une vingtaine de pays de *common law*, de droit civil et d'autres systèmes juridiques, pour élaborer un ensemble de principes d'application universelle[1796]. Depuis, plusieurs propositions prônant la coopération directe entre les tribunaux existent tant à l'échelle régionale qu'internationale. Il convient de les examiner.

II. Les propositions de coopération existantes et leur contenu

608. Les principales propositions de coopération existantes au niveau international, régional et bilatéral seront exposées dans un premier temps **(A)** avant que leur contenu soit analysé **(B)**.

A- Exposé des projets de coopération existants

609. Les propositions de coopération élaborées au sein d'institutions internationales. À l'échelle internationale, il existe aujourd'hui plusieurs textes prônant le développement de la coopération judiciaire directe dans le cadre des litiges transfrontaliers à travers l'élaboration de protocoles judicaires entre les différents tribunaux. Alors que certains de ces textes ne visent pas spécifiquement le contentieux international des actions de groupe, d'autres traitent spécifiquement de cette hypothèse.

Les protocoles judiciaires visent principalement à établir un système dans lequel des actions de groupe multiples risquant de se chevaucher, puissent suivre leur cours devant deux tribunaux ou plus, de manière ordonnée.

Les propositions ALI/III adoptées en 2000 par l'*American Law Institute* et en 2001 par *l'International Insolvency Institute* tracent en quelque sorte les lignes directrices à observer

---

1794 *In re Maxwell Communication Corporation plc*, 93 F.3d.1036, 29 Bankr.Ct.Dec.788 (2d Cir.(N.Y.), 21 August 1996.

1795 J. M. FARLEY, « Les bonnes pratiques dans le domaine des procédures d'insolvabilité transfrontières à la lumière du projet de principes généraux de La Haye », consultable sur : http://www.hcch.net/index_fr.php?act=text.display&tid=68, spéc. p.2.

1796 Ce concordat est consultable sur : http://www.iiiglobal.org.

dans le cadre des communications entre les tribunaux dans des litiges transfrontaliers[1797]. Publiées en plusieurs langues, ces directives n'ont pas fait l'objet de la moindre objection. Leur importance s'explique par leur champ d'application. En effet, elles s'appliquent à la faillite transfrontalière, une matière présentant beaucoup de similitudes avec le contentieux de masse transfrontalier, ce qui rend leur application aussi bien utile dans la seconde hypothèse que dans la première.

D'ailleurs, selon ces lignes directrices, les communications dans des affaires transfrontalières « *seraient tout aussi valables et constructives dans tout litige international impliquant deux tribunaux ou plus* »[1798].

Plus récemment, l'*ILA* a posé les lignes directrices de la coopération entre juges dans l'objectif de gérer de façon optimale les actions de groupe transnationales. Ces lignes directrices ont d'ailleurs ensuite été reprises et développées[1799] par la résolution de Rio de Janero[1800]. L'*ILA* recommande la coopération entre les juges des différents pays, que ces derniers soient expressément autorisés par leur États ou non[1801].

610. L'adoption de protocoles à l'échelle régionale. Le protocole judiciaire canadien de gestion de recours collectifs, tel qu'adopté par l'Association du Barreau Canadien *(« **ABC** »)*, est important à cet égard et peut constituer un modèle à suivre pour faciliter la gestion des actions de groupe internationales[1802]. Ce protocole permet à un défendeur faisant face à plusieurs recours collectifs multi-juridictionnels, initiés devant les tribunaux de plusieurs provinces, de résoudre son litige par le biais d'une transaction globale. À cette fin, le protocole prévoit une obligation d'information relativement développée rendant alors possible la réalisation d'un tel objectif.

En Europe, les provisions du Règlement (UE) 2015/848 relatif aux procédures d'insolvabilité, peuvent également être source d'inspiration pour les besoins d'administration et de coopération d'un contentieux de masse européen impliquant plusieurs actions de groupe[1803]. En effet, ledit Règlement prévoit une coopération à plusieurs niveaux dans l'hypothèse où il existerait une procédure d'insolvabilité principale et une, ou plusieurs procédures d'insolvabilité secondaires : la Coopération et la communication entre les praticiens de l'insolvabilité[1804], la coopération et la communication entre les juridictions[1805] et la coopération et communication entre les

---

[1797] Principes ALI/UNIDROIT de procédure civile transnationale, *Rev. dr. unif. 2004. 759.*

[1798] Principes ALI/UNIDROIT de procédure civile transnationale, spéc. p .800.

[1799]Voir ainsi *ILA, Transnational Group Actions, Report and Resolution*, consultable sur : www.ila-hq.org/...cfm/.../42D26742-4ED3-4638-8C0DC8A15085A3D.

[1800]*Report and Resolution of the Committee in the 2008 ILA Rio de Janeiro Conference*, consultable sur : www.ila-hq.org/...cfm/.../42D26742-4ED3-4638-8C0DC8A15085A3D.

[1801] Ligne directrice point 8.1, in *Report and Resolution of the Committee in the 2008 ILA Rio de Janeiro Conference, op.cit.*

[1802] *Consultation paper: Canadian Judicial Protocol for the Management of Multijurisdictional Class Actions*, consultable sur: http://www.cba.org/CBA/ClassActionsTaskForce/PDF/Consultation_eng.pdf.

[1803] Règlement (UE) 2015/848 du Parlement Européen et du Conseil du du 20 mai 2015 relatif aux procédures d'insolvabilité (refonte).

[1804] Article 41 du Règlement (UE) 2015/848.

[1805] Article 42 du Règlement (UE) 2015/848.

praticiens de l'insolvabilité et les juridictions[1806]. Bien qu'une telle coopération puisse prendre tout type de forme, le Règlement invite tout de même à la conclusion d'accords ou de protocoles entre les organes impliqués. Le considérant 48 invite quant à lui à suivre les bonnes pratiques telles que consacrées par les travaux d'organisations européennes ou internationales, notamment « *les lignes directrices pertinents élaborées par la Commission des Nations unies pour le droit commercial international (CNUDCI)* ».

Par ailleurs, le Règlement 1206/2001 relatif à la coopération dans le domaine de l'obtention de preuves en matière civile et commerciale, permettra de faciliter l'accès aux preuves dans le cadre d'un contentieux de masse intra-européen[1807]. En matière de droit de la concurrence, la Commission européenne a publié un projet dans le cadre du programme « justice civile »[1808] qui vise à « *promouvoir la coopération et/ou la constitution de réseaux entre les juges nationaux, notamment entre les autorités judiciaires ou d'autres organisations publiques ou privées chargées de favoriser ou de contrôler la bonne application du droit européen de la concurrence* ». Une telle coopération, toujours selon la Commission, « *peut se réaliser à travers la création et/ou l'actualisation de bases de données fournissant des informations sur le droit européen de la concurrence* ».

611. Coopération bilatérale - l'exemple américo-canadien. Les difficultés soulevées par l'affaire *Nortel* relative à des *Securities class action* enchevêtrées et initiées simultanément devant les tribunaux américains et les tribunaux de plusieurs provinces canadiennes, ont été à l'origine de la proposition du juge canadien Chief Justice Winkler, consistant à mettre en place une coopération entre les tribunaux impliqués dans la gestion des actions de groupe transfrontalières soulevant des questions communes de fait et de droit[1809]. Ainsi, deux protocoles, *le Protocol on Court-to Court Communications in Canada-U.S. Cross-Border class actions* (ci-après, le « ***Communication Protocol*** »)[1810] et le *Notice Protocol on Coordinating Notice(s) to the Class(es) in Multijurisdictional Class Pproceedings* (ci-après le « ***Notice Protocol*** »)[1811] ont été adoptés dans un souci de coopération entre les tribunaux fédéraux américains et les tribunaux canadiens.

1806 Article 43 du Règlement (UE) 2015/848.

1807 Règlement (CE) n°1206/2001 du Conseil du 28 mai 2001 relatif à la coopération entre les juridictions des États membres dans le domaine de l'obtention des preuves en matière civile ou commerciale, JO L 174 du 27 juin 2001, p. 1.

1808 Projet de décision de la Commission portant adoption d'une décision de financement pour l'année 2011 dans le cadre du programme « Justice civile » consultable sur le site électronique de la DG Concurrence.

1809 Ainsi, selon Chief Justice Winkler: « *The difference in the jurisprudence between Canada and the United States highlights some of the potential difficulties that may arise in cross-border litigation, particularly in respect of class actions. Courts in both countries have thus far been adept and adaptable in developing ad hoc procedures to deal with these types of issues. Given the increasing trend toward globalisation, it is likely that cross-border litigation will increase. The instant case is an example of this. Here the settlement is global in scope crossing provincial and international boundaries and the jurisdictions in which the underlying proceedings have been commenced include two countries and several provinces. It would be useful if more formal protocol were developed to facilitate the courts and the parties in dealing with these types of cases* », in *Frohlinger v. Nortel Network Corporation*, 2007 CanLII 696 spéc. n°30 (Ont.S.C.J.).

1810 *American Bar Association, Protocol on Court-to-Court Communication in Canada-US. Cross-Border Class Actions: coordinating Notice(s) to the Class(es) in Multijurisdictional Class Proceedings*, consultable sur :https://www.cba.org/cba/resolutions/pdf/11-03-A-bckd.pdf.

1811 *American Bar Association, Protocol on Coordinating Notice(s) to the Class(es) in Multijurisdictional Class Proceedings*, consultable sur : http://www.americanbar.org/content/dam/aba/directories/policy/2011_am_101c.authcheckdam.pdf.

Le *Communication Protocol* part du constat selon lequel il est dans l'intérêt des parties, ainsi que des différents systèmes juridiques impliqués dans la résolution d'un contentieux de masse transfrontalier, que les tribunaux concurremment saisis d'une action de groupe soient informés de l'existence d'autres actions ayant le même objet ou partageant des questions communes de fait et de droit. Le partage des informations est tel qu'il permettra de coordonner les différentes procédures en vue de minimiser les coûts du procès et d'éviter la duplication des procédures pouvant donner lieu à des jugements contradictoires.[1812].

Par ailleurs, l'adoption de directives en matière de notification de l'action de groupe (*Notification Protocol*) permettra aux membres de la classe d'avoir accès à des informations claires et d'éviter ainsi tout type de confusions dont ils peuvent parfois être victimes[1813].

B- Les différentes mesures envisagées par l'ensemble de ces instruments

612. L'obligation d'information. Les mesures envisagées par l'ensemble de ces instruments sont semblables et reposent sur la nécessité de coopération entre les tribunaux impliqués dans la résolution d'un contentieux international d'actions de groupe intéressant plusieurs systèmes juridiques. Une obligation d'information incombant aux différentes parties au procès ainsi qu'à leurs avocats a été consacrée par la plupart de ces instruments. Conformément au protocole judiciaire canadien de gestion des recours collectifs, une obligation d'information incombe à toutes les parties au litige ainsi qu'à leurs avocats. Ainsi, le protocole prévoit la création d'une liste de tous les avocats participants à des recours collectifs multi-juridictionnels ayant le même objet ou des objets similaires. Par ailleurs, tous les recours collectifs présentés par une partie doivent faire l'objet d'un avis sur une liste nationale. De même, les avocats des demandeurs doivent afficher tous les actes de procédure déposés dans le cadre de leurs recours sur le site Web de la base de données canadienne relative aux recours collectifs de l'*ABC*[1814].

En outre, selon le *Communication Protocol*[1815], les avocats ont l'obligation de divulguer au tribunal l'existence d'autres actions de groupe ayant le même objet ou ayant des objets similaires dont eux-mêmes, ou leurs clients, ont eu connaissance.

613. Communication et coordination de procédures entre les différents tribunaux. L'obligation d'information telle que préconisée par l'ensemble de ces instruments, rend la communication entre les différents tribunaux plus facile à réaliser.

1812 *American Bar Association, Protocol on Court-to-Court Communication in Canada-US. Cross-Border Class Actions*, spéc n°2.

1813 *American Bar Association, Protocol on Coordinating Notice(s) to the Class (es) in Multijurisdictional Class Proceedings*, spéc. n°3.

1814 *Canadian judicial Protocol for the Management of Multijurisdictional Class Actions*, consultable sur: http://services.justice.gouv.qc.ca/dgsj/rrc/Commun/Canadian_Judicial_Protocol_for_the_Management_of_Multijurisdictional_Class_Actions.pdf.

1815 *American Bar Association, Protocol on Court-to-Court Communication in Canada-US. Cross-Border Class Actions and Notice Protocol*, https://www.cba.org/cba/resolutions/pdf/11-03-A-bckd.pdf, spéc. n°2.

Ainsi, parmi les mesures envisagées par l'*ALI*, est prévue la communication d'un tribunal avec les tribunaux concurremment saisis à travers la transmission directe des jugements, opinions, transcriptions de procédure et copies de documents. De même, un tribunal peut coordonner les procédures ayant lieu devant lui avec les procédures se déroulant dans une autre juridiction, en établissant une liste des significations ou des notifications devant inclure l'identité des parties non-résidentes qui doivent recevoir avis ou signification des procédures se déroulant devant le tribunal de l'autre juridiction. Une telle communication s'avère ainsi d'une grande importance lorsque plusieurs actions, qu'elles soient collectives ou individuelles et concernant le même objet, sont initiées devant plusieurs tribunaux. De même, les représentants de la classe peuvent aussi être amenés à jouer un rôle de liaison et de coordination entre les différentes juridictions saisies, à l'instar de ce qui est prévu pour l'administrateur dans le cadre d'une faillite internationale.

À son tour, l'*ILA* prévoit la faculté pour un tribunal de communiquer avec le tribunal d'un autre pays, complétée par la possibilité de désigner un juge spécial chargé de cette communication dans le cas où une action de groupe serait déjà pendante devant ce juge, ou dont l'introduction est prévue devant ce dernier, dans le but d'accroître l'efficacité de l'administration de la justice[1816]. Plusieurs moyens de communication sont envisagés comme l'écrit, le téléphone ou encore la vidéoconférence[1817]. Considérant que la communication directe entre les tribunaux ne devrait pas avoir pour effet de porter préjudice aux droits des parties, les lignes directrices confirment que le principe du contradictoire devra toujours être respecté par les tribunaux au cours du processus de coopération, sous réserve des adaptations rendues nécessaires par l'urgence[1818]. Ainsi, il faudra s'assurer que les avocats ou les représentants des parties concernées puissent participer à cette communication ou, le cas échéant, en être au moins informés. En outre, un compte-rendu officiel de la communication devra être établi par le tribunal et mis à la disposition de chacune des parties concernées[1819]. Il est souhaitable, lorsque cela s'avère faisable, qu'un site internet soit organisé afin de centraliser tous les documents pertinents.

Dans le cadre du Protocole juridictionnel canadien, l'obligation d'information rend plus facile la communication entre les différents tribunaux pour accorder une ordonnance d'approbation de règlement multi-juridictionnel visant à faciliter la coordination des audiences et des avis d'approbation du règlement[1820]. La condition selon laquelle la communication entre les différents tribunaux doit être sous-tendue par les intérêts de la justice ne soulève pas de difficultés particulières dans le cadre d'un contentieux collectif, car une telle communication permettra d'éviter les décisions contradictoires. En outre, le tribunal sera tenu de communiquer avec le ou les autres tribunaux par le biais des avocats qu'il aura désigné, et dont la fonction sera de transmettre les informations entre les différents tribunaux saisis du litige.

1816 *ILA Transnational Group Actions, Report and Resolution, op.cit.*, Ligne directrice point 8.2
1817 *ILA Transnational Group Actions, Report and Resolution*, Ligne directrice 8.5
1818 *ILA Transnational Group Actions, Report and Resolution*, Ligne directrice point 8.2
1819 *ILA Transnational Group Actions, Report and Resolution*, Ligne directrice point 8.5
1820 *Canadian judicial Protocol for the Management of Multijurisdictional Class Actions.*

Au niveau européen, le Règlement (UE) 2015/248 relatif aux procédures d'insolvabilité prévoit, et dans l'hypothèse ou plusieurs procédures d'insolvabilité seraient ouvertes à l'encontre du même débiteur, la communication d'information entre les tribunaux et/ou entre les particiens de l'insolvabilité et les tribunaux[1821].

614. L'organisation des auditions conjointes. La possibilité de tenir des auditions conjointes est d'une grande importance. Ainsi, et dans le contexte d'un contentieux de masse, il est d'une grande utilité que les tribunaux saisis simultanément par des victimes d'un même dommage puissent communiquer entre eux afin de partager les éléments de preuves, ou de lutter contre le chevauchement des classes en excluant d'une classe les victimes qui sont aussi membres d'une autre classe. Afin de coordonner les procédures et d'éviter la multiplication de plusieurs actions de groupe ayant le même objet, les propositions de l'*ILA* sont ambitieuses puisqu'elles prévoient une coopération générale qui pourrait avoir lieu tout au long de la procédure et qui concernerait toutes les questions spécifiques aux actions de groupe transfrontalières. Ainsi, la coopération est prévue tant au niveau de la détermination de la compétence des tribunaux concernés et de la détermination des catégories de demandeurs qui seront potentiellement inclus à l'action de groupe, qu'au niveau des preuves nécessaires pour admettre une catégorie donnée de demandeurs[1822]. De plus, pour les besoins d'une bonne administration de la justice, les tribunaux devraient également tenir une ou plusieurs audiences communes au moyen de vidéoconférences ou autres moyens technologiques disponibles[1823]. Dans la phase du jugement, les tribunaux pourraient coordonner leurs décisions de manière à ce qu'elles soient prononcées en même temps, ce qui permettrait d'éviter les décisions contradictoires[1824]. On y verrait ainsi l'aboutissement total de la coopération judiciaire et de la coordination internationale des actions collectives dispersées devant plusieurs juridictions[1825].

De même, l'optimisation de la coopération bilatérale entre les tribunaux canadiens et les tribunaux américains, conformément au *Communication Protocol,* se traduit par la possibilité d'organiser des audiences conjointes, permettant alors l'homologation d'une transaction globale.

Dans le cadre du Protocole judiciaire canadien de gestion des recours collectifs multi-juridictionnels, les divers recours collectifs initiés dans différentes provinces peuvent faire l'objet d'un règlement commun. Dans cette hypothèse, les parties présenteront une demande d'approbation de règlement multi-juridictionnel signifiée à toutes les parties et déposée auprès de tous les tribunaux. Une telle demande doit contenir un certain nombre d'informations[1826]. Une fois tous les documents ayant trait à une demande

---

[1821] Article 42 et 43 du Règlement (UE) 2015/848 du Parlement Européen et du Conseil du du 20 mai 2015 relatif aux procédures d'insolvabilité (refonte).

[1822] Ligne directrice 8.4.

[1823] Ligne directrice 8.6.

[1824] Ligne directrice 8.7.

[1825] Ligne directive 8.6.

[1826] Canadian judicial Protocol for the Management of Multijurisdictional Class Actions, consultable sur: http://services.justice.gouv.qc.ca/dgsj/rrc/Commun/Canadian_Judicial_Protocol_for_the_Management_of_Multijurisdictional_Class_Actions.pdf, spéc. n°8.

d'approbation déposés dans toutes les provinces où l'approbation est demandée, les tribunaux peuvent communiquer entre eux et peuvent par conséquent s'entendre pour que l'audience de l'approbation du règlement soit organisée conjointement. Ainsi, l'audience sera menée de sorte que toutes les parties puissent y participer ; participation qui pourra se dérouler par vidéoconférence ou tout autre moyen[1827]. Enfin, l'ordonnance d'approbation a la possibilité de désigner le juge de l'un des tribunaux comme juge responsable de l'administration du règlement[1828]. Ce dernier a alors la capacité pour régler tout différend, quelle que soit la province dans laquelle il survient. Par ailleurs, chaque tribunal reste compétent face aux questions découlant de leurs ordonnances respectives[1829].

L'utilisation de ce protocole a d'ailleurs été couronnée de succès, et notamment dans plusieurs affaires mettant en cause des recours collectifs multi-juridictionnels au Canada. Le jugement rendu dans l'affaire *Sophie St-Marseille c. Procter & Gamble Inc.* est le premier au Canada à avoir ordonné l'application du protocole judiciaire canadien de gestion des recours collectifs multi-juridictionnels dans le cadre de procédures contestées[1830]. Dans le cadre de cette affaire, six recours collectifs avaient été initiés à l'encontre de plusieurs entités faisant partie des groupes *Procter & Gamble (P&G)* et *GlaxoSmithKline (GSK)* dans cinq provinces différentes. Ces actions visaient la certification de recours collectifs dans lesquelles les victimes alléguaient que les adhésifs dentaires fabriqués par les parties défenderesses étaient à l'origine de problèmes neurologiques à l'égard desquels ces dernières n'avaient émis aucun avertissement.

La Cour supérieure du Québec a alors considéré que l'application du protocole permettait à ce que toutes les parties, les avocats et les tribunaux concernés soient avisés des différentes requêtes présentées dans les autres juridictions, d'une manière conforme aux principes de transparence sur lesquels repose le système judiciaire canadien.

Selon le juge Auclair, l'obligation d'information instaurée par le protocole permettait d'éviter les problèmes de communication pouvant survenir dans le cadre de recours collectifs parallèles.

En outre, l'application du protocole correspond à l'enseignement de la Cour Suprême dans l'affaire *Société canadienne* des *postes c. Lépine* visant à ce que soient établies « *des méthodes plus efficaces de gestion de conflits de compétence dans l'esprit de courtoisie mutuelle qui s'impose entre les tribunaux des différentes provinces dans l'espace juridique canadien* »[1831].

1827 Canadian judicial Protocol for the Management of Multijurisdictional Class Actions, consultable sur: http://services.justice.gouv.qc.ca/dgsj/rrc/Commun/Canadian_Judicial_Protocol_for_the_Management_of_Multijurisdictional_Class_Actions.pdf, spéc. n°9.

1828 Canadian judicial Protocol for the Management of Multijurisdictional Class Actions, consultable sur: http://services.justice.gouv.qc.ca/dgsj/rrc/Commun/Canadian_Judicial_Protocol_for_the_Management_of_Multijurisdictional_Class_Actions.pdf, spéc. n°13.

1829 Canadian judicial Protocol for the Management of Multijurisdictional Class Actions, consultable sur: http://services.justice.gouv.qc.ca/dgsj/rrc/Commun/Canadian_Judicial_Protocol_for_the_Management_of_Multijurisdictional_Class_Actions.pdf, spéc. n°14.

1830 P. PROSTERMAN et M. ANGENOT, « Un tribunal applique, pour la première fois, le protocole judiciaire canadien de gestion des recours collectifs multi-juridictionnels », consultable sur : http://www.nortonrosefulbright.com/files/un-tribunal-applique-pour-la-premiere-fois-le-protocole-judiciaire-canadien-de-gestion-des-recours-collectifs-multijuridictionnels-pdf-138kb-67598.pdf.

1831 *Société canadienne des postes c. Lépine*, 2009 CSC 16, spéc. n°57.

La coordination du déroulement des audiences a également été prévue par le Règlement (UE) 248/2015 relatif aux procédures d'insolvabilité. En effet, conformément à l'article 42 qui traite de la coopération et la communication entre les juridictions, il est possible, en vue de faciliter la coordination des différentes procédures d'insolvabilité que la coopération concerne, entre autres, la coordination du déroulement des audiences[1832].

615. La notification de l'action de groupe. Le *Notification Protocol* adopté par les tribunaux américains et canadiens apporte des précisions sur plusieurs aspects de la notification de l'action de groupe. Ainsi, conformément à ce protocole, le langage utilisé doit être clair et dénué de toute technicité ou formalisme afin que les membres de la classe soient en mesure de comprendre comment l'action de classe peut influencer leurs droits et leurs obligations[1833]. De même, la composition démographique de la classe doit être prise en considération par le tribunal notifiant. Plus précisément, lorsque les membres de la classe résident au Canada, la notification de l'action doit être entreprise aussi bien en langue française qu'en langue anglaise. Par ailleurs, lorsque la notification s'opère par voie collective (par le biais des médias), elle doit contenir toutes les informations qui permettent aux demandeurs d'avoir accès à une notification complète (*long-form notice*)[1834]. En plus de l'énoncé de ces principes généraux, le protocole prévoit également des dispositions particulières relatives à la notification de l'action tout au long de la procédure[1835].

Le contenu de la notification pour les besoins de certification d'une action de groupe internationale a été largement détaillé par le protocole. La description de la procédure (le nom des représentants des demandeurs, le nom du défendeur, l'objet de l'action), l'existence d'une *class action* pendante devant un autre tribunal, les modalités de l'exclusion de la *class action* et enfin les conséquences pécuniaires qui découlent de la décision d'être partie à la classe sont autant d'exemples d'informations devant figurer dans le contenu de la notification de l'action[1836].

Dans l'hypothèse où le litige se solderait par une transaction unique, liant des parties résidant dans plusieurs pays, les parties ainsi que les tribunaux auront alors l'obligation de coopérer afin d'approuver une forme unifiée de la notification de la transaction à tous les demandeurs. Si la notification s'opère en revanche par plusieurs voies, les parties et les tribunaux doivent s'accorder sur la forme que chaque catégorie de notification doit revêtir[1837].

La transaction est supposée lier les membres du groupe dans plus d'un territoire si l'avis de la transaction aux membres du groupe contient un certain nombre d'informations que le protocole précise. Ainsi, la notification de la transaction doit

---

1832 Article 42 du Règlement (UE) 2015/848 du Parlement Européen et du Conseil du 20 mai 2015 relatif aux procédures d'insolvabilité (refonte).

1833 *Notice Protocol: Coordinating Notice(s) to the Class(es) in Multijurisdictional Class proceedings*, spéc. n°2.

1834 *ABA Notice Protocol: Coordinating Notice(s) to the Class(es) in Multijurisdictional Class proceedings,* spéc. n°4.

1835 *ABA Notice Protocol: Coordinating Notice(s) to the Class(es) in Multijurisdictional Class proceedings,* spéc. n°2.

1836 *ABA Notice Protocol: Coordinating Notice(s) to the Class(es) in Multijurisdictional Class proceedings,* spéc. n°5.

1837 *ABA Notice Protocol: Coordinating Notice(s) to the Class(es) in Multijurisdictional Class proceedings,* spéc. n°8.

inclure un résumé des demandes et des défenses, l'existence d'une autre action de groupe pendante devant un autre tribunal ayant le même objet ou présentant des questions communes de fait et de droit, les principales clauses de la transaction, les modalités selon lesquelles les membres de la classe peuvent obtenir des informations quant au montant de leur indemnisation, l'adresse et les contacts du représentant de la classe, etc.[1838].

Il est vrai qu'il est un peu tôt pour entreprendre une analyse quant à l'éventuelle réussite de la pratique des protocoles dans un contexte international. En effet, une telle pratique reste actuellement à l'état embryonnaire. Notons cependant, que dans une matière aussi complexe que le contentieux international des actions de groupe, la pratique des protocoles a montré son efficacité[1839].

À l'échelle européenne, la coopération judiciaire entre les États membres à travers le réseau judiciaire européen en matière civile et commerciale peut constituer un cadre important pour la coordination des actions de groupe intra-européennes. La mission d'un tel réseau est de faciliter la coopération judiciaire entre les États membres en matière civile et commerciale, notamment en mettant en place un système d'information pour les membres du réseau. Ce système d'information est d'autant plus important, qu'à l'heure actuelle aucun acte de l'Union européenne ou aucun instrument international n'est applicable. À cet égard, et à l'instar de ce qui a été mis en place au Canada, il serait possible d'envisager l'établissement d'une base de données spécifique aux actions de groupe intra-européennes. Une telle base de données permettrait un meilleur accès aux informations relatives aux actions de groupe et contribuerait dès lors à coordonner les différentes procédures initiées devant les différents États membres. Elle permettrait également aux victimes d'être mieux éclairées sur les droits et les options qui se présentent à elles et sur l'opportunité de se joindre ou non à une action de groupe déjà initiée ou encore de s'engager dans une action de groupe concurrente ou complémentaire. Cette coopération judiciaire recèlerait bien des avantages, offrant nécessairement une meilleure administration de la justice, tout en permettant d'éviter la naissance de situations juridiques boiteuses pouvant donner lieu à des situations de sur-régulation.

[1838] ABA Notice Protocol: Coordinating Notice(s) to the Class (es) in *Multijurisdictional Class proceedings*, spéc. n°7.

[1839] Il en est ainsi en matière de faillite internationale. Voir à cet égard : D. LORD, « Cross-Border Insolvency Protocols – Do They Work », consultable sur : http://clients.squareeye.net/uploads/3sb/events/300904_lord.pdf.

CONCLUSION DU CHAPITRE II

616. La spécificité du contentieux de masse nous a amené à repenser les instruments qui permettent la coordination des procédures parallèles mettant en jeu plusieurs parties. Aux États-Unis, le *JPML*, organe neutre et indépendant, permet de coordonner les procédures de masse parallèles en allouant la compétence pour la phase préparatoire du procès au juge le mieux placé pour trancher le litige. Un tel mécanisme peut être une véritable source d'inspiration pour les espaces intégrés comme celui de l'Union européenne.

617. Dans ce contexte, le réseau judiciaire européen peut lui aussi être amené à jouer un rôle important, ce dernier ayant pour objectif de faciliter la coopération judiciaire entre les États membres en matière civile et commerciale, notamment en mettant en place un système d'information pour les membres du réseau. Ainsi, il nous a paru opportun de doter ce réseau d'un organe détenant un rôle de coordination entre les différentes procédures de masse parallèles, en désignant le juge le plus approprié pour trancher le litige. Nous avons ainsi marqué notre préférence pour que la détermination du juge le plus approprié se fasse par référence aux différents chefs de compétence, idée que nous avions déjà prônée dans la première partie de notre ouvrage, et qu'elle prenne en considération non pas seulement les éléments tirés de la bonne administration de la justice, mais aussi les intérêts d'ordre régulatoire que soulève le contentieux de masse international. De même, nous avons également suggéré que le juge désigné ne soit pas uniquement compétent pour trancher les questions liées à la phase préparatoire du litige, mais que cette compétence s'étende pour trancher définitivement le contentieux.

618. L'expérience européenne relative à la création d'un tribunal spécialisé en matière de brevets nous a semblé constituer une véritable source d'inspiration. En effet, la création d'un tribunal spécialisé en matière d'actions de groupe transfrontalières permettrait de résoudre ce contentieux beaucoup plus rapidement, sans passer, à l'image de ce qui est prévu par le *JMPL* américain, par les différentes étapes instaurées par ce dernier.

619. La mise en œuvre de l'ensemble de ces mécanismes ne peut toutefois se faire que par le recours à des instruments contraignants qui nécessitent, sur le plan international, l'existence d'une véritable volonté politique de la part des États, et dans le cadre des espaces intégrés, des réformes législatives.

620. En attendant l'établissement de ces propositions, la coordination de procédures de masse parallèles semble s'opérer aujourd'hui dans un cadre privé, notamment à travers les grands cabinets d'avocats spécialisés en matière d'actions de groupe transfrontalières. Ces derniers, dans de nombreuses affaires, ont en effet joué un rôle de liaison entre les différents tribunaux impliqués dans la résolution du contentieux de masse international, empêchant ainsi la formation de situations juridiques boiteuses.

621. La coopération entre les tribunaux semble aujourd'hui s'officialiser. Assurément, il existe désormais plusieurs textes prônant le développement de la coopération judiciaire directe dans le cadre des litiges transfrontaliers à travers l'élaboration de protocoles judicaires entre les différents tribunaux, semblables à ceux existant en matière de faillite internationale. Différentes mesures ont été élaborées par ces protocoles, permettant ainsi aujourd'hui de coordonner les différentes procédures de masse parallèles. Ainsi, on retrouve une obligation d'information des parties au procès, la communication directe entre les tribunaux, l'organisation d'auditions conjointes et enfin la mise en place d'une notification efficace des différentes actions de groupe concurrentes Cette circulation passe par une confiance mutuelle entre les juridictions. À notre sens, une telle confiance pourrait être renforcée si l'exercice de la compétence juridictionnelle s'accompagnait d'un dialogue entre les différentes juridictions impliquées dans la résolution du litige de masse internationale, afin de déterminer le for ayant un intérêt prépondérant pour trancher le litige, conformément aux différents chefs de compétence que nous avions proposés.

CONCLUSION DU TITRE PREMIER DE LA DEUXIÈME PARTIE

622. En attendant la mise en œuvre de nouvelles solutions en matière de conflits de juridictions et de conflits de lois, nous pensons ainsi qu'il est hautement probable, suite à l'avènement d'un contentieux de masse transfrontière, que plusieurs juridictions soient saisies concurremment en vue d'ouvrir une action de groupe. C'est le système de « territorialité » ou de « multiplicité » de l'action de groupe qui constitue aujourd'hui le trait marquant du contentieux de masse international. La régulation *ex-post* du contentieux de masse s'effectuera donc à travers la coordination des procédures parallèles résultant de l'engagement de plusieurs actions de groupe ayant le même objet ou des objets connexes devant plusieurs juridictions.

623. Toutefois, nous avons tenté de prouver que la coordination des procédures parallèles résultant de l'ouverture de plusieurs actions de groupe devant plusieurs juridictions, est difficilement envisageable à l'aune des instruments traditionnels de coordination de procédures parallèles. En effet, les deux exceptions de litispendance et de connexité internationale des pays de tradition continentale sont incapables d'appréhender des procédures impliquant plusieurs parties. En outre, elles ne permettent pas, faute du caractère rigide du critère temporel sur lequel elles reposent, de concentrer le contentieux *ex-post* devant la juridiction la mieux appropriée pour l'ouverture d'une action de groupe internationale.

624. Par ailleurs, quand bien même les deux mécanismes de coordination de procédures des pays de *commmon law* tels que le *forum non conveniens* et les injonctions anti-poursuites seraient les plus adaptées, du fait de leur souplesse, pour réguler le conflit des procédures résultant de plusieurs actions de groupe, la mise en œuvre de ces mécanismes doit faire l'objet de plusieurs encadrements. Effectivement, nous avons démontré que de tels encadrements permettent d'une part, de neutraliser les critiques souvent avancées par les pays de tradition continentale à l'encontre de ces deux mécanismes ; d'autre part, de prendre en considération aux mieux les intérêts régulatoires que recèle le contentieux de groupe international.

Titre Second : La circulation dans l'ordre international d'une décision rendue à l'occasion d'une action de groupe internationale

625. Au-delà des questions relatives à la détermination du juge compétent, de la loi applicable et de la coordination de procédures de masse parallèles, la régulation du contentieux international des actions de groupe nécessite surtout une coopération entre les tribunaux, afin de faciliter la circulation d'une décision issue d'une action de groupe internationale. En effet, si d'une manière générale l'harmonie internationale des solutions appelle à une large reconnaissance des jugements étrangers[1840], cette constatation devient encore plus pressante dans le cadre d'un contentieux de groupe mettant en jeu une multitude de parties. En effet, la non-reconnaissance d'un jugement issue d'une action de groupe est susceptible de conduire à une répétition de procès ayant un même objet ou des objets connexes, et aura pour effet de multiplier infiniment le risque de formation de situations juridiques boiteuses. Il s'agit donc d'une question d'importance cruciale, qui participe au processus de régulation du contentieux international des actions de groupe.

626. Quand bien même le système de l'« unité » de l'action de groupe serait consacré et que le contentieux de masse concentré devant le tribunal compétent se soit soldé par une transaction ou ait donné lieu à un jugement, l'action de groupe comportera nécessairement des membres résidant en dehors de la sphère du tribunal certifiant. Ainsi, il est important qu'il soit donné effet à la décision ou à la transaction collective, au-delà des frontières du for certifiant. Effectivement, permettre au défendeur de s'opposer à l'exécution d'une décision internationale issue d'une action de groupe, ou permettre à des demandeurs insatisfaits de la décision collective d'intenter des nouvelles actions de groupe/individuelles au regard du même litige ou d'un litige connexe, va à l'encontre du système de l'« unité » de l'action de groupe et aboutit de nouveau à la fragmentation du contentieux de masse, et, par voie de conséquence, à la formation de situations de sur-régulation ou de sous-régulation.

627. Par ailleurs, la circulation d'une action de groupe internationale permet de remédier aux différents inconvénients que recèle le système de « multiplicité » de l'action de groupe, lequel semble aujourd'hui constituer le trait marquant du contentieux de masse international. Ce système, dans l'attente de solutions nouvelles qui permettraient de concentrer le contentieux de masse devant un for unique ou de coordonner efficacement les différentes procédures de groupe concurrentes, est de nature à favoriser le développement de procédures parallèles et donc la formation d'actions de groupe enchevêtrées mettant en jeu des victimes membres de plusieurs procès. Or, en donnant effet à une décision rendue à l'issue d'une action de groupe internationale, on interdira

---

[1840] P. MAYER, *Le phénomène de la coordination des ordres juridiques étatiques en droit privé*, *RCADI*, t.327, p. 9, spéc. n°90, p. 301.

aux demandeurs, membres de plusieurs actions de classe, de faire exécuter plusieurs décisions identiques sur les biens du même défendeur.

628. Si la reconnaissance d'une décision étrangère n'est pas une spécificité du contentieux international des actions de groupe, plusieurs difficultés sont toutefois susceptibles d'être soulevées dans ce contexte. Cela s'explique notamment par l'existence de profondes différences entre les systèmes juridiques en matière des actions de groupe. C'est pourquoi la circulation d'une action de groupe n'est pas garantie dans les pays où une telle procédure est perçue comme étant contraire aux principes du for requis. Plusieurs questions doivent être ainsi résolues, tant du point de vue procédural que du point de vue du fond.

629. La circulation d'une action de groupe internationale sera d'abord étudiée du point de vue national. Cet examen se fera par l'exploration du droit international privé commun du for requis en prenant comme base de notre raisonnement le droit international privé français (**Chapitre 1**). Dans un second temps, la question de la reconnaissance et de l'exécution d'une action de groupe internationale sera étudiée à l'aune des instruments régionaux et internationaux (**Chapitre 2**).

Chapitre I : La circulation en France d'une décision rendue à l'occasion d'une *class action* américaine

630. **La question de la reconnaissance d'une décision issue d'une *class action* américaine en France : justification de ce choix.** Puisque le système américain d'agrégation des litiges de masse est, d'une part, le plus controversé, non pas uniquement en raison de la procédure de *class action* qui consacre le mécanisme d'*opt out*, mais aussi en raison des accessoires qui fonctionnent de pair avec cette procédure (le système de *contingency fees*, la procédure de *Discovery*, etc.) [1841] et, puisque le système français compte, d'autre part, parmi les plus sceptiques par rapport au modèle américain d'agrégation des litiges de masse[1842], il serait intéressant d'étudier la question de la reconnaissance d'une décision de *class action* américaine à l'aune du droit international privé commun français. Les droits étrangers seront invoqués lorsque cela s'avérera nécessaire.

631. **La question de la reconnaissance et de l'exécution d'une décision issue d'une *class action* américaine en France conserve toujours son intérêt en matière de droit économique.** A première vue, il peut sembler que la question de la reconnaissance et de l'exécution en France d'une décision issue d'une *class action* internationale a perdu tout intérêt suite aux nombreuses décisions rendues par la Cour Suprême américaine[1843] qui témoignent en effet d'une tendance claire et nette à freiner de manière considérable le phénomène des *class actions* internationales en matière de droit économique. Mais, à notre sens, il faut se méfier d'une telle conclusion pour plusieurs raisons.

Tout d'abord et au lendemain de la décision *Morrison*[1844], le flux des *class actions* boursières extraterritoriales devant le for américain ne s'est pas retrouvé perturbé. En effet, dans cette affaire, la Cour Suprême américaine a simplement refusé d'appliquer extra-territorialement la loi boursière américaine à des transactions effectuées sur des marchés étrangers, sans pour autant avoir remis en cause la compétence juridictionnelle des tribunaux américains[1845].

Bien que nous ayons évoqué les difficultés auxquelles les demandeurs étrangers peuvent être confrontés lorsqu'ils décident de fonder leurs demandes devant le for américain sur des règles substantielles étrangères, il n'en reste pas moins qu'en l'absence d'une jurisprudence américaine claire, sur la question de l'application du droit public économique étranger par le juge américain, ou sur la question des modalités d'exercice par le for américain du *forum non conveniens* lorsqu'une loi étrangère (notamment de droit économique) a vocation à s'appliquer au litige, de telles possibilités ne peuvent pas entièrement être exclues[1846].

1841 Voir *supra* n°123 et suiv.

1842 Il a fallu une dizaine d'années en France pour consacrer des nouvelles dispositions en matière d'action de groupe. L'action de groupe en droit français reste fidèle à la tradition continentale.

1843 Voir *supra* n°157 et suiv.

1844 M. BRETT, « Morrison v. National Australia Bank ltd: a Clear Statement Rule or a Confusing standard », 37 J. Corp. L. 2003 (2011-2012).

1845 Voir *supra* n°202.

1846 Voir *supra* n°203 et suiv.

D'autre part, et conformément à la jurisprudence *Morrison*, il est toujours possible pour des plaideurs étrangers de fonder leurs prétentions sur la loi fédérale américaine et de saisir ainsi, les tribunaux fédéraux américains lorsque le dommage subi par ces derniers résulte d'opérations ayant eu lieu sur le marché américain. On pourrait ainsi imaginer que ces plaideurs étrangers, non satisfaits de la décision américaine, décident d'intenter à la suite d'autres actions de groupe et/ou individuelles devant le for du domicile du défendeur ou au sein des pays où le défendeur possède des actifs.

D'autre part, nous pouvons nous interroger sur la portée de l'arrêt *Morrison* après la promulgation par le Congrès américain de la loi *DFA*[1847], qui, bien que lacunaire quant à sa rédaction, manifeste cependant une intention claire du pouvoir législatif américain de renverser la décision de la Cour Suprême. Il est ainsi probable que les tribunaux américains interprètent cette loi en se reposant sur la véritable intention du Congrès, consistant à restaurer la méthode fonctionnaliste afin de délimiter le champ d'application spatial de la législation boursière fédérale.

En matière de *class actions* internationales concernant les pratiques anticoncurrentielles, la décision *Empagran*[1848], contrairement à la décision *Morrision*, n'a pas limité de manière considérable le phénomène des *class actions* internationales devant le for américain. Il est ainsi toujours possible pour les demandeurs étrangers de se joindre à ou d'initier une *class action* devant le for américain sur le fondement des lois *antitrust* américaines[1849], dès lors que la conduite litigieuse ayant eu lieu à l'étranger a affecté directement et substantiellement le marché américain.

632. La question de la reconnaissance et de l'exécution d'une décision issue d'une *class action* américaine fondée sur *l'ATA*. En revanche, la question de la reconnaissance et de l'exécution d'une décision rendue à l'issue d'une *class action* intentée sur le fondement de l'*ATA* en matière de dommages massifs résultant de violations des droits de l'homme, semble contrairement aux hypothèses des dommages de masse intéressant le droit économique, perdre de son intérêt. L'arrêt *Kiobel* a considérablement limité le champ d'application spatial de l'*ATA* aux seuls actes commis sur le territoire américain[1850] ou à l'existence d'un lien suffisamment étroit entre les réclamations et le territoire américain. En dépit de cela, il est toujours possible d'imaginer un scénario selon lequel des demandeurs, victimes d'un acte commis sur le territoire américain et insatisfaits de la décision américaine, décident d'intenter une action individuelle et/ou de groupe devant d'autres juridictions compétentes, notamment devant le tribunal du domicile du défendeur. Il nous semble donc que la question de l'efficacité d'une décision de *class action* relevant des droits de l'homme n'a pas perdu tout son intérêt, ce qui justifie le soin de l'aborder.

633. La question de la circulation d'une décision issue d'une *class action* internationale montre qu'il y a des intérêts qui s'opposent. La position des différentes parties à une procédure de *class action* peut varier selon que la décision rendue

---

[1847] Voir *supra* n°205

[1848] Voir *supra* n°200.

[1849] Voir *supra* n°200.

[1850] Voir *supra* n°163.

à l'issue d'une action de groupe leur est favorable ou non. Dans l'hypothèse où les demandeurs obtiennent gain de cause devant le for américain, ces derniers vont naturellement vouloir se prévaloir en France de la décision prononcée aux États-Unis ou de la transaction conclue devant le juge américain en vue de solliciter son exécution forcée sur les actifs du défendeur. Le défendeur, quant à lui, a un intérêt à s'opposer à cette décision et peut de ce fait invoquer un certain nombre d'arguments.

Mais la stratégie du défendeur ne serait pas la même dans le cadre d'une « *collateral attack* »[1851], qui correspond à l'hypothèse où des membres au procès dans la procédure américaine (particulièrement les membres absents du groupe) vont soutenir l'irrégularité de la décision américaine rendue à l'occasion d'une *class action* afin de justifier de nouvelles poursuites en France, soit parce qu'ils ont été déboutés devant le juge américain, soit parce qu'ils sont insatisfaits du montant des dommages et intérêts octroyés[1852]. Contrairement à la première hypothèse, le défendeur aura intérêt à se prévaloir de la régularité de la procédure américaine de *class action.*

Rappelons que conformément au droit américain, une décision de *class action* est supposée lier les membres de la classe (sauf si ces derniers exercent leur droit de s'exclure de la procédure par le biais de *l'opt out*), les empêchant ainsi d'intenter de nouvelles actions en justice. On parle ainsi de l'autorité négative de la chose jugée. *La res-judicata*[1853]constitue une des caractéristiques fondamentales de la procédure de *class action* et s'avère même inhérente à ses objectifs, à savoir l'économie de la justice et la prévisibilité des solutions, principalement pour le défendeur. Sa méconnaissance conduira sûrement à la formation de situations juridiques boiteuses. Le défendeur, qui a volontairement conclu une transaction internationale avec les plaignants pour se libérer de sa responsabilité, ou qui est condamné à payer des dommages et intérêts à ces derniers suite à un jugement, ne se trouvera pas à l'abri de nouvelles actions individuelles et/ ou collectives ayant le même objet engagées par les membres de la classe, notamment lorsque les auteurs de ces nouvelles actions individuelles en France sont les membres passifs ou virtuels, et dont le statut n'a pas été appréhendé quand les règles traditionnelles de reconnaissance et d'exécution ont été développées[1854].

Il convient dans une première section d'exposer les griefs qui peuvent être invoqués par le défendeur à l'encontre d'un jugement américain rendu à l'issue d'une *class action*, lorsque les demandeurs à la classe demandent l'exécution forcée du jugement en France (**Section 1**). Dans une deuxième section, nous envisagerons les motifs de non-reconnaissance qui peuvent être invoqués par les demandeurs à la classe, insatisfaits du jugement américain de *class action*, afin de justifier le renouvellement du procès en France (**Section 2**).

[1851] Sur cet aspect voir: P. WOOLLEY, « Collateral Attack and The Role of Adequate Representation in Class Suits for Money Damages », 58 Kansas L. Rev. 917(2010).

[1852] R. NAGAREDA, « Aggregate litigation across the Atlantic and the Future of American Exceptionalism », 62 VAND. L. REV. 1 (2009), spéc. p. 16: « *In their typical form, these collateral attacks involve new litigation by absent members of the class in judicial system different from the one that blessed the class settlement* ».

[1853] En droit américain, on parle de la notion de « *preclusive effect* ».

[1854] J. P.BROWN, « The Peril of certifying International Class Action in Canada », consultable sur: https://www.mccarthy.ca/pubs/The_Perils_of_Certifying_International_Class_Actions_in_Canada.pdf, spéc.n°16.10, p.287. Ainsi, selon cet auteur: « *This is because class actions create a new type of claimant-one that did not exist when the traditional recognition and enforcement Rules for named two-party litigation were developed* ».

Section 1 : Les motifs de non-reconnaissance invoqués par le défendeur à l'encontre d'une décision rendue à l'occasion d'une class action internationale

634. Il convient d'aborder, dans cette section, la question de l'efficacité d'un jugement rendu à l'issue d'une *class action* internationale[1855]lorsqu'un membre de la classe demande au juge français l'exécution forcée de la décision ou de la transaction qui résulte d'une procédure de *class action* sur les actifs détenus par le défendeur en France.

La régularité internationale du jugement étranger est une condition pour le reconnaître et lui octroyer force exécutoire en France[1856]. En l'absence d'un texte législatif en droit commun, les conditions de l'efficacité en France des décisions étrangères ont été posées par la jurisprudence française et systématisées ensuite par la doctrine.

Pour accorder l'exequatur, le juge français doit, conformément à la jurisprudence *Cornelissen*[1857], s'assurer que trois conditions soient vérifiées, à savoir la compétence indirecte du juge étranger (**§1**), l'absence de fraude à la loi (**§2**) et enfin, la conformité de la décision étrangère à l'ordre public international de fond et de procédure (**§3**). À cette fin, il convient de déterminer si les conditions de régularité, telles que posées par la jurisprudence française, seront satisfaites dans l'hypothèse spécifique d'une décision américaine rendue à l'issue d'une *class action* américaine.

§1- La compétence indirecte du juge américain en matière de *class actions* internationales

635. Conformément à la jurisprudence *Simitch*[1858], la satisfaction de la condition de la compétence indirecte du juge américain suppose l'absence d'une compétence exclusive du juge français (**I**) et l'existence d'un lien caractérisé entre le juge américain et le contentieux de *class action* (**II**).

I. L'absence d'une compétence exclusive du juge français

636. L'effacement de l'exclusivité indirecte du privilège de juridiction. Conformément à la jurisprudence *Simitch* précitée, la compétence du juge étranger suppose en premier lieu que le litige qu'il tranche ne relève pas de la compétence

---

1855 Sur l'efficacité des jugements étrangers en France, voir d'une manière générale : B. AUDIT et L. D'AVOUT, *op.cit.*, spéc. p. 448 et suiv ; P. MAYER et V. HEUZÉ, *op.cit.*, spéc. p. 269 et suiv : M.-L. NIBOYET et G. DE GEOUFFRE DE LA PRADELLE, *op.cit.*, spéc. p. 529 et suiv ; Y. LOUSSOUARN , P. BOUREL et P. DE VAREILLES-SOMMIÈRE, *Droit international privé*, spéc. p. 50 et suiv ; D. BUREAU et H. MUIR WATT, *Droit international privé*, t 1, *op.cit.*, spéc. p. 301 et suiv.

1856 D. BUREAU et H. MUIR WATT, *op.cit.*, spéc. n° 263 p. 302.

1857 Cass.civ.1re, 20 févr. 2007, *J. D. I.2007.1195*, note F.-X. Train ; *Rev. crit . DIP. 2007.420*, note B. Ancel et H. Muir Watt ; *D. 2007. 891*, obs. P. Chauvin, p. 1115, note L. d'Avout et S. Bollée ; *Gaz. Pal. 200 7.2*, note M.-L. Niboyet.

1858 Cass.civ.1re, 6 févr.1985, *Simitch*, *Rev. crit. DIP. 1985. 369* et chron. Ph. Francescakis, p. 243 ; *J. D. I. 1985. 460* note A. Huet ; Grands Arrêts n°70.

exclusive des juridictions françaises. Le privilège de juridiction étant aujourd'hui abandonné[1859] par la jurisprudence française[1860], une société de nationalité française attraite devant le for américain de *class action* ne peut plus opposer le privilège de juridiction de l'article 15 du Code civil pour mettre en jeu la compétence de ce juge au stade de l'exequatur en France.

II. L'existence d'un lien caractérisé entre le tribunal étranger et le litige

637. Il convient d'examiner le critère du lien caractérisé entre le litige et le tribunal étranger tel que posé par la jurisprudence française (**A**), avant d'explorer si la compétence indirecte des tribunaux américains est vérifiée conformément à ce dernier critère dans l'hypothèse des *class actions* internationales (**B**).

A- Le critère du lien caractérisé entre le litige et le tribunal étranger

638. La méthode du groupement des points de contact. Bien que la compétence du juge étranger soit l'une des conditions à satisfaire pour la reconnaissance d'une décision étrangère selon la jurisprudence française[1861], cette dernière n'a toutefois pas indiqué selon quels critères ce contrôle doit être effectué. Ainsi, les juridictions du fond ont expérimenté plusieurs méthodes d'appréciation de la compétence indirecte du juge étranger, donnant naissance à une jurisprudence fluctuante en la matière[1862]. L'orientation du droit positif a finalement été fixée par l'arrêt *Simitch*[1863] qui, selon la doctrine, représente un progrès décisif dans l'élaboration d'une règle de principe en matière de compétence indirecte[1864]. Dans cet arrêt, la Cour de cassation a considéré que « *le tribunal étranger doit être reconnu compétent, si le litige se rattache d'une manière caractérisée au pays dont le juge a été saisi (…)* »[1865].

En l'absence de définition du lien caractérisé, la relation entre le litige et le juge étranger est établie au moyen de la méthode de groupement des points de contacts. Il faudra ainsi s'en tenir à « *une appréciation globale à porter dans chaque cas en fonction de l'ensemble des circonstances de l'espèce* »[1866]. Ainsi, l'admission par le for, dont la décision est sollicitée en France, de sa compétence juridictionnelle selon des chefs de compétence différents de ceux consacrés en droit français, n'aura aucune incidence sur l'appréciation de la compétence indirecte

---

1859 D. BUREAU et H. MUIR WATT, *Droit international privé*, t 1, *op.cit.*, *spéc. n*°265, p. 304.

1860 Cass.civ.1re, 23 mai 2006, *Prieur*, *J. D. I. 2007. 956*, note B. Ancel et H. MUR WATT ; Voir aussi : B. AUDIT, « La fin attendue d'une anomalie jurisprudentielle : retour à la lettre de l'article 15 du Code civil », *D. 2006. 1846.*

1861 Cass.civ.1re 7 janv.1964, *Munzer*, *Rev. crit. Dip. 1964. 344*, note H. Batiffol ; *J. D. I. 1964. 302*, note B. Goldman.

1862 Y. LEQUETTE et B. ANCEL, *GAJDIP*, *op. cit.*, n°70, spéc. p. 640.

1863 Cass. civ. 1re, 6 fév.1985, *Simitch*, *Rev. crit. DIP. 1985. 369.*

1864 Y. LEQUETTE et B. ANCEL, *GAJDIP*, *op. cit.*, n°70, spéc. p. 640.

1865 Cass.civ.1re ,6 fév.1985, *Rev. crit. DIP. 1985. 369.*

1866 P. MAYER et V. HEUZÉ, *op.cit.*, spéc n°373, p. 280.

du tribunal étranger. En effet, l'existence d'un lien entre le litige et le tribunal étranger ne se fait pas par référence aux règles de compétence juridictionnelle françaises qui seraient bilatéralisées[1867].

B- Le critère des liens caractérisés et les class actions délocalisées devant les tribunaux américains

639. Les *class actions* délocalisées pour violation des réglementations économiques et les liens avec les tribunaux américains. La grande majorité des *class actions* américaines intentées à l'encontre des sociétés françaises et européennes sont souvent accompagnées par le vocable « délocalisées ». Ce terme évoque les liens relativement ténus que ces dernières entretiennent avec le juge américain et dont les hypothèses les plus poussées sont désignées par le terme de « *foreign cubed class actions* »[1868].

Cela ne veut pas pour autant dire que toutes les *class actions* intentées à l'encontre des sociétés françaises, ou celles comportant des membres français, auront des rapports ténus avec le for américain. Les sociétés françaises peuvent en effet, à titre d'exemple, être impliquées dans des transactions frauduleuses effectuées sur le marché américain.

Par conséquent, la compétence indirecte des tribunaux américains dans le cadre des *class actions* internationales en droit international économique ne pourra pas être évaluée d'une manière générale et abstraite. Les attaches du litige avec le for américain peuvent varier d'une espèce à l'autre. À cette fin, nous raisonnerons à partir d'un cas concret. L'affaire *Vivendi* paraît intéressante dans ce contexte parce qu'il s'agissait d'une part, d'un cas extrême de *class action* délocalisée[1869], et d'autre part, les tribunaux français ont eu l'opportunité de contrôler incidemment la compétence indirecte des tribunaux américains. Il en est ainsi dans le cadre de l'action en responsabilité pour *forum shopping* abusif et frauduleux intentée par ladite société à l'encontre des deux représentants des actionnaires européens et français dans l'instance New Yorkaise. Cette action visait à établir que l'engagement d'une *class action* devant les juridictions américaines incluant des actionnaires français de la société, était caractéristique d'un abus de *forum shopping*. En renversant la décision du Tribunal de grande instance déclarant l'action irrecevable, la cour d'appel de Paris avait, ainsi, eu l'opportunité de contrôler incidemment la compétence indirecte du tribunal américain[1870].

[1867] A. PINNA, « Les groupes internationaux de sociétés face aux class actions américaines », in X. Boucobza et G. Mecarelli (éd.), *Groupes Internationaux de sociétés : nouveaux défis, nouveaux dangers, op.cit.*, spéc. n°46, p. 35.

[1868] Voir *supra* n°144.

[1869] Il s'agissait en effet d'une « *foreign cubed class action* ».

[1870] Paris, 28 avr. 2010, Vivendi Universal, *D. 2010.1224*, obs. X. Delpech et p. 2323, obs. S. Bollée ; *JCP 2010, chron. 1191* par E. Jeuland; *Gaz. Pal. 2010. 11*, obs. M. Audit et M.-L. Niboyet ; *Procédures 2010*, repère 7 par C. Nourissat ; JCP G 2010, chron. 886 ; *D. 2010. 1224*, obs. X. Delpech et p. 2323, obs. S. Bollée; *JCP 2012*, note 241, note L. d'Avout.CA Paris, pôle 2, ch.2, 28 avril 2010, n°10/01643.

Il convient de rappeler que dans cette affaire, les attaches du litige avec la France étaient plutôt solides[1871]. En effet, le siège statutaire de la société était en France, une grande majorité de demandeurs était de nationalité française et les fausses déclarations sous-tendant l'achat des titres sur le marché français avaient été émises en France. En ce qui concerne les liens avec les États-Unis, ces derniers étaient moins significatifs : certaines déclarations trompeuses avaient été perpétrées dans ce pays, les dirigeants s'y étaient installés et les titres de la société étaient cotés en bourse sur le marché américain[1872]. Pourtant, ces liens ont été jugés appropriés par la cour d'appel de Paris qui, par le biais d'une analyse en termes de groupements de points de contact, a considéré que les liens avec le juge américain n'étaient ni « *fictifs, ni insignifiants* »[1873].

La méthodologie adoptée par la cour d'appel de Paris pour contrôler la compétence indirecte du juge américain correspond bien au système français de la compétence indirecte tel que consacré par la jurisprudence française. Il ne s'agit pas, et contrairement à ce que préconise une partie de la doctrine, de se prononcer en faveur de la compétence du juge de l'ordre juridique avec lequel il existe un « *lien prépondérant* »[1874].

L'existence d'un lien caractérisé, même prépondérant avec le for, ne doit pas impliquer automatiquement l'incompétence du juge étranger avec lequel il existe aussi un lien caractérisé. En effet, la condition posée par la jurisprudence *Simitch* ne se prononce pas en faveur d'une balance des liens caractérisés existant entre le litige et le juge du for, d'une part, et le litige et le juge étranger, d'autre part.

La solution de la Cour d'appel de Paris peut ainsi être applicable aux hypothèses de *class actions* internationales intentées devant les tribunaux américains, toutes les fois que des liens significatifs – pas nécessairement prépondérants – existent entre le litige et le for américain. Cette ouverture est d'autant plus justifiée que l'affaire *Vivendi* ainsi que la plupart des hypothèses de *class actions* internationales mettent en jeu des multinationales qui « *profitent largement de l'internationalisation de leurs structures pour optimiser leur situation fiscale, réduire leurs coûts sociaux et répartir de par le monde leurs actifs au gré de leur intérêt* »[1875]. Il ne serait donc pas « *légitime* » que celles-ci se prévalent du juge ayant les liens prépondérants avec le litige.

Il convient pour terminer, de mentionner que les tribunaux français pourront être amenés dans le futur à reconnaître des décisions de *class action* internationales en provenance du Canada avec l'expansion du rôle des tribunaux canadiens dans le

---

1871 M. AUDIT et M-L. NIBOYET, « L'affaire Vivendi Universal SA ou comment une *class action* diligentée aux Etats-Unis renouvelle le droit du contentieux international en France », *Gaz. Pal. 2010.11*, spéc. n°44, p.20.

1872 *Ibid.*

1873 Paris, 28 avr. 2010, Vivendi Universal, *précité*. « *Que le lien sérieux existant entre le litige et le for américain à savoir les actions acquises par les intimés étaient cotées à la bourse de New York, les infractions reprochées à la société Vivendi consistaient en un non-respect par celle-ci de la réglementation boursière de l'État de New York où ils avaient un certain nombre de déclarations, tous éléments qui, au demeurant, ont été amplement débattus devant le juge américain à l'occasion de la procédure de certification de la classe action dont il avait à connaître, ne permettent pas de considérer que le choix de ce juge n'était pas approprié* ».

1874 J. LEMONTEY et N. MICHON, « Les « class actions » américaines et leur éventuelle reconnaissance en France », *J.D.I.2009.539*, spéc. n°70, p. 551.

1875 M. AUDIT et M.-L. NIBOYET, « L'affaire Vivendi Universel SA ou comment une *class action* diligentée aux États Unis renouvelle le droit du contentieux international en France », *Gaz. Pal. 2010.11*, spéc. n°45, p. 20.

redressement des dommages de masse globaux, surtout ceux relevant de la fraude boursière internationale[1876]. D'une manière générale, on pourra dire que la compétence indirecte des tribunaux canadiens ne soulèvera pas de problèmes, puisque l'exercice par les tribunaux canadiens de leur compétence juridictionnelle est conditionné par l'existence d'un lien réel et substantiel (*real and substantial connection*) entre le litige et les tribunaux canadiens[1877], ce qui satisfait le critère de la compétence indirecte instauré par la jurisprudence française.

640. Quel intérêt présente donc la consécration d'un chef de compétence désignant le for le plus approprié ? On pourrait se demander, dans ce contexte, quel serait l'intérêt de consacrer un chef de compétence exclusif désignant le for le plus approprié en matière de régulation du contentieux international des actions de groupe, si la jurisprudence française admet d'ores et déjà que la compétence indirecte du juge étranger peut être établie par la seule existence de liens avec le for étranger et le litige, sans la nécessité que ces liens soient des liens prépondérants.

À notre sens, le contrôle effectué par la Cour d'appel de Paris dans le cadre de l'affaire *Vivendi,* ne concernait que la compétence indirecte des tribunaux américains puisque, dans le cadre de l'action engagée en France, la juridiction du deuxième degré n'avait pas eu l'occasion d'appréhender la reconnaissance et l'exécution d'une décision issue d'un contentieux de groupe d'une manière générale

En effet, si la compétence indirecte du juge américain ne semble pas poser problème pour la cour d'appel de Paris, il n'en est sûrement pas ainsi en ce qui concerne les autres éléments de la décision de *class action* qui peuvent être censurés par les tribunaux français sur le terrain de l'ordre public. Or, comme nous allons le voir, l'ordre public intervient différemment selon les liens qu'entretient le litige avec le for américain. Partant, une même décision de *class action* pourra être admise ou rejetée devant le for français au nom de l'ordre public international selon les liens que le litige entretient avec les différents fors impliqués dans le litige[1878].

641. Compétence indirecte du juge américain dans le cadre des *class actions* extraterritoriales fondées sur l'*ATA*. L'exercice par les tribunaux américains de leur compétence juridictionnelle peut être controversé dans le cadre des *class actions* intentées sous les auspices de l'*ATA*. Ce dernier confère aux tribunaux américains une compétence universelle pour les violations des droits de l'homme commises à l'égard d'un étranger (*Alien)*. Rappelons que cette compétence universelle a été essentiellement interprétée par une partie de la doctrine avant le prononcé de l'arrêt *Kiobel,* dans le sens qu' « *aucune condition de proximité relative aux circonstances génératrices du délit n'était requise* » et que, *l'ATA* ne mettait pas en cause les règles ordinaires de compétence personnelle à l'égard du défendeur[1879]. Ainsi, la plupart des sociétés attraites devant le for américain présentaient un lien de rattachement avec les États-Unis, et les tribunaux américains

---

[1876] Voir *supra* n°216.

[1877] Voir *supra* n°216.

[1878] Voir *infra* n°649 et suiv.

[1879] Voir s*upra* n°152.

n'ont pas hésité à invoquer le chef de compétence de *doing business*[1880] en vue de justifier l'exercice de la compétence juridictionnelle, alors même que l'action était fondée sur l'*ATA*.

642. Le critère de compétence du *doing business* ne satisfait pas le test des liens caractérisés posé par l'arrêt *Simitch*. C'est principalement le chef de compétence de *doing business* qui soulève des difficultés au niveau de l'appréciation par juge français de la compétence indirecte du juge américain. Conformément à ce critère de compétence, les tribunaux américains peuvent exercer leur compétence générale (*general jurisdiction*) à l'encontre d'un défendeur sur le seul fondement de son activité continue et substantielle devant le for[1881] (*continuous and systematic contacts with the forum*) même si celle-ci n'est pas liée au litige. La justification de cette compétence telle qu'avancée par la Cour suprême dans l'affaire *International Shoe Co .v. Washington*[1882] tient au fait qu'une société qui s'engage dans des activités au sein d'un État bénéficie des privilèges et de la protection accordés par les lois de cet État et doit, en même temps, répondre aux obligations imposées par les lois en vigueur de cet État[1883].

Le chef de compétence du *doing business* est très critiqué, précisément par la doctrine continentale qui considère que le lien qu'il établit avec le juge américain est trop ténu, d'autant plus que de nombreuses sociétés ou groupes internationaux, ont des activités aux États-Unis. Outre le risque qu'il apporte à la sécurité juridique, en particulier celle du défendeur[1884], ce chef de compétence tend à favoriser le *forum shopping*[1885]. Or, un nombre significatif *de class actions* intentées sous les auspices de l'*ATA* ont été à l'encontre de

---

[1880] En effet, plusieurs sociétés étrangères ont été attraites sous les auspices de *l'ATA* conformément au chef de compétence du *doing business* à l'instar de la multinationale *Royal Dutch Shell* dont les filiales, *Dutch Petroleum Company* et *Shell Transport and Trading* étaient respectivement incorporées aux Pays-Bas et au Royaume-Uni; la société canadienne *Talisman Energy*, la société allemande *Daimler-Chrysler*, la société jordanienne *Arab Bank*, etc. Les actes commis par ces sociétés avaient eu lieu à l'extérieur des États-Unis, dans des pays en voie de développement à l'instar du Soudan, l'Afrique du Sud, et le Nigeria. Voir à ce sujet : C. BROECKER, « Alien Tort Statute Litigation and Transnational Business Activity: Investigation the Potential for a Bottom-up Regulation Regime », IILJ Emerging Scholars Paper 16 (2010), consultable sur : http://www.iilj.org/publications/ESP16-2010Broecker.asp, spéc. p.38.

[1881] J. SILBERMAN, « The impact of Jurisdictional Rules and Recognition Practice on International Business Transactions, the US Regime », 26 Houston J.Int'l.327 (2004), spéc. p.333.

[1882] *International Shoe Co. v. Washington*, 326 U.S. 310 (1945): « *To the extent that a corporation exercises the privilege of conducting activities within a state, it enjoys the benefits and protection of the laws of that State but also incurs corresponding obligations placed upon it by a state* ».

[1883] Ainsi, selon le juge Brennan : « *As active participants in interstate and foreign commerce take advantage of the economic benefits and opportunities offered by the various States, it is only fair and reasonable to subject them to the obligations that may be imposed by those jurisdictions. And chief among the obligations that a non-resident corporation should expect to fulfill is amenability to suit in any forum that is significantly affected by the corporation's commercial activities* » cité dans l'article de L. SILBERMAN, «The impact of Jurisdictional Rules and Recognition Practice on International Business Transactions: the US regime», 26 Houston J.Int'l.327 (2004), spéc. p. 336.

[1884] Ainsi, selon Madame Silberman : « *The most difficult problem for foreign defendants in dealing with the existing regime of U.S. jurisdictional Standards-whether the exercise of jurisdiction that of general or specific jurisdiction-is the inability to extrapolate clear Rules and the resulting lack of predictability in knowing how to structure affairs or to make decisions with respect to litigation strategy* », in « The impact of Jurisdictional Rules and Recognition Practice on International Business Transactions: The U.S. regime », 26 Houston J.Int'l.327 (2004), spéc. p.339.

[1885] D. Cohen, « Contentieux d'affaires et abus de forum shopping », *D. 2010. 975*, spéc. n°30 p. 980.

sociétés principalement implantées à l'extérieur des États-Unis alors que l'exercice de la compétence juridictionnelle américaine à l'égard du défendeur se fondait sur le chef de compétence du *doing business*. À titre d'exemple, dans *l'affaire Wiwa v. Royal Dutch Shell*, les sociétés défenderesses *Royal Dutch Petroleum (Royal Dutch)* et *Shell Transport and Trading Co. (Shell transport)*, implantées respectivement aux Pays-Bas et en Angleterre, ont été attraites devant les cours fédérales du second circuit, et, la compétence des tribunaux américains a été retenue selon le chef de compétence de *doing business*. Les deux sociétés avaient des titres commercialisés sur le marché américain et ont été impliquées, à travers leurs filiales aux États-Unis, dans des transactions ayant eu lieu sur le marché américain[1886].

Il s'ensuit que la compétence juridictionnelle américaine fondée sur le chef de compétence du *doing business* pourra ne pas satisfaire la condition du lien caractérisé, telle que mise en place par la jurisprudence *Simitch*. Ainsi, les *class actions* pour violation des droits de l'homme initiées sous les auspices de l'*ATA* risqueraient d'être rejetées en France sur le terrain de la compétence indirecte.

643. Le for américain de *class action* en matière de violations massives des droits de l'homme : un for de nécessité. Une telle conclusion est cependant à nuancer. En effet, il ne faut pas oublier que les *class actions* extraterritoriales intentées sous les auspices de l'*ATA* (avant le prononcé de l'arrêt *Kiobel*) mettaient en jeu des victimes de violations massives des droits de l'homme. Par conséquent, le for américain bien que « for exorbitant », peut opérer en tant que « for de nécessité », destiné à remédier à un certain déni de justice dans la mesure où aucun des fors ordinaires ne pouvait servir de soutien à la justice. Ainsi, on voit mal comment les victimes de telles violations peuvent faire appel aux juges dans les pays dans lesquels ces actes ont été commis ou aux juges du siège de la société défenderesse.

Dans les pays hôtes, la réglementation des activités des multinationales est difficilement envisageable. En raison des pressions considérables exercées sur les gouvernements d'accueil afin de créer un environnement propice aux investissements étrangers, ces derniers sont amenés le plus souvent à adopter des législations trop souples et peu protectrices. En outre, sont souvent en jeu, soit des gouvernements corrompus permettant ainsi aux multinationales de mobiliser leurs ressources économiques et politiques pour faire échec à toutes réglementations ou toutes enquêtes judiciaires à leur encontre, soit des gouvernements qui ne disposent pas de ressources judiciaires nécessaires pour réglementer ou gérer, à travers leur système judiciaire, un contentieux complexe mettant en cause une multitude de victimes[1887]. Une telle réalité a d'ailleurs été

[1886] *Wiwa v. Royal Dutch Petroleum Co.*, No. 96 Civ. 8386 (KMW) (HBP), 1998 U.S. Dist. LEXIS 23064 (S.D.N.Y. Sept. 25, 1998), où la Cour a considéré: « *The defendant controls a vast, wealthy majority, and far-flung business empire which operates in most parts of the globe. They have a physical presence in the forum state, have access to enormous resources, face little or no language barrier, have litigated in this country on previous occasions, have a four-decade long relationship with one of the nation's leading law firms, and the parent companies of one of America's largest corporations, which has a very significant presence in the New York City, furthermore, where the trial would be held, is a major world capital which offers central location, easy access and extensive facilities of all kinds* ».

[1887] J. G. RUGGIE, « Obstacles to Justice and Redress for Victims of Corporate Human Rights Abuse », University of Oxford Pro Bono Publico, Published on 3 November 2008, consultable sur: https://business-humanrights.org/en/pdf-obstacles-to-justice-and-redress-for-victims-of-corporate-human-rights-abuse.

bien discernée par le représentant spécial du Secrétaire Général des Nations Unies pour les affaires des droits de l'homme, constatant que certains gouvernements d'accueil sont incapables de réglementer efficacement les activités des multinationales sur leurs propres territoires, qu'ils le souhaitent ou non[1888].

En outre, les pays du siège des multinationales (non américaines), ne possédaient pas à l'époque du flux des *class actions* internationales intentées sous les auspices de l'*ATA* devant les tribunaux américains, une procédure permettant le regroupement des victimes et n'offraient pas aux plaideurs la gratuité des services des avocats. Ces constatations ont été, en effet, parfaitement illustrées par le Premier ministre hollandais, dans le cadre de la transaction intervenue à la suite de l'affaire *Wiwa*[1889], où celui-ci a considéré: « *We should be ashamed, as Dutch and Europeans, that there was no place in the Netherlands for Saro-Wiwa's relatives to take their grievances. There is work to be done here for Dutch and European lawmaker.Society has the right to expect corporations to act in a social responsible manner, especially so in the case of multinational corporations because of the great power and influence they have* »[1890].

Ainsi, face aux handicaps des systèmes juridiques des pays d'accueil et ceux des pays du siège, aucune réparation n'était obtenue par les victimes[1891]. Cela nous place face à un véritable dilemme. D'une part, l'exploitation délibérée d'un lien non significatif avec le for américain saisi paraît condamnable et justifie le refus de la reconnaissance et de l'exécution d'une décision rendue par un for dénué de tout lien avec le litige. D'autre part, il paraît inacceptable de priver les demandeurs de l'accès à la justice. Pour sortir de cette impasse, il convient à notre sens de se demander si la jurisprudence française et européenne n'a pas consacré des chefs de compétences « exorbitants » dans des situations où serait en cause la violation des droits fondamentaux.

En droit français, la doctrine considère que la compétence universelle des tribunaux américains, dans le cadre des *class actions* intentées sous les auspices de l'*ATA*, se démarque de celle exercée sur le fondement du déni de justice en droit français[1892] car la compétence des tribunaux français, dans cette dernière hypothèse, est subordonnée à l'absence d'accès à un autre juge et à l'existence d'un lien même très ténu avec le for saisi[1893]. Or, comme nous l'avons déjà relevé, l'exercice par les tribunaux américains de

---

1888 J. G. RUGGIE, « Business and Human Rights: The Evolving Agenda, Corporate Social Responsibility Initiative » Working Paper No.31, consultable sur : http://www.hks.harvard.edu/m-rcbg/CSRI/publications/workingpaper_38_ruggie.pdf, spéc. p. 16.

1889 Dans le cadre de cette affaire, la société *Shell* avait été complice avec le gouvernement militaire nigérian et les forces de sécurité. En effet, ces derniers étaient accusés d'avoir perpétré des violations des droits de l'homme, prenant la forme de torture et l'exécution sommaire de membres du MOSOP dans le but de mettre fin à leurs activités.

1890 Tel que cité dans: *Shared Social Responsibility : Putting Theory Into Practice*, Council of Europe Publishing, consultable sur : http://www.coe.int/t/dg3/socialpolicies/socialcohesiondev/source/Trends/Trends-24_en.pdf., spéc. p.101.

1891 H. MUIR WATT, « Aspects économiques de droit international privé », *RCADI* 2004, t .307, p.25, spéc. n°245, p. 301.

1892 H. MUIR WATT, « Aspects économiques de droit international privé », *RCADI* 2004, t .307, p.25, spéc. n°258, p. 318.

1893 H. GAUDEMET-TALLON, « Compétence civile et Commerciale », *Encyclopédie Dalloz de droit international*, 1998, spéc. n°62. Voir aussi l'arrêt *Comilog* rendu par la cour d'appel de Paris ou la compétence des juridictions françaises, bien que fondée sur le déni de justice, a été conditionnée à l'existence d'un lien

leur compétence juridictionnelle sur le fondement de l'*ATA* est basé sur l'existence d'un lien avec les États-Unis (*le critère du doing business*) et sur l'handicap des systèmes juridiques des pays d'accueil à entendre les victimes, ce qui à notre sens s'apparente à l'hypothèse du déni de justice telle que consacrée par le droit français.

Quoi qu'il en soit, et même si l'on considère que la compétence juridictionnelle des tribunaux américains sur le fondement de l'*ATA* s'apparente plutôt à une « compétence universelle » basée sur l'existence d'atteintes à certains droits fondamentaux, ou à une compétence basée sur l'absence d'accès à la justice, cela ne devrait pas changer considérablement la donne au regard de la question de la reconnaissance et de l'exécution d'une décision américaine de *class action* en France. En effet, il nous semble que la jurisprudence française a tendance à doter le concept de déni de justice d'une envergure assez large.

C'est ainsi qu'en 1985, les tribunaux français se sont déclarés compétents à l'encontre d'une société non française, accusée d'avoir envoyé des citoyens français dans des camps de concentration nazis, considérant que les crimes contre l'humanité, dont la société était accusée, ne sont pas simplement réprimés par la loi française mais aussi par l'ordre criminel international, pour qui les notions de frontières et d'extradition sont étrangères[1894].

Il demeure cependant possible de soutenir que, dans cette affaire, la compétence universelle des tribunaux français a été exercée par des tribunaux pénaux, et que les individus victimes n'ont fait que rejoindre en tant que parties civiles la procédure pénale. Si cette dernière considération peut réduire la portée de cet arrêt, la compétence universelle des tribunaux pénaux étant désormais consacrée par plusieurs systèmes juridiques pour les crimes internationalement reconnus, un autre arrêt rendu par la Cour de cassation peut toutefois être invoqué au soutien de nos arguments.

Il s'agit de l'affaire *Moukarim.* Dans cette espèce, une jeune nigériane était placée au service d'un employeur britannique résidant au Nigéria en vertu d'un contrat de travail signé par sa famille et dont les clauses étaient typiques d'une pratique esclavagiste. Accompagnant son maître dans le cadre de son voyage en France, la jeune esclave réussit à s'enfuir et à intenter une action à l'encontre de son employeur devant le Conseil français des prud'hommes. À tous les stades de la procédure, le défendeur ne cessa d'invoquer l'incompétence juridictionnelle et législative des tribunaux français en raison des liens, dit-il « très ténus » de l'affaire avec la France. Ces arguments ont été vivement rejetés par la Cour de cassation dans son arrêt rendu le 10 mai 2006. La haute juridiction a considéré que : « *l'ordre public international s'oppose à ce qu'un employeur puisse se prévaloir des règles de conflit de juridictions et de lois pour décliner la compétence des juridictions nationales et évincer l'application de la loi française dans un différend qui présente un rattachement avec la France et qui a été élevé par un salarié placé à son service sans manifestation personnelle de sa volonté et employé dans des conditions ayant méconnu sa liberté individuelle* »[1895].

---

avec la France. Sur cette affaire voir : E. PATAUT, « Déni de justice et compétence internationale dans les litiges internationaux du travail », *D. 2016. 1175.*

1894Cass. crim., 20 déc. 1985, *Fédération nationale des déportés et internes résistants patriotes c. Barbie*, *RGDIP 1986.1024.*

1895 Cass.soc.10 mai 2006, *Rev. crit. DIP. 2006. 856*, note P. Hammje et E. Pataut ; *JCP 2006. II. 1021*, note S. Bollée.

L'attendu de la Cour de cassation n'invoque guère le concept de déni de justice. À supposer que cette omission ait été involontaire, disons par oubli ou manque d'attention[1896], la règle posée par la Cour de cassation nous semble être d'une ampleur beaucoup plus large que celle relative au déni de justice, dans la mesure où la condition de la double incompétence n'était pas vérifiée, le contrat prévoyant un for étranger et l'application d'une loi étrangère.[1897] L'arrêt précité adopte ainsi une définition plutôt large de la notion de déni de justice[1898]. Ce qui est en cause n'est donc pas simplement la possibilité de faire valoir ses arguments devant une juridiction, mais encore, de faire « *prévaloir au fond une solution considérée comme la seule acceptable* »[1899]. Par l'exercice de la compétence juridictionnelle dans une affaire dont le lien unique avec la France était la seule présence du défendeur sur le territoire français, et dont le contrat à l'origine du litige désignait un autre for pour régler le litige, les tribunaux français semblent, à l'instar du for américain, mobiliser leurs ressources judicaires pour accueillir les victimes de violations des droits fondamentaux.

Les tribunaux néerlandais semblent également s'engager dans la voie de l'exercice d'une compétence juridictionnelle universelle en matière de violations des droits de l'homme[1900]. Ainsi, dans l'affaire *Akpan*, les tribunaux néerlandais condamnaient la filiale de la société hollandaise *Shell* pour avoir violé son obligation de protection à l'égard du peuple des Ogoni au Nigéria lors de son exploitation des ressources pétrolières au Nigéria. Il s'agissait d'une *foreign cubed action* où le dommage avait été subi à l'étranger, par une société étrangère, à l'occasion d'activités entreprises en dehors de la sphère du forum[1901]. De même, les tribunaux néerlandais n'ont pas hésité à retenir leur compétence juridictionnelle dans une autre *foreign cubed action*, allouant ainsi des dommages et intérêts à un médecin palestinien torturé par des agents libyens[1902].

Sur le plan européen, bien que la Commission européenne ait observé, lors de son intervention en tant qu'*amicus curiae* devant les tribunaux américains dans le cadre de l'affaire *Kiobel*, que l'exercice par les tribunaux américains de leur compétence universelle était en accord avec les principes de droit international[1903], l'insertion d'un for de nécessité dans la refonte du Règlement Bruxelles I, qui aurait été accessible dans des litiges dirigés contre des entreprises localisées en dehors de l'Union européenne, n'a pas

---

1896 Puisque dans son communiqué, la Cour de cassation rapproche explicitement la solution posée à celle de la compétence fondée sur le déni de justice.

1897 L. USUNIER, « Feu la compétence universelle du juge américain pour connaître des atteintes aux droits fondamentaux garantis par le droit international », *RTD Civ. 2014.324,* spéc.p.328 : « *Tout au plus l'arrêt Moukarim consacrait-il une acceptation plus large du déni de justice que celle traditionnellement retenue, puisqu'il n'y avait pas en l'espèce de conflit négatif de compétence, mais simplement une impossibilité pour la plaignante d'exercer son action en justice au Nigeria doublée d'une absence d'espoir sérieux d'obtenir gain de cause dans ce pays* ».

1898 Sur cette notion voir d'une manière générale : V. L. CORIBON, *le déni de Justice en droit international privé, PUAM 2004.*

1899 P. Hammje et E. Pataut, note sous arrêt, *Rev. crit. DIP. 2006. 856*, spéc. p. 869.

1900 A. BÛCHER, « La compétence universelle civile », *op.cit., spéc.* n°15, p. 36.

1901 C. RYNGAERT, « Tort Litigation in Respect of Overseas Violations of Environmental Law Committed by Corporations: Lessons from Akpan v Shell Litigation in the Netherlands », consultable sur: https://www.mcgill.ca/jsdlp/files/jsdlp/jsdlp_2013_volume_8_issue_2_245_260.pdf.

1902 *El-Hjouj c. Amer Derbas et al. 12 mars 2012*, Case No.400882/HA ZA 11-2252.

1903 A. BÜCHER, « La compétence universelle civile », *RCADI 2014,* t.372, p.9, spéc. n°15 p. 36.

abouti. En effet, l'Union européenne voyait dans la consécration d'un tel chef de compétence, le risque de ne plus pouvoir s'opposer à l'exercice par les tribunaux américains d'une compétence juridictionnelle universelle à l'encontre des sociétés européennes[1904].

Si la jurisprudence française ne semble pas réticente vis-à-vis de l'exercice d'une compétence universelle dans le cadre des différends mettant en jeu la violation de droits fondamentaux, un jugement américain issu d'une *class action* en matière de violation des droits de l'homme ne doit pas ainsi être rejeté en France sur le terrain de l'incompétence juridictionnelle des tribunaux américains. D'ailleurs, la jurisprudence comparée s'est montrée tolérante quant à l'exercice par le for américain d'une compétence juridictionnelle universelle en matière de violations des droits de l'homme. C'est ainsi qu'un tribunal suisse n'a pas hésité à reconnaître un jugement américain dans une affaire intentée sous les auspices de l'*ATA* à l'encontre de Ferdinand Marcos. Généralement, les juridictions suisses ne reconnaissent les jugements étrangers que dans le cadre de traités réciproques. Toutefois, la Cour suprême suisse a considéré que la nature des droits en jeu, droits protégés par des traités internationaux, par la loi coutumière et par les normes de *jus cogens*, militaient en faveur de la reconnaissance par les tribunaux suisses de certains aspects du jugement américain, même en l'absence de traité[1905].

Il convient enfin de relever que l'arrêt *Kiobel* rendu par la Cour Suprême américaine[1906] est susceptible de changer considérablement la donne. En exigeant l'accomplissement d'actes illicites sur le territoire américain pour fonder la compétence juridictionnelle, conformément à l'*ATA*, il est clair que la compétence indirecte des tribunaux américains sera acquise conformément aux standards avancés par l'arrêt *Simicth* du fait de l'existence d'un lien significatif entre le for américain et le litige.

644. ***Transition.*** En plus de l'examen par les tribunaux français de la compétence indirecte des tribunaux américains en matière de *class action* internationale, le jugement américain de *class action* devra également passer l'examen de la fraude.

§ 2- L'absence de fraude

645. Pour pouvoir être exécuté en France, un jugement américain de *class action* doit subir l'examen de la fraude. La fraude est associée à la pratique du *forum shopping* malus (**I**). Le jugement américain de *class action* doit aussi satisfaire une condition supplémentaire : il ne doit pas résulter d'un abus d'ester en justice exercé par les demandeurs de la classe (**II**)

1904 *Ibid.*

1905 *In re Federal Office for Police Matters,* Judgement by the Swiss Federal Supreme court, Case 1A.87/1997/err Dec.10, 1997). Sur cette affaire: voir : B. V. SCHAACK, « Unfilled Promise : The Human Rights Class Action», U.Chi.Legal F.279 (2003), spéc. p. 284 et s.

1906 Voir *supra* n°163.

I. La fraude et le *forum shopping malus* dans le cadre des *class actions* internationales

646. La fraude au jugement. La théorie classique de la fraude à la loi s'est focalisée dès l'origine sur les conflits de lois[1907]. Cependant, l'arrêt *Cornelissen* changea la perspective. Ayant supprimé le contrôle de la loi applicable, une partie de la doctrine française considère aujourd'hui que la fraude ne se mesure plus par rapport à la loi, et seule la fraude au jugement, telle que mise en avant par l'arrêt *Simitch*, demeure à l'ordre du jour[1908].

647. La fraude se rattache à la notion de *forum shopping*. L'idée de fraude au jugement se rattache substantiellement à celle du *forum shopping* frauduleux ou *malus*[1909]. Le *forum shopping* fait partie du vocabulaire de base du droit international privé[1910]. Défini d'une manière neutre, celui-ci peut être considéré « *comme le choix d'un for en fonction des avantages pouvant résulter du droit matériel (voire procédural) qui sera appliqué* »[1911]. C'est donc l'ordre international, tel que conçu aujourd'hui, qui est favorable au développement de la pratique du *forum shopping*. En effet, d'une part, il ouvre aux plaideurs la possibilité de choisir entre plusieurs juridictions afin d'engager une action en justice ; d'autre part, il leur fournit les motifs d'exploiter cette faculté[1912].

Faisant initialement son apparition dans le contentieux international relatif au droit de la famille avec les deux célèbres affaires *Patino*[1913] et *Weiller*[1914], les transformations sociales et la globalisation des échanges et du commerce « *ont abouti à l'amplification de ce phénomène dans la sphère des échanges économiques* »[1915].

Nous pensons que ce phénomène sera d'autant plus amplifié si le courant dénommé *Law and Economics*[1916], émergeant outre Atlantique, et qui considère les systèmes juridiques comme étant des biens à la disponibilité des plaideurs, réussit à prendre place au sein de la pensée internationaliste.

1907 E. CORNU, « Forum shopping et abus du choix de for en droit international privé », *J. D. I. 2007.27*

1908 En ce sens, P. MAYER et V. HEUZE, *Droit international privé, op.cit.*, spéc. n° 391, p. 295. Pour une vision opposée voir : Y. LOUSSOUARN, P. BOUREL et P. DE VAREILLES-SOMMIÈRES, *Droit international privé, op.cit.*, spéc. p. 876 et suiv. ; M.- L . NIBOYET et G. DE GOUFFRE DE LA PRADELLE, *Droit international privé, op.cit.*, spéc. n°779, p. 536 ; B. AUDIT et L. D'AVOUT, *Droit international privé, op.cit.*, spéc. n°536, p.472.

1909 Ainsi la preuve de ce dernier équivaut à la preuve d'une fraude au jugement.

1910 P. DE VAREILLES-SOMMIÈRES, « Le forum shopping devant les juridictions françaises », *TCFDIP* 1998-1999, p.49.

1911 Concl. Av. gén. M. RUIZ-JARABO COLOMER, précédant C.J.C.E., 28 septembre 1999 (Groupe Concordee.a. c. Capitaine commandant le navire « Suhadiwarno Panjan » e.a.), C-440/97, Rec., 1999, I, p. 6314, pt.19, note infrapaginale n°10.

1912 P. DE VAREILLES-SOMMIÈRES, « Le forum shopping devant les juridictions françaises », *TCFDIP* 1998-1999, p.49, spéc. p.50.

1913 Cass.civ.1re Sect. 15 mai 1963, Patino, *Rev. crit. DIP. 1964. 532*, note P. Lagarde ; *JCP. 1963. II. 13365*, note Motulsky.

1914 Cass.civ., 1re Sect.civ., 22 janvier 1951, Weiller, *Rev. crit. Dip.1951.167*, note Francescakis.

1915 D. Cohen, « Contentieux d'affaires et abus de forum shopping », *D. 2010. 975.*

1916 Voir *supra* n°172.

Si le choix par les plaideurs d'un for est souvent déterminé par des considérations substantielles ou matérielles, il ne faut cependant pas négliger les considérations procédurales qui peuvent influencer aujourd'hui un tel choix[1917]. Le phénomène des *class actions* extraterritoriales et délocalisées intentées devant le for américain par des demandeurs étrangers à l'encontre de sociétés étrangères, pour des faits ou des transactions ayant eu lieu à l'étranger en constitue une parfaite illustration. Comme nous l'avons déjà mentionné, le choix du for américain n'est pas lié à des considérations matérielles relatives à la loi applicable, mais plutôt à des considérations procédurales tenant principalement à la procédure de *class action* et à ses accessoires.

648. *Forum shopping bonus* et *forum shopping malus*. S'il est admis par la doctrine que la sélection d'un tribunal déterminé parmi plusieurs possibilités n'est pas en « *soi un mal* »[1918], cette dernière distingue entre le forum *shopping bonus* licite, et le forum *shopping malus*[1919] illicite, qui n'est autre que la fraude à la compétence. Mais, prouver la fraude à la compétence et en l'occurrence le *forum shopping malus* n'est pas une tâche facile à accomplir à l'aune de la méthode des points de contacts adoptée par la Cour de cassation française pour les besoins du contrôle de la compétence indirecte du tribunal étranger. En effet, selon cette méthode, les compétences concurrentes s'ouvrent au demandeur pour choisir, parmi plusieurs juridictions, celle qui présente non pas les liens étroits, mais simplement des liens significatifs avec le litige. Dès lors, sous quel chapeau doit-on situer la délocalisation du contentieux international des *class actions* : *forum shopping bonus* ou *forum shopping malus* ?

Les conditions du *forum shopping malus* ont été posées par la jurisprudence et systématisées par la doctrine. Deux types de causes d'irrégularité de choix de for peuvent être catégorisées sous la rubrique du *forum shopping* illicite : les causes objectives et les causes subjectives[1920].

649. Les causes objectives du *forum shopping malus*. Sont inclus dans la première catégorie, le choix d'un for sans aucun lien substantiel avec le litige, le choix d'un for dans le but de mettre en échec une procédure régulièrement introduite devant un autre for et enfin, le choix d'un for pour mettre en échec une compétence exclusive française[1921].

650. Les causes subjectives du *forum shopping malus*. Les causes subjectives, quant à elles, sont liées à des considérations tirées du but procédural poursuivi par le

---

[1917] Ainsi, selon Madame Muir Watt : « *C'est dans le champ des actions de groupe et des procédures provisoires qui relèvent tous deux du droit procédural que la congruence entre ordres juridiques se nouent aujourd'hui* », in H. MUIR WATT, « La régulation de l'économie globale et l'émergence de compétences déléguées : sur le droit international prive des actions de groupe », *Rev. crit. Dip. 2008. 581*, spéc. p.590

[1918] P. DE VAREILLES-SOMMIÈRES, « Le forum shopping devant les juridictions françaises », *TCFDIP 1998-1999*, p.49, spéc. p.50.

[1919] *Ibid.*

[1920] P. DE VAREILLES-SOMMIÈRES, « Le forum shopping devant les juridictions françaises », *TCFDIP 1998-1999*, p.49, spéc. p. 50.

[1921] P. DE VAREILLES-SOMMIÈRES, « Le forum shopping devant les juridictions françaises », *TCFDIP 1998-1999*, p. 49, spéc. p. 52-53.

demandeur et sont donc nécessairement liées à l'intention de l'auteur de l'action. D'après la jurisprudence *Garret*[1922], deux éléments sont indispensables pour caractériser l'élément subjectif de la fraude à la juridiction ; d'une part, un élément matériel concrétisé par une sorte de manœuvre destinée « *à soustraire le litige du juge normalement compétent* »[1923] ; d'autre part, un élément intentionnel « *constitué par l'objectif procédural répréhensible de cette manœuvre* »[1924].

651. La satisfaction des conditions de la fraude et les *class actions* délocalisées. Revenons-en maintenant à l'hypothèse des *class actions* délocalisées intentées à l'encontre de sociétés françaises, en s'appuyant sur l'affaire *Vivendi*. La société *Vivendi*, dans le cadre de son action intentée devant les tribunaux français, invoquait la fraude au jugement en soutenant que le comportement des actionnaires visant à bénéficier de la procédure américaine de *class action* s'apparentait à un *forum shopping* qui devait être sanctionné ; le litige, toujours selon les prétentions de la société, relevant de la compétence naturelle du juge français, ayant été faussement rattaché aux États-Unis[1925].

652. Les causes objectives et les *class actions* délocalisées. Il est clair que les conditions objectives de la fraude ne pouvaient être satisfaites dans cette hypothèse : les liens substantiels avec le for américain étaient bien établis, et n'étaient ainsi ni fictifs ni insignifiants : certaines fausses déclarations avaient été émises aux États-Unis, les dirigeants attaqués s'y étaient installés et les titres de la société étaient cotés à la bourse de New York[1926]. De plus, et comme nous l'avons déjà mentionné, l'allégation de la société *Vivendi* selon laquelle le juge français était le juge naturel de l'affaire ne pouvait trouver application, bien que les attaches avec la France fussent solides[1927].

Dans un contexte bien différent, il est intéressant de se demander si la fraude, dans sa dimension objective, peut être invoquée dans le cadre des *class actions* extraterritoriales intentées pour violation des droits de l'homme où l'exercice de la compétence juridictionnelle américaine est caractérisé par l'absence d'un lien significatif avec le litige À notre avis, la réponse doit être négative. En effet, comme nous l'avons déjà relevé, aucun for ordinaire ne pouvait venir en soutien des victimes, dès lors que les juges des

---

1922 Cass.civ.24 nov.1987, *Garret, Rev. crit. DIP. 1988.3 64 ; J. D. I. 1988. 793,* note E. Loquin.

1923 P. DE VAREILLES-SOMMIÈRES, « Le forum shopping devant les juridictions françaises », *TCFDIP 1998-1999,* p. 49, spéc. p.54.

1924 *Ibid.*

1925 M. AUDIT et M-L. NIBOYET, « *L'affaire Vivendi Universal SA* ou comment une *class action* diligentée aux Etats-Unis renouvelle le droit du contentieux international en France », *Gaz. Pal. 2010.11*, spéc. n°11, p.13.

1926 Ainsi, selon la cour d'appel de Paris, CA Paris, pôle 2, ch.2, 28 avril 2010, *op.cit.* : « *(...) que les liens sérieux existants entre le litige et le for américain, à savoir les actions acquises par les intimés étaient cotés à la bourse de New York, les infractions reprochées à la société Vivendi consistaient en un –non-respect par celle-ci de la réglementation boursière de l'État de New York où ils avaient un certain nombre de déclarations, tous éléments qui, au demeurant, ont été amplement débattus devant le juge américain à l'occasion de la procédure de certification de class action dont il avait à connaître, ne permettent pas de considérer que le choix de ce juge n'était pas approprié* ».

1927 Le siège statutaire réel de société est en France, les demandeurs à l'action sont dans leur majorité français et les déclarations inexactes ont été émises en France.

pays dans lesquels ces actes se sont produits, ou les juges des pays du siège des sociétés[1928] accueillent difficilement les victimes de tels actes. D'autant plus que les tribunaux français ont déjà exercé une compétence fondée sur la simple présence physique du défendeur lorsqu'était en cause la violation des droits fondamentaux[1929].

653. **Les causes subjectives et les *class actions* délocalisées**. En ce qui concerne les causes subjectives de la fraude, il est bien clair qu'aucun comportement matériel n'a été effectué dans le cadre de l'affaire *Vivendi* par les actionnaires pour rattacher artificiellement le litige au juge américain. Les demandeurs français et européens n'ont fait que se joindre à une procédure déjà initiée aux États-Unis. En d'autres termes, ils n'ont pas agi sur les éléments déclencheurs de la compétence juridictionnelle américaine. Par ailleurs, cette constatation n'est pas spécifique à l'affaire *Vivendi.* À notre sens, il n'y a pas une seule *class action* intentée à l'encontre des sociétés européennes ou françaises, dans laquelle les plaideurs se seraient livrés à des manœuvres pour rattacher le litige au for américain.

L'on pourra tout de même se demander si la saisine de la juridiction américaine n'était pas faite dans l'intention d'obtenir ce qu'on ne pouvait pas acquérir d'un juge français. Après tout, l'attractivité du système américain de *class action* est évidente. La possibilité de se regrouper, l'absence de frais à supporter en cas d'échec de l'action et enfin la possibilité d'obtenir des dommages et intérêts punitifs.

La réponse à la question susmentionnée a été donnée par la cour d'appel de Paris. Raisonnant sur l'élément intentionnel qui constitue le second volet des causes subjectives constitutives d'une fraude, la cour d'appel a ainsi constaté que pour pouvoir l'établir, encore fallait-il prouver une intention frauduleuse, ce qui n'était pas établi dans le cadre de l'affaire *Vivendi*[1930].

654. ***Transition.*** Après le test de la fraude, le jugement américain de *class action* doit aussi également passer le test de l'abus d'ester en justice.

II. Les *class actions* délocalisées et l'abus d'ester en justice

655. **La notion d'abus de droit en droit international privé**. La doctrine française considère que la fraude ne permet pas de couvrir toutes les hypothèses du *forum*

[1928] Dans le même sens voir : P. DE VAREILLES-SOMMIÈRES, « Le forum shopping devant les juridictions françaises », spéc. p.54 : « *Nul ne songerait à faire grief aux victimes du naufrage de l'Amoco Cadiz d'avoir saisi les tribunaux américains plutôt que français, alors même que le choix était dicté par des considérations clairement substantielles, l'indemnisation escomptée des premiers étant visiblement supérieure à celle que les victimes pensaient pouvoir attendre des seconds* ».

[1929] Voir *supra* n°643.

[1930] Ainsi, selon la cour d'appel de Paris, CA Paris, pôle 2, ch.2, 28 avril 2010, précité : « *Que la compétence du juge américain ne résulte d'aucune manœuvre frauduleuse [...] et que pas davantage ne procède de la fraude la volonté des intimés d'obtenir d'une juridiction américaine la reconnaissance d'un droit à indemnisation qu'ils revendiquent dans des conditions qu'ils considèrent comme étant favorables à leurs intérêts* ».

shopping[1931]. Ainsi, l'exception de fraude ne pourra être opposée dans le cas où le demandeur exploiterait une situation internationale préexistante sans cependant créer ou changer les critères de rattachement. Or, une telle exploitation peut être accompagnée d'un abus que seule la théorie de l'abus de droit permet de sanctionner.

Le recours à la théorie de l'abus de droit peut paraître étrange en droit international privé, qui, à vrai dire, « *n'octroie pas de véritables droits subjectifs aux individus* »[1932] et ne fait que déterminer la loi selon laquelle ces droits subjectifs seront accordés. Toutefois, ce postulat peut subir des atténuations si l'on admet que la volonté de l'individu puisse avoir un effet sur le choix d'une loi donnée ou d'un tribunal donné. Dans un tel cas de figure, l'on peut voir le droit international privé accorder à l'individu un droit subjectif - le droit de choisir la loi applicable à son litige ainsi que le droit de porter son litige devant l'un des tribunaux que le droit objectif lui propose de saisir - qui pourra, comme tout droit, faire l'objet d'un abus[1933]. Il en est ainsi lorsqu'il s'avère que l'action en justice initiée dans le cadre d'un contentieux international l'a été pour d'autres fins que celles consistant à faire « *triompher la vérité* »[1934].

656. **Les critères de l'abus de droit en droit international privé**. Nous allons, dans ce qui suit, étudier les critères de l'abus du droit en droit international privé et vérifier si ces derniers peuvent être satisfaits dans l'hypothèse des *class actions* délocalisées devant le for américain.

Précisons dans un premier temps qu'à l'instar de ce qui est admis en matière de fraude, les critères de l'abus de droit doivent être évalués selon la loi du for qui sera chargé d'un tel contrôle, et ceci indépendamment de la loi applicable au fond du litige[1935]. La reconnaissance d'une décision de *class action* étant sollicitée en France, c'est donc la loi française qui s'impose « *dans ses conditions et ses effets au juge français* »[1936].

Enfin, concernant la sanction de l'abus d'ester en justice, il convient de distinguer entre la sanction générale qui consiste à octroyer des dommages et intérêts à la victime d'un tel abus et celle infligée lors de la reconnaissance d'un jugement étranger entaché d'un abus et qui consiste cette fois à rejeter la compétence indirecte du juge étranger alors abusivement saisi. Un tel rejet se solde par un refus de reconnaissance de la décision rendue[1937].

1931 E. CORNUT : « Forum shopping et abus du choix de for en droit international privé », précité, spéc. p. 28.

1932 E. CORNUT : « Forum shopping et abus du choix de for en droit international privé », précité, spéc. p. 34 : « *En effet, le droit international privé ne fait que déterminer selon quelle loi ces droits subjectifs seront accordés et l'autorité compétente pour les protéger* ».

1933 *Ibid.*

1934 E. CORNUT, « Forum shopping et abus du choix de for en droit international privé », précité, spéc. p. 34.

1935 E. CORNUT, *Théorie critique de la fraude à la loi : Étude de droit international privé de la famille*, Defrénois, 2006, spéc, n°571.

1936 E. CORNUT, « Forum shopping et abus du choix de for en droit international privé », *précité*, spéc. n°21.

1937 Cette solution a été préconisée par la doctrine française qui, en effet, s'est basée sur l'arrêt *Mack Trucks* rendu par la Cour d'appel de Paris. Dans le cadre de cette affaire, la Cour d'appel avait considéré : « L*e juge étranger qui a rendu la décision est internationalement compétent si le litige se rattache d'une manière suffisante au pays dont le*

657. L'abus de compétence interne et les *class actions* délocalisées. Deux catégories d'abus peuvent intervenir au stade de la compétence judiciaire internationale. La première correspond à ce que la doctrine désigne par « *l'abus d'option de compétence interne* »[1938] qui se trouve vérifié lorsque le demandeur introduit une action internationale devant un for éloigné du domicile du défendeur dans le seul but de nuire à ce dernier, et sans que l'objet même de l'action n'ait en soi un intérêt quelconque. Or, dans le cadre des *class actions* extraterritoriales, le vocable « délocalisées » est justement utilisé pour évoquer l'idée que ces actions de classe sont relativement éloignées du domicile du défendeur. Or, cela ne veut pas pour autant dire que toutes ces actions sont entachées d'un abus : ces dernières présentent un intérêt pour les demandeurs et ne sont nullement intentées dans le but de nuire au défendeur. En particulier, les demandeurs étrangers voient dans le système américain de *class action* non pas seulement un recours ultime qui leur permet de surmonter les barrières matérielles et psychologiques entravant leur accès à la justice dans le pays de leur résidence, mais aussi un recours leur permettant d'obtenir des dommages et intérêts assez élevés.

658. La mauvaise foi et les *class actions* délocalisées. La seconde catégorie d'abus d'ester en justice s'associe à « *une volonté malicieuse, de mauvaise foi ou d'erreur grossière équivalente au dol* »[1939]. Cette volonté se traduit par la saisine d'une autorité étatique sans que cette saisine n'ait aucun but pour le demandeur. En d'autres termes, l'action en justice intentée par un demandeur « *est un moyen de parvenir à un résultat différent de celui qu'il aurait obtenu s'il avait saisi une autre autorité parmi celles compétentes en vertu de l'option de compétence internationale dont il dispose* »[1940]. Dans ce contexte, l'abus de droit sera révélé par le clivage existant entre l'avantage recherché par le demandeur et l'inconvénient subi par le défendeur.

Dans le cadre des *class actions* délocalisées intentées devant le for américain, la saisine du juge américain a un but bien déterminé pour les demandeurs : leur permettre un accès efficace à la justice. Elle n'est en aucun cas un moyen de parvenir à un résultat différent de celui qu'ils auraient obtenu s'ils avaient saisi une autre autorité, en l'occurrence le juge français. À titre d'exemple, dans le cadre des *class actions* boursières, les réglementations fédérales américaines ne présentent pas de différences fondamentales avec les réglementations boursières françaises quant aux obligations de transparence. Par ailleurs, la violation de ces obligations donne lieu à des actions en dommages et intérêts aussi bien en droit américain qu'en droit français.

---

juge a été saisi, c'est-à-dire que le choix de la juridiction ne soit ni arbitraire, ni artificiel, ni frauduleux ». (CA Paris, 10 nov.1971, *Mack Trucks*, *J.D.I.1973.239*, note A. Huet). Voir dans ce sens aussi : E. CORNU, « Forum shopping et abus du choix du for en droit international privé », précité, spéc. p.34. Selon Monsieur Cornu : « *Dès lors, l'appréciation de la compétence internationale indirecte par le juge de l'exequatur doit non seulement porter sur l'identification d'un lien caractérisé entre le juge étranger saisi et le litige mais également de manière alternative en fonction de la configuration internationale de la situation en cause, de l'absence de fraude à la juridiction dans la création de ce lien caractérisé, ou de l'absence d'abus de droit quant à l'exploitation de ce lien caractérisé* ».

1938 E. CORNUT, « Forum Shopping et abus de choix de for en droit international privé », *J. D. I. 2007. 27*, spéc. p. 39.

1939 TGI Paris, 1re ch., 1re section, 13 janvier 2010, *Gaz.Pal.2009.24*.

1940 E. CORNUT, « Forum Shopping et abus de choix de for en droit international privé », *J. D. I. 2007. 27*, spéc. p.40.

Néanmoins, il est possible de riposter que l'initiation d'une action en dommages et intérêts devant les tribunaux français est plus théorique que pratique et que, par conséquent, la saisine du juge américain est un moyen de parvenir à un résultat différent, qui consiste dans la possibilité pratique d'engager et sans aucun risque, une action en dommages et intérêts financée et qui, en cas de réussite, est de nature à permettre l'octroi de dommages et intérêts. Or, même dans cette hypothèse, la saisine des tribunaux américains ne peut pas s'apparenter à une volonté malicieuse car les demandeurs ont tout simplement voulu obtenir, devant les tribunaux américains, ce qu'ils pouvaient théoriquement obtenir devant les tribunaux français.

Notons toutefois que dans certaines circonstances, la saisine du juge américain peut être entachée d'un abus d'ester en justice. C'est précisément le cas lorsque les plaideurs décident d'initier ou de se joindre à une *class action* dénuée de tout fondement juridique dans le seul but de nuire à la réputation des défendeurs. L'expérience américaine montre bien qu'indépendamment du caractère interne ou international du contentieux, le défendeur, face à des *class actions* abusives, peut être contraint de transiger et de clôturer le plus rapidement le procès[1941]. La transaction lui sera, ainsi moins coûteuse que la poursuite du procès. Si les demandeurs étrangers décident ainsi de rejoindre ou d'initier une *class action* dénuée de tout fondement juridique en espérant pouvoir obliger le défendeur à transiger, une telle manœuvre peut être sanctionnée par le recours à l'abus de droit, la saisine du juge américain étant inspirée par une intention malicieuse et de mauvaise foi.

659. ***Transition.*** La critique d'une décision de *class action* américaine sur le terrain de la compétence juridictionnelle ou sur celui de la fraude n'est pas une tâche aisée pour le défendeur. Cependant, cette critique n'est que l'un des outils dont dispose un défendeur pour s'opposer à l'exequatur d'une décision de *class action* en France. En effet, c'est surtout sur le terrain de l'ordre public international français[1942], aussi bien procédural que substantiel, que le défendeur pourra trouver une terre fertile pour résister à l'exécution d'une décision de *class action* en France.

§3- *Class action* américaine et ordre public international

660. Avant d'examiner la question de la reconnaissance et de l'exécution d'une décision de *class action* sur le terrain de l'ordre public international, il nous semble

---

1941 Pour comprendre cette situation, prenons l'exemple suivant : imaginons une *class action* engagée devant les tribunaux américains et comportant 100 000 demandeurs réclamant une somme de 1000 dollars en termes de dommages et intérêts. Le défendeur sera exposé à payer une somme de 100 millions de dollars en cas d'aboutissement de l'action. Même dans l'hypothèse où cette action est fantaisiste et dénuée de toute base légale, il serait possible que le défendeur transige pour une somme de 10 millions de dollars (à titre d'exemple) au lieu de poursuivre le procès et supporter les frais des avocats ainsi que le dommage causé à sa réputation.

1942 Selon l'arrêt *Lautour*, l'ordre public international français correspond « aux *principes de justice universelle considérée dans l'opinion publique française comme douée de valeur internationale absolue* » ; Cass.civ. 25 mai 1948, *Rev . crit. DIP. 1949. 89*, note Battiffol.

important de préciser que l'éventuelle contrariété d'un jugement américain de *class action* à l'ordre public international doit être appréciée *in concreto*[1943].

Notre remarque s'explique parce que la procédure américaine de *class action*, et plus précisément son mécanisme d'*opt out*, « *s'attirent toutes les foudres* » et provoque ainsi un effet « *repoussoir* »[1944]. Il est donc possible que cette institution étrangère soit déclarée d'emblée, sans aucun examen de la situation concrète, comme contraire à l'ordre public international français, et d'autant plus que les nouvelles dispositions relatives à l'action de groupe en France reposent sur un modèle architectural complètement différent de celui de la *class action* américaine, notamment en ce qui concerne le mode d'inclusion des membres dans le groupe.

Mais à y regarder de plus près, la *class action* n'est rien d'autre qu'une procédure judiciaire qui permet l'agrégation de plusieurs demandes en une seule instance tout en permettant aux victimes un accès efficace à la justice et en assurant par la même occasion la régulation des marchés. Elle n'est donc pas une institution particulièrement choquante. En effet, pour reprendre les termes de l'arrêt *Lautour*, celle-ci n'heurte pas les « *principes de justice universellement considérés dans l'opinion française comme doués de valeur internationale absolue* »[1945]. C'est pour cela qu'il est important d'éviter toute prise de position catégorique à l'égard d'une décision de *class action* américaine. Cette approche *in concreto* de la contrariété du jugement étranger à l'ordre public international du for conduira donc le juge français à se demander dans chaque cas d'espèce en quoi la *class action* est susceptible de heurter de manière concrète l'ordre public international français.

661. Nous envisagerons la régularité de la procédure américaine de *class action* à l'aune de l'ordre public international de procédure (**I**) puis de l'ordre public international de fond (**II**).

I. *Class action* américaine et ordre public international de procédure

662. La conformité de la décision américaine de *class action* à l'ordre public international de procédure sera examinée du côté du défendeur à l'encontre duquel la décision sera invoquée, et l'appréciation du respect des garanties procédurales du côté des demandeurs à la classe sera examinée dans notre deuxième section.

Conformément à l'arrêt *Bachir*[1946], la régularité de la procédure à laquelle s'ajoute la condition relative au respect des droits de la défense doit s'apprécier par rapport à l'ordre public international français à l'exclusion de toute référence à la loi étrangère. Notons que l'ordre public procédural se nourrit de la convention européenne des droits de

---

[1943] P. Meyer et V. Heuzé, *Droit international privé*, Montchrestien, 10e éd., 2010, spéc. n°383, p. 288.

[1944] C. SERAGLINI, « Les effets en France des actions de groupe étrangères », *TCFDIP 2008-2010*, Pédone éd., 2011, p. 157, spéc. p.166.

[1945] Cass. civ. 25 mai 1948, Lautour, D. 1948 Cass. civil I, 4 octobre 1967, *Bull.civ.I, n°277* ; *Rev. crit. Dip. 1968. 98*, note P. Lagarde ; *J. D. I. 1969. 102*, note B. Goldman ; *Rev. crit. Dip 1949. 89*, note H. Batiffol.

[1946] Cass. civil I, 4 octobre 1967, *Bull.civ.I, n°277* ; *Rev. crit. Dip. 1968. 98*, note P. Lagarde ; *J. D. I. 1969. 102*, note B. Goldman.

l'homme[1947]. En effet, la Cour de Justice des droits de l'homme, depuis la jurisprudence *Pelligrini*[1948], impose aux États qui sont parties à la convention de vérifier dans le cadre d'une action en exequatur, le respect par les décisions étrangères des garanties procédurales, indépendamment de l'origine de la décision étrangère et ce, même si la décision dont l'exequatur est sollicité émane d'un pays qui n'applique pas ladite convention[1949].

À la lumière de ces précisions, il convient d'étudier si une décision rendue à l'issue d'une *class action* est conforme à l'ordre public international de procédure. Le champ de l'ordre public international de la procédure recouvre le principe du contradictoire (**A**) et l'adage « nul ne plaide par procureur » souvent invoqué à l'encontre d'une *class action* américaine (**B**).

A- La procédure de *class action* et le respect du principe du contradictoire

663. La *class action* et la violation du principe du contradictoire. C'est précisément vis-à-vis du principe du contradictoire que l'exception d'ordre public international de procédure peut être soulevée par le défendeur, les droits de ce dernier se trouvant « *réduits* »[1950]pour rupture d'égalité entre les demandeurs et le défendeur, ce dernier n'étant pas en mesure de connaître tous ceux qui demandent sa condamnation[1951]. À notre sens, les arguments avancés dans ce sens, ne valent pas pour refuser de reconnaître en France, une décision rendue à l'issue d'une *class action* américaine.

664. Les atténuations du principe du contradictoire dans le cadre des actions de groupe. Les garanties déjà énoncées qui concernent le respect du principe du contradictoire ne sont paramétrées que sur le modèle des actions individuelles et nous pensons donc que, dans le souci d'assurer l'efficacité des actions de groupe, que le principe du contradictoire doit s'y adapter. Cela rejoint justement les propos de Monsieur Cappelletti qui considère que: « *nous assistons au mouvement vers une nouvelle forme, que je viens d'appeler garantisme social ou collectif, et qui signifie le dépassement, justement, du garantisme entendu dans le sens individualiste traditionnel* »[1952].

[1947] P. MEYER et V. HEUZÉ, *Droit international privé*, *op.cit.*, spéc. n°384-1, p. 290 ; M.-L. NIBOYET et G. DE GEOUFFRE DE LA PRADELLE, *op.cit.*, spéc. n°384, p. 285.

[1948] CEDH 20 juillet 2001, *Pellegrini*, *Gaz. Pal. 2002. 2,* note C. L. SINOPOLI.

[1949] P. MEYER et V. HEUZÉ, *op.cit.*, spéc. n°384-1, p. 290.

[1950] M. VERPEAUX, « Un système de Class Actions peut-il être entériné dans la Constitution ? », *D. 2007. 258*, spéc. p.259.

[1951] Cet argument a été soulevé par le professeur Geouffre de la Pradelle devant le juge américain dans sa déclaration dans le cadre de l'affaire *Vivendi.* Voir à cet égard : *In re Vivendi Universal, S.A. Securities Litigation, Revised memorandum opinion and order,* Document 347, consultable sur : http://securities.stanford.edu/filings-documents/1024/V02-01/2007523_r01o_02CV05571.pdf, spéc.p.248.

[1952] M. CAPPELLETTI, « La protection d'intérêts collectifs et de groupe dans le procès civil, (Métamorphose de la procédure civile) », *R. I. D. C. 1975. 571,* spéc. p. 597.

Par ailleurs, des atténuations au respect du principe du contradictoire doivent être prises en considération. La *class action* est exercée, d'une part, à l'étranger, et a d'autre part, pour but de renforcer l'accès à la justice des demandeurs.[1953] Par conséquent, si une situation juridique ne peut prendre naissance en vertu du droit français, elle pourra être reconnue en France si elle est constituée sur la base d'un droit étranger à l'étranger[1954]. Cela rejoint ce qu'a justement mentionné le Professeur Mayer à propos de la Convention de sauvegarde des droits de l'homme et libertés fondamentales qui, dès le départ, impose aux États liés par cet instrument, de respecter ses règles, ces dernières revêtant un caractère « sacro-saint » et « universel »[1955]. Mais étant donné que « *le droit international privé vise à organiser la coexistence sur le terrain du droit privé, d'ordres juridiques qui ne reposent pas toujours sur les mêmes règles, il ne peut remplir sa mission sans un certain sens de relativité* »[1956]. En outre, cette relativité est elle-même prévue dans l'article 63§3 de la Convention qui prévoit qu'aux situations non entièrement localisées sur le territoire européen, les dispositions de la Convention seront appliquées « *en tenant compte des nécessités locales* »[1957]. Cela revient ainsi à admettre, en d'autres termes, la notion d'un ordre public international de procédure atténué. Même si la jurisprudence et la doctrine française refusent la notion de l'ordre public atténué dans le cadre du contrôle de la régularité d'une procédure étrangère[1958], seules les atteintes graves à l'équité du procès pourront justifier le refus de reconnaissance d'une décision étrangère en France[1959].

Or, dans le cadre d'une décision rendue à l'issue d'une *class action*, il n'existe pratiquement pas d'atteintes graves à l'équité du procès du côté du défendeur, ce dernier étant pleinement conscient que le demandeur nommé représente les membres de la classe. Cela est d'autant plus vrai que pour être certifiée, une *class action* doit satisfaire les conditions de « *commonality* » et celle de la « *typicality* »[1960], ces dernières assurant une certaine « *homogénéité* »[1961] de la classe de façon à ce que le défendeur ne présente qu'une défense unique.

1953 M.-L.NIBOYET, « Etats-Unis. Certification définitive d'une « class » d'investisseurs dans l'affaire Vivendi Universal SA Securities Litigation » consultable sur : www.slc-dip.com/spip.php?article117.

1954 A. PINNA, « Groupes internationales de sociétés face aux class actions américaines », in X. Boucobza et G. Mecarelli (éd.), *Groupes Internationaux de sociétés : nouveaux défis, nouveaux dangers, op.cit.*, spéc. n°49, p. 38.

1955 P. MAYER, « Droit au procès équitable et conflit de juridictions », *in Les nouveaux développements du procès équitable au sens de la Convention européenne des droits de l'homme*, Acte du colloque du 22 mars 1996 en la grande chambre de la Cour de cassation, organisé par l'institut des hautes études européennes, Bruylant 1996, p. 125.

1956 *Ibid.*

1957 P. MAYER, « La convention européenne des droits de l'homme et l'application des normes étrangères, *Rev. crit. DIP. 1991. 651*, spéc. p. 661.

1958 B. ANCEL et Y. LEQUETTE, *op.cit.*, n°45, p. 407 et s.

1959 P. HAMMJE, « Droits fondamentaux et ordre Public », *Rev. crit. DIP. 1997. 1*, spéc. p. 26 : « *En effet, même si le jugement étranger est contrôlé au regard du respect des droits de la défense, il ne s'agit pas de procéder à un examen d'ensemble de la procédure étrangère et d'exiger le respect de l'ensemble des règles procédurales du for. Seuls les principes fondamentaux vont entrer en ligne de compte. L'intervention de l'ordre public reste alors limitée au cas exceptionnel où les garanties inscrites dans la législation de l'État d'origine dans la Convention même ne suffiraient pas à assurer au défendeur la possibilité de se défendre devant le juge d'origine* » ; Cass.1re Civ. 19 Sep. 2007, *J. D. I. 2008. 153*, note Ch. CHALLAS ; *Rev. crit. Dip. 2008. 617*, note E. Pataut : « *La contrariété à l'ordre public international de procédure d'une décision étrangère ne peut être admise que s'il est démontré que les intérêts d'une partie ont été objectivement compromis par une violation des principes fondamentaux de la procédure* ».

1960 Voir *supra* n°24.

1961 Voir *supra* n°24.

Dans l'hypothèse où le défendeur aurait des arguments spécifiques à opposer à l'un des plaignants, il a été considéré que rien n'interdit au juge français de reconnaître à la décision américaine de *class action* son effet intéressant le contentieux objectif, c'est-à-dire celui traitant du principe de la responsabilité du défendeur, à l'exclusion de son effet subjectif, c'est-à-dire celui traitant du montant des réclamations individuelles [1962]. Une telle solution empêcherait le défendeur d'attaquer le jugement relatif à sa responsabilité, tout en lui permettant d'exercer ses droits de défense, en invoquant des arguments spécifiques à l'égard des membres de la classe[1963].

665. ***Transition***. S'ajoute au principe du contradictoire, l'adage « *nul ne plaide par procureur* » que le défendeur peut invoquer pour résister à la réception d'une *class action* internationale en France.

B- La *class action* américaine et l'adage « nul ne plaide par procureur »

666. Le contenu de l'adage « *nul ne plaide par procureur* ». L'adage « *nul ne plaide par procureur* » a souvent été invoqué par la doctrine française afin de résister à l'instauration d'une procédure de *class action* en droit français[1964] ou à la reconnaissance et l'exécution en France d'une décision rendue à l'issue d'une *class action* en France[1965]. Le véritable adage « *nul ne plaide par procureur hormis le Roi* » signifiait initialement que personne ne pouvait agir en justice pour les intérêts d'autrui sans procuration expresse ou implicite[1966], hormis le Roi, ce dernier ne pouvait pas être cité personnellement dans un procès, et devait par conséquent être remplacé par la personne de son mandataire. En interprétant cette maxime, la doctrine française a considéré qu'il s'agissait d'« *une règle de pure forme obligeant le représentant d'une personne ou d'un groupe de rappeler le nom du ou des représentés dans l'assignation* »[1967] et que « *nul ne peut se faire représenter par un mandataire qui figurerait seul dans l'instance et que le mandant doit toujours être en nom dans les actes de procédure et les jugements* »[1968].

667. La justification de cette règle. La justification de cette règle recoupe avec ce que l'on avait déjà évoqué dans le paragraphe précédent en ce qui concerne le respect des droits de la défense. En effet, la dissimulation de l'identité du demandeur risque de

---

1962 C. SERAGLINI, « Les effets en France des actions de groupe étrangères », *TCFDIP* 2008-2010, Pédone 2011, p. 157, spéc. p.181.

1963 *Ibid.*

1964 Voir ainsi : S. CABRILLAC, « Pour l'introduction de la class action en droit français », *LPA 2006.4 ;* D. MAINGUY, « À propos de l'introduction de class action en droit français », *D. 2005. 1282*

1965 Voir ainsi les déclarations de plusieurs auteurs français devant le juge américain dans le cadre de l'affaire *Vivendi.*

1966 P. A. MERLIN, Question de droit, V°, Prescription, *inRecueil alphabétique des questions de droit,* §XV, p.360, n°1.

1967 F. CABALLERO : « Plaidons par procureur ! De l'archaïsme procédural à l'action de groupe », *RTD civ. 1985. 247*, spéc. p. 254.

1968 H. ROLAND ET L. BOYER, *Locutions latines en droit français*, Litec, 4e éd., p. 1998, p. 551.

gêner la présentation des moyens de défense par le défendeur, puisque la lutte contre un homme invisible est toujours considérée comme étant à l'avantage de ce dernier[1969]. Or, la technique de l'*opt out,* telle que préconisée dans une procédure américaine de *class action,* met en cause ce qui a depuis toujours été consacré par l'adage, la classe regroupant un nombre indéterminé de personnes dont certaines ne seront jamais connues par le défendeur qui ne serait ainsi pas en mesure de savoir, au profit de qui ou contre qui, le jugement sera exécutoire.

Une telle argumentation a été invoquée par la partie défenderesse dans l'affaire *Vivendi* devant le tribunal américain. Ce dernier avait affirmé que le fait que tous les membres de la classe ne soient pas identifiés en leur nom, serait fatal à la reconnaissance du jugement de *class action* en France et que le procès équitable serait méconnu en raison de l'impossibilité d'identifier personnellement les demandeurs[1970].

668. Une lecture erronée de l'adage « *nul ne plaide par procureur* ». Hormis le caractère non pertinent de l'argument tiré du respect des droits de la défense, les requêtes des demandeurs présentant toujours une homogénéité dans le cadre d'une procédure de *class action,* ajoutons que, comme l'a été justement constaté Monsieur Caballero, la doctrine française ne semble pas se reposer sur une lecture correcte et attentive de la jurisprudence française, ou du moins, sur une lecture qui soit à l'ordre du jour[1971]. En effet, la jurisprudence française a rarement annulé sur le fondement de cette maxime une procédure pour omission du nom des mandants. De plus, et depuis les années 1960, l'application de l'adage en tant que règle de forme a été abandonnée par la jurisprudence française et aucune décision n'a exigé qu'il y ait autant de significations qu'il y a de parties. Ce libéralisme jurisprudentiel a été illustré par l'arrêt *Ferrodo*[1972] de la Cour de cassation. Dans cette affaire, cette dernière a cassé une décision refusant à un employeur le droit de citer seulement six délégués du personnel pour obtenir l'expulsion de plusieurs centaines de salariés « *en raison de la difficulté pratique d'appeler individuellement en cause tous les occupants et de la possibilité pour les dirigeants du fait du mouvement de la grève de présenter les moyens de défense communs à l'ensemble du personnel* ». Cela a alors conduit Monsieur Caballero à conclure qu'« *il est désormais acquis que la maxime est aujourd'hui une règle de fond destinée à vérifier que le représentant d'une ou plusieurs personnes dispose bien du pouvoir et partant de la qualité, pour agir à leur place* »[1973]. De plus, selon la jurisprudence française l'adage « *nul ne plaide par procureur* » ne fait pas partie de la conception française de l'ordre public international[1974].

1969 X. LAGARDE, « Rapport de synthèse », in *Les actions de groupe, implications processuelles et substantielles, (Partie II), op.cit.*, p.81, spéc. p. 83.

1970 Voir les déclarations présentées au juge américain par F. Terré, B. Audit, G. Geouffre de la Pradelle, *In re Vivendi Universal, S.A. Securities Litigation, Revised Memorandum opinion and order,* Document 347, précité, p. 248.

1971 F. CABALLERO : « Plaidons par procureur ! De l'archaïsme procédural à l'action de groupe », *RTD civ. 1985. 247*, spéc. p. 254, spéc. p. 257.

1972 Cass. Soc.17 mai 1997, *D. 1977. 645*, note Jeammaud.

1973 F. CABALLERO : « Plaidons par procureur ! De l'archaïsme procédural à l'action de groupe », *RTD Civ. 1985. 247*, spéc. p.254.

1974 Voir à titre d'exemple : CA Paris, 1re Sect.C., *Mandel c/ Coprim*, 27 octobre 1998, n°97-06011 ; CA Paris, 1re Sect.C., *Gothaer c/ Taffin,* 6 décembre 2011, n°00-13409 ; CA Paris, 5e sect., B, *Chenu c/ Brachot*, 24 oct.1991, n°Jurisdata 1991-024339.

À la lumière de ce qui a été mentionné, il nous semble donc difficile pour le défendeur de se reposer sur l'adage « *nul ne plaide par procurer* » pour résister à l'exécution d'une décision de *class action* sollicitée par les demandeurs de la classe en France.

669. ***Transition.*** S'il est difficile pour le défendeur d'invoquer l'ordre public international de procédure pour résister à l'exécution d'une décision internationale *de class action*, ce dernier pourra toujours espérer le refoulement de la décision de *class action* américaine sur le terrain de l'ordre public international de fond.

II. *Class action* américaine et l'ordre public international de fond

670. Les dommages et intérêts punitifs et l'ordre public international français : la nécessité de distinguer entre deux hypothèses. La conformité de la décision étrangère à l'ordre public international français de fond figure parmi les conditions mises en avant dans l'arrêt *Münzer* pour les fins de reconnaissance et d'exécution d'une décision étrangère en France. L'ordre public international de fond, selon la définition de l'arrêt *Lautour* correspond aux « *principes de justice universelle considérés dans l'opinion française comme doués de valeur internationale absolue* »[1975].

C'est principalement sur le terrain des dommages et intérêts punitifs que l'exception d'ordre public international de fond peut être soulevée par le défendeur dans le cadre d'une procédure de reconnaissance et d'exécution d'une décision de *class action* en France.

Les décisions de *class actions* américaines sont assorties de dommages et intérêts punitifs qui permettent à la *class action* d'accomplir son rôle de régulation et de sanction et constituent donc un élément fondamental du mécanisme de *private attorney general* sur lequel se base principalement le système de régulation américain.

D'une manière générale, le système de responsabilité civile en France et dans les États européens de tradition civiliste repose sur le mécanisme de la réparation intégrale. Par conséquent, les tribunaux français n'ont pas le pouvoir d'octroyer des dommages et intérêts punitifs[1976] , tant dans le cadre d'une action contractuelle, qu'extracontractuelle. Ainsi, la question qui se pose est celle de savoir si les décisions de *class actions* américaines doivent être refoulées sur le terrain de l'ordre public international parce qu'elles sont assorties de dommages et intérêts punitifs. Pour répondre à cette question, il convient de distinguer deux hypothèses.

671. La première hypothèse : le for américain est celui qui a l'intérêt prépondérant pour réguler le litige de masse. Si le for américain octroyant les dommages et intérêts punitifs était celui à qui il revenait naturellement de mettre en œuvre son système de régulation de *private enforcement* en raison des liens prépondérants

---

1975 Le contenu de l'ordre public international a été précisé par l'arrêt *Lautour*, précité.

1976 Pour une étude comparative des dommages et intérêts punitifs, voir : H. KOZIOL et V. WILCOX (dir.), *Punitive Damages : Common Law and Civil Perspectives*, coll. ESR (Tort and Insurance Law), vol. 25, Springer 2009.

que le litige entretenait avec le système américain, la reconnaissance d'une décision de *class action* assortie de dommages et intérêts punitifs ne devrait alors soulever aucun problème en France, indépendamment du montant de la condamnation pécuniaire, que ce montant satisfasse ou non le principe de proportionnalité instauré par la jurisprudence française[1977]. Dans ce contexte, la reconnaissance d'une décision de *class action* octroyant des dommages et intérêts punitifs s'inscrit dans le respect par le for français de la politique américaine de régulation économique basée principalement sur le *private enforcement* en vue de sanctionner les violations de la loi par les acteurs économiques.

672. La seconde hypothèse plus délicate : le for américain n'est pas celui qui a l'intérêt prépondérant pour réguler le litige. Cependant, dans l'attente de l'entrée en vigueur d'une convention internationale qui régule la question de la compétence juridictionnelle en matière de contentieux de masse international en allouant la compétence juridictionnelle au for qui a l'intérêt prépondérant pour réguler le litige, la question de la réception en France d'une décision de *class action* octroyant des dommages et intérêts punitifs reste délicate, particulièrement dans l'hypothèse où les liens entre le litige et les États-Unis ne sont pas prépondérants pour qu'on puisse admettre la mise en œuvre du système de *private enforcement* américain. Or, cela risquerait de priver le jugement américain de son efficacité en France puisqu'il est très probable qu'un jugement américain allouant des dommages et intérêts punitifs ne soit pas reconnu à l'extérieur des États-Unis[1978]. Toutefois, un tel résultat aurait pour effet d'empêcher les victimes de se prévaloir du jugement américain en France, ce qui constitue une véritable dilapidation des ressources économiques et judicaires. Cela est d'autant plus choquant, que le jugement américain statuant sur la responsabilité et sur les dommages et intérêts compensatoires est supposé être conforme à l'ordre public international français. Or, la contrariété à l'ordre public international ne concerne qu'une partie du dispositif du jugement américain, c'est-à-dire celui relatif aux dommages et intérêts punitifs.

673. Les dommages et intérêts punitifs : un obstacle non insurmontable pour la reconnaissance et l'exécution d'une décision de *class action* américaine en France. Contrairement à ce qui est laissé croire, les dommages et intérêts punitifs ne sont pas complètement ignorés par le droit positif français dans la mesure où il existe plusieurs dispositions qui consacrent, d'une manière ponctuelle et dissimulée, les dommages et intérêts punitifs.

À titre d'exemple, les astreintes qui, loin d'avoir pour objet la réparation du préjudice,

---

1977 En effet, conformément à la jurisprudence, le juge français peut, dans le cadre de la reconnaissance en France d'une décision étrangère prononçant une condamnation pécuniaire, être amené à apprécier la proportionnalité de cette condamnation par rapport au patrimoine du débiteur. Ainsi, la Cour de cassation avait considéré comme étant ni contraire à l'article 8 de la Déclaration des droits de l'homme et du citoyen du 26 août 1789 ni à l'article 1er du protocole additionnel n°1 à la convention européenne des droits de l'homme, une astreinte de 13 millions de dollars, prononcée par les tribunaux américains, dès lors que le débiteur poursuivi devant les juridictions américaines pour des infractions au droit boursier était soupçonné d'avoir détourné un montant de 200 millions de dollars .Cass, 1re civ., 28 Janv. 2009 , *J. D. I. 2009*, note F. Marchadier.

1978 P. J. BORCHERS, « Punitive Damages, Forum Shopping and the Conflict of Law », 70 La. L. Rev. 529 (2010), spéc. p.540.

ont tout de même une fonction dissuasive et coercitive. Ainsi, selon les termes de la Cour de cassation française : « *l'astreinte provisoire, mesure de contrainte entièrement distincte des dommages-intérêts et qui n'est en définitive qu'un moyen de vaincre la résistance opposée à l'exécution d'une condamnation, n'a pas pour objet de compenser le dommage né du retard, et est normalement liquidée en fonction de la gravité de la faute du débiteur récalcitrant et de ses facultés* »[1979].

De même, d'autres mesures consacrées en droit français sont de nature hybride et visent, non pas simplement la réparation du dommage, mais aussi la répression. Il en est ainsi de la diffusion du jugement après condamnation aux frais du responsable, des dommages et intérêts dont le montant de l'indemnisation est fonction de plusieurs paramètres tels que la gravité de la faute commise, et enfin la condamnation au « franc symbolique » qui prend en considération non pas le dommage mais la culpabilité de l'auteur[1980]. Ainsi dans les hypothèses susmentionnées, l'indemnisation ne vise pas simplement à réparer le préjudice subi par la victime, mais également « *à prévenir de nouvelles atteintes et à punir un coupable en stigmatisant un comportement fautif* »[1981].

Par ailleurs, il existe des domaines bien spécifiques en droit français où la consécration des dommages-intérêts punitifs semble bien être considérée comme acquise. Ainsi, la directive 2004/48 (CE) du 29 avril 2004[1982] sur le respect des droits de propriété intellectuelle, transposée en France par la loi de lutte contre la contrefaçon du 29 octobre 2007, contient une disposition permettant au juge de tenir en compte, lors du prononcé des dommages-intérêts, des bénéfices réalisés par le contrefacteur. La victime est également en mesure de réclamer une réparation forfaitaire, au moins égale au montant des redevances qu'elle aurait perçues si elle avait conclu le contrat avec le contrefacteur[1983]. Plus récemment, la proposition de consacrer l'amende civile comme sanction possible de la responsabilité civile dans le cadre de l'avant-projet de loi portant réforme de la responsabilité civile est sous-tendue par l'idée que la sanction punitive est un moyen de dissuasion efficace, permettant d'éviter la commission de certaines fautes graves[1984].

Si le droit positif français dans son état actuel, et dans une perspective purement interne ne semble pas si réticent au principe des dommages et intérêts ayant une fonction de coercition, l'on pourra se demander pourquoi le droit international privé, dans le cadre d'une procédure de reconnaissance ou d'exécution d'une décision étrangère octroyant des dommages et intérêts punitifs, devrait l'être. Cela est d'autant plus vrai, que l'ordre public international peut intervenir ici avec son effet atténué[1985] puisqu'il se mesurera par rapport à une décision, à un état de droit constitué à l'étranger.

Par ailleurs, même à supposer qu'une acceptation plus large soit donnée à cet ordre public international parce que les intéressés, dans le cadre d'une procédure de *class action*

[1979] Cass civ. I, 20 octobre, 1959, *JCP 1960.II.11449*, note P. Mazeaud.

[1980] H. Gaudemet-Tallon, note sous l'arrêt de la Cour de Cassation, Cass.1re Ch. civ. 1er décembre 2010.

[1981] P. Jourdain, in *L'indemnisation*, Trav. Assoc. Capitant, t. LIV, 2004, p.25 et suiv.

[1982] JOUE L 157, 30 avril 2004.

[1983] Voir à cet égard : M.-E. Ancel, Contrefaçon internationale : le juge français face aux dommages-intérêts punitifs, Cah. dr. entr. 4/2007, dossier 26, p. 1 et suiv.

[1984] N. RIAS, « L'amende civile: une fausse bonne idée ? À propos de l'avant projet de loi portant réforme du droit de la responsabilité civile, *D. 2016. 2072.*

[1985] P. MAYER et V. HEUZÉ, *Droit international privé, op.cit.,* spéc. n°383-1, p. 288.

délocalisée s'avère être des nationaux ou résidents français, il ne faut pas non plus conclure à la contrariété d'un jugement américain allouant des dommages et intérêts punitifs à l'ordre public international français. En effet, s'il est admis que le droit à la compensation a une valeur supra-législative protégé aussi bien par le Conseil constitutionnel français que par la Cour européenne des droits de l'homme, la Cour de cassation a maintes fois considéré que le droit à une compensation *complète* ne l'est pas[1986]. Par conséquent, les clauses limitatives de responsabilité sont considérées comme valides lorsqu'elles sont incluses dans des contrats internationaux. Ainsi, une réflexion *a contrario* nous amène à nous demander : s'il est admis que l'ordre public international français ne s'oppose pas à une limitation de la compensation, pourquoi devrait-il interdire son expansion ?[1987]

En outre, la doctrine internationaliste manifeste une certaine tolérance à la reconnaissance des décisions octroyant des dommages et intérêts punitifs en France[1988]. C'est ainsi que Madame Boskovic considère que l'atteinte à l'ordre public international peut être constituée par le montant excessif des dommages accordés et non pas par le principe-même des dommages et intérêts punitifs[1989]. Cette proposition semble bien en accord avec la position récente de la Cour de cassation française qui, après avoir cassé la décision de la cour d'appel de Poitier[1990] pour avoir refusé d'accorder l'exequatur d'une décision californienne ayant octroyé des dommages et intérêts punitifs pour violation de l'ordre public international, a considéré, dans son arrêt rendu le 1er décembre 2010, que : « *si le principe d'une condamnation à des dommages-intérêts punitifs, n'est pas, en soi, contraire à l'ordre public, il en est autrement lorsque le montant alloué est disproportionné au regard du préjudice subi et des manquements aux obligations contractuelles du débiteur* »[1991].

L'évolution du droit français semble en parfaite harmonie avec le droit international privé de l'Union européenne qui adopte une approche souple en ce qui concerne les dommages et intérêts exemplaires. En effet, le Règlement « Rome II » sur la loi applicable aux obligations non contractuelles laisse le juge libre d'apprécier la compatibilité des dommages et intérêts punitifs avec l'ordre public international[1992].

Le droit comparé, quant à lui, semble également être ouvert quant à l'admission, même ponctuelle, des dommages et intérêts punitifs. Ainsi, plusieurs réflexions ont été entérinées par la doctrine allemande pour l'introduction des dommages et intérêts

---

1986 Cass. Civ. I, 12 mai 2004, Bull.civ.I, n°136 ; *JCP 2005.II.1030,* note G. Légier.

1987 Voir dans le même sens : A. PINNA, « Les groupes internationaux de sociétés face aux class actions américaines », in X. Boucobza et G. Mecarelli (éd.), *Groupes Internationaux de sociétés : nouveaux défis, nouveaux dangers*, *op.cit.*, spéc. n°51, p. 42.

1988 G. VINEY et P. JOURDAIN, *Les effets de la responsabilité*, LGDJ, 2e éd., 2001, spéc. n°60 : « *Le principe de la réparation intégrale n'est pas rangé aujourd'hui parmi les quelques principes essentiels du droit français qui demeurent protégés sur le plan international de l'exception de l'ordre public* ».

1989 O. BOSKOVIC, « Les dommages et intérêts en droit international privé- ne pas manquer une occasion de progrès », *JCP G 2006*, I.163.

1990 CA Poitiers, 1re Ch. civ. 26 Fév.2009, n°07/02404, *J.D.I.2010.1230*, note F.-X. Licari.

1991 Cass.1re Ch. civ. 1er décembre 2010, *D. 2011. 423*, obs. I. Gallmeister, note F.-X. Licari ; *RTD civ. 2011. 122*, obs. B. Fages ; *Rev. crit. Dip. 2011. 93,* note H. Gaudemet-Tallon.

1992 Voir le considérant 32 du Règlement Rome II.

punitifs au sein du système juridique allemand[1993] . Quant à la jurisprudence allemande, elle n'a pas hésité à recevoir des jugements américains octroyant des dommages et intérêts punitifs[1994]. De même, en Espagne, bien que les tribunaux n'aient pas la possibilité d'octroyer des dommages et intérêts punitifs, les juges espagnols n'ont pas hésité à exécuter un jugement américain allouant des dommages et intérêts exemplaires[1995]. Tel semble aussi être la position de la jurisprudence canadienne où la Cour suprême canadienne a considéré qu'une décision américaine ayant fixé des dommages et intérêts punitifs devrait être exécutée au Canada[1996].

Même si les développements qui précèdent sont importants, il nous semble néanmoins que ceux-ci ne doivent trouver leur application que dans le cadre d'un litige individuel classique où l'action en justice ne met en jeu que des intérêts purement privés. En effet, nous pensons qu'il serait difficile d'adopter un pareil raisonnement dans le cadre d'un litige de masse où l'action de *private attorney général* initiée devant le for américain dissimule des intérêts publics et met en jeu une certaine confrontation entre les différentes politiques de régulation adoptées par tel ou tel système juridique. Il n'est donc pas surprenant, à notre sens, que l'ordre public de proximité puisse se réintroduire, même si l'action est exercée aux États-Unis, surtout lorsque le litige présente des liens étroits avec la France. Ainsi, une décision américaine consistant à condamner une société française à payer des dommages et intérêts punitifs à l'issue d'une procédure de *class action* initiée aux États-Unis, a pour fonction - au-delà de la compensation des victimes - d'infliger une sanction à la société française en raison de sa violation des législations du droit économique. Or, une telle sanction ne correspond pas à la politique française de régulation, puisque la violation des législations économiques par des acteurs économiques ne se solde pas en nécessairement par la condamnation du prétendu responsable à des sommes considérables. Pour autant, cela signifie-t-il qu'il faille rejeter une décision de *class action* allouant des dommages et internet punitifs ?

Une telle solution nous paraît insatisfaisante car source d'injustice pour les demandeurs et conduit de facto à un véritable gaspillage des ressources économiques et judiciaires des systèmes juridiques. Dans ce contexte, l'étude de la jurisprudence comparée - notamment anglaise - peut être une source d'inspiration, même si cette dernière ne vise pas spécifiquement l'hypothèse d'un contentieux de masse international.

Loin de rejeter un jugement condamnant à des dommages et intérêts punitifs dans son entièreté, la jurisprudence anglaise a reconnu l'efficacité d'un jugement américain, exclusion faite aux dommages et intérêts punitifs[1997]. Cette solution est néanmoins susceptible, sous l'emprise du droit français, d'être frappée de l'interdiction de révision

---

1993 V. BEHR, « Punitive damages in American and German Law-Tendency towards Approximation of Apparently irreconcilable concepts », 78 Chi. Kent L. Rev.105 (2003), spéc. p. 160.

1994 W. WURMNEST, « Recognition and Enforcement of U.S. Money judgments in Germany », 23 Berk. J. Int'l L. 175 (2005).

1995 S. R. JABLONSKI, « Translation and Comment: Enforcing U.S. Punitive Damages Awards in Foreign Courts-A recent Case in the Supreme Court of Spain », 24 J.L. & Com. 225 (2005).

1996 *Beals v. Saldanha*, 3 S.C.R.416 (2003).

1997 Voir à cet égard au Royaume-Uni, la décision *Lewiss v. Eliades*, (2003) 1 A II E.R. (Comm) 850 et pour un commentaire de cette décision : E. KELLMAN, « Enforcement of Judgments and Blocking Statutes : *Lewis v. Eliades* », Int'l & Comp. L. Q. 53. 1025 (2004).

au fond d'un jugement étranger, principe fermement établi depuis l'arrêt *Münzer*. Toutefois, dans le cas spécifique d'un jugement octroyant des dommages et intérêts punitifs, une exécution partielle ne réalise ni une révision-réformation, ni une révision contrôle tant que le jugement peut faire l'objet d'un dépeçage[1998]. Or, la complexité de la procédure de *class action* constitue un véritable avantage dans ce contexte, car bien souvent elle mène au prononcé d'un jugement dont le dépeçage est facile à effectuer. Les questions de droit sont tranchées par des jugements intermédiaires, la décision de certification peut faire l'objet d'un recours à part et le jugement tranchant le fond du litige est caractérisé par l'existence d'une décision préalable statuant sur la question de la responsabilité du défendeur, avant de procéder à une certaine quantification du préjudice. En outre, même dans le cas où la *class action* aurait donné lieu à un jugement unique sur la responsabilité et sur le préjudice, un refus d'exequatur partiel des dommages et intérêts punitifs pourrait tout de même être entrepris puisqu'il est aisé d'isoler le montant des dommages et intérêts punitifs. Une telle révision du jugement serait, en effet, sélective et en aucun cas réductive[1999].

Ainsi, en retranchant les dommages et intérêts punitifs d'une décision de *class action* française, un tribunal français réussit à dénouer la décision américaine de classe de sa dimension politique, la rendant de cette manière plus respectueuse du système français de régulation, hostile comme nous le savons, au prononcé de sanctions condamnant au paiement de dommages et intérêts punitifs.

Il convient de conclure en mentionnant que la Cour suprême américaine semble opter pour une nouvelle politique qui condamne le caractère excessif des dommages et intérêts punitifs prononcés introduisant récemment dans sa jurisprudence une « cure de raison » tant au niveau du montant des dommages et intérêts punitifs que des modalités de leur octroi[2000]. Cette nouvelle politique peut dès lors réduire les difficultés relatives à l'exécution des jugements américains allouant des dommages et intérêts punitifs excessifs. Ainsi, l'on pourra dire qu'un certain point d'équilibre est aujourd'hui atteint. Le for de reconnaissance condamne, tout comme le for dont émane la décision à reconnaître, le caractère excessif des dommages et intérêts punitifs. Partant, la reconnaissance tombera sur une décision américaine octroyant des dommages et intérêts punitifs sans excès, ce qui ne posera aucun problème au stade de la reconnaissance, puisque ce qui peut être condamnable pour le for français est le caractère excessif des dommages et intérêts punitifs, et non pas le principe même de ces dommages.

1998 A. PINNA, « Recognition and Enforcement of US Class Action Judgement in European Legal Systems », 1 Erasmus L. Rev.31 (2008), spéc. n°53.

1999 H. Gaudemet- Tallon, note sous l'arrêt de la Cour de cassation, Cass.1re Ch. civ. 1er décembre 2010, *op.cit.*

2000 Ainsi dans un arrêt rendu en 1996 dans le cadre de l'affaire *BMW of North America v. Gore*, (*BMW of North America, Inc. v. Gore* (94-896), 517 U.S. 559 (1996)) la Cour suprême a fait référence à la *due process clause,* - disposition constitutionnelle qui figure dans le XXIVe amendement - afin de prohiber l'octroi des dommages et intérêts punitifs, considérant que ces derniers étaient disproportionnés et imprévisibles pour l'auteur du dommage. Cette ligne a été maintenue à la suite par la même Cour qui dans l'affaire *State Farm State Farm Mutual Automobile Insurance Co v. Campbell*, (*State Farm State Farm Mutual Automobile Insurance Co v. Campbell*, 538 U.S. 408 (2003)) a censuré une décision rendue par les cours inférieures octroyant des dommages et intérêts punitifs excédant 10 fois le montant des dommages et intérêts compensatoires.

674. ***Transition*** : Il nous semble difficile pour le défendeur de s'opposer à l'exécution d'une décision de *class action* devant les tribunaux français. En effet, comme nous l'avons déjà vu, les questions qui peuvent être soulevées lors de l'exécution d'une décision de *class action* en France, sont plutôt des questions classiques et ne concernent pas spécifiquement la procédure américaine de *class action.* Il convient maintenant d'exposer les arguments qui pourraient être avancés par les demandeurs pour résister à la reconnaissance d'un jugement américain rendu à l'issue d'une action de groupe.

Section II : Les motifs de non-reconnaissance invoqués par les demandeurs

675. Non seulement les demandeurs ou les membres d'une *class action* intentée aux États-Unis peuvent se prévaloir de la décision internationale de *class action* en France, le défendeur, quant à lui, peut avoir intérêt à opposer en France l'exception de chose jugée (la *resjudicata*) aux membres de la classe à l'issue d'un jugement définitif aux États-Unis[2001]. C'est précisément le cas lorsque ces membres, déçus de la décision américaine, décident de tenter leur chance en initiant une nouvelle action en France ou dans d'autres pays où le défendeur détiendrait des actifs, à l'encontre du même défendeur et concernant les mêmes faits. Si une telle hypothèse ne pouvait se présenter que théoriquement dans le passé, en raison des difficultés pour les victimes d'engager des actions individuelles, ce n'est plus le cas aujourd'hui. En effet, les réformes législatives intervenues dans plusieurs pays, et consistant à instaurer de nouvelles formes d'actions de groupe, sont de nature à encourager les demandeurs déboutés ou insatisfaits à renouveler le procès dans les pays où le défendeur possède des biens.

676. Il est vrai que les questions évoquées ne sont pas spécifiques au contentieux international de *class actions* et l'exception de chose jugée peut être soulevée par le défendeur à chaque fois que ce dernier fait l'objet de nouvelles poursuites concernant le même litige. Cependant, la spécificité du contentieux de masse réside dans les difficultés d'interaction susceptibles de survenir entre ce contentieux collectif et l'exception de chose jugée pouvant empêcher la réception de l'exception de chose jugée en France, et favoriser ainsi le renouvellement du procès[2002]. Dans un tel contexte, le système de l'« unité » de l'action de groupe serait méconnu et le défendeur se trouverait face à un nouveau procès ayant le même objet, ce qui l'exposerait au risque de contrariété des décisions. Par ailleurs, tout cela constitue un véritable épuisement des ressources judiciaires et un facteur de désordre, d'autant que les objectifs inhérents à la procédure de la *class action* seraient largement méconnus.

Il convient ainsi d'exposer, dans un premier temps, les difficultés d'interaction susceptibles d'être soulevées entre le contentieux international des actions de groupe et

---

2001 A. PINNA, « Groupes internationaux de société face aux class actions américaines », in X. Boucobza et G. Mecarelli (éd.), *Groupes Internationaux de sociétés : nouveaux défis, nouveaux dangers*, *op.cit.*, spéc. n°55, p. 44.

2002 Voir d'une manière générale: Z .D. CLOPTON, « Transnational Class Actions in the Shadow of Preclusion», 90 INDIANA L. J. 1387 (2015).

les conditions nécessaires à la mise en œuvre de l'exception de chose jugée (**§1**). Dans un second temps, nous explorerons les principaux arguments pouvant être soulevés par les membres de la classe en vue de résister à la reconnaissance d'un jugement américain de *class action* en France (**§2**).

§1- L'exception de chose jugée et la reconnaissance d'une décision issue d'une *class action* internationale : des difficultés d'interaction

677. La complexité de la procédure américaine de *class action* est telle que la détermination du moment où la décision de *class action* est rendue constitue une tâche relativement complexe (**I**). Par ailleurs, l'autorité négative de chose jugée étant soumise à la loi française, la possibilité d'engager des actions individuelles serait alors appréciée différemment en France qu'aux États-Unis (**II**).

I. Les difficultés liées à la détermination du moment où la décision est rendue en matière de *class action*

678. L'importance de la détermination du moment à partir duquel une décision est rendue en matière de *class action*. L'exception de chose jugée « *constitue un moyen d'invoquer l'autorité négative de la chose jugée face à une demande identique à celle qui a fait l'objet du premier jugement* »[2003]. La sanction procédurale de l'autorité de la chose jugée est une fin de non-recevoir conformément à l'article 122 du Code de procédure civile. Or, pour pouvoir invoquer cette exception, encore faut-il que les conditions de l'article 1351 du Code civil soient remplies, à savoir la triple identité d'objet, de cause et de parties. Ces conditions sont similaires à celles déjà abordées lors de notre étude de l'exception de litispendance internationale[2004].

Partant du constat que la procédure de *class action* est une procédure complexe, longue et se divise en plusieurs phases, la détermination du moment où un jugement est rendu en la matière n'est pas une tâche facile. Pourtant, une telle entreprise est importante pour pouvoir distinguer entre l'exception de chose jugée et l'exception de litispendance internationale[2005]. En effet, dans la première hypothèse, le juge français a l'obligation de se dessaisir si les conditions sont réunies, alors que dans le cadre de la seconde hypothèse, et contrairement à ce qui est admis en matière de litispendance interne, le juge français n'a qu'une simple faculté et non le devoir d'accueillir cette exception.

Dans la situation où une décision au fond serait rendue devant le juge américain, le défendeur pourra opposer l'exception de chose jugée. Cependant, la situation devient

---

2003 H. PÉROZ, *La réception des jugements étrangers dans l'ordre juridique français*, LGDJ, préf. H. Gaudemet-Tallon, 2005, spéc. n°206, p. 118.

2004 Voir *supra* n°524 et suiv.

2005 I. ROMY, « Class actions américaines et droit international privé suisse », 8 AJP (1999), p. 783, spéc. p.791

plus délicate, lorsqu'une action individuelle est initiée en France entre la date de l'expiration du délai de l'*opt out* et la date du jugement définitif. Dans ce cas, il convient de se demander si le défendeur doit opposer l'exception de litispendance internationale ou celle de chose jugée.

La réponse à cette question dépend de la qualification que retiendra le droit français de la décision de certification. Cette décision, qui n'a pas d'équivalent en droit français, dépasse le règlement de certains aspects de la procédure : le juge délimite la classe des demandeurs, définit les questions de droit ou de faits communes à cette dernière, et surtout suspend les droits de poursuite individuelle des membres du groupe.

À notre sens, même si la décision de certification a autorité de chose jugée aux États-Unis en ce qu'elle suspend le droit de poursuite individuelle, l'état actuel du droit français ne permet pas de consacrer une solution similaire dans la mesure où l'autorité de chose jugée d'un jugement étranger se mesure aux standards de la loi française· Cela est d'autant plus vrai que la décision de certification aux États-Unis, bien qu'elle suspende les droits de poursuite individuelle, n'est pas définitive et finale, cette dernière étant susceptible d'être modifiée par le juge jusqu'à l'audience de jugement[2006].

II. Les difficultés liées à la détermination de l'étendue de l'autorité de la chose jugée

679. La *class action* et l'autorité de la chose jugée à l'égard des membres absents de la classe : un décalage de régulation ? Comme nous l'avons déjà mentionné, les exceptions d'autorité de chose jugée et celle de litispendance internationale sont soumises à des conditions communes. À cet égard, les mêmes obstacles, évoqués lors de notre étude de l'exception de litispendance internationale devant le for français, sont susceptibles d'être soulevés lors de l'examen par le juge français de l'exception de chose jugée soulevée par le défendeur. Il en est ainsi pour l'identité de cause et d'objet de l'action ainsi que l'identité des parties.

Nous avons déjà relevé que la satisfaction de la condition d'identité des parties soulève des difficultés, précisément en ce qui concerne les membres absents qui n'ont pas pris part activement à la procédure de *class action.* Ainsi, nous rappelons qu'aux États-Unis, un jugement rendu à l'issue d'une *class action* lie aussi bien les membres nommés que les membres innommés qui n'ont pas exercé leur faculté de s'exclure de la procédure. En ce qui concerne les membres innomés, la Cour suprême américaine avait déjà considéré que la *resjudicata* à leur égard ne viole pas les exigences constitutionnelles du procès équitable *(due process),* tant que ces derniers ont été dûment notifiés de l'action, ont été représentés adéquatement dans la procédure, ont eu l'opportunité d'être entendus et enfin ont eu la possibilité de s'exclure de la procédure par le biais de l'*opt out.* Ainsi, selon la loi américaine, tant que les garanties procédurales susmentionnées sont satisfaites, les

[2006] I. ROMY, « Class actions américaines et droit international privé suisse », 8 AJP (1999), p. 783, spéc. p.791.

membres absents de la classe qui n'exercent pas la faculté de s'exclure de la classe sont considérés comme partie à la procédure américaine.

Il se peut cependant, que les conditions telles que mises en avant par la loi et la jurisprudence américaines soient insatisfaisantes pour conférer aux membres inconnus et absents de la procédure américaine de *class action*, la qualité de parties conformément au droit français. Dans ce contexte, il sera difficile pour le défendeur de soulever l'exception de chose jugée à l'égard des membres de la classe qui ne sont pas considérés comme parties au procès. Cela nous incite donc à nous demander quelle loi doit être interrogée pour déterminer l'étendue de la chose jugée dans le cadre d'une procédure de reconnaissance d'une décision de *class action* en France.

680. La question de la loi applicable à l'étendue de la chose jugée devant le juge français. De nombreuses analyses ont été avancées sur la question de la loi applicable à l'autorité négative de la chose jugée en France et une telle question fait désormais l'objet d'un nombre élevé de controverses[2007]. Trois courants doctrinaux peuvent être distingués.

Certains auteurs préconisent l'application de la loi étrangère, la loi du pays d'origine, à l'autorité négative de la chose jugée que ce soit quant à son objet ou quant à son étendue. Cependant, l'ordre public pourra limiter une telle application[2008].

Un autre courant prône une application cumulative de la loi du pays d'origine et de la loi française[2009] : la loi française imposera ses vues mais la solution sera ajustée en tenant compte de la loi étrangère.

Enfin, une dernière proposition tient à distinguer l'autorité de la chose jugée et l'exception de chose jugée : l'étendue de l'autorité de chose jugée sera déterminée par la loi du pays d'origine alors que l'exception de chose jugée, en tant que règle de procédure, sera soumise à la loi du for[2010].

La doctrine considère que la jurisprudence française se penche plutôt vers l'application de la loi française[2011] , même si la jurisprudence n'a pas été expressément explicite sur ce point. Elle se réfère ainsi à une série d'arrêts rendue par la Cour de cassation française où cette dernière avait visé l'article 1351 du Code civil en appliquant les conditions et les effets de l'autorité de la chose jugée française, à savoir l'identité de cause, d'objet et des parties entre le premier jugement et la seconde demande[2012]. Or, l'application de cette solution à une décision de *class action* internationale mènera à des solutions peu satisfaisantes ainsi qu'à des situations boiteuses. En effet, si les membres absents de la

---

2007 L. USUNIER, *Action en justice*, Rép. Int. Dalloz, juin 2014, spéc.n°103 ; P. DE VAREILLES-SOMMIÈRES, *Jugement étranger (Matières civile et commerciale)*, Rép. Int. Dalloz, septembre 2013.

2008 J. PERROUD « Décisions judiciaires étrangères », *Rép dr. intern.*, t 5, p. 1929, n°187.

2009 D. HOLLEAUX, J. FOYER et G. DE GEOUFFRE DE LA PRADELLE, *Droit international privé*, Paris, Masson 1987, spéc. n°932 ; A. L. DROZ, *La Compétence judiciaire et l'effet des jugements dans la Communauté économique européenne*, Dalloz 1972, spéc.n°448.

2010 P. MAYER et V. HEUZÉ, *op.cit.,* spéc. n°403, p. 305.

2011 L. USUNIER, « Action en justice », Rép. Int. Dalloz, Juin 2014, act. 2016, spéc.n°104.

2012 En ce sens, voir : Cass. Civ. 1re, 19 mars 1991, no 89-18.337, *Rev. crit. DIP 1992. 108*, note Ancel; Cass.Com. 8 mars 2011, no 09-13.830, *J.D.I 2011. 631*, note Cuniberti. Voir d'une manière générale : H. PÉROZ, *La réception des jugements étrangers dans l'ordre juridique français*, *op.cit.*, spéc. n°206, p.188.

classe ne peuvent être considérés comme parties au procès au sens du droit français, ils peuvent effectivement engager de nouvelles actions en justice en France, à l'encontre du même défendeur et concernant le même objet, entraînant ainsi le renouvellement du procès.

681. **L'application de la loi américaine à l'autorité de la chose jugée en France et l'adaptation de la loi française.** À notre sens, afin d'empêcher la formation de situations juridiques boiteuses, rien ne devrait empêcher, en principe, de tenir compte de la loi étrangère. Ainsi, l'on pourra considérer que l'étendue de la chose jugée devrait être déterminée par la loi américaine, alors que l'exception de chose jugée serait, en tant que règle de procédure, déterminée par la *lex fori*. Une telle solution pourrait trouver appui dans un arrêt de la Cour de Cassation française datant de 1974. Ici, la Cour n'avait pas hésité à consulter le droit étranger du pays d'origine du jugement en vue d'apprécier l'opposabilité du jugement à un tiers à la procédure[2013]. En outre, la spécificité du contentieux international des actions de groupe milite pour la consécration d'une solution similaire et ce, d'autant plus qu'en matière d'insolvabilité internationale – matière qui présente beaucoup de similitudes avec le contentieux de groupe international – il est déjà admis que la reconnaissance de la décision d'ouverture de la procédure collective s'étend également aux effets prévus par le droit étranger du lieu d'ouverture[2014].

Notre solution est confortée par une approche doctrinale récente qui considère qu' il n'est pas possible d'exclure toute vocation du droit étranger dans le cadre de l' analyse de l'autorité de la chose jugée, et que par conséquent, une adaptation de la loi du for d'accueil aux catégories de la loi du for d'origine serait possible[2015]. Cela est d'autant plus vrai, toujours selon cette tendance doctrinale, qu'il « *peut surgir des difficultés de traduction des concepts procéduraux étrangers qui rendent nécessaire de procéder à une adaptation des différentes lois en présence* ». En se basant sue ce qui précède, il a été suggéré que dans le cas de figure relatif à la détermination de l'étendue de la chose jugée dans le contexte d'un jugement issu d'une action de groupe de type *opt out*, la prise en considération du droit étranger serait de nature à permettre une adaptation des différentes lois en présence afin d'admettre qu'un mode de représentation abstrait de personnes se trouvant dans une situation litigieuse similaire constitutive d'un groupe, puisse servir à définir la nation de parties en droit français. Une telle adaptation permettrait d'opposer à toutes les personnes, même passive, un jugement rendu à l'issue d'une action de groupe de type *opt out*, afin de les empêcher d'engager des nouvelles actions en justice en France[2016].

Toutefois, il est possible de douter de l'opportunité d'une telle solution si l'ordre public international français réussit à se réintroduire pour refouler l'application de la loi américaine. En effet, la position que l'on choisira d'adopter au regard de la conformité

2013 Cass. Civ.1re ,19 mars 1974, Bull.civ.I, n°90.

2014 Voir l'article 7 du Règlement (UE) 2015/848 du Parlement européen et du Conseil du 20 mai 2015 relatif aux procédures d'insolvabilité.

2015 M.-L. NIBOYET et G. DE GEOUFFRE DE LA PRADELLE, *Droit international privé*, LGDJ, 4e éd., spéc. n°736, p. 507 ; B. AUDIT, « La loi applicable à l'autorité de la chose jugée », Procédures, août-septembre 2007, p. 23.

2016 M.-L. NIBOYET et G. DE GEOUFFRE DE LA PRADELLE, *Droit international privé*, LGDJ, 4e éd., spéc. n°736, p. 507.

de la décision américaine de *class action* à l'ordre public international de procédure est étroitement liée à celle adoptée pour mesurer l'étendue de l'autorité de chose jugée. Si l'on considère que le mécanisme de l'*opt out* est contraire à l'ordre public international français, cela implique que les membres absents de la classe ne pourront plus être considérés comme parties au procès, ce qui pourrait amener à la disqualification de la loi américaine régissant l'étendue de la chose jugée sur le terrain de l'ordre public international. C'est d'ailleurs précisément le cas, lorsque les membres étrangers sont notifiés collectivement de l'action de groupe, ou lorsque la notification de l'action de groupe ne leur est pas parvenue.

Quel que soit le scénario, nous pensons qu'à l'heure actuelle, la seule solution qui permettra d'empêcher la formation de situations juridiques boiteuses, est d'assurer aux membres absents de la classe une notification efficace de la *class action*, de sorte que leur abstention de s'exclure de la procédure puisse s'analyser en un consentement à faire parties de l'action de groupe américaine. Ainsi, la régulation du contentieux international des actions de groupe nécessite une coordination qui commence dès la certification d'une action de groupe internationale afin d'assurer par la suite sa circulation dans l'ordre international. C'est ce qui nous amène désormais à examiner les causes de non-reconnaissance pouvant être invoquées par les membres de la classe.

§2-L'exposé des motifs de non-reconnaissance pouvant être invoqués par les demandeurs

682. Comme nous l'avons déjà mentionné, il ne suffit pas que les conditions relatives à l'accueil de l'exception de chose jugée soient satisfaites pour empêcher les demandeurs membres d'une procédure américaine de *class action* d'engager de nouvelles actions en France, encore faudrait-il que la décision américaine satisfasse les conditions de régularité des jugements étrangers telles qu'instaurées par le droit français.

Nous avons vu dans la section précédente que, lorsque les demandeurs à une procédure de *class action* décident de faire exécuter la décision américaine sur les biens du défendeur en France, c'est principalement le défendeur qui aura intérêt à empêcher l'exécution d'une telle décision en invoquant plusieurs causes d'irrégularité. En revanche, lorsque les demandeurs insatisfaits de la décision américaine de *class action* décident d'engager de nouvelles actions en France, ce sont ces derniers qui invoqueront l'irrégularité du jugement américain devant le for français requis pour bloquer l'accueil de l'exception de la chose jugée soulevée par le défendeur.

Deux causes de non-reconnaissance peuvent être soulevées par les demandeurs devant les tribunaux français lorsque le défendeur invoque le jugement américain de *class action* afin de les empêcher d'initier une nouvelle action individuelle et/ou collective en France : la compétence juridictionnelle indirecte des tribunaux américains (**I**) et l'ordre public international principalement dans sa dimension procédurale, mais également dans sa dimension substantielle (**II**). Précisons que ces causes de non-reconnaissance peuvent aussi être invoquées par le défendeur en vue résister à l'exécution d'une décision de *class action* internationale, particulièrement dans les hypothèses où les demandeurs sont dans l'impossibilité d'engager de nouvelles actions individuelles en France.

I. La compétence juridictionnelle indirecte des tribunaux américains envers les membres absents de la classe

683. La procédure américaine de *class action*, comme d'ailleurs toutes les autres formes d'actions de groupe dont le modèle architectural repose sur le mécanisme de *l'opt out*, soulève des difficultés lorsque le for certifiant, inclut dans la classe des membres résidant en dehors de sa sphère géographique. Ainsi, il a été considéré, que si selon les principes généraux du droit international privé, la question de la compétence juridictionnelle se pose uniquement du côté du défendeur[2017], celle-ci est dédoublée dans le cadre d'une procédure de *class action* avec un mécanisme d'*opt out* : compétence à l'égard du défendeur mais également à l'égard des demandeurs absents de la classe[2018].

En effet, dans l'hypothèse d'une action individuelle ou d'une action de groupe de type *opt in*, la compétence personnelle à l'égard du demandeur est vérifiée par la simple introduction de l'instance ou par le consentement explicite des membres de la classe à intégrer l'action de groupe. En revanche, l'acceptation de la compétence juridictionnelle n'est pas nécessairement acquise pour les membres absents inclus dans la classe sans qu'aucune manifestation expresse de volonté de leur part ne soit nécessaire[2019].

Le traitement de la question de l'inclusion des membres de la classe dans une action de groupe de type *opt out* sous l'angle de la compétence juridictionnelle n'est autre que l'assimilation du statut des membres étrangers à ceux d'un défendeur. Cela supposerait donc l'existence d'un lien entre le tribunal certifiant et chaque membre du groupe pris individuellement au moment de l'exercice par le for certifiant de sa compétence juridictionnelle. Au stade de la reconnaissance d'une décision de *class action* en France, cette équivalence de statut permettra aux membres absents de contester la régularité de la décision américaine de *class action* sur le terrain de la compétence juridictionnelle indirecte en invoquant l'absence de lien caractérisé entre les réclamations de ces derniers et le tribunal certifiant.

684. La jurisprudence comparée montre que la qualification du statut des membres absents étrangers n'est pas unanime. Ainsi, contrairement à la jurisprudence canadienne, la jurisprudence américaine a refusé d'assimiler les membres absents étrangers à des défendeurs pour les besoins de l'exercice de la compétence juridictionnelle internationale, et a refusé de conditionner l'exercice de la compétence juridictionnelle à l'existence d'un lien entre chaque membre pris individuellement et le tribunal certifiant. Nous allons ainsi examiner respectivement la position de la jurisprudence américaine (**A**) et celle de la jurisprudence canadienne (**B**) tout en préconisant l'approche que nous jugeons la plus appropriée en la matière (**C**).

2017 G. SAUMIER, « USA-Canada Class Actions: Trading in Procedural Fairness », 5 Global Jurist Advances 1, p. 18 (2005): « *The typical foreign money-judgement does not give rise to the question of jurisdiction over the plaintiff because the plaintiff, by choosing the foreign court as the forum for litigation, has necessarily attorned to its jurisdiction in a way that cannot later be disputed at the recognition stage* ».

2018 A. PINNA, « Groupes internationaux de sociétés face aux class actions Américaines », in X. Boucobza et G. Mecarelli (éd.), *Groupes Internationaux de sociétés : nouveaux défis, nouveaux dangers*, *op.cit.*, spéc. n°23, p.17.

2019 *Ibid.*

A- Le refus de la jurisprudence américaine d'assimiler les membres absents étrangers à des défendeurs pour les besoins de l'exercice de la compétence juridictionnelle

685. **L'inclusion des membres étrangers absents ne doit pas être abordée en termes de compétence juridictionnelle aux États-Unis**. Aux États-Unis, la question de la compétence juridictionnelle à l'égard des membres étrangers de la classe a été abordée par la Cour suprême américaine dans l'arrêt *Phillips Petroleum Co. v. Shutts*[2020]qui constitue le *leading case* en matière de *multistates class actions*. Dans cette affaire, la *class action* intentée devant les tribunaux de l'État du Kansas comportait des demandeurs en provenance de plusieurs États fédérés ainsi que des demandeurs étrangers. Selon le défendeur, la compétence personnelle à l'égard des demandeurs absents ne pouvait s'exercer que si des contacts minimums existent entre ceux-ci et le for certifiant[2021]. À défaut d'existence de contacts minimums, le tribunal du Kansas aurait violé leur droit à un procès équitable.

Réfutant cette argumentation, la Cour a distingué entre les défendeurs à une *class action* et les demandeurs absents de la classe, refusant d'assimiler ces derniers aux défendeurs quant à la nécessité d'existence de contacts minimums entre ceux-ci et le for certifiant pour les besoins de l'exercice de la compétence juridictionnelle. Selon la Cour, si la doctrine du *minimum contact* s'applique à l'égard du défendeur, tel ne devrait pas être le cas en ce qui concerne les demandeurs absents. Ces derniers ne font pas l'objet de demandes reconventionnelles, ne sont pas tenus de supporter les coûts de la procédure et, enfin, ne se voient pas condamnés au payement de dommages et intérêts[2022]. Cependant, il est toutefois requis, selon la Cour, qu'un certain nombre de garanties procédurales soient accordées aux membres absents pour qu'ils puissent exprimer leur volonté de consentir à la compétence du tribunal américain.

686. **L'affaire *Vivendi* et la question du statut des demandeurs étrangers**. La question du statut des demandeurs étrangers dans le cadre d'une procédure de contentieux international a été soulevée dans l'affaire *Vivendi*. Dans le cadre *des experts opinions* délivrées aux tribunaux américains, les experts français agissant du côté de la société *Vivendi*, ont considéré qu'un lien substantiel doit exister entre les demandeurs étrangers et les tribunaux américains pour les besoins de l'exercice par le tribunal américain de sa compétence juridictionnelle à leur égard ; or ces liens faisaient défaut à l'égard des demandeurs français : ces derniers, n'ayant pas acheté leurs titres sur le marché américain, n'avaient pas de contacts directs avec les États-Unis et les tribunaux

---

2020 *Phillips Petroleum Co. v. Shutts*, 472 U.S. 797, 105 S. Ct. 2965, 86 L. Ed. 2d 628, 1985 U.S. Pour un commentaire de cette décision voir : A. R. MILLER et D. CRUMP, « Jurisdiction and choice of Law in Multistate Class actions After Philipps Petroleum Co. v. Shutts », 96 Yale L. J.1 (1983-1984).

2021 Comme nous l'avions mentionné, le défendeur peut aussi invoquer les causes de non-reconnaissance qui sont généralement invoquées par les demandeurs membres de la classe.

2022*Phillips Petroleum Co. v. Shutts*, spéc. n°811 « *Absent class members need not hire counsel or appear. They are almost never subject to counterclaims or cross claims, or liability for fees or costs. Absent plaintiff class members are not subject to coercive or punitive remedies (...)* ».

américains n'étaient, dès lors, pas compétents à leur égard[2023]. Cette argumentation n'a néanmoins pas convaincu le tribunal américain qui, restant dans son approche orthodoxe instaurée depuis la jurisprudence *Shutts*, a refusé de traiter la question de l'inclusion des membres étrangers de la classe sous l'angle de la compétence juridictionnelle[2024].

687. ***Transition.*** Si la jurisprudence américaine a refusé d'assimiler le statut des membres étrangers de la classe à celui de défendeurs, telle ne semble pas être la position de la jurisprudence canadienne.

B- L'assimilation par la jurisprudence canadienne des membres étrangers absents à des défendeurs pour les besoins de l'exercice de la compétence juridictionnelle

688. L'inclusion des membres étrangers absents est une question de compétence juridictionnelle. Contrairement à la jurisprudence américaine, la jurisprudence canadienne a abordé la question de l'inclusion des membres résidant en dehors de la sphère du tribunal certifiant sous l'angle de la compétence juridictionnelle, assimilant ainsi le statut des demandeurs étrangers absents à celui des défendeurs et conditionnant par conséquent l'exercice de la compétence juridictionnelle à leur égard, au test du lien substantiel (*substantial and connection test*)[2025].

Si dans de nombreuses hypothèses la question de la compétence juridictionnelle en ce qui concerne ces membres n'a pas été soulevée, facilitant par la même occasion la certification d'une action de groupe internationale, il en est tout autrement lorsque les défendeurs tenaient à exclure les demandeurs étrangers en soulevant l'exception d'incompétence des tribunaux canadiens. L'exercice de la compétence juridictionnelle conformément au *susbtantial and connection test* à l'égard des membres absents étrangers a limité la certification des *class actions* internationales ainsi que la reconnaissance des décisions de *class actions* interétatiques au Canada, comme nous l'enseigne l'affaire *HSBC Bank Canada v. Hocking*[2026].

Il s'agissait, dans cette affaire, d'un recours collectif multi-juridictionnel initié devant un tribunal ontarien qui avait accepté de certifier un recours collectif global, qui s'était

---

2023 Voir à cet égard, *In re Vivendi Universal, S.A. Securities Litigation, Revised memorandum opinion and order, Document 347*, consultable sur : http://securities.stanford.edu/filings-documents/1024/V02-01/2007523_r01o_02CV05571.pdf, spéc.p.42.

2024 Voir à cet égard, *In re Vivendi Universal, S.A. Securities Litigation, Revised memorandum opinion and order, Document 347*, http://securities.stanford.edu/filings-documents/1024/V02-01/2007523_r01o_02CV05571.pdf, spéc. p. 42.

2025 J. P. BROWN, « Canada US Cross Border Class Actions, Class certification and the Enforcement of the Resulting Class Action Judgments », ABA Section of litigation, 201 ABA, Annual Meeting, August 4-6, 2011, consultable sur : https://www.mccarthy.ca/presentation_detail.aspx?id=5504.

2026 *HSBC Bank Canada v. Hocking*, [2006] R. J. Q. 804. Pour une analyse critique de la jurisprudence canadienne voir: T. MONESTIER, « Personal Jurisdiction over Non-Resident Class Members: Have We Gone down the Wrong Road », 45 Tex. Int'L. J. 537 (2010).

soldé, par une transaction incluant des citoyens canadiens en provenance de plusieurs provinces. Un citoyen québécois ayant préalablement intenté un autre recours collectif devant les tribunaux québécois était toutefois intervenu devant la Cour de l'Ontario afin de demander l'exclusion de tous les membres québécois de la classe, au motif qu'aucun lien substantiel n'existait entre le tribunal ontarien et les résidents québécois. Au terme de la procédure de reconnaissance devant les tribunaux québécois, la cour d'appel de Québec avait alors refusé de reconnaître la décision de *class action* rendue par la Cour ontarienne pour défaut de compétence juridictionnelle à l'égard des membres absents domiciliés au Québec[2027]. Selon le tribunal québécois, le simple fait que les membres absents québécois partageaient des questions communes avec les membres domiciliés à Ontario ne suffisait pas à fonder la compétence juridictionnelle à leur égard[2028]. La même solution était retenue dans sa jurisprudence postérieure[2029].

C- Les solutions préconisées

689. **La question de l'inclusion des membres absents étrangers dans la procédure américaine de *class action* ne doit pas être abordée en termes de compétence juridictionnelle**. À notre sens, la question de l'inclusion des membres absents étrangers dans la procédure américaine de *class action* ne doit pas être abordée en termes de compétence juridictionnelle, dans la mesure où le statut de demandeurs étrangers ne doit pas être assimilé à celui des défendeurs, mais à celui de demandeurs individuels. Ainsi, comme la jurisprudence américaine l'a justement mentionné, la similitude du statut des demandeurs absents à celui des demandeurs individuels tient au fait que ces derniers ne font pas l'objet de demandes reconventionnelles, ne sont pas tenus de supporter les coûts de la procédure, et, enfin, ne se voient pas condamner au payement de dommages et intérêts. Le moment et les modalités de la saisine du tribunal constituent la seule distinction entre les demandeurs représentatifs et les demandeurs innommés. Pour ces derniers, la saisine du tribunal se décale dans le temps et n'est acquise qu'au moment où ils reçoivent la notification de l'action collective, laquelle doit être entourée de plusieurs garanties. Cette saisine s'effectue par voie implicite lorsque les membres innommés refusent de s'exclure de la procédure, après expiration du délai de l'*opt out*. Serait-il logique d'aller à l'encontre de leur volonté et de les exclure de la classe sous prétexte qu'il n'existe pas de liens substantiels entre le for du certifiant et ces

---

[2027] *Hocking v. Haziza* 2008 QCCA (CanLII).

[2028] *Hocking v. Haziza*, spéc. n°155 et suiv.

[2029] *Mc Cann v. CP Ships Ltd.* (2009) O.J.No.5182 (S.C.), spéc. n°100. Suite aux fausses déclarations effectuées par la société concernant son statut financier et qui avaient eu pour effet d'affecter la valeur de ses titres, un recours collectif a été intenté à son encontre par les parties lésées qui avaient demandé la certification d'un recours collectif mondial regroupant tous ceux qui ont acquis les titres de ladite société entre une période déterminée. Examinant la question de l'inclusion des membres absents étrangers sous l'angle de la compétence juridictionnelle, le tribunal avait considéré : « *Where is the real and substantial connection between for example, the Ontario Court and a French citizen residing in France who purchased securities over the TSE? It strikes me as judicial hubris to conclude that an Ontario court would have jurisdiction in those circumstances. In my view, the proposed class should be amended to include only residents of Canada or Canadians who purchased securities over the TSE or the NYSE* ».

derniers ? Et à supposer que des liens substantiels existent entre le for certifiant et les demandeurs étrangers, et que ceux-ci n'aient pas été dûment notifiés de l'action de groupe, ils ne pourront alors en aucun cas être considérés comme ayant consenti à la compétence du tribunal certifiant, en dépit de l'existence de liens substantiels entre ceux-ci et le tribunal certifiant.

Il serait possible de répondre ici que le statut procédural des demandeurs innommés ressemble à celui des défendeurs, puisqu'il s'agit de restreindre leur autonomie procédurale en les contraignant à faire valoir leurs droits à un moment qu'ils n'auraient pas choisi. Or, nous le répétons et comme nous allons le voir, une notification adéquate de l'action aux membres du groupe, entourée de garanties procédurales permettrait à ces derniers de s'exclure de l'action, et donc de refuser que leur autonomie procédurale soit restreinte[2030].

Par ailleurs, l'exigence d'un lien caractérisé entre le for certifiant et les demandeurs absents étrangers compromet le système de l'« unité » de l'action de groupe, et conduit à la fragmentation du contentieux de masse international, les membres étrangers de la classe se trouvant ainsi exclus automatiquement de l'instance directe pour absence de lien substantiel avec for certifiant et, la reconnaissance d'un jugement étranger se trouvant également refusée pour absence de lien caractérisé entre le tribunal étranger et les membres de la classe dans le cadre d'une instance indirecte.

À cet égard, il convient de mentionner que les tribunaux canadiens semblent changer leur position quant à la question du statut des membres absents. Ainsi, nous avons déjà vu que dans le cadre de l'affaire *Imax*, le tribunal de l'Ontario considérait que la compétence juridictionnelle était satisfaite au regard des membres étrangers absents dès lors qu'il existait de liens substantiels et réels entre le for et le défendeur[2031], sans même qu'il soit nécessaire d'établir l'existence de liens entre chaque demandeur pris individuellement et le for certifiant.

Bien que la jurisprudence française n'ait pas encore eu l'opportunité de se prononcer directement sur cette question, le contrôle par les tribunaux français de la compétence indirecte des tribunaux américains dans le cadre de l'action en responsabilité pour *forum shopping* frauduleux[2032], nous montre que ces derniers ont appréhendé le litige dans sa globalité, notamment en analysant la compétence indirecte des tribunaux américains sans exiger l'existence d'un lien direct entre chaque membre de la classe pris individuellement et le tribunal américain certifiant. Nous rappelons que dans le cadre de cette affaire, la cour d'appel de Paris avait procédé à une analyse en termes de groupement de points de contact afin de constater l'existence de liens entre le litige et le for américain, sans pour

---

2030 Voir *infra* n°695 et suiv.

2031 Pour établir la compétence juridictionnelle des tribunaux d'Ontario vis-à-vis les demandeurs absents, Justice Van Rensburg a constaté que : « *Imax is a Canadian Business Corporation Act with its head office in Ontario. It is a reporting issuer under the OSA and its shares are traded on the TSX. The alleged representation was made in Ontario through the issuance of the Company's form 10-K and press releases from IMAX's Mississauga head office. The alleged wrongful actions of the individual Defendants in connection with the preparation and reporting of IMAX's financial Statements are alleged to have taken place in Ontario as well as New York. The proposed common issues respecting Liability that concern the conduct of the defendants accordingly have a substantial connection to this jurisdiction* », *Silver v. Imax Corp.* [2009] O.J.No.5585 (Sup.Ct.J.), spéc. n°116.

2032 Voir *supra* n°639.

autant chercher à établir l'existence d'un lien particulier entre les demandeurs français et le for certifiant.

690. ***Transition.*** Que la question de l'inclusion des membres absents de la procédure soit traitée en termes de compétence juridictionnelle ou en termes de garanties procédurales, la condition selon laquelle ces derniers expriment leur volonté d'être partie à la procédure doit être vérifiée. Néanmoins, l'expression d'une telle volonté par le biais de la technique de l'*opt out* est perçue comme contraire à l'ordre public international procédural en droit français. Par ailleurs, les demandeurs peuvent tenter de résister à un jugement américain de *class action* en soutenant que le recours au système de *contingency fees* aurait pour conséquence de diminuer le montant de la réparation, et serait donc contraire à l'ordre public international de fond.

II. *Class action* américaine et ordre public international

691. C'est principalement au regard de l'ordre public international de procédure que la doctrine française se montre sceptique quant à l'efficacité en France d'une décision américaine de *class action* (**A**). L'argument tiré de la violation d'une décision rendue à l'issue d'une *class action* de l'ordre public international de fond peut également être soulevé afin de résister à la reconnaissance d'une décision de *class action* en France (**B**).

A- La *class action* américaine et l'ordre public international de procédure

692. La *class action* américaine, comme d'ailleurs toutes les autres formes d'actions de groupe de type *opt out*, est susceptible de mettre en cause les principes fondamentaux du droit français de la procédure, notamment la liberté d'agir individuellement devant un tribunal (1) ainsi que le droit à un procès équitable (2). Il convient donc d'examiner l'exactitude de ces arguments.

1- La class action américaine et la liberté d'agir ou de ne pas agir

693. En permettant d'inclure dans la classe, des membres qui n'ont pas expressément manifesté leur volonté de rejoindre l'action de groupe, la *class action* américaine est souvent considérée comme allant à l'encontre du principe de la liberté d'agir en justice. Pour comprendre au mieux cet argument, il est nécessaire, à notre sens, de distinguer entre l'hypothèse où les membres de la classe sont identifiables (**a**) et celle où les membres de la classe ne sont pas susceptibles d'être identifiés personnellement (**b**).

a. Les membres de la classe sont identifiables

694. **La technique de *l'opt out* n'est pas si étrangère à la culture juridique française : l'action en substitution en matière de droit du travail.** Contrairement à ce que l'on pourrait supposer, le mécanisme de *l'opt out* n'est pas si étranger à la culture juridique française. Ce dernier a été consacré depuis déjà bien longtemps dans la loi n°89-549 du 2 août 1989 relative à la prévention du licenciement économique et au droit à la conversion[2033]. Dans son article 29, cette loi accorde aux syndicats le droit d'agir collectivement en représentation des salariés[2034], sans avoir à justifier d'un mandat de l'intéressé. De plus, le texte précise que le salarié doit être averti par lettre recommandée avec accusé de réception afin de pouvoir s'opposer à l'initiative du syndicat. Faute de réponse dans un délai de 15 jours, il sera réputé avoir donné son approbation. Cette action en substitution consacre un mécanisme identique à l'*opt out* américain[2035]. Un syndicat exerce une action pour défendre l'intérêt individuel du salarié sans avoir à produire un mandat. Un délai est ensuite donné au salarié pour exercer son droit d'option, c'est-à-dire le choix d'être partie ou non à l'action. Une fois le délai imparti écoulé (15 jours), sans aucune manifestation de la part du salarié, celui-ci est réputé avoir donné son approbation à l'action.

695. **La technique de l'*opt out* n'est pas inconstitutionnelle si elle est entourée d'un certain nombre de garanties**. Pourtant, la doctrine française considère que la technique de l'*opt out* est contraire à la liberté individuelle, principe d'ordre constitutionnel et dont le droit d'agir en justice ou non fait partie intégrante[2036]. Au soutien de son

---

2033 Cette loi est consultable sur :
http://www.legifrance.gouv.fr/affichTexte.do?cidTexte=JORFTEXT000000875810&categorieLien=id.

2034 Ainsi, l'article 29 de la loi du 2 août 1989 a introduit dans le Code du travail un article L-321-15 dont les termes sont comme suit : « *Les organisations syndicales représentatives peuvent exercer en justice toutes les actions qui naissent des dispositions légales, réglementaires, ou conventionnelles régissant le licenciement pour motif économique « et la rupture du contrat de travail » sans avoir à justifier d'un mandat de l'intéressé. Celui-ci doit avoir été averti par lettre recommandée avec accusé de réception et ne s'y être pas opposé dans le délai de 15 jours à compter de la date à laquelle l'organisation syndicale lui a manifesté son intention. A l'issue de ce délai, l'organisation syndicale avertit l'employeur par lettre recommandée avec accusé de réception de son intention d'ester en justice. Le salarié peut toujours intervenir à l'instance engagée par le syndicat* ».

2035 Dans ce sens, voir l'opinion de Monsieur Mourre, agissant comme expert des demandeurs devant les tribunaux américains dans le cadre de l'affaire *Vivendi.* Ce dernier avait considéré : « *The group actions may be instituted by trade unions on behalf of employees without individual consent, and that associations of copyright holders are permitted to act in court on behalf of the members of their group* », *in In re Vivendi Universal, S.A. Securities Litigation, Revised memorandum opinion and order, Document 347*, consultable sur : http://securities.stanford.edu/filings-documents/1024/V02-01/2007523_r01o_02CV05571.pdf, spéc. p.48.

2036 Voir ainsi: J. LEMONTEY et N. MICHON, « Les class actions américaines et leur éventuelle reconnaissance en France », *J. D. I. 2009. 539*, spéc. n° 82, p. 554 : « *En conclusion, force est de constater que les principes du droit processuel français auxquels se heurtent la « class action »* (variante « opt out »), *valent aussi bien pour son introduction dans l'ordre interne, que pour sa réception dans l'ordre international tel que conçu par la France* » ; H. MUIR WATT, « Brussels I and Aggregate Litigation or the case of Redesigning the Common Judicial Area in order to Respond to Changing Dynamics, functions and Structures in Compensatory Adjudication and Litigation », 2 IPRAX. 111 (2010) « *US Federal courts have recently had to grapple, with veritable results, with the issue whether U.S. securities fraud class actions judgements would or would not be recognized in various European countries, France in particular, where opt out procedure may be contrary to the constitutional right of individual access to justice* ». Voir aussi les interventions

argumentation, la doctrine invoque souvent la décision du Conseil constitutionnel du 25 juillet 1989 rendue à l'occasion de la loi sur le licenciement économique susmentionné, et ce, en dépit du fait que cette décision n'a pas déclaré comme inconstitutionnel l'article 29 de cette loi consacrant le mécanisme de l'*opt out.* En effet, elle a tout simplement encadré ce mécanisme par un certain nombre de garanties procédurales, de sorte que la liberté personnelle du salarié *« qui comme la liberté syndicale a valeur constitutionnelle »* soit respectée.

Ainsi, le Conseil constitutionnel a-t-il admis dans sa décision, la possibilité pour des organisations syndicales, d'engager des actions représentatives de type *opt out*, à la condition que l'intéressé soit en mesure de donner son consentement à une telle action en pleine connaissance de cause, et qu'il puisse conserver sa liberté de poursuivre personnellement une telle action[2037]. Or, un tel consentement peut être acquis si le salarié, après avoir reçu une lettre recommandée avec accusé de réception, ne s'oppose pas à l'initiation de cette action dans un délai de 15 jours, et ce à condition que la notification de l'action contienne un certain nombre d'éléments que le Conseil a pris soin de préciser. La lettre doit ainsi contenir des précisions utiles sur la nature et l'objet de l'action exercée, sur la portée de son acceptation et sur le droit qui lui est reconnu de mettre un terme à tout moment à cette action[2038].

696. Les garanties procédurales formulées par le Conseil constitutionnel en ce qui concerne l'action en substitution se recoupent avec celles qui existent en droit américain. À regarder de plus près, les garanties procédurales formulées par le Conseil constitutionnel, dont la satisfaction rend pour acquis le consentement implicite des salariés à l'action en substitution, ressemblent aux garanties procédurales instaurées aussi bien par les règles fédérales américaines de procédure civile relatives à la certification d'une *class action,* qu'à celles établies par la jurisprudence américaine. Ainsi,

---

du gouvernement français en tant *qu'amicus curiae* devant les tribunaux américains dans l'affaire *Morrison* (Brief for Republic of France as Amicus Curaie Supporting Respondents, *Morrison v. Nat'l Austl.Bank Ltd.,*130 S.Ct.2869 (2010) (No.08-1191) : « *The opt-out aspect of US class actions runs afoul of fundamental French public policy and due process principles* ». Pour une position plus nuancée, voir: M. MATOUSEKOVA, « Would French Courts Enforce U.S. Class Action Judgments? », CONTRATTO E IMPRESA (2006), p. 661, spéc. p.668*: « Arguably, as criticizable as they may be, foreign class actions do not constitute such intolerable offence to the French forum* ».

[2037] Voir dans le même sens : C. SERAGLINI, « Les effets en France des actions de groupe étrangères », *TCFDIP* 2008-2010, Pédone 2011, p. 157, spéc. 176.

[2038] Cons. const., Déc. n°89-257 DC, 25 juill.1989, *Dr. Soc. 1989. 627.* Ainsi, selon le Conseil : « *(…) s'il est loisible au législateur de permettre à des organisations syndicales représentatives d'introduire une action en justice à l'effet non seulement d'intervenir spontanément dans la défense d'un salarié mais aussi de promouvoir à travers un cas individuel, une action collective, c'est à la condition que l'intéressé ait été mis à même de donner son assentiment en pleine connaissance de cause et qu'il puisse conserver la liberté de conduire personnellement la défense de ses intérêts et de mettre un terme à cette action* (…). *Que si le salarié doit être averti par lettre recommandée avec accusé de réception afin de pouvoir s'opposer, le cas échéant, à l'initiative de l'organisation syndicale, il est réputé avoir donné son approbation faute de réponse de sa part dans un délai de quinze jours. Considérant que de telles dispositions pour respecter la liberté du salarié vis-à-vis des organisations syndicales, impliquent que soient contenues dans la lettre adressée à l'intéressé, toutes précisions utiles sur la nature et l'objt de l'action exercée, sur la portée de son acceptation et sur le droit à lui reconnu de mettre un terme à tout moment à cette action. Que l'acceptation ne peut être considérée comme acquise qu'autant le syndicat justifie, lors de l'introduction de l'action, que le salarié a eue personnellement, connaissance de la lettre comportant les mentions sus indiquées ; que c'est seulement sous ces réserves que l'article 29 de la loi n'est pas contraire à la liberté personnelle du salarié* ».

en ce qui concerne les modalités de notification de l'action, nous rappelons que, conformément à l'article 23 (C) (2)(b) des règles fédérales de procédure civile, il est nécessaire que le tribunal certifiant déploie tous les efforts nécessaires afin de notifier individuellement les membres de la classe de l'action collective dans les hypothèses où ces derniers peuvent être identifiables avec un effort raisonnable[2039]. Ces garanties procédurales ont d'ailleurs été reprises par la jurisprudence américaine dans le cadre de l'affaire *Philips Petroleum* où la Cour suprême a insisté sur le caractère individuel de la notification, spécialement dans le cadre des *class actions* transfrontières, préconisant ainsi la notification des membres de la classe à travers la technique du « *first class-mail* »[2040]. Quant au contenu de la notification, il est nécessaire que soient précisés la nature de l'action notifiée, la définition de la classe, les allégations des demandeurs, la possibilité pour chaque membre de participer à la classe à travers un avocat, et, enfin, le droit de s'exclure de la classe et les modalités d'une telle exclusion[2041].

697. Le mécanisme de l'*opt out*, la notion de parties en droit français et le consentement à la compétence du tribunal certifiant. Si l'on admet que le mécanisme de l'*opt out*, entouré de garanties procédurales, n'est pas contraire à la liberté individuelle et que le refus des parties de s'exclure de la procédure dans le délai qui leur

---

2039 Federal Rule of Civil Procedure, Rule 23 (C)(2)(b): « (…) *the court must direct to class members the best notice that is practicable under the circumstances, including individual notice to all members who can be identified through reasonable effort. The notice must clearly and concisely state in plain, easily understood language:*

(i) the nature of the action;

(ii) the definition of the class certified;

(iii) the class claims, issues, or defenses;

(iv) that a class member may enter an appearance through an attorney if the member so desires;

(v) that the court will exclude from the class any member who requests exclusion;

(vi) the time and manner for requesting exclusion; and

(vii) the binding effect of a class judgment on members under Rule 23(c)(3) ».

2040 A. PINNA, « Les groupes internationaux de sociétés face aux class actions américaines », in X. Boucobza et G. Mecarelli (éd.), *Groupes Internationaux de sociétés : nouveaux défis, nouveaux dangers*, *op.cit.*, spéc. n°61, p. 51. Pour un commentaire de cette décision voir : A. R. MILLER et D. CRUMP, « Jurisdiction and Choice of Law in Multistate Class Action after Phillips Petroleum Co. v. Shutts », 96 Yale L.J.1 (1986/1987).

2041 Federal Rule of Civil Procedure, article 23(C)(2)(B) des Règles fédérales de procédure civile indique précisément le contenu de la notification : « *(…) The notice must clearly and concisely state in plain, easily understood language :*

(i) the nature of the action;

(ii) the definition of the class certified;

(iii) the class claims, issues, or defenses;

(iv) that a class member may enter an appearance through an attorney if the member so desires;

(v) that the court will exclude from the class any member who requests exclusion;

(vi) the time and manner for requesting exclusion; and

(vii) the binding effect of a class judgment on members under Rule 23(c)(3)».

est imparti équivaut à un consentement implicite à la procédure de *class action*, plusieurs des difficultés que nous avions évoquées dans nos précédents développements sont donc résolues. D'une part, le consentement des membres à la procédure leur permet d'acquérir la qualité de parties selon les critères du droit français, ce qui permettra ainsi au défendeur d'opposer l'exception de litispendance internationale ou l'exception de chose jugée lorsque les membres de la classe décident d'engager de nouvelles procédures à son encontre; d'autre part, le consentement des parties à la procédure américaine de *class action* implique aussi leur consentement à la compétence juridictionnelle des tribunaux américains. Par conséquent, et comme nous l'avions déjà évoqué, conditionner la certification d'une action de groupe internationale à l'existence de liens réels et substantiels entre les membres absents et le tribunal certifiant sera dénué de tout intérêt.

698. Différence entre l'action en substitution et la *class action* américaine. Il serait possible de constater qu'il existe une différence entre l'action en substitution et la *class action* américaine. Dans une action en substitution, le salarié reste maître ultime de l'action, le Conseil constitutionnel ayant exigé dans sa décision que ce dernier conserve la liberté de conduire personnellement la défense de ses intérêts et de mettre un terme à tout moment à l'action, même après l'expiration du délai de rétractation. En revanche, dans une procédure de *class action*, une fois le délai de l'*opt out* expiré sans que les membres aient exprimé leur volonté de ne pas être engagés, ils perdront tout contrôle sur la défense de leurs intérêts et s'effaceront totalement derrière le demandeur principal et ses avocats[2042]. Mais une telle différence entre les deux actions constitue à notre sens, une différence de degré et non pas de nature, et ne justifie donc pas que l'ordre public international de procédure s'oppose à la reconnaissance d'une décision de *class action* américaine. En effet, le simple fait que les membres français de la classe ne puissent plus s'exclure de la procédure après l'expiration du délai de l'*opt out,* ne peut justifier la mise en jeu de l'ordre public international

699. Des précautions supplémentaires à prendre dans le cadre d'un litige international ? Si, en principe, les conditions mises en avant par les règles fédérales de procédure civile concernant les garanties procédurales devant accompagner la notification de l'action de groupe de type *opt out* sont, à notre sens, suffisantes pour considérer comme acquis le consentement des demandeurs à la *class action* américaine, nous pensons que des précautions supplémentaires doivent être prévues lorsque la *class action* américaine inclut des membres résidant en dehors des États-Unis et qui dépendent d'un système juridique où les actions de groupe avec mécanisme d'*opt out* ne font pas partie intégrante de leur culture juridique à l'instar de ce qui est le cas en France. Des facteurs liés à la géographie, à la langue, à la culture et à la logistique peuvent également avoir un impact sur le caractère équitable du procès dans le cadre d'une *class action*

[2042] J. LEMONTEY et N. MICHON, « Les class actions américaines et leur éventuelle reconnaissance en France » *J. D. I. 2009. 539*, spéc. n°79, p. 553.

internationale[2043]. En pratique, la notification personnelle de la *class action*, généralement longue et détaillée, et faisant référence à la loi américaine[2044] peut s'avérer incompréhensible pour la plupart des destinataires étrangers qui, d'une part, ne comprennent pas la langue étrangère, et, d'autre part, ne sont pas familiers avec le système américain et la procédure américaine de *class action.* Par conséquent, il est probable que la notification de la *class action*, et en dépit des garanties procédurales mentionnées, soit incompréhensible pour les membres étrangers qui décideront tout simplement de ne pas la prendre en considération[2045]. Ainsi, il est à craindre que ces membres soient inclus dans la procédure, sans que cette inclusion soit le résultat d'un consentement implicite et d'un véritable choix de leur part[2046]. L'injustice sera assez claire lorsque le consentement des demandeurs étrangers absents provient d'un simple défaut de réponse à une notification complexe, émanant d'un pays loin et relative à une procédure qui leur est inconnue et peu familière[2047].

De telles considérations ont été mises en avant par la jurisprudence canadienne. Ainsi, dans l'affaire *Société canadienne des postes c. Lépine* relative à un recours collectif multi-juridictionnel, la Cour suprême canadienne a considéré que la rédaction des avis de notification doit prendre en considération « *le contexte dans lequel ils seront diffusés et en particulier, la situation des destinataires* »[2048]. À cet égard, la Cour a considéré que « *des situations particulières peuvent imposer une rédaction plus précise et plus complète afin de permettre aux membres du groupe de bien comprendre les conséquences du recours collectif sur leurs droits* »[2049].

Ainsi, nous pensons qu'une coordination entre le tribunal certifiant et celui où résident les membres étrangers pour les besoins de la notification de l'action de groupe internationale est suffisante pour assurer une notification efficace. Il nous semble alors, qu'il serait beaucoup plus efficace que la notification de la *class action* américaine soit rédigée en langue française rendant alors son contenu plus facilement accessible aux membres de la classe qui résident en France. Cette coordination entre les tribunaux américains et les tribunaux français peut s'opérer à travers des protocoles. L'exemple du

---

2043 D. L. BASSET: « U.S. Class Action Go Global: Transnational Class Action and Personal Jurisdiction », 72 Fordham L. Rev. 41(2003), spéc. p.64;

2044 J. RESNIK, « Litigating and Settling Class Actions: The Prerequisites of Entry and Exit », 30 U.C. Davis L. Rev. 835 (1997), spéc. p.855.

2045 Comme il l'a été justement mentionné par deux auteurs américains : « B*eyond the experience or expectation of reasonable citizens that the failure to respond to what looks like a slightly unusual piece of junk mail constitutes assent to the solicitation (…) by selected counsel, desiring to represent the recipient (…) if implied consent is to be derived solely from failure to respond to class notice, courts will have to be a good deal more vigilant than they have been in securitizing the content of theses notices*», in P. D. CARRINGTON et D. P. APANOVITCH, *« The Constitutional Limits of Judicial Rule Making : The illegitimacy of Mass tort Settlement Negotiated Under Federal Rule 23* », 39 Arziz. L. Rev. 461(1997) spéc. p.466.

2046 D. L. BASSET, « U.S. Class Action go global: Transnational Class Action and Personal Jurisdiction » 72 Fordham L. Rev. 41(2003), spéc. p.75: « *If the notice is not understood, an absent class member will not be able to opt out from the existing class litigation, thereby remaining in the class, although not necessarily by choice, which foils the notion of implied consent to the court's jurisdiction* ».

2047 D. L. BASSET, « U.S. Class Action go global: Transnational Class Action and Personal Jurisdiction », 72 Fordham L. Rev. 41(2003), spéc. p.75: « *When consent is predicated upon a claimant's failure to respond to a lengthy legal notice generated by a far –away foreign court in connection with a potentially unfamiliar type of legal proceeding, the unfairness is apparent* ».

2048 *Société canadienne des postes c. Lépine*, 2009 CSC 16, spéc. n°43.

2049 *Société canadienne des postes c. Lépine*, 2009 CSC 16, spéc. n°45.

Notice Protocol[2050] tel qu'adopté par les tribunaux canadiens et américains, qui apporte des précisions sur plusieurs aspects de la notification en vue de renforcer son efficacité, peut servir d'exemple en la matière· De même, il est possible de renforcer la notification individuelle par une notification collective diffusée par le biais des médias ou des journaux français, expliquant aux citoyens français les conséquences qui peuvent résulter de leur consentement à se joindre à une *class action* américaine.

Nous sommes donc d'avis que le garde-fou mis en place en matière de notification personnelle de la *class action* aux membres du groupe est de nature à rendre une décision de *class action* américaine conforme aux principes constitutionnels français, et donc, à l'ordre public international de procédure. La même constatation se retrouve en ce qui concerne les décisions de *class actions* rendues par les tribunaux canadiens, puisqu'à l'instar du droit américain, le droit canadien a adopté la même approche au sujet de la nécessité d'assurer le respect des principes fondamentaux de la justice[2051] tels que consacrés dans la charte canadienne des droits et libertés de 1982[2052].

Il convient cependant de mentionner à cet égard, que notre position se différencie de la position d'une grande partie de la doctrine française et continentale[2053], laquelle, d'une manière générale, considère que le système de l'*opt out* constitue une véritable violation du procès équitable et de certains droits constitutionnels, sans vraiment faire de distinction entre les hypothèses ou la notification de l'action a été entourée de garanties, et celles ou la notification n'a pas été accompagnée de garanties procédurales. En revanche, les tribunaux des pays ayant consacré une action de groupe de type *opt out* n'éprouvent pas de difficultés à reconnaître les décisions américaines de *class action* ; la jurisprudence néerlandaise et la jurisprudence belge en sont un exemple[2054].

2050 Voir *supra* n°611.

2051 Pour une analyse détaillée voir: H. P. GLENN, « L'affaire Bre-X et les recours collectifs transfrontaliers », 12R. Q. D. I. 1999.33.

2052 Cette charte est consultable sur : http://laws-lois.justice.gc.ca/fra/const/page-15.html.

2053 Pour l'ensemble des pays européens voir: A. PINNA, « Recognition and Res Judicata of US Class Action Judgments in European Legal Systems », 1 Erasmus L.Rev.31 (2008), spéc. p.40: « I*t has been argued by several experts that the binding effect of the class-action procedure over absent class members residing in the European country could be contrary to public policy and that the outcome of such procedures can therefore not be recognized by domestic courts* ». R. MULHERON, « The Case for an Opt-Out Class Action for European Member States. A Legal and Empirical Analysis », 15 Colum. J. Eur. L. 409, spéc. p. 412: « *For most European Member States, the concept of an opt-out class action is an anathema* ». En Allemagne, voir: R. STÛRNER, « International Class Actions from a German Point of View », in *Current Topics of International Litigation*, R. Stûrner et M. Masanori Kawano (eds), Tübingen 2009, p.107, spéc. p.110: « *Opt out class actions are a violation of the right to be heard provided for in the German Constitution* »; En Suisse, voir : I. ROMY: «Class actions américaines et droit international privé suisse», 8 AJP (1999), p. 783 spéc. p. 769 : «L*e mécanisme d'opt out des class actions américaines violent l'ordre public international Suisse* ». Cependant, pour une position plus nuancée voir au Royaume-Uni. J. HARRIS, « The Recognition and Enforcement of US Class Action Judgments in England », CONTRATTO E IMPRESA, p. 617 (2006): « *There is no clear English authority as to whether and in what circumstances, a United States Class action judgement is entitled to recognition and enforcement in England* »; J. C .L. DIXON, « The Res Judicata Effect in England of a US Class Action Settlement », 46 INT'L & COMP. L.Q. 134(1997), spéc. p. 150 « *The law in this area is difficult to analyse as there is no case that has really come colise to considering this issue* ».

2054 J. FLEMING et J. J. KUSTER, « The Netherlands », in *World Class Action: A Guide to Group and Representative Actions Around the World*, P.S. Karlsgodt (eds), p.286, spéc. n°14.4, p. 298; O. KAFI-CHERRAT,

700. ***Transition***. Il nous semble que la technique de l'*opt out* ne doit pas soulever de difficultés lorsque celle-ci est entourée d'un certain nombre de garanties procédurales permettant aux membres identifiés d'exercer leur liberté individuelle de participer ou non à la procédure. La situation devient, en revanche, plus compliquée lorsque sont inclus dans la procédure, par le biais du mécanisme de l'*opt out,* des membres étrangers inconnus et innommés.

b. Les membres de la classe sont inconnus et innommés

701. La notification collective aux États-Unis lorsque les membres de la classe ne peuvent pas être identifiés. L'hypothèse mettant en jeu une *class action* consacrant un mécanisme d'*opt out* et incluant des membres inconnus et innomés est plus délicate. Dans ce cas, il est difficile de procéder à une notification individuelle de la *class action* à chacun des membres du groupe. Aux États-Unis, l'article 23 (C) 2 (B)[2055] des règles fédérales de procédure civile dispose qu'il est possible de recourir à d'autres méthodes de notification. Ainsi, La jurisprudence américaine a souvent eu recours à la notification par voie exceptionnelle, à travers des médias comme la presse, internet, la radio et la télévision, toutes les fois où il est difficile d'identifier les membres absents de la classe d'une manière raisonnable[2056]. Dans ce contexte, la reconnaissance d'une décision américaine de *class action* peut soulever des difficultés devant le juge français. Il convient, cependant, de distinguer entre deux cas de figure, selon que la notification collective atteint tous les membres du groupe ou seulement un certain pourcentage d'entre eux.

702. La notification collective atteint tous les membres du groupe. Nous sommes d'avis qu'une décision de *class action* américaine devrait pouvoir être reconnue en France même si les membres du groupe n'ont pas été notifiés de l'action d'une manière personnelle et par lettre recommandée avec avis de réception. Si l'on essaye de décortiquer le formalisme excessif posé par le Conseil constitutionnel en ce qui concerne la notification de l'action en substitution, on pourra sûrement comprendre qu'un tel formalisme n'est pas un objet en soi. En effet, ce qui est principalement visé est la protection de la liberté individuelle du salarié qui doit être placé en pleine connaissance de cause de l'action intentée par le syndicat afin qu'il soit en mesure de comprendre la portée de son adhésion à l'action. Cela nous amène à nous demander si une notification efficace de l'action ne pourrait être entreprise par un autre moyen que par le biais d'une lettre recommandée avec avis de réception ?

« La class action s'approche : à propos de la reconnaissance en Belgique des class action settlements américaines (Aff. Lernout & Hauspie)», *J. D.I. 1. 2018. 81*

2055 Federal Rules of Civil Procedure, Article 23 (C) 2 (B): « *(…) The court must direct to class members the best notice that is practicable under the circumstances* ».

2056 A. PINNA, « Groupes Internationaux de sociétés face aux class actions américaines », in X. Boucobza et G. Mecarelli (éd.), *Groupes Internationaux de sociétés : nouveaux défis, nouveaux dangers, op.cit*, spéc. n°61, p. 51.

À notre sens, la réponse est positive. La notification collective par voie de médias et de presse, telle que préconisée par le droit américain, peut être effective, et particulièrement à une époque où les moyens de télécommunication numériques et les réseaux sociaux sont plus développés que les moyens de notification qui existaient à l'époque de la décision rendue par le Conseil constitutionnel. Par ailleurs, ces moyens de communication communément admis par le droit américain doivent également être admis par le droit français qui connaît d'ailleurs des moyens de notification identiques. Ainsi, en droit des sociétés par exemple, l'association des associés a le droit d'intenter une action en justice à l'encontre de la société et de solliciter postérieurement un mandat des associés par courriel ou par notification publique pour agir en leur nom. C'est aussi le cas en matière de faillite où les mesures de publicités se font par une simple publication.

En définitive, ce qui importe est de garantir la publicité adéquate afin d'assurer la liberté d'agir des plaignants dans le cadre de l'exercice de leur liberté personnelle. Dans ce contexte, la reconnaissance d'une décision américaine de *class action* peut être accordée.

703. La notification collective peut soulever un problème de preuve. Cependant, la notification collective peut encore soulever un problème de preuve. Il sera en effet difficile de prouver que l'action de groupe a bien été notifiée aux membres de la classe. Ainsi, il est très probable qu'un membre de la classe, de mauvaise foi, ait pris connaissance de la *class action* américaine à travers la diffusion collective de l'action et décide alors de participer à la procédure américaine en refusant de s'exclure de la classe. Toutefois, insatisfait de la décision américaine, il décide d'engager une nouvelle action en France en prétendant qu'il n'a pas eu connaissance de la cause de l'action de groupe engagée devant les tribunaux américains. À notre sens, une telle difficulté n'est toutefois pas insurmontable. Il suffit d'établir une présomption de notification de l'action lorsque la notification collective satisfait un certain nombre de critères. C'est donc à celui qui invoque l'inefficacité d'une telle notification de prouver le contraire. Une telle présomption serait de nature à encadrer la mauvaise foi de certains plaignants.

Bien que la jurisprudence française n'ait pas eu l'opportunité de contrôler une décision américaine de *class action* dans laquelle la notification des membres de la classe aurait été faite collectivement, elle s'est prononcée sur certains aspects de la procédure américaine, et ce dans le cadre d'une action en référé introduite par l'un des actionnaires de la société *Vivendi* devant le Tribunal de grande instance de Nanterre, à l'encontre du cabinet américain à l'origine de la *class action* aux États-Unis. Le demandeur voulait, en effet, suspendre la notification effectuée par le juge américain[2057]. Au soutien de ses prétentions, il considérait que le fait d'enfermer l'exercice de l'*opt out* dans un délai déterminé était contraire à la décision du Conseil constitutionnel rendue le 25 juillet 1989 sur la loi relative à la prévention du licenciement économique et au droit à la conversion.

Il est intéressant de noter dans un premier temps, que cette action en référé introduite par l'un des actionnaires membre du groupe de la procédure de *class action* engagée outre

---

[2057] M. AUDIT et M.-L. NIBOYET, « L'affaire Vivendi Universal SA ou comment une class action diligentée aux États-Unis renouvelle le droit du contentieux international en France », *Gaz. Pal. 2010. 1*, spéc. n°6, p.12.

Atlantique, montre bien que la notification collective de l'action peut être efficace. Preuve en est, l'actionnaire auteur de l'action en France avait pleinement conscience qu'il était membre de la procédure américaine de *class action*, et qu'il était en mesure de s'en exclure. En tout état de cause, les demandes introduites ont ainsi été rejetées par la juridiction du premier degré de Nanterre considérant qu'une interprétation de la portée des normes constitutionnelles n'était pas caractérisée avec l'évidence nécessaire en référé[2058].

704. La notification collective n'atteint pas tous les membres de la classe. L'expérience des pays développés en matière d'actions de groupe de type *opt out* confirme néanmoins que lorsque l'action met en jeu un nombre très important de participants à la classe, il est quasiment impossible que la notification collective atteigne tous les membres. À titre d'exemple, la jurisprudence néerlandaise ne semble pas exiger que la notification atteigne toutes les parties intéressées et la cour d'appel d'Amsterdam préfère ainsi prendre la procédure dans son ensemble. Ainsi, dans l'affaire *Shell*, le fait que la notification n'ait pas atteint toutes les personnes intéressées, n'a pas constitué une raison suffisante selon la cour d'appel pour repousser l'audience orale[2059]. Il est vrai que dans cette affaire, la notification avait reçu une grande couverture dans les médias internationaux et qu'une notification publique avait été publiée dans un journal local dans tous les pays où résidaient au moins 50 intéressés potentiels[2060]. Cependant, il était peu important aux yeux de la Cour, que certains intéressés ignorent l'existence de la procédure néerlandaise. Ce qui importait pour la Cour était le fonctionnement général du système, même si cela devait se faire aux dépens d'un petit nombre d'intéressés.

La même approche a été adoptée par la jurisprudence canadienne. Ainsi, dans l'affaire *Société canadienne des postes c. Lépine*, la Cour suprême du Canada constatait qu'« *en matière de recours collectifs, il importe que l'information nécessaire puisse être communiquée aux membres. On n'exige pas la démonstration que chaque membre a réellement été informé. Cependant, il faut que la procédure de notification soit conçue de telle manière qu'elle rende probable la communication de l'information à ses destinataires. La rédaction des avis doit prendre en considération le contexte dans lequel ils seront diffusés et en particulier, la situation des destinataires. Des situations particulières peuvent imposer une rédaction plus précise et plus complète afin de permettre aux membres du groupe de bien comprendre les conséquences du recours collectif sur leurs droits* »[2061].

Il convient de se demander à cet égard, quelle serait la position de la jurisprudence française si cette dernière était appelée à se prononcer sur la reconnaissance d'une décision rendue à l'issue d'une *class action* incluant des membres de la classe qui n'auraient pas reçu la notification de l'action. Pour répondre à cette question, il convient de distinguer entre deux hypothèses.

2058 TGI Nanterre, ord. réf. 27 août 2009, n°09/01870.

2059 *Shell*, Amsterdam court of Appeal, 29 May 2009, LJN: B15744, JOR 2009.

2060 J.-J. KUIPERS, « Pays-Bas : Règlement collectif du Dommage de masse », *R. I. D. C. 2012. 214*, spéc. p. 219.

2061 *Société canadienne des postes c. Lépine*, 2009 CSC 16, spéc. n°43.

705. La notification collective en présence d'une *class action* ayant uniquement une fonction de régulation. Lorsque la *class action* poursuit uniquement une fonction de régulation, il nous semble que la notification collective par voie exceptionnelle ne devrait pas soulever de difficultés. Dans un tel scénario, il n'est pas nécessaire que la notification atteigne personnellement les membres du groupe, puisque ces derniers n'auraient, quoi qu'il en soit, jamais pensé à engager une action en justice, leur réclamation n'atteignant qu'un montant dérisoire. Nous pensons donc que dès lors qu'une *class action* ne présente qu'une fonction de régulation, et même dans l'hypothèse où les membres du groupe pourraient être identifiés personnellement, la notification collective doit être préconisée en raison des coûts énormes engendrés par la notification personnelle de l'action.

706. La notification collective en présence d'une *class action* engagée pour « apathie rationnelle ». L'hypothèse mettant en jeu une *class action* engagée pour apathie rationnelle s'avère cependant plus délicate car les droits individuels de chaque partie conservent leur importance. Dans une telle situation, l'inclusion des membres dans la procédure américaine de *class action* serait contraire à la liberté individuelle et aux exigences du Conseil constitutionnel qui, comme nous l'avons déjà vu, subordonnent l'exercice de l'action en substitution par le syndicat à ce que le salarié soit en mesure d'y donner son assentiment, et ce en pleine connaissance de cause de l'action. Or, ceci ne pourra évidemment être le cas lorsque la notification n'atteint pas tous les membres de la classe. C'est dans ce contexte que s'inscrit, de notre point de vue, la clarification du Conseil constitutionnel français dans sa décision n°89-257 DC du 25 juillet 1989 où ce dernier a considéré dans ses cahiers, que « *faute de respect de cet assentiment individualisé, qui n'existe pas par exemple dans les mécanismes anglo-saxons « d'opt out », l'individu serait privé abusivement d'un droit en violation de la Constitution* »[2062]. Néanmoins, nous pensons que l'approche des tribunaux français sur cette question doit être pragmatique et dépendre des circonstances de chaque affaire.

Lorsque le jugement qui résulte de la *class action* américaine est favorable aux membres de la classe, nous pensons que la décision de *class action* doit avoir *res-judicata* à leur égard en empêchant ces derniers d'engager de nouvelles actions devant le juge français, quand bien même ces derniers n'étaient pas en mesure de prendre connaissance de l'action de groupe engagée outre Atlantique. Une telle solution a d'ailleurs été consacrée par l'action de groupe brésilienne[2063] qui constitue un modèle pour de nombreuses autres actions de groupe dans les pays d'Amérique latine. Ce type de jugement est connu sous la dénomination *res judicata secundum eventum litis*, une expression latine qui signifie que l'effet du jugement de *class action* va dépendre du résultat du procès, et plus spécifiquement si la classe va perdre ou gagner l'action. Face aux difficultés qu'éprouvent les citoyens français à accéder à la justice dans le contexte des dommages de masse intervenant hors des domaines contenus dans les dispositions relatives à l'action de groupe en France, une telle solution pourrait définitivement être consacrée en France

---

[2062] Les cahiers du conseil constitutionnel, n°23, p. 22.

[2063] A. GIDI, « Class Actions in Brazil: A Model for Civil Law Countries », 51 AM. J. COMP. L. 311 (2003).

Ainsi, et à supposer que des demandeurs français non identifiés aient été inclus dans la procédure américaine de *class action* sans que la notification de l'action ne leur soit parvenue de manière certaine, l'argument selon lequel il est intolérable qu'une personne soit liée par un jugement à l'élaboration duquel elle n'a pas participé est à relativiser. D'ailleurs, la jurisprudence française admet déjà l'autorité de la chose jugée à l'égard d'un tiers. C'est le notamment le cas lorsqu'elle accepte qu'une sentence arbitrale soit opposable au tiers, complice prétendu de la violation des obligations contractuelles d'un franchisé, l'empêchant ainsi de discuter dans un nouveau procès la question de la faute du franchisé à l'égard du franchiseur, déjà tranchée par le tribunal arbitral[2064]. Nous ne voyons donc pas en quoi cette inclusion constituerait une violation de l'ordre public international français, les membres français bénéficiant alors d'un jugement qui leur octroie des dommages et intérêts sans avoir à supporter les frais de la procédure ou les honoraires des avocats. De plus, à supposer que cela constitue une violation de l'ordre public international français en raison de la restriction apportée à leur liberté individuelle, leur situation dans les circonstances évoquées est de loin meilleure que celle où ces derniers peuvent se trouver privés de recevoir une quelconque indemnisation en raison des difficultés inhérentes à leur accès à la justice. Par conséquent, si dans les deux situations mentionnées l'ordre public français est violé, il est important de distinguer selon l'intensité et les conséquences de cette violation. En d'autres termes, quelle serait la chose la plus choquante pour l'ordre public français (dans sa dimension procédurale) : inclure des citoyens français sans aucune manifestation de leur volonté dans une procédure de *class action* sans qu'ils aient à supporter ni efforts ni frais ? Ou bien l'hypothèse dans laquelle leur droit d'accès à la justice s'avère plus théorique que pratique ? Par ailleurs, à quoi bon protéger la liberté individuelle d'agir en justice si le demandeur est dans l'incapacité pratique de l'exercer ? À notre sens, la réponse est évidente et claire : l'ordre public (dans une vision large du terme) sera plus profondément touché lorsque les demandeurs français seront dans l'incapacité d'exercer leur droit d'accès à la justice.

À cet égard, l'approche des tribunaux néerlandais nous semble intéressante. Comme il a déjà été relevé, ce qui importe pour la Cour d'appel d'Amsterdam, c'est le fonctionnement général du système, même si cela doit se faire aux dépens d'un petit nombre de personnes. Une telle approche a également été adoptée lors de la reconnaissance d'une décision américaine de *class action*[2065]. Dans ce contexte, une décision de *class action* en France pourrait être justifiée par la nécessité d'assurer le bon fonctionnement du système, quand bien même cela aurait pour conséquence de réduire

---

2064 C. SERAGLINI, « Les effets en France des actions de groupe étrangères », *TCFDIP* 2008-2010, Pédone 2011, p. 157, spéc. p.178. Cependant, pour une critique de cette jurisprudence, voir : S. BOLLÉE, « Les effets des sentences arbitrales à l'égard des tiers », *Rev. arb. 2015. 3. 695*, spéc.p. 706.

2065 Ainsi, dans l'affaire *In re Royal Ahold* N.V., les tribunaux néerlandais n'ont pas hésité à reconnaître une décision américaine de *class action* et ce, en dépit du fait qu'étaient inclus dans la procédure américaine, des membres néerlandais dont la notification de l'action ne leur a pas été parvenue. Pour plus de détails sur cette affaire voir: J. FLEMING et J. J. KUSTER, « The Netherlands, in World Class Action: A Guide to Group and Representative Actions Around the Word », spéc. n°14.4, p.298. Voir aussi: T. J. Monestier, « Transnational Class Actions and the Illusory Search for Res Judicata », 86 TUL. L. REV. 1 (2011), spec .n°178, p. 52.

certains droits individuels. En effet, un refus de reconnaissance implique le déclenchement possible d'un nouveau procès en France entre les mêmes parties et concernant le même objet, risquant alors de donner naissance à deux décisions contradictoires. D'ailleurs, si notre solution est préconisée, elle ne forme pour autant pas le seul exemple où les droits individuels de certaines catégories de personnes peuvent être réduits au profit de la collectivité pour les besoins de l'intérêt général. À regarder de plus près, nous pensons que les membres passifs étrangers sont, dans leur situation, plus protégés que ne le sont certaines catégories de personnes dans le cadre de certaines procédures qui existent en droit français. Il est précisément possible de songer au domaine des procédures collectives. Dans ce cas de figure, après le prononcé d'un jugement de faillite, les créanciers doivent déclarer leurs créances dans un délai déterminé, à l'échéance duquel ils sont forclos et leur créance éteinte. Malgré les lourdes conséquences qui peuvent résulter d'une telle omission - d'ailleurs beaucoup plus lourdes que celles résultant de l'inclusion des membres passifs absents dans le cadre d'une procédure de *class action* - le législateur français n'a prévu la notification personnelle du jugement de faillite qu'à l'égard de certains créanciers. En outre, la publication du jugement d'ouverture de la faillite constitue l'unique moyen de notification pour les autres créanciers, alors même que leurs créances s'éteindront à défaut de déclaration, qu'ils aient eu ou non connaissance de la publication[2066].

707. Éléments de droit comparé. La jurisprudence comparée ne semble pas hostile à la reconnaissance d'une décision d'action de groupe avec mécanisme d'*opt out*, même dans l'hypothèse où la notification collective n'atteint pas tous les membres du groupe. La jurisprudence canadienne est instructive, comme nous l'enseigne l'affaire *Currie v. MacDonald's Restaurants*[2067]. Il s'agissait d'une *class action* intentée par des consommateurs de la chaîne de restauration Macdonald devant le tribunal de l'État de l'Illinois aux États-Unis à l'encontre de la société *Macdonald* et la société *Simon Marketing* embauchée par la première afin de superviser le processus de promotion des jeux durant la période s'étalant de 1995 à 2001. Les consommateurs ont allégué que les employés de la Société *Simon Marketing* les avaient privés de toute chance de gain, ces derniers ayant conservé avec eux les différents prix gagnants. La classe certifiée par le tribunal américain englobait des consommateurs américains ainsi que des consommateurs canadiens domiciliés au Canada. Deux autres *class actions* ayant la même cause et le même objet avaient également été initiées devant le Tribunal de première instance de l'Ontario au nom des membres canadiens victimes de la fraude.

Devant le tribunal de l'Illinois, la notification de la *class action* aux consommateurs canadiens s'était opérée par voie de presse, par l'intermédiaire de deux magazines hebdomadaires en langue anglaise et deux journaux québécois en langue française. Les modalités de cette notification étaient différentes de celles adoptées pour notifier l'action

---

[2066] C. SERAGLINI, « Les effets en France des actions de groupe étrangères », *TCFDIP* 2008-2010, Pédone 2011, p. 157, spéc. p.177. Voir à cet égard, les anciens articles L.621-43, L.621-46 du Code de commerce, et art.66 du décret du 27 décembre 1985 ; voir aujourd'hui, art. L.622-24 et art. R.622-21 du Code de commerce.
[2067] *Currie v. MacDonald's Restaurants,* 2005 CanLII 3360 (ON C.A.) (Can.).

de classe aux membres américains[2068]. Il s'est avéré par la suite, que la notification de l'action aux membres résidant au Canada, par le biais des publications anglaises au Canada, reposait sur des considérations erronées (il était allégué que le taux de circulation était 4 fois plus que le nombre réel)[2069]. En outre, aucune estimation quant au pourcentage de personnes résidant au Canada susceptibles de recevoir la notification de l'action n'avait été effectuée « *reach and frequency* », alors qu'une analyse détaillée sur les taux de diffusion de l'action aux membres résidant sur le territoire américain avait eu lieu[2070].

Devant l'instance ontarienne, le représentant des demandeurs est alors intervenu devant le tribunal de l'Illinois après l'expiration du délai de l'*opt out*, soutenant que la notification des membres canadiens était inadéquate puisque la notification de l'action effectuée en langue anglaise n'avait atteint que cinq pour cent de la population du Canada[2071], ce qui mettait bien en cause son caractère équitable et suffisant (*fairness and sufficiency*). Une telle argumentation n'a toutefois pas convaincu le juge de l'Illinois, qui a finalement homologué une transaction globale incluant les membres absents canadiens qui ne s'étaient pas exclus de la procédure américaine dans le délai qui leur était imparti[2072].

Par ailleurs, la Cour de première instance de l'Ontario a rejeté à son tour la requête en irrecevabilité de l'action (*motion to dismiss the action*) présentée par les défendeurs qui considéraient que la procédure américaine avait violé la justice naturelle (*natural justice*) en s'abstenant de fournir une notification adéquate de l'action aux membres canadiens. Cette décision a été confirmée en appel. Amenée à se prononcer sur la *res judicata* de la décision américaine de *class action*, la Cour a énuméré un certain nombre d'éléments devant être pris en considération pour décider si un jugement américain de *class action* peut être opposé aux membres absents canadiens. Après avoir constaté que des conséquences juridiques peuvent être attachées au refus des membres absents et innomés de s'exclure de la procédure américaine de *class action*, la Cour d'appel a souligné que de telles conséquences ne peuvent se produire qu'en présence d'une notification adéquate de l'action aux membres canadiens[2073].

Aux yeux de la Cour d'appel, la notification approuvée par le tribunal de l'Illinois était donc inadéquate, à un point tel qu'il était substantiellement injuste (*substantially unjust*) de lier les membres canadiens putatifs de la classe à la *class action* américaine[2074]. Une telle conclusion n'a pu être obtenue qu'après l'intervention d'un expert à la procédure ontarienne à l'appui de la partie demanderesse. Celui-ci avait en effet fini par conclure

---

2068 G. SAUMIER, « USA-Canada Class Actions: Trading in Procedural Fairness », 5 Global Jurist Advances 1, p.9.

2069 *Ibid.*

2070 Ainsi, en ce qui concerne le marché américain, la notification était susceptible d'atteindre 72 pour cent des membres absents de la classe avec une fréquence de 2.3.

2071 La population de Québec est de 7,5 millions dont 90 pour cent sont francophones.

2072 *Boland v. Simon Marketing Inc.& McDonald's Corp.*,No.01-13803 (Cir.Ct.IL.2001).

2073 *Currie v. MacDonald's Restaurants*, *op.cit.*, spéc. n°30 : Ainsi, selon la Cour : « *(…) provided that (…) (c) non-residents class members are accorded procedural fairness including adequate notice, it may be appropriate to attach jurisdictional consequences to an unnamed plaintiff's failure to opt out. In those circumstances, failure to opt out may be regarded as a form of passive attornment sufficient to support the jurisdiction of the foreign court* ».

2074 *Currie v. MacDonald's Restaurants*, spéc. n°58.

que trente pour cent des consommateurs canadiens avaient été exposés à la notification de l'action, contre un pourcentage de soixante-dix pour cent pour les consommateurs résidant aux États-Unis. Les appelants, quant à eux, ont considéré que la notification de l'action effectuée par la Cour américaine s'était opérée selon des standards plus stricts que ceux prévus par la loi ontarienne dans des conditions similaires[2075]. La cour d'appel a toutefois refusé cette analyse, considérant que la notification de l'action aux membres absents étrangers devait s'effectuer selon des critères plus stricts que ceux en vigueur en droit interne et que les mêmes standards d'équité procédurale devaient être appliqués aussi bien pour les membres canadiens qu'américains. Pour la cour, il s'agirait d'une véritable rupture de la justice naturelle (*naturel justice*) pour les juridictions américaines d'appliquer des standards d'équité procédurale pour ses propres résidents, substantiellement supérieurs à ceux appliqués aux membres étrangers[2076].

La décision de la Cour d'appel est importante pour deux raisons. Elle montre, d'une part, une acceptation du principe de la notification collective de l'action de groupe de type *opt out,* lorsque la notification individuelle est difficilement réalisable. D'autre part, elle insiste sur le fait que la notification collective doit faire l'objet d'un contrôle par le juge certifiant. Ainsi, dans l'affaire précitée, ce qui était mis en cause par la Cour d'appel de l'Ontario était la différence de traitement entre les membres canadiens et les membres américains de la classe en ce qui concerne les modalités de notification de l'action, lesquelles étaient à l'origine d'une véritable inégalité de traitement entre les membres du groupe. En d'autres termes, si la notification des membres absents canadiens avait été similaire à celle des résidents américains, la Cour d'appel de l'Ontario n'aurait éprouvé aucune difficulté à reconnaître la décision américaine de *class action.* Enfin, la Cour ne semble pas exiger que la notification collective atteigne la totalité des membres potentiels du groupe pour accorder la reconnaissance d'une décision de *class action* au Canada.

708. ***Transition.*** Bien que nous ayons démontré que le système de l'*opt out* n'est pas en soi contraire à l'ordre public international de procédure, il nous semble que la question de la reconnaissance d'une décision de *class action* américaine reste ouverte, surtout lorsque le for certifiant n'exige pas que la notification atteigne tous les membres du groupe. Dans ce contexte, nous pensons que la reconnaissance ou le refus de reconnaissance d'un jugement international de *class action,* dépendra de l'approche que le for requis préconisera vis-à-vis du contentieux de masse. Si une approche individuelle du procès est préconisée, il sera à notre sens, difficile de reconnaître un jugement de *class action* avec *opt out* dans la mesure où ceux à qui la notification de l'action n'a pas été faite, n'ont pas été amenés à exercer leur liberté individuelle de ne pas se joindre à la procédure. En revanche, si une approche qui préconise le fonctionnement général du système est privilégiée, la reconnaissance et l'exécution d'une décision rendue à l'issue d'une *class action* américaine pourra être admise, même si l'inclusion des membres absents dans le groupe n'est pas le résultat de l'exercice de leur liberté individuelle de se joindre à l'action. Dans tous les cas, que l'inclusion des membres dans la procédure soit le résultat de leur

---

[2075] *Currie v. MacDonald's Restaurants*, spéc. n°57.
[2076] *Currie v. MacDonald's Restaurants*, spéc. n°77.

acceptation individuelle d'intégrer l'action ou non, leur droit à un procès équitable devra nécessairement être sauvegardé. C'est ce qui va être étudié dans ce qui suit.

2- Le droit à un procès équitable

709. La nécessité de satisfaire les exigences du procès équitable. Il ne suffit pas, que les demandeurs membres de la classe manifestent leur volonté de rejoindre la *class action* américaine et que leur liberté de participer ou non au procès soit respectée. En effet, sauvegarder les exigences du procès équitable à leur égard est également une caractéristique essentielle. Ainsi, il doit être accordé à ces derniers le droit d'être entendu et le droit d'être représenté adéquatement dans la procédure. À défaut de quoi, le jugement de *class action* en France serait privé d'effet, quand bien même les demandeurs auraient manifesté leur volonté de participer à la classe.

Ces exigences du procès équitable sont prises en considération par la jurisprudence américaine et la jurisprudence canadienne lors de la certification d'une action de groupe internationale. Conformément à la jurisprudence américaine, le demandeur doit avoir eu l'opportunité d'être entendu ainsi que de participer à la procédure, que cela soit en sa propre personne ou par l'intermédiaire d'un avocat[2077]. De même, et toujours selon cette jurisprudence, le procès équitable requiert que les demandeurs nommés, représentent à tout moment les intérêts des membres absents de la classe[2078]. La jurisprudence américaine prend ainsi souvent en considération l'expérience de l'avocat. Par conséquent, dans une affaire relative à une *class action* transnationale, les tribunaux américains ont refusé d'approuver la désignation d'un avocat canadien comme représentant de la classe, la *class action* étant en effet encore une procédure relativement nouvelle dans ce pays, et l'avocat n'ayant pas l'expérience nécessaire pour représenter la classe[2079]. Une telle exigence a été clairement établie par la jurisprudence canadienne. Ainsi, dans l'affaire *McKenna v. Gammon Gold*[2080], la Cour de justice supérieure de l'Ontario a considéré que les principes de l'équité requièrent de bien choisir le conseil juridique qui représentera les membres du groupe.

Toutefois, si l'exigence qui veut que les membres de la classe soient en mesure de présenter leur défense et qu'ils soient adéquatement représentés est une chose, la mise en œuvre concrète de cette exigence en est une autre. En effet, la participation des membres à une procédure qui se déroule de l'autre côté de l'Atlantique peut présenter plusieurs difficultés, principalement liées à la distance géographique, au décalage horaire, aux retards dans la communication... Tout cela rend la participation du demandeur un excercise relevant une certaine complexité. De plus, l'expérience a montré

[2077] *Phillips Petroleum Co. v. Shutts*, 472 U.S. 797, 105 S. Ct. 2965, 86 L. Ed. 2d 628, 1985 U.S, spéc. n°812: *« The plaintiff must receive (…) an opportunity to be heard and participate in the litigation, whether in person of through counsel »*.

[2078] *Philipps Petroleum Co. v. Shutts*, spéc. n°812 : « *The Due process Clause (…) requires that the named plaintiffs all times adequately represent the interests of the absent class members* ».

[2079] D. A. KLEIN, « Class Action Litigation, Handling Cases Where the Wrong Crosses National Boundaries », 1 ATLA Annual Convention Reference Materials, p. 253.

[2080] *McKenna v. Gammon Gold Inc. et al*, 2011 ONSC 6630.

que des conflits d'intérêts peuvent surgir entre les avocats et les membres étrangers. Il est ainsi probable que l'avocat ayant une nationalité différente de celle des membres absents et étrangers, ne déploie pas l'effort nécessaire pour défendre leurs intérêts. L'affaire des prothèses de silicone aux États-Unis en offre une parfaite illustration. Une transaction globale de 3 milliards de dollars avait initialement été annoncée en 1994 aux victimes de ces prothèses défectueuses. Or, bien que les demandeurs étrangers représentent à peu près la moitié de la classe, seulement trois pour cent des fonds leur furent reversés[2081] , ce qui ne correspondait qu'à la moitié de la somme allouée aux demandeurs américains.

Par conséquent, nous pensons qu'une coopération entre le tribunal certifiant et le tribunal du lieu de résidence des membres est nécessaire afin de mettre concrètement en œuvre les exigences du procès équitable. Ceci permettra d'assurer la circulation d'une décision internationale d'action de groupe. Cette coopération peut s'opérer aujourd'hui à travers l'adoption de protocoles entre les tribunaux impliqués par la résolution d'un contentieux de masse international.

B- La class action américaine et l'ordre public international de fond

710. Le système du *contingency fees* et les règles d'éthique du for requis. Rappelons que conformément à la pratique des *contingency fees*, les avocats du groupe dans le cadre d'une *class action* aux États-Unis sont directement rémunérés sur le résultat du jugement. Une telle pratique est prohibée en France et dans les pays de tradition continentale, puisqu'elle est considérée comme contraire aux règles déontologiques. Ainsi, il est possible se demander si les demandeurs membres de la classe peuvent alors se reposer sur la prohibition du pacte de quota litis afin de résister à l'exécution d'une décision de *class action* en France.

À notre connaissance, la jurisprudence française ne s'est pas prononcée sur cette question. Mais il nous semble fâcheux qu'une décision étrangère soit rejetée en France sur ce simple postulat. Telle semble d'ailleurs être aujourd'hui la tendance de la jurisprudence comparée. C'est ainsi que la jurisprudence allemande avait considéré que malgré la prohibition des contrats de *contingency fees* en Allemagne parce qu'illégaux et contraires aux règles éthiques, il n'en reste pas moins qu'une telle prohibition n'est pas de nature à priver un jugement américain de son efficacité en Allemagne pour violation de l'ordre public international[2082].

711. Le système de *contingency fees* et le montant de la réparation aux victimes. Une partie de la doctrine a considéré que les demandeurs peuvent également invoquer la violation de l'ordre public français dès lors que la pratique de *contigency fees* est mise en place, le recours à ce système risquant de diminuer le montant de la réparation

---

[2081] D. A. KLEIN: « Class Action Litigation, Handling Cases Where the Wrong Crosses National Boundaries », 1 ATLA Annual Convention Reference Materials, spéc. p. 269.

[2082] S. P. BAUMGARTNER, « How well U.S. Judgments fare in Europe? », 40 The Geo. Wash. Int'l L .Rev.174 (2007), spéc. p. 207.

octroyé aux demandeurs[2083]. Nous ne partageons cependant pas cette position. Tout d'abord, comme il a déjà été examiné, s'il est admis que le droit à la compensation a une valeur supra-législative protégée aussi bien par le Conseil constitutionnel français [2084]que par la Cour européenne des droits de l'homme[2085], la Cour de cassation a néanmoins considéré que le droit à une compensation complète ne l'est pas[2086]. Ensuite, la pratique des *contingency fees* combinée avec l'action de groupe permet de renforcer l'action en justice des victimes en couvrant le financement de leur procédure. Même si le montant octroyé aux victimes sera diminué au profit des avocats dans certains cas de figure, il ne faut pas pour autant sous-estimer le coût réel pour un cabinet pour la gestion d'une procédure qui peut s'étaler sur plusieurs années et mettant en jeu des milliers de demandeurs. Par ailleurs, en cas d'échec, l'intégralité du coût du dossier restera à la charge du cabinet en question. Ajoutons que la réparation non intégrale du préjudice des victimes restera toujours plus avantageuse que ce qui est actuellement proposé en France, le système procédural français étant encore à l'heure actuelle relativement peu attractif et n'offre pas aux victimes plus que le système américain n'offre lorsqu'elles agissent individuellement ou collectivement. Ces considérations nous incitent à conclure qu'il serait choquant d'exposer le défendeur à une nouvelle procédure en France, avec tous les risques de gaspillage de ressources économiques et judiciaires qui peuvent en résulter, pour la simple raison que la pratique du *contingency fees* réduira, d'une manière ou d'une autre, le montant de la compensation allouée aux victimes.

2083 Voir ainsi la déclaration de Monsieur Audit dans le cadre du procès *Vivendi, In re Vivendi Universal, S.A. Securities Litigation, Revised memorandum opinion and order, Document 347*, consultable sur : http://securities.stanford.edu/filings-documents/1024/V02-01/2007523_r01o_02CV05571.pdf, spéc, p. 48.

2084 Décision du Conseil constitutionnel, n° 99-419 DC, du 9 novembre 1999 : « *La faculté d'agir en responsabilité met en œuvre une exigence constitutionnelle posée par l'article 4 de la Déclaration des droits de l'homme et du citoyen de 1789 dont il résulte que tout fait quelconque de l'homme qui cause à autrui un dommage oblige celui par la faute duquel il est arrivé à le réparer* ».

2085 *Pressos Companiaa Naviera v. Belguim*, CEDH, 20 nov.1995, *RTD Civ.1996.1019*, note J.-P. Marguenaud.

2086 Cass. Civ. 15 Déc.1969, *Rev. crit. DIP. 1971. 512*, note Bourel.

CONCLUSION DU CHAPITRE I

712. La circulation d'une décision rendue à l'issue d'une *class action* est un élément important du processus de régulation du contentieux international des actions de groupe et vise à assurer l'harmonie internationale des solutions, particulièrement dans le cadre d'un contentieux complexe qui met en jeu une multitude de parties. En effet, la non-reconnaissance d'une décision rendue à l'issue d'une action de groupe est susceptible de générer des multitudes de procès ayant un même objet, provoquant par conséquent la multiplication infinie des risques de formation de situations juridiques boiteuses. Ceci irait enfin à l'encontre des buts mêmes de l'action de groupe.

713. Les difficultés que soulève la reconnaissance d'une action de groupe internationale tiennent à la fois à l'existence de plusieurs modèles d'actions de groupe sur la scène internationale, mais aussi à l'existence d'une véritable divergence entre les différents systèmes de régulation.

714. Lors de notre étude sur la reconnaissance et l'exécution d'une décision rendue à l'issue action de groupe internationale, nous avons choisi de traiter cette question en prenant comme référence les systèmes américain et français. Ce choix se justifie justement par la présence d'une divergence substantielle entre les modèles de régulation adoptés par ces deux systèmes. Alors que le système américain de régulation repose sur le système *de private attorney general* et qu'il a consacré depuis longtemps une action de groupe de type *opt out*, ce n'est que récemment que le système français, qui se fonde principalement sur le système de *public enforcement*, a consacré des nouvelles dispositions en matière des actions de groupe, conformément auxquelles, l'exercice de l' action est encadré, que ce soit au niveau de la titularité de l'exercice de l'action, qu' au niveau des modalités d'inclusion des membres dans le groupe.

715. Pourtant, même dans l'hypothèse où il s'agit de reconnaître en France une décision rendue à l'issue d'une *class action* américaine, et en dépit de la divergence substantielle entre le système américain et le système français d'agrégation des litiges de masse, il a été démontré que le défendeur ne réussira pas aisément à refouler l'exécution d'une telle décision en France. En effet, en attendant la consécration d'un chef de compétence qui octroie la compétence juridictionnelle en matière de contentieux de masse au for ayant les liens prépondérants avec le litige, il sera difficile pour le défendeur de résister à l'exécution d'une décision rendue à l'issue d'une *class action* sur le terrain de la compétence juridictionnelle indirecte ou sur le terrain de la fraude au jugement, dans la mesure où la jurisprudence française exige uniquement, lors du contrôle de la compétence indirecte du juge étranger, l'existence d'un lien significatif entre le for et le litige sans que ce lien ne soit le lien prépondérant. Par ailleurs, ce n'est que dans l'hypothèse où les plaideurs décident d'initier ou de rejoindre une *class action* dénuée de tout fondement juridique, dans le seul but de nuire à la réputation du défendeur pour l'obliger à transiger, que le défendeur pourra sanctionner une telle manœuvre par le recours à la théorie de l'abus de droit, et donc, résister à l'exécution d'un jugement de *class action* en France.

716. Les arguments tirés du respect des droits de la défense ou de l'adage « nul ne plaide par procureur » ne constituent pas non plus un terrain fertile pour le défendeur afin de résister à l'exécution d'une décision de *class action* en France. En effet, même si la technique de l'*opt out* aboutit le plus souvent à la formation d'une classe fluide et positionne le défendeur face à des demandeurs inconnus, pouvant mettre en jeu son droit à la défense ou constituer une violation de l'adage « nul ne plaide par procureur », l'exigence par le droit américain d'une homogénéité entre les demandes des membres de la classe pour certifier une action de groupe, vient neutraliser l'ensemble de ces arguments.

717. Quant à la tension que peut susciter un jugement américain de *class action* octroyant des dommages et intérêts punitifs avec le système français, nous avons constaté que si le for américain est celui qui présente les liens prépondérants avec le litige, il lui appartiendra de mettre en œuvre son propre système de régulation et de sanction. En attendant la consécration d'un tel chef de compétence octroyant la compétence juridictionnelle au for ayant l'intérêt prépondérant dans la régulation du contentieux de masse international, et lorsque le for américain n'est pas celui qui présente les liens les plus étroits avec le litige pour mettre en jeu son système de régulation et de sanction, il sera toujours possible pour le juge français, sans rejeter le jugement américain dans son entièreté, de soustraire de ce jugement les dommages et intérêts punitifs, le rendant ainsi plus respectueux du système français de régulation.

718. Du côté des demandeurs, nous avons tenté de démontrer que ce sont principalement les demandeurs absents de la classe qui bénéficient de la possibilité d'invoquer les motifs de non-reconnaissance d'un jugement de *class action* en France. Ainsi, deux causes de non-reconnaissance peuvent être soulevées par les demandeurs devant les tribunaux français lorsque le défendeur invoque le jugement américain de *class action* afin de les empêcher d'initier une nouvelle action individuelle et/ou collective en France ; d'une part, la compétence juridictionnelle indirecte des tribunaux américains ; d'autre part, l'ordre public international, principalement dans sa dimension procédurale.

719. En ce qui concerne la compétence juridictionnelle indirecte, nous avons relevé que les demandeurs absents de la classe peuvent invoquer l'absence de liens significatifs entre ceux-ci et le for certifiant, pour justifier le refus d'exécution d'une décision de *class action* en France. Cependant, nous avons démontré que la question de l'inclusion des membres absents de la classe ne doit pas être traitée sous le prisme de la compétence juridictionnelle, leur statut se différenciant en effet de celui du défendeur. Par conséquent, pour qu'ils soient inclus dans la procédure, ces derniers doivent s'être vus accorder certaines garanties procédurales leur permettant d'exprimer leur volonté de consentir à la compétence du tribunal certifiant, et cela indépendamment de l'existence d'un lien entre chaque demandeur pris individuellement et le for certifiant.

720. Même si l'on refuse d'assimiler le statut des demandeurs absents à celui des défendeurs quant à l'exigence d'un lien minimum entre le for certifiant et ceux-ci, ces derniers peuvent toujours invoquer la contrariété du mécanisme de l'*opt out* à la liberté individuelle d'agir devant un tribunal et donc à l'ordre public international français de procédure. Nous avons cependant démontré qu'un tel constat est à nuancer. Dès lors que la technique de l'*opt out* est entourée d'un certain nombre de garanties, et que les membres de la classe, en toute connaissance de cause, n'ont pas manifesté leur volonté de s'exclure de la classe, une *class action* américaine ne pourra pas être considérée comme étant contraire à l'ordre public international français.

721. Plus délicate est cependant l'hypothèse où la notification de l'action de groupe n'a pas atteint tous les membres de la classe. C'est dans une telle situation que la question de la circulation d'un jugement issu d'une *class action* en France est encore loin d'être tranchée. La réponse à une telle question dépend en effet de l'approche que le tribunal requis adoptera vis-à-vis de la régulation du contentieux international des actions de groupe. Si le tribunal requis adopte une approche qui privilège le fonctionnement général du système, et donc la résolution globale et définitive du litige de masse, ce dernier admettra la reconnaissance d'une décision de *class action*, même si cela se produit aux dépens de certains droits individuels. D'ailleurs, nous avons vu qu'il ne s'agira pas de la seule situation où les droits individuels de certaines catégories de personnes peuvent être restreints au profit de la collectivité et pour les besoins de l'intérêt général. En revanche, si le tribunal requis préconise une approche qui refuse de restreindre les droits individuels pour les besoins de l'intérêt général, il sera dès lors difficile d'assurer la circulation d'une décision issue d'une *class action* en France.

722. Nous avons enfin tené de démontrer que même si les membres de la classe ont manifesté leur volonté de se joindre à l'action, les exigences du procès équitable doivent être sauvegardées. D'ailleurs une telle condition ne pose aucune difficulté particulière lors de l'étude de la question de la circulation d'une *class action* en France. La jurisprudence américaine exige que le demandeur ait eu l'opportunité d'être entendu ainsi que l'opportunité de participer à la procédure, que cela soit en sa propre personne ou par l'intermédiaire d'un avocat ; et que les demandeurs nommés représentent, à tout moment, les intérêts des membres absents de la classe. Une coopération entre le tribunal certifiant et le tribunal requis, à travers la pratique de protocoles communs, permet de renforcer la mise en œuvre des exigences du procès équitable.

Chapitre II : La réception d'une action de groupe internationale à l'aune des instruments régionaux et internationaux

723. La réception d'une action de groupe internationale peut être plus aisée en présence d'un instrument qui régit la question de la reconnaissance et de l'exécution des jugements étrangers. Ainsi, à l'échelle européenne, l'un des principaux objectifs du Règlement Bruxelles I *bis* est de faciliter la libre circulation des décisions rendues au sein de l'Union européenne[2087]. L'élément essentiel du texte révisé du Règlement de Bruxelles est l'abolition de la procédure d'exequatur qui s'imposait en amont de la mise en exécution des décisions, actes authentiques et transactions judiciaires sur le territoire des autres États membres[2088].

S'il est vrai qu'aucune des dispositions contenues dans le Règlement Bruxelles I *bis* ne fait référence à la circulation des jugements rendus dans le cadre d'une action de groupe, il n'en reste pas moins que le Règlement est, en principe, applicable en la matière. Ainsi, en proposant, dans le cadre de la refonte du Règlement de Bruxelles, de maintenir la procédure d'exequatur pour les décisions rendues dans le cadre de procédures dites « collectives », la Commission européenne a implicitement admis que la question de la circulation d'une action de groupe européenne est régie par le Règlement[2089] . Une telle constatation est également affirmée par le texte final du Règlement Bruxelles I *bis*. Celui-ci n'a en effet pas retenu ladite proposition, ce qui implique, qu'un jugement rendu dans le contexte d'une action de groupe, outre le fait qu'il bénéficie du régime facilitant la libre circulation des décisions, bénéficie aussi du régime de l'exécution de plein droit tel que mis en avant par le Règlement Bruxelles I *bis* **(Section 1)**.

724. À l'échelle internationale, il existe des instruments qui, bien que non spécifiques au contentieux de masse international, peuvent intervenir en vue de régir la question de la circulation d'une action de groupe internationale. C'est précisément le cas lorsque les parties ont décidé de résoudre leur litige à travers les clauses de choix de for, qu'il soit étatique ou arbitral. Par ailleurs, le contexte de la globalisation du contentieux de masse a été à l'origine des réflexions sur la question spécifique de la reconnaissance et de l'exécution d'une action de groupe internationale. Ces réflexions ont donné lieu à plusieurs propositions qu'il conviendra d'explorer **(Section 2)**.

2087 Conformément à l'article 81 du TFUE : « *L'Union développe une coopération judiciaire dans les matières civiles ayant une incidence transfrontière, fondée sur le principe de reconnaissance mutuelle des décisions judiciaires et extrajudiciaires* (…) ».

2088 A. NUYTS, « Bruxelles I bis : présentation des nouvelles règles sur la compétence et l'exécution des décisions en matière civile et commerciale », in A. NUYTS (dir.), *Actualités en droit international privé*, coll.UB3, Bruxelles, Bruylant 2013, p.79.

2089 Commission européenne, Proposition de Règlement du Parlement européen et du Conseil du 14 décembre 2010 concernant la compétence judiciaire et l'exécution des décisions en matière civile et commerciale, COM (2010)748 final, p.7.

Section I : la circulation d'une action de groupe dans l'espace judiciaire et européen

725. Le Règlement Bruxelles I *bis* a mis en place un mécanisme simplifié de reconnaissance et d'exécution des jugements rendus dans les États membres. Ce mécanisme répond à la nécessité d'assurer la libre circulation des décisions dans l'espace judiciaire européen et contribue ainsi à assurer le bon fonctionnement du marché intérieur. C'est ainsi que le Règlement Bruxelles I *bis* a proclamé, au nom de « *la confiance réciproque dans la justice au sein de la Communauté* »[2090] le principe d'une reconnaissance de plein droit des décisions rendues dans un État membre.

726. L'application des chapitres III et IV du Règlement relatifs à la reconnaissance et l'exécution des décisions et des actes authentiques et transactions judiciaires ne met pas en jeu l'applicabilité du chapitre II relatif à la compétence juridictionnelle, les deux volets de « c*ompétence internationale* » et « *reconnaissance et exécution* » disposant d'une certaine autonomie l'un envers l'autre[2091]. Partant, une décision émanant d'un État contractant bénéficie du régime simplifié des chapitres III et IV, même si la compétence internationale du juge de cet État résulte de ses propres règles de compétence juridictionnelle. Une telle constatation est importante car, si certaines formes d'actions de groupe peuvent être exclues du champ d'application du chapitre II du Règlement, une telle exclusion ne prive pas pour autant les jugements issus de telles procédures, du régime simplifié de reconnaissance et d'exécution[2092].

727. La reconnaissance d'un jugement issu d'une action de groupe dans l'espace européen sera sollicitée principalement par le prétendu responsable. Au regard du Règlement Bruxelles I, la reconnaissance consiste, pour un État, à « *intégrer à son ordre juridique la situation consacrée par la décision étrangère » ce qui aura pour effet d'attribuer à la décision l'autorité et l'efficacité dont elle jouit dans l'État où elle a été rendue* »[2093]. Ainsi, dans le cadre d'un jugement issu d'une action de groupe européenne, la reconnaissance permet au défendeur de se prévaloir de l'autorité négative de la chose jugée, ce qui implique « *qu'une décision régulière émanant d'un État, interdit de remettre en question dans un autre État ce qui a été jugé dans le premier État* »[2094].

728. Par ailleurs, au terme d'une action de groupe qui donne gain de cause aux victimes d'un dommage de masse, ce sont ces dernières qui vont se précipiter pour se prévaloir de cette décision (ou la transaction) afin de demander son exécution sur les biens du

---

2090 Voir le considérant 26 du Règlement Bruxelles I *bis* : « *La confiance réciproque dans l'administration de la justice justifie le principe selon lequel les décisions rendues dans un État membre devraient être reconnues dans tous les États membres sans qu'une procédure spéciale ne soit nécessaire* ».

2091 L. P. SAUSSINE, « Quelle place pour les *class actions* dans le règlement de Bruxelles I », *JCP. G, n°20, 16 mai 2011*, p. 992, spéc. p.996

2092 *Ibid.*

2093 H. GAUDEMET-TALLON, *Compétence et exécution des jugements en Europe*, *op.cit.*, spéc. n°373, p. 391.

2094 H. GAUDEMET-TALLON, *op.cit.*, spéc. n°373, p. 391.

prétendu responsable en ayant recours, lorsque cela s'avère nécessaire, à la force publique[2095].

729. La refonte du Règlement de Bruxelles I donnant naissance au Règlement Bruxelles I *bis* a eu pour conséquence l'abolition de la procédure d'exequatur aux fins de reconnaissance et d'exécution d'une décision rendue dans un autre État membre, et ce, dans le but de faciliter la circulation des jugements dans l'espace européen[2096]. La circulation d'une action de groupe dans l'espace judiciaire européen sera donc soumise au mécanisme simplifié de reconnaissance et d'exécution tel qu'instauré par le Règlement Bruxelles I *bis*. Il convient d'examiner le contrôle auquel sera soumis un jugement résultant d'une procédure d'action de groupe (**§2**).

730. Mais auparavant, il convient de s'arrêter sur une question préliminaire : quelle est la nature du jugement issu d'une action de groupe ? La réponse à cette question est essentielle pour déterminer le régime applicable à la reconnaissance et à l'exécution. D'une part, pour pouvoir bénéficier de la procédure simplifiée, le jugement résultant d'une action de groupe doit être qualifié de « décision » ou de « transaction » conformément aux critères instaurés par le Règlement Bruxelles 1 *bis* ; d'autre part, le Règlement fait une distinction entre les décisions et les transactions judiciaires, notamment quant au régime applicable à leur reconnaissance et leur exécution dans l'espace européen. Il est donc nécessaire de qualifier tout jugement issu d'une action de groupe afin de déterminer le régime qui lui est applicable (**§I).**

§1- La qualification des jugements rendus à l'issue d'une action de groupe dans l'espace européen

731. Les difficultés d'intégration de certaines actions de groupe dans l'économie du Règlement de Bruxelles ne se présentent pas uniquement lors de l'application du chapitre II du Règlement relatif à la compétence juridictionnelle, mais également au regard des chapitres III et IV applicables à la reconnaissance et l'exécution des décisions et des transactions dans l'espace européen.[2097] Si la plupart des jugements rendus à l'occasion d'une procédure d'action de groupe ne soulèvent pas de difficultés particulières quant à leur classification en tant que « décision » ou « transaction », l'architecture de certaines actions de groupe européennes rend une telle qualification une tâche assez difficile.

2095 H. GAUDEMET-TALLON, *op.cit.*, spéc. p. 392.

2096 Proposition de Règlement du Parlement européen et du Conseil concernant la compétence judiciaire, la reconnaissance et l'exécution des décisions en matière civile et commerciale, COM (2010) 748 final.

2097 Sur ce point voir: X. E. KRAMER, « Enforcing Mass Settlements in the European Judicial Area: EU Policy and the Strange Case of Dutch Collective Settlements (WCAM) », 27 Global Bus. & Dev. L. J.234. 2014, spéc. section V; H. MUIR WATT, « Brussels I and Aggregate Litigation or the Case for Redesigning the Common Judicial Area in Order to Respond to Changing Dynamics, Functions and Structures in Contemporary Adjudication and Litigation », 2 IPRAX.111 (2010); B.HESS, « Cross –Border Litigation and the Regulation Brussels I », 2 IPRAX 116 (2010).

Il convient d'exposer les difficultés de qualification que soulèvent certains jugements issus de certaines formes d'actions de groupe dans l'espace européen (**I**) avant de s'arrêter sur l'importance que revêt une telle qualification (**II**).

I. Les difficultés de qualification que soulèvent certains jugements rendus à l'issue d'une action de groupe européenne

732. Pour exposer les difficultés d'articulation entre certains jugements rendus au terme d'une action de groupe et les deux notions de « décision » et de « transaction » (**B**), il convient de s'arrêter tout d'abord, sur ces deux notions (**A**).

A- La notion de « décision » et de « transaction » au regard du Règlement Bruxelles I bis

733. Il convient d'exposer successivement la notion de « décision » (**1**) et celle de « transaction » (**2**) au regard du Règlement de Bruxelles.

1- La notion de « décision » au regard du Règlement Bruxelles I bis

734. La définition de la « décision » conformément au règlement Bruxelles *I bis*. Selon l'article 2 (a) du Règlement Bruxelles I *bis*, une « décision » se définit de façon autonome comme étant « *toute décision rendue par une juridiction d'un État membre, quelle que soit la dénomination qui lui est donnée tel qu'arrêt, jugement, ordonnance ou mandat d'exécution (…)* ». La généralité des termes de l'article 2 (a) englobe aussi bien les décisions contentieuses que les décisions gracieuses[2098].

735. L'interprétation de la Cour de Justice. La Cour de Justice a été amenée à interpréter la notion de « décision ». Ainsi, dans le cadre de l'affaire *Solo Kleinmotoren c. Boch*, cette dernière a précisé que pour pouvoir être qualifié de décision au sens de la convention, « l'*acte doit émaner d'un organe juridictionnel appartenant à un État contractant et statuant de sa propre autorité sur des points litigieux entre les parties* »[2099]. Ainsi, conformément à cette même jurisprudence, la transaction judiciaire n'est pas une décision au sens de l'article 25 de la convention, même si cette dernière a été conclue devant le juge d'un État contractant afin de mettre fin à un litige, puisqu'une transaction revêt un caractère « *essentiellement contractuel dans le sens que son contenu dépend avant tout de la volonté des parties* »[2100].

2098 H. GAUDEMET-TALLON, *op.cit.*, spéc. p.388.
2099 CJUE 2 juin 1994, *Solo Kleinmotoren GmbH c. Emilio Boch*, aff.C-414/92, Rec.I-2237, spéc. n°17
2100 *Ibid.*

736. La notion de décision et le respect du principe du contradictoire. Par ailleurs, l'organe dont émane la décision doit se conformer à une procédure caractérisée par le principe du contradictoire et le respect des droits de la défense[2101]. Ainsi, et conformément à la CJUE, les mesures provisoires et conservatoires ordonnées et autorisées par un juge, sans que la partie contre laquelle elles sont dirigées ait été appelée à comparaître, et destinées à être exécutées sans avoir été préalablement signifiées à cette partie, ne bénéficient pas de l'exécution simplifiée au titre 2 de la convention[2102]. Une telle solution a été confirmée à plusieurs reprises par la CJUE[2103].

2- La notion de « transaction » conformément au Règlement Bruxelles I bis

737. L'absence de définition sous l'égide du Règlement Bruxelles I. Contrairement au Règlement Bruxelles I *bis*, le Règlement Bruxelles I ne donnait pas de définition expresse de la notion de transaction et son article 28 disposait que « *les transactions conclues devant le juge au cours d'un procès et exécutoires dans l'État membre d'origine sont exécutoires dans l'État membre requis aux mêmes conditions que les actes authentiques* ». Il découlait de cet article qu'un accord conclu en dehors d'une procédure contentieuse ne tombait pas dans le champ d'application de cette disposition.

738. Une définition plus large de la notion de transaction sous l'égide du Règlement Bruxelles I *bis*. Toutefois, l'article 2 b du Règlement de Bruxelles I bis définit désormais la notion de « transaction judiciaire ». Il s'agit « *d'une transaction approuvée par une juridiction d'un État membre ou conclue devant une juridiction d'un État membre en cours de procédure* ». Cette nouvelle disposition permet d'englober toutes les formes de transactions, que ces dernières soient conclues en dehors de toute procédure contentieuse ou durant une telle procédure.

Rappelons enfin que la Cour de Justice, dans le cadre de son arrêt *Solo Kleinmorten*, a considéré que ce qui caractérise une transaction est le fait que « *l'organe judiciaire ne statue pas de sa propre autorité sur des points litigieux entre les parties* »[2104] et que cet acte a un caractère «e*ssentiellement contractuel en ce sens que son contenu dépend avant tout de la volonté des parties* »[2105].

B- Les difficultés d'articulation que soulèvent certains jugements collectifs au regard des deux notions de « décision » et de « transaction »

739. Les jugements collectifs qui ne soulèvent pas de problème de qualification. La majorité des jugements collectifs rendus à l'issue d'une action de

---

2101 CJUE 14 oct.2004, *Maersk Olie & Gas*, aff.C-39/02, *Rev.crit.DIP.118*, note E. Pataut.

2102 CJUE 21 mai 1980, *Bernard Denilauler c. SNC Couchet Frères*, aff.C-125/79, *Rec.1980.51,* spéc. n°17.

2103 CJUE 2 avril 2009, *Gambazzi c. Daimler Chrysler Canada, Inc. Et CIBC Mellon Trust Company*, aff.C-394/07, *Rec. 2009. 2563.*

2104 CJUE 2 juin 1994, *Solo Kleinmotoren GmbH c. Emilio Boch*, spéc. n°17.

2105 CJUE 2 juin 1994, *Solo Kleinmotoren GmbH c. Emilio Boch,* spéc. n°18.

groupe de type *opt in* ne soulèvent pas de difficultés particulières de qualification. S'agissant d'un jugement rendu à l'issue d'une action de groupe en représentation, aucune difficulté ne se pose quant à sa qualification de « décision », que l'action de groupe à l'origine du jugement soit intentée par une entité représentative ou par une personne privée, qu'elle ait pour objet la prévention ou l'indemnisation des victimes. Dans l'ensemble des hypothèses précitées, le tribunal saisi exerce sa propre autorité sur des points litigieux entre les parties. Pareille conclusion est applicable lorsque le jugement est rendu à l'occasion de procédures types, à l'instar des deux actions de groupe allemande et anglaise[2106].

740. Les difficultés de qualification que soulèvent les jugements rendus à l'issue des actions de groupe de type *opt out*. L'hypothèse mettant en jeu une action de groupe reposant sur un mécanisme d'*opt out* est plus compliquée. À cet égard, il convient de se demander si un jugement rendu à l'issue d'une telle procédure doit être exclu de la procédure simplifiée, faute pour l'organe ayant émis ce jugement de se conformer à une procédure caractérisée par le principe du contradictoire et le respect des droits de la défense.

Du point de vue du défendeur, il a été considéré que le fait pour tout justiciable de connaître ses adversaires, leur nombre, leur qualité afin d'être en mesure d'élaborer sa défense, est un droit garanti par la Convention européenne des droits de l'homme. Il a également été observé que le mécanisme de l'*opt out* viole ce droit car il ne permet pas au défendeur d'avoir en face de lui tous ceux qui demandent sa condamnation. Si dans l'espace judiciaire européen le mécanisme de l'*opt out* est perçu comme diminuant les droits du défendeur, il est alors clair qu'un jugement rendu à l'issue d'une action de groupe de type *opt out* ne puisse pas bénéficier du régime simplifié de reconnaissance et d'exécution, dans la mesure où ce dernier ne pourrait être qualifié de « décision » au sens du Règlement.

Néanmoins, une telle solution, outre le fait qu'elle ne soit pas souhaitable, ne s'impose pas forcément. En effet, dans la plupart des systèmes juridiques européens, l'agrégation de plusieurs demandes individuelles par le biais d'une action de groupe de type *opt out* nécessite l'existence de questions communes de fait et de droit entre l'ensemble des demandeurs. Le défendeur, quand bien même il n'aurait pas connaissance des identités de tous les demandeurs, fera cependant face aux mêmes allégations.

Notons qu'une telle question ne se pose pas pour l'auteur du dommage de masse dans le cadre des actions reposant sur un mécanisme transactionnel de résolution du litige, à l'instar des actions de groupe néerlandaise et belge. Ainsi, en concluant l'accord avec les entités qui représentent les victimes, le prétendu responsable accepte l'action collective, ses conséquences, ses risques et le montant qu'il doit payer. Les allégations tirées du non-respect des droits de la défense afin d'exclure la décision approuvée du régime simplifié de reconnaissance et d'exécution seraient contraires au principe de bonne foi.

Concernant les victimes absentes, nous avons vu qu'il existe une certaine divergence dans la jurisprudence comparée à propos de leur statut procédural au procès. Dans le cadre de l'action de groupe néerlandaise, la cour d'appel d'Amsterdam a assimilé les

[2106] Sur ces actions de groupe, voir *supra* n°52 et suiv.

bénéficiaires de la transaction à des défendeurs. Il est donc possible de s'interroger sur le respect du principe du contradictoire et des droits de la défense lorsque la notification de l'action n'a pas atteint toutes les victimes.

Nous rappelons que dans le cadre de l'action de groupe néerlandaise, les bénéficiaires de l'accord soumis à l'approbation de la cour d'appel d'Amsterdam, reçoivent la notification du contenu de l'accord, la date et l'heure de l'audience devant la cour, leur droit d'être présents à l'audience et la possibilité de contester les dispositions de l'accord[2107]. Toutefois, la jurisprudence néerlandaise considère comme adéquate la notification de l'accord même lorsque cette dernière n'atteint pas l'ensemble des victimes[2108]. Il est donc à craindre que le jugement ayant conféré la force exécutoire à l'accord conclu ne soit pas considéré comme une « décision » pour les besoins de l'application de la procédure simplifiée en raison du non-respect du principe de contradictoire. Cette question sera examinée lors de notre étude des motifs de non-reconnaissance tirés de la non-conformité du jugement rendu à l'issue d'une action de groupe à l'ordre public international de procédure ou pour violation du jugement des droits du défendeur défaillant[2109].

741. Les difficultés de qualification soulevées par les jugements conférant force exécutoire à certaines actions de groupe transactionnelles. Certaines formes de jugements sur lesquelles peuvent aboutir certaines actions de groupe existant dans l'espace européen, peuvent susciter quelques doutes quant à leur qualification de « décision » ou de « transaction » au regard du Règlement de Bruxelles I bis. Il s'agit essentiellement du jugement conférant force exécutoire à l'accord conclu entre les parties et approuvé par la suite par la cour d'appel d'Amsterdam dans le cadre de l'action de groupe néerlandaise. Les mêmes obstacles se présentent en ce qui concerne les transactions conclues dans le cadre de l'action de groupe belge. Au regard des similitudes existant entre les deux procédures, notre raisonnement reposera principalement sur l'action de groupe néerlandaise, action qui a d'ailleurs été utilisée à plusieurs reprises dans le redressement de dommages de masse transfrontières.

Les difficultés de qualification tiennent principalement au fait que le jugement rendu par la cour d'appel d'Amsterdam, conférant force exécutoire à l'accord conclu, ne satisfait pas les critères correspondant à chacune des deux catégories « jugements » et « transaction »[2110]. D'une part, même si la cour d'appel d'Amsterdam est autorisée à appliquer un test afin de vérifier le caractère raisonnable ou non de l'accord et de proposer aux parties des modifications ou de nouvelles dispositions, cette dernière ne peut pas statuer d'elle-même sur des points litigieux entre les parties. D'autre part, il est

---

2107 Article 1013§ 5 tel que traduit par Monsieur FALLA, in F. FALLA, *« Vers un mécanisme belge de réparation collective : quels enseignements pouvons-nous tirer de l'expérience néerlandaise* ? », *R. I. D. C. 2013. 595*, spéc. p.613.

2108 À l'instar de l'action collective néerlandaise.

2109 Voir *infra n*°767 et suiv. et 770 et suiv.

2110 C. D'HERCKERS, « L'accord amiable conclu dans le cadre d'un recours collectif en réparation à l'épreuve du Règlement Bruxelles I bis », consultable sur : https://www.google.com.lb/?gfe_rd=cr&ei=uvYeWM2pM8is8wfJ_4CACw#q=L%E2%80%99accord+amiable+conclu+dans+le+cadre+d%E2%80%99un+recours+collectif+en+r%C3%A9paration+%C3%A0+l%E2%80%99%C3%A9preuve+du+R%C3%A8glement+Bruxelles+I+bis, spéc. p. 58.

difficile de qualifier de « transaction » sous les auspices du Règlement Bruxelles I, l'accord amiable homologué par la cour d'appel d'Amsterdam, ce dernier étant conclu avant même de faire une demande au juge. Cependant, le Règlement Bruxelles I *bis* a dissipé une telle difficulté dans la mesure où, comme nous l'avons mentionné, la notion de transaction englobe désormais les accords conclus en dehors d'une procédure contentieuse.

Malgré ces difficultés de qualification, une partie de la doctrine considère que la déclaration de la Cour d'appel d'Amsterdam est plus proche d'une décision que d'une transaction[2111]. Au soutien d'un tel constat, cette doctrine a constaté que le juge ne s'en remet pas entièrement à la volonté des parties : ce dernier doit contrôler si l'accord conclu a repris les éléments exigés par la loi, le montant de la compensation prévue et, enfin, si l'association a représenté d'une manière adéquate les intérêts des parties[2112]. De plus, le juge peut accorder aux parties l'opportunité de modifier ou d'ajouter de nouvelles dispositions à la transaction avant de la déclarer comme finale et liant les parties.

Une telle qualification ne reçoit pas l'unanimité[2113]. Elle nous semble devoir être retenue pour des raisons d'ordre pratique. En effet, la qualification de l'accord conclu dans le cadre d'une action de groupe néerlandaise de « décision » permet d'assurer une plus grande efficacité, grâce à la simplicité de la reconnaissance prévue par l'article 36 du Règlement Bruxelles I *bis*. Cela nous amène maintenant à explorer l'intérêt que revêt la qualification d'un jugement issu d'une action de groupe européenne au regard du règlement Bruxelles I *bis*.

II. L'intérêt de la qualification

742. Le régime simplifié de reconnaissance et d'exécution. En premier lieu, il est important qu'un jugement soit qualifié de « décision » ou de « transaction » pour bénéficier du régime simplifié de reconnaissance et d'exécution tel qu'instauré par le Règlement Bruxelles I *bis*. A défaut d'une telle qualification, ce sont les règles de droit international privé commun de chaque État membre qui régiront la question de la

---

2111 Voir à cet égard : D. FAIRGRIVE, « The Impact of the Brussels I Enforcement and Recognition Rules on Collective Actions », in *Extraterritoriality and Collective Redress, op.cit.*, spéc. p.175 ; H. VAN LITH, *The Dutch Collective Settlements Acts and Private International Law*, *op.cit.*, spéc. p.115 ; P. MOREAU, *L'homologation judiciaire des conventions - Essai d'une théorie générale*, Bruxelles, Larcier 2008, spéc. p.50 ; L. P. SAUSSINE, « Quelle place pour les *class actions* dans le règlement de Bruxelles I », *JCP. G, n°20, 16 mai 2011*, p. 992. spéc. p.996; X. E. KRAMER, « Enforcing Mass Settlements in the European Judicial Area : EU Policy and the strange case of Dutch Collective Settlements (WCAM), 27 Global Bus. & Dev. L. J.234. 2014, spéc. section V.

2112 C. D'HERCKERS, « L'accord amiable conclu dans le cadre d'un recours collectif en réparation à l'épreuve du Règlement Bruxelles I bis », consultable sur : https://www.google.com.lb/?gfe_rd=cr&ei=uvYeWM2pM8is8wfJ_4CACw#q=L%E2%80%99accord+amiable+conclu+dans+le+cadre+d%E2%80%99un+recours+collectif+en+r%C3%A9paration+%C3%A0+l%E2%80%99%C3%A9preuve+du+R%C3%A8glement+Bruxelles+I+bis, spéc.p. 60.

2113 Pour une position contraire, voir à titre d'exemple : J.-J. KUIPERS : « Pays-Bas : Règlement collectif du dommage de masse », *R. I. D. C. 2012. 214,* spéc. p.241.

circulation d'une action de groupe européenne[2114]. Ce résultat est néanmoins peu souhaitable, car si le jugement collectif ne peut être qualifié de « décision » ou de « transaction », le contrôle effectué s'avérera beaucoup plus strict, et notamment pour ce qui est de la question de la conformité du jugement rendu à l'ordre public du juge requis. Un tel scénario augmenterait les risques de refus de reconnaissance et d'exécution, et par conséquent, les risques de renouvellement du procès, favorisant ainsi la formation d'une situation de sur-régulation, ce qui va à l'encontre de la méthode de l' « unité » de l'action de groupe.

743. **Les régimes distincts auxquels sont soumises les décisions et les transactions au sein du Règlement de Bruxelles**. Par ailleurs, il est essentiel de distinguer selon que le jugement constitue une « décision » ou une « transaction », car les deux catégories précitées sont soumises à des régimes distincts.

Une décision est reconnue de plein de droit dans les États membres en vertu de l'article 36 du Règlement Bruxelles I *bis*. Comme nous l'avons déjà mentionné, cet aspect concerne notamment l'autorité de la chose jugée qui possède deux volets : l'un positif et l'autre négatif. Dans le cadre de l'effet positif de l'autorité de la chose jugée, le tribunal requis accepte ce que le tribunal d'origine a décidé, estimant qu'il « *constitue une détermination valable des droits et des obligations des parties* »[2115]. Concernant l'autorité négative de la chose jugée, elle implique « *qu'une décision régulière émanant d'un État communautaire interdit de remettre en question dans un autre État communautaire ce qui a été jugé dans le premier État* » [2116]. L'importance de ce principe, tant pour l'ordre juridique communautaire que pour les ordres juridiques nationaux, a été rappelée maintes fois par la CJUE : « *en vue de garantir aussi bien la stabilité du droit et des relations juridiques qu'une bonne administration de la justice, il importe que des décisions juridictionnelles devenues définitives après épuisement des voies de recours disponibles ou après expiration des délais prévus pour ces recours ne puissent plus être remises en cause* »[2117]. Ainsi, le caractère définitif du jugement est un élément revêtant une importance cruciale, son importance est telle qu'il a également été rappelé par la Cour européenne des droits de l'homme[2118].

Le Règlement Bruxelles I *bis* ne définit pas les effets de la reconnaissance. Selon le rapport Jenard[2119] et la jurisprudence *Hoffmann v. Krieg*, la reconnaissance des décisions dans l'espace européen a pour effet d'attribuer à ces dernières l'autorité et l'efficacité dont elles jouissent dans l'État où elles ont été rendues[2120]. C'est donc à la loi de l'État d'origine, de déterminer les effets des jugements reconnus, même si les conséquences

---

[2114] Sur la reconnaissance et l'exécution d'une décision rendue à l'issue d'une *class action* américaine en France, voir le premier chapitre de ce second titre.

[2115] H. GAUDEMET-TALLON, *op.cit.*, spéc. p. 391.

[2116] *Ibid.*

[2117] CJUE 16 mars 2006, *Rosmarie Kapferer c. Schlank & Schick GmbH*, aff.C-234/04, Recueil de jurisprudence 2006, I-2585, spéc. n° 20.

[2118] H. VAN LITH, *The Dutch Collective Settlements Acts and Private International Law*, *op. cit.*, spéc. p.94.

[2119] CJUE 4 fév. 1988, *Horst Ludwig Martin Hoffmann c. Adelheid Krieg*, aff. 145/86, Rec.,I-645,spéc.n° 11. Selon la Cour : « *Une décision étrangère reconnue en vertu de l'article 26 de la Convention doit déployer en principe dans l'État requis, les mêmes effets que ceux qu'elle a dans l'État d'origine* ».

[2120] Rapport Jenard sur la convention du 27 septembre 1968 concernant la compétence judiciaire et l'exécution des décisions en matière civile et commerciale, J.O.C.E., 5 mars 1979, spéc. n°59, p. 43.

juridiques de ces derniers sont méconnues dans l'État requis[2121]. Par conséquent, cette même loi détermine si le jugement peut s'étendre à des parties tierces[2122]absentes du procès, mais qui y ont cependant été représentées. Si l'État d'origine, ayant consacré une action de groupe de type *opt out*, considère que la décision rendue à l'issue d'une action de groupe transnationale lie les membres absents et passifs, un tel effet devra donc être reconnu dans les autres États contractants, quand bien même ces derniers ne reconnaîtraient pas une telle procédure.

En ce qui concerne les transactions judiciaires ou les actes authentiques, seule l'exécution est en cause et non la reconnaissance, puisque « *dans la mesure où l'autorité publique n'a fait que recevoir l'acte, sans user d'un quelconque pouvoir de décision, il est normal que cet acte, soit, d'une certaine façon, rapproché d'un acte privé, acte unilatéral ou contrat : or il n'existe pas une action en reconnaissance dans un État d'un contrat passé dans un autre État* »[2123]. Et conformément à l'article 59 du Règlement, les transactions qui sont exécutoires dans l'État membre d'origine sont exécutoires dans les autres États membres sans qu'aucune déclaration constatant la force exécutoire ne soit nécessaire.

Si la force exécutoire d'une transaction ne fait toutefois aucun doute, il n'en va pas de même de sa reconnaissance. Pour mieux comprendre l'enjeu d'une telle question, raisonnons à partir de l'action de groupe néerlandaise.

Imaginons qu'à l'issue d'un accord homologué par la cour d'appel d'Amsterdam, une victime décide d'engager une nouvelle action individuelle contre le même défendeur. Si le jugement qui confère force exécutoire à l'accord est qualifié de « décision », le contenu de l'accord sera automatiquement reconnu devant le for et le prétendu responsable pourra soulever l'exception de la chose jugée afin que l'action individuelle soit déclarée irrecevable. En revanche, si le jugement de la Cour d'appel d'Amsterdam est considéré comme une « transaction », le prétendu responsable ne pourra pas soulever l'exception de la chose jugée, la reconnaissance d'une transaction n'étant pas possible. En d'autres termes, la force obligatoire de la transaction sera déterminée conformément à la loi qui lui est applicable et sa validité sera ainsi, appréciée au regard du droit national applicable. De ce fait, le prétendu défendeur sera moins enclin à négocier un accord si ce dernier ne peut pas bénéficier de la reconnaissance de plein droit prévue à l'article 36 du Règlement de Bruxelles, puisque la force obligatoire de l'accord dépendra des différentes législations nationales applicables.[2124]

2121 H. VAN LITH, *The Dutch Collective Settlements Acts and Private International Law*, *op. cit.*, spéc. p.94.

2122 J. VAN DE VELDEN & J. STEFANELI, «The Effect in the European Community of Judgments in Civil and Commercial Matters: Recognition *Res Judicata* and Abuse of Process » in *The British Institute of International and Comparative Law (BIICL) Final Comparative Study*, consultable sur: http://www.biicl.org/files/4608_comparative_report_-_jls_2006_fpc_21_-_final.pdf, spéc. n°14 et n°60.

2123 H. GAUDEMET-TALLON, *Compétence et exécution des jugements en Europe*, *op.cit.*, spéc. p. 493.

2124 C. D'HERCKERS, « L'accord amiable conclu dans le cadre d'un recours collectif en réparation à l'épreuve du Règlement Bruxelles I bis », consultable sur : https://www.google.com.lb/?gfe_rd=cr&ei=uvYeWM2pM8is8wfJ_4CACw#q=L%E2%80%99accord+amiable+conclu+dans+le+cadre+d%E2%80%99un+recours+collectif+en+r%C3%A9paration+%C3%A0+l%E2%80%99%C3%A9preuve+du+R%C3%A8glement+Bruxelles+I+bis spéc. p. 65.

744. ***Transition.*** Il est clair que l'incompatibilité du Règlement de Bruxelles avec les actions de groupe européennes se manifeste aussi au stade de la reconnaissance et de l'exécution des jugements dans l'espace européen, notamment en ce qui concerne la question de la qualification de certaines décisions issues d'une action de groupe européenne. Il convient à présent d'examiner les motifs possibles de non-reconnaissance qui peuvent être soulevés à l'encontre d'un jugement issu d'une action de groupe transfrontière dans l'espace européen.

§2- Les motifs de refus de reconnaissance et d'exécution

745. Conformément à l'article 36 du Règlement Bruxelles I *bis*, la reconnaissance des décisions rendues au sein de l'Union européenne est automatique. En ce qui concerne l'exécution des décisions, l'article 39 précise qu'une décision rendue dans un État membre et exécutoire dans cet État membre jouit de la force exécutoire dans les autres États membres sans qu'aucune déclaration constatant la force exécutoire ne soit nécessaire. Ainsi, la seule solution offerte à une personne membre d'une action de groupe pour initier une nouvelle action individuelle à l'encontre du même défendeur pour le même objet et à la suite d'un jugement rendu dans le cadre d'un procès de masse est d'invoquer un motif de non-reconnaissance et l'action en exequatur cède la place à l'action en inopposabilité. De même, la seule façon pour le prétendu responsable de résister à la demande d'exécution d'un jugement rendu à l'issue d'une action de groupe sur ses biens est d'invoquer un motif de refus d'exécution. Notons que les motifs pouvant être invoqués pour demander le refus de reconnaissance sont les mêmes que ceux qui justifient le refus d'exécution[2125].

746. L'article 45 du Règlement de Bruxelles I *bis*, énonce plusieurs motifs de refus de reconnaissance et d'exécution : la contrariété manifeste de la décision à l'ordre public, la violation des droits des défendeurs défaillants, l'inconciliabilité des décisions et, enfin, la méconnaissance de certaines règles de compétence par le juge de l'État d'origine. Nous nous intéresserons uniquement aux trois premiers motifs. Notons à cet égard que l'exécution d'une transaction rendue dans l'espace européen est sujette à trois conditions : la transaction en cause doit bien être dotée du caractère exécutoire dans l'État d'origine, elle doit être authentique et enfin, elle ne doit pas heurter l'ordre public de l'État requis. Le respect de ces trois conditions suffit et il n'est évidemment pas question de contrôler

2125 Sur la reconnaissance et l'exécution des jugements issus d'une action de groupe dans l'espace européen voir : R. FENTIMAN, « Recognition, Enforcement and Collective Judgements », in *Cross-Border Class action, The European Way, op.cit.*, p. 85 ; D. FAIRGRIEVE, « The Impact of the Brussels I Enforcement And Recognition Rules on Collective Actions », in *Extraterritoriality and Collective Redress, op.cit.*, p. 171 ; S. BARIATI, « Recognition and Enforcement in the EU of Judicial Decisions Rendered Upon Class Actions : The Case of U.S. And Dutch Judgements and Settlements », in F. Pocar, I. Viarengo et F. C. Villata (eds), *Recasting Brussels I : Proceedings of the Conference held at the University of Milan on November 25-26, 2011* , CEDAM 2012, p. 320.

le respect des droits de la défense puisqu'il n'y a pas, à proprement parler, de défendeur dans le cadre d'une transaction judiciaire[2126].

747. Rappelons que la circulation d'une action de groupe internationale constitue un élément important du processus de régulation du contentieux international des actions de groupe. Ainsi, l'existence d'un instrument régional qui facilite la circulation des décisions et des transactions contribue largement à la régulation de ce contentieux complexe. En réduisant les motifs de non-reconnaissance, il est donné plus de chance à une action de groupe internationale de circuler, ce qui permet d'éviter la formation de situations de sur-régulation pouvant résulter d'un potentiel refus de reconnaissance.

748. En examinant les motifs de non-reconnaissance tels qu'instaurés par le Règlement Bruxelles I, nous constatons que certains d'entre eux renforcent la régulation du contentieux international des actions de groupe et favorise par la même occasion, l'instauration de la méthode de l' « unité » de l'action de groupe. Il s'agit du motif de refus de reconnaissance tiré de l'inconciliabilité des décisions. Il convient d'explorer ce motif (**I**) avant de s'arrêter sur les autres motifs de non-reconnaissance dont la réception peut nuire à la régulation du contentieux international des actions de groupe. Il s'agit cette fois des deux exceptions tirées de l'ordre public international et de la défaillance du défendeur (**II**).

I. L'inconciliabilité des décisions : un motif de non-reconnaissance qui favorise la régulation du contentieux international des actions de groupe

749. Conformément à l'article 45 (c) et (d) du Règlement de Bruxelles, l'inconciliabilité des décisions est un motif spécifique de refus de reconnaissance. L'idée générale qui sous-tend les dispositions de l'article 45 part du constat qu'il faut éviter que soit réclamée sur le territoire d'un même État l'exécution de deux décisions contradictoires[2127].

750. Contrairement aux autres motifs de non-reconnaissance dont la réception peut favoriser la formation de situations de sur-régulation, ce motif tiré de l'inconciliabilité des décisions participe à la régulation du contentieux de masse transfrontière européen, empêchant la formation de situations juridiques boiteuses.

751. Bien que les dispositions relatives à l'inconciliabilité des décisions n'aient été que rarement invoquées, le développement des actions de groupe non harmonisées dans l'espace judiciaire européen est de nature à augmenter le risque de décisions contradictoires. Ainsi, à l'issue d'un dommage de masse, il est facile d'imaginer l'introduction de plusieurs actions de groupe devant plusieurs juridictions au sein de la

---

2126 H. GAUDEMET-TALLON, *op.cit.*, spéc. p.498.

2127 H. GAUDEMET-TALLON, *Compétence et exécution des jugements en Europe, op.cit.*, spéc. n°419.

communauté, par différentes entités représentatives des classes de victimes enchevêtrées, et que des décisions inconciliables soient rendues en ce qui concerne la responsabilité ou la non-responsabilité du défendeur.

752. Certes, les exceptions de litispendance et de connexité européennes devraient, en principe, éviter qu'une telle situation ne se produise. Néanmoins, comme nous l'avons déjà vu, ces deux mécanismes sont peu adaptés à la régulation de la question des conflits de procédures en matière d'actions de groupe internationales élevant le risque de rencontrer de décisions contradictoires dans l'espace européen.

753. Force est de constater, cependant, que même le motif de non-reconnaissance tiré de l'inconciliabilité des décisions, qui vise à empêcher la naissance de situations juridiques boiteuses, sera paralysé dans le cadre spécifique d'un contentieux de masse transfrontière, et ne pourra être invoqué avec succès dans certaines d'hypothèses.

754. Il convient dans un premier temps de délimiter la portée de la notion d'inconciliabilité (**A**) avant d'analyser les différentes hypothèses d'inconciliabilité qui peuvent se présenter dans le cadre d'un contentieux de masse européen (**B**).

A- La portée de la notion d'inconciliabilité

755. **Une notion applicable uniquement aux décisions.** L'article 45 (paragraphes c et d) relatif aux décisions inconciliables ne concerne que les décisions et ne s'applique pas aux transactions. En d'autres termes, pour que les dispositions relatives à l'inconciliabilité soient applicables, encore faut-il que deux décisions aient été rendues au sens du Règlement. La jurisprudence de la CJUE, conformément à laquelle les transactions judicaires ne doivent pas être considérées comme des décisions pour les besoins de l'application de l'article 32 et de l'article 34 du Règlement (article 45 du Règlement de Bruxelles I *bis*), semble d'ailleurs bien indiquer qu'une éventuelle inconciliabilité entre une transaction et un jugement étranger ne pourrait pas constituer un motif de non-reconnaissance d'une décision rendue dans un autre État membre[2128].

756. **Des difficultés d'application en présence d'une transaction**. Or, une telle éventualité est susceptible de se produire dans l'espace européen, particulièrement si dans le cadre de l'action collective néerlandaise, les accords négociés et homologués ultérieurement par la Cour d'appel d'Amsterdam sont qualifiés de transactions au sens du Règlement.

Afin de sortir d'une telle impasse, il serait possible de considérer que les accords conclus dans le cadre de l'action collective néerlandaise constituent des décisions, ce qui permettrait ainsi d'appliquer les dispositions relatives aux décisions inconciliables. Mais une telle solution ne concerne que l'action de groupe néerlandaise, dont la nature du jugement conférant force exécutoire à l'accord conclu n'est pas encore claire. De ce fait, une telle solution ne pourra s'appliquer en présence d'une « transaction » dont la nature ne fait l'objet d'aucun doute.

[2128] CJUE 2 juin 1994, *Solo Kleinmotoren GmbH c. Emilio Boch*, *op.cit.*, spéc. n°17.

Dans ce contexte, nous distinguerons deux hypothèses. En premier lieu, lorsque la transaction est inconciliable avec un jugement rendu dans l'État requis, l'exception de l'ordre public international peut intervenir afin d'empêcher l'exécution de la transaction, et ce, même si la décision de l'État requis est postérieure à la transaction.

En second lieu, lorsque la transaction rendue est inconciliable avec un jugement rendu dans un pays autre que celui de l'État requis, l'hypothèse devient plus problématique. Dans cette situation, le tribunal requis se trouve en face d'une transaction et d'un jugement tous deux inconciliables, issus de deux pays différents, et qu'il est tenu d'exécuter sur son territoire. L'exception d'ordre public international ne peut être soulevée et le tribunal requis sera tenu d'exécuter une transaction et un jugement inconciliables, ce qui va à l'encontre des objectifs et des fondements mêmes du Règlement de Bruxelles. Il nous semble ainsi dommage que le Règlement Bruxelles I *bis* n'ait pas abordé une telle éventualité, pourtant inévitablement appelée à se développer au sein de l'espace européen. Par conséquent, nous pensons que le motif tiré de l'inconciliabilité doit être élargi dans l'espace européen pour englober la notion de transaction judiciaire, afin de tenir compte de la spécificité du contentieux de masse paneuropéen.

B- Les différentes hypothèses d'inconciliabilité

757. Les paragraphes c et d de l'article 45 du Règlement de Bruxelles traitent de deux hypothèses de décisions inconciliables constituant des motifs de non-reconnaissance. La première hypothèse concerne l'inconciliabilité entre la décision rendue dans l'État membre d'origine et une décision rendue dans l'État requis **(1)**. Quant à la deuxième hypothèse, celle-ci se rapporte à l'inconciliabilité entre la décision rendue dans l'État membre d'origine et une décision rendue postérieurement dans un État membre ou un État tiers susceptible d'être reconnue dans l'État requis **(2)**.

1- L'inconciliabilité entre la décision rendue dans l'État membre d'origine et une décision rendue dans l'État requis

758. Les difficultés d'application dans le cadre d'un contentieux de masse européen. Conformément à l'article 45 (c) du Règlement de Bruxelles, une décision n'est pas reconnue «*si elle est inconciliable avec une décision rendue entre les mêmes parties dans l'État membre requis* ». La doctrine considère qu'il n'est pas nécessaire que la décision rendue dans l'État requis ait acquis la force ou l'autorité de la chose jugée[2129]. L'application de cet article n'est pas aisée dans le cadre des actions de groupe transfrontières, en raison de la difficile satisfaction de la condition relative à l'identité des parties. Il en est ainsi, en présence de décisions collectives rendues à l'issue de deux procédures de groupe de type *opt out,* où certaines parties ne seront identifiables que lorsqu'elles réclament le montant de la compensation qui leur a été allouée, ou dans l'hypothèse où est en cause, d'une part, une action en représentation intentée par une association ou une entité publique, et,

[2129] P. JENARD, *La convention de Bruxelles du 27 septembre 1968 et ses prolongements*, Larcier 1994, p. 45.

d'autre part, une autre action de groupe intentée par des individus. Ainsi, faute de pouvoir satisfaire la condition relative à l'identité des parties, il existe un véritable risque de reconnaître et d'exécuter dans l'État requis une décision d'action de groupe contradictoire avec une autre décision d'action de groupe et/ou individuelle prononcée dans l'État membre d'origine.

2- *L'inconciliabilité entre la décision rendue dans l'État membre d'origine et une décision rendue postérieurement dans un État tiers ou dans un autre État membre et susceptible d'être reconnue dans l'État requis*

759. Les difficultés soulevées. L'article 45 d du Règlement Bruxelles I *bis* prévoit qu'une décision ne sera pas reconnue et exécutée lorsque celle-ci est inconciliable avec une décision rendue antérieurement dans un autre État membre ou dans un État tiers entre les mêmes parties, dans un litige ayant réuni les conditions nécessaires à sa reconnaissance dans l'État membre requis. Ainsi, les décisions inconciliables doivent satisfaire la triple identité de parties, d'objet et de cause, ce qui restreint considérablement les cas où il est possible d'invoquer le motif de non-reconnaissance pour inconciliabilité de décisions, la reconnaissance étant exclue lorsqu'une des conditions visées n'est pas satisfaite. Or, il a déjà étudié que l'existence d'une grande variété d'actions de groupe est de nature à rendre la condition relative à l'identité des parties, d'objet et de cause, difficilement satisfaite. Enfin, il est nécessaire que la décision rendue antérieurement dans un autre État membre ou dans un État tiers réunisse les conditions nécessaires à sa reconnaissance dans l'État membre requis.

760. *Transition.* Alors que l'inconciliabilité des décisions est un motif de non-reconnaissance des jugements qui permet de réguler le contentieux international des actions de groupe en empêchant la formation de situations juridiques boiteuses, les conditions de sa mise en œuvre s'avèrent difficiles dans l'espace européen dans le cadre d'un contentieux de masse transfrontalier. Afin de résoudre l'ensemble de ces obstacles, l'intervention du législateur européen devient une nécessité. Il convient maintenant d'exposer les autres motifs de non-reconnaissance consacrés par le Règlement européen, dont la réception sera cette fois nuisible à la régulation du contentieux de masse dans l'espace européen.

II. Les motifs de non-reconnaissance qui nuisent à la régulation du contentieux international des actions de groupe

761. La méthode de l'« unité » de l'action de groupe suppose de faciliter la circulation d'une action de groupe internationale. Contrairement au motif de non-reconnaissance tiré de l'inconciliabilité des décisions, l'exception d'ordre public international et la défaillance du défendeur constituent des motifs de non-reconnaissance qui, dans l'hypothèse où ils sont reçus, peuvent aboutir au renouvellement du procès, et donc à l'éclatement du contentieux de masse transfrontière. Cependant, l'existence d'un Règlement régional qui se base sur une confiance mutuelle entre les juges est de nature à réduire les hypothèses de non-reconnaissance, et donc d'assurer la circulation d'une action de groupe dans l'espace européen. Il convient ainsi, d'examiner l'interaction entre un jugement collectif européen et les deux exceptions tirées de la violation de l'ordre public international (**A**) et de la défaillance du défendeur (**B**).

A- La violation de l'ordre public international

762. Nous examinerons tout d'abord, la notion d'ordre public international dans l'espace européen (**1**) afin de vérifier si une décision rendue à l'issue d'une action de groupe peut être refoulée au motif de sa contrariété à l'ordre public international (**2**).

1- La notion d'ordre public international dans l'espace européen

763. Une notion qui doit faire l'objet d'une interprétation stricte. L'article 45-1 du Règlement Bruxelles I *bis* autorise à ne pas reconnaître ou exécuter une décision manifestement contraire à l'ordre public de l'État requis. S'il est admis que l'ordre public est une notion nationale, propre à chaque État, la Cour de justice a cependant précisé qu'il incombe à la Cour de « *contrôler les limites dans le cadre desquelles le juge d'un État contractant peut avoir recours à cette notion pour ne pas reconnaître une décision émanant d'un autre État contractant* »[2130].

L'exception d'ordre public international a fait l'objet d'une interprétation stricte aussi bien par la CJUE que par les tribunaux des différents pays européens. En effet, la CJUE a relevé que « *la clause d'ordre public ne doit jouer que dans des cas exceptionnels* »[2131] et qu'il ne peut y avoir violation de l'ordre public que s'il y avait eu « *une violation manifeste d'une règle de droit considérée comme essentielle dans l'ordre juridique de l'État requis* ».[2132] Cette interprétation stricte correspond bien à la lettre du texte du Règlement et répond ainsi à la nécessité d'assurer la libre circulation des décisions dans l'espace judiciaire européen et par suite le bon fonctionnement du marché intérieur[2133].

À l'instar de ce qui est admis en droit international privé commun, l'appréciation de la conformité de la décision à l'ordre public international dans l'espace européen se fera *in concreto*, au regard des effets de la reconnaissance et de l'exécution de la décision. Ce n'est donc pas la décision étrangère elle-même qui sera confrontée à l'ordre public du for, « *mais bien les effets qu'elle entraînera dans l'État requis lorsqu'elle sera reconnue ou exécutée* »[2134]. Par conséquent, le recours à l'exception d'ordre public ne devrait pas intervenir dès lors

---

[2130] CJUE 28 mars 2008, *Dieter Krombach c. André Bamberski*, aff.C-7/98, Rec., I-1935, spéc.n°33 ; CJUE 2 avril 2009, *Marco Gambazzi c. Daimler Chrysler Canada Inc. ET CIBC Mellon Trust Compagny*, aff.C-349/07,Rec.I-2563, spéc. n°26.

[2131] CJUE 4 février 1988, *Horst Ludwig Martin Hoffman c. Adelheid Krieg*, aff.C 145/86Rec.,I-645; CJUE 10 octobre 1996, *Hendrikman and Feyen c. Magenta Druck& Verlag*, aff.C-78/95Rec., I-4943, n°23.

[2132] CJCE 28 mars 2000, *Dieter Krombach c. André Bamberski*, aff. C-7/98, Rec., I-1935, spéc. n°38.

[2133] CJUE 11 mai 2000, *Régie nationale des usines Renault SA c. Maxicar SpA et Orazio Formento*, aff. C-38/98, spéc. n°27.

[2134] H. GAUDEMET-TALLON, *Compétence et exécution des jugements en Europe*, *op.cit.* , p.413

qu'une « *divergence existe entre la règle de droit appliquée par le juge de l'État d'origine et celle qu'aurait appliquée le juge de l'État requis s'il avait été saisi du litige* »[2135].

Cette constatation signifie que le seul fait que l'État requis ne connaisse pas le principe de l'action de groupe avec mécanisme d'*opt out* ne suffit pas pour refuser de reconnaître une décision collective de type *opt out* émanant de l'État d'origine. En effet, encore faut-il que la décision rendue constitue une violation manifeste des principes fondamentaux de l'ordre juridique de l'État requis[2136].

764. L'ordre public procédural est inclus dans la notion de l'ordre public. S'il existait des doutes quant à la question de savoir si la vérification de la conformité à l'ordre public s'étendait également à la vérification la conformité à l'ordre public procédural, la Cour de justice a tranché est venue y répondre en admettant une telle possibilité : « *le juge national d'un État contractant est en droit de considérer que le refus d'entendre la défense d'un accusé absent des débats constitue une violation manifeste d'un droit fondamental* »[2137]. Ainsi, le recours à l'ordre public est possible « *dans les cas où les garanties inscrites dans la législation de l'État d'origine et la convention elle-même n'ont pas suffi à protéger le défendeur d'une violation manifeste de son droit de se défendre devant le juge d'origine, tel que reconnu par la CEDH* »[2138].

Dans l'affaire *Gambazzi*, la Cour de justice a rappelé que les droits de la défense « *occupent une place éminente dans l'organisation et le déroulement d'un procès équitable et qu'ils figurent parmi les droits fondamentaux qui résultent des traditions constitutionnelles communes aux États membres et des instruments internationaux concernant la protection des droits de l'homme auxquels les États membres ont coopéré ou adhéré, parmi lesquels la Convention européenne des droits de l'homme et des libertés fondamentales* »[2139].

765. *Transition*. Dans la pratique, l'exception d'ordre public est fréquemment invoquée dans l'espace européen, mais rarement retenue. Lorsqu'elle est admise, c'est généralement dans le but de préserver les droits procéduraux du défendeur. Il convient désormais d'explorer l'interaction entre l'exception d'ordre public international dans l'espace européen et les décisions issues d'une action de groupe européenne.

2- *L'application de l'ordre public international dans l'hypothèse d'un jugement collectif*

766. Les jugements collectifs et l'ordre public international substantiel. Nous pensons que l'ordre public substantiel peut être invoqué dans le cadre de décisions imposant au défendeur le paiement de dommages et intérêts punitifs. D'ailleurs, le Règlement Rome II a énoncé que « *peut constituer une violation de l'ordre public du for,*

2135 CJUE 28 mars 2000, *Dieter Krombach contre André Bamberski*, *op.cit.*, spéc. n°36.

2136 *Ibid.*

2137 CJUE 28 mars 2000, *Dieter Krombach contre André Bamberski* , *op.cit.*, spéc. n°40.

2138 CJUE 28 mars 2000, Dieter Krombach contre André Bamberski, *op.cit.*, spéc. n°44.

2139 CJUE 2 avril 2009, *Marco Gambazzi c. Daimler Chrysler Canada Inc. Et CIBC Mellon Trust Compagny*, spéc. n°28.

l'application d'une disposition de la loi désignée par ce règlement qui conduirait à l'octroi des dommages et intérêts exemplaires ou punitifs »[2140].

Le droit international privé commun des pays européens est divergent sur ce point. Alors que certaines juridictions ont considéré que les décisions étrangères octroyant des dommages et intérêts punitifs ne sont pas contraires à l'ordre public international de leurs pays, d'autres ont adopté une position opposée. En tout état de cause, nous pensons que le refus de circulation d'une action de groupe dans l'espace européen à cause de la simple présence de dommages et intérêts punitifs, compromet l'objet de libre circulation des jugements sur lequel repose le Règlement Bruxelles I *bis*, augmentant alors le risque de formation de situations boiteuses dans l'espace européen. Cela est d'autant plus vrai que l'exception d'ordre public doit être manifeste pour qu'elle puisse être soulevée dans l'espace européen. Or, de notre point de vue, une décision octroyant des dommages et intérêts punitifs ne répond pas nécessairement à ce critère. À supposer qu'une telle décision constitue une violation manifeste de l'ordre public international de l'État requis, cela ne suffirait pas pour refouler la décision dans son entièreté. En effet, il est toujours possible de reconnaître et d'exécuter la décision après avoir retranché le montant des dommages et intérêts punitifs du montant global des dommages. En second lieu, lorsque le for dont émane la décision d'action de groupe a été saisi, conformément à l'un des chefs de compétence que nous avons proposés, ce dernier, ayant l'intérêt prépondérant à résoudre le litige de masse, devrait être en mesure de mettre en œuvre son propre système de régulation, dont les dommages et intérêts punitifs constituent une partie intégrante. Le for requis doit donc respecter le système de régulation tel que mis en avant par le for ayant l'intérêt prépondérant pour réguler le contentieux de masse européen et exécuter le jugement collectif octroyant des dommages et intérêts punitifs.

767. Les jugements collectifs et l'ordre public international de procédure. Quant à l'exception d'ordre public international de procédure, cette dernière peut être soulevée en cas de violation des droits fondamentaux qui résultent des traditions constitutionnelles communes aux États membres et aux instruments internationaux de protection des droits de l'homme auxquels les États membres ont coopéré ou adhéré, parmi lesquels figure la Convention européenne de sauvegarde des droits de l'homme et des libertés fondamentales[2141].

768. Les actions de groupe de type *opt out* et le droit à un procès équitable. À cet égard, l'interprétation de plus en plus extensive du droit au procès équitable, tel que consacrée par l'article 6 de la CEDH, pourra être invoquée pour faire échec à la libre circulation des jugements collectifs de type *opt out*[2142]. En effet, il est souvent allégué que le fait d'inclure des membres dans une action en justice et de les lier ensuite par un jugement, sans que ces derniers n'aient manifesté leur volonté de se joindre à l'action et

---

[2140] Voir le considérant 32 du Règlement Rome II.

[2141] CJUE 2 avril 2009, aff. C. 349/07. M*arco Gambazzi c. Daimler Chrysler Canada Inc. et CIBC Mellon Trust Compagny*, *op.cit.*, spéc. n°28

[2142] H. Gaudemet-Tallon, *Compétence et exécution des jugements en Europe*, *op.cit.*, spéc. p.327.

sans qu'ils n'aient eu l'opportunité d'avancer leurs allégations, constitue une violation du droit au procès équitable[2143]. Cela est d'autant plus vrai que, selon la jurisprudence de la Cour européenne des droits de l'homme, si une personne peut de sa propre volonté renoncer à son droit d'avoir sa cause entendue en public, une telle renonciation doit être faite de manière non équivoque[2144]. Or, dans le cadre spécifique des actions de groupe de type *opt out*, il est possible soutenir que si une personne peut décider de devenir partie à une transaction/jugement en renonçant à son droit d'intenter de nouvelles actions individuelles, cela doit se faire par un consentement positif et non par omission (mécanisme de l'*opt out*). Ce postulat est rappelé par le Parlement européen qui a ainsi considéré que : « *l'approche européenne en matière de recours collectifs doit reposer sur le principe selon lequel les victimes sont clairement identifiées et ne prennent part à la procédure que dès lors qu'elles ont clairement indiqué qu'elles souhaitaient être parties (opt in) et ce afin d'éviter d'éventuels abus* »[2145] .

Or, à notre sens, une telle position est à nuancer. En effet, comme nous l'avons déjà démontré, si la personne concernée a été notifiée de l'action de classe et de son contenu et a en pleine connaissance de cause, décidé de ne pas s'exclure de la procédure, son consentement de se joindre à l'action est, dans cette hypothèse, non équivoque[2146].

Cela peut rejoindre en quelque sorte la position de la Cour européenne des droits de l'homme qui, dans l'affaire *Schuler-Zgraggen c. Suisse* a considéré, à propos de la faculté de renoncer à son droit de bénéficier d'une audience publique, que « *ni la lettre ni l'esprit de ce texte n'empêchent une personne d'y renoncer de son plein gré de manière expresse ou tacite, mais pareille renonciation doit être non équivoque et ne se heurter à aucun intérêt public important* »[2147]. En se basant sur une telle jurisprudence, il est donc possible qu'une personne, membre d'une action de groupe, renonce à son droit d'initier une nouvelle action concernant le même objet et à l'encontre du même défendeur, en exprimant sa volonté de se joindre à l'action collective de manière tacite par son refus de s'exclure de la classe *(opt-out)*.

Notre étude de l'action de groupe néerlandaise, la plus utilisée dans l'agrégation des dommages de masse dans l'espace européen, illustre l'obligation de notification de l'accord imposée à deux stades de la procédure. L'accord négocié soumis à l'homologation par la cour d'appel d'Amsterdam est notifié aux victimes en début de procédure et ces dernières peuvent comparaître à l'audience[2148]. Dans un second temps, la décision d'homologation de l'accord est notifiée à l'ensemble des victimes. C'est à partir de la deuxième notification que s'écoule le délai dont disposent les membres afin d'exercer leur option d'exclusion[2149]. Il est également possible d'étendre la période de l'*opt out* d'une durée de 6 mois à une personne lésée qui n'aurait pu avoir connaissance

---

2143 Voir à titre d'exemple : H. VAN LITH, *The Dutch Collective Settlements Acts and Private International Law*, *op.cit.*, spéc. p.122.

2144 C.E.D.H., 24 juin 1993, *Schuler-Zgraggen c. Suisse*, n° 14518/89, série A, n° 263, spéc. n°58.

2145 Résolution du Parlement européen du 2 février 2012, « *Vers une approche européenne cohérente en matière de recours collectifs* », *op.cit.*, spéc. n°20.

2146 Voir dans le même sens : R. HALFMEIER, « Recognition of a WCAM Settlement in Germany », consultable sur :http://papers.ssrn.com/sol3/papers.cfm?abstract_id=2026701, spéc. p.14: « *This means that if an affected person is individually notified of the proceedings and thus has a real possibility to either influence the WCAM proceedings or opt out (and thereby evade any binding force of the settlement), the right to be heard is complied with in principle* ».

2147 C.E.D.H., 24 juin 1993, *Schuler-Zgraggen c. Suisse*, série A n°263, spéc. n°58.

2148 Article 1013, § 5 du Code de Procédure civile néerlandais, *op.cit.*

2149 Article 1017, § 3 du Code de Procédure civile néerlandais, *op.cit.*

de son préjudice au moment de l'annonce publique, si, après avoir pris connaissance du préjudice, elle a notifié au liquidateur son souhait de ne pas être liée par la décision[2150]. Ainsi, nous pensons que le droit à un procès équitable est respecté dès lors que les membres du groupe ont été dûment notifiés, leur refus de s'exclure pouvant alors être interprété comme un consentement implicite à l'action de groupe.

En revanche, lorsque la notification de l'action n'est pas parvenue à certains membres de la classe, nous rencontrons un véritable problème. En effet, la cour d'appel d'Amsterdam exige uniquement que la notification atteigne un certain pourcentage de victimes et non pas l'ensemble des victimes.[2151] Ainsi, pour la jurisprudence néerlandaise, il est important que l'accord soit porté à la connaissance du plus grand nombre de personnes, afin que la notification soit considérée comme appropriée, sans pour autant qu'il soit nécessaire que la notification parvienne à toutes les personnes lésées. Quant aux personnes inconnues, la jurisprudence néerlandaise opte pour d'autres moyens de notification comme les annonces publiques dans les journaux ou par le biais d'internet.[2152].

Le raisonnement de la jurisprudence néerlandaise, en ce qui concerne la notification de l'action collective, peut soulever des interrogations au regard du droit à un procès équitable. Effectivement, il se peut dans ce cas de figure, que les victimes soient incluses dans l'action sans que cette inclusion ne constitue une manifestation de leur volonté implicite de rejoindre le groupe. Il convient alors de se demander si dans cette hypothèse, il serait possible de refuser en Europe, la circulation d'une action de groupe de type *opt out* incluant des membres dans la classe, sans pour autant que cette inclusion reflète leur consentement implicite de se rejoindre à l'action collective.

Tout d'abord, nous pensons que la question de la régularité de la notification de l'action de groupe est différente de la question de savoir si la notification a atteint tous les membres du groupe. Il suffit à notre sens que le tribunal déploie tous les efforts nécessaires pour permettre à la notification d'atteindre tous les membres de la classe. Or, ce n'est que dans l'hypothèse où les modalités de notification, telles que décidées par le tribunal, sont inefficaces, que la reconnaissance du jugement collectif devra être refusée. Nous pensons donc, contrairement à la position de la jurisprudence néerlandaise, que le tribunal certifiant doit, dans l'hypothèse où les membres du groupe sont connus, procéder à leur notification individuelle. Enfin, pour ce qui est des membres inconnus, leur notification doit être réalisée par voie collective en choisissant le mode de notification qui permettra d'atteindre le taux le plus élevé de personnes concernées par la procédure.

Il convient de préciser à cet égard que la notification collective est préconisée dans plusieurs pays européens lorsqu'il est impossible d'identifier le nom ou l'adresse des personnes concernées et ce en dehors de l'hypothèse d'un contentieux de masse[2153]. En

---

2150 E. FALLA, « Vers un mécanisme belge d'accord de réparation collective : quels enseignements pouvons-nous tirer de l'expérience néerlandaise ? », *R. I. D. C. 2013. 595*, spéc. p.614.

2151 Voir *supra* n°706

2152 Voir *infra* n°768.

2153 En Allemagne, il a été considéré: « *On the other hand, it is also accepted under German constitutional law that procedures of public and thus potentially fictitious notice may legitimately be used in cases where the names and/ or addresses of the*

droit allemand par exemple, la notification collective de l'action en justice est préconisée en droit administratif. Dans ce contexte, l'absence de réaction des individus à de telles notifications dans le délai qui leur est imparti aura pour effet de les priver du droit d'intervenir dans la procédure. Ainsi, lorsque le litige met en jeu plus de 50 personnes, une notification collective est suffisante pour que la décision bénéficie de la *res-judicata* à l'égard des personnes concernées, que ces dernières aient participé à la procédure ou pas, que la notification de l'action en justice leur soit parvenue ou pas. De telles dispositions ont été considérées comme étant adaptées à la nature collective du procès et comme étant destinées à permettre aux tribunaux de gérer en temps utile des procédures complexes impliquant un nombre important de parties[2154].

Par ailleurs, l'institution allemande du *Spruchverfahrensgesetz* présente une grande similarité avec les actions de groupe de type *opt out*. Cette institution concerne l'évaluation des titres d'une société, dans l'objectif de déterminer la compensation qui doit être octroyée aux associés minoritaires dans les hypothèses de *squeeze-out*[2155]. Ainsi, un représentant pour les actionnaires affectés sera nommé et la décision de nomination sera publiée sur un site internet accessible au public. Il n'y a dans cette hypothèse ni notification individuelle, ni droit de s'exclure de la procédure. Pourtant, le représentant agit pour le compte des actionnaires minoritaires et le jugement liera l'ensemble de ces actionnaires[2156].

Par ailleurs, le Conseil constitutionnel allemand a eu l'opportunité de se prononcer sur la conformité des notifications collectives dans le domaine spécifique du droit de la faillite. Le même raisonnement peut s'appliquer au domaine spécifique du contentieux international des actions de groupe, de nombreuses similitudes étant présentes entre ces deux domaines[2157]. Dans ce contexte, le Conseil constitutionnel allemand a considéré que les notifications par voie collective ne violent pas le principe constitutionnel du droit d'être entendu, un tel droit devant être compris d'une manière fonctionnelle et non interprété dans le sens qu'une notification individuelle serait requise pour chaque personne affectée individuellement[2158].

---

affected persons are neither known nor readily available», in A. HALFMEIER, « Recognition of a WCAM settlement in Germany »,consultable sur : http://papers.ssrn.com/sol3/papers.cfm?abstract_id=2026701, spéc. p. 6.

2154 A. HALFMEIER, « Recognition of a WCAM settlement in Germany », consultable sur: consultable sur : http://papers.ssrn.com/sol3/papers.cfm?abstract_id=2026701, spéc. p. 17.

2155 « *Une Offre Publique de Retrait Obligatoire (OPRO), également désignée par le terme anglo-saxon de squeeze-out, survient généralement suite à une Offre Publique d'Achat (OPA), puis à une Offre Publique de Retrait (OPR). Elle prévoit alors que, lorsqu'une entreprise détient plus de 95 % des droits de vote d'une autre société, celle-ci puisse faire l'acquisition de l'intégralité des titres restants sur le marché, par l'intermédiaire d'une OPRO, les investisseurs se trouvant alors dans l'obligation de céder leurs actions, ce qui n'est pas le cas dans le cadre d'une OPA* », tel que défini par comparabourse, consultable sur : http://www.comparabourse.fr/lexique/offre-publique-de-retrait-obligatoire.php.

2156 A. HALFMEIER, « Recognition of a WCAM settlement in Germany », consultable sur: http://papers.ssrn.com/sol3/papers.cfm?abstract_id=2026701, spéc. p.16.

2157 Sur les similarités entre le droit de la faillite internationale et le contentieux international des actions de groupe voir notre section préliminaire.

2158 Ainsi, selon le Conseil constitutionnel allemand (BVerfGE 77,275,285), tel que traduit par A. HALFMEIER, in « *Recognition of WCAM Settlement in Germany* », spéc. p. 17 : « *From a constitutional law perspective, there is nothing wrong with giving public notification the effect of service of process, as long as the protection of rights before the courts is not inadequately restricted by such Rules [citation omitted]. In mass procedures with a large number of affected persons which cannot always be fully determined beforehand, this form of service is adequate and therefore prescribed by the legislator in many*

En second lieu, la Cour de Justice de l'Union européenne a considéré que les droits fondamentaux, tels que le droit à un procès équitable, « *n'apparaissent pas comme des prérogatives absolues mais peuvent comporter des restrictions. Toutefois, celles-ci doivent répondre effectivement à des objectifs d'intérêt général poursuivis par la mesure en cause et ne pas constituer au regard du but poursuivi, une atteinte manifeste et démesurée aux droits ainsi garantis* »[2159]. C'est ainsi que dans le cadre de l'affaire *Lithgow c. Unitd Kingdom*, la Cour a considéré qu'il n'y avait pas d'atteinte au droit d'accès à un tribunal dans le cadre d'une action en représentation, dans laquelle un représentant a agi en justice pour le compte d'actionnaires, dès lors que certaines conditions sont remplies et sont de nature à assurer la protection des intérêts des actionnaires[2160] . La décision de la Cour européenne est intervenue après l'instauration au Royaume-Uni d'une loi permettant à un représentant choisi par des associés, de les représenter dans le cadre d'une procédure judiciaire visant leur compensation suite à la nationalisation d'une société industrielle. L'initiation d'une multitude de demandes individuelles en compensation était effectivement difficilement gérable selon la Cour, ce qui justifierait le rassemblement des actionnaires dans une association. Une solution similaire a été ultérieurement consacrée par cette même Cour dans le cadre de l'affaire *Wendenburg et al. c. République Fédérale de l'Allemagne.* Cette fois encore, la Cour a considéré que dans le cadre d'une procédure impliquant plusieurs parties, il n'est pas toujours nécessaire que chaque personne soit entendue individuellement[2161].

Par ailleurs, la Commission européenne semble admettre elle aussi, au moins implicitement, la possibilité de restreindre certains droits individuels au nom de l'intérêt général. En effet, après avoir préconisé le mécanisme de l'*opt in* dans sa recommandation relative à des principes communs applicables aux mécanismes de recours collectif en cessation et en réparation dans les États membres, cette dernière a considéré que « *toute exception à ce principe devrait être dûment justifiée par des motifs tenant à la bonne administration de la justice* »[2162].

L'ensemble des considérations déjà énoncées peut s'appliquer par analogie à l'hypothèse d'une action de groupe de type *opt out.* Dans de telles circonstances, et même si la notification n'a pas été en mesure d'atteindre toutes les victimes, nous pensons que l'inclusion des victimes dans le groupe pourrait être justifiée par des considérations tenant à la bonne administration de la justice et à la régulation des marchés, particulièrement dans les cas où le tribunal certifiant a déployé tous les efforts nécessaires

---

instances. Insolvency proceedings usually have a large number of participants whose identity and residence are not always known [citation omitted]. Herein lies the legitimacy of the fiction of service of process according to § 119 par. 4 VerglO [the predecessor of today's Rules on insolvency plans]. This holds true even if as it is the case here a limited number of persons are affected. The legislator may use topicalities for such Rules. Since norms are necessarily of a general nature, the legislator is forced but also entitled to use a general picture resulting from past experiences ».

2159 CJUE 2 avril 2009, *Marco Gambazzi c. Daimler Chrysler Canada Inc. Et CIBC MELLON TRUST Compagny, op.cit.*, spéc. n°29.

2160 C.E.D.H., 8 juillet 1986, *Lithgow et autres c. Royaume-Uni*, n°2/1984/74/112-118, page 63.

2161 C.E.D.H., Décembre 2003, *Wendenburg et autres c. Allemagne*, n° 71630/01, 2003-II.

2162 Recommandation 2013/396 UE de la Commission du 11 juin 2013 relative à des principes communs applicables aux mécanismes de recours collectif en cessation et en réparation dans les États membres en cas de violation des droits conférés par le droit de l'Union, JOUE n°L201/60 du 26 juillet 2013, spéc. n°21, p. 64.

pour parvenir à la notification de l'ensemble des personnes intéressées[2163]. En effet, permettre à ces dernières d'engager de nouvelles actions aura nécessairement pour effet de renouveler les procès et d'exposer le responsable à de nouvelles actions en justice.

Pour conclure, nous pensons que le recours à l'exception d'ordre public international ne permettra pas d'empêcher la circulation dans l'espace européenne d'une action de groupe européenne qui repose sur un mécanisme d'*opt out* dans l'espace européen.

769. Les actions de groupe et le droit au respect des biens. Par ailleurs, il semble que l'article premier du protocole additionnel de la CEDH[2164] peut également être invoqué pour faire échec à la circulation d'une décision collective comme nous l'enseigne l'affaire *Dexia*. En effet, l'article mentionné garantit à chaque personne, qu'elle soit physique ou morale, le droit au respect de ses biens et stipule que nul ne peut être privé de sa propriété que pour cause d'utilité publique et dans les conditions prévues par la loi et les principes généraux du droit international. Ainsi dans l'affaire *Dexia*, les victimes ont considéré que la compensation octroyée conformément à la transaction conclue entre l'entité représentative et le prétendu responsable était inférieure aux droits que les investisseurs devaient recevoir dans le cadre d'une procédure individuelle, les privant ainsi de leur droit de jouir de leurs biens. Cette argumentation a été rejetée par la cour d'appel d'Amsterdam qui a considéré que la transaction intervenue dans l'affaire *Dexia* était dans l'intérêt public, puisqu'elle empêchait la multiplication des procédures multiples, dont le financement était assuré par des fonds publics[2165]. Nous pensons que l'approche pragmatique de la cour d'appel d'Amsterdam du contentieux de masse mérite d'être saluée. Les motifs tirés à la fois de la bonne administration de la justice et de la régulation globale du contentieux de masse européen justifient ainsi que certains droits individuels soient restreints.

B- La violation des droits du défendeur défaillant

770. L'application de l'article 45§2 dans certaines hypothèses d'actions de groupe de type *opt out*. L'article 45§2 du Règlement de Bruxelles prévoit que toute personne intéressée peut demander que la reconnaissance d'une décision soit refusée dans « *le cas où la décision a été rendue par défaut, si l'acte introductif d'instance ou un acte équivalent n'a pas été notifié ou signifié au défendeur en temps utile de telle manière qu'il ne puisse se défendre, à moins qu'il n'ait pas exercé de recours à l'encontre de la décision alors qu'il était en mesure de le faire* ». Dans de telles circonstances, il est possible de recourir à cet article afin de demander que la reconnaissance d'une décision soit refusée, sans qu'il soit nécessaire de recourir à l'article 45§1.

2163 À titre d'exemple, dans l'affaire *Royal Dutch Shell*, la notification de l'action de groupe néerlandaise a été diffusée dans 44 journaux à travers le monde.

2164 Article du protocole additionnel, Paris, 20.III.1952, consultable sur : http://www.echr.coe.int/Documents/Convention_FRA.pdf., p. 32

2165 *Dexia* Settlement, Court of Appeal Amsterdam, 25 January 2007, NJ (2007), n°5.11.

L'article 45§2 ne semble, *a priori*, pas s'appliquer à l'hypothèse spécifique des décisions rendues à l'issue des procédures de groupe de type *opt out* dans la mesure où il ne concerne que la protection du défendeur. Toutefois, nous pensons qu'il pourrait être invoqué dans l'hypothèse spécifique de l'action collective néerlandaise, puisque, comme nous l'avons déjà relevé, la cour d'appel d'Amsterdam avait qualifié de « défendeurs » les bénéficiaires de la transaction conclue entre les entités représentatives et l'auteur du dommage. Si une telle qualification était retenue par la CJUE, les personnes intéressées et incluses dans la transaction pourraient se baser sur l'article 45§2 pour empêcher la reconnaissance du jugement ou de la transaction en se considérant comme défendeurs défaillants.

Dans le cadre de l'action de groupe néerlandaise, il est possible de formuler les remarques suivantes : Tout d'abord, la notification réalisée dans le cadre de la première phase de l'action collective qui vise à informer les victimes (les défendeurs) du contenu de l'accord avant son homologation, afin de comparaître à la première audience, correspond bien aux exigences de la CJUE, selon lesquelles « *l'acte introductif d'instance ou l'acte équivalent, désigne le ou les actes, dont la signification ou la notification au défendeur, effectuée régulièrement et en temps utile, met celui-ci en mesure de faire valoir ses droits avant qu'un jugement exécutoire n'ait été rendu dans l'État d'origine* »[2166]. Notons à cet égard, que la cour d'appel d'Amsterdam adopte une position relativement pragmatique à propos des modalités de la notification individuelle. Dans certaines affaires, la notification de l'accord est réalisée par courrier ordinaire pour les personnes identifiées dans la requête, contrairement à ce qui est préconisé par l'article 14 du Règlement européen relatif à la signification et à la notification des actes judiciaires et extrajudiciaires en matière civile ou commerciale[2167]. Celui-ci exige en effet que la signification par un État membre des actes judiciaires aux personnes résidant dans un autre État membre via les services postaux soit effectuée par lettre recommandée avec accusé de réception[2168]. À l'inverse, dans d'autres affaires, la cour d'appel d'Amsterdam a exigé que la notification et la signification des actes soient conformes aux dispositions du Règlement européen[2169]. À cet égard, nous pensons que la notification de l'action collective, en dehors de l'hypothèse où l'action de groupe poursuit exclusivement une fonction de régulation, doit être conforme aux exigences de l'article 14 du Règlement afin d'empêcher les membres de la classe de se prévaloir de l'argument tiré de la défaillance du défendeur pour justifier l'engagement de nouveaux procès.

A propos des membres identifiés pour lesquels la notification n'est pas parvenue, nous pensons que l'acte doit être considéré comme étant régulièrement notifié, à condition que le tribunal certifiant ait déployé tous les efforts nécessaires afin que la notification soit adéquate. Dans ce contexte, il est important que la cour d'appel d'Amsterdam exige

---

[2166] CJUE 14 décembre 2006, *ASML Netherlands BV c. Semiconductor Industry Services GmbH*, aff. C-283/05 Rec.,I-12041, spéc. n°49.

[2167] Règlement (CE) n°1393/2007 du Parlement européen et du Conseil du 13 novembre 2007 relatif à la signification et à la notification dans les États membres des actes judiciaires et extrajudiciaires en matière civile ou commerciale (« signification ou notification des actes ») et abrogeant le règlement (CE) n°1348/2000 du Conseil, J.O.U.E., 10 décembre 2007, 1324, p.79.

[2168] *Dexia* Settlement, Amsterdam Court of Appeal Amsterdam, 25 January 2007, NJ (2007).

[2169] *Shell*, Amsterdam court of Appeal, 29 May 2009, spéc. n°5.7.

que toutes les parties dont le domicile est connu soient notifiées de l'accord et non pas uniquement un certain pourcentage d'entre eux. C'est uniquement en respectant ces conditions que la notification de l'accord pourra être considérée comme valable, quand bien même une telle notification n'aurait pas réussi à être transmise à l'ensemble de la classe. En effet, selon nous, il ne faut pas compromettre à l'excès la protection des intérêts du demandeur qui a fait confiance aux modes de notification et ce dernier ne doit pas être privé du bénéfice du mécanisme simplifié de la reconnaissance et de l'exécution. Cette affirmation est d'ailleurs accentuée par la position de la CJUE. Cette dernière avait en effet considéré dans l'arrêt *Klomps* du 16 juin 1981[2170]que l'article 27-2 de la Convention de Bruxelles n'exige pas la preuve que le défendeur a effectivement eu connaissance de l'acte introductif d'instance.

En ce qui concerne la notification collective de l'action pour les membres innommés, nous pensons que l'exigence de l'efficacité et du pragmatisme justifie de remplacer la notification individuelle par une notification collective. De plus, au regard des développements des nouveaux moyens de communication, une notification collective nous paraît même plus adéquate et plus efficace qu'une notification par voie individuelle. L'exigence de la cour d'appel d'Amsterdam selon laquelle l'accord doit être porté à la connaissance du plus grand nombre de personnes afin que la notification soit considérée comme appropriée est donc suffisante pour considérer la notification adéquate. Dans tous les cas, il ne faut pas oublier que les défendeurs à l'action de groupe néerlandaise, même s'ils n'ont pas comparu devant le juge pour formuler leur remarque quant au contenu de la transaction, sont représentés sous le contrôle strict de la cour d'appel d'Amsterdam, leurs intérêts étant ainsi protégés.

Dans un second temps, la décision d'homologation de l'accord conclu entre le prétendu responsable et l'association, est notifiée par courrier ordinaire pour les membres identifiés et par annonce publique pour les membres non identifiés. C'est suite à cette deuxième notification que s'écoule le délai dont disposent les membres du groupe afin de s'exclure de la procédure. À notre sens, il est nécessaire que la deuxième notification soit réalisée selon les conditions que nous avions préconisées pour la première phase de la notification.

Pour conclure, le motif tiré de la défaillance du défendeur ne sera pas facilement accueilli pour refouler la reconnaissance et l'exécution d'une action de groupe si la notification de l'action de groupe s'opère selon les modalités que nous avons préconisées. En outre, face à l'absence de violation des droits de la défense, le jugement issu d'une action de groupe sera qualifié de « décision ». Même dans l'hypothèse où la notification ne parviendrait pas à l'ensemble des victimes, nous pensons que la nature collective du contentieux, et le fait que l'action de groupe poursuive un but légitime (l'indemnisation d'un large groupe de victimes et la clôture litige) justifie que chaque personne ne soit pas nécessairement notifiée et entendue individuellement.

771. ***Transition.*** L'existence d'un instrument régional régulant la question de la reconnaissance et de l'exécution des décisions étrangères est de nature à faciliter la circulation d'une action de groupe internationale. Le contrôle auquel sera soumise une telle action de groupe sera également plus faible que celui pratiqué en l'absence d'un tel

[2170] CJUE 16 juin 1981, *Peter Klomps c/ Karl Michel*, aff. 166/80, Rec. p.1593.

instrument. Enfin, à l'échelle internationale, il existe un certain nombre d'instruments qui régulent la question de circulation d'une action de groupe internationale. Il convient désormais de les examiner.

Section II : la circulation d'une action de groupe à l'aune des instruments internationaux

772. La globalisation du contentieux international des actions de groupe a été à l'origine du développement de plusieurs projets traitant de la réception des jugements issus d'une action de groupe internationale (**§2**). Mais, avant de les examiner, étudions les instruments internationaux disponibles en matière de reconnaissance et d'exécution des jugements étrangers. Ceux-ci ne traitent pas de l'hypothèse spécifique des jugements collectifs, mais peuvent toutefois présenter une certaine utilité lors de notre étude de la question de circulation d'une action de groupe internationale (**§1**).

§1- Les instruments internationaux ne traitant pas de l'hypothèse des jugements collectifs

773. Plusieurs instruments internationaux régissent la question de la circulation des décisions étrangères et peuvent ainsi être applicables aux décisions rendues à l'issue d'une action de groupe internationale. Il sera intéressant de distinguer selon que l'action de groupe a été certifiée par un juge étatique **(I)** ou par un arbitre (**II**).

I. Les instruments internationaux s'appliquant aux jugements rendus par un tribunal étatique

774. La Convention de 1971 sur la reconnaissance et l'exécution des jugements étrangers en matière civile et commerciale. La conférence de La Haye de droit international privé a depuis longtemps entamé des réflexions et a élaboré des textes en matière de reconnaissance et d'exécution des jugements étrangers. Par exemple, la Convention de 1971 sur la reconnaissance et l'exécution des jugements étrangers en matière civile et commerciale a mis en œuvre des mesures inspirées par les conventions de Bruxelles et de Lugano[2171].

Selon le rapport explicatif, la reconnaissance des décisions étrangères « *présuppose que l'on fasse confiance non seulement à la loi (…) que le juge étranger a appliquée, mais aussi à la capacité et à l'intégrité des juges qui ont prononcé les jugements et même aux conditions de fait dans lesquelles les*

2171 La convention est consultable sur : https://www.hcch.net/fr/instruments/conventions/full-text/?cid=78. Cette convention est entrée en vigueur en 1979. Elle est aujourd'hui applicable dans 5 pays (L'Albani, la Chypre, les Pays-Bas, le Portugal et le Koweït).

procès se déroulent dans le pays d'origine du jugement »[2172] . Une telle constatation peut s'avérer importante dans le cadre d'un contentieux de groupe puisque le refus de reconnaissance intervient souvent parce que les modalités de déroulement du procès devant le for d'origine sont différentes des modalités en vigueur devant le for requis. C'est notamment le cas lorsque l'action de groupe certifiée est de type *opt out.* C'est pourquoi la confiance accordée au juge d'origine dans le cadre de cette convention serait de nature à faciliter la circulation des décisions étrangères rendues à l'issue d'une action de groupe, notamment de type *opt out.*

Force est de constater cependant que cette Convention a été considérée comme un échec. Cet échec s'explique notamment par sa structure complexe et son article 21 qui conditionne la reconnaissance et l'exécution des décisions à ce que les deux Etats, après être devenus parties à la Convention, en sont ainsi convenus par accord complémentaire. Par ailleurs, le rapport de synthèse des travaux de la Commission spéciale de juin 1997 semble indiquer que cette Convention n'est pas applicable à l'hypothèse des actions de groupe[2173] .

775. **La Convention de La Haye de 2005 sur les clauses d'élection de for.** L'entrée en vigueur de la Convention de La Haye de 2005 sur les clauses d'élection de for est, d'une part, de nature à promouvoir l'essor de la volonté dans la régulation du contentieux de masse international à travers le développement des clauses de choix de for qui bénéficient d'un régime libre de circulation.[2174] En outre, les dispositions de cette convention concernant la reconnaissance et l'exécution des décisions, s'appliquent également aux transactions homologuées par le tribunal d'un État contractant désigné par le biais d'un accord exclusif d'élection de for. Ceci en fait un instrument relativement important. Or, comme nous l'avons déjà vu, les actions de groupe transactionnelles constituent aujourd'hui une hypothèse plutôt fréquente en matière de contentieux de

---

[2172] CH. FRAGITAS, *Rapport explicatif sur la Convention de 1971, Actes et documents de la Session extraordinaire*, 1996, p.360.

[2173] Ce rapport est consultable sur : https://assets.hcch.net/docs/934d6b0c-58e9-467a-9f1d-66cf96808824.pdf, spéc. p.44 : « *La Commission spéciale a estimé qu'elle n'était pas suffisamment informée sur les actions de groupe et a donc réservé sa position en attendant qu'une étude de droit comparé soit effectuée* ».

[2174] Sur cette convention, voir (sans être exhaustive) : R. BRAND, « The New Hague Convention on Choice of Court Agreements », consultable sur: http://www.asil.org/insights/2005/07/insights050726.html; R. BRAND,« Introductory Note to the 2005 Hague Convention on Choice of Court Agreements », 44 I. L. M.1291 (2005); I. PRIBETIC, « The Hague Convention on Choice of Court Agreements », The Globetrotter , Volume 10, No. 1,p,1; P. VLAS, *The Hague Convention on Choice of Court Agreements in Dutch Perspective*, Kluwer, Deventer 2006, p.15; J.YACKEE, « Fifty Years Late to the Party? A New International Convention for Non-Arbitral Forum Selection Agreements», 23 Int'l Litigation Q. 1 (2006); A. SCHULZ, «The Hague Convention of 30 June 2005 on Choice of Court Agreements »,7 Yearbook of Private International Law,1(2005); L. E.TEITZ, « The Hague Choice of Court Convention : Validating Party Autonomy and Providing an Alternative to Arbitration», 3 Am. U. Int'l L.543(2005); A. BUCHER, « La Convention de La Haye sur les accords d'élection de for », 16 Revue suisse de droit international et européen, p.29 (2006); A. SCHULZ, « The 2005 Hague Convention on Choice of Court Clauses », ILSA J. Int'l & Com. L; T. C. HARTLEY, « The Hague Choice-of-Court-Convention », 31 Euro. L. Rev. 3. 414 (2006); A. SCHULZ, « The Hague Convention of 30 June 2005 on Choice of Court Agreements», 2 J Priv Int'l L.243 (2006); R. BRAND, « Arbitration or Litigation? Choice of Forum After the 2005 Hague Convention on Choice of Court Agreements », consultable sur: http://ssrn.com/abstract=1397646.

masse international, ce qui implique que les transactions homologuées à l'issue de ces actions de groupe bénéficient du régime simplifié de reconnaissance et d'exécution.

Néanmoins, certaines des dispositions de la Convention peuvent limiter son efficacité. En effet, la reconnaissance et l'exécution d'un jugement peuvent être refusées si le jugement accorde des dommages et intérêts exemplaires ou punitifs qui ne compensent pas la perte ou le préjudice réel subi par une partie. Cela aura pour effet de limiter la circulation des actions de groupe qui octroient ce type d'indemnisation. De plus, la Convention ne semble pas intégrer la notion de tribunal neutre, puisqu'elle autorise les États à refuser une clause d'élection de for convenue par les parties alors qu'aucun lien objectif n'existe entre le litige et le tribunal élu.[2175]

776. La Convention de la Haye sur la reconnaissance et l'exécution des jugements étrangers en matière civile ou commerciale. Il convient finalement de mentionner que le 2 juillet 2019, les délégués de la 22e Session Diplomatique de la Conférence de la Haye de droit international privé ont signé l'Acte final de la Convention sur la reconnaissance et l'exécution des jugements étrangers en matière civile ou commerciale[2176]. Cette Convention qui vise principalement à faciliter le commerce et les investissements en instituant *un « régime juridique international offrant une plus grande prévisibilité et sécurité en matière de circulation des jugements étrangers à l'échelle mondiale »*[2177], participera à la régulation du contentieux international des actions de groupe, en facilitant la circulation dans l'ordre international d'une action de groupe internationale.

La Convention, qui s'applique à la reconnaissance et à l'exécution des jugements étrangers rendus en matière civile ou commerciale, n'exclut pas de son champ d'application, les décisions rendues à l'occasion d'une action de groupe internationale. En plus, en précisant que les transactions judiciaires exécutoires dans l'État d'origine sont exécutées aux mêmes conditions qu'un jugement[2178], cette Convention s'appliquera vraisemblablement à la question relative à la circulation des actions de groupe transactionnelles.

L'article 4 de la Convention pose le principe de la reconnaissance mutuelle des jugements entre les États et la reconnaissance ou l'exécution d'un jugement susceptible d'être reconnu conformément à la Convention ne peut être refusée que pour les motifs limitativement énumérés aux articles 7, 8 et 10. Ces motifs qui autorisent mais n'obligent pas l'État requis à refuser la reconnaissance et l'exécution d'un jugement sont liés en premier lieu aux règles de procédures suivies dans l'État d'origine et au contenu du jugement lui-même. Ainsi, l'État requis pourra refuser de reconnaître ou d'exécuter un jugement étranger si l'acte introductif d'instance n'a pas été notifié au défendeur en temps utile, si le jugement résulte d'une fraude, si la reconnaissance, ou si l'exécution de celui-ci est « manifestement » incompatible avec l'ordre public de l'État requis ou si le jugement accorde des dommages et intérêts punitifs.

[2175] Voir article 19 de la Convention.

[2176] Le texte de la convention est accessible sur : https://www.hcch.net/fr/instruments/conventions/full-text/?cid=137.

[2177] Préambule de la Convention.

[2178] Art. 11 de la Convention.

La condition posée par la Convention quant à l'existence d'une violation manifeste de l'ordre public de l'Etat requis pour refuser la reconnaissance et l'exécution d'un jugement étranger, nous pousse à croire qu'il ne suffit pas que l'Etat requis ne connaisse pas une action de groupe de type *opt out* pour refuser la reconnaissance et l'exécution d'un jugement rendu l'occasion d'une action de groupe type *opt out*.

En outre la reconnaissance ou l'exécution peut être refusée ou différée si une procédure est pendante entre les mêmes parties devant un tribunal de l'État requis dès lors (i) que ce dernier a été saisi avant le tribunal de l'État d'origine et (ii) qu'il existe un lien étroit entre le litige et l'État requis[2179].

L'Uruguay a été le premier État à signer la Convention, lors de la cérémonie d'adoption du 2 juillet 2019.

La Convention n'entrera toutefois en vigueur que douze mois après le dépôt d'un deuxième instrument de ratification, d'acceptation, d'approbation ou d'adhésion, par un deuxième État (art. 28).

777. ***Transition.*** L'existence d'instruments internationaux en matière de reconnaissance et d'exécution des décisions étrangères qui se basent sur une confiance mutuelle entre les juges permet de faciliter la circulation des actions de groupe internationales. Le développement de l'arbitrage collectif[2180] nous amène, maintenant, à examiner les instruments internationaux s'appliquant à la reconnaissance et à l'exécution des sentences arbitrales collectives.

II. Les instruments internationaux s'appliquant aux sentences arbitrales collectives : la Convention de New York de 1958

778. L'existence d'un instrument international instaurant une présomption de reconnaissance et d'exécution des sentences arbitrales est de nature à faciliter la circulation des sentences arbitrales collectives dans la mesure où ces dernières doivent également bénéficier d'une telle présomption **(A)**. Il conviendra ainsi d'examiner le contrôle auquel seront soumises les sentences arbitrales rendues à l'issue d'un arbitrage collectif **(B)**.

A- Les sentences arbitrales collectives bénéficient de la présomption en faveur de la reconnaissance et de l'exécution des sentences instaurées par la convention de New York

779. **La Convention de New York de 1958 est le traité de droit international privé qui connaît le plus grand succès.** Nous avons étudié, dans notre première partie, le rôle important que peut jouer l'autonomie de la volonté dans la régulation du contentieux international des actions de groupe. Nous avons ainsi constaté, lorsque l'on a exploré la question de la concentration du contentieux de masse à travers le recours aux clauses de choix de juridiction étatiques ou arbitrales, que l'arbitrage constitue un

---

2179 Art. 7.2 de la Convention.

2180 Sur le développement de l'arbitrage collectif, voir le second titre de notre première partie.

modèle supérieur de régulation du contentieux de masse en raison de ses caractéristiques, qui, se trouvent d'ailleurs être encore plus avantageuses dans le cadre d'un contentieux de masse international. Or, la supériorité de l'arbitrage tient aussi de l'existence d'un instrument international qui règle la question de la reconnaissance et de l'exécution d'une sentence arbitrable. À cet égard, la Convention de New York de 1958, ratifiée par 157 États[2181], et considérée comme le traité de droit international privé qui connaît le plus grand succès, s'applique aux sentences rendues dans un autre État que l'Etat requis ainsi qu'aux sentences arbitrales rendues sur son territoire lorsqu'elles n'y sont pas considérées comme nationales.

780. L'application de la présomption de reconnaissance et d'exécution aux sentences arbitrales collectives. Le refus de reconnaissance ou d'exécution d'une sentence arbitrale ne peut être admis que dans les situations prévues par la Convention. Ces dernières doivent faire l'objet d'une interprétation stricte. Ainsi, la Convention a mis en place un régime favorable à la reconnaissance et à l'exécution des sentences arbitrales en instaurant, par le biais de l'article III[2182], une présomption en faveur de la reconnaissance et de l'exécution des sentences arbitrales[2183]. En effet, elle met à la charge du défendeur l'énonciation et la charge de preuve quant à l'existence des motifs de non-reconnaissance[2184]. En d'autres termes, il n'appartient pas à la partie qui invoque la sentence ou qui en demande l'exécution, d'établir que la sentence satisfait aux conditions requises pour sa reconnaissance et son exécution[2185].

La jurisprudence comparée montre bien que les tribunaux devant lesquels une sentence arbitrale a été contestée, n'ont pas hésité à imposer une charge de preuve lourde sur la partie, dès lors qu'elle souhaite attaquer une sentence arbitrale. Ainsi, la présomption en faveur de la reconnaissance et de l'exécution tel qu'instauré par la Convention de New York est appliquée d'une manière rigide[2186].

À notre sens, la présomption de reconnaissance et d'exécution des sentences arbitrales instaurée par la Convention de New York doit également s'appliquer aux sentences arbitrales rendues à l'issue d'un arbitrage collectif. En d'autres termes, l'hostilité de

---

2181 Sur cette convention, voir d'une manière générale : M. R. P. PAULSSON, *The 1958 New York Convention, in Action*, Marike R. P. Paulsson (eds), Kluwer 2016 ; N.CHRISTINE PORT, D.OTTO, P.NACIMIENTO, et H.KRONKE, *Recognition and Enforcement of Foreign Arbitral Awards: A Global Commentary on the New York Convention*, Kluwer 2010.

2182Ainsi, conformément à l'article III de la Convention: « *Chacun des États contractants reconnaîtra l'autorité d'une sentence arbitrale et accordera l'exécution de cette sentence conformément aux règles de procédure suivies dans le territoire où la sentence est invoquée, aux conditions établies dans les articles suivants. Il ne sera pas imposé, pour la reconnaissance ou l'exécution des sentences arbitrales auxquelles s'applique la présente Convention, de conditions sensiblement plus rigoureuses, ni de frais de justice sensiblement plus élevés, que ceux qui sont imposés pour la reconnaissance ou l'exécution des sentences arbitrales nationales* ».

2183 M. Paulsson, « The 1958 New York Convention in Action », *op.cit.*, spéc.p.170: « *The Burden on respondent is heavy because Article III creates a presumption of validity of the award. Courts must resist attempts by respondents to shift that burden to the applicant* ».

2184 Il s'agit des motifs de non-reconnaissance ou d'exécution, prévus à l'article V alinéa 1 de la Convention. Quant aux motifs de non-reconnaissance ou d'exécution prévus à l'alinéa 2 de l'article V, ces derniers pourront être soulevés non seulement par le défendeur mais aussi d'office par l'autorité compétente.

2185 Un tel système est consacré à titre d'exemple par la Convention de Genève de 1927.

2186 Voir à titre d'exemple les arrêts cités par M. PAULSSON, « The 1958 New York Convention in Action », *op.cit*, spéc.p.171 et suiv.

certains systèmes juridiques aux actions de groupe (notamment celles qui se basent sur un mécanisme d'*opt out*) ne doit pas avoir pour conséquence de renverser la présomption de reconnaissance et d'exécution telle qu'instaurée par la Convention de New York. Cela aurait pour effet de créer une certaine hiérarchie, entre les sentences arbitrales en fonction de la nature bilatérale ou collective de l'arbitrage[2187]. Un tel résultat serait contraire à l'esprit de la Convention de New York puisque cette dernière n'a instauré, en ce qui concerne la présomption de reconnaissance et d'exécution des sentences arbitrales, aucune distinction selon la nature bilatérale ou collective de l'arbitrage. De ce fait, les mêmes griefs de non-reconnaissance applicables à un arbitrage bilatéral classique doivent s'appliquer à un arbitrage collectif. Une sentence arbitrale collective ne doit pas, par conséquent, être refoulée simplement parce qu'elle a été rendue dans le cadre d'une procédure arbitrale reposant sur une action de groupe (de type *opt out*).

B- Les motifs de non-reconnaissance et d'exécution qui peuvent être invoqués à l'encontre des sentences arbitrales collectives

781. **Des motifs de non-reconnaissance limitativement énumérés par la Convention.** Cinq motifs de non-reconnaissance ont été instaurés par la Convention de New York : l'invalidité de la convention d'arbitrage, la méconnaissance du caractère contradictoire de la procédure, le dépassement des termes de la convention d'arbitrage, l'irrégularité affectant la composition du tribunal arbitral ou la procédure arbitrale, la non-arbitrabilité du litige, et la contrariété des effets de la sentence à l'ordre public de l'État d'accueil.[2188]

Ce sont principalement les sentences arbitrales rendues à l'issue d'un arbitrage collectif de type *opt out*, qui peuvent être attaquées sous l'un ou plusieurs des griefs de non-reconnaissance ainsi mentionnés. Nous examinerons donc l'interaction entre les griefs de non-reconnaissance instaurés par la Convention de New York et les sentences arbitrales collectives rendues à l'issue d'une action de groupe de type *opt out*, tout en gardant à l'esprit que la convention de New York a instauré une politique favorable à la reconnaissance et l'exécution des sentences arbitrales («*pro-enforcement bias* ») et que les griefs susmentionnés doivent faire l'objet d'une interprétation stricte[2189].

Ce sont principalement les griefs tirés de la méconnaissance du caractère contradictoire de la procédure (**1**), l'irrégularité affectant la composition du tribunal arbitral ou la procédure arbitrale (**2**), et la contrariété de la sentence arbitrale à l'ordre public international de l'État d'accueil (**3**) qui peuvent être invoqués à l'encontre d'une sentence arbitrale issue d'un arbitrage collectif. Ils seront, dès lors, examinés successivement.

2187 S. I. Strong, « Enforcing Class-Arbitration in the International Sphere: Due Process and Public Policy Concerns, *op.cit.*, spéc. p. 75; P. BILLIET et L. LOZANO, « General Reflections on the Recognition and Enforcement of Foreign Class Arbitral Awards in Europe, in Class Arbitration in the European Union, *op.cit.*, p. 21, spéc.p. 24.

2188 Voir article V de la Convention.

2189 M. PAULSSON, «The 1958 New York Convention in Action», *op.cit.*, spéc. p. 165.

1- *La méconnaissance du caractère contradictoire de la procédure*

782. Un motif qui peut être invoqué par les membres absents de la classe. Conformément à l'article V (1) (b) de la Convention de New York, la reconnaissance et l'exécution d'une sentence arbitrale peuvent être refusées si « *la partie contre laquelle la sentence est invoquée n'a pas été dûment informée de la désignation de l'arbitre ou de la procédure d'arbitrage, ou qu'il lui a été impossible pour, une autre raison, de faire valoir ses moyens* ».

En ce qui concerne l'ignorance par une partie de la désignation de l'arbitre, ou de la procédure d'arbitrage, ce sont principalement les membres absents à la procédure arbitrale collective qui peuvent essayer de résister à la reconnaissance de la sentence arbitrale qui ne leur a pas donné gain de cause, afin de justifier l'engagement de nouvelles actions en justice contre le défendeur. Par conséquent, il est d'une grande importance pour le tribunal arbitral de choisir les modalités de notification les plus appropriées afin d'informer le plus grand nombre de victimes de l'existence de la procédure arbitrale collective, et d'assurer ainsi la circulation de la sentence arbitrale rendue. Il est à noter que l'arbitre international est mieux placé que le juge étatique pour traiter la forme que doit revêtir la notification de l'action aux membres de la classe. Par son expérience et sa connaissance de plusieurs systèmes juridiques, il pourra choisir de notifier l'action aux membres de la classe selon les critères et standards acceptés par le système juridique du lieu de leur résidence, ce qui permettra d'assurer une meilleure circulation de la sentence arbitrale collective.

En ce qui concerne le motif tiré de l'impossibilité pour une partie de faire valoir ses moyens, nous pensons qu'un tel motif de non-reconnaissance ne sera pas facilement accueilli. Tout d'abord, une étude empirique des décisions rendues par les tribunaux d'Etat d'accueil, montre bien que la notion du procès équitable tel que contenu dans l'article (V)(1) (b) a fait l'objet d'une interprétation stricte. Le grief tiré de la violation du droit à un procès équitable a donc été principalement retenu dans les hypothèses où une des parties n'était pas en mesure de faire valoir ses moyens devant le tribunal arbitral[2190] . Force est de constater également que la jurisprudence avait considéré que l'article V(1)(b) a instauré un standard minimum relatif au droit à un procès équitable et que par conséquent, la non-reconnaissance ne pourra être invoquée avec succès que dans les hypothèses où la sentence arbitrale a été rendue dans le cadre d'une procédure dont le modèle présente une incompatibilité flagrante avec les principes fondamentaux de procédure telles qu'adoptées par l'Etat requis[2191] .

En second lieu, nous pensons qu'il est très probable que dans les États d'accueil où la procédure d'*opt out* a été consacrée, qu'un tel motif soit rejeté par le juge. En effet, si ce même juge n'a pas hésité à reconnaître des jugements rendus à l'issue d'une action de groupe de type *opt out*, il en sera assurément de même lorsque la décision rendue à l'issue d'une action de groupe de type *opt out* provient d'une procédure arbitrale où, comme déjà

[2190] A. JANA, A. AMER et J.KLEIN KRANENBERG, « Article V(1)(b) », in *Recognition and Enforcement of Foreign Arbitral Awards: A Global Commentary on the New York Convention*, Kluwer 2010, p. 231, spéc. p. 232.

[2191] Il en est ainsi de la jurisprudence américaine et de la jurisprudence allemande au sujet desquelles, voir : A. JANA, A. AMER et J. KLEIN KRANENBERG, « Article V(1)(b) », in *Recognition and Enforcement of Foreign Arbitral Awards: A Global Commentary on the New York Convention*, *op.cit.*, spéc.p. 238-239.

mentionné, les motifs de non-reconnaissance doivent faire l'objet d'une interprétation stricte. Par ailleurs, même dans l'hypothèse où le refus de reconnaissance d'une sentence arbitrale collective est invoqué devant un juge issu d'un système juridique qui méconnaît les actions de groupe de type *opt out*, nous pensons qu'un tel motif ne sera pas non plus facilement accueilli. A l'heure actuelle, les deux institutions américaines ayant consacré l'arbitrage collectif de type *opt out* ont repris les règles de procédure civile américaines relatives aux actions de groupe, avec tout ce que ces règles contiennent de dispositions ayant pour objet de protéger les droits des membres absents de la classe. À titre d'exemple, et conformément aux dispositions de l'*AAA*, les membres absents de la classe peuvent toujours présenter leurs moyens de défense et leurs arguments au moment des plaidoiries[2192]. En outre, puisque les membres absents de la classe partagent les mêmes questions de fait et de droit avec les autres membres de la classe, notamment ceux qui les représentent dans la procédure et qui sont sélectionnés selon des critères bien déterminés, il en résulte que même si les membres absents de la classe n'ont pas été en mesure d'avancer leurs propres moyens de défense, ces moyens seront avancés par leur représentant.

Dans ce contexte, il convient de mentionner que selon le droit français, l'intensité du contrôle effectué par le juge sur une sentence arbitrale doit être appréciée d'une manière restrictive, et qu'il appartient à celui qui l'invoque d'établir la réalité des griefs invoqués[2193]. À la lumière de ce qui a été susmentionné, nous pensons qu'il serait difficile pour les membres absents d'invoquer le moyen tiré de la violation du principe du contradictoire, lorsque la protection des droits de ces derniers a été respectée. En tout état de cause, nous rappelons que même la Cour européenne des droits de l'homme a admis, dans le cadre des procédures collectives, qu'il n'est pas toujours obligatoire que chaque personne soit entendue individuellement. Ainsi, rien n'interdit d'appliquer ce postulat par analogie dans le cadre d'une procédure arbitrale collective. Cela est d'autant plus vrai que la jurisprudence comparée nous enseigne que les circonstances propres à chaque affaire sont importantes afin de déterminer si les parties ont été dûment informées de la désignation de la procédure arbitrale et si elles étaient en mesure de faire valoir leurs moyens[2194]

2- *L'irrégularité affectant la composition du tribunal arbitral ou la procédure arbitrale*

783. Un motif de non-reconnaissance qui peut être soulevé par le défendeur à un arbitrage collectif. Conformément à l'article V(d) de la Convention de New York, la reconnaissance et l'exécution d'une sentence arbitrale peuvent être refusées si : « *(..)la constitution du tribunal arbitral ou la procédure d'arbitrage n'a pas été conforme à la convention des parties, ou, à défaut de convention, elle n'a pas été conforme à la loi du pays où l'arbitrage a eu lieu* ». Ce motif de non-reconnaissance vise en premier lieu à sanctionner le dépassement par les

2192 *AAA supplementary Rules for Class arbitrations*, *op. cit.*, spéc. §5, « Class Determination Award ».
2193 Cass. 1re Ch. civ., 5 nov.2014, n°13-11.745, *Cah. arb. 2015. 57*, obs. J.Barbet.
2194 M. PAULSSON, «The 1958 New York Convention in Action», *op.cit.* spéc. p. 184.

arbitres des termes de la convention d'arbitrage[2195]. Un tel motif peut être principalement invoqué par le défendeur dans l'hypothèse où l'arbitre décide de certifier un arbitrage collectif en présence d'une convention d'arbitrage silencieuse sur la nature bilatérale ou collective de l'arbitrage. Nous sommes d'avis qu'un tel motif de non-reconnaissance ne sera pas facilement accueilli par les tribunaux.

En effet, si le tribunal requis analyse le recours à l'arbitrage collectif en tant qu'une question de pure procédure, il nous paraît difficile, - à la lumière des justifications déjà avancées quant au pouvoir de l'arbitre de déterminer la procédure applicable en cas de silence des parties sur certains aspects de la procédure[2196] - que ce grief puisse être reçu avec succès par le tribunal requis.

Par ailleurs, si l'on considère que le recours à l'arbitrage collectif sera analysé par le tribunal requis sous le chapeau du consentement des parties à l'arbitrage collectif, il nous semble difficile pour le défendeur de pouvoir triompher sur ce point. En effet, face à l'existence d'une clause autorisant les parties de recourir à l'arbitrage collectif, la certification de l'arbitre d'une action de groupe ne serait qu'une mise en œuvre de la volonté des parties. Dans l'hypothèse d'une clause silencieuse ou ambiguë quant à la nature bilatérale ou collective de l'arbitrage, nous avons déjà démontré que le recours à la notion du consentement implicite lors de l'interprétation de la convention d'arbitrage en vue de décider la nature collective ou bilatérale de l'arbitrage n'a rien de choquant, d'autant plus que le recours à une telle notion est aujourd'hui largement admis dans la pratique arbitrale internationale dans le contexte d'autres formes d'arbitrage multipartites. Or nous avons expliqué que le recours à la notion du consentement implicite en vue d'interpréter le consentement des parties à l'arbitrage collectif est beaucoup plus légitime dans le cadre d'un arbitrage collectif qu'il ne l'est dans les autres hypothèses d'arbitrages multipartites[2197].

Enfin, la décision de l'arbitre tenant à certifier une action de groupe en se basant sur la loi applicable au fond du litige qui prévoit une action de groupe, ou lorsque l'action de groupe se veut applicable en tant que loi de police, ne pourra en aucun cas être analysée comme un dépassement par l'arbitre de la convention d'arbitrage[2198].

784. Un motif de non-reconnaissance qui peut aussi être invoqué par les demandeurs. Ce motif de non-reconnaissance peut également être invoqué par les demandeurs puisqu'il englobe le principe selon lequel les parties doivent être en mesure de choisir leur arbitre dans le cadre d'une procédure arbitrale. Or, une procédure arbitrale collective peut être considérée comme mettant en cause le principe de l'égalité des parties à propos du choix des arbitres. Ceci pourra alors affecter la régularité de la composition du tribunal arbitral. À notre sens, il convient ici de distinguer entre plusieurs cas de figure.

Lorsque l'action de groupe est une action en représentation engagée par une entité représentative, aucun problème ne se pose. En effet, dans cette hypothèse, l'entité

2195 P. FOUCHARD, E. GAILLARD, B. GOLDMAN, *Traité de l'arbitrage commercial international*, *op.cit.*, spéc. n°1700, p. 1003.
2196 Voir *supra* n°443.
2197 Voir *supra* n°487.
2198 Voir *supra n*°491 et suiv,

représentative obtient un mandat de la part des victimes consistant, entre autres, à lui accorder le pouvoir de les représenter dans l'arbitrage. Dans ce contexte, c'est l'entité représentative qui choisit l'arbitre, de sorte que le principe d'égalité des parties de choisir leur arbitre est respecté.

Par ailleurs, nous avons déjà mentionné que, lorsque la procédure arbitrale collective se base sur un mécanisme d'*opt in*, le consentement exprès des parties à la procédure arbitrale collective constitue un consentement quant à la composition du tribunal arbitral. De ce fait, même si les membres qui rejoignent la procédure arbitrale collective à l'issue de la composition du tribunal arbitral ne sont pas placés sur le même pied d'égalité avec les autres membres de la classe quant au choix des arbitres, leur décision d'adhérer à la procédure arbitrale collective ultérieurement constitue une sorte de renonciation à leur droit de participer au choix des arbitres et une validation de la composition du tribunal arbitral.

Le même raisonnement s'applique lorsque la procédure arbitrale collective se base sur un mécanisme d'*opt out*, notamment dans l'hypothèse où la notification est parvenue aux membres de la classe qui étaient alors en mesure d'accepter ou de refuser de faire partie à la procédure arbitrale. Or, lorsque ces derniers ont manifesté leur volonté de ne pas s'exclure de la procédure arbitrale collective, ils peuvent être considérés comme ayant ratifié le choix des arbitres. Ce n'est que dans le cas où la notification de l'instance arbitrale n'est pas parvenue aux membres de la classe que ces derniers peuvent invoquer ce motif de non-reconnaissance pour justifier l'engagement de nouvelles actions individuelles à l'encontre du défendeur. D'où la nécessité que le tribunal arbitral déploie tous les efforts nécessaires afin que la notification de l'instance arbitrale collective parvienne au plus grand nombre des parties, ce qui aura pour effet de réduire le risque d'invoquer tout motif de reconnaissance tiré de l'irrégularité affectant la composition du tribunal arbitral.

3- La contrariété de la sentence arbitrale à l'ordre public international de l'État d'accueil

785. Un grief peu retenu par les tribunaux. Conformément à l'article V, paragraphe 2 (b) de la Convention de New York, la reconnaissance et l'exécution d'une sentence arbitrale peuvent être refusées lorsque cette dernière est contraire à l'ordre public international de l'État d'accueil. Bien que l'article V (2)(b) n'est pas explicite sur le sujet, il a été considéré que ce dernier fait référence à l'ordre public international de l'Etat d'accueil de la sentence[2199]. Ce motif de non-reconnaissance sera principalement sollicité à l'issue d'une sentence arbitrale collective qui se base sur une action de groupe de type *opt out* dont la reconnaissance est sollicitée dans un État d'accueil qui considère les actions de groupe de type *opt out* comme contraires à ses principes de droit de procédure.

[2199] P. FOUCHARD, E. GAILLARD et B. GOLDMAN, *Traité de l'arbitrage commercial international*, *op.cit.*, spéc. n°1710.

À notre sens, le seul fait qu'une sentence arbitrale collective soit rendue à l'issue d'une action de groupe de type *opt out*, ne suffit pas pour refouler une sentence arbitrale collective, particulièrement dans les pays qui ont adopté une politique favorable à l'arbitrage[2200]. En effet, nous avons démontré, dans le cadre de notre étude de la reconnaissance d'une action de groupe de type *opt out* dans un pays qui méconnaît une telle procédure, que la contrariété à l'ordre public international ne sera pas facilement accueillie. Or, un tel postulat s'applique également lorsque la reconnaissance et l'exécution sont régies par la Convention de New York. Effectivement, la doctrine considère que la méconnaissance d'une quelconque disposition impérative de l'État d'accueil ne saurait suffire à justifier le refus de reconnaissance ou d'exécution d'une sentence étrangère et que *« seule la méconnaissance par la sentence des principes considérés dans l'Etat d'accueil comme participant des convictions fondamentales, comme doués d'une valeur universelle absolue »* peut justifier le refus de reconnaissance d'une sentence arbitrale[2201]. Telle a également été la position de la jurisprudence rendue par les juridictions qui ont eu à statuer sur l'article V (2)[2202] . Ainsi, le seul fait pour un État d'accueil de ne pas connaître une action de groupe de type *opt out* ne suffit pas pour refuser la reconnaissance et l'exécution d'une sentence arbitrale collective de type *opt out.* D'ailleurs, il a été constaté que si le grief de l'article V, paragraphe 2 (b) de la Convention a été fréquemment invoqué en raison du caractère simple de la notion, ce dernier n'a été que très rarement retenu en jurisprudence pour justifier un refus de reconnaissance ou d'exécution[2203].

786. ***Transition.*** Il est clair que l'existence d'un instrument international ratifié par un nombre important d'États, instituant des motifs de non-reconnaissance limités et interprétés strictement, est de nature à faciliter la circulation des sentences arbitrales rendues à l'issue des arbitrages collectifs. L'importance que revêt la circulation dans l'ordre international des jugements rendus à l'issue des actions de groupe a été à l'origine du développement de plusieurs initiatives privées adressant spécifiquement la question de la reconnaissance des décisions issues d'une action de groupe. Il convient désormais de les examiner.

[2200] Voir ainsi dans le même sens : CH. SERAGLINI, « Les effets en France des sentences arbitrales étrangères », *op.cit.*, spéc. n°8, p.164. « (...) *Or, lorsqu'on connaît la faveur dont bénéficie l'arbitrage international auprès de la jurisprudence française, notamment en ce qui concerne la reconnaissance et l'exécution des sentences arbitrales peut-on réellement imaginer que les juges français s'opposent systématiquement à la reconnaissance en France de sentences arbitrales qui seraient rendues dans le cadre de telles actions de groupe [class actions]? On peut légitimement en douter* ».

[2201] P. FOUCHARD, E. GAILLARD et B. GOLDMAN, *Traité de l'arbitrage commercial international*, *op.cit.*, spéc. n°1711, p.1012.

[2202] A titre d'exemple, la jurisprudence française a adopté un contrôle restrictif de l'ordre public international, exigeant l'existence d'une violation «*flagrante, effective et concrète*». Voir à titre d'exemple (sans être exhaustif : Paris 18 nov.2004, *D.2005, Pan.3058*, obs. T. Clay. Cependant, il convient de mentionner que la jurisprudence française a ultérieurement fait disparaître l'exigence de la flagrance (Paris, 26 févr.2013, *Rev. arb. 2014. 82,* note P. Duprey et C. Fouchard.

[2203] P. FOUCHARD, E. GAILLARD et B. GOLDMAN, Traité de l'arbitrage commercial international, *op.cit.*, spéc. n°1713, p.1014.

§2- Les instruments visant spécifiquement la circulation d'une action de groupe internationale

787. Consciente des difficultés que soulèvent la reconnaissance et l'exécution des décisions rendues à l'issue d'une action de groupe, l'*International Law Association* (ci-après « ***ILA*** ») (I) et l'*International Bar Association* (ci-après « ***IBA*** ») (II) ont proposé des lignes directrices adressant la question de la circulation des actions de groupe internationales.

I. Les lignes directrices élaborées par l'*ILA* en matière de reconnaissance et d'exécution de jugements étrangers rendus à l'issue d'une action de groupe

788. La notification adéquate de l'action de groupe est l'élément essentiel pour assurer sa circulation à la suite. Des lignes directrices ont été élaborées sur les actions de groupe transnationales par un comité sur le contentieux privé international sous l'égide de l'*ILA*. Ces lignes directrices ont été présentées lors d'une conférence à Rio de Janeiro en août 2008. Plusieurs questions ont été abordées, l'une concernait notamment la reconnaissance et l'exécution des actions de groupe transnationales. À cet égard, il a été considéré que l'existence d'une décision rendue à l'issue d'une action de groupe de type *opt out* ne suffit pas pour exclure la reconnaissance et l'exécution de cette décision[2204]. Admettant que les actions de groupe de type *opt out* constituent le modèle d'action de groupe le plus répandu, les lignes directrices ont instauré un régime favorable à leur circulation, considérant ainsi que le tribunal requis ne devrait pas refuser automatiquement de reconnaître ou d'exécuter un jugement étranger au motif qu'il a été rendu dans le cadre d'une action de groupe de type *opt out*. Le raisonnement poursuivi par ces lignes directrices recoupe avec celui que nous avions adopté lors de notre étude de la circulation d'une *class action* en France. En effet, d'après ces lignes directrices, la notification de l'action de groupe est la clé de voûte qui permettra d'assurer sa circulation par la suite. Ainsi, une notification adéquate aux membres de la classe concernant l'engagement de l'action de groupe est de nature à rendre le jugement rendu, conforme au droit à un procès équitable tel que défini par l'article 6 de la CEDH. Dans ce contexte, le mécanisme de l'*opt out* n'est pas de nature à porter atteinte à l'ordre public des États ne disposant pas d'un tel mécanisme[2205].

2204 International Law Association, Rio De Janeiro Conference, International Civil Litigation And The Interests of The Public, consultable sur : http://www.ila-hq.org/en/committees/index.cfm/cid/1021, spéc. p. 29, n° 10.1: « *The requested court should not refuse to grant res judicata effect or enforce a foreign decision merely because the decision was rendered under an opt-out group action model* ».

2205 International Law Association, Rio De Janeiro Conference, International Civil Litigation And The Interests of The Public, *op. cit.*, spéc. n°120, p.24 : « *Procedural "due process" as defined by US constitutional jurisprudence is not a fundamentally different concept from that of "fair trial" defined by Art. 6 of the European Court of Human Rights or similar international instruments. The Committee is of the opinion that, if a given procedure has, through proper and effective notification as outlined in the Proposed Resolution (paragraph 4), afforded absent class members the opportunity to participate in the class proceedings, or to exclude themselves from them, then the due process or "fair trial" rights of those absent*

Partant de ces éléments, les lignes directrices de l'*ILA* ont conclu que si le droit à un procès équitable a été respecté, et les membres de la classe ont été représentés d'une manière adéquate dans le cadre d'une procédure de type *opt out*, le tribunal requis pourra reconnaître et exécuter la décision étrangère, et ce, après avoir vérifié que les autres conditions de reconnaissance et d'exécution des jugements étrangers ont été remplies. Le tribunal requis pourra vérifier si la décision étrangère a respecté les lignes directrices, telles que proposées par le comité.

II. Le projet de l'*IBA*

789. Plusieurs questions soulevées par la reconnaissance et l'exécution des jugements collectifs ont été abordées par l'*IBA*. En 2008, un groupe de travail au sein de l'*IBA* a publié des lignes directrices portant sur la question de la reconnaissance et de l'exécution des jugements étrangers rendus dans le cadre d'une action de groupe[2206]. Admettant l'existence d'une divergence entre l'architecture des différentes actions de groupe qui existent sur la scène internationale , les lignes directrices ont établi des conditions devant, au minimum, être satisfaites par un jugement rendu à l'issue d'une action de groupe en vue d'assurer sa reconnaissance et son exécution devant la juridiction d'un autre pays[2207]. Plusieurs questions ont été ainsi traitées.

790. Les jugements rendus à l'issue d'une action de groupe de type *opt out*. À l'instar de ce qui a été prévu par les lignes directrices de l'*ILA*, les lignes directrices de l'*IBA* admettent qu'un jugement rendu à l'issue d'une action de groupe de type *opt out* devrait être reconnu dès lors que les garanties du procès équitable, notamment au regard des membres de la classe, ont été respectées.[2208] Les lignes directrices insistent sur la question du caractère adéquat de la notification de l'action de groupe aux membres du groupe. Ainsi, lorsque les circonstances de l'affaire le permettent, la notification de l'action doit être une notification individuelle envoyée par courrier ou par des moyens similaires. Cela signifie implicitement qu'une notification collective peut également être acceptée lorsqu'il est impossible de procéder à la notification individuelle de l'action. Par ailleurs, les membres du groupe doivent avoir la possibilité de s'exclure de la procédure et doivent, ainsi, bénéficier d'un délai adéquat pour le faire. Enfin, les membres de la classe doivent détenir la possibilité d'être entendus à chaque étape de la procédure, soit en personne, soit à travers un représentant[2209].

---

class members have been complied with. In such a case, there should be no obstacle to international recognition deriving from violation of "fair trial" guarantees or from procedural ordre public (…) ».

2206 *IBA Legal Practice Division, Guidelines for Recognizing and Enforcing Foreign Judgments for Collective Redress*, consultable sur : https://www.google.com.lb/?gfe_rd=cr&ei=CXMSV-KZJsWs8wfNn4jACw&gws_rd=ssl#q=IBA+Legal+Practice+Division%2C+Guidelines+for+Recognizing+and+Enforcing+Foreign+Judgments+for+Collective+Redress%2C+.

2207 *IBA Legal Practice Division, Guidelines for Recognizing and Enforcing Foreign Judgments for Collective Redress*, spéc. p.7.

2208 *IBA Legal Practice Division, Guidelines for Recognizing and Enforcing Foreign Judgments for Collective Redress*, spéc. p.14.

2209 *IBA Legal Practice Division, Guidelines for Recognizing and Enforcing Foreign Judgments for Collective Redress*, spéc. p. 22.

791. Les jugements octroyant des dommages et intérêts punitifs. En ce qui concerne les dommages et intérêts punitifs, souvent associés à la pratique américaine de *class action*, les lignes directrices admettent qu'un tel jugement ne doit pas été rejeté dans sa totalité par le juge requis. En effet, le juge requis peut reconnaître le jugement étranger tout en limitant le montant de l'indemnisation au montant qu'il aurait lui-même fixé dans des circonstances similaires[2210]. Nous avons déjà proposé une telle solution lors de notre étude de la question de la reconnaissance et de l'exécution d'une *class action* américaine en France. Toutefois, nous pensons qu'il devrait être possible de reconnaître un jugement octroyant des dommages et intérêts punitifs, dès lors que le juge à l'origine du jugement n'est autre que celui ayant l'intérêt prépondérant à régir le litige, conformément aux chefs de compétence que nous avions proposés dans la première partie de notre thèse. En effet, il est légitime pour ce juge de réguler le litige en mettant en œuvre son propre système de régulation, et que ce système soit respecté par le juge requis.

792. Les honoraires des avocats. Les lignes directrices abordent également la question des honoraires des avocats. En effet, selon les lignes directrices, un jugement issu d'une action de groupe qui contient des dispositions sur le coût de l'action engagée devrait être reconnu, à moins que le juge requis n'estime que le montant des honoraires fixés soit manifestement déraisonnable. Dans ce cas, et afin d'assurer une circulation minimale des jugements rendus, les lignes directrices ont considéré que le jugement pourrait être reconnu dans la limite du montant qui aurait été fixé devant le juge requis dans des circonstances similaires[2211].

793. *Transition.* Il ressort clairement des lignes directrices de l'*ILA* et de l'*IBA* qu'il est nécessaire d'assurer la circulation des jugements rendus à l'issue d'une action de groupe, et ce, même lorsque l'action de groupe dont la reconnaissance est sollicitée repose sur une architecture différente de celle qui est consacrée par le juge requis. Cette circulation passe par une confiance mutuelle entre les juridictions. À notre sens, une telle confiance peut être renforcée si l'exercice de la compétence juridictionnelle s'accompagne d'un dialogue entre les différentes juridictions impliquées dans la résolution du litige de masse international, notamment pour déterminer le for ayant l'intérêt prépondérant pour trancher le litige.

2210 *IBA Legal Practice Division, Guidelines for Recognizing and Enforcing Foreign Judgments for Collective Redress*, spéc. p. 20.

2211 *IBA Legal Practice Division, Guidelines for Recognizing and Enforcing Foreign Judgments for Collective Redress,op. cit.*, spéc. p. 28.

CONCLUSION DU CHAPITRE II

794. Nous avons vu, dans le cadre de ce chapitre, que l'existence d'un instrument international qui gouverne la question de reconnaissance et d'exécution des jugements étrangers est de nature à faciliter la circulation d'une action de groupe internationale. Cet instrument permet aussi par conséquent l'instauration de la méthode de l' « unité » de l'action de groupe et contribuera, par la suite, à la régulation du contentieux de masse international. Ainsi, dans l'espace européen, l'existence du Règlement Bruxelles I *bis* est de nature à limiter les motifs de non-reconnaissance et d'exécution auxquels serait soumise une action de groupe transfrontière européenne. Cependant, nous avons constaté que certaines formes d'actions de groupe soulèvent des difficultés d'interaction avec les dispositions du Règlement relatives à la reconnaissance et à l'exécution des jugements. C'est pourquoi nous avons préconisé l'intervention du législateur européen afin de remédier à ces difficultés.

795. À l'échelle internationale, nous avons considéré que l'existence d'instruments internationaux en matière de reconnaissance et d'exécution des décisions étrangères, qui reposent sur une confiance mutuelle entre les juges, est de nature à faciliter la circulation des actions de groupe internationales. Cependant, nous avons constaté que ces instruments sont relativement peu adaptés à la spécificité du contentieux de masse international, réduisant considérablement leur efficacité.

796. Par ailleurs, l'existence d'instruments internationaux traitant la question de la circulation des décisions rendues à l'issue de clauses de choix de juridictions - étatiques ou arbitrales - montre l'importance du rôle de l'autonomie de la volonté pour les besoins de la circulation d'une action de groupe internationale. Ainsi, nous avons remarqué que l'entrée en vigueur de la Convention de La Haye de 2005 relative aux clauses d'élection de for est de nature à promouvoir l'essor de la volonté en matière du contentieux de masse international. De plus, nous avons démontré que la supériorité de l'arbitrage international en matière de redressement des dommages de masse globaux tient également de l'existence de la Convention de New York de 1958. En effet, celle-ci instaure une présomption en faveur de la reconnaissance et de l'exécution des sentences arbitrales applicables aux sentences arbitrales issues d'un arbitrage collectif.

797. L'importance que revêt la circulation d'une action de groupe internationale est telle que plusieurs projets traitant de la question de la réception des jugements issus d'une action de groupe internationale, ont été adoptés. Nous avons ainsi tenté de prouver que l'ensemble des lignes directrices adoptées préconisent la circulation d'une action de groupe internationale sans que l'existence de divergences au niveau des actions de groupe adoptées par tel ou tel système juridique ne constitue un obstacle à la reconnaissance et à l'exécution des actions de groupe internationales.

CONCLUSION DU TITRE SECOND DE LA DEUXIÈME PARTIE

798. La circulation d'une action de groupe internationale est un élément essentiel dans le processus de régulation du contentieux de masse international. Quand bien même le contentieux se trouve concentré *ex-ante* ou *ex post* devant un for unique, ou qu'il engendre une multitude de procédures parallèles et enchevêtrées, la circulation d'une action de groupe est la seule à pouvoir assurer l'harmonie internationale des solutions une fois qu'un jugement est prononcé à l'issue d'un contentieux de groupe.

799. Les difficultés liées à la circulation d'une décision résultant d'une action de groupe, tiennent essentiellement au fait que les actions de groupe consacrées par les systèmes juridiques reposent sur des architectures différentes, notamment en ce qui concerne les modalités d'inclusion des membres dans le groupe. Ces difficultés tiennent également des tensions d'ordre régulatoire que recèle le contentieux international des actions de groupe.

800. Nous avons prouvé que le rayonnement d'une décision résultant d'une action de groupe internationale, au-delà de la sphère du for certifiant, ne soulève pas nécessairement de problèmes insurmontables, contrairement à ce que laisse croire une grande majorité de la doctrine. Une telle constatation s'applique également dans l'hypothèse où il existe une divergence substantielle entre le système d'inclusion des membres dans le groupe et/ou de régulation du for prononçant une décision rendue à l'issue d'une action de groupe, et celui devant lequel la reconnaissance ou l'exécution d'une telle décision est sollicitée. En effet, les difficultés susceptibles d'être générées par la circulation d'une action du groupe internationale se réduisent essentiellement à l'hypothèse où des victimes ont été inclues dans l'action de groupe internationale, sans pour autant que cette inclusion ne reflète leur volonté de se joindre au procès. Cependant, même dans une telle éventualité, nous prônons une approche pragmatique qui prend en considération la nature collective du contentieux, et nous rejetons toute approche individualiste du procès. Nos propos ont d'ailleurs été soutenus par de nombreux exemples, démontrant qu'il est parfaitement envisageable que le droit de certaines personnes soit restreint au profit de la collectivité et pour les besoins de l'intérêt général.

801. Par ailleurs, nous avons soutenu que l'existence d'instruments régionaux et internationaux rend plus aisée la circulation d'une action de groupe internationale. La convention de New York, particulièrement, créant une présomption en faveur de la reconnaissance et de l'exécution des sentences arbitrales, est de nature à assurer la circulation des sentences arbitrales issues d'un arbitrage collectif.

CONCLUSION DE LA DEUXIÈME PARTIE

802. Malgré le fait que nous ayons exprimé notre préférence à l'égard du système de l'« unité» de l'action de groupe pour les besoins de la régulation du contentieux de masse international, il est toutefois toujours possible de réguler ce contentieux *ex post*, comme nous l'avons d'ailleurs démontré. Une telle régulation implique en premier lieu, la coordination des procédures de masse parallèles qui résultent de l'ouverture de plusieurs actions de groupe devant plusieurs juridictions. À cette fin, il a été prouvé qu'il est nécessaire que cette coordination s'opère à travers de nouveaux mécanismes, adaptés à la spécificité du contentieux de masse international. Dans les espaces intégrés, à l'instar de l'Union européenne, il est même possible de fédérer le contentieux devant une juridiction spécialisée en matière d'actions de groupe.

803. À défaut d'instauration de nouveaux mécanismes de régulation de procédures de masse parallèles, il est toujours possible de neutraliser les inconvénients que recèle le système de « territorialité »/« multiplicité » de l'action de groupe, en assurant notamment la reconnaissance et l'exécution d'une décision résultant d'une action de groupe internationale.

804. En dépit des divergences architecturales et régulatoires résultant de l'existence d'un « marché des actions de groupe » dans l'ordre international, nous avons donc démontré qu'il est nécessaire d'assurer la circulation d'une action de groupe internationale. À cette fin, il est important que le tribunal auprès duquel la reconnaissance et l'exécution sont sollicitées adopte une approche pragmatique, prenant en considération la nature collective du procès et les besoins de l'intérêt général.

805. Par ailleurs, la circulation d'une action de groupe permet également de préserver le système de l'« unité » de l'action de groupe en évitant toute fragmentation du contentieux, résultat de toute tentative de renouvellement du procès aussi bien par le défendeur que par les demandeurs.

CONCLUSION GÉNÉRALE

806. Nous avons proposé dans cette étude, une méthodologie consistant à remédier aux hypothèses de sous-régulation ou de sur régulation engendrées par la globalisation du contentieux international des actions de groupe. Les similitudes existantes entre le droit de la faillite internationale et le contentieux international des actions de groupe ont été pour cela une véritable source d'inspiration, notamment en ce qui concerne l'approche à adopter pour les besoins de la régulation du second.

807. Nous avons ensuite manifesté notre préférence au système de l'« unité »/ « universalité » de l'action de groupe, qui consiste à réguler *ex-ante* le contentieux de groupe – régional ou international - à travers sa concentration devant un for unique. Nous avons cherché à démontrer que ce système permet de mieux réaliser les fonctions d'une action de groupe dans l'ordre international. Toutefois, la mise en œuvre de ce système nécessite un infléchissement des méthodes de droit international privé et la consécration de solutions nouvelles en matière de conflits de juridiction et de conflits de lois. Cela suppose, par voie de conséquence, l'existence d'une volonté politique de la part des Etats, laquelle devra être reflétée par la conclusion d'une convention internationale ou une refonte des instruments de droit international privé dans les espaces intégrés, à l'instar de l'Union européenne.

808. En attendant la mise en œuvre du système de l'« unité » de l'action de groupe, nous avons constaté que le système de « territorialité »/« multiplicité » de l'action de groupe constitue le trait marquant du contentieux de masse international. Dès lors la régulation de ce contentieux doit s'opérer ex post, à travers la coordination des procédures de groupe parallèles, résultant de l'ouverture de plusieurs actions de groupe ayant le même objet ou des objets connexes, par plusieurs juridictions. Toutefois, il a été prouvé que la régulation ex-post n'est pas sans difficultés, les mécanismes traditionnels de coordination de procédures étant peu adaptés pour s'appliquer à un contentieux impliquant plusieurs parties et mettent en jeu des intérêts aussi bien privés que publics. Cela nous a donc amené à repenser les instruments traditionnels de coordination de procédures à la lumière des spécificités du contentieux de masse international.

809. Par ailleurs, nous avons également démontré qu'une coopération entre les différentes juridictions impliquées dans ce contentieux est nécessaire, afin d'assurer la circulation dans l'ordre international d'une décision résultant d'une action de groupe. En effet, la reconnaissance d'une décision résultant d'une action de groupe internationale permet de préserver le système de l' « unité »/ « universalité » de l'action de groupe, tout en remédiant aux différents inconvénients que revête le système de « territorialité »/« multiplicité » de l'action de groupe.

810. Enfin, un autre terrain nous semble prometteur en matière de résolution du contentieux de masse international. C'est celui reposant sur le consentement des différentes parties à la résolution finale du litige. Le succès qu'ont connu certaines formes d'actions de groupe reposant sur un mécanisme transactionnel de résolution du litige nous a amené à examiner le rôle que pourrait jouer l'autonomie de la volonté en matière de contentieux de masse international, particulièrement à travers le recours aux modes alternatifs de résolution des litiges. C'est principalement vers ce domaine que nous pensons que les efforts doivent désormais être déployés et les regards tournés.

BIBLIOGRAPHIE

OUVRAGES GENERAUX : TRAITÉS ET MANUELS

ANCEL (B.) et LEQUETTE (Y.), *Les grands arrêts de la jurisprudence de droit international privé, 5e éd., Dalloz 2006.*

AUDIT (B.) et D'AVOUT (L.), *Droit international privé*, 7e *éd.*, Economica 2013.

BARTIN (E.), *Principes de droit international privé, selon la loi et la jurisprudence françaises*, Paris Domat - Montchrestien, t 1, 1930.

BORN (G.) et RUTLEDGE (P.), *International civil litigation in United States Courts*, 5th ed., Wolters Kluwer 2011.

BUREAU (D.) et MUIR WATT (H.), *Droit international privé*, 4e éd. PUF 2017.

CADIET (L.) et **JEULAND (E.)**, *Droit judiciaire privé*, 10e éd., LexisNexis 2017.

CALAIS-AULOY (J.) et **STEINMETZ (F.)**, *Droit de la consommation*, 9e éd., Dalloz 2015.

CORNU (G.), *Vocabulaire juridique*, Association H. Capitant, 8e éd., PUF 2000.

CHAÎNAIS (C.), **FERRAND (F.)** et **GUINCHARD (S.)**, Procédure civile, Droit interne et européen du procès civil, 33e éd., Dalloz 2016.

DAVID (R.), *L'arbitrage dans le commerce international*, Economica 1982.

FOUCHARD (P.), **GAILLARD (E.)** et **GOLDMAN (B.)**, *Traité de l'arbitrage commercial international*, Litec 1996.

GAUDEMET-TALLON (H.), *Compétence et exécution des jugements en Europe, Règlement 44/2001, Conventions de Bruxelles (1968) et de Lugano (1998 et 2007)*, 5e éd., LGDJ 2015.

GUYON (Y.), *Droit des affaires, Tome 2, Entreprise en difficultés Redressement judiciaire – Faillite*, 9e éd., Economica 2003.

HÉRON (J.) et **LE BARS (Th.)**, *Droit judiciaire privé*, 6e éd., Montchrestien 2015.

KARKABI (M.), *Procédure civile et arbitrage*, 4e éd., Sader 2006.

KORNPROBST (B.), *La notion de partie et le recours pour excès du pouvoir*, LGDJ 1959.

MAYER (P.) et **HEUZE (V.)**, *Droit international privé*, 11e éd., Montchrestien 2014.

NIBOYET (M.-L.) et **GEOUFFRE de LA PRADELLE (G.)**, *Droit international privé*, 6e éd., LGDJ 2017.

VINEY (G.) et **JOURDAIN (P.)**, *Les effets de la responsabilité*, 2e éd., LGDJ 2001.

WALKER (J.), *Castel and Walker Canadian conflict of laws*, 6ème éd., Markham, LexisNexis Canada 2005.

OUVRAGES SPÉCIAUX : MONOGRAPHIES, THÈSES, OUVRAGES COLLECTIFS

AMERICAN LAW INSTITUTE, *Principle of the Law of Aggregate Litigation*, April 22, 2010.

ARFAZADEH (H.), *Ordre Public et Arbitrage International à l'épreuve de la mondialisation*, LGDJ 2006.

BILLIER (P.) (eds.), *Class arbitration in the European Union,* Maklu-Uitgevers 2013.
BLANKE (G.) (eds.), *Arbitrating Competition Law Issues*, *European Business Law Review Special Edition 2008.*
BLANKE (G.) et **LANDOLT (P.)**(eds.), *EU and US Antitrust Arbitration: A Handbook for Practitioners*, Kluwer Law International 2011.
BORÉ (L.), *La défense des intérêts collectifs par les associations devant les juridictions administratives et judiciaires*, préf. G. Viney, LGDJ 1997.
BRAND (R.A.) et **JABLONSKI (S.R.)**, Forum Non Conveniens, History, Global Practice and Future Under the Hague Convention on Choice of Court Agreements, Oxford University Press 2007.
BREYER (S.), *La Cour suprême, le droit américain et le monde*, Odile Jacob 2015.
CALABRESI (G.), *The Cost of Accidents: A legal and Economic Analysis*, Yale University Press 1970.
CASHMAN (P.), *Class Action Law and Practice*, the Federation Press 2007.
CAVERS (D.F.), *The Choice-of Law Process*, the University of Michigan Press 1965.
CHALAS (C.), *L'exercice discrétionnaire de la compétence juridictionnelle en droit international privé*, Aix-en-Provence, PUAM 2000.
COIPEL-CARDONNIER (N.), *Les conventions d'arbitrage et d'élection de for en droit international privé*, LGDJ1999.
CORNUT (E.), *Théorie critique de la fraude à la loi : Étude de droit international privé de la famille*, Defrénois 2006.
COÛTANT-LAPALUS (CH.), *Le principe de la réparation intégrale en droit privé*, préf. F. Pollaud-Dulian, PUAM 2002.
DEFFAINS (B.) (dir.), *L'analyse économique du droit dans les pays de droit civil*, Cujas 2002.
DE FONTMICHEL (M.), *Le faible et l'arbitrage*, préf. T. Clay, Economica 2013.
DU BOIS DE GAUDUSSON (J.) et **FERRAND (F.)** (dir.), *La concurrence des systèmes juridiques*, Acte de colloque de Lyon de 20 octobre 2006, PUAM 2008.
DU CHASTEL DE LA HOWARDERIE (A.), *Les class actions et la procédure civile française*, thèse de doctorat, 2006.
FINN (S.E.), *L'action collective au Québec*, Yvon Blais 2016.
GARAPON (A.) et PAPADOPOULOS (I.), *Juger en Amérique et en France*, Odile Jacob 2003.
GRAVE (D.), ADAMS (K.) et BETTS (J.), *Class Actions in Australia*, 5ème éd., Thomson Reuters 2012.
GROYWODA (L.), *Regulatory Functions of European Law: Theoretical Foundations and Practical Applications*, Ph.D. Thesis, European University Institute 2013.
GUEGAN–LECUYER (A.), *Dommages de masse et responsabilité civile,* préf. P. Jourdan, LGDJ 2006.
HASE (O.G.) et **BRUNER (J.S.)**, *Law, Culture, and Ritual: Disputing Systems in Cross-Cultural Context*, New York University Press 2005.
HENSLER (D.R), PACE (N.B.), DOMBEY-MOORE (B.), GIDDENS (B.), GROSS (J.) et MOLLER(E.K), *Class Action Dilemmas : Pursuing Public Goals for Private Gain*, RAND Corporation, 1e edition (July 10, 2000).
JENARD (P.), *La convention de Bruxelles du 27 septembre 1968 et ses prolongements*, Larcier1994.

KOZIOL (H.) et WILCOX (V.)(dir.), *Punitive Damages: Common Law and Civil Perspectives,* coll. ESR (Tort and Insurance Law), vol. 25, Springer 2009
KIRAT (T.) et **MARTY (F.)**, *Economie du droit* et *de la réglementation*, Gualino 2007.
LAGADEC (P.), *La civilisation du risque, Catastrophes technologiques et responsabilité sociale,* Science Ouverte (collection), Seuil 1981.
LAGET-ANNAMAYER (A.), *La régulation des services publics en réseaux, télécommunications et électricité*, Bruylant 2002.
LECLERC (M.), *Les Class Actions du droit américain au droit européen, propos illustrés au regard du droit de la concurrence*, préf. J. Monéger, Larcier 2012.
LOPUCKI (L.M.), *Courting Failure: How Competition for Big Cases is Corrupting the Bankruptcy Courts,* University of Michigan Press *2006.*

LOWENFELED (A.F.), *International Litigation and the Quest for* Reasonableness, Essays in Private International Law, Oxford University Press/Clarendon Press1996.
MAINGUY (D.), *L'action de groupe en droit français. Après la loi Hamon du 17 Mars 2014*, Lextenso 2014.
MAÎTRE (G.), La *responsabilité civile à l'épreuve de l'analyse économique du droit*, préf. H. Muir Watt, LGDJ 2005.
MCLACHLAN (C.) et **NYGH (P.)** (eds), *Transnational Tort Litigation, Juridictionnel Principles*, Oxford University, Clarendon Press 1996.
MENÉTREY (S.), *L'Amicus curiae, Vers un principe de droit international procédural?***,** pref. C. Kessedjian, Dalloz 2010.
MISTELIS (L.A.) et **BREKOULAKIS (S.)**, *Arbitrability: International and Comparative Perspectives*, Mistelis and Brekoulakis (eds) (2009).
MOREAU(P.) *L'homologation judiciaire des conventions - Essai d'une théorie générale*, Larcier 2008.
MULHERON (R.), *The Class Action in Common Law Legal System: A Comparative perspective*, Hart Publishing 2004.

- *The Modern Cy-près Doctrine: Applications and Implications,* Routledge-Cavendish 2006.

MULLENIX (L.), *Mass tort Litigation: Cases and Materials*, 2e ed., ThomsonWest 2008.
NIBOYET-HOEGY (M.-L.), *L'action en justice dans les rapports internationaux de droit privé,* préf. B. Goldman , Economica 1986.
PÉROZ (H.)*La réception des jugements étrangers dans l'ordre juridique français*, préf. H. Gaudemet-Tallon, LGDJ 2005.
PIETRINI (S.), *L'action collective en droit des pratiques anticoncurrentielles, Perspective nationale, européenne et internationale*, préf. E. Claudel; Bruylant 2012.
POSNER (R. A.), *Economic Analysis of Law*, 4e éd, Boston MA: Little, Brown and Company.
NEWEBERG (H.B.) et **CONTE (A.)**, *Newberg on Class Actions*, 3e éd., McGraw-Hill, Inc., Colorado Springs 1992.
NUYTS (A.), *L'exception de forum non conveniens, Etude de droit international privé comparé*, Bruylant / LGDJ 2003.
PAULSSON (M.), *The 1958 New York Convention in Action*, Kluwer Law International 2016.

POSNER (P.A), *Economic Analysis of Law*, Wolter Kluwer, 2001.
ROLAND (H.) et **BOYER (L.)**, *Locutions latines en droit français*, 4 [ème]éd., Litec 1998.
SCHUTGENS (R.J.B.) et COPPENS (E.C) (éd.), *Les groupes dans le droit. Actes du colloque organisé à Nimègue le 22-24 Mai 2006 par les facultés de droit de Poitiers et de Nimègue*, Gerard Noodt Institut, Nijmegen 2007.
SEFTON-GREEN (R.) et **USUNIER (L.)** (dir.), La concurrence normative. Mythes et réalités, Société de législation comparée, Vol.33, 2014.
SERAGLINI (C.), *Loi de police et justice arbitrale internationale*, préf. P. Mayer, Dalloz 2001.
SHAVELL (S.), *Foundations of Economic Analysis of Law*, Harvard University Press 2004.
TAMANAHA (B.Z.), A *General Jurisprudence of Law and Society*, Oxford University Press 2010.
TORRE-SCHAUB (M.), *Essai sur la construction juridique de la catégorie de marché*, LGDJ 2002.
VAN BOOM (W.H.) et **WAGNER (G.)** (eds), *Mass Torts in Europe: Cases and Reflections.*
VAN LITH (H.), *The Dutch Collective Settlement and Private International Law*, Maklu-Publishers 2011.
WU (CH.), *La pollution du fait du transport maritime des hydrocarbures, Responsabilité et indemnisation des dommages*, préf. B. Stern, Pédone 1994
YEAZELL (S.C.), *From Medieval Group litigation to the Modern Class Action*, Yale University Press 1987.
ZANETTIN (B.), *Cooperation between Antitrust Agencies at the International* Level, Hart Publishing 2002.

PUBLICATIONS DE SÉRIE

COURS

BASEDOW (J.) « Souveraineté territoriale et globalisation des marchés », *RCADI* 1997, t. 264. p. 9.
BÛCHER (A.), « La dimension sociale du droit international privé », *RCADI* 2011, t. 341, p. 27.
- « La compétence universelle civile », *RCADI* 2014, t.372, p. 9.
GONZALES CAMPOS (J.D), « Diversification, spécialisation, flexibilisation et matérialisation des règles de droit international privé », *RCADI* 2000, t.287, p.9.
KESSEDJIAN (C.), « Actions civiles pour violation des droits de l'homme », *TCFDIP* 2004, p.151.
LAGARDE (P.), « Le principe de proximité dans le droit international privé contemporain », *RCADI* 1986-I, t 196, p. 9.
MAYER (P.), « Le phénomène de la coordination des ordres juridiques étatiques en droit privé », *RCADI*, t 327, p. 9.
MUIR WATT (H.), « Aspects économiques du droit international privé », *RCADI* 2004, t 307, p 25.

- « Les enjeux de l'affaire Kiobel : le chaînon manquant dans la mise en œuvre de la responsabilité des entreprises multinationales en droit international public et privé », *TCFDIP*, 2010-2012, p. 233.

RADICATI DI BROZOLO (L), *« Arbitrage commercial international et lois de police : considérations sur les conflits de juridictions dans le commerce international* », *RCADI* 2005, t 315, p. 2654.

ARTICLES ET COMMUNICATION

ALBISTON (C.R) et **NIELSEN (L.B.)**, « The Procedural Attack on Civil Rights: The Empirical Reality of Buckhannon for the Private Attorney General », 54 UCLA L. Rev. 1087 (2007).

ALLEMEERSCH (B.), « Transnational Class Settlements: Lessons from 'Converium' », in S. WRBKA, S. VAN UYTSEL et M. SIEMS (eds), *Collective Actions : Enhancing access to Justice and Reconciling Multilayer Interests* ?.Cambridge University Press 2012, p. 884.

ALTMAN (R.), « Extraterritorial Application of the Alien Tort Statute after Kiobel », 24 U. Miami Bus. L. 111 (2016).

AMRANI-MEKKI (S.), « Action de groupe et procédure civile », *in Les actions de groupes. Implications processuelles et substantielles* (Partie I), *RLDC* 2006, p. 57.

- « L'actualité du lien entre la théorie et pratique du procès civil *», Dr. et patr.2006.92*
- « Inciter les actions en dommages et intérêts en droit de la concurrence- le point de vue d'un processualiste », in L. Idot (dir.), *Livre blanc sur les actions en dommages et intérêts pour infraction aux règles communautaires sur les ententes et les abus de position dominante, colloque tenu à l'institut de droit comparé de Paris II, le 13 juin 2008,Concurrence n° 2-2009*, p. 11.

ANDERSSON (H.) et LEGNERFÄIT (E.), « Effective Private Enforcement: The Swedish Experience, A lesson for the EU? », consultable sur: http://delphi.se/$-1/file/artiklar/aldre/090916-effective-private-enforcement-the-swedish-experience-a-lesson-for-the-euelisabeth-eklundhelene-andersson-publicerad-i-concurrences-no-3.pdf.

ANTAKI (N.), « L'arbitrage collectif : pourquoi pas ? » in *La justice en marché : du recours collectif à l'arbitrage collectif*, Les journées Maximilien-Caron, Thémis 2006, p. 51.

ARONS (T.) et **VAN BOOM (W.H)**, « Beyond Tulips and Cheese: Exporting Mass Securities Claim Settlement from the Netherland », 21 Eur. Bus. L. Rev. 857 (2010).

ATTRILL (W.), « Litigation Funding: Access to Justice in a Time of Economic Crisis », 20 February 2009, Investment Manager, IMF (Australia) Ltd, consultable sur :http://www.imf.com.au/docs/default-source/site-documents/globalaw-conference---feb-2009.

AUDIT (B.), « Observations sur la Convention de La Haye du 30 juin 2005 relative aux accords d'élection de for », in *Liber Amicorum Hélène Gaudemet-Tallon*, Dalloz 2008, p. 171.

- « La fin attendue d'une anomalie jurisprudentielle : retour à la lettre de l'article 15 du code civil », *D. 2006. 1846.*

- , « La loi applicable à l'autorité de la chose jugée », Procédures, août-septembre 2007, p. 23.

BAGNER (H.), « Confidentiality: A Fundamental Principle in International Commercial Arbitration? », 18. J. Int'L. Arb. 243 (2001).

BARIATI (S.), « Recognition and Enforcement in the EU of Judicial Decisions Rendered Upon Class Actions: The Case of U.S. And Dutch Judgements and Settlements » in F. Pocar, I. Viarengo et F. C. Villata (eds.), *Recasting Brussels I, Proceedings of the Conference held at the University of Milan on November 25-26, 2011,* CEDAM 2012, p. 320.

BARRET (E. L.), « The Doctrine of Forum Non Conveniens » 35 Cal.L. Rev.380 (1947).

BARRINGTON WOLFF (T.), « Federal Jurisdiction and Due Process in the Era of the Nationwide Class Action », 156 U. Pa. L. Rev. 2035 (2005).

BASSET (D. L), « U.S. Class Action Go Global: Transnational Class Action and Personal Jurisdiction », 72 Fordham L. Rev. 41(2003).

- « The Future of International Class Actions », 18S. U. L. Rev. 21 (2011).

BATTIFOL (H.), « La 11e session de la Conférence de La Haye du droit international privé », *Rev. crit .Dip. 1969. 215.*

BAUMGARTNER (S. P.), « How well U.S. Judgments fare in Europe? », 40 The Geo. Wash.Int'l L. Rev. 174(2007).

BEESS UND CHROSTIN (J.), « Collective Redress and Class Arbitration in Europe: Where We Are and How to Move Forward », 14 Int'l. Arb. L. Rev. 111 (2011).

BEHR (V.), « Punitive damages in American and German Law-Tendency towards Approximation of Apparently irreconcilable concepts », 78 Chi. Kent L. Rev. 105 (2003).

BELLIA (J.JR) et **CLARK (B. R.)**, « Two Myths About the Alien Tort Statute », 18 Notre Dame. L. Rev.1609 (2014).

BERMANN (G.A.), «The Supreme Court Trilogy and its Impact on U.S. Arbitration Law », 22 Am. Rev. Int'l. Arb. 323 (2011).

BERMOND (J.-C.), « L'introduction en droit français de la concurrence des actions de groupe : le débat est-il franco français ou franco européen ? », *RDAI. 2007*, p.41.

BICKEL (A.), « The Doctrine of Forum Non Conveniens as Applied in the Federal Courts in Matters of Admiralty: An Object Lesson in Uncontrolled Discretion, 35 Cornell. L. Q. 12 (1949).

BLANKE (G.), « The Transformation of International Arbitration and the Emergence of the Supranational Arbitrator: Lessons from EC Merger Control», 6Int'l .Arb. L. Rev. 211 (2005).

BLUMBERG (P. I.), « Asserting Human Rights against Multinational Corporations under United States law: Conceptual and Procedural Problems », 50 Am.Jour. Compa. L. 493 (2002)

BOIES (W.H) et **HANEY KEITH (L.)**, « Class Action-Settlement Residue and CY Pres Award: Emerging Problems and Practical Solutions », Virginia Journal of Social Policy & the Law, (2014), p. 267.

BOLLÉE (S.), « La concurrence des justices nationales (éléments d'analyse économique des conflits de juridictions », in S. Bollée, Y.-M. Laithier et C. Pérès (dir.), *L'efficacité économique du droit*, Economica 2010, p. 121.

- « Les effets des sentences arbitrales à l'égard des tiers », *Rev. arb. 2015. 3. 695.*

BOLÉE (S.) et **D'AVOUT (L.)** « Panorama droit du commerce international », *D. 2010.2434.*

BONNARD (S.) et **SABRINA (T.)**, « Les lois de police dans l'arbitrage international : exemples de sentences récentes, *5 .R. D. A. I. 2015. 453.*

BORCHERS (P.J.), « Punitive Damages, Forum Shopping and the Conflict of Law », 70 La. L. Rev. 529 (2010).

BORÉ (L.), « L'action en représentation conjointe : class action française ou action morte née », *D. 1995. 267.*

BORÉ (L.) et **DE SALVE DE BRUNETON (J.)**, « L'action en justice des associations étrangères », *D. 2005 .685.*

BORENSTEIN (B.), « Settling for Coupons: Discounts Contracts as Compensation and Punishment in Antitrust Lawsuits », 39 J. L. & Econ. 379 (1996).

BORGHEI (J. J.) « Class Action Fairness: A mature Solution to the 23(b) (3) Choice of Law Problem », 95 Geo. L. J. 1645 (2007).

BORN (G.), « A Reappraisal of the Extraterritorial Reach of U.S. Law », 24 LAW & POL'Y INT'L Bus. 1 (1993).

BORN (G.) et **CUTLER (W.)**, « The U.S. Supreme Court and Class Arbitration: A Tragedy of Errors », consultable sur: http://kluwerarbitrationblog.com/blog/2011/07/01/the-u-s-supreme-court-and-class-arbitration-a-tragedy-of-errors/.

BOSKOVIC (O.), « Les dommages et intérêts en droit international privé - ne pas manquer une occasion de progrès », JCP éd. G 2006, I. 163.

- « Les atteintes à l'environnement », in M. Audit, H. Muir Watt et E. Pataut (dir.), *Conflits de lois et régulation économique*, L.G.D.J. 2008.

BOUCOBZA (X.) et **SERINET (Y.-M.)**, « Les principes du procès équitable dans l'arbitrage international », *J. D. I. 2012.1.*

BRAND (R.A.) « Comparative Forum Non Conveniens and the Hague Convention on Juridiction and Jugements », 37 Tex. Int'l L. J. 467 (2002).

- « The New Hague Convention on Choice of Court Agreements», consultable sur: http://www.asil.org/insights/2005/07/insights050726.html.
- « Introductory Note to the 2005 Hague Convention on Choice of Court Agreements », 44 I.L.M.1291 (2005).

BRIÈRE (C.), « Le Règlement (CE) n°864/2007 du 11 juillet 2007 sur la loi applicable aux obligations non contractuelles (« Rome II ») », *J. D. I. 2008. 31.*

BROECKER (C.), « Alien Tort Statute Litigation and Transnational Business Activity: Investigation the potential for a Bottom-up Regulation Regime », IILJ Emerging Scholars Paper 16 (2010), consultable sur : http://www.iilj.org/publications/ESP16-2010Broecker

BROWN (J. P.), « Canada US Cross Border Class Actions, Class certification and the Enforcement of the Resulting Class Action Judgments », ABA Section of litigation, 201 ABA, Annual Meeting, August 4-6, 2011, consultable sur: https://www.mccarthy.ca/presentation_detail.aspx?id=5504.

- « The Peril of certifying International Class Action in Canada », consultable sur: https://www.mccarthy.ca/pubs/The_Perils_of_Certifying_International_Class_Actions_in_Canada.pdf.

BROWSER-SODER (B.), « Kiobel Ruling Undermines U.S. Leadership on Human Rights », consultable sur: http://www.humanrightsfirst.org/press-release/kiobel-ruling-undermines-us-leadership-human-rights.

BRUNET (E.), « Arbitration and Constitutional Rights », 71 N. Carl. L.Rev. 81 (1992).

BÛCHER (A.), « La Convention de La Haye sur les accords d'élection de for », 16 Revue suisse de droit international et européen, p. 29 (2006).

BUCKNER (C.J.), « Toward a Pure Arbitral Paradigm of Class Wide Arbitration: Arbitral Power and federal Preemption », 82 Denv. U. L. Rev.301 (2014).

BURBANK (S.B.), « Jurisdictional Equilibration, the Proposed Hague Convention and Progress in National Law », 49 Am. J. Comp.L.203 (2001).

BUSCHKIN (I.T.), « The Viability of Class Action Lawsuits in a Globalized Economy: PermittingForeign Claimants to be Members of Class Actions Lawsuits in the U.S. Federal Courts », 90 Cornell L. Rev. 1563 (2005).

BUXBAUM (H.), « Jurisdictional Conflict in Global Antitrust Enforcement», 16 Loy. Consumer L. Rev. 365 (2004).

- « Transnational Regulatory Litigation », 46 VA. J. INT'L. 251 (2006).
- « Multinational Class Actions Under Federal Securities Law: Managing Jurisdictional Conflict », 46 Colum. J. Transnat'l L. 14 (2007).

BUXBAUM (H) et **MICHAELS (R.)**, «Jurisdiction and choice of Law in International Antitrust Law - A US perspective », in J. Basedow, S. Francq et L. Idot (eds.), *International Antitrust Litigation, Conflicts of Law and Coordination*, Hart Publishing, 2012, p. 225.

CABALLERO (F.), « Plaidons par procureur, de l'archaïsme procédural de l'action de groupe», *RTD Civ. 1985. 247.*

CABRASER (E.-J.), « Just Choose : The Jurisprudential Necessity to Select a Single Governing Law for Mass Claims Arising from Nationally Mandated Consumer Goods and Services »,14 Rwul. L. Rev. 29 (2009).

CABRILLAC (S.), « Pour l'introduction de la class action en droit français », *LPA. 2006 .4.*

CADIET (L.), « Ordre concurrentiel et Justice », in Frison-Roche (éd.), *L'ordre concurrentiel, Mélanges en l'honneur d'Antoine Pirovano*, 2003, p. 109.

CALABRESI (G.), « Some thoughts on Risk Distribution and the Law of Torts », 70 Yale L. J. 499 (1961).

CANNU (P.), « Attributions et responsabilités des associations de défense des actionnaires et des investisseur s», *Rev.soc.1995.239.*

CANU (V.) « De La recevabilité de l'action judiciaire des associations d'actionnaires des sociétés cotées et des associations de défense des investisseurs » in *L'opportunité d'une action de groupe en droit des sociétés ?,* V. Magnier (dir.), PUF 2004, p.50.
CAPLOW (S. P.), « Arbitration Class Action Waivers in the United States and Canada », consultable sur : http://www.dwt.com/files/Publication/39fe9c87-3a93-4f92-9933 0d79d3ecb43b/Presentation/PublicationAttachment/79cd52dc-8a09-4868-9959-10341319ee20/pubs_CAPLOW.pdf.
CAPPELLETI (M.), « La protection d'intérêts collectifs et de groupe dans le procès civil, (Métamorphose de la procédure civile », *R.I.D.C.27.1975.571.*
- « Social and Political Aspects of Civil Procedure-Reforms a Trends in Western and Eastern Europe », 69 Mich. L. Rev. 847 (1971).

CAPRASSE (O.) et **ZIADÉ (R.)**, « La confidentialité dans la procédure arbitrale », *Rev.arb.2014.593.*
CARBONNEAU (T. E.), « The Assault on Judicial Deference », 23 Am. Rev. Int'l Arb. 417 (2012).
CARRINGTON (P.D) et **APANOVITCH (D.P.)**, « The Constitutional Limits of Judicial Rule Making: The illegitimacy of Mass tort Settlement Negotiated Under Federal Rule 23 », 39 Arziz.L.Rev.461 (1997).
CASEY (K.R.) et **PARKER (M.), «**Strategies for Achieving An Arbitration Advantage Require Early Analysis, Pre-Hearing Strategies, and Awards Scrutiny », consultable sur: http://www.stradley.com/library/files/2008octcaseyparker.pdf.
CAVALIEROS (PH.), « La confidentialité de l'arbitrage", *Cah. arb. 2006.56*
CHANG (K.Y.), « Multinational Enforcement of U.S. Securities Law: The Need for Clear and Restrained Scope of Extraterritorial Subject Matter Jurisdiction », 9 Fordham J. Corp. & Fin. L. 89 (2004).
CHAGNY (M.) et **PIRONON (V.)**, « Les recours collectifs en droit du marché », in *Mélanges en l'honneur du Professeur Bernard Audit. Les relations privées internationales*, LDGJ 2014, p. 203.
CHARTOUNY (A.), Les rôles respectifs du « public enforcement » et du « private enforcement», Étude comparée Etats-Unis/Europe, consultable sur : http://idc.u-paris2.fr/sites/default/files/memoire_adele_chartouny_0.pdf
CHILDRESS (D.E.), « Forum Conveniens: The Search for a Convenient Forum in Transnational Cases», 53 Va. J. Int'l L.157 (2012).
CHOI (S.J.) et SILBERMAN (L.J.), « Transnational Litigation and Global Securities Class Actions », NYU School of Law, Public Law Research Paper No.09-06, consultable sur: http:// ssrn.com /abstract=1327502.
CLAY (T.), « Liberté, Égalité, Efficacité : La devise du nouveau droit français de l'arbitrage, commentaire article par article », *J.D.I. 2012.825.*
CLOPTON (Z.D.), « Transnational Class Actions in the Shadow of Preclusion », 90 IND. L. J. 1387 (2015).
COASE (R.H.), « The problem of Social Cost », 3 J. L. & Econ.1 (1960).
COE (J.J.), «Transparency in the Resolution of Investor-State Disputes-Adoption, Adaptation and NAFTA Leadership », consultable sur: http://papers.ssrn.com/sol3/papers.cfm?abstract_id=1288765

COFFEE (J.C.), «The Regulation of Entrepreneurial Litigation: Balancing fairness and Efficiency in the Large Class Action », 54 U. Chi. L. Rev. 877 (1987).

- « The Corruption of the Class Action: The New Technology of Collusion », 80 Cornell L. Rev. 851 (1995).
- « Litigation Governance: Taking Accountability Seriously», 110 Colum. L. Rev. 288 (2010).

COLE (S. R.), « On Babies and Bathwater: The arbitration fairness Act and the Supreme Court's Recent Arbitration Jurisprudence », 48 Hous. L. Rev. 457 (2011).

COOPE (E.H), « Aggregation and choice of Law », 14 Roger Williams U. L. Rev.12 (2009).

CORAPI (D.), « Class actions and Collective Actions», in D. Fairgrieve et E. Lein (éd.), *Extraterritoriality and Collective Redress*, p.3.

CORNU (E.) « Forum shopping et abus du choix de for en droit international privé », *J.D.I.2007.27.*

CREMADES (B.M.) et **R. CORTES (R.),** « Class Actions and Arbitration Procedures-Spain, » in P. BILLIER (éd.), *Class Actions and Arbitration in the European Union*, Maklu-Uitgevers 2013.

CROS (K.H.), « Investment Arbitration Panel Upholds Jurisdiction to Hear Mass Bondholder Claims Against Argentina », ASIL Insights Vol. 15 Iss. 30 (2011), consultable sur : *http://works.bepress.com/karen_cross/20/*.

DAM (K.W.), « Class Actions: Efficiency, Compensation, Deterrence, and Conflict of Interest», 4 J. LEGAL STUD. 47 (1975).

DAMMANN (J.C.) et **HANSMANN (H.B.)**, «Globalizing of Commercial Litigation», consultable sur: https://law.yale.edu/system/files/documents/pdf/Faculty/Dammann_Hansmann_Final.pdf.

- «A Global Market for Judicial Services», consultable sur : http://www.isnie.org/assets/files/papers2007/hansmann.pdf

DANIS (F.), **FALLA (E.)** et **F. LEFEVRE (F.)**, « Introduction aux principes de la loi relative à l'action en réparation collective et premiers commentaires critiques », *R. D. C. 2014. 560.*

DANOV (M.), « The Brussels Regulation: Cross-Border Collective Redress Proceedings and Judgments, » 6 J. Priv. Int'l L. 359 (2010).

D'AVOUT (L.) « Action en justice des associations étrangères : constitutionnalité sous réserve du régime », *Rev. crit. DIP 2015.383.*

DELAUME (G. R.), « Clauses d'élection de for et clauses compromissoires : évolution et gestation d'un nouveau droit américain », *J.D.I.1975.486.*

DE BOISSÉSON (M.), « Arbitrabilité et Droit de la Concurrence », *in* Miguel Ángel Fernández-Ballesteros and David Arias (eds*), Liber Amicorum Bernardo Cremades, Wolters Kluwer España; La Ley 2010,* p. 243.

DEFFAINS (B.) et DESRIEUX (C.), « Les enjeux économiques du financement des contentieux par des tiers », in C. Kessedjian (dir.), *Le financement du contentieux par un tiers. Thrid Party Litigation Funding*, Panthéon Assas 2012, p. 22.

DE FONTMICHEL (M.) « Arbitrage et actions de groupe- Les leçons Nord-Américaines », *Rev. arb. 2008. 641.*
DEJARLAIS (N. A.), « The consumer Trust Fund: A Cy-pres Solution to Undistributed Funds in Consumer Class Actions», 38 Hastings L. J. 729 (2007).
DE LUCA (A.), « Collective Actions in ICSID Arbitration: The Argentine Bonds Case (2012) », The Italian Yearbook of International Law XXI, p.211 (2011), consultable sur: http://ssrn.com/abstract=2239595.
DELVOLVE (J-L.), « Vraies et fausses confidences ou les petits grands secrets de l'arbitrage », *Rev.arb.1996.373.*
DEMIRKOL (B.), « Does an Investment Treaty Tribunal Need Special Consent for Mass Claims », 3 Cambridge Journal of International and Comparative Law (2013), p.612.
DENOIX DE SAINT MARC (V.), « Confidentiality of Arbitration and the Obligation to Disclose Information on Listed Companies or during Due Diligence Investigations», 20*J. Int'l. arb.* 2003 (2011).

DEPREZ (J.), « Évolutions récentes des solutions de conflits de lois en matière de contrat de travail international », in *Mélanges en l'honneur de H. Blaise*, Economica 1995, p.165.
DEPINCEE (M.), « Arbitrage et consommation : refus de reconnaître une sentence arbitrale contraire à une disposition communautaire impérative - Quand l'autorité de la chose jugée ne s'impose pas au consommateur, CJCE, 6 octobre 2009, aff. C-40/08, Asturcom Telecomunicaciones SL - Cristina Rodriguez Nogueira, » Hebdo édition privée n°373 du 26 novembre 2009.
DERAINS (Y.), « Les nouveaux principes de procédure : confidentialité, célérité, loyauté », *in Le nouveau droit français de l'arbitrage*, Lextenso, Paris 2011, p. 91.
DERAINS (Y.) et **DESCOMBES (A.),** « Class Actions Arbitration in the European Union-France », in P.BILLIER, (éd.), Class Arbitration in the European Union, Maklu-Uitgevers 2013,p.29.
DERR (E. J.), « Striking A Better Public-Private Balance in Forum Non Conveniens», 93 Cornell L. Rev. 819 (2008).
DE VAREILLES-SOMMIÈRES (P.), « Le forum shopping devant les juridictions françaises », *TCFDIP* 1998-1999, p. 49.
DIXON (C.L.), « The Res Judicata Effect in England of a US Class Action Settlement», 46 Int'L & Comp.L.Q.134 (1997).
DODGE (J.) « The limits of Private Procedural Ordering », 97 Va. L. Rev. 723 (2011).
DODGE (W. S.), « Breaking the Public Law Taboo », 43 Harv. Int. L. J. 161 (2002).
- « Alien Tort Litigation and the Prescriptive Jurisdiction Fallacy », 51 Harv. Int'l L. J. 54 (2010).

DOUBOS (J.-F.) et **CREPIN (F.),** « Affaire Vivendi- Quand le juge américain s'érige en défenseur de la souveraineté judiciaire française », *JCP 2011. 944.*
DUBBS (T.A.), « *Morrison v. National Australia Bank*: The US Supreme Court Limits Collective Redress for Securities Fraud » inD. Fairgrieve et E. Lein (éd.), *Extraterritoriality and Collective Redress,* Oxford 2012, p. 233.

DUMAS (D.R.), « United States Antifraud Jurisdiction over Transnational Securities Transactions: Merger of the Conduct and Effect Tests, 16 U. PA. J. Int'L BUS.L. 721 (1995).
DRAHOZAL (C.R.), « Concepcion and the Arbitration Fairness Act », consultable sur: http://www.scotusblog.com/2011/09/concepcion-and-the-arbitration-fairness-act.
DRAHOZAL (C.R.) et **RUTLEDGE (P.B.)**, « Contract and procedure» 94 Marq. L. Rev. 113 (2011).
EMONS (W.) et GAROUPA (N.), « The Economics of US-Style Contingent Fees and UK- Style Conditional Fees », consultable sur : http://www.fep.up.pt/conferences/earie2005/cd_rom/Session%20II/II.K/nunowinand.pdf
EVIATAR (D.) « A Big Win for Human Rights: Unocal's Settlement with Burmese Villagers may Spur Better Corporate Conduct », The Nation, May 9, 2005, consultable sur: www.thirdworldtraveler/Oil_Watch/Unocal_Lawsuit_Burma.html.
FABRE (D.), Réflexions sur l'Alien Tort Statute (ATS), RSC.2016.505.
FAIRGRIVE (D.) « The Impact of the Brussels I Enforcement and Recognition Rules on Collective Actions », *in Extraterritoriality and Collective Redress», in Extraterritoriality and Collective Redres,* D. Fairgrieve et E. Lein (éd.*)*, Oxford 2012, p.233.
FALLON (M.) « An Essay on the Mutual Recognition of Group Actions (Governmental, Organizational or Class Actions) », *in Cross-Border Consumer Conflicts within the European Community*, Bruxelles Story 1992.p. 245.
- « Law Applicable to Specific Torts in Europe », inJ. Basedow, H. Baum and Y. Nishitani (éd.), *Japanese and European Private Law in Comparative Perspective»*, Tubingen, Mohr Siebeck 2008, p.261.

FALLA (E.), « Le recours collectif en droit de la consommation. Présentation de la loi belge » in *Le droit de la consommation dans le nouveau Code du droit économique*, A. Puttemans (coord.), Bruylant 2014, p.117.
FALLON (M.) et. **FRANCQ (S.)**, « Private Enforcement of Antitrust Provisions and the Rome I Regulation », *in International Antirust litigation, Conflict of Laws and Coordination,* J. Basedow, S.Francq et L.Idot (éd.), Hart Publishing 2012, p. 63.
FARJAT (G.), « La notion de droit économique », *Arch. phil. dr. 1992. 27.*
FAULK (R.O.) « Armageddon through Aggregation: the Use and Abuse of Class Actions in International Dispute Resolution », 37 Tort & Insurance Law Journal (2002), p.99.
FERRAND (F.) et LAMBERT (E.), « Action de groupe : l'outil du droit comparé », *RLDC* 2007, p. 7.
FELSTINER (W.L.F.), « Influences of Social Organization on Dispute Processing », 9 Law & Soc'y Rev.63 (1974).
FENTIMAN (R), « Recognition, Enforcement and Collective Judgements », *in Cross-Border Class action, The European Way,* A. Nuyts et N. E. Hatzimihail (ed.) , Seller European Law Publishers 2014, p. 171.

FISCH (J.E.), « Class Action Reform, *Qui Tam*, and the Role of the Plaintiff», 60 *Law and Contemporary Problems* (1997), p. 167.

FISK (C.) et **CHEMERINSKY (E.)**, «The failing Faith in Class Actions: Wal-Mart v. Dukes and At &T Mobility v. Concepcion », 7 Duke J. Const. L. & Pub. Pol'y. 73 (2011).
FITZPATRICK (B.T.), « The End of Class Actions? », 87 Ariz.L.Rev.161 (2015).
FLEMING (J.) et KUSTER (J.J.), The Netherlands, in *World Class Action: A Guide to Group and Representative Actions Around the World*, P.S. Karlsgodt (éd.), Oxford 2012, p. 286.
FOURGOUX (J.-C) et **VILMART (C.)**, « L'arbitrage et le règlement amiable des différends dans le règlement d'exemption CE 1400/2002 relatif aux accords verticaux concernant l'industrie automobile » *Gaz. Pal. 2003.*
FOX (E.), « International Antitrust and the Doha Dome», 43 VA. J. Int'l L. 911 (2003).
FRANCHI (F.), « Les entreprises face au désordre juridique: les manifestations internationale d'une nouvelle insécurité », *RDAI* 2007, p. 595.
FRANCK (J.), « Action de groupe : les initiatives européennes en droit interne et en droit communautaire », *LPA* 2005, p. 19.
FRANCK (J.) et **FOUCHER (P.)**, « Expériences concrètes de résolution de litiges transfrontières dans le domaine de la publicité », in *Les actions collectives transfrontières des organisations de consommateurs*, B. STAUDER (éd) p.85.
FRANCQ (S) et WURMNEST (W) « International Antitrust claims under the Rome II Regulation », in *International Antitrust Litigation, Conflicts of Law and Coordination*, J. Basedow, S. Francq et L. Idot (éd.), Hart publishing, 2012, p. 81.
FREER (R.D.), «The Supreme Court and the Class Action: Where We Are and Where We Might be Going », consultable sur : http://papers.ssrn.com/sol3/papers.cfm?abstract_id=2186440

FREYER (D.H) et **LITT (G.A.)**, « Desirability of International Class Arbitration», consultable sur: http://www.skadden.com/sites/default/files/publications/Publications2487_0.pdf.
FRIEDMAN (L. M.) « Is There a Modern Legal Culture? » 7 Ratio Juris 1994, p. 117.
FRISON-ROCHE (M.-A), « Les résistances mécaniques du système juridique français à accueillir une class action », *LPA* 2005, p. 22.
GAILLARD (E.), « Le principe de confidentialité dans l'arbitrage international », *D. 1987. 153.*

- « Etats-Unis: coup d'arrêt aux class actions extraterritoriales, A propos de l'arrêt de la cour Suprême des Etats Unis du 24 juin 2010 », JCP G. n° 27, p. 743.
- « After Morrison: The case for a New Hague Convention on the Law applicable to Securities Fraud », 5 Dispute Resolution International, May 2011, p. 35.
- « Les principes fondamentaux du nouvel arbitrage», *inLe nouveau droit français de l'arbitrage*, Lextenso éditions, Paris 2011.

GAILLARD (E.) et **DELAPASSE (P.)**, « Commentaire analytique du décret du 13 janvier 2011 portant réforme du droit français de l'arbitrage », *Cah. arb. 2011. 263.*
- « le nouveau droit français de l'arbitrage interne et international » *D.2011.175.*

GALANTER (M.), « Anyone can fall Down a Manhole: The Contingency Fee Contracts, A History to 1940, 47 DEPAUL L.Rev.231 (1998).

- « Law's Elusive Promise : Learning from Bhopal », *in Transnational Legal processes, Globalization and Power Disparities*, M.LIKOSKY (ed.), Butterworths London 2002, p.172.

GAUDEMET-TALLON (H.), « La clause attributive de juridiction, un moyen d'échapper aux lois de police », in *Liber Amicorum K. Siehr*, Eleven International Publishing 2010, p.707.

GIDI (A.) « Class Actions in Brazil: A Model for Civil Law Countries », 51 Am. J. Comp. L.311 (2003).

GILLES (M.E.) « Gutting the Vindication-of-Rights Challenge to Arbitration Agreements», consultable sur: http://papers.ssrn.com/sol3/papers.cfm?abstract_id=2263401.

GELLER (R.), « The Rise of Global Securities Litigation », consultable sur: https://www.rgrdlaw.com/news-item-Rise-of-Global-Securities-Litigation-022416.html.

GLENN (H.P.) « L'affaire Bre-X et les recours collectifs transfrontaliers », 12 R. Q. D. I. 1999. 33.

GLOVER (J.M.), « The Structural Role of Private Enforcement Mechanisms in Public Law », 53 WM. & Mary L .Rev.1137 (2012).

GOLDSTEIN (G.), « Le Forum non conveniens en droit civil », *Rev. crit. DIP. 2016.51.*

GORYWODA (L.), HATZIMIHAIL (N.) et NUYTS (A.) « Introduction: Market Regulation, Judicial Cooperation and Collective redress, in *Cross-Border class Actions, The European Way*, A. Nuyts et N. E. Hatzimihal (ed.), Sellier European Law Publishers, 2014 p. 12.

GOTHOT (P.) et HOLLEAUX (D.), « La Convention de Bruxelles du 27 septembre 1968-Compétence judiciaire et effets des jugements dans la CEE », Jupiter1985.

GROSSI (S.), « Forum Non Conveniens as a Jurisdictional Doctrine », 75 U. Pitt. L.Rev.1 (2014).

GUILLERME (A.M.), « Retour d'expérience des juristes d'entreprises », in *Le financement du procès par un tiers. Third Party Litigation Funding*, C. Kessedjian (dir.), Panthéon Assas 2012, p.31.

GUINCHARD (S.), « Entre identité nationale et universalisme du droit : L'idée et le processus d'introduction d'un recours collectif en droit français », *inVers de nouveaux équilibres entre ordres juridiques, Liber Amicorum Hélène Gaudemet-Tallon*, Dalloz 1998, p. 295.

HALFMEIER (P.) « Recognition of a WCAM Settlement in Germany », consultable sur: http://papers.ssrn.com/sol3/papers.cfm?abstract_id=2026701

HAMMJE (P.) « Droits fondamentaux et ordre Public », *Rev. crit. DIP. 1997. 1*

HARRIS (J.) « The Recognition and Enforcement of US Class Action Judgments in England », Contr. Impr. Europa, 2006, p. 617.

HARTLEY (T. C.), «The Hague Choice-of-Court-Convention », 31 Euro.L.Rev. 3. 414 (2006).

HAUSFELD (M. D.), « Five Principles of Common Sense Why Foreign Plaintiffs Should be Allowed to Sue Under U.S. Antitrust Laws », 16 Loy. Consumer L. Rev.361 (2004).

HAZARD (G. C.), « The Settlement Black Box », 75 B.U.L.Rev.1257 (1995).

HENRY (L.C.), Redressement et Liquidation judicaires, Jurisclasseur de droit international, Fasc. 310.
HENSLER (D. R.) et PETERSON (M.), « Understanding Mass Personnel Injury litigation: A Socio-legal Analysis, 59 Brook L.Rev.961 (1993).

- A Glass Half full, a Glass Half Empty: The use of Alternative Dispute Resolution in mass personal injury litigation, 73 Tex. L .Rev. 1587 (1995).
- « Third party Financing of Class action Litigation in the United States: Will the Sky fall », consultable sur: https://www.law.stanford.edu/publications/third-party-financing-of-class-action-litigation-in-the-united-states-will-the-sky-fall.
- « Revisiting the Monster: New Myths and Realities of Class Actions and Other Large Scale Litigation », consultable sur: http://scholarship.law.duke.edu/cgi/viewcontent.cgi?article=1197&context=djcil.
- « The future of Mass litigation: Global Class Actions and Third Party Funding », 79 Geo. Wash. L. Rev. 306 (2011).

HESS (B.), «Cross-border Collective Litigation and the Regulation Brussels I », 30 IPRAX. 111 (2010).

- « Collective Redress and the Jurisidictional Model of the Brussels I Regulation», in *Cross-Border Class Actions, The European Way*, A. Nuyts et N. E. Hatzimihail (ed.) , Seller European Law Publishers 2014, p. 60.

HIGGINS (A.) et ZUCKERMAN (A.), « Class actions in England? Efficacy, Autonomy and Proportionality in Collective Redress », Oxford Legal Studies Research Paper n°93/2013, consultable sur: http://papers.ssrn.com/sol3/papers.cfm?abstract_id=2350141.
HODGES (C.), « From Class Action to Collective Redress, A revolution in Approach to Compensation », 28 C. J. Q. 41 (2009).

- « Collective Redress In Europe: The New Model », 29 C. J. Q. 370 (2010).
- Current Discussions on Consumer Redress: Collective Redress and ADR consultable sur: https://link.springer.com/content/pdf/10.1007%2Fs12027-011-0245-5.pdf.
- « Self-Regulation (Jackson Report, code of conduct) », in *le financement du contentieux par un tiers. Thrid Party Litigation Funding*, C. Kessedjian (dir.), Panthéon Assas 2012, p. 152.

HONOTIAU (B.), « Multiple Parties and Multiple Contracts in International Arbitration», in*Multiparty Action in International Arbitration* », Permanent Court of Arbitration, p. 35.
HORTON (D.), « Arbitration and Inalienability: A critique of the Vindication of Rights Doctrine », 60 U. KAN. L. Rev. 723 (2012).
HOWELLS (G.), « Cy Près for Consumers: Ensuring Class Action Reforms Deal with Scattered Damages», *in Mass Justice. Challenges of Representation and Distribution*, J. Steele et W. Van Boom (ed.), p. 58.
HUET (A.), « Clause attributive de juridiction à un tribunal étranger et la loi française de police et de sûreté », (étude du droit commun) », *D. 2009. 684.*

IDOT (L.), « le domaine spatial du droit communautaire des affaires », *TCFDI. 1992-1993, p. 145*

- « La place de l'arbitrage dans la résolution des litiges en droit de la concurrence », *D.2007.2681.*
- « Clause abusive et arbitrage », *Europe - Décembre 2009, n° 12.*

JABLONSKI (S.R.), « Translation and Comment: Enforcing U.S. Punitive Damages Awards in Foreign Courts-A recent Case in the Supreme Court of Spain », 24 J. L. & Com. 225(2005).

JAN VAN DEN BERG (A.), « Consolidated Arbitrations and the 1958 New York Arbitration Convention », 2 Arb. Int'l.L.367 (1986).

- « Consolidated Arbitrations, the New York Arbitration Convention and the Dutch Arbitration Act 1986 – A Replique to Mr. Jarvin », 3 Arb. Int'l. 257 (1987).

JEULAND (E.), « Résolution des litiges », in *Faut-il recodifier le droit de la concurrence*, D. Fenouillet et F. Labarthe (dir.), Economica 2002, p.141.

- « Expérience nationale », in *Les recours collectifs : Etude Comparée,* Société de Législation comparée 2006, p. 296.
- « Quelques questions sur l'action en substitution », in *Mélanges en l'honneur de Serge Guinchard Justices et droit du procès : du légalisme procédural à l'humanisme processuel,* Dalloz 2010, p.752.
- « Substitution ou représentation ? .À propos du projet d'action de groupe », JCP 2013, n°37, p. 927.

JOHNSON (A), « Morrison v National Australia Bank: Foreign Securities and the Jurisdiction to Prescribe », in D. Fairgrieve et E. Lein (ed.), *Extraterritoriality and Collective Redress*, Oxford 2012,

JOHNSON (K.R.), « Multi-jurisdictional and cross border class action: symposium issue: International Human Rights class Actions: New Frontiers for Group litigation », Mich. St. L. Rev.643 (2004).

JONES (C.A.), « Exporting Antitrust Courtrooms to the World: Private enforcement in a Global Market », 16 Loy. Consumer L. Rev. 409(2004).

JOUBERT (N.) « Les règles de conflit spéciales en matière de délits dans le Règlement du 11 juillet 2007 (Rome II) », in *Le Règlement communautaire « Rome II » sur la loi applicable aux obligations non contractuel*les, S. Corneloup et N. Joubert (dir.), p.54

JUENGER (F.K.), « Forum Non Conveniens- Who Need It? », in *Abuse of Procedural Rights: Comparative Standards of Procedural Fairness,* M. Taruffo (dir.), Kluwer Law International, La Haye 1999, p.351.

KAFI-CHERRAT (O.), « La class action s'approche : à propos de la reconnaissance en Belgique des class action settlements américaines (Aff. Lernout & Hauspie) », *J. D. I. 1. 2018. 81.*

KAMERMANN (R.), « Securities Class Actions Abuse: Protecting Small Plaintiffs' Big Money », 29Cardozo. L. Rev. 853 (2007).

KARAYANNI (M.M.) , « The Class Action in Israel and the Value of Having a Representative With a Personal Claim », in *Cross-Border Class Actions, The European Way*, A .Nuyts et N.E. Hatzimihail (éd.), Sellier European Law Publishers, 2014 p. 12.

KARRER (P.A.), « Liberté du tribunal arbitral de conduire la procédure », Bull. CCI 1999/ 1, vol. 10, p.14.

KAUFMANN-KOHLER (G.), « Globalization of Arbitral Procedure », 36 Vand.J. Transnat'l L. 1313 (2003).

- « Qui contrôle l'arbitrage? Autonomie des parties, pouvoirs des arbitres et principe d'efficacité », *in Liber Amicorum Claude Reymond*, Litec 2014, p.153.

KELLMAN (E.), « Enforcement of Judgments and Blocking Statutes: Lewis v. Eliades », Int'l & Comp. L.Q.53.1025 (2004).

KAMERMANN (R.) « Securities Class Actions Abuse: Protecting Small Plaintiffs' Big Money », 29 Cardozo. L. Rev. 853 (2007).

KARA (S.), « Evaluation of the Effectiveness and Efficiency of Collective Redress Mechanisms in the European Union », Final Report-Part 1 : Main report, 26 August 2008, spéc. n° 3-4, consultable sur : http://www.civic-consulting.de/reports/collective%20redress_study.pdf.

KARAYANNI (M.M.) « The Class Action in Israel and the Value of Having a Representative With a Personal Claim », in *Cross-Border Class Actions, The European Way*, A. Nuyts et N. E. Hatzimihail (ed.), Sellier European Law Publishers 2014 p.12.

KARRER (P.A.), « Liberté du tribunal arbitral de conduire la procédure », Bull. CCI 1999/ 1, vol. 10, p. 14.

KAUFMANN-KOHLER (G.), « Globalization of Arbitral Procedure », 36 Vand. J .Transnat'l L. 1313 (2003).

- « Qui contrôle l'arbitrage? Autonomie des parties, pouvoirs des arbitres et principe d'efficacité », in *Liber amicorum Claude Reymond*, Litec 2014, p. 153.

KELLMAN (E.), « Enforcement of Judgments and Blocking Statues: Lewis v. Eliades », Int'l & Comp. L.Q.53.1025 (2004).

KESSEDJIAN (C.), « L'action en justice des associations des consommateurs et d'autres organisations représentatives d'intérêt collectif en Europe », 33 Rivista di Diritto Internazionale Privato e Processuale, p. 281 (1997).

- « Les actions civiles pour violation des droits de l'homme », TCFDIP 2004, p.151
- « La convention de La Haye du 30 Juin 2005 sur l'élection du for », *J.D.I. 2006. 813.*
- « Le droit entre concurrence et coopération », in *Vers de nouveaux équilibres entre ordres juridiques, Liber Amicorum Hélène Gaudemet-Tallon,* Dalloz 2008, p. 12.
- « Les actions collectives en dommages et intérêts pour infraction aux règles communautaires de la concurrence et le droit international privé », in *Liber Fausto Pocar*, G. Venturini et S. Bariatti, (éd.), Giuffrè 2009, tome 2, p.534.
- « The ILA Rio Resolution on Transnational Group Actions », in *Extraterritoriality and Collective Redress*, D. Fairgrieve et E. Lein (ed.), Oxford 2012, p. 233.
- « Le financement du contentieux par un tiers, Third Party Litigation Funding », in *le financement du contentieux par un tiers. Thrid Party Litigation Funding*, C. Kessedjian (dir.), Panthéon Assas, 2012, p. 152.

KIRGIS (P.F.), « The Roberts Court vs. the Regulators: Surveying the next Arbitration Battleground », consultable sur : http://papers.ssrn.com/sol3/papers.cfm?abstract_id=2013554.
KLONOFF (R. H.), « The Decline of Class Actions », 90 Wash. U. L. Rev. 729 (2013).
KNOX (J.H.) « A presumption Against Extrajurisdictionality », Am. J. Int'l. L. 104. 351 (2010).
KOTORLY (M.) et VALASETK (M.), « La Cour suprême se penche sur la relation entre arbitrage, recours collectifs et protection du consommateur », consultable sur : http://www.nortonrose.com.
KOURIS (S.), « Confidentiality : Is International Arbitration Losing One of its Major Benefits? » 22 J. Int'L. Arb. 127 (2005).
KOVAR (R.), « Droit communautaire de la concurrence et arbitrage », in Fouchard, Ph. Kahn et A. Lyon-Caen (éd.), *Le droit des relations économiques internationales, Études offertes à Berthold Goldman*, P. Paris 1982, p.110.
KRAMER (L.), « Choice of Law in Complex Litigation », 71 NYU L. Rev. 574 (1996).
KRAMER (X.E.), «Collective Action and Private International Law Issues in Dutch WCAM Settlements: Global Aspirations and Regional Boundaries », 27 Global Business & Development Law Journal (2014), p. 235.

- Enforcing Mass Settlements in the European Judicial Area: EU Policy and the strange case of Dutch Collective Settlements (WCAM) ». consultable sur : https://papers.ssrn.com/sol3/papers.cfm?abstract_id=2353104.

KREINDLER (S. M.), « Comment: History's Accounting: Liability Issues Surrounding German Companies for the Use of Slave Labor by Their Corporate Forefathers », 18 Dick J. Int'I L. 343 (2000).
KUCK (L.H.) et. LITT (G.A.), « International Class Arbitration», in *World Class Actions: A Guide to Group and Representative Actions around the Globe,* Paul G. Karlsgodt (ed.), p.700.
KUIPERS (J.-J), « Pays-Bas : Règlement collectif du dommage de masse », *R. I. D. C. 2012 .214.*
LACOVARA (P.A.), « Class Action Arbitrations: The challenge for the Busine Community, 24 Arb. Int'l. 541 (2008).
LAING (A.) et MORGAN (E.), « If Part XX111.1 Has a Long Arm, Should It Clutch at Straws? Jurisdictional Aspects of Securities Class Action », consultable sur: https://www.osler.com/uploadedFiles/Our_People/Profiles/M/Advocate%20Society%20Paper--%20Securities%20Symposium%20September%202012%2024421666_1.pdf.
LAFOND (P.-C.) « Le recours collectif et la loi sur la protection du consommateur : complicité, utilité, complémentarité » in *40 ans de droit de la consommation – Bilan et perspectives*, D. Mainguy et M. Depincé (dir.), Faculté de droit et de sciences politique de Montpellier, 2013, p. 47.
LAGARDE (P.) et TENENBAUM (A), « De la convention de Rome au Règlement de Rome I », *Rev. crit. DIP. 2008.727.*
LAGARDE (X.), « Rapport de synthèse », in *Les actions de groupe, implications processuelles et substantielles, (Partie II). RLDC* 2006, p. 81.

LAMPLEY (R. L.) « Is Arbitration Under Attack? Exploring the Recent Judicial Skepticism of the Class Arbitration Waiver and Innovative Solutions to the Unsettled Legal Landscape », 18 Cornell J. L. & Pub.477.

LANDES (W.) et POSNER (R. A.), « Adjudication as a Private Good », consultable sur : http://scholarship.law.duke.edu/cgi/viewcontent.cgi?article=2395&context=faculty_scholarship.

LAZAREFF (S.), « Confidentialité et arbitrage : approche théorique (et même philosophique) », *Bull. Cour CCI, suppl. spécial, 2009. 87.*

LEBOULANGER (P.) « Multi-Contract Arbitration », 13J. Int'l Arb. 43(1996).

LEGG (M. J.), « Judge's Role in Settlement of Representative Proceedings: Lessons from United States Class Actions», 78 A. L. J. 58 (2004).

- Mass settlements in Australia, in *Resolving Mass Disputes ADR and Settlement of Mass Claims, in Resolving Mass Disputes ADR and Settlement of Mass Claims,* C. Hodges et A. Stadler (ed.), p. 175.

LEIN (E), « Jurisdiction and Applicable Law in Cross-Border Mass Litigation », in *Recasting Brussels I*, F. Pocar, I. Viarengo et F. C. Villata (ed.), CEDAM 2012, p.159.

- « Cross-Border Collective Redress and Jurisdiction Under Brussels: A Mismatch », in Collective Redress and Extraterritoriality, D. Fairgrieve et E. Lein (ed.), Oxford 2012, p. 129.

LEMONTEY (J.) et MICHON (N.), « Les « class actions » américaines et leur éventuelle reconnaissance en France », *J. D. I. 2009. 539.*

LESLIE (C. R.), « A Market-Based Approach to Coupon Settlements in Antitrust and Consumer Class Action litigation », 49 U. C. L. A. Rev.991 (2002).

LEVINSON (A. R.), « Lawyering Skills Principles and Methods Offer Insight as to Best Practices for Arbitration », 60 Baylor L. Rev. 101 (2008).

LINDBLOM (H.), « National Report: Group Litigation in Sweden », in Globalization of Class Actions, consultable sur : http://globalclassactions.stanford.edu/sites/default/files/documents/Sweden_National_Repor.pdf.

- « Individual Litigation and Mass justice: A Swedish Proposal of Group Actions in Civil procedure », 45 Am. J. Comp. L. 805 (1997).

LOQUIN (E.), « La responsabilité des fabricants et distributeurs de produits en droit international privé », *in La responsabilité des fabricants et des distributeurs*, Economica 1975, p.229.

- « Les obligations de confidentialité dans l'arbitrage », *Rev. arb. 2006. 323.-*
- « Arbitrabilité et protection des parties faibles », *TCFDI 2005-2006*, p. 135.
- « La convention de La Haye sur la loi applicable à la responsabilité du fait des produits », *J. D. I. 1974. 32.*
- « La règle de conflit générale en matière de délit dans le règlement du 11 Juillet 2007 (Rome II), in S. Corneloup et N. Joubert (dir.), *Le Règlement communautaire « Rome II » sur la loi applicable aux obligations non contractuelle*, p. 35.

LORE (M.), « Mediation by Videoconferencing-Nothing is Lost », consultable sur: www.courtinfo.ca.gov/reference/rfp/documents/pgdmdes.pdf

LOUSSOUARN (Y.), « La Convention de La Haye sur la loi applicable en matière d'accidents de la circulation routière », *J. D. I. 1969. 5.*
LUFF (P.), « Risk Regulation and Regulatory Litigation», 64 Rutgers L. Rev.73 (2011).
MACEY (J. R.) et MILLER (G. P.), « The Plaintiffs' Attorney's Role in Class Action and Derivative Litigation: Economic Analysis and Recommendations for Reform », 58 U. Chi. L. Rev.3 (1991).
MAGNIER (V.), « Présentation du rapport sur les actions de groupe », in *Les actions de groupe. Implications processuelles et substantielles, RLDC* 2006, p. 54.
MAINGUY (D.), « A propos de l'introduction de class action en droit français », *D. 2005. 1282.*
MAISONNEUVE (M.), « Le droit américain de l'arbitrage et la théorie de *l'unconscionability », Rev. arb. 2005. 101.*
MARANGOS (H.), « International Mass Litigation in the UK » in W. H. VAN BOOM et G.WAGNER (eds), *Mass Torts in Europe: Cases and Reflections.*
MARCUS (R.), «America's Dynamic and Extensive Experience with Collective Litigation », *in Resolving Mass Disputes ADR and Settlement of Mass Claims,* C. Hodges et A. Stadler (ed.),(2013),p.148.
MARCUS (R. L.), « Cure-All for an Era of Dispersed Litigation, Toward a Maximalist Use of the Multidistrict Litigation Panel's Transfer Power », 82 Tul. L. Rev. 2245 (2008).
- « Bending in the Breeze: American Class Actions in the Twenty – First Century », 65 DEPAUL L. Rev. 497 (2016).

MARK (W.) et WEIDEMAIER (C.), « Arbitration And the Individuation Critique », 49 Ariz .L. Rev.69 (2007).
MARSHALL (B. R.) «Morrison v. National Australia Bank ltd: a Clear Statement Rule or a Confusing standard », 37 J. Corp. L. 2003 (2011-2012).
MASON (P. E) et NAON (G.-H.), « Video Conferencing in International Arbitration and Mediation Proceedings », consultable sur: https://imimediation.org/private/downloads/r81Jvmv-5sYWac1YtTG94g/videoconferencing-chapter-by-paul-mason.pd, in *International Commercial Arbitration Practice: 21 st Centry Perspective,* P.E. Mason et H. G.-Naon (ed.), Lexis-Nexis Book 2010.
MASTOR (W.) et **RAPP (L.)**, « Vers la fin de la présomption de l'extraterritorialité du droit boursier américain », Revue de droit constitutionnel appliqué, 2010, p.475.
MATOUSSI MOHAMED (S.), « La mise en concurrence des systèmes juridiques nationaux. Réflexions sur l'ambivalence des rapports du droit et de la mondialisation », R. I. D. E. 3. 2001. 251.
MATTEI (U.), « A Theory of Imperial Law: A study on US Hegemony and the Latin Resistance », 10. Ind. J. Global Legal Stud. 383 (2002).
MARCYS (D.), « Flawed but Noble: Desegregation Litigation and its implications for the Modern Class Action», 63 FLA. L. Rev. 657 (2011).
MARSHALL (B.R.), « Morrison v. National Australia Bank Ltd: A Clear Statement Rule or a Confusing Standard », 37 J. Corp. Law. 203 (2011).
MARTIN (R.) « L'action en représentation conjointe de consommateurs », JCP G 1994 I, 3756.

MARTINET (L.) et A. DU CHASTEL, « Du retour de l'action de groupe et du mythe de Sisyphe », *P. A. 2009.6.*
MATOUSEKOVA (M.), « Would French Courts Enforce U.S. Class Action Judgments? », CONTRATTO E IMPRESA (2006), p. 661.
MATTIL (P.) et DESOUTTER (V.), « Le recours collectif européen sous la perspective des droits communautaire et comparé», *RD banc. Fin. 2008 .88.*
MAZEN (N.-J.), « Le recours collectif : réalité québécoise et projet français » *R. I. D. C.1987. 373.*
MCALLISTER (B. P.), « The Big Case: Procedural problems in Antitrust Litigation », 64 Harv. L. Rev. 27 (1950).
MCKENZIE (T. A.), «Toward a Bankruptcy Model for Non-Class Aggregate Litigation», 87 NYU L. Rev. 961 (2012).
MENETREY (S.), « La transparence dans l'arbitrage d'investissement », *Rev. arb. 2012. 33.*
MEYER (P.), « Les clauses relatives à la compétence internationale insérées dans des contrats de travail », *in Mélanges dédiés à Dominique Holleaux*, LGDJ 1990, p. 262.

- « Comparative Analysis of Power of Arbitrators to determine Procedures in Civil and Common Law Systems», in *Planning Efficient Arbitration Proceedings, the Law Application in International Arbitration, International Council for Commercial Arbitration*», A. Jan Van Den Berg (ed.), ICC Congress Series no.7, 1994, p. 25.
- « Droit au procès équitable et conflit de juridictions », in *Les nouveaux développement du procès équitable au sens de la Convention européenne des droits de l'homme*, Bruylant 1996, p. 125.
- « La convention européenne des droits de l'homme et l'application des normes étrangères, *Rev. Crit .Dip .1991. 651.*
- « La notion de coordination et le conflit de juridictions », in *Les nouvelles formes de coordination des justices étatiques*, E. Pataut, S. Bollée, L. Cadiet et E. Jeuland (dir.), IRJS 2013, p. 3.

MICHAELS (R), « The New European choice of-Law Revolution », 82 Tul. L.Rev. 1607 (2008).

- « Global Problems in Domestic Courts », in *The Law of the Future and The Future of Law*, S. Muller, S. Zouridis, M. Frishman et L. Kistemaker (ed.), FICHL Publication Series No.11 (2011), p. 165.
- « European Class Actions and Applicable Law », in *Cross-Border Class Actions : The European Way* », A. Nuyts et N.E.Hatzimihail (ed.), Sellier European law publishers2014, p. 111.

MILLER (G. P.) et SINGER (L. S.), « Non-pecuniary Class Action Settlements », 60 Law §Contemp. Probs. 97 (1997).
MILLS (A.), « The Application of Multiple Laws Under the Rome II Regulation », in J. Ahern, et W. Binchy (ed.), *the Rome II Regulation on the Law Applicable to Non-contractual Obligations: A New International Litigation Regime*, Matrinus Nijhoff 2009, p.133.
MILLER (A.R.) et CRUMP (D.), « Jurisdiction and choice of Law in Multistate Class Actions After Philipps Petroleum Co. v. Shutts » 96 Yale L.J.1 (1986).

MISTELLIS (L.), « Confidentiality and Third Party Participation, UPS v. Canada and Methanex Corporation v. United States », 21 Arb.Int.211 (2005).

MONAGHAN (H.P.), « Anti-suit Injunctions and Preclusions against Absent Non-resident Class Member » 98 Colum.L.Rev.5.1148 (1998).

MONESTIER (T.), « Personal Jurisdiction over Non-Resident Class Members: Have We Gone Down the Wrong Road », 45 Tex.Int'L.J.537 (2010).

- « Is Canada the New Shangri-La of Global Securities Class Action», 32 Nw. J. Int'l L. & Bus.305 (2012).

MORABITO (V.), « An Australian Perspective on Class Action Settlements », 69 M. L. R. 347 (2006).

- « Clashing Classes Down Under- Evaluating Australia's Competing Class Actions Through Empirical and Comparative Perspective », 27 Conn. J. Int'l L. 245(2012).

MORIN (A), « Les actions collectives transfrontières, Rapport Français », *in Les actions collectives transfrontières des organisations de consommateur. Droit international et droit du marché intérieur*, B. STAUDER (éd.), 1997, p. 69.

MORRIS (J.) « The proper law of the tort », Harv. Law. Rev. 882. 1951 (1964).

MUIR WATT (H.), « Propos liminaires sur le prestige du modèle américain », *Arch. Phil. Droit. 2001. 29.*

- « L'affaire Lloyd's : globalisation des marchés et contentieux contractuel *», Rev. crit. DIP. 2002.509.*

- « Privatisation du contentieux des droits de l'homme et vocation universelle du juge américain: Réflexions à partir des actions en justice des victimes de l'Holocauste devant les tribunaux des États-Unis », *R. I. D. C. 2003. 884.*

- *« Concurrence d'ordres juridiques et conflits de lois de droit privé », in Le droit international privé, esprit et méthodes, Mélanges en l'Honneur de Paul Lagarde,* Dalloz 2005, p. *615.*

- « La régulation de l'économie globale et l'émergence des compétences déléguées : sur le droit international privé des actions de groupe», *Rev. crit. Dip. 2008. 581.*

- « Rome II et les intérêts gouvernementaux : Pour une lecture fonctionnaliste du nouveau Règlement du conflits de lois en matière délictuelle » in *le Règlement communautaire « Rome II » sur la loi applicable aux obligations non contractuelles*, S. Corneloup et N. Joubert (dir.), Paris 2008, p.130.

- Reshaping Private International Law in a changing World », Guest Editorial 2008, consultable sur :http://conflictoflaws.net/2008/guest-editorial-muir-watt-on-reshaping-private-international-law-in-a-changing-world/.

- « Economie de la justice et arbitrage international (Réflexions sur la gouvernance privée dans la globalisation », *Rev. arb. 2008. 389.*

- « Refus d'une class action aux États-Unis de demandeurs étrangers contre des défendeurs étrangers », *Rev. crit. DIP. 2010*

- «Brussels I and Aggregate Litigation or the Case for Redesigning the Common judicial Area in Order to Respond to the Changing Dynamics Functions and Structures in Contemporary Adjudication and Litigation », 2 IPRAX. 111 (2010).I

- Note cour d'appel fédérale du District de Columbia (Etats-Unis) et cour d'appel fédérale du Septième Circuits (Etats-Unis), *Rev. crit .DIP. 2011.898.*

- The trouble with Cross-Border Collective Redress: Issues and Difficulties » in « *Collective redress and Extraterritoriality*, D. Fairgrieve et E. Lein (éd.), Oxford 2012, p. 119.

- Compétence fédérale américaine au sens de L'Alien Tort Statute », *Rev. crit. DIP. 2014. 851.*

- « Commentaire de l'arrêt Kiobel v.Royal Dutch Petroleum Co. », *Rev. crit. DIP. 99. 2010*

- « La politique de la cour de cassation en matière internationale : économie de la justice et droit international privé », consultable sur : https://www.courdecassation.fr/IMG/File/pdf_2006/conference_18_09_06/18-09-06_muir-watt.pdf.

- « Facebook face au consommateur « professionnel » », *Rev. crit. DIP. 2018. 595*

MUIR WATT (H.) et RADICATI DI BROZOLO (L.), « Party Autonomy and Mandatory Rules in a Global World », *Global Jurist Advances, 2004, vol.4, issue 1, art.2.*

MULHERON (R.), « Reform of collective Redress in England and Wales: A perspective of Need. A Research paper for submission to the Civil Justice Council of England and Wales », 2008, consultable sur :https://www.judiciary.gov.uk/wp-content/uploads/JCO/Documents/CJC/Publications/Other+papers/reform-of-collective-redress.pdf.

- « The Case for an Opt-Out Class Action for European Member States. A Legal and Empirical Analysis », 15 Colum.J.Eur.L.409 (2009).

- « In Defence of the Requirement for foreign class members to opt in an English class action », in *Extraterritoriality and Collective Redress*, D. Fairgrieve et E. Lein (éd.), Oxford 2012, p. 363.

MULLENIX (L. S.), « Arbitrating Federal Antitrust Claims, Class Action Waivers, and the 'Effective Vindication' Rule », University of Texas Law Public Research Paper No. 349, consultable sur :http://papers.ssrn.com/sol3/papers.cfm?abstract_id=2218022.

- « Round five and Down for The count? Class Arbitration on the Ropes – Again», University of Texas Law, Public Law Research Paper No.396, consultable sur: http://papers.ssrn.com/sol3/results.cfm?RequestTimeout=50000000.

- « Ending Class Actions as we Know Them: « Rethinking the American Class Action », 64 EMPORY. L. J. 399 (2014).

MULLER (C.), « La confidentialité en arbitrage commercial international: un trompe-l'œil », 23 *ASA Bull. 2. 216.*

MURPHY (B.) et CAMERON (C.), « Access to Justice and the Evolution of Class Action Litigation in Australia », 30 M.U.L.R.399 (2006).
MUSELLA (A.) et PEDONE (P.), « Clause compromissoire et droit de l'Union, une nouvelle étape en faveur du consommateur », *Cah. arb. 2010. 2471.*
NAGAREDA (R.), « Bootstrapping in Choice of Law after the Class Action Fairness Act », 74 UMKC L. Rev. 661 (2006).

- « Aggregate Litigation Across the Atlantic and the Future of American Exceptionalism », 62 Vand. L. Rev.1 (2009).

NARIMAN (F. S.), « Standards of Behavior of Arbitrators », 4 Arb. Int'l. 311(1998).
NATER-BASS (G.), « Class Action Arbitration, A New Challenge », 27 ASA Bulletin, p. 671.
NIBOYET (M.-L.), « L'harmonisation européenne en matière d'actions en cessation transfrontière : un exemple concluant d'intervention du droit communautaire dans les relations de droit international privé » *Gaz. Pal.* 2000, n °61 à 62.

- « La globalisation du procès civil international dans l'espace judiciaire et européen et mondiale », *J. D. I. 2006. 937.*
- « Contre le dogme de la lex fori en matière de procédure, in Mélanges Gaudemet-Tallon, Dalloz 2008, p.363.

NOLL (D. L.), « The New Conflicts Law », 2 S. J.C .L. 42 (2014).
NOURISSAT(C.), « L'avenir des clauses attributives de juridiction d'après le règlement « Bruxelles I bis », in *Mélanges en l'honneur du professeur Bernard Audit : Les relations privées internationales*, LGDJ 2014, p. 567.
NUYTS (A.), « The Consolidation of Collective Claims Under Brussels I », in *Cross-Border Class Actions, The European Way*, A. Nuyts et N. E. Hatzimihail (ed.), Sellier European Law Publishers 2014,p.69.

- « Bruxelles I bis : présentation des nouvelles règles sur la compétence et l'exécution des décisions en matière civile et commerciale », in *A. NUYTS (coord.), Actualités en droit international privé*, coll.UB3, Bruxelles, Bruylant, 2013.

PAINTER (R. W.), DUNHAM (D.) et QUACKENBOS (E.), « When Courts and Congress Don't Say What they mean: Initial Reactions to Morrison v. National Australia Bank and to the Extraterritorial Jurisdiction Provisions of the Dodd-Frank Act », consultable sur : http://papers.ssrn.com/sol3/papers.cfm?abstract_id=1662590.
PARK (W. W.) « Arbitration in Autumn », 2 J. Int'l Disp. Settlement (2011), p.297.

- « La jurisprudence américaine en matière de «class arbitration » : entre débat politique et technique juridique », *Rev. arb. 2012. 507.*

PATAUT (E.), « Déni de justice et compétence internationale dans les litiges internationaux du travail », *D. 2016. 1175.*
PATRICK GLENN (H.), « Le recours collectif, le droit civil et la justice sociale », *R. D. U. S. 1998/1999. 39.*
PETERSON (L. E.), « Majority Opinion in ICSID Bondholders Claim Has Broader Lessons for Defaulting Sovereigns, Fractured Tribunals, Shareholder Groupings, and Would-Be Claimants Needing Help Getting ICSID Claims Registred », *in* Investment Arbitration reporter, Aug. 19.2011, consultable sur: http://www.iareporter.com/articles/201108192.

PFERSMANN (O.), « Propos introductifs, existe-t-il véritablement une concurrence des systèmes juridiques ? » in J. Du bois et F. Ferrand (dir.), *La concurrence des systèmes juridiques*, Acte de colloque de Lyon de 20 octobre 2006, PUAM 2008, p. 35
PERUZZETTO (P.) et LAWNICKA (D.), « Relevance of the Distinction between Contractual and Non-Contractual spheres (Jurisdiction and Applicable Law)», in *International Antitrust Litigation, Conflict of laws and Coordination,* J. Basedow, S.Francq et L.Idot (ed.), Hart Publishing 2012, p. 131.
PICHÉ (C.), « The cultural analysis of Class Action Law», 2 J.Civ.L.Stud.102 (2009).
PIETRINI (S.), « L'introduction d'une action de groupe en droit de la concurrence », *Gaz. Pal. 2013. 21.*
PINNA (A.), « Multinational Corporations and U.S Class Action Procédures (Les groupe internationaux de sociétés face aux class actions américaines)», in Groupes Internationaux de sociétés : nouveaux défis, nouveaux dangers, X. Boucobza et G. Mecarelli (éd.), Economica 2007.

- Recognition and Res Judicata of US Class Action Judgments in European Legal Systems », 1 Erasmus L.Rev.31 (2008).

PIRONON (V.), « Concurrence déloyale et actes restreignant la libre concurrence », *in Le Règlement communautaire « Rome II » sur la loi applicable aux obligations non contractuelles*, S. Corneloup et N. Joubert (dir.), p.130.
PISANI (H.) « Les *class actions,* Réflexions d'un spectateur engagé » (1e Partie*), RTDF 2009, p. 64.*
POSNAK (B.), « The Court Doesn't Know Its Asahi from Its Wortman: A Critical View of the Constitutional Constraints of Jurisdiction and Choice of Law», 41 Syracuse L. Rev. 875 (1991).
POLAK (R.), « Approval of International Class Actions Settlements in the Netherlands », in *The International Comparative Legal Guide to Class & Group Actions 2009 - A practical Insight to Cross-Border Class and Group Actions Work, London, Global Legal Group 2009*, p. 11.
POLINSKY (A.M.) et SHAVELL (S.), « The theory of Public Enforcement of Law», consultable sur : http://www.law.harvard.edu/faculty/shavell/pdf/07-Polinsky-Shavell-Public%20Enforcement%20of%20Law-Hdbk%20LE.pdf.
POSNOW-WURM (M.), « Recours collectifs et conflits de juridictions en droit de L'Union Européenne », *Rev. dr. U .L. B. 2010. 15.*

POWELL (A.) et BALES (R.A.), « Ethical Problems in Class Arbitration », J. Disp. Resol. 309 (2011).
PRIBETIC (I.), « The Hague Convention on Choice of Court Agreements», The Globetrotter, Volume 10, No. 1, p.1.
PRIEST (G.-L.), « Procedural Versus Substantive Controls of Mass Tort Class Actions», 26 J. LEGAL STUD. 521 (1997).
PRIETO (C.), « Les enseignements de l'expérience américaine en matière de *private enforcement* », Concurrence, n°4-2008, p. 50.

- « Recours collectifs : une quête d'harmonisation au sein de la Commission européenne », *RTD eur. 2011.1.*

RACINE (J.-B.), « Droit économique et lois de police », *R. I. D.E. 2010. 142.*
RADICATI DI BROZOLO (L.G.), « Mondialisation, Juridiction, Arbitrage: Vers des règles d'application « semi-nécessaire», *Rev. Crit. Dip. 2003. 1* .

- « Antitrust: A paradigm of The Relations between Arbitration and Mandatory Rules - A fresh Look at the Second Look », 17 Int'l .Arb. L. Rev. 23 (2004).

RAPP (L.) et MASTOR (W.), « Wall Street 2: Vers la fin de la présomption de l'extraterritorialité du droit boursier américain », Constitutions 2010, p . 475.
RAU (A. S.), « Arbitral Power and the Limits of Contract: The New Trilogy», 22 Am.Rev.Int'l.Arb.435 (2011).

- « Disputes with Non-Signatories and "Consent" to Arbitral Jurisdiction, », in *Multiparty Action in International Arbitration* », Permanent Court of Arbitration, p.69.

RESNIK (J.), « Litigating and Settling Class Actions: The Prerequisites of Entry and Exit », 30 U. C. Davis L. Rev. 835 (1997).
REYNOLDS (W. L.), « The Proper Forum for a Suit: Transnational Forum Non Conveniens and Counter-Suit Injunctions in the Federal Courts », 70 Tex. L. Rev. 1663 (1992).
RODRIGUEZ (K.), « Du nouveau dans le droit d'agir en France des associations étrangères, Note sous Cour de cassation (crim.), 1er décembre 2015, n° 14-80.394 », *Rev. Soc. 2016. 460.*
ROMY (I.), « Class actions américaines et droit international privé Suisse », PJA, p. 783.
ROTHSTEIN (B.J.) et **WILLGING (T.E.**), Federal Judicial Center, Managing Class Actions litigation: A pocket Guide for Judges, Third edition, consultable sur : http://www.fjc.gov/public/pdf.nsf/lookup/ClassGd3.pdf/$file/ClassGd3.pdf.
RUBENSTEIN (W. B.), « On What a "Private Attorney General" Is- and Why It Matters», 57 Vand. L. Rev. 2129 (2004).
RUGGIE (J.G.), « Obstacles to Justice and Redress for Victims of Corporate Human Rights Abuse », University of Oxford, consultable sur: http://ohrh.law.ox.ac.uk/obstacles-to-justice-and-redress-for-victims-of-corporate-human-rights-abuse/.

- « Business and Human Rights: The Evolving Agenda, Corporate Social Responsibility Initiative » Working Paper No.31, consultable sur : http://www.hks.harvard.edu/m-rcbg/CSRI/publications/workingpaper_38_ruggie.pdf

RUSKOLA (T.), « Conceptualizing Corporations and Kinship: Comparative Law and Development Theory in a Chinese perspective », 52 STAN. L. Rev. 1599 (2000).
RUSSELL (T. L.), « Exporting Class Actions to the European Union », 28 B. U. Int'L. 177 (2010).
RYNGAERT (C.), « Tort Litigation in Respect of Overseas Violations of Environmental Law Committed by Corporations: Lessons from Akpan v Shell Litigation in the Netherlands », consultable sur: https://www.mcgill.ca/jsdlp/files/jsdlp/jsdlp_2013_volume_8_issue_2_245_260.pdf.
SAUMIER (G.), « Forum Non Conveniens: Where Are We Now », 12 Supreme Court Law Review, p. 121 (2000).

- « USA-CANADA Class Actions: Trading in Procedural Fairness », 5 Global Jurist Advances 1 (2005), p.18.
- « Consumer Arbitration in the Evolving Canadian Landscape », Penn St. L. Rev.1203 (2009).

SAUSSINE (L. P.), « Quelle place pour les *class actions* dans le règlement de Bruxelles I », JCP. G, n°20, 16 mai 2011, p. 992.

SCHNEIDER (B.) et **H.HEPPNER (H.)**, « Germany-Class and Group Actions 2015 », consultable sur: http://docplayer.net/496237-Class-group-actions-2015.html.

SCOTT (V.), « Access to Justice and Choice of Law Issues in Multi-Jurisdictional Class Actions in Canada», 43 Ottawa L. Rev. 2012.233.

SCHAACK (B.V.), « Unfilled Promise: The Human Rights Class Action », U. Chi. Legal F.279 (2003).

SCHĂFER (E.), «Videoconferencing in Arbitration », 14(1) ICC Bull.35 (2003).

SCHMITZ (A.J.), « Ending a Mud Bowl: Defining Arbitration's Finality through Functional Analysis », 37 Georgia L. Rev.123 (2002).

SCHNEIDER (B.) et HEPPNER (H.), « Germany-Class and Group Actions 2015», consultable sur: http://docplayer.net/496237-Class-group-actions-2015.html

SCHREIBER (S.) et O. BOULON (O.), « Le contentieux boursier né de la crise financière en France et aux États-Unis », consultable sur : https://www.skadden.com/insights/le-contentieux-boursier-n%C3%A9-de-la-crise-financi%C3%A8re-en-france-et-aux-etats-unis.

SCHUCK (P.H), « Mass torts: An institutional Evolutionist Perspective », 80 Cornell L. Rev .941 (1995).

SCHULZ (A.), « The Hague Convention of 30 June 2005 on Choice of Court Agreements», 2 J Priv Int'l L. 243 (2006).

SCHWARTZ (D.S.), « If You Love Arbitration, Set it Free: How "Mandatory "Undermines Arbitration », 8 Nev.L.J.401 (2007).

SEDLER (A.), « The complex Litigation Project's Proposal for federally-Mandated choice of Law in Mass Tort Cases: Another Assault on State Sovereignty », 54 La. L. Rev. 1085 (1994).

SEDLER (A.) et TWERSKI (A.D.) « The Case Against All Encompassing Mass Tort Legislation: Sacrifice Without Gain », 73 Marq. L. Rev.76 (1989).

SELZNICK (P.) «Focusing Organizational Research on Regulation », *in Regulatory Policy and the Social Sciences*, R. G. NOLL (ed.), Berkeley, University of California Press 1985, p. 363.

SERAGLINI (C.), « Les effets en France des actions de groupe étrangères », *TCFDIP* 2008-2010, Pedone 2011, p.157.

SHAPIRO (D.L), « The Class as Party and Client », *73* Notre Dame L. Rev.913 (1998).

SHEINKOPF (L.) et **ROWLEY (K.A.), «** Forum Non Conveniens in Federal Statutory Cases », 49 Empory L. J. 1137 (2000).

SHORT (A. K.), « Is the Alien tort Act Sacrosanct? Retaining *Forum Non Conveniens* in Human Rights Litigation », 33 N.Y.U.J.INT'I L. & Pol. 1001(2000-2001).

SILBERMAN (L. J.), « The Impact of Jurisdictional Rules and Recognition Practice on International Business Transactions, the US Regime », 26 Houston J. Int'l. 327 (2004).

- « The Role of Choice of Law in National Class Actions », 156 U. Pa. L. Rev. 2001 (2008).
- « Morrison v. National Australia Bank: Implications for Global Securities Class Action », Swiss Year Bank of Private International Law, 2010, consultable sur: http://papers.ssrn.com/sol3/papers.cfm?abstract_id=1864786,
- « Morrison v. National Australia Bank: Implications for Global Securities Class Actions », in *Extraterritoriality and Collective Redress*, Fairgrieve et E. Lein (ed.), Oxford 2012, p. 363.

SIMON (W.), «Class Actions- Useful Tool or Engine of Destruction», 55 F.R.D.375 (1973).

SINOPLI (L.) MESLIN (S.) et P. FOURNEIR (P.), «Action de groupe et procès équitable, *in Les actions de groupe. Implication processuelles et substantielles (Partie I)*, RLDC 2006, p.32.

SMITH (H.), «Class Actions and Their Waiver in Arbitration », 15 Am. Rev. Int'l Arb. 199(2004).

- «Does a Silent Arbitration Clause Preclude a Class Action, the Supreme Court View », 20 Am. Rev. Int'l Arb.461 (2009).

SORABJI (J.), NAPIER (M.), *Improving Access to Justice through Collective Actions-Developing a More Efficient and Effective Procedure for Collective Actions, A Series of Recommendation to the Lord Chancellor, Civil Justice council*, Juillet 2008, consultable sur : https://www.ucl.ac.uk/laws/judicial-institute/files/Improving_Access_to_Justice_through_Collective_Actions_-_final_report.pdf,

SPENCER (A.B.), «Jurisdiction to Adjudicate: A Suggested Analysis», 79 Harv.L.Rev.1121 (1966).

SPIER (K. E.), « The Use of Most-Favored-Nation Clauses in Settlement of Litigation », 34 RAND J. Econ. 78 (2003).

STADLER (A) « Cross-Border mass litigation: a particular challenge for European Law », in *Mass justice: Challenges of Representation and Distribution*, J. Steele et W. H. Van Boom(éd.) , 2011, p.73

- « Conflicts of laws in Multinational Collective Actions-A judicial nightmare? », in *Extraterritoriality and Collective Redress*, D. Fairgrieve et E. Lein (éd.), Oxford 2012 p.191

STEFANELLI (J.N.), « Parallel Litigation and Cross-Border Collective Actions Under the Brussels I Framework: Lessons From Abroad », *in Extraterritoriality and Collective Redress* », Fairgrieve et E. Lein (éd.), Oxford 2012, p.119.

STEIN (A.R.), « Forum Non Conveniens and the Redundancy of Court-Access Doctrine, 133 U. PA. L. Rev.781 (1985).

STEPHENS (B.), « The Amorality of Profit: Transnational Corporations and Human Rights », 20 Berk. J. Int'L Law.45 (2002).

STERNLIGHT (J.R.), « Should an Arbitration Provision Trump the Class Action? No: Permitting Companies to Skirt Class Actions through Mandatory Arbitration Would be Dangerous and Unwise », Disp. Resol. Mag. 13 (2002).

STERNLIGHT (J.R.) et **JENSEN (E. J.)**, « Using Arbitration to Eliminate Consumer Class Actions: Efficient Business Practice or Unconscionable Abuse? », 2004 Law & Contemp. Probs.75 (2004).

STFIRNER (M.), « Model Case Proceedings in the Capital Markets Tentative Steps towards Group Litigation in Germany» 26 C.J.Q. 250 (2007).

STIPANOWICH (T.J.), « The Third Arbitration Trilogy: Stolt-Nielsen, Rent-A-Center, Concepcion and the Future of American Arbitration», consultable sur : https://www.aryme.com/docs/adr/2-4-161/2011_us_thomas_stipanowich_third_arbitration_trilogy.pdf.

- «Punitive Damages and the Consumerization of Arbitration », 92 NW. U. L. REV. 1 (1997).

STRONG (S.I.), « Enforcing Class Arbitration in the International Sphere: Due process and Public Policy Concerns », 30 U. Pa. J. Int'l L.1 (2008).

- «The Sounds of Silence: Are U.S. Arbitrators Creating Internationally Enforceable Awards When Ordering Class Arbitration in Cases of Contractual Silence or Ambiguity », 30 Mich. J. Int'l L. 1017 (2009).
- « Class arbitration Outside the United States : Reading the Tea Leaves », DOSSIER VII: ARBITRATION AND MULTIPARTY CONTRACTS (ICC Institute of World Business Law 2010), consultable sur : http://papers.ssrn.com/sol3/papers.cfm?abstract_id=1517272.
- From Class to Collective, the De-Americanization of Class Arbitration», University of Missouri School of Law Legal Studies Research Paper No.2012-16, consultable sur: http://papers.ssrn.com/sol3/papers.cfm?abstract_id=1656511
- « Collective Arbitration Under the DIS Supplementary Rules for Corporate Law Disputes: A European Form of Class Arbitration? », 29 ASA Bulletin, p.145, (2011).
- « Class and Collective Relief in the Cross-border Context Strong, A Possible Role for the Permanent Court of Arbitration » (2011), University of Missouri School of Law Legal Studies Research Paper No.2011-16, consultable sur http://papers.ssrn.com/sol3/papers.cfm?abstract_id=1866326
- « Does Class Arbitration Change « the nature » of Arbitration? Stolt-Nielsen, AT&T and a Return to First Principles », 17 Harv. Negot. L. Rev. 201(2012).
- « Regulatory Litigation in the European Union: Does the U.S. Class Action have a new Analogue? » *88 Notre Dame L. Rev. 899* (2012).
- « Resolving Mass Legal Disputes through Class Arbitration: The United States and Canada Compared », 37 N.C. J. Int'l L. & Com. Reg. 921 (2012).
- « Mass Torts and Arbitration, Lessons from Abaclat v. Argentine Republic », University of Missouri School of Law Legal Studies Research Paper No.2012-15, consultable sur: http://ssrn.com/abstract=2064832.
- « Mass Procedures in Abaclat v. Argentine Republic: Are They Consistent With the International Investment Regime? », University of Missouri School of Law Legal Studies Research Paper No.2012-17, consultable sur: http://ssrn.com/abstract=2083219;

- « Collective Consumer Arbitration in Spain: A Civil Law Response to US-Style Class Arbitration », 30 J. int'L Arb.495. (2013).
- « Class, Mass and Collective Arbitration in National and International Law », University of Missouri School of Law Legal Studies *Research, Paper No.2012-35,* consultable sur: http://ssrn.com/abstract=2185084.
- « Heir of Abaclat? Mass and Multiparty Proceedings », 29 ICSID Review-Foreign Investment Law Journal (2014).

STUART CLARK (S.) et HARRIS (C.), «Multi-Plaintiff Litigation in Australia: A Comparative Perspective», 11 Duke J. Comp. Int'L. 289 (2001).

STÛRNER (R.), « Règles transnationales de procédure civile ? Quelques remarques d'un européen sur un nouveau projet commun de l'American Law Institute et d'Unidroit », *R. I. D .C. 2000. 845*

- « International Class Actions from a German Point of View», *in Current Topics of International Litigation,* R. Stûrner et M. Kawano (ed.), Mohor Siebeck 2009, p.107.

STUYCK (J.), « Class Actions in Europe? To Opt in or to Opt out, that is the Question», 2009 Eur. Bus. L. Rev. 483.

SWANSON (S.R.), « The Vexatiousness of a Vexation Rule : International Comity and Antisuit Injunctions », 30 Geo. Wash. J. Int'I L.& Econ. 1(1996).

SZALAI (I. S.), « Aggregate Dispute Resolution: Class and Labor Arbitration », 13 Harv. Negotiation L. Rev. 399 (2008).

TAN (D.), « Anti-Suit Injunctions and the Vexing Problem of Comity », 84 Va. J. Int'l L. 284 (2005).

TANG (Z.S), « Consumer Collective Redress in European Private International Law », 7 J. Priv.Int'l. L 101(2011).

TANSLEY (P.), « South African Sillicosis Litigation in London. A Case Study », in W. H. VAM BOOM et G.WAGNER (eds), *Mass Torts in Europe: Case studies.*

TEITZ (L.E.), « Both Sides of the Coin: A Decade of Parallel Proceedings and Enforcement of Foreign Judgments in Transnational Litigation », 10 Roger Williams University Law Review, p.1 (2004).

- «The Hague Choice of Court Convention : Validating Party Autonomy and Providing an Alternative to Arbitration», 3 Am. U. Int'l L.543(2005).
- « Complexity and Aggregation in the Choice of Law: An introduction to the Landscape », 14 RWUL. Rev.1 (2009).

TELLER (M.) et **BARBIER (H.)**, « La comparaison de l'activité du financier de contentieux avec l'assureur et l'établissement du crédit », in C. Kessedjian (dir.), *Le financement du contentieux par un tiers. Thrid Party Litigation Funding,* Panthéon Assas 2012, p.22.

TENAI (S.) et SAINT-MARTIN (N.), « Third Party Funding of Class Actions » consultable sur : http://www.nortonrosefulbright.com/files/third-party-funding-of-class-actions-pdf-199kb-52204.pdf,

TERCIER (T.), « L'indemnisation des préjudices causés par des catastrophes en droit suisse », *RDS. 1990. 73.*

TIEBOUT (C. M.), « A Pure Theory of Local Expenditures », 64 J. Pol. Econ.416 (1956).
TZAKAS (P.), « Effective Collective Redress in Antitrust and Consumer Protection Matters: A Panacea or Chimera », CML. Rev. 2001. 1125.
TZANKOVA (I.), « Costs and Funding of Mass disputes: Case study- The Netherlands », consultable sur: : http://www.masonlec.org/site/files/2011/09/Tzankova-Revised-Draftw-cover.pdf.
TZANKOVA (I.) et VAN LITH (H.), « Class Actions and Class Settlements Going Global: the Netherlands», in *Collective Redress and Extraterritoriality*, D. Fairgrieve et E. Lein (ed.), Oxford 2012, p.119.
USUNIER (L.), *Action en justice*, Rép. Int. Dalloz, Juin 2014.

- Feu la compétence universelle du juge américain pour connaître des atteintes aux droits fondamentaux garantis par le droit international», RTD Civ. 2014. 34.
- Droit d'agir en justice et actions de groupe transnationales », in *Mélanges en l'honneur du professeur Bernard Audit : les relations privées internationales*, ouvrage réalisé à l'initiative de Louis d'Avout, Dominique Bureau, Horatia Muir-Watt , LGDJ 2014.

VALASEK (M. J.), « La Cour Suprême se penche sur la relation entre arbitrage, recours collectif et protection du consommateur », consultable sur : http://www.nortonrosefulbright.com/centre-du-savoir/publications/45887/la-cour-supreme-se-penche-sur-la-relation-entre-arbitrage-recours-collectif-et-protection-du-consommateur.
VAREILLE SOMMIÈRES (P.), « La responsabilité civile dans la proposition de règlement communautaire sur la loi applicable aux obligations non contractuelles » ("Rome II"), in *Les conflits de lois et le système juridique communautaire*, A. Fuchs, H. Muir Watt et E. Pataut (dir.), Dalloz 2004, p.185.
VÁSQUEZ (M.), « Things We Do with Presumptions: Reflections on Kiobel v. Royal Dutch Petroleum », 86 NOTRE DAME L. REV. 1719 (2014).
VELJANOVSKI (C.), «Third-party Litigation in Europe », 8 J. L. Econ.&Pol'y. 405 (2012).
VENTORUZZO (M.), « Like Moths to a Flame? International Securities Litigation after Morrison: Correcting the Supreme Court's 'Transaction Test», Virginia J .Int'L. 405 (2012).
VERPEAUX (M.), « Un système de Class Actions peut-il être entériné dans la Constitution ? », *D. 2007. 258.*
VINEY (G.), « L'influence de l'admission d'une action de groupe sur la réparation des atteintes aux intérêts collectifs », *in Action de groupe et droit des affaires, in Les actions de groupe. Implications processuelles et substantielles (Partie II), RLDC* 2006, p. 60.
VLAS (P.), « The Hague Convention on Choice of Court Agreements in Dutch Perspective » in *Crossing Borders. Essays in European and Private International Law, Nationality Law and Islamic Law in Honour of Frans van der Velden,* Kluwer Deventer 2006, p.85.

VON MEHREN (A. T.), « Recognition and Enforcement of Foreign Judgments: A New Approach for the Hague Conference? », 57 Law and Contemporary Problems, (Summer 1994), p.271.

WALKINSHAW (F.) « Expérience nationale : La Grande-Bretagne, Group litigation in England And Wales, in *Les recours collectifs, étude compare. Journée d'études du 27 Janvier 2006, Colloques, Volume 5*, Société de législation comparée.

WALTER (G.), « Mass Tort Litigation in Germany and Switzerland». 11 Duke J. Comp. &Int'l L. 369 (2001).

WARE (S.J.), « Punitive Damages in Arbitration: Contracting Out of Government's Role in Punishment and Federal Preemption of State Law », 63 Fordh. L. Rev. 529 (1994).

WASSERMAN (R.), « Transnational Class Actions and Interjurisdictional Preclusion », 86 Notre Dame L. Rev. 313(2011).

- « Legal Process in a Box, or what class action waivers teach us about law making », 44 Loy. U. Chi. L. J. 391(2012).

WEIKEL (B.), **NESSEL (J.)** **et COHEN (L.)**, « Kiobel v. Shell : Supreme Court Limits Courts' Ability to Hear Claims of Human Rights Abuses Committed Aboard », consultable sur: http://cja.org/kiobel-v-shell-supreme-court-limits-courts-ability-to-hear-claims-of-human-rights-abuses-committed-abroad.

WEINTRAUB (R. J.), « When and How to Demagnetise Magnet Forums », 12 K. C. L. J. 195 (2001).

- « Choice of Law For Products Liability: Demagnetizing the United States Forum » , 52 ARK.L.Rev.157 (1999).
- « Introduction to Symposium on International Forum Shopping », 37 Tex. Int'l L. J.463 (2002).

WHYTOCK (C. A.), « Politics and the Rule of Law in Transnational Judicial

WHYTOCK (C. A.) et **CHILDRESS (D.)**, « Foreword: After Kiobel-International Huma Rights Litgation in State Courts and Under State Law», 3 U.C. Irvine L. Rev. 1 (2013).

- « Politics and the Rule of Law in Transnational Judicial

WHYTOCK (C.A.) et **QUINTANILLA (M.S.)**, « The New Multipolarity in Transnational Litigation: Foreign Courts, Foreign Judgments and Foreign Law » 18 Sw. J. Int'L. 31 (2012).

WIESSNER (S.), « Democratizing International Arbitration? Mass Claims Proceedings in *Abaclat v.Argentina* », 1 Journal of International and Comparative Law, p.55 (2014); consultable sur :http://papers.ssrn.com/sol3/papers.cfm?abstract_id=2471271;

WILLIAM (P.), « La jurisprudence américaine en matière de class arbitration, entre débat politique et technicité juridique », *Rev. arb. 2012. 507.*

WOOD (J.) « Opening the Door to Justice: Amending the Federal Arbitration Act to Remedy the Unjust Use of Pre-dispute Arbitration Agreements », consultable sur: https://papers.ssrn.com/sol3/papers.cfm?abstract_id=2014428.

WOOLLEY (P.), « Collateral Attack and the Role of Adequate Representation in Class Suits for Money Damages», 58 Kansas L. Rev. 917(2010).

WURMNEST (W.), « Recognition and Enforcement of U.S. Money judgments in Germany », 23 Berk. J. Int'l L.175 (2005).
YORK-ERWIN (G. G), « The choice of law Problem (s) in the Class Action Context », NYU L. Rev. 1793 (2009).
YOUNG (E. A.) « Universal Jurisdiction, The Alien Tort Statute, and Transnational Public Law Litigation After Kiobel », 64 Duke L. Rev. 1024 (2015).

PRINCIPAUX TEXTES EN VIGUEUR, ÉTUDES, PROJETS, PROPOSITIONS, DÉCISIONS ET RAPPORTS

CONVENTIONS INTERNATIONALES

- La Convention de New York de 1958 sur la reconnaissance et l'exécution des sentences arbitrales.
- La Convention européenne sur l'arbitrage commercial international, Genève, 21 avril 1961.
- La Convention du 4 mai 1971 sur la loi applicable en matière d'accidents de la circulation routière
- La Convention du 2 octobre 1973 sur la loi applicable à la responsabilité du fait des produits.
- La Convention du 30 juin 2005 sur les accords d'élection de for.

RÈGLEMENTS

- Règlement (CE) n° 44/2001 du Conseil, du 22 déc. 2000, concernant la compétence judiciaire, la reconnaissance et l'exécution des décisions en matière civile et commerciale, JO n° L 12 du 16 janv. 2001, p. 1–23.
- Règlement (CE) no 2201/2003 du Conseil du 27 novembre 2003 *relatif à la compétence, la reconnaissance et l'exécution des décisions en matière matrimoniale et en matière de responsabilité parentale abrogeant le règlement (CE) no 1347/2000* (« Règlement Bruxelles II bis »).
- Règlement (CE) n° 864/2007 du Parlement Européen et du Conseil du 11 juill. 2007 sur la loi applicable aux obligations non contractuelles (Rome II), JO n° L 199 du 31 juill. 2007, p. 40–49.
- Règlement (CE) n° 593/2008 du Parlement européen et du Conseil du 17 juin 2008 sur la loi applicable aux obligations contractuelles (Rome I), JO n° L 177 du 4 juill. 2008, p. 6–16.
- Règlement (UE) no 1215/2012 du Parlement européen et du Conseil du 12 décembre 2012 concernant la compétence judiciaire, la reconnaissance et l'exécution des décisions en matière civile et commerciale (« Règlement Bruxelles I bis »).

DIRECTIVES

- Directive n°98/27 CE du 19 mai 1998 relative aux actions en cessation en matière de protection des intérêts des consommateurs, J.O. n° L 166 du 11/06/1998 p. 0051 – 0055.
- Directive 93/13/CEE du Conseil, du 5 avril 1993, concernant les clauses abusives dans les contrats conclus avec les consommateurs, JOUE, L 95/29, modifiée par la Directive 2011/83/UE du 25 oct. 2011.
- Directive 2014/104/UE du Parlement Européen et du Conseil du 26 novembre 2014 relative à certaines règles régissant les actions en dommages et intérêts en droit national pour les infractions aux dispositions du droit de la concurrence des États membres et de l'Union européenne, JO n° L 349/1, 5.12.2014.
- Directive 2014/104/UE du Parlement Européen et du Conseil du 26 novembre 2014 relative à certaines règles régissant les actions en dommages et intérêts en droit national pour les infractions aux dispositions du droit de la concurrence des États membres et de l'Union européenne, JOUE n° L 349/ du 5.12.2014.

DOCUMENTS DE L'UNION EUROPÉENNE

- Livre vert sur la révision du règlement (CE) n°44/2001 du Conseil concernant la compétence judiciaire, la reconnaissance et l'exécution des décisions en matière civile et commerciale du 21 avril 2009, COM (2009) 175 final.
- Livre vert du 19 décembre 2005, intitulé « Actions en dommages et intérêts pour infraction aux règles communautaires sur les ententes et les abus de position dominante » [COM(2005) 672 final - Non publié au Journal officiel]
- Avis du Comité économique et social européen sur la « définition du rôle et du régime des actions de groupe dans le domaine du droit communautaire de la consommation », JO, C162/1, 25 /6/ 2008.
- Commission des Communautés européennes, Livre vert sur les recours collectifs pour les consommateurs (présenté par la Commission), COM/2008/0794 final.
- Proposition de directive du Parlement européen et du Conseil relative aux droits des consommateurs, COM (2008) 614 final.
- Livre vert sur les recours collectifs pour les consommateurs du 27 novembre 2008, COM (2008) 794 final.
- Livre blanc du 2 avril 2008 sur les actions en dommages et intérêts pour infraction aux règles communautaires sur les ententes et les abus de position dominante [COM(2008)165 final – non publié au Journal officiel].
- Consultation publique du 31/3/2010. « *Renforcer la cohérence de l'approche européenne en matière de recours collectifs* » COM (2010) 135 final.
- Proposition de Règlement du Parlement européen et du Conseil concernant la compétence judiciaire, la reconnaissance et l'exécution des décisions en matière

civile et commerciale, COM(2010) 748 final.
- Proposition de résolution du Parlement Européen, Vers une approche européenne cohérente en matière de recours collectif, (2011/2089(INI)).
- Commission européenne, Consultation Publique : Renforcer la cohérence de l'approche européenne en matière de recours collectif, Sec (2011), 173 final.
- Résolution du Parlement européen du 2 Février 2012, « *Vers une approche européenne cohérente en matière de recours collectif* », (2011/2089 (INI)).
- Commission européenne, Recommandation, « Vers un cadre horizontal européen pour les recours collectifs », COM (2013) 401 Final.
- Communication de la Commission au Parlement Européen, au Conseil, au Comité économique et social européen, et au Comité des régions, « Vers un cadre horizontal européen pour les recours collectifs », COM (2013) 401 final.
- Proposition de directive du Parlement européen et du Conseil relative à certaines règles régissant les actions en dommages et intérêts en droit interne pour les infractions aux dispositions du droit de la concurrence des Etats membres et de l'Union européenne, COM(2013) 0404 final.
- Recommandation de la Commission du 11 juin 2013 relative à des principes communs applicables aux mécanismes de recours collectif en cessation et en réparation dans les États membres en cas de violation de droits conférés par le droit de l'Union , JOn°L201/60 du 26 juillet 2013, p. 60.
- Communication de la Commission relative à la quantification du préjudice dans les actions en dommages et intérêts fondées sur des infractions à l'article 101 ou 102 du traité sur le fonctionnement de l'Union européenne, C(2013) 3440, 2014/C 67/16, JOUE n°C 67/83, 6.3.2014.

RÈGLEMENTS D'ARBITRAGE

- *JAMS Class Action Procedure,* February 2005, consultable sur : http://www.jamsadr.com/rules-class-action-procedures.
- *AAA Supplementary Rules for Class Arbitration*, October 8,2003, consultable sur : http://www.hunton.com/files/Publication/3b223ff6-e383-45f3-9040-ecc1881ec611/Presentation/PublicationAttachment/6c5a8819-8b55-4e74-8c53-1f550cd63dc5/Bracken-Dixon_AAA_class-actions.pdf.
- *NAF Class Arbitration Procedures*, consultable sur http://www.thefederation.org/documents/4-ClassActionArbitration.pdf.
- *DIS Supplementary Rules for Corporate Law Disputes*, consultable sur : http://www.dis-arb.de/en/16/regeln/dis-supplementary-rules-for-corporate-law-disputes-09-srcold-id15.
- Règlement d'arbitrage de la chambre de commerce international, consultable sur : https://cdn.iccwbo.org/content/uploads/sites/3/2017/02/ICC-2017-Arbitration-and-2014-Mediation-Rules-french-version.pdf.pdf,

- . *London Court of International Arbitration Rules (2014)*, consultable sur : http://www.lcia.org/Dispute_Resolution_Services/lcia-arbitration-rules-2014.aspx.
- Règlement d'arbitrage de la CNUDCI, version révisée en 2010, consultable sur : https://www.uncitral.org/pdf/french/texts/arbitration/arb-rules-revised/arb-rules-revised-f.pdf).
- Règlement d'arbitrage CEPANI, consultable sur http://www.cepani.be/upload/files/arbitration-2013-fr-web.pdf.
- Règlement Suisse d'Arbitrage International, consultable sur https://www.swissarbitration.org/sa/download/SRIA_french_2012.pf.
- La loi type de la CNUDCI sur l'arbitrage commercial international, consultable sur : http://www.uncitral.org/uncitral/fr/uncitral_texts/arbitration/1985Model_arbitration.html.
- Règlement administratif et financier du Centre international de Règlement des différends sur l'investissement « CIRDI », consultable sur : https://icsid.worldbank.org/apps/ICSIDWEB/resources/Documents/2006%20CRR_French-final.pdf.

ÉTUDES, RAPPORTS ET RESOLUTIONS

- ALI, Complex Litigation: Statutory Recommendations and Analysis with Reporter's Study: A Model System for State-to-State Transfer and Consolidation (1994).
- ALI/UNIDROIT, Principles of Transnational Civil Procedures, Cambridge University Press 2006, consultable sur: http://www.unidroit.org/english/principles/civilprocedure/ali-unidroitprinciples-e.pdf.
- American Arbitration Association Docket, consultable sur : http://www.adr.org/aaa/faces/services/disputeresolutionservices/casedocket
- Autorité de la concurrence française, Réponse à la consultation publique de la Commission européenne relative à une approche européenne cohérente en matière d'actions collectives, consultable sur : http://ec.europa.eu/competition/consultations/2011_collective_redress/autorite_de_la_concurrence_fr.pdf.
- Collective Redress in the Netherland, February 6, 2012, consultable sur : http://www.instituteforlegalreform.com/uploads/sites/1/Collective_Redress_Netherlands.pdf

- Group Litigation in Sweden (2006), consultable sur :http://globalclassactions.stanford.edu/sites/default/files/documents/Sweden_National_Report.pdf
- Human Rights Watch, « The Enron Corporation: Corporate Complicity » in *Human Rights Violations (1999)*, consultable sur: http://www.hrw.org/reports/1999/enron/.
- Holocaust Insurance Settlement Reported, The New York times, Nov.25.1999, consultable sur:http://www.nytimes.com/1999/11/25/world/holocaust-insurance-settlement-reported.html
- Le rapport Jackson sur les coûts de la justice civile, consultable sur : http://www.judiciary.gov.uk/publications/review-of-civil-litigation-costs/
- Making antitrust damages actions more effective in the EU: welfare impact and potential scenarios, Final Report Done in Brussels, Rome and Rotterdam, 21 December, consultable sur: http://ec.europa.eu/competition/antitrust/actionsdamages/files_white_paper/impact_study.pdf.
- RÉSOLUTION 1/2008 du Comité sur le contentieux privé international dans l'intérêt du public, consultable sur : https://ila.vettoreweb.com/Storage/Download.aspx?...1121.
- IBA Legal Practice Division, Guidelines for Recognizing and Enforcing Foreign Judgments for Collective Redress, consultable sur : https://www.google.com.lb/search?q=-+IBA+Legal+Practice+Division%2C+Guidelines+for+Recognizing+and+Enforcing+Foreign+Judgments+for+Collective+Redress&rlz=1C1GGRV_enLB751LB751&oq=+IBA+Legal+Practice+Division%2C+Guidelines+for+Recognizing+and+Enforcing+Foreign+Judgments+for+Collective+Redress&aqs=chrome..69i57.2374j0j9&sourceid=chrome&ie=UTF-8.
- International Law Association, Rio De Janeiro Conference, International Civil Litigation And The Interests of The Public, consultable sur : http://www.ila-hq.org/en/committees/index.cfm/cid/1021.
- Selling Lawsuits, Buying Trouble, Third-party litigation Funding in the United States, Released by the U.S. Chamber Institute for Legal Reform», October 2009, consultable sur*: http://www.instituteforlegalreform.com/resource/selling-lawsuits-buying-trouble-the-emerging-world-of-third-party-litigation-financing-in-the-united-states*
- Shared Social Responsibility: Putting Theory Into Practice, Council of Europe Publishing, consultable sur : http://www.coe.int/t/dg3/socialpolicies/socialcohesiondev/source/Trends/Trends-24_en.pdf.
- Selling Lawsuits, Buying Trouble, Third-party litigation Funding in the United States, Released by the U.S. Chamber Institute for Legal Reform», October 2009,consultable sur: http://www.instituteforlegalreform.com/resource/selling-lawsuits-buying-trouble-the-emerging-world-of-third-party-litigation-financing-in-the-united-states.

- Rapport sur la Convention d'association des Royaumes du Danemark, l'Irlande et le Royaume-Uni de Grande-Bretagne et d'Irlande du Nord à la Convention sur la compétence et la reconnaissance des jugements en matière civile et commerciale et au Protocole d'interprétation par la Cour de justice signé à Luxembourg le 9 octobre 1978, JOCE 1979, 59/71.
- The International Comparative Legal Guide to Class & Group Actions 2009, A practical insight to cross-border Class and Group Actions work (2009), consultable sur: www iclg.co.uk.
- The [UK]Government's response to the Private Actions in Competition Law: A consultation on options for reform, January 2013, consultable sur : http://www.mondaq.com/uk/x/226540/Antitrust+Competition/United+Kingdom+UK+Government+Publishes+Response+To+Consultation+On+Options+For+Reform+Of+Competition+Law+Private+Actions.
- « The British Institute of International and Comparative Law (BIICL), The Effect in the European Community of Judgments in Civil and Commercial Matters: Recognition Res Judicata and Abuse of Process», Final Comparative Study, consultable sur : https://www.biicl.org/files/2976_discussion_paper.pdf.
- The Growth of Collective Redress in the EU: A Survey of Developments in 10 Member States, US Chamber, Institute for Legal Reform, consultable sur: http://www.instituteforlegalreform.com/research/the-growth-of-collective-redress-in-the-eu-a-survey-of-developments-in-10-member-states-
- U.S. Department of Justice & Federal Trade Commission, « Antirust Enforcement Guideline for International Operations », consultable sur : http://www.justice.gov/atr/antitrust-enforcement-guidelines-international-operations.

LOIS

ALLEMAGNE

- Act on Model Case Proceedings in Disputes under Capital Markets Law (Capital Markets Model Case Act – KapMuG) sur : http://www.gesetze-im-internet.de/englisch_kapmug/index.html.
- German ZPO, §1042, consultable sur : https://www.gesetze-im-internet.de/englisch_zpo/englisch_zpo.html

AUSTRALIE

- Federal Court of Australia Act 1976 (Representative Proceedings), consultable sur http://www.austlii.edu.au/au/legis/cth/consol_act/fcoaa1976249/.
- International Arbitration Act of 1974, consultable sur: https://www.legislation.gov.au/Details/C2011C00342.

CANADA

- Code du Québec de procédure civile, consultable sur : https://www.canlii.org/fr/qc/legis/lois/lrq-c-c-25/derniere/.
- Code civile québécois, consultable sur : http://www2.publicationsduquebec.gouv.qc.ca/dynamicSearch/telecharge.php?type=2&file=/CCQ_1991/CCQ1991.html.
- Règles des cours fédérales, consultable sur : http://laws-lois.justice.gc.ca/fra/reglements/DORS-98-106/.
- Ontario Class Proceedings Act 1992, consultable sur: https://www.ontario.ca/laws/statute/92c06.
- Uniform Class Action Proceedings Act, consultable sur : http://www.classactionlitigation.com/Class_Proceedings_Act_Canada.pdf.
- Commercial Arbitration Act (R.S.C. 1985, c.12 (2d.Supp)). consultable sur : http://laws-lois.justice.gc.ca/eng/acts/c-34.6/).

ESPAGNE

- Loi espagnole sur l'arbitrage du 26 mars 2004, consultable en langue anglaise sur :
  http://www.cremades.com/pics/contenido/File634528967311128688.pdf

ÉTATS-UNIS

- Federal Rules of Civil Procedure, consultable sur: https://www.law.cornell.edu/rules/frcp.
- Private Securities Litigation Reform Act (PSLRA), consultable sur: https://www.cga.ct.gov/2002/rpt/2002-R-0695.htm.
- Federal Rules of Evidence, consultable sur :https://www.law.cornell.edu/rules/fre.
- Alien Tort Act (ATA), 28 U.S.C. §1350, consultable sur: https://www.law.cornell.edu/uscode/text/28/1350.
- California Private Attorney Act 2004 (Labor Code Section 2698-2699.5 (2010), consultable sur: http://www.leginfo.ca.gov/cgi-bin/displaycode?section=lab&group=02001-03000&file=2698-2699.5.
- Dodd-Franck Wall Street Reform and Consumer Protection Act, consultable sur: http://codes.lp.findlaw.com/uscode/15/2B/78aa.
- Federal Arbitration Act, consultable sur : Federal Arbitration Actwww.sccinstitute.com/media/37104/the-federal-arbitration-act-usa.pdf.
- Uniform Arbitration Act, consultable sur : http://www.law.upenn.edu/bll/archives/ulc/ulc.htm#uaa.
- 28 USC §1407 Multidistrict Litigation (1994), consultable sur : https://www.law.cornell.edu/uscode/text/28/1407.

- Foreign Trade Antitrust Improvements Act (FTAIA), consultable sur : https://www.law.cornell.edu/uscode/text/15/6a

FINLANDE

- *Act on Class Action* (444/2007) consultable sur : http://www.finlex.fi/fi/laki/kaannokset/2007/en20070444.pdf

France

- La loi n°89-549 du 2 août 1989 relative à la prévention du licenciement économique et au droit à la conversion, consultable sur : https://www.legifrance.gouv.fr/affichTexte.do?cidTexte=JORFTEXT000000875810
- loi n° 2014-344 du 17 mars 2014 relative à la consommation, dite « loi Hamon »
- Loi n° 2016-1547 du 18 novembre 2016 de modernisation de la justice du XXIe siècle (1).

PAYS-BAS

- Code civil néerlandais : http://www.dutchcivillaw.com/.
- Code de Procédure civil néerlandais : http://www.dutchcivillaw.com/

POLOGNE

- Act on Pursuing Claims in a Group Action, consultable sur : http://ec.europa.eu/competition/ecn/brief/02_2010/pl_redress.pdf.

ROYAUME UNI

- Civil Procedure Rules, consutlable sur : https://www.justice.gov.uk/courts/procedure-rules/civil.
- The English Arbitration Act, (1996), consultable sur :http://www.legislation.gov.uk/ukpga/1996/23/contents.

SUÈDE

- Group Proceedings Act 2002, consultable sur : http://www.government.se/contentassets/ee615abb083742e88b9fd4fac8f82183/group-proceedings-act-2002_599.pdf.
- Swedish Arbitration Act 1999 (SFS 1999:116), consultable sur : http://swedisharbitration.se/wp-content/uploads/2011/09/The-Swedish-Arbitration-Act.pdf.

SUISSE

- La loi suisse sur le droit international privé, consultable sur : https://www.admin.ch/opc/fr/classified-compilation/19870312/index.html;

JURISPRUDENCE (ET COMMENTAIRES)

JURISPRUDENCE FRANÇAISE

JURISPRUDENCE JUDICIAIRE

- **Cass. civ., 19 fév. 1930**, *Rev. crit. DIP.1931.514*, note Niboyet.
- **Cass. civ., 25 mai 1948**, *Rev. crit. DIP. 1949. 89*, note BATIFFOL.
- **Cass. civ., 1re Sect. civ. 22 janvier 1951**, Weiller, *Rev. crit. Dip.1951.167*, note Francescakis.
- **Cass civ. I, 20 octobre 1959**, *JCP 1960. II. 11449*, note P. Mazeaud.
- **Cass. civ. 1re Sect., 15 mai 1963,** Patino, *Rev. crit. DIP. 1964.532*, note P. Lagarde ; *JCP. 1963. II. 13365*, note Motulsky.
- **Cass. civ. 1re 7 janv.1964**, Munzer, *Rev. crit. DIP. 1964.344*, note H. Batiffol ; *J. D. I. 1964. 302*, note B. Goldman.
- **Cass. civil I, 4 octobre 1967**, *Bull. civ. I, n°277* .
- **Cass. civil I, 4 octobre 1967**, *Bull. civ. I, n°277* ; *Rev. crit. DIP. 1968. 98*, note P. Lagarde ; *J. D. I. 1969. 102*, note B. Goldman.
- **Cass. Civ.15 Déc.1969**, *Rev. crit. DIP. 1971.512.*
- **Cass. 1re civ. 19 déc. 1972**, *Rev. crit. Dip.1975.83*, note D. Holleaux.
- **Cass. crim. 20 mai 1985**, pourvoi n°84-91606, *Bull. crim 1985. n°190*, p. 4.
- **Cass. soc., Ch. mixte , 28 Févr. 1986**, *Gaz. Pal. 1986.*
- **Cass. civ.1re, 20 oct. 1987**, *Rev. crit. DIP. 1988. 540*, note Y. Lequette.
- **Cass.civ.24 nov. 1987**, Garret, *Rev. crit. DIP. 1988.364, J.D.I.1988.793*, note E. Loquin.
- **Cass. civ.1re, 4 déc. 1990**, *Rev. crit. DIP.1991.558*, note M.-L.Niboyet-Hoegy.
- **CA Paris, 29 mars, 1991**, Société Ganz et autres c/ société nationale des chemins de fer tunisiens, *Rev.arb.1991.478*, note L. Idot.
- **Cass. Civ. 7 janvier 1992**, *Sociétés BKMI et Siemens v. société Dutco., Rev. arb. 1992. 470*, note P. Bellet ; *J. D. I. 1992. 707*, 2e arrêt, note C. Jarrosson.
  Cass. Civ. 1re , 19 mars 1991, n° 89-18.337 , *Rev. crit. DIP 1992. 108.*
- **CA Paris, 14 octobre 1993**, *Société Aplix c/ Velcro., Rev. arb. 1994. 164*, note C. Jarrosson.
- **CA Paris, 1ere ch., 19 mai 1993**; SA Labinal c. Sté Mors et Sté de droit anglais Westland Aerospace, *Rev.arb.1993.645*, note Ch. Jarroson ; *J.D.I.1993.957*, note L. Idot.
- **Cass. Civ. 1re, 11 mars 1997**, n° 94-19.699, *D.1997.*
- **Cass. Soc.1er fév. 2000**, n°98-41624, *Dr. soc. 2000. 516*, note Roy-Loustaunau.
- **Cass. civ.1re, 4 oct.2005,** *Rev. crit. DIP. 2006. 243* note M. AUDIT.
- **Cass. Crim. 30 Janvier 1995**, pourvoi n°93-81730, Bull. crim. n°37, p.87.

- **Cass. civ. 12 juil.2001**, *DMF 20061 .216,* note Ph. Delebecque.
- **Cass. civ.1re, 22 juin 1999,** *Rev. Crit .DIP. 2000.42*, note G. Guniberti.
- CA Paris , 22 février 1999, *Société True North et société FCB International c. Bleustin et autres, Rev. arb. 2003. 189.*
- **CA Paris, 1 re Ch. civ., 22 jan. 2004**, Société National Company for Fishing and Marketing NAFIMCO v société Foster Wheeler Trading Company AG , *Rev.arb. 2004. 647.*
- **Cass. soc. 10 mai 2006**, *Rev. crit. DIP. 2006. 856*, note P. Hammje et E. Pataut ; *JCP 2006. II. 1021*, note S. Bollée.
- **Cass. civ.1re, 23 mai 2006**, *Prieur, J. D. I.2007. 956*, note B. Ancel et H. Mur-Watt.
- **Cass. civ. 1re, 20 févr. 2007**, *J.D.I.2007.1195*, note F.-X. Train ; *Rev .crit. DIP. 2007. 420*, note B. Ancel et H. Muir Watt ; *D. 2007. 891*, obs. P. Chauvin et p. 1115 ; note L. d'Avout et S. Bollée ; *Gaz. Pal. 2007.2*, note M.-L. Niboyet.
- **Cass. civ. 1re, 22 oct.2008**, *JCP. 2008. 1087*, note L. D'Avout ; *D. 2009. 200,* note F. Jault-Seseke .
- **Cass. civ.1re, 22 oct.2008**, Monster Cable *JCP, 2008.II.10187*, note L. d'Avout ; *J.D.I.2009*, note M.-N. Jobard-Bachellier et F.-X.Train.
- **CA Paris, 6 mars 2008**, Flash Airlines, *J.D.I.2009.17*, note G. Guniberti.
- **Cass. civ.1re, 22 oct.2008**, Monster Cable *JCP, 2008.II.10187*, note L. d'Avout ; *J.D.I.2009*, note M.-N. Jobard-Bachellier et F.-X.Train.
- **Cass. Civ. 1re, 19 Sep. 2007**, *J.D.I.2008.153*, note Ch. CHALLAS; *Rev. crit. DIP. 2008. 617*, note E. Pataut.
- **CA Poitiers, 1re Ch. civ. 26 Fév. 2009**, n°07/02404, *J.D.I.2010.1230*, note F.-X. Licari.
- **TGI Nanterre, ord. réf. 27 août 2009**, n°09/01870, *Gaz.Pal. 2010.149.*
- **TGI Paris, 1re ch., 1re section**, 13 janvier 2010, *Gaz. Pal. 20010. 24.*
- **Cass. civ. 1re, 25 mars 2010**, pourvoi n° 09-12678.
- **Cass. civ.1re, 14 Avril 2010**, *Gustav Hûbener GmbH, Gaz. Pal. 2010*, n°148-149, p.52, note M.-L. Niboyet Hoegy.
- **CA Paris, 28 avr. 2010**, *D. 2010 .1224*, obs. S. Bollée ; *JCP 2010* chron. 1191, obs, E. JEULAND ; *Gaz.Pal. 2010. 11*, obs. M. Audit et M.-L. Niboyet – Hoegy.
- **CA Paris, 28 avr. 2010**, *Vivendi Universal, D.* 2010, p. 1224, obs. X. Delpech et p. 2323, obs. S. Bollée ; *JCP* 2010, chron. 1191 par E. Jeuland ;*Gaz. Pal.* 28-29 mai 2010, p. 11, obs. M. Audit et M.-L. Niboyet ; *Procédures* 2010, repère 7 par C. Nourissat ; *JCP G* 2010, chron. 886 ; *D.* 2010, p. 1224, obs. X. Delpech et p. 2323, obs. S. Bollée ; *JCP* 2012, note 241, note L. d'Avout.
- **Cass.1re Ch. civ. 1er décembre 2010**, *D.2011.423*, obs. I. Gallmeister, note F.-X. Licari ; *RTD civ.2011.122*, obs. B. Fages ; *Rev.crit.DIP.2010.93,* note H. Gaudemet-Tallon.
- **Cass. Com. 8 mars 2011**, no 09-13.830, *J.D.I 2011.631*, note Cuniberti.
- **Cass. 1re Ch. civ.,5 nov.2014**, n°13-11.745, Cah.arb.2015.57, ob. J. Barbet.

DÉCISIONS DU CONSEIL CONSTITUTIONNEL

- Cons. const., Déc. n° 99-419 DC, du 9 novembre 1999.
- Cons. const., Déc. n°89-257 DC, 25 juill. 1989, *Dr. Soc. 1989.627.*

JURISPRUDENCE ÉTRANGÈRE

AUSTRALIE

- Esso Australia Resources Ltd & Ors v The Honourable Sidney James Plowman & Ors(1995), 128 ALR 391, consultable dans : *Rev. arb.1996.539.*

ÉTATS-UNIS

- *International Shoe Co. v. State of Washington*, 326 U.S. 310 (1945).
- *Gulf Oil Corp. v. Gilbert*, 330 U.S. 501 (1947).
- *Folely Bros., Inc.v. Filardo*, 336 U.S. 281 (1949).
- *Wilko v. Swan*, 346 U.S. 427 (1953).
- *Kelberine v. Societe Internationale*, 363 F. 2d 989 (D.C. Cir. 1965).
- *Daar v.Yellow Cab Co.*, 67 Cal .2d.695 (1967).
- *Schoenbaum v. Firstbrook*, 268 F. Supp. 385 (S.D.N.Y. 1967).
- *Colson v Hilton Hotels Corp*.59 FRD 324 (ND Ill 1972).
- *The Bremen v. Zapata Off-Shore Co.*, 407 US 1 (1972).
- *Leasco Data Processing Equip. Corp. v. Maxwel*, 468 F.2d 1326 (2d Circ. 1972).
- *IIT v. Vencap Ltd.*, 519 F.2d 1001, (2d Cir. 1975).
- *Bersch v. Drexel Firestone*, Inc., 519 F. 2d 974 (1975).
- *Timberlane Lumber Co. v. Bank of America*, 549 F . 2d 597 (9th Cir.1976).
- *Pfizer, Inc. v. Gov't of India*, 434 U.S. 308 (1978).
- *Mannington Mills Inc v. Congoleum Corp*, 595 F. 2d 1287 (3d Cir. 1979).
- *Filártiga v. Peña-Irala* ,630 F.2d 876 (2d Cir. 1980).
- *World-Wide Volkswagen Corp v. Woodson*, 444 U.S. 286 (1980).
- *Piper Aircraft Co. v. Renyo*, 454 U.S. 235 (1981).
- *Coca-Cola Bottling Co. v. Coca Cola*, 95 F.R.D.168 (D. Del.1982).
- *Zandeman v. Joseph*, 102 F.R.D.924 (N.D.Ind. 1984).
- *Laker Airways Ltd v. Sabena, Belgian World Airlines*, 235 U.S.App.D.C.207, 731 F.2d 909 (D.C. Cir.1984).
- *Oxford Shipping Co. v. NipponYusen Kaisha (1984)*, 2 Lloyd's rep. 373 (Q.B.Com.Ct.).
- *Philips Petroleum Co v. Shutts*, 472 U.S. 797 (1985).
- *Handel v. Artukovic*, 60 F. Supp.42 (C.D.Cal. 1985).
- *Mitsubishi v. Soler Chrysler-Plymouth*, 473 US 614(1985).
- *In re Pizza Time Theatre Sec. Litig.*, 113 F.R.D. 94 (N.D. Cal. 1986).

- *Walsh v. Ford Motor Co.*, 807 F. 2d 1000(D.C. Cir.1986).
- *In Re Hops Antitrust litigation*, 655 F.Supp.169 (E.D. Mo.1987).
- *In re Union Carbide Corp. Gas Plant Disaster*, 634 F.Supp.842, 844 (S.D.N.Y.1986), *aff'd as modified*, 809 F.2d 195 (2d Cir.)
- *Societe Nationale Industrielle Aerospatiale v. United. States Dist. Court for Southern Dist.*, 482 U.S. 522 (1987).
- *In Re Union Corp. Gas Plan Disaster at Bhopa*l, India, in Dec.1984,634 F.Supp.842 (SDNY,1986), aff'd, 809 F.2d 195, 202 (2d Circ.1987).
- *Quijas v. Shearson/American Express Inc.*, 490 U.S. 477 (1989).
- *In re Arbitration between U.S. Turnkey Exploration*, Inc. and PSI, Inc., 577 So.2d 1131, (La. App. 1st Cir.1991).
- *EEOC v. Arabian Am. Oil Co.*, 499 U.S. 244 (1991).
- *Sussman v. Bank of Israel*, 801 F.Supp. 1068 (S.N.D.Y.1992).
- *Hartford Fire Insurance Co. v. California*, 113 S. Ct 2831 (1993).
- *United Int'l Holdings, Inc. v. Wharf, Ltd.*, 76 F.3d 393 (10th Cir. 1993).
- *In re Silicone Gel Breast Implants Products Liability Litigation, 739 F.Supp. 1098. 1994 WL.*
- *Aguinda v. Texaco, Inc.*, 1994 U.S. .Dist. LEXIS 4718 (S.D.N.Y. Apr.11, 1994).
- George Fischer Foundry Systems, Inc v. Adolph H. Hottinger Maschinenbau GmbH, 55 F. 3d 1206 (6th Cir.1995).
- *In re Rhone-Poulenec Rorer Inc.*, 51 F.3d 1293 (7th Cir. 1995).
- *In re American Med. Sys.* Inc., 75 F .3d 1069 (6th Cir. 1996).
- *Castano v. American Tobacco*, 84 F.3d 734 (5th Cir. 1996).
- *Costano v. American Tobbaco*, 84 F.3d. 734 (5th Cir. 1996).
- *Torres v.Southern Peru Pepper*, 965 F.Supp.899 (S.D. Tex.,1996).
- *Smith v.Brown &Williamson Tobbaco Corp.*, 174 F.R.D.90, 94 (W.D.Mo.1997).
- *Amchem Product, Inc. v. Windsor*, 521 U.S.591 (1997).
- Doe v. Unocal, case 654 F. Supp 880 (C.D. Cal 1997).
- *Wiwa v. Royal Dutch Petroleum Co., No. 96 Civ. 8386 (KMW) (HBP),* 1998 U.S. Dist. LEXIS 23064 (S.D.N.Y. Sept. 25, 1998).
- *In Re Livent, Inc Securities Litigation*,78 F.Supp.2d 194 (S.D.N.Y.1999).
- *In re Baan Company Sec. Litig.*, 186 F.R.D. 214 (D.D.C.1999).
- Iwanowa v. Ford Motor Co., 67 F. Supp. 2d 424 (D.N.J. 1999).
- *In re Holocaust Victims Assets Litigation*, 105 F. Supp.2d 139 (E.D.N.Y.2000).
- *In re Nazi Era Cases against German Defendants Litigation*, 198 F.R.D.429 (D.N.J.2000).
- *Wiwa v. Royal Dutch Petroleum Co. 226 F.3d.88* (2d Circ. 2000).
- *Doe I. v. Unocal Corp.,110 f. Supp.2d 1294* (C.D. Cal.2000).
- DiRienzo v. Philip Services Corp, 294 F 3d 21 (2 Cir.2002).
- *Kruman v. Christie's Int'L PLC*, 284 F.3d.399 (2d.Cir.2002).
- *In re Warfarin Sodium Antitrust Litig.*, 212 F.R.D. 231 (D. Del. 2002).

- Flores v. Southern Peru Copper Corp., 253 F. Supp. 2d 510 (S.D.N.Y. 2002).
- *F. Hoffmann-La Roche Ltd. v. Empagran* SA, 124 S.Ct.2359 L.Ed.2d 226 (2004).
- *Beals v. Saldanha*, 3 S.C.R.416 (2003).
- *Ysbrand v. Daimler Chrysler Corp.*, 81 P.3d 618, 626 (Okla. 2003).
- *Green Tree Fnancial Corp.v. Bazzle*, 539 U.S. 444 (2003).
- *Hartford Fire Insurance Co. vs. California*, 113 S.Ct.2359, 159 L.Ed.2d 226 (2004).
- *Sosa v. Alvarez-Machain*, 542 U.S. 692 (2004).
- *F. Hoffmann- La Roche ltd.v. Empagran S.A.*, 542 U.S. 155 (2004) ;
- *Doe v. Unocal Corp.*, 403 F.3d 708(9th Cir.2005).
- *Discover Bank v. Superior Court*, 36 Cal.4th 148, 113 P.3d 1100.
- *Muehlbauer v. General Motors Corp.*, 431 F.Supp.2d 847, 867 (N.D. Ill. 2006).
- *Barbara's Sales, Inc. v. Intel Corp.*, 857 N.E.2d 717 (Ill. App. Ct. 2006).
- *White Plains Coat &Apron Inc., v. Cintas Corp. and Cintas Corp.* 2,460 F.3d 281 (2d Cir.2006).
- *Howard A. Engle MD.et al. v. Liggett Group Inc.*, 945 So.2d (Fla.2006).
- *Powers v. Lycoming Engines*, 245 F.R.D. 226, (E.D. Pa. 2007).
- *Microsoft Corp .v. AT&T Corp.*, 550 U.S.437 (2007).
- *Philip Morris USA v. Williams* , 549 U.S. 346 (2007)).
- *Re Air Cargo Shipping Services Antitrust Litigation*, 2008 WL 5958061, 24-30 (ED NY 2008).
- *Air Cargo Shipping Services Antitrust Litigation*, MDL No. 1775, 06-MD-1775 (JG) (VVP) (E.D.N.Y.2008).
- *Morrison v. National Australia Bank* Ltd, 547 F 3d 167 (2nd Circ.2008).
- *In re Alstom SA Securities Litigation*, 253 F.R.D. 266 (S.D.N.Y. 2008).
- *Morrison v. National Australia Bank*, 561 U.S. 247 (2010).
- *In re Imax Sec.Litig.*, 272 F.R.D.138 (S.D.N.Y.2010).
- *AT&T Mobility LLC v. Concepcion*, 563 U.S.321 (2011).
- *Brown v. Ralphs Grocery Co.*, 197 Cal. App.4th 489 (2011).
- *In re Toyota Motor Corp.*, 790 F. Supp.2d 1152 (C.D. Cal. 2011).
- *Raniere v.Citigroup Inc.*, 827 F.Supp.2d 294, 314 (S.D.N.Y. 2011).
- *In re American Express Merchants' Litigation, No.06-1871-cv (2d Circ.2012).*
- *Kaplan v. Cent. Bank of Republic of Iran*, 2013 WL 4427943 (D.D.C. Aug. 20.2013).
- *Oxford Health Plans LLC v. Sutter*, 569 U.S. (2013).
- *Kiobel v.Royal Dutch Petroleum Co.*,132 S.Ct.1659 (2013).
- *Cardona v. Chiquita Brands Int'l, Inc.*, 760 F.3d 1185 (11th Cir. 2014), spéc.p.1191.

ROYAUME-UNI

- *Smith Kline & French Laboratories Ltd and others v Bloch*, [1983], 2 All ER72.
- *Spiliada Maritime Corp v Cansulex Ltd* [1986] UKHL 10, [1987] AC 460.
- *Provimi Ltd v Aventis Animal Nutrition SA* [2003] EWHC 961.
- *Cooper Tire & Rubber Co v Shell Chemicals* UK [2010] UKCLR. 1097, EWCA Civ 864

- *Lewiss v. Eliades*, [2003] 1 A II E.R. (Comm) 850.

CANADA

- *Desmeules c. Hydro-Québec*, [1987] R.J.Q. 428 (C.S.).
- *Wilson v. Servier* [2000], 50 O.R. 3d219 (Can.).
- Harington v. Dow Corning Corp.[2000],193 D.L.4th 67 (Can.)
- *Boland v. Simon Marketing Inc.& McDonald's Corp.*, No.01-13803 (Cir.Ct.IL.2001).
- *Hotte c. Servier Canada inc.*, (C.S., 2002-01-14).
- *Currie v. McDonald's Restaurants*, [2005] CanLII 3360 (ON C.A.) (Can.).
- *HSBC Bank Canada v. Hocking*, [2006] R.J.Q.804.
- *Dell Computer Corp. v. Union des consommateurs*, [2007] CSC 34 (CanLII).
- *Rogers Sans-fil inc. c. Muroff*, [2007] CSC 35 (CanLII).
- *Hocking v. Haziza* [2008] QCCA (CanLII).
- *McCann v. CP Ships Ltd.* [2009] O.J.No.5182 (S.C.)
- *Silver v. Imax Corporation*, [2009] CanLII 72334 (ON SC).
- *McKenna v. Gammon Gold Inc.* [2010] ONSC 1591 (CanLII).
- *Seidel v. TELUS Communications Inc.*, [2011] SCC 15, [2011].
- *Dugal v. Manulife Financial Corporation*, [2011] ONSC 1785
- *Dobbie v. Artic Glacier Income Fund*, [2011], ONSC 25.
- *Green v. Canadian Imperial Bank of Commerce*, [2012] ONSC 3637

PAYS-BAS

- ***Dexia* Settlement**, Court of Appeal Amsterdam, 25 January 2007, NJ (2007), 427.
- ***DES* Settlement**, Court of Appeal Amsterdam of 1 June 2006, NJ (2006), 461.
- ***Vie d'Or* Settlement**, Court of Appeal Amsterdam, 29 April 2009, NJ (2009), 448.
- ***Shell* Settlement**, Court of Appeal Amsterdam, 29 May 2009, NJ (2009), 506.
- ***Converium* Settlement** , Court of Appeal of Amesterdam of 17 January, 2012, LJN: BV1026.
- **El-Hjouj c. Amer Derbas et al.**, 12 mars 2012, Case No.400882/HA ZA 11-2252.

JURISPRUDENCE DE L'UNION EUROPÉENNE

- **CJUE 14 oct. 1976**, Eurocontrol LTU, aff.29/76, *Rev. crit. DIP. 1977. 776*, note G. Droz.
- **CJUE 14 déc.**1976, Estasis Salotti di Colzani Aimo et Gianmario Colzani c. RUWA Polstereimaschinen GmbH, aff.C-24/76, Rec., 1976, 1831.

- **CJUE 30 nov.1976,** Mines de Potasses d'Alsace, aff. 21/76, *Rev. crit. DIP. 1977.568*, note P. Bourel.
- **CJUE 21 Mai 1980,** *Bernard Denilauler c. SNC Couchet Frères*, aff.C-125/79, *Rec. 1980. 51.*
- **CJUE 16 juin 1981,** *Peter Klomps c/ Karl Michel*, aff. 166/80, Rec. p. 1593.
- **CJUE 8 décembre 1987**, *Gubisch Maschinenfabrik c. Palumbo*, aff.144/86 *Rev. Crit. DIP. 1983. 370*, note H. Gaudemet-Tallon.
- **CJUE, 15 Jan. 1987,** *Shenevai,* aff.266/85, *Rev. crit. DIP.1987.*
- **CJUE, 4 fév. 1988**, *Horst Ludwig Martin Hoffmann c. Adelheid Krieg*, aff. 145/86, Rec.,I-645.
- **CJUE 10 mars 1992**, aff. C-214 /89, *Powell Duffryn plc c. Wolfgang Petereit*, Rec., I-1745.
- **CJUE 17 Juin 1992**, *Jakob Handte*, aff. 26 /91, spéc.n°15, *Rev. crit. DIP. 1992.726*, note H. Gaudemet-Tallon.
- **CJUE 17 Juin 1992**, *Color Drack*, aff. 386/05 , Rec.2007, p.I-3699.
- **CJUE 19 janv.1993**, *Shearson Lehmann Hutton*, aff. 89/91, *Rev. crit. DIP. 1993.320*, note H. Gaudement-Tallon.
- **CJUE 2 Juin 1994**, *Solo Kleinmotoren GmbH c. Emilio Boch*, aff.C-414/92, Rec.I-2237.
- **CJUE 27 avril 1994**, Commune *d'Almelo et autres contre NV Energiebedrijf Ijsselmij*, aff. C-393/92, *Rec. 1994.1477.*
- **CJUE 6 déc.1994**, *Ship Tatry*, aff. C-406/92, *Rev. Crit. DIP. 1995. 601*, note E. Tichadou.
- **CJUE 7 mars 1995**, *Fiona Shevill*, aff.C-68 /93, *J. D. I.1995.483*, obs. A. Huet.
- **CJUE 10 octobre 1996**, *Hendrikman and Feyen c. Magenta Druck& Verlag*, aff.C-78/95, Rec., I-4943.
- **CJUE 27 oct. 1998**, *Réunion Européenne*, aff. 51/97, *Rev. crit. DIP 1999. 322*, note H. Gaudemet-Tallon.
- **CJUE 1re juin 1999**, Eco *Swiss China Time c/ Benetton*, aff. C-126/97, *Rec. 1999. 305.*
- **CJUE 11 mai 2000,** *Régie nationale des usines Renault SA c. Maxicar SpA et Orazio Formento*, aff. C-38/98.
- **CJUE 20 septembre 2001**, *Courage et Crehan*, aff.C-459/99, Rec. 2001, p. I-6297.
- **CJUE 1er Oct.2002**, *Henkel*, aff. 167/00, *Rev. crit. DIP. 2003. 682,* note P. Rémy-Corlay.
- **CJUE 14 oct.2004**, *Maersk Olie & Gas,* aff.C-39/02, *Rev.crit.DIP.118*, note E. Pataut.
- **CJUE 5 fév. 2004**, Frahuil SA, aff. 265/02.
- **CJUE 1e avr. 2004**, Freiburger Kommunalbauten GmbH Baugesellschaft &Co. KG c/ Ludger Hofstetter et Ulrike Hofstetter**,** aff.C-237/02, Rec.2004, p. I-03403.

- **CJUE 27 avr. 2004**, *Turner c. Grovit*, aff.C-159/02, *Rev. crit. Dip 2004. 654*, note H. MUIR WATT.
- **CJUE, 20 janv.2005**, *Petra Engler*, aff.27/02, JCP 2005.I.1893, obs. E. Jeuland.
- **CJUE 1er mars 2005**, *Owusu v. Jackson*, aff. C-281/02, *Rev. crit. Dip.* 2003. 335, note H. Muir Watt.
- **CJUE 16 mars 2006**, *Rosmarie Kapferer c. Schlank & Schick GmbH*, aff.C-234/04, Recueil de jurisprudence 2006, I-2585.
- **CJUE 13 juillet 2006**, Manfredi, affaires jointes C-295-298/04, Rec.2006, p. I-6619.
- **CJUE 26 oct.2006**, *Elisa Maria Mostaza Claro*, aff.C-168/05, *Rec.2006, p.1-10421,D.2006.3023*,obs. T. Clay; *D. 2007. 2562*, obs. L. D'avout et S. Bollée; *J.D.I.2007.13*, note A.Mourre; *Rev. arb. 2007. 109.* note L. Idot.
- **CJUE 14 déc. 2006**, A*SML Netherlands BV c. Semiconductor Industry Services GmbH*, aff.C-283/05, Rec.,I-12041.
- **CJUE 28 mars 2008**, *Dieter Krombach c. André Bamberski*, aff.C-7/98 Rec., I-1935.
- **CJUE, 2 avr. 2009**, *Gambazzi c. Daimler Chrysler Canada, Inc. et CIBC Mellon Trust Company*, aff.C-394/07, *Rec. 2009. 2563.*
- **CJUE 11 mars 2010**, *Wood Floor*, aff. 19/09, *D. 2010. Pan. 2331*, obs. S. Bollée.
- **CJUE 6 oct.2009**, *AsturcomTelecommunicaciones SL c/ Cristia Rodriguez Nogueira*, aff.C-40/08, *Rev.arb.2009.822*, note C. Jarrosson.
- **CJUE 7 févr. 2013**, aff. C-543/10, Refcomp SpA c/ Axa Corporate Solutions Assurance SA et a.

JURISPRUDENCE DE LA CONVENTION EUROPÉENNE DE SAUVEGARDE DES DROITS DE L'HOMME

- **CEDH 20 nov.1995**, *Pressos Companiaa Naviera v. Belguim, RTD Civ. 1996. 1019*, note J.-P. Marguenaud.
- **CEDH.24 juin 1993**, *Schuler-Zgraggen c. Suisse*, n° 14518/89, série A, n° 263.
- **CEDH, 20 Décembre 2003**, *Wendenburg et autres c. Allemagne* , no 71630/01, 2003-II.

JURISPRUDENCE ARBITRALE

JUIRISPRUDENCE CIRDI

- ***Abaclat v. Argentine Republic***, CIRDI. ARB/07/5, Decision on jurisdiction and admissibility dated 4 August 2011, consultable dans *Rev.arb.2013.478*, ob. S. LEMAIRE; *Cah.arb.2011.1007*, obs. B. Poulaim.
- ***Ambiente Ufficio SpA and others v Argentine Republic***, CIRDI, ARB/08/9, Decision on Jurisdiction and Admissibility (8 February 2013), consultable sur: http://www.italaw.com/sites/default/files/case-documents/italaw1276.pdf.
- Noble Energy, Inc. and Machalapower Cia. Ltda. v. The Republic of Ecuador and Consejo Nacional de Electricidad, CIRDI Case No. ARB/05/12, consultable sur: https://www.italaw.com/cases/745.

SENTENCE CCI

- Sent. CCI n°4131(1982), *J. D .I. 1983. 899*, obs. Y. Derains,
- Sent. CCI n°5721 (1990), *J. D. I. 1990. 1020*, obs.Y. Derains.
- Sentence intérimaire CCI n°2321 (1974), *J.D.I. 1975.938*, obs. Y. Derain.

INDEX ALPHABÉTIQUE

Les chiffres renvoient au numéro de paragraphes

A--

Action de groupe

- Action de groupe américaine (*class action*) - 17 s.
- Action de groupe australienne – 18 s.
- Action de groupe anglaise – 53 s.
- Action de groupe allemande – 55 s.
- Action de groupe belge – 51.
- Action de groupe canadienne (recours collectif) – 19 s.
- Action de groupe française – 6, 36 s., 39 s.
- Action de groupe de néerlandaise 50.
- Action de groupe suédoise 30 s.

Actions de groupe intentées par des entités représentatives - 34 s.

Actions de groupe transactionnelles - 49 s.

***Alien tort Act* (*ATA*)**

- Et *class acti*ons internationales en matière de droits de l'homme - 152 s.

Amicus curiae

- Et *class actions* internationales intentées devant les tribunaux américains – 320
- Et coopération entre les systèmes juridiques en matière de contentieux international des actions de groupe – 350

Arbitrage

- Arbitrage collectif – 415 s.
- *Class action arbitration* - 416 s.
- Internationalisation de l'arbitrage collectif – 425 s
- *Mass arbitration* – 426.

Autonomie de la volonté et actions de groupe internationales – 399 s.

C --

Clauses d'élection de for et contentieux international des actions de groupe – 400 s.

Connexité Internationale

- Et coordination des procédures de masse parallèles – 520 s.

Clause de la nation la plus favorisée

- Et contentieux international des actions de groupe – 189 s.

Coordination des procédures de masse parallèles – 508 s.

Coopération entre les tribunaux

- Pour les besoins de la détermination du for compétent pour l'ouverture d'une action de groupe internationale – 348 s.
- Pour les besoins de la coordination des procédures de masse parallèles – 582 s.

Coopération entre les cabinets d'avocats

- Et coordination des procédures de masse parallèles – 582 s.

Concurrence des ordres juridiques

- Et contentieux international des actions de groupe – 170 s.

Consentement à l'arbitrage collectif - 486 s.

Clauses de renonciation au droit d'intenter une action de groupe (« *class actions waiver* »)

- Aux Etats-Unis – 166 s.
- Au Canada – 192
- En Europe – 193

Course vers le bas

- Et *class actions* internationales – 157 s.

D--

Délocalisation du contentieux international des actions de groupe – 118 s.

F--

Faillite Internationale

- Similitudes avec le contentieux international des actions de groupe – 74 s.

Financement par les tiers

- Et contentieux international des actions de groupe – 184 s.

Forum non conveniens

- Et instrumentalisation des règles de compétence juridictionnelle – 220 s.
- Et coordination des procédures de masse parallèles – 555 s.

Fonctions d'une action de groupe

- Fonctions procédurale d'une action de groupe – 83 s.
- Fonctions régulatoire d'une action de groupe – 89 s.

G--

Globalisation du contentieux international des actions de groupe

- En matière boursière et en matière de droit de la concurrence – 135 s.
- En matière de droits de l'homme – 147 s.
- Et le rôle émergeant des tribunaux européens et canadiens – 183 s.

I--

Injonctions anti-poursuites

- Et coordination des procédures de masse parallèles – 567 s.

J--

Judicial Panel on Multidistrict Litigation (« *JPML* »)

- Et coordination des procédures de masse parallèles – 585 s.

Juridiction européenne spécialisée

- Et actions de groupe transfrontières européennes– 597 s.

L--

Litispendance internationale et contentieux international des actions de groupe – 518 s.

Litispendance européenne et contentieux international des actions de groupe – 540 s.

Loi applicable

- Et *class actions* internationales – 228 s.
- Et actions de groupe transfrontières européennes – 289 s.
- Et actions de groupe transfrontières européennes engagées par des entités représentatives – 263 s.
- Et nouvelles solutions en matière d'actions de groupe internationales – 364 s.

Lois de police

- Et clauses de renonciation au droit d'intenter une action de groupe – 193

M--

Multipolarité et contentieux international des actions de groupe – 197 s.

N--

Nul ne plaide par procureur

- Et décision rendue à l'occasion d'une *class action* américaine – 666 s.

O--

Ordre public et décision rendue à l'occasion d'une action de groupe

- Ordre public international de procédure
  - ➢ En droit international privé commun – 662 s ; 692 s.
  - ➢ Dans l'espace judiciaire européen – 767 s.

- Ordre public international de fond
  - ➢ En droit international privé commun – 670 s ; 710 s.
  - ➢ Dans l'espace judiciaire européen - 766 s.

P--

Private enforcement* et *public enforcement 4, 97 s.

***Private attorney general* –** 4

Protocole de coopération entre les tribunaux et actions de groupe internationales – 602 s.

R--

Reconnaissance et exécution

- D'une décision rendue à l'occasion d'une *class action* internationale – droit international privé français- 630 s.
- D'une décision rendue à l'occasion d'une action de groupe dans l'espace judiciaire européen – 725 s.
- D'une sentence arbitrale collective – 778 s.
- D'une décision rendue à l'occasion d'une action de groupe et instruments internationaux – 773 s.

Règles de compétence juridictionnelle

- Et fonction procédurale d'une action de groupe – 323 s.
- Et fonction substantielle d'une action de groupe – 333 s.
- Et membres absents de la classe - 662 s.

Régulation

- Du contentieux international des actions de groupe – 11, 71 s.
- Régulation *ex ante* – 10 s.
- Régulation *ex-post* - 486 s.
- Régulation des marchés et action de groupe - 90 s.

Règlements européens

- Règlement Bruxelles I *bis* et actions de groupe transfrontières européennes – 237 s.
- Règlements Rome I et Rome II et actions de groupe transfrontières européennes – 261 s.

Réseau judiciaire européen

- Et coordination des procédures de masse parallèles – 571 s.

S--

Système de l' « unité » de l'action de groupe – 79

Système de « territorialité » de l'action de groupe – 80

Système mixte – 81

T--

Tests

Effect test – 140 s.

Conduct test – 143 s.

U

Unilatéralité et contentieux international des actions de groupe – 108 s.

TABLE DES MATIÈRES

INTRODUCTION 13

SECTION PRÉLIMINAIRE : LA RÉGULATION DU CONTENTIEUX INTERNATIONAL DES ACTIONS DE GROUPE À L'AUNE DES DIFFERENTES FORMES D'ACTIONS DE GROUPE 33

§1 Les principaux modèles d'actions de groupe existant sur la scène internationale : une tentative de classification 33

I- La classification proposée 34

A- Les actions en dommages et intérêts initiées par des individus ou des groupes ad hoc 34

1- Les actions de groupe de type opt out 34

2- Les actions de groupe de type opt in 44

B- Les actions en représentation engagées par des entités représentatives (« Representative actions ») 46

1- L'action en représentation visant la protection des intérêts collectifs 46

2- L'action en représentation visant l'indemnisation des victimes 48

a- Les actions en représentation aboutissant à un jugement au fond de l'affaire 48

b- Les actions en représentation reposant sur un mécanisme transactionnel 55

C- Les procédures types (test case) ou (test claim procedures) 58

1- *Le Group Litigation Order anglais* 58

2- *L'action de groupe allemande* 59

II- L'intérêt de cette classification au regard de la globalisation du contentieux international des actions de groupe 61

A- Le champ d'application d'une action de groupe et globalisation du contentieux de masse international 61

1- Le champ d'application matériel d'une action de groupe 61

2- Le champ d'application personnel de l'action de groupe 62

B- Les modalités de fonctionnement d'une action de groupe 63

1- Les modes de composition du groupe et les solutions de droit international privé 63

2- Les actions de groupe introduites à titre principal et les actions de groupe de suivi 64

§2- La régulation du contentieux international des actions de groupe : Quelle approche méthodologique ? 65

I- La transposition des méthodes de la faillite internationale au contentieux international des actions de groupe 65

A- Les similitudes entre le droit de la faillite internationale et le contentieux international des actions de groupe 66

B- L'appréhension du contentieux international des actions de groupe à l'aune des méthodes de la faillite internationale : le système de l'« unité »/« universalité » et le système de « territorialité »/« multiplicité » de l'action de groupe. 70
II- Les raisons qui sous-tendent la supériorité du système de l'« unité »/« universalité » de l'action de groupe dans la régulation du contentieux de masse international 72
A. Le système de l'« unité »/« universalité » de l'action de groupe et les fonctions procédurales d'une action de groupe 72
B. Le système de l'« unité »/« universalité » de l'action et la fonction substantielle d'une action de groupe 78
1. La fonction de régulation d'une action de groupe 78
2. L'interaction entre la fonction de régulation et le système de l'« unité »/« universalité » de l'action de groupe 89

PREMIÈRE PARTIE : LA RÉGULATION *EX-ANTE* DU CONTENTIEUX INTERNATIONAL DES ACTIONS DE GROUPE : LA CONCENTRATION DU CONTENTIEUX INTERNATIONAL DES ACTIONS DE GROUPE DEVANT UN FOR UNIQUE 93

Titre Premier : La globalisation du contentieux international des actions de groupe à l'aune des méthodes et instruments de droit international privé : vers la quête de nouvelles solutions ? 94
Chapitre I : Les incertitudes liées à la globalisation du contentieux international des actions de groupe 96
Section I : Les difficultés liées à la détermination du for compétent pour l'ouverture d'une action de groupe dans un contexte de globalisation économique 96
§1- L'hypothèse de l'« unilatéralité » : la concentration du contentieux de masse devant le for américain de *class action* 97
I- La délocalisation du contentieux international des actions de groupe devant les tribunaux américains 99
A- Le for américain de class action : « un for aimant » pour le redressement des dommages de masse globaux 99
1- Les raisons de l'attractivité du système américain de class action 99
a- Les raisons intrinsèques à la procédure de class action 100
b- Les raisons extrinsèques à la procédure de class action 101
2- Les vicissitudes et les abus de la procédure américaine de class action 105
a- La class action américaine : « un système économique centré autour des avocats des demandeurs » 105
b- Le risque d'intenter des actions dénuées de tout fondement 107
B- Une volonté des tribunaux américains de réguler le contentieux international des actions de groupe 108
1- Les règles de compétence juridictionnelle en matière de class actions internationales relevant du droit international économique 109
a- La compétence juridictionnelle à l'égard du défendeur dans le cadre d'une class action internationale 110

b- La compétence juridictionnelle en termes de subject matter jurisidiction dans le cadre d'une class action internationale 111
2- Les class actions internationales pour violation massive des droits de l'homme 118
a- La politisation du contentieux international des droits de l'homme à l'issue des évènements de l'Holocauste et la question de la compétence juridictionnelle des tribunaux américains 119
b- Les class actions intentées à l'encontre des multinationales pour les violations modernes des droits de l'homme 121
II- Une nouvelle méthode de gestion du contentieux de masse international ? La théorie de « *transnational regulatroy litigation »* 124
§2 L'hypothèse de « multipolarité » : la concurrence des ordres juridiques en matière de contentieux international des actions de groupe 126
I- La « *course vers le bas* » du système américain en matière de redressement des dommages de masse globaux 127
A- Les éléments de démagnétisation du for américain de class action 127
1- Le retour au principe de la territorialité de la loi fédérale américaine 127
a- L'abandon par la Cour Suprême de la méthodologie fonctionnaliste en matière de class actions relevant du droit international économique 128
b- L'application de la présomption de territorialité aux dispositions fédérales juridictionnelles : l'hypothèse de l'Alien Tort Act 130
2- Une volonté des tribunaux américains de se désengager de la régulation du contentieux de masse international 132
B- L'admission par la Cour Suprême américaine de la validité des clauses de renonciation aux actions de groupe (les « class actions waivers »).......... 134
II- « La concurrence des ordres juridiques » en matière de redressement des dommages de masse globaux 137
A- Le phénomène de « concurrence des ordres juridiques » en matière d'actions de groupe 138
1- La notion de « concurrence des ordres juridiques » 138
2- Les raisons qui sous-tendent « la concurrence des ordres juridiques » en matière d'actions de groupe internationales 141
B- Les manifestations de « la concurrence des ordres juridiques » dans le cadre du contentieux international des actions de groupe 142
1- Le renforcement du système de private enforcement 143
a- Les réformes législatives intervenues en matière d'actions de groupe 143
b- La possibilité de financement des actions de groupe en dehors des États-Unis 148
c- Le développement de la pratique des clauses de la nation la plus favorisée : l'exemple de l'action de groupe néerlandaise 153
d- Le sort des clauses de renonciation aux actions de groupe en dehors des États-Unis 154
2- La flexibilisation des conditions de recevabilité des actions de groupe transfrontières en dehors des États-Unis 159

§3-Les incertitudes concernant la détermination du for compétent dans le cadre d'un contentieux international d'action de groupe 160
I- Les confusions entachant la présomption de territorialité instaurée par la Cour Suprême américaine 161
A- Les confusions quant au champ matériel de la présomption de territorialité de la loi fédérale américaine 162
1- La présomption de territorialité et l'existence d'une loi fédérale qui détermine son champ d'application spatial 162
2- Le domaine d'application de la présomption de territorialité : dispositions substantielles ou dispositions juridictionnelles ? 163
a- L'application de la présomption de territorialité aux dispositions substantielles : la possibilité d'intenter une class action internationale sur le fondement d'une loi étrangère 163
b- L'application de la présomption de territorialité à L'Alien Tort Act : un revirement de la jurisprudence Morrison ? 167
B- Les confusions quant au contenu du principe de la territorialité 167
1- Les ambigüités du transactional test 168
2- Les difficultés d'application de la présomption de territorialité aux class actions fondées sur l'Alien Tort Act 169
II- Les incertitudes liées aux conditions de l'exercice de la compétence juridictionnelle par les autres « for aimants » en matière de résolution du contentieux international des actions de groupe : les exemples néerlandais et canadien 171
A- Une exploitation excessive par les tribunaux néerlandais des règles de compétence juridictionnelle du Règlement de Bruxelles I bis? 171
1- Une compétence juridictionnelle exorbitante : source d'insécurité juridique 172
2- Une interprétation incertaine par la cour d'appel d'Amsterdam des règles de compétence juridictionnelle du Règlement de Bruxelles I ? 174
B- L'exercice par le for canadien de sa compétence juridictionnelle mis en question 175
Section II : Les difficultés liées à l'ouverture d'une action de groupe internationale 178
§1- Les questions d'ordre regulatoire soulevées par l'ouverture d'une action de groupe internationale : l'exemple des *class actions* internationales 179
I- Le recours au *forum non conveniens* sous-tendu par des considérations d'ordre politique et économique 179
II- La certification d'une action globale et les tensions avec les autres ordres juridiques ayant des liens avec le litige 182
§2 Les difficultés en termes de droit international prive liées à l'ouverture d'une action de groupe internationale 185
I- Les incertitudes concernant les conditions d'exercice de la compétence juridictionnelle à l'égard des membres de la classe 185
A- Les hésitations quant aux conditions de l'exercice de la compétence juridictionnelle personnelle à l'égard des membres étrangers de la classe ... 185
B- La prise en considération des règles de droit international privé étrangères dans le cadre de l'exercice de la compétence personnelle à l'égard des membres absents de la classe 186

II- La vocation de plusieurs lois à s'appliquer au litige : obstacle à la certification d'une *class action* internationale ? ... 187

CONCLUSION DU CHAPITRE I ... 192

Chapitre II : la réception des actions de groupe transfrontières dans l'espace judiciaire européen : une « incompatibilité profonde » entre les instruments européens de droit international privé et les actions de groupe ... 194
Section I : Les difficultés d'interaction entre les actions de groupe transfrontières européennes et le droit international prive européen des conflits de juridictions. ... 195
§1- Les actions de groupe transfrontières et la question de l'application *ratione materiae* du Règlement de Bruxelles I bis ... 197
I- Les hésitations quant au champ d'application *ratione materiae* du Règlement Bruxelles I bis à certaines formes d'actions de groupe ... 197
A- L'action en représentation transfrontière et le champ d'application ratione materiae du Règlement Bruxelles I bis ... 197
B- L'action de groupe régulatoire et le champ d'application ratione materiae du Règlement Bruxelles I bis ... 198
II- Les actions de groupes transfrontières et les difficultés d'articulation avec certaines des dispositions du Règlement BruxellesI *bis* ... 199
A- Les difficultés d'interaction entre l'article 4 du Règlement Bruxelles I bis et certaines formes d'actions de groupe transfrontières : l'exemple de l'action de groupe néerlandaise ... 199
B- Des difficultés d'interaction entre les chefs de compétence protecteurs des parties faibles et les actions de groupe transfrontières ? ... 201
§2- L'incompatibilité entre le Règlement Bruxelles I bis et les actions de groupe transfrontières ? ... 203
I- L'éclatement du contentieux de groupe transfrontalier dans l'espace européen ... 203
A- Les limites du chef de compétence du for du défendeur ... 204
B- L'impossibilité de concentrer le contentieux de masse transfrontalier en dehors du chef de compétence du domicile du défendeur ... 204
1- Les actions de groupe transfrontières et les chefs de compétence spéciaux ... 205
2- Les actions de groupe transfrontières et les règles de compétence protectrices des parties faibles ... 210
II- Les actions de groupe transfrontières et le risque accru de *forum shopping* 211
Section II : Les difficultés d'interaction entre les actions de groupe transfrontières européennes et le droit international prive européen de conflits de lois (Les Règlements Rome I et Rome II) ... 214
§1- Les difficultés liées à la loi applicable à la recevabilité d'une action de groupe transfrontière européenne ... 214
I- Les difficultés liées à la recevabilité des actions de groupe transfrontières dans l'espace européen ... 215
A- L'action en représentation transfrontière intentée par une entité étrangère devant le for ... 216

1- La reconnaissance de l'entité étrangère initiant l'action devant le for 216
2- L'admissibilité du type de l'action intentée par une entité représentative 217
3- Les incertitudes liées à la question de la loi applicable aux conditions d'ouverture de l'action de groupe engagée par une entité étrangère 218
B- L'action en représentation transfrontière intentée par une association nationale devant le for 222
1- Les difficultés liées à la représentation par une entité locale des membres étrangers 223
2- L'action de groupe néerlandaise et la représentation des membres étrangers 224
II- Les interventions de la Commission Européenne 225
A- L'action en cessation transfrontière en matière de droit de la consommation 226
1- *Le mécanisme de l'action en cessation transfrontière* 226
2- *Les limites de l'action en cessation transfrontière* 227
B- Les interventions de la Commission européenne en matière d'actions de groupe transfrontières pour réparation 227
1- La proposition de la Directive 2004/84/CE en droit de la concurrence 228
2- Le paquet législatif de la Commission européenne en matière d'actions privées pour dommages et intérêts 229
§2- Les difficultés liées à la détermination de la loi applicable à une action de groupe transfrontière européenne 230
I- Des règles de conflits peu adaptées à la nature collective du contentieux de groupe 232
A- Les règles de conflits applicables en matière contractuelle et actions de groupe transfrontières 232
1- La possibilité de soumettre les actions de groupe transfrontières relevant du domaine contractuel à une loi unique 232
2- Les limites des solutions existantes 234
B- Les règles de conflits en matière délictuelle et actions de groupe transfrontières 235
1- La règle de conflit générale en matière délictuelle et les actions de groupe transfrontières 236
2- Les règles de conflits spéciales et les actions de groupe transfrontières 237
II- La souplesse des instruments européens de droit international privé : une possibilité d'exploitation dans le cadre d'un contentieux de masse transfrontalier européen 239
A- Les clauses d'exception et la régulation des conflits de lois en matière d'actions de groupe transfrontières dans l'espace européen 240
B- L'autonomie de la volonté et la régulation des conflits de lois en matière d'actions de groupe transfrontières dans l'espace européen 241
1- La faculté de choix de loi offerte à l'une des parties et actions de groupe transfrontières 241

2- Le choix de la loi applicable par les parties et actions de groupe transfrontières 243

CONCLUSION DU CHAPITRE II 246

Chapitre III : La quête de nouvelles solution de droit international privé pour les besoins de la régulation du contentieux international des actions de groupe 247

Section I : Les solutions de conflits de juridictions en matière d'actions de groupe internationales 248

§1- Les considérations qui sous-tendent les règles de compétence juridictionnelle en matière d'actions groupe internationales 248

I- L'incidence de la nature du contentieux international des actions de groupe sur les fondements des règles de compétence juridictionnelle 249

II- La nature du contentieux international des actions de groupe 250

§2- La quête du for compétent pour la régulation du contentieux international des actions de groupe 253

I- Les chefs de compétence admissibles 253

A- Les chefs de compétence proposés au regard de la dimension procédurale d'une action de groupe 254

1- Le for du domicile du défendeur 254

2- Le for du lieu où le fait dommageable s'est produit 259

B- Les chefs de compétence au regard de la dimension régulatoire de l'action de groupe 260

1- Le for ayant les liens les plus étroits avec le litige 261

2- Le contenu de l'exigence des « liens les plus étroits » entre le for compétent et le litige 262

II- Des chefs de compétences exclusifs ou optionnels pour la régulation du contentieux international des actions de groupe ? 267

A- Les insuffisances de la consécration d'un chef de compétence exclusif en matière de contentieux international des actions de groupe 267

B- La nécessité d'une coopération entre les juges pour les besoins de la régulation du contentieux international des actions de groupe 269

1- La coopération au stade de la détermination du for compétent pour l'ouverture d'une action de groupe globale 269

a- Un dialogue judiciaire international non spontané pour les besoins de la régulation du contentieux international des actions de groupe 270

b- Le dialogue judiciaire spontané pour les besoins de la régulation du contentieux international des actions de groupe 271

2- La coopération entre les juges au stade de l'agrégation globale du litige de masse international 273

Section II : Les solutions de conflits de lois en matière d'actions de groupe internationales 274

§1- Les résistances aux nouvelles solutions en matière de loi applicable aux actions de groupe internationales 276

I- Les raisons de cette résistance 277

II- Les solutions proposées en dehors d'un changement aux solutions de la loi applicable ... 279
A- La pratique du « Certify now and worry later » ... 279
B- L'exclusion des membres étrangers de la définition de la classe ... 279
C- L'application de plusieurs lois à la classe : la méthode des sous-classes ... 280
§2-La recherche de nouvelles solutions en matière de loi applicable aux actions de groupe internationales ... 280
I- Les considérations qui sous-tendent la recherche de nouvelles solutions en matière de loi applicable aux actions de groupe internationales ... 281
A- La non-pertinence des arguments hostiles à la consécration de nouvelles solutions en matière de loi applicable aux actions de groupe internationales ... 281
B- Les fondements d'une nouvelle méthode de choix de loi applicable aux actions de groupe internationales ... 284
II- L'élaboration d'une règle de conflit spécifique désignant une loi unique : les rattachements proposés ... 286
A- Application de la loi du for (lex fori) ... 287
B- La loi du domicile du défendeur ... 289
C- L'application de la loi de l'évènement causal - lieu de la conduite - ... 291
D- La loi du marché (le plus) affecté ... 293
E- Des solutions plus flexibles ... 294

CONCLUSION DU CHAPITRE III ... 296

CONCLUSION DU TITRE PREMIER DE LA PREMIÈRE PARTIE ... 297

Titre Second : le rôle de l'autonomie de la volonté dans la régulation du contentieux international des actions groupe ... 299
Chapitre 1 : la compétition entre contentieux étatique et arbitrage international dans la régulation du contentieux international des actions de groupe : la « supériorité » de l'arbitrage international ... 301
Section I : la contractualisation du contentieux international des actions de groupe ... 302
§1- La contractualisation partielle : la régulation du contentieux international des actions de groupe à travers les clauses d'élection de for ... 302
I- L'utilité des clauses d'élection de for dans la résolution du contentieux international des actions de groupe ... 302
A- Quelques précisions sur les clauses d'élection de for ... 302
B- Les clauses d'élection de for dans le cadre d'un contentieux de masse international ... 305
II- Les règles protectrices des parties faibles : obstacles à la concentration du contentieux de masse international à travers les clauses d'élection de for ? 310
§2-La contractualisation totale : la régulation du contentieux international des actions de groupe à travers les clauses d'arbitrage ... 312
I- L'arbitrage collectif : une notion émergente ... 312
A- La naissance de l'arbitrage collectif aux États-Unis ... 312

B- L'arbitrage collectif en dehors des États-Unis 315
II- L'internationalisation de l'arbitrage collectif 320
Section II : Les éléments sous-tendant la « supériorité » de l'arbitrage international dans la régulation du contentieux international des actions de groupe 324
§1- Les éléments de concurrence de l'arbitrage international indépendants de l'hypothèse d'un contentieux de masse international 324
I- La rapidité de l'arbitrage par rapport au contentieux des actions de groupe engagé devant les tribunaux étatiques 324
II- La neutralité du tribunal arbitral 326
III- La possibilité d'utiliser de nouveaux moyens de communication dans le cadre d'un arbitrage collectif 327
§2- Les éléments de concurrence de l'arbitrage international spécifiques à l'hypothèse du contentieux de masse 329
I- La sécurité et la prévisibilité juridique associées aux clauses d'arbitrage 329
II- La flexibilité dans la détermination de la procédure applicable à l'instance arbitrale 332
A- La possibilité pour les parties de choisir la procédure en matière d'arbitrage international 332
B- Les pouvoirs de l'arbitre dans la détermination de la procédure adéquate en cas de silence des parties en matière d'arbitrage international 334

CONCLUSION DU CHAPITRE 1 337

Chapitre II : La conformité de l'arbitrage collectif aux principes généraux de l'arbitrage international 338
Section préliminaire : panorama de la jurisprudence américaine en matière de class actions arbitrations 338
Section I : l'analyse de l'arbitrage collectif 341
§1- L'arbitrage collectif et la nature de l'arbitrage commercial international 341
I- L'arbitrage collectif et la fonction normative de l'arbitrage international 342
II- L'arbitrage collectif et l'excès de formalisme 345
III- L'intervention judiciaire excessive dans le cadre d'un arbitrage collectif en vue de protéger les parties à l'arbitrage collectif 348
A- L'intervention judiciaire dans la gestion de l'arbitrage collectif : une pratique américaine 349
B- Une intervention non indispensable pour la gestion de l'arbitrage collectif 350
§2-L'arbitrage collectif et les caractéristiques de l'arbitrage international 354
I. L'arbitrage collectif et la confidentialité de l'arbitrage 354
A- Le caractère inconciliable de l'arbitrage collectif avec la confidentialité de l'arbitrage 355
B- La disparition du principe de confidentialité de l'arbitrage international ? 358
1- Le principe de confidentialité de l'arbitrage ne fait pas l'objet d'un consensus 358
2- La transparence en remplacement de la confidentialité dans le cadre d'un arbitrage collectif 361

II. L'arbitrage collectif et les parties faibles 363
Section II : Les conditions d'ouverture d'une action de groupe devant un tribunal arbitral 367
§1- L'arbitrage collectif : une question de consentement ou une question de pure procédure 367
I. La dimension procédurale de la question 368
II. Les insuffisances d'une approche en termes de consentement exprès ou en termes de procédure applicable à l'instance arbitrale 372
§2- Les éléments à prendre en considération pour l'ouverture d'une action de groupe devant le tribunal arbitral 373
I. L'existence d'un consentement implicite des parties à l'arbitrage collectif 373
A- Le recours à la notion de consentement implicite est plus légitime en matière d'arbitrage collectif qu'il ne l'est dans d'autres types d'arbitrages multipartites 374
B- Les éléments à prendre en considération dans l'interprétation du consentement implicite des parties à l'arbitrage collectif 378
1- La convention d'arbitrage 378
2- Les différentes lois applicables à l'instance arbitrale 379
II. Le principe de l'efficacité et le consentement des parties à résoudre efficacement leur litige 382

CONCLUSION DU CHAPTRE II 385

CONCLUSION DU TITRE SECOND DE LA PREMIÈRE PARTIE 387

CONCLUSION DE LA PREMIÈRE PARTIE 388

DEUXIÈME PARTIE : LA RÉGUATION *EX-POST* DU CONTENTIEUX INTERNATIONAL DES ACTIONS DE GROUPE : LA COORDINATION ET LA CIRCULATION DES ACTIONS DE GROUPE INTERNATIONALES 389

Titre premier : la coordination des procédures parallèles en matière d'actions de groupe internationales 391
Chapitre I : La régulation des procédures de masse parallèles à l'aune des mécanismes traditionnels de droit international privé des conflits de procédures 392
Section I : Les difficultés d'interaction entre les mécanismes de coordination de procédures des pays civilistes et le contentieux international des actions de groupe 392
§1- La litispendance Internationale: un mécanisme peu adapté à la coordination des procédures parallèles dans le cadre du contentieux international des actions de groupe 392
I. Les difficultés d'application de l'exception de litispendance internationale : l'exemple d'une *class action* américaine et d'une action individuelle en France 393

A- Les difficultés liées à la détermination du moment de la litispendance ... 394
B- Les difficultés susceptibles de se poser lors de l'examen des conditions relatives à l'accueil de l'exception de litispendance internationale ... 395
1- L'identité des parties ... 396
2- L'identité de cause et d'objet entre la class action américaine et l'action individuelle en France ... 403
3- L'accueil de l'exception de litispendance internationale en présence d'une class action pendante devant le jue américain : une entreprise difficile pour le juge français ... 403
II. Les difficultés liées à l'application de l'exception de litispendance européenne ... 404
A- Les difficultés liées à l'accueil de l'exception de litispendance européenne dans le cadre d'un contentieux de masse paneuropéen ... 405
1- Identité des parties et litispendance européenne dans le cadre d'un contentieux de masse paneuropéen ... 405
2- Identité de la cause et d'objet et exception de litispendance européenne dans le cadre d'un contentieux de masse paneuropéen ... 406
B- Les difficultés liées à l'accueil de l'exception de litispendance européenne dans les relations avec les États tiers ... 407
§2- L'exception de connexité internationale : un rôle potentiel dans la régulation des procédures parallèles dans le cadre du contentieux international des actions de groupe ... 408
I. La souplesse des conditions relatives à l'accueil de l'exception de connexité internationale : un mécanisme efficace de coordination des procédures de masse ? ... 408
II. Les difficultés d'interaction entre l'exception de connexité internationale et la gestion des procédures parallèles dans le cadre d'un contentieux de masse transfrontalier ... 409
A- Les difficultés de mise en œuvre des conditions relatives à l'exception de connexité internationale ... 410
B- La rigidité du critère chronologique de l'exception de connexité internationale et son inefficacité dans la régulation des conflits de procédures de masse ... 410
Section II : vers des mécanismes plus souples de coordination des procédures parallèles dans le cadre du contentieux international des actions de groupe ... 413
§1- La consécration du *forum non conveniens* pour les besoins de la coordination de procédures parallèles dans le cadre du contentieux international des actions de groupe ... 413
I. L'opportunité de recourir à l'exception de *forum non conveniens* pour les besoins de la régulation des procédures de masse parallèles ... 413
A- Le critère fonctionnel du juge le plus approprié et la nature du contentieux de groupe international ... 413
B- Les modalités de fonctionnement du forum non conveniens dans la régulation des conflits de procédures en matière de contentieux de masse international ... 416
II. L'insertion du *forum non conveniens* dans les pays de tradition continentale ... 418

§2-Le recours aux injonctions anti-poursuites pour les besoins de la coordination des procédures parallèles dans le cadre du contentieux international des actions de groupe 421
I- L'opportunité de recourir aux injonctions anti-poursuites pour les besoins de la régulation des procédures parallèles dans le cadre du contentieux international des actions de groupe 421
A- Le mécanisme des injonctions anti-poursuites 421
B- Les injonctions anti-poursuites et la régulation des conflits de procédures en matière de contentieux international des actions de groupe 422
II- Les limites des injonctions *anti-poursuites* 424
A- Les insuffisances de ce mécanisme 425
B- Les résistances aux injonctions anti- poursuites dans l'espace européen 426

CONCLUSION DU CHAPITRE I 428

Chapitre II : La coordination des procédures parallèles en matière d'actions de groupe internationales : la quête de nouvelles solutions 429
Section I : La concentration de plusieurs actions de groupe devant une seule juridiction à travers des mécanismes spécialisés 429
§1- La coordination des procédures parallèles à travers un organe neutre et indépendant 430
I. Le modèle américain du Judicial Panel on Multidistrict Litigation (« JPML ») 430
A- L'exposé du modèle américain du JMPL 430
B- La nature du JPML 432
II. Une possibilité de transposer le modèle du *JPML* en Europe ? 433
A- Un rôle potentiel du réseau judiciaire européen 433
B- Le mécanisme de coordination et de concentration devant le réseau judiciaire européen 434
§2- La création d'une juridiction spécialisée pour la résolution du contentieux de masse 435
I. Les avantages de la création d'une juridiction spécialisée pour la régulation du contentieux international des actions de groupe 435
II. La proposition de créer une juridiction spécialisée en matière d'actions de groupe transnationales 436
Section II : la coopération spontanée entre les juges pour les besoins de la coordination des procédures parallèles dans le cadre du contentieux international des actions de groupe 439
§1- Le rôle des cabinets d'avocats dans la régulation des procédures parallèles an matière de contentieux international des actions de groupe 440
§2- L'officialisation de la coopération transnationale entre les juges : le développement de la pratique des protocoles 442
I. Les raisons qui sous-tendent l'officialisation de la coopération entre les tribunaux dans le cadre d'un contentieux de masse transfrontalier 442
II. Les propositions de coopération existantes et leur contenu 443
A- Exposé des projets de coopération existants 443

B- Les différentes mesures envisagées par l'ensemble de ces instruments 446

CONCLUSION DU CHAPITRE II 452

CONCLUSION DU TITRE PREMIER DE LA DEUXIÈME PARTIE 454

Titre Second : La circulation dans l'ordre international d'une décision rendue à l'occasion d'une action de groupe internationale 455
Chapitre I : La circulation en France d'une décision rendue à l'occasion d'une class action américaine 457
Section 1 : Les motifs de non reconnaissance invoqués par le défendeur à l'encontre d'une décision rendue à l'occasion d'une class action internationale 460
§1- La compétence indirecte du juge américain en matière de *class actions* internationales 460
I. L'absence d'une compétence exclusive du juge français 460
II. L'existence d'un lien caractérisé entre le tribunal étranger et le litige 461
A- Le critère du lien caractérisé entre le litige et le tribunal étranger 461
B- Le critère des liens caractérisés et les class actions délocalisées devant les tribunaux américains 462
§ 2- L'absence de fraude 470
I. La fraude et le *forum shopping malus* dans le cadre des *class actions* internationales 471
II. Les *class actions* délocalisées et l'abus d'ester en justice 474
§3- *Class action* américaine et ordre public international 477
I. *Class action* américaine et ordre public international de procédure 478
A- La procédure de class action et le respect du principe du contradictoire 479
B- La class action américaine et l'adage « nul ne plaide par procureur » 481
II. *Class action* américaine et l'ordre public international de fond 483
Section II : Les motifs de non reconnaissance invoqués par les demandeurs 489
§1- L'exception de chose jugée et la reconnaissance d'une décision issue d'une *class action* internationale : des difficultés d'interaction 490
I. Les difficultés liées à la détermination du moment où la décision est rendue en matière de *class action* 490
II. Les difficultés liées à la détermination de l'étendue de l'autorité de la chose jugée 491
§2-L'exposé des motifs de non reconnaissance pouvant être invoqués par les demandeurs 494
I. La compétence juridictionnelle indirecte des tribunaux américains envers les membres absents de la classe 495
A- Le refus de la jurisprudence américaine d'assimiler les membres absents étrangers à des défendeurs pour les besoins de l'exercice de la compétence juridictionnelle 496
B- L'assimilation par la jurisprudence canadienne des membres étrangers absents à des défendeurs pour les besoins de l'exercice de la compétence juridictionnelle 497

C- Les solutions préconisées 498
II. *Class action* américaine et ordre public international 500
A- La class action américaine et l'ordre public international de procédure 500
1- La class action américaine et la liberté d'agir ou de ne pas agir 500
a. Les membres de la classe sont identifiables 501
b. Les membres de la classe sont inconnus et innommés 507
2- Le droit à un procès équitable 515
B- La class action américaine et l'ordre public international de fond 516

CONCLUSION DU CHAPITRE I 518

Chapitre II : La réception d'une action de groupe internationale à l'aune des instruments régionaux et internationaux 521
Section I : la circulation d'une action de groupe dans l'espace judiciaire et européen 522
§1- La qualification des jugements rendus à l'issue d'une action de groupe dans l'espace européen 523
I. Les difficultés de qualification que soulèvent certains jugements rendus à l'issue d'une action de groupe européenne 524
A- La notion de « décision » et de « transaction » au regard du Règlement Bruxelles I bis 524
1- La notion de « décision » au regard du Règlement Bruxelles I bis .. 524
2- La notion de « transaction » conformément au Règlement Bruxelles I bis 525
B- Les difficultés d'articulation que soulèvent certains jugements collectifs au regard des deux notions de « décision » et de « transaction » 525
II. L'intérêt de la qualification 528
§2- Les motifs de refus de reconnaissance et d'exécution 531
I. L'inconciliabilité des décisions : un motif de non reconnaissance qui favorise la régulation du contentieux international des actions de groupe 532
A- La portée de la notion d'inconciliabilité 533
B- Les différentes hypothèses d'inconciliabilité 534
1- L'inconciliabilité entre la décision rendue dans l'État membre d'origine et une décision rendue dans l'État requis 534
2- L'inconciliabilité entre la décision rendue dans l'État membre d'origine et une décision rendue postérieurement dans un État tiers ou dans un autre État membre et susceptible d'être reconnue dans l'État requis 535
II. Les motifs de non reconnaissance qui nuisent à la régulation du contentieux international des actions de groupe 535
A- La violation de l'ordre public international 536
1- La notion d'ordre public international dans l'espace européen 536
2- L'application de l'ordre public international dans l'hypothèse d'un jugement collectif 537
B- La violation des droits du défendeur défaillant 543

Section II : la circulation d'une action de groupe à l'aune des instruments internationaux 546
§1- Les instruments internationaux ne traitant pas de l'hypothèse des jugements collectifs 546
I. Les instruments internationaux s'appliquant aux jugements rendus par un tribunal étatique 546
II. Les instruments internationaux s'appliquant aux sentences arbitrales collectives : la Convention de New York de 1958 549
A- Les sentences arbitrales collectives bénéficient de la présomption en faveur de la reconnaissance et de l'exécution des sentences instaurées par la convention de New York 549
B- Les motifs de non reconnaissance et d'exécution qui peuvent être invoqués à l'encontre des sentences arbitrales collectives 551
1- La méconnaissance du caractère contradictoire de la procédure ... 552
2- L'irrégularité affectant la composition du tribunal arbitral ou la procédure arbitrale 553
3- La contrariété de la sentence arbitrale à l'ordre public international de l'État d'accueil 555
§2- Les instruments visant spécifiquement la circulation d'une action de groupe internationale 557
I. Les lignes directrices élaborées par l'*ILA* en matière de reconnaissance et d'exécution de jugements étrangers rendus à l'issue d'une action de groupe 557
II. Le projet de l'*IBA* 558

CONCLUSION DU CHAPUTRE II 560

CONCLUSION DU TITRE SECOND DE LA DEUXIÈME PARTIE 561

CONCLUSION DE LA DEUXIÈME PARTIE 562

CONCLUSION GÉNÈRALE 563

BIBLIOGRAPHIE 565

INDEX ALPHABÉTIQUE 615

Structures éditoriales du groupe L'Harmattan

L'Harmattan Italie
Via degli Artisti, 15
10124 Torino
harmattan.italia@gmail.com

L'Harmattan Hongrie
Kossuth l. u. 14-16.
1053 Budapest
harmattan@harmattan.hu

L'Harmattan Sénégal
10 VDN en face Mermoz
BP 45034 Dakar-Fann
senharmattan@gmail.com

L'Harmattan Cameroun
TSINGA/FECAFOOT
BP 11486 Yaoundé
inkoukam@gmail.com

L'Harmattan Burkina Faso
Achille Somé – tengnule@hotmail.fr

L'Harmattan Guinée
Almamya, rue KA 028 OKB Agency
BP 3470 Conakry
harmattanguinee@yahoo.fr

L'Harmattan RDC
185, avenue Nyangwe
Commune de Lingwala – Kinshasa
matangilamusadila@yahoo.fr

L'Harmattan Congo
67, boulevard Denis-Sassou-N'Guesso
BP 2874 Brazzaville
harmattan.congo@yahoo.fr

L'Harmattan Mali
Sirakoro-Meguetana V31
Bamako
syllaka@yahoo.fr

L'Harmattan Togo
Djidjole – Lomé
Maison Amela
face EPP BATOME
ddamela@aol.com

L'Harmattan Côte d'Ivoire
Résidence Karl – Cité des Arts
Abidjan-Cocody
03 BP 1588 Abidjan
espace_harmattan.ci@hotmail.fr

L'Harmattan Algérie
22, rue Moulay-Mohamed
31000 Oran
info2@harmattan-algerie.com

L'Harmattan Maroc
5, rue Ferrane-Kouicha, Talaâ-Elkbira
Chrableyine, Fès-Médine
30000 Fès
harmattan.maroc@gmail.com

Nos librairies en France

Librairie internationale
16, rue des Écoles – 75005 Paris
librairie.internationale@harmattan.fr
01 40 46 79 11
www.librairieharmattan.com

Lib. sciences humaines & histoire
21, rue des Écoles – 75005 Paris
librairie.sh@harmattan.fr
01 46 34 13 71
www.librairieharmattansh.com

Librairie l'Espace Harmattan
21 bis, rue des Écoles – 75005 Paris
librairie.espace@harmattan.fr
01 43 29 49 42

Lib. Méditerranée & Moyen-Orient
7, rue des Carmes – 75005 Paris
librairie.mediterranee@harmattan.fr
01 43 29 71 15

Librairie Le Lucernaire
53, rue Notre-Dame-des-Champs – 75006 Paris
librairie@lucernaire.fr
01 42 22 67 13

www.ingramcontent.com/pod-product-compliance
Lightning Source LLC
LaVergne TN
LVHW011218061026
849535LV00001BA/84